ISBN 978-0-365-12523-5
PIBN 10772548

Australien
und
Ozeanien.

Eine allgemeine Landeskunde

von

Professor Dr. Wilhelm Sievers.

———

Mit 137 Abbildungen im Text, 12 Kartenbeilagen und 20 Tafeln in Holzschnitt und Farben=
druck von E. T. Compton, Th. von Eckenbrecher, H. J. Heubner, E. Heyn, W. Kuhnert,
A. Oenike, O. Schulz, O. Winkler u. a.

Leipzig und Wien.

Bibliographisches Institut.

1895.

Vorwort.

Mit dem vorliegenden Bande „Australien und Ozeanien" schließt die „Allgemeine Länderkunde" ab.

Die Bezeichnung Australien und Ozeanien ist gewählt worden, weil Australien allein das Festland des fünften Erdteils, Melanesien, Mikronesien und Polynesien aber je einen fest geschlossenen einzelnen Teil der Inselwelt bezeichnen. Eine Gesamtbenennung für die Inselwelt ohne Australien fehlt. Der Name Ozeanien bedeutet in Frankreich zwar sämtliche Inseln der Südsee samt Australien, allein in Deutschland ist er in dieser Ausdehnung wenig üblich. Daher soll hier unter Ozeanien die pazifische Inselwelt außerhalb Australiens im Gegensatz zum Festland verstanden werden.

Der Band zerfällt, wie die vorhergehenden, in geschlossene Abschnitte. Der erste bringt einen kurzen Abriß der Entdeckungsgeschichte; ihre Einteilung in zeitliche Gruppen war schwierig, weil zur Zeit manche Teile des Kontinents und der Inseln schon vollkommen erforscht, andere noch nicht einmal genau erkundet sind. Die folgenden Abschnitte: Allgemeine Übersicht, Oberflächengestalt, Klima, Pflanzenwelt, Tierwelt, Bevölkerung und Verkehr sind in derselben Weise behandelt worden wie in Band I— III der „Länderkunde". Im achten Abschnitt sind die Staaten und Kolonien vereinigt worden, da die Aussonderung der wenigen noch selbständigen und überdies im Übergange zu Kolonien befindlichen Staaten nicht zweckmäßig erschien.

Eine besondere Schwierigkeit bestand bei der Abfassung des vorliegenden Bandes in der Zerstreuung und der schwierigen Beschaffung des Stoffes, namentlich des statistischen Materials.

Als Anhang ist dem Band ein Abschnitt über die Südpolarländer beigegeben worden. Diese werden hier behandelt, weil sie sich infolge des Ganges der Entdeckungsgeschichte am besten an Australien anschließen und im weiteren Sinn überhaupt an Ozeanien angliedern lassen, jedenfalls auch in einer „Länderkunde" als kulturärmste Erdräume den letzten Platz verdienen.

Die Karten entstammen dem Bibliographischen Institut, zum Teil unter Zugrundelegung des Berghaus'schen „Physikalischen Atlas", jedoch unter Veränderung und Ergänzung nach den neuesten wissenschaftlichen Forschungen. In der Schreibweise der geographischen Namen ist möglichst die des „Stieler'schen Atlas" beibehalten worden. Die Temperaturangaben sind in Graden des hundertteiligen Thermometers gemacht. Die Abbildungen sind alle nach guten

I*

Vorbildern ausgewählt und zum großen Teil nach neuen Originalphotographien hier zum ersten Male veröffentlicht.

Der Verfasser erfreute sich bei den Abschnitten Allgemeine Übersicht, Oberflächengestalt und Tierwelt sowie für die „Karte der Verbreitung der Tiere in Australien und Ozeanien" der Hilfe des Herrn Professors Dr. R. von Lendenfeld in Czernowitz, dem hiermit für seine Bemühung aufrichtiger Dank gesagt sei. Die Verlagshandlung hat auch diesen letzten Band der „Länderkunde" sehr sorgfältig redigiert und in freigebigster Weise mit Karten und Abbildungen ausgestattet, wofür ihr wiederholter Dank gebührt.

Es ist hier jedoch am Schlusse der ganzen „Länderkunde" vor allem der Platz, der großen Verdienste zu gedenken, die Herr Dr. Hans Meyer in Leipzig nicht nur um die Ausgabe der „Länderkunde" als Verleger, sondern insbesondere um die gesamte Art des Werkes als Mitarbeiter hat. Plan und Anregung des Werkes gingen von ihm aus, der größte Teil der Abbildungen ist von ihm mühsam aufgesucht und gesammelt worden; die Anfertigung der Karten ist fast ausschließlich unter seiner Leitung geschehen und die stilistische Ausfeilung der beiden ersten Bände von ihm allein besorgt worden. Wer Einsicht in die mühsame Herstellung eines solchen Werkes besitzt, wird daher beurteilen können, wie wertvoll dem Verfasser diese, alle lästigen Nebenarbeiten wegräumende, geräuschlose Arbeit eines ständigen Mitarbeiters war, und wie viel Dank er diesem auch als solchem schuldet.

Gießen, im November 1895.

Wilhelm Sievers.

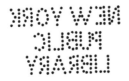

Inhalts-Verzeichnis.

Australien.

Die Südpolarländer.

Verzeichnis der Abbildungen.

Australien und Ozeanien.

I. Entdeckungsgeschichte.

Sehen wir von den Nordpolar= und Südpolarregionen ab, so ist unter allen Länder=
räumen der Erde die weite Inselwelt des Großen Ozeans zuletzt entschleiert worden. Außer
der Nordküste Asiens war schon im Altertum und Mittelalter ein großer Teil der Küsten von
Asien und Afrika bekannt. Ein anderer wurde im Laufe des 15. und 16. Jahrhunderts rasch
erkundet oder neu erschlossen. Und während Amerika, mit Ausnahme der Nordwest= und Nord=
küste, schon um die Mitte des 16. Jahrhunderts in seinen Umrissen vollständig erforscht war,
ist der australische Kontinent überhaupt erst in der ersten Hälfte des 17. Jahrhunderts aufge=
funden worden. Auch dann dauerte es noch bis in die zweite Hälfte des 18. Jahrhunderts, ehe
man den Osten dieses Erdteils kennen lernte. Dasselbe gilt von Neuseeland. Früher bekannt
wurden dagegen die den Molukken näher liegenden Inselgruppen Melanesiens und Mikronesiens,
die bei dem Wetteifer der Spanier und Portugiesen, die Gewürzinseln zu erobern, auf zahlreichen
Fahrten im Osten der Molukken bereits im eigentlichen Jahrhundert der großen Entdeckungen
aufgefunden wurden: die Labronen 1521 durch Magalhães, Neuguinea 1526 durch Jorge
de Meneses, wahrscheinlich auch der Bismarck=Archipel um dieselbe Zeit durch die Portugiesen, die
westlichen Karolinen 1525, 1527, 1528 und 1542, die östlichen und die Marshall=Inseln 1529
durch die Spanier Saavedra, Villalobos, die Palau=Inseln durch Villalobos 1542, sodann
die Salomonen 1567, die Marquesas 1595 durch Mendana und Tahiti, die Neuen Hebriden
1605—1606 durch de Quiros und Torres, durch Torres auch das Festland Australiens.

Alle diese Entdeckungen waren jedoch ohne Folgen für die Kolonisation dieser Inseln, denn die
daran beteiligten Völker, die Portugiesen und Spanier, widmeten sich nach der Auffindung reicher
Länder in Südasien und Amerika ausschließlich der Ausbeutung dieser; und auch die Holländer,
die seit Anfang des 17. Jahrhunderts auf den Schauplatz getreten waren und den Westen Austra=
liens, Tasmanien und Neuseeland, die Tonga= und Fidschi=Inseln aufgefunden hatten, schlossen
um die Mitte des Jahrhunderts ihre Entdeckungsfahrten ab und beschränkten sich auf die Koloni=
sation des südostasiatischen Archipels. Seit 1644 trat daher eine große Pause in den Entdeckungs=
fahrten ein, während der nur sehr wenige vereinzelte Unternehmungen stattfanden und über=
dies die Kenntnis der gefundenen Inselgruppen, vornehmlich wegen der ungenügenden Längen=
bestimmungen, wieder verloren ging, so daß später vieles geradezu von neuem entdeckt werden mußte.

Dies geschah zum Teil durch Bougainville 1767, vor allem aber durch Cook, dessen
Reisen eine neue Periode der Entdeckungen bilden, die bis 1779 dauerte und zur Enthüllung der

1*

gesamten polynesischen Inselwelt geführt hat. Denn Cook fand auf drei Reisen nicht nur die Ostküste Australiens und von neuem die von Torres bereits 1606 durchfahrene Torres=Straße zwischen Australien und Neuguinea, sondern umfuhr auch ganz Neuseeland, entdeckte die Mar= quesas=, Fidschi= und Tonga=Gruppen wieder und entzog die Cooks=Inseln, zahlreiche kleinere einzelne Eilande, Hawaii und Neukaledonien dem Dunkel, so daß um 1779 die polynesische Insel= welt, mit Ausnahme weniger Inseln, bekannt war und die Expeditionen des 19. Jahrhunderts sich darauf beschränken konnten, die Inseln der Südsee genauer aufzunehmen. Daß aber in dem weiten Ozean auch jetzt noch einzelne Inseln der Kenntnis entgangen waren, beweisen die Ent= deckungen neuer Inseln nahe der Admiralitätsgruppe 1886 und nördlich der Kermadec=Inseln 1888.

Nachdem somit zu Ende des 18. Jahrhunderts die Pionierthätigkeit in der Südsee beendet war, handelte es sich um die Erforschung des Inneren Australiens selbst und der großen Inseln Melanesiens und Neuseelands. Wie gering aber damals noch die Kenntnis selbst der Küsten war, ergibt sich aus der Thatsache, daß erst 1798/99 Tasmaniens Inselnatur durch Um= schiffung festgestellt wurde. Um diese Zeit erhielt auch die Erforschung Australiens den ersten An= stoß und zwar durch die Gründung einer Verbrecherkolonie in Port Jackson, des Kerns der Stadt Sydney, auf dem Festland im Jahre 1788; aber erst 1813 gelangten die Pioniere der Kultur über die Blauen Berge ins Innere, und nicht vor 1831 vermochte man Klarheit über Ursprung und Verlauf des Murray=Flusses zu gewinnen. Nachdem dann 1829 auch von Westaustralien und 1836 von der neuen Stadt Adelaide, also von Süden aus, Vorstöße ins Innere gemacht und gegen Ende der vierziger Jahre die östlichen Gebirge genauer bekannt geworden waren, begann sich der Entdeckungseifer dem Binnenland zuzuwenden. Leichhardt machte Queensland und Nord= australien bekannt, aber eine Reihe von Versuchen dieses deutschen und vieler australischer Reisen= den, die inneren Wüsten zu durchkreuzen, schlug fehl, und erst 1862 gelang es MacDouall Stuart, von Süden nach Norden den Kontinent etwa da zu kreuzen, wo jetzt der Überlandtele= graph von Adelaide nach Port Darwin führt. Trotzdem 1874 die Gebrüder Forrest und Kennedy Australien auch von Westen nach Osten, in der Richtung Perth — Alice=Springs — Ostküste durchkreuzten und eine Menge von Reisen das Innere besser bekannt gemacht haben, so spotten doch noch immer einzelne Strecken allen Anstrengungen, wie das teilweise Mißlingen der Lindsay= Expedition in die westaustralische Wüste 1891 beweist. (Siehe die Beilage „Entwickelung des Kartenbildes von Australien und Ozeanien".)

Unter den großen Inseln nehmen in erster Linie Neuseeland und Neuguinea die Auf= merksamkeit in Anspruch. Ihre Kolonisation war sehr verschieden. Während das gemäßigte Neu= seeland nach seiner Besitzergreifung durch England im Jahre 1840 und seit der Entdeckung des Goldes im Jahre 1861 einen großen Aufschwung genommen hat und so zivilisiert ward, daß eine geologisch=topographische Aufnahme der Doppelinsel möglich wurde, waren von Neuguinea bis vor 20 Jahren eigentlich nur die Küsten und auch diese nur ungenügend bekannt. Hier hat, wie in Afrika, die Besitzergreifung durch die Europäer am meisten Wandel geschaffen; aber erst seit 1884 ist man ein wenig weiter ins Innere eingedrungen, und eine Durchkreuzung der dicht= bewaldeten, äußerst unwegsamen Insel ist bisher noch nicht gelungen. Die Erforschung dieser Insel wird erst seit 1859 lebhafter, seit 1884 eifrig betrieben, seitdem auch die des jetzt deutschen Bismarck=Archipels, der Salomonen und des seit 1853 französischen Neu=Kaledonien. Die Fidschi=, Tonga= und Samoa=Inseln sind besser bekannt, Hawaii recht gut durchforscht, und die übrigen polynesischen und mikronesischen Inseln bedürfen zur Untersuchung des Inneren keiner Anstrengungen, da sie meist nur sehr klein sind. Nur das Innere Australiens und die in dichten Wald eingehüllten melanesischen Inseln sind gegenwärtig die einzigen Teile der ozeanischen Welt, die ihrer Entschleierung noch harren.

ENTWICKELUNG DES KARTENBILDES VON AUSTRALIEN.

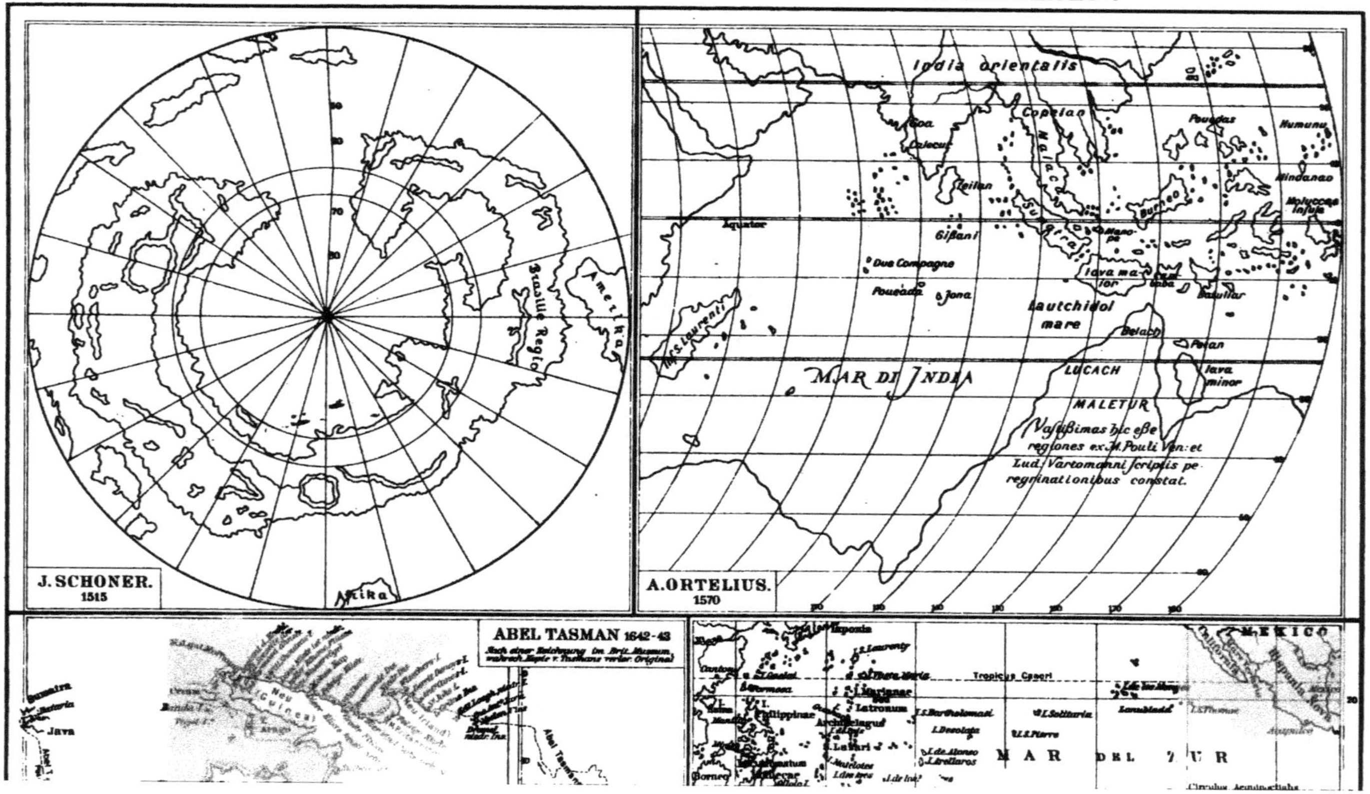
J. SCHONER.
1515
Amerika
Brasilie Regio
Afrika
A. ORTELIUS.
1570
India orientalis
Goa
Calecut
Zeilan
Malaca
Sumatra
Burneo
Mindanao
Moluccae Insulae
Aquator
Gißani
Due Compagne
Pouéada
Iava maior
Lautchidol mare
Belach
Iava minor
LUCACH
MALETUR
MAR DI INDIA
Vastißimas hic eße regiones ex M. Pouli Ven: et Lud. Vartomanni scriptis peregrinationibus constat.
ABEL TASMAN 1642-43
Java
Neu Guinea
Tropicus Cancri
MEXICO
MAR DEL ZUR

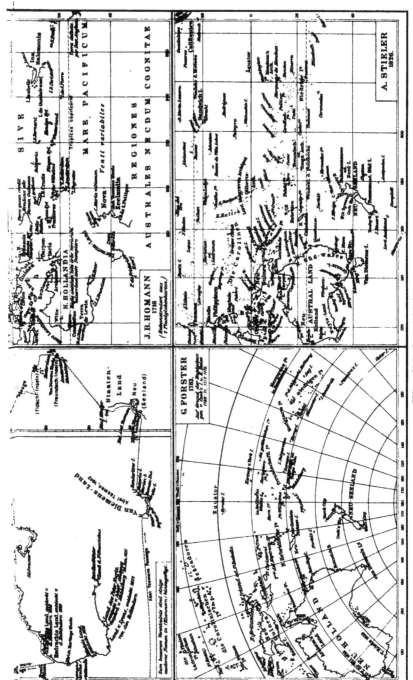

Man kann vier Perioden in der Geschichte der Entdeckung unserer Länderräume unterscheiden:
1) Die erfte Periode der großen Entdeckungen: 1521—1644.
2) Die Periode des Stillstandes der Entdeckungen: 1644—1764.
3) Die zweite Periode der großen Entdeckungen: 1764—79.
4) Die Periode der Einzelforschung und des Ausbaues der Geographie Ozeaniens: feit 1779.

1. Die erfte Periode der großen Entdeckungen: 1521—1644.

Wer die Geschichte der Entdeckung der Malayischen Inseln kennt, wird annehmen, daß die Auffindung der auftralischen Inselwelt und auch des Feftlandes von den füdoftafiatischen Inseln aus im Verfolg der Erforschungszüge der Portugiefen erfolgt fei. Dem ift aber anscheinend nicht fo; wenigftens haben wir keine ficheren Nachrichten über derartige Fahrten und Entdeckungen, die etwa feit dem Jahre 1512, als die Portugiefen unter Antonio d'Abreu und Francisco Serrão die Molukken entdeckten, zu erwarten gewefen wären.

Die erfte Entdeckung in der Inselwelt Ozeaniens, von der wir wiffen, wurde nicht von Weften, fondern von Often, nicht in der Nähe der Molukken, fondern am öftlichen Ende Poly= nefiens, nicht durch die Portugiefen, fondern durch die rührigeren Spanier, freilich unter der Führung des Portugiefen Fernão de Magalhães, gemacht.

Magalhães traf auf feiner Fahrt von der Südweftküfte Südamerikas nach Weftnordweften am 25. Januar 1521 ein unbewohntes Atoll unter 16⁰ 15' fübl. Breite und am 4. Februar ein zweites unter 11⁰ 45' fübl. Breite an, denen er die Namen San Pablo und de los Tibu= rones gab, Inseln, die im äußerften Norden der Paumotu= und im Süden der Marquefas= gruppe gefucht werden. Merkwürdigerweife berührte nun Magalhães, trotzdem fein Kurs jeden= falls durch den Schwarm der Gilbert= und Marfhall=Inseln geführt haben muß, keine einzige Insel Polynefiens oder Mikronefiens, bis er am 6. März 1521 vor Guam, der füdlichften und größten Insel der Labronen oder Marianen, anlangte; von da aus fuhr er weftwärts nach den Philippinen weiter. Ganz ebenfo erblickte Garcia de Loayfa auf feiner Fahrt von der Ma= galhães=Straße nach den Labronen 1526 nur die kleine Bartolomé=Insel unter 14⁰ 1' nördl. Breite. Dagegen scheint der Portugiefe Diego de Rocha das Verdienft mit Recht zu bean= fpruchen, schon 1525 die weftliche Karolineninsel Lamoliork oder Ngoli, die fpäter (1543) von Villalobos Matelotas genannt wurde, entdeckt zu haben.

Im Jahre 1526 erfolgte dann, allerdings unfreiwilligerweife, eine größere Erweiterung der Kenntnis der Portugiefen über die Molukken hinaus, indem Jorge de Menefes auf der Fahrt von Malakka um Nordborneo herum nach Ternate durch den Nordweftmonfun an die Nord= küfte von Neuguinea verschlagen wurde, wo er bis zum Mai 1527 verblieb. In der Folgezeit wurde Neuguinea häufiger gefehen, fo z. B. im Juni 1528 von Alvaro de Saavedra. Es hatte fich nämlich zwischen den Philippinen und Mexiko ein zunächft einfeitiger Verkehr entfponnen, indem nacheinander eine Reihe von spanischen Schiffen von Acapulco über die als Stützpunkt geltenden Labronen nach den Philippinen fuhren, während fie bis 1565 den Rückweg wegen des entgegenftehenden Nordoftpaffats nicht zu finden vermochten. Diefen Verfuchen, gegen den Nordoftpaffat nach Mexiko zu gelangen, verdanken wir die nochmalige Auffuchung der Nordküfte von Neuguinea im Juni 1528 durch Saavedra und die Entdeckung der öftlichen Karolinen im September 1529 fowie der Marfhall=Gruppe am 1. Oktober deffelben Jahres, ebenfalls durch Saavedra auf einer zweiten Reife, die jedoch wiederum nach den Labronen zurückführte. Im Jahre 1542 erfolgte ferner ein erneuter Befuch der Karolinen, diesmal der weftlichen, und die Entdeckung der Palau=Inseln auf der Reife von Mexiko nach den Philippinen durch Ruy

Lopez de Villalobos sowie eine abermalige Entschleierung größerer Teile der Nordküste Neu=
guineas durch denselben auf der Rückreise (1544). So wurden, wie auch nochmals 1564/65 die
Karolinen durch Miguel Lopez de Legaspi, die nordwestlichen Teile der ozeanischen Inselwelt, die
Karolinen, Palau=, Marshall=Inseln und Neuguinea, vielleicht auch der Bismarck=Archipel, vor=
nehmlich von Spaniern zuerst besucht.

Um dieselbe Zeit, vor 1542, wollen die Franzosen, die bereits vor 1520 mit Freibeuter=
schiffen nach Sumatra gelangt waren, die Küsten des australischen Festlandes entdeckt haben, und
in der That finden sich auf der Karte von Jean Rotz 1542 Angaben über die Westküste Austra=
liens bis 35° südl. Breite; doch fehlen dazu die schriftlichen Nachrichten.

Wouters Schouten. (Nach einem alten Kupferstich.)

Dagegen verdankt man den
Bemühungen der Spanier, weitere
Schiffahrtsstraßen von Peru nach
den Philippinen aufzufinden, die
Entdeckung eines Teils von Poly=
nesien und Melanesien. 1567 ver=
ließ die erste dieser Unternehmungen
unter Alvaro Mendana de Neyra
den Hafen Callao; aber auch diese
sah erst bei den Ellice=Inseln,
westlich des 180. Grades, Land
und entdeckte dann die Gruppe der
südlichen Salomonen, die jedoch
bis 1768 nicht wieder gesehen
worden sind. Um dieselbe Zeit oder
wenig später soll Juan Fernandez
in südlichen Breiten weit nach
Westen vorgedrungen sein und die
Küste eines bewohnten Landes ge=
funden haben, das für Neuseeland
gehalten wird; nähere Nachrichten
fehlen aber auch über diese Reise.
Dagegen hat Mendana auf seiner
zur Wiederentdeckung der Salomonen ausgerüsteten zweiten Fahrt 1595 die Marquesas=
Inseln entdeckt, die er nach seinem Gönner Marques de Mendoza benannte; ferner fand er auf
dieser Reise die San Bernardo=Insel, jetzt Pukapuka, und Solitaria, jetzt Olosenga, in der Toke=
lau=Gruppe und die thätige Vulkaninsel Tinakora im Santa=Cruz=Archipel. Seinem Nach=
folger Pedro Fernandez de Quiros gelang es nicht, die Salomonen wiederzufinden; die
zweite Reise des letzteren aber zeitigte durch die Bemühungen seines Steuermannes Luis Vaez
de Torres große Ergebnisse. Beide bewegten sich 1605 von Callao aus zunächst weiter nach
Süden als irgend einer vor ihnen, indem sie den 26. Breitengrad überschritten; allein von hier aus
hielt Quiros trotz des Einspruches des kühneren Torres wieder nordwärts: sie durchfuhren die Pau=
motu=Inseln, erreichten Tahiti, die Manihiki=Gruppe und San Bernardo und entdeckten im
April 1605 die Torres=Inseln und eine der Neuen Hebriden, Espiritu Santo. Von hier
kehrte Quiros, durch einen Sturm von Torres getrennt, nach Amerika zurück; Torres aber setzte im
Mai die Fahrt nach den Philippinen fort, fand die Louisiaden, die Südostküste Neuguineas und
gelangte dann durch die Torres=Straße zwischen Neuguinea und Australien nach den Molukken und

Manila. Die Durchfahrt durch die Torres=Straße, eine der größten Entdeckungen in Ozeanien, weil sie die Inselnatur Neuguineas bestätigte, ist jedoch von den Spaniern verheimlicht und erst 1762 bei Gelegenheit der Eroberung Manilas durch die Engländer und der Durchsicht der dortigen Archive bekannt geworden; wiederholt wurde die Durchfahrt erst im August 1770 durch Cook.

Mit der Reise von 1605 schließen die Entdeckungen der Spanier in der Südsee ab, und an ihre Stelle treten jetzt die der Niederländer. Wie sich aus dem Vorhergehenden ergibt, kannte man um diese Zeit bereits einen großen Teil Polynesiens, Melanesiens und Mikronesiens. Diese Kenntnisse vermehrten die Niederländer Le Maire und Schouten (s. Abb., S. 6, und die unten=stehende) 1616 durch die Entdeckung der Inseln Futuna, Niua, Niuafu nördlich der Tonga=Gruppe sowie von Neumecklenburg und die Befahrung der gesamten Nordküste Neuguineas;

dagegen war Hawaii trotz der häufigen Fahr=ten der Spanier von den Philippinen nach Mexiko anscheinend noch unbekannt, und ebenso fehlten auf den Karten die Samoa=, Tonga=, Fidschi=Inseln, Neukaledonien, Neuseeland und Australien selbst. Vom Festland hatte, wie wir gesehen haben, Torres 1606 die Berge der Halbinsel York und deren Ostküste erblickt, während die Franzosen schon um 1540 die Westküste entdeckt haben wollen und wahrscheinlich doch auch die Portugiesen Teile der Nord=westseite gefunden haben. Sichere Nach=richten über das Festland Australien brach=ten aber erst die Holländer, denen freilich auch anfangs die allerdings unwirtliche Westküste wenig Trieb zur Vervollstän=digung ihrer Entdeckungen verlieh. Denn man darf nicht vergessen, daß die Seefahrer des 16. und 17. Jahrhunderts weniger durch die Freude an der Entdeckungsthätig=

J. Le Maire. (Nach einem alten Kupferstich.)

keit selbst, als vielmehr von materiellen, politischen und wirtschaftlichen Beweggründen getrieben wurden und demgemäß viele Enthüllungen von Küsten nur dem Zufall zu verdanken sind. So ver=hält es sich denn auch mit der Auffindung Australiens durch die Holländer. Der Wunsch dieser Na=tion, zu ihren neuen, den Portugiesen abgenommenen Besitzungen auf dem Malayischen Archipel ungestört zu gelangen, ohne mit den portugiesischen Schiffen und Ansiedelungen in Ostafrika und Indien in Berührung zu kommen, veranlaßte sie, auf der Reise von Südafrika nach Java höhere südliche Breiten aufzusuchen; außerdem lockte sie die falsche Nachricht von dem Goldreichtum Neu=guineas. Diesen Anlässen entspringen die ersten Entdeckungen an der australischen Küste.

Von den Molukken aus suchte im Jahre 1605 Willem Jansz mit dem Schiffe Duyfken Neuguinea zu erforschen, befuhr die bisher nicht bekannte Südküste dieser großen Insel und ge=langte an die Torres=Straße. Da er aber die Durchfahrt nicht fand, wendete er sich südlich an die öden, verschlammten Küsten des Carpentaria=Golfes, den er bis etwa 14° südl. Breite an der Westseite der Halbinsel York befuhr.

Seit 1611 führte dann der neue Segelkurs der Holländer vom Kap nach Java zahlreiche Schiffe an die Westküste Australiens, zuerst 1616 Dick Hartogsz mit dem Schiffe Eendracht an das Eendrachtsland, die Küstenstrecke zwischen der Dick-Hartogsz-Insel und dem Nordwestkap, dann das Schiff Zeewolf unter Haewick Claesz 1618 in die Gegend der Monte-Bello-Inseln, endlich 1619 Houtman und Jacob b'Edel mit den Schiffen Dorbrecht und Amsterdam nach dem Edel-Land zwischen der Dick-Hartogsz-Insel und dem jetzigen Perth. Eine andere Reise von Cornelius b'Edel soll 1617 nach Neuguinea und dem Carpentaria-Golf geführt haben. Die Unsicherheit der Schiffahrt an der klippenreichen West- und Nordwestküste veranlaßte die holländische Regierung in Batavia zu einer genaueren Untersuchung, wobei Jan Carstensz 1623 den Car-pentaria-Golf an der Ostseite bis zum Staatenflusse oder zum Gilbertflusse befuhr, während Pelsart 1629 infolge Schiffbruchs bei den Houtmansriffen die Strecke der Küste zwischen Een-drachts- und Edel-Land kennen lernte. Weiter fand das Schiff Leeuwin schon 1622 die Süd-westspitze des Festlandes; Pieter Nuyts entdeckte 1627 den östlich vom 133. Meridian gelegenen Teil der Südküste, und auch die Nordwestecke, be Wittsland, zwischen dem Exmouth-Golf und dem De Grey-Flusse wurde 1628 aufgefunden. Nachdem dann noch 1636 Arnhems- und Vandiemens-land zwischen dem Carpentaria- und dem Cambridge-Golf von Pieter Pietersz, dem über-lebenden Führer einer verunglückten Expedition nach der Südküste von Neuguinea, entdeckt worden waren, kannte man um 1640 fast die gesamte westliche Hälfte der Küsten Australiens, mit Aus-nahme der West- und Südufer des Carpentaria-Golfes und der Küste des Tasmanlandes zwischen dem Cambridge-Golf und dem De Grey-Fluß.

Diese Entdeckungen hatten einer Hypothese erneute Nahrung gegeben, die bereits seit dem Altertum bestand, daß nämlich den Süden der Erde ein großes Südland, die sogenannte terra australis, einnehme. Nachdem schon Hipparch und Ptolemäus südlich des Indischen Ozeans ein großes Festland vermutet hatten, nahm Johann Schoner, ein deutscher Astronom, diese Hypothese wieder auf und stellte auf seinem 1515 entworfenen Globus südlich von Südamerika ein neues Südland unter dem Namen Brasilie regio auf. Dagegen fehlen derartige Landmassen noch bei Gemma Frisius 1540 und Sebastian Münster 1544, obwohl das von Magalhães 1520 gefundene Feuerland als eine passende Nordküste des Südlandes angesehen werden konnte, das seit dem Ende des 16. Jahrhunderts meist unter dem Namen terra australis incognita erschien. Wenn nun auch die Expeditionen des Mendana 1567 und 1595 sowie von Quiros und Torres 1605—1606 für die mittlere Südsee keine Anhaltspunkte für die Richtigkeit der Hypothese vom großen Südlande ergaben, so wurde anderseits jede nach Süden sich erstreckende Küste dafür an-gesehen, wie Neuguinea, die Hebriden durch Quiros und später Australien, in dem man ganz be-sonders die terra australis gefunden zu haben glaubte; auch die von Mendana gesehenen Salo-monen sowie die für diese gehaltenen, von Le Maire und Schouten 1616 gefundenen Staaten-Insel am Kap Hoorne erscheinen als Nordrand der terra australis, und die Nichtbekanntgabe der Entdeckung der Torres-Straße ließ Neuguinea nach wie vor als ihre Nordspitze betrachten.

Erst die Unternehmung des Abel Jansz Tasman, des größten Seefahrers des 17. Jahr-hunderts, die ausdrücklich zur Umschiffung des unbekannten Südlandes ins Leben gesetzt wurde, räumte mit diesem wenigstens auf den holländischen Karten auf. Der um die niederländischen Kolo-nien überaus verdiente Statthalter Anton van Diemen in Batavia sandte im Jahre 1642 den genannten Kapitän nach Mauritius ab, um das südliche Festland zu umsegeln und womöglich über die Hoorne-Inseln nach seinem Ausgangspunkte Batavia zurückzukehren, so daß wir diese Expedition als die erste große Unternehmung zur Erweiterung der Kenntnis der Erdoberfläche be-zeichnen müssen, wenngleich ein praktischer Zweck, die Auffindung eines guten Handelsweges von Indien nach Chile, und der Wunsch, reiche Lande im südlichen Meere zu entdecken, damit Hand in Hand gingen. Jedenfalls gab der Plan van Diemens dem Abel Tasman Gelegenheit, in höheren Breiten den südlichen Ozean zu durchschneiden, als bisher irgend jemand gewagt hatte.

Von Mauritius fuhr Tasman am 8. Oktober 1642 in ostsüdöstlicher Richtung zwischen 44 und 49° südl. Breite bis vor die Südküste Australiens und fand in der That am 24. November unter 42° 25′ südl. Breite eine hohe Küste, die er umfuhr; das ist das jetzige Tasmanien, von ihm Vandiemensland genannt. Nachdem er dieses Land, dessen Inselnatur fraglich blieb, verlassen, erreichte er, abermals in östlicher Richtung segelnd, nach neun Tagen, 13. Dez. 1642, eine hohe Küste, das Kap Foulwind der Südinsel Neuseelands, das er Staatenland nannte und mit der Staateninsel vor Südamerika verbinden wollte. An der Westküste der Doppelinsel fuhr er sodann nordwärts, ohne die Cook-Straße zu finden, und entdeckte darauf am 20. Jan. 1643 die

südlichen Tonga-Inseln, Tongatabu und Eua (s. Abbild., S. 11),
im Februar die Fidschigruppe,
fand am 1. April Neu-Mecklenburg,
am 14. April Neupommern wieder
und kehrte, ohne die Abtrennung
dieser Inseln von Neuguinea zu
erkennen, am 15. Juni nach Batavia zurück. Die wichtigsten Re-
sultate dieser Reise waren die Erkenntnis der Ausdehnung Australiens gegen Süden, die Entdeckung
von Neuseeland, Tasmanien, der
Tonga- und Fidschigruppe und
vor allem die Zerstörung der Hypothese von einem großen Südlande
im Anschluß an Australien oder,
wie es damals hieß, Neuholland.
Anderseits blieben wiederum Rätsel
genug übrig, vor allem die Ausdehnung Neuseelands gegen Süden,
die Frage der Zusammengehörigkeit
von Neuguinea und Vandiemens-
land mit Australien sowie die Un-

Anton van Diemen. (Nach einem alten Kupferstich.)

sicherheit des Festlandcharakters Australiens selbst. Man nahm nämlich an, daß ein vom Carpentaria-Golfe zum fernsten Punkte Pieter Nuyts' reichender Meeresarm das Land in große Inseln zerteile.

Diese Zweifel zu zerstreuen, ging Tasman 1644 zum zweiten Male aus; doch gelang ihm seine Aufgabe diesmal weniger gut. Zwar nahm er die Küsten des Carpentaria-Golfes auf und stellte fest, daß der vermutete Meeresarm nach dem Süden nicht vorhanden sei; allein die Torres-Straße verfehlte er auch diesmal, und so galt Neuguinea nach wie vor als Nordende Neuhollands. Dafür aber entdeckte Tasman das nach ihm genannte Küstengebiet Tasman-Land in Nord-australien, wodurch Arnhems-Land und de Witts-Land miteinander in Verbindung gesetzt wurden. Immerhin aber blieben die Hauptfragen unbeantwortet, und erst nach 125 Jahren gelang Cook ihre Lösung. Denn nachdem mit dieser zweiten Fahrt Tasmans die Unternehmungen der Holländer, namentlich infolge des Todes des durch seine weitgehenden Pläne hervorragenden Generalstatthalters van Diemen (s. d. obenstehende Abbildung), beendigt waren, erfolgte ein allgemeiner Stillstand der Entdeckungen bis zum Ende der sechziger Jahre des 18. Jahrhunderts. Damit schließt zugleich die erste Periode der großen Entdeckungen in der Südsee.

2. Die Periode des Stillstandes der Entdeckungen: 1644—1764.

Während der langen Zeit von 1644—1764 blieben die ozeanischen Länder von allen see=
fahrenden Nationen fast völlig vernachlässigt, so daß in diesem ganzen Zeitraum nur zwei Fahrten
von Wichtigkeit, eine englische und eine holländische, unternommen wurden, die bereits den Über=
gang der Entdeckungsthätigkeit von Holland auf England kundthun.

Schon am Ende des 17. Jahrhunderts rüstete die britische Regierung die erste Entdeckungs=
fahrt zu rein wissenschaftlichen Zwecken aus und bezeichnete damit einen Fortschritt in der Ge=
schichte der Menschheit, der in dem folgenden Jahrhundert reiche Früchte tragen sollte. William
Dampier, der die Südsee in den Jahren 1679—91 als Freibeuter kennen gelernt hatte, wurde
1699 mit einem Kriegsschiff ausgesandt, um die Zweifel über die Erstreckung Australiens nach
Osten zu heben. Über Brasilien und südlich von Afrika fahrend, erreichte er die Westküste von
Australien, fand aber hier nur die Dampier=Insel und den Haien=Sund und begab sich darauf nach
der Nordseite Neuguineas. Hier machte er seine bedeutendsten Entdeckungen, indem er, durch
die Dampier=Straße fahrend, Neubritannien (Neupommern) als selbständige Insel neben
Neuguinea erkannte und eine Reihe kleiner Vulkaninseln auffand; dagegen gelang es ihm nicht,
die Trennung Neubritanniens von Neu=Irland (Neumecklenburg) aufzufinden, obwohl er in der
beide scheidenden Straße, dem St. Georg=Kanal, ankerte; über Seran (Ceram) kehrte er dann
nach Westen zurück, so daß er die Ostseite Australiens überhaupt nicht berührt hat. Kurz nach
Dampier, im Jahre 1705, fand das holländische Schiff Geelvink die nach ihm benannte, tief
einschneidende Geelvink=Bai im Norden Neuguineas.

Während Dampiers Erfolge zu seiner seemännischen Vergangenheit und der ihm gestellten
Aufgabe nicht im Verhältnis stehen, ist der zweite hier zu erwähnende Seemann, der Holländer
Jacob Roggeveen, lange Zeit unterschätzt worden. Roggeveen führte nicht nur in den Jahren
1721 und 1722 eine vollständige Erdumsegelung aus, sondern gehörte auch zu jenen Schiff=
fahrern, die das für die damalige Zeit kühne Unternehmen der Durchkreuzung des Großen Ozeans
in höheren südlichen Breiten wagte. Von Texel aus durchquerte er den Atlantischen Ozean, be=
suchte die Falklandinseln, umschiffte das Kap Hoorne, erreichte Juan Fernandez, suchte lange
nach dem apokryphen Davis=Land, das Edward Davis 1687 unter 27° 20′ südl. Breite im Großen
Ozean gesehen haben wollte, und fand statt dessen die wohl von Davis zu einem großen Süd=
lande aufgebauschte kleine Osterinsel. Von hier aus besuchte er die nördlichen Paumotu,
und wollte sich nun nach Neuseeland wenden; doch war die Scheu der damaligen Seeleute, in
unbekannte Regionen zu steuern, noch so groß, daß er von diesem Vorhaben abstehen mußte.
Statt dessen entdeckte er die Samoa=Inseln und erreichte von hier aus Neuguinea, von wo er
nach Westen weiterfuhr.

Diese Reisen haben also nur die Entdeckung der Samoa=Gruppe, der Osterinsel, der Dam=
pier=Insel, der kleinen Inseln nördlich von Neuguinea und die Vervollständigung der Kenntnis
der von Dampier Neubritannien genannten Insel des Bismarck=Archipels sowie der Paumotu
gebracht, für einen Zeitraum von 120 Jahren ein recht geringes Ergebnis.

3. Die zweite Periode der großen Entdeckungen: 1764—1779.

Wie in Portugal die Periode der großen Entdeckungen innig an königliche und prinzliche
Namen geknüpft ist, so bricht auch in England eine Glanzzeit der Entdeckungsgeschichte mit dem
Aufschwunge an, den ihr ein König gab: Georg III. Von nun an ist im großen ganzen

Cook's Landung auf Middelburg, dem Eua der Tonga-Gruppe. (Nach Cook's Reisewerk.) Vgl. Text. S. 9 u. 10.

Entdeckungsgeschichte englische Geschichte. Diese Glanzperiode gipfelt in den drei großen Reisen James Cook's von 1768—79, die Nordamerikas Westküste und die ganze südliche Erdhälfte klarstellte. Ihm gingen einige Vorläufer voraus.

Der erste war John Byron, dessen Aufgabe die Wiederauffindung der Salomonen war. Anstatt jedoch diese zu lösen, fuhr er 1764—65 von der Gegend der vergeblich gesuchten Osterinsel über den Großen Ozean nach den Ladronen, ohne mehr als einige kleine Inseln der Tokelau- und Gilbert-Gruppe zu finden. Erfolgreicher war Samuel Wallis, dessen Fahrt von 1766 bis 1768 dauerte. Er ist durch die erste Längenbestimmung nach Mondabständen berühmt geworden und zeichnete sich auch durch einen von der Magalhães-Straße aus sofort nordwestlich gerichteten neuen Kurs nach den südlichen Paumotu aus. Wallis' wichtigste Entdeckung ist Tahiti, das freilich wohl schon von Quiros 1605 gesehen wurde; im übrigen fand er nur wenige neue Inseln südlich der Samoa- und in der Gilberts- und Marshall-Gruppe. Seine Reise endete auf den Ladronen. Das zweite Schiff seiner Expedition aber, das er bei Juan Fernandez aus dem Gesichte verloren hatte, setzte unter Philipp Carteret die Reise allein fort. Statt der gesuchten Osterinsel fand dieser die hohe Pitcairn-Insel in den südlichen Paumotu und stieß auf der Suche nach den Salomonen 1767 auf die Santa-Cruz-Inseln, fand dann in der That die südlichen Salomonen wieder, aber ohne sie als solche zu erkennen, und durchfuhr wider Willen die Carteret-Straße zwischen den Inseln Neupommern und Neumecklenburg, denen er den Namen

James Cook. (Nach einem Original-Kupferstich.)

Neubritannien und Neu-Irland gab. Nachdem er dann noch die Admiralitäts-Gruppe entdeckt hatte, landete er im Oktober 1767 auf den Philippinen und traf 1769 wieder in England ein.

Was Byron, Wallis und Carteret nicht geglückt war, die nördlichen Salomonen wieder zu finden, führte ein weiterer Vorläufer Cooks, der Franzose Louis Antoine de Bougainville, aus, dessen Reisen ergiebiger für die Geographie waren als die seiner Vorgänger. Auch er lief im November 1766, bald nach Wallis, von St. Malo aus, suchte ohne Erfolg nach der Osterinsel und erreichte 1768 Tahiti, von wo er, in südlicheren Breiten weitersteuernd, südlich vor den Samoa- (Schiffer-) Inseln vorbeikam, um dann mitten in die Neuen Hebriden zu geraten. Seine Absicht, die Ostküste Australiens aufzusuchen, wurde durch die Entdeckung der Riffe des Korallenmeeres vereitelt; dafür aber fand er am 10. Juni den Archipel der Louisiaden, Ende desselben Monates endlich die vielgesuchten Salomonen Choiseul und Bougainville wieder auf und fuhr über Neuguinea, die Molukken und Batavia nach St. Malo zurück, wo er im März 1769 eintraf.

Schon im Jahre 1768 verfolgte ein französisches Handelsschiff unter de Surville von Indien aus diese Entdeckungen weiter, fand in der That die Salomonen, ging über Neuseeland nach Peru und kreuzte damit zum ersten Male den südlichen Großen Ozean von Westen nach Osten.

I·R·FORSTER

Johann Reinhold Forster.
(Nach einem Bildnis von A. Graff.)

Wie wir gesehen haben, hatte keiner dieser Seefahrer das Problem der Entschleierung der Ostküste Australiens gelöst, keiner östlich von Neuseeland den 15. Breitengrad überschritten, so daß der berühmteste Entdecker der Neuzeit nach Columbus und Magalhães, James Cook, bei seiner Abreise von England im August 1768 noch ein weites Feld aufzuklären vorfand.

James Cook (s. Abbildung, S. 12), am 27. Oktober 1728 zu Marton in Yorkshire geboren, hatte bereits seit seinem 15. Jahre Seereisen, zunächst auf Handelsschiffen, dann auf der Kriegsmarine, gemacht und sich im Kanadischen Kriege 1759—62 ausgezeichnet. Nachdem er bis 1767 die Küsten von Neufundland aufgenommen hatte, wurde er 1768 zum Befehlshaber des Schiffes Endeavour ernannt, das zur Beobachtung des Venusdurchganges nach Tahiti gehen und den Astronomen Green sowie die Botaniker Joseph Banks und Solander dahin führen sollte. Nachdem diese Aufgabe am 3. Juni 1769 erledigt worden war, beschloß Cook, den 15. Grad zu überschreiten und die südlichen Meere nach dem großen Südlande abzusuchen. Am 13. August fand Cook die Insel Rurutu oder Ohitiroa in der Tubuai-Gruppe und richtete seinen Kurs darauf gegen Neuseeland, das er am 6. Oktober erreichte und nun auf seine Eigenschaft als Nordende des Australlandes untersuchte. Er umsegelte zunächst die Nordinsel in der Richtung von Osten über Norden nach Westen, fand dann von der Südinsel aus 1770 die nach ihm benannte Cook-Straße, worauf er den Rest der Nordinsel umfuhr und damit ihre Umkreisung vollendete. In derselben Weise umschiffte er auch die Südinsel, erst die Ost-, dann die Westküste und erreichte im März 1770 wieder die Cook-Straße, so daß an der Doppelinselnatur Neuseelands kein Zweifel mehr blieb, sondern nur noch über die Zugehörigkeit der Stewart-Insel Unsicherheit herrschte. Dabei war nicht nur dieses Resultat an und für sich groß, sondern auch die Aufnahme der Küsten so vorzüglich, wie sie in damaliger Zeit kaum jemals vorgekommen ist. Von Neuseeland hielt Cook westlich nach der Ostküste Australiens, fand sie am 27. April unter 34° 22′ südl. Breite und landete am folgenden Tage in der Botanybai, nahe dem jetzigen Sydney. Darauf zog er der Küste entlang nach Norden, geriet aber hier zwischen ihr und dem großen Barrierriff auf Untiefen und Riffinseln und mußte unter 15½° südl. Breite bei der jetzigen Stadt Cooktown einen Hafen anlaufen, um sein Schiff auszubessern. Nach fast zweimonatigem Aufenthalt gelang es ihm am 13. August, durch das Barrierriff hindurchzukommen, worauf er jedoch am 15. bereits wieder der Küste zu hielt. Am 21. August durchfuhr er die Torres-Straße, als deren Wiederentdecker er gelten muß; für die Welt aber war die Entdeckung der Torres-Straße damals überhaupt neu, da ja die Erfolge von Torres nicht bekannt geworden waren. Durch den Carpentaria-Golf erreichte Cook Batavia und traf am 11. Juni 1771 wieder in England ein.

Die großen Erfolge dieser Reise bestanden in der Umfahrung Neuseelands, der Entdeckung der australischen Ostküste zwischen 34° 22′ und 15° 29′ südl. Breite, der Trennung Neuguineas von Australien und der Wiederauffindung der Torres-Straße, endlich in der endgültigen Verscheuchung der Gespenster des Großen Südlandes unter den befahrenen Breiten, außerdem aber in genauen Karten und Entdeckungen neuer Pflanzen und Tiere Australiens und Neuseelands. Noch nicht befahren waren allein die Südostküste von der Botanybai bis zur Baß-Straße, die Südküste von Pieter Nuyts fernstem Punkte an östlich und die Nordseite Tasmaniens. Über die Inselnatur dieses Landes war man noch nicht im klaren.

Cook's zweite Reise 1772—75 brachte für die ozeanische Inselwelt weniger große Erfolge als die erste, da sie wesentlich der Umfahrung des Südpoles gewidmet war. Mit der „Resolution“, die er selbst, und der „Adventure“, die Tobias Fourneaux führte, und mit den beiden deutschen Naturforschern Johann Reinhold Forster, Vater (s. die beigeheftete Tafel „J. R. Forster“), und Georg Forster, Sohn, denen wir manche Entdeckung auf rein naturwissenschaftlichem Gebiete verdanken (s. z. B. die Pflanze „Forstera“, die sich um das Bild von J. R. Forster rankt), umfuhr er von Westen nach Osten den südlichen Polarkreis und machte während des Südwinters 1773 eine längere Rast auf Neuseeland.　Bei dieser Gelegenheit entdeckte er am 23. September

Eine Tahitierin. (Nach Cook's Reisewerk.)

1773 die Cook= oder Hervey=Inseln und fand am 1. Oktober die Tonga=Inseln Tasman's, am 11. März 1774 die Osterinsel, am 8. April 1774 die Marquesasgruppe von neuem auf. Außerdem gelang es ihm im Südwinter 1774, die Neuen Hebriden wieder zu besuchen und

genauer aufzunehmen. Am 4. September entbeckte er das bisher ganz unbekannte Neukale=
bonien und sah außerdem die südlichste Insel der Fibschigruppe, Vatoa. Wenn auch diese

Ein Hawaiier. (Nach Cool's Reisewerk.)

Entdeckungen denen der ersten Reise nachstehen, so sind sie doch immer noch bedeutender als alle
die seiner unmittelbaren Vorgänger seit 1764; vor allem aber verschwand seitdem das große
Südland endgültig von den Karten.

Noch eine dritte Reise war Cook beschieden. 1775 nach England zurückgekehrt, lief er schon im Juli 1776 wieder aus, besuchte 1777 im Januar die Abenturebai auf Vandiemens-Land, ferner Neuseeland, Tahiti, und entdeckte die Inseln Mangua, Atiu im Cook=Archipel sowie am 24. Dezember 1777 die Weihnachtsinsel nördlich vom Äquator. Am 18. Januar 1778 stieß er unter 20° nördl. Breite ganz unvermutet auf den Sandwicharchipel oder die Hawaii=gruppe, die bisher unbekannt geblieben war. Allerdings scheinen sie spanische Schiffer im 16. Jahrhundert auf der Fahrt von den Philippinen nach Mexiko bereits berührt zu haben, da Karten

in den Archiven von Manila einen Archipel zwischen 19° 35' und 20° 15' nördl. Breite, aber nur 34—35° westl. Länge von Acapulco unter dem Namen Los Monjes und La Mesa auf=weisen; aber bennoch muß Cook als ihr Entdecker gelten, da die Inseln durch ihn zum ersten Male bekannt gemacht worden sind. Diese Gruppe wählte Cook zum Stützpunkt für seine letzte große Entdeckungsfahrt nach der nordwestamerikani=schen Küste, wurde aber nach seiner Rückkehr am 14. Febr. 1779 auf Hawaii erschlagen.

Seine großartigen Ent=deckungen stellen ihn an einen der ersten Plätze in der Geschichte der großen Reisen zur Aufklä=rung der Verteilung von Land und Wasser auf der Erde, sind aber insofern noch von größe=rem inneren Werte als alle vor=hergehenden, weil sie nicht aus dem Wunsche, goldreiche Länder zu entdecken oder neue Erobe=rungen zu machen, entsprangen,

Ein Mann von Vandiemens-Land. (Nach Cook's Reisewerk.)

sondern ausschließlich dem idealen wissenschaftlichen Zweck der Erweiterung unserer räumlichen Kenntnis von der Erde dienten. Ihrer Bedeutung entsprechend, sind seit dem Jahre 1773 mehrere Ausgaben von Beschreibungen seiner Reisen durch Cook selbst, R. Forster und andere sowie Schilderungen seines Lebensganges erschienen. Einige der ihnen beigegebenen Bilder fügen wir diesem Bande bei (s. Abbildungen, S. 11, 14—16, 164, 287 u. ö.).

Während Cook's zweiter Reise hatte der Führer des zweiten Schiffes, „Abventure", Tobias Fourneaux, getrennt von Cook, im März 1773 die Ostküste von Tasmanien erkundet und sie vollständig befahren, so daß es ihm noch gelang, die Fourneaux=Inseln zu entdecken; dennoch lenkte er ebensowenig wie der 1772 an der West= und Ostküste thätige Franzose Marion in die Baß=Straße ein, so daß die Inselnatur Tasmaniens noch immer unbekannt blieb.

Mit Cook's hochwichtigen Reisen schließt die zweite Periode der großen Entdeckungen in Ozeanien. Nach seinem Tode waren sämtliche Inselgruppen ihrer Lage nach bekannt, und es handelte sich nur noch um die Aufnahme einzelner Küstenstriche, um eine genauere Erforschung der Gruppen, um Entdeckung von kleineren Inseln und endlich um die Erforschung des östlichen Teils der Südküste von Australien vom 133. Meridian bis über die Baß=Straße hinaus und der Südostküste bis zur Botanybai. Dies erfolgte langsam in den folgenden Jahrzehnten, zum Teil sogar sehr langsam; wir lassen daher mit dem Jahre 1780 die Periode des Ausbaues der Geo= graphie der Südländer beginnen.

4. Die Periode der Einzelforschung.

Die Periode des Ausbaues der Geographie Australiens und Ozeaniens reicht bis zum heu= tigen Tage, ist also noch nicht abgeschlossen und zerfällt in verschiedene Abschnitte. In erster Linie handelte es sich um die Vervollständigung der Küstenaufnahmen, die in einzelnen weniger be= kannten Gebieten, z. B. dem Bismarck=Archipel, noch heute nicht beendet ist. Dann begann die Erforschung des Festlandes von Australien, zuerst der Küstengebiete und anstoßenden Landschaften, namentlich des östlichen Gebirges, hierauf seit 1844 des Inneren; auch diese Aufgabe ist gegen= wärtig noch nicht vollständig gelöst. Unterdessen beginnen seit der Mitte unseres Jahrhunderts bereits größere wissenschaftliche Expeditionen eine eingehende topographische, zum Teil schon geo= logische, überhaupt naturwissenschaftliche Durchforschung und Aufnahme einzelner Teile der Süd= see und der besser besiedelten Teile Australiens und Neuseelands durchzuführen. Von anderen Ländern, namentlich Neuguinea und dem Bismarck=Archipel, stehen dagegen auch heute noch nicht einmal die topographischen Grundzüge völlig fest. Diese verschiedenen Arten der Erforschung sind zeitlich nicht scharf voneinander abgegrenzt, sondern laufen nebeneinander her und gehen inein= ander über, so daß eine Einteilung in Forschungsperioden schwierig und nur bei Australien selbst genauer durchführbar ist. Hier ist eine Scheidung in zwei Zeiträume, den der Untersuchung der Randlandschaften bis 1843 und den der Vorstöße ins Innere von 1844 an, möglich. Wir unter= scheiden daher:

A. Ausbau der Geographie der Küsten des Festlands und der Inseln.
B. Untersuchung der Randlandschaften Australiens bis 1843.
C. Erforschung des Inneren Australiens von 1844 an.
D. Neuere Reisen auf den Inseln und wissenschaftliche Aufnahmen.

A. Ausbau der Geographie der Küsten des Festlands und der Inseln.

Als letzter, bisher unerforschter Teil der australischen Küsten blieben nach 1774, wie wir gesehen haben, die östliche Hälfte der Südküste und die Südostküste des Festlandes und die Nord= küste Tasmaniens und der Baß=Straße übrig.

Auffallend spät erst, volle zwanzig Jahre nach Cook's Tode, gelangten diese verhältnismäßig geringfügigen Untersuchungen zum Abschluß, und es bedurfte eines äußeren Anstoßes, um sie überhaupt anzuregen. Im Jahre 1786 beschloß die englische Regierung, an der Botanybai eine Strafkolonie zu errichten, und entsandte 1787 zwei Kriegsschiffe unter Kapitän Phillip nach Botanybai, wo sie am 19. Januar 1788 anlangten. In den folgenden Tagen wurde an der etwas weiter nördlich gelegenen Port=Jackson=Bai der Grundstein zum heutigen Sydney und damit zur wirtschaftlichen Entwickelung Australiens gelegt. Nunmehr mehrten sich die Fahrten nach der Süd= ostküste Australiens. 1789 befuhren Kapitän Bligh und Henry Cox die Küsten Tasmaniens von neuem, ohne jedoch die Baß-Straße zu entdecken. Immerhin wurde von der neuen Kolonie in Port Jackson aus die Südostküste untersucht, 1791 nahm Vancouver die Südküste von Kap Chatham bis Point Hood genauer auf, und 1792 und 1793 verweilte d'Entrecasteaux an den Küsten Tasmaniens, ohne indes ihre Kenntnis zu fördern. Erst ganz am Ende des Jahrhunderts, am 2. Januar 1798, sah George Baß die Südspitze von Australien, Wilson Promontory, und gelangte bis zum Western Port. Doch war damit die Frage der Abgrenzung Tasmaniens von Australien noch nicht entschieden, denn er kehrte von hier in östlicher Richtung nach Port Jackson zurück. Auch Kapitän Hamilton vermochte auf der Fahrt von Western Port nach den Fourneaux-Inseln, quer über die Baß-Straße, noch nicht mit Sicherheit zu sagen, ob nicht weiter im Westen Tasmanien doch mit Australien zusammenhinge. Den Nachweis des Gegenteils zu führen, war erst Baß selbst und Flinders beschieden, als sie vom Oktober 1798 bis Januar 1799 die ganze Insel Tasmanien von der Nordspitze um die Westküste nach Süden und Osten umschifften.

Nunmehr machte auch die Erforschung der Südküste zwischen Western Port und Fowler-Bai Fortschritte. Im Jahre 1800 nahm James Grant die Küste zwischen Kap Nelson und 140° 10′ östl. Länge auf, und 1801 entdeckte sein Nachfolger John Murray den Hafen Port Phillip, an dem jetzt Melbourne liegt. Das folgende Jahr brachte endlich die Vollendung der Aufnahme der Südküste. Im Jahre 1802 waren nämlich gleichzeitig Flinders und Baudin an verschiedenen Stellen thätig; Baudin setzte die Entdeckungen Grants von 140° 10′ bis 138° 58′ östl. Länge fort und fand die Encounter-Bai und die Känguruh-Insel, während Flinders die Untersuchung der Küste von Westen vom Kap Leeuwin aus begann und am 2. Februar bis zu dem Nuyts-Archipel, dem fernsten Punkte der Holländer, vorrückte. Am 19. Februar lief er in den Spencer-Golf ein, den er, noch immer an der Möglichkeit der Existenz einer Meeresstraße quer durch den australischen Kontinent festhaltend, für den Eingang zu ihr hielt. Am 11. März langte er jedoch am nördlichen Ende des Golfes an, und als sich nach Auffindung der Känguruh-Insel auch der St. Vincent-Golf als eine geschlossene Bucht erwies, mußte die Hoffnung auf eine Durchfahrt aufgegeben werden. Als Flinders und Baudin am 8. April 1802 an der Känguruh-Insel zusammengetroffen waren, war die Aufnahme der Südküste vollendet. In demselben Jahre noch bestätigte Flinders selbst durch eine Fahrt bis an die Südgestade des Carpentaria-Golfes die Unmöglichkeit einer Einfahrt in den Kontinent von Norden her und die Richtigkeit der Angaben Tasmans, so daß seit dem Jahre 1802 die Gestalt des australischen Festlandes endgültig feststeht.

Die damals noch wenig, in Bruchstücken sogar gar nicht bekannte Nordwestküste nahm 1817 bis 1821 Philipp Parker King von Kap Wessel bis zum Nordwestkap auf und befuhr in denselben Jahren die Nordostküste innerhalb des Barriereriffs. Den Schlußstein aber der Küstenaufnahmen bildeten in den Jahren 1837—42 die Arbeiten der Kapitäne Wickham und Stokes auf dem „Beagle" an der Südost- und Südküste, die zum ersten Male die Baß-Straße genau bekannt gemacht haben.

Zur Erforschung der Inselwelt wurden mehrere größere Unternehmungen, namentlich seitens Rußlands, Englands und Frankreichs unternommen. Vor allen ist hier der unglücklichen Expedition von Lapérouse zu gedenken, der nach Umschiffung Amerikas in den Jahren 1785 bis 1887 und der Aufnahme der Nordostküste Asiens im September 1787 nach der Ostküste Australiens aufbrach, wo er der Gründung der Kolonie Sydney beiwohnte. Seit dem Februar 1788 blieb er jedoch verschollen, und erst 1827 gelang Dillon und 1828 Dumont d'Urville der Nachweis, daß sein Schiff an den Riffen von Wanikoro in der Santa-Cruz-Gruppe gescheitert sei. Die Fahrt d'Entrecasteaux', der zu Lapérouse's Aufsuchung im Jahre 1791 von Ludwig XVI. abgesandt worden war, hatte zwar nicht das gewünschte Ergebnis, führte aber 1792/93 zur genaueren Untersuchung von Neukaledonien, der Tonga-Inseln, der Louisiaden, Salomonen,

Admiralitätsinseln, von Neupommern und Neuguinea. An der Südostseite Neuguineas verewigt ein kleiner Archipel den Namen d'Entrecasteaux'.

Eine der merkwürdigsten Reisen dieser Zeit war die des 1788 mit dem Schiffe „Bounty" von Port Jackson nach Tahiti abgesandten Kapitäns Bligh, der von seiner meuternden Mannschaft ausgesetzt wurde und in einem offenen Boote von der Tonga-Gruppe bis Timor fuhr, wobei er die nördlichen Inseln der Neuen Hebriden entdeckte.

Im Jahre 1791 besuchte der zur Bestrafung der Meuterei gegen Bligh nach Tahiti ausgesandte Kapitän Edwards die Samoa- und Tonga-Inseln und entdeckte Rotuma, und in demselben Jahre führte G. Vancouver bei Gelegenheit seiner Aufnahmen an der nordamerikanischen Westküste eine genauere Untersuchung der Hawaii-Gruppe durch. Das jetzt schon sich regende Bestreben, den Völkern der Südsee das Christentum zugänglich zu machen, war die Veranlassung, daß Kapitän Wilson auf der Fahrt nach Tahiti 1797 die Gesellschafts-, Tonga-, Fidschi-, Marquesas-, Paumotu-Inseln und den Karolinen-Archipel besuchte und dabei zahlreiche Entdeckungen machte.

Admiral Dumont b'Urville. (Nach einem Stahlstich von Alboth.)

Während die Revolutionskriege und die Wirren, die Napoleons Erhebung in Europa hervorbrachten, das Interesse und die Mittel der meistbeteiligten Nationen, der Engländer und Franzosen, für Entdeckungsfahrten lahmlegen, sehen wir gerade in dieser Zeit die Russen auf dem Südsee-Schauplatze auftreten. 1803 wurde Admiral Krusenstern nach dem östlichen Asien gesandt, gelangte 1804 nach Polynesien und führte dort eine Aufnahme der Marquesasinseln durch. Auch 1815 sandten wieder zuerst die Russen Expeditionen aus, indem O. v. Kotzebue mit dem Schiffe „Rurik" in Begleitung des Dichters und Naturforschers A. v. Chamisso nach der Bering-Straße zu fahren den Befehl erhielt. Dabei untersuchte er die Marshall-Inseln, die Ratak- und Ralikgruppe, ferner die Krusenstern-Inseln und erforschte die Hawaii-Gruppe. Bald darauf, 1818 und 1819, zeigte sich auch die französische Flagge wieder in der Südsee, indem Kapitän Freycinet Teile Neuguineas, die Ladronen und die Hawaii-Gruppe besuchte. Im Sommer 1819 machte von Bellingshausen, ein Deutsch-Russe, wie die meisten Seefahrer unter russischer Flagge, eine genaue Aufnahme der Paumotu-Gruppe.

Auch in den zwanziger Jahren wurden mehrere große Forschungsreisen nach der Südsee unternommen. 1823—24 besuchte der französische Leutnant Duperrey die Gesellschafts-, Paumotu-, Gilbert- und Marshall-Inseln sowie Neuguinea und Neubritannien, 1826 entdeckte der britische Kapitän Beechey die Bonin-Inseln und nahm den Paumotu-Archipel auf, worauf der Deutsch-Russe Graf Lütke auf seiner Erdumsegelung 1826—28 eine genaue Karte der Bonin-Inseln sowie der Karolinen anfertigte. Kurz vorher, 1825, hatte einer der berühmtesten Südseefahrer, Kapitän Dumont b'Urville (s. obige Abb.), seine erste Reise angetreten, die ihn nach Neuseeland, Neubritannien, Neuguinea, Wanikoro, den Fidschi-Inseln und den Ladronen führte, während die zweite,

1837—40, welche wie die Bellingshausen's mit der Erforschung des Südpolargebiets verbunden war, in der Südsee vor allem die Paumotu=, Marquesas=, Fidschi= und Salomonen=Gruppe, aber auch Neuseeland, Neuguinea und die Louisiaden zum Ziel hatte. Ein anderer bedeutender Südpol= fahrer, der Amerikaner Wilkes, erforschte 1839—42 mit Ringgold und Hudson die Paumotu=, Ge= sellschafts=, Samoa=, Tonga=, Fidschi= und Hawaii=Gruppen sowie auch Neuseeland und die Gilbert= Inseln genauer; so haben auch die Amerikaner teil an der Untersuchung der Südsee=Inseln genommen.

F. von Hochstetter. (Nach Photographie.)

Von geringerer Bedeutung waren die Reisen Du Petit Thouar's nach Tahiti 1837 und 1843 und Laplace's 1837 bis 1840 nach den Gesellschafts=, Marquesas= und Sandwich= Inseln, dagegen ist die Südsee= fahrt des Kapitäns Fitzroy mit dem Schiffe „Beagle" durch die Teilnahme Darwin's und seine Forschungen über Neuseeland, die Paumotu=, Gesellschafts= und andere Inseln berühmt gewor= den, indem sie außer zahlreichen naturwissenschaftlichen Beob= achtungen auch die bekannte Theorie der Entstehung der Koralleninseln zeitigte.

Von weiteren englischen Unternehmungen erwähnen wir die Fahrten Belcher's nach den Neuen Hebriden, Neubritan= nien, Neuguinea und den Pau= motu 1840, Erskine's nach den Samoa=, Tonga=, Fidschi= Inseln, den Neuen Hebriden, Loyalty=Inseln und Neukale= donien 1849, und Denham's genaue nautische Untersuchung der südwestlichen Teile der Süd= see von 1853 an.

Ganz besonders wichtig war ferner die große österreichische „Novara"=Expedition unter von Wüllerstorf=Urbair, die 1857 auslief, eine große Zahl der Südsee=Inseln wissenschaftlich er= forschte und zu der klassischen Schilderung Neuseelands durch v. Hochstetter (s. obige Abb.) führte. Die neuesten großen staatlichen Unternehmungen sind die der englischen „Challenger"= und der deutschen „Gazelle"=Expedition, die durch ihre großartigen Untersuchungen der Meeres= räume des Großen Ozeans hervorragen, aber auch für die Aufnahmen der Küsten Ozeaniens von großer Wichtigkeit gewesen sind. Die „Challenger"=Expedition unter Sir George Nares besuchte 1874/75 die Ostküste Australiens, Neuseeland, die Fidschi=Inseln, Neuguinea, die Admiralitäts= Inseln, Hawaii und Tahiti; die „Gazelle" unter dem Freiherrn von Schleinitz 1875/76 die

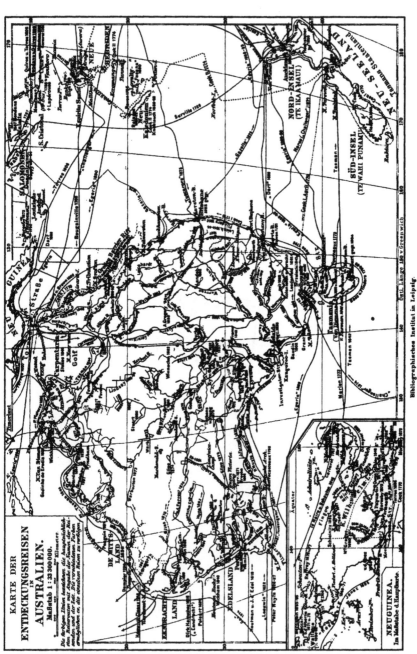

KARTE DER
ENTDECKUNGSREISEN
IN
AUSTRALIEN.
Maßstab 1 : 33 000 000.

NEUGUINEA.
Im Maßstabe d. Hauptkarte.

Bibliographisches Institut in Leipzig.

Westküste von Australien, den Bismarck=Archipel, Bougainville, Ostaustralien, die Fibschi= und Samoa=Inseln. Die Hawaii=Gruppe endlich wurde 1876 von dem amerikanischen Schiff „Tus= carora" angelaufen.

B. Die Erforschung der Ranblandschaften Australiens 1788—1843.

Mit dem Jahre 1788, wo die erste europäische Ansiedelung auf dem australischen Festlande gegründet wurde, beginnt auch die geographische Erforschung des Kontinents zu Lande. Natur= gemäß richtete sich diese zuerst auf die Ranblandschaften, namentlich im Südosten. In den ersten Jahrzehnten waren die Erfolge freilich recht geringe, da die große Gebirgskette der Blauen Berge zunächst dem Vordringen ein Ziel setzte, die Kolonie anfangs mit Ernährungssorgen zu kämpfen hatte und sich nur langsam entwickelte, und während der großen europäischen Kriege im Zeitalter Napoleon's dem Mutterlande die Mittel fehlten, die junge Ansiedelung zu fördern.

a) Reisen von Osten aus.

Schon Kapitän Phillip's Offiziere untersuchten den unteren Hawkesbury=Fluß, machten aber vor den Blauen Bergen Halt. Diese Schranke wurde erst 1813, also 25 Jahre nach der Grün= dung von Sydney, durch Wentworth und Lawson überwunden und damit ein bedeutender Schritt vorwärts gethan. Jenseits des Gebirges fanden die Entdecker die fruchtbaren Weidegründe in der Gegend von Bathurst; und ein anderer „Explorer", Evans, die beiden nach dem Inneren zu strömenden Flüsse Lachlan und Macquarie. Beide sind mit Recht nach dem Gouverneur Lachlan Macquarie benannt worden, da dieser seit 1810 im Amte befindliche Mann es war, der die Kolonie aus den ersten Schwierigkeiten zu gesunderem Leben emporgeführt hat. 1817 ver= folgten Oxley und Evans diese Flüsse weiter, den Lachlan bis zu einem großen Sumpf und den Macquarie bis zu der Stelle, wo auch er sich zu einem gewaltigen Morast verbreitert. Hier= bei machte man bereits die Entdeckung der für die australischen Ströme bezeichnenden Unterschiede ihres Wasserstandes in der Trocken= und Regenzeit. In östlicher Richtung zurückgehend, fanden die Reisenden den Castlereagh=Fluß, die Arbuthnot=Berge, den Berg Exmouth, die weiten Liverpoolebenen und den Peel=Fluß auf. Unter Schwierigkeiten überschritten sie das Gebirge, entdeckten den in den Macquarie=Hafen mündenden Hastings=Fluß und die fast 2000 m hohe Sea=View=Kuppe und trafen im November 1818 in Newcastle am Hunter ein (s. die beigeheftete „Karte der Entdeckungsreisen in Australien").

Die auf dieser Reise gesammelten Erfahrungen über die Öde und Unwirtlichkeit des westlich vom Gebirge gelegenen Inneren und die Schwierigkeit der Übersteigung des Gebirges selbst hielten die Kolonisten zunächst von weiteren Reisen ins Innere ab, so daß die Küstenforschung wieder in den Vordergrund trat. 1817—24 führte, wie wir gesehen haben, Parker King die ausgezeich= neten Küstenaufnahmen im Nordosten, Norden und Westen des Kontinents aus. 1823 wendete man sich der Erforschung des Festlandes wieder zu. In diesem Jahre begab sich Allen Cun= ningham nach den Liverpoolebenen und drang von hier aus nordwärts nach den Darling= niederungen westlich von Brisbane vor; 1827 erforschte er das Küstengebiet um den Brisbanefluß und an der Moreton=Bai. Gleichzeitig untersuchten Hume, Howell und Hilton das Innere im Südwesten von Sydney, entdeckten den einen großen Zufluß des Murraysystems, den Murrumbidgee, und zogen darauf dem Warragonggebirge entlang nach Süden bis Port Phillip.

Nachdem nun fünf nach dem Inneren strömende Flüsse entdeckt waren, beauftragte die Kolonialregierung den Kapitän Sturt, ihren Zusammenhang und weiteren Verlauf festzustellen, wozu dieser, durch die Überschwemmungen der Jahre 1817/18 über die Schwierigkeit des Reisens nach reichlichem Regen belehrt, ein besonders trockenes Jahr wählte. Im Jahre 1828 fand er den Sumpfsee des Macquarie ausgetrocknet, verfolgte den Fluß noch abwärts und entdeckte 1829 den ihn aufnehmenden großen Darlingstrom, der zum Schrecken des Reisenden salziges Wasser führte. Er verfolgte den Darling 12 Meilen abwärts, dann 18 Meilen aufwärts, stellte fest, daß seine Umgebung großenteils eine salzgeschwängerte Wüste war, und kehrte nach dieser unerfreulichen Entdeckung zurück.

Im nächsten Jahre (1829) machte Sturt einen neuen Versuch, das Flußsystem des Darling aufzuklären. Er befuhr diesmal den Lachlan, erreichte auf diesem den tiefen, gleichmäßig strömenden Murrumbidgee und gelangte, diesem folgend, in den Murray, den er richtig als den Unterlauf des von Hume überschrittenen Hume-Flusses erkannte. Er verfolgte den Murray bis zu seiner Mündung in die Encounter-Bai und fand den Punkt des Zusammenflusses des Murray mit dem hier süßes Wasser führenden Darling auf. Die Rückkehr erfolgte unter großen Beschwerden den Murrumbidgee aufwärts.

Mit dieser Reise war die hydrographische Beschaffenheit des westlich vom Gebirge gelegenen Landes insoweit aufgeklärt, als man wußte, wohin sich die gefundenen Ströme ergießen; dagegen bestand über den Verlauf und die Entstehung des nördlichen Armes (Darling) und des südlichen Astes (Murray) noch Unklarheit. Diese Zweifel löste Thomas Mitchell, einer der bedeutendsten Forschungsreisenden in Australien, in den Jahren 1831—36. Seine erste Reise führte ihn 1831 nach dem Oberlaufe des Darling, für den der von Cunningham gefundene Barwan-Fluß gehalten wurde. Mitchell bestätigte diese Ansicht, fügte jedoch dieser einen Quellader des Systems auch die beiden anderen, den Meei- und den Namoifluß hinzu (den Peel-Fluß Oxley's und Evans'). Dagegen blieben die nördlichsten Zuflüsse Warrego und Balonne-Condamine vorläufig noch unbekannt. Auf der zweiten Reise traf Mitchell nahe der Stelle, wo vor acht Jahren Sturt salziges Wasser im Darling gefunden hatte, jetzt süßes an und errichtete hier das Fort Bourke, den jetzigen Endpunkt der Bahn Sydney-Bathurst-Bourke. Im folgenden Jahre (1836) führte Mitchell seine dritte Reise aus, diesmal nach dem Süden, dem bisher ganz unerforschten Gebiete südlich des Murrayflusses. Er reiste den Glenelg oder Nangeel, der sich in die Discoverybai ergießt, entlang aufwärts, zog dann östlich durch die schönen Wälder der südlichen Gebirgszüge, sah vom Berg Macedon, nördlich des jetzigen Melbourne, das Meer bei Port Phillip und gelangte über den Hume-Fluß nach der Ostküste zurück. Das durchwanderte Land, einen der frischesten und schönsten Teile Australiens, die jetzige Kolonie Victoria, nannte er Australia felix und fand hier die bis zu 140 m hohen Eukalyptusbäume, Farnbäume und den seltsamen Leierschwanz. Bei seiner Rückkehr war das Murrumbidgeethal schon von Ansiedlern und Viehherden bevölkert, ein Beweis des nunmehr rascheren Fortschrittes der Kultur.

Noch eine vierte Reise war Mitchell, allerdings fast ein Jahrzehnt später, 1845, beschieden. Auch diese war der Aufhellung der Hydrographie des großen australischen Stromsystems gewidmet und führte zur Entdeckung der Quellen der nördlichsten Nebenflüsse des Darling. Von Sydney aus begab sich Mitchell zuerst nach dem Balonnefluß, den er bis in seinen Oberlauf Condamine verfolgte, erreichte dann, in nordwestlicher Richtung weiterreisend, die Berggruppen des Mount King und Mount Faraday und fand in ihrer Nähe nicht nur die Quellen des Warrego und des Barcoo, sondern auch die des Nogoa, des Oberlaufes des Fitzroy-Flusses. Er verfolgte den Belyando, einen Zufluß des nördlich von 20° nördl. Breite mündenden Burdekin-Flusses. So stellte er nicht nur die Hydrographie des Darlingsystems endgültig klar, sondern drang weit darüber hinaus nach Norden und Westen, ja er verfolgte den Barcoo oder Victoria eine Strecke weit abwärts, bildete sich jedoch die unrichtige Meinung, daß dieser Strom in den Carpentaria-Golf falle. Mitchell stand also hier an der Schwelle des abflußlosen Inneren, dessen Erforschung überhaupt erst seit dem Anfang der vierziger Jahre in Angriff genommen wird.

b) Reisen von Süden aus.

Die Entdeckung des Mündungslandes des großen australischen Stromsystems gab Anlaß zur Gründung der Kolonie Südaustralien und der Stadt Adelaide im Jahre 1836; und diese wiederum hatten erneute Unternehmungen zur Erforschung der Umgebungen des St. Vincent- und Spencer-Golfes zur Folge. Den ersten größeren Vorstoß ins Innere machte Edward John Eyre, dessen Name mit Recht in dem Eyre-See verewigt worden ist. Im Jahre 1839 verfolgte Eyre den Spencer-Golf bis zur Nordspitze, entdeckte die Flinders-Kette und den Torrens-See, dessen Ausdehnung nach Norden unabsehbar war, und wendete sich dann südöstlich zum Murray, den er bis zur Mündung verfolgte. In demselben Jahre nahm er die Südküste des Spencer-Golfes auf und untersuchte die Gawler-Kette nördlich der Eyria-Halbinsel. 1840 zog er von Adelaide zu einer neuen Entdeckungsreise aus, um einen Landweg nach Perth in West- australien ausfindig zu machen. Zunächst erreichte er den Torrens-See; diesen fand er aus- getrocknet: die im vorigen Jahre dort beobachteten großen Wassermassen waren verschwunden. Infolgedessen kehrte Eyre an das Südende des Sees zum Mount Brown zurück, schickte seine Begleiter über die Eyria-Halbinsel nach dem Meere und holte selbst von Port Lincoln und Ade- laide frische Vorräte. Unter dem Schutze eines an der Küste fahrenden Begleitschiffes zog nun die Expedition von der Streaky-Bai westwärts immer der Küste entlang durch die öde mit Scrub (niederem Gebüsch) bestandene Wüste und fand dabei das Tallegalla-Huhn. Nach längerem Aufenthalte an der Fowler-Bai, von wo das Schiff nach Adelaide zurückgeschickt wurde, machte Eyre vergebliche Versuche, die Küste weiter zu verfolgen, und kam damit erst nach der Rückkehr des Schiffes im Januar 1841 und nach Beschränkung der Zahl seiner Begleiter auf vier zu stande, aber nicht ohne Verlust von dreien und nur unter zufälliger Beihilfe eines französischen Walfisch- fahrers. Erst nach mehr als viermonatiger Wanderung langte er am 30. Juni in Albany im König-Georg-Sund im westlichen Teile der Südküste an und begab sich auf dem Seewege von dort nach Adelaide zurück.

· Auf Eyre's Reisen im südaustralischen Seengebiet, bei denen er 1840 auch die Südseite des Eyre-Sees, den er jedoch für eine Fortsetzung des Torrens-Sees hielt, aufgefunden hatte, folgten die Frome's 1843. Dieser zog dem Ostabhange der Flinders-Kette entlang und fand dort die- selben öden Ebenen wie Eyre im Osten sowie große salzige Schlammbecken, deren größtes Frome- See genannt worden ist. Auch Sturt, Brown, Stuart und Poole gingen von Süden aus; ihre Unternehmungen rechnen wir aber besser zur Erforschung des Inneren Australiens.

c) Reisen von Westen aus.

Etwas früher als in Südaustralien, nämlich 1829, wurden in Westaustralien, gleichzeitig an zwei Stellen, an der Mündung des Schwanflusses und am König-Georg-Sund, Ansiedelungen angelegt, dort Perth, hier Albany. Von diesen Orten aus wurden Vorstöße ins Innere gemacht, zuerst in das Thal des oberen Schwanflusses, in die Darlingberge und nach den Bergketten nörd- lich von Albany, der nach dem Gründer der Kolonie Stirling benannten Kette. Besonders aus- gezeichnet hat sich dabei Leutnant Dale, dessen Eifer die so rasche Untersuchung zu verdanken ist, und dem es schon 1830 gelang, über den Avon, den Oberlauf des Schwanflusses, hinaus fast 160 km weit ins Innere vorzudringen. In demselben Jahre (1830) ging Kapitän Bannister von Perth über Land nach Albany. Was man im Inneren fand, war im ganzen wenig erfreulich, spärliche Vegetation in den wenigen wasserführenden Flußthälern, viel Scrub, wüstenartige Gegenden mit Salzseen und Öde ringsum.

Trotzdem wurden die Versuche, ins Innere vorzudringen, fortgesetzt, von Roe 1836, Londor und Lefroy 1842 im Gebiet der Flüsse Hotham und Arthur und 1848 von Roe dem Avon entlang und zur Südküste östlich der Stirlingkette. Dann aber trat hier eine Pause bis zum Jahre 1861 ein, und auch die Unternehmungen von Harper, Clarkson und Dempster 1861, Lefroy, Edwards und Robinson 1863, Hunt 1864 und der Brüder Dempster 1865 hatten im allgemeinen nur den Erfolg, die Größe der Schwierigkeiten zu zeigen, die dem Reisen im Inneren entgegenstehen

Weit erfolgreicher waren die Unternehmungen im nördlichen Teile der Westküste. Hier sind vor allem die bedeutenden Reisen des Kapitäns Grey (seit 1839) zu erwähnen. Schon 1837 hatten Grey und Lushington von der Collier-Bai aus einen vergeblichen Versuch gemacht, in das Tasman-Land einzudringen, 1839 den Gascoynefluß entdeckt und infolge Schiffbruchs an der Gantheaume-Bai die Küste von hier bis Perth mühsam begangen. Ihre günstigen Schilderungen des Landes veranlaßten dessen Untersuchung 1840. Doch entsprachen die Ergebnisse nicht den Erwartungen. Immerhin wurde die Aufmerksamkeit auf den Nordwesten gelenkt.

Daher zog A. Gregory 1846 mit Helpman von Toodyay über den Brown-See zum Jackson-Berge, sah auch den von Hillmann kurz vorher entdeckten salzigen Moore-See und untersuchte 1847 das Land zwischen dem Schwan- und Arrowsmith-Fluß genauer. 1848 nahm er, von der Regierung beauftragt, das Küstenland nach Norden hin weiter zu erforschen, den Murchison-Fluß auf, war aber wegen der Öde des nördlicheren Landes nicht im stande, nach dem Haien-Sund ‚Sharks-Bai‘ durchzubrechen. Dies gelang ihm erst 1852 auf einer neuen Reise. Endlich entdeckte Austin 1854 den Austin-See und erreichte den Murchison, vermochte aber nicht, von dort zum Haien-Sund zu gelangen.

Weiter ins Innere einzudringen, ist erst Frank Gregory, Sholl, Alexander Forrest und Giles gelungen; doch fallen diese Reisen in eine spätere Zeit.

C. Die Erforschung des Inneren.

Die Erforschung des Inneren Australiens konnte erst in Angriff genommen werden, nachdem die Randlandschaften, vor allem der Osten und Süden bekannter geworden waren, und nachdem man sich im Anschluß daran mit der Natur des Übergangsgebietes von den Küsten nach dem Inneren vertrauter gemacht hatte.

Da das Stromgebiet des Darling und Murray erst zu Anfang der dreißiger Jahre genauer untersucht worden ist und man im Süden und Westen fast überall sogar schon unmittelbar an der Küste ein abschreckend ödes, anscheinend nichts versprechendes Land fand, muß man sich noch wundern, daß die ersten ernstlichen Vorstöße ins Innere schon so früh, nämlich im Jahre 1844, gemacht worden sind. Der erste, der es wagte, das unbekannte, vielfach wasserlose Innere zu bereisen, war der berühmteste und wegen seines tragischen Schicksals bekannteste aller australischen Forschungsreisenden, ein Deutscher, Dr. Ludwig Leichhardt (s. Abbildung, S. 25). Am 23. Oktober 1813 zu Trebatsch bei Beeskow in der Mark Brandenburg geboren, begab er sich nach umfassenden philologischen und naturwissenschaftlichen Studien 1841 nach Australien und bereiste hier in den folgenden Jahren das östliche Gebirge zwischen dem Hunterfluß und Brisbane. Hierdurch vorbereitet, trat er 1844 von der Moreton-Bai aus seine erste große Reise an. Als Ausgangspunkt wählte er die Ansiedelung Jimba bei dem jetzigen Dalby. Er verfolgte

zunächst ben Condaminefluß, wandte sich bann nach dem Süden des Berglandes von Queens=
land, überschritt die Ströme Dawson, Mackenzie und Isaac, deren Zusammenhang zum Strom=
system des Fitzroy er jedoch nicht erkannte, und trat dann in das Flußgebiet des Belyando über.
Diesem folgte er abwärts, den Burdekin bis zur Quelle aufwärts und zog endlich im Strom=
gebiete des Lynd und Mitchell bis zum Carpentaria=Golf. Hierauf umging er den ganzen Car=
pentaria=Golf bis zum Roperfluß an der Westseite, verfolgte diesen nach Westen und erreichte
endlich den Alligatorfluß, unter Port Essington, von wo er sich nach Sydney einschiffte. Auf
dieser gewaltigen Reise entdeckte er nicht nur die Bergländer Nord=Queenslands und

beging die Küsten des Car=
pentaria=Golfes, sondern fand
vor allem die Mittel zum Ein=
bringen in den Kontinent selbst.

Im Oktober 1846 beschloß er,
Australien von Osten nach Westen
zu kreuzen, ein Unternehmen, von
dem er nicht zurückkehren sollte.
Von Newcastle am Hunterfluß aus
erreichte er über die Darlingniede=
rungen die Peakkette, gab hier
wegen Mangels an Lebensmitteln
die Reise vorläufig auf, setzte sie
aber im Dezember 1847 mit frischer
Ausrüstung fort und zog von den
Darlingniederungen nach Westen
über den Maranoa zum Barcoo.
Seit dem 3. April 1848, wo er
aus Macpherson's Station am Co=
goon nach der Küste schrieb, ward
nichts mehr von ihm gehört. Wie
weit er noch ins Innere gedrungen,
ist niemals bekannt geworden, und

Dr. Ludwig Leichhardt. (Nach C. A. Zucholb.)

sein sowie seiner Gefährten Classen, Hentig und anderer Los ist bisher nicht aufgeklärt worden.
Die Aussagen der Eingeborenen über den Untergang der Expedition widersprechen sich, mehrfach
aufgefundene angebliche Spuren erwiesen sich als unsicher. Am wahrscheinlichsten ist, daß Leich=
hardt in der Gegend des Flinders=Flusses südlich des Carpentaria=Golfes umgekommen ist, wo
Walker 1861 und Mac Intyre 1864 auf verhältnismäßig zuverlässige Spuren gestoßen sind.

Das Verschwinden der Leichhardtschen Expedition führte zu einer Reihe von Unternehmungen
zu seiner Auffindung; sogar eine Leichhardt=Association wurde 1857 gegründet. Da Leichhardt
selbst 1848 die Ansicht ausgesprochen hatte, seine Reise werde drei Jahre dauern, so fing man
in Sydney erst 1852 an, sich zu beunruhigen. Nach einer verunglückten Expedition unter Haly
1852 wurde 1858 August Gregory ausgesandt, um Leichhardt's Spuren zu verfolgen, aber erst
1861 und 1864 gelang es Walker und Mac Intyre, halbwegs sichere Anzeichen aufzufinden.
Im Jahre 1869 machte man von Westaustralien aus einen nochmaligen vergeblichen Versuch, und
von Zeit zu Zeit meldeten sich immer wieder Leute, die Reste der Leichhardtschen Expedition auf=
gefunden haben wollten. Der Squatter Skuthorpe behauptete 1880 sogar, seine Tagebücher ent=
deckt zu haben; doch stellte sich diese Behauptung, wie die mancher anderer, als Schwindel heraus.

Eine zweite Unternehmung traurigen Geschickes war die Kennedy's, der ebenfalls 1848 von der Rockinghambai aus ins Innere vorstoßen wollte. Mit der Übersteigung der Küstenkette verlor er gleich zu Anfang viel Zeit, und als er endlich das Quellgebiet des Mitchell erreicht hatte, gingen die Vorräte auf die Reige, so daß Kennedy die Charlotte-Bai aufsuchen mußte. Als er von hier aus der Küste nordwärts entlang zog, fiel er kurz vor Kap York den Eingeborenen zum Opfer.

Als Leichhardt seine erste erfolgreiche Reise um den Carpentaria-Golf machte, waren auch im Süden des Kontinents mit großem Erfolge Brown, Stuart und Poole unter der Leitung Sturt's thätig. Im August 1844 von Adelaide nach dem Darling aufgebrochen, erforschte Sturt's Expedition zuerst die Stanley- und Grey-Kette zwischen diesem und der Flinders-Kette, erreichte die großen Seebecken unter großen Beschwerden in ihrer wasserlosen Umgebung, den Eyre-See und andere, und drang sogar nordöstlich davon durch die öde Wüste ins Innere vor, wobei der Cooper Creek entdeckt wurde; erst in 25° südl. Breite kehrte die Expedition wegen der völligen Wasserlosigkeit dieses Gebietes um.

Trotz dieser übeln Erfahrungen gab man die Bemühungen, ins Innere vorzudringen, nicht auf. Zwischen dem Spencer-Golf und dem Torrens-See sowie westlich davon war 1857 Swinden thätig, während Warburton das Land zwischen dem Spencer-Golf und der Streaky-Bai untersuchte. Hack, Harris und Miller zogen von der Streaky-Bai nach dem Gairdner-See, McDouall Stuart untersuchte die Umgebung der Seen Younghusband und Gairdner sowie die Gawler-Berge. Warburton, Hooker, Babbage, Harris, Hergolt und Mariner lagen der topographischen und naturwissenschaftlichen Untersuchung dieser Gegenden ob. Die Expedition von Babbage und Bonner wurden bereits dadurch veranlaßt, daß die auf dem Flinders-Gebirge angesiedelten Hirten keine Weidegründe mehr finden konnten; sie entdeckte 1856 das Thal des MacDonnell-Flusses. Diesen Fluß verfolgte Goyder 1857 bis zu seiner Mündung in den in jenem Jahre wasserreichen Gregory-See, der bereits in demselben Herbst von Freeling wieder ganz verschlammt gefunden wurde. Auch in den folgenden Jahren traf man noch mehrere kleine Seebecken an. Die bedeutendste Reise zu dieser Zeit war aber die McDouall Stuart's 1859. Vom Torrens zog dieser über den Eyre-See zu der nach ihm genannten Bergkette, besuchte dann den Younghusband- und den Gairdner-See und kehrte endlich der Küste entlang nach Adelaide zurück.

In das Ende der fünfziger Jahre fallen auch die bedeutenden Reisen Frank Gregory's und A. C. Gregory's in West- und Nordostaustralien, von denen die Frank Gregory's nach dem Murchison-Fluß und A. C. Gregory's Durchquerung der Wüste nördlich des Murchison-Flusses bereits erwähnt worden sind. Im Jahre 1855 brach A. C. Gregory mit seinem Bruder H. C. Gregory, Elson, dem Botaniker Baron von Müller, Thomas Baines und dem Geologen Wilson zur Untersuchung des von Wickham entdeckten Victoria-Flusses in Nordwestaustralien auf, kreuzte an dessen Mittellauf die Basis der Halbinsel Arnhem-Land und zog der Südküste des Carpentaria-Golfes entlang, in der Entfernung von etwa 150 km vom Meere, in umgekehrter Richtung zu Leichhardts Route nach Osten, bis er 1856 bei der Moreton-Bai, in Queensland anlangte. Zwei Jahre später, 1858, wurde A. C. Gregory mit der Aufsuchung von Spuren Leichhardt's betraut, fand solche am Barcoo-Flusse, verfolgte diesen und seinen rechten Nebenfluß Thomson und zog über den kleinen Gregory-See, das vermeintliche Ostende des Eyre-Sees, nach Adelaide. Hierbei wurden die Flußläufe des Barcoo-Victoria und Cooper-Creek genauer untersucht und die Mündung des Strzelecki-Creek in den Blanche-See festgestellt.

Unterdessen hatte 1857 Frank Gregory das Thal des mittleren Murchison genauer erforscht und führte nun 1858 eine wichtige Reise in das Innere Westaustraliens aus. Er entdeckte den Nairn-Berg, überschritt die Wasserscheide zwischen Murchison- und Gascoyne-Fluß und verfolgte ben Lyons=Fluß und den Gascoyne selbst, am Augustus=Berge vorbeigehend, bis zur Mündung. Wichtiger noch waren die Ergebnisse seiner zweiten Reise 1861, die zwei Vorstöße ins Innere zur Folge hatte, einen von der Nichol=Bai fast bis zur Quelle des Fortescue und dann süd= lich durch das Thal des Ashburton zurück; den zweiten nach den neugefundenen Flüssen Yule und de Grey bis zum Macpherson=Berge, dem fernsten in dieser Gegend bis jetzt erreichten Punkte.

Alle diese Reisenden im Süden, Westen, Nordwesten und Norden waren von der Küste aus immer nur auf verhältnismäßig geringe Entfernungen ins Innere eingedrungen: nur Gre= gory war bei seiner Reise am Barcoo und Cooper Creek weiter gekommen. Da die Erforschung des Inneren somit nicht viel weiter gediehen war, so wünschte man immer sehnlicher eine Durch= forschung, wenn möglich Durchkreuzung des Inneren. Diese Bestrebungen gewannen Ge= stalt, als die Kolonie Victoria beschloß, sich den Anstrengungen der übrigen Kolonien anzu= schließen. Eine bemittelte Gesellschaft trat 1858 in Melbourne zusammen und übertrug die erste große Reise dem thatkräftigen Robert O'Hara Burke. Leider krankte diese Expedition schon von vornherein an zu breiter Ausrüstung, indem sie z. B. zum erstenmal Kamele benutzte, über die man in Australien bisher keine Erfahrung gesammelt hatte. In der That verlief sie, wenn auch infolge einer Verkettung merkwürdiger Zufälle, äußerst unglücklich. Im Oktober 1860 ver= ließ Burke Meninbie am Darling und ließ hier zunächst Wright, am Cooper=Creek dann Brahe zurück, beide mit Lebensmittelniederlagen. Mit Wills und zwei anderen überschritt er selbst das Cooper=Delta und die Steinige Wüste, entdeckte den Burke=Fluß, überstieg die Wasserscheide zum Flinders=Fluß und gelangte, diesem folgend, bis an den Carpentaria=Golf. Auf demselben Wege kehrte er zurück. Er führte somit die erste Durchkreuzung des Kontinents aus, bezahlte sie aber mit seinem Leben, denn Brahe hatte 24 Stunden, bevor die rückkehrende Expedition den Cooper erreichte, den Lagerplatz verlassen. Burke beschloß daher, den Strzelecki=Creek abwärts nach Südaustralien zu ziehen, bei diesem Versuche verhungerten aber Burke und Wills, während King von einer nach Brahe's und Wright's Rückkehr nach Melbourne von dort ausgesandten Expedition unter Howitt glücklich gerettet wurde.

Gleichzeitig gingen drei andere Expeditionen zur Aufsuchung Burke's ab. Von der More= ton=Bai aus begab sich Landsborough zur See nach dem Carpentaria=Golfe, drang vom Albert=Fluß aus südwärts ins Land ein, erforschte dabei den Gregory=Fluß, überstieg die Wasser= scheide zum Flinders=Fluß, fand dort Spuren von Burke und ging am Fluß bis an seine Quellen hinauf; darauf folgte er dem Thomson=Fluß bis zur Mündung in den Barcoo und erreichte end= lich den Darling im Jahre 1862.

Die zweite Unternehmung leitete Walker; von Rockhampton aus verfolgte er den Fitzroy bis zu seiner Quelle, kam an den Barcoo und von hier aus an die Quellen des Flinders. Darauf zog er leider wieder den Norman=Fluß entlang und kehrte über das Thal des Burdekin, wie Landsborough, ohne großen Erfolg zurück.

Bedeutender waren die Erfolge des dritten, zur Aufsuchung Burke's ausgezogenen Reisenden McKinlay. Dieser ging 1861 von Adelaide aus nach dem Cooper=Delta, wo er Burke's Tod erfuhr. Er beschloß daher, seine Reise fortzusetzen, erreichte über die Steinige Wüste den Burke= Fluß, den er, durch Hochwasser dazu gezwungen, auf dem linken Ufer bis zu den Quellen ver= folgte, und bereiste darauf den Leichhardt=Fluß, den bisher nur Gregory gesehen hatte, bis zum Carpentaria=Golf. Hierauf zog er östlich über das Quellgebiet des Gilbert=Flusses nach Bowen in Queensland.

Alle diese Reisen hatten, so wichtig sie auch waren, doch immer nur die Gegend östlich vom 135. Meridian berührt; dagegen war das Land zwischen Eyre=See und dem Arnhem=Land noch ganz unbekannt. Im Jahre 1860 aber tagte es auch hier, als J. McDouall Stuart die

Durchkreuzung des eigentlichen Inneren von Süden nach Norden gelang. Durch seine Reisen im Westen des Torrens-Sees für eine so schwierige Aufgabe wohl vorbereitet, aber mit einer nicht gerade reichen Ausrüstung brach Stuart im März 1860 von dem in das Südufer des Eyre-Sees mündenden Chamber-Creek auf, ging das Thal des Neales-Flusses aufwärts, überschritt die Wasserscheide gegen den Finke-Creek und die Höhenzüge des Inneren, MacDonnell- und Reynolds-Kette, bog dann nach Westen zum Denison-Berg ab und suchte den Victoria-Fluß zu erreichen. Dieses Vorhaben scheiterte aber an der Öde des Landes, und so verfolgte Stuart die nach Norden sich ausdehnenden Höhen und versuchte zum zweiten Male von der Shortkette aus nach Nordwesten durchzubrechen, jedoch mit demselben Mißerfolg wie früher. Am Attack-Creek wurde er durch die Eingeborenen zum Rückzug gezwungen, hatte aber immerhin den 19. Breitengrad erreicht.

Bereitwillig gewährte man ihm in Adelaide die Mittel zu einer zweiten Reise (1861), die aber auch noch nicht zum Ziele führte. Stuart drang zwar über den Attack-Creek bis zur Ashburton-Kette vor, scheiterte aber abermals an der Öde des sich davor ausbreitenden Tieflandes. Er kehrte zurück und brach, als ihm wieder Mittel bewilligt worden waren, mit vervollständigter Ausrüstung im Januar 1862 nochmals von der Westseite des Eyre-Sees auf, fand diesmal wirklich einen Weg durch das Tiefland zu dem Flusse Strangways und zum Roper und gelangte von dort aus nach Nordwesten zum Chambers-Golf. So hatte Stuart 1862 das gewünschte Ziel erreicht, starb aber bald darauf an den Folgen der Reisestrapazen.

Weitere Durchquerungen Australiens gelangen Mac Intyre zweimal in den Jahren 1864 und 1865—66, beidemal jedoch auf bekannteren Routen: einmal vom Cooper Creek zum Flinders-Fluß, das andere Mal vom Darling nach Burketown an der Nordküste; doch ist er auf dieser zweiten Reise am Flinders gestorben.

Die Reisen Stuart's sind für die Erschließung des Inneren Australiens ganz besonders deshalb von großer Bedeutung gewesen, weil sich die Kolonialregierungen entschlossen, längs seiner durch Weidelandstrecken und an einigen Quellen und Flußläufen vorüberführenden Route eine Telegraphenlinie quer über den Kontinent anzulegen. In den Jahren 1870 bis 1872 hergestellt, zieht sie von Port Augusta am Nordende des Spencer-Golfes am Westufer des Eyre-Sees vorbei, dann ungefähr unter dem 134. Meridian über die inneren Hochlandschaften nach Port Darwin, gegenüber der Melville-Insel, und findet dort Anschluß an das Kabel nach Banjuwangi in Ost-Java. Infolgedessen wurden ständige Ansiedelungen quer durch das Innere vorgeschoben und so Stützpunkte für weitere Reisen geschaffen.

Einer der ersten, der von diesen Stationen aus Teile des Inneren erforschte, war E. Giles, der 1872 mit Carmichael und A. Robinson vom Finke-Fluß und Chambers-Pillar über die MacDonnell-Berge etwa 400 km weit nach Westen vordrang und den Liebig-Berg sowie den Amadeus-See entdeckte. Im folgenden Jahre zogen William Gosse, Edwin Gosse, Berry und andere von den MacDonnell-Bergen nach Südwesten zum Amadeus-See und weiter, tief in die Wüste bis zum 126. Grad östl. Länge. Giles selbst legte in den Jahren 1873 und 1874 mit Tietkens und Gibson eine große Strecke in unbekanntem Lande über die Musgrave-Berge nach Nordwesten bis zum 125. Meridian zurück; und Warburton gelang es 1873 sogar, von der Station Alice Springs unter dem Wendekreis die Wüste in nordwestlicher Richtung zu durchqueren und den Grey-Fluß in Westaustralien zu erreichen. So ward der Westen zum ersten Male von Osten nach Westen durchschritten.

Gleich darauf reiste sich John Forrest in umgekehrter Richtung von der Westküste aus dem Inneren zu. Schon 1869 hatte er von Perth aus einen bedeutenden Vorstoß über die Salzseen Barlee und Carey nach dem Berg Weld in 123° östl. Länge gemacht und 1870 die lange Reise von Perth nach Adelaide an der Südküste entlang ausgeführt, was seit Eyre 1840 nicht wieder geschehen war. 1871 drang dann Alexander Forrest über den Lefroy-See im Südwesten bis zum 124. Meridian vor, und 1874 wagte sich John Forrest an die schwierige Aufgabe, von der Westküste aus die Telegraphenlinie zu erreichen. Mit seinem Bruder Alexander und vier anderen Begleitern sowie zwanzig Pferden brach er in April 1874 von der Champion-Bai auf, folgte dem Murchison-Flusse und zog dann südlich des 25. Breitengrades in fast rein östlicher Richtung zum Telegraphen, den er bei der Peake-Station unter 28° südl. Breite erreichte. Nach dieser Reise, die sechs Monate in Anspruch genommen hatte und die Öde und Trostlosigkeit der inneren Landschaften wiederum bestätigt hatte, kehrte er über Adelaide nach Westaustralien zurück. Diese Reise war die erste Durchquerung des Westens in der Richtung von Westen nach Osten.

Den beiden Durchkreuzungen der westlichen Wüsten durch Warburton und die Gebrüder Forrest fügte Giles noch zwei andere hinzu. Im Jahre 1875 brach er vom Torrens-See nach Westen auf und gelangte, immer im Süden der Route der Gebrüder Forrest, durch die besonders öde Wüste an der Grenze von Süd- und Westaustralien nach dem Moore-See und Perth. Im folgenden Jahre kehrte er, in der Hoffnung, besseres Land zu finden, vom oberen Ashburton-Fluß immer nördlich von der Route der Brüder Forrest, aber südlich des Wendekreises, nach der Telegraphenstation Alice Springs zurück. .

D. Neuere Reisen in Australien und Ozeanien.

Nach der mehrmaligen Durchkreuzung des Inneren Australiens in der Richtung von Westen nach Osten sowohl wie von Süden nach Norden handelte es sich nur noch um die genauere Erkundung der zwischen diesen Routen gelegenen Teile des Landes. Von Osten und Süden rückten die Hirten und Ansiedler mehr und mehr nach dem Inneren vor und nahmen immer neue unerkundete Landstrecken in Anspruch. Die Auffuchung guter Weidegründe blieb nach wie vor der bedeutendste Sporn zur Entdeckung neuen Landes, allein die Hoffnungen waren in Westaustralien in dieser Beziehung bereits sehr herabgestimmt, und die Aussicht auf Auffindung größerer Strecken zur Weide tauglichen Landes schwand immer mehr.

Einen der wenigst bekannten Teile Australiens, den Nordwesten, untersuchte im Jahre 1879 Alexander Forrest auf einer größeren Expedition und fand hier ungewöhnlich günstige Verhältnisse. Von der Nichol-Bai bis zur Beagle-Bai zog der Reisende nahe der Küste, erreichte auf diese Weise den Königs-Sund und verfolgte hier einen großen, für Dampfer 160 km weit schiffbaren Strom, den Fitzroy, an dessen Ufern nicht nur für Viehzucht, sondern auch für Ackerbau günstiger Boden vorhanden ist. Auch weiter nordöstlich, in der Umgebung des Victoria-Flusses erwies sich das Land als brauchbar, so daß dieser gesamte Distrikt bald mit Ansiedlern besetzt wurde. Vom Victoria-Fluß aber trat wieder der wasserlose öde Wüstentypus ein, so daß Forrest nur mühsam die Telegraphenlinie erreichte.

Ein ähnlich günstiges Resultat ergaben die Untersuchungen, die im selben Jahre 1879 Winnecke und Barclay im Nordosten von Alice Springs anstellten. Da ferner auch von Queensland aus Reisen nach der Telegraphenlinie, z. B. die von Boyd 1880, erfolgten, so wurde das Land auch östlich von ihr bald bekannter.

Von der Fowler-Bai in Südaustralien wurden 1875 Tietkens und Young ausgesandt, um die Gebiete bis zur Musgrave-Kette zu untersuchen, doch fand sich hier fast nur ödestes Wüstenland, so daß es nicht gelang, bis zu diesem Hügelzuge vorzudringen. Zu ähnlichen Ergebnissen kamen andere Expeditionen; im ganzen aber verminderte sich das unbekannte Land rasch, und die Kultur überzog Gebiete, die vor kurzem noch gar nicht bekannt gewesen waren. Hierher gehörte der Kimberley-Distrikt im Nordwesten, wo außer den fetten Weiden auch noch 1885 durch Hardman Gold gefunden worden war. Artesische Brunnen liefern jetzt mitten in der Wüste zum Teil sehr erhebliche Wassermassen, und die modernen Verkehrsmittel bringen ins Innere ein: auf dem Murray verkehren Dampfer, und die Eisenbahn ist bereits über den Eyre=See hinausgelangt.

So kommt es, daß selbst Gegenden von allgemein anerkannter wüster Beschaffenheit ihren Schrecken verlieren und sogar von Herden passiert worden sind. Von 1883—86 legte eine solche Herde von tausend Rindern, Schafen und Pferden den Weg von Neusüdwales über den Norden Australiens nach dem Kimberley=Distrikt glücklich zurück, 1886 umwanderte ein Schafhirt, Mazzini, mit seiner Familie und zwei Pferden die große australische Bucht von Osten nach Westen, und 1887 vermochten dreizehn Afghanen eine Anzahl Kamele von Westaustralien durch die ganze westaustralische Wüste nach Südaustralien zu bringen.

Dennoch ist es gerade dieses Gebiet, das noch der Erforschung spottet. Dieses auf den Karten als Great Victoria Desert bezeichnete Gebiet ist fast der einzige größere noch unbekannte Teil Australiens. Nur Giles hat dessen südlichen Teil gekreuzt, während die Route Forrest's seinem Nordrande entlangzieht, von Westen Forrest 1871 und Brooke 1875, von Süden Delisser und Hardwick 1865 sowie Tietkens und Young 1875 und Brooke 1886 Vorstöße gemacht haben.

Einen größeren Erfolg erzielte 1887 die erst 1892 bekannt gewordene Expedition von T. B. Browne und Gillett, der es gelang, in weniger als zwei Monaten von Perth aus die Tele=graphenstation Port Eucla an der Südküste zu erreichen. Sie fand auch selbst östlich der Hamp=ton=Ebenen noch genügend Wasser zum Betriebe der Viehzucht.

Weniger glücklich, wenn auch immerhin noch erfolgreich genug, ganz besonders für die wissenschaftliche Durchforschung der Großen Victoria=Wüste wichtig war die große australische Forschungsexpedition von 1891—92, deren Kosten der Forschungsmäcen Sir Thomas Elder trug und deren Leitung David Lindsay oblag. David Lindsay war seit längerer Zeit im Inneren thätig gewesen. Nachdem er schon 1885 den Finke=Fluß bis zu der Stelle, wo er sich in Sandhügeln verliert, erforscht und vergeblich versucht hatte, von dort aus nach dem Hayfluß durchzubrechen, gelang es ihm 1886, weiter im Norden von Alice Springs bis Lake Nash Sta=tion am Herbert=Flusse durchzukommen. Von hier aus zog er durch unerforschtes Gebiet nach der Telegraphenstation Powell Creek und gelangte endlich abermals nach Nordosten zum McAr=thur=Fluß im Süden des Carpentaria=Golfes, im ganzen eine für das Land östlich der Telegra=phenlinie wichtige Reise. In den Jahren 1887 und 1888 bereiste Lindsay sodann ihre nördliche Umgebung, indem er von Mitte September 1887 bis zum April 1888 von Palmerston im Nordterritorium über die Goldfelder 240 km südlich von Port Darwin nach der MacDonnell=Kette wanderte und erst nach längerem Aufenthalt im Rubinengebiete nach Adelaide gelangte.

Eine dritte Reise führte ihn 1889 in die Minendistrikte um Alice Springs, und 1891 wurde er mit der Leitung einer durch die Freigebigkeit Sir John Elder's ermöglichten Expedition be=traut. Diese sollte zwischen Giles' und Gosse's Routen von der Telegraphenlinie aus nach Westen in die Große Victoria=Wüste vordringen, vom 122. Meridian aber nordwärts zu den Quellen des Grey=Flusses durchbrechen und mit einem anderen, östlicheren und südlicheren Kurs zurückkehren, nicht ohne sich auch hier noch über das Schicksal Leichhardt's zu erkundigen. Leider sind die auf diese Expedition gesetzten Hoffnungen nicht völlig erfüllt worden, da die Teilnehmer zum Teil zu wenig Erfahrung besaßen und zu zahlreich waren. In der That hat sie nur wenige unbetretene Pfade begangen; am 1. Mai 1891 von der Telegraphenlinie ausgehend, zog sie zuerst in westlicher Richtung fort, mußte dann aber nach Südwesten zu den Queen Victoria Springs ausweichen, durchkreuzte hier die Wüste zwischen 128 und 124° östl. Länge und erreichte die Küste am 14. Oktober an der Esperancebai in erschöpftem Zustande. Ein nochmaliger Versuch, von hier nach Norden vorzubringen, mißlang, und Mitte Dezember wurde die Expedition nach der Eisenbahnstation York, östlich von Perth, verschlagen. Darauf löste sich die Unternehmung Anfang 1892 auf, und Lindsay kehrte nach Adelaide zurück.

Dennoch sind die wissenschaftlichen Ergebnisse bedeutend: Lindsay erforschte die Gebiete zwischen 128½ und 132½° östl. Länge, nämlich dem Everard=Gebirge und dem Skirmish=Berg; der Feldmesser L. A. Wells gelangte von der Annean=Station östlich bis 27° 3′ südl. Breite und 124° 25′ östl. Länge und kehrte auf neuen Wegen zurück. Es wurde also einerseits in die unbekannte Wüste im Westen durch Wells und im Osten durch Lindsay Bresche gelegt, anderseits die Wüste in der Mitte von Nordost nach Südwest durchquert und die Route von Giles mit denen von Gosse und Forrest verbunden. Der zweiten Aufgabe wegen, die nördliche Wüste am Wendekreise zu durchqueren, ist Lindsay im April 1893, wiederum durch Sir John Elder ausgerüstet, abermals nach dem Westen aufgebrochen und im Mai 1893 an der Fowler=Bai in Südaustralien angelangt.

In Neuseeland und Tasmanien waren reine Entdeckungsreisen, mit Ausnahme von Fahrten in die Neuseeländischen Alpen (v. Haast, 1860—70), wegen der Zugänglichkeit dieser Inseln unnötig. Mit der rasch ins Innere vordringenden Kultur erweiterte sich die Kenntnis der geographischen Beschaffenheit dieser Inseln von selbst. Dagegen sind die melanesischen Inseln noch auf weite Strecken hin ganz unbekannt, und ihre Erforschung geht nur wenig über die Küsten hinaus. Am besten steht es hierin mit der Fidschi=Gruppe, die, seit zwanzig Jahren in britischem Besitz, von den Engländern so weit erforscht worden ist, daß auch ihr Inneres als bekannt gelten darf. Neukaledonien dagegen ist im Inneren noch keineswegs durchforscht, obwohl die Franzosen bereits seit 1853 festen Fuß auf der Insel gefaßt haben. Wenn selbst dieses nun schon seit 40 Jahren unter französischer Herrschaft stehende Land topographisch eigentlich nur an den Küsten bekannt ist, so ist es leicht begreiflich, daß die Neuen Hebriden und die Santa=Cruz=Inseln, die noch keiner europäischen Macht unterstellt sind, und die erst 1886 unter Deutschland und Großbritannien aufgeteilten Salomonen in Bezug auf ihre geographische Durchforschung so gut wie alles zu wünschen übriglassen: von diesen Inselgruppen sind häufig nicht einmal die Küsten, geschweige denn die inneren Landschaften genügend bekannt. Ebensowenig besitzen wir ein richtiges Bild von der Gestaltung der Küsten des Bismarck=Archipels, da namentlich die nördlichen und südlichen Küsten der Westhälfte Neupommerns noch der Aufnahme harren. Das Innere des größten Teils von Neupommern ist überhaupt noch nie von Europäern betreten, Neumecklenburg erst zweimal, durch Brown 1880 und den Grafen Joachim Pfeil 1888 an der schmalsten Stelle überschritten, von den Salomonen nur das kleine Buka im selben Jahr von Parkinson gekreuzt worden.

Unsere Unkenntnis weiter Teile der gewaltigen Insel Neuguinea ist fast noch größer. Erst seit 1885 sind infolge der Abgrenzung des britischen und deutschen Territoriums einige Fortschritte in der Erforschung der küstennahen Gebirgsketten gemacht worden; aber eine Überschreitung der Insel in der Querrichtung steht noch aus. Nachdem Neuguinea trotz seiner frühen Entdeckung und des häufigen Aufenthalts von Forschungsexpeditionen bis vor 25 Jahren fast unbekannt und von den Kolonialbestrebungen der europäischen Mächte unberührt geblieben war, machten zuerst einzelne naturwissenschaftliche Reisen Bernstein's, A. R. Wallace's und besonders die von Rosenberg's, eines Deutschen in holländischen Diensten 1869—71, den Westen Neuguineas besser bekannt. Gleichzeitig wurden auch die Nordküsten von dem Russen J. Miclucho Maclay 1871—72, dem Franzosen Raffray 1876—77 und die Südküsten von Miclucho Maclay 1874 und Chester 1870, namentlich aber von Beccari und d'Albertis (1871—73 und 1878) untersucht. Besonders d'Albertis hat durch die Befahrung des großen Flyflusses die Insel zum erstenmal bis tief ins Innere hinein, wenn auch nur auf einer Linie, erschlossen und sich dadurch große Verdienste erworben. Abgesehen von A. B. Meyer's Übergang über den schmalen Isthmus vor der Geelvinkbai

1873, beschränkten sich in den siebziger Jahren die Erforschungen auf die Aufnahme von Flüssen der Südküste, wie des Maikassa oder Baxter durch MacFarlane 1875, des Katau durch Maclay, des Dumba durch MacFarlane 1876. Geringeren Erfolg hatten Maclay, Laglaize und Brujin an der Nordküste, Lawes, Golbie und Chester an der Südküste im Westen der Flymündung, während Chalmer's und Gill's Reisen 1878—80 in der Gegend von Port Moresby durch eine anspruchs= lose Reisebeschreibung bekannter geworden sind. Während dieser Zeit und zu Anfang der achtziger Jahre lag die Erforschung der Küsten besonders in den Händen der Missionare von Doré im Nordwesten und Port Moresby im Südosten der Insel; doch waren die Fortschritte gering. Ein Aufschwung der geographischen Untersuchung datiert erst seit der Aufteilung Neuguineas unter Deutschland, Großbritannien und Holland im Jahre 1885. Seitdem ward in dem niederländi= schen Teil, dem Westen Neuguineas, zwar auch nur ein kleiner Fortschritt erkennbar, im Nord= osten und Südosten dagegen sind Deutsche und Briten gleich eifrig in der Erkundung der Küsten und ihres Hinterlandes gewesen und haben die Erforschung Neuguineas erheblich gefördert.

Nachdem Finsch bereits im Jahre 1882 die Küste des jetzigen Kaiser=Wilhelms=Landes be= fahren, begann nach der Bildung der Neuguinea=Kompanie die Einzeluntersuchung dieser Küste, an der zahlreiche kleinere Flüsse und 1885 durch Finsch der große Kaiserin=Augusta=Fluß auf= gefunden wurden, den die Schradersche Expedition 1886 bis westlich von 142° östl. Länge befuhr. Größere Landmärsche ins Innere wurden durch die Steilheit und Zerrissenheit des Gebirges, die Feindseligkeit und Scheu der Eingeborenen sowie namentlich durch den Mangel an Trägern verhindert; nur H. Zöller gelangte im Jahre 1888, vom Konstantinhafen aus dem Kabenau= flusse folgend, bis zu einer Höhe von 1525 m in der Finisterrekette.

Zugleich drangen die Engländer an der Südküste mit größerem Erfolge gegen das Innere vor; 1885 kamen Everill und Haacke den Stricklandfluß aufwärts bis nördlich von 6° südl. Breite, 1890 der Administrator von Britisch=Neuguinea, MacGregor, auf dem Fly= und Palmer= Flusse bis 5° 25' südl. Breite, so daß ein Zwischenraum von nur etwa 120 km zwischen diesem Punkte und dem westlichsten auf dem Kaiserin=Augusta=Flusse erreichten liegt. Aber gerade hier befindet sich die Hauptgebirgskette mit zerrissenen Bergen von mehr als 3000 m Höhe.

MacGregor ist es auch gelungen, im Mai 1889 den 4000 m hohen Victoria=Berg der Owen=Stanley=Kette zwischen Port Moresby und dem Huon=Golf zu ersteigen, der größte bis= herige Erfolg einer Landexpedition auf Neuguinea. Da jedoch der Rückweg nach Port Moresby genommen wurde, so ist es bisher noch nirgends zu einer Überquerung der hohen Gebirge des Inneren Neuguineas gekommen, und bei den großen Schwierigkeiten des Eindringens ins Innere wird wohl dessen Erforschung noch geraume Zeit auf sich warten lassen. 1890 bestieg Mac Gregor ferner den 3000 m hohen Yule=Berg oder Robio südlich von 8½ südl. Breite und entdeckte den tiefen Fluß Morehead nahe der holländischen Grenze, den er bis 8½° südl. Breite befuhr. Damit ist aber nur wenig für die geographische Erforschung Neuguineas geleistet worden, und es bleibt noch das meiste zu thun übrig.

Dem gegenüber sind die mikronesischen und polynesischen Inseln zu klein, als daß sie wirklicher topographischer Pionierforschung noch bedürften (s. die beigeheftete „Karte der Entdeckungsreisen in Ozeanien"). Ein großer Teil von ihnen, die meisten Karolinen, die Gilbert=, Marschall=, Lagunen=, Phönix=, Tonga= und Paumotu=Inseln sind leicht überschreitbare Korallen= eilande, die übrigen: die Samoa=, Cook=, Tubuai=, Tahiti= und Marquesas=Gruppen, sind meist wenig umfangreiche Vulkaninseln, deren eingehendes Studium zwar sehr erwünscht ist, auf denen jedoch topographische Forschungsreisen nicht mehr nötig sind. Auch die gut bekannten Ha= waii=Inseln haben durch die Großartigkeit ihrer vulkanischen Erscheinungen von jeher Geologen und Reisende angezogen und eine besonders sorgfältige Durchforschung durch J. Dana seit 1840,

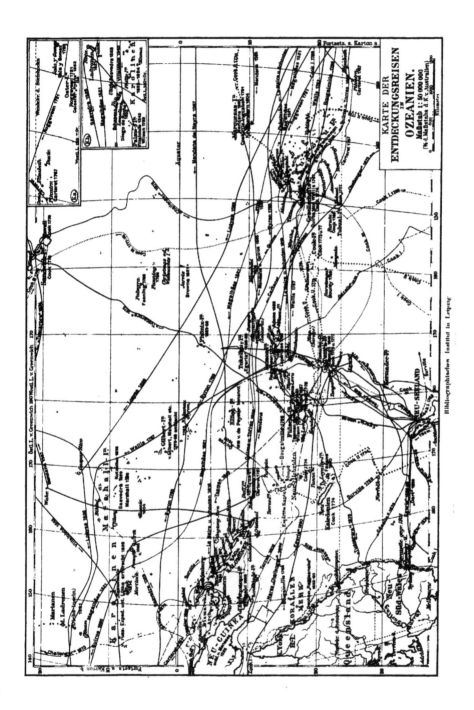

KARTE DER
ENTDECKUNGSREISEN
IN
OZEANIEN.
Maßstab 1 : 50 000 000
(½ d. Maßstab d. K. v. Australien)

Bibliographisches Institut in Leipzig

Brigham im Jahr 1865, Dutton 1882 in geologischer und Preston 1883 und 1887 in topo=
graphischer Beziehung erfahren.

Zu großem Nutzen für die Wissenschaft hat das Haus Cesar Godeffroy in Hamburg seit
dem Ende der sechziger Jahre Gelehrte und Sammler nach ihren Handelsgebieten auf den Süd=
seeinseln entsandt, um diese geographisch, naturhistorisch und ethnographisch bekannt zu machen.
Dieser Opferwilligkeit verdanken wir die vorzüglichen, meist im „Journal des Museum Godef=
froy' niedergelegten Arbeiten Dr. E. Graeffe's über Samoa, Kleinschmidt's über die Fibschi=
Inseln und Kubary's über die Karolinen, Palau=Inseln und die Marshall=Gruppe. Auch das
Haus Hernsheim hat für die Erforschung der Karolinen Bedeutendes geleistet.

Von Privatunternehmungen einzelner Gelehrten sind Semper's Untersuchung der Palau=
Inseln und Guppy's umfangreiche Studien an den Salomonen zu erwähnen. Die melanesischen
Inseln zogen besonders Botaniker an: Seemann besuchte 1860 die Fibschi=Inseln, Hollrung
und Warburg 1885 und 1890 Neuguinea; Buchner 1876 die Fibschi=Inseln und die Sand=
wichgruppe. Auf Neuseeland war eine Anzahl hervorragender Geologen thätig, besonders
J. v. Haast seit 1860, später Hector u. a. Zoologen besuchen gern Australien, wie v. Lenden=
feld 1881—86, Semon 1891—93, Haacke 1880—87. Im ganzen schreitet aber die wis=
senschaftliche Untersuchung Ozeaniens nur langsam fort. Endlich ist noch der Walfischfänger
und der Missionare zu gedenken, von denen jene manches zur Erkundung der Küsten, diese nament=
lich viel zur ethnographischen Kenntnis Ozeaniens beigetragen haben.

Aus dem Vorstehenden ergibt sich die Ungleichartigkeit der Entwickelung unserer geographi=
schen Kenntnis der einzelnen Länder Ozeaniens. Während von Neuguinea und den meisten mela=
nesischen Inseln kaum die Küsten bekannt sind, haben andere: Neuseeland, Hawaii, das besiedelte
Australien und die meisten polynesischen Inseln, bereits das Stadium der wissenschaftlichen
Einzelforschung erreicht. Man sollte denken, daß die hohe Kultur der seit fünfzig bis hundert
Jahren im Besitz der Europäer befindlichen Länder, also Australiens, Neuseelands und Tas=
maniens, zu dem höchsten Grade geographischer Erschließung, der Herstellung genauer Karten,
geführt habe. Allein die britischen Kolonien haben mit ihrer wirtschaftlichen Entwickelung bisher
noch so viel zu thun gehabt, daß zu eingehenden Aufnahmen meist jetzt erst die ersten Schritte,
und diese auch gewöhnlich bloß wegen des Nutzens von geologischen Karten gethan werden. „Die
Kolonien haben wohl Vermessungsämter", sagt M. Heinrich („Geographisches Jahrbuch' XIV),
„aber diese beschränken ihre Thätigkeit meist auf ausgedehnte Katasteraufnahmen, und von offi=
ziellen trigonometrischen und topographischen Vermessungen ist nicht viel die Rede." Einen
„Australian Atlas", etwa nach dem Muster des „Indian Atlas", haben wir nicht; ihn ersetzt
vorläufig noch Skene's Karte: „Continental Australia" und die „Map of Australia and New
Zealand" (Adelaide 1883). Einzelarbeiten über die Kolonien gibt M. Heinrich am oben genannten
Orte an; sie sind sämtlich lokalen Charakters und betreffen meist Bergwerksgebiete, größere Städte
und Verkehrseinrichtungen. Nur von Neusüdwales haben wir in den „Parish Maps" in 1 : 31,680
einheitliche Karten der Kirchspiele. Die geologischen Aufnahmen haben überall, mit Ausnahme
von Nordaustralien, begonnen, sind aber in Tasmanien wieder eingestellt worden; auf Neuseeland
werden nur die wichtigsten Punkte und Linien, Flußläufe, Seen, Waldgrenzen, Ebenen, Städte
festgelegt. Nur auf Hawaii ist seit 1870 ein Institut für Landesvermessung eröffnet, das eine
Übersichtskarte der Inselgruppe in 1 : 480,000, Spezialkarten der einzelnen Inseln in 1 : 60,000
und der Distrikte in 1 : 6000 herausgegeben hat. Die europäischen Kolonien in Polynesien,
Melanesien und Mikronesien entbehren noch genauer Landkarten, doch beschäftigen sich Kriegs=
schiffe und einzelne Privatgesellschaften, wie die Neuguinea=Kompanie, mit der Küstenaufnahme.

II. Allgemeine Übersicht.

Zwischen Afrika, Asien und Amerika liegt Australien, der kleinste Kontinent der Erde. Eine ausgedehnte Inselwelt schließt sich an denselben an. Letztere erstreckt sich von 113° östlicher Länge bis 130° westlicher Länge und von 24° nördlicher Breite bis 55° südlicher Breite über den Großen Ozean. Sie zerfällt in verschiedene Teile von ungleicher Größe, die sich als Polynesien, Mikronesien, Melanesien, Neuguinea=, Neuseeland= und Hawaii=Gruppe von dem australischen Festland aus über den Ozean nach Norden, Osten und Südosten ausbreiten. Der einheitliche Name Ozeanien für diese zahlreichen Inselgruppen, die von manchen für die Reste eines zertrümmerten Festlandes gehalten werden, ist in Deutschland wenig im Gebrauch, wird aber von den Franzosen allgemein angewendet. Hier soll er verwendet werden, sobald es sich um das gesamte Landgebiet der erwähnten Inselgruppen handelt; der Name Australien bleibt dem Festland allein.

Die Begrenzung Ozeaniens ist nicht überall deutlich. Auf der asiatischen Seite muß sie mehr oder weniger willkürlich gezogen werden; denn es führt eine Brücke von Inselreihen ohne Unterbrechung von Ozeanien nach Asien hinüber. Im Norden verläuft die Grenze zwischen Asien und Ozeanien zwischen den Bonin=Inseln und den Marianen, also auf dem nördlichen Wendekreis, sowie nördlich der zur Hawaii=Gruppe gerechneten Ozeaninseln; im Osten sind die Revilla=Gigedos, die Clipperton= und Cocos=Inseln, die Galapagos, San Felix, San Ambrosio und Juan Fernandez als zu Amerika gehörig auszuschließen; im Süden gehört die Macquarie=Insel unter 55° südl. Breite vor Neuseeland politisch zu Tasmanien; im Westen entstehen größere Zweifel über die Abgrenzung Australiens von Asien. Unter Hinweis auf das im Bande „Asien" unserer „Länderkunde" (S. 41) Gesagte legen wir die Grenze hier so, daß die auf der Untiefe zwischen Neuguinea und Australien gelegenen Aru=Inseln noch zu Ozeanien, die Kei=Inseln aber schon zu Asien gerechnet werden; ferner zählen wir die dem Sockel Neuguineas aufgesetzten Inseln Misol, Salwati, Waigéu noch zu Ozeanien. In diesem Rahmen, also unter Einschl... insel unter 109° westl. Länge und 27° südl. Breite und der Aru=Inseln vor Ne... Australien und Ozeanien ein Areal von 8,958,589 qkm, steht somit an Größe hinter Europa auch dann noch zurück, wenn wir diesem die engstmöglichen Grenzen anweisen. Die Größe der einzelnen Bestandteile dieser Länderräume ist sehr verschieden und nimmt von dem Festland Australien nach Osten und Norden hin allmählich ab.

Im Westen liegt der Kern unseres Ländergebietes, Australien (einschließlich Lord=Howe= und Norfolk=Insel), mit 7,627,892 qkm, der kleinste der Kontinente der Erde, aber als ein solcher zweifellos aufzufassen, während die nächstgroße Landmasse, Grönland, 2,169,750 qkm, weit gegen die für einen Kontinent ideell zu fordernde Größe zurückbleibt.

Südöstlich vor Australien erheben sich aus dem Meere Tasmanien, 67,894 qkm, ein ab= gelöstes Stück des australischen Kontinents, und in der Entfernung von 1500—1900 km die mit der Macquarie=Insel im ganzen 271,007 qkm große Neuseelandgruppe. Im Norden und Nordosten liegen die Inseln Melanesiens, deren größte, Neuguinea, die größte Insel der Erde, mit Nebeninseln und den Aru 815,706 qkm umfaßt. Alle übrigen Glieder Melanesiens: der Bismarck=Archipel, die Salomonen, die Neuen Hebriden, die Santa=Cruz=Inseln und

Flache Küstenlandschaft von Queensland. (Nach Lumholz.)

Neukaledonien sowie die Fidschi=Inseln mit allen ihren kleinen Nebeninseln zusammen haben nur 145,892 qkm Areal, also insgesamt noch nicht einmal soviel wie die Südinsel Neuseelands. Von dem Bogen aus, den die letztgenannten Inselgruppen um Australien im Nordosten be= schreiben, vermindert sich nun die Größe der Inseln des Stillen Ozeans nach Osten hin stetig. Östlich von den Fidschi=Inseln treten neben den häufigen Koralleninseln noch hohe größere Gruppen auf, die Samoa=, Tonga=, Cook=, Gesellschafts= und Marquesas=Inseln, während nördlich die Tokelau=, Phönix=, die nordöstlichen Manihiki=Inseln und endlich die weit im Osten liegenden niedrigen Paumotu=Inseln fast ausschließlich niedrige Koralleneilande sind. Alle diese faßt man unter dem Namen Polynesien zusammen; ihr Gesamtareal beträgt nur 9755 qkm. Diese Ziffer würde sich allerdings leicht ungefähr auf die dreifache Höhe bringen lassen, wenn man die 17,008 qkm großen Sandwichinseln oder die Hawaii=Gruppe, die äußersten nordöst= lichen Vorposten der ozeanischen Inselwelt, Polynesien hinzuzählen wollte; doch werden diese vielfach als besondere Gruppe gerechnet.

3*

Mit dem Namen Mikronesien bezeichnet man die Gesamtheit der kleinen Koralleninseln und der wenigen hohen Inseln im Norden Melanesiens, die als Gilbert= und Marshall=Inseln, Karolinen=, Palau=Inseln und Marianen oder Labronen bekannt sind; im ganzen 3435 qkm.

Lage und Umrisse. Das Festland Australien und die auf demselben Sockel stehende Insel Neuguinea scheiden den Indischen von dem Großen Ozean. Von einem flachen Meer an den Küsten begleitet, setzt sich der Sockel Australiens nordwärts über Neuguinea, das nur durch die Torres=Straße von dem Festland geschieden ist, fort. Von hier aus begleitet das Große Bar= rierriff die Ostküste Australiens bis über den Wendekreis hinaus. Ein bis 5000 m tiefes Meer trennt Neuseeland von dem Festland, und zwischen Neukaledonien, Neuguinea und den Neuen Hebriden liegen große Tiefen. Abgesehen von diesen, werden die einzelnen Teile der polynesischen Inselwelt durch geringere Tiefen miteinander verbunden. Nur zwischen den Karolinen und La= bronen liegt eine 6000 m übersteigende Tiefenrinne, mit einer Maximaltiefe von 8400 m an der Südspitze der Marianen, in der Umgebung der Tokelau=, Phönix= und Fanning=Inseln einzelne, 6000 m übersteigende Tiefen und östlich der Tonga=Inseln zwei Tiefen von 8284 und 8098 m. Im allgemeinen aber erreicht das Meer westlich des 170.° westl. Länge nicht eine Tiefe von 4000 m; erst östlich von den Samoa= und Tonga=Inseln wird es tiefer. Immer= hin steigen die polynesischen Inseln aus großen Tiefen empor und erheben sich augenscheinlich auf breiten und langen unterseeischen Bänken; dies tritt besonders bei den Paumotu=, Marque= sas=, Tahiti=, Tubuai= und Cook=Gruppen hervor, ist aber auch bei den meisten anderen an= gedeutet. Bei genauerer Betrachtung dieser Bänke und der Richtung, in der die Inselreihen selbst verlaufen, findet man, daß sie sich fast ausnahmslos von Südosten nach Nordwesten er= strecken. Man nimmt daher bestimmte gleichmäßig wirkende, tektonische Vorgänge, eine allgemeine Faltung des Untergrundes in der Richtung gegen Südwesten an. Diese Richtung halten nicht nur die Paumotu=, Marquesas=, Gesellschafts=, Cooks=, Samoa=, Manihiki=, Ellice=, Gilbert=, Mar= shall=Inseln, Neukaledonien, die Neuen Hebriden, die Salomonen und Teile des Bismarck= Archipels ein, sondern auch im äußersten Nordosten Hawaii und im Osten Neuguinea selbst und die ganze Nordostküste Australiens. Auch an der Süd=, West= und Nordküste des Festlandes ist diese auf der Erde überhaupt vielfach auftretende Richtung erkennbar (s. die Skizze auf der „Geo= logischen Karte" bei S. 42). In derselben Richtung verläuft die von der Nordinsel Neuseelands nach der Torres=Straße hinüberziehende Bank. Eine andere in Australien vorkommende Rich= tung der Landmassen, jene von Südsüdwesten nach Nordnordosten, erblicken wir in der Doppel= insel Neuseeland und den in ihrer nordöstlichen Fortsetzung liegenden Kermadec= und Tonga= Inseln, in Neupommern und an der Südost= und Nordwestküste Australiens. Indem sich nun beide Richtungen kreuzen, entsteht der scharfe Wechsel der australischen und neuseeländischen Küstenrichtungen, wobei häufig fast rechte Winkel gebildet werden.

Die einzelnen Inselgruppen sind voneinander zum Teil sehr weit entfernt, die Hawaii=Gruppe von den Marshall=Inseln 3200 km, diese von den Salomonen 1900 km, fast genau so weit wie die Salomonen von der Nordostküste Australiens und diese von Neukaledonien. Zwischen Bris= bane in Queensland und Auckland auf der Nordinsel Neuseelands liegt ein 2000 km breites Meer. Fast ebenso groß ist die Entfernung zwischen Sydney und Wellington. Von Sydney nach Wellington braucht man mit Dampfern 5, nach den Samoa=Inseln 9—10, von Neuseeland nach der Hawaii=Gruppe 14 Tage, während von letzterer das nordamerikanische Festland in 8—9 Tagen erreicht werden kann. Noch größer sind die Entfernungen in der von Nordwesten nach Südosten gerichteten Längsachse der Inselwelt des Großen Ozeans: von den Palau=Inseln nach dem Südostende der Paumotu hat man 10,600 km, also mehr als ein Viertel des Erd= umfanges, und bis zur Osterinsel sogar 12,750 km zurückzulegen.

Umriſſe. Das Feſtland Auſtralien entſpricht einem Sechseck, deſſen nordweſtlichſter Punkt das Nordweſtkap oder Kap Blaming in 21° 45′ ſübl. Breite und 114° öſtl. Länge liegt. Die Südweſtecke wird durch Kap Leeuwin bezeichnet. Die Süd= und zugleich Südoſtſpitze iſt Wilſon Promontory in 39° 10′ ſübl. Breite und 146° 30′ öſtl. Länge, das Oſtende Kap Sandy auf einer Küſteninſel in 25° ſübl. Breite und 153° 45′ öſtl. Länge. Im Norden ſpringen die Halbinſeln York und Nordauſtralien, die den ſeichten Carpentaria=Golf umſchließen, gegen Neu= guinea vor, von denen die erſtere am Kap York an der Torres=Straße 10° 50′ ſübl. Breite erreicht; im äußerſten Süden erſtreckt ſich, durch die Baß=Straße von Auſtralien getrennt, die Inſel Tasmanien mit dem Südkap bis 43° 40′ ſübl. Breite. Von Weſten nach Oſten dehnt

Steilküſte am Hafeneingang von Sydney. (Nach Photographie)

ſich Auſtralien über 4080 km, von Norden nach Süden an der breiteſten Stelle, zwiſchen Kap York und Wilſon Promontory, über 3190 km aus, an der ſchmalſten, zwiſchen dem Carpen= taria= und Spencer=Golf, über 1700 km.

Als Halbinſeln ſind nur Arnhem=Land und York im Norden, Dampier=Land im Nord= weſten, Edel=Land im Weſten ſowie die den Spencer=Golf im Oſten abſchließende York=Halb= inſel im Süden zu rechnen. Dem entſprechend iſt die Zahl der Buchten gering, da außer dem flachen Carpentaria=Golf nur noch der Vandiemens=Golf, Cambridge=Golf und Kings=Sund im Nordweſten, die Sharks=Bai im Weſten und der Spencer= und St. Vincent=Golf im Süden als bedeutendere Küſteneinſchnitte gelten können; von Einfluß auf die Geſtalt des Kontinents ſind nur der Carpentaria=Golf und die große, aber ſehr flach gewölbte Auſtralbucht im Süden.

Die Küſteninſeln ſind klein, und es gibt ihrer nur wenige. Abgeſehen von Tasmanien, wären nur Kangaroo vor dem St. Vincent=Golf, Melville, Bathurſt, Groote Eylandt vor

Arnhem=Land, Frazer und Moreton an der Ostküste zu erwähnen; die australischen Halbinseln besitzen kaum 110,000, die Inseln etwa 85,500 qkm, beide zusammen 195,500 qkm Areal. Dies ergibt ein Verhältnis der Glieder zum Stamm von 1 : 39. Es ist somit Australien zwar reicher als Südamerika und Afrika gegliedert, bleibt aber gegen die übrigen Kontinente sehr zurück.

Die Küsten Australiens sind im allgemeinen gradlinig und ohne viele Gliederung, aber im einzelnen doch sehr abwechselungsreich gestaltet. Auf die völlig flachen, verschlammten, von Mangroven bestandenen Küsten des Carpentaria=Golfes folgen die zerrissenen, steilen, klippigen Küsten des Arnhem=Landes, mit dem guten Hafen Port Darwin. Diese Küstenform macht erst vom Kingsund an einer fast hafenlosen, versandeten Flachküste (s. Abbildung, S. 35) Platz, die

Terrassenbildungen an der Maclay=Küste von Neuguinea. (Nach O. Finsch.)

dann an der Südwestseite des Kontinents wieder in eine hafenreichere übergeht. Darauf folgt an der Südküste ein zwar steiler, aber fast hafenloser, nur vom König=Georgs=Sund und St. Vincent=Golf unterbrochener Strand. Östlich vom Kap Otway wird eine echte Steilküste (s. Abbildung, S. 37) mit ausgezeichneten Häfen, unter denen Port Phillip, Western Port und Port Jackson obenan stehen, angetroffen; auch Tasmanien erfreut sich guter Häfen. Von Sandy Cape, der Ostspitze Australiens, an lagert sich dann der sonst guten und hafenreichen Küste das große Barrierriff vor, das nur in engen Gassen mit Gefahr zu passieren ist. Überdies enthält das zwischen dem Riff und der Küste liegende Meer Klippen und Untiefen in so großer Zahl, daß der Nutzwert der Häfen, z. B. von Cooktown, sehr beeinträchtigt wird.

Das große Barrier= oder Australriff hat eine Länge von über zwölf Breitegraden, ist aber nur 300—2000 m breit. Im Süden beträgt seine Entfernung von der Küste 100—180 km, im Norden nur 40—60 km; überall aber wiederholt es die Vorsprünge und Einbuchtungen der

Küste und schmiegt sich ihrer wechselnden Richtung an. An Stellen, wo an der Festlandküste Flüsse münden, ist das Riff durch Lücken unterbrochen, da der Einfluß des süßen Flußwassers den Korallen schädlich ist. Leider sind die meisten von diesen Durchgängen schmal und gewunden und nur wenige für große Schiffe passierbar. Nach außen fällt das Riff besonders in den mittleren Teilen sehr steil ab, während im Norden und Süden diese Abdachung sanfter ist. Zur Inselbildung kommt es auf dem Riff nur selten: der größte Teil davon ragt nur bis zum Meeresspiegel empor und ist daher für die Schiffahrt doppelt gefährlich, und die vorhandenen Inseln sind nur klein. Das Meer zwischen Riff und Festland ist seicht, vielfach von Riffen durchsetzt und daher gefährlich, doch bieten breite Lücken zwischen den Korallenbauten Gelegenheit zur Durchfahrt. Nach Norden zu verringert sich die Tiefe zwischen Riff und Küste, ebenso wie ihre Entfernung voneinander von 110 m im Süden bis zu 20 m im Norden. Die Abdachung des Barrierriffes nach der Küste zu ist durchaus sehr sanft. Außerhalb des großen Australriffes setzt sich die Riffbildung in der sogenannten Korallensee fort, die erst bei der Annäherung an Neukaledonien und Neuguinea in Tiefen von über 2000 m abfällt und eine Menge von Atollen aufweist, über denen es nur selten zur Inselbildung gekommen ist. Das Australriff reicht in den südöstlichen Teil der Torres-Straße hinein, die im Westen Inseln aus altem Eruptivgestein, im Osten erloschene Vulkane birgt und außerdem so von Riffen erfüllt ist, daß die Durchfahrt Schwierigkeiten bietet. Von Neuguinea her erstreckt sich das Warrior-Riff südwärts bis gegen die Mitte der Torres-Straße; doch umlagern auch in dem südlichen Teil die Inseln Jeaka, Saffie, Warraber sowie weiter westlich die Clarence- und Prince-of-Wales-Inseln so zahlreiche Riffe, daß bis 142° westl. Länge nur schmale Kanäle zwischen ihnen übrigbleiben. Dabei ist auch das Meer zwischen dem großen Barrierriff und den Clarence-Inseln seicht: die Tiefe übersteigt hier selten 20, nie 50 m; ja, an der Küste von Neuguinea sowie zwischen den Clarence- und Prince-of-Wales-Inseln nimmt sie bis zu 10 m ab. Auch das ganze Neuguinea von Australien trennende Meer, die warme Arafurasee und der Carpentaria-Golf sind so seicht, daß 100 m Tiefe nur selten erreicht wird und die 200 m-Linie die Aru-Inseln einschließt und sich Timorlaut und Timor erheblich nähert.

Die Gestalt Neuguineas wird durch ein hohes nordwestlich streichendes Gebirge beherrscht, dem sich im mittleren Teile des Südens die Fortsetzung der australischen Kordillere und ein großes Flachland, das Mündungsgebiet des Flyflusses vorlegt. Demgemäß hat auch die Südseite Neuguineas, mit Ausnahme des Teiles zwischen dem Papuagolf und der Ostspitze, an dem sich das Gebirgsland an das Meer drängt und eine Steilküste erzeugt, flache, sandige, verschlammte Küsten. Im Westen gliedert ein schmaler Isthmus eine Halbinsel ab, die durch den Bero- oder MacCluer-Golf in zwei fast gleiche Teile zerschnitten wird; hier wechseln Flach- und Steilküste, je nachdem Schwemmland dem vielfach an die Küste herantretenden Bergland vorgelagert ist oder nicht. Jenseits der Neuguinea von Waigéu scheidenden Dampier-Straße folgt an der Nordseite eine hohe waldbedeckte Küste, die erst am Ostufer der tief in den Hals Neuguineas einschneidenden Geelvink-Bai wieder in eine Flachküste übergeht. Von Kap d'Urville an aber bleibt die Nordostküste Neuguineas, vor der eine Reihe zum Teil noch nicht erloschener Vulkaninseln liegen, Steilküste bis zum Südostende, nur hier und da an den Mündungen der Flüsse durch Strandebenen unterbrochen. Hier finden sich bastionartige Terrassen an der Küste, von denen eine bei Finsch-Hafen den Namen Fortification Point erhalten hat (s. Abbildung, S. 38). Über diese Küste sagt O. Finsch ('Samoafahrten'): „Hinter dem mit Buschwerk, seltener einem Baumgürtel begrenzten, nicht sehr ausgedehnten Ufersaum erhebt sich das Land in drei bis vier horizontalen, scharf abgesetzten Terrassen, die auf ihrem Scheitel breite Grasflächen bilden, deren oberste sanft ansteigend allmählich mit dem Hauptstock des Küstengebirges verläuft. Das letztere ist sehr steil, dicht bewaldet, aber an seiner Basis, zuweilen weit hinauf, mit Gras bekleidet, wie die Terrassen

ſelbſt, bie, von zahlreichen Schluchten durchſchnitten, nur längs bieſer Baumpartien oft längere
bewaldete Säume zeigen. Die Höhe der Terraſſen mag zwiſchen 800—1000 Fuß betragen, ſinkt
aber an manchen Stellen bedeutend herab, ſo daß bie erſte Terraſſe zuweilen das Meeresufer
ſelbſt bildet. Ein paar Meilen öſtlich von Teliata Huk zeigte ſich bieſe merkwürdige Bilbung wie
mit einem Schlage in prägnanteſter Weiſe und ſetzte ſich ununterbrochen über 20 Meilen weit
nach Oſten fort, ein Amphitheater, wie ich es nirgends in Neuguinea, ja überhaupt der Welt
zu ſehen bekam." Dieſe Terraſſen beſtehen aus Korallenkalk. Auch in den Strandriffen tritt

Steilküſte „White Cliff' bei Taranaki auf Neuſeeland.   (Nach Photographie.)

bieſer an der Küſte auf und begleitet überhaupt die Nordküſte von den Verräterinſeln und der
Geelvink=Bai bis zur Aſtrolabe=Bai, wenn auch nicht als geſchloſſenes Riff, wie im Süden Neu=
guineas. Auf der ganzen Küſte vom Papua=Golf bis zur Südoſtſpitze zieht ein balb übermeeri=
ſches, durch einen tiefen Kanal von der Küſte getrenntes, balb (weiter im Südoſten) unterſeeiſches
Riff ben Strand entlang.

Auch die Küſten des Bismarck=Archipels und der Salomonen ſind grüne, mit dichtem
Walde beſtandene Berge von großer Schönheit. Einbuchtungen bazwiſchen bilden gute Häfen,
deren Wert allerdings durch bavorgelagerte Korallenriffe vielfach beeinträchtigt wird. Auch Neu=
kalebonien wird in ſeiner ganzen Ausbehnung von einem gewaltigen Riff begleitet, bas die
Annäherung an bie ſteilen Küſten ber langgeſtreckten Inſel erſchwert; basſelbe gilt von ben
meiſten hohen polyneſiſchen Inſeln. Die niedrigen ſind meiſt ſelber Korallenriffe. Faſt alle

hohen Inseln Polynesiens und Mikronesiens haben dicht bewaldete, landschaftlich teilweise sehr schöne Steilküsten. Auch Neuseelandsküsten sind überwiegend steil; hier fehlen aber wegen der Lage dieser Insel in mittleren Breiten die für die Küstenbeschaffenheit Polynesiens und Melanesiens charakteristischen Riffe.

Die Küsten Neuseelands verlaufen zwar im ganzen geradlinig, zumal die Westküste der Südinsel; doch sind sie auf beiden Hälften der Doppelinsel im einzelnen recht reich gegliedert. Auf der vulkanischen Nordinsel haben Einbrüche von Vulkanen halbkreisförmige Buchten, die zum Teil schöne Häfen sind, gebildet. Namentlich der große Hauraki-Golf mit seinen Ausläufern, unter denen der Hafen von Auckland hervorzuheben ist, greift so tief (von Nordosten) in die Nordinsel ein, daß ihn nur ein schmaler, nach der Stadt Auckland genannter Isthmus von dem von Westen ebenfalls tief einschneidenden Golfe von Manukau trennt; vorgelagerte Inseln tragen zum weiteren Schutz dieser Häfen bei, und lang vorspringende Halbinseln begünstigen das Ankern der Schiffe im Windschatten. Steile und flache Küsten lösen sich auf der mannigfaltigen Nordinsel in buntem Wechsel ab, meist je nachdem die Feuerberge mit ihren Gehängen das Meer erreichen (s. Abbildung, S. 40), wie der Mount Egmont, oder Flachland ans Meer tritt, wie an der flachen Plenty Bai und dem Hawke-Golf. Gegenüber der Südinsel ist die Küste zerrissener, weil die ausstreichenden Parallelketten des neuseeländischen Faltungsgebirges, an der die beiden Inseln trennenden Cook-Straße in zahlreichen Spitzen und Vorsprüngen abbrechend, hier Riasküsten bilden. Besonders schön tritt dies an der Nordostspitze der Südinsel, wo die Blind- und Massacre-Bai tief einschneiden, hervor. Auf der Südinsel besteht im ganzen ein Gegensatz zwischen der westlichen Steilküste und der östlichen Flachküste, da das Gebirge der Insel nach Westen steil abfällt, nach Osten sich aber sanft abdacht; daher ist die Ostküste namentlich vor den Canterbury-Ebenen flach, doch springen auch hier an einzelnen Stellen schroffe Bergmassen gegen das Meer vor, wie in der Looker on Range im Nordosten und an der Banks-Halbinsel, einem eingestürzten Vulkan, der den trefflichen Hafen von Lyttelton birgt. Die Westküste ist fast überall steil und ermangelt im Nordosten guter Häfen, im Südwesten nimmt sie aber einen ausgeprägten Fjordtypus an, so daß eine gewisse Berechtigung vorliegt, die Südinsel Neuseelands mit Skandinavien zu vergleichen. Den nördlichsten dieser Fjorde, Milford-Sund, schildert R. von Lendenfeld („Australische Reise') als den großartigsten von allen. „Das Land in seiner Umgebung liegt höher als jenes in der Nachbarschaft der anderen Sunde, und ein Kranz herrlicher Berggipfel umschließt dieses Juwel der Antipoden. Mount Kimberley im Norden, Barren Peak im Westen und der an Schlankheit das Matterhorn übertreffende Mitre Peak, welcher in einer über 70° steilen, 1800 m hohen Felswand direkt vom Meere aufragt, im Süden spiegeln ihre Scheitel im Milford-Sund. Bedeutende Wasserfälle, unter denen der 160 m hohe Bowenfall der bedeutendste ist, ergießen sich, von den Hochthälern kommend, in das tiefe, dunkelgrüne, ewig ruhige Wasser des Sundes. An allen Gipfeln hängt Schnee, und von den Thalgründen blicken überall Gletscher herab in den Fjord. Die große Steilheit der unteren Wandpartien verhindert es nicht, daß hier und da auf schmalen Felsbändern immergrüne Bäume wachsen, welche das düstere Bild mit frischerem Grün beleben. An vielen Stellen erreicht die jähe Wand eine Höhe von 1000 m und darüber, so daß der hier und da unter einem Kilometer breite Fjord ein schluchtartiges Aussehen gewinnt.''

Über die Entstehung der großen ozeanischen Inselwelt gibt es keine befriedigende Erklärung. Man ist im allgemeinen der Ansicht, daß hier ein altes zerbrochenes Festland vorliegt, von dem nur noch die Reste aus dem Meere aufragen. Dem gegenüber behaupten freilich neuere Forscher, daß sich die polynesische Inselwelt im Gegenteil auf einem sich langsam über die Meeresoberfläche emporhebenden Gebirge aufbaue. Der Gegensatz dieser Anschauungen hängt mit der Meinungs-

verſchiedenheit über die Entſtehung der Koralleninſeln und Korallenriffe zuſammen; bevor wir jedoch dieſe ſchwierige Frage berühren, wollen wir zunächſt die Gebiete betrachten, über deren Entſtehung bereits Übereinſtimmung erzielt iſt, nämlich das Feſtland Auſtraliens und Neuſeeland, deren geologiſcher Bau genauer bekannt iſt.

Wenn man an einem großen zerbrochenen Feſtland feſthalten will, ſo muß Auſtralien als der größte davon verbliebene Reſt bezeichnet werden. Der ganze Weſten und das Innere Auſtraliens werden von einem weiten Tafelland über gefaltetem Grundgebirge eingenommen, das ſich nach Oſten bis zu den Meridianen des Spencer-Golfs, Eyre- und Torrens-See erſtreckt. Der Oſten wird von einer gefalteten Gebirgskette, der auſtraliſchen Kordillere, durchzogen, die durch weites Flachland von den Gebirgsketten in der Umgebung der Seen Südauſtraliens getrennt iſt. Von Weſten nach Oſten folgen demnach Tafelland, mittelhohe Gebirgsketten, Flach-
land und endlich Faltungsgebirge aufeinander. Dieſe Anordnung des ungefalteten und gefalteten Landes erinnert an die Südamerikas, wenn auch hier die Aufeinanderfolge in umgekehrter Him-
melsrichtung ſtattfindet: als gemeinſamer Grundzug beider Kontinente läßt ſich jedenfalls er-
kennen, daß das gefaltete Gebirge gegen den Großen Ozean gekehrt iſt.

Die Zuſammenſetzung des weſtlichen Tafellandes iſt im ganzen einfach. Ein Grundgerüſt aus Granit und Gneis nimmt den Südweſten ein, bricht an der Weſtküſte an der Dar-
ling-Kette in langem Längsbruch ab und hat eine wellige Oberfläche, deren Höhe von 250—
350 m im Weſten bis auf 400—600 m im Oſten ſteigt. Dieſes Grundgerüſt tritt auch an anderen Stellen des Kontinents, im Arnhem-Land, im Inneren am Überlandtelegraphen und an zahlreichen anderen Punkten zu Tage und wird von metamorphiſchen und paläozoiſchen Schiefern ſowie von Kohlenkalk überlagert, der ſtellenweiſe, wie am Irwin-Fluß, Kohlenflöze enthält. Auf dem Karbon lagern meſozoiſche Schichten mit Jura- und Kreidefoſſilen. Dieſe werden an der Weſtküſte zwiſchen dem Swan- und Gascogne-Fluß und, in Form von marinen cretaceiſchen Ablagerungen, im Oſten von Arnhem-Land und im ganzen Inneren zwiſchen 138° öſtl. Länge und dem oſtauſtraliſchen Faltungsgebirge angetroffen. Einige jungvulkaniſche Kuppen ragen daraus auf (ſ. die beigeheftete „Geologiſche Karte von Auſtralien und Ozeanien").

Ein anderes Gebilde des Inneren iſt der die geſamte Tafel von 140° öſtl. Länge bis zur Weſtküſte überdeckende, meiſt weiße, gelbe, rote, braune, verſteinerungsloſe Wüſtenſandſtein. Sein Alter iſt unbekannt; von manchen wird er der Trias, von anderen der Kreide oder dem Tertiär zugewieſen, von allen Reiſenden aber wegen ſeiner zerſtückelten Oberflächenformen als großenteils unzugänglich und unfruchtbar geſchildert. Ebenſo iſt die an der großen Auſtralbucht liegende Nullarbor-Ebene oder das Bunda-Plateau, das ſenkrecht zum Meere abfällt, ja faſt überhängt, ein gänzlich baumloſes, waſſerarmes, ödes Gelände, das aus Kalkſtein beſteht. Dieſes höhlenreiche Karſtgebirge, das keine Thäler hat, iſt ein trocken gelegter Meeresboden tertiären Alters, wahrſcheinlich Eocän. Etwas jünger ſind die kaum 200 m hohen miocänen Ab-
lagerungen in den Stromgebieten des Murray, Darling und Murrumbidgee, die ſich bis an den Weſtabfall der auſtraliſchen Kordillere erſtrecken und die Südküſte bis zur Baßſtraße begleiten.

Aus den tertiären und Wüſtenſandſteinablagerungen ragen eine Anzahl von älteren gefal-
teten Höhenzügen mit granitiſchem Kern und vorwiegend paläozoiſcher Schiefer-, Sandſtein- und Kalkſteinbedeckung hervor, die als Flinders-Kette öſtlich des Spencer-Golfs 900 m Höhe er-
reichen, ſich ſüdlich bis Adelaide und auf die Kangaroo-Inſel fortſetzen und auch weſtlich des Eyre-Sees als Deniſon-Kette wieder auftreten. Vom Darling nordwärts ziehen die ebenfalls paläozoiſchen gefalteten Barrier- und Greyketten zum Cooper Creek; alle dieſe betrachtet E. Sueß als Antikordilleren, die in demſelben Verhältnis zu der auſtraliſchen Kordillere ſtehen, wie die Sierra de Corboba in Argentina zur ſüdamerikaniſchen. (S. die „Höhenprofile", S. 44.)

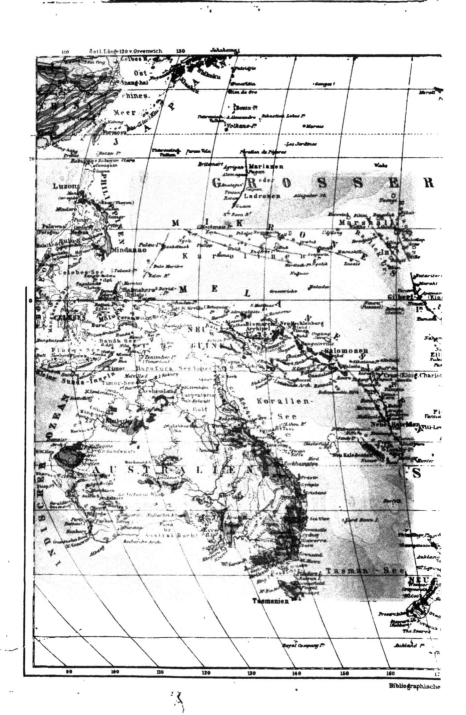

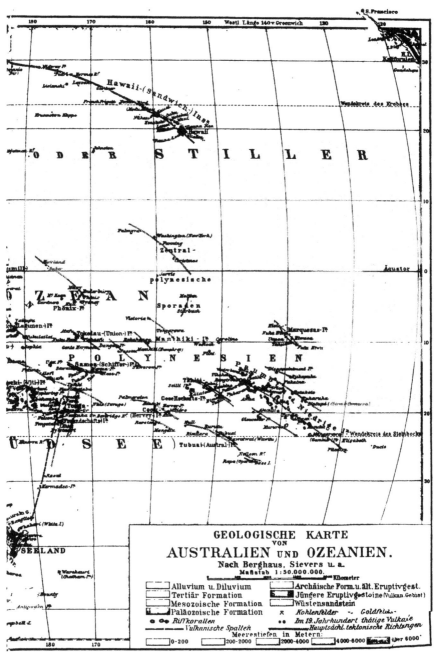

GEOLOGISCHE KARTE
VON
AUSTRALIEN UND OZEANIEN.
Nach Berghaus, Sievers u. a.
Maßstab 1:50.000.000.

Die geſamte Oſtküſte wird von der auſtraliſchen Kordillere, einem großen Faltungsgebirge, begleitet, deſſen gewaltigen Einfluß auf Klima und Vegetation, Beſiedelung und Kulturfähigkeit Auſtraliens wir unten kennen lernen werden. „Granit und Porphyr und außerordentlich ſteil-gefaltete, ja in der Regel faſt ſenkrecht ſtehende kriſtalliniſche, ſiluriſche und devoniſche Züge bilden (nach E. Sueß' Zuſammenfaſſung im ‚Antlitz der Erde') das Gerüſte des Gebirges; das Strei-chen weicht niemals ſehr weſentlich von der meridionalen Richtung ab, außer im Norden, wo es in Nordnordweſten übergeht." Unter den dieſes Gebirge zuſammenſetzenden Formationen fehlen die marinen Glieder vom Karbon bis zur Kreide, dagegen werden Landbildungen mit mehreren aufeinander folgenden Floren angetroffen. Die Faltung der in ihrem ſüdlichen Teile „Auſtra-liſche Alpen" genannten Kordillere fällt vor die Karbonzeit und muß von Weſten nach Oſten, alſo gegen den Großen Ozean

hin, erfolgt ſein. Zahl-reiche alte Eruptivgeſteine nehmen hervorragenden Anteil an dem Bau der Kordillere und ſpielen als Träger des Goldes eine wichtige Rolle. Aber auch mitteltertiäre und jüngere Laven, baſaltiſche Ströme und Decken verbreiten ſich vielerorts über das Ge-birge und den angrenzen-den Wüſtenſandſtein; ja in Queensland und Vic-toria ſind ſogar Aſchen-kegel gefunden worden. Die auſtraliſche Kordil-lere beſteht aus drei Hauptketten, eine erſtreckt ſich von Tasmanien bis zum Hunter-Fluß unter

Stewart-Atoll: Das Meerwaſſer iſt dunkel ſchraffiert, das Riff hell, die über den Meeresſpiegel hervorragenden, mit Vegetation bedeckten Inſeln ſind ſchwarz.
(Nach F. v. Hochſtetter.)

32° ſübl. Breite, eine andere von 32°—22° 30', und eine dritte bis zum Kap York. (S. die „Höhenprofile von Auſtralien und Ozeanien" auf S. 44.) Wahrſcheinlich iſt nun dieſe große Kordillere im Oſten abgebrochen, und ihre Fortſetzung liegt unter dem Meere zwiſchen Auſtralien, Neuſeeland und Neukaledonien; daher die Meinung, daß dieſe Inſeln, und vielleicht auch Neu-guinea, urſprünglich mit dem Oſten Auſtraliens vereinigt geweſen ſeien.

Die beiden neuſeeländiſchen Inſeln ſind inſofern verſchieden, als die nördliche vor-wiegend vulkaniſch iſt, die ſüdliche faſt ganz von einem großen Faltungsgebirge eingenommen wird, haben aber das gemeinſam, daß die Faltenzone des Südens auch nach der Nordinſel hin-überſtreicht und deren Oſten erfüllt. Sie beſteht an der Weſtſeite aus Gneis und Granit, wird von paläozoiſchen Zügen begleitet und läuft nach Oſten in meſozoiſches Hügelland aus; der paläo-zoiſche und meſozoiſche Teil läßt ſich auch auf der Nordinſel verfolgen. Während dieſes Gebirge nach Nordoſten ſtreicht, ſchart ſich ihm im Süden der Südinſel ein merkwürdigerweiſe gerade in entgegengeſetzter Richtung ziehendes Faltungsgebirgsſtück an, das auch die Stewart-Inſel erfüllt; jenes iſt gegen Südoſten, dieſes gegen Nordoſten gefaltet. Vor beiden dehnen ſich im Vorland

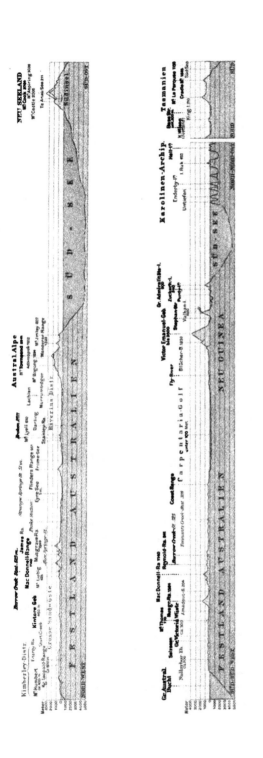

Höhenprofile von Australien und Ozeanien.

tertiäre Ebenen aus, aus denen bei Otago, Timaru und auf der Banks-Halbinſel die einzigen jungvulkaniſchen Bildungen der Südinſel hervortauchen. Dagegen entwickeln ſich dieſe auf der Nordinſel in einem ſo großartigen Maße, daß wenige Länder der Erde mannigfachere vulkaniſche Erſcheinungen zu bieten vermögen als dieſe Nordinſel, deren geſamter Weſten und Nordweſten von ihnen förmlich überwuchert iſt. Die alten neuſeeländiſchen Alpen ſind im Laufe der Zeit vielfach zerbrochen worden, und häufige Erdbeben deuten darauf hin, daß der Zuſammenbruch dieſer Landmaſſen noch fortdauert.

Als Fortſetzung Neuſeelands iſt Neukaledonien angeſehen worden, und in der That ähnelt hier trotz der anderweitigen Streichrichtung der Inſel manches den Vorkommniſſen auf Neuſeeland. Das Rückgrat der Inſel bildet ein bedeutender Serpentinzug, der, wie in Neuſeeland, von triaſſiſchem Schiefer und juraſſiſchen kohlenführenden Sandſteinen begleitet wird. Während aber alle dieſe nach Nordweſten ſtreichen, beſteht der äu-ßerſte Norden der Inſel aus nordöſt-lich ſtreichendem Glimmerſchiefer, ſo daß auch hier zwei verſchiedene Streich-richtungen aneinander treten; von vulkaniſchen Felsarten kommen nur Melaphyre und Tuffe an der Küſte vor. Über Neuguinea und den Bis-marck-Archipel wiſſen wir bisher zu wenig, um ein Urteil über den Geſamtbau abgeben zu können. Kalk-ſteine, Sandſteine, alte und junge Eruptivgeſteine ſcheinen den wichtig-ſten Anteil an ihrer Zuſammenſetzung zu haben. Wahrſcheinlich ſind alle dieſe Inſeln von Neuguinea bis Neuſeeland als ein großer äußerer Bogen aufzu-faſſen, der in mannigfacher Zerſtücke-lung, aber noch in erkennbarem Zu-

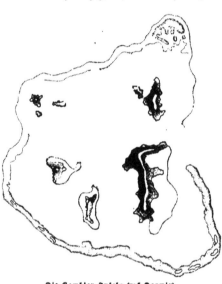

Die Gambier-Inſeln (nach Darwin).

ſammenhang das auſtraliſche Feſtland umgürtet und es in ähnlicher Weiſe am Rande des Großen Ozeans begleitet, wie die Guirlanden der oſtaſiatiſchen Inſelreihen das aſiatiſche Feſt-land. Nach dem Geologen Dana ſollen ſogar noch Neumecklenburg, die Salomonen, die Neuen Hebriden und die Loyalty-Inſeln als äußere Bogen des auſtraliſchen Gebirges gelten.

Während wir bis zu dieſer Grenze die Geſchichte der auſtraliſchen Landmaſſen einigermaßen klarſtellen können, laſſen uns die Unterſuchungen über das weite Gebiet nördlich und öſtlich davon, über Polyneſien und Mikroneſien, bisher faſt ganz im Stiche. Denn alle dieſe Inſeln ſind entweder jungvulkaniſch oder Korallenbauten, während von älteren Felsarten kaum eine Spur vorhanden iſt. Man weiß nur, daß auf der Fidſchi- und der Palaugruppe auch ältere Eruptiv-geſteine vorkommen; doch ſind ſie nicht anſtehend, ſondern nur in Rollſtücken gefunden worden. Streng vulkaniſch ſind die Hawaiigruppe, die Marianen-, die Samoa-, die Marqueſasinſeln und die Tahitigruppe; vulkaniſche Inſeln kommen ferner, den Koralleninſeln in geringer Zahl zugeſellt, in den Gruppen der Karolinen- und Tonga-Inſeln vor. Der ganze Reſt Polyneſiens und Mikroneſiens ſind Korallenbauten; unter dieſen überwiegen die Überſee-Atolle in der

Paumotu=, Gilbert=, Marshall= und Karolinengruppe, während die übrigen Gruppen aus Unter=
see=Atollen und Inseln ohne Lagunen bestehen (f. Abbildungen, S. 43 und 45). Daß vul=
kanische Inseln aus großen Meerestiefen aufragen, ist auch in anderen Teilen der Ozeane nicht
selten und läßt sich in Polynesien um so besser erklären, als sich hier augenscheinlich mehrere
nordwestlich streichende Sockel vom Meeresboden erheben, deren Richtung die Vulkane folgten.
Diese nordwestlich verlaufenden Erhebungen sind vielleicht Falten der Erdrinde und als solche
von bestimmendem Einfluß auf den Bau der Südseegebiete. Man hält sie für die letzten Zeugen
eines früheren in der Südsee vorhandenen Landes; doch wird ihre Existenz von anderen auch
gerade entgegengesetzt als Beweis eines langsam in den gewaltigen Meeresräumen auftauchenden
Landes gedeutet. Die Koralleninseln, und besonders die ringförmigen, geschlossenen Atolle, sind
gerade für die Südseegebiete charakteristisch, und ihr merkwürdiges Auftreten fern von Konti=
nenten und größeren Inseln im offenen Meer ist fast ganz auf Polynesien und Mikronesien be=
schränkt. Zur Inselbildung mit Vegetation kommt es gewöhnlich auf der den herrschenden Meeres=
strömungen zugekehrten Seite der Riffe; die Form der Inseln aber ist sehr verschieden. Meist
liegt auf dem Riff eine große Zahl von kleinen Eilanden, die sich nur wenig über Wasser erheben;
doch kommen auch gehobene, bis zu 100 m und darüber aufragende Koralleninseln vor. Zu=
weilen erstreckt sich ein solcher Ring von Koralleninseln auf einem Barrierriff rund um vulkanische
Inseln, so daß wir dann eine Kombination von vulkanischen und Koralleninseln vor uns haben.
Seichte oder auch tiefe Lagunen dehnen sich im Inneren der Riffe aus, gewähren vielfach vorzüg=
liche Häfen, sind aber oft nur durch enge Einfahrten und Kanäle zugänglich. Den Eindruck, den
ein Atoll auf den Neuling macht, schildert Wilkes („Die Entdeckungsexpedition der Vereinigten
Staaten') anschaulich bei der Besprechung von Natupé (Clermont Tonnerre) im Paumotu=
Archipel: „Wir hatten uns dasselbe als eine Art Zauberland ausgemalt und waren deshalb
sehr gespannt darauf. Auf den ersten Anblick hin erschien uns das Eiland als eine vor Anker
liegende Flotte, da man in der Entfernung nichts als die Bäume sah, und diese, je nachdem das
Schiff mit den Wogen steigt und fällt, bald sichtbar sind, bald wieder dem Auge verschwinden.
Bei größerer Annäherung konnte man den weißen Strand deutlich unterscheiden, der, aus einem
schmalen, leicht wie lichter Thon gefärbten Streifen Land bestehend, sich aus dem tiefen Ozean
erhebt, dessen Wellen sich an dem Korallenriff brechen, eine völlig ruhige Lagune von schöner
blauer Farbe einfaßt. Wenn man auf einer Koralleninsel landet, so verschwinden mit einem
Male alle die vorgefaßten Meinungen von ihrer Schönheit: der grüne Teppich, welcher, aus der
Ferne gesehen, das ganze Eiland zu bedecken schien, besteht in der Wirklichkeit nur aus ein paar
Flecken drahtartigen Grases, welches das Gehen hindert und dem Auge weder Blumen noch
Früchte darbietet; es wächst in dem rauhen Korallengeröll, das mit ein wenig Sand und vegeta=
bilischer Erde vermischt ist. Einige wenige Bäume von 40—50 Fuß Höhe haben einen für dieses
Wachstum hinlänglich tiefen Boden gefunden, die meisten haben nicht mehr als 10—15 Fuß Höhe."

Die Ländergebiete Ozeaniens sind von der Natur und der Geschichte bisher als Stief=
kinder behandelt worden. In der früheren Tertiärzeit, wahrscheinlich schon in der Sekundärzeit,
wurde Australien von dem übrigen Asien abgelöst: es besitzt eine altertümlich entwickelte Fauna
ohne höhere Säugetiere und eine vielfach eigenartige Flora ohne Nutzpflanzen von Bedeutung.
Im Gebiet des Südostpassats gelegen, erhält das Festland Australiens nur auf der Ostseite
genügende Niederschlagsmengen, im Inneren ist die Niederschlagsmenge sehr gering; unter der
glühenden Sonne des Wendekreises ist daher das Innere und ein großer Teil des Westens zur
Wüste geworden, die nur von spärlichem Weideland unterbrochen wird und an fast völliger
Wasserlosigkeit leidet. Diese ungünstige Verteilung des Niederschlags hat es mit sich gebracht,
daß sich ein der Größe des Erdteils entsprechendes Stromsystem nicht entwickeln konnte. Die

wenigen Flüsse kranken an Unregelmäßigkeit des Wasserstandes, indem sie zur Regenzeit gewaltige Massen Wasser führen, zur Trockenzeit aber fast austrocknen und auch der festgeschlossenen Betten entbehren; auch die im Inneren vorhandenen flachen Seen verlieren zur heißen Jahreszeit ihr spärliches Wasser. Eintönig, wenn auch eigenartig in dem größten Teile des Kontinents sind Boden, Pflanzenwuchs und Tierwelt.

Auch die isolierte, von allen Kulturstaaten der Erde entfernte Lage hat die Kultivierung Australiens außerordentlich verzögert. Als entferntester Kontinent erst im 17. Jahrhundert entdeckt, wurde Australien nicht vor Ende des 18. Jahrhunderts besiedelt, und hat erst seit der Mitte des 19. Jahrhunderts, infolge der zunehmenden Goldfunde und der erfolgreichen Schafzucht, erheblichere Fortschritte gemacht. Dazu bewirkte die Thatsache, daß die australischen Eingeborenen spärlich an Zahl und zur Zivilisierung unfähig sind, fühlbaren Arbeitermangel. Noch jetzt hat das australische Festland nicht mehr Einwohner als das über 500mal kleinere Königreich Sachsen; noch jetzt kostet die Reise von Hamburg nach Sydney einem Segelschiff 3—4 Monate, einem Dampfer, trotz der Durchstechung der Landenge von Suez, mindestens 6 Wochen Zeit. Einen sehr erheblichen Vorteil würde der Verkehr mit Australien ohne Zweifel aus der Durchstechung der zentralamerikanischen Landenge ziehen.

In noch höherem Grade machen sich die Folgen der Isolierung bei der ozeanischen Inselwelt geltend. Deren einsam gelegene Glieder haben oft eine sehr einförmige, wenn auch üppige Pflanzenwelt und einen völligen Mangel an Landtieren, je weiter nach Osten, desto mehr, so daß die östlichsten Inseln in dieser Beziehung die am wenigsten begünstigten sind. Dennoch sind gerade unter ihnen einige wegen ihres fruchtbaren vulkanischen Bodens und ihrer guten Häfen sowie ihrer Zugänglichkeit und räumlich geringen Ausdehnung wertvolle Ackerbaukolonien geworden, wie die Hawaii-, Samoa-, Tonga- und Tahiti-Inseln. Im Gegensatz zu Polynesien hat sich Melanesien einer überaus mannigfaltigen Vegetation und einer reicheren Tierwelt zu erfreuen. Allein gerade der Waldreichtum dieser Inseln hat ihrer Besiedelung bisher größere Schwierigkeiten entgegengestellt als in irgend einem anderen Teile Ozeaniens, so daß alle melanesischen Inseln zur Kultur noch fast vollständig entbehren und erst wenige Ansiedelungen der Kulturvölker tragen. Mikronesien bietet wegen der Kleinheit seiner Inseln nur wenig Gelegenheit zu ausgedehnter Kultur und wird niemals von größerer Bedeutung sein. Dagegen hat sich Neuseeland seit kaum 50 Jahren infolge seines gemäßigteren Klimas und seiner größeren Zugänglichkeit rasch zu hoher Kultur entwickelt. Ursprünglich sehr arm an pflanzlichen Hilfsmitteln und nur spärlich mit Tieren bevölkert, auch erst spät, wahrscheinlich am Eingang des Mittelalters, von der Maorirasse bevölkert, wies Neuseeland doch schon bei der Entdeckung eine höhere Kultur auf als Melanesien und Australien und hat sich jetzt zu einer der bedeutenderen europäischen Kolonien emporgeschwungen. Dennoch wirkt natürlich auch hier, wie bei allen anderen Teilen Ozeaniens, die Isolierung und Entfernung ungünstig auf den Verkehr ein.

III. Oberflächengestalt.

A. Das australische Festland.

Wie wir gesehen haben, bilden das Festland von Australien drei selbständige Teile: ein Tafelland im Westen, im Osten ein Tiefland mit daraus sich erhebenden Antikordilleren und ein großes Faltungsgebirge. Das Innere und der Westen sind ein welliges, 200—600 m hohes Tafelland, die östlichen Ebenen liegen meist unter 200 m Höhe, die östliche Gebirgsumwallung erreicht im Mittel 600—1200 m, mit ihren höchsten Gipfeln über 2000 m Höhe (s. die beigeheftete Karte „Fluß- und Gebirgssysteme Australiens").

1. Das Tafelland des Westens und des Inneren.

Die Zusammensetzung von Westaustralien haben wir bereits kurz erwähnt. Die archäischen und metamorphischen Gesteine: Gneis, Schiefer, Quarzite, Granitoide und Granatfelsen, wurden bisher hauptsächlich an der Südwestecke beschrieben, der Norden aber für eine weite Sandfläche gehalten. Es hat sich jedoch herausgestellt, daß diese ältesten Gesteine im Südwesten nur in den tieferen Thaleinschnitten entblößt sind, im Inneren dagegen fast alle Bergketten bilden, die meist nur von einer dünnen Decke von Wüstensandstein überlagert sind. Kambrium und Silur vertreten wahrscheinlich versteinerungsarme Schiefer, Kalksteine, Sandsteine, Quarzite, Konglomerate; doch ist dies nicht sicher festgestellt. Erst von dem Devon und Unterkarbon an lassen sich sichere Schlüsse auf das Alter der Schichten machen. Trias und Jura sind allem Anscheine nach nur schwach vertreten; dagegen scheint sich die Kreideformation in Gestalt von Kreidekalken mit Feuersteinen, Sandsteinen, Konglomeraten und Thonen, die zum Teil Landbildungen sind und allmählich in den Wüstensandstein des Inneren übergehen, weithin auszudehnen. Eine genauere Gliederung der mesozoischen Formationsreihe wird jetzt angebahnt. Vielleicht sind auch die kristallinischen Korallenkalke der Nullarbor-Ebene an der Großen Australischen Bucht der Kreide zuzurechnen oder doch höchstens alttertiär, eocän. Die sehr verbreiteten Korallenkalke der Steilküste zwischen dem Greenough-Fluß und der Sharks-Bai sind wahrscheinlich untertertiären Alters. An Quartärbildungen sind Küstenablagerungen mit rezenten Tierresten erwähnenswert, die auf einen Rückzug des Meeres in neuerer Zeit deuten. Charakteristisch für den Westen Australiens sind ferner große Sandebenen von oft 30—50 km Durchmesser, mit Sandkörnern, die durch eisenhaltigen Thon zusammengekittet sind und bei der Zerstörung des Wüstensandsteins oder aus dem Meeressande der Küsten entstehen. Die auf ihnen angesiedelte Vegetation ist gering, aber doch nicht

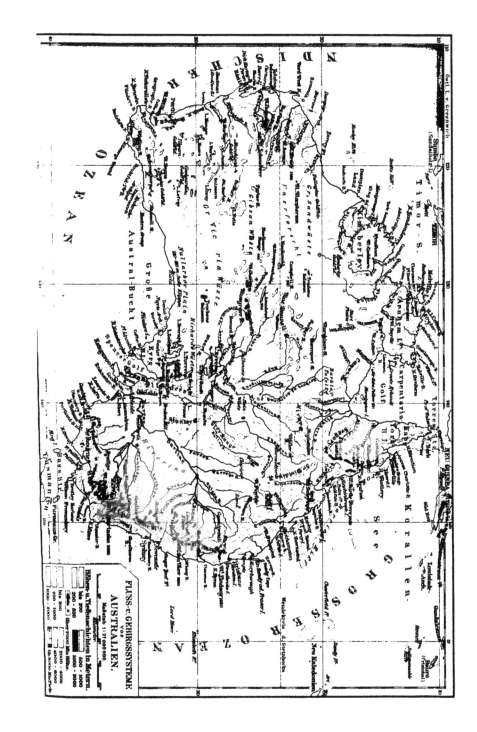

FLUSS- u. GEBIRGSSYSTEME
von
AUSTRALIEN.
Maßstab 1:27.000.000.

ganz so spärlich wie jene des Wüstensandsteins; im Frühling erreicht der Blumenschmuck sogar eine gewisse Fülle. Dem gegenüber ist der Wüstensandstein, ein Gestein von unbekanntem Alter, wahrscheinlich ein Absatz eines großen Binnenbeckens, von ganz abschreckender Öde. Nach Tennison Woods sollen drei Arten von Wüstensandstein vorkommen: magnesitische Ablagerungen von weißer, roter, gelber Farbe, anscheinend zersetzte vulkanische Asche; dann vor allem weiße, gelbe, rote Sandsteine und endlich fluviatile Konglomerate in der Nähe der heutigen Flußrinnen. Dieser Wüstensandstein tritt jetzt im ganzen tropischen Australien, vor allem also im Norden des Kontinents in Form von Plattenresten auf, die einer größeren zerstückelten Tafel angehört zu haben scheinen und sein Gebiet unfruchtbar und sehr schwer zugänglich machen.

Die Eruptivgesteine sind besonders in einer 240—320 km weit von der Küste entfernten Zone häufig, wo sie in Form einzelner Berge aus der Ebene hervorragen, es sind Granite, Diorite und im Nordwesten Mandelsteine. Man unterscheidet jetzt zwei Granitzonen, die durch einen goldführenden Streifen metamorphischer Gesteine getrennt werden. Jüngere vulkanische Gesteine sind nur von Kap Beaufort und Bunbury, wo Säulenbasalt ansteht, von dem Nordwest=Distrikt, wo sie das paläozoische Tafelland durchbrechen, und von dem Antrimplateau in Kimberley bekannt.

Die Westaustralien zusammensetzenden Formationen bauen sich in der Weise auf, daß auf die quartäre und tertiäre Küstenzone vom Nordwestkap bis zum Greenough=Fluß ein mesozoischer Streifen, der meist aus Kalkstein besteht, als vielfach zerschnittenes Tafelland folgt. Landeinwärts zieht die 30 km breite paläozoische Zone am Irwin=Fluß in 80 km, am Gascoyne=Fluß in 140 km Entfernung von der Küste entlang und bildet nördlich davon die vielfach zerschnittenen Tafelländer des Henry=Ashburton= und Fortescue=Gebietes, deren Lagerung nahezu horizontal ist. Endlich tritt innerhalb dieser Randzonen und namentlich weiter im Innern das archäische Schiefergebirge mit zahlreichen Granitstöcken aus den Ebenen empor, meist in Form reihenweise angeordneter Hügel, Kuppen, Berge, die ganze Ketten, die sogenannten „Ranges", bilden und Gold enthalten.

Die wichtigsten Metallager sind die großen Goldfelder, und zwar von Süden nach Norden gerechnet, folgende: das Feld der Dundas=Hügel im Norden der Esperancebai, das Jilgarn=Goldfeld (1887) 300 km östlich von Perth, die überaus reichen Coolgardiefelder nordwestlich des Lefroy=Sees, das 1890 aufgefundene Goldriff an den Nangrangbergen 8 km östlich von Yewin am oberen Greenough, die Murchison=Felder und das 1888 entdeckte Goldriff am Mulga Mulga zwischen dem Austin=See und der Weldkette, die 1890 erschlossenen Lager am Ashburton=Fluß mit fast reinem Gold, das Pilbarrariff (1888) am Julefluß und die Nullaginefelder am De Grey=Fluß, beide im Nordwestdistrikt, und endlich die Kimberley=Goldfelder (1884) um Hall's Creek. Außerdem treten Blei und Kupfererze im Northamptondistrikt auf, werden aber so gut wie nicht mehr abgebaut; Eisen ist häufig, Zinn wurde im Greenbush=Feld in der Grafschaft Nelson 1888 aufgefunden und lignitartige, wahrscheinlich altmesozoische Kohlen 1889 am Collie=Fluß in der Grafschaft Wellington entdeckt. Alle diese zuletzt aufgeführten Bodenschätze werden noch nicht systematisch ausgebeutet; die Goldfelder dagegen sind zum Teil in Angriff genommen, leiden aber an Wassermangel.

A. Die westlichen und nördlichen Randlandschaften.

Man teilt Westaustralien seiner Oberflächenbeschaffenheit nach am besten in zwei Teile, einen südlichen und einen nördlichen. Die Grenzlinie zwischen beiden, der Murchison=Fluß, kommt der Südgrenze der regelmäßigen Regenfälle nahe, die in ungefähr 25,5° südl. Breite liegt. Dieser Umstand deutet bereits darauf hin, daß der Norden gegen den Süden klimatisch und wirtschaftlich bevorzugt ist. In der That zeigt dies im ersteren der Mangel an großen und kleinen Salzseen, die das ganze Gebiet südlich vom Murchison=Fluß überziehen, und an deren Stelle nordwärts häufiger Weiden und fruchtbares Grasland treten.

Ganz besonders öde sind die Küstenlandschaften sowohl im Süden wie im Norden, namentlich aber in diesem; hier ist die Umgebung des Haifischbusens eine der ödesten und trost= losesten Gegenden ganz Australiens, und landeinwärts erstreckt sich die große wasserlose Wüste, die Austin und Gregory vergeblich zu durchqueren versucht haben. Mangrovedickichte bedecken zum Teil die nördliche Küste, felsige Klippen und Berge treten an sie heran, und nur in der Um= gebung des Gascoyne=Flusses ist das Land etwas frischer. Im Süden liegt vielerorts eine mit Tümpeln und Seen bedeckte Strandfläche vor dem ersten Abfall des Tafellandes, der etwa 20 km von der Küste entfernt ist und eine Anzahl der höchsten Kuppen Westaustraliens, wie

Der Salzsee „Deborah" in Westaustralien. (Nach Photographie der Thomas Elber'schen Expedition.)

den Mount Keats und den Mount William am Murray=Fluß mit je etwa 1100 m und den Mount Green östlich von Perth mit 900 m Höhe trägt. Der gesamte Steilrand heißt von 33¹⁄₂ bis 31º südl. Breite Darling=Kette, fällt etwa 250 — 350 m steil nach Westen ab und bildet den Rand des inneren Tafellandes. In der Küstennähe lagern sich an ihn zwei Gneiszüge, einer im äußersten Südwesten in Sussex vom Kap Leeuwin bis zum Naturforscher=Kap und ein zweiter nördlich von 31º südl. Breite, unter dem Namen Gairdner=Kette. Der eigentliche Steilrand des Tafellandes ist hier weniger ausgeprägt, zieht aber doch unter verschiedenen Namen als Smith=, Herschel= und Victoria=Kette nach dem Murchison=Fluß, wo er abbricht. In der nördlich davon liegenden Wüste ist er bisher nicht nachgewiesen worden. Auch im Süden ist der Steilrand in der Stirling=Kette und den Ravensthorpe=Hügeln noch erkennbar, hier ebenfalls 600—1100 m hoch, und tritt in Form granitischer Höhen mit steilem Abfall gegen die Küste auf, die weniger eine Bergkette als vielmehr lose zusammenhängende Hügelzüge und Kuppen genannt werden müssen.

Von diesen Steilrändern breitet sich nun gegen das Innere die großenteils aus Wüstensand= stein und darunter liegendem archäischen Gestein bestehende Decke des Tafellandes aus: ein un= gemein ödes, über 500 m hohes, mit Stachelgras und Buschwerk bedecktes, vielfach ganz wasser= loses Land von meist wellenförmigem Charakter, überragt von isolierten Kuppen, wie dem Mount Jackson und anderen. Auf dieser mit Laub und dichtem Gebüsch bestandenen Öde erregen die

Salzseen unsere Aufmerksamkeit am meisten; häufig erstrecken sie sich weithin wie aneinander gereihte Perlen, zuweilen aber bilden sie in noch größerer Ausdehnung weite Becken. Der größte dieser Salzseen ist der von dem Kolonisten und Forschungsreisenden Robert Austin 1854 entdeckte, 400 m hohe Austin=See in trostloser Umgebung, am Südufer gekrönt von den westlichen und östlichen Magnetbergen und dem 650 m hohen Mount Farmer an der Grenze der großen inneren Wüste. Von einem zweiten, südlich davon gelegenen, dem Barlee=See, läuft eine weite Zunge sumpfig=salzigen Morastes nach Südosten aus; östlich von ihm dehnt sich eine Kette von Salzseen und Salzbuschflächen über zwei Längengrade hin.

Einer der bekanntesten Salzseen von Westaustralien ist der Moore=See mit mäßig bewaldeten, hohen und felsigen Ufern, im Westen begleitet vom Monger=See. Weiter südlich werden die Salzseen kleiner, wie der Brown=See, und lösen sich an manchen Stellen in Ketten von Tümpeln auf, die alte Seebetten, vielleicht sogar Flußbetten darstellen. In diesem Stadium des Zerfalles befanden sich die von Lefroy gefundenen Seenketten westlich des größeren Lefroy=Sees. Auf diesen folgen in der Richtung zur Südküste auf sandigen Ebenen noch ausgedehnte Salzsümpfe und =Seen, darunter der trockene Deborah=See (s. Abbildung, S. 50). Überhaupt ist das ganze Tafelland mit diesen kleineren Salzsümpfen wie übersäet; östlich vom 123. Meridian fehlt jedoch auch diese Unterbrechung, und öbeste Wüste breitet sich weithin aus.

Außer diesen Ketten von Salzseen, die sich bei reichlicherem Regenfall in wasserführende Flußbetten verwandeln würden, nehmen die wenigen vorhandenen Flüsse unsere größte Aufmerksamkeit in Anspruch. Sie bestehen auf dem Hochland in ihren Oberläufen häufig aus solchen Ketten kleiner, salzhaltigen Schlamm führender Becken, versiegen trotz zeitweise hohen Wasserstandes sehr rasch, sobald sie die Sandebenen erreichen, haben aber tiefe Thäler geschaffen. Die zur Westküste durchbrechenden führen in ihrem Unterlauf mehr Wasser, so daß einer von ihnen, der Swan=Fluß, zwischen Perth und der Mündung durch Dampfer befahren werden kann. Die übrigen Flüsse der Westküste, wie der Blackwood, Murray=William und Collie, sind unbedeutend, und erst der nördlichste Strom unseres Gebietes, der Murchison, hat größere Wichtigkeit und längeren Lauf, da er mit zahlreichen Quellarmen in der Gegend des 120. Meridians in einer bereits regenreicheren Gegend entspringt, die sich durch prachtvolles Grasland auszeichnet. Zwischen 400—700 m hohen Bergen verbreitet sich der Murchison unter 26° südl. Breite erheblich, wendet sich dann nach Südwesten und umfließt in sehr gewundenem Laufe die Wüste an der Küste; aus der Gegend des Austin=Sees nimmt er einige kleine Zuflüsse auf.

Dieser günstigere Charakter des Landes setzt sich auch über den Murchison=Fluß fort. Der aus dem eigentlichen Gascoyne und dem Lyons=Fluß entstehende Gascoyne windet sich durch ein im allgemeinen mit Scrub bestandenes Land in großen Bogen hindurch, hat jedoch auch grasreiche fruchtbare Ebenen an seinen Ufern. Die ihn von dem Murchison=System trennende 500 m hohe Wasserscheide gilt als die südliche Grenze regelmäßigen Regenfalles und leitet die größere Erhebung des Landes ein, die durch den 1100 m hohen Mount Augustus am Lyons= Fluß und den 1050 m hohen Mount Labouchère zwischen dem Gascoyne= und Lyons=Fluß bezeichnet wird; davor dehnen sich weite üppige Grasebenen aus. Hat man die aus Granit und Sandstein bestehenden Höhen nördlich vom Lyons=Fluß, die Barlee=Kette, und damit den Wendekreis überschritten, so erreicht man ein anderes Flußsystem, das des Ashburton, eines ziemlich langen, von der Gegend des 120. Meridians kommenden Flusses. Giles fand hier 1876 Sandelholz und Orangenbäume, gute Weiden und beständig Wasser führende Quellen, und auch weiter abwärts begrenzen den Fluß (nach Scholl) grasreiche Alluvialebenen. Der Unterlauf des Ashburton dagegen liegt ebenso wie der des Gascoyne und Murchison in dem außerordentlich öben Küstenlande des Nordwestens.

4*

Dieser Nordwesten nun wird von zahlreichen felsigen Tafelbergen durchzogen, die weiter im Inneren größere zusammenhängende Tafeln bilden, in Stufen nach der Nordküste abfallen und größere Höhen als an irgend einem anderen Punkte West- und Nordaustraliens erreichen. Das ganze Tafelland, das den oberen Ashburton von dem Fortescue-Fluß scheidet, hat 800— 1100 m Höhe und steigt in den Bergen Bruce, Vigors und Samson zu etwa 1200 m an. In dieses Tafelland ist ein Zufluß des Ashburton, der Harden, eingeschnitten, dessen Ufer gras- reiche Weiden sind; auch der Fortescue, der nächste größere Fluß, durchbricht es in dem gewun- denen grasreichen Thale der Chichester-Niederungen, zu dessen beiden Seiten sich 800 m hohe Berge, die Randstufen des Tafellandes, erheben.

Von nun an fällt das Land in Stufen nach Norden ab, besteht aus Granit mit darüber- liegendem Sandstein und wird von einer Reihe kleiner Flüsse durchströmt. Die östlichen davon vereinigen sich mit dem De Grey, der nach Aufnahme des Oakover dem Steilrande parallel nach Westnordwesten zu der überall gleich öden und traurigen Küste zieht. An seinem Oberlauf be- grenzt der Macpherson-Berg die Wüste Inneraustraliens. Nördlich von dem De Grey- und süd- lich von dem Fitzroy-Fluß scheint sie nahe an die Küste heranzutreten, dann aber folgt der fruchtbare und goldreiche Kimberley-Distrikt (f. Abb., S. 53). Zwischen der Roebuck-Bai und dem Kingsund auf der Halbinsel Dampierland besteht der Boden nach A. Forrest aus Sand und Lehm mit See- muscheln an der Küste sowie karstartigem Kalkstein und weißem und rotem Sandstein, im Hinter- land aus tief zerrissenen eisenhaltigen Gesteinen. Offene grasreiche Flächen mit Palmen, Akazien, Rajaput und Eukalypten, an der Küste Salzsümpfe mit dichtem Mangrovegebüsch, weiter land- einwärts mannshohes Gras zwischen Eukalyptus-Waldungen, das ist der Charakter des Landes am linken Ufer des unteren Fitzroy. Der Fitzroy, dessen Quellen in der Nähe des Antrim-Plateaus liegen, läuft in mehreren Bogen nach Südwesten und hat nahe der Mündung bei einer Breite von 90—270 m eine so große Tiefe, daß er, zu Pferde nicht mehr passierbar, dem Dampfer- verkehr dient. An der Mündung steigt seine Breite auf fast 5 km, die Tiefe wechselt zwischen ⅓ und 4 m, die Ufer sind mit üppigem Graswuchs und Bäumen bestanden, die des Kingsundes mit Mangrovedickichten; der Fluß ist reich an Fischen, die Gegend wildreich, überall traf man Kängurubs, Enten, Kakadus, auch einzelne Emus (f. Abb., S. 53). 350 km oberhalb der Mün- dung tritt der Fluß aus Sandsteinketten heraus, deren Überschreitung schwierig ist. Von dort verläuft sein Nebenfluß Margaret immer längs des Steilrandes, den der Fitzroy selbst durchbricht.

Diesen starren, wilden, zerrissenen, 600 m hohen Steilrand nannte Alex. Forrest die König-Leopold-Kette: ein Tafellandsrand mit anscheinend nie versiegenden Wasserläufen und Weideland, das sogar die Spitzen der Hügel und Bergrücken bedeckt. Auch jenseit der Wasser- scheide dehnen sich gegen den Ord-Fluß prächtig begraste Niederungen aus, in denen vereinzelt sich erhebende Granitgipfel eine angenehme Abwechselung hervorrufen. Diese Wiesen übertreffen an Anbaufähigkeit alle übrigen Flächen Westaustraliens und umfassen ein Areal von 5000 qkm. Fünf Tagemärsche braucht man, um durch sie hindurch bis zum Ord zu gelangen, der, fast 400 m breit, als ein reißender Strom nach dem Cambridge-Golf fließt, und auch zwischen diesem und dem Victoria-Fluß setzt sich das Grasland noch fort. Diese Weidegründe gaben den zwischen dem Fitzroy und dem Ord sich ausdehnenden Teilen des Kimberley-Distrikts eine große Wichtig- keit, die 1884 durch die Auffindung von Gold noch bedeutend erhöht wurde.

Dieses Gebiet besteht aus einem mäßig hohen Tafelland mit ebener oder gewellter Ober- fläche und wird von dem nur zur Trockenzeit fast ganz austrocknenden Margaret durchschnitten, der mit seinen 684 km Länge den Ord noch um 84 km übertrifft. Alle diese Flüsse durch- ziehen bald breite sandige Thalflächen, bald enge tiefe Felsthäler und zeichnen sich durch sehr bedeutende Schotter- und Sandablagerungen aus, die auf ein früher feuchteres Klima hindeuten.

Granit, metamorphische und silurische Schiefer und Quarzite, devonische Sandsteine, Kalksteine, Konglomerate setzen den Boden zusammen. Im Südosten ist ihnen das große basaltische Antrim-Plateau vorgelagert, eine bis zu 454 m Höhe ansteigende basaltische Decke von 270 m Mächtig-keit, 7800 qkm Areal und teils ebener, teils hügeliger Oberfläche; auch Karbon kommt vor mit Achat, Chalcedon, Jaspis und Feuerstein.

Der nördlichste Teil Australiens, Arnhemland oder Northern Territory, Nordaustralien, hat im ganzen einen ähnlichen Charakter wie der Kimberley-Distrikt. Ein welliges Land mit

Landschaft im Kimberley-Distrikt, Nordwestaustralien. (Nach der Natur.)

größeren Ebenen, im ganzen ein nach der Küste zu sich senkendes Tafelland aus Granit, Kalk-stein sowie Basalt, hat es zum Teil eine reiche Humusdecke, vorzüglichen Graswuchs und gute Bewässerung durch Quellen. Am Süd-Alligatorfluß nehmen sogar nach Leichhardt ("Tage-buch einer Landreise in Australien") "sehr umfangreiche Sümpfe den Raum zwischen ziemlich dicht mit Holz bestandenen Eisensteinhügeln ein, welche die Ausläufer einer gebirgigen Gegend zu sein scheinen. Einige dieser Sümpfe waren gänzlich ausgetrocknet und boten guten Grund dar, andere waren dagegen außerordentlich morastig und für Pferde und Menschen gefähr-lich. Ein Gürtel hängender Theebäume umgab die Sümpfe, während ihre Abzugskanäle dicht mit Pandanus besäumt waren. Die Livistona-Palme und Cochlospermum Gossypium standen auf den Anhöhen. Der Theebaum, die Faserrinde, die hülsenfrüchtige Eisenrinde und Eugenia hätten der Größe nach zu Bauholz verwendet werden können. Die ganze Gegend war fast durchgängig schön begrast." An anderen Stellen freilich, wie in den wasserlosen Distrikten, tritt der nackte weiße Sand, nur mit Spinifex bestanden, zwischen dem Snake- und Katherine-Fluß auf, und zwischen dem Victoria-Fluß und dem Überlandtelegraphen führen sogar die gras-reichen Ebenen, wenigstens in der Trockenzeit, kein einziges Wasserloch, so daß die Expedition A. Forrest's 1879 beinahe an diesem Mangel an Wasser selbst auf gutem Graslande zu Grunde gegangen wäre; trockene Creeks durchziehen es, Akazien und Eukalypten bilden die Baumvege-tation, Känguruhs und Trappen das Wild. Dieses Tafelland bewässern zum Teil schiffbare Ströme, wie der Victoria, der Daly, dessen Oberlauf Katherine genannt wird, der Alligator und im Osten endlich der Roper.

Der Roper-Fluß ist nach Leichhardt „ein großer Süßwasserfluß von 500—800 Schritt Breite. Die Ufer desselben waren nicht sehr hoch und dicht mit Salzwasser-Hibiscus, einer kleinen baumartigen Rubiacee, welche die Luft mit dem Wohlgeruche ihrer Blüten ähnlich dem des Jasmins erfüllte, ferner mit Flagellaria, Wasser-Pandanus und einer hülsenfrüchtigen Schling-pflanze mit Trauben großer grüner Blüten umgeben. Das Wasser war etwas trübe, zur Flut-zeit stieg es volle 3 Fuß. Die Gegend längs seines linken Ufers war schön begrast und offen mit Buchsbaum bestanden; auf der entgegengesetzten Seite erhoben sich Hügel."

Alle diese Flüsse strömen von der Wurzel der Halbinsel Nordaustralien aus nach allen Seiten hin ins Meer, nur nicht nach Süden hin, denn hier beginnt unmittelbar südlich vor ihnen die große australische Wüste.

B. Das Innere, die Wüstengebiete.

Das ganze Innere Australiens, der östliche Teil des Tafellandes, ist ein ödes, viel-fach wüstenhaftes Land, in dem man nur einzelne Oasen, Grasplätze und Wasserläufe hat ent-decken können. Der schlimmste Teil der Wüste ist der Westen, zwischen dem 120. und 130. Me-ridian; mit der Annäherung an die Telegraphenlinie, die ungefähr dem 134. Meridian folgt, wird das Land etwas frischer. Der sandig-thonige Boden von roter Farbe ist der bereits erwähnte Wüstensandstein, bedeckt mit Dickichten und Gebüschen von Stachelpflanzen, Eukalypten und Akazien, dem sogenannten Scrub (s. Abbildung, S. 55); daß gänzlicher Mangel an Quellen, Regengüssen, fließendem Wasser und Grasland erschwert die Überschreitung dieser Wüste des Inneren außerordentlich. Zwar setzt sich in den Thälern der größeren Flüsse, z. B. des oberen Ashburton, grünende Vegetation selbst dann noch fort, wenn kein Wasser mehr im Flußbett anzutreffen ist, einheimische Pappeln und Pfirsichbäume, Sandelholzstämme und Orangen, meist in verkrüppeltem Zustande, ziehen sich dem Thale entlang, Gummibäume treten hier und da auf, und, wo Wasser ist, stehen frische Theebäume (Melaleuca). Je weiter man aber in die Wüste eindringt, desto mehr nimmt die Vegetation ab, die Flußläufe schrumpfen zu kleinen Fäden zu-sammen, die Bäume verschwinden, an ihre Stelle tritt der Scrub, das stachlige Gebüsch, das nun weithin das Land überzieht, und trockenes, kahles Felsland, endlose öde Berg- und Hügel-reihen erscheinen auf der wasserlosen Fläche. Hier und da findet sich wohl noch ein Becken mit ausdauerndem Wasser und Fischen, schließlich bleibt aber nur noch die Wüste übrig, weithin dehnen sich die Spinifexflächen, zahlreiche rote Sandhügel treten auf und bilden öde Dünenreihen, namentlich im Westen der Telegraphenlinie, denn auch die australische Wüste hat ihr Dünen-gebiet, gerade wie die Sahara. Auf den Gipfeln der Hügel wachsen hier und da Gummi-bäume, dazwischen trifft man in den Niederungen auf einheimische Pfirsichbäume, Quandongs,

Grasbäume und die Wüsteneiche; weiße und rote Gummibäume umstehen die spärlichen Quellen, die meist sehr weit voneinander entfernt sind.

Das Land, das Giles 1876 zwischen 120 und 125° östl. Länge durchzog, war eine vollkommen offene Wüste, eine sandige Hügelwelle folgte der anderen, und die einzige Vegetation bestand aus vereinzelten Blackwood=Bäumen auf den Gipfeln einiger Sandhügel; dazu gesellte sich gelegentlich eine Wüsteneiche, einige Mallee=Bäume und vielleicht ein oder zwei verkümmerte Exemplare der einheimischen Pfirsiche, auch fanden die Reisenden einige kleine ausgetrocknete Salzseen. „In der Umgebung des Wassers zeigten sich Krähen, kleine Habichte, einige Kakadus,

Inneraustralischer Scrub. (Nach Originalphotographie.)

zahlreiche bronzeflügelige Tauben, und eine kleine Art Wallaby ist durch die ganze Wüste verbreitet." Kleine Höhenzüge durchziehen die Wüste, meist vollkommen nackte, rote Granitfelsen, wie die Everard=Kette, mit wilden Formen, andere, wie die Rawlinson= und Petermann=Kette, mit frischem Grün bewachsen. Zwischen diesen Höhen verlaufen, je näher man dem 135. Meridian kommt, desto öfter, kleine Flüsse, wie der Ferdinand=Fluß, mit Grasland an den Ufern, das Viehherden Nahrung gibt, aber zwischen anderen hohen Ketten dehnt sich wiederum öde, mit Mulga=Scrub (Acacia aneura) bedeckte Ebene aus.

In dieser Weise verbessert und verschönert sich die Landschaft, wenn man von Westaustralien nach dem Herzen des Festlandes vordringt, und ganz ähnlich auf der zuerst von Stuart begangenen Strecke, die jetzt den Überlandtelegraphen trägt, von Norden nach Süden.

Hat man den breiten, in einer niedrigen, sumpfigen Ebene fließenden Roper mit einer tropischen Vegetation, Palmen und Bambus, überschritten und verfolgt einen kleinen Nebenfluß aufwärts nach Süden, so findet man, daß dieser sich bald in eine Reihe von Seen auflöst und endlich nach kurzem Bestand als schmaler Wasserfaden ganz verschwindet. Nun folgt, wie auch in Westaustralien, ein breiter Streifen niedrigen Landes von öbestem Charakter, ein wasserloses und mit Scrub bestandenes, so abschreckendes und schwer zu überschreitendes Gebiet, daß Stuart zwei=mal baran scheiterte. Wasser ist selten, und wo es sich findet, dehnt sich auch weithin das lästige Dornendickicht aus; dichter Scrub bedeckt das Land, außer auf dem roten Sande, kleine und dann auch wasserlose Grasebenen sind sehr selten. Gegen die Ashburton=Kette zu wird das Grasland häufiger, die Ufer ehemaliger Süßwasserseen treten auf, ben Fuß des Höhenzuges verdeckt Gummi=wald, der Boden der Ebene nördlich von ihm ist mit dickem, hartem Grase bedeckt, mit Zwerg=

Die Chambers=Säule im MacDonnell=Gebirge. (Nach Photographie der Winneckeschen Expedition.)

Eukalyptus bestanden und von Rissen und Sprüngen durchzogen, die das Fortkommen erschweren; Weihen und Heuschrecken sind die häufigsten Bewohner dieser wasserarmen Gebiete. Auch in besser bewässerten Gegenden wechselt im Jahre steinharter, zerrissener Boden zur Trockenzeit mit Sumpf zur Regenzeit. Die wenigen Wasserläufe, die von den Bergen herabkommen, versiegen rasch in der Ebene unter der glühenden Hitze, der Erdboden wird ausgelaugt, salzige und schlammige Wasserläufe treten an die Stelle des Süßwasserflusses, und die Flußbetten werden hart und trocken.

Mit der Ashburton=Kette haben wir das zentralaustralische Bergland erreicht, das sich im Herzen des Festlandes südwärts bis zum Finke=Fluß ausdehnt. Sein nördlichster Höhen=zug ist die Ashburton=Kette', ein 400 m hohes, nordwärts streichendes Gebirge aus Granit und rotem Sandstein, zu dessen Seiten sich Grasland und Scrub sowie kleine Flüsse ausdehnen, und dessen First die Überlandtelegraphenlinie trägt. Südlich der Short=Kette werden die Bäche und allerdings auch der Scrub häufiger und dichter, dann aber folgt wiederum roter Sandboden, gänzlich wasserloses Land, Scrub und Spinifex bis zum Taylor=Creek.

Von nun an wird der Charakter des Landes einheitlicher. Den Grundzug bilden zahl=
reiche, meist granitische Ketten, dazwischen liegen entweder weite Ödungen mit Scrub und
Spinifex oder größere Bäche, die in den nördlichen Teilen nach Westen und Nordwesten, in den
südlichen nach Osten abfließen, aber sämtlich in den benachbarten Tiefländern versiegen. Die
bedeutendsten Höhenzüge in den zentralaustralischen Bergländern sind die Murchison=, Daven=
port=, Forster=, Reynolds= und MacDonnell=Ketten, sämtlich mit guter Vegetation bedeckt, steil,
felsig, durch thalartige Ebenen mit Scrub voneinander getrennt. Die MacDonnell=Kette, aus
deren östlichen, durch ein Rubinfeld ausgezeichneten Ausläufern der Hay=Fluß herauskommt, soll
1000 m hoch sein. Der Anblick der MacDonnell=Kette von Süden aus ist nach E. Giles („Geo=
graphic travels in Central Australia') „höchst merkwürdig und grotesk und schwer zu be=
schreiben. Etwa drei verschiedene Ketten erheben sich hintereinander, die alle in steilen Bergen
enden, wie dem Haast's Bluff. Die mittlere dieser drei Ketten ist die sonderbarste: sie endet ost=
wärts in fast regelmäßigen Einschnitten, deren jeder ein Steilrand ist, einen rundlichen Quer=
schnitt hat, in Rot gefärbt ist und von weitem einer riesigen Treppenstufe gleicht."

Von dem Südfuße der MacDonnell=Kette fließt der Finke=Fluß ab, der zu dem südlichen
Tiefland hinabführt; östlich von seinen Quellen liegt am Südhange des Gebirges die Tele=
graphenstation Alice Springs in 600 m Höhe. Von der Landschaft am Oberlauf des Finke=
Flusses bemerkt der genannte Forschungsreisende: „Wir waren meist umgeben und eingeschlossen
von Hügeln, die auf beiden Seiten den Fluß einengten, und mußten den Windungen des Trocken=
bettes folgen, das zwischen den steilen Gehängen der Berge in Serpentinen sich hinzog; die Felsen
hingen oftmals auf beiden Seiten über, und die Pferde mußten immer wieder den Creek über=
schreiten und häufig über weite Felslager geführt werden. Die Berge bestehen aus rotem Sand=
stein, der in großen und kleinen Massen in den groteskesten Formen [s. Abbildung, S. 56] em=
porragt, bald Höhlen und Löcher an den Hängen birgt, und auf den Höhen nur wenige Calli=
tris=Bäume (Cypress-pines) trägt." An einzelnen Stellen, namentlich in den inneren Teilen
dieser Thalschluchten, ist das Land fruchtbar. Palmen, eine Livistona-Art, eine besondere Art
Eucalyptus, der Blutholzbaum, wachsen auf sandigen und festen Plätzen. Einige Wasserlöcher
lassen den Schluß auf unterirdisch fließendes Wasser im Bette des Finke=Flusses zu, und wunder=
volle Blumen sprießen in solcher Fülle inmitten der sterilen und steinigen Gebiete auf, daß Giles
behauptet, niemals zuvor eine solche Blumenpracht in der Natur beobachtet zu haben. Westlich
vom Finke=System liegt, bereits wieder in öder Wüste, einer der großen australischen Seen, der
1872 von Giles entdeckte Amadeus=See. Der Spiegel dieses Sees liegt in einer Höhe von
204 m, also schon im Tieflande, an der Grenze der zentralen Berglandschaften und der west=
lichen Wüste; seine Länge steht noch nicht ganz fest: sie beträgt etwa 350 km, seine Breite 60 km.
Über die Entdeckung und den Anblick dieses Salzsees berichtet E. Giles („Geographic travels
in Central Australia'): „Beim Ersteigen eines hohen Sandhügels bemerkten wir auf der
rechten Seite in weiter westlicher Ausdehnung einen riesigen Salzboden, den wir anscheinend
an seinem östlichen Ende erreicht hatten. Nachdem wir jedoch noch einige Meilen zurückgelegt
hatten, traten immer mehr nach Osten zu weitere Teile desselben hervor, und wir bemerkten,
daß wir auf die Mitte des Ufers dieses großen Salzbeckens gestoßen waren. Ein solches Hindernis
hier anzutreffen, war für mich höchst verblüffend. Wir marschierten eine weite Strecke auf der
Oberfläche desselben, die für unser Gewicht fest genug schien, sobald wir aber unsere Pferde
darauf wagten, verschwanden sie fast augenblicklich. Die Oberfläche war zwar trocken und mit
Salzkrusten überzogen, allein bei jedem Schritt, den die Pferde zu machen suchten, drang Salz=
wasser auf die Oberfläche. Dieser Salzsee schien etwa 6—7 engl. Meilen breit zu sein, doch
stellte sich das gegenüberliegende Ufer als eine Insel heraus. Mehrere Inseln, einige recht hohe,

unb rote Sandhügel waren sichtbar, bie infolge der Luftspiegelung in einer ungeheuern Waffer=
fläche zu schwimmen schienen. Wir machten noch einige Versuche, bie Pferde über ben Salz=
sumpf zu bringen, aber alle brei zappelten bereits in bem bobenlosen Bett bieses schrecklichen
Sees, bevor wir uns besinnen konnten, unb wir waren völlig außer stanbe, ihnen zu helfen,
ba wir infolge des Schlammes nicht zu ihnen gelangen konnten, unb wir selbst sanken bis an
bie Kniee in heißen Salzschlamm ein." Nach Norbwesten unb Osten behnte sich ber See aus,

Der Rubball=Creek, Innerauftralien. (Nach C. Giles.)

so weit bie Gläser reichten; größere Fernsicht wurde nach Norbwesten zu burch eine Zwischenkette
unb hohes Sandhügelland, wahrscheinlich sein südliches Ufer, verhindert. Schmale unb breite
Seitenkanäle gingen von bem Hauptbett nach verschiedenen Richtungen ab, ein schmaler, boch
unüberschreitbarer Arm führte auf bem Grunde ausschließlich heißen, blauen, salzigen Schlamm.
Die Hügel ber Kette, bie bas nördliche Ufer begleiten, bestehen völlig aus rotem Granit; bie west=
liche Grenze bes Sees bezeichnet ber Mount Unapproachable.

Spinifex, ausgebehnte Sandhügel unb Ebenen führen vom Amabeus=See zu bem von
Tietkens 1889 entbeckten Macbonalb=See, einem unter bem Wenbekreise in ber Wüste gelegenen,
nicht unbebeutenden, von Saltbush (Atriplex nummularia), gutem Grasland unb Thon=
pfannen umgebenen Salzsee. Der südliche Abfall bes zentralen australischen Berglanbes erfolgt

durch die Musgrave-Kette, ein von Goffe 1873 entdecktes, von Brown 1889 untersuchtes Gebirge aus Granit, Granitgneis und Diorit, das im Mount Woodroffe eine Höhe von 1594 m,
die bedeutendste im ganzen Inneren Australiens, erreicht. Wie die meisten zentralaustralischen
Gebirgszüge ist auch die goldreiche Musgrave-Range keine geschlossene Kette, sondern wird durch
schmale Landflächen und niedere Sättel in mehrere Teile geteilt; die zahlreichen, aus der Musgrave-Range herausfließenden Creeks (s. Abbild., S. 58) verlieren ihre Waffer sehr schnell, sind
meist mit Sand gefüllt und enthalten viele Eukalypten. Lehmige Ebenen umgeben das Gebirge.

Der Abfall des Berglandes nach Süden weist im allgemeinen ähnliche Oberflächenformen
auf, wie in der Gegend der Amadeus- und Macdonald-Seen. Tafelländer aus horizontalen oder
schwach geneigten Schichten der oberen Kreide oder des unteren Tertiärs und Tafelberge mit
steilen Abfällen werden von gelben Feuerstein-Jaspisbänken oder porzellanähnlichen Sandsteinen
und Quarziten gekrönt. Um sie herum dehnen sich ebene oder wellige, mit Brocken von Feuerstein,
Jaspis und Kieseln übersäete Steinniederungen sowie Schlamm- und Sandebenen aus. Die
Schlammebenen mit natürlichen Quellen von sodahaltigem, warmem, aber trinkbarem Waffer
werden Marshes genannt. Über den Lehm- und Steinniederungen lagern parallel angeordnete
Hügel mit 100—200 m breiter Basis und 20—25 m Höhe: zum Teil rötliche Sandanhäufungen,
die vom Winde bewegt werden, zum Teil mit Thon gemischte, geschichtete und verfestigte Sandmassen.
Kleine Höhenzüge aus archäischen und alten Eruptivgesteinen ragen über die Ebene empor.

Durch dieses Gebiet ziehen mehrere Flüsse. Der Ferdinand-Fluß verläuft in der südaustralischen Wüste; der Alberga, Marryat und Agnes bilden den in den Eyre-See fallenden Truer
oder Macumba-Fluß; der Neales nimmt zahlreiche von Westen kommende Creeks, Henrietta-,
Emma-, Lora-Creek und andere auf und erreicht den Eyre-See im Nordwesten. Weiter im Nordosten strebt der Finke-Fluß, dessen Quellen in den James- und MacDonnell-Ketten liegen, dem
Eyre-See zu, erreicht ihn aber nicht immer; seinen Unterlauf hat David Lindsay 1885/86 von
der Dalhousie-Station aus näher unterfucht. Er fand ein von mehreren Wafferläufen durchzogenes, teilweise trockenes Flußbett, in dem Bäume und Büsche wuchsen, ab und zu auch größere
Wafferlöcher enthalten waren; die wenig erfreuliche Umgebung bilden Sandhügel mit Dorn-
gebüsch und Spinifex, und an den Abhängen der Dünen bewiesen Waffermarken, daß der Fluß
zeitweise um 1½ m steigen kann und dann große Mengen Waffer führt. Er mündet in den
Macumba Creek, ein weites, baumreiches Thal mit vielen Wafferläufen und einer Menge Gummi-
und Buchsbäumen; die Zugehörigkeit des Finke-Fluffes zum System des Eyre-Sees, an deffen
Nordende der Macumba und Finke mit dem Warburton zusammenfließen, steht also außer Zweifel.

Der 9500 qkm große Eyre-See ist ein von Norden nach Süden gestrecktes Becken von
175 km Länge und 60 km Breite, deffen Seehöhe noch unbestimmt ist. Schon nach seiner Entdeckung durch Eyre 1840 wurde vermutet, daß er tiefer läge als der Meeresspiegel, also eine
Depression der Erdoberfläche bilde, allein nach Lewis' Meffungen im Jahre 1873 ergab sich eine
Höhe von 21 m; Winnecke dagegen hat sich wieder für eine Seehöhe von nur 0,9 m = 3 Fuß
ausgesprochen. Der Eyre-See führt nicht häufig Waffer, dann aber meist salziges, selten süßes,
und ist gewöhnlich mit salzigem Schlamm gefüllt. An seiner West- und Südseite jedoch umgibt
ihn ein Kranz von Quellen, die im großen Ganzen gutes, zum Teil allerdings salziges und warmes
Waffer führen. Im Osten münden der Warburton und der Cooper in den Eyre-See, der also
eine ganze Reihe der zentralaustralischen und Queensländer Wafferläufe empfängt und ein bedeutendes abflußloses Gebiet von hydrographischer Selbständigkeit ist.

Durch eine ziemlich breite Landschwelle von dem Eyre-See getrennt ist der Torrens-See,
für deffen Nordende jener anfangs gehalten wurde, ein 200 km langer, aber schmaler Salzsee
in Meereshöhe, der bald ganz ausgetrocknet, bald mit frischem Waffer erfüllt ist, das die aus der

Flinders-Kette kommenden Flüsse ihm zuführen. Weiterhin unterbrechen die Öde der Wüste der Rote See (Red Lake), die Island-Lagune, der Macfarlane-See und endlich der 100 m (?) hohe Gairdner-See, der von dem Flußgebiet des Neales durch die 600 m hohen Stuart-Berge, von der Küste durch den Südabfall des Tafellandes, die Gawler-Kette, und von dem Everard-See durch eine schmale Niederung getrennt ist. Westlich von ihm steigt der Finke-Berg noch zu 600 m Höhe auf, dann aber folgt die weite Wüste an der Grenze von Süd- und Westaustralien, die große tertiäre Nullarbor-Ebene und Roman's Land, in die nur Giles und Tietkens eingedrungen sind, während Eyre 1840 an der Südküste entlang zog. Diese Nullarbor-Ebene oder das Bunda-Plateau ist (nach Tate) eine von einer Gneis-, Granit- und Schieferumrahmung eingefaßte Tafel von tertiärem Kalkstein, die nahezu lotrecht 50—70 m zum Meer abfällt und auf eine Strecke von 160 km die Küste bildet. Über mächtigen, feuersteinhaltigen Schichten der Kreide liegt gelblicher loser Bryozoenkalkstein und darüber der die Oberfläche bildende harte, braune, graue oder rötliche Kalkstein, der jeglichen Baumwuchses ermangelt, so daß die Bezeichnung Nullarbor Plain wohl gerechtfertigt erscheint. Wasser- und Thalrinnen gibt es nicht, dagegen durchziehen Höhlen den Kalkstein. Das Ganze ist von einer so erschreckenden Trostlosigkeit, wie sie kaum in einem andern Teile Australiens wiedergefunden wird.

Diese tertiäre Scholle setzt sich über die Halbinsel Eyria fort: traurige, öde Gegenden, fast ohne Wasserläufe, mit nur wenigen Quellen, deren Umgebung zum Schauplatz gewinnbringender Viehzucht auf dem spärlichen und von mancherlei Bäumen bestandenen Grasland gemacht worden ist. Flach, sandig, mit Kalkstein bedeckt, mit geringem Gestrüpp von Eukalypten und anderen Myrtaceen bestanden, ist auch die Halbinsel Yorke, der letzte Ausläufer der tertiären Scholle, eigentlich noch öder als die Halbinsel Eyria, weil sie nicht eine einzige Wasserrinne besitzt; ihr Reichtum an Kupfer hat aber die Bildung mehrerer Ansiedelungen an der Küste veranlaßt.

2. Die Gebirgszüge von Südaustralien.

In der Gegend des Eyre-Sees beginnt das große australische Tiefland, das die Stromgebiete des Murray-Darling, Cooper-Barcoo, Warburton und Flinders umfaßt und sich bis an den Fuß des großen ostaustralischen Faltungsgebirges ausdehnt. Bevor wir jedoch dieses Tiefland besprechen, müssen wir einer Anzahl von Gebirgsketten gedenken, die ähnlich wie die pampinen Sierren und Antikordilleren Argentiniens vor den Anden aus der Pampa, so hier aus dem australischen Tiefland aufsteigen. Alle diese Gebirge bestehen aus paläozoischen Schiefern und Quarziten und haben zum Teil einen archäischen Kern aus Gneis und Glimmerschiefer, der, wie es scheint, die höchsten Schichten der Flinders-Kette bildet; außerdem sind alle diese Bergketten stark gefaltet und erheblich älter als das sie umgebende Land. Wir rechnen zu ihnen die Denison-Kette, die Flinders-Kette, das Adelaide-Gebirge und ferner die Barrier-, Stanley- oder Burkley- und die Grey-Kette. Als nördlichsten Ausläufer dieser Antikordilleren betrachtet E. Sueß die MacKinlay-Kette in Nordwest-Queensland.

Der westlichste dieser Züge ist die Denison-Kette am Westufer des Eyre-Sees, ein steil gefaltetes Schiefer- und Quarzitgebirge, das vielleicht mit dem aus purpurroten Schiefern bestehenden Mount Northwest zusammenhängt, der am Nordrande des Torrens-Sees aus den weiten thonigen Flächen südlich des Eyre-Sees emporragt. Dieser soll die nordwestliche Fortsetzung der bedeutendsten dieser Antikordilleren, der Flinders-Kette, sein, die dem Ostrande des Torrens-Sees und des Spencer-Golfes entlang läuft, bogenförmig gekrümmt ist und zu 900 m Höhe ansteigt. Die Flinders-Kette ist ein aus Schiefern, Kalksteinen und Sandsteinen des Silurs und Devons sowie archäischen Gesteinen, Gneis und Glimmerschiefer bestehendes, recht ödes

Gebirge, das von den Südaustraliern das Rückgrat des Landes genannt wird; jetzt führt die Eisen=
bahn von Adelaide nach dem Eyre=See darüber hinweg. Seine bedeutendsten Höhen sind von
Norden nach Süden die Berge Hopeletz, Serle, Arden, Brown, Remarkable und Bluff, sämtlich
etwa 900 m hoch. Vorkommnisse von magnetischem Eisenerz und einem weichen alaunhaltigen,
in Lila, Weiß, Rot und Blau merkwürdig schattierten Gestein kennzeichnen es besonders. Der
Norden der Kette aber birgt die eigentümlichen Pounds, fruchtbare, kleine, kraterartig eingesenkte
Ebenen zwischen steilen Felsen, die selbst für gut kletternde Tiere unersteiglich sind. Die sanft
wellenförmig mit herrlichem Gras, kleinen Gruppen von Eukalypten und Frenela robusta be=
deckte Ebene, die sich vor dem entzückten Auge ausbreitet, bietet (nach Jung) einen eigenartigen
Anblick. Rings um die 10—12 englische Meilen lange und 3 englische Meilen große Fläche
erheben sich düstere Felsen, an dem unteren Teil mit Baum und Strauch bedeckt, am zerklüfteten
Kamme nackt und kahl; die ungeheuern Gesteinsmassen, die dort aufgeschichtet liegen, hängen
oft über den steilen Seiten, und der geringste Anstoß scheint genug, sie aus ihrer schwindelnden
Höhe herabzustürzen. Zuweilen reißt auch ein großer Spalt den Kamm quer durch: ein langer,
schmaler, gewundener Cañon führt von einem Abhange zum anderen, die Wände steigen oft
100—200 m steil und kahl in die Höhe.

Östlich von dem Flinders=Gebirge erhebt sich eine zweite, scharf gefaltete paläozoische Höhe,
die als Adelaide=Kette bezeichnet wird. Ihre bekanntesten Gipfel sind die Berge Razorback und
Bryant sowie der Black Rock Hill, alle 800—900 m hoch; doch noch unmittelbar über Adelaide
erreicht sie in dem zur Eiszeit vergletschert gewesenen Mount Lofty eine Höhe von 650 m und
führt nach der Kangaroo=Insel hinüber. Die Oberfläche dieses Gebirgszuges ist öde, steinig, san=
dig, mit Mallee, strauchartigen Eukalypten und Mulga, dornigem Akaziengebüsch, sowie der
wilden Tabakspflanze und dem Narrow leaf bedeckt und entbehrt der Kultur bisher fast ganz.

Zu den Antikordilleren gehören ferner die Barrier= (Stanley= oder auch Burkley=) und die
Grey=Kette, beide schon auf dem Gebiet von Neusüdwales. Ebenfalls nordnordöstlich streichend
und aus alten Felsarten nicht sehr hoch aufgebaut, erzeugen sie inmitten der öden Wüsteneien
Südaustraliens und des westlichen Neusüdwales zahlreiche Creeks, von denen jedoch kaum einer
den nahen Darlingfluß erreicht. Erhöhte Bedeutung haben sie erst durch die Entdeckung von
Silberminen gewonnen, deren größte und wichtigste jetzt zur Anlage der Stadt Broken Hill Ver=
anlassung gegeben hat, die bereits durch Schienenweg mit Port Augusta und Adelaide verbunden
ist. Überhaupt sind die paläozoischen Antikordilleren reich an edlen Metallen: 1841 fand man
nahe bei Adelaide (bei Glen Asmond) Blei, 1842 bei Kapunda Kupfer, 1845 die berühmte
Kupfermine Burra 160 km nordnordöstlich von Adelaide und 1860 und 1863 auf der Yorke=
Halbinsel die Kupferminen Wallaroo und Moonta. Silber kommt bei Talisker nahe dem Kap
Jervis, Gold häufig, aber nur fein im Gestein verteilt, vor, und Diamanten sind bei Echunga
gefunden worden. Bei weitem aber überwiegt der Kupferbergbau.

Den Charakter der südaustralischen Gebirge überhaupt schildert Jung („Petermanns Mit=
teilungen' 1877) sehr anschaulich, wenn er sagt: „In ihrer äußeren Erscheinung sind die Gebirge
des Südens unendlich verschieden von denen des Nordens. Der Charakter der ersteren ist ein
weit anmutenderer, sanfterer. Hier runde Wellenlinien, dort scharfe Ecken und Kanten, hier sanft
ansteigende Bergabhänge, auf denen bis hoch zum Gipfel liebliche Landhäuser aus dem Grün der
Gärten hervorlugen, dort steile Felswände mit rauhem Gestein bedeckt, an denen der Mensch mit
Mühe emporklimmt; hier Baum und Strauch im Thal wie in der Höhe, dort nur der blattlose
dürre Busch, der sich zwischen den Felsenspalten an das spärliche Erdreich anklammert." Die Gründe
für diese Abweichungen voneinander liegen wesentlich in der Verschiedenheit der Bewässerung.

Um die südaustralischen Ketten herum dehnt sich nun das weite ostaustralische Tiefland aus.

3. Das australische Tiefland.

Auf das Tafelland Westaustraliens und des Inneren folgt im Osten, zum Teil unterbrochen durch die oben erwähnten Gebirgszüge, ein großes Tiefland, das sich von Süden nach Norden über den Kontinent hinzieht. Im Norden wird es durch eine Kette von Höhenzügen, in denen die Quellen des Barcoo, Warburton und Flinders liegen, geteilt, und dadurch ein nördlicher Abschnitt, das Tiefland des Carpentaria=Golfes, abgetrennt. Der südliche Teil des Tieflandes ist, wenn wir ins einzelne gehen, ebenfalls nicht einheitlich, sondern zerfällt in die tertiäre Ebene des großen Murray=Darling=Stromsystems und die mesozoischen, vielfach wüsten Landschaften des Cooper=Barcoo=und Warburton=Gebietes. Zwischen beiden bildet ungefähr der Lauf des Darling die Grenze, dessen nördliche Nebenflüsse Warrego und Balonne noch das mesozoische Kreideland durchströmen. Eine weitere Abteilung endlich bildet das großenteils von Wüsten= sandstein bedeckte Land um den Eyre=, Torrens= und Frome=See, und mit diesem wollen wir unsere Betrachtung beginnen.

A. Die Umgebung des Eyre=, Torrens= und Frome=Sees.

Die Landschaften um den Eyre=See und östlich davon bis zur Grey= und Stanley= Kette und über diese hinaus gehören zu den ödesten Australiens, da in dieser ausgeprägten Wüste die Salzseen die einzige Abwechselung bieten. Die drei größeren davon: die Seen Gregory, Blanche und Frome, sind wie der Eyre und Torrens Salzsümpfe und liegen in der Höhe von etwa 120 m auf öden, mit Salzbusch bedeckten Ebenen. In der Nähe des Torrens=Sees treten buschreiche rote Sandhügel aus der Ebene hervor, und östlich bis zum Murray=Fluß dehnt sich der Scrub aus. Auf dem Lande südöstlich vom Frome=See liegen zahlreiche kleine Seen mit sal= zigem Wasser, deren Grund sich, wenn sie austrocknen, mit salzigen Effloreszenzen bedeckt; der Boden ist (nach Jung) hier völlig flach und, wo sich keine mineralischen Niederschläge finden, glatt und hart wie eine Tenne. Darum haben die australischen Ansiedler diese Salzbecken Clay= pans (Thonpfannen) genannt. Solcher Sümpfe und Seebecken gibt es nicht wenige auch weiter südlich, so daß die Flinders=Kette mit ihren parallelen Gebirgszügen von einer Reihe von Seen oder Vertiefungen umgeben erscheint.

In diesen öden Landschaften am Ostufer des Eyre münden die Flüsse Warburton und Cooper, aber in so unvollkommener Weise, daß die Wasserläufe nur zeitweise den See erreichen. Dennoch hat sich am Cooper eine Art von Delta gebildet, indem er den Strzelecki=Creek durch eine trostlose Ebene nach Südwesten in den Blanche=See und weiter durch diesen hindurch in den Gregory=See entsendet, während sich der eigentliche Cooper oder Barcoo dem Eyre=See selbst zuwendet. Diese von alten Seebecken, trockenen Flußbetten und Sandhügeln erfüllte Gegend ist der Lake District, eines der hydrographisch interessantesten Gebiete Australiens. Zwischen dem Cooper und dem Warburton= (oder Burke=) Fluß dehnt sich hier die Steinige Wüste aus, die 1860 von Burke und Wills gekreuzte Great Stony Desert: eine der schlimmsten Wüsten des Kontinents, eine Steinöde in des Wortes vollster Bedeutung, doch glücklicherweise von nicht sehr großer Ausdehnung.

B. Das Murray=Darling=Stromgebiet.

Nicht viel erfreulicher sind die Bilder, die sich uns bei Betrachtung der zweiten großen Ab= teilung des Tieflandes, des Murray=Darling=Systems, darbieten, denn abgesehen von der nächſten Umgebung der Ströme iſt auch dieſes Gebiet großenteils wüſtes Land. Das zeigt ſich ſehr deutlich zu beiden Seiten des Unterlaufes des Murray. „Waſſerlos überall", ſagt Jung (‚Petermanns Mitteilungen‘ 1877), „kaum daß hier und dort einige kleine Brunnen der Ein= gebornen nach ſeltenen Regenfällen ein faſt ungenießbares Trinkwaſſer darbieten, iſt das Land in einer Entfernung von wenigen Meilen vom Fluſſe völlig unfruchtbar. Die wenigen Brunnen, welche man grub, erwieſen ſich entweder als ſalzig oder waſſerlos. Der zuerſt leichte Scrub von Eucalyptus dumosa, der auch mit Salzbuſchflächen abwechſelt, wird dichter, ſtarrer, undurch= dringlicher; der Boden iſt entweder kahl, ein roter, grober Sand, oder mit Spinifex bedeckt. Die Sandhügel, nahe dem Ufer niedrig, wellenförmig, erheben ſich landeinwärts zu gewaltigen Rücken, wie rieſige Wälle bis zu einer Höhe von 250 Fuß aus der Ebene ſteigend. In einer Entfernung von 40 engliſchen Meilen und nach der Grenze von Victoria zu begegnet man Oaſen, in denen die Native pines (Frenela robusta) ſich zu kleinen Gruppen vereinigen. Den Boden bedeckt ſpärliches Gras, und in der Regel findet man unter Büſchen einen Brunnen oder ein Waſſer= reſervoir, das die Eingebornen gegraben haben."

Weithin über das Tiefland bis zu den Gebirgen und auch zwiſchen den Strömen: derſelbe wüſte Charakter der Landſchaft. Nicht verwunderlich iſt es deshalb, daß die Anzahl der An= ſiedelungen abſeits von den Flußthälern außerordentlich gering iſt. Erſt in der Nähe der Küſte, z. B. im MacDonnell=Diſtrikt, wird die Landſchaft friſcher, die Vegetation üppiger, Wald und Farrenkräuter treten auf, und Sümpfe und Seen bedecken den im ganzen niederſchlagsreicheren Boden; im Innern aber bleibt das Bild der Gegend faſt ſo öde, wie in den oben erwähnten Strichen. Nur ein, allerdings nicht unbedeutender Teil des ſüdlichen Südauſtralien iſt während der Regenzeit mit Waſſer bedeckt: dieſe ſogenannten Swamps laſſen, ſobald das Waſſer abge= zogen iſt, üppigen Graswuchs ſprießen und dichte, undurchbringliche Polygonum-Dickichte ge= deihen; ihr tiefſchwarzer Boden lagert über einer poröſen Kalkſchicht, die oft durch Spalten zer= riſſen iſt, dumpf tönt und ausgezeichnete Höhlenbildungen aufweiſt. Dieſer tertiäre, dem Miocän zugezählte Kalk bedeckt das ganze Stromgebiet des Murray=Darling. Wo dagegen der Regenfall geringer iſt, wie an der Südweſtküſte von Südauſtralien, in der Umgebung der langen Coorong= Nehrung, tritt auch ſofort der öde Charakter dieſes Kalkſteingebietes wieder hervor. Mit Büſchen bewachſene Sandhügel ziehen ſich nahe am Meere, wellenförmige Ebenen nach dem Albert= See hin, entweder ganz unfruchtbar, oder höchſtens mit Gras und Kaſuarinen beſtanden; Euka= lypten ſind ſelten, Sheoaks häufiger, und auf dem roten Sande leben die verkrüppelten Mal= leebüſche (Eucalyptus dumosa). Und ſo iſt auch das Tiefland weiter im Innern von der Natur ſtiefmütterlich bedacht. Traurige, waſſerloſe Ebenen, mit dichtem Gebüſch, ſeltener niedrige Wälder oder offene Stellen mit Krautvegetation, hier und da kleine Höhenzüge: ſo dehnen ſich die Gefilde zwiſchen den größeren Flüſſen entlang.

Durch dieſes große Tiefland fließen die das Murray=Darling=Syſtem zuſammenſetzen= den Ströme. Ihnen allein iſt es zu danken, daß das Tiefland nicht vollſtändig waſſerloſe Wüſte iſt; denn von den am öſtlichen Gebirge abgeſetzten Niederſchlägen empfängt es nur einen ganz geringen Reſt. Das ganze Syſtem nimmt einen Raum ein, der einem gewaltigen Dreieck ent= ſpräche, deſſen Ecken beiſpielsweiſe Hamburg, Bayonne und Florenz ſein könnten. Mit Aus= nahme der nördlichſten Zuflüſſe des Darling entſpringt es auf dem öſtlichen auſtraliſchen Fal= tungsgebirge, deſſen Niederſchläge ihm genügend Waſſer liefern, obwohl ein großer Teil davon bei dem Zuge durch das Buſchland der Tiefebene wieder verloren geht. Von den drei Haupt= ſtrömen, aus denen ſich das Syſtem zuſammenſetzt, iſt der Murray 1632, der Murrumbidgee 2074 und der Darling 2448 km lang; das Stromgebiet ſelbſt aber beträgt beim Murray 669,299, beim Murrumbidgee 66,075 und beim Darling 512,068 qkm. Die erſte Summe

ist das Gesamtareal des Stromgebietes, das somit eine Fläche von der Größe Österreich-Un-
garns samt Bosnien entwässert.

Der südlichste Fluß dieses Systems, der Murray, ist der bedeutendste. Er ist zwar kürzer
als der Darling, aber wasserreicher und daher für die Schiffahrt geeigneter. Er entspringt in
der Warragong-Gruppe der Australischen Alpen, durchströmt ein schönes Waldthal und tritt bei
Albury in die Tiefebene ein. In seinem westnordwestlich gerichteten Oberlauf wird er auch Hume,
in der Ebene vor dem australischen Gebirge Goolwa oder Gulba (s. untenstehende Abbildung) genannt. Er nimmt eine Reihe von Zuflüssen (Ovens, Broken Creek, Goulborn, Campaspe, Lobbon)

Der Murray (Goolwa) oberhalb von Echuca. (Nach Photographie.)

auf; andere, westlichere Creeks (Ayoca, Richardson und Wimmera) vermögen nicht ihn zu erreichen, sondern versiegen in der australischen Wüste. Am rechten Ufer des Mittellaufes des hier
noch Goolwa genannten Stromes entlang zieht eine Reihe von Creeks, die das Gebiet zwischen
ihm und dem Murrumbidgee frischer und kulturfähiger gestalten, als sonst die Zwischenstrom-
gebiete in Australien zu sein pflegen; manche dieser Flüßchen zweigen sich vom Murray selbst
ab, so daß sich in dieser „Riverina" genannten Landschaft die Waffer des Murray und Murrumbidgee stellenweise ineinander mischen.

Der Murrumbidgee entspringt am Mount Murray im Nordflügel der Australischen
Alpen, strömt im Bogen nach Nordwesten und behält in der Ebene eine westliche Richtung bei,
die ihn schließlich zur Vereinigung mit dem Murray in nur 60 m Höhe führt. Von rechts empfängt der Murrumbidgee den seichten, aber langen Lachlan oder Kalare, der seine Quellen in den
Blauen Bergen westlich von Sydney hat und bald weithin die Gegend überschwemmt, bald sich

in eine Anzahl von Tümpeln auflöst; und von links her nimmt er eine Anzahl von Gebirgs=
flüssen auf, die am Kosciuszko=Plateau entspringen. Der Murrumbidgee ist mit Dampfern bis
Waggawagga, zeitweise sogar bis Gunbagai schiffbar, und sein rechtes Ufer begleitet von Hay
aufwärts bereits die Eisenbahn.

Nach der Vereinigung des Murray und Murrumbidgee vertieft sich der Strom
bedeutend und fließt zwischen Kanälen, seichteren Lagunen, Gummibäumen und Polygonum=
dickichten dahin. „Dann", sagt Jung („Der Weltteil Australien'), „streben weiße Kalkfelsen
steil aus der Flut auf, die in schäumenden Wirbeln vorbeirauscht, denn sie bricht sich an dem
Geröll der herabgestürzten Wand, welche die ruhelose Thätigkeit des Wassers unterminierte.
Weiter der Mündung zu senken sich die Ufer, bis sie sich zu dem flachen Strande neigen, welcher
die großen, aber seichten Seen Alexándrina und Albert einfaßt, in die der Fluß sich ausbreitet,
ehe er durch schmale Öffnung sich in die Encounterbai ergießt." Bis Goolwa macht sich Flut und
Ebbe bemerkbar, und bis hierher fahren stromabwärts die Flußdampfer, die der heftigen Bran=
dung halber die Mündung nicht zu passieren pflegen. Während am Oberlauf des Flusses Acker=
bau und Viehzucht getrieben wird und viele Ortschaften eine günstige Bodenbeschaffenheit be=
zeugen, durchfließt er im Mittel= und Unterlauf fast wüstenhaftes Land, das nur dort einiger=
maßen kultiviert aussieht, wo es künstlich bewässert wird; erst an der Mündung liegen wieder
größere Ortschaften. Eine Reihe von Häfen wird von den Dampfern angelaufen, besonders
um Schafwolle auszuführen, und an nicht weniger als fünf Punkten ist der Strom von Eisen=
bahnlinien aus Victoria erreicht worden, während nahe der Mündung eine Eisenbahnbrücke
über ihn hinwegführt. Leider ist die Mündung durch eine Barre versperrt, so daß größere See=
schiffe nicht in den Strom einlaufen können, ein Hindernis, das den Wert des Stromgebietes
sehr herabdrückt. Dazu kommt, daß der längste und am tiefsten ins Innere führende Strom
des Systems, der Darling, nur bei hohem Wasserstande befahren werden kann und sich bei
Dürre in eine Anzahl von abgetrennten Flußstrecken auflöst und salziges Wasser bekommt. Sein
Wert ist daher für den Verkehr und die Erschließung des Landes gering.

Der Darling fließt aus zahlreichen Quellflüssen zusammen, von denen die bedeutendsten
die in dem östlichen Gebirge entspringenden Flüsse Namoi, Meei und Barwan sind, deren Quellen
im nördlichsten Neusüdwales und im äußersten Süden von Queensland, in den Neu=England=
und Liverpool=Ketten, liegen. Nach ihrer Vereinigung nimmt er von Süden den Castlereagh,
den sumpfigen Macquarie und den Bogan auf; von Norden den Narran, Culgoa oder Balonne,
der dem Gebirge von Queensland entspringt und im Oberlauf Condamine heißt. Dieser hat nach
Leichhardt („Tagebuch einer Landreise in Australien') „ein breites, sehr unregelmäßiges Bett
und war, zu jener Zeit wohl mit Wasser versorgt, ein träger Strom von gelblich=weißer, trüber
Farbe, hier und da mit Rohr bewachsen. Der Wald war auf der rechten Seite des Flusses ziem=
lich offen, wenngleich an einzelnen Stellen Myalgebüsche uns zu verschiedenen Malen großen
Beschwerlichkeiten aussetzten; das linke Ufer war ein schön mit Gras bewachsener, offener Wald".

Diese Gefilde sind in der That frischer und schöner als die Landschaften am Darling selbst,
nur die Niederungen an seinen Quellflüssen, wie die Liverpool=Ebenen am oberen Peel= oder
Namoi=Fluß sind wertvolles Grasland und wegen ihrer Fruchtbarkeit und Frische geschätzt. Im
übrigen sind die Umgebungen des Darling meist öde und unwirtlich; viel Wasser scheint in ihnen
zurückzubleiben, da der Strom bei Bourke nur 1½ Prozent des gefallenen Regens abführt. Da=
her versiegen, namentlich am Nordufer, zahlreiche zum Darling fließende Flüsse im Sande: der
lange, nicht zu allen Zeiten Wasser führende Warrego, dessen Mündung unterhalb Bourke liegt,
erreicht ihn nur selten, der kleinere Paroo vermag nur bei sehr hohem Wasserstande bis zum
Darling durchzubringen, ja selbst der von den niederschlagsreichen Blauen Bergen gespeiste

Macquarie läuft zeitweise in Sümpfen aus. Freilich führen alle diese Ströme in regenreichen Zeiten sehr große Wassermassen, die sich dann weit über die Ufer ausbreiten und dadurch eher den Verkehr hindern, als fördern. Der Darling weist außerordentliche Schwankungen des Wasserstandes sowohl im Jahre als auch im Monat auf: im Laufe eines solchen kurzen Zeitraumes bis zu 15 m. Durch trockenes, wüstes Land fließt der von der Warrego=Mündung an Calewatta genannte Darling dem Murray zu und erreicht ihn mit zwei Armen bei Wentworth. Verfolgen wir den schon nicht mehr in der tertiären Ebene, sondern im mesozoischen Tafellande fließenden Warrego aufwärts, so öffnet sich uns ein interessantes Gebiet.

C. Der abflußlose Teil des Tieflandes.

Das abflußlose Gebiet des Tieflandes erstreckt sich vom Warrego und Paroo unter 145 und 146° östl. Länge bis zum 136.° östl. Länge und begreift die östlichen Zuflüsse des Eyre=Sees, den Barcoo und Warburton, sowie eine Anzahl kleinerer Flüsse in sich, deren Lauf in Salzsümpfen endet. Auf den Bulloo oder Blackwater Creek, der in der Bulloo=Lagune nördlich von der Grey=Kette verschwindet, folgt der größere Barcoo. Er entsteht nördlich vom 25.° südl. Breite und zieht eine Anzahl von nördlich vom Wendekreis entspringenden Wasseradern an sich: den Alice=Fluß und den von Landsborough 1862 begangenen Thomson. Südlich von diesem Parallelkreise heißt der Barcoo „Victoria=Fluß", verbreitet sich hier in eine Anzahl von Armen, wird dann Cooper's Creek genannt und fällt als Delta mit dem Hauptarm in den Eyre=See, mit dem Strzelecki Creek dagegen in den Blanche=See.

Etwa unter 22° südl. Breite entspringt der zweite in den Eyre=See fallende Fluß. Im Oberlaufe heißt dieser Westernfluß, dann Mueller Creek, Diamantine Creek, Wills Creek, Everard= und Warburton=Fluß; früher nannte man ihn auch Burke=Fluß. Wie der vorige, hat auch er so wechselnde Wasserstände, daß in der Trockenzeit und in Perioden der Dürre fast niemals Wasser im Flußbett ist, während zur Regenzeit und in nassen Jahren Überschwemmungen herrschen. MacKinley konnte den Fluß 1862 überhaupt nicht überschreiten und mußte ihn, stets am Ostufer marschierend, bis zu den Quellen verfolgen. Diese Quellen liegen in den nicht sehr hohen, aber rauhen und wilden Kreidekalkstein= und Sandsteingebirgen, die sich von Queensland genau unter dem Wendekreis nach Westen ziehen und nichts anderes sind, als ein Teil jener großen Kreidescholle, die das ganze östliche Tiefland vom Darling bis nahe an den Carpentaria=Golf zusammensetzt. Im ganzen kaum 300 m hoch, wird diese Wasserscheide, die man den Landrücken von Carpentaria nennt, erst dort höher, wo das archäische Grundgebirge des Inneren zu Tage tritt, wie im Observation Hill. Von diesen bis zu 700 m ansteigenden Höhen läuft der Gilliatt=Fluß nach Norden herab, während sich nach Südsüdwesten ein abflußloses Gebiet, das der Flüsse Hamilton, Burke, Herbert oder Georgina, die sämtlich in Salzsümpfen enden, hinabzieht. Auch der Mulligan Creek und der bereits aus der MacDonnell=Kette hervorkommende Hay erleiden dieses Schicksal, weil sie nicht nach dem Warburton durchzubringen vermögen. Hat man die Wasserscheide des Carpentaria=Landrückens überschritten, so gelangt man in ein anderes Tiefland.

D. Das Tiefland des Carpentaria=Golfes.

Am Carpentaria=Golfe treten wieder Alluvialebenen an die Stelle des Kreidekalksteins und Wüstensandsteins. Bereits an den Quellen des Flinders=Flusses beginnt der Landrücken frischer zu werden, fruchtbarer Boden, Fülle an Wasser und schöne Vegetation stellen sich ein und breiten sich gegen den Mitchell= und Lynd=Fluß weiter nach Norden zu immer mehr aus. Die dortige Landschaft schildert Leichhardt ('Tagebuch einer Landreise in Australien') wie folgt: „Die Aussicht, welche sich mir von den Hügeln bot, war sehr charakteristisch. Die Gegend wurde durch zwei niedrige Höhenzüge von verschiedenem Umfang, ausschließlich aus Pits und Hügeln gebildet, geteilt, welch letztere ihre rauhen Gipfel über den an den Abhängen stehenden Wald erhoben. Haufen von Steinen und Baumgruppen, besonders dem glattblätterigen Feigenbaum, der rosen= farbigen Sterculia, Exocarpus latifolius, waren an den Abhängen zerstreut oder standen auf den Gipfeln, denen sie das Ansehen des erhobenen Schopfes eines gereizten Kakadus gaben, be= sonders wenn riesige, phantastisch geformte Felsen aus der Vegetation hervorragten. In die Berg= ketten flohen die Känguruhs (Wallabies und Wallums), um Schutz zu suchen. Der rotbrüstige Kakadu (Cacatua Eos *Gould*) besuchte die Stellen, auf denen das Gras vor kurzem abgebrannt war, in großen Schwärmen. Trappen fanden sich auf den kleinen Ebenen zwischen den Basalt= hügeln in Menge, wo sie sich von den reifen Früchten der Grewia nährten."

Noch frischer sind die dem Nordwest=Monsun ausgesetzten Ebenen am Carpentaria=Golf wegen der großen Menge von Niederschlägen, die sie erhalten. Aber nach der Küste zu wird der Boden wiederum vielfach sandig und salzig. Auch über diese Gegenden lassen wir uns am besten durch Leichhardt unterrichten: „Nachdem wir einige Meilen weit durch einen Wald von Thee= bäumen, mit Buchsbaum untermischt, welcher mit Streifen grasigen Waldlandes mit Blutholz und Ronba abwechselte, gekommen waren, traten wir in eine Reihe nacheinander größer werdender Ebenen, welche sich gegen Westen, so weit das Auge blicken konnte, ausdehnten und nur durch schmale Waldstreifen voneinander getrennt waren. Sie waren alle schön mit Gras bewachsen; dies war jedoch steif. Längs der Ränder der Ebenen zogen sich Niederungen mit Theebäumen hin. Darauf folgten breite Sandflächen, welche mit niedrigen verkrüppelten Theebäumen und einer stets in der Nähe von Salzwasser wachsenden Hakea bestanden waren. Der Sand war mit Salz inkrustiert und hier und da mit Haufen Cytherea-Schalen bedeckt. Jenseits der Sandgegend sahen wir eine dichte grüne Linie Mangrovebäume, welche sich an einem Salzwasser=Creek hinzogen."

Allerdings gibt es auch, namentlich östlich vom Flinders=Fluß, noch öde und dürre Gebiete; allein im großen und ganzen sind die den Carpentaria=Golf umgebenden, noch ziemlich hohen Ebenen mit schönen Bäumen, Grasland und Quellen bedeckt, so daß das Land zum Ackerbau tauglich ist. Natürlich wird in den einförmigen, oft sandigen Ebenen der Anblick eines Flusses immer belebend wirken. So schildert uns Leichhardt anschaulich die Entdeckung des Wickham=Flusses: „Zu Ende der Tagereise wurde die eintönige Farbe der Gegend durch die grüne Linie eines Flußbettes unter= brochen. Sie übte einen äußerst wohlthuenden und erfreulichen Eindruck auf das Auge aus. Das üppige Grün der hängenden Theebäume und Myrten war mit den Silberblättern der Acacia neurocarpa und Grevillea chrysodendron untermischt. Der Fluß wurde von zwei breiten san= digen Betten gebildet, welche durch einen erhabenen Streifen Landes getrennt wurden. Von einem Ufer zum anderen waren es volle 700 Schritt. Er enthielt vereinzelte Wasserbecken, welche mit Pandanus umsäumt waren."

Die bedeutendsten Flüsse dieser Gegend sind der Nicholson=, Albert=, Leichhardt=, Flinders= und Gilbert=Fluß sowie endlich der Mitchell auf der Halbinsel York, der im Gebirge von Nord= Queensland entspringt und in den Carpentaria=Golf mündet. „Das Bett des Mitchell", so be= merkt Leichhardt ('Tagebuch einer Landreise in Australien'), „war sehr breit, sandig und frei von aller Vegetation, ein Zeichen der häufig wiederkehrenden Fluten. Durch die Sandfläche wand sich ein schwacher Strom, der sich von Zeit zu Zeit in flache Wasserhalter ausdehnte. An den plötzlichen Krümmungen des Flusses war sein Ufer von Gräben und zuweilen von tiefen Creeks durchschnitten; jedoch schienen diese nur einen kurzen Lauf zu haben und die Kanäle zu sein, welche das sich auf den Ebenen und harten Flächen in einiger Entfernung vom Flusse sammelnde

Waſſer dieſem zuführten. Das Ufer war mit Blutholzbäumen, Zaſerrinde und Buchsbaum be=
ſtanden. In einiger Entfernung vom Fluſſe ſtanden die Bäume dürftig und zerſtreut; noch
weiter hin dehnten ſich kleine Ebenen aus, welche jedoch nur ſparſam mit Gras bekleidet waren.
Auf den kleinen Ebenen ſtanden der Apfelgummi mit wenigen einzelnen Moreton=Bay=Eſchen. An
dem Fluſſe fanden wir die weiße Zeder, Clerodendron, eine ſtrauchige Asklepiabacee mit großen
dreieckigen Samengefäßen und auf den Hügeln Blutholz und die Eukalypte mit Zaſerrinde."

Auch faſt die ganze Halbinſel York iſt Tiefland mit guten Weidegründen, außer im Oſten,
wo ein kleiner Bergzug der Küſte entlang zieht.

4. Das auſtraliſche Faltungsgebirge.

Die große Tiefebene des Murray=Darling=Gebietes und ihre nördliche Fortſetzung wird im
Oſten von einem mächtigen Faltungsgebirge, der Auſtraliſchen Kordillere, begrenzt. Die
einzelnen Abſchnitte dieſes Berglandes haben verſchiedene Namen; der höchſte, im Grenzgebiet
von Neuſüdwales und Victoria gelegene Teil heißt „Auſtraliſche Alpen". Gegen die weſtliche
Tiefebene hin ſanfter, gegen das Küſtenland im Oſten dagegen ſteiler abgedacht, zieht ſich das
Gebirge dem ganzen Oſtrand des auſtraliſchen Kontinents entlang und iſt durch Inſelreihen,
die die Torres=Straße im Norden und die Baß=Straße im Süden durchziehen, mit den Bergen
von Neuguinea und noch inniger mit jenen Tasmaniens verbunden. Es zerfällt in drei Züge,
die nahe aneinander treten. Der nördliche verläuft von Kap York bis 22,5° ſübl. Breite, etwa
bis Port Bowen nördlich des Fitzroy=Fluſſes, der mittlere nach Sueß von da bis zum Hunter,
nach v. Lendenfeld bis zu der Einſattelung zwiſchen dem Shoalhaven=Fluſſe und den Baß=Ebenen
nahe 35° ſübl. Breite, wo das archäiſche Geſtein durch Trias unterbrochen wird, der ſübliche
dehnt ſich von dieſer Linie bis zur Südſpitze Tasmaniens aus (ſ. die Karte „Fluß= und Gebirgs=
Syſteme von Auſtralien" bei S. 48). Nach Süden nehmen dieſe Züge an Höhe zu.

Dieſe drei Gebirgszüge ſind in ihrer Zuſammenſetzung voneinander verſchieden: in dem
nördlichen überwiegt der Granit, während die ſüdlicheren meiſt aus paläozoiſchen Schichten ge=
bildet ſind, unter denen jedoch erhebliche Mengen von archäiſchen Geſteinen auftreten. Dennoch
ſtimmen ſie in allen weſentlichen Punkten überein. „Sie ſind", wie Sueß (,Das Antlitz der
Erde') ihre Eigenſchaften zuſammenfaßt, „alle mehr oder minder meridional oder ſo gereiht, daß
ſie bei geringer Abweichung von der meridionalen Richtung, wie dieſe namentlich in Queensland
eintritt, in ihrer Geſamtheit einen leicht nach Oſten konvexen Bogen bilden. Sie ſind älter als
die Karbonformation, insbeſondere in Queensland älter als der Kulm." In dieſer Hinſicht
ſtimmen ſie mit den vorher beſchriebenen iſolierten Gebirgen, die ſich aus der auſtraliſchen Tief=
ebene zwiſchen dem Eyre=See und dem Murray=Darling erheben, überein. Alle älteren Teile des
großen auſtraliſchen Faltungsgebirges ſind außerordentlich ſteil gefaltet, vom Karbon an liegen
dagegen alle jüngeren Sedimentbildungen diskordant horizontal oder wenig geneigt auf dem ge=
falteten Grundgebirge. Dabei fehlen Meeresbildungen aus der langen Zeit von dem Karbon bis
zur Kreide, werden aber durch Landbildungen mit verſchiedenen gut ausgebildeten foſſilen Floren
erſetzt. Unter den Eruptivgeſteinen iſt eine Anzahl von älteren für das Land ſehr wichtig ge=
worden, da der Goldreichtum Auſtraliens an ſie gebunden iſt; wir kennen aber auch eine ganze
Reihe jüngerer Eruptivgeſteine, meiſt baſiſcher Laven, die in Geſtalt von Strömen und Decken
auf dem Gebirge von Queensland bis Tasmanien lagern und wahrſcheinlich im mittleren
Tertiär oder ſpäter entſtanden ſind, da an manchen Stellen Queenslands der Wüſtenſandſtein
ſie überdeckt. Auch kommen ganz junge vulkaniſche Eruptionsſtellen mit noch erhaltenen Aſchen=
kegeln vor, deren Laven ihrerſeits wieder über den Wüſtenſandſtein gefloſſen ſind, wie nördlich

vom 21.⁰ südl. Breite in Queensland und namentlich in Victoria, dessen ganzer Südwesten von
Melbourne bis zum Glenelg=Fluß von Laven und zahlreichen Aschenkegeln, wie dem Aitkin, dem
Zuckerhut, Bunyan, Elephant, Consultation, Napier und Ecles, bedeckt ist. Bereits auf dem Gebiete von Südaustralien erhebt sich der Mount Gambier, ein auf marinen tertiären Schichten
stehender erloschener Vulkan, ihm nahe der Schank. „Der Krater des Mount Schank", berichtet
Jung (‚Petermanns Mitteilungen‘ 1877), „ist längst zusammengefallen, ausgefüllt und ver-
wittert, auf dem nun fruchtbaren Schlot wachsen prächtige Kasuarinen, die Abhänge sind mit
ausgezeichnetem Graswuchs bedeckt. Aus den Seiten heraus aber bricht man die Lava, aus welcher
die vortreffliche Straße gebaut ist, die von Gambierton nach Port Macdonnell führt. Mount
Gambier hat mehrere Krater gehabt, auch sie sind gefüllt, aber nicht mit den herabgestürzten
Trümmern der Ränder, sondern mit Wasser; liebliche kleine Seen erfüllen sie eine größere
Hälfte in unregelmäßiger Folge, die andere aber, ein fast kreisrundes Becken, zu dem die Ufer
nahezu senkrecht abfallen, ist das Wunder des Platzes, der sogenannte Blaue See, tief, kalt und,
wie sein Name besagt, von intensiv blauer Farbe."

A. Der nördliche Gebirgszug.

Auf der Halbinsel York ist das australische Gebirge nur durch einen niedrigen Höhenzug
von granitischen Bergen vertreten, der der Ostküste entlang zieht und nach Süden immer breiter
wird. Auch der Wüstensandstein, der einen großen Teil des öden Landes dieser Halbinsel bildet,
nimmt gegen Süden hin ab, beteiligt sich jedoch in hervorragender Weise an dem Aufbau des
nördlichen Queensland, namentlich der Tiefebene, wo er von einer roten lateritartigen Bildung,
einem Verwitterungsprodukt, überlagert wird. So zieht das nördliche Gebirge, von Westen
aus vielfach durch den Wüstensandstein in seiner Entwickelung beschränkt, in Gestalt einer niedrigen, aus mehreren Faltungszügen bestehenden Kette südwärts. Nur der Küste selbst finden
sich größere Höhen, wie der 1050 m hohe Berg südlich von Port Douglas und der 1658 m
hohe Bartle Frère, östlich von Herberton. In der Gegend von Cairns nennt man dieses Gebirge
die Bellenden Ker=Kette, welche erst 1889 von Weston genauer untersucht worden ist, wobei der
Centre Peak, die bedeutendste Erhebung des nördlichen Queensland, zu 1650 m und der South
Peak zu 1550 m Höhe bestimmt wurden. Nach Süden hin erniedrigt sich die Kette und erreicht
im Mount Elliot bei Townsville nur noch eine Höhe von 1238 m und im Mount Dalrymple
an der Repulse=Bai 1300 m. Ganz Queensland wird von dem Gegensatze der Oberflächenformen
des östlichen Gebirgslandes und der westlichen Ebene und dem tiefgreifenden Unterschiede in der
Vegetation zwischen dem waldigen Gebirge, an dessen Flanken Eukalyptus= und Pandanus=
Wälder gedeihen, und dem öden Scrub in den Ebenen beherrscht.

Übrigens birgt auch der Westabfall der Küstenkette manch gutes Weideland. Nahe den
Burdekin=Quellen fand Leichhardt das Tafelland „vollkommen eben, offen mit Holz bestanden
und schön mit Gras bewachsen, zuweilen jedoch steinig. Eine Reihe von Lagunen, die durch einen
rohrbewachsenen Bach miteinander in Verbindung standen, lagen an den Außenlinien des Hochlandes längs des Fußes seiner steilen Abhänge. Wasser, Gras, Hügel, Berge, Waldland, alles,
was zu einer schönen Weide gehört, fand sich hier vereinigt." Am Flusse selbst ist nach demselben
Gewährsmanne „die Gegend hügelig und gebirgig, der Boden steinig und die Ufer des Flusses
von tiefen Gräben und Creeks durchschnitten. Zwischen Gebüschen, welche besonders an den
Mündungen der größeren Creeks in den Fluß gefunden wurden, sahen wir einen 50--60 Fuß
hohen stattlichen Feigenbaum mit reichem, schattigem Laub und mit Früchten bedeckt. Die

hängenden Theebäume wuchsen längs des Wasserrandes mit einem baumartigen Callistemon zusammen, und ein Eucalyptus wurde an dieser Stelle entdeckt."

In dem nördlichen Gebirgszuge und auf dessen Westhang liegen die bekanntesten Goldfelder Queenslands, wie Palmer, Hodgkinson, Mulgrave, Marengo, Cape River, Percy, Etheridge.

Der Ostküste entlang zieht eine Reihe von meist sehr schönen, bewaldeten und fruchtbaren Inseln (s. untenstehende Abb.), und vor diesen verläuft im Meere das große Barrierriff, mit einer sehr mannigfaltigen Ausbildung von Koralleninseln, Atollen, hohen Inseln, Inseln zwischen Riffen, hier und da mit vereinzelten Kokospalmen bestanden, und von Öffnungen stets da unterbrochen, wo gegenüber dem Riff ein größerer Fluß seine süßen Wasser ins Meer wirft.

Die Edgecombe-Bai (Queensland), mit den vorliegenden Inseln. (Nach Photographie.)

Die Flüsse von Queensland sind zum großen Teil Küstenflüsse, zum kleineren größere Ströme. Von der Wasserscheide fließen sie herab nach der Küste wie nach dem Inneren, aber erst südlich von dem 18. Breitengrade ist für die Ausbildung größerer, nach der Küste hinströmender Gewässer Raum genug vorhanden; denn im ganzen Norden verläuft die Gebirgskette so nahe am Meere, daß das gesamte Wasser mit Ausnahme ganz unbedeutender Küstenbäche dem Carpentaria-Golf zufließt und so das Stromsystem des Mitchell bildet. Erst im Westen der Rocking-ham-Bai springt die Wasserscheide weiter ins Innere vor, hält sich etwa unter dem 145. Meridian und gibt, im Verein mit der Ausdehnung des Festlandes nach Osten hin, im Süden mehr Raum zur Entwickelung größerer Flüsse. Der erste von diesen ist der Burdekin, der bereits die charakteristische Eigenschaft der Flüsse des Gebirges von Queensland zeigt: mehrere Quellen vereinigen sich auf der Rückseite der granitischen Küstenketten und durchbrechen diese dann; so fließen der Burdekin und sein Nebenfluß Belyando einander entgegen und durchströmen darauf in gewundenem Laufe die granitischen Höhenzüge. Der Burnett (s. Abbildung, S. 71) weist ebenfalls diese Erscheinung, wenn auch in kleinerem Maßstabe, auf, und in ganz ähnlicher Weise wie der Burdekin und Belyando bilden der Mackenzie und der Dawson den Fitzroy, der nach einem mäandrischen Laufe in die Keppel-Bai mündet. Der Mackenzie bildete, als Leichhardt ihn sah, bloß eine Kette kleiner Seen von 2, 3, selbst 8 Meilen Länge und häufig 50— 100 Schritt Breite, „unseren Blicken die schönste Wasserfläche darbietend, die wir gesehen hatten, seit wir Brisbane verlassen. Die Gräben, die zu den Flüssen herabliefen, waren meist mit Streifen dichten Busches bestanden, wie es auch mit dem Hochlande in ihrer Nähe der Fall war; weiterhin schien aber die Gegend offener zu sein und aus Ebenen, die mit freiem Waldlande abwechselten, zu bestehen, während sie jetzt überall von Strecken fast undurchdringlichen Busches von verschiedener Ausdehnung eingenommen war." Zwischen den beiden Hauptquellflüssen des Mackenzie steigt

Die Iberoway-Schnellen im Burnett-Fluß. (Nach R. Semon.)

eine vulkanische Berggruppe, die Peak-Kette auf, über die Leichhardt folgendermaßen berichtet: „Indem wir auf der Ebene vorwärts kamen, eröffnete sich uns eine sehr interessante und merk= würdige Aussicht auf eine große Zahl Piks und Kuppen gegen Nordnordwesten und Nordwesten. Dort war kein Ende der anscheinend isolierten konischen Berge zu sehen, die, da sie der Kette erloschener Vulkane in der Auvergne glichen, irrig leicht für solche angesehen werden könnten."

Diese Höhen und Flüsse aber liegen bereits an der Grenze des zweiten Abschnittes der Australischen Kordillere, der sich von der Shoal-Bai bis zum Shoalhaven-Fluß erstreckt.

B. Der mittlere Gebirgszug.

Im mittleren Teile des Gebirges treten ausgedehnte Flächen von Silur-, Devon= und Karbonformation zu Tage. Die nördlichste Scholle liegt auf den südlichsten Ausläufern des nördlichen Gebirgszuges; die Granite dagegen treten zurück. An der dem Meere zugekehrten

Oftſeite werden ausgedehnte Ablagerungen meſozoiſcher pflanzenführender Schichten, auf der
Weſtſeite eine lange Zone karboniſcher Ablagerungen mit Kulmpflanzen und Seetieren des Kohlen=
kalkes angetroffen; im Weſten geht das Gebirge in die cretaceiſchen Wüſteneien über. Bei Gympie
befinden ſich Goldlager, bei Boorock Silberminen, bei Bathurſt die 1851 entdeckten Goldfelder.
Ihr Metallreichtum ſteht aber gegen den des nördlichen und ſüdlichen Gebirgszuges zurück.

Die Waſſerſcheide tritt ſüdlich vom Fitzroy=Syſtem wieder ſehr nahe an die Küſte heran, da
die Quellflüſſe des Darling weit ins öſtliche Gebirge eingreifen. Darum können ſich hier wieder
nur unerhebliche Küſtenflüſſe entwickeln, die aber infolge des großen Reichtums an Nieder=
ſchlägen viel mehr Waſſer führen als die Quellflüſſe des großen Murray=Darling=Syſtems.
Außer dem bereits erwähnten Fitzroy, der auf einer Strecke von 70 km ſchiffbar iſt, laſſen ſich
auch der Burnett und der Mary, dieſer bis 40 km, und der Brisbane bis Ipswich befahren.
Das Thal des in die Shoal=Bai mündenden, 380 km langen Clarence iſt häufigen Überſchwem=
mungen ausgeſetzt; doch iſt der Fluß für Dampfer auf 80 km, für große Kähne bis auf die
doppelte Entfernung ſchiffbar, und auch der Maclay, Richmond, Haſtings und Manning können
mit Ozeandampfern befahren werden. Ebenſo reicht, obgleich die Mündung des 500 km langen,
bedeutenden Hunter durch eine Barre beeinträchtigt wird und der Waſſerſtand ſchwankt, die Schiff=
fahrt auf ihm doch von Newcaſtle bis gegen Morpeth. Der Wert aller dieſer Flüſſe für den Ver=
kehr wird weſentlich beeinträchtigt durch die mit großem Aufwand von Scharfſinn und Mühe,
aber bisher erfolglos bekämpften Sandbarren vor den Mündungen.

Das Gebirge ſelbſt zieht in Geſtalt mehrerer nebeneinander liegender Faltungszüge in der
Küſte parallel ſüdwärts und wird von Brisbane an in eine Reihe von beſonders benannten
Höhenzügen getrennt. Auf die Craig=Kette folgt die Gruppe des Mount Mitchell (1200 m) und
des höchſten und ſüdlichſten Gipfels von Queensland, des ſich an der Südgrenze dieſer Kolonie
erhebenden Mount Lindſay (1741 m). Hier ſchließt ſich die Neuengland=Kette an und dieſer, in
ſüdweſtlicher Richtung, die Liverpool=Kette; jene ſteigt im Ben Lomond zu 1524, dieſe im Mount
Muan zu 1250 m an. Vor beiden aber liegt, einem Sporn gleich, der 1829 m hohe, Port
Macquarie überragende Mount Sea View, der höchſte küſtennahe Gipfel Auſtraliens. „Das Berg=
land", ſagt Jung (‚Auſtralien'), „ſteigt aus der Ebene ganz plötzlich auf und breitet ſich dann
zu Hochebenen aus, auf welche einzelne, nicht immer zuſammenhängende Gebirgszüge aufgeſetzt
ſind." So ſind auch in nicht allzu großer Ferne die ſchönen Liverpool=Ebenen auf drei Seiten von
Bergen umgeben: der Liverpool=Kette im Süden, der Peel=Kette im Oſten, den Arbuthnot=
Bergen im Südweſten und den Nundewar oder Hardwicke=Bergen mit einem zweiten (1200 m
hohen) Mount Lindſay im Norden; nur an der Nordweſtſeite iſt dieſe Bergumwallung unter=
brochen, hier tritt der Peel=Fluß aus der Mulde hervor. Faſt alle hervortretenden Züge ſind
Granitkuppen. Dieſe Bildung ſetzt ſich auch in dem dritten Abſchnitt des auſtraliſchen Faltungs=
gebirges fort, zu dem wir nun übergehen.

C. Der ſüdliche Gebirgszug.

Der ſüdlichſte Teil der oſtauſtraliſchen Kordillere zieht in Form eines nach Nordweſten
offenen Bogens vom Hunter nach dem Südweſten Victorias und weiter über die Baß=Straße
nach Tasmanien hinüber. Im großen ganzen iſt er aus ſteil gefalteten ſiluriſchen Schichten
und ſüdwärts ſtreichenden Granit= und Gneisketten aufgebaut, die die höchſten Teile des Ge=
birges, die ſogenannten Auſtraliſchen Alpen, bilden. Ferner ſind an der Zuſammenſetzung devo=
niſche Ablagerungen und alte Eruptivgeſteine, unter anderen Porphyr, beteiligt; an der Waſſer=
ſcheide zwiſchen dem Macquarie und dem Hunter verſchwindet der ganze Zug unter flach

gelagertem Karbon. Dieser Teil der Kordillere ist vor der Karbonzeit wahrscheinlich von Westen nach Osten gefaltet worden und enthält nördlich von Sydney bei Newcastle bedeutende Kohlen-flöze. Ältere Eruptivgesteine wahrscheinlich aus devonischer Zeit bilden das Bogong-Plateau, jüngere, wie wir gesehen haben mit zum Teil noch erhaltenen Aschenkegeln, den Südwesten von Victoria. Das ganze Gebirge zerfällt in eine Reihe von meridionalen, nach Norden etwas divergierenden Ketten und ist in seiner Gliederung recht verworren, zumal da die Quellflüsse des Murrumbidgee und Murray tief herein greifen, während nach der Küste eine Reihe von wasser-reichen Flüssen herabströmen. Von diesen ist der Hawkesbury (in seinen verschiedenen Teil-stücken Woolonbilly, Warragamba und Nepean, Colo genannt) der bedeutendste, ein Fluß von

Die Lavender-Bai am Port Jackson. (Nach Photographie.)

560 km Gesamtlänge, der auf 230 km Entfernung, von Broken Bay bis Windsor, für Fahr-zeuge von 100 Tonnen schiffbar, aber leider an seiner Mündung durch eine Barre gesperrt ist. Zwischen Sydney und der Shoalhaven-Bai entwickeln sich nur unbedeutende Küstenflüsse; weiter südlich aber entwässert der fast genau in nordsüdlicher Richtung fließende Shoalhaven einen großen Teil des Ostabfalles, kann jedoch auf seinem 420 km langen Laufe nur ein kurzes Stück befahren werden. Von der Bateman-Bai bis über das Kap Everard hinaus sind wieder nur ganz kleine Flüsse vorhanden; dagegen strömt der streckenweise die Grenze zwischen Neusüdwales und Victoria bildende, nur im Unterlauf schiffbare Snowy River von den zentralen Teilen der Australischen Alpen herab südwärts nach der flachen Küste. Weiter westlich weist diese große Nehrungen und Strandseen auf, in die sich der Tambo, MacAllister und Mitchell ergießen. In Port Phillip mündet der ein paar Kilometer für Schiffe bis 400 Tonnen befahrbare, wegen seines Wasserfalles im Mittellauf bekannte Melbourner Fluß Yarra Yarra; an der Westgrenze von Victoria ergießen sich der Glenelg mit seinem Nebenfluß Wannon sowie der Hopkins-Fluß in den weiten Ozean.

Steil und schroff fällt nach Osten und Süden das Bergland ab, und durch tiefe, häufig fast unzugängliche Schluchten brechen sich die Küstenflüsse Bahn. Nach Westen dagegen ist der Abfall des Gebirges sanfter und besonders an den Quellflüssen des Murray und Murrumbidgee gestuft. An den Küsten breiten sich stellenweise Ebenen aus: Gippsland im Stromgebiet des Snowy, die Shoalhaven-Ebene in dem des gleichnamigen Stromes, die von Illawarra, von Cumberland am unteren Hawkesbury und endlich die an der Mündung des Hunter. Das sind alles fruchtbare, mit schöner Vegetation bestandene, reich angebaute und gut besiedelte Gebiete, in denen Palmen noch bis 34° südl. Breite vorkommen.

Die zentralen Höhenzüge des großen Faltungsgebirges, gewöhnlich die Snowy Ranges genannt, entsenden zahlreiche, meist mit dichtem Walde bestandene und daher landschaftlich reizvolle Ausläufer nach der Küste. Hervorzuheben sind hier die Mittagong-Kette südlich von Sydney, die Monero- und South Coast-Kette östlich vom Thale des Snowy River und die Strzelecki-Kette auf der südlichsten Halbinsel. Im übrigen sind drei hauptsächliche Züge zu unterscheiden: die Blue Mountains (Blauen Berge) zwischen dem Hunter und dem oberen Murrumbidgee, die Australischen Alpen von diesem bis zu dem oberen Goulburn-Flusse und das Bergland von Victoria von diesem bis zum Glenelg.

Die Blauen Berge im Hinterlande von Sydney (s. die beigeheftete Tafel „Die Blauen Berge, Neusüdwales") sind ein von den Zuflüssen des Hawkesbury und den Quellflüssen des Lachlan und Macquarie durchfurchtes Plateau, das sich kaum über 1200 m erhebt; nach Südwesten gehen von ihnen die Cullarin-, nach Nordwesten, in der Richtung auf Bathurst, die Macquarie-Berge aus, die westlich mit dem Sporn des 1300 m hohen Canobolas gegen die Ebene vorspringen, während unmittelbar an deren Rande die Hervey-Kette noch 600 m Höhe erreicht. Obwohl die Blauen Berge nicht sehr hoch sind, so hat doch ihre erste Überschreitung durch Wentworth größere Schwierigkeiten verursacht. Ihr Steilrand weist stellenweise schroffe, stark zerrissene und zerschnittene und teilweise fast senkrechte, jäh abspringende Klippenwände auf, die in tiefe, zirkusartige Thäler absetzen; ihre Hochflächen, durchaus von Tafellandcharakter, sind zwar bewaldet, aber meist unfruchtbar. An Seen ist diese Kette arm. Südlich von den Blauen Bergen liegt 600 m über dem Meere ein Binnensee, der Lake George. Sein Wasserstand ist großen Schwankungen unterworfen. 1836 fand Mitchell an seiner Stelle nur eine grasreiche Wiese mit abgestorbenen Baumstämmen von bedeutender Dicke; 1846—49 lag der Seeboden abermals trocken, 1852 aber füllte sich das Becken mit Wasser, um 1859 nochmals auszutrocknen; 1817—25 und 1871—82 ist dagegen besonders hoher Wasserstand festgestellt worden. Östlich von diesem liegt der kleinere Bathurst-See.

Südwestlich von diesem See beginnt mit den Mounts Tennant und Murray (über 2000 m hoch) die höchste Erhebung Australiens, das Gebirge der Australischen Alpen (Australian Alps). In einem nach Nordwesten offenen Bogen zieht die Hauptkette durch das südliche Neusüdwales und das östliche Victoria und entsendet zwischen den Quellflüssen des Murray und Murrumbidgee Ausläufer nach Nordwesten, während ihr im Osten ein niedrigeres Gebirge, die South-Coast-Kette, vorgelagert ist; beide sind mit dem Hauptzuge durch die Maneroo-Kette verbunden. Das Gebirge besteht aus Granit, Gneis, kristallinischen und silurischen Schiefern und ist in der Richtung gegen den Großen Ozean in steile Falten gelegt, deren Verlauf dem Küstenumrisse parallel ist. Auch devonische Schichten sind noch von der Faltung ergriffen worden; da jedoch die darauf folgenden Ablagerungen des Karbons und der Trias ihnen diskordant aufliegen, so muß die Faltung während oder gleich nach der Devonperiode stattgefunden haben. Dazu kommt ferner eine umfangreiche Basaltdecke, die südlich des Mount Bogong als eine 1200 qkm große Tafel von ungefähr 1500 m Höhe noch erhalten ist und mit einem Steilrande stellenweise

Die Blauen Berge in Neusüdwales, Australien. (Nach Photographie)

unter gewaltiger Blockbildung gegen Norden zum Snowy=Creek=Thale abstürzt. Von ihr gehen zahlreiche Basaltgänge in bie Umgebung ab unb burchsetzen z. B. ben Bogong selbst.

Von bem Mount Murray zieht bie eigentliche Hauptkette unter bem Namen ber Warra= gong=Kettte in leichtem Bogen nach Südsübwesten unb trägt hier im Kosciuszko=Tafelland ben höchsten Gipfel Australiens, ben Mount Townsend, mit 2241 m Höhe, bem anbere Gipfel ber= selben Gruppe: ber Clarke, ber Abbott unb bie Müller=Spitze mit 2150 m Höhe, nahe kommen. Der Gipfel bes Townsend ist nach v. Lenbenfeld sehr flach unb breit, so baß „man ben eigent= lich höchsten Punkt erst suchen muß. Der Granit ist hier viel lichter gefärbt wie am Müller's Peak unb viel härter; er verwittert in anberer Weise, unb statt wie bort zu großen Trümmern zu zerfallen, wirb er hier mehr schieferig zerklüftet. Der Boden ist felsig, nur wenige hochalpine Blumen, wie Aster glacialis, gebeihen zwischen ben Felsen." Die Aussicht von ihm aus ist im ganzen einförmig. Dagegen übersah v. Lenbenfeld (‚Australische Reise') von ber Müller=Spitze aus „bas ganze Quellgebiet bes oberen Murray bis hinüber zu ber schlanken, schneegekrönten Spitze bes Mount Bogong, kühn überragt er, einer Warte gleich, bas Lanb. Weiter gegen Norden hin breitet sich unabsehbar bie Ebene bes Murray aus. Die Gipfel bes Kosciuszko=Massivs im= ponieren burch ihre Höhe. Abbott Peak im Westen unb Mount Clarke im Osten sinb felsig unb haben kühne Formen, alle anberen Gipfel sinb mehr ober weniger abgerundet. Nach Norden behnt sich bas unbuliernbe Hochplateau noch weithin aus; hie· unb ba zieren Schneefelber bas Tafellanb. Im Norboften unb Osten blicken bie Gipfel unb Hügelreihen bes Monaro=Distrikts zu uns herauf. Die Alpenmatten unb bie Wälber, welche bie Abhänge bes Tafellandes be= kleiben, prangen in frischem Grün — in ber Ferne ist alles braun, öbe unb verborrt."

Die Abrundung ber Oberflächenformen ist überhaupt bas Charakteristische in ben Austra= lischen Alpen, unb insofern ist ihr Name nicht besonbers glücklich gewählt, als tief eingesenkte Thäler, zackige Grate unb scharfe Spitzen ober Gletscher nicht vorkommen. „Die Bergformen in ben Australischen Alpen", so bemerkt v. Lenbenfeld (‚Petermann's Mitteilungen', Ergän= zungsheft 1887), „sinb burchaus sehr zahm unb gerundet. Felsengipfel kommen in ber Buffalo= Kette unb in ben Cobberas sowie auch in ber Kosciuszko=Gruppe vor. Diese sinb jedoch berart, baß man auf jebe Spitze von jeber Seite ohne bie geringste Schwierigkeit hinaufsteigen könnte. Ganz abgerundete Kuppen sinb sehr häufig. Sehr oft finben sich auf ber einen ober anberen Seite eines Massivs steilere Abhänge, jedoch auch biese sinb überall gut gangbar. Fast alle Gipfel sinb zu Pferde erreichbar. Ausgebehnte Plateaus mit welliger Oberfläche unb steileren Abhängen am Ranbe sinb bie in ben Australischen Alpen vorherrschende Bergform. Die Alpenthäler sinb zumeist ganz schmal. Neben bem Flusse findet sich nur selten etwas ebener Raum in ber Thal= sohle. Ausgebehntere Ebenen finben sich innerhalb unseres Gebietes überhaupt nicht. Die un= bebeutenben Alluvialebenen, welche vorkommen, sinb zumeist sehr fruchtbar. Die Thalseiten sinb nirgenbs besonbers steil, zur Bildung von engen Schluchten ober Klammen kommt es nicht. Auch hierin bokumentiert sich bas hohe Alter bes Gebirges. In ben Vorbergen nimmt bie Nei= gung in ber Regel gegen bie Thalsohle hin zu, währenb in ber alpinen Region bie Neigung gegen bie Thalsohle zu abnimmt."

So ist auch bas Kosciuszko=Plateau (s. Abbilbung, S. 77) ein wellenförmiges Lanb, eine Verbreiterung ber Hauptkette, mit sumpfigen, von Heibekraut bebeckten Nieberungen unb fels= gekrönten, mit Granitblöcken übersäeten Erhebungen, ein monotones Gebiet, bas von bem oberen Snowy unb seinen Zuflüssen entwässert wirb. „Das ganze Lanb", berichtet v. Len= benfeld (‚Australische Reise'), „erscheint wellenförmig, Hügelreihe folgt auf Hügelreihe, unb bie fernsten Höhenzüge verschwinden in bem Dufte, ber über bem Tieflanbe lagert. Das Lanb hat eine hell braungelbe Farbe unb macht wegen seines verborrten Aussehens einen höchst trostlosen Eindruck. Dieser wird noch durch den Kontrast mit dem üppigen Grün der nächsten Umgebung, welche sich einer viel bedeutenderen Niederschlagsmenge erfreut, erhöht. Wie eine dunkelgrüne Oase steht das Gebirge in diesem öden und verbrannten, wüstengleichen Lande."

Einer der wenigen∙schrofferen Gipfel ist der 1984 m hohe Mount Bogong, ein nörd∙licher Vorbau des Bogong∙Massivs. Sein Gipfelgrat selbst ist ein 5 km langer, 2 km breiter, östlich streichender, abgerundeter Rücken, von dem sich drei Kuppen erheben; nach Norden fällt er mit einem 700 m hohen Steilrande zum Mountain∙Creek∙Thal ab, nach Süden verläuft der Abhang sanfter zum Thale des Snowy Creek. Der dunkle Gneis des Berges wird von zahlreichen Basaltgängen durchsetzt, besonders am Nordhange. Die Waldzone ist nach obenhin scharf ab∙gegrenzt und geht in einen blumigen Rasen über, der den Gipfelgrat bedeckt und namentlich reich an der auffallenden weißen Aster alpinus ist. Die untere Grenze der Rasenzone ist scharf. Hier finden sich nirgends einzeln stehende Bäume; dagegen geht der im Thale aus hohen Gummi∙bäumen bestehende Wald nach oben allmählich in niedrigeres Krummholz über, das sich sowohl durch die Gestalt der Baumkronen wie durch die Farbe des Laubes von dem Walde des Thales unterscheidet. „Unten ist alles üppig grün, am oberen Rande der Waldzone hingegen braun."

Aus dem mit Gras bewachsenen basaltischen Plateau der Bogong∙Hochebenen ragt noch eine Reihe von Gipfeln auf, wie der Hotham, der Fainter, der Schneefelder tragende Feathertop und endlich als Mittelpunkt der Basalteruptionen der Cope. Im Norden der Bogong∙Gruppe liegen die Thäler des Mitta∙Mitta, des Snowy Creek und der Kiewa. Das Mitta∙Mitta∙Thal greift östlich vom Bogong tief nach Süden in die Australischen Alpen ein und enthält in seinen mittleren Teilen Gold. Schöner Wald bedeckt seine Gehänge, und Mais∙ und Tabakpflanzungen gedeihen in der Thalsohle. Weiter westlich ziehen die Thäler des Mountain Creek und das Kiewa∙Thal abwärts, oben mit üppiger Vegetation von Eukalyptus, den schönen Farnen Dicksonia Billardieri und mannigfachen Blumen, unten fruchtbar, zum Teil von kleinen Seen erfüllt, zum Teil ein gutes Ackerland, auf dem Weizen, Mais und andere Feldfrüchte gedeihen.

Viel wasserreicher als diese beiden ist der Snowy River, der vom Mount Murray ab immer dem Osten des Kosciuszko∙Plateaus entlang in südlicher Richtung verläuft. Sein Wasser, den größten Teil des Jahres hindurch Schneewasser, ist so kalt, daß auf eine beträchtliche Entfernung vom Gebirge hin nicht nur keine Verdunstung stattfindet, sondern daß sich sogar die Wassermasse vergrößert, indem auf seiner kalten Oberfläche der Wasserdunst des Tieflandes teilweise konden∙siert wird. Zur Zeit der Schneeschmelze, oder wenn sich schwere Regengüsse über das Tafelland entladen, steigt der Fluß bis zu 2 m an und erfüllt das Thal von Berg zu Berg; dabei nimmt seine Geschwindigkeit derart zu, daß zu solchen Zeiten wohl 100,000 Tonnen Wasser an West∙point vorüberfließen. Zur Trockenzeit schrumpft er dann wieder auf 20 m Breite und 0,5 m Tiefe zusammen, führt aber immer noch an 2000 Tonnen Wasser in der Minute.

Auf der Westseite des Kosciuszko∙Plateaus entspringt der Wilkinson∙Bach, ein insofern bemerkenswerter Zufluß des oberen Murray, als der oberste Boden dieses Thales die höchste Thalsohle in Australien ist. „Die Gebirge, welche den Thalgrund amphitheatralisch umschließen, sind felsig, und es kleben auch im Sommer einzelne Schneefelder an ihren Hängen. Von den grauen, zerklüfteten Granitschrofen ziehen sanfter geneigte Schutthalden bis hinab in die Thal∙sohle; Oasen prangender Alpenblumen unterbrechen an den vorstehenden, vor Lawinen und Torrenten geschützten Rücken das einförmige Grau der Felsen. Die Thalsohle selbst ist größten∙teils mit Gras bekleidet, allein auch hier entragen allerorten mächtige Granitfelsen dem Boden, einige scheinen von den Thalhängen herabgefallen zu sein, andere dagegen sind höckerförmig vor∙stehende Teile des Felsgrundes. Die Vegetation zwischen den Felsen ist eine üppige, und die grüne Matte, welche sich in der Sohle des Thales ausbreitet, sendet schmale, streifenförmige

Ausläufer hinauf an den Thalwänden, hier und da bis auf den Kamm ſelbſt. Klare Alpen=
bäche durchrieſeln den ſanft thalab geneigten Boden, deren freundliches Plätſchern lieblich mit
dem Bilde harmoniert, das es belebt.“ So ſchildert v. Lendenfeld dieſes Hochthal.

Dieſes Thal der Auſtraliſchen Alpen iſt eins von denen, wo die Wirkung der Eiszeit am
deutlichſten bemerkbar iſt. In dem Wilkinſon=Thale finden ſich nämlich große Mengen von
Rundhöckern bis zu 180 m über der Thalſohle, deren obere Grenze ſo genau markiert iſt, daß
hier kein Zweifel über das Beſtehen eines früheren, 180 m mächtigen Gletſchers walten kann.
Weitere Spuren laſſen ſich auf dem Toms Flat genannten Punkte der Kosciuszko=Tafel in

Das Kosciuszko=Plateau in Victoria, mit Gletſcherſchliffen. (Nach v. Lendenfeld.)

Geſtalt deutlicher Gletſcherſchliffe (ſ. obenſtehende Abbildung) in 1700 m Höhe nachweiſen,
im Mountain=Creek=Thale, am Bogong in 1400 m Höhe ſind Moränen und an zahlreichen
Stellen von v. Lendenfeld, Stirling und Brown erratiſche Blöcke gefunden worden. Ja, es
ſcheint Auſtralien in den niedrigen Breiten von 37° bis zu 1000, ja 600 m Höhe hinab ver=
gletſchert geweſen zu ſein, denn nördlich vom Bogong fanden die beiden erſteren Forſcher in nicht
ganz 1000 m Höhe eine wohl ausgebildete Moräne, und am Lofty bei Adelaide glückte es Brown,
einen deutlichen Gletſcherſchliff feſtzuſtellen. Demnach muß das auſtraliſche Gebirge bis zu nie=
drigen Höhen vergletſchert geweſen ſein, insbeſondere der feuchtere Südoſtabhang der Auſtra=
liſchen Alpen. Noch jetzt liegen die Schneebänder an ihren Oſthängen tiefer als in entſprechenden
Breiten in Europa (Spanien), aber die Zahl der in anderen Ländern mit der Eiszeit in Ver=
bindung gebrachten Seen iſt hier im allgemeinen gering. Innerhalb des Gebietes der alten Ver=
gletſcherung finden ſich in den Auſtraliſchen Alpen nur der Strzelecki=See am grauen Gehänge
der kegelförmigen, vegetationsloſen, aus einem gewaltigen Trümmerhaufen granitiſcher Klippen

bestehenden Müller-Spitze, an deren oberen Teilen auch im Sommer nicht unbedeutende Schneeflecke liegen, und der Albina-See östlich vom Mount Clarke.

Westlich vom Bogong-Plateau beginnt das Gebirge an Höhe abzunehmen und in das
Bergland von Victoria überzugehen. Hier tritt der die Wasserscheide bildende Zug noch
näher an die Küste heran: seine Kämme sind von Melbourne nur 50 km weit entfernt. Im
Osten dieses Gebirges erhebt sich der Torbeck noch zu 1522, weiter westlich der Disappointment
zu 800, der Macedon zu 750 m und nördlich davon der Alexander zu annähernd gleicher Höhe.
Gleichzeitig treten hier auch jene zahlreichen vulkanischen Kegel auf, die wir bereits erwähnt haben.

Der Watt-Fluß im Monda-Thal (Victoria), mit Creek-Vegetation. (Nach Photographie.)

Das im übrigen großenteils paläozoische Gebirge ist meistens mit dichtem Wald bestanden, gut
bewässert und landschaftlich teilweise sehr schön (s. obenstehende Abbildung); nur die bis zu den
Spitzen mit Äckern und Weingärten bedeckten Höhen von Ballarat und Geelong erscheinen trocken
und kahl. Im äußersten Westen steigt der karbonische Zug der Grampians an den Quellen des
Glenelg noch einmal im Williams-Berg zu 1167 m Höhe empor. Auch hier ist das Gebirge noch
so frisch, daß man mit vollem Recht das Glenelg-Thal die Perle von Australien und diesen ganzen
Landstrich „Australia felix" genannt hat.

D. Tasmanien.

Die Australische Kordillere setzt sich über die von tertiären Meeresbildungen teilweise über-
lagerten Inseln der Baß-Straße nach Tasmanien fort und durchzieht diese Insel in Gestalt eines
granitischen und paläozoischen, meist silurischen, stark gefalteten Grundgebirges. Dazu kommen

in größerer Menge eruptive Grünsteine, besonders Diabase, die sich beckenförmig über das dem Silur flach aufgelagerte Karbon gebreitet haben. Mesozoische Schichten sind nur schwach vertreten, dagegen breiten sich tertiäre Sedimente mit Basalten wechsellagernd im Norden und Süden der Insel, besonders im Thale des Esk=Flusses aus. Im Granit und in den kristallinischen archäischen Schiefern des Grundgebirges finden sich Eisen und Zinn, letzteres sowie Gold auch in den diskordant darauf lagernden kambrischen Schiefern, Gold ferner im Silur, besonders im Beaconsfield=Distrikt. Kohle kommt im Karbon teilweise in Flözen bis zu 4 m Mächtigkeit und in den mesozoischen Sandsteinen und Thonen vor. Sie wird auch, wenngleich nur in geringer Menge, bergmännisch gewonnen. Das Gleiche gilt für Silber, Wismut und Nickel; auch Saphire, Zirkone und Topase werden in den Zinnseifen gefunden. Schon zu Anfang der Steinkohlenzeit ist das Grundgerüst Tasmaniens gefaltet gewesen, und seitdem scheint das Land dauernd aus dem Meere hervorgeragt und nur noch geringe Störungen erlitten zu haben. Hierzu sind vor allem die gewaltigen Ergüsse von boleritischen, anamesitischen und basaltischen Laven zu rechnen, die in Verbindung mit Tuffen große Teile des Tertiärs bedecken, doch kommt es nur selten zu kegelförmigen Hügeln. In der Quartärzeit scheinen erhebliche Strandverschiebungen Platz gegriffen zu haben, zuerst ein Ansteigen, dann ein Sinken des Meeresspiegels in der Baß=Straße, an deren Ufern alte, 12—15 m hohe Strandlinien erkennbar sind; in diese Zeit fällt wohl auch die Entstehung der Fjorde der Südküste. Moore hat auch in Tasmanien deutliche Spuren einer einstigen weitausgedehnten Vergletscherung aufgefunden.

Die genannten Gesteine setzen eine 1200 m hohe Tafel zusammen, die durch Thäler zerschnitten ist und im Osten steil zum Meere abfällt, wie ja auch der Ostrand des Gebirges von Australien steiler ist als der Westrand. Auch in Tasmanien heißt das östliche Gebirge Dividing Range, die „wasserscheidende“ Kette, da sie auch hier die Wasserscheide zwischen den Küstenflüssen des Ostens und dem Esk, der in die Baß=Straße mündet, bildet. Sie hat aber nur eine Kammhöhe von etwa 1200 m, denn ihr höchster Gipfel, der 1527 m hohe Ben Lomond, ist eine ihr aufgesetzte Grünsteinkuppe, von deren mit Tausenden von riesigen Säulen bedeckten Spitze man einen der schönsten Rundblicke über das Land gewinnt. Der Barrow erreicht 1451 m, der Victoria 1239 m, Ben Nevis 1222 und Row Tor 1217 m Höhe. Den Westen der Insel erfüllt eine große paläozoische Bergkette, die noch bedeutendere Höhen aufweist als der Osten, da der Humboldt=Berg, der höchste Gipfel der Insel, bis zu 1682 m, der Crable im Nordwesten zu 1545 m und der Eldon bis zu 1450 m emporragen; daneben erheben sich einzelne Granitkuppen über das paläozoische Gebirge, und zahlreiche Sandsteinberge sind von Grünsteindecken gekrönt. Beide Gebirgsketten sind sehr verästelt und verworren: Strzelecki vergleicht sie mit einem Netze, dessen Maschen überall kleine Ebenen und Thäler einschließen. „Die scharfkantigen Gebirgszüge“, sagt Jung (‚Zeitschrift der Gesellschaft für Erdkunde zu Berlin‘, 1880), „laufen nach allen Richtungen, verzweigen und verschlingen sich ineinander. Zuweilen sieht man sie von einem gemeinsamen Mittelpunkt ausstrahlend allmählich in flache Thäler herabsinken, zuweilen strecken sie ihre Flanken fast senkrecht empor und verleihen den scharfen Sierras den Anschein, als wären sie durch gewaltige Naturkräfte auseinander gerissen; zwischen ihnen eingeschlossen sind düstere Abgründe und Schluchten, aus welchen tobende Gießbäche schäumend ihren Weg bahnen.“ Die Erosion hat das Land in eine Menge solcher Thäler zerschnitten. Einige von den Flüssen, die diese durchströmen, wie der Gordon im Südwesten, der Derwent im Südosten, der Huon im Süden und der Arthur im Nordwesten, sind von beträchtlicher Größe. Man darf eben nicht vergessen, daß Tasmanien ein gutes Stück größer als die Schweiz ist.

Zwischen dem westlichen und dem östlichen paläozoischen Gebirgszuge liegt ein aus Grünstein bestehendes, 900 m hohes Tafelland, über dem 1200 m hohe Kuppen aufragen.

Zahlreiche Seebecken finden sich hier, von denen ein Teil die Quellbäche der Flüsse Derwent, Esk und Mersey speist. Der größte, der Große See, bedeckt eine Fläche von 113½ qkm, der Sorell 68 qkm und der St. Clair 45 qkm. „Von den Ufern der Seen ragen die Berge in malerischer Wildheit empor, in ihrem ganzen Charakter an die Seen der Schweiz erinnernd. Die höchsten Spitzen und Kämme sind überall rauh, zackig, scharf, zuweilen aus Quarzit, öfter aus Grünstein bestehend, teilweise mit den Pyrenäen zu vergleichen." (Jung.)

Nördlich von dieser die Mitte und den Süden Tasmaniens einnehmenden Tafel liegt das tertiäre Launceston=Becken, worin der Esk und seine Nebenflüsse verlaufen, eine 1550 qkm

Die Sturmbai und der Mount Wellington bei Hobart (Tasmanien). (Nach Photographie.)

große, 120—300 m mächtige Süßwasserablagerung aus lockeren, thonigen, sandigen Gebilden mit Lignit und gold= sowie zinnführenden Alluvionen. Der nördliche und der südliche Esk vereinigen sich bei Launceston zu dem 50 m breiten Tamar=Flusse, der Schiffe von 4 m Tiefgang trägt. Den südlichsten Fluß, den Derwent, können die größten Seeschiffe 20 km bis zu der Stadt Hobart (s. obenstehende Abbildung) befahren; auch der Huon ist schiffbar.

An der felsigen Westküste befinden sich drei leidliche Häfen, Port Davey im Süden, Piemans River im Norden und Macquarie Harbour in der Mitte; an der Nordküste ist Port Dalrymple mit der Stadt Georgetown der beste Hafen, während an der Ostseite die große Oyster Bucht bis jetzt noch keine Hafenstadt hat. Im Süden reichen einige von den Fjorden tief ins Land hinein, und da durch Funde von Gletscherschliffen auch für Tasmanien eine Eiszeit sicher erwiesen ist, müssen wir diese Fjorde, ebenso wie die Seen, wohl als ihre Denkmäler auffassen. Vor den Einschnitten der Südküste lagern Halbinseln, wie die Tasman Peninsula, oder Inseln, wie Bruny und Maria Island.

B. Die Neuseeland-Gruppe.

Zwischen 167 und 178° östl. Länge und 47 und 34° südl. Breite erhebt sich, 1800 1900 km von dem australischen Festland entfernt und durch ein 5000 m tiefes Meer von ihm getrennt, die Doppelinsel Neuseeland mit einer Reihe von kleinen Nebeninseln, die zusammen als Neuseeland-Gruppe bezeichnet werden. Im ganzen umfaßt diese Gruppe ein Areal von 271,067 qkm; auf die Südinsel entfallen davon 153,796 qkm, auf die kleinere Norbinsel 115,165 qkm, auf die Chatham-Inseln 971, auf die Norfolk- 43, auf die Kermadec- 33 und auf die Lord-Howe-Inseln 16 qkm. Ferner umfassen die Bounty-Inseln 13 qkm, die Antipoden- 52, die Auckland- 852, die Campbell- 183 und endlich die Macquarie-Inseln 440 qkm. Bereits auf Seite 44 wurde erwähnt, daß ein großes Faltungsgebirge die Doppelinsel durchzieht. Auf der Norbinsel ist es durch großartige vulkanische Ergüsse jüngeren Alters großenteils verdeckt; auf der Südinsel tritt es unverhüllt hervor.

1. Die Südinsel Neuseelands.

Die Südinsel, das Tewahi-Punamu der Maori, erstreckt sich in Form eines Rechtecks von Südsüdwesten nach Nordnordosten und wird ihrer ganzen Länge nach von einem hohen Faltungsgebirge durchzogen, das viel höher als die Australische Korbillere ist und im Mount Cook die bedeutende Höhe von 3768 m erreicht. Durch Fr. v. Hochstetter, Julius von Haast, Hutton und J. Hector sind wir über den Bau des Landes, durch v. Lenbenfeld außerdem über die Orographie des Gebirges der Südinsel gut unterrichtet. Nach den Angaben dieser Forscher nimmt den ganzen Westen der Südinsel ein archäisches Gebirge ein, dessen Bestandteile Gneis und alter Granit sind; auf der Westseite sind diesen Gesteinen nur geringe Schollen paläozoischen Alters aufgelagert, nach Osten dagegen folgt auf die archäische Zone eine breite paläozoische, in der die höchsten Gipfel der Südinsel liegen. Von hier aus senkt sich das Hochgebirge ostwärts zu einer langen Synklinale von mesozoischen Schichten, aus denen noch paläozoische Sättel hervortauchen. Ein breiter Streifen tertiären Landes, durchbrochen von jüngeren Eruptivgesteinen, und alluviale Geröllebenen schließen an der Ostküste die Reihe der Ablagerungen ab. Das ganze Gebirge streicht gegen Nordosten und verschwindet, in zahlreiche Halbinseln und Inseln aufgelöst, an der Cook-Straße unter dem Meere; im großen und ganzen folgen aber nach Osten hin auf die älteren immer jüngere Gesteine. Im Süden taucht ferner noch ein zweites Faltungsgebirge auf, das fast senkrecht zu dem vorigen, nämlich von Nordwesten nach Südosten, streicht und in einem offenen Bogen an das vorige anschart. Mit granitischen Gesteinen erreicht es die Ostküste an der Otago-Bai; banach folgt südwärts eine paläozoische, hierauf eine mesozoische Zone in den Hokanui-Bergen, dann abermals paläozoisches und endlich ein archäisches Gebirge, das auch die von der Südinsel durch die Foveaur-Straße getrennte Insel Stewart oder Rakiura bildet. Hier liegen die ältesten Gesteine dieses eigentümlichen zweiten Faltungsgebirges, dessen Auftreten neben dem anderen außerordentlich merkwürdig wäre, man müßte denn beide als Teile eines scharf gebogenen Zuges auffassen.

Die Gebirge der Südinsel sind reich an nutzbaren Mineralen: Gold, Silber, Kupfer, Chromerz, Antimon, Mangan, Hämatit und Kohlen werden gewonnen. Der Golbbergbau nahm seit 1861 infolge der Entbeckung von Goldfeldern im Alluvium der Westküste einen erheblichen Aufschwung, blühte besonders von 1862—74 und ist noch immer bedeutend, doch gehen die Golbfelder der Westküste und von Otago gegenwärtig der Erschöpfung entgegen. Dagegen

hebt sich der Kohlenbergbau mehr und mehr; meist wird bituminöse Steinkohle sowie Braun=
kohle, Pechkohle und Lignit abgebaut, vor allem in Westport, Otago und Greymouth.

Während die Australischen Alpen keinen alpinen Charakter haben, besitzt der höchste Zug
des Gebirges der Südinsel Neuseelands, die Südlichen oder Neuseeländischen Alpen, einen
ausgezeichnet hochalpinen Charakter. Schon die Entdecker, Tasman und Cook, bewunderten die
großartigen, von der Westküste aus sichtbaren Schneegipfel, und bei näherer Untersuchung der
Insel wurden großartige Alpenlandschaften angetroffen. Schroffe Hänge und scharf gezackte
Grate ragen über die Thäler auf, und gewaltige Gletscher erfüllen die Hochmulden; auffallend
ist der Mangel an tiefen Sätteln. Das neuseeländische Gebirge hat ein hohes Alter, es bestand
bereits in der Jurazeit, und seine Thäler waren schon im mittleren Tertiär fast bis zu ihrer
heutigen Tiefe ausgegraben. Dennoch dauern auch heute die Vorgänge des Zusammenbruches
noch fort und äußern sich besonders auf der östlichen Seite der Neuseeländischen Alpen in Erd=
beben, wie z. B. in dem auf der ganzen Südinsel gespürten vom 1. September 1888; doch
scheint der Herd fast aller Erdbeben in der Nordinsel und der Cook=Straße zu liegen. Das
Hauptgebirge der Südinsel ist von Westen nach Osten gefaltet, bricht steil zum Meere nach Westen
ab und läuft allmählich in Faltenzügen nach Osten aus; es ist also einseitig gebaut, eine Eigen=
schaft, die auch dem südlichen angescharten Gebirgsstück zukommt.

Beginnen wir die Betrachtung des Gebirges im Südwesten, so fallen zuerst die zahlreichen
Fjorde auf, die tief in das Gneisgebirge eingeschnitten sind. Die Gliederung dieser tiefen, trog=
artigen Fjordrinnen nimmt nach Norden ab. In den Mündungen einiger liegen Inseln (Resolu=
tion u. a.), und über ihnen erheben sich die Anuu=Berge und ihre südlichen Fortsetzungen bis zu
2000 m Höhe über das 1000—1200 m hohe Plateau, in dessen westlichen Steilrand die Fjorde
eingeschnitten sind. Da sie sich bis zu 44° 32′ südl. Breite nordwärts erstrecken, erreichen sie die
größte, bei echten Fjorden überhaupt vorkommende Äquatornähe. Von solchen großen, wohl=
ausgebildeten Einschnitten lassen sich hier dreizehn unterscheiden, deren Größe und Kompliziert=
heit von Süden nach Norden hin abnimmt. Der Reihe nach sind es von Süden nach Norden
folgende: Preservation, Dark Cloud, Dusky, Breaksea, Doggs, Doubtful, Thompson, Nancy,
Charles, Caswell, George, Bligh und Milford. Darunter sind die längsten Thompson= und
Doubtful=Fjord mit mehr als 40 km, während Dusky und Preservation 39, Breaksea und Dark
Cloud noch über 30 km lang sind, die übrigen erreichen nicht einmal eine Länge von 20 km.
Den größten Flächenraum nimmt Dusky=Fjord mit 207 qkm ein; Dark Cloud und Preservation
umfassen 109,6 und 98,6, Doubtful und Breaksea 89 und 82,6, Thompson 61, die übrigen
unter 40, Doggs und Nancy sogar nur 13—14 qkm Flächenraum. Die südlichen sind somit
bedeutend größer als die nördlichen. Die Eingangsbreite schwankt zwischen 4,2 km bei Doubtful
und 0,8 km bei Thompson, die Tiefe des Einganges zwischen 180 m bei Breaksea und 20 m
bei Preservation. Die größte Tiefe, die auch bei den neuseeländischen Fjorden meist in der Mitte
liegt, beträgt 360 m im nördlichsten Fjord, Milford=Sund, nur 150 m dagegen im Bligh=Fjord;
die meisten erreichen eine größte Tiefe von 200—260 m. Die durchschnittliche Länge ist 25,5 km,
die durchschnittliche Breite 2 km, die Tiefe des Einganges im Mittel 100, die größte Tiefe in
der Längenmitte im Durchschnitt 227 m. Vor den Fjordmündungen liegt ein seichtes Meer von
40—160 m Tiefe, und die mittlere Tiefe der Fjorde wird meist erst in einer Entfernung von
30 km von der Küste wieder angetroffen; die größte Fjord=Tiefe findet sich wahrscheinlich erst
100 km von der Küste entfernt wieder. „Die kleineren Fjorde", bemerkt v. Lendenfeld, in
dessen ,Australischer Reise' vorerwähnte Maße angegeben sind, „sind meist einfach, unverzweigt
und inselfrei, die größeren sind ausnahmslos kompliziert; vollkommen einfach sind: Milford=,
Bligh=, Caswell=, George=, Nancy= und Doggs=Sund, am kompliziertesten verzweigt und am

reichsten an Inseln sind Preservation=, Dark Cloud= und Dusky=Sund. Diese sowie Doubtful=, Breaksea= und Thompson=Sund sind zu je zweien miteinander durch transversale Fjorde von ähnlichen Dimensionen wie die longitudinalen Hauptfjorde verbunden." Der schönste aller neu= seeländischen Fjorde, der Milford=Sund, ist schon auf S. 41 geschildert worden; von keinem der übrigen wird er an Großartigkeit erreicht. Mit dem Milford=Sund hören die Einschnitte plötzlich und unvermittelt auf: die nordwärts folgende Küste besitzt keine Spur von Fjordbildung.

Der Hauptkamm der Neuseeländischen Alpen ist nach v. Lendenfeld „durchschnittlich 30 km von der Nordwestküste und 130 km von der Südostküste entfernt und trägt die Wasser= scheide. Im mittleren Teile, wo die höchsten Spitzen und mächtigsten Gletscher angetroffen werden, überragt dieser Hauptkamm alle Nebenzüge bedeutend, und das Land zu beiden Seiten des Ge= birges ist ganz niedrig, 700—800 m hoch. Im Süden breitet er sich zu einem weiten, 1500— 1700 m hohen Plateau aus, in welches Fjorde und tiefe Thäler mit schmalen Alpenseen ein= geschnitten sind. Im Norden verzweigt sich dagegen das Gebirge in recht verwickelter Weise, und es findet sich hier eine Anzahl nahezu gleich hoher Ketten." Wo die Fjorde ihr Ende finden, nimmt die Höhe der Gipfel zu. Hier erreichen der Mount Aspiring 3112, der Mount Pollux 2600 m und der Mount Earnslaw 2864 m. Dann folgt der Hauptzug, der von dem unter 44° südl. Breite liegenden, 523 m hohen Haast=Paß bis zu dem 1284 m hohen Whitecomb=Paß auf 160 km Entfernung nirgends unter 2000 m herabsinkt: in dieser ganzen Strecke gibt es keinen einzigen schneefreien Paß. Aus diesen eigentlichen Neuseeländischen Alpen, deren mittlere Höhe etwa 2500 m beträgt, ragen die höchsten Gipfel Neuseelands hervor, der 3768 m hohe Mount Cook und eine Anzahl anderer über 3000 m hoher Gipfel, der 2840 m erreichende Hoch= stetter=Dom, ferner der Mount Stokes, der Petermann=Berg und viele andere. Hier liegt die Schneegrenze 2100 m über dem Meere, und hier entwickeln sich die größten Gletscher des Südens, deren Eisströme unter der Breite von Turin bis 215 m über dem Meere herabreichen.

Der höchste Gipfel, der Mount Cook oder Aorangi (s. die Tafel bei S. 184), ist noch nicht erstiegen worden; Green machte einen ernstlichen Versuch, mußte aber nahe der Spitze umkehren. Alle Versuche, ihn zu ersteigen, sind von der Ostseite aus unternommen worden. Großartig ist der Ostabhang des Mount Cook. An seinem Fuße zieht der Tasman=Gletscher vorbei, der hier den Vordergrund bildet zu einem der großartigsten Bilder auf der Erde. Gletscher, Felsen und fabelhaft steile, lawinendurchfurchte Schneefelder türmen sich zu einem Wall von 2700 m Höhe übereinander auf, der so nahe liegt, daß sein höchster Punkt, die Spitze des Mount Cook, nach v. Lendenfeld mit einer Elevation von 31° drohend auf den Beschauer herabblickt. Der Gipfel= grat des Mount Cook hat eine beträchtliche Länge und erstreckt sich, eine Höhe von mehr als 3600 m beibehaltend, über 2 km weit, dann bricht er auf beiden Seiten plötzlich ab, und dadurch gewinnt der Berg seine eigenartige dachförmige Gestalt.

Noch schöner ist der nördlich vom Mount Cook gelegene, 3247 m hohe Mount Tasman, nach v. Lendenfeld „eine Eisnadel, welche nach Nord und Süd mit steilen, scharfen Firnkanten, nach Ost und West aber mit unglaublich jähen Eiswänden absetzt. Einige Querspalten durchziehen die Ostwand des Berges. Das Eis ist bedeutend abgesunken unter jeder Spalte, so daß der obere Teil der bergseits gelegenen Schrundwand einer jeden dieser Spalten frei über den Schrund auf= ragt. Hierdurch wird der Abhang treppenförmig, es wechseln senkrechte oder überhängende Eis= mauern mit 60° steilen Firnhängen ab."

Von Hochgipfeln wären außer Mount Cook und Mount Tasman die Haidinger=, die Haast= Spitze, der Elie de Beaumont, der De la Bêche, der Maltebrun, Darwin, Green, die Kronprinz= Rudolf=Spitze, die Haeckel=Spitze und der Hochstetter=Dom zu erwähnen. 1883 bestieg v. Len= denfeld den Hochstetter=Dom. Seither ist dieser Berg, der Maltebrun, Darwin und De la Bêche

6*

von Fife und Könike bestiegen worden. Von der Höhe der messerscharfen Firnschneide, die den Gipfel des Hochstetter=Dom bildet, eröffnet sich ein großartiger Rundblick. „Im Norden blicken wir hinab in das tiefe Wataroa=Thal, begrenzt auf beiden Seiten von wild zerklüfteten Berg= ketten. Zwischen den Felsengraten ziehen Eisströme hinab zu dem flachen Whymper=Gletscher im Thalgrund. Weiter rechts im Nordosten sehen wir den langen Zug der Alpen. Mancher Gipfel ragt hoch auf über das Gewirr von Spitzen und Graten, so besonders die schöne Pyramide des Mount Tyndall und die scharfe Petermann=Spitze. Glänzende Schneefelder zieren ihre Flanken, und weit hinaus in die Thäler fließen breite Gletscher."

Eine Reihe von Gletschern entströmt der Hauptkette, unter ihnen der größte Neusee= lands: der Tasman=Gletscher (s. die beigeheftete Tafel „Tasman=Gletscher und Hochstetter=Dom, Neuseeland"). Dieser ist 28 km lang, hat ein Sammelgebiet von 61 qkm, eine Eisstromfläche von 77 qkm, eine Gesamtfläche von 138 qkm und zeichnet sich vor den großen europäischen Alpengletschern, wie dem Aletsch, durch das Überwiegen der Eisstromfläche über die Firnfläche aus. Die Länge der Gletscherzunge beträgt nach v. Lendenfeld's Messungen 24 km, die Höhe des Gletscherendes über dem Meer 730 m, die Breite der Zunge unterhalb des letzten Zuflusses 2,6 km. In den unteren Teilen ist der Tasman=Gletscher ganz mit Moränen bedeckt. Die bedeutendsten Eisströme der vergletscherten Umgebung des Mount Cook sind: der Classen= und Godley=Gletscher im Osten, der Whymper im Norden, der Murchison=, Hooker=, Selwyn= und Müller=Gletscher im Süden und der Hektor=, Prinz=Alfred=, Franz=Joseph=, Agassiz= und Zsig= mondy=Gletscher im Westen. Von ihnen entspringen wasserreiche Bäche, die häufig in viele Arme aufgelöst sind. Aus den überaus zahlreichen Spuren früherer Vereisung darf man schließen, daß zur Eiszeit eine gewaltige Eismasse die neuseeländischen Gebirge einhüllte und im Westen bis zum Meere hinabreichte. Der Prinz=Alfred=Gletscher endet noch gegenwärtig nur 14 km von der Küste entfernt. Die nach Westen herabgehenden Gletscher, unter denen der in 215 m Seehöhe endende Franz=Joseph=Gletscher wegen seiner Reinheit berühmt geworden ist, sind steil und werden nicht länger als 15 km. Viel länger dagegen sind die nach Osten hinabfließenden, durch die ungeheure Größe ihrer Moränen ausgezeichneten Gletscher: der Tasman erreicht eine Länge von 28, der Godley eine von 18 km. Die Gesamtfläche des vereisten Gebietes schätzt v. Lendenfeld auf 800 qkm, und davon kommen 780 qkm auf den Zentralkamm zwischen Whitcombe= und Haast=Paß.

Diese gewaltige Gletscherentwickelung ist um so merkwürdiger, als die durchschnittliche Kammhöhe des Gebirges 2500 m kaum überschreitet, erklärt sich aber aus der niedrigen Lage der Schneegrenze, die im Westen 2100, im Osten 2400 m über dem Meere, also 300 m tiefer liegt als in den Alpen. Dennoch ist die landschaftliche Szenerie durchaus nicht etwa schöner als in diesen. Lendenfeld ist der Ansicht, „daß sich das Tasman=Gletschergebiet nicht im ent= ferntesten mit dem Hochgebirge der Schweiz vergleichen läßt. Abgesehen davon, daß keine Spitze sich mit den Tiroler Dolomitzacken oder Gipfeln wie Matterhorn, Dent Blanche, Dent du Géant messen kann, ist auch das Firnbecken so schmal, daß man, auf demselben stehend, keineswegs jenen Eindruck gewinnt wie etwa am oberen Aletsch= oder Gorner Gletscher. Hierzu kommt noch die ungeheure Moräne, die den Gletscher in den unteren Partien großenteils verdeckt, sowie die Baumlosigkeit der unteren Hänge. Man pflanze Brombeeren und Disteln statt der Tanne und überschütte die Gletscher mit Geröll, vertreibe Menschen, Vieh und Kultur aus den Thälern, und man hat das neuseeländische Hochgebirge vor Augen!" Nördlich vom Mount Tyndall nimmt das Gebirge an Höhe ab, steigt aber jenseits des 915 m hohen, von Hokitika nach Christchurch führenden Arthur=Passes wieder zu größeren Höhen an. Der Westküste entlang verläuft zunächst die Taparoha=, dann die Tasman=Kette; die Hauptkette steigt unter 42° südl. Breite in dem

... werden. Von der Höhe der messerscharfen Firnschneide, die den ... erweitet sich ein großartiger Rundblick. „Im Norden blicken ... Thal, begrenzt auf beiden Seiten von wild zerklüfteten Berg- ... Eisströme hinab zu dem flachen Whymper-Gletscher im ... zur rechten sehen wir den langen Zug der Alpen. Mancher Gipfel ... mit ... Graten, so besonders die schöne Pyramide des ... die Elevmann Spitze. Glänzende Schneefelder zieren ihre Flanken, ... breite Gletscher"

...

Diese ... in nur so ... Jahren ... nicht überflutet, erklärt sich aber ... ... der ... , die im Westen 2100m, im Osten 2000m über dem Meer ... liegt als in den Alpen. Dennoch in die landschaftliche Scenerie ... ... ist der Aufbau, daß ... die Tasman Gletscher ... ... mit dem Hochgebirge der Schweiz vergleichen ... ... Tiroler Dolomiten oder Gipfel wie Matterhorn ... ... , ... auch das Firnbecken so schmal, daß man, auf ... ... wie etwa am oberen Aletsch oder ... ... Moräne, die den Gletscher in den unteren ... ... der unteren Hänge. Man pflanze Ceanothus ... ... die Gletscher mit Geröll, vertreibe ... ... neuseeländische Hochgebirge vor Augen ... ... an Höhe ab, steigt aber jenseits des ... ... Tasses wieder zu größeren ... ..., denn die Tasman-Kette ...

DR TA MAN-GLETSCHER UND HOCHSTETTER-DOM IN NEUSEELAND

(Nach Aufnahme von Prof. v. Lendenfeld.)

Franklin, einem ſchneebedeckten Berge, nochmals zu 3000 m auf, und auch der Una erreicht noch 2300 m. Die Ausläufer der großen Hauptkette erreichen die Küſte in zahlreichen Vorſprüngen, zwiſchen denen die Blind=Bai weit nach Süden bis zur Stadt Nelſon eindringt. Nach Oſten gehen von dem Hauptkamme die hohen, ſchroffen und wilden Raikoura=Berge ab, die durch das Thal des Big= oder Clarence=Fluſſes in zwei Abteilungen, See= und Land= Raikouras, geſchieden werden, im Odin eine Höhe von 2957 m erreichen und aus paläozoiſchen Schiefern zuſammen= geſetzt ſind. Viele dieſer Landſchaften in hieſiger Gegend, beſonders in der Provinz Nelſon, werden von Trollope wegen ihrer friſchen Wieſen und des Ausſehens ihrer Gewäſſer mit denen von Irland und Schottland verglichen.

Der See Pukaki und die Cook=Kette auf Neuſeeland, Südinſel. (Nach Photographie von Burton Brothers, Dunedin.)

Ein großer Teil der öſtlichen, beſonders der ſüdöſtlichen Abdachung der neuſeeländiſchen Ge= birge iſt reich an Alpenſeen, die den Vorlandſeen in Europa gleichen. Es werden nicht weniger als 60 gezählt, die in jeder Hinſicht den Fjorden ähneln und wohl auf ähnliche Weiſe wie dieſe entſtanden ſind. Am größten ſind die Seen des Südweſtens, wo der 200 m hoch gelegene Te Anau ein Areal von 342 qkm einnimmt; ihm am nächſten kommen der langgeſtreckte Waka= tipu mit 295 und der Wanaka mit 194 qkm. Die Tiefe des Wakatipu beträgt 430 m, die des Hawea 392, des Wanaka 331 und des Te Anau 290 m. Viel ſeichter ſind die kleineren Seen des Nordens, die in größeren Höhen liegen. Tekapo, Pukaki (ſ. obenſtehende Abbild.) und Ohau am Oſtabfall der ſüdlichen Alpen ſind 740, 520 und 560 m über dem Meere; die übrigen Seen liegen meiſt unter 300 m Meereshöhe. Einige ſind durch Moränen abgedämmte Becken, andere wohl durch Gletſchererosion entſtanden. Durch die drei genannten Seen fließen die gleichnamigen Flüſſe Tekapo, Pukaki und Ohau zum größten Fluſſe der Südinſel, dem Wai= tangi, zuſammen. Dieſe von dieſen Flüſſen durchſtrömten Thäler ſind „von alten Moränen= wällen, die während der neuſeeländiſchen Gletſcherzeit gebildet wurden, abgeſchloſſen. Hinter jedem dieſer drei Dämme hat ſich durch Stauung des Waſſers ein großer See gebildet. Von den Gletſchern herab bis zu dieſen alten Moränen ſind die Thäler breit und flach; dicht unterhalb der Seen, wo die Flüsse die Moränen durchbrochen haben, sind sie schmal und schluchtartig." (v. Lendenfeld.) Einige Flüsse, wie der Wakatipu und Tekapo, werden mit Dampfern befahren.

Vergleichen wir die Neuseeländischen Alpen mit den europäischen genauer, so ergeben sich neben vielen Ähnlichkeiten, wie in Bezug auf die Seen, doch auch recht bedeutende Abweichungen, vor allem in Betreff der Thalgestalt. Tief eingeschnitten und mit geringem Gefälle, machen die neuseeländischen Alpenthäler den Eindruck breiter, flacher Ebenen; die größten sind das Gobley- und das Tasman-Thal mit 5 km Breite. „Steile Hänge, aus deren üppigem Gras- und Gebüschwuchs hier und da Felsen hervorschauen, setzen ohne Übergang in die flache Thalsohle ab. Diese wird zum größten Teile von Geröll überdeckt, und nur hier und da wagt sich ein kümmerliches Rasenpolster zwischen den zahllosen Armen des wildschäumenden Gletscherstromes, der das ganze Thal mit einem Netz von Torrenten überzieht, anzusiedeln. Es gibt wenig Landschaften, die einen so trostlosen Eindruck machen als diese Thäler." (v. Lendenfeld.) Anderseits gibt es Klammen, wie die Rangitata-Klamm von 120 km Länge und die Burke-Klamm, in der der Burke-Bach auf 1¹/₂ km um 120 m fällt und der nur 15 m breite Thalboden zwischen 60—90 m hohen Felsen eingeengt ist. An dem höchsten Berge des Nordens der Insel, dem 3000, nach andern nur 2393 m hohen Franklin, der zahlreiche Glazialmoränen besitzt und noch jetzt bis zu 2000 m herab ewigen Schnee trägt, findet sich ein ausgezeichneter Cañon: die Wairau-Schlucht mit steilen, 1070 m hohen Thalwänden.

Infolge der der Westküste genäherten Lage der Wasserscheide haben die an der Ostseite mündenden Flüsse einen weit längeren Lauf als die der Westküste. An dieser münden fast nur kleine, den Schnee- und Eismassen der Hochgebirge herabströmende Flüsse, unter denen der Abfluß des Prinz-Alfred- und Hektor-Gletschers, der Wahela, der bedeutendste ist. Erst im Norden kommt dadurch, daß das Gebirge von der Küste zurücktritt, ein breiterer Raum zu stande, in dem die Flüsse größere Dimensionen annehmen, wie die drei goldführenden Flüsse Grey, Buller und Karamea. Die Flüsse der Ostseite sind bedeutend länger, trotzdem aber für den Verkehr ohne Wichtigkeit, da sie zum Teile in tief eingerissenen Betten, vielfach in Arme geteilt, reißend dahinfließen und häufig den Charakter des Oberlaufs bis zur Mündung beibehalten. Die bekanntesten sind (von Süden nach Norden): der Waiau (Abfluß der Seen Te Anau und Manipori), der Mataura (Abfluß des Wakatipu), der Molyneux (Abfluß der Seen Wanaka und Hawea) und der Waitangi oder Waitaki, dessen Quellbäche die Seen Ohau, Pukaki und Tekapo durchfließen. Das Wasser dieses Flusses ist bis an seine Mündung milchig trübes Gletscherwasser. Nördlich von der Banks-Halbinsel münden der Waimakariri, der Hurunui, Dillon, Big und im Nordosten der Wairau; zur Trockenzeit zum Teil fast ganz wasserlos, führen diese Flüsse zur Regenzeit und in der Periode der Schneeschmelze gewaltige Wassermassen. Das von ihnen durchflossene Land, die östliche Abdachung der Insel, besteht aus den an das Hochgebirge sich anschließenden Vorhöhen und den bis zum Meere sich erstreckenden Canterbury-Ebenen. Die Vorhöhen bergen öde, sumpfige Thäler, sind mit Gras bedeckt, haben aber keine Bäume und Sträucher. „Das Gras sieht braun und verdorrt aus, denn hier regnet es nur wenig. Hier und da ist der Rasen von großen Felsblöcken, wahrscheinlich erratischen Blöcken aus der Eiszeit, unterbrochen, und an diesen wachsen Schwertgräser und andere subalpine Pflanzen. Die Aussicht ist wegen des wellenförmigen Geländes in hohem Grade eintönig." (v. Lendenfeld.)

Baumlos und eintönig sind auch die Canterbury-Ebenen. Wie Patagonien vor den Anden, so dehnen sich die Canterbury-Ebenen vor den Neuseeländischen Alpen, von der Mündung des Hurunui bis zu der des Waitaki aus. Sie bilden eine sichelförmige, dem Gebirge die konvexe und dem Meere die konkave Seite zukehrende Fläche. Ein anscheinend horizontales, in Wirklichkeit aber gegen das Gebirge ansteigendes Land erstreckt sich unmittelbar bis an den Fuß ber Vorberge. Nicht gleichmäßig aber erfolgt das Ansteigen, sondern hier und da in Stufen oder Terrassen, die (nach v. Hochstetter's ,Neuseeland') „mehr oder weniger deutlich hervortreten und wie ebenso viele aufeinander folgende Klippenreihen erscheinen, welche einst vom Meere bespült waren". Die Canterbury=Ebenen bestehen aus alluvialem Geröll, dem Schutt der Neuseelän=dischen Alpen, und wachsen allmählich nicht nur in die Höhe, sondern auch, durch die Anhäufung von Sandbünen an der Küste geschützt, in die Breite.

An die Südinsel ist auf diese Weise ein Stück Land, die Banks=Halbinsel, der am weitesten nach Osten vorspringende Teil der Südinsel, angegliedert worden. Eine teils nur 6 m über dem Meer aus den Geröllen des Gebirges und der Halbinsel erbaute Ebene, auf der die Stadt Christchurch steht, ist das Band, das sie an den Hauptkörper der Insel knüpft. Die Banks=Halbinsel war ursprünglich ein Vulkan im Meere. Nach einer Reihe von untermeerischen Aus=brüchen erhob sich der Vulkan und mit ihm eine kleine Scholle paläozoischen Gesteins über den Meeresspiegel, vergrößerte sich bis zu 30—40 km Durchmesser und erreichte 1000 m Höhe. Es entstanden im Umkreise von 12 km fünf Krater, deren Wände vom Meere durchbrochen wurden und jetzt fünf Buchten bilden. Die größte dieser Kraterbuchten ist gegenwärtig der wichtigste Hafen der Südinsel, Port Lyttelton. Infolge des Schutzes, den die vulkanische Insel gegen die Brandung gewährte, vermochten sich die Flußsedimente der Hauptinsel hinter ihr besonders gut abzulagern und bildeten mit dem von den Vulkane abgeschwemmten Material die Ebene von Christchurch. Südlich liegt der große Strandsee Waihora (oder Ellesmere), nördlich Port Lyttel=ton. Einer der Kraterränder trennt Lyttelton und Christchurch und bietet einen guten Über=blick über die benachbarte Landschaft. „Im Westen breitet sich (nach v. Lendenfeld) die Can=terbury=Ebene aus, geziert durch glänzende Flußläufe, die von dem reichgegliederten Gebirge herabkommen. In der Mitte die Stadt mit zahlreichen Türmen, umgeben von walbreichen An=lagen und durchzogen von dem vielfach gewundenen Flüßchen. Über das Land hinaus dehnt sich im Norden und Süden der weite glatte Horizont des hohen Meeres. In der nächsten Um=gebung fesseln die scharfen Formen des alten Kraterrandes das Auge; im Süden liegt der Elles=mere=See, durch eine zarte Sandbarre vom Meere getrennt."

2. Die Nordinsel.

Die Nordinsel Neuseelands, Te Ika a Maui, „der Fisch des Maui" der Eingeborenen, ist landschaftlich und ihrer geologischen Struktur nach von der Südinsel sehr verschieden: hier ein vergletschertes Kettengebirge, mit weiten Ebenen, nur vereinzelt vulkanische Kuppen; dort eine Fülle von Vulkanen, zahllose Kegelberge, Geiser und heiße Seeen. Zahlreiche Erdbeben, z. B. die von 1848 und 1855, verwüsteten namentlich die Umgebung der Cook=Straße sowie die Linie Tongariro—Tarawera in der Mitte der Nordinsel, und gewaltige vulkanische Aus=brüche, wie der des Tarawera am 10. Juni 1886, geben Kunde von der Fortdauer der Kräfte, die der Nordinsel ihr charakteristisches Gepräge verliehen haben.

Das paläozoische Kaikora=Gebirge setzt sich auf der Nordinsel fort und nimmt, im Osten durch schmale tertiäre Ebenen von einem mesozoischen Parallel=Zuge geschieden, einen etwa 100 km breiten Streifen an der Ostseite der Insel ein. Alle Teile dieses Gebirges weisen eine nordnordöstliche Streichungsrichtung auf, so die Maunga= und Puketoi=Kette an der Südostküste und die Tararua= und Ruahine=Ketten weiter im Inneren; auch die Flüsse folgen dieser Rich=tung, z. B. der zwischen den beiden Längsketten fließende Ruamahanga und der Manawatta. Die Küste wird durch die tief ins Land eingreifende Hawke=Bai bei Napier unterbrochen.

Nördlich von dieser Bucht sind die Gebirgszüge zwar nicht mehr so ausgeprägt, aber die Flüsse verlaufen auch hier in nordnordöstlicher Richtung. Die Höhe aller dieser Ketten bleibt hinter deren Fortsetzung auf der Südinsel erheblich zurück und übersteigt im Ikurangi, der wohl ihr höchster Punkt ist, kaum 1600 m. Bimsstein liegt an der Ostküste in großen Mengen auf einer Fläche von 13,000 qkm zwischen Kap Turnagain und der Tolago-Bai und bedeckt auch die Höhen der Ruahine-Kette. Diese östlichen Teile der Insel sind noch ziemlich unbekannt, der durch seine vulkanische Thätigkeit ausgezeichnete Westen dagegen genau durchforscht.

Wenn im Westen auch einzelne Bruchstücke paläozoischer Ablagerungen vorkommen, die das Grundgerüst der Insel bilden, so ist doch von einem Sedimentärgebirge, wie auf der Süd-insel, hier keine Spur vorhanden. Man kann annehmen, daß die Fortsetzung der Gebirge der Südinsel den Untergrund der Mitte der Nordinsel zwischen Wanganui und der Plenty-Bai bildet. Über dieses versunkene Gebirge sind massenhafte vulkanische Ergüsse gebreitet, zwischen denen junge Sedimente, Tuffe und Laven vorkommen. Der bogenförmig geschwungene Lauf der Nord-westküste entspricht nicht dem Streichen eines Gebirges, sondern wird durch Nehrungen gebildet, die sich zwischen den vulkanischen Massen ausbreiten. An der Nordostseite ist die Küste reicher gegliedert; da finden sich zahlreiche Halbinseln und Klippen, Inseln und kreisförmige Buchten, und das Ganze macht den Eindruck eines im Sinken und Überflutetwerden begriffenen Landes.

An die östliche Gebirgskette der Nordinsel schließt sich eine breite vulkanische Zone an, die die ganze Mitte der Insel einnimmt und von v. Hochstetter nach dem in ihrem Zentrum befind-lichen großen Taupo-See (s. Abbildung, S. 89) die Taupo-Zone genannt worden ist. „Sie enthält", wie dieser Forscher („Neuseeland') bemerkt, „das Großartigste und Seltenste, was Neu-seeland in seiner vulkanischen Natur bietet": die großen Vulkane Tongariro und Ruapehu, das tiefe Einsturzbecken des Taupo-Sees, die berühmten kochenden Quellen, dampfenden Fuma-rolen, brodelnden Schlammkessel und Solfataren des Seendistrikts, deren schönste Zierde, die Kieselsinterterrassen im Warmen See, Rotomahana, durch die Eruption von 1886 leider zer-stört wurde. Im Südwesten dieser Zone erhebt sich der regelmäßig geformte, ganz isoliert aus dem schönen und fruchtbaren Tieflande von Taranaki zu einer Höhe von 2522 m aufsteigende Kegel des Mount Egmont oder Taranaki. Dieser Berg ist ein erloschener Vulkan von großer Schönheit, der nahe dem Gipfel mit einem alten Krater ausgestattet ist. An seinem Nord-abhang liegt die Hafenstadt New Plymouth (s. Abbildung, S. 90). Dann folgt nach Osten ein tertiäres Gebiet, das Thal des Wanganui, eines der beiden Hauptströme der Insel. Seine Quellen liegen in der Mitte der Insel, westlich des Taupo-Sees, und er verläuft in der Längs-achse der Insel den Küsten parallel nach Südsüdwesten, um sich in die Süd-Taranaki-Bucht zu ergießen. Das gewundene Thal dieses Flusses ist landschaftlich sehr schön, von steilen, hohen Felsen eingeschlossen, fruchtbar und malerisch, für den Verkehr aber beschwerlich; denn alle neu-seeländischen Flüsse neigen leider zu plötzlichem Anschwellen.

Zwischen diesem Thale und der östlichen Gebirgskette stehen die drei großen Reihen-vulkane Neuseelands: der 1981 m hohe thätige Tongariro, der 2280 m hohe Ngauruhoe und der höchste Berg der Insel, der 2803 m hohe Ruapehu, dicht nebeneinander. Der Ruapehu oder Ruapahu ist ein in sich geschlossener, erloschener Vulkankegel, dessen oben abgestumpfter Gipfel über die Region des ewigen Schnees hinausragt. Die Schneefelder an seinen Flanken reichen im Sommer bis 2000 m, stellenweise bis 1700 m hinab. In dem Krater liegt ein gewaltiges Schnee- und Eisfeld, worin ein Aschenkegel kürzlich wieder Spuren neu beginnender Thätigkeit zeigte: im April 1886 stiegen aus ihm Dampfwolken auf. Die Nachbarberge des Ruapehu bilden ein verwickeltes vulkanisches System. Einer von ihnen, der alle anderen Teile desselben weit überragende, in schöner, regelmäßiger Form sich erhebende Ngauruhoe, hat einen trichterförmigen

Gipfel, ist gegenwärtig sehr thätig und bildet nach v. Hochstetter den Hauptteil des südlichen Tongariro=Systems. Der gänzlich öde, schneelose Hauptkegel besitzt einen kreisrunden, 500 m im Durchmesser messenden, tiefen Krater mit scharfen Rändern, der gewöhnlich von Dampf= wolken erfüllt ist. Lavaergüsse sind zwar nicht bekannt, doch soll der Krater zeitweise Asche und Schlamm auswerfen. Weitere Krater befinden sich in den übrigen Teilen dieser vulkani= schen Berggruppe. Der eigentliche Tongariro endlich ist aus mehreren Kegeln zusammengesetzt, trägt sieben Krater und besteht aus Augitandesit. Eine Bimssteinebene, auf der mehrere Seen liegen, verknüpft den Ruapehu mit dem Tongariro und nimmt im Südosten den Charakter

Der Huka=Fall am Taupo=See auf Neuseeland, Nordinsel. (Nach Wallace.)

einer mit Flugsand bedeckten Sandwüste an. Bimsstein, Bimssteintuffe und Rhyolith=Laven dehnen sich nach Süden bis zum Meere aus, nach Norden geht der Bimssteinsand in frucht= bareren Lehmboden über. In der Umgebung des Taupo=Sees wird wieder Bimsstein an= getroffen, der vermutlich von dem erloschenen Vulkan Tauhara am Taupo=See stammt.

Der Taupo=See ist 626 qkm groß und hat eine mittlere Tiefe von 120 und in seiner Mitte eine Maximaltiefe von 163 m. Er ist ein alter, mit Wasser gefüllter Krater oder ein durch Einsturz oder Explosion entstandenes Kesselbecken, in dem sich eine Insel bis zu 180 m Höhe über, und ein Riff bis 2 m unter die Oberfläche des Wassers erheben. Die Meereshöhe des Seespiegels beträgt fast 400 m, die Uferwände steigen im Norden steil empor und bilden rund um den See eine vulkanische Hochebene, aus der sich eine Anzahl von Vulkankegeln erhebt; das Ostufer ist flach. „Weithin schimmernde weiße Bimssteinklippen begrenzen den Strand" (v. Hochstetter), darüber breiten sich mit Gras und Buschwerk bewachsene Bimssteinflächen aus, die in mehrfachen Terrassen bis zum Fuße eines hohen Waldgebirges ansteigen. Es ist das die

unter dem Namen Kaimanawa bekannte Fortsetzung der Ruahine-Kette. Reich an landschaft=
lichen Reizen sind die südlichen Ufer des Sees, wo sich eine Reihe malerischer Vulkankegel erhebt,
hinter denen der Tongariro und Ruapehu aufragen. In der Nähe des Ufers steigen gewal=
tige Springquellen, darunter die Dampfsäule des Sprudels Pirori bei dem Dorfe Tokanu, empor.
Terrassen deuten auf einen früher 120 m höheren Wasserstand.

Dem Taupo-See entspringt als großer Fluß der Waikato, die Lebensader der Nordinsel.
Er fließt zunächst durch ein 300—500 m hohes, reiches, fruchtbares Hochland mit Sümpfen
und Seen und zahlreichen erloschenen Vulkanen, tritt dann in ein 20—200 m hohes, weniger
fruchtbares Tiefland aus und mündet, nachdem er auch hier Sümpfe und Seen gebildet, an
der Westküste zwischen flachen Alluvialstrecken und 100 m hohen Hügelreihen aus. Sein gewun=

Der Mount Egmont bei New Plymouth auf Neuseeland, Nordinsel. (Nach Photographie.)

dener Lauf scheint mehrfach Veränderungen durch Bodenbewegungen erlitten zu haben. Der
Waikato ist besonders durch die in seinem Bett aufsprudelnden Geiser von Orakeirako (s. Ab=
bildung, S. 91) bekannt geworden, die sich an seinem rechten Ufer nahe beim Nordrande des
Taupo-Sees etwa 1½ km weit erstrecken. Hochstetter schildert diese Landstriche folgender=
maßen: „Reißenden Laufes, Stromschnelle hinter Stromschnelle bildend, stürzt sich der Waikato
durch ein enges, tief zwischen steil ansteigenden Bergen eingerissenes Thal; seine Wasser wirbeln
und schäumen um zwei kleine, mitten im Strombett liegende Felsinseln und schießen brausend
durch die Thalenge. An den Ufern aber steigen weiße Dampfwolken auf von den heißen Kas=
kaden, die in den Fluß fallen, und von Kesseln siedenden Wassers, die von weißer Steinmasse
umschlossen sind. Dort steigt eine dampfende Fontäne in die Höhe und sinkt wieder nieder, jetzt
erhebt sich an anderer Stelle eine zweite Fontäne, auch diese hört auf, da fangen aber zwei zu
gleicher Zeit an zu springen, eine ganz unten am Flußufer, die andere gegenüber auf einer Ter=
rasse, und so dauert das Spiel wechselnd fort, als ob mit einem kunstvoll und großartig
angelegten Wasserwerke Versuche gemacht würden, ob die Springbrunnen auch alle gehen, die

Wasserfälle auch Wasser genug haben! Ich fing an zu zählen alle die einzelnen Stellen, wo ein kochendes Wasserbecken sichtbar war, oder wo eine Dampfwolke ein solches andeutete. Ich zählte 76 Punkte, ohne jedoch das ganze Gebiet übersehen zu können, und darunter sind viele inter= mittierende, geysirähnliche Springquellen, welche periodische Wassereruptionen haben."

Diese Erscheinungen erreichen ihren Höhepunkt in dem „Seendistrikt" nordöstlich von den Sprudeln von Orakeirako. Die Seen des Distriktes sind: der Rotorua=, der Rotoiti=, der Rotoehu=, der Rotokakahi= und der Tarawera=See; daneben im Süden noch ein kleinerer See, der Rotomahana. Schon am Ufer des Rotorua sprudeln zahllose heiße Quellen hervor; überall steigt Dampf auf, gewaltige Geiser werfen ihr Wasser empor, und der Boden ist von warmen Quellen unterwühlt, von denen manche Temperaturen von 30—70, ja bis zu 80⁰ C. haben

Der Waikatofluß mit seinen heißen Quellen. (Nach v. Hochstetter.)

und trotzdem an Lebewesen Krebse und Fische beherbergen. Aus dem kreisförmigen, wegen seiner Lage in einer Vertiefung auch Lochsee genannten Rotorua, dem nördlichsten und schönsten der Seen, ragt die 120 m hohe Insel Mokoia auf. Die Tiefe des Sees ist gering, seine Ufer sind mit Ausnahme der Nordseite sandig und flach, und viele Sandbänke dehnen sich in ihm aus, an der Südwestseite erhebt sich der Ngongotoa. Auch der Rotoiti, der „kleine See", ein durch die Unregelmäßigkeit seiner Ufer ausgezeichnetes Becken, und der Rotokakahi oder Muschelsee mit einer Insel sind von großer Schönheit.

Der größte und interessanteste von diesen Seen ist aber der von einer hübschen Berg= und Waldlandschaft umgebene, 328 m hoch gelegene Tarawera=See, der mehrere kleine Flüsse aus den benachbarten Seen aufnimmt und dessen Gewässer durch den Tarawera=Fluß abfließen. An seinem Ostufer erhebt sich der 700 m hohe Tarawera=Berg, ein aus Rhyolithlaven bestehender Vulkan mit finsteren Schluchten und steilen Wänden, die schroff zu den bewaldeten Steilufern des tiefen Sees abfallen. Dieser schlimme Tarawera war es, der im Juni 1886 die berühmten Kieselsinterterrassen zerstörte.

Vor dem Jahre 1886 hatten sich im Süden des Tarawera zwei Seen gebildet, der „Kalte", Rotomakariri, mit heißen Quellen an den Ufern und sonderbaren kreisförmigen Buchten, und der

„Warme", Rotomahana. Das Wasser des letzteren war schmutzig grün und warm, und rund um ihn stiegen zischend überhitzte Dampf= und Wassermassen empor; die Menge des warmen Wassers, das den Ufern des Sees entquoll, war so groß, daß seine Temperatur stellenweise auf 26° stieg. Zahllose Sumpf= und Wasservögel belebten ihn. Hier nun, am nordöstlichen Ende, lag der kochende Sprudel Tetarata mit weit in den See hineinragenden Sinterterrassen. „Das große Hauptbassin des Sprudels, 80 Fuß lang, 60 Fuß breit, war noch bis an den Rand gefüllt mit vollkommen klarem, durchsichtigem Wasser, das in dem schneeweiß übersinterten Becken wunderschön blau erscheint, türkisblau oder wie das Blau mancher Edelopale. Ungeheure Dampfwolken, die das schöne Blau des Wassers reflektieren, wirbeln auf und verhindern meist den Anblick der ganzen Wasserfläche, aber das Geräusch des Aufwallens und Siedens kann man stets deutlich vernehmen." (v. Hochstetter.) Zwei, drei, vier und sechs Fuß hohe Terrassen stiegen übereinander auf, und auf jedem Absatz lag eine Reihe halbrunder, blau schimmernder Becken, deren erhabener Rand durch zarte Kieselsinterbildungen geschmückt war. Ferner lagen hier der große Ngapehu=Sprudel mit seiner riesigen Dampfsäule, daneben viele kleinere und am Süd= ufer der Terrassensprudel Otukapuarangi. Nicht so großartig wie jener, übertraf er ihn durch die Zierlichkeit seiner Terrassen und zeichnete sich durch rosenrote Farbe seiner Sinterbildungen aus.

All dies ist durch einen plötzlichen furchtbaren Ausbruch des Tarawera=Vulkans, der bis dahin nicht als thätig bekannt gewesen war, am 10. Juni 1886 vernichtet worden. Erdbeben und eine erhöhte Thätigkeit der Geiser gingen dieser Eruption voran. Um 2 Uhr nachts er= folgte dann der Ausbruch am Wahanga, dem nördlichsten der drei Gipfel des Berges, bald darauf am mittleren, Ruawahia, und endlich am südlichen, Tarawera. Die Ostseite des Gebirges versank, eine lange Spalte öffnete sich, und um 4 Uhr morgens verschwand nach einem äußerst heftigen Erdstoße der Rotomahana mit sämtlichen Terrassen in einer Spalte. Aschen= säulen von 6700 m Höhe wurden ausgeworfen, und das Getöse war auf 500 km Entfernung hörbar; Stürme, schwere Gewitter und Regengüsse begleiteten die Katastrophe. Die Gesamtmasse der Asche, die, 200 km entfernt, in der Plenty=Bai aufgefischt wurde, dürfte fast 1,500,000,000 cbm betragen haben; nicht weniger als 15,850 qkm wurden davon bedeckt, ein Gebiet größer als Baden. Als um 6 Uhr früh der Ausbruch ausgetobt hatte, war die ganze Gegend verändert. Neue Krater, sieben auf dem Tarawera allein, waren entstanden, die Schlucht zwischen den nördlichen Gipfeln ausgefüllt, dem Westabhang war loses Material aufgelagert, eine klaffende dampfende Spalte zog und zieht jetzt noch am Ostabhange hin. In der Richtung der Längsachse der Insel klafft eine zweite große Spalte, in der sich der Rotomahana in einen siedenden Schlamm= sumpf verwandelt hat, und Dampfsäulen steigen hier bis 3700 m Höhe empor; Bimsstein=, Sand= und Schlammanhäufungen bedecken weithin das Land.

Die Reihe der feuerspeienden Berge setzt sich über die Küste hinaus zu dem von der White= Insel in der Plenty=Bai aufragenden thätigen Vulkan fort; die Südküste dieser Bai ist ein vul= kanisches, welliges Tafelland mit trachytischen Felsen und dichtem Wald. Daran schließt sich ein von mehreren Flüssen durchzogenes, mit Bimsstein, Wald und Sumpf bedecktes, unbewohntes Land mit einzelnen Vulkangipfeln an, das sich bis zu dem vulkanischen Isthmus=Gebiet von Auckland am Hauraki=Golfe erstreckt.

Das Aucklandische Vulkangebiet enthält nicht weniger als 61 Eruptionspunkte, die sich um die schmale doppelte Landbrücke des Isthmus von Auckland (s. Abbildung, S. 93) grup= pieren und die Verbindung mit der nordwestlichen Halbinsel aufrecht erhalten. Der Hauraki= Golf und der Manukau=Hafen greifen von beiden Seiten in das an Einbrüchen reiche, an zwei Stellen nur 1½ km breite Land ein, und in ihnen sowie an ihren Ufern erheben sich zahlreiche erloschene Vulkane. Nördlich vom Isthmus liegt die Stadt Auckland zwischen Kegelbergen mit deutlich erhaltenen Kratern und Lavaströmen, die weit ausgedehnte Lavafelder am Fuße der Kegel bilden; auch ringförmige, aus Schlacken und vulkanischen Auswürflingen aufgebaute Tuff= krater kommen vor; „die vulkanische Thätigkeit scheint sich (nach v. Hochstetter) fast bei jedem Ausbruch einen neuen Weg gebahnt zu haben und hat sich zu lauter einzelnen kleinen Kegeln zersplittert". Auf eine Reihe von submarinen Ausbrüchen, die auf dem Boden einer seichten, schlammigen Meeresbucht Tuffkegel erzeugten, folgt eine Reihe von übermeerischen Eruptionen glühender Massen, die steil ansteigende Schlackenkegel bildeten. So kommt es, daß aus der Mitte des Tuffkegels oft Schlacken= und Aschenkegel emportauchen, wie am Waitomokia=Krater südlich Otahuhu. Endlich wurden basaltische Lavaströme ergossen, die zu großartigen Lavafeldern ver=

Die Bai von Aucland. (Nach Photographie.)

schmolzen, wie dem gewaltigen Manakau=Lavafeld. Alle diese Spuren vulkanischer Thätigkeit kommen vereint im Mount Wellington südöstlich von Aucland vor. An dem 300 m hohen Inselvulkan Rangitoto vor der Bucht von Aucland herrscht die Lava vor, nur hier ist ein voll= ständiger Lavakegel von 4—5° Böschungswinkel vorhanden.

In historischer Zeit haben in diesem Auclandgebiete keine Ausbrüche mehr stattgefunden, und heute ist der ganze Isthmus reich kultiviert. „Fast jede Spur von ehemaliger Wildnis ist auf der Landenge verschwunden", bemerkt v. Hochstetter (,Neuseeland'). „Die frühere Pflanzen= decke hat zum größten Teil europäischen Kulturpflanzen Platz gemacht, und die sich ihnen stets anschließenden Unkräuter mischen sich mit den Resten der einheimischen Flora. In allen Rich= tungen durchziehen schöne Straßen das hügelige Terrain zwischen dem Waitemata und Manukau. Landhäuser und Gehöfte liegen zerstreut zwischen den beiden Isthmusstädten Aucland und Ona= hunga. Schwarze Basaltmauern und grüne Hecken von Ulex teilen die einzelnen Besitzungen ab, und wo nur der Boden oder das Terrain es möglich macht, sind Wiesen, Gärten und Felder angelegt. Vieh weidet auf den Fluren, Omnibusse sieht man auf den Straßen verkehren, hier eine Farmerfamilie in dem einspännigen ‚Dogcart‘, dort Ladies und Gentlemen hoch zu Roß, ein Bild voll frischen und frohen Lebens. Wie künstlich in den Boden eingelegte Spiegel schimmern die von alten Tuffkratern kreisrund eingefaßten Teiche. Schiffe fahren aus und ein durch den Kanal, und Boote fahren um die Wette im Hafen. Auf der anderen Seite aber, wo hinter drei hohen Felszacken sich die Westküste öffnet, zieht die lange Rauchsäule des Postdampfers.‟

In Bezug auf den geologischen Bau sowie in Bezug auf den Mangel an thätigen Vulkanen gleicht dem Auckland-Gebiete das Inselbai-Gebiet (Islandbay). Diese wird durch eine tertiäre und mesozoische Landschaft am Kuipara-Hafen vom Isthmus getrennt und dehnt sich im äußersten Nordwesten der nördlichen Halbinsel zwischen der Inselbai im Osten und dem Hokianga-Fluß im Westen aus. Es enthält außer erloschenen Vulkanen, wie dem fast 700 m hohen Maungataniwa, auch noch Solfataren und heiße Quellen.

3. Die übrigen Inseln der Neuseeland-Gruppe.

Die südlichsten der Neuseeland umgebenden Inseln, Macquarie (440 qkm), liegen unter 54⁰ 40′ südl. Breite und 159⁰ 45′ östl. Länge. Sie wurden 1811 von Walker entdeckt und gehören seit 1890 politisch zu Tasmanien, bestehen zum Teil aus Grün- und Mandelstein und sind schwer zugänglich. Sie besitzen steile Berge von 120—150 m Höhe, deren grasige, aller Bäume und Sträucher bare Hänge, wie alle Inseln südlich von Neuseeland, von dem neuseeländischen Papagei (Platycercus Novae-zealandiae) bewohnt werden.

Campbell (184 qkm), unter 52⁰ südl. Breite und 169⁰ östl. Länge, ebenfalls von Walker 1810 entdeckt, besteht aus blauem Schiefer der älteren mesozoischen Zeit sowie aus säulenförmigem Basalt und ist eine kahle, öde, im Honeyhill zu 488 m ansteigende steile, sumpfreiche Insel. Der Fjord Perseverance Harbour schneidet sie fast in zwei Teile, und eine Reihe kleinerer Eilande begleitet die Hauptinsel. Trotz reichlicher Bewässerung beschränkt sich der Baumwuchs auf wenige verkrüppelte Bäume und die Fauna auf Ratten, wenige Landvögel, Pinguine, Albatros und Seelöwen. Bewohner fehlen auch hier.

Die Auckland-Gruppe (852 qkm), unter 50⁰ 30′ südl. Breite und 166⁰ östl. Länge, besteht aus einer Hauptinsel von 550 m Höhe, der 600 m hohen Adams-Insel im Süden, der hohen Insel Disappointment im Westen und einigen niedrigen Eilanden. Auf der Hauptinsel setzen Granit, tertiärer Sandstein und sich kreuzende Gänge jungen basaltischen Eruptivgesteins ein im Giantstomb gipfelndes, steiles und wildes, felsiges Bergland zusammen, das reichlich mit Büschen, besonders mit Gras und Kräutern sowie Mooren bedeckt ist. Die Westküste verläuft geradlinig, die Ostküste wird von zahlreichen Einschnitten zerrissen und hat zehn ausgezeichnete Häfen, deren größter Port Roß ist. Infolge der bedeutenden Regenmenge bleibt die Vegetation stets frisch und grün, doch steigt der Wald nur auf Adams bis 300 m, sonst nur bis zu 60 m hinauf; dann folgt in den oberen Teilen des Westabhanges der Adams-Insel dichtes Buschwerk und ein reicher Blumenflor. Die Auckland-Gruppe wurde 1850—52 zum Zwecke des Walfischfanges von Angehörigen der Southern Fishery Company bewohnt.

Die Antipoden-Insel (53 qkm; s. Abbild., S. 95), unter 49⁰ 42′ südl. Breite und 178⁰ 42′ östl. Länge, erhielt 1800 diesen Namen von Kapitän Waterhouse, weil sie nahezu die Antipodin Londons ist. Sie erhebt sich mit steilen, hafenlosen Küsten zu 400 m Höhe und besteht aus Säulenbasalt und Tuffen, nach anderen aus Phonolith und Dolerit. Farne, besonders Lomaria capensis, hohes Büschelgras, Kräuter, Gebüsch und Coprosma-Wälder herrschen vor. Ungeheure Mengen von Pinguinen bewohnen die Küsten, die früher zahlreichen Seelöwen und Robben sind jetzt verschwunden. Auch diese Insel ist unbewohnt.

Die 139 qkm große, 1788 von Bligh entdeckte Bounty-Insel liegt unter 47° 50′ südl. Breite und 170° östl. Länge und besteht aus 24 granitischen Spitzen von 40—90 m Höhe. Sie sind, mit Ausnahme von Pleurococcus, jeder Vegetation entblößt, werden aber von zahlreichen Pinguinen und anderen Seevögeln bewohnt. — Die Snares sind nach Chapman granitische, nach Westen und Süden steil abfallende Eilande, deren Küsten von dichtem Grase und deren Inneres von offenem Olearia-Lyallii-Gehölz bedeckt ist; der Boden ist mit mächtigen Guanolagern bedeckt. — Rakiura oder die Stewart-Insel, ein abgelöster Teil des südlichen Faltungsgebirges der Südinsel Neuseelands, erhebt sich im Anglem zu 976 m Höhe und hat an den steilen, felsigen und zerrissenen Küsten schöne Häfen, die jedoch ebensowenig wie andere genannte

Steilküste der Antipoden-Insel. (Nach Photographie.)

dauernd besiedelt sind, sondern nur von den auf die Sturmtaucher (Puffinus tristis) Jagd machenden Schiffen aufgesucht werden.

Östlich von Neuseeland liegen die Warekauri oder Chatham-Inseln, deren bedeutendste, Warekauri, 830 qkm, deren zweite, die Pittinsel oder Rangiauria, nur 63 qkm groß ist. Die Pittinsel erhebt sich zu 185, Warekauri zu 284 m, Mangere zu 286 m Höhe. Die Hauptinsel soll aus einem südlichen Basaltmassiv und einem nördlichen Flachland mit Basaltkuppen bestehen, die durch zwei schmale alluviale Landzungen, zwischen denen die 200 qkm große brackische Lagune Te Whanga liegt, verbunden sind. Zwei Drittel des Bodens sind Torfmoor, der Rest meist Sand, so daß den Moriori-Bewohnern, den Maori und Europäern, nur wenig Ackerland bleibt, auf dem Mais, Hafer, Kartoffeln und Gemüse kultiviert werden. Der Wald ist buschig und kaum 9 m hoch; Farne und Farnbäume sowie der Koraka sind häufig. Die flügellosen Vögel, die früher hier lebten, sind ausgestorben, doch ist die Vogelfauna noch reichhaltig genug. Von Säugetieren kommen nur Ratten und eingeführte Haustiere, namentlich Schafe, vor.

Westlich vom Nordkap Neuseelands und mit diesem durch eine 70—90 m tiefe Untiefe verbunden liegen die Drei-Königs-Inseln oder Manawatawi, eine aus Schiefern vermutlich paläozoischen Alters bestehende Eilandgruppe. Die östlichste, aus einem größeren östlichen und einem kleineren westlichen Abschnitte zusammengesetzte Insel, der Große König, erreicht 300 m Höhe; die beiden anderen: der 200 m hohe Ostkönig und der 100 m hohe Westkönig, werden durch die Klippenreihe der Prinzen=Inseln miteinander verbunden. Die Vegetation ist ziemlich dürftig, auf dem Großkönig bildet der Theebaum 3—8 m hohe Gehölze, dem Ostkönig verleiht der Pukabaum (Meryta Sinclairii) ein fast tropisches Aussehen, der Westkönig ist ein steiler, fast nackter Fels. Als 1643 die Drei=Königs=Inseln von Tasman entdeckt wurden, waren sie bewohnt. Später aber sind sie verlassen worden und haben auch jetzt keine Bewohner.

Die 44 qkm große, zwischen Neuseeland und Neukaledonien gelegene Norfolk=Insel ist ein 317 m hohes, über Korallenkalk aufsteigendes Eiland mit anmutigen fruchtbaren Thälern und üppiger Vegetation (Araucaria, Phormium tenax und Areca sapida), das von einer Ratte, einem Flugbeutelhörnchen und einigen eigentümlichen Vögeln bewohnt wird. Die noch näher an Australien, westlich vom 160. Grad östl. Länge gelegene, 1788 entdeckte Lord=Howe=Insel wird auf ihrer Westseite von einem großen Riff begleitet und besteht aus Basaltbergen, die im Süden zu 865 m, im Norden zu 218 m und in der Mitte zu 126 m ansteigen. Zwischen den Bergen liegt ein aus Korallensand aufgebautes Flachland. 1834 wurde die Insel besiedelt, und zugleich wurden Schweine, Ziegen und Katzen eingeführt. Für den Ackerbau eignet sich die Insel aber nicht, um so besser dagegen für die Fischerei. In der Pleistocänzeit scheint die Lord= Howe=Insel noch mit Australien verbunden gewesen zu sein.

Nördlich von Neuseeland, auf halbem Wege nach Tonga, liegen die 1788 entdeckten, 1840 und dann wieder 1878 besiedelten Kermadec=Inseln (33 qkm) unter 178° westl. Länge und 31—28° südl. Breite. Sie sind sämtlich vulkanisch. Die südlichste, Espérance, ist ein nackter Fels, die beiden Curtis=Inseln besitzen im Solfatarenzustande befindliche Krater, Macaulay ist eine steile, 238 m hohe Insel, und auf der nördlichsten, Raoul oder Sonntags=Insel, findet sich ein 525 m hoher, steilwandiger Krater, in dem 1872 ein Ausbruch stattfand, und zwei Seen. Das Gestein, Augitandesit und Basalt, trägt auf Raoul einen an neuseeländische Verhältnisse erinnernden, aus Metrosideros polymorpha, Eisenholzbäumen, Palmen und Farnbäumen zusammengesetzten Wald, während die übrigen Inseln nur mit Gras und Gebüsch bewachsen sind. Mais, Kartoffeln und Bananen gedeihen auf allen gut; bewohnt ist nur Raoul.

C. Melanesien.

Unter dem Namen Melanesien, der von der dunkeln Farbe der diese Inseln bewohnenden papuanischen Bevölkerung hergenommen ist, versteht man eine Anzahl von Archipelen, die einen großen Bogen um die Nordostseite Australiens beschreiben (vgl. oben, S. 35) und für Reste eines früheren Festlandes gehalten werden. Zu Melanesien gehören: Neukaledonien mit den Loyalty= und Chesterfield=Inseln, die Neuen Hebriden, die Banks= und Santa=Cruz=Inseln, die Salomonen und der Bismarck=Archipel, ferner im Nordwesten Neuguinea mit den ihm benachbarten kleinen Inselgruppen (Louisiaden, D'Entrecasteaux, Aru und Geelvinkbai=Inseln) und endlich im Südosten die etwas außerhalb des Bogens gelegenen Fidschi=Inseln. Das Gesamtareal beträgt 953,848 qkm, ist also etwa anderthalbmal so groß als Österreich=Ungarn; ohne Neuguinea und die Fidschi=Inseln umfaßt Melanesien aber nur 145,892 qkm. Alle diese Inseln sind gebirgig, teilweise stark vulkanisch und werden von Korallenriffen umgeben. Die dichte Bewaldung, die Unzugänglichkeit der Bergketten, die einheitliche Bevölkerung und die geringe Bodenkultur ist, trotz der ausreichenden Bewässerung und großen Fruchtbarkeit, allen den Inseln gemein.

Von Südosten ausgehend, besprechen wir zuerst die Fidschi=Inseln.

1. Die Fidschi-Inseln.

Die Fidschi-Inseln liegen zwischen 15½ und 19½° südl. Breite und 177° östl. Länge und 178° westl. Länge, sie sind unregelmäßig und nicht in Reihen angeordnet. Das Gesamtareal dieser 250 Inseln beträgt 20,873 qkm, übertrifft also die Größe des Königreichs Württemberg ein wenig. Es lassen sich vier Gruppen unterscheiden: zunächst eine große nordwestliche mit den Hauptinseln Viti Levu (11,600 qkm) und Vanua Levu (6406; zusammen 18,006 qkm) und zahlreichen kleineren Inseln, dann eine östliche, eine südliche und eine mittlere Gruppe. Außer Viti Levu und Vanua Levu sind nur Taviuni mit 553 und Kandavu mit 535 qkm größere, die sämtlichen übrigen dagegen kleine und kleinste Eilande; eines von diesen ist die bekannteste Insel der ganzen Gruppe, Ovalau. Obwohl die Fidschi-Inseln schon 1643 von Tasman entdeckt und durch Cook's Reisen genauer bekannt geworden sind, so hat doch erst 1840 Wilkes eine gute Karte hergestellt. Von den neueren Untersuchungen haben nur die Berichte von Seemann über die Flora und von Kleinschmidt über die Inseln im allgemeinen größere Bedeutung: eine genaue wissenschaftliche Durchforschung der Inseln ist noch nicht unternommen worden.

Die Fidschi-Inseln sind, wie die meisten hohen Inseln Polynesiens und Melanesiens, großenteils vulkanischen Ursprungs und bestehen vorwiegend aus Basalt. Aber es kommen auf ihnen auch Spuren älterer Gesteine vor, und als die östlichsten Inseln Melanesiens und abgesehen von den Marquesas überhaupt des Großen Ozeans, bei denen dies der Fall ist, sind sie besonders wichtig. Die älteren Eruptivgesteine, Granit, Syenit und Quarzporphyr, sind noch auf keiner der polynesischen oder mikronesischen Inseln gefunden worden; aber das Vorkommen von Graphit auf Viti Levu, Kupfer auf Kambe und Gold auf Viti Levu läßt auf ältere kristallinische Gesteine, vielleicht kristallinische Schiefer, schließen. Ferner weisen die Fidschi-Inseln tertiäre Schichten auf, zu denen vielleicht der Sandstein zu rechnen ist, den Wilkes auf Viti Levu fand. Jedenfalls bestehen sie nicht, wie ganz Polynesien und Mikronesien mit Ausnahme der Palau-Gruppe, nur aus jungvulkanischen Gesteinen und Korallen-Bauten, sondern auch aus älteren Bildungen und müssen daher, wenn man von einem alten Festlande der Südsee redet, als seine östlichsten stehen gebliebenen Pfeiler angesehen werden. Nur Taviuni scheint ausschließlich aus vulkanischen Felsarten aufgebaut zu sein. Diese jungvulkanischen Tuffe, Schlacken und Krater, die hauptsächlich auf Taviuni vorkommen, sind meist basaltisch. Obwohl thätige Vulkane gänzlich fehlen, beweisen doch heiße Quellen, wie die von Savu Savu auf Vanua Levu, und häufige Erdbeben die Fortdauer der vulkanischen Thätigkeit. Das aus diesen vulkanischen Gesteinen aufgebaute regellose Gebirge gibt keine Aufschlüsse über den ursprünglichen Bau und das Verhältnis der Fidschi-Inseln zu den übrigen melanesischen Inseln.

Bestimmt ausgeprägte Wasserscheiden sind selten. Die vulkanischen Berge sind meist hohe, schroffe und schwer ersteigbare Kuppen, Zinnen und Hörner: die Inseln gewähren einen großartigen Anblick und erinnern mit ihren hochragenden Felsgebilden und dem tiefen Grün des dichten Waldes auffallend an die Landschaft der hohen polynesischen Samoa-, Tahiti- und Marquesas-Inseln. Diese Gebirge erreichen auf Viti Levu über 1500, auf Vanua Levu und Taviuni über 1200, auf den übrigen Inseln kaum 600 m Höhe. Steile Gipfel und freundliche Thäler wechseln reizvoll miteinander ab. Zwischen den zackigen Felsbergen strömen wilde Bäche in tief eingeschnittenen Thalschluchten, über denen die Dörfer der Eingeborenen wie Nester am Gehänge kleben; gegen die Küste aber öffnen sich weite Thalebenen mit Gärten und Fruchtfeldern, Taró-pflanzungen, Kokoshainen und Brotfruchtbäumen, während die an den Riffen ewig schäumende Brandung die ganze Insel mit einem weißen Bande umgürtet. Die Fülle und Üppigkeit der tropischen Vegetation und die Bekleidung der zackigen Felsenberge bis zu den höchsten Gipfeln mit Palmen, Bambusen, Farnen, Orchideen, Scitamineen, Bananen und hohen Gräsern gestalten die Fidschi=Gruppe zu einer der schönsten der ozeanischen Inselwelt.

Die Hauptinsel Viti Levu ragt im Westen im Korombo über 1000 m hoch auf, erreicht im Nordwesten im Evans 1200, im Inneren im Vua ni Vatu 1300 m, und erhebt sich in dem Berge Vomo bei Namosi sogar zu der ansehnlichen Höhe von 1525 m. Ihre im Süden und Westen 100—200 m hohen Küsten fallen im Norden und Nordosten schroff mit 500—600 m hohen Wänden zum Meere ab. Im Südwesten hat das Land, nach Wilkes („Die Entdeckungsexpedition der Vereinigten Staaten‘), „ein schwärzliches und zerrissenes Aussehen; es ist von Bäumen ent= blößt, ausgenommen an einigen tief gelegenen Punkten am Ufer, die mit Manglebäumen und Kokoshainen bedeckt sind. Hier und da ist auch ein tiefes Thal oder eine Bergspitze mit Wald be= wachsen, den man sonst hier nirgends sieht.“ Diese geringe Bewaldung auf der südwestlichen Seite der Insel ist die Folge ihrer Lage im Wind= und Regenschatten.

Die Flüsse sind verhältnismäßig bedeutend, da die Regenmenge immerhin erheblich ist. Am bekanntesten ist die im Südosten mit einem 85 qkm großen Delta mündende Rewa (s. Ab= bildung, S. 99), ein wasserreicher, mit flachen Schiffen 116 km weit befahrbarer Fluß, dessen Gebiet 3520 qkm, fast ein Drittel der Insel, umfaßt. Seine Quellen liegen in dichtbewaldetem Gebirge nahe der Nordküste; auf dem fruchtbaren alluvialen Thalboden an seiner Mündung wird namentlich Zuckerrohr kultiviert.

Während das Gebiet der Rewa fast die ganze östliche Hälfte der Insel einnimmt, teilen sich in den Westen der Siga toka und die Navua. Der Siga ist länger, aber weniger wasserreich, als die Rewa, seine Quellen liegen ebenfalls in den Gebirgen der Nordküste. Er ist im Mittel= laufe reißend und hat bei Nadrau ein 250 m tiefes Erosionsthal ausgewaschen, dessen schmale Sohle die Sonne nur mittags bescheint. Im Unterlauf wird er mit Flößen befahren; seine Mündung ist durch eine Barre gesperrt. Im Nordwesten mündet der Ba=Fluß. Im großen Ganzen ist die Insel nach Süden abgedacht.

Die Ufer der meisten Flüsse bieten (nach ‚Petermanns Mitteilungen‘, 1882) „Landschafts= bilder von großartiger Schönheit dar; vielfach haben sie in ihrem Oberlaufe in tiefen Schluchten ihr Bett gegraben, und die durchbrochenen Gebirgsmassen, deren steile Abhänge namentlich von Baumfarnen verdeckt sind, bilden mannigfaltige groteske Figuren. Im Mittellaufe, wo die Flüsse streckenweise in breiten Thälern dahinfließen, wie auch im Unterlaufe führen sie bald durch ausgedehnte, mit kräftigem Graswuchse bedeckte Flächen, bald durch sumpfige Niederungen, in denen sich Bambus und Zuckerrohr ausbreitet, bald durch dichte Waldungen, deren Laubdach die Wasserfläche vollständig verbirgt. Auch in Vanua Levu finden sich Szenerien von imponierender Schönheit, wenn sie auch den Umgebungen der Flußufer auf Viti Levu nicht gleichkommen.“

Vanua Levu ist ein terrassenförmig aufgebautes Land, das in mehreren Stufen zu der ost= westlich verlaufenden Wasserscheide ansteigt, sich im Westen kaum über 1000 m, aber im Osten, im Thurston, bis zu 1260 m erhebt. Trotz des größeren Regenreichtums der Südküste strömen die meisten Flüsse nach Norden, diagonal zur Längsrichtung der Insel. Einer von diesen Flüssen, der Dreketi, ist im Unterlauf auf 40 km schiffbar, die übrigen sind ohne Bedeutung. Das Gebirge besteht aus steilen, vulkanischen Bergen, deren höchster der 1749 m hohe Freeland Pic sein soll. Die im Süden tief einschneidende Savu=Savu=Bucht ist von „einer hohen und zerrissenen Landschaft umgeben, die sich“, nach Wilkes, „an manchen Orten zu luftigen, nadelartigen Berg= spitzen erhebt“. Auf der diese Bai im Westen begrenzenden Landzunge liegen nicht weit vom Meeresstrande, 3 m über der Fluthöhe, die 93—99° heißen Quellen von Savu Savu, fünf aus einem Becken von 12 m Durchmesser hervorsprudelnde Geiser. Im Osten bringt die lange

Rateva-Bai so tief in die Insel ein, daß hier nur eine schmale Landenge die auf beiden Seiten dieser Bucht gelegenen Teile der Insel verbindet.

Durch die Somo-Somo-Straße ist von Vanua Levu die Insel Taviuni geschieden, ein langes, schmales, dachförmiges Eiland. Die Südostseite dieses dachförmigen Inselgebirges ist dicht bewaldet, die Nordwestabdachung dagegen kahl; der meist in Wolken gehüllte Kamm ist 1200 m hoch und trägt einen alten Krater. An den Küsten breiten sich Ebenen aus, für den Ackerbau trefflich geeigneter roter Boden; die Bäche verschwinden vielfach in Höhlen, größere Flüsse fehlen. Die kleinen Felseninseln Rambe, Kiaw, Ngamia und Lauthala setzen die Halb- insel und die ihr gegenüberliegende Insel Taviuni nach Nordosten fort, eine Anzahl von Riffen und Inselchen erstreckt sich von ihnen aus noch weiter ins Meer hinein. Auf einer südlichen

Landschaft am Rewa-Fluß auf Viti Levu, Fidschi. (Nach Photographie.)

Weiterbildung des Riffes von Vanua Levu erheben sich die nur 267 und 182 m hohen Inseln Makongai und Wakaya; dagegen erreicht das näher bei Viti Levu gelegene und von demselben Riff umgürtete Ovalau 637 m Höhe. Auch diese Insel ist mit steilen und schmalen vulkani- schen Spitzen und engen, gut angebauten Thälern ausgestattet und deshalb wichtig, weil sich an ihrer Ostseite der frühere Haupthafen der Fidschi-Inseln, Levuka, befindet (s. Abbild., S. 424) Südlich von Viti Levu liegen Mbenga, eine 436 m hohe, kleine, durch eine schmale, einen guten Hafen bildende Bucht fast in zwei Teile zerlegte Insel, und Vatu Lele, ein niedriges, langes, vul- kanisches Eiland von nur 33 m Höhe. Die nordwestlich von Viti Levu innerhalb des großen Barrierriffes gelegenen kleinen und hohen, vulkanischen Inseln werden unter den Namen der Mamanutha- oder Malolo- und Yasawa-Gruppe zusammengefaßt. Die Yasawa-Gruppe bildet eine Reihe schmaler, langer, basaltischer, rauher und steiler Inseln, unter denen die 573 m hohe Waia die höchste, die 225 m hohe Naviti die größte ist.

Im Süden von Viti Levu liegt die viertgrößte Insel der Fidschi-Gruppe, Kandavu. Diese ist größtenteils hoch und gebirgig und nur an zwei Stellen, wo sie durch Buchten stark ver-

7*

schmälert wird, flach; ein Kanal durchzieht eine von diesen Niederungen. Im Osten erhebt sich der Challenger-Berg bis zu 664 m; im Westen erreicht der kegelförmige Mbukelevu die Höhe von 838 m: ein alter Vulkan, in dessen Krater ein Sumpf liegt und an dessen Fuße heiße Quellen hervorbrechen. Die Insel ist waldreich, fruchtbar und gut angebaut.

Im Nordnordosten liegen die kleinen Inseln Ono, Mbulia und andere, die durch das große Astrolabe-Riff mit Kandavu verbunden sind. „Wohl wenige Inseln der Fidschi-Gruppe", so berichtet Th. Kleinschmidt („Journal des Museums Godeffroy'), „zeigen wie Ono in so zu Tage tretender charakteristischer Weise sowohl an der Küste als auf den Höhen den vulkanischen Ursprung. Wo sich an der Küste nicht riesige Andesitblöcke wild übereinander geworfen zeigen, bildet ein Chaos von Doleritblöcken groteske Partien, in denen ein brausender Wogenschwall ein- und auswäscht und das gleich gequetschten Säulenstücken ineinander gedrängte Gestein losspült. Dann finden sich wieder Strecken, in deren deutlichen Aschenlager-Straten das kleinere Trümmergestein wie Rosinen in einem Kuchen steckt, oder selbst ganze ein oder mehrere Fuß breite Lagen bildet. Über solchen Stellen ist auch hier und da die obere Fläche des Küstenlandes mit Auswurfblöcken und Schrotten, wie von einem großen Steinregen herrührend, im wahren Sinne des Wortes dicht übersäet. Da, wo das Wasser zwischen haushohen soliden Massen die weniger harten Partien herauswaschen konnte, bildeten sich Höhlen und Tunnel, von denen einer einem künstlich ausgeführten Eisenbahntunnel merkwürdig ähnlich sieht. Der ist wohl 60 m lang und endet landeinwärts in einer pittoresken wilden Thalschlucht, durch deren zerklüftetes Gestein unter verworrenem Gestrüpp ihm ein in trockener Jahreszeit sehr winziges Rinnsal zufließt. Wenn man an die Üppigkeit der fast alle Höhen Kandavus bedeckenden Waldungen und Forste, an die dortigen Baumriesen, Palmen, herrlichen Baumfarne und an das dort wuchernde Gestrüpp eines oft undurchbringlichen Unterholzes gewöhnt ist, so kommt einem die Insel Ono unendlich öde vor. Die kahlen und einsamen Bergpartien mit ihren öden, langen Zickzackthälern zu durchwandern, ist unheimlich, und den Blick über den mit verfengt aussehenden aschenroten, mit tiefbraunem und dunkelschlackigem Geröll besäeten Boden schweifen zu lassen, gewährt wenig Genuß, und dies um so weniger, als der Boden, von der tropischen Sonne erhitzt, einem Ziegelofen ähnliche Wärme ausstrahlt."

In der Mitte des von diesen Inseln umsäumten Koro-Meeres liegen die zentralen Fidschi-Inseln. Die nördliche Koro- oder Goro-Insel, nach der dieses Meer seinen Namen hat, ist dreieckig, nach Süden zugespitzt, 562 m hoch und sehr fruchtbar. Weiter südlich liegt Mbatiki mit einem 230 m hohen domartigen Berge, das steil nach Osten abfallende, 330 m hohe Nairai, die größere 715 m hohe Insel Ngau, das zerrissene schöne 468 m hohe Moala, das nach Süden zu geöffnete große Totoya, dessen alte Kraterwände bis zu 360 m aufsteigen, und endlich das 400 m hohe Matuku, mit einem prachtvollen Hafen an der Westseite.

Die östlichen Fidschi-Inseln, die kleinsten der Gruppe, sind meist niedrige, durch die Lakemba-, Oneata- und Fulanga-Passage in mehrere Einzelgruppen zerlegte Koralleninseln. Die nördlichsten von ihnen, die Exploring-Inseln, dehnen sich nach Süden bis zur Lakemba-Straße aus und bestehen aus der Hauptinsel Vanua Mbalavu, der kleineren Kanathea und einigen noch unbedeutenderen. Im Osten der Hauptinsel werden dichtbewaldete Basaltberge, im Westen Gebüsche und Kokospalmen angetroffen. Diese Inseln sind zwischen 150 und 280 m hoch.

In der Lakemba-Gruppe sind die bekanntesten Inseln das 219 m hohe Lakemba, Mothe, Namuka, Oneata. In Oneata tritt neben dem vulkanischen Material schon Korallenkalk auf: es sind hügelige Inseln von großer Fruchtbarkeit.

In der Fulanga-Gruppe, die südwestlich von der gleichnamigen Passage liegt, werden die Riffe kleiner, aber um so gefährlicher. Die meisten von diesen Inseln, wie Fulanga, Ongea Levu,

Kambara, bestehen aus vulkanischen, durch das Meer tief ausgehöhlten Schlacken, Tuffen und Laven und übersteigen 100 m Höhe. Im äußersten Süden liegen die hügelige und dicht bewaldete Insel Vatua, die einzige von Cook gesehene Fibschi-Insel, und Ono.

Die Korallenriffe der Fibschi-Inseln sind teils Barrier-, teils Strandriffe. Ein großes Riff umzieht Vanua Levu im Nordwesten und Viti Levu im Norden und umgibt die Mamanutha- und Yasawa-Inseln in Gestalt einer Barriere: wenige Kilometer außerhalb ihres Randes ist das Meer schon 2000 m tief. Das Riff verbindet Viti Levu und Vanua Levu durch eine nur 100 m tiefe Untiefe und entsendet Ausläufer nach Ovalau, Wakaya und Koro. An der Ostküste von Viti Levu und an der Südküste von Vanua Levu wird es zu einem Strandriff, läßt jedoch zwischen sich und dem Lande einen schmalen Kanal offen. Die zentralen Inseln haben teils Strandriffe mit 40—45 m tiefen Lagunen, wie Koro und Taviuni, teils Barrierriffe, wie Nairai, Ngau, Moala, Totoya und Matuku. Die südliche Insel Kandavu wird an der Nordseite von einem Barrierriff begleitet, hinter dem ein 70 m tiefer Kanal liegt; doch ist im Südwesten die Riffbildung geringer als im Nordosten, wohin sich das Astrolabe-Riff ausdehnt. Im Gebiete der östlichen Inseln endlich kann man alle Stadien der Koralleninselbildung vom Strandriff bis zum Atoll beobachten: die Exploring-Inseln haben Barrierriffe mit Kanaltiefen bis zu 124 m, und die Atolle der Ringgoldinseln umschließen 30—90 m tiefe Lagunen; doch kommen auch flache Lagunen, besonders auf Fulanga, vor. Das Koro-Meer ist etwa 500 m tief, die Passagen zwischen den östlichen Inseln sogar bis zu 1000 m. Im Osten sind positive Strandverschiebungen noch jetzt nachweisbar, im Nordwesten dagegen negative wahrscheinlich.

2. Neukaledonien und die Loyalty-Inseln.

Neukaledonien als Ganzes genommen, liegt zwischen dem südlichen Wendekreis und 18° südl. Breite und zwischen 158 und 170° östl. Länge. Es besteht aus drei von Südosten nach Nordwesten verlaufenden Inselgruppen: der großen Insel Neukaledonien in der Mitte, den Loyalty-Inseln im Osten und den Chesterfield-Inseln im Westen. Das Gesamtareal beträgt 19,824 qkm, wovon 16,712 qkm auf die Hauptinsel, 3111 qkm auf die Loyalty- und nur 0,8 qkm auf die Chesterfield-Gruppe entfallen. Die dem australischen Kontinent am nächsten liegenden Chesterfield-Inseln sind unscheinbare Korallenbildungen, deren Wert für Frankreich — seit 1878 sind sie französisch — auf ihrem Guanoreichtum beruht; die größte von diesen Eilanden, Long-Island, hat nur 0,34, die übrigen zusammen 0,40 qkm Flächeninhalt. Trotz seiner Größe ist Neukaledonien anscheinend von keinem seiner früheren Seefahrer gesehen, sondern erst 1774 von Cook entdeckt worden. Im Jahre 1853, nach Ermordung einer französischen Schiffsmannschaft, wurde Neukaledonien dem Kolonialbesitze Frankreichs einverleibt. An Flächeninhalt hält es die Mitte zwischen Baden und Württemberg; rechnet man die der hessischen Provinz Starkenburg an Größe gleichkommenden Loyalty-Inseln hinzu, so geht die Gesamtgröße des Archipels über jene Württembergs ein wenig hinaus. Die ziemlich gleichmäßige Breite der Hauptinsel beträgt im Durchschnitt 45 km, ihre Länge 392 km; doch dehnen sich gewaltige Riffe nach Südosten und noch mehr nach Nordwesten so weit in den Ozean hinaus, daß ihre Gesamtlänge fast verdoppelt wird.

Wie bereits auf Seite 45 kurz erwähnt worden ist, besteht Neukaledonien aus Schiefern, der Triaszeit angehörigen kohlenführenden Schichten und einem mächtigen, an Chromeisen, Nickel und Zinnober reichen Serpentinzug, der neuerdings der Kreideformation zugerechnet wird. Dieses im Südwesten von grünen Schiefern und Melaphyren begleitete Gebirge bildet die nach Nordwesten gerichtete Hauptachse der Insel, trifft aber in ihrem äußersten Nordwesten auf einen

anberen, nach Norboften ftreichenden Bergzug, ber aus Glimmerfchiefer mit einer Anlagerung
von Dachfchiefer befteht. Es treten alfo in Neukalebonien, ähnlich wie auf ber Südinfel Neufee=
lands, zwei Gebirgsketten verfchiebener Streichrichtung aneinander, von benen hier in Neu=
kalebonien bie nörbliche bie ältere ift. In bem älteren Gebirge fcheinen, foweit unfere geringe
Kenntnis reicht, bie höchften Berggipfel zu liegen, nämlich ber 1642 m hohe Piton be Panié
und eine andere, 1700 m hohe, gewölbte Kuppe. Die füdliche Hauptkette ift nur wenig niebriger

Ein Bergfluß auf Neukalebonien. (Nach Photographie.)

als bie nörbliche: ber Humbolbt=Berg im füblichen Teil ber Oftküfte erreicht eine Höhe von
1634 m. Die Oftküfte ift im ganzen höher als ber Weften, ber Norden höher als ber Süden;
boch erreicht auch ber Dent be St. Vincent an ber Weftfeite 1445 m Höhe, und Berge von 1000 m
und barüber finb auf ber ganzen Infel häufig, fo baß man annimmt, bie burchfchnittliche Kamm=
höhe bes Gebirges reiche nahe an 1000 m heran. Für ben Serpentinzug finb fchwarze, nackte,
vereinzelte Felfen, zum Teil mit einer als Verwitterungsprobukt aufzufaffenden roten Erbe
charakteriftifch; biefe ift eifenhaltig, für ben Ackerbau ungeeignet und läßt eigentlich nur bas
bie Mitte ber Infel überziehende Geftrüpp gut gebeihen. Im übrigen aber finb bie Berge teil=
weife wenigftens mit reichem Graswuchs bebeckt, und bichte Wälber fchmücken weithin bie bem
Meere zugekehrten Hänge. In ber Mitte ber Weftküfte wirb bas Land niebriger, hier behnen
fich auf 600 qkm gute Weibegründe aus, während ber entfprechenbe Teil ber Oftfeite nur

kesselförmige Thäler, aber so wenig fruchtbare Ebenen aufweist, daß dort die zur Weide tauglichen Gefilde nur 50 qkm einnehmen, trotzdem daß im allgemeinen die Ostseite wegen des auf
sie treffenden Passates besser bewässert ist als der Westen.

Die Bewässerung ist im ganzen nicht unbedeutend, und wenn auch keine größeren Flüsse
zu stande kommen, so sind doch die vorhandenen (s. Abbildung, S. 102) meist wasserreich und
teilweise sogar schiffbar. Der im Südosten ausmündende Yatefluß ist für Seeschiffe fahrbar,
und der nordwestliche Diahot ist auf 30 Seemeilen schiffbar, was wesentlich zur Nutzbarmachung
der dort befindlichen Gold-, Zinn- und Kupferlager beiträgt. Die in raschem Laufe zur Küste
hinabeilenden, die Küstenkette mehrfach durchbrechenden und Wasserfälle (Lebris-Bucht) bildenden
Flüsse zieren die romantische Gegend, und die scharf gezahnten, nadel- und turmartig aufsteigenden Felsenspitzen der Küstengebirge verleihen dem Lande einen eigenen Reiz.

Die Insel Neukaledonien wird in ihrer ganzen Länge von einem großen Riff begleitet,
das in Form einer 200—1000 m breiten Mauer beide Längsküsten der Insel gegen das offene
Meer deckt, an einigen Stellen Korallenkuppen trägt und nur vor den Flußmündungen Durch-
gänge frei läßt. Bloß im Süden, bei der Kunie- oder Pinieninsel, öffnet sich das Riff; jenseits
derselben erstreckt es sich noch 270 km nach Nordwesten, indem sich die beiden Riffe zunächst voneinander entfernen, dann aber, nördlich der Huon-Inseln, miteinander vereinigen. Der La-
gunenkanal zwischen den Riffen und dem Strande ist reich an Klippen und gefährlichen Untiefen,
die den Schiffahrtskanal stark einengen. Nach außen stürzt das Riff ebenso steil ab wie das
große Barrierriff vor der Ostküste Australiens; denn 200 m vom Rande wird bereits 30, jenseits 600 m aber schon 750 m Tiefe gelotet, woraus sich Neigungswinkel von 8,5—51° ergeben. Stellenweise sind diese submarinen Abhänge fast senkrechte Abstürze.

Ein bis zu 2000 m tiefes Meer scheidet Neukaledonien von den benachbarten Loyalty-
Inseln, die zwar 1800 oder 1803 von Butler gesehen, aber erst 1827 von Dumont d'Urville
(s. Abbildung, S. 19) bekannt gemacht worden sind. Sie bestehen aus drei größeren Inseln
(Mare, Lifu und Uea) sowie einer Anzahl kleinerer, die sämtlich aus Korallenkalk aufgebaut
sind. Wahrscheinlich erheben sie sich über einem gemeinsamen unterseeischen Höhenzuge, der in
derselben Richtung streicht wie Neukaledonien, vielleicht auch dem Gebirgssystem dieser Insel angehört. Die älteste dieser Koralleninseln, von denen keine höher als 100 m ist, scheint das fruchtbare, dichtbewaldete Mare im Südosten zu sein, dessen Küsten in fünf Terrassen, von denen jede
einer Hebung entspricht, aufsteigen; das 90 m hohe Lifu mit drei Terrassen und das nur 17—
18 m hohe Uea werden für jünger gehalten. Uea bildet mit der Beaupré- und Plejaden-
Gruppe die Umrandung einer 18 m tiefen Lagune, und nördlich vom 20. Grade südl. Breite
setzen die Astrolabe- und Petrie-Riffe die Linie der Loyalty-Gruppe fort.

Auf den Loyalty-Inseln hat man Anzeichen positiver und negativer Strandverschiebung, sowohl eines Steigens als eines Sinkens des Meeresspiegels aufgefunden. Das Astrolabe-
Riff ist ein reines, überall untergetauchtes Riff, Uea ein echtes Atoll von geringer Höhe, Lifu
ein wenig, Mare ein hoch über die Meeresoberfläche emporragendes Atoll. Mare und Lifu bergen
kleine, von erhöhten Küstenrändern umgebene Ebenen: die flachen Böden der einstigen Atoll-
lagunen. Es scheint somit der Südosten der Loyalty-Inseln, zu denen auch der 100 m hohe
Walpole-Felsen zu rechnen ist, schon seit geraumer Zeit einer negativen Strandverschiebung zu
unterliegen, während der Nordwesten noch in der positiven Bewegung verharrt. Der Absturz
dieser Korallenbildungen gegen die benachbarten Meerestiefen ist, wie bei dem neukaledonischen
Riff, außergewöhnlich schroff, teilweise fast senkrecht.

3. Die Neuen Hebriden, die Banks- und Torres-Inseln.

Wie Neukaledonien ein Stück eines Gebirgsbogens ist, der den Ostrand Australiens umgürtet, und dessen Fortsetzung vielleicht einst in Neuguinea erkannt werden wird, so verläuft von
den südlichsten Neuen Hebriden bis nach Neuhannover und St. Matthias, vielleicht bis zu den
Admiralitäts-Inseln des Bismarck-Archipels, ein in zahlreiche Teile zerstückelter, aber einstens
wahrscheinlich geschlossener Bogen. Diesem Bogen gehören an: die Neuen Hebriden, die Banks-
und Torres-Inseln, die Santa-Cruz-Inseln, die Salomonen, Neumecklenburg, Neuhannover
und St. Matthias. Gemeinsam ist allen diesen Eilanden nordwestliche bis westnordwestliche
Streichrichtung, bedeutende Länge bei geringer Breite, felsige, vulkanische Natur und üppige
Vegetation bei großem Wasserreichtum.

Die Neuen Hebriden erstrecken sich in nordnordwestlicher Richtung von $22\frac{1}{2}$—13° südl.
Breite und $166\frac{1}{2}$—169° 50′ östl. Länge. Ihr Areal beträgt 13,227 qkm, was ungefähr der
Ausdehnung des Großherzogtums Mecklenburg-Schwerin entspricht. Ihre Zahl ist bedeutend.
Zu der kleineren Südreihe gehören die Inseln Aneityum, Eronan oder Futuna, Tanna, Erro-
mango; zu der größeren Nordgruppe Mallikolo und Merena oder Espiritu Santo im Westen,
Efat, Api, Ambrym, Araga, Aoba, Maiwo im Osten, ferner die Banks- und Torres-Inseln.

Die Neuen Hebriden bestehen zum größten Teile aus jüngeren vulkanischen Felsarten,
D. Levat hat aber Spuren eines älteren Grundgebirges und alter Eruptivgesteine, freilich nur
auf den nordwestlichen, größten Inseln Mallikolo und Espiritu Santo gefunden. Hier kommt
ein feinkörniger grauer Gneis mit Bänken von hartem kristallinischen Kalkstein vor, die von
einem, dem neukaledonischen ähnlichen Syenit und von mächtigen Porphyrgängen durchbrochen
sind. Da daneben auch Grünsteine und Amphibolite bekannt geworden sind, darf man mit Recht
auf das Vorhandensein einer aus altem Schiefergebirge und Eruptivgesteinen bestehenden Unter-
lage schließen. Diesem Grundgebirge gehören auch die Erzlager, vor allem die Kupfer- und
Schwefeleisenlager von der Bargillat-Bai auf Mallikolo, dem Kap Lisburn und der Reede von
Pussey auf Espiritu Santo und Api an; außer den genannten Metallen kommen auch Nickel und
ein wenig Gold, in den Vulkanen Schwefel vor. Mallikolo und Espiritu Santo haben ein höheres
Alter als die übrigen, jungvulkanischen Inseln. Schon in der abweichenden Richtung ihrer
Längsachsen spricht sich ein Unterschied aus: Mallikolo und Merena streichen nach Nordwesten,
während die Reihe der vulkanischen Inseln nordnordwestlich zieht. Übrigens sind auch auf Espiritu
Santo und Mallikolo junge Eruptivgesteine häufig; thätige Krater finden sich jedoch nur auf den
östlicheren Inseln, und die Zahl der thätigen Vulkane ist nicht mit Sicherheit bekannt. Levat
betrachtet Tanna, Lopevi und Ambrym als solche; von anderen wird noch Erromango hinzugerechnet, das außer vulkanischen Gesteinen auch viel Korallenkalkstein zu besitzen scheint.

Die südlichen Hebriden erinnern mit ihrem roten Boden, ihrer welligen Oberfläche und
den lichten Gehölzen an gewisse Teile Neukaledoniens (vgl. oben, S. 105). Sie besitzen zwar einen
weniger fruchtbaren Boden, aber ebendeshalb ein gesünderes Klima als die mit allzu reichem
Humus ausgestattete, dichtbewaldete, nördliche Reihe. Außerdem zeichnen sie sich durch eine lebhafte
vulkanische Thätigkeit aus. Allerdings ist Aneityum ruhig und erloschen, auf Tanna und Erromango aber sind die Vulkane noch thätig: auf Tanna stößt der kahle, 350 m hohe Aschenkegel
Josur oder Asur, ähnlich wie der Stromboli, fortwährend Lavabomben aus.

Die südlichste Insel, Matthew, ist ein kegelförmiger, 142 m hoher, von einem mächtigen
Basaltgange durchsetzter Tuff-Felsen, an dem, wie auch auf der 300 m hohen Hunter- oder
Fearn-Insel, Geiser und Dampfquellen vorkommen. Aneityum steigt an der Westseite in dem

doppelgipfeligen Sattelberg, einem alten Vulkan, zu einer Höhe von 850 m, im Osten zu 768 m empor und birgt im Inneren ein altes Kraterbecken, in dem das Dorf Anamej inmitten üppiger Vegetation liegt. Eronan oder Futuna erscheint als ein 588 m hoher, steiler, oben flacher Tafelberg mit gefurchten, dicht bewaldeten Hängen; der Küstenstreifen am Fuße dieses Tafelberges ist fruchtbar und stark besiedelt. Tanna ist nur 350 m hoch, dagegen strebt Erromango mit steilen, kaum für einige Strandstreifen Platz lassenden Küsten zu der Höhe von 900 m auf und ist kahl, dürr und wenig fruchtbar.

Unter den nördlichen Hebriden ist Efat oder die Sandwich=Insel das Zentrum der Gesamtgruppe; auf ihr laufen alle Verkehrslinien zusammen. Diese fruchtbarste und schönste unter allen Hebriden ist ein mäßig hohes, dichtbewaldetes Ländchen mit fruchtbaren Ebenen an den Küsten, einem vorzüglichen, bis 2 m tiefen Humusboden und ziemlich dichter Bevölkerung. Außerdem besitzt sie die besten Häfen der Inselgruppe: Port Havannah und Port Villa. An Efat schließen sich im Norden eine Reihe kleiner vulkanischer Inseln an: der erloschene Vulkan Nguna oder Engun, der alte Krater Mau oder Montague, der schwarze, säulenartige Monument=Fels, die schöne, grüne, 500 m hohe, doppelgipfelige Insel Matafo mit flacher Landenge in der Mitte, die reich bewaldte, in drei Spitzen an 564 m Höhe erreichende Moi= oder Threehills=Insel und die bergigen Shepherd=Inseln. Die letzte Insel der Reihe ist Api mit seinen drei spitzen Piks, wahrscheinlich ein erloschener Vulkan von 853 m Höhe. Noch thätig, aber wenig bekannt und nicht genau untersucht ist der angeblich 1524 m hohe Vulkan Lopevi. Das benachbarte, 580 m hohe und fast nackte Paäma soll ebenfalls eine thätige Vulkaninsel sein, und auf Ambrym oder Chinambrym fand am 16. Oktober 1894 ein furchtbarer Ausbruch statt. Der 1067 m hohe, stets von dichten Rauchsäulen umwölkte Vulkan dieser Insel warf einen gewaltigen Lavastrom ins Meer; gleichwohl ist Ambrym auch jetzt noch eine der fruchtbarsten und reichsten Inseln der Gruppe. Araga, Aoba und Maiwo oder Aurora sind, soweit bekannt, dicht bewaldet, mäßig hoch und gut besiedelt. Araga und das steile Maiwo, in dessen Innerem den Resten des Rotomahana ähnliche Sinterterrassen vorkommen sollen, erheben sich zu 600, Aoba angeblich sogar zu 1300 m Höhe.

Westlich von dieser nach den Banks=Inseln hin sich fortsetzenden Inselreihe liegen die erwähnten größten Hebriden, Mallikolo und Espiritu Santo, Gebiete, die trotzdem, daß sie den Kern der gesamten Inselgruppe bilden, noch keineswegs gut bekannt sind. Das 2268 qkm große Mallikolo wird von einer langen, nach Norden an Höhe abnehmenden Bergkette durchzogen, ist, mit Ausnahme des Nordens, bewaldet, und besitzt am Fuß der Berge gut bewässerte Küstenebenen. An der Südostküste befindet sich einer der ausgezeichnetsten Häfen der Gruppe, der Sandwich=Hafen. Espiritu Santo oder Merena, mit 4857 qkm die größte Insel der Neuen Hebriden, wird im Norden durch eine tief eindringende Bai in zwei Landzungen zerlegt. Der sichere Hafen Port Olry liegt vor der fruchtbaren nördlichen, durch die Flüsse Jordan und San Salvador bewässerten Ebene; die Ostküste ist wenig bekannt, die Westküste steil und bergig, an der Südküste liegt die große Bucht Lisburn.

Der stark vulkanische Charakter der Neuen Hebriden erschwert die Bildung von Korallenriffen und verhindert sie teilweise ganz: so fehlen Barriereriffe und Atolle vollständig. Strandriffe aber werden an manchen flachen Küstenstrecken angetroffen. Gehobene Korallenriffe sind nicht selten und hier und da, so namentlich im Süden an der 30 m hohen Insel Aniwa oder Niua, der einzigen Koralleninsel der Neuen Hebriden, Spuren rhythmischer negativer Strandverschiebung bemerkbar; auch in Efat liegen an der Küste bei Port Villa drei Korallenbankstufen übereinander. Alte Strandlinien finden sich auch im Süden der Gruppe an den Küsten von Erromango, Tanna und Araga, doch immer nur in Höhen von 5—9 m.

Etwas abſeits von der Reihe der Santa-Cruz-Eilande liegen nordöſtlich von den 30—70 m hohen, korallengebauten Matema- oder Keppel-Inſeln, dem Ausgangspunkt des Brougham-Riffes, die Gruppen Taumako und Motuiti, auch Duff und Kennedy genannt, die ſchon 1606 von Quiros entdeckt wurden, aber trotzdem nur wenig bekannt ſind. Vermutlich ſind ſie hohe vulkaniſche Inſeln mit Barrierriffen; Taumako ſoll gar ein thätiger Vulkan ſein.

5. Die Salomonen.

An den Namen der Salomonen, einer der am längſten bekannten und am häufigſten geſuchten Inſelgruppen des Großen Ozeans, knüpfte ſich die Vermutung, daß dort gewaltige Goldſchätze vorhanden ſeien: die Ophirfahrten Salomo's ſollten dieſe Inſeln zum Ziel gehabt haben. Trotzdem ſind die Salomonen nach ihrer erſten Auffindung den Blicken der Seefahrer außerordentlich lange wieder entzogen geweſen; denn nachdem ſie 1567 Menbana entdeckt hatte, gelang es erſt 1768 Bougainville, ſie wieder zu finden. Eine genauere Aufnahme wurde 1838 von d'Urville gemacht, iſt aber ſo lückenhaft geblieben, daß noch heute ein großer Teil der Küſten nur ſehr unvollkommen, das Innere faſt gar nicht bekannt iſt. Die Salomonen liegen zwiſchen 5 und 11° ſübl. Breite und zwiſchen 154° 40' und 162° 30' öſtl. Länge. Sie haben die Form einer von Nordweſten nach Südoſten gerichteten Doppelreihe, die der Oſtküſte von Neuguinea faſt genau parallel iſt und ihre Fortſetzung in der Inſel Neumecklenburg des Bismarck-Archipels findet, und werden im Nordoſten von einer Reihe Koralleninſeln, von Sikayana bis Niſſan zwiſchen 8½ und 4½° ſübl. Breite und 163 bis 154° öſtl. Länge begleitet. Die Salomonen umfaſſen ſieben größere und zahlreiche kleinere Inſeln und nehmen zuſammen einen Flächen-raum von 43,900 qkm ein, ſind alſo etwas größer als die Schweiz. Die ſüdweſtliche Inſel-reihe ſetzt ſich von Südoſten an aus folgenden Inſeln zuſammen: San Criſtóbal oder Fauro, Guadalcanar oder Gera, die Ruſſell-Gruppe, Hammond, Neugeorgia, Kulam Bangra, Vella La Velha, Ronongo, Mono oder Treaſury und einige kleinere; im Südweſten vorgelagert ſind Rennell und Bellona. Die nordöſtliche Reihe beſteht aus Ulaua, Malaita, Gower, Iſabel, Choi-ſeul, Bougainville und Buka. Von den bedeutenderen Inſeln gehören Bougainville (mit Buka 10,000 qkm), Choiſeul (5850 qkm), Iſabel (5840 qkm) und Malaita der nordöſtlichen, Neugeorgia, Guadalcanar und Bauro der ſüdweſtlichen Gruppe an: ſeit 1886 ſind die drei erſten deutſcher, die vier letzten britiſcher Kolonialbeſitz.

Wahrſcheinlich bildet ein altes archäiſches Gebirge das Grundgerüſt der Salomonen, und dieſes ſteht vermutlich mit dem Gneis und Schiefer der Neuen Hebriden und von Vanua-Lava im Zuſammenhang; doch läßt ſich hierüber nichts Sicheres ſagen. Jedenfalls treten ſtellenweiſe, wie auf Guadalcanar und der St. Georges-Inſel, die auch auf den Neuen Hebriden vorkommen-den Grünſteine, Diorit, Diabas, ſowie Gabbro und Serpentin auf. Dieſe älteren Eruptivgeſteine ſind meiſtens vollſtändig von jungvulkaniſchen Felsmaſſen bedeckt: der größte Teil namentlich der kleineren Salomonen beſteht aus jungeruptiven Geſteinen. Unter den kleinen vulkaniſchen Inſeln laſſen ſich nach Guppy ('The Solomon Islands') „zwei Arten unterſcheiden: manche, wie Fauro und die Florida-Inſeln, beſtehen zum Teil aus jungen Geſteinen, Hornblende- und Augitandeſit mit ihren Tuffen und Agglomeraten, zum Teil aus älteren, oft ſehr kriſtalliniſchen Felsarten, Quarzporphyrit, verändertem Dacit, Serpentin, Quarzdiorit und Dolerit. Die-jenigen aber, welche ganz oder großenteils aus jungeruptiven Geſteinen beſtehen, beſitzen Krater und oftmals Zeichen latenter Thätigkeit. Die Eddyſtone-Inſel iſt wahrſcheinlich typiſch für den größten Teil der Inſeln dieſer Art, wie Sawo-, Murray-Inſel und andere: ſie beſteht aus Laven von Andeſit, iſt voll von Fumarolen und hat einen Krater im Solfatarenzuſtande."

Andesit, Basalt und Dolerit sind aufgefunden worden; auch thätige Vulkane, wie der Bagana-
Berg auf Bougainville und die Sawo-Insel zwischen Malaita, Isabel und Guadalcanar, kommen
vor. Auf Narowo, Mono und Vela La Velha dringen Dämpfe aus dem Boden, Fumarolen und
heiße Quellen sind nicht selten, und häufig erschüttern schwache Erdbeben die Inseln, von Juli
1882 bis Ende 1883 wurden 25 Stöße verspürt. Die meisten Salomonen-Inseln sind von
bedeutenden Riffen umgeben: das Isabel-Riff ist 200 km lang, und das Meer zwischen Riff
und Insel 700—800 m tief. Viele der Inseln bestehen aus einem vulkanischen Kern, über den
sich Tiefseeablagerungen, vulkanische Tuffe mit Resten von Foraminiferen ausbreiten; die oberste
Gesteinsschicht bildet ein Korallenriff von 45—60 m Mächtigkeit. Diese Korallenriffe reichen
auf Ugi bis zu einer Höhe von 130 m (nur 20 m unterhalb des höchsten Punktes), auf der 350 m
hohen Treasury-Insel bis 120 m, in Fragmenten sogar bis 270 m hinauf.

Merkwürdig ist hier das Nebeneinandervorkommen verschiedener Entwickelungs-
stabien von Koralleninseln: da finden sich kleinere ganz aus Korallenkalk bestehende, größere
aus geschichteten Tiefseekalken mit Korallenmantel am Abhange, vulkanische Inseln mit Anlagerung von Korallenkalken und endlich gehobene Atolle. Guppy erkannte in den Inseln Santa
Ana und Malaupaina gehobene Atolle, die auf negative Bewegung, und in Dima am nördlichen
Eingang der Bougainville-Straße ein Atoll, das auf positive Strandverschiebung hindeutet. Bedeutende negative Strandveränderung hat im ganzen Archipel stattgefunden, Hebungen aber von
3600 m, wie sie Guppy annehmen möchte, werden sich wohl kaum ereignet haben. Lange Zeiträume hindurch thätig, ist die Strandverschiebung stufenweise, in Perioden erfolgt; das beweisen
die terrassenförmig aufsteigenden, festungsartigen Küsten und die konzentrisch gehobenen Barrierriffe. Anderseits lassen sich auch positive Strandverschiebungen, namentlich im Nordwesten der
Gruppe, nachweisen, wo sich Choiseul und Bougainville in der Bougainville-Straße in ebenen
untermeerischen Plateaus von 55—90 m Tiefe fortsetzen. Guppy gründete auf diese Verhältnisse
die Annahme eines früheren Zusammenhanges und einer späteren Abtrennung dieser Inseln.

Für das Fortbestehen positiver Bewegung spricht auch die Reihe kleiner Laguneninseln,
die die Salomonen im Nordosten begleitet. Im Südosten liegt das durch die „Novara"-Expe-
dition bekannt gewordene Stewart-Atoll oder Sikayana mit einer über 50 m tiefen Lagune
und fünf Inseln, darunter Sikayana am Ostende, Faure oder Faole am Westende. Die mit
Kokospalmen bedeckten Inseln scheinen einen vulkanischen Kern zu besitzen, da stellenweise Bimssteingerölle den Boden bilden. Diese haben die Vegetation so nachhaltig gefördert, daß das
Stewart-Atoll eine anderen Atollen gegenüber sehr reiche Flora besitzt. Die ausgedehntesten
Bimssteingerölle kommen auf Faole vor. Das eigentliche Sikayana dagegen ist ein reines Korallengebilde: „Kein Fluß, kein Berg, kein Hügel zieren die Insel, deren höchster Punkt gerade
nur so hoch ist, als Wellen und Wind Sand und Trümmer aufzuhäufen vermögen; ringsum end-
loses Meer, der ganze Mineralreichtum auf ein einziges Mineral zusammengeschrumpft, kohlensauren Kalk, den Milliarden von Korallentierchen aus der Salzflut abscheiden." (,Novara-Expe-
dition'.) Nordwestlich folgt auf Sikayana das große Atoll Njua, Ongtong Java oder die Lord-
Howe-Insel mit dreißig flachen Eilanden; südlich davon liegt das gefährliche Candelaria- oder
Roncador-Riff. Dann folgen das Tasman- oder Palowi-Atoll mit einem großen und vielen
sehr kleinen Eilanden, das Marqueen-Atoll mit dreizehn Inseln und die sechs sogenannten
Neun Inseln Carteret's auf einem Lagunenriff nördlich von Buka. Diese, ebenso wie die südwestlich von den Salomonen liegenden Riffe Indispensable und Pandora, die ebenfalls von Nordwesten nach Südosten streichen, fallen steil gegen das äußere Meer ab.

Anknüpfend an die Thatsache, daß Hebungserscheinungen innerhalb der eigentlichen
Salomonen häufiger sind als Senkungen, hat Guppy die Ansicht aufgestellt, daß diese Inseln

in ihrem Kern gehoben und, während ihres Ansteigens, von immer neuen korallinischen Riff=
ringen umgeben worden seien, indem immer neue Teile der Inseln in die Zone der Korallen=
tiere gelangten. Bekanntlich sind die eigentlichen riffbauenden Korallenarten auf die oberste über
20° warme Wasserschicht beschränkt. Die Hebung soll nach Guppy in Verbindung mit einer
Faltung der geschichteten Tiefseeablagerungen in zwei Perioden, jedesmal ruckweise erfolgt sein;
die Ruhepausen zwischen diesen Hebungen würden durch Terrassen bis zu 60 m Höhe angedeutet.
Diese Theorie weicht von jener Darwin's über die Entstehung der Koralleninseln grundsätzlich ab.

Die Höhe der Salomonen ist noch ganz unsicher. Als höchster Punkt galt bisher der Bulkan
Mount Balbi oder Bagana mit 3100 m Höhe; doch gibt ihm Zöller kaum mehr 1800 m. Dann
wäre die Insel Guadalcanar mit 2000 oder 2400 m die höchste der Gruppe; Malaita soll 1300,
San Cristóbal 1250, Isabel 1200 m hoch sein, so daß sich im allgemeinen die Salomonen über
1000 m Höhe erheben. Ihre Berge machen den Eindruck bedeutender Höhe, da viele dem
Meere nahe liegen; ihre Küsten sind vielfach schroff oder mit gehobenem Korallenkalk umgeben.
Überaus reiche und frische Vegetation hüllt die Berge der Inseln vom Fuße bis zum Gipfel ein
und erzeugt große landschaftliche Schönheit; besonders zeichnen sich in dieser Hinsicht die
Küsten von Buka und Bougainville aus. „Zwischen dem bergigen Festlande von Bougainville
und einer Anzahl hoher, waldumkleideter Inseln hindurchfahrend, genossen wir", sagt H. Zöller
(,Petermanns Mitteilungen', 1891), „den Anblick eines tropischen Landschaftsbildes von vollen=
deter Schönheit. Die zwischen Buka und Bougainville hindurchführende Buka=Straße ist in land=
schaftlicher Hinsicht ein weites, stellenweise von hohen Inselbergen überragtes Wasserbecken von
einer derartigen Mannigfaltigkeit der Szenerie, wie ich mich kaum entsinne, vorher oder nachher
ihresgleichen gesehen zu haben; für den Seemann aber ist es eine etwa 10 Seemeilen lange, winzig
schmale, rings von fürchterlichen Riffen umsäumte Durchfahrt, deren Wassertiefe an einer Stelle
bloß 9 englische Fuß beträgt."

Von der Nordostküste Bougainvilles, gegenüber den Martin=Inseln, berichtet derselbe
Verfasser (,Deutsch=Neuguinea') ähnliches: „Obwohl schmal, bietet die Durchfahrt zwischen
den erwähnten Inseln und dem Festlande von Bougainville keine die Schiffahrt erschwerenden
Hindernisse. Das erste Eiland, das unsere Bewunderung wachrief, war mit herrlichem, frisch=
grünem Laubwald bestanden, 50—60 m hoch und eine halbe Seemeile vom Lande entfernt.
Eine kurze Strecke weiter in südöstlicher Richtung folgt eine enge, langgestreckte, fast flußähnliche
Durchfahrt zwischen der sich in sanften Wellenlinien abwärts senkenden Wald=, Berg= und Hügel=
wildnis des Festlandes und einer ebenfalls hohen und bewaldeten Insel. Mehrere Dörfer, deren
braune Hütten aus Dickicht und Waldesgrün hervorlugten, und zahlreiche, von Pflanzungen
und Brandkultur herrührende Rauchsäulen bewiesen, daß dieses Hügelland dicht bevölkert ist."
Diese großartigen Wälder, oft an der Küste von Mangrovenbeständen, seltener von Kokos=
palmen eingerahmt, verdanken ihr Dasein der reichen Bewässerung, erschweren aber im Verein
mit der Wildheit der Bevölkerung das Eindringen in die Inseln so sehr, daß noch keine einzige
der Salomonen im Inneren erkundet worden ist. „Nur selten", sagt Guppy (,The Solomon
Islands'), „wie auf West=Guadalcanar und San Cristóbal, läßt der Urwald langen Grasebenen
Platz, und auch dies nur, wo poröser trockener Boden vorherrscht. Gewöhnlich haben die kalkigen
Gebiete der größeren Inseln einen reichen roten thonigen Boden von 1½—2 m Mächtigkeit,
und in solchen Gegenden sind die Gewässer groß und zahlreich. Auf vulkanischem Gebiete ist der
Boden trocken, zerreiblich, porös, die Gewässer gering an Zahl und schwach. Auf den kleinen
Inseln wechselt die Bodenbeschaffenheit je nach der Felsart, die vulkanischen entbehren besonders
der Bäche." Unter diesen Umständen ist es begreiflich, daß wir nur spärliche Kenntnisse über die
Topographie der Inseln der Salomonen=Gruppe besitzen.

Die südwestliche Reihe eröffnet Bauro (3115 qkm) oder San Cristóbal, das mit einer langen Bergkette von 1250 m Höhe, üppigen Wäldern und fruchtbaren Ländereien ausgestattet ist; an seine Nordseite schließen sich die Inseln Ugi und Drei Schwestern an. Dann folgt, wiederum lang gestreckt, die auch Gela genannte Insel Guabalcanar, die mit Sawo 6560 qkm groß ist. In ihrer ganzen Länge wird diese von einem mäßig hohen Gebirge durchzogen, das im Südwesten im Berge Lammas vereinzelt 2400 m Höhe erreichen soll; dem entsprechend scheint die Wasserscheide auf der Südseite zu liegen. Dichte Wälder schmücken auch diese Insel. Nördlich von ihr liegt die Florida-Gruppe oder Ngela, deren größte Insel, Anuba, nur 600 m hoch ist und mehr ebenes Land haben soll als die übrigen Salomonen. Wati Lau scheint ein alter, vom Meere eingenommener Krater zu sein, und Sawo ist ein vulkanischer 547 m hoher Kegel, der noch zur Zeit seiner Entdeckung (1567) Rauch ausstieß. Die Russell- oder Pawuwu-Gruppe mit großen Barrierriffen und der vulkanische abgestumpfte Kegel der aus anbesitischen Gesteinen bestehenden 183 m hohen Insel Murray oder Buraku führen hinüber nach der Gruppe Neugeorgia (3220 qkm). Diese setzt sich zusammen aus 1) den Inseln Marowo, Kausagi und Wanna Wanna, tafellandartigen, von großen Barrierriffen umgebenen und von einem Kegelberg gekrönten Landmassen, 2) dem 1500 m hohen erloschenen Vulkan Kulambangra, 3) den südlich vorgelagerten Hammond-Inseln Rendowa und Montgomery und 4) aus Rononga, Giso und Bela La Velha oder Wella Lawella mit Fumarolen und heißen Quellen. Die 353 m hohe Mono- oder Treasury-Insel schließt die Reihe.

Die nordöstliche Reihe beginnt mit der gehobenen Koralleninsel Ulaua. Dann folgt Malaita oder Malanta (mit den umliegenden 6380 qkm groß), auch Carteret genannt, mit angeblich 1300 m hohen bewaldeten Bergen ohne vulkanische Formen. Der Norden ist plateauartig, steigt bis zu 900 m auf und hat gute Ankergründe an den Küsten; die höchste Spitze ist hier der Kolowrat. Südlich davon erreicht der Dreiberg, eine leicht kenntliche Kuppe inmitten einer rauhen Gebirgslandschaft, eine Höhe von 780 m. Ein eigentümlicher flußartiger Kanal trennt von Malaita im Südosten das kleine, 300 m hohe Malamasiki ab; den Osten der Insel begleiten bedeutende Korallenriffe. Nördlich von Malaita endlich liegt die niedrige, bewaldete, unbewohnte Insel Gower, die erste deutsche der Gruppe, und weiter in der Indispensable-Straße zwischen Malaita und Isabel die Namenlose Insel.

Isabel oder Santa Isabel (mit den umliegenden kleinen Inseln 5990 qkm groß) ist noch sehr wenig bekannt, soll aber gute Häfen und fruchtbares Land haben. Auch sie wird von einem langen, dicht bewaldeten Gebirge durchzogen, das an der Südseite die größten Höhen, nämlich den etwa 1000 m hohen Marescot-Berg und den 740 m hohen Lafarge, hat. Nach Nordwesten hin wird die Insel niedriger und löst sich in kleine Inselgruppen auf, zwischen denen der Praslin-Hafen eingeschnitten ist; im Südosten dagegen trennt wiederum die Tausendschiffbai die steile, unbewohnte Halbinsel Tuilagi von dem Hauptkörper der Insel.

Die zersplitterte niedrige Gruppe der Aigade-Inseln bildet den Übergang zu dem durch die Manning-Straße von Isabel getrennten Choiseul (5850 qkm), das ähnlich gebaut und gestaltet ist wie Isabel, im Südosten mit steilen Küsten abfällt, eine Höhe von etwa 700 m erreicht und im breiten, aber niedrigen Nordwesten von einem großen Barrierriff begleitet wird. Die größte Höhe scheint der Berg Gourbin unter 157° östl. Länge zu erreichen; der äußerste Nordwesten ist eine 200—300 m hohe, bewaldete Ebene. In der Bougainville-Straße liegen zwischen Isabel und Bougainville die 200—600 m hohen Shortland-Inseln: Alu, Fauro, Owau und Oima, teils steile vulkanische, teils Koralleninseln, wie das Oima-Atoll.

Bougainville, mit 10,000 qkm die größte der Salomonen, wird von zwei Gebirgen gebildet, deren südöstliches, angeblich 2365 m hoch, die breitere südöstliche Hälfte der Insel einnimmt. Aus flachen, sumpfigen und sandigen, von kleinen Hügelzügen gekrönten Küstenebenen steigt es langsam zu einem westlich verlaufenden Zuge auf, dem Kronprinzen=Gebirge, das gegen die Kaiserin=Augusta=Bai ausläuft. Ein kraterartiger Berg von etwa 2500 m Höhe ragt im Südosten über die kegeligen und kuppigen Berge der Kette empor, während im Nordwesten ein noch thätiger Vulkan von ähnlicher Höhe, der auf den Shortland=Inseln Bagana genannt wird, den Höhenzug abschließt. Durch einen niedrigen Sattel ist er jedoch mit der zweiten nordwestlichen Gebirgskette der Insel, dem Kaisergebirge verbunden, das im Balbi, wie oben erwähnt, 3100 m, nach Zöller jedoch nur 1800 m erreichen soll. Der Nordosten und Norden der Insel ist flach, mit Korallenriffen umgeben und von Mangroven umsäumt.

Der König=Albert=Sund oder die Buka=Straße trennt Bougainville von Buka, einer lang= gestreckten, nördlich im Kap Henpan den 5.° südl. Breite erreichenden Insel, dem letzten Glied in der Kette der Salomonen. Im Westen von einem Barrierriff begleitet, bildet Buka im Süden ein etwa 200 m hohes Hochland von vulkanischem Ursprung, das an zwei Stellen 350 und 400 m hoch ist und wegen der Unsicherheit beim Reisen noch kaum bekannt ist. Über die flache, waldige, aus Korallenkalken gebildete Ebene des Nordens dagegen ist Parkinson im Jahre 1888 gezogen. Der Königin=Carola=Hafen schneidet hier in das nördliche Ende der Insel ein.

Unter 4¹/₂° südl. Breite liegt die Korallengruppe der Grünen oder Nissan=Inseln, auch Harby genannt, ein im Osten, Westen und Süden geschlossenes, im Norden drei Eingänge bie= tendes Atoll mit großer Lagune. Der gelblichrote, aus dem verwitterten Korallenkalk entstandene Boden ist flach und gut bewaldet. Diese Eilande können als letzte Ausläufer der die Salomonen im Nordosten begleitenden Reihe von Koralleninseln angesehen werden.

6. Der Bismarck-Archipel.

Unter dem Namen Bismarck=Archipel faßt man seit 1885 die zwischen 142 und 154° östl. Länge einerseits und dem Äquator und 7.° südl. Breite anderseits liegenden Inselgruppen nordöstlich von Neuguinea, nordwestlich von den Salomonen zusammen. Dahin sind zu rechnen: die beiden großen Inseln Tombara oder Neumecklenburg (früher Neuirland) und Birara oder Neupommern (früher Neubritannien), ferner Neuhannover, Neulauenburg oder die Duke=of=York= Gruppe, die Hibernischen Inseln, die Fead=Gruppe, St. Matthias= und Sturminsel, die Admirali= tätsinseln, die Ninigogruppe und die vulkanischen Inseln vor der Nordküste von Neuguinea. Die Gesamtgröße des Bismarck=Archipels beträgt nach der einen Berechnung 47,100 qkm, nach einer anderen 52,177 qkm; davon nimmt Neupommern allein mehr als die Hälfte, Neumecklenburg etwa ein Viertel ein, während sich der Rest auf die kleineren Inseln verteilt.

Wahrscheinlich haben schon die Spanier im 16. Jahrhundert auf der Fahrt von den Mo= lukken nach Mexico einige Teile des Bismarck=Archipels entdeckt. Genauere Nachrichten haben jedoch nach flüchtigen Berührungen durch Le Maire und Schouten (s. Abb., S. 6 u. 7) 1616 und Tasman 1643, erst die Engländer und Franzosen im 18. Jahrhundert gebracht: Dampier durch= fuhr 1700 die Neupommern von Neuguinea trennende, nach ihm benannte Straße, und Carteret lehrte 1767 die Thatsache des Vorhandenseins zweier Hauptinseln durch die Befahrung des St. Georgs=Kanals kennen. Die darauf folgenden Unternehmungen von Bougainville 1768, Hunter 1791, d'Entrecasteaux 1792—93 und d'Urville (s. Abb., S. 19) 1827 haben so wenig zur genaueren Erforschung der Inseln beigetragen, daß noch bei der deutschen Besitzergreifung über den Verlauf der Küsten von Neupommern die größte Unklarheit herrschte. Zahlreiche Auf= nahmen der Küsten sind seit 1882 durch Finsch, deutsche Kriegsschiffe und die Beamten der Neu= guinea=Kompanie erfolgt, allein noch jetzt ist z. B. der größte Teil der Nordostküste Neumecklen= burgs ungenau, teilweise überhaupt gar nicht bekannt, und die an der Nordküste Neupommerns liegenden, bis 1890 noch meist als Vorsprünge der Küste Neupommerns geltenden Inseln, haben als solche erst seit den letzten Jahren Gestalt gewonnen. Unter 1⁰ 25′ südl. Breite und 143⁰ östl. Länge wurde 1886 eine ganz neue Insel gefunden und Allison benannt. Daß unter diesen Umständen das Innere der Inseln des Bismarck-Archipels noch so gut wie unbekannt ist, bedarf kaum noch besonderer Erwähnung. Nur an wenigen Stellen überhaupt hat man das Land betreten, und eine genauere Kenntnis davon meist nur in der Umgebung der Häfen erlangt; einzig die Gazelle-Halbinsel auf Neupommern und die schmalsten Teile Neumecklenburgs machen davon eine rühmliche Ausnahme.

Selbst der Name der großen Inseln schwankte noch bis vor kurzem. Der von Dampier der westlichen Hauptinsel gegebene Name Neubritannien wurde bald auf den ganzen Archipel

Der Vulkan ‚Nordtochter‘ auf Neupommern. (Nach Originalzeichnung von Dr. O. Finsch.)

übertragen und wird begreiflicherweise von Engländern und Franzosen noch jetzt vielfach allein gebraucht. Die übrigen Inseln erhielten von Carteret die Namen Neuirland, Neuhannover und Duke-of-York-Gruppe. Da schlug im Jahre 1885 von Oertzen vor, Neubritannien in Neupommern und Neuirland in Neumecklenburg umzutaufen, und hatte Erfolg damit; um die Verwirrung jedoch noch zu steigern, sind auch die einheimischen Namen Birara für die westliche, Kirwiri und Tombara für die östliche Insel wieder eingeführt worden, obwohl die Eingebornen mit Tombara nur ein bestimmtes Gebiet Neumecklenburgs, den gegenüber von Neulauenburg gelegenen Südwesten, bezeichnen, und obendrein dieser Name wie auch Kirwiri der Mundart der Bewohner von Neupommern angehört.

Soweit bis jetzt unsere Kenntnisse reichen, nehmen ältere Sediment- ebenso wie ältere und jüngere Eruptivgesteine und endlich Korallenkalke an dem Aufbau der Gruppe teil. Auf Neumecklenburg sind die Bäche mit Geröllen von Thonschiefer, Sandstein, Porphyr erfüllt, jungvulkanische Gesteine werden durch das Vorkommen von Vulkanen auf Neupommern (s. obenstehende Abbildung) erwiesen, und Korallenkalke steigen an den Küsten von Neupommern hoch empor. Auf den Purdy-Inseln finden sich Phosphatlager, und die Krater der übrigen Inseln enthalten Schwefel. Wahrscheinlich haben wir es mit einem stark zersplitterten Gebirge zu thun, das durch vulkanische und Korallenkalkbildungen überdeckt worden ist und vorderhand in seinen Grundzügen noch nicht klar erkannt werden kann. Es scheint, daß zwei Bogen aneinander treten, von denen der eine in der Fortsetzung der Salomonen durch Neumecklenburg, Neuhannover bis zu den Admiralitätsinseln zieht, der andere Neupommern und die Vulkaninseln vor Neuguinea um= faßt. Der bedeutendere von beiden scheint der erste Zug zu sein, da das Gebirge von Neumecklen= burg höher und geschlossener ist als das von Neupommern; dagegen sprechen die Meerestiefen für näheren Anschluß an Neuguinea. Mit diesem hängen Neupommern und Neumecklenburg durch einen weniger als 1000 m Wassertiefe messenden unterseeischen Rücken zusammen, aber Tiefen von über 1000 m schieben sich zwischen Buka und Neumecklenburg ein. Tiefen von über 2000 m erstrecken sich zwischen Neuhannover und den Französischen Inseln, während weiter im Westen 2000 m erst wieder unter 142° östl. Länge, im Norden nahe dem Äquator, im Nordosten unter 3° südl. Breite erreicht werden.

Die Fortsetzung der westlichen Teile Bougainvilles ist wahrscheinlich Neumecklenburg (oder Tombara), eine 40—50 km breite, 340 km lange Insel, deren südliches Ende nach Neu= pommern hin umgebogen ist. In ihrer ganzen Länge von einem Gebirge durchzogen, weist sie nur in ihrer Mitte unter 152¹/₂° östl. Länge eine Erniedrigung auf, die den schmälsten, nur 10 km breiten Einschnürungen entspricht. Im Süden scheinen Granit, Diabas, Porphyr und Basalt, also alte und junge Eruptivgesteine, einen bis zu 1000 m hohen Rücken zusammenzusetzen, der zum Teil steil zum Meere abfällt, zum Teil von Streifen gehobenen Korallenkalkes umgeben ist. Berge von 700 und 850 m Höhe liegen nahe der Südspitze, am Kap Bougainville und St. Georg, das Innere ist ganz unbekannt und anscheinend schwach bewohnt. Infolge des steilen Abfalles seiner Küste hat der Westen gar keine Häfen und macht den Eindruck, als sei hier plötzlich eine hohe Bergkette ins Wasser versunken, aus dem nur noch die höchsten Gipfel hervorragen. Dagegen besitzt die Südspitze einige Häfen, Sulphur, Port Breton und Abataros. Gegen den 4.° südl. Breite nimmt die Höhe und Steilheit der Gebirgszüge und zugleich die Be= siedelung zu; dann aber folgt eine Erniedrigung bis zu 500 m. Hier, etwas nördlich von 4° südl. Breite, überschritt Graf Pfeil im Jahre 1888 die Insel, und hier tritt in der Umgebung der Roßelberge außer vulkanischen Felsarten auch sedimentäres Gestein auf, das nach Nordwesten hin häufiger wird. „Der Strand wird", wie Graf J. Pfeil (‚Petermanns Mitteilungen', 1894) berichtet, „von einem schmalen Sandstreifen gebildet, hinter dem sich kristallinischer Kalk steil zu bedeutender Höhe erhebt. Der steile Abfall präsentiert sich als nahegerückte, alle Aussicht verschließende Wand, und alles, was vielleicht sonst sichtbar ist, ist mit lichtem, alle Konturen verhüllendem Walde gleichförmig bedeckt. Wo wir das anstehende Gestein erblicken konnten, was wegen der dichten Vegetationsdecke nur selten der Fall war, fanden wir stets Kalk und Sandstein in wechselnder Lagerung." Dichtes Unterholz erfüllt den Wald, Wasserrinnen gibt es wenig; auf der Ostseite des Gebirges dagegen, das hier viel sanfter zum riffbedeckten Meer abfällt, entwickeln sich muntere Bäche, und an manchen Punkten wächst an Stelle der gewöhnlichen Busch= vegetation das hohe Alang=Alang=Gras.

Der nordwestliche Teil von Neumecklenburg wird vom Schleinitz=Gebirge eingenommen, das etwa 900—1200 m, nach anderen sogar 2000 m Höhe haben soll und vermutlich aus sedi= mentären Gesteinen besteht. Die Küste ist im Südwesten steil, im Nordosten dagegen von Korallen begleitet, die stellenweise vor ihr Riffe, und zwar ausschließlich Strandriffe, bilden. Bekanntere Häfen sind: der Katharinen=, der Angriffs=, der Holzhafen und die Johanna=Bucht. Der äußerste Nordwesten läuft in einer langen, porösen, zur See geneigten Lateritebene aus; der östliche Strand ist reich bebaut, mit Kokospalmen bestanden und gut bewohnt. Hier sind Tubtub und Kapsu die wichtigsten Handelsstationen; ihnen schließt sich der Hafen auf dem kleinen Nusa an. Die gesamte Insel, von der Küste bis zu den höchsten Gipfeln hinauf in tiefen Wald gehüllt, gewährt einen außerordentlich anziehenden Anblick; und obwohl das Innere, besonders in seinen gebirgigeren Teilen, noch vollkommen unerforscht ist, so darf man doch darauf rechnen, bei der Erschließung auf verhältnismäßig dichte Bewohnung zu stoßen.

Im Nordwesten vor Neumecklenburg liegt die 200 m hohe breieckige Sandwichinsel, und vor der Nordwestspitze sogar ein ganzer Archipel, der den Raum zwischen Neumecklenburg und Neuhannover ausfüllt, aus den Inseln Baubissin, Mausoleum, Neuwerk und kleineren, 200 m Höhe nicht übersteigenden Eilanden besteht und eine Reihe von Straßen erzeugt, wie die Byron- und Steffen-Straße, deren riffbedeckte Engen ein äußerst schwieriges Fahrwasser bilden.

Neuhannover, wahrscheinlich ein abgelöstes Stück der Bergkette Neumecklenburgs, ist breiter als diese Insel, fast von rechteckiger Gestalt und auch etwas anders gebaut. Von den Küsten aus, die im Süden ziemlich steil aufsteigen, erhebt sich die Insel zu einer Art von Hochland im Inneren, das 300—400 m hoch sein und einen See tragen soll. Im Norden bietet eine mit Taropflanzungen und Kulturen bedeckte, gut bevölkerte Ebene Anlaß, Neuhannover für ein günstiges Feld zur Plantagenkultur zu halten. Die größten Gipfel im Inneren sollen den nahe der Südwestküste liegenden 400 m hohen Stosch-Berg noch um 200 m übersteigen. Ein ausgedehntes Barrierriff, das eine Reihe mit Bäumen bestandener Inseln trägt, begleitet Neuhannover im Norden und läßt einen Kanal von 30—50 m Tiefe zwischen sich und dem Lande frei, der nur im Westen von Korallen zugebaut ist. Gegenüber dem Königin-Charlotte-Vorland, der Westspitze der Insel, liegt das kleine Riff der Herzog-von-Portland-Insel.

Entlang der nordöstlichen Küste Neumecklenburgs zieht eine Kette von 300—700 m hohen Inseln, vermutlich der Rest eines von Neumecklenburg abgelösten Nebenzweiges, den man unter dem Namen der Hibernischen Inseln zusammenfaßt. Ihnen rechnet man auch die Abgarris- oder Feadinseln unter 3° 20′ südl. Breite und 154° 40′ östl. Länge zu. Wahrscheinlich sind sie die Fortsetzung der die Salomonen im Nordosten begleitenden Koralleninseln, da sie ebenfalls aus zwei Atollen bestehen, von denen das langgestreckte im Südosten die bewohnte Insel Nugarba oder Goodman trägt und zwei gute Durchfahrten hat.

Die südöstlichste der hohen Inseln, Wonneram oder St. Johann (St. John), bereits von Le Maire und Schouten entdeckt, besteht eigentlich aus zwei durch eine Straße getrennten gebirgigen, 135 und 75 m hohen zerklüfteten, wahrscheinlich vulkanischen, dicht bewaldeten Eilanden. Aus großen Tiefen steigen ferner die Anthony Caens oder b'Draison, mehrere hohe, aber kleine Waldeilande und die größere Insel Gerard Denys (Gerrit Denys, Gardenay oder Du Bouchage) auf, deren hohe, von tiefen Schluchten durchfurchte Berge ebenfalls bis zur Spitze bewaldet sind. Starke Schwefelwasserstoffausdünstungen deuten auf vulkanischen Ursprung, der wohl auch den kleinen Nachbarn der Gerrit-Denys-Insel, San Francisco, St. Joseph und San Antonio zugeschrieben werden muß. Die Gruppe der Gardner-Insel bildet mit der Fischer- (Bischer-) Insel einen nördlich verlaufenden Gebirgsbogen, der durch zwei Straßen in drei Inseln: San Lorenzo, San Blas oder Tatau und die Fischerinsel (San Pedro, Wishart oder Suzannet) zerlegt wird. Die blau schimmernden Berge sind zerklüftet, aber dicht bewaldet und stark bevölkert und erreichen auf San Lorenzo fast 500, auf der Fischerinsel dagegen nur 200 m Höhe. Gefährliche Riffe umgeben die Küsten an zahlreichen Stellen.

Vielleicht sind als die Fortsetzungen dieser Kette wiederum die nördlich von Neuhannover liegenden Inseln: Sturm-Insel, Kerue und St. Matthias zu betrachten. Von diesen ist Kerue, Hunter oder Tenet eine flache, unbewohnte Koralleninsel, die Sturm-Insel oder Tench ist länglich, hügelig und bewohnt, und St. Matthias ein ziemlich großes, besiedeltes, dicht bewalbetes Land, das in gleichmäßiger Erhebung zu dem in seiner Mitte befindlichen Berge Phillipp ansteigt. Alle diese Inseln sind noch fast völlig unerforscht.

Der Unamula-Wasserfall auf Neupommern. (Nach Parkinson.)

Besser bekannt sind die Admiralitäts- oder Taui-Inseln, ein sich zwischen 146 und 148° östl. Länge und 2—3° südl. Breite lang hinziehender Archipel, der vielleicht der nordwestlichste Ausläufer des neumecklenburgischen Bogens ist. Da er aus einigen hohen und zahlreichen niedrigen Inseln besteht, so darf man ihn als eine hohe Gruppe mit großen Barrierriffen und Strandriffen bezeichnen. Das langgestreckte Hauptland Taui, mit zackiger Küstenlinie und vielen als Häfen geeigneten Buchten, trägt ein bis zu 900 m ansteigendes Gebirge, das auf allen Seiten, besonders im Westen und Osten, von bewaldeten Ebenen umgeben wird. Die Südküste ist mit Stranbriffen gesäumt; vor der Nordseite liegt das b'Entrecasteaux-Riff mit einer Reihe von Inseln. Südlich von Taui heben sich die durchschnittlich 200 m hohen Eilande St. Georg, Jesus Maria und St. Patrick sowie zahlreiche Riffe aus dem Meer, barunter die durch ihren Reichtum an Phosphaten bekannt gewordenen Purdy-Inseln, niedrige, bewaldete, mit Kokospalmen be- standene Atolle, die sich durch die Flachheit oder völlige Ausfüllung ihrer Lagunen und durch den schroffen Absturz der Außenseite ihres Riffes auszeichnen.

Ein Schwarm von Koralleninseln verläuft von der Admiralitätsgruppe aus westwärts. Dahin gehören die Hermit-Inseln (Lup- oder Agomes-Gruppe), ein großes Riff mit vier Durch- fahrten und der Insel Luf in der Mitte der Lagune; ferner die Anachoreten oder Kaniet- Gruppe, ein kleines, dicht bewaldetes Atoll, die unbewohnte niedrige Sandinsel Uwe und die Ninigo (Schachbrett- oder Echiquier-Inseln), zahlreiche kleine Eilande auf einem großen Riffe. Endlich erheben sich zwischen 144 und 142° östl. Länge isoliert noch die niedrigen, dicht bewal- deten Inseln Allison, Durour, Matty und Tiger. Alle diese kleinen Felseneilande fallen steil gegen das offene Meer ab und scheinen nur seichte Lagunen zu haben.

Die vor der Nordküste von Neupommern, etwas nördlich vom 5. Grad südl. Breite gelegenen Französischen Inseln sind sämtlich hoch, wahrscheinlich vulkanischen Ursprungs und be- wohnt. Für ihre Entstehung durch Eruptionen spricht besonders der Umstand, daß auf dem Gippriff heiße Quellen vorhanden sind, deren eine auf dem Volcanic Shoal 50 m hoch auf- sprubeln soll. Die östliche Insel Deslacs soll 470, die südliche Mérite 655 m hoch sein, die übrigen sind niedrig und von Riffen umkränzt, so Forestier, Vingoru, Vambi und Undaga.

Damit haben wir die weniger wichtigen Bestandteile des Bismarck-Archipels betrachtet und gelangen nun zu dessen größter Insel, dem 450 km langen, 50—150 km breiten Neupom- mern (oder Birara), von der eigentlich nur der Nordosten, die Gazellehalbinsel und die Küsten einigermaßen bekannt sind. Durch den St. Georgs-Kanal von Neumecklenburg getrennt, ist Neu- pommern hier frei von Küstenriffen. Dagegen dehnt sich ein niedriger, teilweise sumpfiger, am Strande mit Kokospalmen und Mangroven bestandener Archipel aus: Neulauenburg. Dieser zerfällt in die Hauptinsel Neulauenburg, die Eilande Makaba, Muarlin, Utuan, Kerawara, Kaba- kon, die Schweine-Insel und Mioko und hat bereits eine Anzahl von gedeihenden Pflanzungen.

Ihm gegenüber springt als Kopf Neupommerns die vulkanische Gazellen-Halbinsel nach Norden vor, sendet drei Zipfel nach Nordwesten, Norden und Nordosten und verschmälert sich südwärts zu einem 10 km engen Halse, der sie mit dem Körper der Insel verknüpft. Der äußerste Nordwesten, die Beining-Halbinsel, wird von einem in der Richtung des Neumecklen- burgbogens streichenden Gebirgszuge durchzogen, der, im Fitzgerald- und im Studer-Berg sein Ende findend, nur schmal ist und deshalb Küstenebenen Raum läßt. Ein 1200 m breiter Fluß durch- schneidet die südöstliche Fortsetzung dieses dichtbewaldeten Rückens und mündet unter dem Namen Holmes in die Offene Bai an der Nukani genannten Küste. Überhaupt stürzen zahlreiche Wasser- läufe, zum Teil in Wasserfällen (s. Abbildung, S. 116), zu der Küstenebene hinab.

Von den Quellen des Holmes-Flusses führt der 605 m hohe Varzin-Berg (oder Wuna- tukur) über zu dem nördlichen vulkanischen Vorsprung der Gazellehalbinsel. Hier behnt sich eine wellige Hochebene aus, deren poröser Boden das Wasser wie ein Schwamm einsaugt und daher weder Wasserläufe noch Seen trägt, sondern nur mit hohem Grase bedeckt ist, während die Gehänge bewaldet sind. Von der Höhe herab hat man eine prachtvolle Aussicht. „Im Osten", sagt Parkinson („Im Bismarck-Archipel'), „zogen sich die Grasfelder bis zu den Gestaden des St. Georgs-Kanals hinab, im Süden sah man bewaldete Hügel, im Westen ragten die blauen Berge

der Beining=Halbinfel in ernfter Majeftät hervor, unb tief im Norben über Grasfelber unb Wal=
bungen hinweg war ber grüne Gipfel ber Mutter, leicht von weißen Wölkchen umflort, zu fchauen."
Den norböftlichen Ausläufer biefes von ber Beining=Halbinfel burch ben Weber=Hafen gefchie=
benen Vorfprungs ftellt bie Kraterhalbinfel bar, auf ber in ber Richtung von Norbweften nach
Sübboften vier Krater ftehen, bie einen Teil ber Halbinfel Gazelle mit Bimsftein unb Afche
überfchüttet unb einen fruchtbaren Humusboben gebilbet haben. Die brei erften Vulkane
heißen: bie Norbtochter ober Towannumbattir (598 m; f. Abbilbung, S. 113), bie Mutter ober
Rombiu (774 m) unb bie Sübtochter, Tawúrwur ober Tokumau (536 m); jener ift wilb zer=
klüftet unb zerriffen, biefe bagegen find fchön geftaltete Regel. Zwifchen ber Mutter, bie in ihrem
Krater einen zur Trockenzeit austrocknenben Süßwafferfee birgt, unb ber vollftänbig mit Walb,

Die Vulkane ‚Vater unb Söhne' auf Neupommern. (Nach Originalzeichnung von Dr. O. Finfch.)

Gras unb Bufchwerk bewachfenen Sübtochter erhebt fich ein vierter fchwarzer Krater, ber um
1880 einen Ausbruch gehabt haben foll unb noch jetzt fchwache Rauchfäulen ausftößt.

Sie alle fallen zu ber Blanchebai ab, bie im Süben unb Weften von fteil auffteigenben,
gut bewalbeten Hügeln eingefaßt wirb, währenb bas Innere ber Gazellehalbinfel mit Gras be=
ftanben ift. Zahlreiche Taró= unb Bananenpflanzungen an ben Hängen fowie ausgebehnte Kokos=
palmenwälber auf bem Rücken ber Hügel unb auf ben Ebenen am Stranbe laffen (nach Parkinfon)
barauf fchließen, baß biefe gefegnete Gegenb bicht bewohnt fein muß. In ber Blanchebai liegen
bie Vulkaninfel (ober Kaluan), bie Infel Matupi, ber erfte Stützpunkt ber Neuguinea=Kompanie
im Bismarck=Archipel (f. Abbilbung, S. 441), unb in ihrer Nähe bie brei „Bienenkörbe", burch
tiefe Schluchten zerfchnittene, mit Geftrüpp unb Schlingpflanzen bekleibete unb von Kokospalmen
gekrönte vulkanifche Felfen.

Der ganze übrige Reft von Neupommern ift faft vollftänbig unbekannt: baher ift über bie
Anorbnung unb ben Bau ber Gebirge nur wenig zu bemerken. Eine gefchloffene Bergkette fcheint
nicht vorhanben zu fein, fonbern es bürften einzelne, burch Einfenkungen voneinanber getrennte
Gebirgsftücke in norbweftlicher bis nörblicher Richtung quer über bie Infel hin ftreichen. So viel
fteht jetzt feft, baß hohe Berge an manchen Stellen bis an bie Küfte herantreten unb bichter
Walb bie Gebirge bekleibet; allein, ba bie Infel nirgenbs burchquert worben ift, läßt fich näheres

nur über die Küsten sagen. Da ergibt sich denn, daß vorwiegend vulkanische und Korallenkalk= bildungen vorzukommen scheinen. Korallen haben besonders an der Südküste an dem Südkap und an der Westküste mehrere 80—150 m hohe Terrassen geschaffen, deren obere flache Teile mit Gras, deren Gehänge mit Wald bestanden sind. Anderseits steigen ebenfalls im Süden kegel= förmige Berge vor der Hansabai empor, die auf vulkanische Thätigkeit schließen lassen.

Ferner sind einige Vulkane an der Nordküste nachgewiesen. Westlich von der durch das Einschneiden der Offenen Bai mit der Hixfon=Bucht und der Weiten=Bai mit der Henry=Reid= Bucht geschaffenen Landenge erheben sich die drei Vulkane Nordsohn (396 m), Vater (1220 m)

Die vulkanische Hansa-Insel an der Nordküste von Neuguinea. (Nach O. Finsch.)

und Südsohn (914 m; s. Abbildung, S. 118), von denen die beiden letzten noch thätig sind. Ihnen gegenüber liegt die vulkanische Insel Duportail (oder Bassulafulla) mit einem hohen Kegel und der feuerspeienden Nebeninsel Anna; nach Süden aber zieht sich eine Reihe kleiner Krater und Bodenrisse hin vom Südsohn bis zum Kap Quaß.

Weitere Vulkane stehen auf der durch die tief einschneidende Kommandeurbai herausgebil= deten Halbinsel, wo der Pyramidenberg und der Zweigipfelberg mit je 610 m Höhe schon in ihren Namen vulkanische Natur vermuten lassen. Auch die nordwestlich davon, vor Neupommern lagernden Tawitangora= oder Fitz=, Willaumez=, Raoul=, Gicquel=, Du Faure=Inseln (305 m) und die Hohe Insel sind wahrscheinlich sämtlich vulkanisch, aber noch so unbekannt, daß man nicht einmal weiß, ob sie wirklich Inseln sind oder etwa nur die höchsten Teile einer nach Norden vor= springenden Halbinsel. Endlich ist auch der 670 m hohe Below= (oder Gloucester=) Berg an der Westspitze der Insel ein thätiger Vulkan, und der benachbarte Hunstein=Berg wird ebenfalls für vulkanisch gehalten. Ein größerer Fluß mündet an der Nordküste westlich von 150° östl. Länge;

die Südküste jedoch zeichnet sich durch flachen Strand, besonders an der Montague= und Hansa=
bucht, durch Lagunenbildungen und Mangroven aus.

Die letztgenannten Vulkane sind die Fortsetzung der an der Nordküste von Neuguinea entlang
ziehenden Reihe von vulkanischen Inseln, von denen die meisten nur aus einem Kegelberg
bestehen und einige noch thätig sind. Von Osten aus gerechnet sind es: die nur aus einem schmalen
Kraterrand bestehende, 1888 thätig gewesene Ritter=Insel, ferner Tupinier, die dichtbewaldete,
1200—1500 m hohe große Ruck= (Rook= oder Umboi=) Insel, der 1585 m hohe Kegel Lottin
mit einem Krater auf der Spitze, die ebenere, vielfach flachhügelige, dennoch aber bis 600 m an=
steigende vulkanische Longinsel, die ebenfalls 600 m hohe Kroneninsel, der bewohnte und be=
waldete, halbzerstörte, 600 m hohe Kegelring Bagabag oder Wagwag, dann das dichtbewaldete,
1500 m erreichende Krakar oder die Dampier=Insel und der thätige Vulkan des 1300 m hohen
Hansakegels (Vulkaninsel oder Manumudar, s. Abbildung, S. 119), der durch die Stephan=Straße
von der Hansabucht getrennt wird, endlich der bewaldete, 600 m hohe, alte Krater Aris, in den
man durch einen Barranco hineinsehen kann. Die Hansa=Insel ist nach O. Finsch (‚Samoa=
fahrten‘) ein in seiner Form an den Stromboli erinnernder, bis zum oberen Drittel dichtbewal=
deter Berg mit ausgedehnten grünen Flächen und ein paar grasigen Hügeln. Das Bett eines
alten Lavastromes, den man bis zum Meer verfolgen kann, bildet eine gewaltige Schlucht, und
weiterhin sieht man die fast senkrechte kahle Wand des gegenwärtigen Hauptkraters, der etwas
niedriger als die eigentliche Spitze liegt.

Auch die Le Maire=Inseln, zwischen 145 und 143° östl. Länge, müssen noch als west=
lichstes Ende der Vulkanreihe aufgefaßt werden; sie haben einen noch thätigen Vulkan auf der
östlichsten Insel, den Lesson mit 600 m Höhe. Die übrigen sind Blosseville mit 300 m Höhe,
ferner Garnot, Hirt, Jacquinot, Deblois und Roissy sowie die niedrigeren Kairu, Guilbert und
Bertrand. Unter diesen sind Lesson und Blosseville in der Form sehr ähnlich. „Das Bild eines
typischen Vulkans", bemerkt O. Finsch (‚Samoafahrten‘), „zeigt Blosseville, ein steil aus dem
Meere aufsteigender, dichtbewaldeter, hoher Kegel, der immer interessanter wurde, je mehr wir
ihm näher kamen. Da zeigten sich die kahlen grünen und braunen Flecke als Plantagen, zum
Teil mit Kokospalmen, und oben am Kraterrand stand ein großes Dorf mit 20 Häusern."

Indem wir alle diese Vulkane der Reihe nach an unseren Augen haben vorüberziehen lassen,
sind wir ganz unmerklich hinüber nach Neuguinea geführt worden.

7. Neuguinea.

Die Neuguineagruppe umfaßt erstens die größte Insel der Erde, Neuguinea im eigent=
lichen Sinne, und sodann eine Reihe von Eilandtrupps, die im Südosten und Nordwesten den
Koloß umschwärmen und fortsetzen: dort als Louisiaden=, d'Entrecasteaux=, Trobriand= und
Wooblark=Inseln, hier als die Aru=Inseln, Salwati, Waigéu und die Inseln der Geelvinkbai.
Alles zusammengenommen macht dies ein Areal von mehr als 815,000 qkm aus, wovon etwa
30,000 qkm auf die Nebeninseln entfallen. Zwischen dem Äquator und 12° südl. Breite in ost=
südöstlicher bis südöstlicher Richtung streichend, ist die Gruppe in ihrer Gesamtheit von Australien
nur durch die inselreiche Torresstraße, von Neupommern durch die Dampier=Straße und von den
Molukken endlich durch einen etwas breiteren Meeresraum geschieden.

Der Sockel der Neuguineagruppe setzt sich an der ganzen Nordost= und Ostküste nur um
ein geringes ins Meer fort, so daß hier Steilküsten die Regel sind; den Südwesten und Süden
bilden jedoch, weil die Aru=Gruppe und der Archipel der Torres=Straße auf dem Sockel zwischen
Neuguinea und dem Kontinent liegen, Flachküsten, etwa von 146° östl. Länge aus nach Westen

hin. Da auch Waigéu und Salwati sowie der Schwarm der Geelvinkbai noch innerhalb der
200 m Tiefenlinie liegen, so herrscht an den Küsten Neuguineas im allgemeinen flaches Meer
vor; tiefes tritt nur im Nordosten und Osten dicht an die Küste heran. Auf einem breiten Sockel
erheben sich weiterhin die d'Entrecasteaux=Inseln; ein schmaler Sockel setzt Neuguinea durch die
Louisiaden nach Südosten hin fort. Unter diesen äußeren Umständen und Grundlagen ist es
nicht verwunderlich, daß einen großen Teil der Küsten Neuguineas Korallenriffe begleiten: im
Nordwesten tragen Waigéu und Salwati mehrfach Strandriffe, und einige kleinere Inseln sind
ausschließlich Korallenbauten; so erheben sich die Ajui bei Waigéu wahrscheinlich auf Barrier=
riffen. Strandriffe umsäumen die gebirgige Nordküste, die südlichen Inseln der Geelvinkbai sind
Korallenbildungen, und zahllose Riffe und Klippen bilden den Archipel östlich von der Schouten=
Insel. Strandriffe sind auch an der Nordostküste nicht selten, und bereits an der Geelvinkbai
beginnen die großen Korallenkalke, aus denen sich die Küste namentlich an der Dampier=Straße
bis zu bedeutender Höhe zusammensetzt. Und obwohl natürlich vor den Mündungen der großen
Flüsse Amberno, Kaiserin Augusta, Ottilie und Prinz Wilhelm die Küste frei von Riffen ist,
kommen doch niedrige Koralleninseln auch an der Nordostküste vor, wie z. B. die Gronemann=,
Colomb=, König= und Nielsen=Inseln. Dagegen fehlen im Alfurenmeer südwestlich von Neuguinea
die Korallenriffe fast ganz; daß sie jedoch in der Torres=Straße wieder ungeheuer zahlreich auf=
treten, haben wir bereits oben (S. 40) gesehen. Auch den ganzen Süden der östlichsten Halb=
insel Neuguineas begleitet, getrennt durch einen breiten Kanal, ein umfangreiches Barrierriff,
das weiter im Südosten vom Kap Colombier an ins Meer untertaucht. Nicht minder sind die
Louisiaden von breiten Barrierriffen umgeben, und ein ausgedehntes Barrierriff erstreckt sich von
dem zur d'Entrecasteaux=Gruppe gehörigen Duau und Moratau nordwärts bis zur Tróbriand=
Reihe, fast über zwei Breitengrade und westlich in schmaler Zunge bis zum Kap Ward Hunt.

Die Louisiaden oder Massim's Inseln erstrecken sich, westnordwestlich streichend, nach der
Südostspitze von Neuguinea hin inmitten von Korallenriffen als eine Gruppe von langen schmalen
Eilanden, unter denen eigentlich nur drei groß und hoch genannt werden können, während die
übrigen meist reine Korallenbauten sind oder kleine Klippen bilden. Noch weiter östlich, über den
154.° östl. Länge hinaus, liegt nur Duba, Arowa oder die Rossel=Insel (770 qkm), ein im
Rossel=Berg bis zu 838 m emporsteigendes Eiland, das in der Form mit seinen zwei nach Westen
gerichteten Spitzen der Insel Haiti gleicht und sich in einem umfangreichen Barrierriff in der
doppelten Länge der Insel westwärts fortsetzt. Tagula, die größte der Louisiaden, erreicht im
Rattlesnake=Berge etwa dieselbe Höhe wie die eben genannte und wird im Osten und Süden
von einem mächtigen Barrierriff umgeben.

Als Trümmer einer früheren Fortsetzung darf man die Jena=Inseln, Panatinani oder
Joannet und die Calvados=Kette betrachten, eine große Menge kleiner abgesprengter, bis zu
350 m hoher Schiefereilande, umkränzt von Barrierriffen. In deren Südwesten liegen die Atolle
des Langen Riffs, der Roßmann=, Stuers=, Suckling= und Dumoulin=Inseln; im Norden führt
das Renard=Atoll (Kimuta) über zu der hohen Insel Misima (St. Aignan oder Eruption;
275 qkm), die sich durch steile Küsten und den mit 1036 m Höhe alle übrigen Berge über=
treffenden Koiatau ganz besonders auszeichnet. Die de Boyne=Gruppe besteht wieder aus ein=
zelnen hohen Inseln inmitten eines Atollrings; die Bagawirana sind ein langgestrecktes Atoll
mit zahlreichen kleinen Eiländchen und unbewohnten blinden Klippen. Auch die Bonvouloir=
Inseln erreichen nur 120 m Höhe, der zerrissene Moresby=Archipel vor der Ostspitze Neuguineas
dagegen wieder 300—400 m Höhe. Durch die Entdeckung von Gold im Alluvium der Flüsse
der Südostinsel Tagula hat die sonst nicht so wichtige Louisiadengruppe und damit Britisch=
Neuguinea neuerdings größeren Wert erhalten.

Bekannter ist schon der d'Entrecasteaux=Archipel mit 3145 qkm Flächenraum, be=
stehend aus: Duau oder Normanby (880 qkm), Dobu oder Goulvain (10 qkm), Welli (55 qkm),
Moratau oder Fergusson (1320 qkm) und Dauila oder Goodenough (880 qkm). Diese hohen
Inseln setzen sich allem Anschein nach, da auf Duau Glimmerschiefer gefunden worden ist,
aus einem Grundgebirge von kristallinischen Schiefern, ferner aus Korallenkalk, der vielfach die
Küsten bildet, vornehmlich aber aus Eruptivgesteinen zusammen. In der Dawson=Straße ist
Goulvain oder Dobu ein offenbar noch nicht lange erloschener Vulkan mit einem Krater von der
Form eines langgezogenen Napfkuchens; unterbrochen von zahlreichen Einrissen und Schluchten,
zieht sich an ihm üppiger Wald bis zu zwei Dritteln der Gesamthöhe von 1000 m hinauf. Auf
der Südküste von Fergusson ragt ein anderer Krater wie eine alte Festungsmauer empor, ein
meist kahler Berg inmitten wenig angebauten und schwach bevölkerten Landes; und auch in den
Bachgeröllen von Normanby kommt Bimsstein vor.

Im Süden des Archipels steigen die 300 m hohen Berge der in drei Stücke zerfallenen
Lydia=Gruppe gegenüber der Südküste der Insel Duau auf, die durch ein 1100 m hohes Ge=
birge, Prevost, gebildet wird und bei weitem kultivierter ist. Ihre Westküste ist niedriger, wie
überhaupt Duau nach Norden hin langsam abfällt; doch vor der Dawson=Straße erhebt
sich auf der Nordwestspitze wieder ein 1000 m hoher Berg. Ein ausgedehntes Kokospalmengebiet
säumt im Westen einen Teil der Küste ein; im übrigen sind jedoch nach Finsch (,Samoafahrten')
„nur kleinere Bestände Kokospalmen neben größeren Flecken urbar gemachten Landes im Waldes=
dickicht der Berge zu sehen. Hier liegen vermutlich auch die Siedelungen versteckt; denn mancherlei
Gründe sprechen dafür, daß die Bevölkerung nicht ganz so gering ist, als es den Anschein hat."
An der durchgehends bergigen Ostküste von Duau fällt die Häufigkeit von Pflanzungen auf, viel
Kulturland und Kokospalmen, oft wahre Wälder davon, überall ausgedehnte Plantagen, Kokos=
haine und Fußpfade bis hoch in die Berge hinauf, aber trotz dieser deutlichen Zeichen des Bewohnt=
seins im ganzen wenig Siedelungen und Menschen. Die tiefe Weihnachtsbucht schneidet im Norden
in die Insel ein. Im allgemeinen entbehren die Nordküsten noch einer genaueren Aufnahme.

Welli oder Baputata ist eine langgestreckte, dichtbewaldete, niedrige Insel mit wenigen
grünen Hügeln. Moratau (oder Fergusson) dagegen, ein ansehnliches Gebirgsland von
800—900 m Höhe, wird wiederum im Süden von einer steilen Kette durchzogen, an deren
Gehängen viele Pflanzungen und Dörfer der Eingeborenen liegen, und fällt nach Norden lang=
sam ab. Doch gerade hier im Nordosten erhebt sich über dem Ganzen der dichtbewaldete, male=
rische Spitzkegel des Kilkerran=Berges zu 1400 m Höhe, wahrscheinlich ein erloschener Vulkan.
Während das Südgebirge von Moratau auf sein Gegenüber, Neuguineas Halbinsel Kap Vogel,
hinweist, erreicht auf der Insel Dauila (oder Goodenough) das Gebirge der d'Entrecasteaux=
Gruppe mit dem bedeutenden, 2593 m hohen Goodenough seine größte Höhe. Dieser Berg
ist der Gipfel eines nordwestlich verlaufenden, 1500—1800 m hohen Zuges, von dem herab
mehrere kleine Flüsse nach Südwesten laufen; die Nordostküste ist flach und mit zahlreichen
Pflanzungen der Eingeborenen dicht bedeckt.

Ein gewaltiges Riff verknüpft Dauila mit den zwischen 8 und 9° südl. Breite gelegenen
Trobriand= oder Kirivina=Inseln. Es sind dies das langgestreckte Jarab oder Waijowa, das
an die Gestalt eines Seepferdchens erinnert, und eine Menge kleinerer Eilande, die sämtlich auf
einem weiten Riffe liegen und sich zu nur geringer Höhe über das Meer erheben. Kokospalmen
fehlen völlig; „nichts als dichter Urwald säumt", nach O. Finsch, „gleich einem Gürtel ununter=
brochen das Ufer, welches zuweilen aus kahlem Fels, seltener aus Sandstrand besteht. Aber
hinter diesem Urwaldsgürtel befindet sich ausgedehntes, fruchtbares Land, in welchem die Ein=
geborenen ausgezeichnete Yams zeitigen." Mit den d'Entrecasteaux=Inseln umschließt Trobriand

die größte Rifflagune der Erde, die Lusancey-Lagune, deren Länge etwa 140 km, deren Breite 330 km beträgt. Östlich von Trobriand liegen weiterhin die Guawag-, dann die Ciarab- oder Albatros-Gruppe, ein fast kreisförmiges Atoll mit zahlreichen Inseln, ferner Mujua oder Woodlark, eine langgestreckte, niedrige zerrissene Insel, und die niedrige, mit Kokospalmen bestandene Korallengruppe Manemanema (Nabi oder MacLaughlin).

Von diesen Inselscharen im Südosten Neuguineas sind die hohen Louisiaden und die d'Entrecasteaux sowie der Moresby-Archipel und die Lydia-Insel ohne Zweifel abgerissene Stücke des Hauptes dieses ganzen Gebietes, Neuguineas, frühere Fortsetzungen seiner großen Gebirgskette, die hier im Kap Vogel, im Ostkap und an der Chinastraße ihr Ende findet. „Auf der Karte", sagt O. Warburg (,Verhandlungen der Gesellschaft für Erdkunde zu Berlin', 1892), „hat Neuguinea am meisten Ähnlichkeit mit einem vorsündflutlichen Saurier, der auf dem Bauche liegt, eventuell einige Fußanhänge besitzt und mit einem nicht sehr lang entwickelten Schweif versehen ist; mit dem erhobenen Kopfe schaut er gen Westen, also nach den Molukken und Java hin. Der Hals ist unnatürlich schmal, der Rachen des Ungeheuers, der MacCluer-Golf, ist ganz gewaltig, ja seit langer Zeit spukt die Behauptung, daß der Kopf mit dem Hals nicht in Verbindung steht, daß es also von dem Ende des Rachens aus eine Durchfahrt gäbe."

Der äußerste Osten von Neuguinea ist ein sanfter Hügel von 120 m Höhe; dann aber beginnt das Gebirge anzusteigen, und bald zeigen sich schöne Berge und senkrechte Felshörner, wie die „Fingerspitze" mit 900 m Höhe. Im Inneren liegt dann ein großartiges, schroff zu den Küsten abfallendes, wildromantisches Gebirge, dessen Hänge zum Teil mit saftig grünem Grase bestanden, dessen Schluchten bewaldet sind. Auch das obere Viertel trägt wieder Wald, in dem zahlreiche Wasserfälle wie Silberfäden aufblitzen und einzelne vorspringende Felspartien durch auffallende Formen das Auge fesseln. Auf den Höhen, zu denen steile Pfade hinaufführen, liegen Ansiedelungen der Eingeborenen. Wahrscheinlich ist die Gebirgskette aus archäischen Schiefern und alten Eruptivgesteinen zusammengesetzt; doch kommen auch jüngere Sandsteine und Kalksteine der mesozoischen und tertiären Zeit und junge Eruptivgesteine, Andesit, Basalt, z. B. an der Langemakbucht vor, sowie Serpentin, ähnlich wie auf Neukaledonien (S. 45). Die Nordostküste besonders umschließen Korallenbildungen völlig, während im Süden das weite quartäre Delta des Fly-Flusses dem inneren Gebirgszuge vorgelagert ist.

Im äußersten Osten Neuguineas sind drei Gebirgszüge erkennbar. Der nördliche beginnt am Ostkap, zieht unter dem Namen Stirling-Kette mit einer Höhe von 900—1200 m nach Westnordwesten und setzt sich als Basiliskkette südlich von der Goodenoughbai fort. Obgleich diese Gebirge gegen die Tauwarabucht hin sehr steil abfallen, findet sich doch auf ihnen viel Kulturland; freilich ist dies nur spärlich von Ansiedelungen besetzt: einige Missionsstationen, wie Mita, am Nordrande der genannten Bucht, sind fast die einzigen Lebenszeichen. Das Ostkap selbst ist eine schmale, mit einem runden Hügel endigende Landzunge, vor der zwei kleine, durch Riffe verbundene Inselchen lagern. Kokospalmen umsäumen den Strand, und das reiche Kultivations- und Kopragebiet, das an der Ostseite von Normanby seinen Anfang nimmt, setzt sich nach O. Finsch (,Samoafahrten') „mit gewissen Unterbrechungen vom Ostkap bis nahe an Bentley-Bai fort. Aber der Bergrücken wird allmählich höher, damit steigert sich der Reiz des Landschaftsbildes, das in der von hübschen Bergen umschlossenen Bai ein besonders ansprechendes wird." Die niedrigen Waldhügel der Halbinsel Ansell laufen in ein mit Mangroven bestandenes, wenig reizvolles Vorland aus, während weiter westlich an der Chads-Bai die Küste wieder malerischer wird.

„Merkwürdige Felsen", sagt O. Finsch, „die zwei übereinander stehenden Mauern ähneln, begrenzen die Chads-Bai nach Westen, können aber übersehen werden, da eine sonderbar geformte Bergspitze, die ihresgleichen sucht, das Auge fast ausschließlich gefangen hält. Unter den massigen, mit grünem Gras bekleideten Kuppen erhebt sich ein isolierter, schlanker, fast senkrechter, an 900 m hoher grüner Pik, die ‚Fingerspitze‘ Moresby's, ein gewaltiger und imposanter Bergobelisk. Mit dieser charakteristischen Partie entwickeln sich weiter westlich bis in die Tiefe der Goodenough-bai, auf eine Länge von fast 50 Meilen, immer neue und großartigere Gebirgsbilder, ein wunderbares Küstenpanorama, ohne Zweifel landschaftlich der schönste Teil, den ich in Neuguinea kennen lernte, und wahrscheinlich für die ganze Insel überhaupt. Das Gebirge fällt fast überall schroff und steil zur Küste ab, die nur hie und da ein beschränktes, meist mit Wald bedecktes Vorland aufzuweisen hat. Das Gebirge zeigt in seiner Kammlinie viele malerische Kuppen und Spitzen, zeichnet sich aber besonders durch steile Schluchten und Schlünde aus, die auf ihren Rücken schroffe Grate bilden. Trotz dieser markigen Gliederung fehlt das Wildromantische der eigentlichen Alpenlandschaft, weil nur selten größere Felspartien hervortreten, dagegen fast überall saftig grünes Gras die Seiten der Berge bekleidet, die nur in den Schluchten und im obersten Viertel oder Fünftel mit Wald bedeckt sind. Dieser Kontrast zwischen dem hellen Grasgrün und dem dunkeln, fast schwarzen Waldesgrün gehört zu den Eigentümlichkeiten dieses Gebirges, das sich außerdem durch zahlreiche Wasserfälle auszeichnet. Sie treten besonders gegen Kap Frère in überraschender Fülle hervor, einem gewaltigen, an 900—1200 m hohen massigen Gebirgsrücken mit fast horizontaler Kammlinie, dessen spaltenklaffende Seiten beinahe senkrecht ins Meer fallen. Zuweilen erblickte das Auge acht solcher Wasserfälle auf einmal, die freilich nur dünnen Silberfäden glichen, aber gerade deshalb besonders merkwürdig sind. Das herrliche Gebirge, das ich zu Ehren des ‚Basilisk‘ benenne, wird höher und zeigt imposante Kuppen, Spitzen und Hörner; vor einer Gebirgseinsattelung dehnt sich ein breiteres Vorland mit sonderbar geformten Vorbergen aus, die auffallend der Tafel eines Atlanten ähneln, die Gebirge der Welt darstellt, ein wahres Chaos von kleineren und größeren Pyramiden, die sich zuweilen giebelartig aneinander reihen. Diese mehrere hundert Fuß hohen Pyramidenhügel sind alle kahl und zeigten jetzt eine bräunliche Färbung, die nur durch spärliche Baumvegetation in den Schluchten unterbrochen wurde.“

Das Kulturland wird von der Chads-Bai an spärlicher, Kokospalmenhaine und Siedelungen werden selten, und wenige Hütten nur liegen an der Küste; dagegen mehren sich jetzt die Bergdörfer. Man erstaunt über die häufige Wiederkehr der angebauten Flächen in den höheren Teilen des Gebirges. Ob sich dieses Gebirge landeinwärts von der Collingwood-Bucht in den 500—1200 m hohen Hornby-Bergen, die durch eine niedrige Ebene von dem Basilisk-Gebirge getrennt zu sein scheinen, fortsetzt, ist bis jetzt noch unbekannt, ihre Richtung aber macht diese Annahme mindestens wahrscheinlich.

Die südliche der drei Bergreihen Südostneuguineas, die Fortsetzung der Moresby-Inseln, führt den Namen Lorne-Kette, erreicht in dem Gugusari-Gipfel eine Höhe von 1357 m und bricht bereits an der Pouro- oder Asuncionbucht wieder ab. Das System des in diese mündenden Sagara-Flusses, der nördlich von dem Gebirge entspringt und weiter fließt, trennt die Lorne-Höhen von der mittleren Hauptkette, die als 1000 m hoher Zug im Süden der Taurama- oder Milne-Bai beginnt, weiter westlich erheblich ansteigt und bald eine Reihe sehr hoher Gipfel trägt. Unter dem Namen Hercus-Kette erhebt sie sich von dem 1800—1900 m hohen Thompson-Berg bis zu der ansehnlichen Höhe von 3041 m im Simpson-Berg und behält auch weiterhin als Suckling-Kette beträchtliche Höhen bei: Dayman 2796 und Suckling sogar 3424 m. Etwas nördlich von 10° südl. Breite scheint sie eine scharfe Biegung nach Süden zu erleiden, setzt sich dann aber in der Obree-Kette fort. Aus dieser bricht der von Cuthbertson 1887 besuchte Ormond-Fluß hervor, der als Margaret und Kemp Welch die Südküste unter 10° südl. Breite erreicht. Hier steigt der 2440 m hohe Wonorogoroberg empor; die Gehänge sind dicht bewaldet, und zahlreiche Dörfer bedecken besonders den Südwesten der Kette. Eine Reihe von Nebenzügen lagert zwischen ihr und der Südküste, wie die Macgillivray- und die Astrolabe-Kette, doch liegt meist noch ein Streifen flachen Landes unmittelbar am Meere. Unter dem 9. Grade südl. Br. sinkt das Gebirge etwas: eine ziemlich zerrissene Einsattelung formt sich hier aus niedrigen, bewaldeten Hügeln von rundlicher Gestalt. Dann aber steigt es in der Owen-Stanley-Kette wieder zu 4000 m Höhe empor, der größten Bodenerhebung in Neuguineas Südosten. Ihr östlichster Gipfel ist der Vic-toria-Berg, die höchste bisher von einem Forscher erklommene Spitze der Insel.

Die Besteigung des Victoria-Gipfels durch MacGregor erfolgte in der Zeit vom 17. Mai bis 11. Juni 1889 von Port Moresby aus im Wanapa-Thale aufwärts. Von der Höhe des Berges, der auf 300 m vom Gipfel abwärts kahl ist, übersah man das Meer im Süden und Norden und stellte fest, daß der Abfall des Gebirges nach Norden sehr viel sanfter ist als nach Süden, so daß ein einseitiger Bau angenommen werden darf. Eine Reihe von 3000—3800 m hohen Gipfeln wurden benannt, meist granitische und Schieferberge; viele Flüsse entspringen in dieser Kette und strömen nach der Küste hinab.

In nördlicher Richtung erstreckt sich ein Bergland, das in den Gipfeln Gillies und Parkes wahrscheinlich noch 2000—2500 m erreicht und von der, an der deutsch-britischen Grenze in den Huon-Golf fallenden Spree durchzogen wird. In seinem Oberlauf durchströmt dieser Fluß ein breites Waldthal mit drei großen Lichtungen und zahlreicher Bevölkerung und scheint dann durch die Gillies-Parkes-Berge hindurchzubrechen. Jedenfalls liegen nördlich vom Owen-Stanley-Gebirge nur noch wenige hohe Gipfel: die Hauptkette verläuft in der Nähe der Südküste und er-reicht im Douglas noch 3597, im Knutsford 3406 m und erniedrigt sich dann schnell. Die größte Anschwellung der Gebirgskette scheint unter 8½° südl. Breite in der Mitte der Insel zu liegen, wo westlich vom Gillies- der Albert-Edward-Berg auf 3800 m geschätzt worden ist. Ein niedriger Sattel mit großem breiten Thale, das die Quellflüsse des Kiwa als Weg benutzen, vermittelt den Übergang von der Owen-Stanley-Kette zu ihrer Fortsetzung, der Robio- oder Yule-Kette. Hier strebt der 1890 ebenfalls von MacGregor bestiegene Robio- oder Yule-Gipfel bis zu 3064 m Höhe hinan und macht sich damit zum Haupt eines überaus scharf gezackten, aus dem Hochwald des Unterlandes emporragenden Gebirgszuges, aus dem als allenfalls noch er-wähnenswert die Lully- und Drew-Berge und die Verjus-Spitze aufragen. Es scheint, daß hier die höchsten Erhebungen der Gegend liegen, denn nordwärts zum Huon-Golf dehnt sich ein ver-hältnismäßig flaches Land aus, in dem eine dichte Bevölkerung hausen soll.

Weiter nordwestlich erhält das das britische Neuguinea durchziehende Gebirge den Namen Albert-Berge und Albert-Victor-Kette. Ihre Höhe wird auf 4000 m geschätzt, auch ist eine Reihe von einzelnen Bergen bereits mit Namen belegt worden, aber zur Besteigung selbst nur eines einzigen von ihnen ist es noch nicht gekommen. Dagegen sind die Flüsse bis an den Rand der Gebirgskette befahren; so der in die Romilly-Bai mündende Queens-Jubilee-Fluß, der schon bei seinem Austritt aus dem Gebirge 180 m breit und sehr tief ist, ferner der Stanhope- und der Philp-Fluß. Sie münden sämtlich in das wasserreiche, sumpfige Küstengebiet östlich von den Flymündungen in zahlreichen Verzweigungen unter deltaartiger Verbreiterung. Der westlichste der drei genannten Ströme, der Philp, durchbricht in Stromschnellen die goldhaltigen Basalt- und Kalksteingebiete, die sich unter den Namen Dawes-Höhen, Stanhope-Kette, Bevan-Berge und Benwell-Höhen, der Hauptkette vorgelagert nach Westnordwesten hinziehen. Er kommt augen-scheinlich weit aus dem Innern, benutzt eine Erniedrigung in der Hauptkette zum Durchbruch, ist aber nicht sehr wasserreich. Westlich von seinem Durchbruch macht das Hauptgebirge, hier War-haragi-Berge genannt, eine Krümmung und zieht dann als Musgrave- und als Sir Arthur Gordon-Kette mit 2000—3000 m Höhe in das noch fast völlig unbekannte Innere. Nur an einer Stelle sind seine Vorberge besucht worden, und hier fand man unter 142° östl. Länge an ben Quellen des Flyfluffes, daß sich über wellenförmigem Hügelland die 1800 m hohe Blücher= und die Müller=Kette erheben; dahinter entdeckte man noch die 3000—3600 m hohe Victor= Emanuel=Kette mit steilen zerrissenen Formen und wenig Pflanzenwuchs auf den Gipfeln, aber dichtem Wald an den Gehängen.

An die Hauptgebirge des südöstlichen Neuguinea, die wir hiermit in großen Zügen geschil= dert haben, scheinen sich immer neue anzuscharen, die sich von dem Kap Vogel an, die Ostküste der Insel eigentümlich gestaltend, als eine Reihe von Vorsprüngen der Küste äußerlich deutlich machen. Die erste Bergreihe erfüllt nördlich von der Goodenough=Bai die Vogelhalbinsel. Wie wir oben (S. 124) gesehen haben, nimmt den südlichen Rand dieser Bai das Basiliskge= birge ein; der nördliche Teil hat aber einen ganz anderen Charakter: es durchzieht nämlich die Vogelhalbinsel eine Reihe von niedrigen Rücken von 100—300 m Höhe, die zum größten Teil Wald, zum kleinen Teil nur dichtes Gebüsch tragen und neben wellenförmigen Gehängen auch sattelartige Einfurchungen aufweisen. Mangroven umsäumen die Küste an mehreren Stellen, voller Wald bekleidet das Südufer der Collingwood=Bucht, und dem Kap Vogel selbst, einem 130 m hohen, steilen, mit Vegetation dicht überzogenen Hügel, ist Kulturland vorgelagert, das von Kokospalmen bestanden ist. „Grüne Flächen und Hügel treten (nach O. Finsch's ‚Samoa= fahrten') jetzt an Stelle der Hochgebirge, und die ganze Küste nimmt einen anderen Charakter an. Seit Catherine=Insel sehen wir zuerst wieder kleine Inseln vorgelagert, die meist niedrig, dicht mit Mangrove bestanden und häufig durch Riffe mit dem Festland verbunden sind. Wäh= rend es in Goodenough=Bai nicht ein Riff gibt, werden solche von jetzt an häufiger und mahnten den Schiffer zur Vorsicht. Diese ist um so mehr geboten, als wir fast an dieser ganzen Küste bis Mitrafels trübgefärbtes Wasser beobachteten."

Jenseits der flachen Collingwood=Bai erhebt sich als ein neuer Vorsprung der Küste das hohe Nelson=Gebirge, dessen Bergmassen vielleicht eine Fortsetzung der die d'Entrecasteaux=Inseln durchziehenden Kette sind und als ein neuer Gebirgsast vor die übrigen Höhenzüge des Haupt= körpers der Rieseninsel treten. Die beiden höchsten Spitzen, Trafalgar und Victory, sind nur 1200 m hoch, stark bewaldet und gehen in grasige schiefe Flächen über, die von dicht bewaldeten Schluchten durchzogen werden. Die malerische Nelson=Kette, vor der die südlichen Mangroven= bestände den Meeresrand beleben, ist fast unbewohnt, scheint aber für Anbau geeignet zu sein.

In die hier sich anschließende flache, an den Ufern walbige, der Collingwood=Bai ähnelnde Dyke=Acland=Bucht, deren Umrisse durchaus noch nicht feststehen, scheint ein größerer Fluß zu münden; die Küste ist sehr schwach bewohnt. Gebirge von etwa 1000 m Höhe ziehen westlich vom Nelson=Zuge, wohl als dessen Fortsetzung, ins Innere hinein, erniedrigen sich an der Küste unter 9° südl. Breite zu 600 m in der Hydrographenkette, die durch eine stark bewaldete Ebene vom Meere getrennt ist, und entfernen sich allmählich so weit von dem Strande, daß die Holincote= Bai von einer weiten, mit gleichmäßig hohen Kasuarinen bestandenen Ebene begrenzt wird.

In der Nähe des 8. Breitengrades schiebt sich abermals ein Bergzug bis an die Meeres= küste vor. Bekannt ist sein äußerster Ausläufer, der Mitra=Felsen, weil er den deutschen und den britischen Besitzungen als deutlicher Grenzpfeiler dient, ein isoliert aus dem Meere aufsteigender, 15 m hoher, kegelförmiger, oben mit grünem Buschwerk bewachsener Stein. Die Küste besteht hier am Grenzkap aus 50—100 m hohen, steil zum Meere abfallenden, walbigen Rücken. Hieran schließt sich zwischen den Flüssen Spree und Herkules flache Küste mit schmalem Uferwald, sumpfigem, mit Nipapalmen geschmücktem Hinterland und sandigem Boden, auf dem sich ran= kende und kriechende Winden hinziehen.

Vom Herkulesfluß bis zum inneren Winkel des Huon=Golfes, in den der breite Markham= Fluß fällt, ist die Küste wieder steiler. Bewaldete Berge steigen nach Nordwesten von 100 auf

600 m Höhe hinan; dahinter treten zwei weitere Ketten, von denen die innerste 2000 m hoch sein mag, hervor: imposante Gebirgsbilder mit grellen Tinten in Schwarz, Violettschwarz, Dunkelblau und zartem Grün. An der Küste schließen stumpfe, bewaldete Hügel das sumpfige, mit Kasuarinen, Ried, Binsen und Pandanus bewachsene Vorland ab, und aus dem Meere tauchen kleine hügelige, mit dichtem Wald oder Buschwerk bekleidete unbewohnte Eilande auf: Luard, Layard, die Fliegeninseln und Longerue oder die Sattelinsel. Einige nach den deutschen Mittelstaaten benannte Buchten schneiden in die Steilküste, die nur geringes Flachland aufweist, ein, und eine Anzahl von Flüssen, wie der Margot- und der Franziska-Fluß, jener 200, dieser 50 m breit, führen ihr trübes Wasser in die See. Vor dem Franziska-Fluß springt die Parsenspitze nach Norden vor und bildet dadurch den Samoahafen. Von hier an wird auch das Küstengebirge höher: über den Herzogsseen an der Küste steigen die bis zu 1000 m hohen Herzogsberge empor, vielleicht die Ausläufer der Bismarck-Kette des Inneren.

In den am tiefsten eingeschnittenen Winkel des Huon-Golfes mündet der ein Delta bildende und seeartig erweiterte Markham-Fluß, dessen Mündung wie die der meisten dortigen Ströme leider durch eine Barre versperrt ist. Der Charakter der Küste bleibt auch an dem Nordufer des Golfes derselbe: „Berge und Gebirge, von der Sohle bis zum Scheitel dicht bewaldet, wie das Vorland, welches durch Zurücktreten der Berge zuweilen sich ansehnlich weit ausbreitet."

Hinter den niedrigen Vorbergen steigen nun höhere Gebirge auf, die die ganze Halbinsel nördlich vom Huon-Golf einnehmen. Sie beginnen jene große Bismarck-Kette, die das Innere des deutschen Schutzgebietes durchzieht und sich als zweite hohe, ja vielleicht als Hauptkette der ganzen Insel erweisen dürfte. Sie scheint zu beiden Seiten des Huon-Golfes auszukeilen, im Süden in dem Herzog- und dem Kaiserberge, im Norden im Rawlinson-Gebirge. Dieses ist etwa 1200 m hoch, zeichnet sich durch schöne Thäler, muntere Bäche und reiche Vegetation vorteilhaft aus und besteht wohl aus drei dicht bewaldeten Zügen, die allerdings mit ihren sanften Formen, nirgends grotesken Felspartien und den eintönigen Grün ihrer Walddecke das Auge etwas ermüden und überdies ihre höchsten Kuppen meist in Wolken verstecken. Bedeutender sind noch die Berge südlich vom 6. Breitengrade im Inneren der Halbinsel, unter denen der Cromwell oder Ullur 2347 m Höhe erreichen, andere sogar 3000 m überschreiten sollen. An der Ostspitze des Huon-Golfes ändert sich plötzlich der Charakter der Landschaft. Obwohl die Berge des Inneren höher werden, ist ihnen an der Küste eine Zone gehobener Korallenkalke vorgelagert, die zwar durchaus nicht hoch sind, aber sehr eigentümliche Formen aufweisen.

„Anstatt der höheren, dicht bewaldeten Gebirge", bemerkt O. Finsch („Samoafahrten'), „begrenzen hier niedrige, nur etliche hundert Fuß hohe Hügelreihen das Ufer, auf denen hellgrüne Hänge und Matten mit größeren und kleineren, dunkelgrünen Wäldern, Hainen und Baumpartien in der mannigfaltigsten Weise abwechseln. Die Gegend macht ganz den Eindruck eines verwilderten Parkes, und es fehlen nur Villen, geebnete Wege und Viehherden, um sich an die Ufer eines heimischen Sees versetzt zu fühlen, denn der Charakter der Vegetation hat gar nichts Tropisches. Nur hier und da sieht man eine kleine Gruppe Kokospalmen am Ufer, aber keine Niederlassungen dabei. Die Dörfer mögen versteckt in den Schluchten und Buchtungen liegen und sind von See aus nicht sichtbar. Dagegen erkennt man schon deutlich die Anfänge jener Terrassenbildung, welche westlich am Festungshuk so prägnant hervortritt." Diese überaus charakteristische Terrassenbildung ist schon auf Seite 40 besprochen worden.

Den folgenden Abschnitt der Nordostküste Neuguineas zwischen dem Kap König-Wilhelm und der Astrolabe-Bai faßt man unter der Bezeichnung Maclay-Küste zusammen, einem Namen, der nach dem russischen Reisenden Miklucho Maclay gegeben ist, dessen Arbeitsfeld in den siebziger Jahren hier lag. An der westnordwestlich gerichteten Küste wechseln zahlreiche vorspringende Spitzen in bunter Reihe mit eingeschnittenen, flach geschwungenen Buchten, denen gute Häfen ganz, Ebenen fast ganz mangeln. Größtenteils tritt die gehobene Korallenformation direkt an das Meer heran und schafft dadurch Steilufer, die von zahlreichen tiefen Schluchten durchsetzt sind, in denen tosende Gebirgsbäche zum Meere hinabeilen. Einige dieser Schluchten sind etwas breiter und haben eher schon den Charakter von grünen Thälern, die sich weit ins Gebirge hineinziehen mögen. „Da, wo die interessanten Schluchten (im Osten) aufhören, wird (nach Finsch) das grasige Vorland breiter, und an den fast baumlosen, ebenfalls in saftiges Grün getauchten Bergen machen sich wiederum terrassenförmige Absätze bemerkbar." Westlich von den Schluchten zieht sich das Terrassenland von neuem hin, „mit seinen braunen und grünen Streifen, die sich mit einer Regelmäßigkeit, wie mit der Meßkette gezogen, für Meilen und Meilen fortsetzen". Die Terrassen streben westlich vom Dallmann-Flusse bis zu einer Höhe von beinahe 150 m hinan und tragen eine tiefe Humusschicht, auf der das am Ufer grobe, mannshohe Gras immer feiner und besser wird. Doch bildet es keinen zusammenhängenden Rasenteppich, sondern bringt es nur zu einzelnen Büscheln, während die Ränder der Schluchten von Gebüsch und kleinen Baumgruppen eingenommen werden. Über dem Ganzen erhebt sich das steile, dicht bewaldete Küstengebirge. Westlich vom Kap Teliata verschwindet das Terrassenland allmählich, und an seine Stelle tritt niedriges, stellenweise zu vollkommenen Ebenen ausgedehntes grasiges Vorland; dahinter klettern wiederum Grasflächen bis zu 400 m Höhe am Gebirge hinauf, während die höheren Teile der etwa 2000 m hohen Bergkette in Wäldern versteckt sind. Zahlreiche Wildbäche mit steinigen Betten stürzen ins Meer hinab, doch kein einziger Fluß von einiger Bedeutung mündet an dieser Steilküste. Auf jähe Spalten und Schluchten in den grasigen Bergen stößt man bis zur Astrolabe-Bai hin; dann aber wechselt das Landschaftsbild: dichter Urwald tritt an das Ufer. Die Bai selbst ist „rings von hübschen, dicht bewaldeten Bergreihen umschlossen, hinter denen gegen Süden stattliche Gebirgszüge hervorragen. Die in den Schluchten lagernden weißen Wolkenmassen, welche so sehr weißen Schneeflocken gleichen, geben diesem schönen Gesamtbild erhöhten Reiz." (Finsch.) Die Ebene am Ufer der Astrolabe-Bai ist zum Hauptsitz der deutschen Kolonie herangewachsen und trägt jetzt mehrere aufblühende Ansiedelungen; an ihrem nördlichen Ende liegt der jetzige Mittelpunkt der Verwaltung, der Friedrich-Wilhelms-Hafen. Zwei Flüsse münden in diese Bai, von denen der aus Westnordwesten kommende Gogol durch mehrere größere Ebenen an seinen Ufern begründete Aussicht auf Verdichtung der Bevölkerung und Ausdehnung des Anbaues gibt, während der an Stromschnellen reiche Kabenau oder Gabina, der von den hohen Bergen der im Süden gelegenen Finisterre-Kette herabstürzt, wirtschaftlich ohne Bedeutung ist, obwohl gerade er den Weg zu der ersten Ersteigung einer der hohen Gebirgszüge des Kaiser-Wilhelms-Landes gewiesen hat.

Alle Versuche, diese Gebirge zu ersteigen oder auch nur zu erreichen, waren an der Schwierigkeit des Vorwärtskommens im dichten Urwald, an dem Mangel an Trägern und der deshalb nur geringen Menge von mitführbaren Lebensmitteln gescheitert. Meist erlauben kaum die Flußbetten das Weiterkommen, und die Eingeborenen weigern sich, als Führer zu dienen, ja leiten oftmals absichtlich die Fremden irre. Der einzige Europäer, der an den Finisterre-Bergen eine Strecke weit (nur bis zur Höhe von 1525 m) aufwärts gelangte, ist Hugo Zöller, und auch dieser konnte nur im Flußthal des Kabenau, zum Teil eingezwängt zwischen hohen Felswänden, Wasserfällen, senkrechten Abstürzen, Engpässen, aufwärts klimmen. Besonders bezeichnend sind für diese Gegenden die Schmalheit und Steilheit der Gebirge, der Mangel an breiten Thälern und weitgedehnten Hochflächen, der schluchtartige Charakter der meisten Flußthäler. Auch der Kamm des Finisterre-Gebirges stellte sich als ein so schmaler Grat dar, daß keine Plätze zum Lagern vorhanden waren.

Zöller's Besteigung im Jahre 1888 ergab, daß drei hohe Ketten von der Küste aus nach dem Inneren zu angenommen werden müssen. Über dem reichbewaldeten Küstengebirge steigt zunächst die Finisterre-Kette auf, deren vulkanisches Gestein einen scharfen Gegensatz zu den Korallenkalken des Strandes bildet; unter dem 6. Breitengrade soll sie in dem Schopenhauer- oder Disraeli-Berg etwa 3350 m, im Kant- oder Gladstone-Gipfel 3175 m, in dem Neven du Mont endlich 2660 m Höhe erreichen. Einen flachen Rücken mit sehr scharfem Abfall, der überhaupt nur mit Hilfe von einigen Halt gebenden Sträuchern, Büschen und Bäumen zu erklimmen war, schmückt hier ein prächtiger, moosbekleideter Hochwald, dessen mächtige Riesenstämme vielfach vermodernd und vermodert am Boden liegen; anscheinend ist das ganze Finisterre-Gebirge bis an die höchsten Spitzen mit Wald bekleidet. Zwei Nebenäste, ein nördlicher und ein südlicher, lassen sich außer der soeben geschilderten Hauptkette des Finisterre-Gebirges unterscheiden; zwischen dem mittleren und dem südlichen Höhenzuge fließt der Kabenau.

Ein Teil der Bismarck-Kette mit der vorgelagerten Krätke-Kette. (Nach H. Zöller.)

Von seinem Standpunkt in 1525 m Höhe vermochte nun H. Zöller zwei weitere Ketten im Inneren zu unterscheiden: das schon von Küstenfahrern, wie Finsch, gesehene und von ihm benannte Bismarck-Gebirge und zwischen diesem und den Finisterre-Höhen die Krätke-Kette. „Der ein Hochgebirgsbild von unsagbarer Großartigkeit entrollende Blick von der Höhe des Finisterre-Gebirges (‚Petermanns Mitteilungen‘, 1890) zeigte uns, daß das bisher bloß in seinen Ausläufern von der See aus gesehene Bismarck-Gebirge, dessen höchste Gipfel jedoch wegen des vorgelagerten Finisterre-Gebirges vom Meer oder von der Küste aus nicht sichtbar sind, sich, was bisher von niemand geahnt worden war, in weitem Bogen in der Richtung nach Finsch-Hafen hinzieht, und daß ihm ein anderes, im Zöller-Berg gipfelndes Hochgebirge, nämlich das Krätke-Gebirge, vorgelagert ist. Die Reihenfolge ist also vom Meere aus: Küstenkette, Finisterre-, Krätke- und Bismarck-Gebirge. Daß der von uns zum erstenmal erblickte Otto-Berg die höchste Bodenerhebung Deutsch-Neuguineas darstellt, dürfte, wenn es auch nicht erwiesen werden konnte, doch mindestens nicht unwahrscheinlich sein"; ja, vielleicht trägt der Berg sogar Schnee in der Einsattelung zwischen seinen beiden Spitzen. (Siehe die obenstehende Abbildung.)

Im Bismarck-Gebirge sind der Otto-Berg und der Herbert-Berg auf etwa 5000 m, der Marien- und der Wilhelms-Berg um einige hundert Meter niedriger geschätzt worden, und in der Krätke-Kette sollen Zöller- und Hellwig-Berg je etwa 3500 m erreichen. Die Krätke-Kette scheint die unmittelbare Fortsetzung der Rawlinson-Berge zu sein, die Bismarck-Höhen dagegen dürften wohl zu den Hauptsträngen des großen Gebirges im innersten Neuguinea gehören. Ganz unbekannt ist uns aber noch, was eigentlich zwischen der Bismarck-Kette und den Sir Arthur-Gordon-Gebirgen auf britischem Gebiet liegt.

Ein bewaldetes Bergland und hohe zerrissene Gebirge scheinen sich westlich von der Astrolabe-Bai ins Innere zu ziehen; ziemlich nahe der Küste erreichen sie immer noch 1000—1200 m, die Vorberge (wie die Hansemann-Berge) 400—500 m, die Küstenhügel 100—200 m Höhe. Die Küste zwischen der Astrolabe-Bai und dem Kaiserin-Augusta-Fluß entbehrt noch eines einheitlichen Namens und bietet wenig Besonderes dar. Nur ein paar kleine Küstenflüsse, deren bedeutendster der Margareten-Fluß bei Hatzfeldt-Hafen ist, bewässern die grasigen Höhen, und von guten Ankerplätzen gibt es sehr wenige, da Riffe und Koralleninseln (wie die Legoarant-Gruppe) der Küste vorgelagert sind. Erst unter 4° südl. Breite münden in einem mit Palmen und dichtem Walde bestandenen feuchten, sumpfigen Mündungsgebiet der 400 m breite, anscheinend kurze Ottilien-Fluß, der Prinz-Wilhelms-Fluß und schließlich der gewaltige Kaiserin-Augusta-Fluß, dessen Vorhandensein wegen der tiefbraunen Färbung der See an der Mündung zwar schon seit einem Vierteljahrtausend vermutet war, aber erst 1885 durch O. Finsch auf der „Samoa" festgestellt wurde. Im April 1886 wurde er dann vom Kapitän Dallmann, Dr. Schellong und Hunstein besucht und im Juni und Juli 1887 von der wissenschaftlichen Expedition unter Schraders Führung bis 141° 50' verfolgt. Das Wasser vor der Mündung des Kaiserin-Augusta-Flusses ist, wie gesagt, weithin gelbbraun gefärbt; der Unterlauf des hier 12 Fuß tiefen Stromes, in dem viele Baumstämme umherschwimmen, ist von waldigen Ufern umgeben und weniger leicht befahrbar als der Mittellauf; allein auch der Oberlauf kann mit Barkassen bis nahe an das Gebirge, aus dem der Strom zu entspringen scheint, verfolgt werden. Die nördlichen Ufer des Flusses sind im allgemeinen ganz flach, die südlichen dagegen erhöht; ja an einer Stelle durchbricht der Strom sogar einen Gebirgsriegel aus Gneis und Granit, ohne jedoch Stromschnellen zu bilden. Er bietet daher eine ausgezeichnete Wasserstraße bis tief in das Land, selbst für kleine Seedampfer, mit Ausnahme der Regenzeit, wo er dann durch die weit ausgedehnten Überschwemmungen sehr lästig fällt. Flaches Grasland, Sümpfe und Wald wechseln am Ufer des Flusses ab, der von Süden her eine Menge Zuflüsse aus dem Inneren erhält.

Bietet also schon der Norden einen bedeutenden Fluß, so entsendet das zentrale Gebirge nach Süden einen noch größeren, den Fly-Fluß. Mit einem gewaltigen Delta fällt er in den Papua-Golf und hat hier dem Rumpfe der Rieseninsel ein weites Tiefland mit Sümpfen, dichtem Walde und Mangrovendickicht hinzugefügt. D'Albertis, der den Fly-Fluß 1876/77 bis an das von ihm benannte Viktor-Emanuel-Gebirge befahren hat, schildert ihn als einen stattlichen Strom mit meist 5—15 m hohen Ufern, die im Anfang sehr dicht bewaldet sind, im Mittellauf dann mehr den lichteren Typus der Eukalyptus-Wälder Australiens tragen und im Delta schließlich wieder ungemein üppig bestanden sind. Auch Grasebenen mit Lagunen ziehen sich den Mittellauf entlang, und Hügel von zum Teil konischer Form beleben die Eintönigkeit des Horizonts. Das Delta ist außerordentlich groß und ein gewaltiges Inselgewirr; vor ihm hat sich der Maikassa oder Baxter-Fluß selbständig gemacht, der nun südlich von der Deltawurzel in die riffbedeckte Torres-Straße mündet.

Die beiden Quellen des Fly-Stromes sind die unter 6° südl. Breite sich vereinigenden Flüsse Palmer und Fly, denen unter 6° 10' vom Westen her der Alice-Hargrave zugeht. Ein großer östlicher Nebenfluß, der aus der Blücher=Kette kommende Strickland, vereinigt sich mit dem Fly nördlich vom 8. Grade; und dazu kommen noch eine Reihe von kleineren, aber wasserreichen Flüssen, wie der Bamu oder Aworra, der Georg=Fluß oder Turama, die alle das Tiefland süd= östlich vom Fly zwischen dichtem, sumpfigem Walde, Kokospalmen, Bananen, Sagopalmen, Brot= fruchtbäumen und den Pflanzungen der Eingeborenen durchziehen. Ausgedehnte Grasümpfe, dichter, niedriger Wald und wellenförmiges Land nehmen das Gebiet südwestlich vom Unterlauf des Fly ein; hier läuft der von Mac Gregor befahrene Moreheab= oder Heath=Fluß in die Heath= Bai. Noch weiter im Westen dehnt sich die niedrige Kokospalmenküste mit zahlreichen Flußläufen bis zur flachen Prinz=Friedrich=Heinrich=Insel aus. Über diese Gebiete wie über die Timoraka=

Das Konkorbia=Kap und der Bougainville=Berg, Nord=Neuguinea. (Nach O. Finsch.)

Küste am Nordostufer der Alfuren=See wissen wir aber bisher weiter nichts, als daß überall flacher, sumpfiger, riffloser Strand mit Mangrovenbildung herrscht; erst die Pisangbai und der Utanata=Fluß sind wieder etwas bekannter.

Das Innere des Landes kennen wir westlich vom Fly noch weniger als östlich davon, da nicht einmal der Verlauf der Gebirgsketten hier fest steht. Von den Quellen des Fly bis zu dem Halse im Süden der Geelvink=Bai erstreckt sich auf den Karten die Reihe der „Schneeberge": ob auch in Wirklichkeit, ist noch zweifelhaft, aber wahrscheinlich, da bereits eine sehr große Anzahl von erfahrenen Seefahrern von ihrem Vorhandensein berichtet haben. Vielleicht sind diese Schneeberge nur zu gewissen Zeiten des Jahres verschneit; doch wird ihre Existenz dadurch wahrscheinlicher, weil ja, wie oben (S. 129) erwähnt, auch im Kaiser=Wilhelms=Land Zöller Schnee gesehen haben will. Man gibt diesen Bergen den Namen Charles=Louis= oder Karl=Ludwig=Kette und schätzt ihre Erhebung unter 137° östl. Länge auf 4000, unter 138° östl. Länge sogar auf 5100 m, eine Höhe, die mit denen des Bismarck= und Owen=Stanley=Gebirges ziemlich übereinstimmen würde. Möglicherweise bilden sie daher den nordwestlichen Teil der großen Hauptkette Neuguineas.

9*

Die Nordküste hat zwischen dem Kaiserin-Augusta-Flusse und der Humboldt-Bai die Namen Hansemann- und Finsch-Küste erhalten. Sie ist im ganzen mittelhoch und dicht bewaldet; hinter ihr ragen 1000—1200 m hohe Berge über grasigen Gehängen auf, das Prinz-Alexander-Gebirge mit malerischen Kuppen und das 900 m hohe Torricelli-Gebirge, ein dicht bewaldeter, in seiner Kammlinie ziemlich einförmig verlaufender Rücken, über dem sich die Hohenlohe- und Langenburg-Spitzen scharf abheben. Ausgedehntes Waldland und Kokospalmen, niedrige Hügel ziehen der Küste entlang, wo sich eine Reihe kleiner Flüsse ins Meer ergießt und Dörfer der Eingeborenen liegen; dagegen sind andere Strecken, z. B. östlich vom Baubissin-Huk, menschenleer und nur mit Kasuarinen bestanden. Überhaupt wird von hier an nach Westen zu die Küste immer langweiliger: „überall dieselben eintönig dunkelgrünen Hügelketten, die wie mit einer einzigen Laubholzart bewaldet erscheinen, keine Kokospalmen und keine Menschen". (Finsch.) Höhere Berge zeigen sich erst wieder bei der Annäherung an die niederländische Grenze. Dort erheben sich über dem dichtbewaldeten Uferhügelland einförmige hohe Rücken, und darüber ragt der 900 m hohe, die Form eines abgestutzten Vulkankegels tragende Bougainville-Berg oder Cyries (s. Abbildung, S. 131) auf, vor dem die Friederichsen-Bai und der Angriffshafen eingeschnitten sind.

Größer und auch bekannter ist die Humboldt-Bai mit dem steil abfallenden Kap Bonpland als östlichem Eckpfeiler und der pyramidenförmigen Mera-Spitze im Hintergrund. Roter Thon, das Verwitterungsprodukt eines roten Glimmerschiefers, der malerisch gegen die grüne Ufervegetation absticht, hat diesem Berge den Namen und dem ganzen Landstrich die Bezeichnung Tanamera (rotes Land) eingetragen. Die archäische Gebirgskette tritt somit hier an das Meer heran. Den anderen Eckpfeiler der Humboldt-Bai bildet der 150 m hohe, steile, dicht bewaldete Felsen des Kap Caillié.

Ähnliche Züge trägt weiter westlich die Küste an der Doré-Bai: auch hier erheben sich 900 m hohe, grasige und walbige Berge, mit Ebenen und isolierten Kuppen darüber; doch erst unter 139° östl. Länge schwellen sie in den Gautier-Bergen zu 2000 m Höhe an. Eine Reihe von kleineren Eilanden lagert von der Walkenaer-Bai an vor der Küste: die Podena-Inseln, Jamma, Sarmi, Lamsutu, die Kumamba-Inseln und Liki. Dann folgt am Kap d'Urville das Delta des großen Amberno- oder Rochussen-Flusses, der aus dem Van Rees-Gebirge heraus in gewundenem Laufe hervorfließt, mit zahlreichen Armen und unter Inselbildung, inmitten Mangrovesümpfen, ähnlich wie der Fly mündet und weithin das Meerwasser so sehr trübt, daß, auch abgesehen von den vorgestoßenen Schlammbänken und ausgetriebenen Baumstämmen, gerade deswegen seine Existenz lange vor seiner Entdeckung vermutet worden ist.

An den Mündungen des Amberno öffnet sich die weite, tief nach Süden einschneidende, durch die vorgelagerte Schouten-Gruppe und die Eilande Jappen und Mefur geschützte Geelvink-Bai, in deren Süden die Karl-Ludwig-Kette enden soll. Die lange, schmale Insel Jappen trägt eine hohe, an beiden Enden abstürzende, gut bewaldete Bergkette, die, wie die zahlreichen anderen aus Schiefer bestehenden kleineren Eilande, einen überaus malerischen Anblick gewährt.

Die südlichen Ufer der Geelvink-Bai sind flach; doch springt an ihr eine Halbinsel vor, die gebirgig ist, in der Schieferinsel Ron ihre Fortsetzung findet und die kleinere Wandammen-Bai abschneidet. Hier befinden wir uns also schon in dem Kopf des Inselungeheuers, der durch den tief einschneidenden MacCluer-Golf in zwei Teile, einen nördlichen und einen südlichen, zersprengt ist.

Das nördliche Stück wird von dem granitischen Arfak-Gebirge durchzogen, das, etwa 3000 m hoch, steil zur Geelvink-Bai abfällt, von Beccari bekannt gemacht worden ist und an seinem Fuße das schon oftmals von Naturforschern in Augenschein genommene große Papuadorf Doré trägt.

Von den Arfak-Bergen laufen die Wasser nach Westen ab, da eine 1300 m hohe Gebirgskette der Nordküste parallel zieht. Ersteigt man von Doré aus nach Überwindung der auch hier vorhandenen Korallenkalkterrassen die durch tiefe Flußthäler getrennten Bergrücken des Arfak-Gebirges, fo·fieht man das Land nach Norden steil zur Küste hinabsinken, nach Westen allmählich abfallen; zwei größere Flüsse ziehen westwärts und erreichen an der Küste gegenüber von Salwati eine weite Tiefebene, die sich bis zu dieser Insel hin fortsetzt.

Die dem Doppelkopfe von Neuguinea an dieser Stelle vorgelagerten Eilande Waigéu, Batante, Salwati und Mifol, mit Popa, Gebi und kleineren oft als Papua=Inseln zusammen= gefaßt, sind von zahlreichen Riffen, Klippen und Inselchen umgeben, bestehen aus im ganzen nie= drigem tertiären Boden und bieten ungemein abwechselnde und reizvolle Landschaftsbilder, da jedes Eiland mit fremdartig aussehenden Bäumen und Sträuchern bedeckt und mit Palmen ge= krönt ist, die auch die bergigen Ufer schmücken. Die größte Höhe auf Waigéu soll etwa 1250 m betragen, das Doppelte der Kammhöhe des die Insel durchziehenden Gebirges. Die Berge treten dicht ans Meer, lassen wenig Raum für Ebenen frei und enthalten im Norden bedeutende Höhlen; Wälder und Sümpfe erschweren das Eindringen ungemein. Batante besteht aus steilen Schiefer= bergen, Salwati dagegen im Norden aus Kalkzügen von 800 m Höhe, im Süden aus einer weiten, mit dichtem Urwald bedeckten Tiefebene, die von Flüssen durchzogen wird. Mifol baut sich voll= ständig aus im Westen sanft gerundetem, im Osten scharf gezacktem, eingeschnittenem, bis zu 950 m hohem Bergland auf; nur an der Nordküste reichen Ebenen bis ans Meer, und phantastische steile kleine Kalkinseln mit dürftiger Vegetation begleiten schließlich die Ost= und Südseite.

Im Süden des von Sümpfen umgebenen ungesunden MacCluer=Golfes bringt es der süd= liche Teil des Kopfes von Neuguinea nur auf 1500 m Höhe im Berge Gnoffo, der an der tief einschneibenden Kamrau=Bai emporsteigt; doch erscheinen auch hier noch die Berge imposant, da sie überall steil zur Küste abfallen. Im Inneren der Halbinsel scheinen sie aber eine Art Tafel= land zu bilden, und infolge der schroff aufsteigenden Berge, vor denen schmale, sumpfige, aber fruchtbare Küstenebenen liegen, ist die Kamrau=Bai sehr malerisch. Überhaupt besitzt die ganze Küste hier eine große landschaftliche Schönheit: Tafelberge, steil gezackte Gipfel und groteske Wände wechseln vom Abfall des Gebirges ab bis zur Küste lebhaft miteinander ab, und ein malerisches Sandsteingebiet reicht nördlich bis zu dem schmalen, 1000 m hohen Isthmus zwischen dem MacCluer=Golf und der Geelvink=Bai.

Südlich von Neuguinea, aber noch auf seinem Sockel, liegen die 7750 qkm großen Aru= Inseln, die, von Perlmuschelriffen umgeben und durch Salzwasserkanäle voneinander getrennt, in größere und kleinere Stückchen zerfallen, von denen die bedeutendsten Kobrur und Trangan sind. Hohe Bergspitzen und größere Flüsse fehlen, aber die Inseln sind reich an Wasser, das leider brackig und braun gefärbt ist. Die niederen, wellenförmig gestalteten Teile der Aru=Inseln stammen aus quartären und spättertiären Zeiten.

D. Mikronefien

Nördlich und nordöstlich von Melanesien breitet sich ein weiterer Abschnitt unserer Insel= welt, Mikronesien, aus. Trotz seiner weiten Ausdehnung über 50 Längen= und reichlich 25 Breitengrade besteht es doch nur aus wenigen kleinen, hohen, vulkanischen und vielen Ko= ralleninseln. Zu diesem Länderraum rechnet man die Marianen mit 1140 qkm, die Palau= Inseln und die Karolinen mit 1450 qkm, die Marshall= mit 415 und die Gilbert=Gruppe mit 430 qkm. Das Gesamtareal aller dieser Eilande entspricht mit 3435 qkm einem Gebiete ge= ringer als Sachsen=Weimar. Gemeinsam sind diesen Inseln die Kleinheit des Areals, die Riffnatur, das Auftreten von Landstücken auf den Riffen und die Lagunenbildung in ihrer Mitte. Zu den wenigen höheren Eilanden vulkanischen Ursprungs gehören einige der Palau=Gruppe (besonders

Babeltaob), die Karolinen Yap, Ruk, Ponapé und Kusaie, und unter den Marianen Guam, Rota und Seypan. Eine üppige Vegetation von Kokospalmen und Ficus-Arten umkränzt den Strand und die Lagunen, in deren Nähe der Wald, besonders auf den vulkanischen Inseln, deren zersetzter Boden sehr fruchtbar ist, den Charakter des Urwaldes annimmt; dagegen bietet der Korallenkalk viel spärlicheren Humus. Brotfruchtbäume, Pandanus, Bananen und Sagopalmen sind die wichtigsten Nahrungspflanzen. Die Tierwelt dieser Inseln ist im Gegensatz zur Flora meist arm, namentlich an Landsäugetieren und Landvögeln. Die Bewohner bilden eine Mischung von Polynesiern und Papuas, und zwar walten, je weiter wir nach Osten kommen, desto mehr die ersten vor, von deren Typus die Mikronesier weniger abweichen als von dem der Papuas.

1. Die Marianen oder Ladronen.

Die nördlichste Gruppe Mikronesiens und überhaupt sämtlicher Südsee-Archipele, mit Ausnahme von Hawaii, ist die 1521 von Magalhães entdeckte und wegen der diebischen Natur ihrer Einwohner Ladronen (Diebs-Inseln) genannte Inselreihe; 1668 von den Spaniern besetzt, erhielt sie nach der Witwe Philipps IV. den Namen Marianen.

Die Marianen erstrecken sich in Form eines leicht gekrümmten, nach Westen offenen Bogens zwischen 145 und 146° östl. Länge von dem 21. bis zum 12. nördl. Breitengrade und hängen eher mit den von Japan aus gen Süden laufenden Bonin-Inseln, mit denen sie ein unterseeischer Rücken genügend verbindet, als mit den Karolinen zusammen, von denen sie durch eine gewaltige Tiefe (bis zu 8400 m) getrennt sind. Ihr fast durchaus vulkanischer Charakter läßt sie als eine die Vereinigung zwischen den Bonin-Inseln und den Karolinen anstrebende Vulkanreihe erscheinen, deren eruptives Material wahrscheinlich einer nach Süden verlaufenden Spalte entquollen ist.

Man darf eine nördliche kleinere und eine südliche größere Reihe von Eilanden unterscheiden; jene umfaßt Farallon de Pajaros, die Uracas, Asuncion, Agrigan, Paygan, Guguan, diese die Birbinsel, Seypan, Tinian, Rota und Guam. Von dem 1140 qkm umfassenden Flächenraum entfallen nur etwa 200 auf die nördliche, 940 qkm dagegen auf die südliche Reihe. Die Marianen sind bergige, bis zu 800 m hohe, mit Laven, Aschen, Schlacken und Kratern bedeckte Inseln; Farallon, Paygan und Alamagan besitzen sogar noch thätige Vulkane, und das vulkanische Gestein hat sogar im südlichen Teile des Archipels den umgebenden Korallenkalk durchbrochen. Gute Häfen sind selten, Erdbeben und heiße Quellen häufig. Trotz reichlicher Bewässerung, fruchtbaren Bodens und üppiger Vegetation ist die Tierwelt sehr arm.

Von den nördlichen Marianen, sämtlich kleinen, waldbedeckten Eilanden, besteht Sarigan aus einem einzigen, 600 m hohen, oben abgerundeten Kegel, das bis 700 m aufsteigende Alamagan entsendet beständig Rauchsäulen, und Agrigan, aus Laven und Schlacken erbaut, ist wüst, unbewohnt, aber kraterlos. Assongong oder Asuncion ist ein 639 m hoher Vulkan mit tiefdurchfurchten Gehängen und periodischer Thätigkeit: 1786 kahl und erloschen, 1819 im Solfatarenzustand, 1827 mit Vegetation bekleidet, aber 1865 wieder von Aschen bedeckt.

Die Uracas sind anscheinend erloschen, Farallon ist dagegen thätig. Farallon de Pajaros, die „Vogelklippe", besteht nach den Berichten des damaligen Kapitäns zur See, jetzigen Admirals Knorr („Annalen der Hydrographie', 1876), „aus einem nach allen Seiten bis zum Krater regelmäßigen Aschenkegel von 260 m Höhe und braungrüner Farbe, dessen Grundfläche auf ausgebrannten schwarzen Lavafelsen, welche auf dem gehobenen Urgestein lagern, ruht. Selbstverständlich ziert kein Baum und kein Strauch diesen einsamen Vulkan, dessen am Fuße des Kegels sich fortwährend ergänzende heiße Asche und Lava nur von Millionen von Seevögeln zum Ausbrüten ihrer Eier benutzt wird. Auch hoch oben tummelten sich dieselben Schwärme von Vögeln

mit anscheinend besonderer Vorliebe in bem unausgeßet aus bem Krater aufsteigenden gelb=
braunen Rauche. In bem Inneren bes Vulkans grollte unb bonnerte es ununterbrochen, wobei
er in Zwischenräumen von etwa 10 Minuten mit kanonenschußartigem Knall ohne Unterlaß dichte
Wolken von Asche unb Steinen ausschüttete, leßtere rollten zu unseren Füßen herab, während
erstere noch auf weite Entfernung hin bas Schiff erreichten. Die Insel Pagan ober Paygan
erscheint auf weitere Entfernung zuerst wie zwei Inseln, ba zwischen ben beiden ungefähr 250—
300 m hohen Kratern ein Streifen verhältnismäßig niedrigen Landes liegt. Von ben als thätig
bezeichneten Vulkanen stieg nur aus bem westlichen ber am Südwestende ber Insel gelegenen
beiden Vulkane leichter Rauch auf.‟

Unter ben größeren Inseln bes Südens ist zunächst Saipan zu nennen. Ein im allgemeinen
niedriges Hügelland, erhebt es sich nur bis 150 m Höhe; boch ragt am Norbende bas tafelberg=
artige, abgestumpfte Vulkankegel Tapochao 500 m hoch empor. Die Westküste ist flach, ber Süden
ber Insel ausgedehntes niedriges Weibeland, ber Strand mit Bäumen bestanden, auf die stolz
die Kokospalme herabschaut. Im entgegengeseßten Teile vermehrt sich die Bewaldung so, baß
die nördlichsten Striche dichte Wälder tragen. Tinian (s. Abbildung, S. 319), ebenfalls ein
hügeliges, 150 m hohes, noch flacheres Land, ist sowohl aus basaltischen Lavafelsen als auch
aus Korallenkalk zusammengeseßt. Die Höhen bedeckt Wald, ben ganzen Rest ber Insel aber
in solchem Maße Gestrüpp unb Weide, baß die Viehzucht hier vorwiegt. Das aus Mabreporen=
kalkstein gebildete Rota ist fast ganz mit nahezu unzugänglichen Wäldern bestanden.

Am bekanntesten von allen Marianen ist die größte Insel, Guam ober Guaham, die sich von
Norbnorbosten bis Südsübwesten über 50 km hinzieht, dabei nur 15 km breit und gegen Norben
verschmälert ist. Der Süden, ber flachste Teil ber Insel, wird von Korallenriffen umgeben, wäh=
rend ber Norben unb namentlich ber Norbosten steil aus bem Meere aufsteigen. Die Höhen sind
gering: im Norben erreichen mäßige Hügel 200 m, ber südlichen Westküste entlang zieht eine Kette
hin, beren obere Teile baumlose Savannen tragen; bagegen sind die Gehänge von dichtem Wald
umhüllt. Regelartige, burch Thäler getrennte Berge erheben sich hier nahe am Strande, ber sich
burch prachtvolle Vegetation vor ber Ostküste vorteilhaft auszeichnet.

Der Norben ist trocken unb wasserarm, ber Süden hingegen, ein wohl submarin entstandenes
vulkanisches Land, entschieden besser bewässert. Von Norden nach Süden nimmt die Ausdehnung
ber Korallenriffe an ben Küsten zu; ber Grund hierfür liegt einerseits in ber wärmeren Tempe=
ratur bes Meeres, anberseits wohl auch barin, baß die südlichen Inseln älter zu sein scheinen als
die nördlichen. Rota unb Tinian sollen ausschließlich aus Korallenkalk bestehen, unb auch an bem
Aufbau ber übrigen südlichen Inseln nimmt er teil.

Von bem Uracas ziehen sich bis 129° östl. Länge unbewohnte Riffe hin, ber sogenannte
Magalhães=Archipel; am bekanntesten ist hieraus bas Atoll Abreojos.

2. Die Palau-Inseln und die Karolinen.

Im Süden ber Marianen erstreckt sich ber Kern Mikronesiens (wenn man hier überhaupt
von einem Kern reben barf), die lange Reihe ber Palau=Inseln unb ber Karolinen, von
135—163° östl. Länge unb zwischen 10 unb 1° nörbl. Breite von Westen nach Osten. Diese
Eilande wurden bereits im Anfang bes 16. Jahrhunderts von ben Spaniern entdeckt, zuerst
wahrscheinlich Lamoliork von Diego be Rocha 1525 ober 1526, bann die Palau von Villalobos
1543; im 18. Jahrhundert wurde sobann ber ber Uluthi=Gruppe von Francisco Lazcano 1686
gegebene Name Karolinen auf ben ganzen Archipel übertragen. Genauere Aufnahmen besißen wir
aber erst seit 1824 burch Duperrey unb 1828 burch Graf Lütke unb v. Kittliß; die wissenschaft=

liche Erforschung endlich ist erst in den sechziger Jahren von K. Semper für die Palau=Inseln und von Kubary für diese und die eigentlichen Karolinen ins Werk gesetzt worden, und eine hydro= graphische Aufnahme führte Kapitän Knorr 1876 aus. Man unterscheidet gewöhnlich zwischen einer westlichen kleineren, von Norden nach Süden gestreckten, und der westöstlich gerichteten Hauptgruppe; jene nennt man die Westkarolinen oder Palau=Inseln, diese die eigentlichen Karolinen. Da man nun aber diese wieder in West= und Ostkarolinen einteilt, ergibt sich eine Gesamtanordnung in: a) die Palau=Inseln, b) die Westkarolinen, c) die Ostkarolinen. Wir jedoch sondern die Palau als besondere Abteilung aus und fassen die Gruppen b und c unter der althergebrachten Bezeich= nung „Karolinen" zusammen.

A. Die Palau=Inseln.

Der Name Palau=Inseln stammt von den Spaniern her; doch fand ihre Wiederentdeckung nach der ersten Auffindung durch Villalobos erst 1783, und zwar ganz zufällig, durch den Schiff= bruch des ostindischen Schiffes „Antelope" unter Kapitän Wilson statt, dessen Buch „An Account of the Pelew Islands" (1786) die erste Beschreibung der Inseln enthält. Neuerdings bieten Semper's Werk über die Palau=Inseln (1873) sowie Kubary's Studien im Journal des Museum Godeffroy (1873) die besten Darstellungen der Natur der Palau und ihrer Bevölkerung. Der südnördlich gerichteten Kette werden gewöhnlich nur die zwischen Kajangle im Norden und Angaur im Süden, also zwischen 8° 5' und 6° 50' nördl. Breite gelegenen Inseln zugerechnet; doch dürfen wir die Gruppe der Palau in erweitertem Sinne sogar bis gegen 1° nördl. Breite ausdehnen. In diesem Falle bezeichnet man als die südlichste Insel Mapia (St. David oder Freewill), die nördlich von der Geelvink=Bai gelegen ist.

Von den fünf flachen, gut bewaldeten Inseln des kleinen Lagunenriffes Mapia ist Pikén die größte; Bunoj oder Burat aber hat einen zweiten Namen für die Gesamtgruppe abgegeben. Pandanus, Kasuarinen, Brotfruchtbäume, Kokospalmen, Farne, Gräser bekleiden die Einzel= inseln; Tiere sind aber auch hier sehr selten. Ebbe legt das sandbedeckte Riff trocken. Eine Reihe von Riffen, Lagunen=Inseln und Sandbänken (die Helens=Bank, Tobi oder Lord North=Insel, Merir und Pulo Anna) führen hinüber zu den beiden Sonsol oder Sonsoral: sämtlich wenig über die Wasserlinie emporragende, mit Bäumen bestandene, zum Teil gut bewaldete Eilande. Sonsol oder St. Andrews und das nördlich davon gelegene Fanna sind keine Atolle, sondern besitzen Strandriffe, die die Annäherung so sehr erschweren, daß Schiffe vor den Inseln nicht ankern können, und nur zur Flutzeit Boote durch die Brandung das Land erreichen können.

Die eigentlichen Palau, sieben größere bewohnte und über zwanzig unbewohnte kleinere Inseln, sind sämtlich, mit Ausnahme der nördlichsten (Kajangle) und der südlichsten (Angaur), von gewaltigen Korallenriffen umgeben. Von dem Gesamtareal (etwa 500 qkm) nimmt die größte Insel, Babeltaob oder Babelthaub, etwa 300 qkm ein, übertrifft also an Größe beträchtlich alle übrigen. Von Süden nach Norden aufgezählt, sind die bedeutendsten: Angaur oder Ngaur, Pililu, Eil Malk, Uruktapel, Olupsakel, Korror und Babeltaob. Davon sind die nördlichen, Babeltaob und Korror, sowie die kleinen Malakal und Ngarekobasanga vulkanischen Ursprungs; eine Anzahl anderer sind einfach einsame Felsen. Sie alle bestehen aus demselben Eruptivgestein, Augit=Andesit, der in Gesellschaft von größeren Mengen Tuffs auftritt und am Ende der oder nach der Tertiärzeit ausbrach. Wahrscheinlich erfolgte diese Eruption unter dem Meeresspiegel, so daß der Kern der Gruppe submarin angelegt und erst später gehoben wurde. Das hell= bis schwarzgraue Gestein (die Tuffe sind hellgrau) bildet auf Babeltaob Höhen bis zu 600 m.

Babeltaob, von Nordnordosten nach Südsüdwesten langgestreckt, ist mit Ausnahme des südlichen, aus Korallenkalk bestehenden Teiles durchaus vulkanisch. Fünf verschiedene Gipfel ragen aus dem Hauptkörper der Insel hervor, drei im Norden, zwei in der Mitte der West- und Ostküste; davon erreicht der westliche Royoß Aremolunguj mit seinen 600 m die größte Höhe. Auf dem durch die Verwitterung des vulkanischen Bodens entstehenden Thonboden wächst eine üppige Vegetation, die Berge sind mit Wäldern, die Gipfel mit Gras, Farnen und Gesträuch, die Küsten mit Mangroven bedeckt. Wasser ist reichlich vorhanden und an Quellen kein Mangel; ja im Nordosten der Insel entspringt sogar ein Fluß dem Ngardok-See und verläuft südwärts nach der Ostküste. Korror (s. die Tafel bei S. 315) hat im Gegensatz zu Babeltaob keine hervorstechenden Berge; die Felsenunterlage ist nach Kubary bloß an den Ufern stellenweise zu sehen, die Oberfläche aber besteht aus flachen, mit Gras bewachsenen Thonhügeln. Dagegen hat das vulkanische Ngarekobasanga einen 300 m hohen Pik. Malakal, streng genommen nur ein einziger vulkanischer Dom von 490 m Höhe, ist mit Gras, Farnen und Gesträpp bedeckt; überhaupt verschwindet von Korror an nach Süden zu die reichere Vegetation Babeltaobs.

Im ganzen unterliegen diese vulkanischen Inseln einer erheblichen Abtragung. Das Gestein der nördlichen setzt, nach Semper („Die Philippinen und ihre Bewohner"), „dem zerstörenden Einflusse des Wogenschlages und der Atmosphäre nur geringen Widerstand entgegen. Tiefe Buchten fressen in das Land hinein, und selten sind kleine, von der Hauptinsel abgerissene Inseln als Marksteine ihrer früheren Ausdehnung zu finden".

Sämtliche übrigen Eilande bestehen aus gehobenem Korallenkalk, zerfallen aber nach der Art der Ausbildung ihrer Riffe in verschiedene Klassen, so daß das Nebeneinandervorkommen von Atollen, Strand- und Barrierriffen hier besonders merkwürdig ist. Semper, dem wir den Hinweis darauf und eine genauere Untersuchung der Inseln und ihrer Riffe verdanken, sagt darüber: „Die nördlichste Spitze der Gruppe bilden echte Atolle. Die Hauptmasse, welche der ganzen Gruppe ihren Namen übertragen hat, ist zum größten Teile von Barrenriffen, im Süden von Küstenriffen umgeben, und die südlichste Insel ist völlig ohne eigentliches Riff. Der nördlichsten Atolle sind drei: Aruangel, Kreiangel und Kossol. Das Atoll Kreiangel ist vollkommen geschlossen; die westliche Seite des Riffes, nur schwachen Winden und seltenen, aber heftigen Stürmen ausgesetzt, ist breit und sein erhöhter Rand niedriger als alle anderen Stellen des Riffes; auf der östlichen, weniger breiten Seite des Riffes liegen nur niedrige, kaum 1,5 m sich über die Oberfläche des Meeres erhebende Inseln. Die eingeschlossene Lagune ist schmal und an den tiefsten Stellen nur 14 m tief. Ganz abgesondert scheint Aruangel zu sein."

Was dieser Reisende Aruangel nennt, ist das nordwestlichste Riff der Gruppe, das Ngaruangl Kubary's, und Kreiangel entspricht Kajangle. Aber auch das Kossol-Riff ist ganz isoliert und von Babeltaob durch den 80—120 m tiefen Kanal von Kossol getrennt.

Außer den eben genannten werden alle übrigen Inseln von einem Korallenriff umschlossen, das im Osten dicht an den Strand herantritt, im Westen aber erst in einer Entfernung von 35 km im Meere nachgewiesen werden kann. Innerhalb des großen Außenriffes der Westseite läuft ein zweites inneres Korallenriff der Küste parallel in meridionaler Richtung. Infolge des großen Abstandes des äußeren von den Inseln entsteht im Westen eine fahrbare Lagune, die selbst tiefgehenden Schiffen keine Schwierigkeiten bereitet und sich durch Kanäle nach Norden, Westen und Osten öffnet. In der Mitte ist sie am tiefsten, nach Norden und Süden zu seichter, und es werden hier und da blinde Klippen und Korallenbänke gefährlich. „Tiefe Kanäle", sagt Semper, „führen senkrecht gegen das Land auf die Thäler zu, aus denen bei Ebbe ein mächtiger Strom brackischen Wassers hervortritt und dem Wachstum der Korallen an dem Rande des ausgewaschenen Kanals hinderlich wird. Ganz verschieden von solchen Verhältnissen zeigen sich die Riffe der Ostseite, welche mit schwach erhöhtem Rand, dessen mittlere Entfernung von der Küste höchstens 800—1000 Fuß beträgt, einen kaum bei Flut befahrbaren Kanal zwischen sich und dem Lande freilassen."

Im Osten verliert dieses Riff schon bei Korror so vollständig allen Zusammenhang, daß namentlich die Insel Uruktapel auf ihrer Ostseite fast frei von Riffen ist; dann aber beginnt es wieder bei Eil Malk und endet erst an der Ostküste von Pililu, während sich das westliche Riff in scharf meridionaler Richtung gegen die Westküste derselben Insel hinzieht.

Die hier von den Riffen eingeschlossenen kleineren Eilande sind zum Teil recht hoch (Olupsakel und Uruktapel), zum Teil ganz niedrig (Eil Malk, Eiltaob und Pililu), bestehen aber sämtlich aus gehobenem Korallenkalk. Aber während im Norden nach Semper „die vom Hauptlande ab= gerissenen Inseln rasch unter der Oberfläche des Meeres verschwinden, sind die Kalkfelsen des Südens durch die Einwirkung der Strömungen und der Brandung in eine Unzahl kleiner, dicht nebeneinander liegender Inseln zerrissen, und es ist durch gar viele derselben der Zusammenhang und die frühere Ausdehnung nachzuweisen. Pililu z. B. besteht aus einer nur etwa 3 m über dem Meere erhobenen, ganz aus metamorphosiertem Korallenkalk gebildeten Fläche, in deren nörd= lichem Ende man noch die vereinzelten Reste eines einstmals gewiß zusammenhängenden und jetzt bis auf 60—80 m erhobenen Korallenriffes findet. Ziemlich zusammenhängend ist dieses Riff noch auf der nördlichen Seite, wo es seine größte Höhe erreicht und sich auf einer schmalen Landzunge in niedrigeren Klippen fortsetzt und der östlichen, von ihr durch eine breite Niederung getrennten und in einzelne Inseln aufgelösten Klippenreihe entgegentritt. So scheint diese Niede= rung, welche teils von Sümpfen und Mangrovebüschen erfüllt ist, teils die Kukaufelder der Bewohner der Inseln trägt, eine Lagune anzudeuten, welche einstmals bestanden haben mochte.‟

Auch Angaur besteht aus niedrigem Vorland und einer schmalen, 30—50 m hohen Klippen= reihe von Korallenkalk. Selbst wenn man nun auch die nördlichsten Riffinseln nicht als Atolle ansieht, so ergibt sich doch, daß im südlichen Teile der Palau=Gruppe Hebungen der Korallen= riffe, im nördlichen hingegen Senkungen, also auf sehr geringem Raume ganz entgegengesetzte Bewegungen stattgefunden haben müssen, eine Erscheinung, aus der Semper gegen die Dar= winische Ansicht von der Entstehung der Koralleninseln zu Felde zu ziehen Veranlassung ge= nommen hat. Jedenfalls sind die Palau=Inseln für die Frage nach der Entstehung der Korallen= inseln von Wichtigkeit, und es erschien uns daher angezeigt, an dieser Stelle gerade sie einer ein= gehenderen Besprechung zu unterziehen.

B. Die Karolinen.

Die Karolinen zerfallen in zwei Hauptabteilungen: vier hohe, bergige, vulkanische Inseln und etwa 38—45 niedrige Gruppen von Koralleninseln. Jene sind, von Westen nach Osten gerechnet: Yap, Ruk, Ponapé und Kusaie; davon bedeutet merkwürdigerweise Yap fast den west= lichsten, Kusaie den östlichsten Punkt des ganzen Archipels. Ruk oder Hogoleu liegt nahezu in der Mitte, Ponapé nahe dem Ostende des größeren Schwarmes.

Von dem 1450 qkm umfassenden Flächenraum, den die Karolinen (im weiteren Sinne) einnehmen, sind etwa 500 für die Palau=Inseln abzurechnen, und von dem Rest von 950 qkm entfällt ein so kleiner Bruchteil auf die nichtvulkanischen Gruppen, daß die genannten vier hohen Inseln über zwei Drittel des Areals der eigentlichen Karolinen einnehmen.

Yap, mit seinen 213 qkm fast so groß wie das Staatsgebiet Bremens, besteht aus zwei nur durch eine ganz schmale Landenge verbundenen Teilen von ungleicher Größe; außerdem werden ihr zwei kleine Inseln, Torei und Ronno, zugerechnet, die durch außerordentlich enge Kanäle von der Hauptinsel getrennt sind. Das Ganze umgibt ein ausgedehntes Barrierriff mit einem guten und fünf unbrauchbaren Eingängen. Dieses Hindernis ist 2—4 km breit und fällt am Außen= rande steil zum Meere ab; nur an einer einzigen Stelle, im Süden der Insel, führt ein schmaler Kanal, die Tomil=Bai, mit Seitenverzweigungen bis zum Lande hindurch und ist wegen seiner

Tiefe (40 m am Ausgange und 16 m im Inneren) noch für Seeschiffe gangbar. Diese Bucht schneidet in ihrer innersten Fortsetzung die Insel fast entzwei.

Der südwestliche Zipfel Yaps ist von verschiedener Zusammensetzung und Bauart. Im Süden bilden seine Ausläufer niedriges fruchtbares, wahrscheinlich aus den Abschwemmungen des höheren Teiles bestehendes, gut angebautes Land, dessen Ufer mit Kokospalmen geschmückt sind. Darüber erhebt sich das Bergland des nördlichen Teiles der südwestlichen Hälfte, ein vulkanisches Gebirge von 420 m Höhe. An den Rändern ausgezackt und zerrissen, besteht dies aus einer Reihe von oben abgeflachten Höhen, unter denen die südlichste, Rul, am geschlossensten und deshalb am deutlichsten aus dem Inselkörper heraustritt. Die gebirgigen Gebiete dieser Abteilung von Yap sind meist kahl, nur mit kleinen Sträuchern und Gräsern, auch Farnen bekleidet, aber ganz baumlos, so daß nur ein schmaler Ufersaum, namentlich im Norden der Insel, für den Ackerbau geeignet ist. Ganz ähnlich ist die östliche Hälfte von Yap, die Halbinsel Tomil, gestaltet. Sie besteht aus einem 200 m hohen, nach allen Seiten steil abfallenden kahlen Tafellande vulkanischen Ursprungs, das für den Anbau ebenfalls nur einen rund um die Halbinsel ziehenden Uferstreifen fruchtbaren Charakters freiläßt. Der Hauptsitz der Bevölkerung und des Ackerbaues ist somit der südliche ebene Teil der Westhälfte; hier folgen auf die Küstenvegetation der Kokospalmen und Pandanus gegen das Innere hin Fruchtgärten der Eingeborenen, Bananenpflanzungen, Brotfruchtbäume, Bambushaine und dichte Bestände von Arekapalmen.

Irgend welche Anzeichen neuerer vulkanischer Thätigkeit finden sich weder auf Yap noch auf irgend einer der anderen vulkanischen Karolinen, so daß, wie für die Palau-Gruppe, ein submariner Ursprung und spätere Hebung angenommen werden darf.

Die zweite vulkanische Insel, Ruk oder Hogoleu, besitzt einen von Korallenbänken und Riffen umgebenen Inselkern, wahrscheinlich eine Basaltmasse, inmitten einer Lagune; ihr verwitterter Boden ist mit dichtem Wald bedeckt, während an den Küsten Mangroven und, wie auf allen diesen Eilanden, am Strande große Kokoswälder prächtig gedeihen. Die Lagune von Ruk fällt durch ihre Tiefe von 60 m auf.

Die dritte hohe Insel, Ponapé oder Ponape, auch Falopé genannt, ist eine viereckige Basaltmasse mit Anlagerung von Madreporenkalkstein an den Küsten. Sie steigt im großen ganzen auf allen Seiten gleichmäßig auf, außer im Nordosten, wo 300 m hohe, steile Wände ins Meer abfallen, und erreicht im Montesanto 893 m Höhe. Aus dem gutbewässerten Inneren rinnen zahlreiche Bäche zur Küste hinab und erzeugen eine frische Waldvegetation, deren Fülle bis nahe an den Strand heranreicht und hier durch Mangrovewälder, im Westen auch durch Savannen groben Grases abgelöst wird. Überaus malerisch ist daher der Anblick der hohen, dicht bewaldeten, in saftig grünen, frischen Farben über dem blauen Meere aufragenden Basaltkuppe. Ein Barrierriff mit kleinen Inselchen umgibt Ponapé, aber in einer so großen Entfernung vom Lande, daß zwischen ihm und der Insel eine für Schiffe befahrbare und guten Ankergrund bietende Wasserstraße besteht.

Die östlichste der vulkanischen Karolinen, Kusaie oder Ualan (s. Abbildung, S. 140), ist wiederum eine mit einem Barrierriff umgebene Basaltmasse, deren steile Formen und spitzige Hörner das Auge fesseln, und deren Höhe in Erstaunen setzt. Wilde und schroffe Grate und Gipfel krönen diese vulkanische Bildung, deren landschaftliche Schönheit durch dichte Wälder und das Riff vor der Küste wirksam gehoben wird. „Dicht vor uns am hellblinkenden, sandigen Strande", bemerkt Hernsheim (‚Südsee-Erinnerungen'), „liegt das kleine Dorf Lela. Nur die hohen Giebel der Pandanusdächer überragen das saftige Grün des Bananenwaldes, darüber breiten die beweglichen Wipfel der Kokospalme ihren kühlenden Schirm und heben sich mit ihrer gelblichen Färbung scharf von dem Hintergrunde ab, den der bis oben bewaldete, 2000 Fuß hohe Mount Crozer bildet.

Den Vordergrund der lieblichen Landschaft beleben rot bemalte, das ruhige Wasser durchschnei=
bende Kanoes und die am Strande versammelten Einwohner in ihren bunten Kattunjacken." —
„Auf dem Fußpfade, der die Gebirge der Insel überschreitet, hat man", so rühmt auch von Kittlitz
(„Reise nach Amerika') die Schönheit Ponapés, „den interessanten Anblick der steilen Gebirgsmassen,
an denen der südliche Teil der Insel besonders reich ist, mit ihren nadelförmigen und dennoch dicht
bewaldeten Gipfeln. Man sieht hier deutlich an den Umrissen dieser Gipfel die hervorragenden
Kronen der baumartigen Farrenkräuter, deren Menge dort sehr beträchtlich erscheint."

Alle übrigen Karolinen sind meist flache Atolle mit Lagunen in der Mitte oder ein=
fache kleine Koralleninseln ohne Binnensee, sämtlich nur wenig über den Meeresspiegel gehoben
und einander so täuschend ähnlich, daß die Schilderung einer für alle genügt. Auch die Flächen=
ausdehnung ist nach den Berichten des Admirals Knorr (,Annalen der Hydrographie', 1876),
„abgesehen von den dazwischen liegenden klippenartigen Inselchen, im allgemeinen nur wenig

Gesamtansicht der Insel Ualan, Karolinen. (Nach E. Reclus.)

verschieben. Die Länge derselben beträgt durchweg 4—8 km, die Breite 3 km. An der Luvseite
bilden die durch das daneben liegende Riff etwas geschützten, aber kaum mit Sand oder Erde
bedeckten, dicht aneinander gepreßten Korallensteine eine ungefähr 2—3 m über dem gewöhnlichen
Meeresspiegel liegende, steilere Wand, zwischen welcher sich die Wurzeln des Manglebaumes fest=
klammern. Dieser nackte Korallenboden, auf dem zu gehen sehr mühsam ist, wird nach der Mitte
der Insel hin mehr und mehr durch Sand und etwas bereits gebildete Erde bedeckt, während
der Boden der Leeseite der Insel bereits mit kräftigem Rasen bewachsen ist, und der weiße Sand=
strand sich hier sanft in die See neigt. Gelegentlich, in der Zeit der westlichen Stürme und Orkane
während der Sommermonate, werden die flachen Inseln überflutet, die Männer flüchten sich als=
dann in die Bäume, und die Weiber und Kinder, welche nicht hinaufgeholt werden können, binden
sich an die Stämme fest. Wasser wird während der ergiebigen, fast täglichen Regengüsse in Löchern
und Zisternen gesammelt und ist daher nur in geringer Menge auf den Inseln vorhanden."

Zu den verstreuten Eilanden, Spitzen, Kuppen und Felsen gehören im Westen Satawal und
Fais, zu den auf Korallenkränzen gelegentlich in Gruppen auftretenden unter den Westkarolinen:
Lamotrek, Ifalik, Ulie, Uluthi und Matelotas, Ngoli oder Lamoliork. In der Mitte und im Osten
des Schwarmes rechnet man zu den Einzelinseln Lydia, Pulufuk, Losap, Nama, zu den in Gruppen
angeordneten Polvat, Lukunor, Rukuor, die Hall-Inseln, Oraluk oder St. Augustin, Pakin, die
Andema-Inseln Ngatik, Mokil und Pingelap; Riffe endlich ganz ohne Land sind das Dunkin-
und Minto-Riff. Wohl am besten unter den westlichen sind die Uluthi- oder Mackenzie-Inseln

bekannt; ſie beſtehen aus zwei Lagunenriffen, einem öſtlichen mit fünf gänzlich unbewohnten, und einem weſtlichen mit 25 zum Teil bewohnten Inſelchen, von denen Fallelap die größte iſt. Lukunor wird uns von v. Kittliß als eine Gruppe von drei Laguneninſeln geſchildert, auf deren Riffen etwa 90 Eilande liegen, darunter das 35 km im Umfang meſſende Lukunor ſelbſt, eine der ſchönſten aller Koralleninſeln mit zahlreichen Kokoshainen, aber ohne Quellen; die größte dieſer Gruppe iſt Sotoan mit etwa 60 gut bewaldeten und meiſt bewohnten Inſeln. Von allen ge= nannten macht eine merkwürdige Ausnahme das Eiland Fais oder Tromelin, öſtlich von Yap, inſofern, als es, bis zu 30 m Höhe gehoben, eins der wenigen Beiſpiele hoher Koralleninſeln in der Südſee darſtellt. Steile Wände umſchließen in der Mitte eine fruchtbare, angebaute Senke, die trocken gelegte alte Lagune.

Im Gegenſatz zu den polyneſiſchen Inſeln fällt bei den Karolinen der verhältnismäßig große Reichtum von Pflanzen und Tieren auch auf den kleinen und kleinſten Koralleninſeln auf, deren Inneres oft äußerſt üppigen Urwald trägt; Lukunor beſitzt ſogar förmliche Wälder von Brotfruchtbäumen, die von Kokos und Pandanus umgürtet ſind.

3. Die Marſhall-Inſeln.

Das Atoll Providence oder Ubjelang mit 10 kleinen bewaldeten Riffinſelchen und ſeichter Lagune ſowie das aus 30 flachen Eilanden mit kräftiger Baum= und Strauchvegetation be= ſtehende Atoll Eniwetok oder Brown führen uns hinüber zu den Marſhall=Inſeln.

Vielleicht ſchon 1526 von Loayſa auf dem Wege von der Magalhães=Straße nach den Molukken geſehen, ſicher 1529 von Saavedra auf der in umgekehrter Richtung verſuchten Durch= kreuzung des Ozeans, verſchwanden die Marſhall=Inſeln wieder aus der geographiſchen Kenntnis, bis ſie Wallis im Jahre 1767 wieder auffand. Nähere Bekanntſchaft mit den Marſhall= und Gilbert-Inſeln vermittelten jedoch erſt die von der Oſtindiſchen Kompanie nach Port Jackſon 1788 (vgl. oben, S. 17, Phillips Leiſtungen) entſendeten Kapitäne Marſhall und Gilbert, die auf der Rückfahrt nach und nach faſt ſämtliche Archipele der beiden Gruppen entſchleierten. Die genauere Unterſuchung der Inſeln verdanken wir zu einem Teile den Kaufleuten des Hauſes Godeffroy, zu einem anderen den von dieſer Firma ausgeſendeten Naturforſchern, namentlich J. Kubary, zu einem dritten der deutſchen Marine, dem Hauſe Hernsheim und Otto Finſch.

Die Marſhall=Inſeln, gelegen zwiſchen 12 und 5° nördl. Breite und 162 und 173° öſtl. Länge, umfaſſen mit Nawodo im ganzen 415 qkm, die ſich auf zahlloſe Einzelinſeln verteilen. Sie zerfallen in zwei Gruppen: die Ralik im Weſten mit 278 qkm, und die Ratak im Oſten mit 133 qkm Flächenraum. Beide Abteilungen beſtehen aus je 16 Atollen, die ſich von Nordweſten nach Südoſten gegen den Äquator hin erſtrecken.

Alles, was ſich in dieſem Archipel über den Meeresſpiegel erhebt, iſt Korallenbau: meiſt Laguneninſeln, Atolle ohne jeden vulkaniſchen Kern, aber regelmäßiger angeordnet als bei den Karolinen. Die Grundlage ſcheint auch hier wieder ein unterſeeiſcher Erhebungsrücken zu ſein, über dem die Inſelbildung in verſchiedenen Stadien der Entwickelung fortſchreitet; ſo kommen z. B. Doppelatolle vor, und manche andere werden durch lineare Riffe miteinander verbunden. „Jaluit", ſagt Langenbeck („Die Theorien über die Entſtehung der Koralleninſeln‘), „zeigt die erſten Spuren einer beginnenden Teilung der Lagune. Beim Mentſchikow=Atoll liegt im Norden eine kleine, ſeichte Lagune, die durch ein Riff von der Hauptlagune getrennt iſt. Dieſe ſelbſt iſt in der Mitte außerordentlich verengt, ſo daß ſie bei fortſchreitender Senkung ſich wahrſchein= lich in zwei Hälften zerlegen wird. Namu oder Musquillo iſt ein vollſtändiges Doppelatoll, deſſen beide ziemlich gleich große Lagunen durch ein Riff, auf dem ſich mehrere kleine Inſelchen gebildet haben, getrennt sind. Das Riff von Arno hat zwei lange, sporenförmige Fortsätze, deren einer an seinem Ende eine kleinere Lagune enthält. Romanzow= und Erikub=, Suworow= und Kutusow=Atoll sind jetzt getrennte Atolle, die aber offenbar aus einem größeren Atoll hervor= gegangen sind." Die Ungleichmäßigkeit der Korallenbauten zeigt sich auch bei Majuro, dessen Lagune im Südosten 50 m tief, im Nordwesten außergewöhnlich seicht ist, und ebenso besitzt Otbia zwar 25 Laguneneingänge mit 12—36 m Wassertiefe, daneben aber von allen größeren Atollen der Gruppe gerade die flachste Lagune. Bemerkenswert ist es, daß das über die Riffe hinausragende Land, besonders im Norden, so unbedeutend ist, daß Dana gerade für die nördlichen Inseln des Marshall=Archipels die Theorie der allmählichen Senkung aufgestellt hat. Nur wenige Land= streifen erheben sich also auf den Riffen, dazwischen führen meist Kanäle hindurch zu der in der Mitte befindlichen Lagune, die nun oft vorzügliche Häfen und gesicherte Ankerplätze bietet. „Die Lagune von Jaluit", bemerkt Hernsheim (,Südsee=Erinnerungen'), „ist 8 Seemeilen breit, 20 lang, und die sie umgebende Korallenbank trägt 55 kleine Inseln, kaum über 600 Yards breit. Nirgends erhebt sich der Boden mehr denn 10 Fuß über die Hochwasserlinie, und würden diese Gegenden einmal von einer ähnlichen Flutwelle heimgesucht wie 1878 der Golf von Mexiko und ein Teil der amerikanischen Küste, so bliebe wohl nichts als das nackte Korallenriff zurück." Da fließendes Wasser hier meist vollständig fehlt, wird der Regen in Gruben gesammelt; doch schmeckt das Regenwasser bei der porösen Beschaffenheit des Bodens bald brackig. Die Vege= tation ist noch dicht zu nennen (wenigstens auf den südlichen Inseln, die weit üppiger und fruchtbarer sind als die nördlichen), bleibt aber im ganzen an Kraft weit hinter den Karolinen, selbst hinter deren Koralleninseln zurück. Große Kokoswälder umgeben den Strand, die Kokos= palme gedeiht auf dem Sandboden ausgezeichnet, Pandanus, Arum und Brotfruchtbäume be= leben die Gegend, und daneben macht sich auch dichtes Schlinggras, Strauch= und Buschwerk und ein kaktusartiges, starkriechende Blumen hervorbringendes Knollengewächs breit.

Im allgemeinen gilt auch von den Marshall=Inseln, was von anderen Korallenbildungen bekannt ist: daß der erste Anblick zwar malerisch zu sein, die nähere Bekanntschaft aber zu ent= täuschen pflegt. Das bestätigt uns z. B. Hernsheim, wenn er in seinen ,Südsee=Erinnerungen' von Jaluit aussagt: „Die Luft war von jener wunderbaren Klarheit, wie man sie nur in den Tropengegenden kennen lernt, und ließ uns bald in den Wellenlinien am Horizonte Palmenwipfel erkennen; schnell kamen wir näher, schon hob sich der hellblinkende sandige Strand klar von den dunklen Gebüsche ab, die weißschäumenden Spitzen der Brandung wurden sichtbar, aber noch immer blieb der Palmenhain ohne jeglichen Hintergrund." Anderseits aber gilt vollkommen auch das, was Finsch (,Verhandlungen der Gesellschaft für Erdkunde zu Berlin', 1882) mit Bezug auf die Marshall=Inseln bemerkt: „Der erste Anblick von Atollen, namentlich das all= mähliche Auftauchen derselben von den heckenartig aussehenden Spitzen der Palmen bis zum deutlichen Erkennen der anscheinend dicht geschlossenen Palmenwälder, an deren Fuße eine mäch= tige Brandungswelle gleich dem weißen Rauch einer Lokomotive hinsaust, macht auf den Neuling einen ungemein anziehenden Eindruck. Derselbe verliert sich indes bei der näheren Bekanntschaft, denn man überzeugt sich nur zu bald von der großen Armut, welche sowohl Fauna als Flora bieten."

Die Ralik=Reihe beginnt im Nordwesten mit der gegen Norden geöffneten, von spärlichem Gebüsch bedeckten Insel Bigini, deren 14 Eilande (wie die von Ailinginae) meist unbewohnt sind. Auch Rongerik und Rongelap, größere Atolle mit Dutzenden von Einzelinseln haben fast gar keine Bewohner. Die folgenden Inseln, Wobbo und Ujae, sind bereits fruchtbarer, besser bebaut und besiedelt. Von der merkwürdigen Gestalt des großen Atolls Mentschikow oder Kwadjelinn, das etwa 80 Inseln und Eilande umfaßt, haben wir schon oben (S. 141) gesprochen. Über Lai, Lib, Namo, Japwat und Elmore, Otbia oder Ailinglaplap, sämtlich fruchtbare und gut besiedelte Gruppen, erreichen wir dann die bekannteste von allen: Jaluit oder Dschalut. Ihre Bedeutung ruht in der wichtigen Rolle, die sie als zentraler Handelsplatz für Mikronesien und Westpolynesien spielt. Von den 55 Eilanden, die sich um die schöne Lagune gruppieren, sind die meisten zwar unfruchtbar und wüst, sechs andere dafür aber so stark bewohnt wie keins der anderen Atolle der Marshall-Inseln (s. untenstehende Abbildung). Kili, Namerik und Ebon schließen die Ralikreihe ab und zeichnen sich durch die größte Fruchtbarkeit unter allen aus; leider ist Kili vor nicht langer Zeit durch einen Orkan arg mitgenommen worden.

Die Ratak-Reihe beginnt mit dem unbewohnten Taongi oder Gaspar Rico, das weit außerhalb der übrigen Gruppe unter 15º nördl. Breite liegt. In der eigentlichen Reihe sind die nördlichsten Atolle (Bikar, Ubirik und Taka) wie in der Ralik-Linie unbedeutend und wenig fruchtbar, daher auch nur schwach bevölkert, nach Süden zu nimmt aber der Anbau zu. Auf Mejit und Ailuk wächst bereits alles, was die Marshall-Inseln überhaupt hervorbringen können. Allerdings sind die nun folgenden: Jemo, Likieb, Wotja, Otdia oder Romanzoff und Erigub wieder

Ein mikronesisches Atoll. (Nach J. Dana.)

trockener und öder, dagegen gehören Maloelap, Aur und namentlich Majuro und Arno zu den begünstigtsten der ganzen Gruppe. Die Lagune von Majuro hat bis zu 50 m Tiefe. Das letzte Atoll im Süden der Ratak-Reihe, Mili, erstreckt sich bis über 6º nördl. Breite hinaus, doch reicht die Ralik-Reihe sogar bis gegen 4º nördl. Breite heran.

4. Die Gilbert-Inseln.

Die Gilbert-, Kingsmill-, Tarawa- oder Line- (d. h. Äquator-) Inseln, die letzte zu Mikronesien gerechnete Gruppe, wurden mit den Marshall-Inseln zugleich entdeckt und meist auch von denselben Seefahrern besucht, haben jedoch keine so große Schar von deutschen Gelehrten, Offizieren, Kaufleuten und Missionaren angezogen wie jene. Nur Finsch hat 1880 eine Durchsuchung der Gruppe vorgenommen. Die Aufnahmen stammen von Duperrey 1823 und Hudson 1841.

Die 18 Gilbert-Inseln (430 qkm) erstrecken sich zwischen 167 und 177º östlicher Länge und zwischen 3º nördlicher Breite und 5º südlicher Breite in nordwestlicher Richtung, wiederum auf einem untermeerischen Höhenrücken, und haben mit den Marshall-Inseln Entstehung und Gestalt im großen Ganzen gemeinsam. Sämtlich niedrige Koralleninseln und meist Atolle, unterscheiden sie sich von den Marshall-Inseln eigentlich nur dadurch, daß ihre Riffe etwas höher über den Meeresspiegel emporragen, etwa bis zu 7 m. Auch übertreffen sie trotz ihrer geringeren Humusschicht und zeitweilig auftretender Hungersnöte dennoch die Marshall=Inseln durch ihre reichere Vegetation. Zwar werden Brotfruchtbaum und Pandanus hier bereits etwas seltener; dafür sind aber die Wälder von Kokospalmen so dicht und häufig, daß Gras= land und Gesträuch zurücktreten.

Am nördlichsten liegen Makin und Butaritari; dann folgen Maraki, Apaiang und Tarawa, die größte Insel der Gruppe, die ihr deshalb auch eine ihrer Benennungen verliehen hat. An sie schließen sich an: Maiana, wie die vorhergehenden stark bevölkert, hierauf Kuria, Aranuka und Apanama, Nonuti und Taputeuea und endlich die südlichsten: Peru, Nukunau, Onoatoa, Ta= mana und Arorai, die kleiner, aber immer noch reich besiedelt und dicht bewohnt sind. Die nörd= lichste, Butaritari oder Groß=Makin, hat eine 46 m tiefe Lagune, Marakei ist fast gänzlich ge= schlossen und nur durch einen Kanal geöffnet, und auf Apaiangs Ostseite hat sich ein zusammen= hängender Landstreifen angesetzt.

Abseits von der Gilbert=Gruppe liegen isoliert im Westen die hohen Inseln Banaba und Pleasant oder Nawodo, unter deren Grundgebäude, gehobenem Korallenkalk, wahrscheinlich ein vulkanischer Kern steckt. Banaba, im Norden schroff, hat in der Mitte einen Berg, ist aber im Süden flach und eben. Des 60—70 m hohen Nawodo oder Nauro dichte walbartige Kokos= palmenbestände, die sich von dem Strand aus wie zwei Ringe ausnehmen, leiden unter sehr ungleichmäßigem Regenfall: bisweilen bleibt zwei bis drei Jahre lang aller Regen aus. In der Mitte der Insel liegt eine Lagune voll süßen Wassers; das Innere ist ganz mit Busch bewachsen. Ein 150—300 m breites Riff umgibt die seit 1888 deutsche Insel.

E. Polynesien.

Südlich und östlich von den Gilbert=Inseln beginnen Polynesiens zerstreute Insel= schwärme. Zu Polynesien gehören die sämtlichen Inseln zwischen 10° nördl. Breite und 29° südl. Breite, und östlich vom 180. Meridian, über den nach Westen hinaus nur die Ellice=Inseln vor= springen. Diesen entgegengesetzt liegt als äußerster Vorposten noch östlich der Osterinsel Salas=y= Gomez in 105° westl. Länge; die große Gruppe der Hawaii= oder Sandwich=Inseln im Norden schließen wir von Polynesien aus. Somit fallen folgende Inselgruppen in unser Gebiet: 1) die Ellice= oder Lagunen=Gruppe, 2) die Phönix=Inseln, 3) die Tokelau= oder Union=Inseln, 4) die isolierten Inseln zwischen den Ellice= und Tonga=Inseln, 5) die Tonga=Gruppe, 6) die Samoa= Gruppe, 7) die Cook= oder Hervey=Inseln, 8) die Tubuai=Inseln, 9) die Gesellschafts= oder Tahiti= Gruppe, 10) der Paumotu=Archipel, 11) die Marquesas, 12) die Manihiki=Gruppe und 13) die äquatorialen pazifischen Sporaden; im ganzen 13 Gruppen mit Flächeninhalt von zusammen 9755, mit Rotuma 9791 qkm.

Von allen diesen Archipelen bestehen nur vier vorwiegend aus hohen Inseln, nämlich die Samoa=, Tahiti=, Tubuai= und Marquesas=Gruppen. Diese machen zusammen allein 5711 qkm, also mehr als die Hälfte des Gesamtareals von Polynesien, aus. Lediglich Korallenbauten sind dagegen die Ellice=, Phönix= und Tokelau=, die Manihiki=Inseln und die äquatorialen Sporaden; fast nur Korallenbildungen enthalten die Paumotu= und die Cook=Inseln, während die Tonga= Inseln zu gleichen Teilen in hohe und niedere, vulkanische und Koralleninseln zerfallen.

Eigentümlich und gemeinsam ist sämtlichen Gruppen eine an Zahl der Arten geringe, nach Osten zu abnehmende Flora, eine sehr ärmliche Landfauna und schließlich ein einheitlicher Volks= stamm. Da das Verbreitungsgebiet der Polynesier im Westen die Ellice=Inseln noch mit umfaßt, werden diese hier zu Polynesien und nicht, wie es vielfach geschieht, zu Mikronesien gerechnet.

1. Die Ellice-Inseln.

Unzweckmäßigerweise auch Lagunen-Inseln genannt, erheben sich die Ellice-Inseln auf der südöstlichen Fortsetzung des die Marshall- und Gilbert-Inseln tragenden unterseeischen Rückens und erstrecken sich in derselben Richtung wie jene zwischen 5 und 10° südl. Breite und zwischen 176 und 180° östl. Länge nach Südosten. Ihr Areal beträgt nur 37 qkm, verteilt sich aber trotzdem auf ungefähr neun Inseln. Bekannt geworden sind sie namentlich durch die Missionare, den Naturforscher Graeffe und den Kapitän Hudson, ein Mitglied der Wilkesschen Expedition.

Ausschließlich Korallengebilde, meist Lagunen-Inseln von ganz ähnlicher Natur wie die Gilbert-Gruppe, sind die Ellice-Inseln im allgemeinen arm an Pflanzen und namentlich Tierarten, dabei aber bedeckt von Kokos- und Pandanusdicicht, seltener noch von Bananen, Arum und Brotfruchtbäumen. An Säugetieren kommen nur Ratten und Schweine, an Vögeln außer Hühnern, wie es scheint, nur Seevögel vor. Über den Riffen erheben sich auch hier kleine, oft unterbrochene Landstreifen, auf denen die wenigen Ansiedelungen zwischen Kokoswäldern Fuß gefaßt haben, und die durch Kanäle mit dem Meere verbundenen Lagunen bieten sichere Häfen. Die bedeutendste Insel der Gruppe, Funafuti oder die Ellice-Insel, die dem ganzen Archipel den Namen gegeben hat, umfaßt selbst wieder 32 kleine, leiblich üppigen Pflanzenwuchs tragende, aber brackiges Wasser führende Eilande, von denen nur eins bewohnt ist. Unfruchtbarer sind die nördlichsten, Nanomea, Lakena und Nanomanga; auf Niutao ist die Lagune bereits in einen Mangrovesumpf und kleine Brackwasserteiche zusammengeschrumpft, auf Nui ist die Lagune ebenfalls schon beschränkt, und auf der südlichsten, Nukulailai oder der Mitchell-Insel, bilden sich bei in der Lagune eintretender Ebbe starke Strudel, die durch Kanäle mit dem offenen Meer in Verbindung stehen. Eine der landreichsten und bevölkertsten Inseln ist Vaitupu, deren Lagune sich nur an einer Stelle nach dem Meer hin öffnet, während das viereckige Riff von Nukufetau oder der De Peyster-Insel noch drei Ausgänge hat.

2. Die Phönix-Inseln.

Zwischen 170 und 177° westl. Länge und 5—2° südl. Breite, also im Nordosten der Ellice-Inseln, liegen die Phönix-Inseln mit zusammen 42 qkm Flächenraum. Sie sind sämtlich Korallenbildungen, Atolle von mäßiger Größe; Lagunen, obwohl von geringer Ausdehnung, sind noch vorhanden bei der nördlichsten Insel Swallow oder Mary und bei den südlichsten, Hull, Sydney und Gardner; dagegen haben die mittleren Inseln (McKean, Birnie, Phönix und Enderbury) schon gar keine Lagunen mehr. Besonders auffallend sind die steilen Abfälle der Riffe gegen das offene Meer, so bei Mary, Sydney und vor allem bei Enderbury, wo die „Tuscarora" nur wenige Schiffslängen von der Insel entfernt bereits 3660 m Tiefe fand.

Die Flora ist ärmlich: viele der Inseln tragen, wie Mary und Enderbury, nur Gras und niedere Gebüsche, Kräuter und Stauden; die Kokospalme fehlt mehreren unter ihnen ganz und bildet allein auf Sydney und Gardner größere Haine. Die Fauna beschränkt sich auf Ratten, Schildkröten, Eidechsen, Spinnen, Ameisen, Fliegen und Seevögel. Dabei ist allerdings die Zahl der Vögel so groß, daß ihre Ausleerungen zu mäßiger Guano-Ansammlung geführt haben. Diese Guanolager wurden für England die erste Veranlassung zur Erwerbung der Phönix-Inseln.

3. Die Tokelau- oder Union-Inseln.

Im Süden des soeben besprochenen Archipels, um den 10. Breitengrad und zwischen dem 177. und 163. Grade westl. Länge gruppiert, enthalten die Tokelau- oder Union-Inseln auf nur sechs Gliedern 14 qkm Areal, sind aber im ganzen fruchtbarer und bevölkerter als die nur von wenigen Menschen bewohnten Phönix-Inseln. Im Grunde Korallenbauten, meist Atolle, tragen sie auf schmalen Landstreifen Kokoswälder und Pandanushaine. Hunde, Tauben, Eidechsen und viele Seevögel beleben die Landschaft.

Einige von diesen Eilanden, wie die Duke-of-York-Insel (oder Datafu) und Fakaafo, sind von beträchtlicher Größe; dieses hat einen Brunnen, jenes eine trotz ihrer Seichtigkeit sehr sicheren Ankerplatz bietende Lagune. Zwischen beiden liegt Nukunono, das wiederum 93 einzelne kleine Eiländchen auf seinem Riff umfaßt. Während diese drei genannten Inseln in südöstlicher Richtung auf einem untermeerischen Rücken verlaufen, liegt Olosenga oder die Swain-Insel mit ihrer Süßwasserlagune etwas abseits; sie ist eine gehobene Insel von 5—8 m Höhe, gut bewaldet und fällt, wie die meisten ihrer Nachbarinnen, mit steilen Böschungen zum Meer ab. In beträchtlicher Entfernung erhebt sich östlich von diesen unter 166° westl. Länge das Danger Riff oder Pukapuka mit drei dreieckigen Inseln, die jäh bis zu 1200 und 1800 m Tiefe abstürzen. Ihre beiden einzigen Bodenfrüchte: Kokosnüsse und Taró, produzieren sie in so großer Menge, daß sich etwa 400 Einwohner davon ernähren können, leider hat aber keine der bis zu 6 m hohen Inseln einen Hafen, auch führen keine Durchfahrten durch das Riff hindurch. Im äußersten Südosten liegen die 15 m hohe unbewohnte Insel Lybra (oder Nassau) und das mit Gebüsch bedeckte Suworoff-Atoll mit seiner seichten Lagune.

4. Die hohen Inseln zwischen der Ellice- und Tonga-Gruppe.

Südlich von den Ellice-, südwestlich von den Tokelau- und nördlich von den Fidschi- und Tonga-Inseln stoßen wir auf mehrere h o h e I n s e l n, die, sonst verschiedenen Gruppen zugerechnet, hier als besondere Abteilung zusammengefaßt werden sollen. Es sind dies: Rotuma (36 qkm), Uea oder die Wallis-Insel (80 qkm), Futuna oder Hoorne und Alofi (115 qkm), Niuafu und endlich Niua. Von diesen erheben sich Uea, Niuafu und Niua auf dem unterseeischen Rücken, der sich von den Tonga- nach den Ellice-Inseln erstreckt, Futuna liegt etwas westlich davon und Rotuma ganz isoliert. Während diese letzte britischer Besitz ist und politisch als zur Fidschi-Gruppe gehörig betrachtet wird, stehen Uea und Futuna unter französischem Schutz und werden merkwürdigerweise von manchen Geographen dem Tonga-Archipel zugeteilt, dem mit entschieden größerem Recht Niuafu und Niua angeschlossen werden könnten.

Rotuma, einer Insel von 200—250 m Höhe, vulkanischen Charakter beweisen noch vorhandene, jedoch bereits bewaldete Krater. Wiewohl die Waldberge des Inneren zum Teil bebaut sind, liegt doch der Hauptsitz der Kultur in einem die ganze Insel umziehenden Gürtel sehr gut besiedelten ebenen palmenreichen Landes. Romantische Thäler mit fruchtbarem vulkanischen Boden bringen von der Küste aus ins Innere ein, und die Lichtungen in der üppigen Vegetation, die Gärten und Rodungen der Eingeborenen machen einen überaus freundlichen Eindruck. Obwohl das die Insel umgebende Korallenriff nirgends weit ins Meer reicht, fehlen doch gute Häfen. Eine Anzahl von kleineren Klippen und vulkanischen Felsen, wie Solnahu, Solkop, Atangora und das ausnahmsweise bewohnte 213 m hohe Uea, umgeben Rotuma auf allen Seiten; im Nordosten wird außerdem das Eagleston-Riff der Schiffahrt gefährlich.

Das unter 13,5° südl. Breite und 176° westl. Länge gelegene Uea oder Uvea, nach seinem Entdecker von 1767 auch Wallis-Insel genannt, besteht aus einem größeren langgestreckten und etwa zwölf kleineren Eilanden. Sie sind von einem gemeinsamen Riff umgürtet, auf dem sich noch weitere korallinische Bildungen erheben. Die übrigen Glieder der Uea-Gruppe sind vulkanischer Natur und bezeichnen wahrscheinlich den gemeinsamen Rand eines großen Kraters; einige

aber sind selbst wieder kleine Krater mit trichterförmiger Gestalt und Wasseransammlungen im
Inneren, die anmutige Landseen bilden. Von den drei oder vier Kraterseen der Hauptinsel Uea
liegt der schönste nach Graeffe ("Ausland", 1868) nahe beim Dorfe Rahi. "Er befindet sich mitten
im Walde, aus dessen Dunkel man plötzlich, an seinen Uferrand tretend, den tiefblauen See=
spiegel unter sich erblickt. Es hat dieser See 60 m hohe steile Uferwände, die aber doch mit dem
lebhaftesten Grün bekleidet sind, indem von den Waldbäumen, die den oberen Teil des Randes
umgeben, riesige Guirlanden einer Weidenart herabhängen und bis an den Seespiegel reichen,
während kleinere Sträucher und Schraubenbäume nebst Binsen den See umrahmen."

Der Verwitterung des vulkanischen Bodens verdankt der größte Teil der Insel eine große
Fruchtbarkeit; nur wo die Laven noch nicht genügend zerstört sind, wie namentlich im Norden, da
ist auch die Gegend kahl, öde und nur mit dürrem Gestrüpp bewachsen. Die Küste freilich trägt
auch hier dichte Bestände von Kokospalmen und Brotfruchtbäumen.

Futuna und Alofi, westsüdwestlich von Uea unter 14° 14' südl. Breite und 178° 7' westl.
Länge, sind schon sehr früh bekannt gewesen, denn bereits 1606 entdeckten sie Le Maire und Wouters
Schouten und gaben Futuna nach der Vaterstadt des zweiten den Namen Hoorne. Ebenfalls
vulkanischen Ursprungs, sind sie noch jetzt reich an Erdbeben, und auf Alofi lassen die aus Felsen=
spalten emporbringenden Dampfwolken ohne weiteres auf die fortdauernde vulkanische Thätigkeit
schließen. Der Strand ist, wie meistens in Polynesien, mit Kokospalmen und Brotfruchtbäumen
geschmückt; das Innere erfüllen 700 m hohe Berge, die eine dichte, üppige Vegetation insbe=
sondere in den wasserreichen Schluchten tragen. Der fruchtbare Boden erlaubt auf Futuna ge=
deihlichen Anbau und gute Besiedelung; Alofi dagegen ist unbewohnt. Die Fauna ist im ganzen
gering. Ein Strandriff, dessen Korallenfelsen an der Küste oft durch malerische Formen und Ge=
stalten fesseln, bildet die weitere Umgebung der Insel.

Niuafu (unter 18° 38' südl. Breite und 174° 55' westl. Länge), das häufig der Tonga=
Gruppe zugezählt wird, ist ebenfalls von Le Maire und Schouten 1606 entdeckt und Goede hop
genannt worden; wiederaufgefunden von Crozet 1772 und Edwards 1791, wurde es besonders
durch Graeffe bekannt gemacht, der es 1866 und nach dem Vulkanausbruch von 1867 nochmals
besucht hat. Niuafus Form ist ein langgestrecktes Oval; in ihrer Mitte liegt eine Lagune, in die
von Westen her eine Halbinsel hineinragt. Und doch verdankt der uns von anderen Beispielen
her so geläufige Binnensee nicht korallinischen, sondern vulkanischen Kräften seine Entstehung: er ist
ein alter Krater, denn die Insel ist durchaus vulkanisch, und die in den See hineinragende Halb=
insel sowie der Südrand tragen Krater. Die rifflose Küste fällt schroff zum Meer ab und macht die
Landung nicht ungefährlich; hat man aber den Steilrand des Eilandes erklommen und die ring=
förmige Kraterwand überstiegen, so erwartet einen ein großartiger Anblick. "Vor meinen Blicken",
sagt Graeffe, "lag ein großer Binnensee, den ringförmig das schmale Festland umgibt. Wäh=
rend draußen die empörte See an die schwarzen Lavafelsen donnert, breitet sich im Inneren der
Insel ein blauer Seespiegel aus, von grünen Geländen umrahmt. Von der Küste bis zum Hügel=
kamm steigt das Land langsam an, aber von da bis zum Seespiegel fällt es plötzlich ab und zwar
an der südlichen Seite mit ganz senkrechten Felswänden."

Ein hügeliger, mit Kasuarinen bewachsener Ufersaum zieht sich am Nordufer des Sees hin,
und auf der Halbinsel steigt ein grauer, jeglicher Vegetation barer, nackter Auswurfskegel empor,
an dessen Seitenwänden gewundene alte Lavaströme hinabgeglitten sind. Dieser Berg hat 1840
oder 1853, man weiß es nicht genau, einen Ausbruch gehabt, und auch sonst lassen untrügerische
Anzeichen, wie häufige Erdbeben, sprudelnde, schwefelwasserstoffhaltige Quellen am Südufer des
Sees und ein Streifen blendend weißen Schwefels, auf vulkanische Thätigkeit schließen. In
dem brackigen Wasser des Sees, der wahrscheinlich mit dem Meer in Verbindung steht, liegen

10*

drei kleine Inselchen (Ole Motu oder Molle), die mit ihrem frischen Grün einen reizenden Gegen=
satz zu dem düsteren drohenden Vulkan und dem blauen See bilden. Trotz ihrer geringen Aus=
dehnung haben auch sie kraterartige Vertiefungen, die teils mit Wasser gefüllt sind, teils Pflan=
zungen tragen, und erheben sich 120 m über den Spiegel des Sees.

Im April 1867 begann die Insel Niuafu wiederum ihre vulkanische Thätigkeit. Doch er=
folgte der Ausbruch nicht aus dem alten Krater, sondern es bildete sich auf der Südseite der
Insel eine Menge neuer Krater, die mit ihren Lavaströmen fast ein Fünftel der Insel verwüsteten
und zahlreiche Kokospalmen, Wald und Pflanzungen vernichteten. „Alte Krater und Lavaströme
findet man überall auf Niuafu, und es erinnert das hohle Dröhnen bei jedem Schritte daran, daß
man auf alten Lavagängen wandelt." (Graeffe.) Der neue Ausbruch überdeckte zum Teil die
alten Lavafelder und veränderte dabei noch die Gestalt der Südküste, da er an die Stelle kleiner,
sandiger Buchten steile Lavamassen setzte. Schwarze, grüne, kupferfarbige und rote Laven ergossen
sich über die gesamte Gegend. „Weite Waldstrecken waren vollkommen blattlos wie bei uns im
Winter, dürr streckten die hohen Waldbäume ihre kahlen Äste zum Himmel." Eine Reihe von
winzigen Kratern hat im Südosten des Inselringes kleine, aus Schlacken gebildete Höhenzüge
hervorgerufen; tiefe Lagen pulverigen Schwefels und vulkanischer Asche haben sich stellenweise
noch über den Rücken der Lavaströme ausgebreitet. An der einen Seite des inneren Sees fiel
das Wasser um 2 m, an der anderen stieg es um denselben Betrag, warme Quellen brachen
hervor und Bergstürze verringerten den Landring.

Niua (Niuatabutabu oder die Keppel=Insel), die als letzte unserer Gruppe am ehesten noch
zu den Tonga=Inseln zu rechnen ist, ist zusammen mit ihrer Nachbarin Tafahi oder Boscawen
wie mehrere der bereits geschilderten Gruppen 1606 von Le Maire und Schouten entdeckt worden.
Niua ist ein hügeliges, von Riffen umgebenes, wahrscheinlich vulkanisches Land, Tafahi ein
610 m hoher, spitzer, dichtbewaldeter erloschener Vulkan.

5. Die Tonga-Inseln.

In einem gegen Westen offenen Bogen erstreckt sich nordnordostwärts von 23,5—17° südl.
Breite der Tonga=Archipel, der mehr aus einer Aufeinanderfolge von Inselgruppen als aus
einer geschlossenen Reihe besteht. Dennoch sind die vulkanischen Inseln der Tonga=Gruppe ihrer
Richtung nach einer von Nordnordosten nach Südsüdwesten verlaufenden Spalte aufgesetzt;
verlängert man diese Linie, so trifft sie auffallenderweise zuerst auf den alten Krater Raoul
und die Kermadec=Inseln, und weiterhin auf das große Vulkangebiet im Osten der Nordinsel
Neuseelands. Auf dieser ganzen Strecke ist die Tiefe der See geringer als sonst im Umkreis:
nirgends sinkt sie unter 4000 m; also verbindet ein schmaler Rücken Neuseeland, die Kermadec=
und die Raoul=Gruppe mit Tonga. Zu beiden Seiten dieses Grates stürzt der Meeresboden zu
Tiefen von über 5000 m, ja zwischen Tonga und Samoa sogar zu einer der größten Tiefen ab,
die überhaupt gemessen worden ist: zu 8324 m, der tiefsten bekannten Stelle des südlichen
Großen Ozeans; und eine zweite bedeutende Tiefe (8095 m) liegt südöstlich der südlichsten Tonga=
Insel Pylstaart. Demnach scheint eine nordöstlich streichende Erhebung des Meeresbodens von
Neuseeland bis Tonga nach Osten schroff abzustürzen. Zieht man daneben die Beobachtung in Er=
wägung, daß überall an den Grenzen der Kontinente, nicht in der Mitte der Meere, die größten
Meerestiefen vorkommen, so darf man die östliche Grenze des australischen zerbrochenen Fest=
landes mit der von Neuseeland bis Tonga verlaufenden Linie identifizieren.

Die Tonga=Inseln sind schon 1643 von Abel Tasman entdeckt, aber erst 1773 von Cook
wiedergefunden und 1777 von diesem längere Zeit besucht worden. Außer der Beschreibung

Cook's (f. Abbildung, S. 11) haben besonders d'Urville (1827), Wilkes (1840), Erskine (1849) und die Arbeiten der Missionare sowie die Aufnahme der britischen Kriegsschiffe zu unserer Kenntnis von Tonga beigetragen. Dennoch ist die wissenschaftliche Durchforschung der Gruppe noch nicht weit gediehen; wir besitzen von ihr durchaus noch nicht so eingehende Darstellungen, wie sie z. B. von der Samoa-Gruppe Graeffe gegeben hat.

Entweder kann man in dem Tonga-Archipel zwei in meridionaler Richtung nebeneinander verlaufende Reihen: eine westliche, hohe, vulkanische und eine östliche, niedrige, korallinische, unter=scheiden, oder ihn in fünf Trupps sondern; und diese sind, von Norden nach Süden gezählt, die Vavau=, die Hapai=, die Kotu=, die Namuka= und die Tongatabu=Gruppe.

Die Zahl der Inseln beträgt im ganzen etwa 150, wovon 32 eine einigermaßen ansehn=liche Größe haben. Ungefähr 15, also der zehnte Teil, kommen einem auf den ersten Blick schon wie vulkanische Berge, dagegen 30—40, etwa ein Viertel, wie gehobene Koralleninseln vor; und der Rest sind niedrige Korallenbauten und Riffbildungen. Das Gesamtareal beträgt 997 qkm, wovon ein Drittel (330 qkm) auf die Hauptinsel im Süden, Tongatabu, entfällt; unter den übrigen haben nur die Vavau=Gruppe, Tofua und die Hapai=Gruppe noch so umfangreiche Landmassen, daß sie hier in Betracht kommen. Alles übrige ist, wie in allen korallinischen und vulkanischen Gebieten, ein Schwarm von überaus kleinen Eilanden, Klippen und Riffen.

Landschaftlich gehören die Tonga-Inseln entschieden zu den anmutigsten der Südsee. Bald wild und felsig, bald flach und eben, sind sie alle mit üppiger Vegetation bedeckt, im ganzen gut be=wässert und dicht bebaut. Ihre Bewohner haben sich von jeher durch sanftere Sitten vor den übrigen Polynesiern ausgezeichnet; nannte doch Cook die ganze Gruppe deshalb die Freundschaftsinseln.

Auf der eben (S. 148) beschriebenen vulkanischen Spalte bauen sich die vulkanischen west=lichen Inseln der Gruppe auf: Fonualei, Late, Wesley Rock, Kao, Tofua (oder Tufoa) und Sandfly Rock. Außer einem 1885 unter 20° 21' südl. Breite und 175° 23' westl. Länge neu ent=standenen Vulkan, dessen Krater sämtlich nach Osten geöffnet sind, zählen auch von den genannten Eilanden einige noch zu den thätigen Vulkanen. Gehen wir nun zu der Besprechung dieser West=reihe über, so eröffnet den Reigen Fonualei. Das ist eine kleine, 180 m hohe, runde Insel mit zwei Bergen, von denen der nordöstliche höhere Dampf ausstößt. Im Jahre 1846 erfolgte aus diesem Vulkan eine furchtbare Explosion und überschüttete die reich mit Gärten bedeckten Ge=hänge buchstäblich mit Asche; seitdem ist die ganze Insel ein mit Lava, Asche und Lapilli bedeckter Felsen, bar aller Vegetation, und alles Leben ist verbrannt und verbannt. Ganz in der Nähe liegt Toku, eine nur etwa 30—40 m hohe flachgewölbte, von einem Riffe umgebene Insel.

Late, ebenfalls rund, besteht aus einem 545 m hohen Pik, dessen vulkanische Natur sich durch einen heftigen Ausbruch im Jahre 1854 unliebsam bemerkbar machte, der einen Teil der Insel absprengte und die Vavau=Gruppe mit Asche bestreute. Die in ihren oberen Regionen nackte, schwarze Insel trägt einen großen Krater, der Rauchwolken ausstößt; der Ausbruch erfolgte indessen aus einem Seitenkrater am Ostende der Insel, an den von tiefen Schluchten zerrissenen Gehängen des Hauptberges, der unten Wald und in der Mitte Gebüsch trägt. Der dritte Vulkan ist der 1858 entstandene, 120 m hohe Wesley Rock, der vierte endlich die mit 1500 m höchste Insel der Gruppe, Kao. Diese sieht mit ihren sehr steilen Abhängen und ihrer durchaus regel=mäßigen Kegelform wie eine große Glocke aus; oben ist sie kahl und nackt, unten jedoch mit reichem tropischem Wald geschmückt. Die fünfte Vulkaninsel, Tofua oder Tufoa, ist 850 m hoch, größer als Kao und hat eine eigentümlich gezackte Gestalt. Sie steigt in steilen Gehängen zu einem Tafel=land auf, das mit grobem Grase bedeckt ist und den Krater trägt; aufwirbelnde Rauchwolken verraten seine Natur, und ein großer See in der Mitte bespült den Eruptionskegel. Das thal=förmige, mit loser Asche, Lapilli und Lava bedeckte Kraterbett wird unaufhörlich von dichten

Dampfwolken überzogen; parasitische Krater scheinen an den waldreichen Abhängen vorzukommen, die steil zu den nackten, von schwarzem Sand und Schlacken bedeckten Meeresufern abfallen. Im Jahre 1885, als die Insel Tofua thätig war, entstand genau zu derselben Zeit der oben erwähnte Krater in 20° 21' südl. Breite. Die letzte thätige Vulkaninsel, Sandfly Rock, ist ein einzelner Felsen. 1852 und 1857 kamen submarine Ausbrüche vor, deren letzter die Insel Wesley bildete. Im äußersten Süden der Reihe liegt der erloschene Vulkan Ata oder Pylstaart.

Weit bedeutender sind die Glieder der östlichen Reihe. Sie sind meist auf einem vulkanischen Kern stehende Korallenbauten und durch eine Höhe bis zu 14 m über dem Meere von den meisten anderen Koralleninseln verschieden. Obwohl ihr Boden nahe bem Meere mit Sand gemischt ist, ist er im ganzen sehr fruchtbar, denn im Inneren gedeiht auf dem roten Thon eine üppige Vegetation, und zahlreiche Pflanzungen geben den Inseln eine reizvolle Frische. Das ist um so wunderbarer, als fließendes Wasser selten und das Trinkwasser zum Teil so brackig ist, daß es nur aus Brunnen und Teichen gewonnen werden kann. Große Riffe umschließen die Küsten und erschweren die Fahrt zwischen den hafenarmen Inseln, und zwar im Westen bedeutend mehr als auf der zugänglicheren Ostseite.

Die nördlichste Gruppe Vavau (oder Hafuluhao) ist die zweitgrößte von allen und besteht aus der 100 m hohen, ziemlich ebenen Insel Vavau und zahlreichen kleineren. Steile hohe Korallenkalkküsten, eine reiche Vegetation, Becken mit schönem klaren Wasser, viele Höhlen und ein sehr guter Hafen mit großer Wassertiefe sind die besonderen Vorzüge der Hauptinsel. Ihre westlichen Trabanten sind alle tafelförmig, bebuscht, steilkantig und in der Wasserlinie ausgewaschen; ihre Küsten sind frei von lebenden Riffen.

Von den 40 Inseln der zweiten Gruppe, Habai oder Hapai, liegen die größten (Haano, Foa, Lefuka) und einige kleinere auf einem nach Nordwesten geöffneten Bogen eines Riffes, fallen gegen Südosten mit niedrigen, aber steilen Gehängen ab und lassen zahlreiche seichte Kanäle zwischen sich. Um sie herum gruppieren sich zwanglos kleinere Inselchen.

Die dritte Gruppe, Kotu, enthält kein Eiland von einiger Bedeutung, und das läßt sich mit einiger Einschränkung auch von der vierten, Namuka, sagen. Die Hauptinsel gleichen Namens ist von vielen kleineren begleitet, hat niedrige Steilwände, guten Boden und einen großen bittersalzigen See in der Mitte, dessen hügelige Ufer mit anmutigen Wäldern geschmückt sind. Namuka ist bis zu 30 m Höhe gehoben, ihre Nachbarinnen dagegen tauchen kaum über den Wasserspiegel empor; Strandriffe und einige isolierte lebende Riffe umgürten ihre Küsten.

Bei weitem die größte Gruppe ist zugleich die südlichste: Tongatabu. Sie umfaßt die Hauptinsel Tongatabu, das heilige Tonga (s. die beigeheftete Tafel „Nukualofa auf Tongatabu"), die Nebeninsel Eua und eine Menge von kleineren. Tongatabu, der dreieckige Kern des Königreichs der Tonga-Inseln, 330 qkm groß, nimmt ein Drittel des Areals der ganzen Gruppe ein und ist durchschnittlich kaum 6 m und nur in einzelnen Hügeln bis 30 m hoch, im ganzen also eben. Die Nordküste ist flach, sandig und dicht bewaldet, die Ost- und Südseite jedoch fällt steil zum Meere ab. Der Boden ist gut, die Vegetation frisch und der Gesamteindruck idyllisch-lieblich, wenn auch einförmig. Eine große Lagune, die in den Nordosten eindringt, bildet einen nicht sehr tiefen Hafen, der gegen das Meer hin durch eine Insel abgeschlossen wird; Küstenriffe umgeben das Ganze, und ein Barrierriff bildet einen besonderen Riegel vor der Nordseite. Eua, ein Porphyrikern mit einer ziemlich dünnen Kalksteinkruste darüber, baut sich in zwei, besonders im Westen deutlich entwickelten Terrassen von 110 und 310 m Höhe auf und scheint Schwankungen des Meeresspiegels zu unterliegen. Positive und negative Bewegungen scheinen überhaupt auf der Tonga-Gruppe miteinander abgewechselt zu haben; die negativen werden durch die gehobenen Koralleninseln bewiesen und sind auch jetzt offenbar häufiger als positive.

Nukualofa au Tongatabu. (Nach Photographie.)

Den Freundschaftsinseln reihen wir die östlich davon gelegenen und durch eine Erhöhung des Meeresbodens mit der Vavau-Gruppe in Verbindung stehende Savage-Insel oder Niuë an, die Cook im Jahre 1774 entdeckt hat. Unter 19° 10′ südl. Breite, 169° 50′ westl. Länge gelegen, hat sie einen Umfang von etwa 60 km und besteht aus gehobenem Korallenkalk, dessen 30—90 m hohe Wände ein mit Bäumen und Gesträuch bedecktes Tafelland einschließen.

6. Die Samoa-Inseln.

Nordöstlich von der Tonga-Gruppe erheben sich auf der südöstlichen Verlängerung des Rückens, der die Marshall-, Gilbert- und Ellice-Inseln trägt, aus Tiefen von mehr als 4000 m die hohen Samoa-Inseln, deren zweiter, von dem Franzosen Bougainville verliehener Name Schifferinseln jetzt fast allgemein aufgegeben worden ist. Im Jahre 1722 von dem Holländer Roggeveen (vgl. oben, S. 10) entdeckt und außer von Bougainville (1767) auch von Lapé-rouse (1787), Edwards (1794), Kotzebue (1824) und Wilkes (1839) besucht, sind sie genauer erst durch die Londoner Mission, durch die Beamten des Hamburger Hauses Godeffroy, namentlich durch Dr. E. Graeffe, und endlich auch durch den Geologen Dana bekannt gemacht worden.

Zwischen 172° 45′ und 168° 9′ westl. Länge und 13,5—14,5° südl. Breite bilden sie eine nach Ostsüdosten streichende Kette von Inseln, deren kostbarste Perlen, von Westen aus gerechnet, Sawaii, Upolu, Tutuila und Tau sind. Ihr Areal beträgt insgesamt 2787 qkm, also etwas mehr als das des Großherzogtums Luxemburg, womit sie an Flächeninhalt sämtliche polynesische Inselgruppen (außer Hawaii), die Tonga-Gruppe z. B. etwa um das Dreifache, übertreffen.

Die bergigen, bis zu 1300 m Höhe ansteigenden, mit dichtem Walde bekleideten Samoa-Inseln machen, von der See aus gesehen, einen überwältigend schönen Eindruck, der durch die Schroffheit der Küste und die Berge des Inneren bildenden Felsenmassen noch gesteigert wird.

„Von einer gewissen Entfernung aus gesehen, gleichen die Samoa-Inseln", nach Jung (‚Australien'), „einer langen Reihe von Bergen, deren kegelförmige Gipfel eine Höhe von 1300 m nirgends übersteigen. Kommt man näher, so erblickt man die malerischen Linien und Höhen der einzelnen Berge mit tiefen Einschnitten und sanften Abhängen, deren Seiten vom Gipfel bis zum Meer mit reicher Vegetation bedeckt sind. Auch die sich daran schließenden welligen Ebenen, wogend im immergrünen Smaragdkleide, entzücken die Blicke nicht minder als jene erhabenen Dome, besonders wenn das Bild in luftiger Morgenfrische lachend vor dem Beschauer liegt. Hier und dort durchbrechen Zeichen beginnender Kultur: majestätische Kokoswälder, Baumwollpflanzungen, Bananenfelder, die weniger nutzbringende ursprüngliche Vegetation. Überall ist die Bewässerung reichlich; auf Sawaii freilich absorbiert der poröse Tuffboden höher gelegener Gebiete die Niederschläge dergestalt, daß sie erst am Meeresrande in klaren Quellen wieder zu Tage treten. Aber auch der größte Teil von Sawaii ist, wie alle übrigen Inseln, aufs beste bewässert. Überall fließen von den dicht mit schwerem Holz bestandenen Bergen zahlreiche Bäche dem Meere zu, hier von hoher Felsenkante in den Abgrund stürzend, dort sich hinter dichtem Vorhang von dunkelgrünem Laub verlierend, um dann, wieder ins Sonnenlicht tretend, in ruhiger Klarheit dahinzufließen. Unterirdische Flüsse verfolgen brausend ihren Lauf durch verborgene Höhlen vulkanischen Gesteins, brechen an tieferer Stelle rauschend hervor und eilen geschäftig den grünen, stillen Lagunen zu, über welche die Boote der Küstenbewohner hingleiten, deren Dörfer hier und da am Rande verstreut sind."

Die Samoa-Inseln bestehen ausschließlich aus jungvulkanischen Felsarten, vorwiegend basaltischer und trachytischer Natur, mit ihren Tuffen und Laven. Einzelne Krater, wie der Apolima, sind noch erhalten, und der unterseeische Ausbruch bei Olosenga (1866) läßt auf die Fortdauer vulkanischer Erscheinungen schließen. Freilich sind sämtliche alten Ausbruchsstellen der Inseln jetzt erloschen, aber noch läßt es sich feststellen, daß die Vulkane der Insel Sawaii zuletzt ihre Thätigkeit eingestellt haben, da dort sehr frische Lavafelder vollkommen erhalten sind und die Eingeborenen die Überlieferung von Eruptionen treu bewahrt haben. Auf Tutuila haben die alten Krater ihre Form nicht mehr bewahren können, sondern sind der Denudation zum Opfer gefallen; auf Upolu lassen sie sich aber noch stellenweise erkennen: einer der zahlreichen Krater trägt einen kleinen See. Sawaii endlich ist nichts als ein großer Vulkan mit sanften Gehängen,

Der Hafen Pago-Pago auf Tutuila, Samoa. (Nach Photographie.)

denen zahlreiche parasitische Krater aufsitzen; doch wird überall der echte Charakter der Kuppen und Kegelberge durch dichte Vegetation verschleiert und verhüllt. Es scheint demnach, daß aus einer von Südosten nach Nordwesten verlaufenden Spalte die vulkanischen Massen in Form von großen Lavaströmen emporgequollen sind und so die Grundgerüste der Inseln gebildet haben, auf benen sich dann nach und nach auch Kraterbildungen entwickelten. Zu gunsten der Behauptung, daß die vulkanische Thätigkeit am frühesten im Südosten der Gruppe aufgehört habe, spricht auch der Umstand, daß Tutuila am meisten von Korallenbauten umgürtet ist, während Sawaii die wenigsten Bänke an seinen Gestaden trägt. Die in ihrer Färbung die Skala vom Schwarz des Basaltes bis zum Grau des Trachytes durchlaufenden Inseln sind vielfach mit großen Mengen wirr übereinander getürmter, eckiger und kantiger Blöcke bedeckt, die wahrscheinlich durch Auswitterung der zwischen den Basaltdecken und -Strömen eingeschalteten Tuffe und Aschen herauspräpariert worden sind. Trotz ihrer überaus steinigen Natur eignen sich aber diese Gebiete wegen der aus ihnen entstehenden fruchtbaren schwarzen Erde doch zum Anbau.

„Neben den bewaldeten Anhöhen", bemerkt Graeffe (,Journal des Museum Godeffroy', Heft 6), „die mit Laven überlagert sind und auf den Gipfeln häufig noch deutliche Krater= öffnungen tragen, finden sich an vielen Stellen sämtlicher Inseln abgerundete hohe Hügel, die des Baumwuchses entbehren." Diese weichen, zerreiblichen, gelblich=rötlichen Tuffschichten stehen in großem Gegensatz zu den in Strömen herausgequollenen Laven, deren mehrfach übereinander gelagerte Decken namentlich auf Sawaii und Tutuila ausgedehnte Lavafelder erzeugt haben. Von rollendem Geräusch begleitete Erdbeben, deren Bewegung von Südosten nach Nordwesten zu ver= laufen scheint, sind sehr häufig, aber von geringer Stärke; dagegen sind heiße Quellen selten.

Die Größe der Inseln nimmt von Westen nach Osten ab: Sawaii hat 1687, Upolu noch 860, Tutuila aber schon nur 133 und Tua sogar bloß 53 qkm Areal; ganz zu schweigen vom Rest, der sich auf Olosenga mit 15, Ofu mit 23, Manono mit 8 und Apolima mit 5 qkm ver= teilt. Im Gegensatz hierzu gewinnen die Korallenriffe an den Küsten der Samoa=Inseln von Westen nach Osten an Umfang. Sawaiis Südküste ist noch ganz frei von ihnen, die Nord= und Ostseiten bereits mit Strandriffen umsäumt; Upolu besitzt sowohl im Norden wie im Süden Riffe, und zwar auch schon Barrierriffe, wie gegenüber dem Hafen Saluafata. Vor Tutuila lagern im Süden, gegenüber dem Pago=Pago=Hafen (vgl. unten, S. 155), einem die Insel fast zer= schneidenden tiefen Einschnitt, zwei durch einen tiefen Kanal getrennte Bänke, die Taema= und Rafanua=Bank über 11—13 m tiefem Wasser, die nach Langenbeck ein gesunkenes Barrierriff darstellen. Ofu, Olosenga und Tau, die steil zum Meere abfallen, haben allerdings keine Riffe, dagegen schließt ein echtes Atoll mit zwei kleinen Eilanden im Osten und Norden, die Rosa=Insel, die Samoa=Gruppe im Osten ab.

Die größte westlichste Insel, Sawaii, von der Form eines Rhombus, enthält zwei neben= einander herziehende durchaus vulkanische Bergketten, teils ganze Reihen von Vulkanen, teils einzelne Krater, unter denen der höchste Kegel, der Mua bei Aopo, von Aschen umgeben ist, die noch nicht sehr lange lagern können. Der Nordwestküste entlang ziehen von Safina bis Asaua gewaltige schwarze Lavafelder, von den Eingeborenen „das Glühende" genannt. Überall, wo die beiden Bergketten an das Meer herantreten, sind die Küsten steil und frei von Riffbildungen, wo sie aber einen Strand zwischen sich und dem Meere lassen, flach und mit Riffen umsäumt. Die Vegetation ist üppig, die Bewässerung reich, der Anbau aber ziemlich gering und daher auch die Bevölkerung dünn. Der einzige Hafenplatz, in dem größere Schiffe zur Passatzeit mit Sicherheit nahe dem Lande ankern können, ist Matautu an der Nordküste, in dessen Umgebung das Küsten= land besonders gut angebaut ist. W. B. Churchward (,My Consulate in Samoa') rühmt be= sonders die Schönheit der Ostseite Sawaiis. „Die Berge des Inneren machten einen großartigen Eindruck, ihre Gipfel waren in rötlichen Nebel gehüllt, so daß ihre Formen nicht klar hervortraten. Schroff von den Wolken aus abstürzend, gingen die Berge weiter unten sanft in die Ebene über, überall dicht bedeckt mit düsterem, dunklem Walde. Dem Strande entlang bildeten die Ortschaften der Eingeborenen mit ihren Brotbäumen und Kokospalmen an der weißen Korallenküste einen gefälligen Gegensatz gegen den wilderen Hintergrund."

Zwischen Sawaii und Upolu liegt im freien Fahrwasser das kleine Apolima und auf einem von Upolu ausgehenden Riff das ebenfalls unbedeutende Manono. Apolima, ein er= loschener Krater von 144 m Höhe, erhebt sich senkrecht aus dem Meere. Nur im Norden ist der Rand des Kraters durchbrochen (nach Wilkes' ,Entdeckungsexpedition der Vereinigten Staaten'), wodurch das Wasser Zugang in die kleine Bai erhält, „deren Eingang jedoch so schmal ist, daß nur ein Boot auf einmal hindurchfahren kann". Daher gilt das Eiland den Samoanern als uneinnehmbare Festung. Im übrigen ist sie, außer auf dem Steilabfalle zum Meere, gut bepflanzt und besitzt im Inneren ein förmliches Dorf.

Manono, das von derselben Höhe wie Apolima ist, aber weniger schroff aus dem Ozean emporsteigt, ist gegen Norden durch Grabmäler und Mauern künstlich verschanzt und gilt als der Sitz des Abels der Samoaner, der im Besitze des uneinnehmbaren Apolima eine besondere Macht über die umliegenden größeren Inseln ausübte.

Während das Innere von Sawaii fast gar nicht besiedelt und bekannt, sein Anbau und seine Bevölkerung nur spärlich sind, hat Upolu, die zweitgrößte Insel, nicht nur die meisten Einwohner, sondern auch bei weitem den besten Ackerbau und ist auch im Inneren einigermaßen durchforscht worden. Es ist mehr als dreimal so lang als breit und wird in seiner ganzen Länge von einer der Südküste nahe liegenden Gebirgskette durchzogen, die ausschließlich aus erloschenen Vulkanen und domförmigen Kuppen besteht. Am steilsten ist der Abfall gegen das Meer im Osten und Süden; der Westen dacht sich sanfter ab. Die größten Erhebungen der Insel sollen der Fao an der Nordostküste mit 914 m und der Lanuto in der Mitte mit 783 m sein. Der zweite birgt in sich einen kleinen blauen Kratersee, dessen Ufer mit Binsen und Pandanus um=säumt sind; sanft fallen zu ihm die waldbedeckten Gehänge des Kraters ab. Weitere Krater haben der Vulkan Siusinga westlich vom Lanuto und der alte Tofua im Westen, der durch die Schroffheit seines Absturzes und die Tiefe und Größe seines Kraters ausgezeichnet ist. „Der ganze Abhang des Berges", berichtet Wilkes, „von der Spitze bis zum Strande, ist mit dichtem Walde bedeckt, der alle Aussicht auf das Meer, ausgenommen vom obersten Gipfel aus, verhindert. Der Rücken, auf dem sich der Kegel erhebt, hat eine absolute Höhe von 360 m, und der Böschungswinkel von der See bis zur Spitze beträgt 40—50°. Die Spitze des Gipfels, die den Rand des Kraters bildet, ist nirgends mehr als 5 m, ja oft kaum halb so breit. Er ist gleich=mäßig hoch und von kegelartiger Form, der Umfang der inneren Aushöhlung wird auf etwa 4 km geschätzt und nimmt die ganze Kuppe ein." Als Tiefe des Kraters fand man 112 m; sein Inneres ist ganz mit hohen Bäumen bewachsen.

Den Westen der Insel nimmt eine weite, mit Lavablöcken überschüttete Ebene ein. Lava=ströme drängen sich an manchen Stellen nach dem Meere hin, teilweise in Form von hohlen Tunnels, wie bei Sanga, teilweise mit eingebrochener oberer Decke, so daß das Innere des Stromes offen liegt. Um Apia liegen der 610 m hohe Pic Godeffroy und der 737 m hohe Vulkan Vaia; die anderen Gipfel sind noch nicht gemessen worden.

Zwischen den einzelnen Ausläufern, die von der Hauptkette aus nach der Küste ziehen, er=öffnen sich breite Thäler, die sich gegen das Innere zu verschmälern. In ihnen wird hier und da das Auge durch imposante Wasserfälle entzückt, deren einer von Wilkes auf nicht weniger als 235 m Fallhöhe gemessen worden ist. Unter der erstaunlich großen Zahl von derartigen Natur=schauspielen sind der Vaitassa=Fall bei Falefa, ein anderer 100 m hoher hinter Apia und die kleineren des Papasé im Vaiusufluß die bekanntesten, und ihre Schönheit wird wegen der sie um=gebenden üppigen Vegetation hoch gepriesen.

Überhaupt ist der Wasserreichtum bei dem reichlichen Regenfall insbesondere an der Süd=küste, groß, und wenn auch Ströme fehlen, so ist doch die Zahl der kleineren Flüsse außerordentlich beträchtlich im Gegensatz zu dem trockenen Sawaii. „Zu den tieferen und bedeutenderen gehören", sagt Graeffe (‚Die Samoa=Inseln'), „der Sigago, der Vailoa bei Vaiusu, der Letogo, der Vaitassa bei Falefa, der Uafata und der Fluß bei Salani, der sich in eine unterirdische Höhlung ergießt. Alle diese Flüsse sind wahre Gebirgsströme und fließen in tiefen Tobeln, deren Wände oft 15—100 m fast senkrecht emporsteigen. Bei lang andauernder Trockenheit versiegen manche ganz, während andere nur verminderten Wassergehalt zeigen; aber umgekehrt verwandeln an=dauernde Regengüsse dieselben zu reißenden Gewässern, deren trübe Fluten bei ihrer Einmündung in das Meer noch lange in demselben sichtbar sind."

Dieſer Reichtum an hydrographiſch günſtigen Eigenſchaften gibt der Inſel ein maleriſches Ausſehen; zierliche Baumfarne und Schlinggewächſe bekleiden ſelbſt die ſteilſten Uferwände, die Waſſerfälle erſcheinen vom Meere aus wie weiße, herabhängende Silberfäden, überall quillt und fließt das belebende Element. Dazu die imponierend ſchroffen Abhänge, die üppige Vege=
tation, die kühnen Formen der Berge. Und auch der Ackerbau iſt ſehr begünſtigt: an den Bergen empor ziehen ſich die Pflanzungen, und die Ebenen von Apia, Vailele und Saluafata an der Nordküſte ſind reiche Fruchtgefilde. Und wenn auch der Weſten ärmer an Waſſer iſt, ſo hat er doch auch zahlreiche kleine Waſſerbecken. Stehende Gewäſſer trifft man überhaupt auf Upolu häufig, wie z. B. den ſeichten See von Uafata und den Strandſee von Safata an der Südküſte; Brackwaſſerſeen und Moore — des Kraterſees haben wir ſchon oben (S. 152) gedacht — ziehen ſich an den Küſten entlang.

Die dritte große Inſel der Samoa=Gruppe, Tutuila, erſtreckt ſich von Weſten nach Oſten 30 km weit, iſt aber von wechſelnder Breite, da ſie durch den tiefen Einſchnitt des Hafens Pago=
Pago (ſ. Abbildung, S. 152) in zwei Hälften, eine weſtliche breitere und eine öſtliche ſchmälere, geteilt wird. Der genannte Hafen iſt wahrſcheinlich ein unter Waſſer geſetztes breites Thal des früher weiter nach Süden ausgedehnten Eilandes und beſteht aus einer ſchmalen inneren Bucht und einem engen Ausgang. Seine Tiefe beträgt am Mundſtück 70 und in der inneren Bucht immer noch 20 — 40 m, obwohl außerhalb des Eingangs die See nur 50 — 60 m tief iſt, da ſüdlich vor der Küſte die erwähnten Korallenbänke 20—30 m unter dem Waſſerſpiegel hinlaufen. „Der Hafen von Pago=Pago“, ſo bemerkt Wilkes („Die Entdeckungs=Expedition der Ver=
einigten Staaten‘), „iſt einer der eigentümlichſten auf allen polyneſiſchen Inſeln, und an ihn würde man zuletzt denken, wenn man Schutz ſuchte; die Küſte in ſeiner Nähe iſt ganz ſeltſam zerklüftet und hat nicht den Anſchein von Einſchnitten; dabei iſt noch der Eingang zum Hafen ſelbſt ſo eng, daß man ihn nicht leicht bemerkt. Dieſer iſt auf allen Seiten von unzugänglichen Felsmauern eingeſchloſſen, die eine Höhe von 250 — 320 m haben.“

Die Inſel Tutuila zeichnet ſich ſelbſt Upolu gegenüber durch ihre gewaltige Schroffheit aus. Graeffe’s lebendige Schilderung („Die Samoa=Inſeln‘) lautet: „Gipfel an Gipfel dem blauen Ozean entſteigend, reihen ſich die Berge zu einer Mauer, die trotz ihrer Schroffheit mit grüner Vegetation bedeckt iſt und erſt an der Küſte ſchwarze Klippen und Felswände zeigt, gegen welche die mächtigen Wogen der Südſee ſchlagen. Von Zeit zu Zeit aber öffnen ſich dieſe Felswände, und es kommen verſteckt dahinter ſtille Buchten zum Vorſchein, kraterartige Aushöhlungen, in deren Hintergrund auf ſchmalem Berggeſimſe die Palmenwäldchen und die von Brotfrucht=
bäumen beſchatteten Hütten der Tutuilaner ſtehen.“ Dieſer Typus iſt beſonders der Nordküſte eigen, während die Südküſte mehr flache Küſtenſtriche und hügeliges Vorland hat und nach Weſten zu am beſten angebaut und beſiedelt iſt.

Ihre größte Höhe erreicht Tutuila in dem ſchmalen Iſthmus zwiſchen der weſtlichen und öſtlichen Hälfte; hier erhebt ſich der Matafoa über dem Hafen Pago=Pago zu 730 m Höhe, ein zuckerhutartiger Gipfel von impoſanter Erſcheinung. Reihen von Kratern und alten Vulkanen müſſen auf der Inſel thätig geweſen ſein, ſind aber jetzt größtenteils der Denudation anheim=
gefallen, wie z. B. der flachgipfelige, 450 m hohe Peoa im Oſten. Die glänzendſchwarze Farbe des den Grundſtock ausmachenden Baſaltes bildet in den zum Meere abfallenden Steilwänden der Nordſeite einen wunderbaren Gegenſatz zu den üppig bewachſenen oberen Regionen. Die Waſſer=
läufe der Inſel ſind nur klein, und ſtehende Gewäſſer fehlen ganz. Von einem Riff umgeben, liegt öſtlich vor Tutuila das kleine, fruchtbare und ſchöne, nur 100 m hohe Eiland Anuu.

Die öſtlichſten Inſeln der Samoa=Gruppe faßt man unter dem Namen der Manua=Gruppe zuſammen. Die größte unter ihnen, Manua oder Tau, die ſtreng genommen nur eine einzige vulkanische, oben abgestutzte Kuppe von 800 m Höhe ist, stürzt so steil zum Meer ab, daß für bewohnbare Strandflächen nur an der West= und Ostseite Platz genug übrigbleibt. Das vul= kanische Gestein, dessen einzelne Ströme und horizontal übereinander lagernde Tuffe gegen das Meer hin sichtbar vortreten, erzeugt fruchtbare Erde und ermöglicht damit den Anbau, zumal da Quellen und Bäche in genügender Menge auf der Insel rieseln.

Westlich von Tau oder Manua erheben sich zwei durch eine nur schmale Meeresstraße von= einander getrennte, im Norden von Riffen umgebene hohe und gebirgige Inseln: das doppel= gipfelige und namentlich im Süden bewohnte Ofu und der in imposanter Schroffheit zu 800— 900 m Höhe jäh aufsteigende, auf dreieckiger Basis aufgebaute alte Vulkan Olosenga, dessen jähe Felsenhänge an ihrem Fuße glücklicherweise einem 1 km breiten bebauten Küstenstreifen Raum zu gedeihlicher Entwickelung lassen.

Östlich von Olosenga fand in der Meeresstraße zwischen dieser Insel und Tau am 12. Sep= tember 1866 ein unterseeischer Ausbruch statt, der zwar außer einer Erhöhung des Meeresbodens und großen Mengen an die Küsten der benachbarten Inseln geschleuderten Bimssteins an sich keine weiteren Folgen hinterlassen, aber als Zeuge der Fortdauer vulkanischer Thätigkeit berechtigte Aufmerksamkeit erregt hat.

Zur Samoa=Gruppe wird schließlich noch die Insel Rosa, ein Atoll im Osten von Tau, gerechnet. Als echte Koralleninsel erhebt sie sich nur wenig über das Meer und erscheint nach Wilkes „zuerst als ein rundes Knollen Land; allein wenn man näher kommt, so sieht man, daß dies von einer großen Masse Pisoniabäumen herrührt". Diese Bäume stehen neben Kokospalmen auf zwei höher gelegenen Punkten, die ganz allein von der Flut verschont werden, während der Rest des Riffes nicht über die Oberfläche emportaucht; bei hoher Flut wird aber die gesamte Rosa= Insel wahrscheinlich überschwemmt. In der Lagune, in der Mitte des Atolls, zu der eine durch Korallenblöcke verengte Durchfahrt hineinführt, ist der Fischreichtum so groß, daß man zeitweilig versucht hat, dort eine Fischstation anzulegen. Auch Schildkröten besuchen im August und Sep= tember die über das Riff emporragende Sandinsel, und Seeschwalben nisten in großen Mengen auf dem etwas höheren Korallenbau.

7. Die Cook- (oder Hervey-) Inseln.

Südöstlich des Samoa=Archipels, von 163—157° westl. Länge, gruppieren sich um den 20. Breitengrad die Cook= (oder Hervey=) Inseln. Ihren Namen Cook=Inseln führen sie mit Recht, da der große Brite selbst den größten Teil dieser Gruppe auf seiner zweiten Reise 1773 entdeckt und 1777 weiter bekannt gemacht hat; daher sollte der von den Missionaren eingeführte Name Hervey=Inseln endlich wieder aufgegeben werden. Obwohl genauere wissenschaftliche Unter= suchungen über die Cook=Inseln noch nicht angestellt worden sind, sind sie doch leidlich, Rarotonga sogar recht gut bekannt. Von den die Gruppe zusammensetzenden neun Inseln, die im ganzen 368 qkm bedecken, sind vier größer: Rarotonga umfaßt als Haupt 81, Atiu 70 und Mangea 67 qkm. Dann folgen Aitutaki und die eigentliche Hervey=Gruppe (oder Fenua=iti) mit je 50 qkm Areal; die übrigen (Mitiero, Mauki und Palmerston) sind nur 10—20 qkm groß. Aus Meeres= tiefen von über 4000 m emporsteigend, verläuft die ganze Reihe auf einer ostsüdöstlich streichen= den Linie etwa wie die der Samoa=Inseln; ihrer Zusammensetzung nach sind sie bis auf eine vulkanische Koralleninseln.

Beginnen wir von Nordwesten, so stoßen wir zuerst auf das 1774 von Cook entdeckte Atoll Palmerston, das selbst wieder 9—10 baumreiche kleine Eilande trägt, dann folgt das fünffach größere Aitutaki, ein 1789 von Bligh aufgefundener hügeliger, nach Norden steil abfallender

Bau aus gehobenem Korallenkalk, der eine Gesamthöhe von 125 m, eine kleine Ebene an der Nordwestseite hat, ein Barrierriff an der West- und ein Strandriff an der Nordküste aufweist. Manuae oder die Hervey-Insel ist ein Atoll, dem ein Eingangskanal in die innere Lagune fehlt. „Das Land", sagt Cook ("Reisen um die Welt", II), „war mit einer Menge Buschwerk und anderen dichtbelaubten Bäumen bewachsen, über welche die hohen Gipfel der Kokospalmen in großer Zahl emporragten. Die Küste war sandig und hin und wieder mit Grün über- wachsen. Beide Stücke Land, aus denen die Insel bestand, hingen dem Ansehen nach durch ein Felsenriff zusammen, schienen aber ganz unbewohnt zu sein." Jetzt hat es das Atoll auf 10 Be- wohner gebracht. Mitiero oder Mitiaro hat eine ganz flache Lagune, die sich bereits in einen Süßwassersee verwandelt hat, ist niedrig und im wasserlosen Süden und Osten unfruchtbar, im angebauten Norden und Westen dagegen von mehr als 200 Menschen bewohnt. Das erst 1823 entdeckte Mauki ist trotz seiner geringen Höhe von nur 12 m doch eine gehobene Korallen- insel und so fruchtbar, daß sich an 400 Menschen auf dem kleinen Ländchen bequem ernähren können. Ja, südwestlich vor diesen erlaubt Atiu oder Katutia, ein nicht weniger als 120 m hoch gehobenes Korallenriff, bei seiner sehr günstigen Bodenbeschaffenheit, die eine enorme Baumreichtum erzeugt, trotz seines Mangels an fließendem Wasser, einer Bevölkerung von 1200 Menschen eine sorgenlose Existenz. Dagegen ist das benachbarte Takutea ein flaches, ganz und gar unbewohntes Atoll.

Die bekannteste unter allen Cook-Inseln ist, wie bereits bemerkt, Rarotonga, die einzige vulkanische der Gruppe. Im Berge Tuputea steigt sie bis zu 900 m Höhe empor, hat einen im ganzen gebirgigen Charakter, ist dabei fruchtbar und wird wegen ihrer geradezu malerischen Schön- heit allgemein gerühmt. „Liebliche, von brausenden Strömen bewässerte Thäler", so schildert Meinicke ("Die Inseln des Stillen Ozeans") ihre Reize, „durchschneiden die Berge, deren basal- tisches Gestein fast überall aufgelöst und in eine mit der üppigsten Vegetation bedeckte Erde um- gewandelt ist. Um diese Berge breitet sich eine weite Küstenebene aus, die mit den schönsten Wäldern, den Fruchtbäumen und Feldern der Eingeborenen angefüllt ist und am Fuße der Berge von einem tieferen Strich sumpfigen Landes, gegen das Meer von einem schmalen Sandstrande begrenzt wird. Die ganze Insel umgibt ein breites Barrierriff, das bei der Ebbe fast trocken liegt und von mehreren Kanälen durchschnitten wird." Für größere Schiffe fehlt es leider an einem Hafen.

Die letzte Insel der Gruppe ist Mangea oder Mangaia, eine erhobene Koralleninsel von 90 m Höhe. Steile Wände, felsiger Boden und zahlreiche Tropfsteinhöhlen zeichnen sie aus, deren brackige Seen mit dem Meere in Verbindung stehen und deren Boden mit verdorrtem Gras und Farnen überkleidet ist. Der durch ein schmales Küstenriff begrenzte Strand ist felsig und wenig fruchtbar, das Innere der Insel dagegen von einigen in dem höhlenreichen Boden sich ver- lierenden Gewässern durchzogen, gut bebaut und mit schöner Vegetation bestanden. Wahrscheinlich hat Mangea einen basaltischen Kern.

8. Die Tubuai- oder Austral-Inseln.

Nach Ostsüdosten erstreckt sich in der Richtung der Cook-Inseln die Tubuai- oder Austral- Gruppe, die ebenfalls von Cook zwischen 155 und 144° westl. Länge zu beiden Seiten des Wendekreises 1769 entdeckt und 1777 besucht worden ist.

Der Tubuai-Archipel besteht aus acht verschiedenen Inseln mit im ganzen 286 qkm Flä- chenraum. Die größte unter ihnen ist Tubuai selbst mit 103 qkm; dann folgen Rawaiwai mit 66, Rurutu mit 50 und Rapa oder Oparo mit 42 qkm, und die übrigen (Rimitara, Rarurota und Morotiri sowie das Osborne-Riff) mit zusammen nur 25 qkm Areal.

Die ganze Gruppe erhebt sich aus tiefem Meeresgrund auf einem unterseeischen Rücken, unter=
scheidet sich aber von vornherein von den meisten Cook=Inseln dadurch, daß sämtliche Eilande
durchaus vulkanisch und demgemäß hoch und bergig sind. Während dort nur eine vulkanische
Insel vorkommt, finden wir hier in der Tubuai=Gruppe umgekehrt nur eine Korallenbildung,
nämlich die im Nordwesten gelegene Sandinsel Narurota oder Hull; dagegen umgürten Strand=
riffe auch die vulkanischen Inseln.

Die westlichste hohe Insel, Rimitara geheißen, ist nur 10 qkm groß, aber 100 m hoch,
fruchtbar und von 250 Menschen bewohnt. Rawaiwai oder Wawitoo (66 qkm) hat steile, nach
Osten und Westen abfallende Berge, die die höchsten der ganzen Gruppe sein sollen. Die größte
Insel des Australarchipels, Tubuai, besteht aus zwei durch eine Landenge miteinander ver=
bundenen bergigen Teilen, deren Küstenland trocken, aber durch anschließende Sümpfe von den
Bergen geschieden ist. Cook berichtet in seiner ‚Weltreise‘ von diesem Eiland: „So klein auch die
Insel ist, so hat sie doch Berge von beträchtlicher Höhe. Am Fuße dieser Berge sind schmale
Ebenen, die rings um sie her gehen und wieder mit einem Rande von weißem Sande umgeben
sind. Einige steile, felsichte Stellen ausgenommen, sind sie mit Gras oder anderen Kräutern
bewachsen, und auf ihrem Gipfel sieht man hier und da zerstreute Baumgruppen. In den
Thälern hingegen sind häufigere Pflanzungen, und der flache Rand ist mit hohen, starken Bäumen
von verschiedenen Gattungen bedeckt, wovon wir aber nichts als einige Kokos= und Etoa= oder
Keulenbäume (Casuarina equisetifolia) unterscheiden konnten.“

Rurutus 400 m hohe Berge werden von einer fruchtbaren Küstenebene mit isolierten, son=
derbaren Korallenfelsen umgeben; die weitere Umsäumung bewirkt, wie bei den meisten anderen
Tubuai=Inseln, ein Strandriff. Die kahlen Bergspitzen der 50 qkm großen Insel lassen diese, nach
Aylic Marin (‚Die Cook= oder Hervey=Inseln‘; ‚Globus‘, 1850), „im ersten Augenblick als
ganz unfruchtbar erscheinen, um so mehr, als man die Klippen, welche sich hoch erheben, weither
aus dem offenen Meere erblickt. Wenn man sich aber der Insel nähert, so erblickt man gut be=
bautes Land.“ Alle diese Tubuai=Inseln scheinen basaltisch zu sein.

Etwas abgesondert von der Hauptreihe liegt unter 27,5° südl. Breite und 144° westl. Länge
südöstlich von dem gefährlichen Osborne= oder Nelson=Riff die bestbekannte aller Tubuai=Inseln,
Rapa oder Oparo (42 qkm). 1791 von Vancouver entdeckt, wird sie jetzt von 196 Menschen
bewohnt und von Besuchern wegen ihrer Schönheit gepriesen. Ihre höchst malerischen Berg=
formen gleichen romantischen alten Schlössern und Türmen, tiefe Schluchten durchfurchen sie,
und die bis zu 622 m Höhe ansteigenden Spitzen umkleidet frische Vegetation. Doch läßt die
Üppigkeit der Pflanzenwelt gegen Osten schon auf diesen Inseln merklich nach: nur noch selten
kommen Kokospalmen und Brotfruchtbäume vor, kleine Gesträuche, Farne und Gräser über=
wiegen, ja, weite Strecken der Berge der östlichen Tubuai=Inseln sind ganz baumlos.

9. Die Paumotu-Inseln.

Als östlichste Gruppe aller polynesischen Inseln dehnen sich die Paumotu= oder Niedrigen
Inseln zwischen 149 und 124° westl. Länge, also über 25 Längengrade und, zwischen 14 und
24° südl. Breite, über 10 Breitengrade in ostsüdöstlicher Richtung zu beiden Seiten des 20. Pa=
rallelkreises aus. Sie sind von fast allen Seefahrern, die den östlichen Teil der Südsee durch=
fuhren, gesehen und besucht worden und haben demzufolge verschiedene Namen erhalten. Bou=
gainville nannte sie den „Gefährlichen Archipel“, Fleurieu, dem Beispiel Le Maire's und Schou=
ten's folgend, das „Böse Meer“, Krusenstern die „Niedrigen Inseln“; die Händler kannten sie

unter dem Namen der „Perleninseln“, und die Franzosen haben sie neuerdings Tuamotu (d. h. die „Entfernten Inseln“) genannt. Daneben besteht schließlich noch der Name Paumotu, d. h. Inselwolke, eine Bezeichnung, die wohl am meisten Recht auf Einbürgerung haben dürfte, wenn auch die übrigen (namentlich „Niedrige Inseln“) berechtigt sind. In der That lagern diese niedrigen Inseln wie eine förmliche Wolke oder ein Schwarm auf der östlichen Südsee: eine Unzahl von Inseln und Riffen, die in nicht weniger als 78 Gruppen zerfallen, da ein großer Teil nicht aus einer geschlossenen, sondern aus zahlreichen, auf einem Riff gelegenen Inseln besteht. Rechnet man außerdem, wie es jetzt gewöhnlich geschieht, auch die hohen Inseln Mangareva oder Gambier, Pitcairn und einige kleinere im Osten hinzu, so steigt die Zahl der Gruppen auf etwa 85; das Gesamtareal beträgt aber nur 978 qkm, und davon kommen auf die Gambier-Gruppe und Pitcairn zusammen nur 29 qkm.

Die Paumotu sind, mit Ausnahme der letztgenannten hohen Inseln, ausschließlich Korallenbauten, und zwar fast ausnahmslos Atolle, die voneinander nur in der Größe der Riffe, der Zahl und dem Umfang der auf ihnen emportauchenden Inselchen abweichen. Sie sind das größte zusammenhängende Gebiet von Atollen, das es auf der Erde gibt, weit umfangreicher als die Gruppen der Gilbert-, Marshall- und Ellice-Inseln oder der korallinischen Karolinen. Bei manchen sind die Riffe bereits zu vollständigen Ringinseln verwachsen, so bei Natupé oder Clermont Tonnerre, bei anderen sind die Lagunen inmitten der Riffe nahezu oder ganz ausgefüllt; wo sie aber noch vorhanden sind, haben sie Tiefen von 30—70 m. Im allgemeinen aber ist die Landbildung auf den Paumotu bedeutend, und nur wenige Kanäle führen in das Innere der Atolle hinein.

Der Boden selbst freilich ist auf den häufig langgestreckt nach Ostsüdosten gerichteten Inseln so dürr, unfruchtbar und wasserarm, daß, da von einem vulkanischen Kern und seinem humusbildenden Charakter nicht die Rede sein kann, eine höchst einförmige, spärliche Vegetation herrscht, weit ärmlicher als selbst bei der mikronesischen Korallenarchipele. Kokospalmen, die auch hier noch mit Pandanus die wichtigsten Pflanzen sind, verleihen den ringförmigen Atollen ihre charakteristische Landschaftsform, und von ihnen hängt die Bewohnbarkeit der Inseln ab. Wo sie fehlen, ist Unbewohntheit die Regel, und das ist leider bei vielen der Fall; auch die Fauna ist sehr arm, da nur ganz wenige Landtiere, Ratten, Papageien, Tauben, Drosseln, Eidechsen, Insekten vorkommen. Dagegen ist die Zahl und Verschiedenheit der Seetiere außerordentlich groß.

Man teilt die eigentlichen Paumotu in drei Hauptabteilungen ein: die nördlichen mit 8, die zentralen mit 54 und die südlichen mit 16 Inselgruppen. Die nördlichen Paumotu sind bis auf Pukapuka, die wahrscheinlich schon von Magalhães 1521 gesehen worden ist, sehr unbedeutend, haben zum Teil keine Palmen und sind nicht alle bewohnt. Die zentralen Paumotu enthalten: a) im Nordwesten die größeren Gruppen Rairoa und Fakarawa und die politisch bedeutendste, stärkst bewohnte Insel Anäa mit vielen Palmen, b) in der Mitte Tatakoto und Hao, mit einem langen Streifen zusammenhängender Vegetation, c) im Osten Pukaruha mit sehr breitem, den Anschein von Hügeln erweckendem Landstreifen, und d) Natupé.

Die auf Seite 46 gegebene Beschreibung der zuletzt (unter d) genannten Insel kann gewissermaßen als Muster für alle niedrigen Eilande der Paumotu gelten. Weist doch diese Gruppe nur zwei höhere Koralleninseln auf: das im Nordwesten des zentralen Teils gelegene Metia oder Aurora mit 30 m hohen Wänden und das noch steilere Atoll Elisabeth, das etwas weiter unten (S. 160) besprochen werden wird.

Die südliche Abteilung der Paumotu-Inseln umfaßt die Gruppen Gloucester oder Coronados, Maturewawao oder Aktäon und Marutea sowie einige kleinere. Hier schließt sich nach Südosten hin eine Gruppe an, die man jetzt immer allgemeiner zu dem Paumotu-Archipel rechnet:

die hohen vulkanischen und korallinischen Mangarewa= oder die Gambier=Inseln. Der äußere
Zusammenhang dieser 9—10 kleineren und 4 größeren Eilande wird durch ein großes Riff
gewahrt, das sie alle umschlossen hält. Wie die meisten Korallenbauten der Paumotu steil zum
Meere abfallend, trägt dieser Riegel an verschiedenen Stellen, besonders auf seiner Nordostseite,
selbst wieder bewaldete Inselchen und ist im Nordwesten und Südosten durch Durchfahrten unter=
brochen. Die innerhalb des Riffes liegende, an einzelnen Punkten bis zu 70 m Tiefe besitzende
Lagune umschließt die hohen Inseln Mangarewa, Tarawai, Aokena, Akamaru und ein paar

Steilküste der Pitcairn=Insel im Paumotu=Archipel. (Nach Rienzi.)

kleinere; die bedeutendste davon ist das 401 m hohe Mangarewa (s. Abbildung, S. 458).
Wilde steile, basaltische Felsen neben fruchtbarem Boden und reichlichem Wasser, schöne Baum=
vegetation an den Gehängen und Farngebüsch mit Grasland auf der Höhe neben Gefilden,
die wegen der Steilheit der Insel nur sehr schwer zu bebauen sind: das sind ungefähr die bezeich=
nendsten Merkmale dieses Eilandes, das zusammen mit seinen übrigen basaltischen Nachbarn im
ganzen 1500 Einwohner ernährt.

Unter den östlichsten, isolierten Atollen: Oeno, Ducie und Elisabeth, ist das dritte mit 80 m
Höhe, die zweite der höheren Inseln der Gruppe, ein gehobener Korallenbau.

Pitcairn (s. obenstehende Abbildung), die letzte zu den Paumotu gerechnete Insel, ist, da
sie gar keine Riffe besitzt, sondern ausschließlich aus Basalt besteht, abweichend von den übrigen
gebaut. Diese durch die Geschichte ihrer Besiedelung mit Europäern besonders merkwürdige Insel
erhebt sich besonders im Westen und Osten schroff aus dem Meere bis zu einer Höhe von 338 m
und hat ungemein scharfe Kämme und Grate. „Die Landschaft ist (nach dem ‚Reisebericht der
Novara=Expedition‘), überraschend schön und die Eigentümlichkeit ihrer Vegetationsformen,

namentlich von der See aus betrachtet, von einer wunderbaren Wirkung auf den Beschauer; aber der Boden ist weit entfernt, fruchtbar zu sein, und die einzigen Produkte sind Mais und Bataten." Kokospalme und Brotfruchtbaum sind erst durch die europäischen Ansiedler eingeführt worden. Daß diese übrigens nicht die ersten menschlichen Bewohner waren, davon legen ein gewichtiges Zeugnis die Bildsäulen und Grabdenkmäler ab, die, ähnlich wie auf der Osterinsel, Kunde geben von früherer Kultur. Entdeckt wurde Pitcairn 1767 durch Carteret; die Zahl der Bewohner betrug 126 im Jahr 1890.

10. Die Tahiti-Gruppe oder die Gesellschaftsinseln.

In der Verlängerung der südlichen Paumotu nach Westnordwesten hin liegen die Tahiti- oder Gesellschaftsinseln, zwischen 155 und 148° westl. Länge und 16 und 18° südl. Breite. Schon früh aufgefunden und oft besucht, darf die Gruppe trotz zahlreicher Beschreibungen doch noch nicht als wissenschaftlich genügend bekannt gelten. 1606 wurde sie von Quiros entdeckt, 1767 von Wallis, 1768 von Bougainville wiedergefunden und danach vor allem dadurch bekannt, daß Cook ihr von 1769 an mehrfache Besuche abstattete, 1769 auf Tahiti den Venus- durchgang beobachtete, 1773 die Insel als Stützpunkt für seine antarktische Kreuzfahrt wählte und 1777 abermals dort Aufenthalt nahm. 1789 wurde sie von Bligh, 1797 von Wilson unter- sucht und dann häufig beschrieben: 1823 von Duperrey, 1826 von Beechey, 1829 von Moeren- hout, 1830 von Waldegrave, 1835 von Fitzroy und Darwin, 1836 von Bennett und 1839 von Wilkes. Seitdem ist sie besonders durch die Missionare und durch die Franzosen, die sie 1880 unter ihren Schutz gestellt haben, bekannt gemacht worden.

Die Gesellschaftsinseln erhielten ihren Namen von Cook zu Ehren der Königlichen Gesellschaft (Royal Society) in London; doch bürgert sich mehr und mehr der eingeborene Name der früher Otaheiti genannten Hauptinsel Tahiti für die ganze Gruppe ein. Diese umfaßt 14 Eilande und wird in zwei Abteilungen zerlegt: die 9 westlichen kleinen Inseln unter dem Winde und die 5 östlichen größeren über dem Winde. Zu dieser zweiten gehört die größte Insel, Tahiti, deren Areal mit der Nachbarinsel Eimeo oder Morea zusammen 1179 qkm, das ist mehr als zwei Drittel des Gesamtareals der gesamten Schar (1650 qkm), umfaßt. Zu der östlichen Abteilung gehören außer den beiden genannten noch: Maitea, Tetuaroa und Tapamanoa oder Maiaoiti (auch Tobuai-Manu- oder Saunders-Insel genannt); zu der westlichen Abteilung zählt man: Huahine, Raiatea, Tahaa, Borabora, Tubai oder Motu-iti, Maupiti, sämtlich hohe vulkanische Inseln, und dann noch die Atolle: Mopiha- oder Lord-Howe-Insel, Scilly und Bellingshausen oder Ururutu. Der Größe nach ordnen sie sich in folgender Reihe: Tahiti 1042, Raiatea 194, Morea 132, Tahaa 82, Tapamanoa 73, Huahine 34 und Borabora 24 qkm; alle übrigen zusammengerechnet enthalten einen Flächenraum von 69 qkm.

Mit Ausnahme der westlichsten flachen Atolle sind die Eilande durchaus bergig, vulkanisch und zum Teil sehr hoch: so erreicht auf der Hauptinsel Tahiti der Orohena 2236, der Aorai 2064 und auf Klein-Tahiti oder Tahiti-iti der Riu 1324 m. Das Gestein ist vulkanisch, Trachyt, Dole- rit, Basalt; auch kommen einige erloschene Krater vor. Gewaltige Wände, nadel- und turmartige Zacken zeichnen die hohen Gipfel aus, so daß diese überaus pittoresken Inseln unbedingt den landschaftlich schönsten der ganzen Südsee zugezählt werden dürfen. Schluchtenartige Thäler sind in die jäh abfallenden Berge eingesenkt, deren Spitzen zu erreichen außerordentlich schwer ist, da ihre Steilheit die Ersteigung fast unmöglich macht.

Roter Thon, ein Verwitterungsprodukt der vulkanischen Felsen, lagert auf den Höhen, schwarze Humuserde erfüllt die Thäler. Ein breites, hier und da durch die Vorsprünge der Berge

unterbrochenes Flachland umgibt den vulkanischen Kern; und dies allein enthält alle Ansiede=
lungen auf den Inseln. Wasserreiche Bäche stürzen, zum Teil in großen Wasserfällen, aus dem
Gebirge herab und münden in sanfte Lagunen, die vom Meere durch ein uns als häufige Be=
gleiterscheinung solcher Eilande längst vertraut gewordenes Korallenriff getrennt sind. Dichter
Wald, Gesträuch und Farne überziehen das Gebirge; doch ist weder die Flora noch die Fauna
der Inseln so reich wie die der westlich gelegenen Inselgruppen der Südsee.

Die Schönheit der Landschaft auf Tahiti rühmt schon Cook (‚Dritte und letzte Reise‘, über=
setzt von Wetzel, Anspach 1789): „Ich glaube nicht, daß es eine Gegend in der Welt gibt, die
einen so überschwenglich reichen Prospekt barböte als der südöstliche Teil von Otaheiti. Die
Berge sind hoch und steil; an verschiedenen Stellen haben sie die Gestalt rauher Klippen, und
doch sind sie soviel nur immer möglich mit Bäumen und Gesträuchen bis an die höchsten Gipfel
bewachsen, und man kann sich beim ersten Anblick kaum des Gedankens erwehren, daß hier sogar
Fels und Stein die Kraft habe, diese grüne Decke hervorzubringen und zu unterhalten. Auf dem
flachen Lande, das diese Berge bis an die See umgibt, in den Thälern zwischen diesen Bergen
sproßt und treibt eine Menge verschiedener Gewächse in solcher Kraft und Fülle, daß keinem
Reisenden vielleicht dergleichen noch vorgekommen ist. Jedes Thal hat einen kleinen Bach, der
in seinem Laufe nach der See sich in mehrere Arme verteilt und die angrenzenden Ebenen frucht=
bar macht. Auf diesem platten Lande liegen ohne alle Ordnung die Wohnungen der Insulaner
zerstreut. Verschiedene sind nicht weit vom Ufer und gewährten uns auf unseren Schiffen den
reizendsten Anblick. Hierzu kommt noch, daß die See innerhalb des Riffs, welches die Küste um=
gibt, vollkommen ruhig ist und den Eingeborenen zu allen Zeiten sichere Schiffahrt gewährt,
daher man sie dann beständig auf ihren Kähnen in aller Sorglosigkeit von einer Gegend zur
anderen dahin rudern oder ihrem Fischfang nachgehen sieht.“ Bekannt ist die bedeutende Rolle,
die diese und ähnliche gleichzeitige Schilderungen der idyllischen Reize der Landschaften und des
sanften Charakters ihrer Bewohner in der schöngeistigen Litteratur des ausgehenden 18. Jahr=
hunderts gespielt haben; wir brauchen da nur an J. J. Rousseau zu erinnern.

Die Korallenriffe der Gesellschaftsinseln sind im allgemeinen Strandriffe, entfernen sich
jedoch an manchen Stellen so weit von der Küste, daß sie einen breiten schiffbaren Kanal zwischen
sich und dieser lassen und damit den Charakter von Barrierriffen annehmen; der Grund dafür
liegt in der sanften Abdachung der Küste, namentlich von Tahiti. Dagegen fallen die Riffe nach
dem offenen Meere hin steil ab, jedoch so, daß vom Rande aus die Böschungswinkel 43—70°
betragen, schon in 1 km Entfernung aber nur noch zu 6° geneigt sind.

Ähnlich wie die Samoa= und andere Südsee=Inseln, so vereinigt in sich auch die Tahiti=
Gruppe verschiedene Stadien der Ausbildung der Korallenriffe; positive und negative Bewegungen
gehen nebeneinander her. Bei Tahiti selbst scheinen die Riffe stationär geblieben oder gehoben
zu sein, Morea weist bereits Spuren einer Überflutung auf, die westlichen Inseln aber sind an
ihren Küsten vielfach zerschnitten und von weiten Barrierriffen umgeben; im äußersten Nordwesten
endlich treten vollkommene Atolle auf. Demnach nimmt, im Gegensatz zu den Samoa=Inseln, in
der Tahiti=Gruppe die positive Strandverschiebung, d. h. die Senkung der Inseln, nach Westen
zu. Übrigens finden sich trotz der vielen Korallenriffe merkwürdigerweise viele gute Häfen auf
fast allen Inseln der Gruppe.

Die Hauptinsel, Tahiti (oder Otaheiti, wie sie Cook nannte), enthält den vorhin geschil=
derten Landschaftscharakter in höchstem Maße. Sie besteht aus zwei durch einen hohen Isthmus
getrennten Gliedern: dem größeren westlichen Groß=Tahiti (Tahiti=nui oder Porionuu) und dem
kleineren östlichen Klein=Tahiti (Tahiti=iti oder Taiarabu), die miteinander durch den 2200 m
breiten, 14 m hohen Isthmus von Tarawao verbunden sind. Beide Hälften sind außerordentlich

gebirgig; im Westen steigt der Orohena zu 2236 m, im Osten der Ro-Niu zu 1324 m auf, und zahlreiche niedere Gipfel auf der Westhälfte, wie der Aorai, Telufera und Iwirairai, übertreffen noch die letztgenannte Höhe.

Das Innere von Groß-Tahiti erfüllt ein gewaltiger Bergkranz, der sich um das kesselartig eingesenkte Thal des oberen Papeno-Flusses gruppiert und die höchsten Gipfel enthält. Von ihm strahlen die Thäler und Bergrücken nach allen Richtungen der Windrose aus; denn, da die Wasser= scheide zentral ist, laufen die Flüsse radial von der Mitte der Insel herab, oben in tiefen Schluchten eingesenkt, unten breitere Thäler bildend. Die Berge nehmen im Inneren vielfach die Form von Hochebenen an; diese gehen dann gegen die Küste hin in gezackte Grate aus und fallen steil zur Ebene, die sich an ihrem Fuße ausbreitet, ab. Höhlen in den Basaltklüften und Seen sind häufig auf Tahiti; und von den zahlreichen Wasserfällen ist am bekanntesten wohl der in dem Fautahua= Thale oberhalb Papeiti. „Nach einem mehrstündigen Ritt im grünen Halbdunkel öffnete sich der Wald, und der bedeutendste Wasserfall der Insel lag vor unseren überraschten Blicken, der um= gebenden Landschaft eine unvergleichliche Lebendigkeit und Frische verleihend. Der Fautahua stürzt hier über eine Höhe von ca. 200 m in ein großes Becken, das sich am Fuße der schroff ab= fallenden Felswand 420 m über das Meer erhebt. Die steilen Felsmassen, die sich von allen Seiten auftürmen und einer Riesenmauer gleich die Aussicht auf die hinter denselben liegende Halbinsel Taiarapu verhindern, sind ebenso bezaubernd durch ihre Naturreize, als strategisch wichtig durch ihre Uneinnehmbarkeit." („Reise der Fregatte „Novara"".)

Den südöstlichen Teil der Hauptinsel ziert ganz besonders der berühmte, vielleicht durch Einsturz im Oberlauf des gleichnamigen Flusses entstandene See von Waihiria. Am Fuße des Telufera, 430 m hoch in einen bewaldeten Kessel eingebettet, macht dieser von hohen Gipfeln umrahmte Bergsee mit seinem dunkelgrünen, schlammigen, süßen und etwa 30 m tiefen Wasser einen ungemein malerischen Eindruck. Der ganze Bergkessel ist, wie es in dem Reisewerk der Novara=Expedition heißt, „selbst an den steilsten, zuweilen fast senkrechten Bergwänden bis zu den höchsten Gipfeln dicht mit Bäumen, Sträuchern und niederen Pflanzen, namentlich Scitamineen, bedeckt, welche ihr helles Grün auf der glatten Fläche des Sees abspiegeln. Die wilde Banane, der Vai=Baum Cook's und Fahie Wilke's, bildet hier ganze Wälder, auch Zucker= rohr wächst an mehreren Stellen. Lautlose Stille lag über der Landschaft, kein Blatt bewegte sich, kein Hauch unterbrach die tiefe Ruhe." Während diese Bergwildnisse, die zerklüfteten Formen der Berge, die steilen Wände und gewaltigen Hörner der Gipfel dem Beschauer in ihrer Großartigkeit imponieren, wirkt in anmutigem Gegensatz dazu geradezu idyllisch die sanfte, gartenbildartige Landschaft der kleinen Küstenebenen, die sich an den Mündungen der Gebirgs= bäche ausdehnen. Hier blüht der Anbau der Insel, und hier allein drängt sich Haus an Haus und Siedelung an Siedelung, die ganze Insel umkränzend; denn im Inneren findet man nur wenige Befestigungen der Franzosen und vereinzelte Pflanzungen der Eingeborenen.

Klein=Tahiti (Taiarabu) beginnt östlich von dem niederen Isthmus mit einer dürren Ebene, steigt dann steil in wilden Klippen empor und fällt besonders an der Ostküste außer= ordentlich schroff ab; gerade hier fehlt das Klein=Tahiti sonst umgebende Barrierriff. Die süd= östliche Hälfte Tahitis ist ganz ähnlich gebaut wie die nordwestliche: auch hier verlaufen die Ge= birgsbäche von dem Ro=nui aus strahlenförmig nach den Küsten, auch hier vereinigt sich aller Anbau in den Küstenebenen.

Östlich von Tahiti taucht als ein einziger, 435 m hoher Berg mit abgestumpftem Gipfel der Maiatea oder Matia aus dem Ozean auf. Oben ganz kahl, unten bewaldet und schroff ins Meer abstürzend, läßt dies Felseneiland in seinen tief eingerissenen Thalschluchten dennoch eine außerordentlich üppige Vegetation gedeihen.

Mit zehn kleinen Inseln auf seinem Riffe liegt nördlich von Tahiti das Atoll Tetuaroa. Gegen Westen dagegen erblickt man von Papiti aus die in wilden, zerrissenen Formen empor= starrende Insel Eimeo oder Morea, an Gestalt ein Herz mit zwei tiefen Einschnitten (an der Nordküste), dessen Spitze nach Süden gekehrt ist. Von dem oben durchbrochenen, 922 m hohen Berge Tamarulofo verlaufen die Höhenzüge nach Nordwesten und Nordosten und entsenden eine Reihe von reich bewässerten Thälern besonders nach der Nordküste. Hier liegt zwischen nackten seltsamen Felswänden bei dem Hafen Papetoai eine gut bebaute Alluvialebene. Die merkwür= digen zackigen Formen von Eimeo, die senkrecht abfallenden Felswände, ihrer kraterähnlichen Einsenkungen und die dichten dunkeln Wälder ihrer Thäler werden im Reisebericht der ‚Novara‘ gerühmt. „Viele der hoch emporragenden Bergspitzen und Felsabhänge hatten das Aussehen von Ruinen kolossaler, mit Türmen, Zinnen und Schießscharten versehener Schlösser und Burgen." Umrahmt von einem frischen und fruchtbaren, baumbedeckten Küstenstreifen, ist die westlichste der Inseln im Winde, Tapamanoa, ein basaltisches, 50 m hohes Hügelland.

Ein tiefes Meer scheidet sie von den Inseln unter dem Winde, deren nächste ‚Huahine‘ etwa 90 km entfernt liegt. Durch einen tiefen Einschnitt, der den guten Hafen Effari=Roa bildet, wird Huahine (s. die beigeheftete Tafel „Die Insel Huahine im Tahiti=Archipel") in zwei Teile ge= teilt: Groß= und Klein=Huahine, deren Verbindung jetzt durch einen Kanal vollständig aufgehoben ist. Beide Inseln entbehren trotz ihres basaltischen Grundstockes der phantastischen Bergformen, im nördlichen Groß=Huahine liegt am Fuße des heiligen Berges Mauatabu der See Maewa. Eine fruchtbare Küstenebene umzieht die gesamte Insel, deren Berge fast noch näher an das Meer herantreten als in Tahiti.

Raiatea ist eine der höheren Inseln der Gesellschaftsgruppe, besitzt sie doch nahezu 600 m hohe großartige, stark durchfurchte steile und rauhe Berge. Die Wildheit dieser vulkanischen Massen wird jedoch bedeutend gemildert durch die reiche Bewässerung, durch Wasserfälle und durch die üppige Vegetation, die als frischer erquickender Wald die Insel umzieht und nur in der Höhe kurzem Grase, Moosen und Sümpfen Platz macht. Eine ziemlich breite Küstenebene um= gürtet das Ganze. Sowohl Raiatea als auch die benachbarte Insel Tahaa, ein schönes walbiges und wild geformtes Eiland, wird im weiteren Umkreis von einem großen Barrierriff umschlossen. Borabora imponiert durch einen großartigen Doppelgipfel, Pahia, von 1000 m Höhe, auf dessen Hochfläche eine 60 m hohe Pyramide von scharfer turmartiger Form auffällt; das Ganze ist offenbar ein alter Vulkan, dessen Krater nicht mehr zu erkennen ist. Maupiti besitzt ebenfalls einen Berg von der Form eines alten Vulkans von 250 m Höhe, ist gut bewaldet und anmutig, leidet aber Mangel an frischem Wasser.

Tubai (oder Motuiti), ein Atoll mit zwei längeren, schmalen Eilanden über dem Riff Lord Howe (oder Mopiha), sowie endlich Scilly und Bellingshausen (oder Ururutu), kleinere Atolle von gefährlicher Lage für die Schiffahrt, schließen die zum Tahiti=Archipel gehörigen Inselchen ab.

11. Die Marquesas-Inseln.

Wiederum von der Paumotu=Gruppe ausgehend, finden wir im Norden eine Gruppe hoher Inseln: die schon 1595 von Mendana entdeckten, 1774 von Cook wieder aufgefundenen und seit= dem von zahlreichen Seefahrern (d'Urville, Krusenstern u. a.) besuchten Marquesas=Inseln. Zu beiden Seiten des 10.° südl. Breite, von 141—138,5° westl. Länge sich in der Richtung von Nordwesten nach Südosten erstreckend, zerfallen sie in zwei durch eine breite Meeresstraße von= einander getrennte Gruppen: eine nördliche von sieben und eine südliche von fünf Inseln. Im Süden liegen: Fatuhiwa, Motane, Tahuata, Hiwaoa und Fetu=Hugu; im Norden dagegen: Uapoa, Uahuga, Nukahiwa, Motu=Iti, Hiau, Fatu=Huhu und die Koralleninsel Clark.

Die Insel Huahine im Tahiti-Archipel. (Nach Cook.)

Da das Gesamtareal 1274 qkm beträgt, nehmen die Marquesas unter den polynesischen Gruppen nach den Samoa- und Gesellschaftsinseln an Größe die dritte Stelle ein. Die größte und bekannteste Insel des Archipels ist Nukahiwa mit 482 qkm, und ihr gibt Hiwaoa mit 400 qkm nur wenig nach; die übrigen aber sind kleiner: Uapoa oder Roa hat 83, Fatuhiwa 77, Tahuata 70 und Rauka (Uahuga) 65 qkm Oberfläche.

Die Marquesas sind eine der wenigen durchaus vulkanischen Gruppen der Südsee. Der außerordentlich steilen Böschung der Küsten wird es zugeschrieben, daß sie von Korallenbildungen fast frei sind; nur das nordwestlichste Glied der ganzen Kette besitzt ein Barrierriff um den kleinen basaltischen, in der Mitte einer Lagune aufragenden Kern herum. Der gesamte Archipel besteht daher fast ausschließlich aus steilen, schroffen, in wilden Wänden abstürzenden Basaltfelsen und macht einen düsteren Eindruck, der durch den dunkeln, schweigenden Tropenwald an den Gehängen nur noch erhöht wird. Schroffe Felsen bilden meistens die höchsten Gipfel und treten ebenso zackig und wild über dem Bergwald hervor, wie sie unten am Meere die wenigen, wegen ihrer großen Wassertiefe nicht besonders brauchbaren Häfen umschließen: eine imposante Landschaft von fast heroischem Charakter.

Die bis zu 1600 m ansteigenden Gebirge erfüllen die Inseln (mit einer Ausnahme) ganz, dehnen sich bis zum Meere aus und gestatten keinen Platz für Küstenebenen, die z. B. den Gesellschaftsinseln hohe Reize verleihen. Dafür sind nur freilich die unteren Teile der oben sehr engen, schluchtenartigen Thäler breiter, laufen nach der Küste zu in kleine Ebenen aus und besitzen im Gegensatz zu den oberen Gebieten, wo der nackte, felsige Boden den Anbau erschwert, den Vorzug großer Fruchtbarkeit. Frische Bäche, kleine Flüsse und Wässerfälle erheben die Landschaft vielfach auf eine hohe Stufe malerischer Schönheit; für die Kultur allerdings sind auch sie weniger wertvoll, als man annehmen sollte. Obwohl Laven und Auswürflinge häufig sind, ist von Kratern nichts mehr zu bemerken; der verwitternde vulkanische Boden schenkt aber einer üppigen Flora Wachstum und Gedeihen, die indessen wegen der geringen Zahl der Pflanzenarten oft recht einförmig wirkt.

Beginnen wir die Besprechung der einzelnen Eilande im Süden, so erhebt sich zunächst Fatuhiwa oder La Madalena in einer zackigen Bergkette zu 1120 m Höhe, ist besonders im Osten sehr schroff und fällt im Süden zu dem außerordentlich anmutigen Thal Omoa an der Montrepos-Bai ab. Weniger fruchtbar ist Motane (oder San Pedro), eine langgestreckte, 520 m hohe, dürre Insel, die nur wenige Bäume und keinen Hafen hat. Westlich von ihr liegt Tahuata oder Waitahu, auch Santa Cristina genannt, zackig, felsig und im Nordosten 1000 m hoch. Im Grunde genommen ist sie nur eine einzige Bergkette, die in rauhen, ernsten Formen, meist nur mit Gras und Gebüschen bedeckt, in schwarzen Gehängen steil zum Meere abfällt. Obwohl die Bewässerung gering, der Boden steinig und felsig ist, so stoßen wir doch auch hier auf Stellen mit üppigem Pflanzenwuchs und malerischen Bildern. Die Ostküste ist sehr schroff und arm an Thälern, die Westküste dagegen reicher daran.

Durch die tiefe Bordelais-Straße von Tahuata getrennt, liegt nördlich von ihm die größte der südlichen Gruppe, Hiwaoa, die Dominica-Insel Mendana's. In ihrer ganzen Länge wird sie von steilen, dürren, kahlen, rauhen Bergen durchzogen, die im Nordwesten zu 1250 m ansteigen, zahlreiche Einzelgipfel bilden und bogenförmig zur Südspitze verlaufen. Von ihnen herab ziehen sich frische, gut bewässerte und ergiebig bebaute, eng besiedelte Thäler, deren Kulturen allmählich in den Bergwald übergehen. Senkrechte Felsenwände begleiten die Ost- und Westseiten der Insel. Nichts anderes an Form als ein steilfelsiger Zuckerhut ist das 360 m hohe, flachgipfelige Fetuhugu (oder die Hood-Insel), auch Tihua genannt, die kleinste Insel der Südgruppe.

Ein tiefes Meer trennt sie von der Nordgruppe. Hier fällt vor allem Uapoa, Huapu oder die Adams-Insel auf, ein ganz besonders bizarr geformtes, mit turm- und säulenartigen

Bergen erfülltes Eiland von 1200 m Höhe, vor dessen tafelbergartigem, mit zwei basaltischen Säulen gekröntem Südkap die kleinen Felsen Church und Obelisk (ein zuckerhutförmiger, von Guano weiß gefärbter Pik) malerisch gelagert sind. „Die ganze Küste", berichtet Krusenstern („Reise um die Welt'), „bildet eine fast ununterbrochene Reihe einzelner senkrechter Felsenmassen, an die sich eine ganze Gebirgskette, welche sich tiefer ins Land hinein erstreckt, anreihet. Diese schroffen, kahlen Felsen gewähren einen düstern Anblick, der nur einigermaßen durch die schönen Kaskaden aufgeheitert wird, welche in geringen Zwischenräumen nebeneinander fließen und sich längs den Felsen von einer Höhe von wohl 300 m ins Meer stürzen."

Port Anna Maria auf Nukahiwa, Marquesas-Archipel. (Nach der Natur.)

Eine ebenfalls steile, seltsam geformte und wild zerrissene Insel ist Uahuga oder die Washington-Insel. Prachtvolle Thäler, hohe Bewaldung und 740 m hohe Berge zeichnen sie im Osten aus, während gegen Westen hin fruchtbare kleine Ebenen auftreten.

Das rechteckig gestaltete Nukahiwa (s. obenstehende Abbildung), die größte Insel der Marquesas=Gruppe, zeichnet sich vor anderen durch seine steilen, namentlich im Nordosten ausgezackten Küsten aus, zwischen deren Vorsprüngen tiefe Buchten einschneiden, schöne fruchtbare Thäler ausmünden und gute Hafenplätze zum Ankern einladen. Das Innere des Eilandes nimmt das Tovii=Tafelland ein, ein zwischen hohen Bergen eingesenktes Gebiet, das von dem größten Flusse der Insel, dem nach Osten strömenden, in einem prachtvollen Wasserfall nach der Küste zu hinabstürzenden Taipiwai, durchflossen wird. Das hügelige, sumpfige, von einem Höhenzug durchzogene Tafelland hat im Durchschnitt etwa 900 m Höhe und wird im Norden von einem 1070 m hohen Berge, im Süden von dem 90 m niedrigeren Muake begrenzt. Der Westen ist das öde, unbewohnte Henua ataha, das „Wüste Land": hügelig, mit Blöcken bedeckt und dürr, ist es ein unerfreuliches Stückchen Erde, das nur von wenigen Gebüschen in den Regenschluchten bestanden ist. Östlich davon zieht ein Fluß mit einem schönen Wasserfall südwärts zum Meere. Die Berge Nukahiwas sind im ganzen kahl, rauh, wild und deshalb nur dürftig mit Vegetation bedeckt, die Thäler dagegen um so fruchtbarer und frischer. In dem inneren Tafelland soll die in der Regenzeit regelmäßig einen See bildende Niederung Waihohonu (nach Jardin) der Rest eines alten Kraters sein; doch fehlen sonstige Spuren jüngerer vulkanischer Thätigkeit völlig. Mehrere kleine Eilande umsäumen die Küsten im Nordosten und Süden. Der bedeutendste Hafen, Taiohae oder Port Anna Maria, liegt an der Südküste; seinen Eingang begrenzen zwei kolossale isolierte Felsen, die „Schildwachen", und an der Südküste treten fortwährend bizarr geformte Säulen auf, deren eine der Kolossalstatue der das Jesuskind haltenden Jungfrau gleicht.

Die nordwestlichsten Glieder der Marquesas sind den erwähnten gegenüber unbedeutend. Motu-iti oder Franklin ist ein dürrer Fels von 40 m Höhe, Hiau ein felsiges Land, das nur in seinen Thälern Bäume gedeihen läßt, Fatu-huhu ein 420 m hoher Fels, und Clark endlich, die einzige Koralleninsel der Gruppe, ist ein teils felsiges, teils flaches Eiland auf gefährlicher Bank.

12. Die Manihiki-Gruppe.

Eine der unbedeutendsten Inselreihen der Südsee sind die Manihiki, die zwischen den Marquesas-, Gesellschafts- und Tokelau-Inseln in zwei Abteilungen über einen beträchtlich großen Teil des Ozeans verstreut sind. Zwischen den beiden Hälften, die sich aus je drei kleinen Inselchen zusammensetzen, dehnt sich ein Meeresraum von 1000 km Breite aus. Wenngleich sonach kein Grund vorliegt, die östlichen Inseln, Karoline, Flint und Wostock (unter 150—152° westl. Länge), mit den westlichen, Manihiki, Rakahanga und Tongarewa (unter 162—158° westl. Länge), zusammenzufassen, sondern die letzten drei mit demselben Recht auch der Union-Gruppe zugesellt werden könnten, so halten wir doch an der einmal vorhandenen Einteilung fest.

Das Areal der Manihiki-Gruppe berechnet man im ganzen auf 114 qkm; darin sind aber Malden, Starbuck, Pukapuka eingeschlossen. Ihre sämtlichen Glieder sind äußerlich niedrige, flache Koralleninseln, die unter dem Meeresspiegel ziemlich schroff in große Tiefen abstürzen. Es scheint, als ob in diesem Teile des Großen Ozeans eine Neigung zu positiver Strandverschiebung vorliegt, da alle zwischen 150 und 180° westl. Länge, d. h. der Tahiti-, Samoa-, Cook- und Union-Gruppe, gelegenen Inseln Atolle sind. Die Flora und Fauna auf diesen Inseln ist sehr dürftig, nur die größeren besitzen Kokospalmen, und an Tieren kommen nur Ratten, Seevögel, Schildkröten und wenige Insekten vor. Von den östlichen Inseln hat Karoline neun gut bewaldete, längliche Inselstreifen, Flint ist sandig, unbewohnt, ohne Kokospalmen und wahrscheinlich identisch mit der Insel Tiburones des großen Magalhães. Wostock endlich ist ebenfalls flach, sandig, unbewohnt und birgt in sich eine kleine Lagune.

Unter den westlichen haben Manihiki und Rakahanga je ein Dorf. Auf Penrhyn oder Tongarewa, das selbst wieder aus fünfzehn kleinen, bis zu 15 m hohen Eilanden besteht, kann man mit einiger Mühe eine große Lagune erreichen, um die sich die Kokoswälder malerisch gruppieren.

13. Die äquatorialen pazifischen Sporaden oder Fanning oder Amerika-Inseln.

Um den Äquator liegt eine Anzahl von kleineren und einzelne größere Inseln verstreut, die den Raum zwischen 150 und 180° westl. Länge und 6° südl. Breite bis 11° nördl. Breite einnehmen. Man faßt sie jetzt unter dem Namen der zentralpolynesischen oder äquatorialen

pazifischen Sporaden zusammen und nennt einzelne Gruppen davon Amerika= und Fanning=
Inseln. Großenteils Korallenriffe mit oder ohne Lagune, sind sie meistens sehr flach und niedrig,
außerordentlich klein und häufig in ihrer Existenz überhaupt zweifelhaft, so z. B. die Inseln
Dubosa, Pulmur, Samarang (unter 161° westl. Länge) und Mathew, Makin, Barbera, Knox,
Davis, Barber, San Pedro (zwischen 170 und 180° westl. Länge). Nordwestlich von der Phönix=
Gruppe liegen Howland und Baker oder New Nantucket. Howland muß früher bewohnt gewesen
sein, da man hier auf tiefe Ausgrabungen im Korallenfels gestoßen ist. Seit dem Jahre 1859
hat der auf ihnen abgelagerte Guano Anlaß zur Besiedelung gegeben, aber leider sind die Vor=
räte davon bereits erschöpft. Eigentlich dürfen nur sieben unter allen diesen Sporaden die Ehre
beanspruchen, kurz erwähnt zu werden, das sind im Süden des Archipels Malden und Starbuck,
im Norden Jarvis, Christmas, Fanning, Palmyra und Washington.

Da Malden und Starbuck beide etwa 10 m hoch sind, muß eine Senkung des Meeres=
spiegels angenommen werden; steil fallen die Ufer zum Meere ab, wenn auch weniger schroff, als
sonst bei Atollen die Regel ist. Um den Rest der durch Seen mit Salzwasser und Sümpfen fast
ganz ersetzten Lagune stehen krüppelige Bäume, und der Guano, der die Korallenklippen bedeckt,
ist den Amerikanern längst eine willkommene Beute geworden. Malden war früher bereits von
Polynesiern besiedelt, Starbuck dagegen nicht.

Unter dem Namen Amerika= oder Fanning=Inseln (668 qkm) werden die Inseln
Jarvis, Christmas, Fanning, Palmyra und Washington mit ihrer Umgebung: Riffen und Ei=
landen, wie Prospect oder Samarang und Walker, sowie die zweifelhaften Inseln Sarah Anne
und Madison zusammengefaßt.

Die größte unter ihnen, Christmas= oder die Weihnachtsinsel, ist ein ziemlich großes
Laguneneiland, deren Riff schon öfters an Schiffbrüchen die Schuld getragen hat, da es nicht
sehr steil zum Meere abfällt. Schon Cook, der sie 1777 entdeckte, fiel die Öde und Unwirtlichkeit
der Insel auf: „Das Erdreich auf dieser Insel ist an einigen Stellen locker und schwarz und
besteht augenscheinlich aus vermoderten Pflanzen, Vögelauswurf und Sand. An anderen Stellen
sieht man nichts als Seeprodukte, zerbrochene Korallensteine, Muschelschalen, welche in langen,
schmalen Furchen, gleich einem gepflügten Acker, mit der Küste parallel liegen und ohne Zweifel
von den Wellen angeworfen worden sind. Von frischem Wasser war hier kein Tropfen zu finden,
so eifrig man auch danach grub; aber einige Salzwasserlachen trafen wir an, die keinen sichtbaren
Zusammenhang mit der See hatten. Die wenigen Kokosbäume, deren wir nicht über dreißig
auf der ganzen Insel angetroffen haben, trugen nur kümmerlich Früchte, und diese wenigen
waren entweder nicht ausgewachsen oder mit einem salzigen Safte angefüllt. An einigen Ge=
genden im Lande stehen etliche niedrige Bäume und ein paar kleine Sträucher. Unter ihnen saß
eine unbeschreibliche Menge Seeschwalben.“

Dagegen zeichnet sich Fanning durch reichere Vegetation, Trinkwasser, viele Palmen und
fruchtbareren Boden vorteilhaft aus; in seine in der Mitte befindliche Lagune führt ein tiefer
Kanal. Während sich Washington mit seiner Süßwasserlagune bis zu 5 m gehoben hat, ist
Palmyra ganz flach; beide sind leidlich fruchtbar. Das Innere des an seinem Rand 8 m hohen
Jarvis ist mit Gips und Guano ausgefüllt.

F. Die Hawaii= oder Sandwich=Inseln.

Die Gruppe der Hawaii= oder Sandwich=Inseln liegt so weit abseits von der übrigen
Inselwelt des Großen Ozeans, daß sie als eine besondere Region ausgesondert werden muß.
Wollte man sie dennoch einer der größeren Abteilungen einfügen, so kann sie nur Polynesien

zugeteilt werden, da sie nicht nur diesem Gebiete am nächsten liegt, sondern auch in ihrer vulkani=
schen Natur, ihrer Flora, Fauna und Bevölkerung den hohen Inseln Polynesiens am meisten
gleicht. Mögen auch im 16. Jahrhundert spanische Schiffe auf der Fahrt von den Philippinen
nach Mexiko oder auf Reisen in entgegengesetzter Richtung die Hawaii=Inseln aufgefunden haben,
jedenfalls sind sie erst durch die Entdeckung Cooks 1778 bekannt gemacht worden (vgl. S. 16).
Sie erstrecken sich zwischen 154° 19′ und 160° 33′ westl. Länge und zwischen 18° 57′ und 22° 16′
nördl. Breite in westnordwestlicher Richtung im Süden des nördlichen Wendekreises; rechnet
man noch die kleinen Riffe und Koralleninseln in der westlichen Fortsetzung der hohen Inseln
hinzu, so dehnt sich die Gruppe bis 174° östl. Länge und 30° nördl. Breite aus.

Die Hawaii=Gruppe ist die isolierteste aller Inselgruppen der Südsee, da sie von
der ihr nächstgelegenen größeren Gruppe, den Phönix=Inseln, 2800, von der Marquesas=Gruppe
3300, von San Francisco in Kalifornien fast 4000 km entfernt ist; selbst bis zu den äqua=
torialen Sporaden, der Christmas=Insel, sind 2000 km zurückzulegen. Sieht man von den poly=
nesischen Inseln ab, so ist der nächste erreichbare Kontinent Amerika, während Japan, Australien
und Neuseeland fast doppelt so weit entfernt liegen. Daher herrscht der amerikanische Einfluß
auf der Inselgruppe vor, und ihr Anschluß an die Vereinigten Staaten ist nur eine Frage der Zeit.
Die Lage des Archipels zwischen Asien, Amerika und Australien ist so außergewöhnlich vorteil=
haft, daß er in den zukünftigen Bahnen des Weltverkehrs eine Rolle zu spielen sicher berufen
sein wird; liegt er doch auf der direkten Linie von dem projektierten mittelamerikanischen Kanal
nach Japan und China. Dazu kommt, daß das Meer um die Inseln herum keinerlei Gefahren
bietet, Küstenriffe nur in geringer, brauchbare Häfen dagegen in größerer Zahl vorhanden sind.

Die Hawaii=Gruppe besteht aus acht mittelgroßen, hohen, vulkanischen Inseln, deren
Gesamtgröße mit 17,008 qkm zwischen der von Baden und Württemberg steht. Davon entfallen
auf die größte Insel, Hawaii, 11,356, also mehr als zwei Drittel des Gesamtareals, auf Oahu
1680, Kauai mit Niihau 1707, Maui 1268, Molokai mit Lanai zusammen 792, Kahoolawe 143
und auf die westlich von Kauai liegenden kleineren Inseln 62 qkm. Oahu ist daher allein so
groß wie der ganze Gesellschafts=Archipel, Maui entspricht an Größe der Marquesas=Gruppe, und
Hawaii allein ist größer als sämtliche übrigen polynesischen Inselgruppen zusammen.

Alle diese Inseln sind ausgezeichnet durch hohe Berge, vulkanisches Gestein, neben dem nur
noch Korallenkalk vorkommt, Fruchtbarkeit der Thäler und üppige Vegetation (besonders an der
Nordostseite). Dichte Bewaldung schmückt namentlich die westlichen; die östlichen dagegen sind
mit Laven und Aschen überschüttet, und auf Hawaii selbst bedrohen sogar zwei noch thätige Vul=
kane das wachsende und sprossende Leben in der Natur. Da wahrscheinlich die vulkanischen Pro=
dukte auf den Hawaii=Inseln vorwiegend in Gestalt von Laven aus einer alle Inseln umfassenden
westnordwestlich gerichteten Spalte hervorgebrungen sind, muß auch hier eine Vulkanreihe be=
standen haben. Trotzdem daß zwei der durch die Laven aufgeschütteten Vulkane, der Mauna
Loa mit 4170 und der Mauna Kea mit 4210 m Höhe, abgesehen vielleicht von den Schnee=
bergen Neuguineas, als die höchsten Gipfel Ozeaniens angesehen werden müssen, ragen sie doch
nicht über die Schneegrenze hinaus. Sie sind die Sitze der letzten vulkanischen Thätigkeit, die
anscheinend von Westnordwesten nach Ostsüdosten fortgeschritten ist, und zeichnen sich durch so
überaus großartige und merkwürdige Erscheinungen aus, daß die Hawaii=Gruppe ein klassisches
Land der Vulkankunde geworden ist. Erdbeben sind häufig und verheerend: überaus heftig waren
sie in den Jahren 1868 und 1881; heiße Quellen finden sich dagegen selten.

Die nicht sehr wasserreichen Bäche und Flüsse versiegen häufig, bevor sie das Meer er=
reichen; namentlich an den Südwestküsten sind sie erheblich trockener als an den Nordostküsten,
weil hier der Nordostpassat weht.

Die Besprechung der einzelnen Inseln beginnen wir am besten im Südosten.

Hawaii, die größte der Sandwich-Inseln, ist, wie die übrigen, durchaus vulkanisch, und das in solchem Grade, daß an ihren Ufern nicht einmal Korallenriffe vorkommen. Man darf annehmen, daß die hohe und häufige vulkanische Thätigkeit Hawaiis entweder ehemalige Korallen-bauten zerstört, oder es überhaupt zu solchen nicht hat kommen lassen. Hieraus läßt sich schon entnehmen, daß Hawaii die jüngste der Inseln unserer Gruppe ist, und durch die Fortdauer der vulkanischen Thätigkeit auf ihr wird dies vollauf bestätigt; denn während alle anderen Krater der Gruppe erkaltet sind, werfen die beiden Vulkane Mauna Loa und Kilauea noch bis in die Gegenwart vulkanische Produkte und in solchen Massen aus, daß diese Insel einer der Haupt-schauplätze der vulkanischen Thätigkeit auf der ganzen Erde ist.

Küste von Hawaii, mit dem Mauna Kea und dem Mauna Loa. (Nach E. Jung.)

Dana, der beste Kenner von Hawaii, stellt in seinem Werke ‚Characteristics of Volca-noes‘ die Ansicht auf, daß nicht nur in der Inselgruppe überhaupt die vulkanische Thätigkeit von Westen nach Osten fortgeschritten, also Kauai zuerst, Maui zuletzt erloschen sei, sondern daß dasselbe auch für jede einzelne Insel behauptet werden dürfe. Nach seiner Ansicht bergen Oahu und Maui je zwei Vulkane, von denen immer der östlichere später erloschen ist als der westlichere, so daß die Gehänge der westlicheren Vulkanberge von den neueren Laven der jüngeren östlichen zum Teil überschüttet sind. Auf Hawaii ist das in noch vollendeterem Maße der Fall. Denn hier bestanden nicht weniger als fünf oder, wenn man den Mauna Loa und den Kilauea zusammen-faßt, vier Vulkane, deren Thätigkeit von Nordwesten nach Südosten vorgeschritten ist: im Nord-westen der Kohala, im Westen der Hualalai, im Nordosten der Mauna Kea, im Süden der Mauna Loa (s. obenstehende Abbildung) und im Südosten der Kilauea. Der zuerst erloschene Kohala wurde von den Laven des Hualalai und Mauna Kea an seiner Südostseite überschüttet, und dasselbe Schicksal erlitten wieder die Ränder der beiden letztgenannten durch die Auswurfs-massen des Mauna Loa, des zur Zeit neben dem Kilauea allein noch thätigen Vulkans. Kohala, der älteste der Hawaii-Vulkane, ist nur noch in Resten vorhanden, die jetzt eine 1678 m hohe, durch Erosion stark zerschnittene Bergkette bilden. Eine Reihe vulkanischer Kegel von 150 m Höhe und zahlreiche, bis an die Küste geflossene Lavaströme lassen sich hier noch unterscheiden, im allgemeinen aber ist der Norden schon bedeutend ausgeebnet und ziemlich sanft geneigt, im Gegensatz zu den steilen Abstürzen der übrigen Küsten Hawaiis. Infolge der vorgeschrittenen Verwitterung ist der Boden so fruchtbar, daß der mit Zuckerfeldern bedeckte Distrikt Kohala nach dem von Hilo für den am besten angebauten der Insel gilt; die höchsten Teile der Berge bedecken Sümpfe und dichte Wälder. Das südliche Gebiet dieses Distrikts wird von einem 910 m hohen Hochland, Waimea, eingenommen, dessen Boden bereits aus den vom Mauna Kea ergossenen Laven besteht und mit Gras bedeckt ist; hier befindet sich infolgedessen der Sitz der Viehzucht Hawaiis.

In dem nordöstlichen Teile dieser Lavadecke klaffen einem die tiefen Schluchten der Waipio- und Waimanu-Thäler entgegen, worin die gleichnamigen Flüsse laufen. Die Abgründe entsprechen hier in ihrer Anordnung der Richtung der Küste in so auffallender Weise, daß man geglaubt hat, tektonische Ursachen für ihre Entstehung verantwortlich machen zu müssen; immerhin dürfte die Erosion die Cañonform dieser Schluchten nicht unbeträchtlich verstärkt und herausgearbeitet haben. Felsenwände von 1000 m Höhe sind hier nichts Ungewöhnliches: im Waipio-Thale stürzt der Bach Hilawe von einer 500 m hohen Felswand herab, und im Waimanu erreicht die Höhe eines Wasserfalles sogar 800 m. Dichte Waldungen bedecken die oberen Anfänge dieser bis zu 32 km in die Insel einschneidenden Thäler; Taro- und Reisfelder nehmen deren breitere Ausgänge ein. Die Küste südöstlich von Kapulena ist „so steil, daß die Zuckersäcke", nach Marcuse („Die Hawaiischen Inseln'), „mit Kranvorrichtungen direkt von den Felsen auf die Schiffe verladen werden müssen; der Weg nach Hilo kreuzt hier 700 m tiefe Schluchten, zahlreiche Lavaströme, steile Abhänge dunkelgrauer Basaltschichten und nicht weniger als 85 Bäche müssen auf gewundenen und oft Schwindel erregenden Pfaden passiert werden".

Diese Steilküste wird aber bereits gebildet durch die nordöstlichen Gehänge des Vulkans Mauna Kea, des mit seiner imposanten Höhe von 4210 m höchsten Berges der Insel. Obgleich der Mauna Kea wahrscheinlich schon seit Jahrhunderten erloschen ist, ist die Erosion erst bis zu halber Höhe vorgeschritten, so daß der obere Teil durch die Denudation bisher wenig gelitten hat. Ein steiler, aus Schlacken und vulkanischem Sand gebildeter Abhang führt empor bis zu 3230 m Höhe, wo große Sandkegel auftreten. Den Gipfel selbst bildet eine mit zahlreichen Schlackenkegeln, feldspatartigen Laven und schwarzem Sand erfüllte Hochebene, über der noch die höchste, von zwei kleinen Kratern gebildete Erhebung aufragt. In 4015 m Höhe liegt am Mauna Kea der Bergsee Waiau, der von steilen Klippen mit dünnem Grase und winzigen Farnkräutern eingefaßt ist. Zwischen 500 und 2650 m Höhe umgürtet den Mauna Kea ein Urwaldgürtel, darauf folgen aufwärts Lavafelder bis zu der Spitze, deren oft lange liegende Schneedecke den Namen Mauna Kea (Weißer Berg) veranlaßt hat.

Der nur 2521 m hohe westliche Nachbar des Mauna Kea, der Hualalai, ist weit später erloschen als jener: man kennt noch aus dem Jahre 1801 einen Ausbruch von ihm. Sein Gipfel erhebt sich über dem großen, 1200 m hohen Tafelland, das sich zwischen den drei Vulkanen Hawaiis ausbreitet. Lavafelder und der lange Lavastrom von 1801 ziehen von dem Gipfel herab, über den eine Reihe von Kratern mit 300 m Durchmesser und 150 m Tiefe verstreut sind: „Ihre fast senkrechten Wände bestehen (nach Marcuse) aus Basalt, und auf ihren Bodenflächen werden schwarze Lavamassen sichtbar. An den Abhängen wächst das schöne Silbergras (Argyroxiphium), das nur auf den hawaiischen Vulkanen vorkommt. Eine auf den Inseln einheimische wilde Gans findet sich in jener Höhe."

Das Innere Hawaiis zwischen dem Mauna Kea, Hualalai und Mauna Loa wird von einer 1200—1800 m hohen Lavadecke eingenommen (s. Abbildung, S. 172), deren rauher, felsiger Boden zum Teil noch ganz nackte junge Lavaströme, an anderen Stellen zwar dichte Wälder von Akazien und Farnen, nirgends aber kultivierte und angebaute Strecken aufweist. Öde vulkanische

Sandebenen, auf benen nur Wachteln und Tauben die Stille der Natur unterbrechen, geringe Bestände von Mamane=Bäumen (Sophora chrysophylla) und Ohelo=Sträuchern (Vaccinium penduliflorum), deren rote Beeren gern gegessen werden, wachsen auf dieser Hochebene; auch Sandelholz kommt gelegentlich vor. Zahlreiches Wild, wilde Schweine, Ziegen und wildes Rind= vieh, die den Waldungen erheblichen Schaden verursachen, zeigt sich den erstaunten Blicken auf den Gehängen des Mauna Loa und ernährt sich von den zahlreichen Gräsern, die namentlich am Ostabfall des Berges den Boden mit einem erquickend frischen Teppich überziehen.

Als ein flacher Buckel von der Form einer riesigen Ellipse, deren Achse nach Nordosten ge= richtet ist, erhebt sich hier der Mauna Loa, der größte thätige Vulkan der Erde. Von seiner ge=

Blocklava bei Hilea, Hawaii. Im Hintergrund der Vulkan Mauna Loa. (Nach C. E. Dutton.)

waltigen Höhe (4170 oder 4195 m) fällt er besonders auf der Ostseite außerordentlich sanft ab, und seine flach emporgetriebene Schildgestalt verdankt er dem Umstande, daß er fast nur aus Lava= massen aufgebaut ist. Ungezählte Lavaströme sind nacheinander aus einer großen Spalte empor= gequollen und haben sich übereinander gelagert. Da sie außerdem meist nicht dem Gipfelkrater selbst, sondern den Seiten des Berges (in etwa ein Sechstel bis ein Achtel der Höhe) entflossen, so erhielt der Mauna Loa eine ungemein breite Basis, und der Gipfel wurde allmählich so erweitert, daß er jetzt eine fast ebene Oberfläche hat. So unterscheidet sich der Mauna Loa in Form und Auf= bau, besonders auch wegen des Mangels an Aschenkegeln, erheblich von dem Vesuv, Cotopaxi und anderen großen Stratovulkanen der Erde. Die Neigungswinkel seiner Gehänge betragen nur 3—7 Grad. Das alles ist um so wunderbarer, als der Berg erst seit 6—7 Jahrzehnten durch die gewaltigen von ihm ausgestoßenen Lavafluten zu seiner jetzigen Form gekommen ist. Seine Ausbrüche lieferten seit 1832 teilweise so ungeheure Mengen Lava, daß ein einziger hinreichte, um einen Berg von der Höhe des Vesuvs (1300 m) aufzuschütten. Die bedeutendsten Eruptionen haben 1841, 1843, 1849, 1851, 1852 (sechs Monate hindurch), 1855 (mit einem Lavastrom von 72 km Länge, 20—80 m Dicke und am unteren Ende 6—7 km Breite), ferner 1859, 1864, 1868 (mit starkem Erdbeben) stattgefunden. Von 1873—77 war er jedes Jahr, von 1880—81 neun Monate lang, dann wieder 1885 und besonders 1887 während des Januar und Februar thätig. Meist fielen die Ausbrüche in die Monate Januar bis Juni, in die Regenzeit, glücklicherweise ist aber seit 1859 eine Abnahme in der Menge der ausgestoßenen Lava zu bemerken. Die Lava kommt in zwei Formen, Aa und Pahoehoe, vor; jene (s. Abbildung S. 172) entspricht mehr der Block=, diese der Gekröselava.

In die ebene Gipfelfläche ist von Nordosten nach Südwesten eine Reihe von fünf aufeinander folgenden Kratern eingesenkt, die zusammen Mokuaweoweo heißen; ihr Dasein wird aus dem Einsturz der Randwälle verschiedener Krater erklärt, die dadurch zu einem einzigen Gesamtkrater verschmolzen. Durch seine Länge von 5800, seine Breite von 2700, seine Tiefe von 240 m und seine Fläche von 930 Hektar ist der Mokuaweoweo der größte thätige Krater der Erde. Die Tiefe des Gipfelkraters wechselte mit den Ausbrüchen; im ganzen ist er seit dem Besuch Douglas' 1834 um 130 m flacher geworden. Gewöhnlich verlaufen die Ausbrüche der Basaltlava derart, daß die Lavasäule im Krater zunächst bis etwas unterhalb des Kraterbodens fällt und dann erst wieder wächst, je nachdem sie durch seitliche Ergüsse entlastet und entleert wird oder nicht; zuweilen kommt es aber auch zu kräftigem Emporschleudern der Lava: so sprang im Januar 1887 eine feurige Fontäne auf, deren Höhe 25, 30 und mehr Meter, deren Dicke 25 m im Durchmesser betrug. Die riesigen Lavamassen sind oftmals im Stande gewesen, beim Austritt gegen das Meer Buchten auszufüllen und in festes Land zu verwandeln und damit die Küste um viele Meter ins Meer hinauszuschieben.

Die Aussicht von der Höhe des Mauna Loa auf die Insel Hawaii ist außerordentlich großartig. „In der Ferne", sagt Wilkes („Die Entdeckungs=Expedition der Vereinigten Staaten'), „tauchte die Insel Maui auf und unterbrach die Linie des tiefblauen Horizonts, während die untere Seite von einem weißlichen Nebel umhüllt war, der sie mit der Insel Hawaii zu vereinigen schien. Derselbe Duft hüllte die Berge von Kohala zu unserer Rechten und das Westende von Hawaii ein; näher bei uns war Hualalai sichtbar, an dessen Seiten der Seewind eine dichte Masse weißer, flockiger Wolken angehäuft hatte. Zu unserer Rechten erhob sich in starkem Relief der mit seinem Schneemantel bedeckte Mauna Kea, und zu unseren Füßen breiteten sich zwischen den drei großen Bergen die schwarzen, von einer dichten finsteren Wolkenmasse bedeckten Berge aus. Alles dies war so durcheinander gemischt, daß es bei der Mannigfaltigkeit der Formen und Entfernungen der Gegenstände einen kaum begreiflichen harmonischen Ton erzeugte."

Das größte Wunder des Archipels ist aber der Kilauea, ein gewaltiger Krater an der Südostseite des Mauna Loa, auf halbem Wege zwischen diesem und der Küste bei Kahaualea gelegen. Die Thätigkeit dieses basaltischen Vulkans unterscheidet sich wie die des Mauna Loa völlig von den uns bei anderen Teilen der Erde bekannten Vulkanen. „Gewöhnlich", bemerkt Dana („Characteristics of Volcanoes'), „ist es der Ausbruch, der die Aufmerksamkeit auf einen Vulkan zieht, der Verlauf des Stromes und die Eigenart der Laven, die Zerstörungen durch den Feuerfluß und die Erdbeben nehmen neun Zehntel aller Schilderungen ein. Beim Kilauea handelt es sich im Gegensatz dazu um die innere Thätigkeit des Vulkans, um die Bewegungen und Veränderungen, die in dem Krater vorgehen auf dem gewaltigen Raum, der den Ausgang der unterirdischen Lavasäule enthält. Am Vesuv mag man wohl bald nach einem Ausbruch den Aufstieg wagen, gewöhnlich aber machen Aschen= und Dampfauswürfe lange vor dem Ausbruch die Besteigung unmöglich; Kilauea ist aber immer zugänglich." In der Höhe des Vesuvs (1235 m) erhebt er sich nur 200 m über dem Lavafelde des östlichen Gehänges des Mauna Loa oder 100 m über den Wäldern des Aufstiegs von der Küste und besteht aus einem gewaltigen Krater, dessen Boden mit schwarzer Lava bedeckt ist, von rauchenden Spalten durchzogen wird und zahl= reiche Kegel besitzt, die gewöhnlich Lava auswerfen.

In diesem gewaltigen Krater erscheint nun an einigen Stellen die Lava in Form feuriger Seen (s. die beigeheftete Tafel „Der Kilauea=Vulkan auf Hawaii"), deren es bei starker Thätigkeit etwa 60 gegeben hat; für gewöhnlich aber sieht man nur ihrer drei wogen. Der berühmteste unter ihnen ist Halemaumau, der Feuersee, hawaiisch „Haus des Feuers": ein cha= rakteristischer Name für den Ort, wo die glühende Lava brodelt. Der Rand dieses inneren Kraters hat die Form einer Ellipse von Achsen mit 925 und 615 m, trägt 80 m hohe Lava= felsen, ist aber sonst wenig mit Asche und Geröll bedeckt. „Der Anblick, den die feurigen Lava= massen im Inneren des Sees gewährten, spottete", so schreibt bewundernd Marcuse, „jeder Beschreibung. Gleich Wellen auf dem Wasser bewegte sich die geschmolzene Lava nach den Ufern zu, die von hellerer Farbe als die rotflüssigen Lavamassen waren und der sandigen Einfassung eines Sees täuschend ähnlich sahen. Plötzlich entstand eine mächtige Strömung nach einer Seite hin, und aus zwei mächtigen Kanälen, welche offenbar mit dem Erdinneren zusammenhingen, schoß die glühende Lava fontänenartig etwa 18 m hoch empor. Beim Niederfallen breitete sich die in die Luft geschleuderte Masse in einen Feuerregen aus, der meteorgleich in feurigen Para= beln herunterfiel. Gleichzeitig spielten zahllose kleinere Feuerfontänen auf der Oberfläche des unablässig auf und ab wogenden Lavasees. Man hörte ein Geräusch wie die Brandung des Meeres. Die Farbe der glühenden und bewegten Lavamassen war intensiv rot, diejenige der am Ufer lagernden gelblich, und blau die Färbung der über dem Feuersee wogenden Dampf= wolken." Noch viel großartiger aber ist das Schauspiel zur Nachtzeit. „Die Farbe der glühenden Lava war aus Rot in Goldgelb übergegangen, die Feuerfontänen spritzten höher, die Oberfläche des Sees stieg und wurde unruhiger. Rötlich gefärbt stand der Rauch über der Krateröffnung, und in fahlem Lichte schimmerte der Abendstern."

Infolge des ununterbrochenen Aufquellens von Lava hat sich im Laufe der Zeit das Becken des Kilauea oftmals verändert, am meisten seit 1888. Da wir schon aus dem Jahre 1790 Nachrichten von größeren Ausbrüchen des Kilauea besitzen, ist dieser Seitenvulkan des Mauna Loa viel länger thätig gewesen als der große Vulkan selbst. Als sich 1823 der Feuersee entleerte, fiel die Lava auf 280 m unter den Kraterrand, also etwa um 200 m unter den jetzigen Stand. Im November 1832 spaltete ein Ausbruch die östliche Wand des Kraters, und der Feuersee fiel um weitere 100 m. Nach jedem Ausbruch aber füllt sich der Halemaumau langsam wieder, oder es kommt zur Bildung neuer Seen; so bestanden 1838 deren sechs. 1840 entsandte der Kilauea aus einer Spalte in nur 380 m Höhe, 48 km vom Krater entfernt, einen gewaltigen Lavastrom ins Meer, das einzige Mal in diesem Jahrhundert. Nach mannigfachen Veränderungen trat 1849 eine neue Eruption ein, 1855 eine weitere, gleichzeitig mit der des Mauna Loa, und 1868 desgleichen, aber besonders stark, und dabei verschwand die Lava der verschiedenen Feuerbecken ganz plötzlich. Allmählich füllten sich sodann die Becken des Kilauea wieder, bis die Lavamassen bei dem Ausbruch von 1879 in den Halemaumau zusammenflossen. Aber schon 1880 zerfiel er abermals in vier einzelne Seebecken, und 1881 kam ein fünftes dazu; nach 1881 vereinigten sich die ersten vier wieder, und 1886 verschwand nochmals die Lava aus dem Halemaumau und dem Neuen See. Nach erneuter Füllung entstand 1888 als dritter der Dana=See; 1891 aber ver= einigten sich wieder alle drei zu einem 700 m breiten Becken. Im März 1893 fand, soviel wir bis jetzt wissen, der letzte Ausbruch des merkwürdigen Sees statt; er wird der Überraschungen noch genug bringen. Eine gewisse Regelmäßigkeit läßt sich allerdings erkennen. Im ganzen

FR K L UEA J KAN A ' HAWAII, (North der N ...)

scheinen große Ausbrüche nach nahezu acht Jahren und kleinere nach etwas über sieben Jahren einzutreten; und auch bei den Kilauea=Ausbrüchen können wir eine größere Häufigkeit in der Regenzeit feststellen. Auffallend ist ferner die fortschreitende Erhebung der Lavadecke über dem Becken des Kilauea, die seit 1823 etwa 370 m betrug und nach großen Eruptionen stärker fort= schreitet als in Perioden der Ruhe.

Im Osten des Kilauea erhebt sich der erloschene, mit Vegetation bedeckte Krater des Kleinen Kilauea, Kilauea Iki, mit 230 m hohen Rändern.

Die westliche und südliche Küste von Hawaii ist mit zahlreichen Spuren vulkanischer Thätigkeit bedeckt: gewaltige Lavaklippen treten ins Meer vor, unfruchtbarer Lavaboden mit bitterem, salzigem Wasser nimmt einen großen Teil der Gestade ein; doch finden sich auch frucht= bare Gefilde. Bei Kailua im Westen werden Kaffee und Orangen in großer Menge angebaut, bei Kahuku und Pahala im Süden überwiegt das Zuckerrohr, und selbst die Öde der Küste des öst= lichen Endes von Hawaii unterbrechen zuweilen Kokos= und Pandanushaine. Dann aber folgt die lieblichste und reichste Landschaft Hawaiis, Hilo, wo der Nordostpassat mit seinen Steigungsregen Leben spendet. Zahlreiche große und kleine Schluchten öffnen sich gegen die steile Küste, eine Unmenge Wasserfälle stürzen von den Gehängen in die tief eingerissenen Thäler oder von den Klippen ins Meer hinab. Hier mündet der einzige größere Fluß der Insel, der Wailuku, dessen Thal durch die nur eine halbe Stunde von Hilo entfernten Regenbogenfälle berühmt geworden ist. „Der Wailuku=Fluß", schreibt Wilkes, „fällt hier 35 m hoch herab in ein rundes Becken, das augenscheinlich durch das Einsinken der Lava, womit das ganze Land bedeckt ist, gebildet wurde; durch die große Höhe zerstreut sich das Wasser in Schaum, der durch den Wind in verschiedenen Richtungen umhergetrieben wird und bei glänzendem Sonnenlicht unzählige Regenbogen von großem Glanz bis zu den zartesten Farben erscheinen läßt." Große Mengen von Zuckerpflanzungen und zahlreiche Dörfer beleben hier die Küste, darunter Hilo, der Hauptort von Hawaii.

Die Insel Maui, die zweitgrößte der Hawaii=Gruppe, setzt sich aus zwei durch den 11 km breiten, mit Sanddünen bedeckten Isthmus von Waikapu verbundenen Teilen von eiförmiger Gestalt und gebirgigem Charakter zusammen. Während die kleinere westliche Hälfte viele scharfe Gipfel und Kämme von annähernd 1900 m Höhe besitzt, zwischen denen tiefe Thäler und in der Nähe der Küste größere Ebenen eingesenkt sind, besteht der geräumigere Osten ausschließlich aus dem jäh und steil dem Meere entsteigenden 3060 m hohen Vulkan Haleakalá, der größten Eigentümlichkeit von Maui. Da der Umfang des gewaltigen Kraters weniger als 45 km beträgt, ist er der größte aller bekannten Vulkane der Erde; doch ist er seit mehreren Jahrhun= derten erloschen. Dabei ist der Krater des Haleakalá 848 m tief und enthält 16 Kegel, die bis zu 240 m Höhe ansteigen und zum Teil mit noch erhaltenen eigenen Kratern ausgestattet sind. Alles ist kalt und starr, nirgends findet sich Vegetation. Die Spuren der vulkanischen Thätigkeit erscheinen einem überall so frisch, als ob erst vor wenigen Tagen ein Ausbruch der unterirdischen Feuer stattgefunden haben müßte. Unwillkürlich drängte sich Marcuse der Vergleich des Halea= kalá mit den gewaltigen Kraterbildungen auf, welche die Oberfläche unseres Mondes als Ring= gebirge bedecken, und deren Durchmesser zwischen 40 und 80 km betragen.

Am steilsten fällt der Berg im Osten und Norden ab, und reißende Bäche und Wasserfälle stürzen von seinen dortigen Flanken zum Meer hinunter; viel sanfter dagegen ist der Abfall nach Westen zu. Lavaströme haben sich vor noch nicht allzu langer Zeit aus dem Krater ergossen, und zahlreiche, zum Teil schon bewachsene Aschenkegel bedecken die Gehänge. Der äußerste Gipfel ist ganz kahl; aber schon von 3000 m abwärts beginnt Grasland, von 2100 m an der Wald den Berg zu bekleiden, und weiter unten wächst und gedeiht das Zuckerrohr in zahlreichen Pflan= zungen. In dem nördlich vom Vulkan gelegenen Koolau=Distrikt erhebt sich von der Küste bis weit am Berge hinauf der Wald, deſſen 15 m hohe Bergäpfelbäume Ohia im Herbſt mit roten apfelartigen Früchten vollſtändig beladen ſind. In dem ſchönſten Thale der Oſtſeite von Maui, dem nach der Südküſte ſich öffnenden Waialua=Thale, vereinigen ſich ſteile Felswände, fünf •Kaskaden bildende Gebirgsbäche, echt tropiſche Vegetation, dichte Farnbeſtände zu einem überaus reizvollen Landſchaftsbilde.

Das weſtliche Maui erhebt ſich im Mauna Eeka zu 1760 m Höhe und beſitzt in ſeinen alten Aſchenkegeln und großen Lavaſtrömen noch deutliche Spuren früherer vulkaniſcher Thätig= keit. Die Eroſion, die auf die Lavafelder und Baſaltfelſen eingewirkt hat, verleiht der Landſchaft Weſtmauis das charakteriſtiſche Gepräge: ſchroffe Felſen und tiefe Schluchten, gezackte Grate und wilde, heroiſche Gegenden wechſeln romantiſch miteinander ab.

Vor allem iſt das Jao=Thal nach Marcuſes Schilderung großartig: „Eigentümlich zer= klüftete Felsmaſſen ſtarren von allen Seiten empor, und im Hintergrunde des Thales erhebt ſich ein beſonders ſpitz geformter Felſen, die ſogenannte Jao=Nadel, ein Produkt gewaltiger Ero= ſionskräfte. In ihrer Nähe liegen zahlreiche Höhlungen und Riſſe. Faſt beſtändig treibt der Wind leichte Wolken in dieſes Thal, deren Niederſchläge den Boden bis zu den oberſten Felſen= klippen hinauf fruchtbar gemacht haben. Die durch Eiſenoxyd rötlich gefärbten Lavaſtrecken bilden einen maleriſchen Kontraſt zu der ſie umgebenden dunkelgrünen Vegetation." An der Weſtſeite von Maui liegt der bedeutende Hafen Lahaina, weiland Reſidenz der Könige von Maui, deren Begräbnisſtätten ſich im Jao=Thal befinden.

Die weſtlich von Maui gelegenen Inſeln Kahoolawe, Lanai und Molokai ſind wahr= ſcheinlich früher mit Maui vereinigt geweſen. Kahoolawe erſcheint als Fortſetzung der Südküſte, Lanai und Molokai als ſolche der Nordweſtſeite von Maui. Die Alalakeiki=Straße ſchneidet Maui von Kahoolawe, die Auau=Straße Maui von Lanai und die Pailolo=Straße Maui von Molokai. Kahoolawe iſt dürr, hügelig und entweder ganz nackt, oder nur dünn mit Gräſern und Euphorbiaceen beſtanden. Dieſes waſſerarme Eiland, der Typus der trockenen Weſtſeiten der Hawaii=Inſeln, eignet ſich trotzdem oder vielmehr gerade deshalb zur Schafzucht. Die Zahl ihrer Bewohner iſt gering. Zwiſchen ihr und Maui liegt die 50 m hohe, durch eine Barranca aufgeſchloſſene Kraterinſel Molokini.

Auch Lanai iſt im allgemeinen dürr, hat jedoch bereits ein wenig mehr Waſſer als Kahoo= lawe. Die bomförmige, von breiten Spalten durchriſſene Inſel erhebt ſich im Südoſten zu 914 m Höhe und fällt nach Nordweſten langſam ab. Hier liegt das fruchtbare Thal Palawai, das allem Anſchein nach an das Innere eines ehemaligen größeren Kraters erinnert. Der reiche Graswuchs, neben dem nur in den Gebirgsſchluchten dichter Wald vorkommt, ermöglicht auch hier die Zucht von Schafen; etwa 30,000 ſollen allein auf Lanai vorhanden ſein.

Die von Oſten nach Weſten langgeſtreckte Inſel Molokai zeigt ganz beſonders deutlich den Gegenſatz der feuchteren Oſtküſten gegen die trockenen Weſtſeiten. Denn während ihr ganzes weſtliches Drittel eine dürre Wüſte iſt, die nur in der Regenzeit angebaut wird, iſt der feuchte Oſten ſo ſehr von der Vegetation überwuchert, daß nur ſchwer die Umriſſe eines alten Kraters erkannt werden können, der in den Gipfel des 1066 m hohen Olokui, des höchſten Berges der Inſel, eingeſenkt zu ſein ſcheint. Ein anderer Krater beſteht jetzt noch an der ſteilen Nordſeite, iſt aber mit Waſſer gefüllt und anſcheinend in Verbindung mit dem Meere. Die ſchmale Küſten= ebene der Südküſte iſt am reichlichſten mit Wohnungen beſetzt, die ſchroffe Nordküſte beherbergt dagegen nur die Ausſätzigen der Inſelgruppe.

Die bekannteſte und beſtbevölkerte der hawaiiſchen Inſeln iſt Oahu. Durch die Kaiwi= Straße von Molokai getrennt und wie alle anderen vulkaniſcher Natur, iſt ſie nach Dana durch zweimalige Aufſchüttung entſtanden: zunächſt mag ſich im Weſten ein Vulkan und ſpäter im

Often ein anderer gebildet haben, der seine Produkte über den westlichen hinwegwarf. Sonach besteht die Insel jetzt aus zwei, der Erosion und Denudation bereits verfallenen vulkanischen Gebirgen, deren westliches im Kaala 1230 m, deren östliches im Konahuanui 954 m erreicht.

Die Ausbruchsstellen dieser beiden Hauptzüge sind nicht mehr erkennbar, dagegen befinden sich jetzt noch in gut erhaltenem Zustand einige Seitenkrater: der Kaneohe, Koko, der Diamond Head und der über Honolulu aufsteigende Punch-Bowl-Krater sowie Saltlake oder Aliapakai und Laeloo. Diese genannten liegen am Südabfall der östlichen Kette, einige andere, ebenfalls noch leidlich erkennbare Krater an deren Nordostseite. Am bekanntesten von ihnen ist die Punch Bowl, ein 150 m hoher, oben fast ganz ebener Kegel, dessen 500 m langer Krater flach und hauptsächlich mit den chilenischen Algarrobo-Bäumen bewachsen ist. Während von hier aus der Blick über eine anmutige und liebliche Umgebung schweift, umgürtet die anderen beiden, Diamond Head und Koko, eine rauhere Natur. Jener ist ein 232 m hoher, aus bräunlichem Tuff bestehender Hügel, aus dem sich zwei breite alte Lavaströme ergossen haben; doch ist sein der Denudation rasch verfallender Krater bereits bewachsen. Ein weiterer vollständig erhaltener, 300 m hoher erloschener, dicht bewachsener Krater taucht im oberen Ende des Palolo-Thales auf. Diesem im Westen benachbart ist Manoa, ein von hohen Bergen kreisförmig umschlossenes, in Basalt eingeschnittenes Thal mit Wasserfällen, frischen Bächen und gutem Ackerbau, das besonders dadurch bekannt ist, daß in ihm prachtvolle Regenbogen, die durch das Niederfallen der Regendünste an den Gebirgswänden erzeugt werden, ziemlich häufig erscheinen.

Doch das Thal, das am allermeisten seiner landschaftlichen Schönheit wegen gepriesen wird, ist das Nuuanu-Thal. Es öffnet sich gleich dicht hinter der Haupt- und Residenzstadt Honolulu und wird schon aus diesem Grunde, seines sehr bequemen Zugangs halber, gern und häufig besucht. Es ist „sieben Meilen lang, am Eingang eine halbe Meile breit", wie Wilkes sagt, „und verengert sich allmählich, bis es die Gebirgskette erreicht, wo es plötzlich mit einem 320 m tiefen Abgrund, Pali, endigt. Hier streicht der Passatwind zwischen den 500 m hohen Bergspitzen mit Gewalt durch, während sich um die Berghöhen die Wolken verdichten, deren Wasser beständig in kleinen Silberbächen die Abhänge herunterrieselt, auf allen Seiten von Felsen zu Felsen springt und in der Mitte des Thales zusammenfließt. Die Schönheit des Thales ist beim Eintritt in dasselbe überraschend durch die Wirkung von Licht und Schatten und den beständigen plötzlichen Wechsel von Regenschauern und Sonnenlicht."

Alle diese Thäler führen in die höchsten Teile der östlichen Bergkette hinauf, deren basaltisches, steil gegen die Nordseite abfallendes Gestein hier eine starre, zackige Küste bildet. Die abschüssigen Grate sind mit dichten Wäldern und Sümpfen bedeckt, üppige Vegetation erfüllt die Gehänge bis etwa 350 m Höhe, Wiesen folgen weiter aufwärts, Farne, Bananen und Guavesträucher sowie einzelne Kaffeepflanzungen ziehen sich bis in die Höhen hinauf. Neben dem höchsten Berge Konahuanui und dem 848 m hohen Lanihuli wäre vielleicht noch der einen kleinen Hochsee in sich bergende Tantalus zu erwähnen, der, über 614 m hoch, von Honolulu aus ohne besondere Schwierigkeit erstiegen werden kann. Die Erosion hat dieses Gebirge besonders auf der Nordostseite so sehr mitgenommen und angegriffen, daß überaus schroffe Formen vorkommen; nach Südwesten ist der Abfall bedeutend sanfter, und auch die nordwestlichen Ausläufer sind weniger schroff, da hier bereits größere Trockenheit herrscht. Weit ausgedehnte, mit Gras bewachsene Ebenen, die den ganzen Norden zur Viehzucht geeignet machen, treten an die Stelle der klippigen Küstengebirge, und gegen das Meer schließt sich bei Kahuka völlig ebenes Land an.

Von Wailua im Norden bis zu der Mündung des Pearl-Flusses im Süden streckt sich eine ausgedehnte Ebene hin, die die beiden Gebirgszüge der Insel Oahu scheidet. Auf ihrem öden, trockenen, staubigen, sanft aufsteigenden und zum Teil von Sümpfen erfüllten Boden, dessen

Kultur früher bedeutender war, beſchränkt man ſich jetzt auf Viehzucht. An ihrer Südſeite öffnet ſich die große, fächerförmig ins Land ſchneidende Lagune von Ewa, der leider nur ein tieferer Ausgang zum Meere mangelt, um ſie zu einem der ausgezeichnetſten Häfen werden zu laſſen.

Am öſtlichen Rande der Ebene liegt, am inneren Ende einer tief eingreifenden Bucht, etwa 1 km von der See und 12 km von Honolulu entfernt, der Salzſeediſtrikt, eine Niederung in= mitten einer niedrigen Bergkette. Die beiden kraterartigen, mit Salzwaſſer gefüllten Seen Alia= pakai und Aliamanu ſind hier die letzten Reſte früherer vulkaniſcher Thätigkeit; etwas weſtlich da= von ſtößt man auf ein drittes Becken, nahe den Lagunen des Pearl=Fluſſes. Dieſer durchfließt, mit mehreren Quellarmen aus beiden Gebirgen hervortretend, den ſüdlichen Teil der inneren Ebene; ihm entgegengeſetzt verläuft nach Nordnordweſten der bei Wailua in die Kaiaka=Bucht fallende Waimea=Fluß, vor deſſen Mündung ſich eine große Sandbank ins Meer erſtreckt.

Weſtlich von der inneren Ebene erheben ſich die Berge von Waianae, der weſtliche Ge= birgszug der Inſel, deren höchſter Gipfel, der Kaala, mit 1230 m Höhe nicht weit von ihrem Weſt= ende liegt. Obwohl dieſes Gebirge auch noch mit dem 948 m hohen Palikea die höchſten Spitzen des öſtlichen übertrifft, iſt es doch älter als dieſes und kann nur noch als der Reſt eines vulkaniſchen Bergzuges angeſehen werden. Während aber bei dem jüngeren Gebirge die Oſtſeite die ſteilere iſt, fällt hier die Weſtſeite beſonders ſchroff zum Meere ab, iſt aber nicht ſo friſch, großartig und ſchön wie die öſtliche Klippenküſte, ſondern infolge ihrer Lage im Wind= und Regenſchatten ſehr trocken und öde. Der Mangel an Waſſer iſt auf der Weſtſeite im Diſtrikt Waianae ſo fühlbar, daß ſich nur wenige friſche Zuckerpflanzungen und günſtige Weideplätze vorfinden.

Oahu hat unter allen Inſeln der Hawaii=Gruppe bei weitem die meiſten Korallenbauten an ſeinen Ufern, wenn ſie auch nicht die Höhe wie bei Molokai erreichen. Das Riff iſt am Fuße der Berge 3—6 m, an einigen Stellen bis zu 12 m über den Waſſerſpiegel erhoben und um= ſäumt ununterbrochen den Süden und mit nur geringen Lücken die Nordoſt= und Nordweſtküſte. Durch Bohrungen hat man feſtgeſtellt, daß an einigen Punkten die Riffe bis zu 250 m mächtig ſind, aber obwohl an den Küſten mehrfach drei Bänke übereinander geſchichtet ſind, iſt ihr Alter gering, da ſie auf Lavadecken ruhen, alſo erſt nach Beginn der vulkaniſchen Thätigkeit der Inſel Oahu gebildet ſein können.

Die weſtlichſten Sandwich=Inſeln, Kauai und Niihau, ſcheinen früher eine einzige Inſel gebildet zu haben; wenigſtens erlaubt die Ähnlichkeit des Baues der weſtlichen Küſten Kauais mit dem der öſtlichen Niihaus kaum, einen anderen Schluß zu ziehen. Gegenwärtig ſind die beiden Eilande aber 35 km voneinander entfernt.

Kauai, die nördlichſte Inſel von Hawaii, wird wegen ihrer überaus großen Fruchtbarkeit, ihrer anmutigen Thäler und ihrer friſchen Pflanzungen als der Garten Hawaiis geprieſen. Auch ſie verleugnet ihren vulkaniſchen Urſprung nicht, da ſie aus gewaltigen eiſenhaltigen Baſalt= felſen beſteht; dagegen entbehrt ſie jüngerer vulkaniſcher Erſcheinungen und iſt ſo ſtark ver= wittert, daß man ihr unter den hawaiiſchen Inſeln das höchſte Alter zuſchreiben darf. Nur in den Küſtenebenen finden ſich alte Krater, nicht jedoch in dem eigentlichen Gebirge, das in dem kraterloſen Waialeale, einem nach allen Seiten ſanft abfallenden, auf der Höhe mit ſumpfigem Bergwald bedeckten langen Rücken, bis zu 1800—2000 m anſteigt. Von dieſem laufen die Waſſer ſtrahlenförmig nach allen Seiten hinab und haben die ganze Inſel mit einem Netze von reizvollen Thälern durchzogen. Namentlich dort, wo ſich dieſe nahe dem Meere erweitern, haben die langdauernde Verwitterung und die Transportkraft der Flüſſe eine bis zu 3 m mächtige Humusdecke angehäuft, die den Grund zu der Fruchtbarkeit der Inſel gelegt hat.

Die Küſten ſind beſonders im Weſten und Nordweſten ſo ſchroff, daß ſie auf 32 km Länge ganz unnahbar ſind; der erſte Eindruck bei der Annäherung iſt daher nach Graf Anrep=Elmpt

(‚Die Sandwich-Inseln‘) „der einer wilden, wüsten, unwirtlichen Insel. Es umgibt dieselbe eine
steile, von heftiger Brandung ausgehöhlte Felsenküste, die in ihrer Farbe düster, in ihrer Form
scharf, durchlöchert. und rauh, oder aber gerundet ist, wo der Einfluß der Woge wirkt. Die
Umgebung dieser Küste bilden zahlreiche schwarze Riffe, die finster drohend aus dem hier stets
unruhigen Ozean meist konisch hervorragen. Unzählige kleine seichte Buchten, Einschnitte, Land-
vorsprünge, die, entblößt von jeglicher Vegetation, dürr und kahl sind, bilden das starre Ufer,
welches der Engländer so charakteristisch ‚the iron bound coast‘ nennt.“ Der vulkanische Charakter, den die Küsten in so hohem Maße zeigen, springt bei dem Betreten des eigentlichen Landes
nur in Koloa an der Südseite in die Augen, wo einem schwarze Lavaströme und Aschenkegel
entgegentreten. Fünf vulkanische Hügel, von denen vier auf einer südwärts verlaufenden Spalte
liegen, ziehen sich hier gegen die Küste hin; zwei unter ihnen enthalten Krater, der eine mit drei,
der andere mit zwei Öffnungen. Ihre Höhe beträgt meist weniger als 50 m; die Thätigkeit
bestand auch hier wohl nur im Aussenden von Lavaströmen.

Verläßt man die Steilküsten und wendet sich den Alluvialebenen an den Flußmündungen
zu oder wandert die Thäler aufwärts, so verschwinden die öden Landesteile und machen gutem
Anbau und lieblicher Landschaft Platz. Da die Berge von Kauai oft wild zerrissen und von der
Denudation stark abgetragen sind, so ist auch die Zahl und Ausdehnung der Thäler größer als
auf den übrigen Inseln und viel mehr Gelegenheit vorhanden, anzubauen. Im ganzen verlaufen
die Flüsse von den luftigen Höhen des Inneren wie Strahlen nach den Küsten hin und sind zum
Teil so tief eingeschnitten, daß Cañons entstehen. Namentlich bildet der Hanapepe.15 km von
der Küste einen geradezu großartigen Wasserfall, indem er aus 100 m Höhe zwischen schroffen
Felsen in zahlreichen Kaskaden herabstürzt. „Ein fast rundes Thal“, so schildert die Landschaft
F. Brigham (‚Petermanns Mitteilungen‘, 1878), „dessen mit Farnen, Lianen und Moosen dicht
bedeckte Felswände sich 300 m senkrecht erheben, bildet den farbenreichen, unvergleichlichen Hintergrund.“ Die Südseite der Insel beleben außer diesem Flusse noch mehrere andere, wie der in die
Waimea-Bai fallende Waimea-Fluß, an dessen Mündung bei Waimea Cook im Jahre 1778 zuerst
ankerte. Während aber westlich von diesem Gewässer die Küste öde, trocken, pflanzenarm ist,
dehnen sich im Süden in dem fruchtbaren Distrikt Kona zahlreiche Zuckerfelder aus, die bei Koloa
durch die oben geschilderte Kraterreihe abgeschlossen werden. Der Südosten Kauais ist wieder
zerklüftete Steilküste, aus deren Höhlungen das Meer 18 m hohe Wasserstrahlen herausspritzt.

Jenseits der Hügel von Koloa fällt der Hulaia-Fluß in den schönen Nawiliwili-Hafen, den
Hauptankerplatz der Insel, in dessen Umgebung Grasland mit zerstreuten Gruppen von Kukui-
und Pandanus-Bäumen vorwiegt. Von hier aus gelangt man zu der ältesten und größten
Zuckerpflanzung der Insel, Lihue, die sich aus einer üppigen Vegetation von Mangos, Brotbäumen, Dattelpalmen und Orangen reizvoll abhebt.

An der Ostküste mündet der Wailua-Fluß, dessen Wasser ebenfalls mehrere Fälle bilden.
Der bekannteste stürzt 50 m tief in ein von kahlen Felsenwänden umsäumtes Lavabecken, deren
geringe Bekleidung von Moos und Farnen einen grellen Gegensatz zu der frischen Baum- und
Bananen-Vegetation im unteren Teile der vom Flusse durchmessenen Schlucht bildet. Der Nordosten Kauais wird von mehreren Höhen durchzogen, zwischen denen kleine wasserkräftige Flüsse
dem Meere zueilen; dichte Waldungen von Kukui-Bäumen und ausgedehnte Zuckerfelder wechseln
hier anmutig miteinander ab.

Eine der üppigsten Landschaften Kauais ist die nördliche Ebene Hanalei, durch die sich der
größte Fluß der Insel, der Hanalei, zwischen überaus fruchtbarem Gelände hindurchschlängelt,
nachdem er, mit fünf anderen Gewässern von dem zentralen Gebirge Waialeale herabkommend, in
schroffen Erosionsthälern die 400—500 m hohen Randwände dieses Höhenzuges durchbrochen

hat. Einen schroffen Gegensatz dazu bildet die von Haena aus sich anschließende Nordwestküste, in deren basaltischen Lavafelsen zwei merkwürdige Höhlen mit den unterirdischen Seen Waiamoo (Drachensee) und Waiakanoloa (Verwüstungssee) liegen; sie werden nach F. Brigham („Petermanns Mitteilungen', 1878) in Kanoes mit Fackeln befahren. Nachdem man den 9 m hohen und breiten Eingang, der an gotische Formen erinnert, durchschritten hat, tritt man in die nahezu 50 m lange, 30 m breite und 20 m hohe erste Höhle, deren prächtige Kuppel mit vielen säulenartigen Stalaktiten wunderbar geschmückt ist. Das Wasser des ersten, über 30 m tiefen Sees ist kalt, süß und von großer Klarheit, das des zweiten ist von einer gelben, zähen Pflanzenschicht bedeckt und riecht schwefelartig. Ein Abfluß der Quellen ist unbekannt.

Die Insel Niihau besteht aus zwei Teilen von ganz verschiedener Zusammensetzung. Der vulkanische Osten steigt in 240 m hohen Klippen steil aus dem Meere auf und erhebt sich in einem sanft gewellten Gebirgszug ohne scharfe Spitzen und tiefe Schluchten zu einer Höhe von 450 m; aus der dürren Korallenkalkebene des Westens und Südens dagegen blicken die schwarzen Klippen der darunter liegenden Lava hervor. Die ganze Insel ermangelt der Quellen und überhaupt fließenden Wassers und daher auch der Baumvegetation, Grassteppiche erlauben jedoch Viehzucht und der von den höheren Teilen abgeschwemmte Boden die Kultur von Ananas und Bananen. Im Südwesten liegt ein erloschener Krater.

Ein solches Überbleibsel mit eingestürzter, vom Meer überschwemmter Südwestseite ist auch Lehua, die Eierinsel, im Nordwesten von Niihau; besser erhalten ist der Tufkegel von Kaula südwestlich davon. Nihoa, die äußerste vulkanische Insel der Gruppe, unter 162° westl. Länge, ein kahler Doppelfelsen von 150 m Höhe, ist der Rest eines alten Kraters. Von hier aus gegen Nordwesten tauchen nur noch Korallenriffe aus dem Ozean hervor.

G. Die Osterinsel und Salas y Gomez.

Weit entfernt und abgesondert von allen übrigen Inseln des Großen Ozeans liegt 21 Grade oder mehr als 2000 km östlich von Pitcairn unter 109° westl. Länge und 27° südl. Breite die Osterinsel, Waihu oder Rapanui, von den Eingeborenen Tepito te Fenúa genannt. Sie soll schon 1566 durch Mendana und 1687 von Davis entdeckt worden sein, ist aber erst 1722 von Roggeveen besucht, dann von Cook, La Pérouse und Beechey angelaufen und 1882 vom Kapitän-Leutnant Geiseler genauer bekannt gemacht worden.

Diese seit dem Jahr 1888 dem chilenischen Besitz einverleibte, einsame Insel erhebt sich in der Größe von 118 qkm und in der Form eines rechtwinkeligen Dreiecks aus großen Meerestiefen. Sie besteht aus Trachyt, besitzt noch gut erhaltene Krater, heiße Quellen und Lavafelder und ist somit durchaus vulkanischer Natur. Die Mitte der Insel durchzieht ein fast 400 m hoher Bergrücken; doch erreicht im Nordwesten ein anderer 615 m, und im Südwesten der Ranakao, der bekannteste aller ihrer Krater, auch noch 418 m Höhe. Die weniger hohe südöstliche Seite enthält drei sanft geschwungene Buchten, während die Küsten des Westens und Nordens fast geradlinig verlaufen. Der Ranakao ist ein sehr steiler, zum Teil in senkrechten Felswänden abfallender Kegel, dessen kaum 2 m breiter Rand einen ziemlich großen, 250 m tiefen Krater umschließt, worin neben einem mit Binsen bewachsenen Sumpf die Pflanzungen der Eingeborenen liegen. Ein Teil der Insel ist mit Lavablöcken bedeckt, die Krater liegen zum Teil am Meere selbst; schroffe steile Küsten erschweren die Landung.

Wo das vulkanische Gestein verwittert ist, findet sich, wie auch in den Thälern, fruchtbarer Boden. Sümpfe und Teiche mit frischem Wasser sind nicht selten, fließende Gewässer fehlen dagegen, und die geringe Vegetation besteht seit der Vertilgung der Kokospalme nur noch aus

Gräfern, Cypereen und Farnkräutern. Die Fauna ift womöglich noch ärmer und enthält außer Ratten und Ziegen von Landvögeln nur das Haushuhn, dagegen viele Seevögel. Amphibien kommen gar nicht vor, Infekten find felten, die Hausfliege fehr häufig, Mollusken zahlreich. Befonderes Intereffe hat die Ofterinfel erweckt, nachdem man hier, auf diefem weltfernen Eiland,

Küfte der Ofterinfel mit fteinernen Bildfäulen. (Nach der Natur.)

gewaltige, bis zu 10 m hohe Bildfäulen aus vulkanifchem Geftein gefunden hatte, die, meift auf Gräbern ftehend, mit eigentümlichen fchriftartigen Zeichen bedeckt waren (f. obenftehende Abbildung). Hierüber wird Genaueres im Abfchnitt „Bevölkerung" berichtet werden.

Unter 26° 18′ fübl. Breite und 105° 20′ weftl. Länge erheben fich endlich die durch den fpanifchen Seefahrer Salas y Gomez im Jahre 1798 entdeckten und durch Chamiffos Gedicht bekannt gewordenen Felfen Salas y Gomez, 4 qkm große, nur von Seevögeln bewohnte, öde Klippen, die durch niedriges Land miteinander verbunden find.

IV. Das Klima.

Da das Festland Australiens und sämtliche Inseln des Großen Ozeans teils in den Tropen, teils in der südlichen gemäßigten Zone liegen, hat der fünfte Erdteil im ganzen ein warmes, tropisches bis subtropisches Klima. Selbst die Gruppen der Hawaii=Inseln und der Marianen reichen nordwärts nur bis zum nördlichen Wendekreis und werden daher noch des völlig tropischen Klimas teilhaftig. Eine Ausnahme bilden allein im Süden Neuseeland und Tasmanien, die über den 40. Grad hinaus in das kühle Seeklima der südlichen gemäßigten Zone hineinragen. Voraussetzung dafür ist allerdings, daß man davon absieht, die heiße Zone durch die Wendekreise zu begrenzen; thut man das, so fallen der größere südliche Teil des Festlandes Australiens sowie Tasmanien und beide Inseln Neuseelands in die gemäßigte Zone. Ziehen wir hingegen die Jahresisotherme von 20 Grad als Grenze des heißen Klimas vor, so können wir nur den äußersten Süden des Festlandes samt Tasmanien und ganz Neuseeland der gemäßigten Zone zurechnen (s. die beigeheftete „Karte der Isothermen und Isobaren von Australien und Ozeanien").

Daraus ergeben sich zwei Hauptabteilungen des Klimas unseres Ländergebietes: das tropische und das gemäßigte Klimagebiet. Diese werden jedoch durch eigenartige Windverhältnisse wieder in kleinere Abschnitte zerlegt. Der Norden Australiens, etwa bis zum 20. Breitengrad, und die meisten melanesischen Inseln gehören in den Bereich des Nordwest= und Südwestmonsuns und sind von Hann mit den südäquatorialen malayischen Inseln zu einer gemeinsamen Klimaprovinz zusammengefaßt worden. Die sämtlichen übrigen Südsee=Inseln zwischen den Wendekreisen stehen unter dem Einfluß der Passate, im Norden des Nordostpassats, im Süden des Südostpassats, und können deshalb in ein zweites klimatisches Gebiet zusammengefaßt werden. Ein drittes umfaßt das außertropische Australien, Tasmanien und Neuseeland, im ganzen vorwiegend das im Gebiet des hohen Luftdrucks der Roßbreiten der Südhemisphäre liegende Land und die in den Bereich der westlichen Winde südlich des 40. Grades hineinragende Südinsel Neuseelands. Daraus ergeben sich folgende fünf Abteilungen:

1) Neuseeland und Tasmanien.
2) Das subtropische Australien.
3) Das tropische Australien und Melanesien.
4) Das Südwest=Monsungebiet Mikronesiens.
5) Die Passatgebiete Polynesiens.

KARTE DER ISOTHERMEN UND ISOBAREN VON AUSTRALIEN UND OZEANIEN.

(Nach Berghaus' physik. Atlas.)

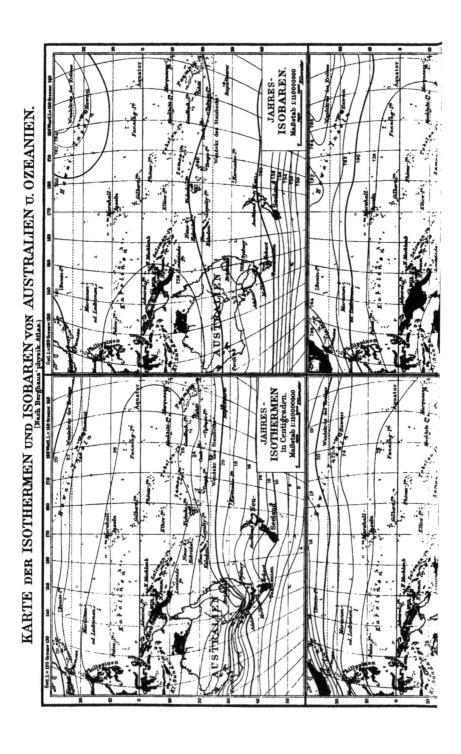

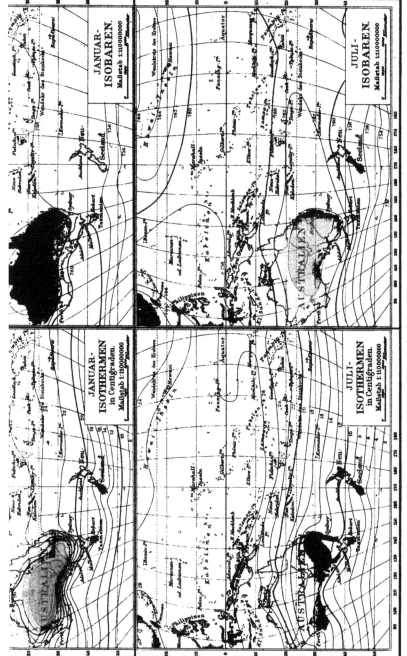

JANUAR-
ISOBAREN.
Maßstab 1:110000000

JULI-
ISOBAREN.
Maßstab 1:110000000

JANUAR-
ISOTHERMEN
in Centigraden.
Maßstab 1:110000000

JULI-
ISOTHERMEN
in Centigraden.
Maßstab 1:110000000

Bibliographisches Institut in Leipzig

1. Neuseeland und Tasmanien.

Durch seine Lage vom 47. bis zum 34. Grade südl. Breite steht Neuseeland zum größten Teil unter der Herrschaft der westlichen Winde und ragt nur mit der nördlichsten Halbinsel der Nordinsel in das subtropische Reich hohen Luftdrucks hinein, das den größten Teil Australiens umfaßt. Im ganzen ist daher das Klima Neuseelands gemäßigt, im Süden sogar, der Lage auf der Südhemisphäre entsprechend, kühl und feucht. Wir haben ein ausgesprochenes Seeklima vor uns, mit einem Gegensatz feuchter Nordwest= und trockener Südostwinde.

Der größte Teil Neuseelands liegt zwischen den Isothermen von 10 und 15°; erst auf der nördlichsten Halbinsel werden höhere mittlere Jahrestemperaturen bis zu 17° erreicht. Diese nehmen naturgemäß von Süden nach Norden zu, wie sich aus der Gegenüberstellung folgender vier Hauptorte ergibt: Dunedin 10,2°, Christchurch 11,5, Wellington 13,1 und Auckland 15,4° mittlere Jahrestemperatur. Der wärmste Monat, der Januar, ist nicht sehr viel wärmer als der kühlste: im Januar haben die vier genannten Städte Temperaturen von im Mittel 14,2°, 16,7°, 17,2°, 19,9°, im kühlsten Monat, im Juli, 5,9°, 5,9°, 8,8°, 11,2°, so daß die Differenz zwischen dem wärmsten und dem kühlsten Monat 8,8°, in Christchurch 10,8°, in Wellington 8,4°, in Auckland 8,7° beträgt. Die jährliche Schwankung ist daher sehr gering und der Gang der Temperatur ziemlich gleichmäßig, da der Frühlingsmonat Oktober nur 3—6° wärmer als der Juli, der Herbstmonat April nur 3—4,5° kühler als der Januar ist. Verhältnismäßig groß ist der Unterschied der Temperatur zwischen April und Juli, so daß die Temperatur vom Herbst zum Winter rasch sinkt und fast ebenso rasch vom Frühling zum Sommer ansteigt. Erst im äußersten Norden, in Mongonui, erreicht das Jahresmittel 16,1°, der Januar 20,6°, der Juli 11,8°; doch ist hier die Temperatur sowohl im Mittel wie im wärmsten Monat noch viel niedriger, im kühlsten Monat aber höher als in den in gleicher Breite gelegenen Stationen der Mittelmeerländer, während z. B. Dunedin, in der gleichen Breite und Seehöhe wie Mailand, im wärmsten Monat nur 10° kühler, im kühlsten nur 5° wärmer, im Mittel nur 2,5° kühler ist als dieses. Der Norden der Inselgruppe hat demnach ein mäßig warmes, der Süden ein kühles Seeklima.

Auch die Extreme der Temperatur sind gering. Auckland entspricht mit +31,4° und 0,7° mittleren Extremen etwa Nizza, das dem Pol um 7° näher liegt. Dunedin hat auch nur +29,8° und —1,8° als Extreme, während in dem gleichbreitigen Mailand das mittlere Minimum —9,7°, das mittlere Maximum +34,8° beträgt. In der südlichsten Station Southland fällt das Thermometer im Mittel auf —6,6° und erhebt sich auf +28,8°; wieder ein Beweis für das gleichmäßige ozeanische Klima Neuseelands. Im Südwinter liegt daher Neuseeland zwischen den Isothermen von 5 und 12°, im Südsommer zwischen benen von 14 und 21°; die jährliche Wärmeschwankung ist nur 5—10°, ein Betrag, der nur Inselgruppen mit Seeklima in gleichen Breiten wie den Azoren eigen ist und nahe an die außerordentlich geringen Schwankungen der Tropenzone grenzt. Vor allem ist ein kühler Sommer bezeichnend. „Während (nach Hann) die Sommertemperatur auf der Nordinsel jene des mittleren Deutschlands kaum übertrifft, kommt dieselbe im südlichsten Teil der Südinsel, unter 46° Breite, nur noch jener des nördlichen Schott= lands gleich. Der Winter ist dagegen so mild, daß im Wachstum der Pflanzen kaum ein Still= stand eintritt, viele Blumen den ganzen Winter hindurch blühen, und die bebauten Fluren, die frühlingsartigen Weiden mit den immergrünen Bäumen sehen an einem sonnigen Wintertage so heiter und freundlich aus wie eine englische Sommerlandschaft."

Der Luftdruck ist im Mittel des Jahres gering, meist unter 760 mm. Die ganze Insel= gruppe, mit Ausnahme der Nordspitze, gehört dem Gebiete der vorherrschenden Westwinde an.

Am meisten wehen Nordwestwinde, namentlich im Winter, wenn sich ein Gebiet höheren Luft=
drucks von Inner=Australien aus über das Meer zwischen Australien und Neuseeland erstreckt.
Sonst wird besonders die Ostküste von Ostwinden, namentlich Nordostwinden, den Ausläufern
des abgelenkten Südostpassats, getroffen, die im Gegensatz zu den Südwestwinden sehr trocken
sind. Im ganzen aber wechseln die West= und Ostwinde das Jahr hindurch, und die Luft=
bewegung ist häufig sehr stark; vor allem ist in Wellington die Hälfte des Jahres stürmisches Wetter,
Orkane sind eine häufige Erscheinung. Auf der Nordinsel bringen Südwest bis Südost meist
schönes Wetter und Klarheit der Luft, Nordost bis Nordwest stürmisches, schlechtes Wetter mit
Regenfällen; auf der Südostseite der Südinsel ist dagegen der Nordwest heiß und trocken, der
Südwest kühl und erfrischend. Auf den Canterbury=Ebenen ist die Luft bei dem Wehen des heißen,
trockenen Nordwestwindes, der den Charakter des Föhns hat, äußerst trocken, staubig und lästig,
dörrt die Haut aus und erfüllt Augen und Ohren mit Staub; aber ein plötzlicher Umschlag, ge=
wöhnlich gegen Sonnenuntergang, bringt dann den feuchten Südwestwind, der nun gewaltige
Regenmengen über die Ebenen ergießt und die dürstende Erde erfrischt.

Die Niederschläge sind über die Doppelinsel, entsprechend dem Vorherrschen der Winde,
ungleich verteilt. Im allgemeinen sind die östlichen Winde die trockenen, die westlichen die feuchten,
welch letztere zeitweise enorme Mengen Regen mit sich bringen. Schon auf der Nordinsel sind die
Westküsten regenreicher als der Osten, wie die Gegenüberstellung von Taranaki mit 144 und
Napier mit 91 cm sowie von Wellington mit 132 und Auckland mit 116 cm lehrt. Viel größer
ist aber der Gegensatz zwischen der Westseite und der Ostseite der Südinsel, da auf dieser der hohe
Gebirgsstock der Neuseeländischen Alpen den von Westen kommenden Regen auffängt, so daß für
den Osten, z. B. die Canterbury=Ebenen, nur ein Viertel bis ein Drittel der Regenmenge des
Westabfalls übrigbleiben. Ungeheure Regenmengen, niedrige Sommertemperatur, verhältnis=
mäßig milde Winter sind für die Westseite, wärmere Sommer, kältere Winter, größere Extreme,
stärkere Temperaturänderungen für den Ostabfall bezeichnend. Rokitika auf der Westseite hat
mit 282 cm Regen mehr als viermal so viel Niederschlag wie Christchurch mit 65 cm an der
Ostküste, und ein großer Gegensatz besteht auch zwischen Bealey an der Westseite mit 248 cm und
den östlichen Städten Dunedin mit 85, Queenstown mit 79, Southland mit 116 cm; zwischen
ihnen in der Mitte steht Nelson mit 158 cm. Die Niederschläge sind ziemlich gleichmäßig über
das ganze Jahr verteilt, doch ist ein Maximum im Winter deutlich erkennbar, das z. B. an der
Massacre= oder Golden=Bai ein Drittel des gesamten Regenfalles beträgt, an anderen Orten,
wie Dunedin, aber weniger ausgeprägt ist, wo 24 cm im Sommer, 22 im Herbst, 23 im
Winter und 20 im Frühling des Jahres 1883 fielen.

Obgleich die Canterbury=Ebenen wenig Regen erhalten, fallen ihnen doch oft große Über=
schwemmungen lästig, da bei heftigen Südoststürmen oder rascher Schneeschmelze während des
Föhns in den Neuseeländischen Alpen der Wasserdampfgehalt auf der Ostseite der Insel kondensiert
wird; Dürren sind dagegen selten. Wohl aber kommen Schneefälle auf den Ebenen der Ostseite
der Südinsel vor, die sonst im ganzen schneefrei sind: Christchurch hatte 1864: 11, 1865: 2, 1871
keinen, 1872: 6 Schneetage, also sehr unregelmäßige Schneefälle, und erst unter 44° südl. Breite
scheint Schnee jeden Winter an der Ostküste zu fallen. In den Gebirgsthälern aber reicht der
Schnee im Winter bis etwa 800 m, auf den Gehängen der Ostseite bis etwa 900 m herab, und
die höchsten Teile der Südinsel sind dauernd verschneit, so daß die Schneehöhe enorm und die Ver=
gletscherung sehr groß ist (s. die beigeheftete Tafel „Der Mount Cook in Neuseeland"). An der
Ostseite liegt die Firngrenze in 2400, an der Westseite in 2100 m Höhe, und die Vergletscherung
reicht im ganzen bis 1500 m, an der Westküste aber im Franz=Josephs=Gletscher bis 200 m
herab. Auch auf der Nordinsel sind im Winter die Wildnisse östlich vom Ruapehu schneebedeckt.

Der Mount Cook in Neuseeland. (Nach Photographie.)

Das Klima der südlich von Neuseeland liegenden Inseln ist ein kühles Seeklima. Die Auckland-Gruppe unter 50,5° südl. Breite erfreut sich zwar wegen des an der Ostküste Australiens nach Süden ziehenden warmen Meeresstromes verhältnismäßig warmer Sommer, da die Mitteltemperatur des Sommers 9,8° beträgt, und eines milden Winters, aber das ganze Jahr, namentlich im Sommer, ist das Wetter stürmisch. Der Juli soll dem April in England ähnlich sein, die tiefste Temperatur des Winters ist —5,6°, zuweilen aber steigt die Temperatur auch im Winter auf +10 und +11°; das Gras bleibt grün, die Bäume behalten ihre Blätter, anderseits aber kommen auch im Sommer Fröste vor. Westwinde sind am häufigsten, die Niederschlagsmenge bedeutend.

Tasmanien nimmt in klimatischer Beziehung eine Mittelstellung zwischen Neuseeland und Australien ein, da es im ganzen noch ein mildes Klima hat, aber zuweilen doch von den heißen Winden Australiens erreicht wird. Hobart hat eine mittlere Jahrestemperatur von 13,1°, also wie Wellington, einen Januar von 17,8° wie dieses, einen Juli von 8,8°, etwas weniger als Wellington, einen Oktober von 12,7° und einen April von 13,4°, fast genau wie diese Stadt, so daß das Klima beider Städte fast genau dasselbe ist. Dagegen bleibt die Regenmenge mit 59 cm selbst hinter Christchurch zurück, steigt aber wie die Temperatur nach Norden hin bis 81 cm in Launceston und nach Westen bis 116 cm in Port Arthur an. Bei der Annäherung an das Festland sinkt sie auf Goose Island in der Baß-Straße wieder auf 55 cm, bei einer Mitteltemperatur von 14,1°, einem Januar von 18,1° und einem Juli von 10,2°. Die Winde sind, wie in Südaustralien, im Sommer meist südöstlich, im Winter nordwestlich bis westlich, doch kommen auch Nordost- und Nordwestwinde im Sommer vor. Die Regenmenge ist am größten im Juli, Mai, Juni und Dezember, am geringsten im Januar und Februar. Die höchsten Tagestemperaturen steigen bis 38°, die Nächte sind meist kühl und angenehm, und das Klima gilt im ganzen, wie das von Neuseeland, als sehr gesund.

Eis und Schnee kommen im Winter auf dem inneren Hochland häufig vor. An den Küsten tritt Schneefall noch nicht regelmäßig ein, in Hobart ist er selten; aber die Berge sind öfters verschneit, und selbst im Sommer liegen noch Schneeflecke auf den Höhen.

2. Das subtropische Australien (Südostpassat).

Das Festland Australien liegt zwischen 40 und 10° südl. Breite, also im Passatgebiet und in der Gegend des hohen Luftdrucks der Wendekreisgebiete, so daß es von vornherein einem warmen, trocknen Klima zuneigen wird. Mit seinem Areal von 7²/₃ Mill. Quadratkilometer ist es natürlich im stande, die Einflüsse einer großen Landmasse auf das Klima geltend zu machen, nämlich durch starke Erwärmung in der warmen und durch erhebliche Abkühlung mittels Ausstrahlung in der kühlen Jahreszeit; indessen kann dieser Einfluß bei weitem nicht so kräftig wirken wie in den größeren Erdteilen. Außerdem ist die Lage Australiens nahe dem Zentrum der Wasserhalbkugel geeignet, das Klima in gemäßigtem Sinne umzuformen. Wenn dennoch das Klima des australischen Festlandes im ganzen trocken und heiß ist und die Wüstenbildung fördert, so verschuldet das die für das Klima des Kontinents ungünstige Lage des Hauptgebirgszuges. Da nämlich die Australische Kordillere dem Ostrande des Festlandes entlang zieht, fängt sie die mit dem am häufigsten wehenden Südostpassat vom Meere herangeführte Feuchtigkeit auf und erlaubt nur geringen Niederschlägen, den Westen des Kontinents zu befeuchten. Diese Stellung der Hauptgebirgskette zu den Regenwinden wird daher verhängnisvoll für das ganze Innere und verursacht die Scheidung Australiens in einen feuchten Osten und einen sehr trocknen Westen. Diesem fehlen

die aus wärmeren Gebieten kommenden Winde völlig, so daß es keine Gelegenheit zur Konden-
sation der Wasserdämpfe gibt, sondern, wie in der Sahara, Kalahari und im asiatischen Wüsten-
gürtel, ein Gebiet großer Trockenheit und sehr hoher Temperatur im Sommer, die vermutlich
wegen der niedrigeren Lage über dem Meere die der südafrikanischen Wüstengebiete noch übersteigen. Dennoch aspiriert das Festland im Sommer die feuchte Luft des Malayischen Archipels,
aus dem sich dann die für den ganzen Norden des Festlandes wichtigste Strömung gegen den
Kontinent bewegt, der Nordwestmonsun, dessen lebenspendender Einfluß erst von denen recht
gewürdigt wird, die das trostlose Innere durchwandert haben.

Die Temperatur des australischen Festlandes ist im allgemeinen hoch, da Australien im
Mittel des Jahres zwischen den Isothermen von 26 und 14⁰ liegt. Namentlich erfüllt im Sommer
ein Gebiet von über 30⁰ Mitteltemperatur das ganze Innere, und nur die unmittelbar dem Meere
benachbarten Landschaften haben dann weniger als 30⁰. Zu dieser Zeit steigt im Januar im
Inneren des Kontinents die Mitteltemperatur auf 34⁰ und darüber, hält sich an der Nord-,
Nordwest- und Nordostküste noch über 27⁰ und sinkt erst nach der Südküste zu rasch. Während
die 30⁰-Isotherme noch die Nordspitze des Spencer-Golfes schneidet, liegen Adelaide und Melbourne unter der 20⁰-Isotherme: ein sehr rascher Abfall der Temperatur nach Süden zu.

Im Winter dagegen zieht sich die 20⁰-Isotherme nach dem Äquator zurück, verläuft etwas
nördlich vom 20. Breitenkreis und läßt nur noch die nördlichen Halbinseln Australiens in der
mehr als 20⁰ Mitteltemperatur messenden Zone.

Der ganze Rest des Kontinents ist im Mittel unter 20⁰ warm, ja die Südostspitze, die Umgebung von Melbourne bis gegen Sydney hin, hat sogar weniger als 9⁰ Mitteltemperatur, etwa
wie Wellington und Nelson auf Neuseeland. Im ganzen ergeben sich daher starke Gegensätze
zwischen den Stationen des australischen Festlandes, und die Wärmeschwankung erreicht im
ganzen Inneren den für subtropische Gebiete hohen Betrag von 20⁰.

Sehen wir nun vom nördlichsten tropischen Australien ganz ab, so erheben sich die Mittel-
temperaturen der Küstenstationen des südlichen Queensland, wie Brisbane, Kap Moreton,
und des nördlichen Neusüdwales, wie Grafton und der Darling-Ebenen, z. B. Narrabri in den
Liverpool-Ebenen, auf über 20⁰, die des Januar auf 25⁰, des Juli auf 13—14⁰, während Melbourne nur eine Mitteltemperatur von 14,1⁰, bei einem Januar von 19,1⁰ und einem Juli von 8,7⁰,
Adelaide eine solche von 17,8⁰, bei einem Januar von 23,2⁰ und einem Juli von 10,8⁰, haben.
Die Stationen der Westküste sind noch etwas wärmer als die der Ostküste. An dieser hat Port
Macquarie eine Mitteltemperatur von 17,8⁰, bei einem Januar von 22,8⁰ und einem Juli von
12,1⁰, an ersterer das unter gleicher Polhöhe gelegene Perth eine Mitteltemperatur von 18,3⁰,
bei einem Januar von 24,1⁰ und einem Juli von 13,5⁰, so daß im Gegensatz zu den Verhältnissen in Südafrika und Südamerika ein Wärmeüberschuß für die Westküste besteht. Nur der
südlichste Teil der Westküste ist etwas kühler als der entsprechende der Ostküste, wie aus der Gegenüberstellung von Bunbury und Sydney, beide unter 33—34⁰, hervorgeht. Jenes hat eine
mittlere Jahrestemperatur von 16,5⁰, bei einem Januar von 21,9⁰ und einem Juli von 12,4⁰,
dieses dagegen eine Jahrestemperatur von 17⁰, bei einem Januar von 21,8⁰ und einem Juli
von 11,2⁰. Man sieht also, daß Januar und Juli in Sydney zwar etwas kühler sind als in
Bunbury, daß aber im Mittel des Jahres Sydney doch wärmer ist. Diese Entscheidung bringen
die Mittelmonate April und Oktober mit 16,8 und 15,3⁰ in Bunbury, gegenüber 18,1 und 17,5⁰
in Sydney. Das Klima von Sydney ist daher gleichmäßiger als das von Bunbury.

Der bedeutendste Abfall der Temperatur an der Ostküste findet zwischen 29 und 31⁰ südl.
Breite statt, da sie auf dieser Strecke von 20—17,5⁰ sinkt. Dann aber hält sich die Mitteltemperatur bis etwa 35⁰ südl. Breite zwischen 16 und 18⁰, worauf südlich von 35⁰ ein weiterer

Abfall bis 13⁰ eintritt, denn Port Albert und Kap Otway haben eine mittlere Jahrestemperatur von 13⁰, bei einem Juli von nur 8—9⁰.

Für die Gleichmäßigkeit des Küstenklimas der Ostseite spricht auch deren geringe Schwankung in den Extremen, denn nirgends fällt hier die Temperatur unter + 2⁰, und nirgends steigt sie über 39⁰, wobei merkwürdigerweise die nördlicher gelegenen Stationen Queenslands tiefere Winterminima haben als die südlicheren von Neusüdwales, was Hann aus der größeren Ausstrahlung der den Tropen näher gelegenen, heitereren Stationen erklärt. Die mittleren Extreme in Sydney sind 37,8 und 3,8⁰, in Brisbane 35,7 und 2,3⁰, in Port Macquarie 32,4 und 2,8⁰. Höhere Sommertemperaturen haben dagegen die Stationen der West- und Südküste, wo Perth 41,5⁰ und Adelaide 43,9⁰, Melbourne 41,3⁰ als mittleres Sommerextrem aufweisen, während die Winterminima hier wiederum intensiver sind, in Melbourne — 1,1⁰, in Ballarat — 2,8⁰, in Perth aber nur + 2,7⁰. Die absoluten Extreme betragen zu Sydney 40,7 und 2,7⁰, zu Melbourne 44 und -— 2,8⁰, zu Ballarat 45,6 und —5,6⁰, zu Adelaide 46,8 und 0,0⁰, zu Perth 44,4 und —0,6⁰. Diese Maxima entsprechen denen von Kairo, die Minima denen des Pandschab und Mesopotamiens, die Sommerminima denen Mitteldeutschlands, so daß eine sehr starke Veränderlichkeit des Klimas, besonders der Südküste, vorliegt und namentlich im Sommer ganz schroffe Temperatursprünge vorkommen. Der Grund für die hohen Sommermaxima auch der Südküste liegt in den später zu besprechenden heißen Winden aus dem Inneren.

Nach dem Inneren des Landes nimmt der extremere Charakter des Klimas noch zu. Die inneren Stationen von Neusüdwales haben vor allem einen viel heißeren Sommer als die Küstenstädte; in Narrabri steigt das Januarmittel auf 29⁰, in Bourke am Darling auf 29,5⁰, in Wolgett auf 30,5⁰, während die Julimittel zwischen 10 und 12⁰ schwanken, also ziemlich niedrig sind. Etwas weniger extrem sind die Mittelwerte der Städte am Murray, wie Euston mit 18,2⁰ Mitteltemperatur, einem Juli von 10,0⁰ und einem Januar von 28,4⁰, ja in Westaustralien weicht die Binnenstation York wenig von Perth ab und hat sogar ein geringeres Jahresmittel. Dagegen sind die mittleren Sommermaxima sehr hoch, in Euston 48,3⁰, in Fort Bourke 45,9⁰.

Aus dem Herzen des Kontinents haben wir Beobachtungen von der Telegraphenstation Alice Springs, wo eine Mitteltemperatur von 21⁰ herrscht und die mittlere Juliwärme 13,2⁰, das Januarmittel aber 31,8⁰ beträgt, obwohl die Station 560 m hoch liegt. Noch unter 34— 35⁰ südl. Breite erreicht die Temperatur im Jahresmittel 26—28⁰, und die Extreme sind sehr groß. Wenn auch die Julimittel nur 3—4⁰ niedriger sind als an den Küsten, so steigt doch das Januarextrem in Alice Springs im Mittel auf 46,7⁰, was freilich noch gegen Echuca am Murray mit 47⁰ und Euston mit 48,3⁰ zurückbleibt. Sommermaxima von über 50⁰ kommen vor in Wolgett im Dezember 1876: 56⁰, zu Euston 51,4⁰, zu Fort Bourke 49,7⁰, und Stuart fand im Inneren des Festlandes am 21. Januar 1845: 55⁰ im Schatten, bei Winterminimis von — 44⁰. Dabei sind die täglichen Temperaturschwankungen sehr groß, im Juni zuweilen 30⁰, am 25. Oktober 1845: 40⁰. Wintertemperaturen von — 3 bis —5⁰ sind im Inneren überall häufig, so daß sich das Klima des Inneren Australiens in Bezug auf den extremen Charakter mit der Sahara und den vorderasiatischen Wüsten messen kann. Wahrscheinlich wird man aber noch höhere Sommerextreme im Inneren Westaustraliens finden, da dort der Mangel an bedeutenderen Gebirgsketten die Ermöglichung der Niederschläge noch weiter beschränkt, und die Gewässer fast noch mehr den Charakter der Trockenbetten tragen als im eigentlichen Inneren, um Alice Springs ꝛc. Anderseits sinken in höher gelegenen Orten die Wintertemperaturen auf so niedrige Grade, daß es gerechtfertigt ist, wenn Russell sagt: „Innerhalb der Kolonie Neusüdwales kann man alle Klimata finden, von der Kälte von Kiandra, wo das Thermometer zuweilen auf —22⁰ sinkt und Frost und Schnee Monate hindurch alles in winterlichen Banden hält, und wo in einzelnen Monaten die Schneehöhe 8 Fuß und darüber erreicht, bis zu der mehr als tropischen Hitze und extremen Trockenheit der Ebenen des Inlandes." Dieses Kiandra hat mittlere Extreme von +33,7 und —17,5°, demnach eine wahre mittlere Wärmeänderung von 51,2°, und liegt im oberen Teile des Snowy River nördlich vom Kosciusko-Berg in der Höhe von 1360 m.

    Luftdruck und Winde. Hoher Luftdruck liegt, wie wir bereits sahen, im Mittel des Jahres über Australien, und da sich nun das Gebiet des hohen Luftdrucks verschiebt, werden die Windverhältnisse in den entgegengesetzten Jahreszeiten verschiedene. Im Winter verstärkt sich das Luftdruckmaximum über dem Festland zu einem geschlossenen Gebiet von über 764 mm, das den ganzen Osten und das Innere bedeckt und nach allen Seiten die Winde aus dem Kontinent hinaussendet. Im Sommer dagegen lagert ein Gebiet niedrigen Luftdrucks unter 752 mm über dem Nordwesten und Inneren des Festlandes, und auch der Osten und Süden liegen noch innerhalb der 760 mm-Isobare. Dieses Gebiet niedrigen Luftdrucks entsteht infolge der intensiven Erwärmung des Festlandes und setzt sich nach Osten über das Meer fort, während im Südwesten und Westen Australiens hoher Luftdruck über dem Indischen Ozean herrscht. Infolgedessen besteht eine Neigung zu in den Kontinent hineinwehenden Winden, südlichen bis südöstlichen im Süden, südwestlichen im Südwesten, nordwestlichen im Norden, östlichen bis nordöstlichen im Osten. Letztere sind abgelenkte Passatwinde, die im Norden des Kontinents entstanden; Nordwestwinde werden als Nordwestmonsun zusammengefaßt. An der Nordküste weht im Winter der Südostpassat, im Sommer der durch die Erhitzung des Festlandes hervorgebrachte Nordwestwind, so daß hier ein später näher zu besprechender Monsunwechsel eintritt. Wahrscheinlich herrscht auch um Alice Springs und Deniliquin nördlich des Murray im Sommer eine erhebliche Depression des Luftdrucks, doch fehlen uns für das Innere noch genauere Beobachtungen.

    Sehr eigentümlich sind die heißen Winde, die fast alle Küsten Australiens überwehen, am lästigsten aber an der kühleren Südküste empfunden werden. Sie kommen aus dem Inneren, heißen an der Südküste natürlich Nordwinde und wehen in der Zeit zwischen Oktober und März, also im Südsommer, mit einer erstaunlichen, bis zu 15° die Mitteltemperatur übersteigenden Glut über das Land. Sie erzeugen die hohen Temperaturen zwischen 40 und 50°, die wir eben besprochen haben, erniedrigen die relative Feuchtigkeit zuweilen bis auf 10 Prozent und dörren das Land vollständig aus. Zuweilen sind sie von dickem, finsterem, die Sonne verhüllendem Nebel begleitet, führen viel Staub mit sich und hinterlassen eine plötzliche Abkühlung der Temperatur um 10—17°. Jährlich erscheinen sie 3—8mal, am häufigsten in den Monaten November bis Januar, aber auch im Oktober und Februar. Die trockene Hitze kräuselt das Laub und vermag die Weizenfelder förmlich zu versengen; auf helle, stille, sonnige Tage folgt bei niedrigem Luftdruck und Ausbleiben der Seebrise, meist vormittags, zuweilen plötzlich, meist jedoch durch weißen Dunst angekündigt, der heiße Wind, der häufig abends aufhört, um am folgenden Morgen wiederzukehren, gewöhnlich aber am selben Abend mit einem starken Gewittersturm endigt.

    Niederschläge. Im allgemeinen ist Australien ein trockenes Land mit sehr geringem Regenfall, bei dessen Verteilung sich der Einfluß der östlichen Gebirgskette überaus fühlbar macht. Genügend Regen erhalten nur die Ostküste und die Ostseiten der Australischen Kordillere sowie die Nordseite des Kontinents, die von dem Nordwestmonsun befriedigend versorgt wird, das ganze Innere aber, von dem Westabfall des australischen Gebirges bis nahe an die Westküste und Südküste, ist arm an Regen und leidet daher an Dürren und Wüstenbildung. Ein Streifen von mehr als 130 cm Regen im Jahre begleitet die Ostküste, geht aber bereits auf dem Kamme des östlichen Gebirges in eine zweite schmale Zone von 60—130 cm Regen über. Diese umfaßt auch Victoria und Tasmanien, macht aber bereits im Oberlauf des Murray und Darling der dritten großen Zone von 20—60 cm Regen Platz, auf die endlich im Inneren vom Mittel-

lauf des Cooper an die faft regenlofe Zone mit weniger als 20 cm Regenfall folgt. Diefe regen=
lofe Zone erreicht unter 20° fübl. Breite die Nordweftküfte am Grey=Fluß; nach Südweften aber
nimmt die Regenmenge wieder zu, fo daß der äußerfte Südweften des Kontinents um Perth
wieder mehr als 60 cm Regen erhält. Im ganzen nimmt alfo die Regenmenge von den Küften
nach dem Inneren und von Often nach Weften ab (f. untenftehende Karte).

Die größten Regenmengen fallen im tropifchen Norden und Nordoften, wo auf Somerfet
mit 220 cm im Jahre das Maximum trifft; aber auch die Oftküfte erhält reichlichen Regen:

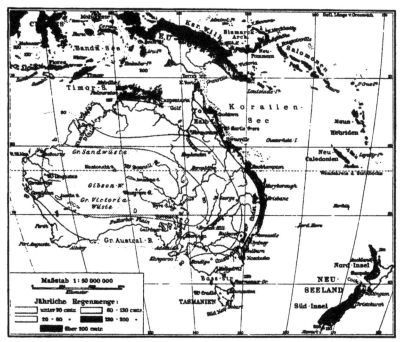

Karte der Regenverteilung in Auftralien und Neufeeland.

Brisbane 133, Port Macquarie 172, Newcaftle 125, Sydney 129 und Kap St. George
141 cm. Vom 38. Grade füdlicher Breite nimmt aber die Regenmenge wieder ab, und die Süd=
küfte empfängt bereits weit weniger Regen; fo verzeichnen: Port Albert 68, Kap Otway 94,
Melbourne 66, Adelaide 54, Port Augufta 22 cm. In diefen Zahlen fehen wir das Aus=
ftreichen derfelben einzelnen parallelen Zonen gegen die Südküfte, die wir nun auch im Inneren
von Neufüdwales und Queensland verfolgen können. Deniliquin erhält 45, Echuca 42, Eufton
nur 30, Albury aber 68, Waggawagga 59, Narrabri 67 cm Regen. Die Küfte von Weft=
auftralien kann mit diefen Regenmengen wetteifern, da Albany und Perth 81, Bunbury 88 cm
Regen haben; aber fchon York hat nur noch 40 cm und bildet die Grenze des regenarmen Ge=
bietes des Inneren. Es ift unbekannt, ob es ein faft regenlofes Gebiet im Inneren Auftraliens
gibt; dies könnte jedenfalls nur im Often und Norden von Weftauftralien liegen, da alle übrigen
bekannten Teile des Inneren wenigftens kleine Regenmengen haben.

Wenn schon die Regenmengen in einem großen Teile Australiens für die Kultivierung des Landes nicht genügen, so ist die Art des Regenfalles noch weit ungünstiger, besonders an der Ost= küste und im Inneren, da meist nur heftige Güsse, torrents, vorkommen, und die ganze Regen= menge des Jahres häufig in wenigen Tagen herabstürzt. Von den 45 cm jährlichen Regenfalles in Fort Bourke brachte im Jahr 1874 ein einziger Junitag 18,6 cm, und in Cowl Cowl fiel in zweien Malen je ein Viertel der gesamten Regenmenge des Ortes. Meist also geht die ganze Regenmenge im Inneren an einzelnen Sommertagen nieder; dazwischen liegen aber desto längere Perioden völligen Regenmangels, so daß ein wenn auch noch so starker Regenfall keine irgendwie bedeutende Einwirkung auf den ausgedörrten Boden übt, sondern höchstens die spärliche Humus=

Überschwemmung und Fähre über den Murray bei Echuca. (Nach Photographie.)

decke hinwegschwemmt. Dürreperioden sind daher die Regel, und mit ihnen wechseln Jahrgänge mit argen Überschwemmungen (s. obenstehende Abbildung), so daß Flüsse und Seen bald ganz austrocknen, bald überlaufen. Unter den Überschwemmungen leiden vor allem die Ostküsten, wo ge= waltige Regenmengen an einem Tage zu fallen pflegen: in Newcastle einmal 28,4 cm, in Wollon= gong 28,0, in Port Macquarie 12,7, in Eden 26,7 cm, ja zu Port Jackson fielen am 15. Oktober 1844: 52 cm in weniger als 24 Stunden, in Newcastle am 18. März 1871 in 2½ Stunden 26,9 cm. Derartige an einem Tage fallende Regenmassen kommen selbst in den Tropen nicht oft vor, und ihre Folge sind gewaltige Überschwemmungen, so daß 1806 der Hawkesbury 29,6 m über die untere Wassermarke stieg.

Nach der Verteilung des Regens über das Jahr unterscheidet man in Australien vier Haupt= gebiete. Der ganze Norden und Osten hat eine normale tropische Regenzeit mit Trockenzeit im Winter und Frühling. Queensland und Nordaustralien erwarten ihre Regenzeit im Hoch= und Spätsommer, das östliche Neusüdwales im Herbst. Hieran schließt sich Victoria mit Regen im Frühling und Herbst bei einem Minimum im Spätsommer; dann folgt Süd= und Südwest=

australien mit Winterregen und faſt regenloſem Sommer, während als viertes Gebiet das durch ein ſüdlich des Eyre-Sees mit Regen im Sommer und Winter ausgeſtattetes Übergangsgebiet von dem vorigen getrennte Innere abzuſondern iſt, in dem alle Monate regenarm ſind. Dieſes Gebiet erſtredt ſich auch bis zur Nordweſtküſte zwiſchen 24 und 20° ſübl. Breite.

Die ſüdlich des Wendekreiſes gelegenen Teile von Queensland ähneln ſehr dem tropiſchen Norden, abgeſehen von ihrer größeren Trockenheit in den Sommermonaten Dezember und Januar: der Winter dagegen iſt reicher an Regen. Die trockenſten Monate ſind hier Auguſt und September, im Innern Queenslands Juli und Dezember, während Mai und September nach Süden zu immer regenreicher werden und im Oſten der Auſtraliſchen Alpen Frühlings- und Herbſtregen vorherrſchen. Im Innern und bis weit in den Süden hinein wird der Regenfall aber zeitweiſe ſchon von dem Nordweſtmonſun beeinflußt.

Bevor wir den tropiſchen Teil Auſtraliens betrachten, gedenken wir noch des Klimas der höheren Teile des Feſtlandes, insbeſondere der Auſtraliſchen Alpen. In den Mittelhöhen zwiſchen 300 und 800 m iſt die Temperatur ſelbſt im Winter noch ziemlich hoch. Bathurſt in 670 m Höhe hat noch eine Mitteltemperatur von 13,8°, die der des April und Oktober genau gleich= kommt, wogegen der Januar noch 22,2°, der Juli im Mittel noch 5,6° erreicht. In größeren Höhen nehmen die Winter- und Sommertemperaturen natürlich ab. Cooma hat einen Januar von 19,0°, einen Juli von 4,1° und eine Jahrestemperatur von 12,0°, aber ſelbſt auf dem 1064 m hohen Mount Victoria iſt die Mitteltemperatur noch 11,2°, bei einem Juli von nur 3,6° und einem Januar von 18,1°. Erſt weiter ſüdlich, in Kiandra, in 1360 m Höhe, ſinkt die mitt= lere Jahrestemperatur auf 7,3°, der Juli auf 0,6°, der Januar auf 14,8°, und hier kommt als mittleres Minimum die tiefe Temperatur von —17,5°, bei einem Maximum von 33,7° vor, während der Mount Victoria nur ein mittleres Minimum von — 3,4°, Bathurſt ein ſolches von — 6,8° hat, bei höchſten Temperaturen von 37,4 und 40,4°. Als abſolutes Minimum hat Kiandra nahe den Quellen des Snowy River —22°; infolgedeſſen bleibt hier der Schnee oft viele Monate hindurch liegen.

Im übrigen fällt Schnee jeden Winter nur auf den höchſten Teilen der Auſtraliſchen Alpen, wo bereits im Mai, gewöhnlich aber erſt im Juni der Winter beginnt und die Schneemaſſen bis in den Dezember liegen bleiben. Sommerſchneefälle im Dezember und Januar kommen auf der Kosciusko-Gruppe (ſ. Abbildung, S. 77) vor. Auf der Leeſeite des Mount Clarke ſollen nach v. Lendenfeld von 2000 m aufwärts das ganze Jahr hindurch Firnflecke zu finden ſein, und die höchſten Gipfel nähern ſich der Schneegrenze bedeutend. Im Jahre 1834 lag auf den Auſtraliſchen Alpen 1—4 m Schnee, am 28. Juni 1836 ſchneite es zu Sydney heftig, und der Schnee blieb eine Stunde lang liegen; 1849 zu Ende Auguſt lag Melbourne im Schnee, dagegen hat Adelaide niemals Schnee. Ein ungewöhnlicher Winter war der von 1872, in welchem am 20. Auguſt der Schnee in nur 600 m Höhe bis vormittags nach 11 Uhr liegen blieb; auch 1880 brachte ſtarke Kälte für Südoſtauſtralien, und 1882 hüllte ſich zum zweiten Male ſeit der Beſiedelung Melbourne in Schnee, wenn auch jeden Winter in dieſer Stadt ſchwacher Froſt vorkommt.

3. Das tropiſche Auſtralien und Melaneſien (Nordweſtmonſun).

Das tropiſche Auſtralien. Der Nordweſtmonſun, deſſen wir ſchon als des für das nördliche tropiſche Auſtralien charakteriſtiſchen Windes erwähnten, und der infolge der Erhitzung des Innern und der Anſaugung der nördlich davon befindlichen Luftmaſſen entſteht, weht im ganzen von 18° ſübl. Breite nördlich, rückt jedoch zeitweiſe auch viel weiter nach Süden vor, während sonst im Inneren Australiens zwischen 19 und 29° oft der Südostpassat deutlich gespürt wird. 1879 zeigte sich die Feuchtigkeit und Trübung bringende Wirkung des Nordwestmonsuns im November bis 19°, einmal bis 22° der Breite südwärts, und im Dezember drang der Wind selbst nicht über 18°, der Regen aber bis 21°, die Bewölkung bis 30° südl. Breite vor. Im Januar desselben Jahres erreichte dagegen der Südostpassat die Nordküste des Festlandes an drei Tagen und brachte hier Regen und Gewitter. Im Februar verspürte man die Wirkung des Nordwestmonsuns in Gestalt von Regen bis 23°, in Form stärkerer Bewölkung bis 30°, und im März fielen tropische Regen an zwei Tagen sogar bis 27° südl. Breite. Zu Ende desselben Monats erfolgte zwar wieder ein Rückschlag, so daß der Südostpassat wieder über den ganzen Kontinent zur Herrschaft gelangte, aber die Regen und Gewitter in dem Norddrittel hörten nicht auf.

Die Temperaturen im tropischen Australien entsprechen im ganzen denen des Malayischen Archipels. Somerset auf Kap York hat eine mittlere Jahrestemperatur von 26,8°, im wärmsten Monat, Dezember, 27,6, im kühlsten, August, 24,5°, so daß die Schwankung nur 3° beträgt. Palmerston in Nordaustralien ist mit einer Jahrestemperatur von 28,2°, einem November von 30,6° und einem Juni von 25,2° etwas wärmer als Somerset, die Schwankung mit 5,4° etwas größer. Weiter südwärts wird in Queensland vor allem die Temperatur des kühlsten Monates, des Juli, niedriger, wie Ravenswood mit 18,1°, Hollow (Mackay) mit 15,9°, Kap Moreton mit 14,8° und Brisbane mit 13,7° beweisen, deren wärmste Monate aber hoch 27,1°, 28,1°, 24,6°, 25,1° warm sind, so daß sie in dieser Beziehung den nördlichen rein tropischen Stationen wenig nachgeben. Die Abweichung von dem sehr gleichmäßigen echten Tropenklima zeigt sich aber in den größeren Schwankungen, die in Ravenswood im Jahresmittel 9°, in Brisbane bereits 11,4° betragen, und ebenso nehmen die Monatsschwankungen nach Süden hin zu. Dasselbe gilt von den Extremen, die in Somerset 34,4 und 16,1°, in Palmerston 38,9 und 14,7°, in Brisbane aber schon 38,7 und 2,8°, in Hollow (Mackay) 41,8 und 2,6° und in Toowoomba westlich von Brisbane in 624 m Höhe bereits 36,4 und — 2,9° betragen, so daß die Differenz zwischen den Extremen in Somerset nur 18,8°, in Hollow aber 39,2°, in Toowoomba 39,3° ausmacht.

Die Menge der Niederschläge läßt für die meisten Stationen ebenfalls den tropischen Charakter des Klimas erkennen. In Somerset fallen 220, in Palmerston allerdings nur 158, auf Sweers Island im Golf von Carpentaria nur 103 cm, dagegen in Mackay 191, in Brisbane 133 cm. Der meiste Regen geht in diesen Stationen im Sommer in den Monaten Dezember bis März nieder, so daß eine normale tropische Regenzeit zur Zeit des höchsten Sonnenstandes besteht. In Somerset und Mackay fällt das Maximum in den Januar und März, auf Sweers Island in den Februar, in Palmerston und Brisbane in den Januar. Die trockensten Monate sind Mai bis Oktober. Vom Mai bis August fällt auf Sweers Island, vom Juni bis August in Palmerston überhaupt kein Regen, während die übrigen Stationen zu dieser Zeit noch geringe Regenmengen, Brisbane 6—10 cm, Somerset 1—3 cm, aufzuweisen haben. Im ganzen ist aber die Regenmenge für tropische Länder recht gering, und im Gegensatz zu Neuguinea schrumpft hier die Regenzeit bereits auf 3—4 Monate zusammen. Im Inneren Australiens, soweit es dem Monsungebiet angehört, tritt der Nordwestmonsun gegen den Südostpassat zurück. Vom Ende der Regenzeit im April an wehen hier meist Ost- bis Südostwinde bei kühlem Wetter, klarer Luft und, namentlich in der Gegend der MacDonnell=Kette, empfindlich kalten Nächten, so daß sich Eis bis zu einem Zoll Dicke bildet. Die nördliche Grenze der südaustralischen Winterregen liegt in 14,4° südl. Breite am Katherine=Fluß, wogegen im Sommer die tropischen Monsunregen bis 27° südl. Breite vordringen. Vom September und Oktober an nimmt die Wärme rasch zu, der Südostwind flaut ab, und es folgen die ersten Gewitter, die jedoch im November wieder aufzuhören pflegen, dann aber vom Dezember bis März fast täglich eintreten. Schwere Regen durchfluten in nassen Jahren die Bachbetten des Inneren, während in trockenen die Gewitter wenig Regen, dafür aber gewaltige Staubstürme bringen. Dabei zeichnen sich die Gewitter im Inneren durch außerordentlich häufige Blitzschläge aus. „Als wir durch Warwill's Paß (nahe dem Amadeus=See) reisten", sagt E. Giles („Geographic travels in Central-Australia'), „zeigte sich, daß kaum ein Baum vom Blitzschlag verschont geblieben war; die Zweige lagen überall herum und einige Cypress-pines waren gefällt worden. Nur zweimal in meinem Leben hatte ich etwas Ähnliches gesehen, einmal in Neusüdwales und einmal in England." Da die südaustralischen Winterregen nicht immer weit nach Norden sich erstrecken und die tropischen Monsunregen auch nur bis in die Mitte des Kontinents reichen, so liegt zwischen 20 und 28° südl. Breite ein Gebiet mit unsicherem Regenfall, das häufigen Dürren unterworfen ist. So verloren in dem trockenen Jahre 1865 die Ansiedler im Norden Südaustraliens fast ihren ganzen Viehstand infolge von Regen= und Futtermangel.

Auch in Queensland schwankt die Regenmenge sehr, wenn auch im ganzen das Klima sehr feucht ist. Die Regenzeit dauert in Mackay von Ende Dezember bis April oder Mai, doch bringen auch im Oktober Gewitterstürme Regen. Am Carpentaria=Golf wird die Regenzeit nicht nur durch den Nordwestmonsun, sondern auch durch Südwestwinde, besonders in ihrer zweiten Hälfte, charakterisiert, die sogar die eigentlichen Regenwinde der Westküste der Halbinsel York sind und schwüles, trübes, drückendes Wetter mit sich bringen. Die Regenzeit dauert vom November bis Februar und macht dann der kräftigen Passatströmung Platz, die in der Torres=Straße bei Tage, an der Westseite der York=Halbinsel bei Nacht am stärksten, hier aber überhaupt nur schwach aus= gebildet ist. Der Ostküste von Queensland folgt der Südostpassat als ein abgelenkter Südwind, während an der Basis der Halbinsel York heiße Südostwinde aus den Wüsten des Inneren nach der Küste wehen. Hier herrscht vom April bis November Dürre, in den anderen Monaten dagegen kommen, wie am Überlandtelegraphen, heftige Regen mit gewaltigen Wasserfluten im Gefolge des Nordwestmonsuns vor. Die Regenmenge an der Ostseite des Gebirgszuges von Queensland ist auch im Norden erheblich größer als auf der Westseite, wenn auch der nieder= schlagsreiche Südostpassat häufig über die niedrigeren Tafelländer des nördlichen Queensland hinüber in der Richtung zum Carpentaria=Golf vordringt.

In Palmerston dauert die Trockenzeit vom Mai bis September, die Regenzeit vom Oktober bis April. Am Ende des April setzt der Südostmonsun oder Passat ein, bringt kühle Nächte, klaren Himmel, Taubildung und weht meist kräftig bis gegen Abend, am stärksten im Juni und Juli. Im August und September beginnt der Südostpassat abzuflauen; es treten Kalmen ein, die Temperatur steigt, es bilden sich Gewitterwolken, alle 4—5 Tage entwickeln sich schwere Gewitter mit ungemein heftigen Windstößen und nehmen an Häufigkeit zu, so daß sie im November fast täglich sich entladen. Nun beginnt vom Dezember an der Nordwestmonsun zu wehen, und an die Stelle der Gewitter treten regelmäßige tägliche Regen und dauernde, alles durchdringende Feuchtigkeit. Die Hitze erreicht 35—36°, während der Nacht aber fällt die Tempe= ratur auf 18°, und in dieser Weise steigert sich der Charakter der Jahreszeit bis zum Anfang des Februar. Im Februar und März nimmt der Nordwestmonsun allmählich an Heftigkeit ab, Kalmen und Gewitter erscheinen wieder, und bis Ende April folgt schwüles Wetter, worauf mit dem erneuten Einsetzen des Südostmonsuns der Kreislauf des Jahres vollendet ist.

Melanesien. Dem tropisch=australischen Monsungebiet gehört auch das westliche Mela= nesien an, also Neuguinea, der Bismarck=Archipel, die Salomonen und die Neuen Hebriden, während das in der Nähe des Wendekreises gelegene Neukaledonien schon dem Passatgebiete Polynesiens zuzurechnen ist. Im ganzen wird das Monsungebiet Melanesiens durch das

Vorherrschen des Nordwestmonsuns charakterisiert, im einzelnen aber ergeben sich, z. B. auf Neu=
guinea, viele lokale Unterschiede; nach Raffray soll das Monsungebiet sogar bereits durch die
Linie von der Ostspitze Neuguineas bis Kap Melville abgegrenzt werden.

Infolge der geringen Kultur der genannten melanesischen Inseln liegen uns nur wenige
zuverlässige Nachrichten über das Klima derselben vor; doch läßt sich im ganzen bemerken, daß
es ein feuchttropisches Seeklima von erheblichem Regenreichtum und somit durchaus entgegen=
gesetzt dem des größten Teils des australischen Festlandes ist. An der Nordküste des holländischen
Neuguinea unterscheidet man eine Trockenzeit vom Juni bis November und eine Regenzeit bei
Nordwestmonsun und überhaupt nördlichen Winden vom Dezember bis Mai. Um dieselbe Zeit,
Dezember bis April, fallen auch die meisten Regen im südlichen, britischen Neuguinea, nament=
lich im Delta des Fly=Flusses. Auch im Oktober und November kommen hier häufige kurze
Regenschauer vor, während die Monate August und Juli die trockensten sind.

Neuerdings haben die Beobachtungen auf den Stationen der Neuguinea=Kompanie für
den Nordosten der Insel genauere Werte geliefert, woraus sich ergab, daß im allgemeinen ein
nicht allzu warmes tropisches Seeklima herrscht. In Hatzfeldt=Hafen an der Astrolabe=Bai war
die Mitteltemperatur des Jahres vom 1. Dezember 1886 bis 1. Dezember 1887: 26,0°, früh
7 Uhr 24,5°, mittags 2 Uhr 29,5°, abends 9 Uhr 25,2°, das mittlere Maximum 30,8°, das
mittlere Minimum 22,5°, das absolute Maximum 35,8°, das absolute Minimum 19,8°, die höchste
Differenz also nur 16,0°, die Schwankung zwischen dem kühlsten Monat, Juni (25,2°), und
dem wärmsten, Februar (26,7°), nur 1,5°, ein Ergebnis, das dem der günstigsten Stationen des
Malayischen Archipels getrost an die Seite gestellt werden darf.

Die Regenmengen wechseln je nach den Jahren, sind aber auch in den einzelnen Stationen
verschieden. Hatzfeldt=Hafen scheint das Anrecht auf den Namen des wärmsten und trockensten
Platzes Deutsch=Neuguineas zu verdienen, da das Thermometer hier meist 1—2° höher steht als
in Finschhafen und Konstantinhafen, und der Regenfall um mindestens 50 cm gegen die letzt=
genannten Stationen zurücksteht. In dem vom 1. Juni an gerechneten Jahre 1886/87 fielen in
Hatzfeldt=Hafen 194, in 1887/88: 249, 1888/89: 238 cm, im Durchschnitt 227 cm Regen.
In Finschhafen fielen in den Jahren 1887—90 durchschnittlich 277 cm Regen, doch so un=
regelmäßig, daß das Jahr 1890 nur 192, 1889 dagegen 394 cm brachte; die Nachtstunden von
6 Uhr abends bis 6 Uhr morgens sind viel regenreicher als die Tagesstunden.

Die regenreichsten Monate sind in Hatzfeldt=Hafen der Dezember bis März, nämlich der Fe=
bruar mit 38, der Dezember mit 29, der November mit 21, der Januar mit 17,5 cm; aber auch im
April und Mai fallen 28 und 22 cm, also größere Regenmengen, während die trockensten Monate
der August mit 1,8, der März mit 7 und der Juni mit 8 cm waren. Somit stellt sich Hatzfeldt=
Hafen als eine Station mit Regen zu allen Jahreszeiten dar. Die Zahl der Tage mit Regen war
160, die sich ziemlich gleichmäßig über alle Monate verteilen. Am wenigsten Regentage hatten
August, September und Juni. Die Zahl der Tage mit Gewitter betrug 97; sie sind ebenfalls
über alle Monate verteilt.

Regenreicher als Hatzfeldt=Hafen ist Konstantinhafen, während Finschhafen zwischen beiden
die Mitte hält oder nach Zöller am meisten Regen empfängt. Dabei hat sich aber das eigentüm=
liche Ergebnis herausgestellt, daß die Niederschläge an diesen Orten, deren Entfernung gleich der
von Leipzig bis München ist, zu ganz verschiedenen Zeiten fallen. In Finschhafen gehen die
Regen vorwiegend in der Zeit vom Juni bis September nieder, und Dezember bis März bilden
die trockene Jahreszeit, wogegen in Hatzfeldt=Hafen Januar bis April am meisten Regen haben,
und Juni bis August die trockensten Monate des Jahres sind. Vom Juni bis September 1886
fielen in Finschhafen 58 Prozent, in denselben Monaten 1887: 62 Prozent Regen, in Hatzfeldt=

Hafen nur 11 Prozent und 17 Prozent. Dagegen hatte Finschhafen vom Dezember bis April 1886/87: 17 Prozent, in denselben Monaten 1887/88: 18 Prozent, Hatzfeldt=Hafen aber 62 Prozent und 68 Prozent, Konstantinhafen 58 Prozent und 69 Prozent des gesamten Regenfalles. Der Gegensatz ist also sehr groß. Die Ursache dafür liegt darin, daß die Astrolabe= Bai zur Zeit des Südostpassats vom Juni bis September im Wind= und Regenschatten liegt, während Finschhafen dann dem Regenwind ausgesetzt ist, und umgekehrt im Dezember bis April die Astrolabe=Bai vom Nordwestmonsun bestrichen, Finschhafen aber von ihm nicht getroffen wird.

„Abgesehen von dem umgekehrten Verhältnis der Jahreszeiten besteht", nach der Meinung Hugo Zöllers („Deutsch=Neuguinea'), „zwischen Finschhafen einerseits und Konstantinhafen, Stephansort und Hatzfeldt=Hafen anderseits auch insofern ein wesentlicher Unterschied, als Finsch= hafen unvergleichlich viel feuchter und regenreicher ist als der ganze übrige Rest von Deutsch= Neuguinea." Dies ergibt sich schon daraus, daß bei Wolkenlosigkeit an der nordwestlicher ge= legenen Küste der sich der Gegend von Finschhafen Nähernde zu jeder Jahreszeit Wolkenbänke wahrnimmt, während z. B. Hatzfeldt=Hafen oftmals von Dürren heimgesucht zu werden scheint. Ja, es soll sogar die nördlich von Finschhafen gelegene, jetzt verlassene Station Kelana eine Art von Steppenklima haben. Weitere Beobachtungen über den Gegensatz Finschhafens zur übrigen Küste darf man nicht mehr erwarten, da diese Station im März 1891 verlassen worden ist.

Jedenfalls aber scheint, nach Zöller, „Deutsch=Neuguinea durchaus nicht jenes feuchtigkeits= triefende, durch übermäßige Regengüsse überschwemmte Land zu sein, von dem ältere Reise= beschreibungen zu berichten wissen. Ausgenommen in Finschhafen, wo allerdings sehr viel Regen fällt, sehnt man sich mehr nach Feuchtigkeit, als daß man sie verwünschte. Die nordwestlich von Finschhafen sich erstreckende Küste scheint im Gegensatz zu früheren Angaben eher unter zeit= weiligem Regenmangel als unter Überfluß an Regen zu leiden. . . . Selbst in Finschhafen ist die Feuchtigkeit der Luft niemals auch nur annähernd eine so hochgradige wie beispielsweise in Kamerun. Briefumschläge halten sich länger, ohne zusammenzukleben, Gewehre überdauern ein paar Tage, ohne Rost anzusetzen, und Stiefel bedecken sich nicht wie in Togo oder Kamerun binnen ein= oder zweimal 24 Stunden, sondern erst in etwa acht Tagen mit einer Pilzschicht."

Das Klima von Neuguinea ist nicht frei von Malaria=Fiebern, doch scheinen diese trotz ihrer Häufigkeit nicht allzu gefährlich zu sein; nur in Finschhafen raffte das Fieber im Januar 1891 infolge einer durch die Trockenheit bedingten Entblößung der Korallenriffe eine größere Zahl von Europäern, Malayen und Chinesen dahin. Die Küstenlandschaften sind, soweit sie mit Mangroven und Sumpfwald bestanden sind, wie im Deltalande des Fly=Flusses, keineswegs gesund, man das= selbe läßt sich auch von jenen des Bismarck=Archipels sagen; aber außer dem Wechselfieber scheinen die übrigen Fieber, Gallenfieber und perniciöses Fieber, die gefährlichsten afrikanischen Formen des Fiebers, zu fehlen oder doch selten zu sein. Die Eingeborenen leiden zuweilen an Dysenterie, doch ist diese ihrer mangelhaften Ernährung zuzuschreiben. Im übrigen kommen Rheumatismen, wie in allen Tropenländern, häufig vor, und auch Hautleiden treten auf. Die unvermeidliche Moskito=Plage ist in der Trockenzeit groß, in der Regenzeit aber fast gar nicht vorhanden, so daß die Europäer auch aus diesem Grunde die schon wegen ihrer größeren Kühle angenehmere Regenzeit der Trockenzeit vorziehen.

Auf den höheren Bergwiesen des Bismarck=Archipels und Neuguineas sowie im frischen Bergwald und auch in den größeren Höhen der Gebirge dieser Insel ist das Klima ohne Zweifel gesund; doch fehlt über diese Gebiete noch jegliche genauere Beobachtung. Daß auch Schnee auf den höchsten Spitzen der Bergketten Neuguineas vorkommt, sahen wir schon oben (S. 129).

In Mioko auf der Neulauenburg=Gruppe war die niedrigste Temperatur in den Monaten April bis Juni 1885: 23,9°, die höchste 33°; in dem benachbarten Matupi auf Neupommern in

ben Jahren 1880 unb 1881 bie Temperatur um 8 Uhr früh 27,7—29,8°, um 1 Uhr mittags
29,8—32°, um 7 Uhr abends 27,8—28,7°, bas Maximum 34,4°, bas Minimum 23,7°. Hier
setzt ber Südostmonsun meist im Juni ober Anfang Juli ein, begleitet von schweren Regengüssen,
unb hört Enbe September auf, wonach bis zum Dezember veränderliche Winbe folgen. Dann
beginnt ber Nordwestmonsun, zumeist im Januar böig mit Regen, später im Februar unb März
mit klarem, schönem Wetter. Enbe März verliert ber Nordwestmonsun seine Kraft, unb bis zum
Beginn bes Südostpassats folgen abermals veränderliche Winbe in ben Monaten April bis Juni.
Anscheinenb sinb bie Küsten von Neuhannover unb Neumecklenburg stärkerem Regen ausgesetzt
als bie Norbküste von Neupommern.

     Der Regenfall ist wohl beträchtlich, aber sehr unregelmäßig; 1891 fielen in Herberts=Höhe
auf ber Gazelle=Halbinsel 339 cm, 1892 nur 270 cm Regen, im August 1891 : 34 unb in bem=
selben Monat 1892 nur 1 cm.

     Auf Neupommern unb Neulauenburg finb in ber Regel, wie Parkinson („Im Bis=
marck=Archipel') schreibt, „bie ersten Vormittagsstunben am heißesten; zwischen 10 unb 11 Uhr
kommt eine Brise, welche bie Hitze etwas mäßigt, bie Abenbe sinb angenehm unb erfrischenb; in ber
Nacht legt sich gewöhnlich ber Winb, unb burch einen von bem Hochplateau hernieberwehenben
Hauch wirb bie Luft noch weiter abgekühlt. Auffallenb ist eine von Zeit zu Zeit eintretenbe Er=
scheinung, bie ich nur mit einem sehr bichten Höhenrauch vergleichen kann. Die Luft ist bann
bermaßen unburchsichtig, baß ich bie Umrisse ber hohen, etwa sechs Seemeilen von meinem
Wohnort entfernten Berge ber ‚Mutter'=Halbinsel kaum zu unterscheiben vermag, unb babei
sehr trocken unb ruhig. Die Erscheinung hält in ber Regel zwei bis brei Tage an unb war jebes=
mal von schwächeren unb stärkeren Erberschütterungen begleitet.''

     Die Salomonen haben ebenfalls ein sehr gleichmäßiges tropisches Klima mit ähnlichen
Temperaturen wie Neuguinea. Das Jahresmittel beträgt etwa 28°, mit Schwankungen bis zu
22 unb 35°, ber Regen fällt gleichmäßig, sowohl währenb ber im Südosten vom April bis De=
zember, im Nordwesten vom Mai bis Oktober wehenben Passate, als auch währenb ber Monsune.
Der Südosten ber Inselgruppe hat also Regen auch bei Südostpassat, ber Nordwesten bei Norb=
westmonsun. Die Regenhöhe beträgt im Mittel an ben Küsten 380 cm, im Inneren unb an
ber Ostseite Guabalcanars brei= bis viermal so viel, bie Zone ber größten Regenmengen liegt
zwischen 1500 unb 1800 m.

     Auf ben Neuen Hebriben hat bas Jahr eine Mitteltemperatur von nur 24,9°, ent=
sprechenb ber süblicheren Lage, bei einem wärmsten Monat, Februar, mit 27,8° unb einem kühl=
sten, Juli, mit 22,9°. Die Extreme erreichen im Mittel 32,2 unb 18,9°. Das Klima ist währenb
ber vom November bis März bauernben Regenzeit nicht sehr gesunb, unb zu bieser Zeit treten
auch zuweilen verheerenbe Orkane auf.

4. Das Südwestmonsungebiet Mikronesiens.

     Ein viertes Klimagebiet schließt sich im Norden an bas vorige an unb umfaßt bie mikro=
nesischen Inseln, also bie Gruppen ber Palau=Inseln, ber Labronen, Karolinen, Marshall= unb
Gilbert=Inseln. Alle biese Archipele stehen im Norbwinter, also bem Halbjahr vom Oktober bis
April, unter bem Einfluß bes Nordostpassats, währenb über sie in ber entgegengesetzten Jahres=
zeit ber an ber Ostküste Asiens unb auf ben Philippinen spürbare Südwestwinb hinwegweht, so
baß auch hier ein Monsunwechsel stattfinbet, wenn auch entgegengesetzt bem südäquatorialen
melanesischen Länbergebiete nach ben Winbgesetzen ber nörblichen Halbkugel.

Genauere Temperaturbeobachtungen an diesen Inseln sind selten; doch ist das Klima zweifel=
los ein sehr gleichmäßiges Seeklima von durchaus tropischer Ausbildung. 25—31° wird die
gewöhnliche Temperatur des Tages sein. Auf den Marshall=Inseln erreichte in den Jahren
1879/80 die Temperatur morgens 8 Uhr 27,5—28,5°, um 1 Uhr mittags 28,2—30,2°, um
7 Uhr abends 27,4—28,8°; der kühlste Monat war der Januar, der wärmste der August, und
die Schwankungen sind sehr gering. Das absolute Maximum der Temperatur war 33,8°, das
absolute Minimum 21,5°. Vom April an bläst auf den westlichen Karolinen der Südwestmonsun
mit starken Niederschlägen, wie überhaupt das Klima der Karolinen feucht ist. Unbeschreiblich
heftige Regengüsse stürzen namentlich im Winterhalbjahr herab und machen den Verkehr im
Freien zeitweise ganz unmöglich; eine bestimmt ausgeprägte Regenzeit fehlt aber. Auf den
Marianen sind die Jahreszeiten infolge der nördlicheren Lage bereits mehr ausgeprägt. Eine
heiße, trockene Zeit steht einer kühleren, feuchten gegenüber; aber auch in der mit dem Wehen des
Nordostpassats im Winterhalbjahr zusammenfallenden Trockenzeit fallen zeitweise Regen. Vom
Oktober bis Mai weht der schönes Wetter bringende Nordostpassat, in den Monaten Juni bis
September treten Regen bringende Südostwinde auf, die nach Westen und Süden an Kraft zu=
nehmen, so daß sie in der Palau=Gruppe ein ausgeprägter Südwestmonsun sind. Je weiter wir
nach Osten kommen, desto weniger erkennbar wird der Südwestmonsun, und an seine Stelle treten
unregelmäßige östliche Winde, während der Passat, z. B. auf den Marshall=Inseln, auch eigentlich
nur vier Monate, von Mitte Dezember bis April, weht. Daher herrschen in dieser dem Äquator
nahen Gruppe Stillen und wechselnde Winde, die besonders in den Monaten August bis November
von plötzlich eintretenden Regenböen begleitet werden. Die Hauptregenzeit fällt in die Monate April
bis Juni zur Zeit des Zenithstandes der Sonne, die trockene Zeit in den Januar und Februar.
Im allgemeinen liegt niedriger Luftdruck über allen mikronesischen Inseln das ganze Jahr hindurch
und zeitweise, beim Eintritt der großen Wirbelstürme, sogar ein überaus niedriger. Über den
Gilbert=, Marshall= und Karolinen=Inseln treten diese heftigen Orkane vom September an auf
und richten namentlich auf den niedrigen Koralleninseln schwere Verwüstungen an, sind aber selten.

Im ganzen liegen alle diese Inseln zwischen den Isothermen von 26°; nur im Winter haben
die nördlicheren Temperaturen von 24—22°, während im Sommer 28° Mitteltemperatur wohl
kaum überschritten wird. Über die Regenhöhe wissen wir nichts Näheres.

5. Das Passatgebiet Polynesiens.

Sämtliche polynesischen Inseln südlich von Mikronesien, die Sandwich=Inseln und im
Südwesten auch noch die melanesischen Fidschi=, Loyalty=Inseln und Neukaledonien sind von
Hann als gemeinsames Klimagebiet zusammengefaßt worden, da auf ihnen der Passat der das
Klima bestimmende herrschende Wind ist, und zwar der Nordostpassat im Norden, der Südostpassat
im Süden des Äquators. Auf ihnen allen ist eine normale tropische Regenzeit mit vorwiegen=
dem Regen im Hoch= und Spätsommer ausgebildet; nur die Hawaii=Gruppe hat Winterregen.

Alle diese Inseln liegen im Mittel des Jahres zwischen den Isothermen von 26 und 20°,
wobei sich natürlich die nördlicheren im Nordsommer, die südlicheren im Südsommer stärker er=
wärmen. Auf Vanua Levu (Fidschi=Inseln) hat das Jahr eine Mitteltemperatur von 26,2°; der
wärmste Monat ist der Dezember mit 27°, der kühlste der Juli mit 25°. Auf Ovalau in der=
selben Gruppe hält sich in Levuka die Jahrestemperatur auf 25,2°, bei einem Februar von 26,7°
und einem Juli von 23,8°; nach anderen Messungen (1875—82) beträgt sie 26°, bei einem
Januar von 27,8° und einem Juli von 24,8°. Suva endlich hat im August nur 22,6°, im März
27,8°, im Mittel des Jahres 25,4° Wärme.

In Apia auf den Samoa-Inseln ist die mittlere Jahrestemperatur 25,7°, der Dezember hat im Mittel 26,7°, der Juli 24°. Papiti auf Tahiti hat im Januar eine Mitteltemperatur von 25,9°, im Juli 22,9°, im Jahre 24,8°. Auf Neukaledonien sind die Werte etwas geringer: Numea hat einen Februar von 27,2°, aber einen August von nur 19,8° und eine Mitteltemperatur von 23,1°, Kanala eine solche von 23,2°, bei einem Februar von 26,8° und einem Juli von 19,3°. Noch tiefer sinken die Mittelwerte auf Rapa in der Tubuai-Gruppe südlich des Wendekreises, mit einer Jahrestemperatur von 20,5°, einem März von 23,2° und einem September von 17,8°.

Wegen der gemäßigten Lage inmitten des Ozeans sind die Extreme der Temperaturen auf den Südsee-Inseln gering, in Apia 31 und 15°, auf Vanua Levu 36 und 15°, in Tahiti 32,6 und 16°, auf Levuka 33 und 18°. Die Regenmengen aller dieser Inseln sind sehr verschieden. Das höchste Maß weist Quara Valu auf den Fibschi-Inseln mit 628 cm auf, während die übrigen bei weitem weniger Regen haben: Levuka von 1875—82: 269 cm, Delanasau auf Vanua Levu 272 cm. Auf den Samoa-Inseln hatte die Pflanzung Utumapu auf Upolu 343 cm in den Jahren 1882—88, nach Osten aber nimmt die Regenmenge ab, wie Papiti auf Tahiti mit nur 121 cm zeigt, wogegen auf Rapa der Regenfall wieder sehr groß ist. Auch Neukaledonien scheint verhältnismäßig wenig Niederschläge zu erhalten: Numea 161, Kanala 121 cm. Wesentlich ist für die Regenmenge die Lage der Stationen gegenüber dem Passatwind, denn obwohl dieser selbst an und für sich kein Regenwind ist, wird er doch zu einem solchen, sobald er an den von ihm bestrichenen Küsten aufsteigt. Hierdurch bekommen die dem Passat zugewendeten Seiten reichliche Feuchtigkeit und üppige Vegetation, die ihm abgewendeten aber Trockenheit und Dürre, und zwar teilweise in dem Grade, daß diese Leeseiten der Inseln nicht bewohnbar sind. Daher haben alle diese Inseln große lokale Unterschiede des Regenfalles, und Einzelbeobachtungen sind deshalb für die Gesamtbeurteilung des Klimas hier weniger maßgebend als in anderen tropischen Teilen der Erde. Auffallend ist das Vorhandensein einer sehr regenarmen Zone in der Nähe des Äquators, wo die äquatorialen Sporaden, Malden, Baker, Starbuck und andere, die durch ihren Guano bekannt sind, fast ganz regenlos sind, während über dem Meere häufig Niederschläge fallen.

Auf Neukaledonien bestehen zwei Jahreszeiten, eine feuchte und eine trockene, die jedoch zum Teil durch entgegengesetzte Trocken- und Regenperioden unterbrochen werden. Die Trocken-zeit dauert vom April bis November oder Dezember und hat den Ostsüdostpassat als herrschenden Wind, während zur Regenzeit, vom Dezember bis April, wechselnde Winde, meist aus dem west-lichen Quadranten, wehen und zugleich die schweren Orkane auftreten. Diese berühren jedoch selten den Norden der Insel, wo ein Passat oftmals das ganze Jahr herrscht. Die Regenmenge schwankt beträchtlich, und die nördlichen Teile der Insel werden öfters von Dürren heimgesucht, im allgemeinen aber soll nach Reclus, dem diese letzten Angaben entstammen, im Gegensatze zu den Neuen Hebriden, Neukaledonien ein sehr gesundes Klima haben, dessen Güte die Eingeborenen der günstigen Wirkung der Melaleuca leucadendron zuschreiben.

Da die Ostseite der Insel infolge des hier gegen die Gebirge anprallenden Passats größere Mengen von Niederschlägen erhält, so ist diese für den Ackerbau geeigneter als der Westen.

Auf der Fibschi-Gruppe steht ebenfalls eine Passatzeit von Mitte April bis November einer Periode mit veränderlichen Winden gegenüber. Während der Passat eine überaus erfrischende Wirkung ausübt, sind die im Dezember bis Februar auf ihn folgenden nördlichen Winde weniger gesund. In die Monate Dezember bis März fällt die Regenzeit, mit Stürmen und teilweise sehr starkem Regenfall: auf Levuka 27—37 cm im Monat. Dagegen fallen vom Mai bis September nur 14—17 cm Regen. Ähnlich hat auch Suva sein Regenmaximum im Februar und März, zum Teil noch bis in den April hinein, und das Minimum mit 6 cm im Juli. Auf Quara Valu stürzen in den Monaten März, April sehr starke Regengüsse von 93—79 cm Menge herab, und auch in den ſonſt trockeneren Monaten hat dieſe dem Paſſat fortwährend ausgeſetzte Station 61—83 cm Regen, etwa 9—10mal ſo viel wie Levuka und Delanaſau.

Im Januar, Februar und März ſtellen ſich, wie auf den Samoa= und Tonga=Inſeln, Orkane ein, über die unten im Zuſammenhang berichtet werden ſoll.

„Während der Orkanzeit kommen", nach Kleinſchmidt ('Journal des Muſeum Godeffroy'), „meiſt zwei Winde vor, nämlich im Januar der Cagi Gaſau, ein kurzer, weniger heftiger Sturm, und der Cagi Doi im März und in der erſten Hälfte des April, ein ſehr ſtarker, von Blitz, Donner und ſtoßweiſen mächtigen Regenſchauern begleiteter, oft Schaden anrichtender Sturm." Gewöhnlich endet der Orkan mit einer furchtbaren Böe, die durch die krachende, zähe Tiri=Waldung fährt, gewaltigen Regen abwirft und ſchließlich von ſchönem Paſſatwetter gefolgt iſt.

Über den Samoa=Inſeln wehen im Mittel des Jahres vorwiegend öſtliche Winde, entſprechend ihrer Lage im Gebiete des Südoſtpaſſats, am friſcheſten in der Mitte des Südwinters, in den Monaten Juli bis September. „Sie halten die Atmoſphäre rein", ſagt Graeffe ('Journal des Muſeum Godeffroy', I), „verurſachen aber leicht heftige Katarrhe, die als 'Inſluenza' epidemiſch auftreten." Zu Anfang und zu Ende des Winters, alſo in den Monaten April bis Juni und Oktober bis November, weht der Paſſat weniger ſcharf, und es entwickelt ſich in den letzteren Monaten die ſchönſte Zeit des Jahres, mit Windſtillen, Wolkenbänken, aber trockenem Wetter, der Frühling der Samoa=Inſeln. Auch während des Sommers, vom Dezember oder Mitte November bis April, herrſchen öſtliche, beſonders nordöſtliche ſchwache, durch Windſtillen unterbrochene Winde vor; doch ſind für dieſe Zeit bezeichnender die ſie unterbrechenden weſtlichen, beſonders nordweſtlichen Winde, da ſie die Regenzeit bringen. Regenböen wechſeln dann mit anhaltenden Stürmen, die eigentliche Regenzeit tritt aber weniger ſcharf hervor als in anderen tropiſchen Gebieten, zumal da auch in der Trockenzeit bisweilen Regen fallen. Dieſe ſind Steigungsregen, hervorgerufen durch das Anprallen des Südoſtpaſſats an die gebirgige Küſte, und demnach faſt ganz auf die Südhänge der Inſeln beſchränkt. In Upolu ſchlagen ſich dann die Regen entweder an der Südküſte nieder oder kommen vor dem Winde über die zentrale Bergkette herüber. „Man ſieht alsdann", bemerkt Graeffe, „wie ſchwere Wolkenmaſſen gleich einer Woge über die Berge rollen und, ſich in Regen auflöſend, nach Norden herabſinken. Bald erreichen dieſelben die Nordküſte gar nicht, bald werden ſie regenſpendend bis zur Küſte und von da weiter ins Meer hinausgetrieben."

In der Regenzeit pflegen auch auf Samoa dunkle Wolkenbänke den Himmel zu bedecken, anhaltende ſchwere Regengüſſe niederzugehen und drückend warme Luft zu herrſchen. Dies iſt die Zeit der Orkane, unter deren verderblicher Wirkung namentlich die Tonga=, Fidſchi= und Samoa=Inſeln leiden. Beſonders die Jahre 1875 und 1889 haben auf letzteren gewaltige Wirbelſtürme gebracht, deren letzter am 16. März 1889 im Hafen von Apia die deutſchen Kriegsſchiffe 'Adler' und 'Eber' vernichtete (ſ. Abbildung, S. 200). Sie entſtehen zum Teil ganz plötzlich vor der Küſte ſelbſt, zum Teil bewegen ſie ſich im Wirbel über große Teile des Ozeans; am häufigſten ſind ſie im März und April, gegen Ende der Regenzeit, und es vergeht faſt kein Jahr ohne einen oder mehrere dieſer zerſtörenden Cyklone.

Ihr Verlauf iſt wie der ihrer Genoſſen in anderen Teilen der Erde ganz regelmäßig. „Es gehen ihnen meiſt wochenlange Weſtſtürme mit Regen und niedrigem Barometerſtande voraus, die Atmoſphäre eigentümlich beengend und ſchwül machend. Klärt es ſich dann im Nordoſten auf mit noch tiefer fallender Queckſilberſäule, ſo iſt der Orkan nahe, und um ſo näher dem Beobachtungspunkt, je tiefer der Stand der erſteren. Iſt der Sturm ausgebrochen, ſo fällt das Barometer ſo lange noch weiter und zwar ſtoßweiſe mit geringer Steigung vor jeder Depreſſion, bis ſich der Wind zum Weſten gedreht hat. Es dauern dieſe Orkane 1—3 Tage und tritt nach

Beendigung derselben meist schönes Wetter mit Passatwind ein, ihre Wirkung aber ist furchtbar. Außerdem, daß sie die Gestade der befallenen Inseln mit Schiffstrümmern bestreuen, hinterlassen sie das Land im Zustande der Einöde, indem viele Bäume umgeweht und die stehenbleibenden ihrer Bätter beraubt werden. Am besten widerstehen die Kokospalmen der Gewalt solcher Stürme, indem die Elastizität ihres Stammes denselben sich vor dem Winde tief hinabzubiegen erlaubt, indessen werden die großen Fieberblätter abgedreht, bis zuletzt oft nur die nackte Stammsäule zurückbleibt. Nur selten findet man auch diese Palmen strichweise vor dem Winde hingemäht und kann aus diesem Vorgang auf die ganz außerordentliche, durch plötzlichen Stoß wir-

Wracks deutscher Kriegsschiffe vor Apia. (Nach Photographie von C. Hernsheim.)

kende Kraft solcher Orkanwinde schließen. Der Beginn und Abschluß dieser Orkane wird meist von häufigen elektrischen Erscheinungen in Form der Blitze begleitet." (Graeffe.)

Die Bahn der Orkane läuft über den Samoa-Inseln meist von Nordosten nach Südwesten, über den Tonga- und Fidschi-Gruppen aber von Südosten nach Nordwesten, so daß, wie auch bei den Mauritius-Orkanen, eine Drehung stattfindet. Damit mag zusammenhängen, daß auf Samoa die Orkane weniger gefährlich und häufig sind als über Tonga und Fidschi, denn wenn sie über Samoa hinwegbrausen, sind sie erst im Beginn ihrer Entwickelung, über Tonga aber erreichen sie den Höhepunkt ihrer Kraft.

Die Regenmenge der Samoa-Inseln ist, entsprechend ihrer Lage inmitten eines großen Meeres, bedeutend: 1882—88 hatte die Pflanzung Utumapu auf Upolu im Durchschnitt 343 cm. Der meiste Regen fällt in den Sommermonaten Dezember bis März, im Januar in Apia 63 cm bei warmen nördlichen bis nordwestlichen Winden. „Der sonst heitere Himmel bedeckt sich", wie Graeffe (Journal des Museum Godeffroy) berichtet, „alsdann mit schweren schwarzen Nimbuswolken, die besonders beharrlich den nordwestlichen Horizont belagern, sich all= mählich niedrig herabsenken, wobei auf dem Meere vielfach Trombenbildungen zu beobachten sind. Nun treten heftige Windstöße, Böen, von Westen mit stürzendem Regen auf, der bald stunden=, bald tage=, selbst wochenlang anhält, abwechselnd von Windstillen oder Stürmen begleitet, worauf der Himmel sich wieder aufklärt und vielleicht ebenso viele Tage oder Wochen schönes Wetter mit leichten nördlichen oder östlichen Winden folgt. Zur Zeit dieser Regengüsse ist das Klima auf dem Lande sehr feucht, die Niederungen morastig, die Wege voll stehenden Wassers, aber die Vegetation in großer Üppigkeit emporschießend. In den Wohnungen der Ansiedler, selbst denjenigen, die besonders dicht konstruiert sind, ist die Feuchtigkeit so groß, daß alles Eisenwerk rasch rostet, Lederzeug wie Kleidungsstücke sehr leiden und die besten Phosphorstreichhölzer durch Friktion nicht mehr zur Entzündung gebracht werden können."

In der Trockenzeit, April bis November, kommen, wie schon oben bemerkt, neben reich= lichem Tau, der in den Wäldern in Form feinen Regens von den Blättern niedertropft, auch kürzere Regen namentlich nachmittags vor, und in der Menge der herabkommenden Niederschläge soll sogar (nach Graeffe) wenig Unterschied zwischen den beiden Jahreszeiten sein. Es kommt vor, daß in den Trockenmonaten Juni bis Oktober gar kein Regen fällt. Dennoch leidet wegen des starken Taues die Vegetation nicht sehr; und anderseits ist wieder der Waldreichtum eine Quelle fortdauernder Feuchtigkeit, die sich nach Abholzung des Waldes ohne Zweifel verringern würde. Gewitter sind verhältnismäßig nicht häufig, zündende Blitze sehr selten, Hagel fehlt ganz.

Auf Tahiti dauert die Regenzeit vom Dezember bis März. Während dieser Zeit fallen monatlich 17—19 cm Regen, während die Monate Juni bis Oktober nur 2—4 cm Regen bringen; südliche Lagen haben mehr Niederschläge als nördliche. Während der Trockenzeit, in der der Südostpassat kräftig weht, wird die wenig durch Regen getränkte Vegetation durch starke Taufälle erfrischt. Vom Dezember bis März, in den wärmsten Monaten des Jahres, stellen sich heftige Stürme ein, die jedoch mit den Orkanen der westlicheren Inseln an Stärke nicht wett= eifern können, dagegen kommen diese noch auf den Hervey=Inseln vor.

Erleidet auf den vorgenannten Inseln die Passatzeit eine Unterbrechung, da nördliche und nordöstliche Winde im Sommer eine Regenzeit herbeiführen, so finden wir weiter im Osten das ungestörte Passatgebiet. Schon auf den Paumotu=Inseln ist der Südostpassat überwiegend, und auf den Marquesas herrscht er das ganze Jahr hindurch, selbst in der Regenzeit vom De= zember bis April. In dieser kommen neben ihm noch nordwestliche und nördliche Winde vor, die schwere Regengüsse zu bringen pflegen und im Inneren solche bis in den Juli hinein ver= ursachen. Im ganzen ist das Klima aller dieser Inselgruppen gesund, besonders auf den Fidschi=Inseln und den östlichen Gruppen.

Das Klima der Hawaii=Gruppe weicht wegen der nördlicheren Lage dieses Archipels in mancher Beziehung von dem des übrigen Polynesien ab. „Die Lage der Inseln", bemerkt A. Marcuse („Die hawaiischen Inseln'), „nahe der nördlichen Grenze der Tropenzone ist eine in meteorologischer Beziehung besonders interessante. Im allgemeinen ist das Klima mild und warm, aber kühler als das anderer in derselben Breite gelegener Inseln. Dies rührt nicht nur von den fast beständig und über eine große Fläche des Stillen Ozeans wehenden nördlichen Passatwinden her, sondern ist auch durch die Thatsache veranlaßt, daß die Temperatur des Meereswassers in der Nähe jener Inseln etwa um 5° kühler ist als sonst unter derselben Breite, infolge einer von der Region der Bering=Straße her umbiegenden Strömung."

Die Temperatur hält sich ungefähr auf 24° im Mittel des Jahres, steigt im August bis 26° und fällt im Februar bis 21°; dabei betragen die Extreme nur 32° und 12°, so daß das Klima

ein mildes Seeklima zu nennen ist. Vergleicht man damit La Habana, eine fast drei Grade nörd=
licher gelegene Station, so ergibt sich, daß die Mitteltemperatur des Jahres in dieser um 1,3°,
die des wärmsten Monats um 2°, die des kühlsten um 1° höher ist. Die jährliche Schwankung
beträgt auf der Hawaii=Gruppe daher nur 5°, die mittlere Tagesschwankung 6,8°.

In der also durch ein auffallend kühles Klima begünstigten Gruppe bilden sich aber durch
die verschiedene Lage der Küsten gegenüber den herrschenden Passatwinden große Unterschiede
in der Menge der Niederschläge und selbst in der Temperatur aus. Die Hawaii=Gruppe liegt
nahe dem großen Luftdruckmaximum im östlichen Teile des nördlichen großen Ozeans un=
mittelbar südlich des Wendekreises und hat daher den größten Teil des Jahres hindurch den
Nordostpassat, welcher neun Monate lang weht und den Inseln Frische, Kühlung, aber an den
Nordostküsten auch Niederschläge bringt. Nur in den drei Monaten Dezember bis Februar,
in denen die Passatzone am weitesten südwärts rückt, treten südliche und südwestliche Winde an
seine Stelle, die nun ungesund und heiß sind und von den Eingeborenen als „kranke Winde"
gefürchtet werden. Die Hawaiier nennen die dem Passat ausgesetzte Seite Kolau, die südwest=
liche Kona, die landschaftlich und klimatisch außerordentlich verschieden sind; während nämlich
die dem Passat abgekehrte Seite den kahlen, öden Eindruck der Küste von Peru macht, ist die
Nordostseite überaus frisch und üppig, und in der That besteht ein gewaltiger Unterschied in der
Regenmenge der vom Passat bestrichenen und der im Windschatten desselben liegenden Küsten.

Unterstützt und verschärft wird dieser Unterschied auch noch namentlich auf der Insel Hawaii
durch die gewaltige Höhe der beiden Vulkane Mauna=Loa und Mauna=Kea, deren nordöstliche
Seiten den Regen auffangen, so daß die Station im Vulkanhause des Kilauea jährlich 320 cm,
Hilea an der Südküste dagegen nur 32 cm Regen verzeichnet. Diese Gegensätze gehen zuweilen
so ins Einzelne und Lokale, daß in den zahlreichen Thaleinschnitten schon in geringen Ent=
fernungen von wenigen Kilometern verschiedene Feuchtigkeitsmengen fallen, je nachdem das Thal
dem Passat offen steht oder nicht.

Die Niederschläge sind stark, aber nicht stetig, und der Wechsel zwischen heiterem und regne=
rischem Wetter meist ein plötzlicher. Verhältnismäßig trocken ist Oahu, wo Waikiki nahe bei
Honolulu 113 cm Regen hat, der sich vornehmlich auf die Monate Dezember bis Mai verteilt,
während Juni bis Oktober trocken sind. Weit mehr Niederschläge erhält die westlichste Insel
Kauai, mit 217 cm in der Station Waioli; hier sind Oktober, April und Juli am regenreichsten,
der Februar am regenärmsten, so daß keine ausgesprochene Regenzeit existiert. Die größte Regen=
menge haben die nordöstlichen Abhänge des Kilauea mit 361 cm, die geringste Honolulu mit
76,5 cm. Im allgemeinen fallen die meisten Regen auf der Hawaii=Gruppe im Winter, und dieser
Umstand bildet einen der hauptsächlichsten Gegensätze zu den übrigen Inseln Polynesiens. Schnee
fällt jeden Winter auf den hohen Bergen Hawaiis und liegt auf dem Mauna=Kea an geschützten
Stellen bis in den Sommer hinein; die untere Höhengrenze des Schneefalls ist aber unsicher.

Das Klima der Inseln des polynesischen Passatgebietes ist im allgemeinen gesund und frei
von den tropischen Fiebern, die in ganz Melanesien vorkommen. Dysenterie ist zwar auch hier ver=
breitet, aber anscheinend in leichterer Form als in Melanesien. Unter den übrigen Krankheiten
ist für die Samoa=, Fidschi= und Tonga=Inseln sowie Niuafu, Uea, Futuna die Elephantiasis
bezeichnend; sie kommt am häufigsten auf Uea vor, wo sie auch fast sämtliche Europäer ergreift. Je
weiter man aber auf den Fidschi= und Tonga=Inseln nach Süden vorschreitet, desto seltener
wird sie; auf den nördlichsten Inseln dieser Gruppen beschränkt sie sich auf die sumpfigen Thäler,
auf den Samoa=Inseln kommt sie am seltensten auf den vom Passat bestrichenen Landspitzen vor.
Es scheint daher, daß sie einem speziell tropischen miasmatischen Agens entspringt und besonders
an sumpfigen, feuchten Orten auftritt, so daß sie als ein schlimmer Ersatz für die Malaria

erscheint, die, wie bemerkt, auf den genannten Inseln fehlt, während umgekehrt auf dem malaria=
reichen Melanesien die Elephantiasis nicht vorkommt. Diese unter Fieber nach wiederholten Ent=
zündungen der Haut beginnende Krankheit führt mit der Zeit zu einer außerordentlich großen
Ausdehnung und Verhärtung der Haut, zu einer Wucherung des Bindegewebes und zu unförm=
licher Vergrößerung insbesondere der Beine und Geschlechtsteile, ist aber chronisch und keines=
wegs unbedingt tödlich.

Im übrigen sind Nierenerkrankungen auf den Samoa=Inseln häufig, Leberkrankheiten
merkwürdigerweise seltener, die Syphilis auf Tahiti sehr verbreitet, auf Samoa aber nur in
leichter Form. Hautkrankheiten, wie der lästige „rote Hund" oder prickly heat, eine durch
Hitze verursachte, in allen Tropenländern häufige Reizung der Oberhaut, sowie ringförmige
blasse, schuppige Ausschläge, letztere besonders unter den Eingeborenen, finden sich häufig. Die
Lafa Tokelau, kleine ringförmige Bläschen mit starker Schuppenbildung und darauffolgender
Abschuppung der Haut, ist von den niedrigen Koralleninseln, besonders der Tokelau=Gruppe, be=
kannt und auch auf Samoa eingeschleppt worden. Die Tona, warzenartige, nässende Pusteln am
After, den Geschlechtsteilen und wohl auch an den Fußsohlen, kommt auf Samoa vor und der damit
wohl identische Coko, eine neun Monate bis drei Jahre dauernde, fast alle Körperteile mit Ge=
schwüren bedeckende, auch in Westindien unter dem Namen Yaws bekannte Krankheit befällt auf den
Fidschi=Inseln ausnahmslos jedes Kind. Der Aussatz ist auf den Fidschi=Inseln nach dem Coko
die häufigste Krankheit, tritt aber in milder Form auf, während er auf der Hawaii=Gruppe so
häufig ist, daß eine besondere Station auf der Insel Molokai zur Isolierung der an dieser
scheußlichen Seuche Erkrankten geschaffen worden ist, die hier, wo sie etwa 1850 aus China ein=
geschleppt worden ist, im Gegensatz zu den Fidschi=Inseln, die bösartige Form der Lepra
mutilans mit Abfaulen ganzer Glieder angenommen hat. Zur Zeit sind etwa 1100 Kranke
auf Molokai, von denen 13 Prozent im Jahre sterben. Obwohl Dr. Arning aus Hamburg Ende
der achtziger Jahre in Molokai den Lepra=Bacillus entdeckte, ist es noch nicht gelungen, ein Heil=
mittel gegen die Seuche zu finden. Im übrigen ist das Klima der Hawaii=Inseln gesund, außer
in den drei Monaten der wechselnden Winde, während deren allerlei kleine Übel die Bevölkerung
belästigen. Auch der Starrkrampf, Tetanus, der sich in tropischen Ländern häufig nach Verwun=
dungen, besonders nach Zerreißungen einzelner Teile einstellt, kommt auf den polynesischen Inseln
vor. Doch wollen ihn die Eingeborenen mittels Einträufelns des stark ätzenden Saftes einer
Aroideae in die Nasenlöcher heilen können.

Unter den von Tieren herrührenden Krankheiten ist wohl die oben erwähnte Lafa Tokelau,
auf den Fidschi=Inseln Mate Tokelau genannte und auch dahin erst vor 25 Jahren eingeschleppte
Hautkrankheit auf einen Ringwurm zurückzuführen. Auf Samoa kommen schwere Erkrankungs=
fälle durch den Zungenbiß von Weichtieren, des Conus geographus und der Nubecula tulipa,
vor, die von den Eingeborenen gesammelt werden; ferner treten Entzündungen der Füße durch
den Stachel des roten Seesterns, Echinaster solaris, sowie einer Fischart, Myliobatis, auf,
dagegen ist der Biß der Skolopender und Skorpione zwar schmerzhaft, aber nicht gefährlich.
Giftige Landtiere fehlen auf den östlichen Inseln ganz. Die Hundswut und der Rotz fehlen,
Pocken und Cholera sind noch nicht eingeschleppt worden; aber die Diphtheritis wütet auch auf
den Samoa=Inseln, Krebs und Tuberkulose sind nicht selten, und Rheumatismus sowie Rachitis
fordern leider gar häufig ihre Opfer.

V. Die Pflanzenwelt.

In der Pflanzenwelt Australiens und Ozeaniens begegnen sich drei hauptsächliche floristische Elemente: das tropisch-asiatische, das eigenartig entwickelte australische und das antarktische. Das asiatische, besser malayisch-melanesische, Element genannt, ist ein nach Arten- und Individuenzahl reiches tropisches von großer Ausdehnung. Es umfaßt die Melanesischen Inseln, die Nordküsten Australiens und auch noch die Ostküste dieses Festlandes bis über den Wendekreis hinaus und erstreckt sich auf sämtliche tropische Südsee-Inseln bis zu der Sandwich-Gruppe. Das antarktische Florenelement greift von Süden aus vornehmlich auf die Neuseeländischen und Australischen Alpen sowie nach dem Bergland Tasmaniens hinüber. Zwischen beiden entwickelt sich das subtropische australische Florenelement, mit nahen Beziehungen zu Südafrika und Südamerika. Während somit die tropische Nordküste Palmenhaine und Mangrovenbestände, Pandanus und Dschangelwaldungen besitzt, wiegen im Inneren Australiens die lichten auf dem Grasland stehenden Eukalyptuswälder vor, neben denen namentlich Proteaceen in großer Menge wachsen und Kasuarinen als eine dritte Charakterform der australischen Holzgewächse erscheinen. Grasbäume treten hinzu, um die Flora Australiens eigentümlich zu gestalten, und dichter Scrub, verwachsenes Gebüsch aus verkrüppelten Akazien, Eukalypten und Dorngewächsen überzieht das Innere. Endlich trägt Neuseeland eine von der australischen fast ganz abweichende Waldvegetation und massenhaften Farnwuchs, während die Gräser zurücktreten.

Wir unterscheiden vom geographischen Gesichtspunkte aus neun pflanzengeographische Gebiete (s. die beigeheftete „Florenkarte von Australien und Ozeanien"):

1) Neuseeland mit zwei Regionen.
2) Tasmanien und das waldreiche südöstliche Australien.
3) Den tropischen Osten und Norden Australiens.
4) Den artenreichen Südwesten Australiens.
5) Das dürre Innere Australiens.
6) Die tropische Vegetation Melanesiens.
7) Polynesien.
8) Mikronesien.
9) Die Hawaii-Gruppe.

Als zehnten Abschnitt fügen wir ein Kapitel „Nutzpflanzen" an.

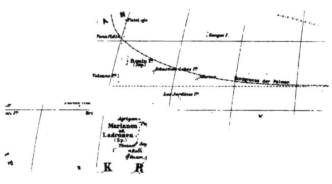

Fasai gio
Pona Pidik
Ganges I.
Bonin I⁻
(Jap.)
Volcano I⁻
Sebastian Lobos I⁻
Marcus
Nordgrenze der Palmen
Los Jardinos I⁻
Bri

Agrigam
Marianen
od.
Ladronen.
(Sp.)
Tinian Say
a Rota
Guam.

K R

n e e n
Hall I⁻
Senjävin I⁻
Martlock
Ponape
Ngatik
Pakhor I⁻

r a l s e n
See

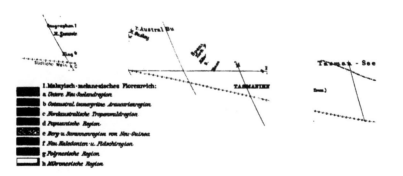

Geographen I.
H. Sommis
F. Austral Bu
Rodley
Timaz - See
Maq
Südliche Wein K C
TASMANIEN

I. Malayisch-melanesisches Florenreich:
a. *Untere Neu-Seelandregion.*
b. *Ostaustral. immergrüne Araucarienregion.*
c. *Nordaustralische Tropenwaldregion.*
d. *Papuanische Region.*
e. *Berg-u. Savannenregion von Neu-Guinea.*
f. *Neu-Kaledonien-u. Fidschiregion.*
g. *Polynesische Region.*
h. *Mikronesische Region.*

Bibliographisches

FLORENKARTE
VON
AUSTRALIEN UND OZEANIEN.

Vorwiegend nach Drude »Pflanzengeographie« u. Berghaus »physikal. Atlas«.

Maßstab 1 : 50 000 000

Kilometer

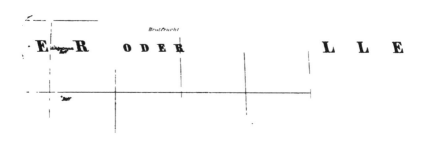

E · R   O D E R   L L E

Brotfrucht

O Z E N

Phönix-I.

Gardiner

Tokel.

Victoria

Tongareva (Penrhyn)

amihiki-Inseln

E S I E

Gesellschafts-Is

Paumol

Tahiti

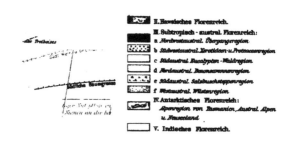

südliche Baumgrenze

II. Hawaisches Florenreich.

III. Subtropisch - austral. Florenreich:

a Nordwestaustral. Übergangsregion

b Südwestaustral. Xeroiden- u. Proteaceenregion

c Südaustral. Eucalyptus-Waldregion

d Nordaustral. Baumsavannenregion

e Südaustral. Salsbuschsteppenregion

f Westaustral. Wüstenregion

IV. Antarktisches Florenreich:
Alpenregion von Tasmanien, Austral. Alpen
u. Neuseeland

V. Indisches Florenreich.

nstitut in Leipzig.

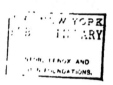

1. Neuseeland.

In Neuseeland finden wir eine untere und eine obere Pflanzenregion von verschiedenem Charakter und bemerken außerdem einen Gegensatz zwischen dem Süden Neuseelands einerseits, x Mitte und dem Norden anderseits. Charakteristisch für die Inselgruppe ist die starke Mischung us verschiedenen Beständen, namentlich in der Waldflora, nämlich aus Koniferen von durchaus ustralem Typus, Buchen, Drachenbäumen (f. Abb., S. 207), Proteaceen, Magnoliaceen und arnbäumen, meist Farnen, die sehr an die Vegetation der südchilenischen Anden erinnern. Farne nd höchst eigenartig entwickelt, ersetzen geradezu die Gräser, bedecken in Gemeinschaft mit Ge= räuchen weite Strecken des Landes und übertreffen an Menge alle anderen Farnenzonen der Erde.

Die untere Region Neuseelands wird durch die Cyathea dealbata und Dicksonia squa= 10sa, zwei bis 12 m hohe Farnbäume, bezeichnet, mit denen als besondere Charakterpflanzen ie Buche, Fagus Solandri, und Vitex littoralis genannt werden können. Außerdem sind sehr äufig und eigentümlich die Kaurifichte und andere Nadelhölzer. Neben den beiden genannten Baumfarnen ist der Nierenfarn, Trichomanes reniforme, am bekanntesten, vor allem aber 'teris esculenta, eine unserem Adlerfarn ähnliche Art, die den Maori zur Nahrung diente. Obgleich nun diese Farne auf den Bäumen, im Unterholz, am Boden wuchern und weithin die peide überziehen, ist doch die Zahl ihrer Arten verhältnismäßig gering und kaum so groß wie uf den Sandwich=Inseln. Immerhin prägen sie dem neuseeländischen Wald einen eigenartigen Charakter auf. Dagegen sind Blumen und Blüten recht spärlich, und auch der Mangel an Tieren äßt die neuseeländischen Wälder tot und öde erscheinen, wohl aber ranken sich Schlingpflanzen n großer Zahl an den Bäumen empor, und zahllose Schmarotzergewächse sowie reiches Unter 10lz aus Gebüschen und Sträuchern füllen den Wald aus.

Der Wald selbst ist, wie bemerkt, aus zahlreichen Arten gemischt, immergrün und sehr hoch tämmig. Am auffälligsten ist die Berührung tropischer und antarktischer Formen. Die Palmen xrenze verläuft über die Banks=Halbinsel quer nach der Westküste der Südinsel, so daß fast deren ganze nördliche Hälfte noch Palmen hat; ihre südlichste Vertreterin ist Kentia sapida. Bambuse 'ehlen dagegen. Hoch entwickelt sind anderseits die Nadelhölzer, unter denen die Kaurifichte, Dammara australis, die erste Rolle spielt (f. Abbild., S. 206). „Mit Recht", sagt v. Hochstetter, „nennt man die Kaurifichte die Königin des Waldes. Was die Edeltanne für die Wälder unserer deutschen Mittelgebirge ist, und was in jenen mächtigen Waldungen Vorderasiens, die meist das Zimmerholz zu den phönikischen Schiffen und das Bauholz für den salomonischen Tempel lie= ferten, die berühmte Zeder des Libanon war, oder was heutzutage in den Urwäldern Kalifor= niens der Riese unter den Baumriesen, der Mammutbaum ist, das ist für den Urwald der nörd= lichen wärmeren Gegenden Neuseelands die Kaurifichte." Feuchte Seeluft und trockener Thon= boden scheinen die Lebensbedingungen der Kaurifichte zu sein. Sie findet sich aber nur noch an wenigen passenden Stellen, namentlich im Nordwesten Neuseelands, während früher die Wälder dieses Baumes überaus ausgedehnt waren. Ihr Anblick ist großartig, denn die gesellig wach senden Bäume steigen säulenartig empor, und ein solcher Wald gleicht der Säulenhalle eines Do mes. Ihre Höhe beträgt bis zu 50 m, die Dicke der Stämme bis zu 7 m, das Geäste ist außer ordentlich mächtig. Auch dient die Kaurifichte Nutzzwecken, denn ihr Holz wird zu Eisenbahn schwellen, Schindeln, Möbeln, Masten verarbeitet; ihr Hauptwert liegt aber in ihrem Harz.

Unter den übrigen Nadelhölzern heben wir Libocedrus Doniana und die zu Kanoes verarbeiteten Podocarpus-Arten hervor, wie Podocarpus dacrydioides, die Kahikateafichte, und den Miro, Podocarpus ferruginea. Weitere große Waldbäume sind der Tawai, eine

Buchenart, Fagus fusca, die hochstämmige Buche Fagus Solandri, die jedoch nur bis 1300 und 1700 m Höhe steigen, während die kleinere Buche Fagus·cliffortioides erst bei 1400 m Höhe

Kaurifichtenwald auf Neuseeland. (Nach Photographie.)

beginnt und dafür bis 2000 m Höhe aufsteigt, also nahe an die Schneegrenze heranreicht. Am Mount Egmont endet der hier aus der Libocedrus Doniana bestehende Waldgürtel schon in 1000 m Höhe, worauf die alpinen Stauden folgen. In der unteren Region Neuseelands spielen neben dem Walde auch die Heiden eine Rolle. Sie bestehen aber nur aus Buschwerk und Farn-kraut von schmutzig brauner Farbe mit eingestreuten weißen Blüten, während Grasflächen fast nur auf den langsam verwitternden Bimssteinflächen der Nordinsel und in den Alpenthälern der Südinsel vorkommen, hier aber zwischen dem alles überdeckenden Gerölle fast verschwinden. Unter den Gesträuchen dieser Gebiete sind der mannshohe Manuka-Busch (Leptospermum) und die Rhamneen-Gattung Pomaderris neben dem undurchdringlichen Farnkraut Pteris escu-lenta die wichtigsten, und auf den Bimssteinfeldern siedeln sich nicht selten Gesträuche mit stechenden Blättern, wie die Rhamnee Discaria und die dornige Umbellifere Aciphylla, an.

Dracaena-Bäume auf Neuseeland. (Nach Photographie.)

„Von einem dichten Netzwerk teils frischer, teils halb oder ganz vermoberter kriechender Stämme von 3—10 cm Dicke erhebt sich“, nach v. Lendenfeld („Australische Reise‘), „das knorrige Geäst der starren Discaria-Stauden, allenthalben starrend mit fingerlangen, nadelscharfen Dornen. Die wenigen Stellen, wo das Tageslicht bis zu dem Boden herabbringt, sind mit Büscheln von Schwertgras bedeckt, dessen starre, scharfspitzige Blätter igelartige, bis zu 0,5 m breite, halb-kugelige Rosetten bilden. Von der Mitte der Rosette erhebt sich ein mannshoher Blütenschaft, starrend von Stacheln. Unsere schweren Bündel blieben immerfort an Dornen hängen. Halb kriechend, wanden wir uns zwischen diesen Spießruten durch. Die außerordentliche Stachlig-keit der Gesträuche in der Umgebung der Gletscherzone ist eine sehr beachtenswerte Eigentüm-lichkeit dieser subalpinen Vegetation in den neuseeländischen Alpen. Offenbar haben alle diese Pflanzen ihre Wehr gegen pflanzenfressende Tiere angelegt, und die furchtbaren Stacheln und Dornen, von denen in jener Gegend alles starrt, sind gewiß durch allmähliche Anpassung in der Weise erworben worden, daß die stachligsten Pflanzen viele Generationen hindurch den minder stachligen gegenüber im Vorteil waren und daher sich rascher und sicherer vermehren konnten als diese. Doch gibt es in Neuseeland gar keine einheimischen Tiere, welche sich von größeren

Pflanzen, wie diese Gebüsche, genährt haben können." Lendenfeld macht daher die größeren aus=
gestorbenen Riesenvögel Neuseelands, die Moas, für die Stachligkeit der Pflanzen verantwortlich
und glaubt, daß nach dem Aussterben dieser Vögel die über den größten Teil des Landes ver=
breiteten Stachelpflanzen allmählich von neu eingewanderten Pflanzen des Nordens zurückgedrängt
und schließlich auf ihren gegenwärtigen Standort, die obere Randzone ihres einstigen Verbrei=
tungsgebietes, beschränkt worden seien.

In Sümpfen auf diesen Ebenen, aber auch an Berghängen bis zu 1800 m Höhe hinauf
wächst der neuseeländische Flachs Phormium tenax in drei Varietäten, deren bekannteste die

Neuseeländische Haastien (Haastia pulvinaris und Sinklairii). (Nach der Natur.)

kultivierte, Tihere genannte, ist, die mit seidenglänzenden Fasern, mit 3—4 m langen Blättern
und 5—6 m hohen Blütenschäften ausgestattet ist.

Die obere Region Neuseelands ist die alpine mit den Charakterpflanzen Senecio elaeagni-
folius und Olearia nitida, ein Staudengürtel, der sich an die in verschiedenen Höhen endende
Waldvegetation anschließt und bis zur Schneegrenze reicht, umgeben und durchzogen von Glet=
schern, die selbst bis zum Waldgürtel niedersteigen. Zwei Ericaceen, Gaultheria, zahlreiche Rubia=
ceen, Coprosma und holzige Synanthereen sowie Umbelliferen, Pozoa, Ligusticum und andere
sind am häufigsten; Ligusticum aromaticum und Gnaphalium bellidioides steigen als höchste
Blütenpflanzen am Ruapehu bis 2130 m Höhe auf. Am Mount Egmont folgt auf Senecio
und Olearia zwischen 1000 und 1500 m noch eine lichte Staudenvegetation mit Gräsern, wie
Poa foliosa, und endlich in 2000 m Cetula coronodifolia, während auf dem höchsten Gipfel
Neuseelands, dem Mount Cook, bei etwa 2000 m die Vegetation mit Haastia (s. obenstehende
Abbildung), Gnaphalium, Ranunculus Lyallii und endlich mit Moosen und Flechten endet.

An Gräsern, die Rasen bilden, finden sich auf Neuseeland: Hierochloa redolens, Agrostis antarctica, Deschampsia caespitosa, Carex trifida, Juncus Novae Zelandiae und andere; an hochkletternden Stauden ferner Oxalis magellanica, Colobanthus subulatus, Oreomyrrhis Colensoi, Gunnera monoica ꝛc.

Das antarktische Florenelement setzt sich auf den südlich vor Neuseeland liegenden kleinen Inseln Auckland, Campbell und Macquarie fort. Auckland trägt am Strande einen Busch=walbgürtel von immergrünem Wuchs mit niederen Bäumen: Metrosideros lucida, Dracophyllum longifolium, Panax simplex, Veronica elliptica und Coprosma foetidissima, sowie zahlreichen leuchtend grünen Farnen. Dann folgt ein Gürtel von Gebüschen und auf den bis 400 m ansteigenden höchsten Teilen eine blütenreiche Staudenvegetation mit antarktischen wie boreal=alpinen Gattungen, der schönen Liliacee Bulbinella Rossii mit langen goldenen Blüten=trauben, und Kompositen, Ranunkulaceen, Gentianen, Geranien. Von 85 Gefäßpflanzen sind acht endemisch. Die Campbell=Insel ist ärmlicher in ihrer Flora, hat aber noch 61 Arten, davon 3 endemische, meist krüppeligen Holzwuchs, wenige grüne Bodendecken, Moose und Flechten.

Die Macquarie=Insel ist noch ärmer an Pflanzen und trägt durchaus neuseeländisch=antark=tischen Charakter, hat aber außerdem die auf den Kerguelen und dem Feuerland vorkommende Azorella Lelago. Östlich von Neuseeland tragen die Chatham=Inseln noch Palmen und Farn=bäume. Farne bilden den Glanzpunkt der Vegetation, während die Waldbäume, besonders der Kewaka, nicht mehr als 9 m Höhe erreichen und ein Drittel des Bodens aus Torfmooren, ein weiteres Drittel aus Sand gebildet wird.

2. Tasmanien und das südöstliche Australien.

Tasmanien, der Süden und Osten von Victoria und die Australischen Alpen setzen die süd=östlichste Vegetationsregion Australiens zusammen, die durch Eucalyptus amygdalina, Acacia decurrens, Fagus Cunninghami und Dicksonia antarctica gekennzeichnet ist. Tasmanien bildet den Übergang von dem antarktischen Florencharakter zu dem südostaustralischen, aus dem es noch die Eukalypten, Epakrideen und andere entnommen hat. Das innere Tafelland ist mit Grasflächen bedeckt, die umgebenden Gebirge mit Wäldern, deren Bäume häufig die gewaltige Höhe von 90 m und mehr haben; einer davon maß, nach Hooker, in einer Höhe von 35 m noch 12 m im Umfange, am Fuße aber 18 m. Das sind die riesigen Stämme von Eucalyptus amyg=dalina und obliqua, unter denen ein dichtes Unterholz aus Pomaderris elliptica, Fagus Cun=ninghami und Baumfarnen ein undurchdringliches Dickicht bildet, während der Boden des Waldes mit Moosen und kleinen Farnen bedeckt ist (s. Abb., S. 210). Von Buchenarten ist Fagus Gunnii für Tasmanien bezeichnend. Eine Reihe von Nadelhölzern ist auf dieser Insel allein heimisch: drei Arten Arthrotaxis, die die nördlichen Berge fast ganz unbesteiglich macht, Dacry=dium Franklinii, Phyllocladus asplenifolia, Fitzroya Archeri, die der Fitzroya patagonica entspricht, ein Podocarpus, eine Callitris, eine Microcachrys und eine Phaerosphaera.

An den Flußufern zieht sich der Wald auch in die Grasebenen hinein, in denen ein Ried=gras, Gymnospermus sphaerocephalus, die größten Bestände bildet und Moose, Flechten und Schwämme nicht fehlen, namentlich im außerordentlich feuchten Südwesten der Insel, wo der Schnee jährlich mehrere Monate liegen bleibt. Fagus Cunninghami, eine Buche mit myrten=artigem Laub, tritt zu großen, scrubartigen Beständen zusammen und bildet im Inneren eine Buschformation. An den Küsten drängen sich Mimosen, Metrosideros und Correa's zu Ge=büschen zusammen. „Banksias verschiedener Arten, die Protea, Embossria, Leptosperma ziehen (nach Jung, ‚Zeitschrift der Gesellschaft für Erdkunde‘ zu Berlin, 1880) um die Ränder

der Wälder reizende Ringe. Hier entfalten Kasuarinen ihre schönen Formen, dort streckt der an=
mutige Exocarpus nachläſſig ſeine Zweige nach hundert verſchiedenen Richtungen aus. Überall
ſchießen die entzückenden Dickichte von Melaleuca, Thesium, Conchyum, Evodia auf, alle
gleich intereſſant durch ihre gefälligen Formen, das liebliche Grün ihres Laubes, die eigentüm=
liche Bildung ihrer Blüten.“

Gemiſchter Wald bei Silver Falls, Hobart (Tasmanien). (Nach Photographie.)

In den Auſtraliſchen Alpen unterſcheiden wir eine obere und eine untere Region, deren
Grenze etwa in der Höhe von 1200 m liegt. Der unteren Region gehört der Wald an, der in
ſeinen unteren Teilen nahe der Küſte bereits tropiſche Formen enthält, da die Palmen z. B. bis
nahe an Kap Howe heranreichen, und in den oberen Teilen bis zu 1200 m vor allem als Euka=
lypten= und Farnwald auftritt. Dieſe Region iſt daher von Drude die ſüdoſtauſtraliſche Euka=
lypten= und Farnwaldregion genannt worden. Die obere, die Berg= und Schneeregion der
Auſtraliſchen Alpen, erſtreckt ſich von 1200 m an aufwärts, enthält noch bis zur Waldgrenze
in 1700 m Buchen= und Eukalyptuswald und darüber Staudenvegetation, beſonders alpine
Erikaceen und auch mitteleuropäiſche Bergpflanzen. Die Charakterpflanzen ſind faſt dieſelben wie
in Tasmanien; nur fehlt in Südoſtauſtralien der Reichtum an endemiſchen Koniferen.

Die höchſten Teile der Auſtraliſchen Alpen ſind meiſt mit Grasteppichen bedeckt, die ihrer
Weichheit wegen mit den Alpenmatten Europas verglichen werden können, wenngleich ſie von

ganz anderen Pflanzenarten zusammengefe**tz**t sind. Auf dem Gipfel des Mount Townsend fand
v. Lendenfeld nur wenige Blumen. Auf dem Mount Bogong war der Blütenreichtum größer:
„die kleine Caltha introloba, das weißblütige Helipterum incanum, der mit rötlichen Blüten
geschmückte Augentroft, Euphrasia Brownii, die karminroten Blumen des Stylidium gramini-
sifolium, die purpurnen Blüten der Bachycome nivalis und die gelben des Helichrysum
bracteatum schmücken", nach v. Lendenfeld (‚Petermanns Mitteilungen‘, Ergänzungsheft
Nr. 87), „die Alpenmatte mit schimmernden Farben. Sehr häufig sind der auch am Kosciusko
gewöhnliche Aster glacialis und die gelbblühende Craspedia Richea var. alpina. Besonders
schön sind die Blüten der an flacheren geschützten Stellen gedeihenden weißen Claytonia Austral-
asica, des weißen moosartigen Clobanthus Benthamiamus und der üppigen Gentiana saxosa.
Zwischen den Kräutern und dem Grase gedeiht ein kleiner liegender Halbstrauch, dessen Stämme
eine Länge von 1—1,5 m erreichen, der sich aber nicht mehr als 2 dm über den Boden erhebt.
Dies ist die zu den Myrtaceen gehörige Kunzea Muelleri. Einzelne Heidekräuter (Styphelia-
Arten) kommen ebenfalls vor." Die Region der Alpenmatten reicht an den Westseiten der austra-
lischen Hochgipfel tiefer herab als an den Nordgehängen, weil dort die im Winter herrschenden
Westwinde den Wald beschränken.

Nach unten folgt erst Krummholz, dann der eigentliche Wald, der in einer scharf gezeichneten
Isohypse am Berge aufhört, denn einzeln stehende Bäume an der unteren Grenze der Rasenzone
kommen hier nicht vor. Knorrige und niedrige Bäume mit weit herabhängenden Ästen und so
dichtem Wuchs, daß die Äste benachbarter Bäume sich verschlingen, bilden das Krummholz, meist
Eucalyptus Gunnii und Eucalyptus pauciflora. An feuchteren Stellen ist dieser alpine Niederwald gelichtet, während an trockenen in dem Dickicht der genannten Gummibäume noch ein
2 m hohes Gesträuch mit stachligen Blättern, Brassica microphylla, wuchert. „Anfangs", berichtet R. von Lendenfeld (‚Australische Reise‘), „unterbrachen noch freiere Stellen die dichten
Bestände dieser knorrigen Bäume; doch diese wurden immer kleiner, und es war bald nicht mehr
möglich, den Dickichten ganz auszuweichen, so daß wir genötigt waren, uns hier und da mit der
Axt einen Weg zu bahnen. Je höher wir stiegen, um so breiter wurden die Krummholzstreifen
und um so kleiner die freien Stellen. Schließlich hörten die letzteren ganz auf, und wir mußten
uns kontinuierlich mit der Axt Bahn brechen. Hier, in einer Höhe von 1500—1600 m, gesellt sich
zu den übrigen noch eine neue Schwierigkeit hinzu. Der Waldboden ist mit einem stachligen, 2 m
hohen Halbstrauch, der Brassica microphylla, bedeckt, ein höchst unangenehmes Hindernis nicht
nur an sich, sondern auch deshalb, weil es die am Boden liegenden Stämme und Äste verbirgt."

Gegenüber der bräunlichen Farbe dieser Hochwälder ist der weiter abwärts liegende, meist
aus Gummibäumen bestehende Wald frisch, grün und licht, die Baumkronen verschlingen sich
nicht mehr, und die Bäume bilden mit ihren hohen und schlanken Stämmen eine domartige Halle,
die man bequem durchschreiten kann. Auf dem Grunde wuchert ein üppig grüner Teppich von
alpinen Gräsern und Blumen, während in den lichten Wäldern am Fuße des Gebirges, in den
Hügellandschaften von Neusüdwales die Bäume licht stehen und fast keinen Schatten geben, „da
ihre lederartigen, sichelförmigen Blätter senkrecht herabhängen und sich tagsüber in entgegengesetzter Richtung drehen, derart, daß sie der Sonne immer nur den schmalen Rand, nie aber die
Blattspreite zukehren. Die Blätter entgehen auf diese Weise und dadurch, daß sie ihre Spalt-
öffnungen während der heißen Tageszeit schließen, der Verdorrung."

Fast der gesamte Wald Südostaustraliens besteht aus Eukalypten, die bald in salzigen
Sümpfen, bald in trockenem Flachland, aber auch in feuchten Alpenthälern und auf den Berghängen der Waldgrenze vorkommen. Der hauptsächliche Waldbaum ist derselbe wie in der Krumm-
holzregion, Eucalyptus pauciflora, nur in schlankerer, höherer Form mit astlosen Stämmen.

14*

Daneben tritt eine Reihe von anderen Eukalyptusarten, Banksien und Koniferen auf, so daß die Mannigfaltigkeit der Arten namentlich in den Alpenthälern auffällt. Infolge der größeren Feuchtigkeit in den mittleren Teilen des Gebirges schießen hier zahlreiche Farne empor, wie Cyathea und Alsophila, Arten, die sämtlich in Westaustralien fehlen und meist üppig gewachsen sind: ein Unterwald im hohen Eukalyptuswald (s. die beigeheftete Tafel „Ein Farnwald in Victoria, Australien").

In den südlichen Flußthälern Victorias erreichen die Eukalyptuswälder ihre größte Üppigkeit, indem die Stämme der Eukalypten sich häufig volle 60 m erheben, ehe die Abzweigung

Wasservegetation bei Bridgewater (Victoria), mit Acacia pendula. (Nach Photographie.)

eines Astes erfolgt, und die zarten Saugwurzeln der Bäume noch bis zu 30 m Tiefe eindringen; an den Quellen des Yarra-Flusses fand Robinson sogar einen 150 m hohen Eukalyptusriesen.

„Ehe man sich", sagt Jung („Petermanns Mitteilungen', 1878) über die Vegetation von Victoria, „den hohen Küstenlandschaften naht, sind die niederen Erhebungen mit Xanthorrhöen (Grasbäumen) bestanden, deren Monotonie durch Streifen von Eucalyptus obliqua unterbrochen ist. Zwischen den hohen, schlanken Stämmen ist das Erdreich mit mancherlei Buschwerk bestanden, unter dem Acacia myrtifolia bei weitem vorwiegt. Auf den roten Sandhügeln stehen vereinzelt die düsteren Kasuarinen, und die lang hingezogenen Flächen bedeckt ein starres Gewirr von Scrub, vornehmlich Goodenia ovata und Acacia verticillata. Aber sobald man die Bergesseiten emporsteigt, so beginnt der Wald mit Eucalyptus obliqua, und bald verschwindet auch dieser Baum, und prächtige Waldungen von Eucalyptus globulus, E. amygdalina, Acacia decurrens nehmen den Wanderer auf. Die Seiten der sprudelnden Bäche sind oft mit hohen Farnbäumen, Dicksonien bestanden, deren breite Blätter sich wie eine Laubhalle zusammenfügen.

Ein Farnwald in Victoria, Australien.
(Nach Photographie.)

„In vielen der tiefen Schluchten sind die Ufer der Creeks mit der australischen Buche (Fagus Cunninghami), einem prächtigen, höchst wertvollen Baume, der oft 30 m an Höhe erreicht und 1,5—2,5 m im Durchschnitt mißt, bewachsen. Verstreut im Walde sind Blackwood (Acacia Melanoxylon), Sasafras (Atherosperma Moschatum) und Dogwood (Pomaderris apetala), alle von mächtigen Dimensionen. An feuchteren, schattigen Quellenplätzen, welche die Farne lieben, findet sich Lomatia Fraseri und Acacia decurrens, deren gerade Stämme oft 50 cm bis 1 m im Durchmesser erreichen." Auch die trauerweidenartige Acacia pendula (s. Abbild., S. 212) entwickelt sich am schönsten an fließendem Wasser.

Gewaltige Urwälder erstrecken sich noch an den Quellen der zur Süd= und Südostküste verlaufenden Ströme, wie des Yarra=Yarra, und auch einiger Flüsse von Neusüdwales; in viele von ihnen ist die Art des Holzfällers noch nicht gedrungen, wohl aber nimmt die Waldverwüstung auch hier zu, und es werden schon Stimmen laut, die ihr eine ungünstige Einwirkung auf das Klima zuschreiben, während andere, wie v. Lendenfeld und Abbott, geradezu darauf hinweisen, daß sich seit der Zerstörung der Eukalyptuswälder periodische Wasserläufe in perennierende verwandelt hätten. Inmitten der vorigen Region, z. B. in Gippsland und an der Küste bei Kap Howe, beginnt ganz allmählich in einzelnen Oasen die ostaustralische, immergrüne Araukarien=Region, ein Übergangsgebiet zu dem tropischen Norden. Sie erstreckt sich, nach Norden hin immer breiter werdend, über ganz Ostaustralien an beiden Gehängen des Gebirges und an der Küste nordwärts, verdrängt die vorige Region mehr und mehr, duldet sie nur noch bis zum südlichen Queensland in den höheren Teilen über sich, wird aber dann in Nordqueensland selbst gezwungen, der rein tropischen Pandanus=Wäldregion Platz zu machen.

Dieser Wald Ostaustraliens hat einen eigenartigen Charakter. Obwohl er als eine gemeinsame Decke Höhen und Tiefen, Berge und Thäler zu überziehen scheint, so weicht er doch vor dem auf ihn Zustrebenden zurück. „Wohin wir uns auch wenden", bemerkt R. Semon (‚Verhandlungen der Gesellschaft für Erdkunde‘, Berlin 1894), „finden wir eine lichte Grassteppe, über die einzelne, allerdings hoch und kräftig entwickelte Bäume ausgesäet sind. Diese Bäume stehen durchaus vereinzelt für sich, fast niemals findet man zwei dicht bei einander, noch weniger sind sie zu größeren Gruppen vereinigt. Unterholz, Busch= und Strauchwerk fehlt ganz. Eine solche lichte Parklandschaft hat für das europäische Auge etwas ungemein Befremdendes. Dazu kommt das Aussehen der Bäume selbst, die zwar meistens prächtig gewachsen und reich belaubt sind; die Belaubung fängt aber immer erst in bedeutender Höhe an. Die Blätter sind schmal, lanzett= oder sichelförmig, ihre Farbe ist kein saftiges, frisches Grün, sondern ein mildes Blaugrün. So entsteht für viele zunächst der Eindruck des Tristen, Wüstenhaften, noch erhöht durch den Umstand, daß die Stellung der Blätter eine vertikale, nicht wie bei uns eine horizontale ist, und infolgedessen ein derartiger mächtiger Baum so gut wie keinen Schatten wirft. Hier und da sind in diese Parklandschaft wirkliche Dickichte eingestreut, die sogenannten Scrubs der Ansiedler. Es sind düstere, unterholzlose Urwälder, die sich aus gewissen Eukalypten und anderen Myrtaceen sowie aus Akazien und Kasuarineen zusammensetzen. Ihr Aufkommen ist an sumpfige Beschaffenheit des Bodens geknüpft. Schlinggewächse fehlen in ihnen, aber die massenhaften Baumleichen, halb und ganz umgestürzte Stämme, die den Boden bedecken, machen das Fortkommen oft schwierig und unmöglich."

Neben den Eukalypten (s. Abbildung, S. 214), die hier noch immer die herrschende Baumform sind, in Neusüdwales in 47 Varietäten vorkommen, aber nur noch im höchsten Falle 110 m hoch werden (Eucalyptus globulus), erscheinen hier bereits Palmen, darunter die am weitesten nach Süden bis 37^{1}/$_{2}$° südl. Breite vordringende Livistona australis und Ptychosperma. Unter den Waldbäumen sind die erwähnenswertesten die schöne Sterkuliacee Brachychiton acerifolium, Protaceen und Kasuarineen mit schmalen, lederartigen Blättern, die Gattungen Banksia, Melaleuca, Grevillea, der die Seiben=Eiche angehört, Casuarina, ferner Akazien und Myrten auf dürrem Boden und namentlich die Araukarien, wie Araucaria Cunninghami, Araucaria Bidwelli (der Bunya=Bunya=Baum), die Kaurifichte, Dammara robusta, die Cypressenfichte, Callitris verrucosa, und die Cedrela australis. Formen Nord=Queenslands, wie Pandanus, Cycas, die Palmliane Calamus und der Flaschenbaum Delabechia Gregorii mit seinem mächtigen Stamme, führen hier schon tropische Elemente in den Wald ein. Auch Farne entfalten sich hier zu großer Üppigkeit, bilden in den sumpfigen Küstengebieten förmliche Haine, deren einzelne Stämme bis zu 8 m hoch werden, und verdichten den sonst

Eukalyptuswald in Ostqueensland. (Nach Originalphotographie von Prof. R. Semon.)

auch hier noch lichten Wald. Die bekanntesten unter ihnen sind Platycerium alcicorne und Asplenium laserpitiifolium, ein Aspidium mit Blättern von nahezu 2 m Länge, und im Osten Grammitis Muelleri. Fremde Pflanzen, Kaktus, Dattelpalmen, deren Früchte aber nicht gut reifen, der ägyptische Papyrus, die madagassische Pontiana regia, die Tamarinde, der Jakarandenbaum, Mangos, Ananas kommen unter dem Wendekreise in den Gärten hinzu, und subtropische Früchte und Blumen, wie Feigen, Orangen, Weinreben, Levkojen, Reseda, Astern, reifen und blühen.

Zu dieser Region sind auch die grasigen Ebenen westlich des Gebirges zu zählen. Ihr wich=tigstes Gras ist Danthonia pectinata, weil es die lange Dürre am besten überdauert. Im übri=gen kommen vor: Poa caespitosa, Chloris varicata, der Hundszahn, und Chloris ventricosa, Blaustern, sodann das Barcoo= oder Landsborough=Gras Anthistiria membranacea, Anthistiria vinacea und australis, das Känguruhgras, Andropogon nervosus, der Rattenschwanz, Aristida cramosa, das Schamgras, und das durch seine Samen den Eingeborenen Nahrung bietende

Coolagras, Panicum laevinode. Die Herden ernähren sich von verschiedenen Arten des unten zu besprechenden Saltbush (Atriplex) sowie von Chenopodium und Rhagodia. Den Charakter der Landschaft schildert Leichhardt (Tagebuch einer Landreise in Australien) anschaulich: „Die Ebenen waren mit üppigem Gras und Kräutern bedeckt. Leguminosen und Kompositen waren bei weitem die vorherrschendsten, die Farbe jener gewöhnlich ein prächtiges Rot, die der letzteren ein lebhaftes Gelb. Gürtel offenen Waldlandes, aus dem Buchsbaum (Boxtree der Engländer, einer Spezies Eucalyptus) gebildet, trennen die verschiedenen Ebenen, und einzelne Gebüsche, aus mehreren Arten Acacia und verschiedenen anderen kleineren Bäumen bestehend, bildeten die Außenposten im Gegensatz zu den dichteren inneren Waldstellen. Es sind besonders drei Spezies Acacia, die diesen Gebüschen einen eigentümlichen Charakter geben: Eine ist der Myal (Acacia pendula; s. Abbildung, S. 212), den ich zuerst auf den Oxley- und Liverpol-Ebenen gesehen habe, und dessen hängendes Laubwerk mit seinen prächtigen gelben Blüten ihn äußerst elegant und zierlich machen. Die zweite, die Coxen-Akazie, ähnelt dem Myal, ihre steifen Phyllobia sind schmal, lanzettlich, ihre Zweige aufrecht. Die dritte ist die Bricklow- (Brigaloe-) Akazie, stets klein oder als Strauch auftretend. Die langen, leichtgekrümmten Blätter von silbergrauer Farbe verleihen den Wäldern, in denen der Baum häufig vorkommt, einen eigentümlichen Charakter. Ein Eisenrindenbaum mit grauer, rissiger Rinde und blaßgrünem Laube wächst hier, und Sterculia heterophylla ist ziemlich häufig unter Buchsbaum und Wassergummi. Hier und da Wipfel der Eisenrindenbäume, gefleckte Gummibäume, Hundeholz (Jacksonia) auf sandigem Boden, der mit Feuersteinen bedeckt ist und die Eintönigkeit vollständig macht. Das Gras war schön, aber die Büsche einzeln stehend, der Eisenrindenwald zuweilen mit Gruppen von Akazien untermischt; ein andermal waren die Eisenrindenstämme klein und bildeten Dickichte."

3. Der tropische Osten und Norden.

Die bisher besprochene Vegetation wird nach Norden hin immer tropischer und geht schließlich an der Küste langsam, im Inneren plötzlich in die nordaustralische Tropenwaldregion über, in der nun indisch-malaiische Formen vorwiegen, wie Pandanus, die Palmen Licuala und Caryota, die tropischen Leguminosenbäume, z. B. Bauhinia Gilesii, Meliaceen, Leptospermen (Thee-Bäume). Die südwest- und südostaustralischen Sippen treten dagegen zurück. An der tropisch feuchtheißen Küste von Queensland kommen dichte Dschangelwaldungen, von den Einwohnern „Brushes" genannt, vor, gemischte Laubwälder mit hochstämmigen Bäumen, Unterholz aus Farnen und der Palmliane Calamus australis, die an den Bäumen emporkriecht und die Wälder unzugänglich macht. Der Stinging-Baum, Laportea moroides, eine Urtikacee, und der Cycas-baum wachsen hier in Menge, während Bambuse sich nur im Nordwesten Australiens finden und Eukalypten und Bankfien abnehmen. Eine reiche Entwickelung von Palmen ist namentlich im Nordosten des Kontinents an der Ostküste Queenslands erkennbar, wo Kentia und Livistona sehr häufig sind, und zugleich bilden hier die Araukarien, z. B. die großnussige Araucaria Bidwilli, weite Bestände. Der Flaschenbaum, auch Gichtstammbaum, Delabechia Gregorii, erinnert mit seinem mächtigen Stamm an den afrikanischen Affenbrotbaum und steht einzeln oder in Gruppen wie dieser auf dem Graslande oder am Rande des Waldes. Dichter Cedrela-Wald umgibt die östlichen Hänge der Küstenkette, Mangrovewaldungen breiten sich vor den Küsten, namentlich am verschlammten Südufer des Carpentaria-Golfes aus, während nach dem Inneren zu das Grasland zunimmt. Lichte Eukalyptuswaldungen ohne Unterholz kommen aber auch hier noch auf dem Graslande weiter im Inneren fort, ausgezeichnet durch Mangel an Schatten und am Boden geschmückt mit blumenreichem Wiesenboden, auf dem in rascher Folge nacheinander die Stauden blühen. Sie sind typisch namentlich für das Innere der Halb= insel York wie für Australien überhaupt.

Trotz der tropischen Flora ist die Landschaft in Nordostaustralien doch im allgemeinen öde. Grasflächen mit einzelnen Bäumen überziehen das Land zwischen den Flüssen, und nur an diesen drängt sich der Wald zusammen. „Die Gegend am Mitchell bestand (nach Leichhardt) aus einer unermeßlichen, ununterbrochenen Ebene mit sehr lehmigem Boden, auf dem folgende Pflanzen wuchsen: Grevillea ceratophylla und mimosoides, eine Melaleuca mit breit lanzett= lichen Blättern, Spathodea und eine Balfouria. Am Staatenflusse dehnte sich ein schöner, graserfüllter offener Wald aus, zu seiner Linken zogen sich große, tiefe Nymphaea-Lagunen hin. Südlich vom Staatenfluß kamen wir durch eine Waldgegend, welche am passendsten mit dem Namen Grevillea-Wald belegt werden dürfte, da ihn die Grevillea mimosoides besonders charakterisierte, obwohl darin ein etwas verkrüppelter Theebaum ebenfalls sehr zahlreich stand.“ Nahe bei 17° südl. Breite am Carpentaria=Golf ist ein „fast ununterbrochener Buchsbaumgrund mit vielen Melonengruben. In diesen lagen Paludina- und Süßwasserschildkröten=Gehäuse sowie Schalen großer Krabben. Ungefähr 7 Meilen weiter trafen wir einen Streifen Eben= holzwaldes mit einzelnen Nonbabäumen. Der letzte Teil des Tages führte uns wieder über eine weite grasige Buchsbaumebene, welche von unmerklich tiefer liegenden grasigen, mit Wassergummi bestandenen Niederungen durchschnitten war. Auf den höheren Stellen fanden wir etwas offenen Busch, in welchem Bauhinia und Cochlospermum zerstreut standen.“ (Leichhardt.) Für den Wanderer aber, der aus dem Inneren des Kontinents kommt, bildet die Überschreitung der Wasserscheide gegen den Carpentaria=Golf den Beginn einer Besserung im Charakter der Landschaft. Der Wechsel im Landschaftsbilde tritt sehr plötzlich ein, und die Frische der Vegetation ist viel größer als im Innern.

Auch die Buschwälder von Ostqueensland sind im ganzen öde und werden nur wenig durch Tiere belebt, allenfalls noch durch Vögel. „Beim ersten Besuche im Walde“, berichtet K. Lum= holtz (‚Unter Menschenfressern‘), „wird man eigentümlich von der dort herrschenden feierlichen Stille und Einsamkeit ergriffen. Mit großer Anstrengung arbeitet man sich vorwärts, scheucht hier und da einen Vogel auf, der gleich wieder dem Auge entschwindet, und erhält den Eindruck, daß hier alles leblos ist. Kommt man morgens oder abends hin und verhält sich ganz ruhig, so wird man durch den Anblick der Vögel überrascht, die still und geräuschlos zum Vorschein kommen, als wären sie gelockt, und ebenso geräuschlos wieder verschwinden. Vogelgesang hört man nur ausnahmsweise, abends girren die Tauben, die Dschungelhühner lassen ihre melancholische Stimme ertönen, und hat man Glück, so hört man die donnerähnliche Stimme des Kasuars. Es ist nicht leicht, diese dichten Buschhölzer zu durchdringen. Nur längs der Flüsse atmet man freier auf, und hier eröffnet sich einem oft eine reizende Szenerie.“

Die Vegetation an der Küste des Van=Diemen=Golfs besteht aus Livistona-Palmen, der wahren Kohlpalme, und schmalen Buschstreifen. „Die scharlachrote Eugenia wächst auf den san= digen Auen nach dem hügeligen Waldlande hin, das aus Rostgummi, der hülsenfrüchtigen Eisen= rinde, Cochlospermum, Gossypium und einer kleinen, baumartigen Apocynacee zusammengesetzt ist. Die Gegend ist undulierender, der Boden sandig und mit kleinen Eisensteinstückchen vermengt. Schöne Theebaum=Auen, auf denen Büffel weideten, gab es überall.“

Gehen wir zunächst an der Küste weiter, indem wir das Innere einstweilen außer Betracht lassen, so gelangen wir am Kings=Sund zu dem nordwestaustralischen Übergangsgebiet, das sich von hier aus bis zum Murchison=Fluß in Westaustralien erstreckt und östlich bis zum 120. Grad reicht. Hier mangeln die Niederschläge, der theoretisch noch mögliche Tropenwald fehlt, und

EUKALYPTUSWALD UND GRASBÄUME IN WESTAUSTRALIEN.
(Nach der Natur.)

die Savannen und Wüstenstriche wiegen vor, allmählich wie im Inneren. Zugleich nehmen die tro= pisch indischen Formen ab. Der Pandanus hat seine Nordgrenze an Osten des strut Sundes. Die Palme Livistona Mariae kommt nur noch am Lauf des ... Flusses vor, und es beginnt mehr und mehr der eigentümliche Charakter Südwestaustraliens.

Im ganzen bedeckt Eukalyptengesträup das Land, unterbrochen von dicht begrasten Ebenen. An den Flußufern allein erhält sich noch eine üppige Vegetation, und zwischen den Flüssen kommt stets der Scrub des Inneren zur Geltung. Am Fortescue Fluß kommen zwar noch Palmen vor, die auch die Ufer des Fraser begleiten, anderseits ist der Boden an der Küste oft meilen= weit sandig, kiesig oder lehmig, mit dürren Akazien= und Eukalyptengesträup bedeckt, und die flie= ßenden Gewässer verschwinden häufig in Spalten. An den ebenen, graöreicheren Flächen wechseln ... ..., Melaleuca Leucadendron, der Majepubaum und verschiedene Eukalypten miteinander ... und letztere samt Schilf und Akazien wachsen auch an den Flußufern, aber Bambus, der noch an den Ufern des Victoria=Flusses gedeiht, findet sich hier nicht mehr. Je weiter wir nach dem Ashburton= und Gascoyne=Fluß vorschreiten, desto mehr nimmt die Wüste, namentlich an den Unterläufen dieser Flüsse, zu. Einen abschreckenden Charakter erhält sie östlich der Sharks=Bai zwischen den Unterläufen des Gasconne und Murchison, wo völlige Wasserlosigkeit und weite Dickichte von Scrub alles Eindringen erschweren. Südlich der ungefähr unter 25,5° südl. Breite liegenden Südgrenze der regelmäßigen Regenfälle bekommt dann das Land den Typus der Salzwüste, wo die Grasebenen verschwinden und Salzseen an ihre Stelle treten.

4. Südwestaustralien.

Von der Sharks=Bai an südwarts beginnen die charakteristischen Formen Südwestaustraliens häufiger zu werden. Sie drängen sich im äußersten Südwesten zusammen und nehmen die südwest= liche Ecke Australiens von der Mündung des Green und Rivers an der Westküste bis zum 124. Grad östl. Länge an der Südküste ein. Das ist die südwestaustralische Region der Xero= tideen und Proteaceen, deren Eigentümlichkeiten am meisten am Swan Fluß ausgebildet sind. Die merkwürdige Region zeichnet sich durch außerordentlich reichen Pflanzenreichtum von mehr als 3000 Blütenpflanzen und durch erstaunlichen Endemismus aus, da 75 Prozent dieser Pflanzen anderswo nicht vorkommen. Auch weicht die Flora Südwestaustraliens so sehr von jener des übrigen Australien ab, daß eine vollständige, erst in jüngster Vergangenheit aufgehobene Trennung zwischen West= und Ostaustralien angenommen werden muß. Dagegen hat sie viel Ähnlichkeit mit der Kapflora im äußersten Südwesten Afrikas. Charakteristisch für diese Region sind der Grasbaum (Kingia australis), ferner Banksien, Dryandren, Kasuarinen, Actinostrobus, Callitris, die Enkovee Encephalortos Fraserii, Exocarpus, eine Menge Myrtaceen, Akazien, Epakrideen, im ganzen ein höchst eigentümliches Florengebiet. Von 32 trockenfrüchtigen Myrtaceen, die für Australien charakteristisch sind, kommen in Westaustralien allein 16 vor, von 35 australischen Petrophila= en aus der Familie der Proteaceen sind 30 allein auf Südwestaustralien beschränkt, beson= ders auf trockene, steinige Triften und lockere Sande der Küstenstriche. Auch die der Liliaceen= familie angehörenden Xerotideen sind in Südwestaustralien häufig und eigentümlich entwickelt.

Eine der seltsamsten Pflanzen Australiens ist hier der Grasbaum, Kingia australis (s. die geheftete Tafel „Eukalyptuswald und Grasbäume in Westaustralien", mit innigem, sonderbar anderem Stamm und an der Spitze mit einem Büschel großer Grasblätter, aus dem ein langer Blütenstengel hoch emporgetrieben ist: mitunter gabelt sich auch der Stamm und trägt jeder Abzweigung einen solchen Rohrkolben. Der Grasbaum erreicht stellenweise in Süd= australien die Höhe von 6—9 m und dient in holzarmen Gebieten als Brennmaterial.

EUKALYPTUSWALD UND GRASBÄUME IN WESTAUSTRA█████

(Nach der Natur.)

Grasſavannen und Wüſtenſtriche wiegen vor, ähnlich wie im Inneren. Zugleich nehmen die tro=
piſch=indiſchen Formen ab. Der Pandanus hat ſeine Weſtgrenze im Süden des King=Sundes.
Die Palme Livistona Mariae kommt nur noch ſüdlich bis zum Oberlauf des be Grey=Fluſſes vor,
und es beginnt mehr und mehr der eigentümliche floriſtiſche Charakter Südweſtauſtraliens.

Im ganzen bedeckt Eukalyptengeſtrüpp das Land, unterbrochen von dicht begraſten Ebenen.
An den Flußufern allein erhält ſich noch eine üppige Vegetation, und zwiſchen den Flüſſen kommt
bereits der Scrub des Inneren zur Geltung. Am Fortescue=Fluß kommen zwar noch Palmen
vor, die auch die Ufer des Fraſer begleiten, anderſeits iſt der Boden an der Küſte oft meilen=
weit ſandig, kieſig oder lehmig, mit dürren Akazien= und Eukalyptengeſtrüpp bedeckt, und die flie=
ßenden Gewäſſer verſchwinden häufig in Spalten. In den offenen, grasreicheren Flächen wechſeln
Palmen, Melaleuca Leucadendron, der Kajeputbaum und verſchiedene Eukalypten miteinander
ab, und letztere ſamt Schilf und Akazien wachſen auch an den Flußufern, aber Bambus, der noch
an den Ufern des Victoria=Fluſſes gedeiht, findet ſich hier nicht mehr. Je weiter wir nach dem
Aſhburton= und Gascoyne=Fluß vorſchreiten, deſto mehr nimmt die Wüſte, namentlich an den
Unterläufen dieſer Flüſſe, zu. Einen abſchreckenden Charakter erhält ſie öſtlich der Sharks=Bai
zwiſchen den Unterläufen des Gascoyne und Murchiſon, wo völlige Waſſerloſigkeit und weite
Dickichte von Scrub alles Eindringen erſchweren. Südlich der ungefähr unter 25,5° ſübl. Breite
liegenden Südgrenze der regelmäßigen Regenfälle bekommt dann das Land den Typus der
Salzwüſte, wo die Grasebenen verſchwinden und Salzſeen an ihre Stelle treten.

4. Südweſtauſtralien.

Von der Sharks=Bai an ſüdwärts beginnen die charakteriſtiſchen Formen Südweſtauſtraliens
häufiger zu werden. Sie drängen ſich im äußerſten Südweſten zuſammen und nehmen die ſüdweſt=
lichſte Ecke Auſtraliens von der Mündung des Greenough=Fluſſes an der Weſtküſte bis zum
124. Grad öſtl. Länge an der Südküſte ein. Das iſt die ſüdweſtauſtraliſche Region der Xero=
tibeen und Proteaceen, deren Eigentümlichkeiten am meiſten am Swan=Fluß ausgebildet ſind.
Dieſe merkwürdige Region zeichnet ſich durch außerordentlich großen Pflanzenreichtum von mehr
als 3000 Blütenpflanzen und durch erſtaunlichen Endemismus aus, da 82 Prozent ihrer Pflanzen
anderswo nicht vorkommen. Auch weicht die Flora Südweſtauſtraliens ſo ſehr von jener des übrigen
Auſtralien ab, daß eine vollſtändige, erſt in jüngſter Vergangenheit aufgehobene Trennung zwiſchen
Weſt= und Oſtauſtralien angenommen werden muß. Dagegen hat ſie viel Ähnlichkeit mit der Kapflora
im äußerſten Südweſten Afrikas. Charakteriſtiſch für dieſe Region ſind der Grasbaum (Kingia
australis), ferner Bankſien, Dryandren, Kaſuarinen, Actinostrobus, Callitris, die Cykadee
Eucephalortos Fraserii, Exocarpus, eine Menge Myrtaceen, Akazien, Epakridineen, im ganzen
ein höchſt eigentümliches Florengebiet. Von 32 trockenfrüchtigen Myrtaceen, die für Auſtralien
charakteriſtiſch ſind, kommen in Weſtauſtralien allein 16 vor, von 35 auſtraliſchen Petrophila=
Arten aus der Familie der Proteaceen ſind 30 allein auf Südweſtauſtralien beſchränkt, beſon=
ders auf trockene, ſteinige Triften und lockere Sande der Küſtenſtriche. Auch die der Liliaceen=
familie angehörenden Xerotibeen ſind in Südweſtauſtralien häufig und eigentümlich entwickelt.

Eine der ſeltſamſten Pflanzen Auſtraliens iſt hier der Grasbaum, Kingia australis (ſ. die
beigeheftete Tafel „Eukalyptuswald und Grasbäume in Weſtauſtralien"), mit knorrigem, ſonderbar
gewundenem Stamm und an der Spitze mit einem Büſchel grober Grasblätter, aus dem ein
ſtarker Blütenſtengel hoch emporgetrieben iſt: mitunter gabelt ſich auch der Stamm und trägt
auf jeder Abzweigung einen ſolchen Rohrkolben. Der Grasbaum erreicht ſtellenweiſe in Süd=
weſtauſtralien die Höhe von 6—9 m und dient in holzarmen Gebieten als Brennmaterial.

An der Südküste dehnt sich von der Flower=Bai über die Eyria=Halbinsel zu beiden Seiten des St. Vincent= und Spencer=Golfes (s. untenstehende Abbildung) sowie über den Murray hin= aus bis zur Grenze von Victoria die südaustralische Eukalypten=Waldregion aus, ein im ganzen armes Gebiet mit vorwiegenden Eukalyptuswäldern an den Gebirgshängen und einer wüstenhaften Vegetation an der Küste. Niedriges Gestrüpp von Myrtaceen und Eukalypten bedeckt die von salzigen Wasserläufen durchzogene Halbinsel Eyria, während die Dork=Halbinsel selbst der letzteren entbehrt und in jeder Beziehung öder ist als Eyria. „Nicht selten", sagt Jung („Petermanns Mitteilungen', 1877), „sind ganze Striche mit niedrigen Kingia's bedeckt, und hier

Vegetation an der Mündung des Broughtonflusses im Spencer=Golf. (Nach der Natur.)

finden sich (an der Mount=Lofty=Kette) auch ausgedehnte Flächen von Eucalyptus dumosa, meist auf Untergrund von Kalkstein, oft durch Buschwerk und Schlingpflanzen zu fast undurch= bringlichem Gestrüpp verbunden. Der vorwiegende Baum aber ist der Eucalyptus globulus, ebenso sind E. rostrata, viminalis, odorata, peniculata vertreten, selten mehr als zwei Gattungen der Bäume nebeneinander, während unter ihnen die Acacia pycnantha mit ihren gelben Blüten der vorwiegenden düsteren Färbung Abwechselung leiht. Stellenweise finden sich offene Wal= bungen von Casuarina stricta, auch wohl vermischt mit Leptospermum und Melaleuca, den Theebäumen der Kolonisten, und nahe dem Mount Lofty große Waldungen von Eucalyptus obliqua, deren schlanke, hohe Stämme sich dicht aneinander drängen, gleich den schlanken Fichten des Nordens, ein zäher, unvertilgbarer Baum von großer Nutzbarkeit, den die Flammen der Wald= brände wohl versengen und dessen Laub schnell auflodert, aber der immer wieder von neuem grün ausschlägt, so daß sich bald die schwarzen, nackten, verkohlten Stämme, die wie Masten in die Höhe ragen, mit grüner Decke von der Wurzel bis zum Gipfel bekleiden. Wo sie gedeihen, da ist nur noch Platz für wertloses niederes Gestrüpp und Farne, da bietet die Pflanzenwelt nichts für die Erhaltung des Tierreichs. An sandiger Stelle finden wir die native pines, die Frenela robusta und rhomboidea, und da sind auch die Banksia marginata, Honeysuckle genannt, und die einheimische Kirsche, Exocarpus cupressiformis, nicht fern.

„Es ist eine Eigentümlichkeit des südaustralischen Waldes, daß die Bäume in gemessenen Zwischenräumen voneinander stehen, sich nicht Zweig an Zweig drängen, sondern bald vereinzelt über die Bergmassen gesäet sind, bald in Gruppen hier und dort zusammen stehen. Der Grund ist fast frei von Unterholz und, wo der Boden gut, mit dichter Grasnarbe bedeckt. Wo sich Busch= werk findet, gehört es zu den Bankfien, Grevillien, Castien, Leptospermen, Exocarpus u. a. Überall an den Bergen, wo das Unterholz sich nicht breit macht, begegnen wir wilden Blumen in großer Verschiedenheit der Formen. Die prächtige Epacris impressa bedeckt ganze Striche, die weißen Blumen der Burchardia, die blauen der Caescia und Orchideen aller Art verleihen zuzeiten dem australischen Walde einen eigenen Reiz.“

Neuerdings hat man viele europäische Bäume in diesen Gebieten zur Anpflanzung gebracht, namentlich Platanen, aber auch Pappeln, Eschen, Kastanien, Weiden und mehrere Tannen.

5. Die Vegetationsregionen des Inneren.

Das ganze Innere Australiens wird infolge des allgemein herrschenden Regenmangels und der Aufsaugung der Niederschläge an den östlichen Gehängen der Ostkette des Landes von einer Vegetation eingenommen, die den Charakter von Savannen, Wüstensteppen oder Wüsten hat, je nachdem die Bewässerung einigermaßen reichlich, sehr mäßig oder ganz unbedeutend ist. Infolgedessen unterscheidet man erstens Grassteppen und Salzbuschsteppen, zweitens die am häufigsten vertretene Scrubvegetation, ein dichtes, vorwiegend aus Akazien und Eukalypten bestehendes, fast unburchdringliches Gebüsch, und drittens eigentliche Wüsten.

Ihrer geographischen Verteilung nach sind die Grasländer und Buschgebiete hauptsächlich im tropischen Norden und Osten des Inneren, in Nordaustralien und Queensland, hier bis zu den Quellflüssen des Darling, und bis über den Wendekreis, westlich bis zum 129.° östl. Länge hinaus heimisch. Die Salzbuschgebiete dehnen sich südlich davon über Südaustralien, im Süden des 24. Grades, und das Stromgebiet des Darling und Murray aus. Das Innere Australiens enthält die Scrubflächen und Westaustralien das eigentliche Wüstengebiet, doch gehen diese Vege= tationsregionen mehrfach ineinander über. Namentlich in den beiden ersteren drängt sich Gras= land zwischen die Salzbuschgebiete und diese zwischen die Grassteppen ein.

Als charakteristische Pflanzen für alle diese Gebiete gelten der Mulga=Scrub, der sich aus Acacia aneura, und der Mallee=Scrub, der sich aus Eucalyptus incrassata bildet, aber mit Callitris verrucosa, Eremophila, Nitraria vermischt ist. In den Salzbuschsteppen kommen vorwiegend Atriplex nummularia, Rhagodia, Polygonum und Mühlenbeckia vor, auf den Grassteppen Triodia und Spinifex. An den Wasserläufen stehen lichte Haine von Eukalyptus, die Thee=Bäume Melaleuca und Leptospermum und das Quandong genannte Santalum acuminatum. In Süden umgeben Lotus australis und Gyrostemon ramulosus die Seen, während Sweinsonia Greyana und Anthistiria ciliata, das Känguruhgras, am Dar= ling wachsen. Nördlich des 24. Grades südlicher Breite findet man noch Livistona-Palmen, die in dem Thale des Finke=Flusses bis zu 20 m Höhe und auf den Gehängen der MacDonnell= Berge besonders häufig sind.

a) Von Südaustralien und Victoria ausgehend, betrachten wir zuerst die südaustralische Salzbuschsteppenregion. Bereits an den Abhängen der Lofty=Kette bei Adelaide beginnen im Süden bie Gebiete des Scrub, des Eucalyptus dumosa, und große Strecken sind mit Atriplex nummularia bestanden. Das sind nach Jung („Petermanns Mitteilungen', 1877) niedrige, kaum 2 Fuß hohe Büsche, deren bläulichgrüne Blätter ein wertvolles Futter für Schafe und Rinder sind, oft das einzige, was ihnen in Zeiten der Not bleibt. Dies ist der Salzbusch der Kolonisten, eine höchst merkwürdige Pflanze, die trotz jahrelanger Dürre in ihren Blättern und Zweigen immer noch Nahrung und Frische bewahrt, wenn alle andere Vegetation rings um sie längst erlegen ist. Sie ist für gewisse Striche kennzeichnend, man spricht vom Salzbuschland, saltbush country, im Gegensatz zu Grasland, obschon der Salzbusch, der stets in Büschen mehrere Fuß voneinander entfernt steht, einen Graswuchs nicht ausschließt, sondern im Gegenteil der Salzbusch ohne das Gras sehr selten zu finden ist. Aber das Gras ist härter und steht mehr vereinzelt da, doch ereignet es sich, daß fortgesetzte Schafkultur dem Atriplex ein Ende macht und daß Gräser, einheimische und zugeführte, an dessen Stelle treten. Man hielt es früher für unmöglich, hier Cerealien zu bauen, aber schon hat man angefangen, die nächsten Stellen zu besäen, und die Erfolge berechtigen zu Hoffnungen."

An die Stelle der Weideplätze, die sich über einen anderen Teil Südaustraliens, den südlichen und östlichen Fuß der Flinders-Kette, hinziehen, treten hier bereits Weizenfelder, und in den Creeks finden wir die Vegetation der Flußufer: Eukalyptenhaine über den hohen Büschen und straffe Grasbüschel erfüllen das ganze Flußbett. „Wo das Wasser das ganze Jahr hindurch läuft", sagt Jung, „finden wir öfters Juncus, Luzula, Xerotes, Neurachne. Unter den stets in weiten Abständen aufstrebenden Gummibäumen wächst mancherlei Buschwerk: Myoporum, Melaleuca, Leptospermum, Viminaria, und hier finden wir auch Mimulus, Myriogyne, Lobelia, Lotus, Eryngium, während rechts und links die Ebenen mit Gräsern, wie Panicum, Agrostis, Poa, Festuca, Hordeum, Anthistiria, Pennisetum, übersäet sind. Sind die ersten Regen gefallen, so bedeckt sich die braune, kahle, staubige Ebene schnell mit grünem Teppich, auf welchem in vielfarbiger Pracht die mannigfachsten Blumen eingesäet sind."

In der Umgebung des Murray-Systems wird die Landschaft öder; Eucalyptus dumosa und oleosa bilden hier gewaltige Scrubbidichte; „kleine oasengleiche Plätze streuen sich hier und da in die Wüste, und dort sind die grasbestandenen Ebenen mit Gruppen von Frenela robusta und niedrigen Büschen bedeckt. Nahe den Ufern des Flusses ist (nach Jung, ‚Petermanns Mitteilungen', 1878), die Landschaft offener, fruchtbarer und wenigstens für Viehzucht geeignet. Der Mallee-Scrub wird immer höher, die Bäume und Büsche stehen in größerer Entfernung, grobes Gras bedeckt den Boden, und kleine offene Ebenen sind mit Atriplex bestanden; zwischen den blaugrünen Blüten schießt gleichfalls Graswuchs empor. Aber auch weiter an den Stromufern hinauf ist das Land nur ärmlich zu nennen. Die dichten düsteren Scrubs machen offenen, spärlich mit Santalum in Gruppen und Strichen bestandenen Ebenen Platz, auf denen vorzüglich Atriplex und Graswuchs in zerstreuten Büscheln für die zahlreichen Herden Unterhalt bietet. Weite Strecken sind mit stachligen Mimosen bewachsen, oder mit den ebensowenig anmutenden Grasbäumen, während 6 Fuß hohe Lepidospermen mit ihren scharfen Blättern den Wanderer oft empfindlich verletzen."

b) Die Wüstengebiete. Wüsten sind namentlich in Westaustralien, doch auch im Inneren von Südaustralien entwickelt. „Über diese wüsten Gegenden", bemerkt Jung (‚Petermanns Mitteilungen', 1877), „schweift das Auge oft vergebens, um einen Baum oder auch nur Strauch zu suchen. Selbst die Ufer der Creeks sind häufig von Bäumen völlig entblößt, oder die verkümmerten Eukalypten und Akazien am Flußbette ragen kaum über die öden Uferbänke empor. Hohe Sandhügelrücken wechseln mit steinigen Ebenen ab, die ersteren öfters mit Büschen bedeckt und auch nach Regenfall Gras und Kräuter in ziemlicher Menge hervorbringend, die letzteren steinig und öbe, nur hier und da mit Atriplex, Kochia, Salicornia und Salsola bestanden. Wenn schon die verbrannten Ebenen des Graslandes und die staubbedeckten Salzbuschebenen einen höchst traurigen Eindruck machen, so sind sie doch diesen trostlosen Regionen unendlich vorzu= ziehen. Auch der Regen, der andere Gegenden so schnell und schön umgestaltet, übt auf diese Wüsten keinen dauernden Einfluß. Die roten Sandhügel freilich bekleiden sich schnell mit frischem Grün, aber die steinige Fläche bringt nur einige wenige kümmerliche Gewächse hervor, welche die Sonnenstrahlen bald vertrocknen, und die der Wind hinwegweht."

Die eigentliche Wüstenvegetation ist der Scrub (s. Abbildung, S. 54), von dem es zwei Arten gibt, den Mallee= und den Mulga=Scrub. Der Mallee=Scrub ist namentlich in Süd= australien verbreitet und besteht aus Eucalyptus dumosa, oleosa und gracilis, untereinander gemischt. Die beiden ersteren werden nur 12 Fuß hoch, bestehen aus einem dichten Haufen aus der Wurzel aufschießender, schlanker Triebe und tragen in 2—4 m Höhe ein Bündel bleich= grüner Blätter. „Eine dunkle, ins Graue spielende Farbe, Braun, Rotbraun, Weißlichgrau, das sind die Schattierungen der ovalen oder spitzen, oft nadelförmigen Blätter, welche auch in ihren äußeren Konturen dieselbe Monotonie zeigen, die den ganzen Busch kennzeichnen. Zwischen den Büschen, die sich oft nicht allzu dicht aneinander drängen, wächst kein Gras, der Winter mit seinen Regenschauern ruft einige Orchideen zu kurzem Leben, das aufgehört hat, wenn die starren düsteren Sträucher im Oktober ihre Blüten treiben, die in ihrer Kleinheit und Farblosigkeit dem Scrub seinen unerquicklichen Charakter nicht nehmen." (Jung.)

Die zweite Scrub=Art, der Mulga=Scrub, besteht aus Acacia aneura, in Queensland Brigalow genannt, aus Acacia excelsa und Acacia salicina. Diese Akazien herrschen so sehr vor, daß neben ihnen stellenweise keine andere größere Pflanze aufkommt. Die sichel= förmigen Blätter von Acacia aneura mit ihrer bläulich=grünen Farbe geben dem ganzen Scrub einen silbergrauen Schimmer. Auf dürrem Boden treibt sie (nach Drude) verworrene dichte Zweige und ist höher, auf fruchtbarem gehen gleich vom Grunde an beblätterte Schößlinge aus. Neben den Akazien kommen im Scrub vor: das Sandelwood (Eremophila) Mitchell's in 60 weit verbreiteten Arten, ferner zwei Sterculia-Arten mit eßbaren Nüssen, die Rhamnee Alphi- tonia excelsa, Atalaya hemiglauca und Ehretia saligna. Unter dem Scrub wächst ein dichtes Untergebüsch, das meist aus einer scharlachrot blühenden, schlehenähnlichen Thymelee (Pimelea haematostachya) und geselligen Stauden besteht, während Gräser zurücktreten. Neben dem Salzstrauch Rhagodia spinescens gehört dem Scrub ferner die berüchtigte, auf die öbesten wasserlosen Wüsten beschränkte Spinifex=Vegetation, Spinifex hirsutus, longifolius und S. paradoxus, als wichtiger Bestandteil an. Die Höhe des Scrub ist verschieden, bald über, bald unter Manneshöhe, seine Ausdehnung ganz enorm, da ein großer Teil des Inneren des Festlandes ausschließlich damit bestanden ist. „Während das Grasland", sagt Grisebach („Die Vegetation der Erde'), „bei scheinbarem Reichtum nur wenige, gesellige Arten besitzt, und diese auf weiten Räumen in auffallender Übereinstimmung, findet sich im Scrub eine unendlich viel größere Mannigfaltigkeit; der höchst einförmige Habitus verbürgt die größte Fülle der Ge= staltungen im einzelnen; einzelne Gattungen sind an Arten unerschöpflich zu nennen. Dennoch stellt sich das Ganze immer als dasselbe einförmige, undurchdringliche, unheimliche Dickicht dar. Selbst die Regenzeit ändert wenig an diesem Bilde, aber doch ist der Scrub in keinem Monate ganz ohne Blumen, und man sieht mit Erstaunen, wie das heideartige Gestrüpp, das oft in seiner einförmigen Sonderbarkeit nur wenige Arten desselben Geschlechts verhieß, sich plötzlich mit Blüten des verschiedensten Baues schmückt. Eine unbenutzbare und undurchdringliche Einöde von Sträuchern, die selbst das Feuer nicht zu vertilgen im stande ist, stellt sich der menschlichen Kultur oft als unbesiegbare Schranke entgegen."

c) Sobald wir aus der Wüste an die mit fließendem Wasser gesegneten Flußbetten kommen, wie an das des Ashburton in Westaustralien, begegnen uns sogleich wieder der Quandong oder der einheimische Pfirsichbaum, Orangen, Sandelholzbäume, ferner noch Eukalypten und Thee= Bäume. Diese alle bilden den Hauptbestandteil der nordaustralischen Baumsavannen=Region, die sich über das tropische Innere ausbreitet und aus Grasland und darauf vereinzelt stehenden Thee=Bäumen (Melaleuca und Leptospermum) sowie Eukalyptenhainen an den Flußufern be= steht. Zeitweilig finden sich auch dürre Spinifex=Wüsten (s. untenstehende Abbildung), wie am nörd= lichen Abfalle der Ashburton=Kette. Im allgemeinen aber wiegen Grasebenen (Savannen) vor,

Inneraustralische Spinifex=Wüste. (Nach der Natur.)

die, sobald sie Wasser haben, der Viehzucht eine günstige Stätte bieten und sich im Kimberley= Distrikt, am Fitzroy und Victoria=Fluß sowie östlich davon über weite Strecken ausbreiten, da= gegen bei Wasserlosigkeit nur mit Mühe überschritten werden können. Lichte Eukalyptus= Wälder bedecken die Gehänge der Hügelzüge, z. B. der MacDonnell=Kette, Grasebenen deren von periodischen Wasserläufen bedeckten Fuß, während sich zwischen den einzelnen Hügelketten Scrub (s. Abbildung, S. 54) auf rotem Sandboden ausdehnt. Die dem tropischen Norden näheren Flüsse nähren bereits eine dichte Vegetation von Pandanus, Palmen und Bambus an ihren Ufern. Im Inneren Queenslands wechseln diese baumbestandenen Grasebenen mit baum= losen Savannen, Mulga=Wald, Spinifex=Hügeln, Kies und Lehmboden ohne bedeutende Vege= tation, lichten Eukalyptuswäldern und sumpfigen Niederungen an den Flüssen. Nach Osten hin nimmt die Baumvegetation mehr und mehr zu.

Werfen wir noch zum Schluß einen Blick auf den Gesamtcharakter der Flora Austra= liens, so ergibt sich, daß unserem Erdteil 1409 Gattungen und 8839 Arten von Gefäßpflanzen

bewohnen. Da hier von außerhalb Australien nur 1338 (15,1 Prozent) vorkommen, ist der Ende=
mismus der Flora mit 7501 Arten außerordentlich groß. Westaustralien mit seinen 3560 Arten
(40,8 Prozent) hat davon die meisten eigenartigen Gewächse geliefert; hierauf folgen Queensland
und Neusüdwales mit 3753 und 3251, dann Nordaustralien mit nur 1956, Südaustralien mit
1892, Victoria mit 1894 und endlich Tasmanien mit 1029 Arten.

6. Melanesien.

Melanesien bietet uns ein von Australien recht verschiedenes Vegetationsbild, insofern als
es durchaus tropischen Charakter hat. Max Hollrung, einer der besten Kenner der Flora Neu=
guineas, sagt über diesen Unterschied ('Nachrichten über Kaiser=Wilhelms=Land', IV): „In Neu=
holland wüste Plätze, Steppenformation, kurzgrasige Wiesen, grasiger offener Wald aus wenigen
Gattungen zusammengesetzt, die Belaubung der Bäume etwas dünn, das Laub starr, steif, lederig
oder filzig, gleichsam Zeugnis von dem Wassermangel, unter dem die Bäume häufig zu leiden haben,
ablegend, im Norden vielfach niedriger Busch und das Grasland quantitativ das Waldland über=
ragend. In Kaiser=Wilhelms=Land macht die Pflanzenwelt dahingegen den Eindruck des Strotzen=
den, nimmer Notleidenden, Ungezügelten und Üppigen. Zum Teil mögen diese Unterschiede wohl
durch die verschiedenartige Bodenbeschaffenheit bedingt sein, weit mehr aber sind die klimatischen
Elemente von Einfluß darauf. Der Wasserreichtum des Bodens, der vollständige Mangel an
heißen trockenen Luftströmungen, die beständig einen hohen Feuchtigkeitsgrad besitzende Luft an
sich sprechen deutlich aus der Pflanzenwelt des Kaiser=Wilhelms=Landes."

Da das, was hier von Neuguinea gesagt ist, auch vom übrigen Melanesien gilt, so darf
man die Vegetationsverhältnisse Neuguineas als typisch für die Inselwelt im Norden Austra=
liens hinstellen. Der ganze Bismarck=Archipel und die Gruppe der Salomonen gehören der=
selben Vegetationsregion an wie Neuguinea, die Drude als papuanische Region zusammen=
faßt und durch die Palme Areca macrocalyx, Bania thyrsiflora und Flindersia papuana
charakterisiert. Nur Neukaledonien, die Neuen Hebriden und Banks=Inseln bilden mit der
Fidschi=Gruppe zusammen eine abweichende Vegetationsregion: die der Kentiapalmen, der
Araukarien und Kaurifichten.

Die deutsche Besitzergreifung vom Jahre 1884 hat die Erforschung der Vegetation von Neu=
guinea sehr gefördert. Wesentlich zum Zwecke der Information über Nutzpflanzen wurden von
der Neuguinea=Gesellschaft nacheinander mehrere Botaniker nach Kaiser=Wilhelms=Land gesandt,
unter denen Hollrung die eingehendsten, 1889 in dem Beihefte zu den Nachrichten über Kaiser=
Wilhelms=Land veröffentlichten Studien gemacht hat. Außerdem aber haben andere Botaniker,
wie Warburg, zur Erforschung der Flora der heimatlichen Nordostküste Neuguineas so viel bei=
getragen, daß diese jetzt besser bekannt ist als die der britischen und holländischen Teile der großen
Insel. Hollrung unterscheidet in Kaiser=Wilhelms=Land die Vegetationsformationen: Mangrove=
wald, Küstenwald, Bergwald, Sagopalmendickicht, Bambusdickicht und Grasland, Warburg
dagegen: die Mangrove=Küstenvegetation, den sekundären Buschwald, die Grasflächen, die Sa=
vannen des Fly=Flusses und den primären Wald (Urwald mit vielerlei Abteilungen). Da Holl=
rungs Einteilung nur Kaiser=Wilhelms=Land, die Warburgs dagegen auch das übrige Neu=
guinea berücksichtigt, so wollen wir uns dieser anschließen.

Man kennt jetzt in Neuguinea ebensoviel höhere Pflanzen wie in Deutschland, nämlich 2000,
von denen über die Hälfte in Kaiser=Wilhelms=Land aufgefunden worden ist. Dabei ist jedoch zu
berücksichtigen, daß wir erst einen kleinen Teil kennen, und dazu kommt ferner, daß diese Flora,
so weit sie bis jetzt bekannt ist, sehr reich an wichtigen und hervorragenden neuen Typen ist.

Vor allem ist Neuguinea wie die Malayischen Inseln ein Waldland, so daß das Baum=
känguruh Neuguineas wahrscheinlich von einem Ende der Insel zum anderen gelangen könnte,
ohne den Boden zu berühren. Nur am Fly=, am Kaiserin=Augusta=Fluß und an den Korallen=
kalkküsten sowie über der Höhe von 3600 m breiten sich größere Savannen aus, die am Fly

Hochwald auf der Gazellenhalbinsel, Neupommern. (Nach Photographie von E. Hernsheim.)

australischen Charakter haben, während im übrigen die Pflanzenwelt Neuguineas mehr tropisch=
indische, malayische Züge aufweist.

Betrachten wir die einzelnen Vegetationsformationen genauer, so finden wir, daß sich der
Mangrovewald vor anderen Mangrovebeständen durchaus nicht auszeichnet; an der Küste von
Kaiser=Wilhelms=Land wird er verhältnismäßig selten angetroffen. Er besteht aus Rhizophora,
die Salzwasser, und Bruguiera, die schwach brackiges Wasser vorzieht. Der Küstenwald unter=
scheidet sich von dem Bergwald hauptsächlich auch durch die größere Frische seiner auf feuchtem
Niederland stehenden Vegetation, durch das dichte Zusammenrücken der Bäume und den

Reichtum an ftruppigem Unterholz, Schling=, Kletter= und Schmarotzerpflanzen, während der Hochwald weniger dicht ift, nur wenig Schling= und Kletterpflanzen, dafür aber ftärkere Unter- holzbeftände hat (f. Abbild., S. 224). Eine weitere Einteilung des Waldes in Unterabteilungen würde zu fehr ins einzelne führen.

Die wichtigften Beftandteile des Neuguinea=Waldes find vor allen Palmen in fehr großer Zahl und Fülle. Da auch teilweife endemifche Arten vorliegen, fo ift Neuguinea eins der palmen- reichften Länder, wenn auch an fich diefe Häufigkeit in der Landfchaft wenig auffällt. Kokospalmen fchmücken die Küften, Sagopalmen treten in fumpfigen Niederungen häufig zu dichten Wäldern zufammen und bilden am Kaiferin=Augufta=Fluffe förmlich eine eigene Vegetationsformation; auch die mit Widerhaken verfehenen, oft armdicken Kletterpalmen (der fogenannte Rotang) find häufig, und die Kokospalme bewohnt befonders die Küften des Bismarck=Archipels, namentlich den Often von Neumecklenburg. Die Areka= oder die Betelpalme, die Kentia und Euterpe halten fich fowohl im Niederungs= wie im Bergwalde auf; andere Palmen, wie Caryota, Calamus, Ptycho- sperma, lieben die Thäler, die Fächerpalme Licuala dagegen die Höhen, während fonft Fächer- palmen überhaupt felten find.

Im übrigen birgt, nach Warburg, der Wald Neuguineas „eine ungezählte, bunt durch= einander ftehende Menge verfchiedenartiger Laubhölzer, darunter nicht wenige mit eßbaren Früchten, viele mit feftem und brauchbarem Holz, andere mit Früchten und Rinden, die als Gewürze oder Heilmittel dienen oder kautfchukartige Subftanzen enthalten". Daher werden er- hebliche Mengen Nutzholz aus den Küftenwäldern exportiert. Unter den Laubhölzern führt Hollrung Mucuna, Oaesalpinia, Nuga, Entade scandens, Colubrina, Combretum, Clero- dendron, Aristolochia, Cocculus und andere auf; der Panbanus fpielt namentlich in den Küftenwäldern eine ziemlich bedeutende Rolle.

Die Höhen bedeckt der noch wenig bekannte Bergwald, deffen Schilderung Warburg (,Ver= handlungen der Gefellfchaft für Erdkunde', Berlin 1892) mit Glück unternommen hat: „Die tropifchen Regen hören auf, Nebelmaffen wogen auf und nieder, uns nur zuweilen Blicke auf immer höher auffteigende Bergketten gönnend. Die Bäume werden kleiner, fparriger, dichte Moospolfter und Bartflechten überziehen neben kleinblütigen Orchideen die Bäume, während Farne den Boden bedecken und an den Bäumen hinaufkriechen. Schlinggewächfe hören auf, nur noch einzelne Kletterpalmen wagen fich in diefe Regionen, die tropifche Mannigfaltigkeit hat uns verlaffen, Lauraceen und Myrtaceen bilden Hauptbeftandteile des Waldes. Wir treten an einen fchroffen Felsabfturz und find erftaunt durch die in den Tropen ungewohnte Blütenpracht; die herrlichen roten und gelben Rhobobendrongebüfche bedecken den Abhang, und dazwifchen fchweben kolibriartige Vögel, die buntgefärbten Honigfauger. Oben fängt zwar der Wald wieder an, aber immer eigenartiger wird das Gepräge. Zu den tropifchen Formen der Elaeocarpus ge- fellen fich hohe Heidelbeerbüfche in reichlicher Artenzahl, neben Zimtarten gedeihen Weidenröschen, und die unten fo fpärlich vertretenen Kompofiten werden hier überaus häufig. Bäume aus faft vorweltlichen Koniferengefchlechtern, Libocedrus und Phyllocladus, die jetzt nur noch in befchränk- ter Anzahl auf den Gebirgen Chiles, Tasmaniens, Neufeelands, Borneos, Batjans, Mindanaos, Japans und Kaliforniens gedeihen, treten hier faft waldbildend auf, und noch höher, über 3600 m, wird die Vegetation ftrauchartig, Rhobobendren kommen wieder an den offenen Plätzen zur Gel- tung, auftralifche Formen, Epacribaceen, Cyperaceen finden wir hier neben Grasrafen; Veronica, Gentiana, Potentilla, Hypericum, Myosotis erinnern an unfere Wiefen= und Mattenvegetation, kurzum das Pflanzenkleid auf diefen Höhen ift ebenfo wie das Klima fo grundverfchieden von der Ebene, daß man fich in eine andere Welt verfetzt glaubt. Dabei ift die Lokalifierung der Arten fehr merkwürdig, die Zahl neuer, zum Teil wunderfchöner Rhobobendronarten geradezu erftaunlich."

Als dritte Vegetationsform führt Warburg das Grasland auf, obwohl es im Norden anders entwickelt ist als im Süden.. Dort wird es zum Teil aus der Imperata arundinacea, dem java= nischen Alang=Alanggrase, gebildet und danach Alang=Alang=Fläche genannt. Doch weisen die Savannen auch zahlreiche andere Gattungen von Gräsern auf, wie Andropogon, Themada, Rottboellia, Apluda, und entstehen meist aus altem Kulturland oder Wald durch verheerende Brände, die sich häufig wiederholen. Wahrscheinlich sind sie also ebensowenig primären Charakters wie der sekundäre Buschwald, der auf verwildernden Pflanzungen oder nach Waldbränden empor= wächst und im Laufe der Zeit wieder in den echten Hochwald übergeht.

Das Gras dieser Savannen von Kaiser=Wilhelms=Land dient, wenn es jung ist, als Vieh= futter, wird aber später, 1 m hoch, unbrauchbar und bringt mit den Wurzeln so fest in den Boden, daß es nur mit großer Mühe herauszureißen ist. Da es außerdem weder Futterkräuter noch Wiesenblumen hat, sinkt sein Wert für die Viehzucht nur noch mehr. Eigenartige Gräser scheinen hier ganz zu fehlen. Besser ausgestaltet sind wohl die Hochgrasflächen über der Baumgrenze, die nahrhafte Gräser geliefert haben.

Die südlichen Grasfluren weichen von den nördlichen dadurch ab, daß sich ein australisches Element einmischt: Eukalyptus, Akazien, Myrtaceen, Proteaceen bilden auf den Savannen Be= stände, die lebhaft an Nordaustralien erinnern. Gerade hier zeigt es sich aber, daß die typisch australische Flora in Neuguinea nicht einheimisch, sondern nur hier und da, am kräftigsten in den Savannen am Fly=Fluß eingewandert ist; denn in Kaiser=Wilhelms=Land fehlt sie ganz: dort ist nicht ein einziger Eukalyptus, nicht eine einzige Akazie vorhanden. Die Vegetation der Inseln des Bismarck=Archipels und der Salomonen ist, wie schon bemerkt, der von Neuguinea so ähnlich, daß wir auf eine genauere Beschreibung verzichten dürfen. Auch hier umgürtet Wald die Küsten, auch hier machen weite Graslandflächen das Innere gangbarer.

b) Neukaledonien, die Neuen Hebriden, Loyalty=, Banks= und Fidschi=Inseln nehmen ein Florengebiet für sich ein, das durch das Auftreten der Araucaria, der Kaurifichte Dammara und der Kentiapalme gekennzeichnet wird; von der Dammara kennt man mehrere Arten: D. macrophylla wächst auf den Banks=Inseln, D. obtusa auf den Neuen Hebriden und D. vitiensis auf den Fidschi=Inseln. Die ganze Vegetationsregion zeichnet sich durch einen großen Reichtum an Arten aus: so kommen beispielsweise in Neukaledonien 1500 Blütenpflanzen vor, obwohl die einzelnen Inseln der Gruppe, namentlich Neukaledonien selbst, der Grenze der Tropen nahe genug liegen. Die größere Trockenheit im Inneren dieser Insel führt zur Ausbildung einer dem australischen Scrub vergleichbaren, immergrünen Gebüschvegetation aus Myrtaceen und Dracophyllum, die die Höhen zwischen 1200 und 1600 m einnimmt, und die sedimentären und eruptiven Gebiete der Insel unterscheiden sich in ihrer Flora voneinander: jene tragen mehr Wald und Gebüsch von großer Mannigfaltigkeit, diese selbständige Formen von Myrtaceen, Kasua= rinen und Koniferen.

Die mit Regen gesegneten Randgebiete zeichnen sich natürlich vor allen durch eine reichere Waldvegetation aus, die besonders aus prachtvollen Araukarien in den Höhen und dem austra= lischen Niauli (Melaleuca viridiflora) besteht, während das Sandelholz hier leider vollständig ausgerottet ist. Australische, indische und neuseeländische Elemente setzen innig miteinander ver= mischt die Flora zusammen; immerhin ist das Vorherrschen des australischen Typus unverkennbar. Mangrovenwälder umsäumen die Küsten.

Für die Kultur Neukaledoniens sind nur wenige Pflanzen von Bedeutung. Das Sandelholz findet sich nur noch auf den Neuen Hebriden, das Gras Andropogon allionii ist wegen seiner die Haut reizenden Wirkung der Schafzucht schädlich. Ebenso eigentümlich wie bedauerlich ist es, daß die Eruptivgesteinsgebiete wegen Mangels an Futterkräutern für die Viehzucht unbrauchbar sind.

Da die großen Fidschi-Inseln im Inneren noch wenig bekannt sind, kann man ein abschließendes Urteil über die Flora der Gruppe noch nicht abgeben. Bekannt sind 1086 Phanerogamen, 245 Farne und Kryptogamen, wovon 620 und 15 im Archipel einheimisch sind. Das Gepräge der Flora mit ihren Palmen, Farnen, Scitamineen, Bambus und Orchideen ist indisch. Während der Niederwald wenig Unterholz, aber laubreiche Baumkronen hat, wächst im Hochwald, wie auf Neuguinea, ein starkes Unterholz. An der Westseite der Inseln wiegen Savannen mit australischen Formen vor: Kasuarinen, Akazien, Metrosideros, daneben gedeiht aber auch Pandanus, und den höheren Teilen sind Koniferen, Dammara und Podocarpus eigen. Manche Pflanzen werfen hier bereits das Laub ab.

Einige Teile der Fidschi-Inseln haben ihren Wald infolge des massenhaften Niederschlagens des Sandelholzes schon verloren; namentlich haben die kleineren, gut zugänglichen Inseln außerordentlich unter der fast vollständigen Ausrottung dieses wertvollen Baumes gelitten.

Auf Ono überzieht (nach Kleinschmidt) den dürren, brennend heißen Boden, wenn er nicht ganz kahl ist, ein rauhes, hartes Gras und noch härtere pergamentartige Farne, aus deren Gestrüpp größere Blöcke vulkanischen Konglomerats hervorschauen. Mit dem magersten steinigen Boden zufrieden, stehen vereinzelt an Abschüssen und auf Hügelkämmen Pandanus und Kasuarinen als wohlthuende Staffage zu der Einöde dieser Höhen, doch auch niederes, lorbeerblätteriges Buschwerk schmückt stellenweise das Terrain. Und besonders freundlich erscheinen dem Wanderer die zart lilafarbigen, heliotropähnlich riechenden Blütenbüschel des Rungastrauches (Nelitis vitiensis). Außerdem überzieht der Mbua-la-walla, eine scheinbar anfang- und endlose Pflanze, mit einem feinen, gelben, Bindfaden ähnlichen, großen losen Gewebe den Boden, Steinblöcke ebenso wie Baumstümpfe und Büsche. Ihre Blüte ist nur sehr klein und weiß und die Frucht einer kleinen Wacholderbeere ähnlich. Wo sich etwas Humus in Spalten und Löchern des Gesteins sammelt, da fehlt es auch nicht an Farnen, Flechten und Moosen.

Obwohl auf anderen Inseln auch die Eingeborenen ihren ganzen Bedarf an Nahrung, Material zum Hüttenbau, Anfertigung von Geräten, Kleidungsstücken und Waffen dem Walde entnehmen, bleiben hier doch noch reiche Bestände tropischen Waldes übrig, und es fehlt nicht an Landschaften, denen eine üppige Vegetation hohe Reize verleiht.

„Der Waindalibi bietet", nach Th. Kleinschmidt (Journal des Museum Godeffroy), „an vielen Stellen reizende Szenerien, besonders da, wo ihn schroffe Anhöhen einfassen, die mit herrlicher tropischer Flora überwuchert sind, und über welcher die stolze Niu Sawa (Kentia exorrhiza) oder die Kokospalme und ganze Wäldchen von Baumfarn ihre zierlichen Kronen erheben, während die mannigfaltigsten Schlingpflanzen und Lianen ihre ewiggrünen Guirlanden in der mit Blütenduft geschwängerten warmen Luft schwingen lassen. Besonders auffallend und anziehend erscheinen die 2—3 Fuß langen Schoten der Wa Lai-Mimose (Entada scandens), die von den das Ufer umsäumenden Bäumen und Sträuchern bis dicht auf das Wasser, in welchem sich in nächster Nähe Partien von Bambus und Pandanus spiegeln, herabhängen."

Die ziemlich dichte Besiedelung einerseits und auf der anderen Seite die Einführung fremder Nutzpflanzen haben viel zur Erhöhung der Schönheit der Insellandschaften beigetragen; sind doch schon die einheimischen Pflanzenformen mannigfaltig genug, um abwechselungsreiche Bilder hervorzurufen. Die Küsten umsäumt in großen Hainen die Kokospalme, deren Nüsse den wichtigsten Handelsartikel der Gruppe, die Kopra, ergeben; Kautschukpflanzen sind ziemlich häufig, und Kaffeepflanzungen kamen vor. So werden die besser angebauten Inseln (z. B. Kandavu) landschaftlich immer reizvoller. „Zu beiden Seiten des Weges befanden sich", nach Th. Kleinschmidt (Journal des Museum Godeffroy), „terrassenförmig angelegte Taropflanzungen, deren Böschungen hie und da auch mit Massawa eingefaßt waren. Die Nordseite ist nur wenig bewaldet, dagegen mit Gras, Rohr und Buschwerk überwuchert, durch welche sich der steile Pfad oft über und um Felsblöcke und sonst zu Tage tretendes Gestein herum aufwärts windet, bis er sich in einer Höhe von 300 m mehr eben am Berge schlängelt und eine wundervolle Aussicht auf das tiefblaue Meer und die schäumenden Riffe an beiden Seiten der Insel bietet. Auf der Höhe, bis wohin die einzelnen Felder durch Pfade mit Bananenreihen abgeteilt sind, ist keine einzige Stelle kahl, ein fast undurchdringlicher, pfadloser, mächtiger Forst bedeckt den breiten, runden Bergrücken, der durch den Ruf der Papageien und das tiefe Bellen der großen Tauben belebt wird. Nach Osten fällt der Boden in eine tiefe Schlucht mit üppiger Vegetation ab, der Weg selbst aber senkt sich allmählich. Jvi (Inocarpus edulis Forst.), Ndava (Nephelium pinnatum), die wohlriechende Wasserwulle und Wasse Dum Dum wechseln auf den mit Steinen eingefaßten Süßkartoffeln- und Yamsfeldern miteinander ab, bis Bananen, Mammeapple und Zuckerrohranpflanzungen die Nähe des Dorfes verraten."

Besonders dicht ist der Wald in den höheren Teilen der Inseln. Einer der wenigen bestiegenen Gipfel der Gruppe, der Buke Levu auf Kandavu, ist von tiefem grünen Walde überzogen. „Wirres Unterholz, Felsen, Lianen, schlüpfriges feines Moos, Schluchten mit langbemoosten Steinblöcken wechseln hier ab; in der Höhe bedecken sich die Bäume mit großen Flechten und langen weißen Moosen, die elegante Kau Märi (Astelia montana) haftet mit ihren hellgrünen Fächern, Blüten und Samenbüscheln in Felsen und Ästen, und das Schlangengerippe mit seinen Blütenglöckchen nickte uns freundlich zu. Das myrtenblätterige Buschwerk wurde knorriger, das Gestrüpp dichter, so ging's aufwärts über feuchten, schlüpfrigen, faulenden Pflanzenmulb auf die von Farngestrüpp, Busch und Baumwerk bedeckte Höhe." (Kleinschmidt.)

7. Polynesien.

Alle Inselgruppen des Großen Ozeans östlich von dem Fidschi-Archipel können als polynesische Vegetationsregion zusammengefaßt werden. Nach Drake del Castillo haben die französisch-polynesischen Inseln nur 20 Prozent, die Fidschi-Gruppe schon 40 Prozent, Hawaii dagegen sogar 86 Prozent endemischer Elemente, und der australische, asiatische, amerikanische und neuseeländische Typus streiten sich um die Herrschaft über die Inseln. Während auf den Fidschi-Inseln 59 Prozent der Arten asiatisch, 26 kosmopolitisch und nur je 3 australisch und neuseeländisch, 9 amerikanisch sind, nimmt der amerikanische Typus nach Osten zu. In den hier zu behandelnden zentralpolynesischen und östlichen Inseln ist bereits ein Fünftel der Arten amerikanisch, nur noch je ein Fünfzigstel australisch und neuseeländisch, die Hälfte asiatisch.

Im allgemeinen ist der Flora Polynesiens charakteristisch, daß ihre Üppigkeit nach Osten hin abnimmt. Manche Pflanzen, die von Westen kamen, konnten die östlichsten Inseln noch nicht erreichen: während die Araucaria schon auf den Neuen Hebriden fehlt, rücken Agathis und Dammara bis zu den Fidschi-Inseln vor, die Kentiapalme fehlt ebenfalls bereits in Polynesien, die Gattung Calamus bewohnt zwar noch die Salomonen, nicht aber mehr die Neuen Hebriden und Neukaledonien, die Sagopalme reicht hinüber bis nach Tahiti. Pandanus-Arten finden sich auf allen Inseln Polynesiens und bilden mit Kokospalmen und dem Brotfruchtbaum die wichtigsten Pflanzen, selbst auf kleinen Riffen.

Auf den Tonga-Inseln ist der indische Charakter der Vegetation noch deutlicher ausgeprägt als auf den Fidschi-Inseln. Noch mehr ist dies auf den Samoa-Inseln der Fall, obwohl sie der neuseeländischen Vegetationsregion ziemlich nahe liegen. Hier im Bergwalde bedecken Farne in ungeheuren Mengen den Fuß der Bäume, die Zweige, den Stamm, überzogen von zahllosen Schlingpflanzen, die immer noch dem Sonnenlicht Zutritt erlauben. Dort dagegen, wo-

hin das Licht nicht vorzubringen vermag, am Grunde des Waldes, herrschen weiße und grau=
gefärbte Pflanzen vor. Kokospalmen umgürten die Küsten und die Wohnungen, die Ficus-Art
Chiva sendet, wie die indische Baniane, zahlreiche Luftwurzeln aus, und Nutzhölzer, Farbe= und
Faserstoffe sind in Menge auf den Inseln vorhanden. „Ein Wald von Palmen und Brotfrucht=
bäumen behnt sich", nach Graeffe (,Journal des Museum Godeffroy'), „vom Fuße des Berges
Tofua nach dem Meere aus, wo er von der blauen See und der deutlich sich abzeichnenden
Schaumlinie des Riffes begrenzt wird. Das Grün der von der Sonne beschienenen Vegetation
wetteifert mit dem Ultramarinblau des majestätischen Wasserspiegels, der sich erst am fernen
Horizont dem Auge entzieht. Nach Süden und Westen sieht man über ein Meer von Waldungen,
aus denen nur vereinzelte Gruppen von Kokospalmen ihr Haupt erheben."

Nach demselben Forscher besteht der Wald auf Niuafu (,Ausland' 1867) aus Eugenien,
einer Art Myrte, Rubiaceengattungen und Kasuarinen, und ist in der trockenen Jahreszeit un=
gemein trocken und heiß. „Eine Eugenia entfaltete ihre weißen Blütenbüschel den Stamm ent=
lang, aus dessen Rinde sprossend, auf welchen Schmetterlinge und kleine goldglänzende Bienen
(Halietus) schwärmten." Wie auf vielen hohen Inseln, so sprießt auch auf Futuna eine eigen=
tümliche Flora aus dem durch die Verwitterung des vulkanischen Gesteins entstandenen roten
Ton heraus. „Gleichenien, eine steife hartblätterige, stark zerteilte Farngattung, Büsche von
Alphitonia mit weißen Blütendolden, eine Myrtenart mit wohlriechenden Blättern, eine Orchi=
deenart mit langem Blütenschafte und rosenroten Blüten überziehen diese zur Kultur untauglichen
Landstrecken." Unter den Kostbarkeiten Futunas zeichnet sich das Afaholz durch seine feine Textur
und Polierfähigkeit, das Kanavaholz einer Apocynacee durch seine Dauerhaftigkeit und seine schöne
Farbe, die dem Walnußbaumholz ähnlich ist, das einer Myrte entstammende Siloholz durch
seines Korn, das Miloholz, eine Art Rosenholz, durch den Wohlgeruch aus. Aus dem Baste des
Papiermaulbeerbaumes verfertigen die Eingeborenen mit vielem Geschick den Siapo, ein rötlich=
braunes Papierzeug, das sie, mit Zeichnungen versehen, um die Lenden schlagen; und aus den
Blättern einer Dracaena, Cordyline, stellen sie Lendenschurze her.

Auf Tahiti beginnt bereits die Armut an Arten, wird aber wettgemacht durch die bedeutende
Individuenzahl. Am auffallendsten ist die große Menge von ausdauernden halbstrauchartigen
Gewächsen, die 60 Prozent aller Gefäßpflanzen ausmachen, während Bäume und Sträucher nur
38,5 Prozent und einjährige Pflanzen nur 1½ Prozent der Flora betragen. Unter den zuerst
erwähnten Pflanzen sind vorwiegend Farne vorhanden, darunter aber nur ein einziger Farn=
baum, Cyathea medullaris, allerdings in weiter Verbreitung. In den Küstenwäldern ist die
Barringtonia noch einer der wichtigsten Laubbäume; häufig sind ferner: Calophyllum inophyllum, Guettarda speciosa, Casuarina equisetifolia. Eine sehr kräftige Gesträuchvegeta=
tion mit Raudia tahitensis, Nauclea Forsteri, Weinmannia parviflora, Commersonia echi-
nata überzieht die Gipfel über 800 m Höhe; ihr gesellen sich zahlreiche Kletterpflanzen, Para=
siten und Pseudoparasiten zu. Die krautartigen Pflanzen lieben mehr die Bachränder und die
trockenen Höhen der Hügel sowie auch die Meeresufer. In den mittleren Teilen der Inseln wuchern
die Farne, die Banane Musa Fehi und die Freycinetia derart, daß man den Eindruck einer
indischen Dschangellandschaft hat. Palmen dagegen sind seltener; die einzige reichlich vorhandene,
Cocos nucifera, hält sich, wie gewöhnlich, am Strand auf.

Die indischen Arten breiten sich auch auf Tahiti mehr und mehr auf Kosten der ozeanischen
und endemischen Arten aus, von denen einige zu den Kompositen und Lobeliaceen gehörige viel=
leicht aus Amerika stammen. Dabei ist interessant, zu beobachten, daß die einheimischen Arten
vorwiegend auf den höheren Teilen und in den Hochthälern der Insel, die eingewanderten asiati=
schen aber an den Meeresküsten leben und auch die niedrigen Inseln ausschließlich besiedeln.

Von diesen letztgenannten Eilanden sind die meisten sehr ärmlich ausgestattet; so hat sich auf den Paumotu nur die Strandvegetation Tahitis angesiedelt. Am wichtigsten ist hier stets die Kokospalme, weil sie allein die Bewohnbarkeit der Inseln bedingt, und daneben sind noch er= wähnenswert der Pandanus, der Brotfruchtbaum, Bananen, Arum, Ananas, von denen freilich die drei letztgenannten auf den östlichen Paumotu gar nicht vorkommen. Eintönig sind auch die hohen polynesischen Inseln, wie die Marquesas, da hier, trotz des großen Reichtums an Wald, nur verhältnismäßig wenige Pflanzenarten gedeihen.

Die Vegetation der Koralleninseln der Ellice=Gruppe beschreibt E. Graeffe (im ‚Aus= land' von 1867) anschaulich folgendermaßen: „Ein dichter Hain von Kokospalmen wird nur von wenigen Laubbäumen unterbrochen, wie dem Bua, einer Logania, und der Kanava, einer Apo= cynacee, deren Holz allein zum Bau der Hütten und der Kanoes Verwendung findet. Dem Strand entlang wächst ein eigentümlicher, weidenartiger Strauch mit weißen Blüten und ein anderer, dessen dicke, fleischige Blätter von hellgrüner Farbe sind und dessen Frucht eine Beere ist. Die Keimfähigkeit derselben wird vom Seewasser nicht zerstört, und daher findet man sie überall am Seestrande und auf den kleinsten Inseln der Südsee. Einige Gräser und Farne bilden den Rasen zwischen den Bäumen, deren Stämme mit Moos dicht besetzt sind. Einen eigentümlichen Anblick bieten die schlangenartig gekrümmten, schuppigen Äste des Pandanus dar und die vielen Luft= wurzeln, die hoch vom Stamm an die Erde herablaufen. Die Blätter in der Form von langen, an den Rändern bedornten Bändern stehen schraubenförmig um die Äste. Da sie sehr steif und zähe sind, werden fast überall aus ihnen in Polynesien die Matten verfertigt, außerdem dienen sie zur Dachbedeckung. Die kopfgroßen Früchte bestehen aus vielen polyedrisch um eine Mittel= achse gruppierten faserigen Beeren, welche die einzigen Obstfrüchte dieser Inseln bilden. Es enthält nämlich die faserige Hülle, welche den Samen einschließt, einen süßlichen Saft, welcher ausgesogen wird. Auf vielen Inseln der Südsee werden diese Früchte zerstoßen und durch Gärung der Masse eine Art Brot bereitet."

8. Mikronesien.

Dieselbe Abnahme von Westen nach Osten an Reichtum, die wir bei der Flora Polynesiens eintreten sahen, erblicken wir auch in Mikronesien. Während die westlichen und mittleren Karolinen noch mit reichen Wäldern bedeckt sind, haben die östlichen Gruppen, die Marshall= und Gilbert=Inseln, bedeutend weniger Arten. Die Inselgruppen im Westen, die Palau und die Marianen, schließen sich in ihrer Vegetation durchaus den Philippinen an. Palmen (besonders die Kokos= und Arekapalme), der Brotfruchtbaum in vier wilden Arten, das Zuckerrohr in fünf Arten und der Reis sind die wichtigen Pflanzen, die diesen Inseln ursprünglich eigen sind; daneben kommen auch der Sagobaum, die Hanfbanane und die Baumwollstaude auf den Marianen häufig vor. Die Kokospalme ist bereits diesen westlichsten Inselgruppen von hohem Werte. „Auf schlan= kem, astlosem Stamme", sagt Hernsheim (‚Südsee=Erinnerungen'), „wiegt sich hoch oben die gewaltige Blätterkrone, aus der an armdickem Stengel die rotbraune reife Kokosnuß als Riesen= traube herabhängt, während die junge Frucht, deren Inneres noch kein hartes Fleisch angesetzt hat, dafür aber die kühlende Limonade enthält, sich in dem frischen Grün der Blätter birgt. An dem mächtigen Stamme des Brotfruchtbaumes schlingt sich, wie der Epheu an altem Gemäuer, das Pfefferkraut in die Höhe, und das dunkelgrüne, traubenartig gezackte Blatt des Baumes bildet ein dichtes Dach, aus dem die Frucht in Gestalt von kleinen Kürbissen herniederhängt. Dazwischen die kleine Betelpalme und, den kahlen Stamm derselben verdeckend, die Banane mit ihrer Fülle von saftigem Grün und dem goldenen, schweren Fruchtbüschel." Diese Schilderung gilt nicht bloß für die Palau=Inseln, sondern auch für das übrige Mikronesien, wo meist auch hinter dem Mangroven=Gürtel im Inneren der wertvolle Kokoswald folgt.

Die Vegetation der Palau=Inseln ist reich zu nennen. Die Kocheals sind nach Kubary ('Journal des Museum Godeffroy', I) mit einem Walde von schönem Holze bedeckt. „Die wilde Arekapalme, die in vier Arten über den Kämmen der Felsen hervorragt, herabhängende, gras= blätterige Schlingpflanzen, Dracänen, Pandanen und Ananasarten zwischen dem dichten, zweilaubigen Walde geben der Landschaft ein tropisches Gepräge. Die südlichen Felseninseln sind außerdem mit sehr schönen Koniferen geschmückt. Die Höhen der Risogoß=Inseln machen einen kahlen Eindruck, weil sie nur mit einigen Grasarten, einem sich veräftelnden Farnkraut und einer Nepentesart, bedeckt sind. Pandanen findet man nur stellenweise. Erst in den Ver= tiefungen entwickelt sich die Vegetation; hier bauen und schlagen die Einwohner ihre Wohnungen auf. Außerhalb dieser kultivierten Stellen durch das Chaos von Bambusrohr, bedornten Schlingpflanzen, wilder Areka, Ananasschwarteln und Farnkrautbäumen durchzubringen, wäre sehr gewagt. Baobeltaob ist mit reichen, großbäumigen Wäldern bedeckt, aber trotz dieses Reich= tums genügt die Vegetation dem Bedürfnis der Eingeborenen nicht: die Kokosnußpalmen sind spärlich verbreitet, Arekapalmen kommen nur kultiviert vor, Betelpfeffer erhält sich kaum. Das Hauptnahrungsmittel, Taró, gedeiht nur auf Thonboden; Pililu z. B. kauft von Korror Taró. Die Pandanusarten sind kaum genießbar. Ananas wachsen wild, werden aber selten groß und süß. Brotfruchtbäume sind zwar überall vorhanden, zahlreich aber nur auf sandigem Boden. Außer einer Orangen= und einigen Zitronenarten findet man Musa paradisiaca, Eugenia molluccensis, Terminalia catappa und einige andre Fruchtbäume. Im allgemeinen ist also die Pflanzennahrung spärlich."

Auf den Marianen (z. B. Guaham) vertreten an sandigen, trockenen Küftenstrichen zwei Pflanzen die Mangrovengürtel, nämlich die sehr häufige Cycas revoluta und eine strauchartige, spitzriffelige Casuarina. Dahinter schmückt der eigentliche Wald die Gehänge der Insel und auf dem inneren Hochlande breitet sich die Gebüschvegetationsformation aus. Auf dem Korallenkalk= stein wachsen trotz mangelnden Quellwassers kräftige Wälder ohne viel Unterholz; höchstens hemmen ein paar Dickichte emporwuchernder Cycas-Stämme den Durchgang. Unter den Wald= bäumen wird der Pai Pai seines sehr harten Holzes wegen geschätzt, und dem Pandanus, der hier nicht allzu häufig auftritt, reihen sich Cordia- und Ficus-Arten an. Über dem Walde zeigt sich auf dem altvulkanischen Boden des inneren Hochlandes von Guaham er hier und da erkennbar; ja, schon in den Schluchten über der Mangrovenwaldung wird er hier und da erkennbar. Aus einem Grunde meist koloffaler Gräser (Bambusa arundinacea) erheben sich Convolvulus mari- timus und der Melonenbaum, Carica Papaya, die Kokospalme und der Brotfruchtbaum; auch die gewaltige Barringtonia und die Arekapalme fehlen nicht. Weiter aufwärts verwandeln sich, wie v. Kittlitz, ('24 Vegetationsansichten von Küftenländern des Stillen Ozeans') sagt, „die grafigen Flächen in steile, aufeinander getürmte Höhen, deren Graswuchs bald nach Eintritt der dürren Jahreszeit verschwindet und dem nackten Boden Platz macht. Hier ist die Casuarina zu Hause, ihre vereinzelten Stämme besetzen die Höhen in fast regelmäßigen Abständen. Nicht leicht kann irgendwo ein Land durch charakteristischere Pflanzen auffallender bezeichnet werden als das gegenwärtige durch die Zusammenstellung dieser Casuarina mit dem schmalblätterigen Panda- nus und der Cycas revoluta." Hohe Cyperaceen beleben einen großen Teil der oberen Gras= fluren, die hier und da von Mimosen mit schirmförmigen Kronen angenehm unterbrochen werden.

Auf den Karolinen weicht die Vegetation der reinen Koralleninseln von der der hohen vulkanischen Inseln ab; doch ist sie auf beiden noch ziemlich, teilweise sogar noch sehr reich. Auf Ualan z. B. dehnt sich (nach v. Kittlitz; f. Abbildung, S. 232) hinter den Mangroven=

wäldern der Küste, zu benen sich hier wie im Malayischen Archipel die stammlose Nipapalme und der ansehnlich hohe Sinneratia=Baum gesellen, sumpfiger Wald mit Bananenbäumen (Ficus indica) im Gebiete der zur Flutzeit gestauten Flußmündungen aus. Diese Sumpfwaldung ist zweifacher Gestalt: entweder hat sie den kriechenden Hibiscus populneus als Unterholz und ist dann unburchbringlich; wo dieses aber fehlt, ist sie heckenartig und nur mit kleinen, hinter den höheren Waldbäumen an Größe zurückbleibenden Stämmen der Barringtonia acutangula gefüllt, auf denen parasitische Farne, namentlich Asplenium Nidus, wuchern. Auch die Frey=cinetia verziert die Baumriesen, unter denen sich Cordia und eine großartige Ficus-Art be=sonders auszeichnen, die bekannten Bananenformen Indiens mit ihren zahllosen Luftwurzeln

Sumpfwald an der Küste von Ualan, Karolinen. (Nach v. Kittlitz.)

und Schlingpflanzen; durch ihre gewaltige Höhe überragen diese Riesen das eigentliche Laub=dach des Waldes noch mit einem zweiten Laubbach.

Über diesen Sumpfwald hinaus erhält die Vegetation einen anderen Charakter durch die Halbkultur der Eingeborenen, deren Ackerbauthätigkeit sich auf die Pflanzung von Ba=nanen, Brotfruchtbäumen und Zuckerrohr erstreckt. Daneben geben auch Pandanus odoratis=simus, die auffallende Dracaena terminalis mit eigentümlich bunten Blättern, die Morinda citrifolia und die eßbare Maranta der Landschaft ein besonderes Gepräge.

Wiederum ein anderes Bild gewährt der Gebirgswald. Hier treten Formen auf wie die schon weiter abwärts vorhandene Myristica, die im Gebirge ganz besonders gedeiht. Eine noch bedeutendere Höhe als die Farne, die hier überhandnehmen, erreicht Pandanus odora=tissimus als Unterholz, während Hibiscus populneus in gleicher Eigenschaft kriechend den ganzen Wald erfüllt. Auf seinen phantastisch gekrümmten Ästen und Zweigen lassen sich die Schlingpflanzen nieder: teils krautartige, den Boden bedeckende, teils hoch kletternde holzige Lianen, die wie Seile durch den Wald laufen und an den Kronen alter hoher Bäume wie Schiffs=

taue herabhängen. Dracaena und Maranta bleiben auch hier dem Walde treu, und Palmen kommen noch in größeren Höhen vor.

Etwas anders schaut die Vegetation auf den reinen Koralleninseln aus. Der erste An- siedler auf dem über dem Meere auftauchenden Sandstreifen ist die strauchartige Scaevola mit kleinen weißen Blüten, die ja auch auf den größeren, länger bestehenden Inseln das Hauptkon- tingent zu der Masse des Gesträuches stellt. Dann kommt eine mit silbergrauen Blättern aus- gestattete Tournefortia, öfters schon in Baumform, und eine Myrtacee mit äußerst feinem Laub hinzu. Unter den höheren Bäumen spielt außer der Kokospalme natürlich Pandanus die Haupt- rolle, während als Unterholz eine Hibiscus-Art und ein Calophyllum fungieren, das freilich auch stellenweise zu größeren Formen baumartig emporwächst. Während sich die Barringtonia speciosa hier nicht so schön entwickeln will wie auf den hohen Inseln, gedeiht der Brotfrucht- baum besonders am inneren Lagunenrande der Koralleninseln gut, allerdings nur dort, wo bereits genügend Dammerde vorhanden ist.

Daß nach Osten zu die Üppigkeit der Vegetation erheblich abnimmt, ist deutlich an den Marshall- und Gilbert-Inseln erkennbar. Am fruchtbarsten sind noch die südlichen Marshall- Inseln; immerhin tragen auch die ärmlicher ausgestatteten nördlichen und die Gilbert-Inseln noch große Kokos- und Pandanuswälder, die beide für diese Inseln von größter Bedeutung sind, da sie die Hauptnahrung der Bewohner liefern. Brotfruchtbäume kommen auf den Gilbert-Inseln seltener vor, und Bananen gedeihen nur nördlich bis Maloelab.

9. Die Hawaii-Gruppe.

Die Hawaii-Gruppe nimmt eine besondere Stellung unter den Vegetationsregionen der Südsee ein, da ihre Flora 86 Prozent endemischer Arten enthält. Die Ursache dieses aus- nehmend hohen Prozentsatzes ist in der außergewöhnlich isolierten Lage dieser Inseln zu suchen. Auffallend ist der Gegensatz Hawaiis zu den polynesischen und mikronesischen Inseln: hier gibt es weder Ficus-Arten noch Orchideen und nur ganz spärliche Brotfruchtbäume; zahlreich sind dagegen die Kompositen. Mit den übrigen Südsee-Inseln stimmen nur Pflanzenformen wie Pandanus, Broussonetia, Dracaena, Hibiscus, Curcuma, Tacca, Amomum, Saccharum überein. Anderseits machen sich mancherlei amerikanische Anklänge bemerkbar, die wahrschein- lich der Nordäquatorialströmung des Großen Ozeans zu verdanken sind, die an der amerikanischen Küste nach Westen verläuft und dadurch die Einführung amerikanischer Pflanzen begünstigt.

Alle Verwandtschaft aber mit benachbarten Ländern tritt vollständig zurück hinter die auf- fallende Ausbildung der eigenartigen Formen. Unter 999 bekannten Arten besitzt unsere Inselgruppe nicht weniger als 860 endemische Pflanzen, von denen wiederum 653 auf den anderen polynesischen Inseln und in Amerika fehlen sollen. Die Eigentümlichkeit und Mannig- faltigkeit der Flora Hawaiis wird noch gefördert durch die teilweise bedeutenden Entfernungen der Inseln voneinander und die große Höhe der östlichen, die auf den hohen Vulkanen aus- gesprochenes Höhenklima bieten. Und wenn auch die Thatsache, daß sich der Boden im ganzen gleichartig aus vulkanischen Gesteinen und Laven zusammensetzt, entschieden geeignet war, allzu großer Differenzierung ein Ziel zu setzen, so war doch zu deren gunsten wiederum der Umstand wirksam, daß die Kanäle zwischen den einzelnen Inseln von seitwärts gerichteten Meeres- strömungen so rasch durchflossen werden, daß eine Übermittelung der Pflanzen von der einen Insel an die andere ausgeschlossen, mindestens aber sehr beschränkt ist. Infolgedessen leben die endemischen Pflanzen der Hawaii-Gruppe ziemlich scharf voneinander getrennt gruppenweise auf den einzelnen Inseln, so daß eine jede ihre besondere, erheblich voneinander abweichende ein-

heimische Flora aufweist. Am reichsten bedacht sind die westlichen, am ärmsten die östlichen
Inseln, weil die westlichen die geologisch älteren sind. Somit tritt eine Abnahme des Pflanzen=
wuchses überhaupt und auch der eigentümlichen Arten in der Richtung von Kauai nach Hawaii ein.

Der hauptsächliche Gegensatz besteht aber darin, daß sich die Flora mit zunehmender
Höhe verändert, eine Erscheinung, worin die Hawaii=Gruppe vielleicht nur in Neuguinea
ihresgleichen hat, wenigstens im Bereich Ozeaniens. An der Küste, in den Niederungen und den
tieferen Thälern herrscht ein noch durchaus tropisches Klima, auf den Gipfeln der breiten Vulkane
ein hochalpines Höhenklima; dazwischen dehnt sich das Gebiet gemäßigten Klimas aus. Dem=
gemäß unterscheidet W. Hillebrand in seiner ‚Flora of the Hawaiian Islands‘ vier Höhenzonen,
die verschiedenen Vegetationsregionen entsprechen: die tropische Tieflandszone mit Gräsern und
Wasserpflanzen, aber spärlichem Baumwuchs, die niedere tropische Waldzone bis zu 700 m Höhe,
die mittlere Waldzone von 700—1800 m Höhe und die obere Waldzone mit niedrigen Bäumen
und Sträuchern bis zu 3000 m Höhe. Als fünfte Abteilung ließe sich eine wenig ausgeprägte
Region hochalpiner Pflanzen der Höhen über 3000 m bis zu der Schneegrenze oder den völlig
kahlen Gipfeln der Vulkane hinzufügen.

In der Tieflandzone, besonders des im Windschatten liegenden Südwestens der Insel,
herrscht die offene Graslandschaft, die oft in Gebiete übergeht, die Wüstensteppen gleichen. Am
meisten fällt hier die Begleiterin der Küsten in die Augen: die Kokospalme, eine der am frühesten,
wahrscheinlich von Amerika eingeführten Pflanzen. Neben diesem Baum ist der Pandanus oder
Hala=Baum von 6 m Höhe, der dem indischen Florengebiet entstammt, einer der wertvollsten für
die Eingeborenen. Aus dem Holz der Erythrina monospera, des Wili Wili der Hawaiier, der
im Spätsommer das Laub abwirft, werden die Ausleger der Canoes geschnitten; der Hau=Baum
(Paritium tiliaceum), der auf allen polynesischen Inseln vorkommt, wird laubenartig gezogen.
Eingeführte Bäume der Tieflandzone sind die mittel= und südamerikanischen Guayaben, Psidium
pomiferum, und der Algarrobo, eine Mimose, ferner die Tamarinde und der Mangobaum. Aus
dem Safte der gekauten Wurzeln des Piper methysticum bereitet man die Ava (oder Kava),
ein berauschendes Getränk. Was dieses Gewächs an Ausschweifungen verschuldet, das bringt
an Nutzen wieder ein die bekannte wichtige Nutzpflanze ganz Polynesiens: der Taro (Colocasia
antiquorum; s. Abbildung, S. 239). Einheimisch ist auch das Zuckerrohr, Ko (Saccharum),
das namentlich in den letzten Jahrzehnten in landwirtschaftlichen Betrieb genommen worden ist.
Daneben ist der erst 1856 eingeführte Reis die wichtigste Nahrungspflanze Hawaiis geworden.
Auch Bananen, die sicher in einer Art, vielleicht in mehreren hier zu Hause sind, werden viel in
der Tieflandzone angebaut, allerdings nur dort, wo sich genügende Mengen Wasser finden.

Mit der Zunahme der Abholzung des Tieflandwaldes dehnen sich die Grasfluren der
Küstengebiete immer mehr aus und verlieren ihren ursprünglichen Charakter. Teils gewinnen
die sauren, steifen Gräser das Übergewicht über die saftigen, feinen, während zugleich die höheren
Kräuter, der Schutz der Gräser, allmählich verschwinden; teils werden fremde Pflanzen, wie
Kakteen, Disteln, krautartige Farne, Schachtelhalme und allerlei Unkraut aufgenommen, oder
endlich geht unter der Einwirkung sehr zahlreicher Viehherden der Grasteppich an manchen
Stellen überhaupt ein und in graslose Ödungen über.

Die niedere Waldzone wird durch den Lichtnußbaum (Aleurites moluccana) charakte=
risiert und nach ihm benannt. Dieser Kukui der Hawaiier wird 20 m hoch, wölbt sich zu einer
mattgrünen Laube und liefert eine nußartige, vorzügliches Brennöl bergende Frucht sowie eine
Schale, die schwarzen Farbstoff gibt. Unter den übrigen Bäumen dieses Waldes sind der rötlich
belaubte, dicken, milchigen Saft abscheidende Sideroxylon Sandvicense, der Aula der Hawaiier,
ferner der Papala=Baum (Pisonia), aus dessen Früchten ein zäher Klebstoff gewonnen wird,

und der Kalia (Elaeocarpus) von 10 m Höhe und mit gutem Bast erwähnenswert. Unter den Sträuchern liefert der Nanu (Gardenia Brighamii), ein 4 m hoher, dicht belaubter baumartiger Strauch, in seinen Früchten gelben Farbstoff, der auch im übrigen Polynesien nicht seltene Ai (Cordylene terminalis) von ebenfalls 4 m Höhe aus den Wurzeln ein bierartiges Getränk.

Die mittlere Waldzone der Hawaiischen Inseln, die den reichsten Laubwald enthält, wird nach Metrosideros polymorpha (dem Lehua der Hawaiier) benannt, einem 10 m hohen Baum, dessen vorzügliches Holz das erwünschte Material für die Götzenbilder abgab. Dagegen fertigten sich die Eingeborenen aus dem Holz des 20 m hohen Koa=Baumes (Acacia Koa), der die tropischen Akazientypen mit den australischen verbindet, ihre berühmten Fahrzeuge; die Rinde enthält einen Gerbstoff. Auch das Holz des Kauwila=Baumes (Alphitonia ponderosa), der 26 m hoch wird, und des Aalii (Dodonaea) wird geschätzt. Reich ist ferner diese Waldzone an stark duftenden Lobeliaceen und an Farnen; namentlich verschönern hohe Farnbäume diese Region in solchem Maße, daß sie entschieden die reizvollsten Landschaftsbilder aufweist. Zu vergessen ist dabei nicht, daß auch sie gerade der Sitz der Kaffeepflanzungen ist, die seit 1823, nach anderen seit 1845, auf den Inseln entstanden sind.

Die obere Waldregion enthält meist nur noch zwergwüchsige Bäume und Sträucher. Ihr einziger höherer Baum, Santalum, der rühmlichst bekannte Sandelholzbaum (Jliahi), ist zur Zeit leider ganz ausgerottet. Benannt wird die obere Waldregion nach der Edwardsia Sophora chrysophylla, einem Zwergbaum mit hartem, zum Häuserbau geeignetem Holze, dem Mamane der Hawaiier. Besonders eigentümlich sind ihr ferner der bis 10 m hohe falsche Sandelholzbaum Myoporum Sandvicense oder Naeo, der bis zu einer Höhe von 3300 m vorkommt und wohlriechendes Holz hat, und der Strauch Maieli (Cyathodes), dessen Blätter schön duften. Auf den öden Lavaflächen kommt der Pilostrauch (Coprosma) häufig vor und bietet in seinen Beeren den wilden Gänsen erwünschte Nahrung. Während die Waldgrenze bereits in 2000 m Höhe liegt, zieht sich die Baumgrenze in 3000 m hin; darüber ist nur noch geringer Pflanzenwuchs vorhanden, weil die Gipfel der hohen Vulkane zum größten Teil mit Lavaströmen bedeckt sind. Dennoch reicht am Mauna Loa die Edwardsia grandiflora bis über 2800 m hinaus, und aus gut gedeihenden Sträuchern und Kräutern setzt sich eine leidliche Hochgebirgsflora zusammen: z. B. aus dem Ohelo=Strauch, Vaccinium, dessen glänzende, fleischige, aber säuerlich schmeckende Beeren der Göttin Pele dargebracht werden, aus Geranium-Pflanzen, aus Kompositen, Artemisien, Epakrideen und dem Silbergras, Argyroxiphium Sandvicense, und endlich aus den beiden Synanthereen Ahinahina (der Eingeborenen) und Raillardia.

Wollen wir kurz das Ergebnis aus dieser Schilderung ziehen, so liefern im allgemeinen die Familien der Lobeliaceen, Rubiaceen, Rutaceen und Araliaceen die meisten eigentümlichen Pflanzen; dagegen fehlen der Hawaii=Gruppe vollständig, wie schon oben bemerkt, die asiatischen Ficus-Arten und die epiphytischen Orchideen.

Unter den eingeführten Nutzpflanzen haben die Bataten, Kartoffeln, vier Bananenarten, Weinreben, Agrumen, Erbsen, Bohnen sowie Reis, Kaffee und Tabak mit der Zeit eine große Verbreitung gewonnen.

10. Die Nutzpflanzen.

Legt man sich die Frage vor, was für Nutzpflanzen uns Australien und Ozeanien geboten haben, so muß man wiederum scharf unterscheiden zwischen den tropischen und nichttropischen Teilen dieser Ländergebiete. Hierbei fällt im ganzen die Armut der außertropischen Gebiete, ähnlich wie in Südafrika, auf, während die tropischen Teile, wenn auch nicht mit sehr vielen,

so doch mit einigen wichtigen Nutzpflanzen ausgestattet sind, deren Zahl sich fortgesetzt ver=
mehrt, je mehr man namentlich Neuguinea kennen lernt.

In Neuseeland sind als reine Nahrungspflanzen nur der neuseeländische Spinat (Tetra-
gonia expansa) und die Wurzelstöcke der eßbaren Farne (Pteris esculenta und Cyathea medullaris), dessen Mark verzehrt wurde, zu erwähnen. Eingeführt wurden durch die Maori von
Polynesien her der Taró (Caladium esculentum) und die Kumara oder süße Kartoffel (Convolvulus batata). Im übrigen aber bringt Neuseeland doch noch eine Menge von nützlichen
Pflanzen hervor. Unter den Waldbäumen gibt es nicht weniger als 40 Nutzhölzer: neben der

Neuseeländischer Flachs (Phormium tenax). (Nach O. Sellenz.)

Kaurifichte, deren Harz und Holz gleich hoch geschätzt werden, viele Gerbstoff und Farbstoff liefernde
Bäume, wie der Elaeocarpus dentatus (Hinau) mit schwarzem, die Weinmannia racemosa
mit rotem und braunem, Rhabdothamnus Solandri mit rotem Farbstoff. Weiter sind Faserstoffe
häufig vorhanden, vor allem in dem neuseeländischen Hanf, Phormium tenax (f. obenstehende Ab=
bildung), den schon die Maori zu Mänteln und Matten zu verarbeiten verstanden. Diese Pflanze
gedeiht am besten im feuchten Boden, ihre Blätter dienen den Maori als Papier, werden aber
auch zu Bindfaden, Seilen, Bändern, Stricken, Riemen, Tauen, Körben verarbeitet, da sie sich in
ihren Fasern durch außerordentliche Stärke auszeichnen. Wo sich Phormium auf Sümpfen ein=
gebürgert hat, bildet es zwischen Tümpeln und Wassergräben auf allen einigermaßen festen
Teilen des Bodens dichte Bestände, die mit Vorliebe von Sumpfvögeln und den auf Neusee=
land eingebürgerten Fasanen und Hasen zum Aufenthalt gewählt werden. Die schilfartig aus=
sehenden Pflanzen erreichen eine Höhe von 2—3,5 m und darüber. Von 1828, da zuerst neu=
seeländischer Hanf ausgeführt worden ist, bis 1832 wurde davon in Sydney ein Umsatz von einer

Million Mark erzielt; dann aber ging die Ausfuhr zurück, bis sie in den fünfziger Jahren wieder 100,000 ·Mark jährlich betrug. Seitdem man jedoch Erfolg damit hatte, die Fasern mit Maschinen und durch Behandlung mit Alkalien direkt aus den grünen Blättern zu gewinnen, kam der neuseeländische Hanf dem Manila=Hanf an Güte gleich, und der Export stieg auf jährlich eine Million Mark. Eine weitere Verbesserung besteht in der Herstellung zarter, flachsähnlicher und stärkerer, hanfähnlicher Fasern aus demselben Phormium-Blatt. Jene werden allein oder mit Flachs gemischt für die Anfertigung von Sackleinwand und Segeltuch verwendet, diese zur Verfertigung von Seilen und starkem, weißem Papier. Obwohl der Wert des Phormium-Flachses immer noch 1200—1800 Mark die Tonne beträgt, ist die Ausfuhr doch auf 1500 Tonnen (= 500,000 Dollars) jährlich zurückgegangen.

Überaus arm an eigentlichen Nahrungspflanzen ist auch Australien, selbst sein tropischer Teil. Nüsse und Beeren von Sterculia und Carissa ovata, Kapseln von Marsilia dienen den Eingeborenen des östlichen und nördlichen Inneren, Blätter von Xanthorrhoea und anderen Pflanzen denen des Südwestens zur Nahrung, während in den tropischen Wäldern Queenslands die Nüsse der Araucaria Bidwilli und in den tropischen Teilen überhaupt Palmfrüchte verschiedener Art gern verzehrt werden. Unter den sonstigen Nutzpflanzen steht in erster Linie Eucalyptus, namentlich Eucalyptus globulus, der sogenannte blaue Gummibaum, dessen äußerst wertvolles Holz an Dauerhaftigkeit mit dem der Eiche wetteifert, so daß der Baum auch bereits über viele subtropische Landschaften der übrigen Kontinente verbreitet worden ist. Sehr geschätzt sind zahlreiche Bau= und Möbelhölzer von großer Härte, namentlich in Queensland und Neusüdwales der sogenannte Mahagonibaum (Cedrela australis); von ziemlich großem Wert sind endlich gerbstoffhaltige Rinden.

Die aus Europa eingeführten Baumarten bewähren sich nicht in gleicher Weise, am besten noch Pinus insignis, Pinus halepensis, Pinus sabiniana, sodann Eschen und Eichen, Walnußbäume und Platanen, weniger dagegen die Pappeln, Weiden und Kastanien sowie Pinus canariensis. Gut kommen Orangen, Oliven, Feigen, Mandelbäume, ferner Korkeiche, Zuckerrüben, Flachs und Thee fort, und im Süden haben Äpfel und Birnen, Pfirsiche und Aprikosen sowie der Weinstock ebenso reiche Erträge gegeben wie im Norden die Banane, das Zuckerrohr und die Baumwolle; freilich immer nur in den gut bewässerten Gebieten. Hier gehen von europäischen Getreidearten besonders Weizen und Hafer gut auf. Leider sind mit ihnen auch zahllose Unkräuter eingewandert, die die schwächeren australischen Pflanzenformen unterdrücken, wie überhaupt die australische Vegetation langsam zurückgedrängt wird.

Viel reicher an Nutzpflanzen als das Festland Australiens und Neuseelands sind die tropischen Inseln Melanesiens, vor allem Neuguinea und der Bismarck=Archipel. Zahlreiche Nutzhölzer erfüllen die Wälder der größten Insel der Erde, wenn auch der Wert von vielen dieser Hölzer durch ihre zu große Leichtigkeit beeinträchtigt wird. Verschiedene Arten Eisenholz, Rotholz und echtes Ebenholz, das Cedrelen= oder Zigarrenkistenholz der Queensland=Zeder, Dammara-Bäume und Araukarien sind hier zu nennen, ferner von Rinden die äußerst gerbstoffhaltige Massoi=Rinde aus Holländisch= und Deutsch=Neuguinea, die aromatische Kulit=lawau= und die medizinische Stoffe enthaltende Pulassari=Rinde der Apocynacee Alstonia und endlich sehr dauerhafte Faserrinden von Ficus-Arten, dem Papiermaulbeerbaum und anderen Bäumen. Palm= und andere Tropenfrüchte der Malayischen Inseln bürgern sich mehr und mehr ein, unter denen die wilde Muskatnuß besonders am McCluer=Golf häufig ist. Kautschuk führende Pflanzen sind ebenfalls in Neuguinea heimisch, Guttapercha liefernde seltener. Die Eingeborenen pflanzen Yams und den wichtigen Taro (Caladium esculentum), ferner Celebesbohnen, Melonen, Bananen; im Westen sind dazu noch Orangen, Ananas, Anonen und die Carica Papaya gekommen.

Sehr gut gedeihen von neu eingeführten Pflanzen: Tabak, Baumwolle, und auch mit Kaffee,
Kakao, Chinarinde, Thee werden nicht ungünstige Versuche gemacht. Sagopalme und Brot=
fruchtbaum sind einheimisch; angebaut werden Mangobaum, Kokospalme, Arekapalme und Yams.
Rotang und Bambus liefern gutes Material zum Hausbau, zu Geräten und jeglichem Hausrat.
Auf den Inseln der Neuen Hebriden, Neukaledonien und der Fidschi=Gruppe hat man unver=
nünftigerweise große Bestände des wohlriechenden Sandelholzes ausgerottet.

Araukarien, der Brotfruchtbaum und die Arekapalme, die Kokospalme und Bananen, der
aromatische Niauli, Melaleuca viridiflora besiedeln Neukaledonien; aus den Fidschi=Inseln

Kulturpflanzen (Bananen, Ananas, Zuckerrohr, Melonenbaum, Kokos= und Sagopalme) bei Pua auf Ponapé, Karolinen.
(Nach Photographie.)

stammen das harte Vesiholz (Afzelia bijuga) und das Diloholz (Calophyllum inophyllum)
mit reichem Öl= und Harzgehalt sowie zahlreiche andere Nutzhölzer, wildwachsende Lichtnüsse
sind ein schwungvoller Ausfuhrartikel, Gerbstoff= und Faserpflanzen sind auch hier zu Hause.
Die Eingeborenen und Weißen der Fidschi=Inseln liegen vorzugsweise der Kultur der Kokos=
palme ob. Hier wie auf den Südsee=Inseln überhaupt bildet diese wegen der Kopra, der Kokos=
kerne, die wichtigste Handelspflanze, deren Wert durch die Fasern, die Rinde, das Holz und die
Nahrung spendenden Nüsse nur noch erhöht wird. Daneben werden auf den Fidschi=Inseln
Baumwolle, Zuckerrohr und Kaffee sowie Kakao, Zimt, Gewürznelken, Vanille gezogen.

Auf den Tonga=Inseln sind Yams und Bananen sowie Kokospalmen in den netten,
sauberen Fruchtgärten der Eingeborenen die wichtigsten Nutzpflanzen, auf den Samoa=Inseln
Taro (s. Abbildung, S. 239), Yams, der Brotfruchtbaum, Ananas, die Kokospalme. Aus der
Reihe eingeführter Pflanzen ragen Gerste und Hirse hervor, die auch auf den höheren Teilen des
Inneren gute Ernten geben, während Tabak, Reis, Kaffee, Zuckerrohr erst im Anfange der Kultur

stehen und Baumwolle wenig Arbeit erfordert. Tamarinden, Vanille, Pfeilwurz, Zimt werden gezogen, und Ingwer wächst wild; alle Kulturen aber übertrifft die der Kokospalme.

Auf den Gesellschaftsinseln, besonders Tahiti, sind zu den einheimischen Pflanzen: Pisang, Kokospalme, den süßen Knollen der Batate, der Yamswurzel, Dioscorea alata, dem Taró, der Tacca pinnatifida, Colocasia-Knollen und sonstigen Wurzeln, von den Weißen eine Menge von Pflanzen gesellt worden, die jetzt gut gedeihen, wie die Guayabe, Baumwolle, Kaffee, Vanille, Zuckerrohr. Dazu kommt eine große Anzahl von Pflanzen, die Bauholz, Farbestoffe, Gerbstoffe, Öle und Harze liefern.

Auf Hawaii sind die Yamswurzel, Batate, Tabak, Wein, Zitronen, Erbsen, Bohnen eingeführt worden, Kokos- und Dattelpalmen, Mangobäume und Papayas, Bambus, Araukarien und Bananen kommen fort, der Anbau des Zuckerrohrs hat großen Aufschwung genommen, Kaffee gedeiht gut. Unter den einheimischen Pflanzen liefert der Farnbaum (Cibotium glaucum) eine Pflanzenwolle, die Lichtnuß (Aleurites) Öl, die Tacca pinnatifida Arrowroot.

Auf den Koralleninseln Polynesiens, Mikronesiens und Melanesiens sind vor allem drei einheimische Nutzpflanzen wichtig: erstens die bedeutendste Nahrungspflanze des ganzen Gebietes, die Kokospalme, ferner der Brotfruchtbaum, Artocarpus incisa, und die Yamswurzel. Nicht zu verachten ist auch hier der Pandanus.

Die Taropflanze (Caladium esculentum). (Nach der Natur.)

Von diesem werden die Blütenknospen und der untere Teil der Blätter als Gemüse gegessen, während die Frucht nur bei Mangel an Brotfrüchten verzehrt wird. Aus den Blättern weben die Frauen Matten zu Schürzen und Segeln, und die Blüten werden des Wohlgeruchs halber in den Wohnungen aufgehangen. Wichtiger ist der Brotfruchtbaum, der 60—70 Jahre trägt und in zehn Exemplaren eine ganze Familie dauernd ernähren kann, da die überaus reiche Ernte vom November bis Juli, also neun Monate lang, dauert. Bekannt wurde diese Nutzpflanze (s. Abbildung, S. 240) zuerst durch Cook, der in seiner ‚Weltreise‘ von ihr rühmt: „Hat jemand in seinem Leben nur zehn Brotfruchtbäume gepflanzt, so hat er seine Pflicht gegen seine eigne und die nachfolgende Generation ebenso reichlich erfüllt wie ein Bewohner unseres Kontinents, der sein Leben hindurch während der Kälte gepflügt, in der Sonnenhitze geerntet und nicht nur seine jetzige Haushaltung mit Brot versorgt, sondern seinen Kindern noch etwas an barem Gelde kümmerlich erspart hat." Die Früchte, große zusammengesetzte fleischige Beeren von Ei-, Kugel- oder Melonengestalt, enthalten ein sehr kräftiges Stärkemehl; ja, der ganze Baum ist völlig von zähem, fadenziehendem Milchsaft durchdrungen. Die Früchte werden in heißer Asche gebacken ober zu einer teigigen Masse gestampft, die als Mehl ein lange aufzubewahrendes Brot gibt, dessen Geschmack gebratenen Kartoffeln ober, mit Apfelsinensaft getränkt, bem von Apfelpasteten ähneln soll.

Zu den nutzbaren Pflanzen gehört ferner die Kava=Pflanze (Macropiper methysticum), aus der die Polynesier ihr beliebtes Getränk Kava gewinnen, der Papiermaulbeerbaum, die Südseekastanie (Inocarpus edulis *Forst.*), der Wi=Baum (Evia dulcis *Commeron*) mit seinen angenehm schmeckenden süßlichen Früchten, Eugenia= oder Myrtenarten mit eßbaren Früchten, der Tahiti=Orangenbaum und die Anone (Anona squamosa) und schließlich die Südsee=Pfeil=

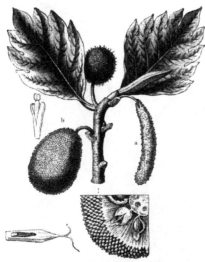

Brotfruchtbaum (Artocarpus incisa): a) Blüte, b) Frucht, c) aufgeschnittenes Fruchtstück.

wurz (Tacca sativa). Was sich auf diesen Koralleninseln mit der Kultur einheimischer und fremder Nutzpflanzen erzielen läßt, zeigt die Abbildung S. 238.

„Wo selbst Kokospalmen und Brot=fruchtbäume fehlen, da gedeihen", nach Graeffe (‚Ausland' 1867), „doch noch wenigstens die beiden eßbare Wurzeln lie=fernden Pflanzen der Aroideenfamilie Bu=laka (Colocasia indica) und Taró. Beide haben breit=pfeilförmige Blätter und einen Blütenkolben, ähnlich bem unseres Arum maculatum, die Bulaka hat aber unge=mein große Blätter von zuweilen 2 m Länge und 1 m Basisbreite. Während der Taró auf Samoa überall ohne große Mühe gedeiht, müssen auf den Ellice=Inseln, wo wenig Humus sich vorfindet und das Regen=wasser schnell in die losen Korallenmassen einsinkt, von den Eingeborenen erst tiefe Gruben in den Korallensand gegraben werden. Diese werden mit Blättern, Ko=kosfasern 2c. ausgefüllt, und sie müssen bann lange Zeit unbenutzt bleiben, bis sich genug Erde gebildet hat, um obige Pflanzen und einige andere Vegetabilien in denselben anbauen zu können." Dies gelingt aber nicht auf allen Inseln. Viele sind vielmehr so niedrig und ihre Masse so ge=ring, daß sich die Gruben mit Seewasser füllen. Man pflanzt auch Bananen in Gruben; doch sind diese so selten, daß sie wie bei uns die Ananas geschätzt sind.

Aus allem ersieht man, daß die gerühmte tropische Überfülle der Vegetation und bie Leich=tigkeit der Ernährung für viele Koralleninseln der Südsee nicht zutrifft. Nicht einmal das an=geblich rasche Auffprießen von Vegetation, Algen, Flechten, Moosen, Gräsern, Sträuchern auf neugebildeten Koralleninseln findet sicher statt: oftmals überzieht nur ein ärmlicher Teppich von Quedengras den Korallenkalk, und manchmal siedelt sich auf den kahlen Eilanden nur jener weiße Beeren tragende Strauch an.

VI. Die Tierwelt.

Bei weitem eigenartiger als die Pflanzenwelt ist die Tierwelt Ozeaniens, da gerade hier die lange Isolierung der einzelnen Inseln und des australischen Kontinents selbst die Einwanderung der höher organisierten Tierformen, besonders der Säugetiere, erschwerte und in hohem Grade beschränkte. Schon seit dem Ende der Kreidezeit muß der Zusammenhang mit Asien und den übrigen Gebieten der Ostfeste unterbrochen gewesen sein. Fehlen doch dem fünften Erdteil fast sämtliche Asien eigentümlichen Tiere, namentlich die placentalen Säugetiere, als da sind: Affen, Vielhufer, Katzen, Wölfe, Bären, Hasen, Eichhörnchen. Auf dem Festlande kommen nur der Dingo, eine Hundeart, Ratten, Mäuse und Fledermäuse vor. Und diese Armut tritt noch mehr hervor, wenn man erwägt, daß wahrscheinlich die drei ersten Tierarten erst mit dem Menschen auf den Kontinent gelangt sind. Somit bleiben außer den Meerestieren, Robben, Walen ꝛc., von placentalen Säugetieren nur die Fledermäuse als in Australien einheimische übrig.

Dieser Mangel an placentalen Säugetieren ist aber nicht nur für das Festland, sondern in höherem Grade auch für die Inseln bezeichnend. Auf Neuseeland gab es bei der Entdeckung außer zwei Fledermausarten überhaupt keine einheimischen Säugetiere, da der Maori-Hund und die Walratte höchst wahrscheinlich von den Maori dort eingeführt worden sind; Schweine erhielten die Eingeborenen erst durch Cook. Auch Melanesien ist arm an Säugetieren. Auf Neukaledonien gab es weder Hund noch Schwein, sondern nur Ratten und Flugbeutler, und selbst auf der dem Malayischen Archipel so nahe gelegenen Insel Neuguinea fanden sich nur das Papua-Schwein, einige Arten Mäuse, Fledermäuse und Beuteltiere, von denen Schwein und Mäuse auch wohl erst mit dem Menschen eingewandert sind. Dagegen ist die Vogelfauna dort reich entwickelt. Aber auch diese sowie die Zahl der Amphibien, Reptile und Insekten nimmt genau wie die der Pflanzenarten nach Osten zu immer mehr ab, so daß die polynesischen Inseln, namentlich die kleinen Koralleninseln, geradezu tierarm genannt werden müssen.

Wohl aber hat sich auf dem Festlande und auf den Melanesischen Inseln die ältere Säugetierform, die der aplacentalen Säugetiere, in zwei Ordnungen: den Kloakentieren und den Beuteltieren, erhalten. Während von jenen nur wenige Arten bekannt sind, kommen diese in bedeutender Arten- und Individuenzahl vor. Daher sind namentlich die Beuteltiere für Australien charakteristisch und zugleich ein vortrefflicher Beweis für die frühe Lostrennung des Kontinents von Asien, da sie sonst überall (in Europa, Afrika, dem Festlande von Asien) von den höher organisierten Säugetieren ausgerottet oder doch sehr zurückgedrängt worden sind, wie in Südamerika und auf den Malayischen Inseln. Sie sind in Europa während der Tertiärzeit verbreitet gewesen, müssen aber, weil sie bereits in der Trias Vertreter gehabt haben, als veraltete Tiertypen gelten.

Da nun Australien neun Zehntel aller bekannten Arten von Beuteltieren beherbergt, so darf man seine Fauna ohne weiteres als eine veraltete, früheren Perioden der Erdgeschichte entsprechende bezeichnen. Auf Neuguinea finden wir noch eine ganze Reihe von Beuteltieren; die übrigen melanesischen und die mikronesischen Inseln haben dann schon nur wenige Arten aufzuweisen, und auf den Polynesischen Inseln und Neuseeland fehlen sie ganz.

Infolge der langen Isolierung vermochten sich ferner eigentümliche Vogelarten auszubilden, unter denen die flügellosen Vögel Neuseelands zu den eigentümlichsten Tieren gehören, die die weite Erde birgt.

Die insulare Natur unseres Gebietes erlaubt daher, aus der australischen Region, der man mit Wallace Australien, Ozeanien und einen Teil der Malayischen Inseln (s. die beigeheftete „Karte der Verbreitung der Tiere in Australien und Ozeanien") zurechnet, vier Unterabteilungen herauszuschälen, nämlich:

1) Die australische Subregion, das Festland Australien mit Tasmanien.
2) Die austro-malayische Subregion, Neuguinea, Bismarck-Archipel, Salomonen.
3) Die polynesische Subregion, Polynesien, Mikronesien, Neukaledonien, die Neuen Hebriden und Fidschi-Inseln.
4) Die neuseeländische Subregion, die Neuseeland-Gruppe.

1. Die australische Subregion.

Der eigentliche Kern der australischen Region ist die das Festland Australien umfassende australische Subregion, weil sich in ihr die charakteristischen Typen der australischen Tierwelt am reinsten ausprägen. Ausgezeichnet ist die australische Subregion wie die australische Region überhaupt durch das völlige Fehlen aller nicht aquatischen und aller placentalen Säugetiere der Alten Welt, mit Ausnahme der Fledermäuse und der Nager, zweier kosmopolitischer Ordnungen. Von Nagern besitzt Australien aber nur die Familie der Muridae; und diese Mäuse sind meist auch nur kleine oder höchstens mäßig große Tiere. Dafür treten zum Ersatz für die fehlenden Vierhänder, Fleischfresser und Huftiere in Australien die Beuteltiere und Kloakentiere, Marsupialia und Monotremata, beides aplacentale Säugetiere, auf. Die zweite dieser beiden Ordnungen wird nirgendwo anders als in der australischen Region gefunden, während die erste nur noch durch die Familie der Didelphyidae im östlichen Südamerika vertreten wird.

Auch die Monotremata, Kloakentiere, werden nur noch durch zwei Formen, das Schnabeltier (Ornithorhynchus) und den igelartigen Echidna, repräsentiert, von denen jenes in Australien und Tasmanien, Echidna hystrix nur in den südöstlichen Gebirgen Australiens, E. setosa in Tasmanien vorkommt. Diese Tiere heißen Kloakentiere, weil die Mündungen der Geschlechts- und Harnwege wie bei den Vögeln in einer Kloake, dem erweiterten Ende des Mastdarms, aufgenommen werden. Sie besitzen schnabelförmige Kiefer, kurze, fünfzehige, stark bekrallte Füße und Beutelknochen, an denen beim Weibchen von Echidna ein Beutel befestigt ist. In seiner Gestalt erinnert das Schnabeltier an den Fischotter oder den Maulwurf, Echidna mehr an Ameisenfresser und Igel. Echidna hat eine zahnlose Schnauze, wurmförmig vorgestreckte Zunge, kräftige Krallen zum Scharren und raschen Eingraben sowie einen Stachelpanzer, lebt auf dem Lande, meidet das Wasser und vermag sich selbst in steinigem Boden wegen seines erdfarbenen Aussehens gut zu verstecken. Seine Nahrung besteht aus Kerbtieren, Würmern, besonders aber aus Ameisen und Termiten.

Das Schnabeltier (s. Abbildung, S. 243) erinnert nicht nur in seiner Anatomie sehr an die Vögel, es hat auch einen entenähnlichen Schnabel, mit dem es im Schlamme nach Nahrung

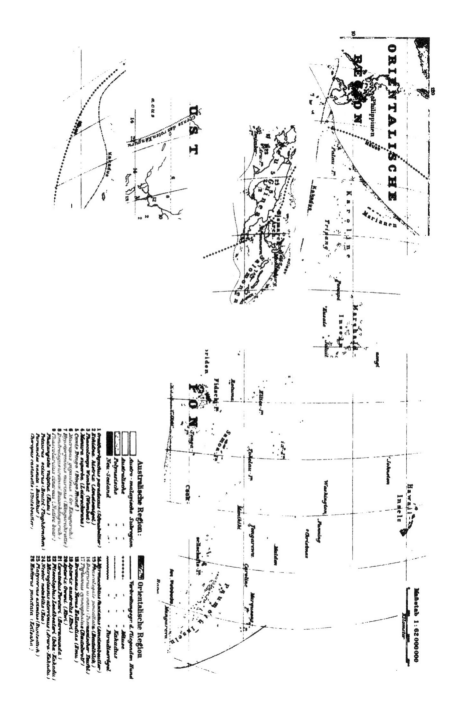

Maßstab 1 : 62 000 000

Australische Region:
Austro-malayische Subregion.
Australische
Polynesische
Neu-Zeeland

Orientalische Region
Verbreitungen d. Gegenden Rand

1 Podargus papuensis (Oipandehor)
2 Talebis hivteli (Laamgoi)
3 Pseudorhis nouensi (Voriden)
4 Memura superba (Leiervogel)
5 Casta Bongo (Bongo Vand)
6 Menopus signatus (Gr Kangurub)
7 Enyprorophus martensi (Klingerbrahi)
8 Rhynchoporea (pies Bantagnabo)
9 Podobitte trigoris (Bula)
10 Macura columos-Brout (Flughörnchen)
11 Perameta nasuta (Bantibar)
12 Carpus casuariti (Ratsteutbar)

14 Myrmecobius fasciatus (Ameisenbeutler)
15 Bettocogale penicillata (Beutelhake)
16 Dasyurus ursinus (Beutelteufel)
17 Phlascone (Coroghobbius (Beutelbar)
18 Preumus Neu-Holandius (Flu)
19 Apteri australis (Kivi)
20 Apteris Oweni (Kivi)
21 Petrodroma Landsdoris (Jake Kakadu)
22 Microglome adervionus (Arara-Kakadu)
23 Krator nebulilt (Kas)
24 Platyroru axinulit (Buntartel)
25 Rallus punctta (Kaladu)

wühlt. Zähne hat es nicht, sondern nur vier zahnartige, hornige Vorsprünge auf jedem Kiefer; dazu kommen Schwimmhäute, ein biberartiger Ruderschwanz und bei beiden Geschlechtern vor den Schambeinen die Beutelknochen. Das Schnabeltier, das die Größe der Hauskatze erreicht, lebt amphibisch vorwiegend in den Flüssen von Neusüdwales (Peel, Macquarie, Murrumbidgee). Hier fängt es Insekten und Mollusken, die es in den Backentaschen bewahrt und in den eigentümlichen, mit Ausgängen zum Wasser und zum Lande versehenen Wohnungen verzehrt. Aufsehen hat die neuerdings durch Calbwell erfolgte Bestätigung der bereits von Geoffroy Saint-Hilaire 1829 aufgestellten, von Bennet jedoch bestrittenen Thatsache erregt, daß das Schnabeltier mehrere weichhäutige Eier legt, die, in wenigen Tagen ausgebrütet, sehr unentwickelte Junge ausschlüpfen lassen. Der dunkelbraune oder schwarze Pelz des Schnabeltiers ist außerordentlich weich und warm; das Fleisch wird von den Eingeborenen und manchen Australiern europäischer Abstammung gegessen, doch ist die Jagd auf das Tier schwierig, weil es, vermutlich infolge der langwierigen Verfolgung durch die Eingeborenen, sehr furchtsam ist und immer nur auf ganz kurze Zeit

Das Schnabeltier (Ornithorhynchus anatinus).

aus dem Wasser auftaucht. Der Bau, der den Schnabeltieren als Wohnung dient, besteht, nach v. Lendenfeld, dessen Ausführungen über das Tier (‚Australische Reise‘) wir hier zu Grunde gelegt haben, „aus einem System von mehreren, oft gewundenen, labyrinthisch miteinander kommunizierenden Gängen. Es läßt sich in der Regel ein Hauptgang unterscheiden, der 0,5—1,5 m unter der Wasseroberfläche zwischen den Wurzeln der am Ufer stehenden Sträucher und Bäume beginnt und unter einem Winkel von 20—45° schief aufwärts führt. Der untere, von Wasser erfüllte Teil der Gänge zieht sich durch das dichte Wurzelgewirr hin und ist oft gar nicht durch das Erdreich angelegt. Von dem oberen, trocken liegenden Teil des Hauptganges gehen mehrere Nebengänge mit ähnlichen Maßen wie der Hauptgang ab. Die Gänge sind etwa 8—15 cm weit, im allgemeinen ist der obere, unverzweigte Teil des Haupteinganges enger als die unteren Partien und zwar so schmal, daß sich ein Schnabeltier darin nicht herumdrehen kann. Am Ende des Haupteinganges, 1—2 m über der Wasseroberfläche, liegt das Nest, eine platte, rundliche Höhle, welche mit zarten Blättern von Wasserpflanzen und dergleichen ausgepolstert ist. Wenn Gewitterregen oder rasche Schneeschmelze im Gebirge die kleinen Flüsse in gewaltige Torrenten verwandelt, verbirgt sich das Schnabeltier in seinem Bau und ist nicht auf der Wasseroberfläche zu sehen. Nur wenn der hohe Wasserstand lange anhält, wagt es sich, von Hunger gepeinigt, hervor, scheint aber dann nur mit großer Schwierigkeit Nahrung erlangen zu können. Es sucht dann wohl auch stehende Gewässer und ruhigere Flußarme auf, in welchen es zu anderen Zeiten nicht angetroffen wird. Lagert man des Abends am Ufer eines Flusses im Urwalde, so kann man in der Regel eines Schnabeltiers ansichtig werden. Es scheint stets einzeln zu jagen. Wenn anscheinend unverdaulichen Dingen; sein zähes Fleisch und öliges Fett wird von den Eingeborenen als Leckerbissen betrachtet. Das Weibchen legt ein halbes Dutzend dunkelgrüne Eier, die das Männchen zwei Monate lang allein bebrütet; die ausgekrochenen Jungen gleichen an Frische und Beweglichkeit jungen Hühnern.

Eigentümlicher noch als der Emu wirkt die Erscheinung des Leierschwanzes (Menura superba; s. die beigeheftete Tafel „Tierleben im Urwald von Nordaustralien"), der bald den Fasanen, bald den Sängern, jetzt den Sperlingsvögeln (Passeres) zugerechnet wird. Vor allem fällt er

Ein Emu-Weibchen mit seinen Jungen (Dromaeus Novae Hollandiae).

durch die einer Leier ähnlichen, aufwärts gekrümmten, graubraunen Schwanzfedern mit rostroten Spitzen und schwarzen Rändern auf, die die doppelte Höhe des an Größe dem Fasan gleichenden Vogels erreichen. Der Vogel lebt im dichten Walde, besonders im Eukalyptuskrummholz der höheren Gebirge; hier hört man in Höhen von 1000—1500 m morgens und abends das hell=tönende Pfeifen des Hahnes. Infolge der außerordentlichen Scheu, die ihn bei dem geringsten Geräusch entweichen läßt, ist es schwer, des Tieres habhaft zu werden; am besten, ähnlich wie bei der Auerhahnjagd, gelingt es während der Balze, in der er neben dem helltönenden Pfiff mäßiges Gurgeln hören läßt. Die Balzzeit fällt in den Winter und den Anfang des Frühlings, die Brutzeit in die Monate September und Oktober, im Tieflande auch in den Winter. „Das mit

TIERLEBEN IM URWALD VON NORDAUSTRALIEN.
(Nach der Natur.)

TIERLEBEN M URWALD VON NORDAUSTRALIEN.
(Nach der Natur.)

einem Dach versehene Nest wird (nach v. Lendenfeld's ‚Australischer Reise') sehr kunstvoll in niederem Gesträuch oder am Boden angelegt. Das Weibchen legt ein einziges Ei von der Größe des Enteneies und bebrütet dieses allein. Das ausgeschlüpfte Junge ist sehr hilflos und wird mindestens sechs Wochen von der Mutter gefüttert." Seine Nahrung, die aus Insekten, Würmern und Schnecken besteht, scharrt sich der Leierschwanz mit den kräftigen Beinen aus der Erde.

Eine weitere eigentümliche Familie sind die Scharrhühner, Megapodidae, oder Großfuß= hühner, von den Engländern Scrubtruthühner genannt, die ihre Eier nicht durch die Wärme des Körpers ausbrüten, sondern in gewaltige, mit den Füßen zusammengescharrte Haufen von vegeta= bilischen Substanzen, Humus, Blättern, Baumzweigen und Pilzen, legen und sie hierin der durch den Fäulnisprozeß erzeugten Wärme zum Ausbrüten überlassen. Nach Semon bereiten sie diese Haufen schon fünf Monate vor der Ablage der Eier vor, indem sie sich zu einer größeren Zahl vereinigen, um den Haufen in gemeinsamer Arbeit auf eine Höhe von 3—5 m zu bringen.

Wer auch immer im ostaustralischen Wald und Busch reist, der wundert sich über die lachende Stimme des den Eisvögeln zugehörigen Paralcyon gigas (oder Dacelo gigas), der wegen seines tollen, vielstimmigen, besonders vor Sonnenaufgang erschallenden Gelächters von den Kolonisten the laughing jackass, der lachende Hans, genannt wird. In den Alpen und in Westaustralien fehlt er; sein Hauptverbreitungsgebiet ist das östliche Neusüdwales und Queens= land. Der braun und weiß gefärbte Vogel mit schwarzgelbem Schnabel ist ein Raubvogel, dessen Beute kleine Reptile, Mäuse und kleine Vögel sind. Weil er aber auch Schlangen, ja sogar giftige Schlangen angreift und tötet, wird er von den Ansiedlern sehr geschätzt. Wahrscheinlich zerstört er durch einen raschen Schnabelhieb den Kopf der Schlange und verschlingt dann den sich be= wegenden Leib mit ungeheurer Gefräßigkeit.

Durch ihr Gefieder glänzen namentlich die Papageien, Loris, Kakadus und Sittiche, deren Farben mit dem Grün und Silberweiß der australischen Pflanzen harmonisch zusammen= passen. „Zwischen dem grünen Laubwerke der Gummibäume", sagt Brehm (‚Tierleben'), „schimmern, wunderbaren Blüten vergleichbar, die blendenden Kakadus hervor, von den gelb blühenden Akazien hernieder leuchten die scharlachroten Rosenparakits, und um die Blüten der Bäume tummeln sich die honigsaugenden Pinselzüngler in ewig beweglich freudig beleben." während die kleinen Graspapageien die oft trostlosen Ebenen des Inneren freudig beleben."

Unter den Kakadus ragen besonders drei Arten hervor: der rote des Inneren, der ge= wöhnliche große, weiße (Plictolophus leucocephalus) und der Rabenkakadu (Calyptorhynchos Banksi). Der rote Kakadu fehlt ganz auf der Ostseite des australischen Faltungsgebirges, wie denn überhaupt in der Fauna ein erheblicher Gegensatz zwischen den beiden Seiten des Gebirges, wenigstens in Queensland, besteht. Sobald der niedrige Rücken der Wasserscheide nach Westen hin überschritten ist, begegnet man (nach Lumholtz) ganzen Scharen von rotbrüstigen Kakadus (Cacatua rosicapilla). Der Rabenkakadu ist gegenüber dem listigen und dreisten weißen Kakadu ein wenig anziehender Vogel. Der weiße Kakadu gehört zu den beliebtesten australischen Vögeln und ist so häufig, daß die sich auf den Maisfeldern niederlassenden, wolkengleichen Schwärme nicht selten aus mehreren Tausend, bis zu 5000 Stück bestehen. Besonders bekannt sind auch, seitdem man sie (seit dem Jahre 1840) in Europa eingeführt hat, die niedlichen Wellensittiche (Psittacus undulatus) Südaustraliens geworden.

Auch der Reichtum an anderen Vögeln ist nicht unbedeutend. Nach Lumholtz ist nament= lich der Wasservögel Zahl oft erstaunlich groß. Der kleine Rohrsperling (Acrocephalus australis), Australiens bester Sänger, läßt sich im Papyrusgebüsch an den Lagunen nieder und nistet hier. Schwäne (Cygnus atratus), Enten, Gänse, weiße, graue, blaue Reiher, Schlangenhalsvögel (Plotus), der schöne blau und weiß gefärbte Cyanalcyon Macleayi und der bereits besprochene

Dacelo gigas, die Schopftaube (Lopholaemus antarcticus) beleben die Wassertümpel, Pelikane sitzen zu Hunderten an dem Röhricht. Lumholtz schätzte die Zahl der Vögel auf einer kaum 2 km langen Lagune (s. untenstehende Abbild.) auf 10,000. Die Parra gallinacea oder der australische Lotosvogel, einer der merkwürdigsten Wasservögel, hält sich auf umherschwimmenden Blättern, besonders auf denen der Wasserlilie, auf, ist von der Größe einer Drossel, hat lange Beine und ungewöhnlich entwickelte Zehen und ist so sehr ans Wasser gewöhnt, daß er sogar sein schmuck= loses Nest auf den frei schwimmenden Blattpflanzen anlegt.

Von Landvögeln darf man noch folgende Arten als bemerkenswert hinstellen. Der Riesenkuckuck (Scythrops Novae Hollandiae) zeichnet sich durch großen Schnabel und Färbung

Wildgänse auf einem See in Queensland. (Nach Lumholtz.)

aus, und die Honigsauger (Cystostomus australis) entnehmen mit ihren langen Zungen den Blüten die Nahrung; besonders schön ist der scharlachrote Myzomela erythrocephala. Ein Raubvogel, der im Dunkeln nach Insekten, lieber noch nach jungen Vögeln jagt, ist der Frosch= maul = Ziegenmelker, Podargus strigoides.

„Der Huf unseres Pferdes", bemerkt R. Semon, „scheucht oft genug ein Pärchen der niedlichen, braunen Erdtauben (sogenannten Squattertauben) auf, die nur auf den Ast des nächsten Baumes auffliegen und sich von dort in aller Bequemlichkeit herunterschießen lassen. Der Scrub beherbergt eine andere, größere Taubenart, die sehr scheu und schwer zu beschleichen ist. Wegen ihres eigentümlichen Rufes Wonga wird sie als Wonga=Taube bezeichnet. Ein anderer merkwürdiger Vogel ist in den Scrubs nicht selten, es ist der [Kragen=] Laubenvogel (Chlamydodera maculata), ein unscheinbares, braunes Geschöpf von Amselgröße, das durch ganz eigen= tümliche Lebensgewohnheiten ausgezeichnet ist. Zur Brutzeit bauen diese Vögel aus Reisig laubenartige Gänge, bie fie mit Mufchel= unb Schneckenschalen, schimmernben Steinen unb bunten Beeren, kurz mit allem möglichen ausschmücken, was auffallenb unb glänzenb ausfieht (f. untenftehenbe Abbilbung). In biefen Lauben führen bie Vögel allerlei Spiele unb Tänze auf, inbem fie bie bunten Gegenftänbe in ben Schnabel nehmen unb mit ihnen auf unb ab laufen."

Da viele biefer Vögel nur im regenreichen Often unb an ben Küften vorkommen, ift bas trockenere Innere verhältnismäßig wenig belebt von Tieren, außer auf ben Grasländern nahe ben Flüffen. „Die ganze Gegenb", fagt Alexander Forreft, ber im Jahre 1879 am Fitzroy

Der Kragenlaubenvogel (Chlamydodera maculata).

eine reiche Tierwelt fanb („Petermanns Mitteilungen', 1881), „war ungemein wilbreich: überall traf man Känguruhs, Enten, Trappen, Kakabus, auch einzelne Emus", unb John Forreft berichtet vom Kimberley=Diftrikt („Petermanns Mitteilungen', 1884): „Auf allen Waffer= flecken wimmelt es von Enten; bagegen finb Fliegen unb Moskitos eine wahre Peft auf ben Grasebenen, obgleich es jetzt nur wenige geben foll im Vergleich zum Sommer unb ber Regen= zeit, wo fie Tiere unb Menfchen faft zur Verzweiflung bringen. Des Nachts kann man fich burch Vorhänge helfen, aber bes Tages finb fie eine wirkliche Plage."

Die Reptile unb Amphibien bieten weniger Merkwürdiges bar. Von Schlangen befitzt Auftralien keine einzige eigene Familie, wohl aber eigentümliche Arten. Darunter finb aber ungefähr zwei Drittel, alfo ein fehr großer Prozentfatz, giftig; namentlich Südauftralien, Tasmanien unb Weftauftralien bergen ihrer mehr als genug. In ben tropifchen Teilen kommen Schlangen in größerer Menge als im Süben vor, in Queensland 41, Neufübwales 31, Victoria 12, Tasmanien 3 Arten, unb manche von ben queensländifchen finb von

bebeutenber Größe, wie Morelia variegata. An Eibechsen sinb acht Familien, barunter brei
eigentümliche, vorhanben, unb von 140 Arten sinb fast alle enbemisch; namentlich gilt bies von
ben Stinken unb Geckos in West= unb Sübaustralien. In Norbaustralien lebt in ben Flüssen
bas Krokobil unb ein bis 2 m langer Leguan. Die Frösche unb Kröten bringen es in Austra=
lien auf neun Familien.

Unter ben Fischen ist vor allem ber Lungenfisch, Ceratodus Forsteri (s. untenstehenbe Ab=
bilbung), hervorzuheben. „Von allen ben wunberbaren Geschöpfen biefer Weltgegenb", bemerkt
R. Semon („Verhanblungen ber Gesellschaft für Erbkunbe', Berlin 1894), „ist wohl bas merk=
würbigste ber eigentümliche Fisch, ber allein in zwei kleinen Flüssen Australiens, im Burnett=Fluß
unb Mary=Fluß, lebenb vorkommt, währenb er in längst vergangenen geologischen Epochen bie Flüsse
aller Erbteile, auch bie Europas, bevölkert hat. Dieser Fisch ist vor allem baburch ausgezeichnet,
baß er zwar noch Kiemen besitzt unb bieselben zur Atmung benutzt wie ein anberer Fisch, baneben
aber auch bie zu einer wirklichen Lunge umgewanbelte Schwimmblase zur bireften Luftatmung

benutzt unb baburch sowie burch alle Einzel=
heiten seines Baues ein Binbeglieb bilbet zwi=
schen Wasser unb Luft atmenben Wirbeltieren."

Nach Wallace sinb bie Insekten ebenso ver=
schiebenartig unb eigentümlich wie bie höheren
Tiere. Allerbings hat, ausgenommen ben tro=
pischen Teil, Australien selbst nur wenige Schmet=
terlinge: in Queenslanb leben etwa 100, in Süb=
australien 35 Arten. Dagegen treffen wir Käfer
in größerer Menge unb Eigenart an, besonbers
prachtvoll sinb hier bie Buprestidae. Heuschrecken
sinb allgemein; bie Gottesanbeterin (Mantis re-
ligiosa) unb bie Gespenstschrecken (Phasmodea)

Der Barramunbafisch (Ceratodus Forsteri).

werben bis zu ¹/₃ m lang. Ameisen finben sich vielfach, unb Termiten errichten auch hier auf
ben Grasebenen ihre großen Bauten in so gefahrbrohenber Weise, baß ber Überlanbtelegraph burch
eiserne Pfosten vor ihnen geschützt werben mußte.

Unter ben nieberen Tieren Australiens sinb ferner merkwürbig bie Riesenregenwürmer,
bie Cikaben unb bie eßbaren Käfer; bie Raupe ber auf Akazienbäumen lebenben Euranassa australis, bie an ben Wurzeln ber Akazien lebt, wirb von ben Eingeborenen in glühenber Asche geröstet
unb mit großem Vergnügen gegessen. Daneben sinb noch zu erwähnen bie spinnentötenbe Grab=
wespe (Mygnimia Australasiae) unb Queenslanbs giftige Spinne (Latrodectus scelio), ein
schwarzes Tierchen mit schimmernbem, scharlachrotem Zeichen auf bem Rücken, bas trotz seiner
Kleinheit mit seinem Biß mehrtägige Lähmung erzeugt.

Über bie Veränberung ber Fauna Australiens burch europäische Einwirkung ist schon oben
(S. 247) gesprochen worben.

2. Die austro-malayische Subregion.

Die austro=malayische Subregion, ber Neuguinea als Kern unb als angeglieberte Be=
stanbteile bie Bismarck=Archipel, bie Salomonen unb bie Louisiaben angehören, lehnt sich, wie teil=
weise schon aus bem Namen hervorgeht, eng an bie östlichen malayischen Inseln an, namentlich an
bie Molukken. Ihre Tierwelt weicht von ber bes Festlanbes von Australien ebenso erheblich ab wie
Klima unb Vegetation; wirb sie boch burch ben vorwiegenb walbreichen Charakter ber zur

Subregion gehörenden Länder beſtimmt. Daher die ſehr große Zahl von Baumtieren, unter benen das Baumkänguruh und der Paradiesvogel wohl am bekannteſten ſind.

Gegenüber Auſtralien ſind die Melaneſiſchen Inſeln, auch Neuguinea, verhältnismäßig arm an Säugetieren; denn nicht einmal die aplacentalen Marsupialia (Beuteltiere) ſind hier reich vertreten. Vier der auſtraliſchen Familien der Beuteltiere kommen auf Neuguinea vor, deren neun Gattungen wenigſtens ein paar eigentümliche enthalten. Nur das papuaniſche Schwein (Sus papuensis) mit einer Art und einige Ratten der Gattung Uromys ſowie die Fledermäuſe repräſentieren die placentalen Säugetiere. Dieſe Vorkommniſſe ſind zu ſpärlich, als daß ſich daraus Beziehungen zu der orientaliſchen Region Südaſiens ergeben könnten, mit der Neuguinea ben einer Zibetkatze ähnlichen Paradoxurus gemein hat. Aus der Klaſſe der Beuteltiere iſt das Känguruh auf Neuguinea und in einer verwandten Art auf Myſole und den Aru-Inſeln vor-handen. Dieſes echte Känguruh von der Größe eines mittelgroßen auſtraliſchen iſt das erſte Tier dieſer Art, das von Europäern geſehen worden iſt; beſchrieben wurde es 1714 von Le Brun in Batavia. Noch eigentümlicher iſt das Dendrolagus inustus, auch Dendrolagus ursinus („Känguruh-Bär“) genannte Baumkänguruh (ſ. nebenſtehende Abbildung), das in zwei Arten auf Neuguinea lebt und mit der Geſchmeidigkeit eines Eichhörn-chens auf den Äſten der Bäume umherläuft: ein lehrreiches Beiſpiel für die Anpaſſung an urſprüng-lich nicht gegebene Lebensbedingungen; denn die geſamten übrigen Känguruhs leben auf dem Erd-boden. „Die Stützkraft des muskulöſen Schwan-zes“, ſagt Wallace („Der Malayiſche Archipel‘), „iſt verloren gegangen, und mächtige Klauen ſind erworben, um das Klettern zu unterſtützen; aber in anderer Hinſicht ſcheint das Tier ſich beſſer

Das Baumkänguruh (Dendrolagus ursinus).

dafür zu eignen, auf der feſten Erde zu gehen. Dieſe unvollkommene Anpaſſung mag in der Thatſache ihren Grund haben, daß es keine Raubtiere auf Neuguinea gibt und keine Feinde irgend welcher Art, vor denen dieſe Tiere jemals durch ſchleuniges Klettern zu entfliehen hätten.“

Die übrigen Beuteltiere Neuguineas gehören zum Teil zu dem Geſchlechte Cuscus und ſind gefleckte Tiere von der Größe der Katzen; von benen des Indiſchen Archipels, die wir ſchon auf Celebes und den Molukken heimiſch vorfinden, ſind in Neuguinea vier Arten vertreten. Dazu kommen das fliegende Opoſſum und fünf andere kleine Beuteltiere, bis zu der Größe einer Ratte hinab, darunter Phascogale melas, Parameles Doreyanus, Myoictis Wallacei und Dacty-lopsia trivirgata. Fruchtfreſſende Fledertiere und inſektenfreſſende Fledermäuſe machen den Schluß in der Reihe der Säugetiere. Überblicken wir dieſe noch einmal in ihrer Geſamtheit, ſo ſtellt ſich heraus, daß aus Neuguinea bisher nur zwei eigentümliche Säugetiere bekannt ſind, eine im Verhältnis zur Größe der Inſel lächerlich kleine Zahl, die ſich bei genauerer Unterſuchung des Inneren unbedingt erhöhen wird.

Im Gegenſatz zu den Säugetieren iſt die Zahl der Vögel außerordentlich groß, und ebenſo auffallend iſt die Pracht ihres Gefieders. Von 350 Arten bekannt gewordener Landvögel ſind 300 endemiſch. Die berühmteſten davon ſind entſchieden die Paradiesvögel. Von den etwa 136 Gattungen ſind 31 in einem größeren Gebiet verbreitet, namentlich die meiſten Raubvögel, daneben auch die Gattungen Hirundo, Caprimulgus, Zosterops und andere. Da 39 der papua-niſchen Region eigentümlich, 50 der auſtraliſchen, 9 ſpeziell malayiſch und nur 7 typiſch orientalisch sind, ist der australische Charakter der Vogelwelt über jeden Zweifel erhaben. Auffallend ist besonders die große Pracht der Farben und Federn der Neuguinea-Vögel; denn etwa die Hälfte aller Vögel ist durch Farbenreichtum ausgezeichnet: Papageien, Kakadus, Loris, auch viele Tauben und Eisvögel wetteifern hierin, während ihnen gegenüber die meist dunkler gefärbten Drosseln fehlen und die Zahl der ebenso gefiederten Würger, Sänger und Timaliidae gering ist. Die prachtvollsten unter allen sind aber die oftmals metallisch glänzenden Paradiesvögel.

Die Paradiesvögel, von den malayischen Händlern Manuk dewata oder Göttervögel, von den Holländern Paradiesvögel, den Portugiesen Sonnenvögel genannt, sind bis zum Jahre 1760 nicht in vollkommenen Exemplaren in Europa bekannt gewesen, seitdem aber in immer größerer Menge gesucht und beschrieben worden. Sie bilden eine Gruppe mäßig großer Vögel, sind in ihrem Bau und ihren Gewohnheiten nach Wallace, der ihnen in seinem Buche ‚Der Malayische Archipel‘ ein besonderes Kapitel widmet, den Krähen, Staren und australischen Honigsaugern verwandt und berühmt durch ihr wundervolles Gefieder, dessen Schönheit von keiner anderen Vogelfamilie erreicht wird. „Bei mehreren Arten", sagt Wallace (‚Der Malayische Archipel‘), „gehen große Büschel zarter, prächtig gefärbter Federn an jeder Seite des Körpers vorn unter den Flügeln aus und bilden Schweife, Fächer oder Schilder, und die Mittelfedern des Schwanzes sind oft in Strahlen verlängert, die in phantastischen Formen gedreht oder mit den brillantesten metallischen Farben geziert sind. In einer anderen Reihe von Arten entspringen diese accessorischen Federn von dem Kopfe, dem Rücken oder den Schultern, und der Intensität der Farbe und des metallischen Glanzes, die in ihrem Gefieder entfaltet wird, kommt die keiner anderen Vögel gleich, die Kolibris vielleicht ausgenommen, und sie wird selbst von diesen nicht übertroffen." Diese Pracht der Federn beschränkt sich gewöhnlich auf das männliche Geschlecht.

Die größte bekannte Art ist der Große Paradiesvogel (Paradisea apoda), 1760 von Linné benannt, ein 60—65 cm vom Schnabel bis an die Schwanzspitze messender Vogel, der in zahlreichen Exemplaren die Aru-Inseln, möglicherweise aber auch das südliche Neuguinea bewohnt. Sein nächster Verwandter, der Kleine Paradiesvogel (Paradisea papuana), brauner und einfacher gefärbt als der vorige, ist die gewöhnliche Art Neuguineas, nährt sich von Früchten, Insekten, namentlich Fliegen, Grashupfern, Schaben, Raupen und Heuschrecken, aber auch von Reis, und besitzt große Widerstandsfähigkeit gegen Kälte, so daß er in Europa zu leben vermag. Der Rote Paradiesvogel (Paradisea rubra; s. Abbild., S. 255), 45—50 cm lang, wie der vorige, ist von den bisher genannten verschieden, da seine Seitenfedern nicht gelb, sondern karmesinrot sind, während das Weibchen, wie überhaupt fast immer, eintönig kaffeebraun, am Kopf aber schwarz gefärbt ist. Noch mehr weicht ab der Königs-Paradiesvogel (Paradisea regia oder Cicinnurus regius), ein nur 20—25 cm langer, reizender kleiner Vogel, von glänzendem Karmesinrot, das in Orange übergeht, dessen drahtähnlich auslaufende Schwanzfedern mit smaragdgrünen Fahnen geschmückt sind. Er bewohnt die niedrigsten Bäume in den dichteren Wäldern. Der Prachtvogel (Paradisea speciosa oder Diphyllodes) lebt nur auf Neuguinea und Mysole. Er ist ausgestattet mit einer dichten, mantelartigen Federmasse auf dem Rücken, wunderbar schönem Farbenspiel von Rotbraun und Orangebraun auf dem Rücken, dunkelbronzenen Schwanzfedern, hellorangenen Flügeln, tiefgrüner und purpurner Brust sowie stahlblauen, im Doppelkreis gekrümmten Schwanzfedern und gelbem Mantel. Eine ganze Reihe anderer, höchst seltsamer Vögel, mit den verschiedenartigsten Farben, wie der superbe Paradiesvogel Lophorina superba, der sechsstrahlige Parotia sexpennis, der Standartenflügler Semioptera Wallacei, ließe sich hinzufügen. Seit der Zeit, wo Wallace 18 Arten zählte, von denen 11 Neuguinea bewohnen, sind noch andere durch d'Albertis hinzugefunden und von ihm durch genaue Beschreibung in seinem Werke ‚New Guinea‘ wissenschaftlichen Kreisen bekannt gemacht worden.

Unter den übrigen Vögeln Neuguineas gibt es zunächst 70 Arten von Papageien. Aus dieser großen Menge sind besonders erwähnenswert: der tiefschwarze Rüsselpapagei, Microglossus aterrimus, ferner die seltsamen Fliegenfänger, wie Peltops, Machaerirhynchus, Todopsis, sodann der kleine papuanische Papagei (Charmosyna papuensis), die Eisvögel, wie Tanysiptera galatea mit blauweißem Gefieder und rotem Schnabel, und die Krontaube (Goura coronata), die auf Neuguinea und die umliegenden Inseln beschränkt ist, endlich die australischen Hühnervögel Tallegallus und Megapodius, Honigsauger, Kuckucke, kleine Sperber, Habichte und Schwalben, prachtvolle Königsfischer.

Der Rotparabiesvogel (Paradisea rubra).

Gemischt orientalisch-australischen Charakters sind die vier Gattungen Schlangen, darunter eine gewaltige Baumschlange. Ferner sind den Reptilen Neuguineas zuzuzählen 24 Gattungen Eidechsen von mehr papuanischem Typus, darunter smaragdgrüne Skinke, sodann das indische Krokodil (Crocodilus biporcatus) in den Flußmündungen. Die Amphibien scheinen an Zahl schwach zu sein; genauere Angaben darüber fehlen noch.

Die Insekten dagegen zeichnen sich wieder durch prachtvolle Färbungen und schöne Formen, jenen den Vögeln eigenen metallischen Glanz aus. Käfer von bedeutender Größe und Farbenpracht, seltsam gehörnte Fliegen, der großschildige Grashüpfer, dessen Schild ganz einem Blatte gleicht, fallen besonders auf.

Der Bismarck-Archipel und die Salomonen gehören, obwohl sie in zoologischer Beziehung noch weniger bekannt sind als Neuguinea, dennoch ohne Zweifel der malaiischen Subregion an. Karmesinrote Loris und Kakadus kommen hier noch vor, Paradiesvögel scheinen aber zu fehlen. Beuteltiere, ein Känguruh, ein Verwandter des australischen Dingo, wilde Schweine

bewohnen den Bismarck-Archipel, und auch der Hirscheber (Babirussa), der auf Celebes am häu=
figsten ist, soll hier leben. Ein Kasuar (Casuarius Bennettii) ist diesem Gebiet eigentümlich,
und prachtvoll gefärbte Schmetterlinge bewohnen die Wälder.

3. Die polynesische Region.

Mit Ausnahme von Neuseeland gehören die sämtlichen übrigen Südsee=Inseln der poly=
nesischen Region an. Hier herrscht im ganzen große Einförmigkeit der Fauna, und außerdem
nimmt allmählich die Zahl der Arten von Westen nach Osten ab. Nur die Fauna der Hawaii=
Gruppe hat einige eigentümliche Züge, während sonst die Tierwelt auf der einen Insel fast genau
so aussieht wie auf der anderen. Sehen wir von einigen Fledermäusen und Beuteltieren der
westlichen Inseln sowie von den eingeführten Haustieren (Hund, Schwein und Ratte) ab, so
fehlen Säugetiere ganz. Daher liefern die Vögel die wichtigsten Anhaltepunkte zur Unterschei=
dung von Unterabteilungen der Region, obwohl sich auch ihre Zahl von Westen nach Osten ver=
ringert. Auf den kleineren Koralleninseln sind die Landvögel durchschnittlich überaus spärlich ver=
treten, Seevögel dagegen kommen in ungeheuern Mengen vor. Am weitesten nach Osten verbreiten
sich die Tauben und Sperlingsvögel, während sich Raubvögel nur auf den westlichen Inseln des
Gebietes zeigen. Papageien leben noch auf allen größeren Inseln, die Megapodiden auf den
Tonga= und Samoa=Inseln. Im ganzen zählt man etwa 50 Gattungen und 150 Arten von
Landvögeln in der polynesischen Subregion, eine Zahl, die kaum sehr steigen wird.

Die Reptile sind verhältnismäßig zahlreich und gut vertreten. Am zahlreichsten sind
Eidechsen vorhanden: in 5 Familien und 14 Gattungen, darunter 6 eigentümlichen; eine ameri=
kanische Gattung, Brachylophus, dehnt ihr Verbreitungsgebiet bis zu den Fidschi=Inseln aus.
Schlangen sind nur durch 4 Gattungen vertreten und gehen nicht östlicher als Tonga; drei davon
bewohnen die Fidschi=Inseln und Neukaledonien, eine, Typhlops, merkwürdigerweise Rapa. Auf
den Sandwich= und Tahiti=Inseln scheinen Schlangen ganz zu fehlen. Amphibien sind seltener,
Baumfrösche finden sich auf der Fidschi=Gruppe, eine Hyla (Laubfrosch) auf den Neuen Hebriden,
wahrscheinlich auch auf Neukaledonien. Insekten sind überall selten, außer auf den Fidschi=Inseln,
wo besonders die große Zahl der Arten auffällt. Schmetterlinge sind auf den östlichen Inseln
häufiger als im Westen: eine bemerkenswerte Abweichung von der übrigen Fauna.

Viel reicher als die Landfauna ist die Meeresfauna, zumal da sie auch eine Reihe der
wichtigsten Nutztiere Polynesiens und Mikronesiens aufweist; so den Tripang, die Perlmuschel
und den Potwal nebst mehreren anderen Walen und endlich Schildkröten.

Unserer Schilderung im einzelnen legen wir die Einteilung Wallaces zu Grunde, der fol=
gende fünf Unterabteilungen festgelegt hat: die Neuen Hebriden und Neukaledonien, die Fidschi=,
Tonga= und Samoa-Inseln, die Tahiti= und Marquesas=Inseln, die Hawaii-Gruppe und schließlich
die Karolinen=Inseln mit den Marianen.

Die zoologisch noch wenig erforschten Neuen Hebriden und Neukaledonien bilden
den Übergang von den papuanisch=melanesischen Inseln der austro=malayischen Subregion zu der
eigentlich polynesischen Subregion. Von 30 Gattungen der Landvögel, die auf ihnen leben,
sind 18 für Australien typisch, 13 auch polynesisch, und fünf rücken nicht weiter nach Osten vor.
Die Neukaledonien eigentümliche Gattung Aplanis verbindet mit ihren drei Arten diese Insel
mit den übrigen Teilen der Subregion. Auf den Neuen Hebriden sind Schwein, Hund, Ratte
die einzigen Säugetiere, von denen sich nur das erste vor Ankunft der Europäer auf der Insel vor=
fand. Hier fehlen auch bereits die noch die Salomonen belebenden Kakadus und Loris; und auf
Neukaledonien gab es nur Ratten und Flugbeutler, ehe die Franzosen Hasen, Hirsche, Rinder und

Schafe einführten. Eine Schlange ist sehr gewöhnlich; die interessantesten Vögel sind: der Kagu (Rhinochetus jubatus), ein Stelzenvogel mit verkümmerten Flügeln von Kranichgröße und mit bellender Stimme, der seine Existenz dem Mangel an Raubtieren verdankt, sowie der Notu (Carpophaga Goliath), eine riesige Taube mit Waldfarbe. Übrigens gab es 1879 in der Umgebung von Numea nur noch einen Kagu.

Die Fibschi=, Samoa= und Tonga=Inseln beherbergen 41 Gattungen Landvögel, von denen 17 für die australische Region charakteristisch sind. Auf Fibschi leben zwei Falken und eine Eule, fünf Papageien, darunter der schön gefärbte Corphilus solitarius, neun Taubenarten, darunter eine große mit bellender Stimme; aber an Säugetieren besitzt es nur Schweine, Hunde, Ratten und fünf Fledermäuse. Die Europäer haben Pferde, Rinder und Schafe, die gut gedeihen, sowie Angoraziegen mit solchem Erfolg eingeführt, daß 1879 eine einzige Herde schon 3000 Stück zählte. 10 Arten große, unschädliche Schlangen, 15 Arten Eidechsen und Frösche repräsentieren die Klassen der Amphibien und Reptile. Ameisen, Tausendfüßer und Moskitos fallen lästig; dafür entschädigen Schmetterlinge und Käfer durch ihre wirklich schönen Farben.

Auf der Fibschi=Insel Ono werden nach Kleinschmidt („Journal des Museum Godeffroy') „die buschigen Partien der unteren Täler von einer bescheidenen Vogelwelt belebt; hier birgt der dunkle Ipi=Baum (Inocarpus edulis) Chryspena viridis *Layard*, aus den Palmenkronen hört man Lorius solitarius, in den Tarófeldern und Rohrstauben Rallus pectoralis *Less.*, im niederen Busch Myiagra und Monarcha. Oben auf den Bergen aber ist alles still, und nur eine Eidechse oder Schlange raschelt, durch den Fußtritt des Wanderers erschreckt, in ihr Versteck; an Schlangen und Eidechsen fehlt es auf Ono nicht, ich bemerkte die schöne, große Saumuri Brachylophus fasciatus selbst auf allen Zweigen. Die Bäche enthalten verhältnismäßig viele Fische; von Insekten will ich nur des schönen Scarabaeus mit glänzend schwarzen Flügeldecken und schön braunem Thorax mit dunklen Streifen erwähnen. Mosquitos gibt es hier Millionen."

Auf den Samoa=Inseln gab es vor dem Eingreifen der Weißen ebenfalls nur Ratten, Schweine, Hunde und Fledermäuse sowie zahlreiche Vögel, unter denen die im Aussterben begriffene Manumea (Didunculus strigirostris) und eine Megapodius-Art am meisten auffallen.

Ähnlich Tonga. Hier waren eine kleine Ratte, das Schwein und die große Fledermaus (Pteropus tonganus) die einzigen Säugetiere vor Ankunft der Europäer, während der Hund von den Fibschi=Inseln eingeführt worden ist. Frösche fehlen ganz, Landschlangen, Eidechsen sind spärlich, und von Insekten werden eigentlich nur Ameisen und Moskitos unbequem.

Die Tierwelt auf Niuafu beschränkt sich auf Vögel und Insekten. Der den grauen Vulkan in der Mitte der Insel bewohnende Malau, ein hühnerartiger Vogel aus der Familie der Megapodiden, gehört wahrscheinlich einer noch unbeschriebenen Gattung an, die mitten zwischen Megapodius und Talegallus steht, da er beider Charaktere zu vereinigen scheint. Er legt nach Graeffe („Ausland', 1867) „wie alle Arten dieser merkwürdigen Hühnerfamilie seine Eier in Sandhaufen, um sie von der Sonne ausbrüten zu lassen. Es sind die Eier unseres Malau von bedeutender Größe, nämlich im Vergleich mit dem Vogel, sie sind an beiden Enden gleich zugespitzt und von blaßrötlichem Kolorit. Die Eier liegen sehr tief unter der Oberfläche, und es graben die weiblichen Vögel ordentliche Schächte und Stollen, durch welche sie in die Tiefe gehen, um ihre Eier abzulegen. Neben dem Malau soll noch ein kleinerer hühnerartiger Vogel, Moho genannt, vorkommen, der pechschwarzes Gefieder und einen roten Schnabel besitzt."

Die niederen Tiere sind wesentlich samoanischer Natur. Fünf Landschneckenarten leben unter dem dürren Laube des Bodens; und neben goldglänzenden Bienchen (Halictus) und anderen Schmetterlingen ist besonders zu erwähnen ein die roten Blütenbolben der amerikanischen Asclepias ipecacuanha liebender, prachtvoller, großer Tagschmetterling mit rotbraunen, schwarz und weiß gefleckten Flügeln, dessen Raupe an ihrem schwarz und gelb geringelten Körper vier fühlerartige Fortsätze trägt.

Die Tierwelt von Uvea gleicht der samoanischen. „Wie dort", sagt Graeffe („Ausland", 1868), „sieht man auch hier in schönen Vollmondnächten Tausende jener großen Fledermäuse, fliegende Füchse genannt (Pteropus Samoensis), mit leisem, geisterhaftem Flug die Luft durchkreuzen oder hört ihr lautes Gekreisch und flatterndes Geräusch in den Zweigen des Brotfruchtbaums. Die aufgehende Sonne besingt auch schon in der ersten Dämmerung ein gelblichgrüner, langgeschnabelter Honigvogel (Ptilotis analoga) mit kräftigen, metallisch klingenden Tönen. In warmer Morgensonne umschwärmen die Blütentrauben der Kokospalmen kleine schwarze Honigsauger mit scharlachrotem Kopf (Myzomela nigriventris) und der kleine scheckige Papagei (Coryphilus fringillaceus *Gm.*), während aus dem nahen Walde der bellende Ruf der bunten kleinen Tauben (Ptilinopus) erschallt. Dem Meeresstrand entlang stolziert der graue Reiher (Ardea sacra), und vor dem nahenden Menschen fliegen unter einem gellenden Pfiff, der wie tuli klingt, Scharen kleiner Stranbläufer (Totanus brevipes) auf. Hoch in den Lüften ziehen morgens die weißen Tropikvögel von den Berggipfeln, ihren Nachtquartieren, zum Fischfang auf die hohe See, wo sich bereits in weiten Kreisen, kaum noch am Himmel sichtbar, der Meeresaar oder Fregattvogel tummelt."

Die See in der unmittelbaren Nähe der Fidschi-Inseln birgt einen solch ungeheuern Reichtum an Meeresschildkröten (s. die beigeheftete Tafel „Riesenschildkröten der Südsee"), daß ihr Fang eine der wichtigsten Beschäftigungen beider Geschlechter der Insulaner bildet.

Die Gesellschaftsinseln und die noch weiter nach Osten hinaus sich erstreckenden Marquesas haben bereits weit weniger Vögel, nur 16 Gattungen, davon 5 australische, 4 polynesische. Die bekanntesten sind der (jetzt seltene) rote Honigfresser (Milithreptes coccineus), ein grüner Papagei, eine kleine Taube, die Kronentaube (Serresius galeatus), deren Farbenpracht allerdings an die der melanesischen nicht hinanreicht, sowie kleine, blauweiße, rotgeschnäbelte Papageien. Raubvögel fehlen, Truthühner, Enten, Hühner sind eingeführt, Wasservögel dagegen häufig, besonders Sturmvögel, Eisvögel, Möwen, Seeschwalben, der blaue Reiher und der Fregattvogel, dessen schön gefärbte Schwanzfedern wie die des Tropikvogels (Phaëton aethereus und P. phoenicurus) einst den Schmuck der Häuptlinge bildeten. Ein Schwein und der Hund, die in der Mischung mit den europäischen Arten aufgesogen sind, und Ratten waren die einzigen Säugetiere vor Ankunft der Europäer. Jetzt leben Pferde, Rinder, Schafe und Ziegen auf Tahiti; am besten aber gedeiht die Schweinezucht. Eidechsen, darunter ein großer, gelbgefleckter Gecko, sind zum Teil Haustiere geworden, Skorpione, Fliegen, Moskitos, Schaben eine häufige Plage.

Eigenartiger als alle diese Inseln sind die Hawaii-Inseln, obwohl als Säugetiere auch nur Fledermäuse auf ihnen einheimisch gewesen sind, abgesehen von den die Küsten bevölkernden Walen. Dagegen sind die Vögel zahlreich und merkwürdig. Unter den 11 Gattungen und 18 Arten einheimischer Landvögel sind nicht weniger als 7 Gattungen endemisch. Von den 89 überhaupt bekannten und von den Eingeborenen benannten Vögeln ist der bekannteste der Moho (Pennula ecaudata), ein fast flügelloser, des Schwanzes ganz entbehrender Vogel, der in den Beinen eine außerordentliche Muskelkraft besitzt. Aus seinen gelben Federn wurden früher die Mäntel der Häuptlinge hergestellt, jetzt scheint er bereits ausgestorben zu sein. Auch der Mamo (Drepanis pacifica) und Do (Acrulocercus nobilis) lieferten den alten Hawaiiern gelbe Federn zur Anfertigung der Federhelme und Federmäntel, sind aber jetzt ebenfalls sehr selten. Die scharlachrote Certhia, die olivengrüne Certhia peregrina und die leicht zähmbare, gebirgsbewohnende eigentümliche Gans Bernicla Sandwicensis gehören zu den bekannteren Vögeln. Singvögel sind selten.

Riesenschildkröten der Südsee.
(Nach der Natur.)

Schlangen sind bisher nicht auf den Hawaii-Inseln eingeführt oder wenigstens gleich bei der Ankunft getötet worden. Im übrigen kommen von Reptilen nur Eidechsen, Frösche, Meer-schildkröten und wenige Süßwasserfische vor.

Die ebenfalls seltenen Insekten, die denen Tahitis gleichen, sind vielfach eigentümlich. Be-sonders schön aber und merkwürdig sind die Landschnecken, hauptsächlich wegen der engen Be-grenzung der Arten, von denen manche nur ein Thal oder eine Kluft oder einen Berg bewohnen. Man zählt ihrer im ganzen nicht weniger als 323 verschiedene, meist der Klasse Achatinella angehörige Arten, deren Gehäuse zart gebaut und hübsch gefärbt sind. Im allgemeinen klingt vieles, namentlich bei den Käfern, an amerikanische Formen an.

Neben den einheimischen Tieren sind zahlreiche andere von Europäern und Amerikanern eingeführt worden. Von Säugetieren haben Schweine, Hunde, Mäuse wohl die polynesischen Einwanderer mitgebracht, Rinder und Pferde sind hier erst nach der Entdeckung der Inseln durch Cook bekannt geworden; die Rinderherden sind jetzt halb verwildert, Pferde gedeihen gut. Halbverwilderte Hunde schweifen in den Bergen herum, Schafe und Ziegen werden mit Erfolg gezogen. Unter den Vögeln sind Fasanen und Truthühner im 19. Jahrhundert eingeführt worden; unter den eingeführten Fischen haben sich namentlich die mit den Japanern auf die Inseln gekommenen Goldfische rasch vermehrt und unter den Insekten die Bienen eine große Ver-breitung genommen. Weniger erwünscht war die Einschleppung von Taranteln und Skorpionen, Ameisen, Wespen, Fliegen und Moskitos, von denen namentlich Ameisen und Moskitos überaus lästige Landplagen geworden sind.

Die Marianen-, Palau- und Karolinen-Inseln sind im allgemeinen zoologisch wenig bekannt, doch ziemlich reich an Vögeln. Zu verzeichnen sind: zwei eigentümliche polynesische Gat-tungen, Tatare und Sturnodes, und eine eigentümliche Untergattung, zehn typisch australische und endlich zwei papuanische Gattungen. Auf den Karolinen soll es freilich nur einen Papagei geben, und auf den Marianen sind Papageien selten. Einheimisch oder vielleicht von den Philippinen ein-geführt ist die Gattung Acrocephalus, und eine Caprimulgus-Art ist einer japanischen verwandt. Die Säugetiere sind beschränkt auf den Pteropus, einen fliegenden Hund, und die kosmopolitische Ratte sowie auf einen der Ponapé- und der Gilbert-Gruppe eigentümlichen Hund. Die Spanier haben den Marianen, besonders Tinian, den Axishirsch und weiße Rinder gebracht. Daneben sind die prachtvolle Mähnentaube (Calloenas nicobaria) und der Megapodius Lapérouse sowie die Schlange Typhlops braminus bemerkenswert, ferner Schildkröten, Landkrabben und der ostindische Beutelkrebs (Birgus latro). Das Haushuhn ist allgemein eingebürgert. Die ursprüngliche Fauna der Marshall-Inseln: Tauben, Strandläufer, Eidechsen, Krabben und Schmetterlinge, ist durch die Eingeborenen und die Weißen um Schweine, Hühner, Enten, Hunde, Katzen und Ratten bereichert worden.

Auch die Fauna der übrigen Koralleninseln des Großen Ozeans ist spärlich und ärmlich. Beispielsweise sind auf der Ellice-Insel Nukulailai oder Mitchell-Insel von Säugetieren nur die durch europäische Schiffe eingeführten Ratten, Schweine und Katzen vorhanden, von Vögeln gibt es nur Seevögel: Sterna-, Phaëton-, Charadrius-Arten. Nach Graeffe („Ausland', 1867) „be-lebt kein Singvogel mit seinem Gesang den Palmenhain, und nur das heisere Krächzen der die Meeresfluten liebenden Vögel harmoniert mit der donnernden Brandung des Riffes. Von Am-phibien kommen einige Eidechsenarten vor, Lygosoma-Arten fliehen blitzschnell nach allen Rich-tungen vor den nahenden Schritten unter die dürren Blätter der Kokospalmen, die den Boden dicht bedecken, und ein Gecko treibt seine nächtliche Insektenjagd in dem Gebälke der Hütten. Meeresschildkröten (Chelonia) entsteigen in nächtlicher Stille der salzigen Flut und rudern nach den unbewohnten Sandbänken, um mit den Hinterfüßen ein tiefes Loch in den Sand zu scharren, in

welches sie ihre Eier legen. Dann verschwinden sie wieder im Meer, um zur Zeit des Aus=
schlüpfens der Jungen abermals zu erscheinen und den Sand über den Eiern wegzuscharren.
Wenn die junge Brut ihrem Elemente zuwandert, so wird sie von zahllosen Feinden bedroht;
im Wasser selbst schnappen Haifische gierig nach ihnen, und große Wasservögel erjagen die auf
dem Lande Zurückgebliebenen. Der größte Feind derselben aber ist der Mensch, der Muttertiere
und Eier zugleich wegnimmt." Auch auf den übrigen Ellice=Inseln beschränkt sich die Insekten=
fauna auf wenige Falter, Ameisen, wenige kleine Käfer und Spinnen. Unter den Landschnecken
ist die größte eine rötlich bis gelb gefärbte Omphalotropis von 5 Linien Länge, die anderen
sind noch kleiner. Wahrscheinlich sind sie auf Treibholz allmählich über das Inselmeer hin ver=
breitet worden, da sie auch auf Samoa und Uea vorkommen.

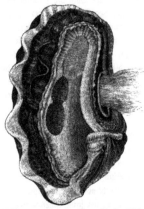

Tridacna mutica, eine Verwandte der Riesen-
Gienmuschel. Natürl. Größe.

So ärmlich aber, wie die Landfauna fast aller dieser
Koralleninseln ist, so reich ist das Tierleben in der
See, namentlich um die Korallenriffe. „Das hellgrüne
Wasser", sagt Hernsheim („Südsee=Erinnerungen·),
„ist unter der tropischen Sonne von so merkwürdiger
Durchsichtigkeit, daß das Auge ohne Anstrengung bis zu
dem 8—10 Fuß tiefen Korallenboden bringt. In gro=
tesken Formen erheben sich diese Gebilde und erscheinen
uns bald als feuerrote, schlank aufsteigende Türme, bald
als gelblich schillernde runde Kegel. Tiefblaue Thore
scheinen den Eingang zu unermeßlichen Tiefen zu bilden
und smaragdgrüne Pfeiler das Dach märchenhafter Pa=
läste zu tragen. Schwarze schwammige Mollusken decken
den Boden, und Muscheltiere jeglicher Form kleben hier
und dort. Zartrote, gallertartige Kugeln und blauleuch=
tende Seesterne schwimmen überall umher, und zwischen=
durch treiben Tausende, in wunderbarer Farbenpracht
erglänzende, phantastisch gestaltete Fische ihr Wesen."

Auch Graeffe („Ausland', 1867) rühmt den Reichtum an Seetieren von Uvea und glaubt,
„daß wohl ein Menschenleben zu kurz wäre, um auch nur ein vollständiges Register aller der ver=
schiedenen Fische, Mollusken, Krabben, Würmer und Stachelhäuter, welche sich hier in buntem
Gemisch verfolgen und verfolgt werden, zu entwerfen. Fast alle die schönen tropischen Kon=
chylien, die die Kabinette der Liebhaber schmücken, sind hier in vollem Lebensgenuß zu beobachten,
doch sind manche so von Inkrustationen bedeckt, daß man unter der unscheinbaren Hülle kaum
die bekannte bunte Konchylie erkennt."

Im übrigen ist die Tierwelt der Lagunen nicht immer so reich, wie man sich vorstellt. Ab=
gesehen von den riffbauenden Madreporen selbst und der ungeheuern Masse der an den Algen
oder Korallenbauten lebenden Polythalamien, von denen Siderotites am sandigen, durch die
Menge der gelblichen Tierchen rötlichgelb gefärbten Strande mit bloßem Auge erkannt werden
kann und eine Planorbulinea an Größe den tertiären Nummuliten ähnelt, läßt sogar die In=
dividuenzahl der Tiere oft zu wünschen übrig, und nicht selten muß man nach ungewöhnlichen
Seetieren oder guten Konchylien lange suchen. See=Igel sind verhältnismäßig häufig; im
Sande der Lagune sieht man nach Graeffe („Ausland', 1867) „an seichten Orten häufig Löcher
und findet dann regelmäßig in einer Tiefe von einigen Zentimetern eine schöne Spatangus-Art,
jenen See=Igel mit kleinen borstenförmigen Stacheln, der den Mund und die Darmöffnung
nicht in der Mitte des Körpers hat. Es ist ein sonderbares Schauspiel, die wellenförmig über die

Schale des Tieres sich bewegenden Stacheln zu beobachten, ganz ähnlich wie die Beine eines Tausendfüßlers sich beim Gehen zeigen, indem diese kleinen Borstenstacheln nicht alle auf einmal und nach derselben Richtung sich bewegen, sondern an verschiedenen Stellen in anderen Zeitungen sich aufrichten und niederlegen. Von zweischaligen Mollusken ist besonders bemerkenswert die Perlmuschel (Meleagrina margaritifera *L.*), die an den Ellice=Inseln, in den Gewässern der Fidschi= und Paumotu=Gruppe vorkommt, aber an den Küsten Samoas fehlt; sie liefert den Eingeborenen die Fischangeln und ist daher für sie von Wert. Austern und Spondylus, von Gastropoden Mitra papalis, sowie kleine Conus-, Triton- und Cerithium-Arten finden sich auch in Lagunen mit ärmlicher Fauna.„

Seltener ist schon die Tridacna gigas, eine Riesenmuschel, die durch ihren gelben Schalen= rand und den prachtvoll blau und braun gefleckten Mantel auffällt. Sie liegt nicht frei am Riffe, sondern stets mit dem Byssus (f. die Abbildung der T. mutica, S. 260), einem Bündel seiden= artiger Fäden, an die steinige Grundlage festgeheftet und ist oft so von Korallen überwuchert, daß nur die klaffende Schalenspalte die Anwesenheit des Tieres verrät. Ihre Muskelbewegungen sind so energisch, daß zwischen die Schale gebrachte Finger leicht zerquetscht werden. Die Ein= geborenen, die das Tier gern essen und seine Schalen zu allerlei Schmucksachen und Geräten ver= arbeiten, sammeln es mit solchem Eifer, daß es an vielen Inseln schon selten ist. Meerwürmer von raupenähnlicher Gestalt erregen mit ihren haarähnlichen Borsten, die in der Haut stecken bleiben, dem Berührenden heftiges Jucken; in den Lücken der harten Korallenblöcke sitzen mit einem langen Stiele angeheftet Rankenfüßer, Cirripedien.

4. Die neuseeländische Subregion.

Die letzte Subregion der australischen Region, die Neuseelandgruppe, wirkt durch die selbst für australische Verhältnisse auffallende Armut ihrer Fauna so eigenartig, daß sie mehr als irgend eine andere der Südseegebiete auf Isolierung deutet. In der That besaß Neuseeland außer den beiden Fledermäusen Scotophilus tuberculatus und Mystacina tuberculata nur die Walratte (Kiore), die, wie auch der neuseeländische Hund (Kararehe), von den Maori bei ihrer Einwanderung eingeschleppt worden sein kann. Weiter findet sich noch ein fischotterähnliches, von den Maori Waitoreke genanntes Tier in den Gewässern der mittleren Teile der Südinsel, und an den Küsten haufen Wale, Delphine und Robben, die leider infolge umfangreicher Jagd immer seltener werden. Selbst der Seebär (Kekeno) stellt sich in größerer Zahl nur noch im äußersten Südwesten der Südinsel ein.

Dagegen ist eine Anzahl Säugetiere von den Europäern eingeführt worden, unter denen das Schaf wegen der jetzt sehr ausgebreiteten Wollproduktion das wichtigste Säugetier und Nutz= tier Neuseelands geworden ist. Für die Maori jedoch war weit wichtiger das ihnen von Cook auf der Insel überlassene, bis dahin unbekannte Schwein, das seitdem zu dem eigentlichen Haustier der Eingeborenen wurde. An einigen Stellen der Südinsel ist es derart verwildert, daß Rudel wilder Schweine in den Bergen und Wäldern angetroffen werden. Sie sind von den europäischen Wildschweinen durch längere Beine, schmäleren Körper und größere Höhe verschieden, auch stehen ihre Borsten weiter auseinander und sind von hellerer Farbe. Gegessen werden nur junge Tiere, da das Fleisch der alten übermäßig fest ist. Gejagt werden sie zu Pferde. Ver= wildert sind ferner die Rinder, deren zum Teil zahlreiche Herden sich besonders in den Hoch= gebirgen der Südinsel aufhalten, aber so scheu sind, daß man selten zu Schuß kommen kann. Noch häufiger sind in den Gebirgen der Südinsel Rudel wilder Pferde, von kleiner Gestalt und dunkelbrauner bis schwarzer Farbe. Hasen haben sich auf Neuseeland ebenfalls rasch vermehrt, besonders in offenem, grasigem Hügellande und mit Farnen bewachsenen Thälern, weniger in den gut bebauten Gebieten; in den Hochgebirgen fehlen sie vollständig. Neuseeland ist der Kaninchen= plage verfallen, wenn auch nicht in dem Maße wie Australien, besonders Neusüdwales. Ratten kommen in großen Scharen in den Wäldern der Westküste vor, Mäuse sind ebenfalls allgemein.

Aus dieser kurzen Übersicht ergibt sich, daß jetzt fast alle neuseeländischen Säugetiere euro= päischer Abkunft sind. Die eigentümlichen Tiere des australischen Festlandes, Kloakentiere und Beuteltiere, fehlen Neuseeland vollständig, während die Beuteltiere wenigstens noch auf Neu= guinea, dem Bismarck=Archipel, den Neuen Hebriden und Neukaledonien (?) Vertreter haben.

Charaktertiere von Neuseeland: 1) Eulenpapagei (Stringops habroptilus); 2) Kiwi (Apteryx Mantelli); 3) Brückenechse (Sphenodon punctatus oder Hatteria punctata).

Neuseeland muß daher schon vor der Einwanderung der Beuteltiere, d. h. am Ende der Kreidezeit, von Australien abgetrennt worden sein. Reizvoller ist Neuseelands Vogelwelt; gehört ihr doch eine Anzahl der merkwürdigsten Gestalten der neuseeländischen Fauna überhaupt an. Von den 133 bekannten Arten Landvögel, unter denen 73 Neuseeland eigentümlich sind, haben die meisten matte und trübe Farben; leider sind gerade die eigenartigsten im Aussterben begriffen oder schon ausgestorben. Schön gefärbt sind nur einige Papageien, die mit ihren roten, gelben oder blauen, metallisch schimmernden Federn hervorleuchten. Besonders zeichnet sich der Keo (Nestor notabilis) durch den verlängerten, sichelförmigen Oberschnabel und eine bellende Stimme aus. Er ist der neuseeländische Hochalpenvogel par excellence, „ein großer, grüner Erdpapagei, welcher ein Käo=ähnlich klingendes Geschrei hervorbringt und deshalb Keo genannt worden ist". Seine Länge ist 50 cm, das Gefieder größtenteils mattgrün, der Schnabel außerordentlich groß und stark, die Flügel groß und ziemlich spitz, der Schwanz breit und abgestumpft. Im Sommer lebt er im Hochgebirge, wo er sein Nest in den Wacholderdickichten anlegt, im Winter steigt er ins Thal hinab und hat sich allmählich aus einem Pflanzenfresser in einen Fleischfresser umgewandelt.

„Nicht nur verzehren die Keas Schlachthausabfälle, in deren Nähe sie sich im Winter ansammeln, sondern sie gehen auch den lebenden Schafen zu Leibe. Der Schaden, den die Keas unter den Schafherden anrichten, ist (nach v. Lendenfeld) ein so großer, daß die Regierung ein Schuß= geld von einer Mark auf den Kea festgesetzt hat." Ein prächtiges Farbenkleid trägt auch der seltene Nestor Esslingii, gewöhnlicher und matter braun bis graugrün sieht der Nestor hypopolius oder Kaka aus, der die meisten Wälder der Doppelinsel bewohnt. Eigenartig ist ferner der in Höhlen oder Baumlöchern lebende, selten zum Fluge kommende gelbgrüne Eulen= oder Nacht= papagei, Stringops habroptilus, Kakapo (s. Abbildung, S. 262, Fig. 1), der auf die Alpenthäler beschränkt ist und sich gewöhnlich nur nachts hervorwagt, um den Beeren des Tutu=Strauches nachzugehen und die Wurzeln der Farne auszuscharren. Dieselben Gegenden beleben zwei Enten= arten, Hymenolaimus malacorhynchus und Casarca variegata, sowie Möwen und ein flügel= loser Sumpfvogel, Ocydromus australis, die diebische, schnelllaufende Weka. „Am südlichen Ende Neuseelands finden sich zwei kleine Pinguine, während die Küsten ringsum von Albatrossen, Sturmtauchern, Möwen und Seeschwalben umschwärmt sind. Die gelbköpfige australische Sula trafen wir", bemerkt v. Hochstetter („Neuseeland'), „vor der Einfahrt in den Hafen von Auck= land in zahlreichen Scharen schwimmend." Sänger sind seltener. Weder die neuseeländische Lerche (Alauda Novae Zelandiae) hat man bisher singen hören, noch die Stare Aplonis und Creadion. Der beste Singvogel des Landes ist der schön metallisch grün gefärbte Poë (Prosthe= madera circinata), von Krähengröße; ihm kommt der Kokorimoko (Anthornis melanura) ziemlich gleich. Unter den Tauben ragt die Kuku (Carpophaga Novae Zelandiae) hervor.

Fanden wir schon bei dem Kakapo=Nachtpapagei und der Weka den Gebrauch der Flügel auf ein äußerst geringes Maß beschränkt, so geht Neuseeland hierin noch einen Schritt weiter, indem es ganz flügellose Vögel entwickelte, nämlich den Kiwi, Schnepfenstrauß, Apteryx australis und A. Mantelli. Diese Vögel, in der Größe einem starken Huhn gleichend, sind so vollkommen mit langen, locker herabhängenden, haarartigen Federn bedeckt, daß die Stummel der Flügel nicht mehr sichtbar sind. Ihrer Ausbildung als Laufvögel gemäß besitzen sie sehr kräftige niedrige Beine mit drei nach vorn gerichteten, große Scharrkrallen tragenden Zehen und einer kurzen hinteren Zehe. Der lange, rundliche Schnepfenschnabel dient zur Aufnahme von Würmern und Insektenlarven, von denen sich der Kiwi meist nur des Nachts ernährt. Zweimal im Jahre legen diese merkwürdigen Tiere je ein auffallend großes Ei in ausgegrabene Erd= höhlen, worin sie sich tagsüber aufzuhalten pflegen. Der Kiwi wurde 1812 zuerst bekannt und 1833 zum ersten Male beschrieben; neuerdings stellt sich heraus, daß er in etwa vier Arten auf beiden Inseln vertreten war und dies in unzugänglichen Gegenden noch ist. Die bekannteste Art, Apteryx Mantelli (s. Abbildung, S. 262, Fig. 2), mit dunkler, ins Rötliche spielender Farbe, ist auf die Nordinsel beschränkt; andere Arten sind auf der Nordinsel nicht bekannt, doch reden die Eingeborenen von einem großen Kiwi, Kiwi=nui, und einem kleinen, Kiwi=iti. Apteryx australis, ein zweite Kiwi=Art stammt von der Südinsel, ist aber nur in zwei Exemplaren bekannt. Eine dritte mit gräulichem Gefieder, Apteryx Owenii *Gould*, die man seit 1847 kennt, ist auf der Südinsel noch ziemlich häufig, und eine vierte, die größte von allen, heißt mit ihrem wissenschaftlichen Namen Apteryx maximus, mit ihrem einheimischen Roaroa.

Vor nicht langer Zeit stand der Kiwi in Neuseeland nicht allein, sondern hatte in der großen Moa einen riesigen Genossen. Man streitet sich darüber, ob die Maori bei ihrer Einwanderung in Neuseeland die Moa noch gekannt haben, da sich nur noch fossile Reste vorfinden; es hat jedoch sogar den Anschein, als ob die Moas noch vor wenigen hundert Jahren in Neuseeland gelebt haben. Nachdem 1839 das erste Fragment eines Moa=Knochens nach England gekommen war, sind viele Funde gemacht, und die Zahl der Arten ist auf 14 gestiegen. Die Südinsel liefert

Dinornis robustus, D. elephantopus, D. crassus und Palapteryx ingens, mit massigem Körper=
bau, die Nordinsel Dinornis giganteus, D. gracilis und andere, mit schlankeren Formen. Die
Moa war ein bis zu 4 m hoher, riesiger Laufvogel von plumpem, unbeholfenem Bau, unfähig,
sich in die Luft zu erheben, meist mit drei Zehen, der Palapteryx mit vier Zehen; ein gefundenes
Ei hatte 23 cm im Durchmesser, 69 cm im Umfang, 30 cm Länge. Die Ausbildung der Flügel=
losigkeit der Vögel Neuseelands kann nur dem Umstande zugeschrieben werden, daß sie der Mangel
an Feinden der Notwendigkeit des Fliegens überhob. Natürlich ist sie nur erst in langen Zeit=
räumen zu stande gekommen, so daß ihre Existenz für eine sehr lange Isolierung der Inseln spricht.
Da flügellose Vögel auch auf den Chatham=Inseln, Norfolk und Lord Howe vorkommen, so liegt
der Schluß nahe, daß diese Inseln früher mit Neuseeland vereinigt gewesen sind. Ungerecht ist
es wohl nicht, als einzige Feinde, die die Moas gehabt haben können, die Maori für die Aus=
rottung dieser Vögel verantwortlich zu machen, da sie ihnen die in Neuseeland so seltene Fleisch=
nahrung bot. Die Doppelinsel birgt noch eine weitere Anzahl von eigentümlichen Vögeln.
Darunter sind besonders merkwürdig: die rotschnäbelige Ralle, Notornis Mantelli, deren Flügel
ebenfalls nicht zum Fliegen taugen, und der Regenpfeifer, Anarhynchus frontalis, berühmt
wegen der höchst merkwürdigen Anomalie seitlich gebogener Schnäbel, für deren Zweck man
bisher keine Erklärung gefunden hat.

Die Reptile und Amphibien Neuseelands sind nicht reich entwickelt, dafür aber zum Teil
wieder eigenartig. Schlangen und Schildkröten kommen überhaupt nicht vor, von Fröschen
kennt man nur die Art Leiopelma Hochstetteri, die der peruanischen Telmatobius am nächsten
steht, in goldführenden Bächen der Nordinsel lebt und den Maori früher nicht bekannt war,
so daß die Möglichkeit späterer Einwanderung nicht ausgeschlossen ist. Von Eidechsen gibt es nur
kleine harmlose, aber zum Teil eigentümliche Arten, meist Glanz=Skinke und Steingeckos, Lam-
propholis und Hoplodactylus, dann den Hausgecko, Dactylocnemis Wüllerstorfii, und die
merkwürdige Hatteria punctata *Gray*, die Ruatara oder Tuatara der Maori (s. Abbildung,
S. 262, Fig. 3). Dieser Leguan, die größte Echse Neuseelands, vermittelt sonderbarerweise nicht
nur zwischen Eidechsen und Krokobilen, sondern hat auch vogelartig gebildete Rippen entwickelt,
weshalb man sich ihr zu Liebe zur Aufstellung einer besonderen Ordnung der Reptile, Rhyncho-
cephalia, entschlossen hat. Jedenfalls steht sie den Eidechsen der Trias näher als den jetzt lebenden.

An Fischen sind die Gewässer der Doppelinsel ziemlich arm, die Küsten jedoch ungeheuer
reich. Am bekanntesten und häufigsten sind Aale, die auf der Südinsel 25 kg Gewicht erreichen
sollen. Ähnlich sind die Mollusken (Strombus, Triton, Murex, Fusus, Voluta, Cypraea
aurora und Haliotis Iris) an den Küsten sehr häufig, auf dem Lande dagegen seltener. Denn
obwohl sich auch unter den Landschnecken einzelne sehr schöne und eigentümliche finden, wie
Helix Bosbyi, Bulimus Shongii, Helix Hochstetteri aus den südlichen Alpen, so sind doch
im ganzen die Arten klein und unscheinbar. Die Insekten sind verhältnismäßig spärlich vertreten,
indessen wiederum vielfach eigenartig: von elf Schmetterlingsarten sind sechs für Neuseeland
charakteristisch, unter den Käfern finden sich besonders seltene Formen bei den Carabidae und
Longicornia. Der gewaltige Weta, Deinacrida heteracantha, wird nahezu 35 cm lang und
lebt in faulem Holz und Baumrinde. Moskitos tummeln sich in ungeheuern Schwärmen in den
Wäldern der Küsten, kleine Stechmücken an den Flußufern und am Meeresstrand. Eine Blatta.
Schabe, gibt einen so übelriechenden, ätzenden Saft von sich, daß von ihr heimgesuchte Wohn=
gebäude oft tagelang dadurch verpestet werden.

Auf den umliegenden Inseln lebt eine Fauna, die, ganz abgesehen von den ausgestor=
benen Moa=Arten, zu der Annahme einer früheren Landverbindung mit Neuseeland zwingt.
Der vor kurzem ausgestorbene Nestor productus konnte ebensowenig über die See fliegen wie

die Notornis alba auf Norfolk, der neuſeeländiſche Ocydromus und vielleicht auch der Notornis alba auf der Lord=Howe=Inſel. Auf den Chatham=Inſeln lebten die letzten Kiwis noch im Jahre 1835, und der nächtliche Erdpapagei, deſſen Verzicht auf das Fliegen wir bereits er= wähnten, kommt auch hier vor, wie denn noch jetzt von 40 Vogelarten der Gruppe 39 zu neu= ſeeländiſchen Gattungen und 35 zu neuſeeländiſchen Arten gehören. Säugetiere fehlten hier urſprünglich ganz, die Ratte unterſchied ſich durch nichts von der gewöhnlichen Hausratte. Schafe, Rinder, Schweine und Pferde ſind aber in ſolchem Maßſtabe eingeführt worden, daß z. B· vor 15 Jahren bereits 70,000 Schafe vorhanden waren. Sehr reichhaltig iſt die Vogelfauna; be= ſonders niſten Seevögel, wie Albatros, auf den kleinen Klippeninſeln Siſters und Fourty four in Mengen. Der Walfiſchfang iſt noch ergiebig. Die Auckland=Inſeln bewohnen ſechs Land= vögel, darunter drei eigentümliche, drei neuſeeländiſche, vorwiegend Papageien und Enten. Pinguine und Albatroſſe niſten in Mengen auf den Felſen der von Seelöwen beſuchten Küſten. Auf der Lord=Howe=Inſel waren von Säugetieren nur Fledermäuſe einheimiſch, ſpäter ſind jedoch Mäuſe, Schweine, Ziegen und Katzen eingeführt worden; ſeit 1870 wurden die Ziegen abgeſchafft, Schweine in Stallungen gehalten. Von 41 Vogelarten ſind 9 endemiſch, 28 gehören auch Neuſüdwales, 26 Neuſeeland an. Drei unter drei Genera und zwei Familien einzu= reihende Eidechſen bilden die Reptilfauna. Da auch unter den 82 Käferarten 45 endemiſch ſind, darf man den Endemismus als groß bezeichnen, obwohl eine Landverbindung mit Auſtralien zur Pleiſtocänzeit angenommen werden muß. Das einzige einheimiſche Säugetier der Kermadec= Inſeln iſt eine kleine Ratte, zu der ſich ſpäter nur Ziegen und Schafe geſellt haben; auch die Vogelfauna iſt außerordentlich ärmlich.

Aus der Verteilung der Tiere über die Subregionen der auſtraliſchen Region läßt ſich auf die Geſchichte der Länderräume mancher Schluß ziehen. Daß flügelloſe und ſolche Vögel, die ihre Flügel nicht mehr gebrauchen, auf Norfolk, Lord Howe und den Chatham=Inſeln vorkommen, läßt uns erkennen, daß dieſe Eilande mit Neuſeeland ein größeres Land zuſammen= gebildet haben, das nicht mit Auſtralien vereinigt war, aber mit ihm manche Lebeform aus= tauſchte. Auch die Macquarie=Inſel im Süden ſcheint noch zu dieſem Lande gehört zu haben. Auſtralien ſelbſt muß ſich ſehr früh bereits von Aſien abgelöſt haben, wahrſcheinlich weit zurück in der Sekundärperiode. Damals entnahm es aus Südaſien ſeine Beuteltiere und entwickelte ſie während der langen Zeit ſeiner Iſolierung zu den verſchiedenſten Formen. Während der Tertiär= zeit, in der dies vorging, müſſen Neuguinea, die Salomonen, der Bismarck-Archipel und vielleicht auch Neukaledonien, die Hebriden und Fidſchi=Inſeln im Norden und Oſten, Tasmanien im Süden zu Auſtralien gehört haben. Später brach dieſe Landmaſſe auseinander, die auf den ein= zelnen Stücken lebenden Tierformen veränderten ſich immer mehr; den von allen Feinden be= freiten Vögeln Neuſeelands ſchwand die Fähigkeit zu fliegen, und ſo bildeten ſich die flügelloſen Vögel aus. Da Auſtralien auch in der Tertiär= und Diluvialzeit mit Aſien nicht wieder zu= ſammenwuchs, ſo erhielt ſich die Fauna in ihrer veralteten Form und wurde nicht, wie anderswo, durch die höher organiſierten Säugetiere verdrängt. Dieſer langen Iſolierung verdankt Auſtralien alſo ſeine eigentümliche Fauna, die merkwürdigſte der Erde. Die polyneſiſchen Inſeln ſind erſt nach und nach durch Einwanderung von Tieren bevölkert worden und zeichnen ſich noch jetzt durch ganz beſondere Armut aus.

An Nutztieren iſt ganz Auſtralien und Ozeanien erſtaunlich arm. Haustiere haben die Eingeborenen des Feſtlandes überhaupt nicht gehabt, da es ihnen z. B. nicht gelang, den Dingo zu zähmen; und die der Inſelwelt ſind erſt ſpät mit einigen wenigen Haustieren eingewandert.

Der Tripang oder die Kletterholothurie (Holothuria edulis).

Die Maori brachten nach Neuseeland wahrscheinlich nur den Hund mit und empfingen erst von Cook das Schwein, das wie der Hund auf Neukaledonien sogar ganz fehlt, obwohl auf Neuguinea eine besondere Art des Schweines, die von den Eingeborenen als Haustier gehalten wird, vorkommt. Auf den Salomonen lebte der Hund, und das Huhn ist neben dem Schwein das einzige Haustier Melanesiens gewesen, bis die Europäer anlangten. Auch die Vögel sind niemals zu Haustieren gemacht worden; selbst das Huhn ist erst durch die Polynesier auf die polynesischen Inseln eingeführt worden. Der in Hawaii einheimische fuchsköpfige Hund war nebst dem Schwein von den Hawaiiern gezähmt, ist jetzt aber von den europäischen Hunden verdrängt worden. Die

Die See-Perlenmuschel (Meleagrina meleagris). ½ natürl. Größe.

Nutztiere Australiens sind daher jetzt überall europäischen Herkommens: Rinder, Pferde, Schafe, Ziegen, von denen zur Zeit das Schaf wegen der gewaltigen Wollausfuhr des Festlandes die erste Stelle einnimmt. Dagegen lieferte das Meer gewisse Nutztiere. Der Fang der Wale geht allerdings immer mehr zurück; besonders wurden der Potwal (Physeter macrocephalus) und die Balänen (Balaena mysticetus und Balaena australis) an den Küsten der Hawaii-Gruppe von mehreren hundert Walern gefangen.

Das wichtigste Produkt ist noch immer der Tripang (Holothuria edulis; s. die Abbildung, S. 266), die Seegurke oder Seewalze, einer der hauptsächlichen Leckerbissen der Chinesen, der Malayen, westlichen Polynesier und der Mikronesier. Von den vier Arten des Tripangs ist der graue der wertvollste; weniger genießbar sind der rote, schwarze und gefleckte. Den Fang betreiben die Eingeborenen teils für sich, teils im Dienste von Europäern, den sogenannten Beachcombers; der Wert des jährlichen Ertrages beläuft sich auf eine Million Dollars. Während die

Tripangfischerei im Westen das wichtigste Fischereigewerbe ist, bietet im Osten die Perlen=muschel (Meleagrina meleagris und Avicula margaritifera; f. Abbildung, S. 267) haupt=sächlich an den Küsten der Paumotu=Gruppe lohnende Beschäftigung. Doch ist auch ihre Ausbeute heruntergegangen, und die Möglichkeit, in einigen Monaten für 80,000 Mark Perlenschalen zu gewinnen, die nach Jung (,Australien') das Haus Godeffroy bewies, ist jetzt ausgeschlossen.

Von Bedeutung ist ferner der Schildkrötenfang (f. die Tafel bei S. 258), der das Schild=patt der Karettschildkröte (Chelonia imbricata) zu den wichtigsten Handelsartikeln einiger der Südsee=Inseln macht, während die Suppenschildkröte (Chelonia Midas) besonders ihres Fleisches wegen gehegt wird. Einer der ergiebigsten Gründe für den Schildkrötenfang ist das Korallenmeer zwischen den Fidschi=Inseln, wo er nach Th. Kleinschmidt (,Journal des Museum Godeffroy·) in folgender Weise vor sich geht: „Die Schildkröten werden meist mit sehr starken Netzen aus Kokos=nußfasern in der Weise gefangen, daß an denselben angebrachte freischwimmende Holzstücke durch plötzliches Schwanken die Anwesenheit einer Schildkröte in den Maschen des Netzes verraten, worauf die Eingeborenen das Tier mit den Händen packen. Ein helles, wieherndes Jauchzen seitens der Fischer und der weithin tönende, langgezogene tiefe Schall der Muscheltrompete verkündet sodann den Freunden am Lande den Erfolg. Dieser Fang ist aber teils wegen der Haken der Schild=kröten, teils weil die Haie auch selbst die mittelgroßen Schildkröten trotz ihrer harten Schale an=fallen, nicht ungefährlich. Das Schildkrötenfleisch wird sehr geschätzt, ist der größte Lecker=bissen bei Ratsversammlungen, den Sklaven aber verboten, und die Schildkrötenfischer stehen in Diensten der Häuptlinge."

Zum Schluß möge hier der Guano der zentralpolynesischen Sporaden erwähnt werden, der bei manchen Inseln, wie Malden, Starbuck, Fanning, zur Besitznahme überhaupt erst die Ver=anlassung gegeben hat. · Warf er doch auf diesen kleinen Eilanden den Europäern jährlich einen Ertrag von einer Million Mark, auf den Paumotu einen solchen von · 428,000 kg ab. Doch ist der an und für sich nicht sehr wertvolle Guano in den letzten Jahren nahezu erschöpft worden.

VII. Die Bevölkerung.

Die Bevölkerung von Australien und Ozeanien setzt sich aus zwei Elementen zusammen, dem eingeborenen und dem eingewanderten. Schon jetzt haben die Eindringlinge die Ansässigen an Zahl überflügelt; denn die einheimische Bevölkerungsziffer geht mit Ausnahme ganz weniger Inselgruppen rasch zurück, während die europäische Einwanderung stetig wächst und die weißen Australier sich rasch vermehren.

In diesem Abschnitt haben wir es aber in der Hauptsache nur mit der ursprünglichen Bevölkerung zu thun. Sie ist in dem gesamten Ländergebiet durchaus nicht gleichartig, sondern zerfällt, wie schon in dem Abschnitt „Oberflächengestalt" angedeutet worden ist, in mehrere Völkergruppen. Diese wiederum lassen sich auf zwei Menschenrassen zurückführen: 1) die dunkelgefärbte, gewöhnlich Negerrasse genannte, und 2) die braungelbe, hellere, malayische, die selbst allerdings wohl wieder ein Kreuzungsprodukt ist. Beide Rassen sind, wie es scheint, aus Südasien heraus eingewandert und haben sich nach und nach über das australisch-polynesische Ländergebiet so vollständig ausgebreitet, daß bei der Entdeckung nur die Südhälfte der Südinsel Neuseelands sowie die umliegenden kleinen Eilande, mit Ausnahme von Warekauri, und ferner in der Nähe des Äquators die Phönix-Inseln, Starbuck, Christmas und Palmyra unbewohnt angetroffen wurden. Und obgleich im einzelnen auch jetzt noch manche kleine Koralleninsel, vorzüglich in den Gruppen der Paumotu, Manihiki, Tokelau, Ellice- und Gilbert-Inseln, der Einwohner entbehrt, so hat sich doch im ganzen der Strom der Einwanderer über ganz Ozeanien ergossen. Selbst auf der entlegenen Osterinsel geben Steindenkmäler Kunde von früherer höherer Kultur.

Bei diesen Wanderungen haben erhebliche Mischungen stattgefunden; und ganz rein hat sich keine einzige Völkerschaft erhalten: das dunkle Element tritt noch auf der Oster-Insel auf. Der Negerrasse am nächsten stehen die Australier des Festlandes und Tasmaniens; allein auch bei diesen deuten gegenüber dem dunkleren Element mit wolligerem Haar eine Reihe von helleren braunen Individuen mit straffem Haare, namentlich im Nordwesten und Norden des Erdteils, auf malayische Beeinflussung hin. Die Thatsache einer ähnlichen Mischung, jedoch wieder mit vorwiegendem Negertypus, spricht aus den Merkmalen der Bewohner Melanesiens von Neuguinea bis zum Fidschi-Archipel so deutlich, daß wir hier eine zweite, von den Australiern in manchem abweichende Abteilung aussondern können, die nun wieder in West- und Ostmelanesier ziemlich scharf zerfällt. Drittens sitzt in ganz Polynesien von der Ellice-Gruppe bis zur Osterinsel eine anders geartete Bevölkerung mit vorwiegendem malayischen Einfluß, die Polynesier. Da Zweige von diesen einerseits nach den Sandwich-Inseln, anderseits nach Neuseeland gelangt sind, so sehen wir hier eine besondere Völkergruppe über riesige Räume in einer solchen Einheitlichkeit ausgebreitet, wie nicht wieder auf der Erde. Ihr dürfen wir auch die Maori Neuseelands und die Hawaiier zuweisen. Endlich leben auf dem Übergangsgebiete im Norden Melanesiens auf den mikronesischen Inseln Völker, die eine Mischbevölkerung zwischen Melanesiern, Australiern (?) und Polynesiern darstellen und als Mikronesier zusammengefaßt werden. Sonach haben wir vier große Gruppen von Eingeborenen in unserem Ländergebiete zu unterscheiden: die Australier, die Melanesier, die Mikronesier und die Polynesier (s. die beigeheftete „Völkerkarte von Ozeanien und Australasien"). Wahrscheinlich sind zuerst die Australier, dann die Ostmelanesier, die West= melanesier und schließlich die Polynesier nacheinander eingewandert.

Über diese Eingeborenen hat sich seit der Besiedelung Australiens und Polynesiens, also etwa seit dem Ende des 18. Jahrhunderts, eine Schicht von Europäern gebreitet, die zum größten Teile dem angelsächsischen, zum Teil auch dem deutschen, zum geringsten dem romanischen Stamm angehören. Sie haben sich über die großen und kleinen Inseln sowie das Festland in verschiedener Anzahl ergossen, am meisten über Australien selbst, wo sie jetzt ganz außerordentlich überwiegen, sowie über Neuseeland und Tasmanien. Auch Hawaii beherbergt jetzt schon mehr Fremde als Eingeborene; ebenso ist auf den polynesischen Inseln, namentlich den größeren, wie Tahiti, dem Samoa=, Fidschi= und Tonga=Archipel, ihre Zahl in der Erhöhung begriffen. Viel weniger sind sie dagegen in Melanesien und Mikronesien eingedrungen; namentlich in Melanesien machen sie einen so schwachen Bruchteil der Bevölkerung aus, daß manche der Inseln noch fast als völlig fremdenlos erachtet werden können.

Als ein weiteres eingewandertes Element müssen wir die Chinesen anführen, die nament= lich auf dem australischen Festlande, Neuseeland, Hawaii=einigen polynesischen Inseln und neuer= dings auch auf Neuguinea leben. Zu ihnen gesellen sich auf den Hawaii=Inseln Japaner, auf den Fidschi=Inseln und Neuguinea jetzt noch eine geringere Anzahl indische und malayische Kulis und amerikanische Weiße. Während sich also auch in unserem Ländergebiet allmählich eine Mischung der verschiedenen Rassen und Nationalitäten der Erde entwickelt, geht fast überall die einheimische Bevölkerung so rasch zurück, daß manche der Insulaner dem Aussterben bereits nahe sind. Nach Reclus vermehrt sich die Bevölkerung überhaupt nur in den von Europäern besiedelten Teilen Australiens, auf Neuseeland, Tasmanien, den Loyalty=Inseln, Wallis, Niuë, Tahiti und Hawaii; auf allen übrigen Inseln nimmt sie ab, namentlich infolge von Krankheiten, zum Teil auch der Sittenlosigkeit und des Einflusses geistiger Getränke.

Die Gesamtzahl der Bevölkerung Australiens und Ozeaniens belief sich 1891 auf mehr als 5½ Millionen, die sich etwa in folgender Weise auf die einzelnen Ländergruppen verteilen:

Australien (mit Tasmanien)	3,239,080	Transport:	5,270,835
Neuguinea (mit Aru=Inseln)	721,000	Polynesien (ohne Rotuma u. Tucopia)	103,306
Das übrige Melanesien	642,154	Mikronesien	97,237
Die Neuseeland=Gruppe	668,651	Hawaii	95,000
	5,270,835	Zusammen:	5,566,378

Diese Zahl entspricht ungefähr der Bevölkerungsziffer des Königreichs Bayern (1890: 5,589,382 Einwohner). Während aber in Bayern 74 Einwohner auf das Quadratkilometer zu rechnen sind, hat unser Ländergebiet nur eine durchschnittliche Volksdichte von 0,6 und zwar: das Festland nur 0,4, Tasmanien 2,2, die Neuguinea=Gruppe 1,0, das übrige Melanesien 4,0, die Neuseeland=Gruppe 2,5, die Hawaii=Gruppe 5,6, das übrige Polynesien 9,6. Mikronesien allein erhebt sich zu der Volksdichte von 26 auf das Quadratkilometer, etwa wie in Bosnien. Im ganzen ist daher die Bevölkerung an und für sich gering an Zahl, die Dichte sogar sehr gering.

Über das Zahlenverhältnis der Weißen und Eingeborenen und der einheimischen Bevölkerung überhaupt gegenüber den Eingewanderten läßt sich keine sichere Statistik aufnehmen;

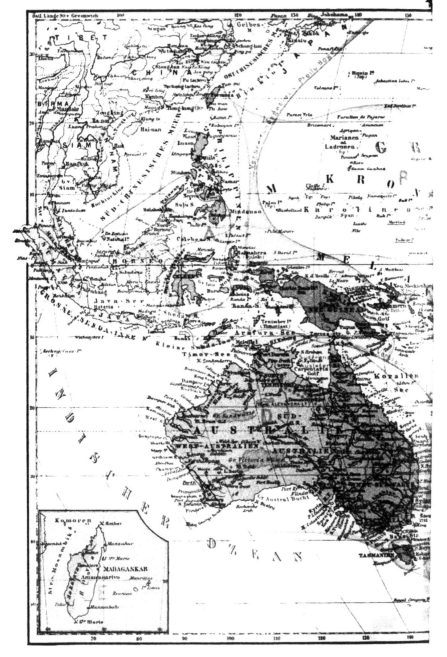

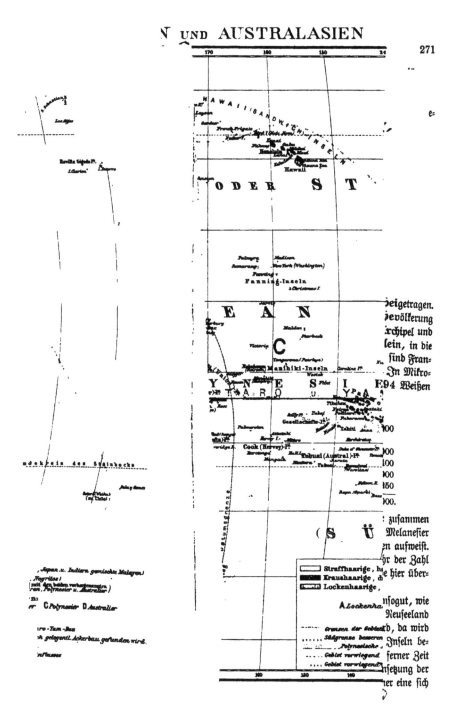

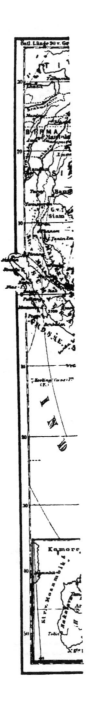

denn nur von einzelnen Inselgruppen kennen wir genaue Zahlen, die übrigens auch fast jährlich erheblich schwanken. Auf dem Festland Australiens leben noch etwa 55,000 Eingeborene, und neben 42,000 Chinesen ungefähr 3 Millionen Weiße. In Tasmanien sind die Eingeborenen bereits ganz ausgerottet; hier stehen 146,000 Weiße 1000 Chinesen gegenüber. Auf der Neusee=land=Gruppe (s. die Karte der „Bevölkerungsdichtigkeit in Australien und Neuseeland", S. 272), wohnen außer 620,000 Weißen noch 42,000 Maori und 5000 Chinesen, auf der Hawaii=Gruppe 13,200 Weiße, 7495 naturalisierte Fremde, 32,000 Einheimische, 20,000 Japaner, 15,000 Chinesen, 6000 Halbweiße, 1000 Polynesier anderer Inseln. Im übrigen Polynesien über= wiegen zum Teil die Eingeborenen noch bedeutend, wie auf Tonga, wo 19,500 Polynesier 300 Fremden gegenüberstehen, und in Samoa mit 35,200 Eingeborenen und 300 Fremden. Auf den Marquesas ist die Zahl der Fremden nur sehr gering, allein es gehen die Volkszahlen der an und für sich wenig zahlreichen Polynesier rasch herunter. Kräftiger hält sich die melanesische Rasse, deren Zahl wahrscheinlich überhaupt entschieden höher gewesen ist als die der Polynesier. Fast auf allen melanesischen Inseln ist die Zahl der eingewanderten Fremden noch sehr klein, die melanesischen Eingeborenen überwiegen an Zahl vollständig; doch bringen nach und nach auch hier fremde Elemente ein. Auf den Fidschi=Inseln leben jetzt neben 110,871 Melanesiern und 2650 Polynesiern bereits nahezu 2000 Europäer und 6300 Inder, aber nur wenige Chinesen, und Neukaledoniens Strafkolonie hat außerordentlich viel zum Aussterben der Papuas beigetragen. Hier beträgt die Zahl der Eingeborenen, 42,519, nur noch zwei Drittel der Gesamtbevölkerung der Insel: der Rest sind 19,015 Weiße, 109 Chinesen, 72 Inder. Im Bismarck=Archipel und auf Neuguinea ist die Zahl der Fremden, Weißen, Chinesen, Malayen noch sehr klein, in die Salomonen sind Fremde überhaupt kaum eingedrungen, und auf den Neuen Hebriden sind Fran= zosen und Engländer, Händler und Missionare, nur in spärlicher Zahl angesiedelt. In Mikro= nesien endlich stehen beispielsweise auf den Marshall=Inseln 15,000 Eingeborene 94 Weißen jegenüber, auf den Karolinen ist die Zahl der Weißen noch unbedeutender.

Wir können daher folgende Tabelle für die Zahl der Eingeborenen aufstellen:

Australier	55,000	Tonganer	19,200
Melanesier (und Aru=Insulaner)	1,355,000	Tahitier, Paumotu, Marque=	
Mikronesier	95,000	sas, Tubuai	27,000
Maori	42,000	Cooks=Insulaner	8,400
Hawaiier	32,000	Rotumaner ꝛc.	5,000
(Hawaiische Mischlinge 6000)		Zentralpolynesier	5,250
Samoaner	35,200	Zusammen (rund)	1,680,000.

Aus dieser Tabelle ergibt sich, daß die Australier, Mikronesier und Polynesier zusammen nur 325,000 Köpfe, noch nicht ein Viertel der Melanesier, ausmachen, und daß die Melanesier der einzige Stamm in den Gebieten der Südsee sind, der noch größere Volksmengen aufweist. Die Gesamtzahl aller jetzt lebenden Polynesier entspricht mit etwa 175,000 ungefähr der Zahl der Bewohner der hawaiischen Inseln um das Jahr 1800; der Rückgang wirkt gerade hier über= aus empfindlich. Die polynesische Rasse geht ihrem Ende entgegen.

Ersetzt wird die Bevölkerung Ozeaniens mit der Zeit durch die weiße Rasse ebensogut, wie es in Nordamerika, in einzelnen Teilen Südamerikas und bereits in Australien und Neuseeland der Fall ist. Zu einer Zeit aber, wo es schon lange keine Polynesier mehr geben wird, da wird die volksreichere und widerstandsfähigere melanesische Rasse noch die melanesischen Inseln be= wohnen. Auf allen übrigen Inseln ist das Aussterben der Eingeborenen in nicht zu ferner Zeit zu erwarten. Außer den Weißen sind auch andere Fremde an der jetzigen Zusammensetzung der Bevölkerung Ozeaniens beteiligt: Chinesen, Japaner und Inder. Zu ihnen tritt ferner eine sich

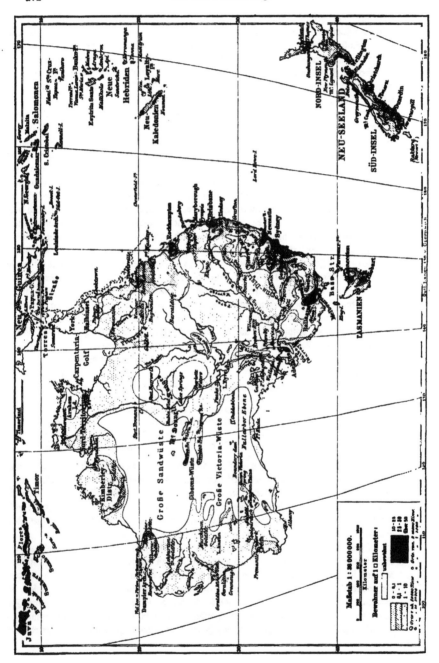

langsam entwickelnde Mischlingsrasse, die vorläufig in Australien, Neuseeland und Hawaii eine gewisse Ausbreitung gewonnen hat, ihrer Kopfzahl nach aber nur auf Hawaii bekannt ist.

Folgende Tabelle zeigt die Zahl der Weißen und übrigen Fremden im Anfange des letzten Jahrzehnts dieses Jahrhunderts:

	Weiße	Chinesen	Japaner	Inder	Eingeborene
Australien und Tasmanien	3,142,080	48,000	—	—	—
Neuguinea und Aru-Inseln	—	—	—	—	
Bismarck-Archipel	—	—	—	—	
Salomonen	—	—	—	—	
Neue Hebriden und Santa-Cruz-Inseln .	—	—	—	—	
Neukaledonien	19,015	109	—	72	
Fidschi-Inseln	1,988	42	—	6,311	
Marianen	?	—	—	—	
Karolinen	865	—	—	—	
Marshall-Inseln	94	—	—	—	
Gilbert-Inseln	?	—	—	—	
Tonga	300	—	—	—	
Samoa	300	—	—	—	
Tahiti-Gruppe (92)	—	—	—	—	
Marquesas (92)	—	—	—	—	
Paumotu (92)	—	—	—	—	
Tubuai (92)	—	—	—	—	
Hawaii (93)	20,000	15,300	20,000	—	
Neuseeland	621,651	5,000	—	—	
Cook-Inseln	—	—	—	—	
Wallis-Inseln	—	—	—	—	
Zentralpolynesien	—	—	—	—	
Zusammen (abgerundet):	3,806,000	63,500	20,000	6,400	

Es ergibt sich aus dieser Tabelle im ganzen ein ungeheures Überwiegen der Weißen über die Eingeborenen. Betrachtet man jedoch die Verteilung der Kaukasier genauer, so bemerkt man, daß nur Australien und Neuseeland vorwiegend von ihnen bevölkert sind; in Melanesien, Mikronesien und auf den meisten polynesischen Inseln verschwindet ihre Zahl noch vollständig, und nur in Hawaii bilden sie einen mächtigen Bestandteil der Bevölkerung. Sie gehören fast ausschließlich dem germanischen Stamme an, da sie meist aus Großbritannien und Deutschland, nach Hawaii auch aus Nordamerika eingewandert sind. Romanen gibt es nur wenige unter ihnen. Die übrigen Fremden, die Chinesen, Japaner und Inder, zählen zusammen noch nicht 100,000 Köpfe und würden daher unter den übrigen verschwinden, wenn sie nicht da, wo sie sitzen, in größerer Menge geschlossen lebten, namentlich in Hawaii. Die allgemeine Abneigung, die andere Völker gegen die fleißigen, bedürfnislosen und preisdrückenden Chinesen haben, hat aber auch in Australien, Neuseeland und Hawaii schon zur Beschränkung ihrer Einwanderung geführt. Während also ihre Zahl wahrscheinlich abnehmen wird, scheinen sich die überall besser geduldeten Japaner in größerer Zahl über die Südseeländer verbreiten zu wollen, vorderhand allerdings nur auf der Hawaii-Gruppe. Das Leben und die Entwickelung der weißen Ansiedler wird im folgenden Abschnitt geschildert werden; hier beschränkt sich die Darstellung auf die Eingeborenen.

Sämtliche Eingeborene gehören zu den Naturvölkern, sind also kulturarm. Unterschiede herrschen jedoch auch in dieser Beziehung. Während die Australier in jeder Weise gegen die übrigen zurück und auf einer sehr tiefen Stufe eines nomadischen Jägervolkes ohne bestimmte Wohnsitze, ohne Ackerbau und Viehzucht stehen, hat sich auf den polynesischen Inseln eine von den Malayen

ohne Zweifel beeinflußte Halbkultur entwickelt, die wir in Staatenbildung, ausgebildeten sozialen
Einrichtungen und namentlich einer überaus reichen Kunst erkennen, die sich vorzugsweise in
Schnitzereien an Geräten, Schmuck und Waffen gefällt, in der Tättowierung aber auch auf den
menschlichen Körper übertragen worden ist. In dieser Beziehung sind auch die Mikronesier
und Melanesier weit vorgeschritten, obwohl sie im übrigen gegen die Polynesier, namentlich in
Bezug auf Staatenbildung und politische Organisation, zurückstehen. Ackerbau ist auf allen
Südsee=Inseln die Grundlage des Wohlstandes der Bevölkerung. Er gründet sich auf die Kokospalme, den Brotfruchtbaum, Pandanus, Taró und die Banane, doch werden auch die Sagopalme,
Yams und Bataten, Zuckerrohr, die Arekapalme und Betelnuß angebaut. Im ganzen ist aber
auch der Ackerbau in Polynesien höher entwickelt als in Melanesien, und hier wieder auf den
östlichen Inseln höher als auf den westlichen, während das Festland Australien bis zur Besiedelung durch Weiße von derartiger Kultur nicht die geringste Spur aufwies. Die Viehzucht
beschränkte sich aus Mangel an Nutztieren auf das Schwein und den Hund, die selbst auch nicht
einmal überall vorhanden waren, während das Huhn stets angetroffen worden ist. Auch die Jagd
war in Polynesien und Mikronesien fast ganz unbekannt, in Melanesien auf Vögel und kleine
Säugetiere beschränkt, erreichte dagegen in Australien eine solche Wichtigkeit, daß man die Australier als ein echtes Jägervolk bezeichnen muß. Fischerei ist dagegen allgemein üblich, namentlich
auf den Inseln, in Neuseeland und Australien.

Die Religionen waren überall gleichbedeutend mit Natur= und Götzendienst, und die
religiösen Vorstellungen vielfach, wie bei den Australiern, sehr unklar. Den Inselvölkern galt
alles als beseelt, Tiere, Himmelskörper, Pflanzen, Geräte, Luft, Meer, Land und Steine. Bestimmten Göttern dienten Priester; Tempel und Opferstätten waren häufig, eigenartige Sitten,
wie das Tabuieren, entsprangen diesen religiösen Regungen. Von den großen Religionen der
übrigen Erde ist aber vor der Entdeckung durch Europäer keine nach der Südsee gedrungen, und
erst seit dem Ende des 18. Jahrhunderts begannen christliche Missionare, den Eingeborenen ein
hochstehendes Religionssystem vorzuführen. Ihre Bemühungen sind bisher nur in Polynesien
und Neuseeland von Erfolg begleitet gewesen, in Melanesien und Australien dagegen leider meist
nicht. Jetzt überwiegt das christliche Bekenntnis natürlich sehr, da ihm nicht nur sämtliche
3,800,000 Weiße anhängen, sondern auch fast alle Hawaiier, Samoaner, Tonganer, Tahitier
und Maori. Man kann daher die Zahl der Christen in Australien und Ozeanien zu rund vier
Millionen annehmen, von denen der größte Teil, nämlich die Weißen in Australien und Neuseeland, der evangelischen Kirche angehört. Die Zahl der Katholiken wird in Australien auf 522,000,
in Neuseeland auf 69,000 und auf den übrigen Inseln, wahrscheinlich viel zu hoch, auf 482,000
angegeben. Diese letzte Zahl ist nur erklärbar, wenn man alle Einwohner der französischen,
spanischen und viele der übrigen Kolonien als katholisch rechnet. Wahrscheinlich leben in Poly=
nesien, Melanesien, Mikronesien höchstens 100,000 Katholiken, im ganzen also umfaßt die katholische Kirche in Australien und Ozeanien 700,000 Bekenner. Der Rest, 1,500,000, sind Heiden,
wovon die Melanesier allein etwa 1,350,000 stellen.

A. Die Australier.

Die Bevölkerung des australischen Festlandes ist in sehr vielen Beziehungen, Körper=
beschaffenheit, Lebensweise, Nahrung, Wohnung, Bekleidung und Sitten, ja selbst in Sprache
so gleichartig wie keine eines anderen Kontinents. Höchstens die früheren Bewohner der benachbarten Insel Tasmanien können wir als eine bemerkenswerte Unterabteilung ansehen. Gewisse Unterschiede freilich werden durch Klima und Boden hervorgerufen, indem die an

Nahrungsmitteln reicheren tropischen Teile des Landes eine kräftigere Bevölkerung erzeugen als die ärmeren gemäßigten. Im Gegensatze aber zu der sonst allgemeinen Thatsache, daß die Wohnungen in den klimatisch kühleren Gebieten an Wohnlichkeit zunehmen, werden sie in Australien nach Süden zu immer ärmlicher: nur nördlich von einer Linie von dem Cambridge=Golf nach der Moreton=Bai, also in Nordaustralien und Nord=Queensland, treffen wir bessere Hütten.

Als die einheitlichen Merkmale der australischen Rasse können aufgeführt werden: Vorspringende Augenbrauen, schmaler Unterkiefer, seitlich erweiterte Nasenlöcher, Depression der Nasenwurzel, großer Mund, hier und da Fehlen der Eck= und Schneidezähne, straffes, seidenartiges Haar, starke Behaarung des Körpers, dolichokephaler Schädel mit Neigung zur Prognathie und sehr kleiner Gehirnraum. Ferner ist die Magerkeit des Körpers, der schlanke Bau besonders der Arme, Beine, Hüften, die Biegsamkeit der Glieder, die große Beweglichkeit charakteristisch; doch da die besser genährten Individuen kräftiger entwickelt sind, ist die Magerkeit zum Teil auf Rechnung des Nahrungsmangels zu setzen. Obwohl es große Gestalten gibt, so kann doch die australische Rasse im ganzen nicht als eine sehr hohe, wie man früher annahm, aufgefaßt werden, sondern als eine mittleren Wuchses. Die Augen der Australier sind ausdrucksvoll, dunkelbraun und zuweilen durch einen tiefblauen Schein ausgezeichnet; die zahlreichen Blutadern des schmutziggelben Glaskörpers verleihen ihnen ein wildes Aussehen. Der fleischige Teil der Nase ist auffallend stark entwickelt und dient zur Aufnahme von allerlei Stiften und Schmucksachen. Die dreieckige Form der Nase ist die gewöhnliche, doch gibt es alle Übergangsformen bis zur römischen. Lumholtz hält die breiten gebogenen Nasen für den Beweis einer Mischung mit den Papuas, worauf auch der ungleiche Körperwuchs deuten soll. Die Lippen sind rötlich-blau, das Kinn ziemlich kurz, die Füße sehr groß, Haar und

Ein Mann aus Neusübwales.
(Nach Photographie.)

Bart pechschwarz, meist kraus, aber nicht so wie bei den Negern, sondern leicht gelockt (s. obenstehende Abbildung); die Leute des Inneren haben ganz glattes Haar. Von beiden Geschlechtern wird es gleich lang getragen, Haarfrisuren nach Papua=Art sind selten. Der Körper ist im übrigen wenig behaart, besonders bei den Frauen glatt, bei Männern seltener mit Haaren bewachsen. In Queensland ist der Bartwuchs gering, in Neusübwales soll es aber auch bärtige Frauen geben. Bei Gemütsbewegung vermindert sich die im Durchschnitt der Schokolade gleichende Gesichtsfarbe bei jüngeren Leuten in Rötlich, bei älteren in Aschgrau. Die Frauen sind selten hübsch, doch gibt es auch sogenannte Schönheiten, im ganzen altern sie früh und werden infolge der ungenügenden Kost und vielen Arbeit bald abschreckend häßlich. Sie erreichen auch nicht das Alter der Männer, die durchschnittlich etwa 50 Jahre, im Inneren bis zu 70 und 80 Jahre, im nördlichsten Teil des Landes allerdings kaum 40 Jahre alt werden. Die Körperkraft der Australier ist im ganzen gering, wenigstens schwächer als die der Europäer, und höchstens im Speerwerfen übertreffen die Australier die Engländer; trotz der nomadischen Lebensweise sind sie weniger gute Fußgänger als diese, aber an Schärfe der Sinne sind sie unübertroffen, wohl infolge der bauernden Beschäftigung mit der Jagd und dem Fischfang. Die Stimme der Eingeborenen ist wohllautend und meist hoch, auch bei Männern selten tief. Der eigenartige von ihnen ausgehende Geruch wirkt so bemerkbar, daß ihn Pferde und Hunde schon aus weiter Entfernung wittern.

Manche Beziehungen deuten ziemlich bestimmt darauf hin, daß die Australier als Mischbevölkerung zwischen Negern und Malayen anzusehen sind. Zum Beispiel lassen sich über das

18*

Haar gar keine gemeinsamen Regeln aufstellen, da viele Individuen straffes, glattes, andere welliges, negerhaftes haben. Auch die Hautfarbe hat zwei Gegensätze, gelb und samtschwarz, zwischen denen eine Mittelfarbe, Dunkelbraun, am häufigsten sein soll, meist hell schokoladenbraun, auf dem Rücken und den Handflächen lichter, am Halse dunkler. Große platte und kleine zarte Füße kommen ebenfalls im Gegensatz zu einander vor. Bärtigkeit ist namentlich bei den Süd= australiern häufig und wird mit Stolz betrachtet; es ist aber schwer, nach allen diesen verschiedenen Merkmalen geographisch abgesonderte eigenartige Stämme aufzustellen, denn die kräftigsten In= dividuen zeigen sich nicht nur an der nahrungsreicheren Küste, sondern ebenso oft auch im Innern. Bei den ganz allgemein üblichen Wanderungen zwischen Küste und Innerem lassen sich die ein= zelnen Typen nicht lokalisieren, so daß Stokes gelegentlich einmal sagt: „Die Australier variieren ebenso seltsam wie der Boden“, woran wahrscheinlich klimatische Verschiedenheiten in erster Linie, in zweiter der Unterschied des Lebens in tieferen und höheren Regionen schuld sind. Auch kommt die Art der Ernährung hinzu; im südöstlichen Teile des Kontinents ist die Nahrung wesentlich animalisch, weiter im Norden vegetabilisch. „Diejenigen“, bemerkt Lumholtz („Unter Menschen= fressern“), „welche in der Nähe des Wassers wohnen und Gelegenheit haben, sich Fische, Wild und sonstige animalische Nahrung zu verschaffen, sind kräftiger gebaut als die, welche sich mit Schlangen, Eidechsen und der schwer verdaulichen Pflanzenkost begnügen müssen, die außerdem sehr dürftig ist. Die stärksten und kräftigsten Schwarzen in Queensland habe ich im Inneren am Diaman= tina=River gefunden, und hier sind sogar die Frauen groß und muskulös. In den Küsten= gegenden Queenslands kamen sie mir kleiner und dünner vor.“ Bald trifft man äußerst kräftige Familien, bald wieder ganz nahe dabei elende Individuen, namentlich abschreckende Frauen und auch Männer von weniger als 5 Fuß Höhe. Wechselt doch auch in denselben Lokalitäten der Menschenschlag anscheinend mit der Zeit! Im ganzen wird man wohl mit Schürmann sagen können: „Wo das Land wüst, sind die Bewohner gering an Zahl und von elendem Äuße= ren, wo das Land gut, sind sie vergleichsweise zahlreich, gut aussehend, thätig.“ Nach Topinard soll es überhaupt zwei Typen unter den Eingeborenen geben: einen niederen, mit kleiner Ge= stalten, krausem Haar, schwacher Muskulatur und hervorstehenden Backenknochen, und einen höheren, mit größerem Wuchs, glattem Haar und weniger häßlich geformtem Kopf. In Neusüd= wales werden die Eingeborenen 1,58—1,69 m hoch, entsprechen also dem Durchschnittsmaß der Europäer; im Inneren erreichen sie sogar 1,80 m, in der Gegend des Torrens=Sees aber nur 1,13 m, und am Murrumbidgee sind sie mittelgroß.

Die Zahl der Männer ist jetzt größer als die der Weiber, man zählte in dem Zensus von 1881 in:

				zusammen
Queensland .	10,719 Männer	9,866 Weiber		20,585
Neusüdwales	938 "	705 "		1,643
Victoria . .	460 "	320 "		780
Südaustralien	3,198 "	2,430 "		5,628
Westaustralien	1,640 "	706 "		2,346
Nord=Territorium . .	280 "	438 "		718
Zusammen:	17,235 Männer	14,465 Weiber		31,700

Die Gesamtzahl ist höchst wahrscheinlich viel zu niedrig, da man in Neusüdwales zum Bei= spiel nur die zivilisierten Australier, in Westaustralien nur die in Diensten der Kolonisten stehenden zählte; die nördlichen Stämme Queenslands sind wohl überhaupt gar nicht mit eingerechnet. Die Zahl 55,000, die bisher für die Australier angenommen wird, dürfte also noch nicht hoch genug gegriffen sein. Wie dem aber auch sein mag, das Verhältnis der Geschlechter zu einander wird wohl überall dasselbe sein. Das Überwiegen der Männer über die Frauen ist geeignet, den

Rückgang der Bevölkerung zu beschleunigen: in Victoria wird sie bald ganz ausgestorben sein. Die Frauen gebären meist nicht mehr als drei oder vier Kinder, und selten Zwillinge; auch gebären sie für ein tropennahes Naturvolk sehr spät: erst von dem 18. Jahre an. Obwohl die Frauen im allgemeinen stolz auf ihre Nachkommenschaft sind, so fallen ihnen doch bei dem Nomadenleben mehrere Kinder lästig, und die Sitte des Kindermordes ist bekannt; ja, zuweilen soll bei Nahrungsmangel sogar das Neugeborene verspeist werden. Diese Umstände führen ebenfalls zur Verminderung der Zahl der Australier.

Die Kleidung ist außerordentlich gering und beschränkt sich vielfach nur auf den Bauchring, einen hölzernen Gürtel um den Nabel; zum Teil auch aus Gras, Bast, Haaren geflochten, dient er meist nur zum Zierat, hier und da jedoch auch als Aufbewahrungsplatz für den Bumerang und Äxte und wird oftmals stark angezogen, so daß der Leib hervortritt und der Magen eingepreßt wird. Um die Hüften tragen die Australier ein Fell, dazu einen Mantel aus Hunds= oder Opossum=, auch Känguruhfell, entweder um den Hals geknüpft oder an einer Schnur von der Stirn herabhängend: ein den ganzen Körper bedeckendes sackartiges Kleidungsstück. Als Halsschmuck dienen Stränge von Perlmutterschalen, Zähnen, Krebsscheren; Armbänder von Pflanzenfasern kommen ebenfalls vor. Außerdem wird vorwiegend die Bemalung geübt; meist werden rote, weiße und schwarze Farben auf Gesicht, Leib und Gliedern eingetragen, zum Teil in Form von Kreisen, Vierecken, überhaupt allerlei harmonischen Linien; Haarfrisuren mit Emu= und Kakadufedern vollenden den Schmuck. Die Bedeutung der Farben wechselt: Trauerfarbe ist bald Weiß, bald Schwarz, bald Rot. Als Verschönerung sind ferner vor allen Dingen die Haut-

Ein Mann aus Neusüdwales, mit Brustnarben.
(Nach Photographie.)

narben (s. nebenstehende Abbildung) zu betrachten, die fast ganz allgemein mit Stolz vor allem von den älteren Männern getragen werden, besonders in Form von quer über die Brust laufenden Narben. Ziemlich roh bewerkstelligt man die Einritzungen mit Steinen oder Muschelschalen und streut, um das Schließen der Wunden zu verhindern, monatelang Kohlen und Asche hinein, läßt sogar Ameisen in den Schnittflächen kriechen. Diese Hautnarben dienen hier zur Bezeichnung des Alters und des Ranges. Bei Knaben beginnt man mit Querstrichen über Brust und Bauch, dann folgt eine halbmondförmige Linie um die Brustwarzen, die als äußeres Zeichen der Mannbarkeit gilt und unter Festlichkeiten verliehen wird; die ausgeschnittenen Fleischstreifen trägt der Besitzer in einem Korbe am Halse. Andere Linien werden namentlich auf den Armen eingeritzt, aber nur Männern erlaubt; denn, wie bei vielen Naturvölkern, ist es den Frauen nicht erlaubt, sich sehr zu schmücken.

Die Wohnungen sind sehr unvollkommen, merkwürdigerweise aber im tropischen Teile des Landes besser gebaut als in dem gemäßigten, wo im Sommer nur Zweige in den Boden gesteckt, im Winter nischenförmige Hütten aus Flechtwerk hergestellt und mit Rinde bedeckt werden. Dagegen kommen in Nord= und Nordwestaustralien Hütten von großer Ausdehnung, nach papuanischem Typus, vor, sowie auch an der Rockingham=Bucht ein Dorf von 18—20 Häusern, während sonst überhaupt keine festen Ansiedelungen bestehen. Der Hausrat ist demgemäß auch recht ärmlich und beschränkt sich auf die notwendigsten Geräte zum Kochen und Essen.

Als Waffen führen die Australier im ganzen Lande Speere, Schilde, die Wurfwaffe, Bumerang, hölzerne Beile und Keulen sowie im äußersten Norden, nahe Kap York, Bogen und Pfeile. Im allgemeinen sind das ziemlich rohe Fabrikate, von geringer Vollendung und Armut

Ein Nordaustralier. (Nach Photographie.)

an Schmuck, fast ausschließlich aus Holz, hier und da auch aus Stein und Knochen, niemals aber aus Metall. Die Speere (s. obenstehende Abbildung) sind bis zu 2 m lang, oft vorn einfach zugespitzt, hier und da aber mit Widerhaken versehen; ein dicker, kurzer Speer dient zum Spießen der Fische, ein leichter Wurfspeer für Jagdzwecke. Die meisten Speere werden mit dem Wurfbrett,

Wumera, geschleudert, einer eigentümlichen Waffe, der die andere Wurfwaffe, Bumerang, nahe steht, die aus den Ästen der Acacia pendula angefertigt wird. Der Bumerang ist dadurch ausgezeichnet, daß er zu dem Werfenden zurückfliegt, wenn er das Ziel verfehlt hat, ist aber im Südwesten fast zum Spielzeug geworden, während er im Nordwesten viel gebraucht wird. Im allgemeinen kann man Wurfwaffen nur im offenen Graslande brauchen, während in walbigen Gegenden, wie Queensland, Holzschwerter mehr an der Tagesordnung sind. Das Steinbeil ist früher häufig gewesen, jetzt aber durch ein eingeführtes Beil ersetzt, und wird besonders zu Einschnitten in Bäume, die man erklettern will, benutzt. Auch die Wurfkeulen Nolla Nolla sind in Queensland häufig. Hier kommen auch große, breite Schilde vor, von ovaler, ein wenig gebogener Form, ebener Innenseite und mit einer Erhöhung an der Außenseite. Diese, die Vorderseite, wird mit Farben bunt bemalt und in Felder eingeteilt, die, bei jedem Schilde verschieden gestellt, das Wappen des Mannes bilden. Das 10 cm breite Holzschwert ist an der Spitze abgerundet, reicht in der Länge vom Fuß bis zur Schulter, ist hart und sehr schwer.

Die Nahrung der Australier zerfällt in Tier- und Pflanzennahrung, von denen jene zwar beliebter, aber nicht immer zu beschaffen ist. Da Töpferei überhaupt nicht existiert, so werden die Speisen in Muschelschalen, Menschenschädeln und Schildkrötenschalen zubereitet oder auf offenem Feuer geröstet, auch in heißen Erdgruben gedämpft. An Knollen und Wurzeln ist im allgemeinen kein Mangel, Honig und mannaartiger Gummi des Eucalyptus dienen als Zukost, und auch narkotische Pflanzen, wie Duboisia Pituri, sind den Eingeborenen bekannt.

Menschenfleisch ist in vielen Teilen des Festlandes genossen worden, scheint aber nicht allgemeine Speise zu sein, wie auf manchen Inseln. Der Mangel an Wild kann diese Liebhaberei nicht gut erklären, da es daran den Australiern meist nicht fehlt, vielmehr scheint hier der Haß in erster Linie als Ursache in Betracht zu kommen; denn es werden sogar förmliche Jagdzüge auf Menschenfleisch noch jetzt, wenigstens in Queensland, unternommen, die sich meist auf die Reste schon fast zerstörter Stämme richten, deren einzelne Familien im Schlafe überfallen und getötet und dann verspeist werden, mit Ausnahme junger Frauen. Menschenfleisch gilt den Queensland-Stämmen als größter Leckerbissen, besonders die Lenden, während Kopf und Eingeweide nicht gegessen werden. Das Verzehren des Nierenfettes der Feinde soll nach ihrer Ansicht dem Esser die Kraft des Toten geben, woraus sich auch Aberglaube als Grund der Menschenfresserei ergibt. An der Moreton-Bai sollen die Toten von ihren eigenen Verwandten verspeist werden, und südlich des Carpentaria-Golfes gilt die Sitte, daß die eines natürlichen Todes Gestorbenen von den Weibern verzehrt werden. Auch Mischlinge, namentlich im jugendlichen Alter, werden getötet und verspeist, dagegen wird das Fleisch der Weißen wegen seines salzigen, den Eingeborenen unangenehmen Geschmackes nicht genossen, während die von Pflanzenkost, Reis und Früchten lebenden Chinesen besonders schmackhafte Leckerbissen sein sollen.

Ackerbau, Viehzucht und Gewerbthätigkeit sind kaum vorhanden, dagegen wird Fischerei mit Vorliebe und Geschick ausgeübt, hat aber nicht zur Ausbildung der Schiffahrt geführt. Diese ist den jetzigen Australiern ganz unbekannt, war dies aber wohl ursprünglich nicht, sondern ist nur verlernt worden und in Vergessenheit geraten.

Das Familienleben ist im ganzen niedrig, da die Stellung der Frau recht untergeordnet ist, und Kinder, namentlich weibliche, häufig wegen Nahrungsmangels oder wegen Beschwerlichfallens bei dem nomadischen Leben ausgesetzt werden, was viel zur Vernichtung der Stämme beiträgt. Die Frau verrichtet alle grobe Arbeit, sammelt Früchte, Wurzeln, Larven in Körbe, indem sie die Bäume erklettert oder die Felder aufgräbt. Dies thut sie mit Hilfe eines 1½—2 m langen zugespitzten Stockes, eines Gerätes, das ihr nie fehlt und selbst bei Festen und Tänzen nicht abgelegt wird. Die gesammelten Lebensmittel bereitet sie am Tage im Hause zu, holt Holz und

Waffer und erbaut fogar die Hütten, zu deren Errichtung die Männer nur durch das Fällen der Bäume mithelfen. Auch bei Umzügen, Wanderungen und Reisen trägt die Frau das gesamte Gepäck und außerdem noch die Kinder: oft vier bis fünf Körbe auf einmal; der Mann nur feine Waffen. Nur durch Erlegung von Wild oder Herbeischaffung von Eiern und Honig sorgt der Mann für das Hauswesen, geht aber auch nur zum Vergnügen auf die Jagd, ohne das Bedürfnis zu fühlen, feine Familie mit Nahrung zu verforgen. Die der Frau angethane Behandlung ist meist roh, gewaltthätig und graufam; der Mann darf die Frau fogar töten, ohne Sühne geben zu müffen. In der That gefchieht dies zuweilen, wenn fie fich zu ihrem Geliebten flüchtet und er= griffen wird; meist wird fie allerdings beim erftenmal nur mit dem Beil bearbeitet. Die Frauen find der wichtigfte Befitz der Auftralier, doch hat ein Mann gewöhnlich nur zwei Frauen, und ein folcher mit fechs Weibern wird als fehr reich und beneidenswert angefehen. Oft werden die Frauen einfach geraubt, und obwohl der Frauenraub ftreng verboten ist, fo ift doch gerade diefes Verbrechen das häufigfte, und die Art, fich fo eine Frau zu verfchaffen, bei den Auftraliern am beliebteften. Ein Mann ergreift eine Frau einfach beim Arm, erklärt, fie gehöre ihm und fchleppt fie mit fich: das ift die einzig gebräuchliche Hochzeitszeremonie. Man fieht, die Stellung der Frau ift niedrig, denn fie gilt als Eigentum des Mannes, von weiblichen Häuptlingen, wie in Afrika, ift daher auch nicht die Rede. Die Sitten find im ganzen locker, vor allem im Süden und Inneren, wo innerhalb und außerhalb der Ehen alles geftattet ift, während in Nordauftralien größere Keufchheit herrfcht. Vielweiberei herrfcht überall, und die Frau des einen Bruders gehört allen anderen gemeinfam. So bietet die Ehe nur dem Mann eine Bequemlichkeit im Hausftand, ohne irgendwie den Begierden zügelnden inneren Gehalt zu befitzen wie bei Kulturvölkern. Die Frauen werden oft fchon gleich nach der Geburt als kleine Kinder beftimmten Männern zugefagt und ihnen im Alter von 11 oder 12 Jahren übergeben; doch find fie dann ebenfowenig ficher vor dem Schickfal, von einem anderen geraubt zu werden, wie andere, die nicht vorher verfagt worden find. Ganz jugendliche Frauen werden ihres zarten Alters halber mit größerer Rückficht behandelt und von der fchwerften Arbeit befreit; fobald fie aber völlig erwachfen find, beginnt ihr Laftierleben.

Kinder (f. Abbildung, S. 281) werden im ganzen gut behandelt, niemals gezüchtigt und auch von den Vätern liebevoll erzogen; doch pflegen fich diefe meift nur mit den Knaben zu be= fchäftigen, die Mädchen jedoch den Müttern zu überlaffen. Das Leben zerfällt bei den meiften Auftraliern in drei Abfchnitte: die Kindheit, die Zeit des „jungen Mannes" und die Zeit des „alten Mannes". Der Eintritt der zweiten und dritten Periode wird an gewiffe Bedingungen geknüpft und bringt Rechte und Pflichten mit fich.

Zur Vorbereitung der Aufnahme unter die jungen Männer hat der Knabe körperliche Übungen und Entbehrungen durchzumachen, wozu teilweife fchwere Prüfungen, teilweife auch die Tätto= wierung gehören, während bei anderen Stämmen diefe Prüfungen nicht ernft genommen werden. Zwifchen dem 16. und 18. Jahre wird eine Reihe von Operationen am Körper vorgenommen, die bei den verfchiedenen Stämmen verfchieden find: das Ausftoßen von Vorderzähnen, die Bluts= verbrüderung, das Ausrupfen der Barthaare, andauerndes Faften, Selbftverwundungen. Schließlich findet die Aufnahme der Erwachfenen in die Reihe der Männer ftatt, wozu an benachbarte Stämme Einladungen ergehen und Feftlichkeiten auf einem runden, forgfältig ge= ebneten, meift auf der Spitze eines Hügels gelegenen Platze, Cawarra, abgehalten werden, von denen die Weiber ausgefchloffen find. Am Abend rüftet man fich zu dem berühmteften aller auftralifchen Tänze, dem Korrobbori; darauf werden, nachdem den Jünglingen unter allerlei Zeremonien die Waffen, Wurfkeulen, Bumerangs, Speere und die Opoffumgürtel übergeben worden find, Scheinkämpfe ausgefochten. Diefe Zeremonien dauern oft länger als 14 Tage und wiederholen fich Abend für Abend. Während der ganzen Zeit find die Weiber vom Zufehen ausgeschlossen, indessen die Zauberer der Horde allerlei sonderbare Veranstaltungen mit den Jüng= lingen vornehmen. Den Beschluß bildet unter Hinzuziehung der Jünglinge ein ganz besonderer,

Weib mit Kind, aus Neusübwales. (Nach Photographie.)

großer und eigentümlicher Tanz, dem diesmal auch die Weiber ausnahmsweise zuschauen dürfen. Nach Hodgkinson (in Cunow's ‚Verwandtschaftsorganisationen der Australneger‘) „bemalen sich die Yarra Yapinni kunstvoll mit Weiß, bedecken selbst ihre Zehen und Finger sorgfältig

Zauber zurückzuführen sei, natürlich meist auf solchen, den fremde Stämme ausgeübt hätten. Daher rühren die häufigen Fehden zwischen den Stämmen, die Ausbrüche äußersten Hasses, die bis zur Vernichtung ganzer Stämme geführt und zum Teil auch die Abnahme der Volkszahl der Australier verschuldet haben. Die Beschäftigung der Zauberer besteht, wie bei den meisten Naturvölkern, in dem Verhindern und Kurieren der Krankheiten, dem Behexen und Regenmachen; auch hier kommt es vor allem darauf an, von den zu Schädigenden irgend einen Teil des Körpers, Haar, Nägel 2c., in die Hände zu bekommen. Erfährt der also Geschädigte davon, so wird er nicht selten aus reiner Angst krank. Ein Fortleben nach dem Tode wird von einigen Stämmen ohne Zweifel angenommen, da den Toten Speise ins Grab mitgegeben wird. Hier und da ist die Ansicht verbreitet, die Schwarzen würden nach ihrem Tode Weiße.

Die religiösen Ansichten der Australier sind wenig bekannt, scheinen aber unentwickelt zu sein; Gestirne, Sonne und Mond werden zwar nicht verehrt, doch knüpfen sich Legenden an sie. Wahrscheinlich spielt vor allem, wie bei vielen tiefstehenden Naturvölkern, ein böses Wesen eine Rolle, dessen Furcht einflößende, schädigende Wirkung zur Verehrung zwingt. Nach durchaus nicht allgemein geteilten Ansichten anderer sollen manche Stämme auch ein gutes Wesen verehren.

Die Australier nehmen in Berührung mit der europäischen Kultur an Zahl rasch ab, da die leider allenthalben an deren Grenzen herrschende Demoralisation einen zerstörenden Einfluß auf sie ausübt. Alle übeln Seiten der rohen und gewaltthätigen Pioniere der weißen Rasse nehmen sie an, und ihren Lastern ergeben sie sich rasch. Die Weißen haben ihnen den Branntweingenuß, die Syphilis und sonstige verheerende Krankheiten, die Chinesen das Opium gebracht; die Frauen, von den weißen Ansiedlern begehrt, ergeben sich der Prostitution und werden von ihren eigenen Gatten angeboten. Die Kunstfertigkeit und der Erwerbstrieb der Schwarzen schwindet immer mehr, da sie gegen kurze Lohnarbeit auf den Stationen der Squatters einen längeren Lebensunterhalt bestreiten können. Versuche, Eingeborene an zivilisiertes Leben zu gewöhnen, sind meist fehlgeschlagen, die Mission hat gerade bei diesem Volke Jahrzehnte hindurch gar nichts, seit 1850 etwas, aber im Verhältnis zur aufgewandten Mühe verschwindend wenig ausgerichtet. Die Ansiedler haben die Eingeborenen nicht selten als Wild gejagt, abgeschossen und so vermindert, daß ganze Stämme ausgerottet worden sind; allerdings haben einige Morde von Weißen die besondere Veranlassung dazu gegeben. An seßhaftes Leben gewöhnen sich die Australier nicht, die Zivilisation nehmen sie nicht an, dem Christentum sind sie nicht zugeneigt; anderseits brauchen die Weißen bei fortgesetzter Steigerung der Volkszahl ihre Jagdgründe und drängen sie immer weiter ins Innere zurück. Eine Hoffnung, sich emporzuschwingen zu höherer Kultur, haben sie nicht, ihre Zukunft wird über kurz oder lang, in absehbarer Frist, dieselbe sein wie das Schicksal der Tasmanier, deren letzte Angehörige, die Frau Trucanini, im Jahre 1876 starb. Die Tasmanier wurden gejagt, ausgerottet, durch Krankheiten und Demoralisation vernichtet; das wird auch das Ende der Australier sein.

B. Die Melanesier.

Melanesien wird von den Melanesiern bewohnt, einem Menschenstamm, der sich ostwärts bis zu den Fidschi-Inseln ausdehnt und durch gemeinsame Merkmale von den Australiern und Polynesiern absondert. Seine hauptsächliche Eigenart besteht in einer Negerähnlichkeit, mit der malayische Züge gemischt sind. Es scheint, daß diese negerähnlichen Völker, die vielfach unter dem Namen der Papuas zusammengefaßt werden, früher eine größere Verbreitung besessen haben, da sie sich einmal von Melanesien aus nach Westen über eine Reihe der malayischen Inseln verfolgen lassen und hier als Negritos auf den Philippinen sowie unter anderen Namen auf Timor und den Molukken auftreten, anderseits in verstreuten Spuren in Mikronesien, den Palau=Inseln und Karolinen erkennbar sind, ja sogar auf Neuseeland und den Paumotu noch bemerkt werden können. Die Nikobaren, das Innere der Halbinsel Malakka und Formosa scheinen ebenfalls mehr oder minder stark ausgeprägte negroide Typen zu beherbergen; sollen doch sogar die Bergstämme Anams und manche Vorderindier papuanische Eigenarten besitzen. Jedenfalls ist dieser Menschenstamm auf den melanesischen Inseln am reinsten erhalten. Da er hier noch über 1,300,000 Köpfe zählt, wovon auf Neuguinea mehr als 700,000, auf die übrigen mela=nesischen Inseln über 600,000 kommen, so stellt Melanesien bei weitem die meisten der Ein=geborenen im gesamten Ländergebiet der Südsee, Australien eingeschlossen, da deren Gesamt=zahl nicht 330,000 erreichen dürfte. Die östlichsten Melanesier sind die Bewohner der Fidschi=Inseln, weil die Tonga=, Samoa= und Ellice=Inseln bereits rein polynesische Bevölkerung haben. Im ganzen ist dieser stärkste Volksstamm der ozeanischen Länderräume der am wenigsten be=kannte. Denn während die Polynesier auf den kleineren Inseln der Südsee, die Mikronesier und auch die Maori und Australier nicht nur in häufige Berührung mit den Europäern gekommen, sondern sogar von ihnen zivilisiert und christianisiert worden sind, haben die Melanesier sehr viel weniger Beziehungen mit den Weißen gepflogen. Einerseits liegt das an dem Wald=charakter der melanesischen Inseln, in deren Innere einzudringen häufig sehr schwer, ja un=möglich ist, wie die Expeditionen auf Neuguinea bewiesen haben; dann daran, daß die melanesi=schen Eingeborenen der Salomonen und Hebriden wegen ihres argen Kannibalismus verschrieen sind, und ferner, weil häufige Ausschreitungen europäischer Schiffsmannschaften die Melanesier so scheu oder so feindlich gestimmt haben, daß die Berührung oft nur sehr kurz und nicht immer besonders freundlich war.

Genauere Kenntnisse hat man hauptsächlich von den Fidschi=Insulanern, den Neukale=doniern und den Papuas von Westneuguinea. Neuerdings sind aber auch die Bewohner von Kaiser=Wilhelms=Land und des Bismarck=Archipels durch die deutschen Besetzungen dieser Gebiete, die der Salomonen durch Guppy's Forschungen bekannter geworden, und so ist man heute jetzt über alle diese Völker mehr ins klare gekommen. Es ergab sich dabei, daß erhebliche Unterschiede zwischen den Küstenbewohnern und denen des Inneren bestehen, die fast auf einen Rassenunter=schied hindeuten. Und es scheint beinahe, als ob malayische Elemente keilförmig in Form einer Einwanderung in das Innere Neuguineas eingedrungen sind. Dieses Innere ist aber vielfach unbewohnt, wie in der Gegend der Finisterre=Kette und des Owen Stanley, oder doch nur sehr schwach von rohen Bergstämmen bevölkert, so am Oberlaufe des Fly=Flusses. Sodann aber müssen anscheinend West= und Ost=Melanesier unterschieden werden, da sich die östlichen durch sehr lange, schmale und hohe Schädel vor den westlichen auszeichnen. Die Grenze liegt zwischen den Neuen Hebriden. Im übrigen gehen die wichtigsten Unterschiede in der Körperbildung der Melanesier dahin, daß einerseits negerähnliche, anderseits malayische und drittens polynesische Typen miteinander wechseln; das erste Element ist am häufigsten vorhanden. Immerhin ist eine Reihe von Merkmalen allen Stämmen gemeinsam. Kräftiger Körper in Gegenden mit gutem Landbau, Abgezehrtheit in solchen ohne derartige Vorzüge, eine gekrümmte Nase, die oft den Ge=sichtern fast semitischen Typus gibt, schmale Stirn, tiefliegende, dunkle, wild und mißtrauisch blickende Augen, großer Mund, dicke, aufgeworfene Lippen, stark gekräuselte, von dem filzigen, wolligen Negerhaar durchaus verschiedenartige Haare, gewaltige Frisuren, schmale Schultern, tief herabhängende Brüste, dicker, hervorstehender Bauch, schlanke, zarte Arme und Beine, große Hände und Füße sind für die Melanesier bezeichnend. Die Farbe der Haut ist dunkel kupferbraun bis schokoladefarben, aber nicht schwarz, erscheint jedoch oft schwärzer wegen des Schmutzes und der Sitte, die Haut mit schwarzer Farbe zu bestreichen.

Der Charakter wird im ganzen wenig günstig geschildert. Argwohn und Mißtrauen im Verkehr mit den Europäern, die freilich oft selbst daran schuld sein mögen, sind tief im Wesen der Melanesier begründet; plötzliche Überfälle und heimtückische Angriffe kommen nicht selten vor, Mut und Kriegslust sind allgemein; reizbar und erregbar sind sie wie die afrikanischen Neger. Je besser aber die Melanesier erkannt und behandelt worden sind, desto mehr entdeckt man auch günstige Eigenschaften bei ihnen, namentlich unter dem Einfluß der Missionare und der Pflanzer der Neuguinea-Kompanie. So haben sich vor allem die Bewohner des Bismarck-Archipels als freundlich, gutherzig und gefällig sowie als gute Arbeiter erwiesen, und die Häuptlinge von den Neuen Hebriden und Salomonen sind von den Engländern auf den Fidschi-Inseln mit Erfolg als Aufseher auf den Pflanzungen verwendet worden. Auch ihre Intelligenz wird gerühmt, und Beispiele geistiger Kraft stellen sie teilweise hoch über die Mikronesier und Polynesier, von den Australiern ganz zu schweigen.

Die Bekleidung ist sehr gering: bei den Männern auf Neuguinea oft nur ein Blatt oder eine Muschel zur Verdeckung der Schamteile. Bei manchen Stämmen auf Neumecklenburg gehen Männer und sogar Weiber ganz unbekleidet. Im günstigen Falle nimmt die Bevölkerung einen Gürtel von Blättern, Rinde oder Gräsern an, und an der Grenze gegen die Polynesier ist der Maro, der polynesische Rindenrock, im Gebrauch. Am besten bekleidet ist der Melanesier in der Nachbarschaft der Malayen im holländischen Teil der Insel Neuguinea, wo oft schon mit dem Islam und den europäischen Hilfsmitteln der Turban und lange Gewänder aus Baumwoll-stoffen eingedrungen sind.

Um so auffallender ist der Reichtum an Zierat und Schmucksachen. Weit übertreffen die Melanesier darin die Polynesier. Großer Wert wird auf schöne Frisuren und auffallende Haartrachten gelegt, ein Zug, worin die Melanesier den afrikanischen Negern sehr gleichen. Perücken fremden Haares werden den eigenen hinzugefügt oder viele kleine Flechten gedreht und Kräuselung beliebt (s. Abbildung, S. 287); auch werden Rindenstreifen, Kämme in die Frisur gewickelt und eingesteckt, oder das Haar wird mit Kalkwasser rötlich und weiß gefärbt. Vogelfedern, Blumen, lange Blütenstengel steckt man ins Haar und umgibt es mit einer Mütze aus Zeug oder Rinde; gern trägt man auch weiße Muscheln auf der Stirn, Ringe von Muscheln in den Ohrlöchern, Blumen, Blätter und Schildpatt in den Ohrlappen, Holzstäbe, Schweinszähne, Steine in der durchbohrten Nasenscheidewand sowie auch Halsbänder aus Samenkörnern, Muscheln, Knochen und Zähnen. Zur Trauer wird der Körper rot und weiß bemalt, zuweilen auch das Gesicht halb rot, halb weiß, oder es werden rote und weiße Ringe auf der Haut angebracht. Tättowierung und Narbenzeichnen ist im ganzen selten, fast nur bei Frauen beliebt.

Die Nahrung besteht aus einheimischen Produkten des Pflanzenreichs: Taro, Früchten, Yams, und den neuerdings von den Europäern eingeführten Pflanzen, wie Papaya, Anonen, Ananas, Orangen, sowie Lablab-Bohnen, Melonen und Zuckerrohr, endlich Gemüse. Außerdem wird Tabak geraucht. An tierischer Nahrung verzehren die Melanesier Schweinefleisch, Hühner, Fledermäuse, Ratten, auf Neukaledonien auch niedere Tiere, Spinnen, Käferlarven, endlich Fische und Muscheln. Betelkauen ist allgemein verbreitet, Salz fast gar nicht bekannt; getrunken wird Kokosmilch, Wasser, Palmsaft und von diesem bereitete geistige Getränke. Menschenfleisch ist vor allem auf den Fidschi-Inseln ein sehr beliebtes Nahrungsmittel gewesen, zu dessen Bereitung es besondere Öfen und Geräte gab.

Die teilweise sehr ansehnlichen Häuser und Hütten (s. die beigeheftete Tafel „Das Dorf Siar in Norbost-Neuguinea") sind meist aus niedrigen Pfosten erbaut und mit einem spitzen Dach versehen, in der Form aber sehr verschieden. Die ärmlicheren Stämme haben oft nur Hütten aus Pfosten mit Palmblattbedachung; wohlhabendere aber bauen schon ausgedehnte Häuser mit

der Charakter wird im ganzen wenig günstig geschildert. Argwohn und P
Verkehr mit den Europäern, die freilich oft selbst daran schuld sein mögen, sind bei im Wesen
der Melanesier begründet, plötzliche Überfälle und heimtückische Angriffe kommen nicht selten vor.
Mut und Kriegslust und allgemein; reizbar und erregbar sind sie wie die amerikanischen Neger.
Je besser aber die Melanesier erkannt und behandelt worden sind, desto mehr entdeckt man auch
günstige Eigenschaften bei ihnen, namentlich unter dem Einfluß der Missionare und der Pflanzer
der Neuen Hebriden Kompagnie. So haben sich vor allem die Bewohner des Bismarck-Archipels
als freundlich, gutmütig und gefällig sowie als gute Arbeiter erwiesen, und die Häuptlinge von
den Neuen Hebriden und Salomonen sind von den Engländern auf den Fidschi-Inseln mit Erfolg
als Aufseher auf den Pflanzungen verwendet worden. Auch ihre Intelligenz wird gerühmt, und
Kopfmesser stellen sie teilweise hoch über die Mikronesier und Polynesier, von den
ärmlichern Negern zu schweigen.

Die Bekleidung ist sehr gering: bei den Männern auf Neuguinea oft nur ein Blatt oder
eine Muschel zur Bedeckung der Schamteile. Bei manchen Stämmen auf Neumecklenburg gehen
Männer und sogar Weiber ganz unbekleidet. Im günstigen Falle nimmt die Bevölkerung einen
Gürtel von Blättern, Rinde oder Gräsern an, und an der Grenze gegen die Polynesier ist der
Maro, der polynesische Lendenschurz, im Gebrauch. Am besten bekleidet ist der Melanesier in der
Nachbarschaft der Malaien im holländischen Teil der Insel Neuguinea, wo oft schon mit dem
Islam und den erworbenen Zivilismitteln der Turban und lange Gewänder aus Baumwoll-
stoffen eingedrungen sind.

Um so auffallender ist der Reichtum an Zierat und Schmucksachen. Weit übertreffen die
Melanesier darin die Polynesier. Großer Wert wird auf schöne Frisuren und auffallende Haartrachten gelegt, ein Zug, worin die Melanesier den afrikanischen Negern sehr gleichen. Perücken
von eignem Haare werden dem eignen haupte hinzugefügt oder viele kleine Flechten gedreht und Kräuselung besorgt (Abbildung, S. 287); auch werden Rindenstreifen, Kämme in die Frisur gemacht und eingesteckt, oder das Haar wird mit Kalkwasser rötlich und weiß gefärbt. Vogelfedern,
Blumen, lange Muschelnadeln steckt man ins Haar und umgibt es mit einer Mütze aus Zeug
oder Rinde; gern trägt man auch weiße Muscheln auf der Stirn, Ringe von Muscheln in den
Ohrlöchern, Blumen, Blätter und Schildpatt in den Ohrlappen, Holzstäbe, Schweinszähne, Steine
in der durchbohrten Nasenscheidewand sowie auch Halsbänder aus Samenkörnern, Muscheln,
Knochen und Zähnen. Zur Trauer wird der Körper rot und weiß bemalt, zuweilen auch das
Gesicht halb rot, halb weiß, oder es werden rote und weiße Ringe auf der Haut angebracht.
Tättowierung und Narbenzeichnen ist im ganzen selten, fast nur bei Frauen beliebt.

Die Nahrung besteht aus einheimischen Produkten des Pflanzenreichs: Taro, Früchten,
Yams, und den neuerdings von den Europäern eingeführten Pflanzen, wie Papaya, Anonen,
Ananas, Orangen, sowie Kalebassen, Bohnen, Melonen und Zuckerrohr, endlich Gemüse. Außerdem wird Tabak geraucht. An tierischer Nahrung verzehren die Melanesier Schweinefleisch, Hühner, Fledermäuse, Ratten, auf Neukaledonien auch niedere Tiere, Spinnen, Käferlarven, Ent-
eneier und Muscheln. Betelkauen ist allgemein verbreitet, Salz fast gar nicht bekannt; getrunken
wird Kokosmilch, Wasser, Palmsaft und von diesem bereitete geistige Getränke. Menschenfleisch
ist vor allem auf den Fidschi-Inseln ein sehr beliebtes Nahrungsmittel gewesen, zu dessen Ver-
zeitung es besondere Sitten und Geräte gab.

Die teilweise sehr ansehnlichen Häuser und Hütten (s. die beigeheftete Tafel „Das
Haus in Neuguinea") sind meist aus niedrigen Pfosten erbaut und mit einem spitzen
werden, in der Form aber sehr verschieden. Die ärmlicheren Stämme haben oft nur Hü
aus Pfosten mit Palmblattbedachung; wohlhabendere aber bauen schon ausgedehnte Häuser

DÁS DORF SÍÁR IN NORDOST-NEUGUINEA. (Nach Original von R. Parkinson).

halbrunden Dächern ober erhöhteren Giebelenben sowie förmliche Gemeinbehäuser, in benen die Junggesellen des Stammes zusammenwohnen, die Fremben beherbergt, die Gäste empfangen unb alle größeren Verfammlungen abgehalten werden. Diese großen, hallenartigen, oft in zwei Stock= werke zerfallenben Häuser sinb häufig mit außerorbentlich kunstvollen Schnitzereien bebeckt unb nehmen hier unb ba fast die Eigenschaft von Tempeln an; Hausgerät ist allerdings gar nicht ober nur sehr wenig barin zu finben. Um so mehr überrascht die Häufigkeit, Schönheit unb Zierlichkeit bes Schmuckes an Schnitwerk unb Schnörkelwerk, ber nicht nur auf Häusern, sonbern überall an Pfosten unb an Booten angebracht wirb unb von ber reichen Begabung ber Melanefier unb hohem Kunstsinn zeugt. Ja, die

Schnitzkunst, bie an ben Masken entfaltet wirb, übertrifft an kunst= voller Arbeit alles, was aus ben Sübseegebieten bekannt ist; unb ber bizarre Einbruck, ben biese Masken unb bie Schnitzereien überhaupt auf jeben Europäer machen, wirb noch erhöht burch bie grelle Bemalung mit gelben, roten unb schwarzen Farben.

An sonstigen Kunstfertig= keiten betreiben bie Melanefier bie Verfertigung von großen Booten, bie an ber Küste häufig unter bie im Wasser stehenben Häuser gezogen werben; benn Pfahlbörfer sinb überall, nicht nur am Meere, häufig. Aber trotz ihrer einfachen unb boppel= ten Boote mit Mast, Rubern, Segeln unb Auslegern unb trotz ihrer Kriegskanoes betreiben bie Melanefier bie Schiffahrt nicht so eifrig wie bie Polynefier; baher sinb ihre Fahrzeuge oft plump gebaut unb unlenksam. Aus ben

Ältere Abbildung eines Tanna=Insulaners.
(Nach Cook's Reisewerk.)

Rinben bes Papiermaulbeerbaums unb anberer Bäume verfertigen bie Melanefier Stricke, Netze, Matten unb Zeuge; boch werben sie hierin ebenfalls von ben geschickteren Polynefiern aus bem Felbe geschlagen. Weiter ist bie Töpferei bekannt. Das Beste jeboch wirb in ber Anfertigung ber Waffen geleistet, bei ber wieber bie Neigung zur Schnitzerei hervortritt: Keulen, Schwerter unb Schilbe sinb oft über unb über mit Arabesken verziert. Bogen unb Pfeile, zum Teil ver= giftete, lange Speere mit Knochenspitzen unb hölzerne Schwerter sinb bie beliebtesten Waffen, bie Schleuber besonbers in Neukalebonien bie wichtigste.

Die Religion besteht in einem Ahnen= unb Fetischkultus. Die Seelen ber Verstorbenen werben verehrt unb Götzen in jebem Dorfe aufgestellt; auch Steine, Zähne, Knochen gelten als Symbole ber Gottheit, bie man in Festen, Tänzen unb Opfern von Lebensmitteln unb Menschen unter Vermittelung von Zauberern günstig zu stimmen sucht. Auch bas Tabuieren ist bekannt und ein Glaube an das Fortleben nach dem Tode vorhanden. Polygamie ist allgemein, die Stellung der Frau niedrig, ihre Lage nicht beneidenswert. Musik ist sehr beliebt, und originell sind manche Tänze, wie der Duk-Duk auf Neupommern (vgl. unten, S. 300). Die Toten werden mit besonderem Gepränge bestattet und in verschiedener Weise behandelt. Teils werden die Vornehmen in der Erde beigesetzt, teils einbalsamiert und unter Bäumen in einen Rinden= ballen eingenäht aufgestellt. Verbrennt man sie, was oft erst nach langer Zeit geschieht, so sammelt man die Asche, oder man sucht auch die Knochen zusammen und setzt diese besonders bei. An vielen Stellen werden, wie in Polynesien, die Begräbnisorte geradezu zu Kultstätten: dann entwickeln sich über den Gräbern tempelartige Gebäude.

Die politischen Verhältnisse leiden so sehr an Zersplitterung, daß jedes Dorf unab= hängig von dem anderen zu sein scheint. Von Staatenbildung kann deshalb nirgends die Rede sein; auch die Häuptlinge haben nur selten großen Einfluß, doch gibt es in Neukaledonien Stände, einen bevorrechteten, ähnlich wie in Polynesien, und das rechtlose niedere Volk. Infolge der politischen Zerrissenheit ist auch das Gewirr der Sprachen so groß, daß oft jedes einzelne Dorf seine eigene Sprache oder wenigstens seinen eigenen Dialekt hat, was das Fortkommen in den so wie so schon schlecht zugänglichen Inlandsgebieten außerordentlich erschwert.

1. Die West-Melanesier.

A. Die Bewohner Neuguineas.

Die Bevölkerung Neuguineas macht wahrscheinlich weit über die Hälfte der Gesamt= bevölkerung Melanesiens aus. Genaueres anzugeben, wird freilich noch auf längere Zeit hin un= möglich sein; vielmehr werden alle Zahlen auf Schätzung beruhen müssen, die allerdings oft erheblich voneinander abweichen, je nachdem bei der Schätzung eine gut bevölkerte oder eine nur schwach besiedelte Gegend der Berechnung zu Grunde gelegt wird. So kommen z. B. die englischen Quellen auf Grund einer genügenden Besiedelung der Umgegend von Port Moresby zu der hohen Zahl von 2,500,000 Einwohnern. Wollte man anderseits die Volksdichte in den deutschen Teilen Neuguineas als Maßstab nehmen, so ergäbe sich eine Gesamtbevölkerung von nur ungefähr einer halben Million für ganz Neuguinea. Nach Zöller's Vermutungen liegt die Zahl der Bewohner der ganzen Insel zwischen ½ und 1 Million, und damit stimmt die Angabe Supan's überein, deren Ziffer 837,000 etwa in der Mitte zwischen den genannten Grenzwerten steht. Supan rechnet auf Deutsch=Neuguinea 110,000, auf Britisch=Neuguinea 489,000, auf Niederländisch=Neuguinea 238,000 Bewohner, woraus sich eine Volksdichte von im ganzen nur 1,1 ergibt, in den deutschen und holländischen Teilen nur 0,6, im britischen Gebiet 2,1. Dazu kommt, daß das Land auch sonst sehr ungleich bevölkert ist. Im deutschen Schutzgebiet z. B. hat das Küstengebirge nur wenige, das höhere Innere fast gar keine Bewohner, die Niederung des Kaiserin= Augusta=Flusses sehr viele Dörfer. Im Süden zwischen dem Fly=Fluß und der Milne=Bai soll die Volksdichte nach MacGregor vielfach auf 5, ja auf der Halbinsel nördlich der Milne=Bai sogar auf 38 steigen. Besonders dicht sind aber die d'Entrecasteaux=, Trobriand=Inseln und Loui= siaden bevölkert, deren Volksdichte im Mittel 3,9 beträgt. Über die holländischen Besitzungen sind wir noch auf ältere Mitteilungen angewiesen, wonach die Dichte kaum größer ist als im deutschen Gebiet. Auch dort wechseln gut besiedelte Gebiete (Geelvink=Bai) mit fast menschenleeren Stri= chen, zu denen wir den größten Teil des Inneren der holländischen Besitzungen rechnen dürfen. Da die Bewohner Neuguineas im ganzen genommen den oben (S. 285) geschilderten Typus haben, so sollen hier nur noch einige Bemerkungen über unsere Schutzbefohlenen papuanischen

Stammes im Kaiser=Wilhelms=Land angefügt werden, insbesondere nach Zöller's zusammen=faffender Darstellung, der einzigen, die neueres Material umfassend berücksichtigt.

Die Bewohner von Kaiser=Wilhelms=Land sind meist wohlgestaltet, mittelgroß, kräftig, im ganzen jedoch etwas kleiner, schmaler und weniger kräftig als die Europäer der niederen Klassen. Die Farbe der Haut ist dunkelbraun, ohne bedeutende Nüancierungen nach der hellen oder schwarzen Tönung hin, wenngleich zahllose Verschiedenheiten in der Färbung der Bewohner der einzelnen Dörfer auffallen. Vollständige Nacktheit kommt in Deutsch=Reuguinea nicht vor. Die Weiber tragen kurze Grasröcke oder Faserröcke, die Männer nur eine Binde von bunten, gelben oder roten Baumrinden, eine Muschel oder einen Lappen um die Lenden. Während sich die eigentliche Kleidung auf diese allernotwendigsten Gegenstände beschränkt, wird zur Aus=

Männer von Reuguinea: 1) von Motumotu, 2) von Koita. (Nach Originalphotographien von Rev. W. G. Lawes.)

schmückung des Körpers, namentlich des Kopfes, viel Mühe verwendet. Doch legen auch hier weniger die Weiber Wert darauf als vielmehr die Männer, unter denen junge Stuter in allen Dörfern eine Rolle spielen und namentlich bei Festen in ihrem ganzen Aufputz hervortreten.

„Das Haar", bemerkt O. Finsch (‚Samoa=Fahrten'), „sorgfältig in eine weit abstehende Wolke aufgepauscht, ist rot gefärbt und wird von zwei Dedal festgehalten. So heißen 3—5 mm schmale, zierlich durchbrochen gearbeitete Bändchen aus feingespaltener Pflanzenfaser oder der=gleichen, mittels Kalk weiß gefärbt, die ganz wie gehäkelt aussehen und mit zu den reizendsten Zieraten der Papuas gehören. Jederseits hinter dem Ohr steckt ein Kamm aus Bambu, in der Form dem unserer Frauen ganz ähnlich, dessen ungefähr 5—6 cm breiter Rand zierlich durch=brochen und rot bemalt ist. Dieser Kamm wird hinterseits mit einem Büschel Kasuarfedern, frischen, grünen, feinen Farn, wohlriechenden Kräutern oder mit dem Sai geschmückt. Letzterer ist ein zierlich mit abwechselnd gelb, rot, schwarz gefärbtem Gras umwundenes kurzes, dünnes Stäbchen, zuweilen mit einer weißen Hahnenfeder versehen, das auch sonst im Haare getragen und für die Jugend am Friedrich=Wilhelms=Hafen charakteristisch wird. Im Ohr hängt ein aus

Neuguinea im höchsten Maße mit Ornamenten und Arabesken ausgeschmückt, dienen aber nur selten ernsthaften Kriegen, da die Papuas auf Neuguinea im ganzen keinen sehr kriegerischen Charakter zu haben scheinen. Freilich weichen auch in dieser Beziehung die Bewohner der verschiedenen Teile Neuguineas und sogar die der einzelnen Dörfer voneinander ab. Die Leute der Südküste gelten als unruhiger, kriegerischer, beweglicher und fleißiger, die der Küste des Kaiser-Wilhelms-Landes als umgänglicher, ruhiger, aber auch fauler.

Keule von den
Moresby-Inseln,
Neuguinea. (Christy
Collection, London.)
1/8 wirkl. Größe.

Die Kultur der Papuas hat bisher noch nicht die Stufe erklommen, die nach der geistigen Anlage des Volkes zu erwarten gewesen wäre, sondern steht unter der der benachbarten Polynesier, Mikronesier, Malayen, aber auch der Neger, wenn sie sich auch natürlich hoch über die der Australier erhebt. An den Küsten von Neuguinea befinden sich die Papuas noch vielfach im Zustande der Pfahlbauer und zwar am meisten um den Kaiserin-Augusta-Fluß und im niederländischen Teile der Insel (s. die beigeh. Tafel „Ein Pfahldorf in Südost-Neuguinea“). Die häufig zweistöckigen Häuser besitzen als Wände Bambus-latten oder schönes Mattengeflecht, und auch der Fußboden ist mit Matten belegt, während um die Astrolabe-Bai der Fußboden durch den festgestampften Erd-boden gebildet wird. Landeinwärts von der Astrolabe-Bai haben nach Zöller („Deutsch-Neuguinea‘) „die langgestreckten, aber nicht sehr breiten Häuser der Gebirgsdörfer, denen die fensterartige Thüröffnung an der schmalen Vorderfront gleichzeitig als einziger Zulaß für Licht und Luft dient, im Inneren bloß einen einzigen, sehr großen, ziemlich finsteren, aber, wenn keine frischen menschlichen Leichen an der Decke herunterhängen, nicht gerade übelduftenden Raum“. Die ungewöhnlich dicken, aus Laub hergestellten Dächer reichen beinahe bis an den Erdboden herunter und erinnern daher an die Häuser in den europäischen Hoch-gebirgen. Die Geräte in den Häusern bestehen aus geflochtenen Körben, hölzernen Schüsseln, Kürbisschalen, mit einfachen Mustern verzierten Thontöpfen, Bambus-rohren zum Wasserholen, hölzernen Kopfschemeln und Bettstellen aus brettartigen Rindenstücken. Von der Decke herab hängen die in Baumbast verpackten, mit Lianen und Rotang zusammengeschnürten Leichen in geräuchertem Zustande, umgeben von Yams, die ihnen zur Nahrung dienen sollen: eine Sitte, die aller-dings anscheinend nur auf die Gebirgsdörfer landeinwärts der Astrolabe-Bai beschränkt ist und sich anderswo nicht findet. Am oberen Fly z. B. werden die Toten unter Bäumen im Freien ausgestellt, mit Bast und Stricken umwunden und entweder dort belassen oder später verbrannt.

Überhaupt berührt es eigentümlich, daß viele Sitten nur ein beschränktes Verbreitungsgebiet haben. Beispielsweise finden sich die merkwürdigen, in den hohen Bäumen errichteten, mittels Leitern erreichbaren Baumhäuser wohl bei Finschhafen überall in der Nähe der Küste, nicht aber an der benachbarten Astrolabe-Bai. Ebenso mangeln im Gebirge die besonderen Junggesellen- und Versammlungshäuser der Küste, während dagegen Zaubererhütten auch dort in keinem Dorfe fehlten. Je weiter man nun nach dem holländischen Gebiet an der Nordküste vorschreitet, desto mehr nehmen Pfahlbauten, große Dörfer und förmliche Tempel zu, deren schönste an der Humboldt-Bai und an der Geelvink-Bai zu finden sind. An der Humboldt-Bai ist vor allem das Pfahldorf Tobadi durch frühere Reisende bekannt und von Finsch als Perle des Pfahlbauertums der Steinzeit gerühmt worden. „Das Dorf liegt in einer kleinen Einbuchtung versteckt und macht mit seinen düsteren, von Wetter und Rauch gebräunten Häusern einen äußerst fremdartigen Eindruck. Von weitem glaubt man

Ein Pfahlbaudorf in West-Neuguinea.   Nach Original von A. S. mon.

ungeheuer große Wigwams oder Ostjaken-Dschums, im Wasser schwimmend, zu erblicken, aber bald sehen wir, daß es solide, auf Pfählen ruhende Bauten sind, die im wesentlichen aus einem spitzen, meist viereckigen Dache bestehen, dessen Spitze 30 Fuß und mehr Höhe erreichen mag. Sie ist häufig mit einer runden Holzscheibe gekrönt, auf der als besonderer Schmuck eine roh geschnitzte menschliche Figur in sitzender Stellung hockt. Diese aus Ried oder Gras sehr sorgfältig gedeckten Dächer ruhen auf ungefähr 5 Fuß hohen Seitenwänden aus gespaltenem Bambus und haben zwei gegenüberliegende Eingänge, vor denen Plattformen errichtet sind. Letztere ragen (bei Ebbe) an 7 bis 9 Fuß über die Wasserfläche und stehen ebenfalls auf Pfählen. Dabei darf man sich aber nicht Pfähle nach unseren Begriffen, starke, gerade, behauene Stammstücke, vorstellen, sondern schiefe, krumme Stämmchen, die gegenüber dem gewaltigen Bau unverhältnismäßig dünn erscheinen."

Der sogenannte Tempel von Tobadi ist eins jener großen Versammlungshäuser, aber von riesigen Dimensionen, namentlich in Bezug auf die Höhe. Eine etwa 15—18 m lange Plattform, die als Tanzplatz gedient hatte, führt zu dem eigentlichen Gebäude, das in achteckiger Form in vier Absätzen zur Höhe von etwa 20 m aufsteigt. Diese vier Aufsätze tragen nach Dr. Otto Finsch (,Samoa-Fahrten') „buntbemalte Holzschnitzereien, Friese; vom unteren Dachrande hängen lange Fransen aus Palmfaser und Festons von aufgereihten Eierschalen, im Dache selbst stecken Palmwedel und verschiedene buntbemalte Tierfiguren. Sie stellen Vögel, Eidechsen und besonders kenntlich Fische dar; auf der äußersten Dachspitze thront eine menschliche Figur, darüber ein Vogel in fliegender Stellung."

Der Ackerbau der Papuas beschränkt sich auf den Anbau der notwendigsten Lebensmittel und beginnt mit dem Roden des Waldes gegen Anfang der Regenzeit, das von Männern besorgt wird. Nachdem eine Lichtung im Walde durch Abbrennen der Stämme hergestellt und die gefallenen Bäume weggeschafft sind, beginnt die Arbeit der Frauen, nämlich die Aussaat. Überhaupt liegt ja alle übrige Arbeit in den Pflanzungen den Weibern ob. Alle paar Jahre wechselt die Lage der Pflanzung, da Düngung nicht bekannt ist und der Wald noch weithin jungfräulichen Boden bedeckt. So ist denn alles Land nach und nach unter die Papuas aufgeteilt, wird aber nur in ganz verschwindendem Maße bebaut. Gewöhnlich vereinigen sich mehrere Dorfbewohner zur Anlage einer gemeinsamen Pflanzung, da die Errichtung eines diese gegen die Wildschweine schützenden Zaunes meistens die Mittel und die Arbeitskraft eines Einzelnen übersteigt. Hier haben wir also die beste Gelegenheit, eine Methode der Bewirtschaftung des Bodens noch in lebendigem Betriebe zu studieren, wie wir sie bei unseren Vorfahren im grauen Mittelalter voraussetzen müssen. Im übrigen liegen freilich die Pflanzungen immer möglichst weit auseinander und versteckt im Walde, oft an steilen Abhängen, und enthalten meist außer Yams und Taró, den Hauptnahrungsmitteln, auch Kokospalmen, Bananen, Zuckerrohr, Brotfruchtbäume, Kürbisse, Gurken, Papaya. Hierzu sind von den Deutschen eingeführt worden: Bataten, Mais, Yuka und Wassermelonen. Von sonstigen Nutzpflanzen kennen die Eingeborenen Tabak und Betelpalmen und bevorzugen unter den genannten die Kokosnüsse als Leckerbissen, den Sumpftaró und Yams, essen dagegen von dem Neuguinea-Brotfruchtbaum nur die Kerne, da der Südsee-Brotbaum mit seinem weichen Fruchtfleisch hier nicht wächst. Auch die Banane ist ein untergeordnetes Nahrungsmittel, obwohl sie in allen Dörfern gepflanzt wird; und selbst die Kokospalme hat sich in Neuguinea bisher anscheinend nur durch Anpflanzung verbreitet.

Die Fleischnahrung der Neuguinea-Papuas besteht aus Schweine- und Hundefleisch, Hühnerfleisch und Fischen. Das Huhn ist wahrscheinlich erst verhältnismäßig spät in Neuguinea eingeführt, das Schwein vermutlich von den Papuas beim Betreten der Insel mitgebracht worden und dann verwildert. Es ist ausgezeichnet durch zierlichen Wuchs, großen Kopf und schwarze Farbe und wird namentlich von den Frauen in ganz derselben Weise gehätschelt, geliebkost und

als Haustier gehalten wie bei uns die Kätzchen. Der Hund ist ebenfalls klein, hat keine Beziehung
zu dem Dingo Australiens, bellt nicht und wird sehr hochgeschätzt, teils wegen seines Fleisches,
teils wegen seiner Zähne, die man als Schmuck verwendet. Die Zahl der Hunde und Schweine
ist übrigens nicht sehr groß, weil ihrer namentlich bei Festlichkeiten recht viele verzehrt werden.
Die Papuas der Nordküste kennen nicht den Sago, Hiri, der in Britisch=Neuguinea zu großen
Handelsbeziehungen der Eingeborenen untereinander Veranlassung gibt. Die Sago=Distrikte
liegen zwischen den Mündungen des Fly=Flusses und dem Gebiete von Roro nordwestlich von Port
Moresby und entsenden förmliche Flotten nach der ganzen Südostküste, von der sie aus der
Gegend von Port Moresby Töpfereiwaren zurückbringen. Fische werden überall mit großer

Töpferei in Port Moresby, Südost=Neuguinea. (Nach Photographie von Rev. W. G. Lawes.)

Geschicklichkeit gefangen, teils aus den Flüssen und Bächen, mit Fischkörben, Netzen und Angeln,
auch bei Fackellicht mit Speeren und Pfeilen, teils an der Seeküste. Weit hinaus auf das Meer
jedoch wagt sich im Gegensatz zu dem Polynesier der Papua nur selten, wenigstens der von der
Nordküste nicht leicht, während der Bewohner der Inseln in der Torres=Straße und der Riffe
gegenüber der Südostküste eher einmal in seinem Auslegerkanoe zum Fischfang hinausfährt.
Anderseits darf man aber nicht sagen, daß die Papuas der Nordküste des Meeres ungewohnt
wären, sondern man hat im Gegenteil oft bewundert, wie sie in Ermangelung von Kanoes selbst
auf großen Baumwurzeln an die draußen ankernden Schiffe herangerudert kommen, furchtlos auf
schwankem Fahrzeug die Brandung zerteilend.

Der Mangel an Tieren bietet den Papuas wenig Gelegenheit zur Jagd; daher haben sie auch
keine Waffen, die zur Erjagung größerer Tiere geeignet wären, denn sie reichen kaum für die
Erlegung der Vögel aus. Und nicht einmal den Reichtum an Paradiesvögeln beuten sie aus,
außer in dem Gebiete um die Geelvink=Bai. Die einzige Jagd auf größere Tiere richtet sich daher
gegen Wildschweine und die kleinen Baumkänguruhs, denen man mit Pfeilen und Fallen nach=

Ut. Narkotische Gelüste befriedigen die Papuas durch das Tabakrauchen und Betelkauen, während die polynesische Kava (vgl. S. 234) hier kaum verbreitet worden ist, was auf das Überwiegen malayischer Einflüsse deutet.

Die Töpferei, unter allen Gewerben am höchsten entwickelt, veranlaßt an mehreren Stellen überaus lebhaften Handel, sowohl von der Insel Bilibili im deutschen Schutzgebiet aus, als auch namentlich aus dem Distrikte Motu zwischen Roro und Port Moresby in BritischNeuguinea (s. Abbild., S. 294). Von dort werden Töpferwaren nach den Sago-Distrikten von Elema einerseits und den Kopra- und Armmuschelbistrikten der Südostspitze und der b'Entrecasteaux-Inseln ausgeführt. Im Norden Neuguineas beschäftigen sich mit Töpferei, Seilerei, Flechtarbeiten die Weiber, während die Männer die Fahrzeuge bauen und die großartigen Holzschnitzereien für diese und die Häuser ausführen. Von den Gestaden des kulturell höher stehenden Südostens werden auch, z. B. von der Milne-Bai her, Fahrzeuge ausgeführt nach der Mujuaoder Woodlark-Insel sowie nach den Louisiaden. Auch wird hier von den b'Entrecasteaux-Inseln aus ein Handel mit Armmuscheln und allerlei Schmucksachen getrieben, an dem allerdings die ganze Nordostküste keinen Anteil zu haben scheint. Eisen und Schmiedekunst ist überall unbekannt, die ganze Nordküste steht, mit geringen Ausnahmen, noch im Zustande der Steinzeit; um so erstaunlicher sind die mit den primitiven Werkzeugen erreichten prachtvollen Schnitzereien, die nach den meisten Kennern auf das Vorhandensein eines vollständig ausgebildeten Kunstgewerbes schließen lassen. An der Nordküste ist der Handel, außer bei den Bilibili-Leuten, die regelmäßig die benachbarten Küstenstationen befahren, noch ganz unentwickelt; zwischen den einzelnen Dörfern wird ausschließlich Tauschhandel geübt, dessen beliebteste Gegenstände von europäischer Seite noch immer Perlen, Tabak und Eisen sowie eiserne Geräte sind. Bei dem gänzlichen Mangel an Geld werden namentlich Schweine gern an Zahlungs Statt angenommen.

Als echte Ackerbauer haften die Papuas an der Scholle, verlegen indessen ihre Pflanzungen und Dorfschaften oft an benachbarte Orte, ohne daß jedoch Wanderungen vorzukommen scheinen. Im deutschen Schutzgebiet liegen die kleinen, nur spärlich bewohnten Ansiedelungen meist mehrere Stunden auseinander und beherbergen selten mehr als 100 Einwohner, im Süden sind aber größere Ortschaften von angeblich 1000 und mehr Einwohnern vorhanden. Die politische und sprachliche Zersplitterung ist, wie schon oben bemerkt worden ist, ungeheuer groß; fast jedes Dorf redet einen anderen Dialekt, nur die nächstgelegenen Dörfer haben Verkehr untereinander, und es scheint sich auch dieser vielfach auf Handel und gegenseitiges Heiraten zu beschränken. Rangunterschiede fehlen fast ganz, nicht einmal Häuptlinge oder Ortsälteste sind in manchen Dörfern zu unterscheiden, nur selten treten einflußreiche Leute hervor; darum fehlt auch eine bevorrechtete Klasse, ein Adel, wenigstens im Norden der Insel, und ebensowenig scheint es Sklaven zu geben. Sämtliche Bewohner eines Dorfes sind vielmehr gleichberechtigt und hegen das bestimmte Gefühl der Zusammengehörigkeit als Mitglieder einer Dorfgemeinde. Während also Sitten und Gebräuche fast überall dieselben sind, wenigstens was die hauptsächlichen, die Papuas von den umwohnenden Rassen unterscheidenden Eigentümlichkeiten betrifft, so zerfällt das Volk in zahllose Unterabteilungen, die sich nicht einmal sprachlich verständigen können. Außerdem bilden die Bergbewohner anscheinend eine vielfach abweichende Menschenklasse: Zöller hält sie für viel kräftiger und durch eine unüberbrückbare Kluft von den Küstenbewohnern getrennt, und b'Albertis berichtete ebenfalls von völlig abweichenden Stämmen im Inneren.

Über die religiösen Vorstellungen der Papuas auf Neuguinea ist fast noch gar keine Klarheit gewonnen worden. Ahnenkultus und Schädelverehrung sollen im britischen Teil Neuguineas einen wichtigen Teil im religiösen Leben einnehmen; anderseits kommt es im Norden Neuguineas vor, daß Schädel der Verwandten ohne weiteres verkauft werden. Tänze und Feste, deren es eine große Zahl gibt, haben bisher auch wenig Gelegenheit zur Klärung der religiösen

Verhältnisse gegeben, auch das Assa=Fest nicht, bei dem vor allem nicht feststeht, was Assa über=
haupt bedeutet. Ahnenbilder mit schönen Schnitzereien fehlen in keinem Teil Neuguineas; da=
gegen sind über das Vorkommen wirklicher Tempel die Ansichten geteilt: Finsch, der den von Tobadi
für ein Tabu=Haus hält, wendet sich dagegen, Zöller ist anderer Meinung. Der Tabu=Begriff
ist bei weitem nicht so ausgebildet wie in Polynesien, fehlt aber doch auch nirgends auf Neu=
guinea, kommt indessen anscheinend meist nur in der milden Form des Schutzes von Eigentum,
Pflanzungen und Fruchtanlagen vor, so daß sich eine allmähliche Zunahme der Schärfe der Tabu=
Bestimmungen von Neuguinea bis zu den östlichen und nördlichen polynesischen Inseln erkennen
läßt. Eigentliche Priester scheinen aber auch nicht vorhanden zu sein, Zauberer dagegen fehlen
auch hier nicht, stehen aber keineswegs in gutem Ruf. Infolge der anscheinend geringen reli=
giösen Bedürfnisse der Papuas haben auch die Missionare schweren Stand, und ihre Erfolge sind
noch gering. Freilich haben in Deutsch=Neuguinea die Missionsstationen der rheinischen Mission
Bokabschim an der Astrolabe=Bai und der Neuendettelsauer bayrisch=protestantischen Mission Sim=
bang im Süden von Finsch=Hafen erst seit 1886/87 ihre Thätigkeit begonnen, doch ist schon 1889
im Prinz=Heinrichs=Hafen eine dritte Station, Siar, errichtet worden, 1890 eine vierte auf
der Dampier=Insel, worüber unten Genaueres mitgeteilt werden wird.

B. Die Bewohner des Bismarck=Archipels.

Die Bewohner des Bismarck=Archipels gehören ohne Zweifel zu derselben Rasse wie
die von Neuguinea, weichen jedoch von den ihnen nächst wohnenden Rassengenossen, den Ein=
geborenen des Kaiser=Wilhelms=Landes, in mancher Beziehung ab. Vor allem haben sie einen
energischeren, unternehmungslustigeren und daher auch kriegerischeren Charakter, woraus den Neu=
guineern gegenüber mancherlei vorteilhafte, aber auch nachteilige Eigenschaften entspringen. Aus
ihrer Neigung zur Veränderung, Wanderung und ihrem Unternehmungsgeist erklärt sich die Bereit=
willigkeit, sich als Arbeiter zu vermieten, die so stark ist, daß jetzt ein großer Teil der in dem deut=
schen Schutzgebiet auf Neuguinea verwendeten Arbeiter von den Inseln des Bismarck=Archipels
stammt. Anderseits führt ihr kriegerischer und gewaltthätiger Charakter zu argen Ausschreitungen
gegenüber Schiffsbesatzungen, Händlern, Missionaren, deren eine ganze Reihe auf den Inseln
dieses Archipels umgekommen sind. Die armen Opfer gehen gewöhnlich einem schrecklichen Schicksal
entgegen, da auf dem Archipel noch die Menschenfresserei in hohem Grade herrscht.

Die Zahl der Eingeborenen des Bismarck=Archipels wird auf 188,000 angegeben, ohne
daß sie irgendwie sichergestellt wäre. Vor allen Dingen kennt man überhaupt von dem Bismarck=
Archipel nur wenige Gebiete, namentlich die Halbinsel Gazelle, genauer, und in diesen wechseln
gut bevölkerte Landschaften mit fast menschenleeren so sehr, daß selbst eine Schätzung erschwert wird.

Im einzelnen weichen die Bewohner dieser Inseln in Körperbau, Hautfarbe, Sprache und
Gebräuchen wiederum so ab, daß eine große Zersplitterung auch hier die Regel zu sein scheint.
Nur eine einzige große Unterscheidung läßt sich machen: die Bevölkerung des südlichen Teiles von
Neumecklenburg vom 4. Grade südl. Breite an gleicht der Neupommerns, nicht aber die des nörd=
lichen Teiles. Im ganzen sind die Eingeborenen auf diesen Inseln kräftig, muskulös, groß ge=
wachsen, ihre Hautfarbe ist auf Neupommern dunkler, auf Neumecklenburg heller als die der
Eingeborenen des nordöstlichen Neuguinea.

Kleidung scheint anfangs überhaupt nicht vorhanden gewesen zu sein, sondern in allen noch
ursprünglichen Gebieten gehen die Eingeborenen vollständig nackt, und zwar beide Geschlechter,
dagegen legen die Leute, die von der Kultur der europäischen Handels= und Missionsstationen
beleckt worden sind, ein Lendentuch an. Um so größer ist ihre Neigung zu Schmuck. Vor allem

wird auf die Bemalung viel Wert gelegt, die Gesichter halb rot, halb weiß gefärbt, weiße Ringe um die Augen angebracht oder bei Trauer das Antlitz mit Manganerz angestrichen. Tättowierung und Narbenzeichnen sind auf Neupommern allgemein (s. untenstehende Abbild.), sollen aber auf Neumecklenburg, mit Ausnahme des nördlichsten Teiles, fehlen. Unter den Haartrachten finden sich merkwürdigere als in Neuguinea, und so scheint es, als ob mit abnehmender Kleidung mehr auf den Ausputz des Haares geachtet wird. Schmuck ist Kleidung: mit Korallenkalk und Farben wird das Haar weiß und rot gefärbt, mit Blumen, Kräutern und namentlich Federn geschmückt und in größere Perücken auseinander gezogen als auf Neuguinea. Die Zähne werden auch hier, wie auf dieser Insel, durch Betelkauen schwarz gefärbt; doch scheint diese Sitte nicht über Neumecklenburg hinauszugehen: auf den Salomonen fehlt sie bereits. Nur Ärmere oder jüngere Frauen lassen die Zähne weiß oder halbweiß, auch wird nicht selten abwechselnd ein Zahn weiß gelassen und der andere schwarz gefärbt. Die Beschneidung wird in Neupommern und dem nördlichsten Teil von Neumecklenburg heute noch geübt.

Als Waffe dient auf Neupommern vorzugsweise die Schleuder, in deren Handhabung die Eingeborenen ziemlich große Geschicklichkeit erwerben. Bogen und Pfeile sind auf Neupommern selten und fehlen auf Neumecklenburg ganz, auch Schilde sind nicht bekannt. Im Fernkampf wirft man Speere, im Nahkampf schlägt man den Feind mit Keulen, die namentlich auf den Admiralitäts-Inseln geschätzt werden. Leider haben, im Gegensatz zu Neuguinea, europäische Gewehre Eingang in Neupommern gefunden.

Ein Neupommer. (Nach R. Parkinson.)

Die Arbeit besorgen in der Hauptsache die Weiber; werden diese doch vielfach nur zu dem Zwecke der Besorgung des Landbaues genommen. Man kauft die Frauen für das „Diwarra-Geld": auf Fäden aufgereihtes Muschelgeld, um etwa 10—60 Mark. Es ist auch behauptet worden, daß teilweise vollkommene Sklaverei auf diesen Inseln herrsche; hierbei scheint es sich aber nur um eine Art Leibeigenschaft zu handeln, die einen unfreiwilligen Wechsel in der Person des Herrn nicht erlaubt. Das Diwarra-Geld wird von den Häuptlingen heimlich durch mühsames Abschleifen von Kauri-Muscheln nach verschiedenen Methoden hergestellt; die Diwarra Neumecklenburgs weicht von der Neulauenburgs ab. Wer überhaupt so glücklich ist, solche auf Fäden gereihte Diwarra-Stränge zu besitzen, der legt seinen Schatz in einem gemeinsamen Hause nieder, wo alle Reichtümer zusammen sorgfältig bewacht werden. Überdies wird die Diwarra als Sühngeld benutzt. Sonst besteht aber der Handel auch im Bismarck-Archipel wesentlich in Tausch, und auf der Gazelle-Halbinsel kommen größere Märkte vor, auf denen Yams in sehr bedeutenden

Mengen verkauft werden. Tabak ist das wichtigste Kaufobjekt für die Eingeborenen, Perlen stehen bei weitem dahinter zurück.

Die Dörfer der Bismarck-Insulaner bestehen gewöhnlich aus mehreren Gehöften, die je drei oder vier Hütten in gemeinsamer Umzäunung enthalten. Die rechteckigen Häuser oder Hütten haben gerade Langseiten und abgerundete Schmalseiten, an deren einer die Thür angebracht ist. Man errichtet die Hütten, indem Pfähle von Bambusrohr oder sonstigem Holz einen Fuß auseinander in den Boden eingerammt werden; dann füllt man die Zwischenräume mit Gitterwerk aus Streifen von gespaltenem Bambusrohr oder Arekapalmen und verdichtet die Wände mit Grasbedeckungen. Das aus demselben Holzmaterial hergestellte Dach wird ebenfalls mit Gras oder Kokospalmblättern bedeckt und ist sehr widerstandsfähig. Zwei Räume werden im Inneren abgeteilt: der hintere, größere, ist für die Frauen und Kinder bestimmt, der äußere, bei weitem kleinere, für den Mann und die jungen Söhne, während alle unverheirateten Erwachsenen, nach den Geschlechtern getrennt, in besonderen Hütten schlafen. Die Schlafstellen, einfache Kokospalmmatten, werden wie die ganze Hütte sauber gehalten und nachts durch Feuer erwärmt.

In größeren Häusern werden die Kanoes aufbewahrt. Diese verfertigt man aus einem einzigen Stück, weißt sie mit Kalk und versieht sie mit Auslegern und spitzigen Schnäbeln vorn und hinten. Sie stammen meist von den Küsteninseln der Neulauenburg-Gruppe, von Natom und der Beining-Bucht; dort verkaufen sie die Leute nach der ganzen Umgebung der Gazellen-Halbinsel: große Bote um 150 Schnüre Diwarra. Durch gut angelegte und gehaltene Pfade stehen diese Dörfer miteinander in Verbindung und fallen durch Anpflanzungen von Ziersträuchern und duftenden Blumen auf, für die die Melanesier ebensosehr eine deutliche Liebhaberei zeigen wie die Polynesier.

Die Anpflanzungen der Eingeborenen des Bismarck-Archipels weisen meist Yams, Bananen und Kokospalmen auf; namentlich werden die Bananen in ganz regelmäßigen Kulturen vorzüglich angeordnet, und die Produkte der Yamspflanzungen wandern über den Markt von Ralum häufig nach Neuguinea zur Ernährung der dortigen Arbeiter des Bismarck-Archipels. Statt der echten Brotfrucht, die fehlt, kommt die kernige vor; eine Anzahl neuer Nahrungspflanzen ist den Eingeborenen durch die Europäer bekannt geworden. Besonders häufig ist aber die Kokospalme: auf Neumecklenburg ist die Ostküste weithin mit Kokospalmen bestanden, auf Neupommern steigen sie auffallend weit im Gebirge empor.

Die Fleischnahrung beschränkt sich, da das europäische Rind noch nicht zum Haustier der Eingeborenen geworden ist, auf Schweine, Hunde und Hühner. Fische werden mit Gold aufgewogen. Die Menschenfresserei ist sicher auf sämtlichen Inseln des Archipels durchaus üblich, soll sich allerdings nach Zöller nur auf im Kriege getötete Feinde erstrecken. „Wenn der Leichnam eines getöteten Feindes heimgebracht ist", bemerkt Parkinson (Im Bismarck-Archipel), „so versammeln sich auf ein gegebenes Signal mit der großen Holztrommel sämtliche Bewohner des Dorfes, und die Zerteilung beginnt. Er ist Eigentum desjenigen, der ihn gebracht hat, und der nun die einzelnen Stücke an die Umstehenden verkauft. Der Erlös aus einem Leichnam beträgt durchschnittlich 50—80 Faden Diwarra. Zunächst werden die Beine unterhalb der Knie abgeschnitten, dann allmählich die übrigen Teile zerstückelt. Als beste Stücke gelten die Seiten, die Finger, das Gehirn und bei weiblichen Leichen die Brüste. Die Stücke werden einzeln mit Blättern umhüllt und zwischen heißen Steinen geröstet."

Jedenfalls darf man nicht so weit gehen, das Verzehren des Fleisches erschlagener Feinde als eine regelmäßige Nahrung der Eingeborenen aufzufassen, sondern es ist nur eine Handlung der Rache und des Hasses oder gewisser religiöser Vorstellungen. Anders z. B. bei den Fidschi-Insulanern, die in der That bei jeder Festlichkeit Menschen aus dem eigenen Stamme fraßen.

Auch scheuen sich die Bewohner Neupommerns, den Weißen Gelegenheit zum Beiwohnen ihrer Kannibalenschmäuse zu geben, machen aber anderseits kein Hehl daraus, daß sie von Zeit zu Zeit Anthropophagie treiben. Übrigens werden Schädel und Knochen nicht aufbewahrt, sondern weggeworfen, außer dem Oberarmknochen, der zuweilen als Zierde am Speere getragen wird.

Der Kriegszustand unter den Eingeborenen des Bismarck=Archipels ist fast ebenso häufig wie die Friedenspausen: ein geringfügiger Anlaß, ein lächerlicher Vorwand genügt, die grim= migste Fehde anzukündigen. Parkinson erzählt, daß der Diebstahl eines Hundes zur Verbrennung eines Dorfes führte. Gewöhnlich aber sind Frauen der Gegenstand einer Fehde, teils wenn sie nach schlechter Behandlung durch ihre Männer zu ihren Eltern entlaufen, teils weil sie mit irgend einem Liebhaber durchgehen; oft ist reine Eifersucht der Grund zur leidenschaftlichen Erregung der Männer. Gewöhnlich verlaufen die Kämpfe ganz unblutig oder unter Vermeidung von Todesfällen, unter leichteren Verwundungen durch Speerwürfe oder Feuerwaffen; das Ende vom Lied ist die Darreichung von Sühngeld an den Beleidigten. Hat es aber einmal das Unglück gewollt, daß ein Krieger im Kampfe fiel, und war dies etwa ein Mann von Einfluß, so erfolgt blutige Vergeltung von seiten seiner Familie. So entstehen zuweilen die langdauernden Kämpfe ganzer Distrikte gegeneinander.

Die Melanesier des Bismarck=Archipels neigen sehr zu Diebstählen, teils gegenüber ihren eigenen Stammesgenossen, teils, verführt durch die zahlreichen neuen, netten Gegenstände der Europäer, auch gegen diese, denen daraus oft eine Quelle ernstlicher Spannung mit den Ein= geborenen und nicht selten Fehde und Überfall erwächst. Wer einen Dieb auf frischer That ertappt, hat zwar das Recht, ihn zu töten; für gewöhnlich aber kauft sich ein solcher durch eine Anzahl von Diwarra= Fäden los.

Der Charakter des Bismarck=Insulaners ist im ganzen mißtrauisch, wenn auch nicht geradezu hinterlistig. Denn die tückischen Überfälle Fremder sind meistens auf irgend welche Unbill zurück= zuführen, die sich vorher andere Fremde den Eingeborenen gegenüber erlaubt hatten. Freilich zeigt sich dasselbe Mißtrauen auch in Gegenden, wo bisher keine Berührung mit Fremden statt= gefunden hat, und es ist zweifellos, daß manche Stämme blutdürstigen Charakter haben, wie die Ermordung der farbigen Fidschi=Missionäre im Jahre 1878 beweist. Habsucht allein scheint auch in vielen Fällen zu dem Morde von Händlern geführt zu haben. Förmliche Kriegszüge sind zur Vergeltung dieser Schandthaten gegen die Eingeborenen unternommen worden, zahlreiche Ver= brennungen von Dörfern und Vernichtung von Menschenleben erfolgten, und die Folge war dann an einzelnen Stellen, wie an der Küste der Halbinsel Gazelle, Sicherung der Stationen der Weißen, an anderen aber, wo diese in geringer Zahl angesiedelt waren, erneute Morde. Durch die Besuche der Kriegsschiffe in den Gewässern des Bismarck=Archipels sind die Zustände gebessert worden, der Verkauf von Schußwaffen ist verboten, und die Eingeborenen können schon nicht mehr ohne die von Europäern eingeführten schönen Dinge leben. Die Fälle, wo Weiße genötigt sind, zur Bestrafung von Übelthaten der Eingeborenen auszuziehen, werden daher schon aus diesem Grunde seltener. Immerhin regelt sich nur an Küsten, wo die Weißen schon längere Zeit ansässig sind, mit der Zeit der Verkehr zwischen beiden Rassen in friedlicher Weise.

Die religiösen Ansichten der Eingeborenen des Bismarck=Archipels sind noch wenig be= kannt, und es ist daher verfrüht, zu sagen, sie seien an und für sich sehr gering und auch sehr verworren. Man glaubt, daß ein Geist, Kalila, über die Gestirne und die Erdbeben sowie die im Archipel oft vorkommenden vulkanischen Ausbrüche gebietet, während zwei andere Geister das feste Land erbaut haben. Daneben stehen eine Menge von bösen Dämonen, die Taberan, die besonders in den bunt bemalten, mit prachtvollen Holzschnitzereien bedeckten, federgeschmückten Warrabat=Figuren dargestellt und in besonderen Hütten in Waldlichtungen verehrt werden.

Sie gelten als Erzeuger alles dessen, was den Menschen alles schmerzlich berührt und schädlich ist, und werden daher, z. B. bei ungünstiger, Krankheiten bringender Jahreszeit, von den Zauberern beschworen. Diese Zauberer — eigentliche Priester scheinen auch hier zu fehlen — beschäftigen sich mit dem Herbeiflehen von Regen, der Beschwörung oder auf Verlangen auch mit dem Anzaubern von Krankheiten, ja sogar mit der Herbeiführung des Todes, wirken also, wie ihre polynesischen Genossen, schädlich und stehen, wie diese, mehr in Furcht als in Achtung. Auch hier kommt es, wie bei vielen Naturvölkern, vor, daß, falls der Regen ausbleibt, den Regenzauberern, die daran schuld sein müssen, die Hütte verbrannt wird. Das Tabu ist auch hier allgemein bekannt und wird, entsprechend der größeren Annäherung an Polynesien, schärfer gehandhabt als in Neuguinea; im ganzen beschränkt es sich aber auch hier auf den Schutz von Pflanzungen,

Eigentum aller Art, und namentlich der Kokospalmen. Als äußeres Zeichen des Verbots dient die Umflechtung mit Palmblättern, die Aufstellung rot und weiß bemalter Zweige oder das Anhängen von Kokosnüssen an hervorstechende Äste. So wirkt das Tabuieren hier im Gegensatz zu Polynesien noch segensreich und hat noch nicht jene willkürliche Ausdehnung auf beliebige Verbote aller Art erfahren wie auf den östlichen und nördlichen polynesischen Inseln. Jedenfalls werden kurz vor Beginn der beliebtesten

Duk-Duk-Tänzer von Neupommern. (Nach O. Finsch.)

Feste, der Duk-Duk-Zeremonien, Lebensmittel mit dem Tabu belegt, damit ja nicht etwa in der Zeit des Festes Mangel eintrete.

Es ist nicht bekannt, ob die zahlreichen Tänze und Festlichkeiten der Bismarck-Insulaner mit den religiösen Anschauungen in Beziehung stehen. Der Duk-Duk ist eine Art Vereinigung aller männlichen Eingeborenen und umfaßt sogar die Knaben, deren Aufnahme in den Klub unter großen Festlichkeiten stattfindet. Diese bestehen in tagelangem Schmausen der Männer, die alles, was an Taró, Kokosnuß, Hühnern, wilden Tauben und Fischen aufzutreiben ist, gewissenhaft verzehren; darauf folgt der Tanz. Die Männer, mit bunten Blumen und Blättern ausstaffiert und von Holz geschnitzte Vögel oder grüne Zweige in den Händen haltend, stellen sich in zwei langen Reihen einander gegenüber auf, machen allerlei Sprünge und Körperverdrehungen und singen zum Takte des Kuddu, eines ausgehöhlten harten Holzzylinders, dessen mit Eidechsenhaut bespannte eine Seite mit den Fingern geschlagen wird. Unter allerlei Zeremonien werden die Knaben in den Klub aufgenommen, dürfen aber vor dem 14. Jahre nicht an den Versammlungen teilnehmen; dann erst werden sie durch einen Stockschlag des Tubuvan für reife Mitglieder erklärt. Der Tubuvan ist der für das Tanzen in vermummter Gestalt bestimmte Eingeborene; sobald er bezeichnet ist, zieht er fünf Tage lang die Vermummung an, die aus übereinander gestülpten vom Hals bis zu den Knieen herabhängenden Laubkränzen und einem spitzen, Kopf und Schultern verbergenden Hut aus faserigem Grasgeflecht besteht (f. Abbildung, S. 300). Durch diesen unterscheiden sich der Tubuvan und die Duk-Duk-Tänzer, indem jener einen einfachen Kegel auffetzt, der Duk-Duk-Mann aber einen bunten, bemalten Spitzhut mit einem 1 m langen Stab auf der Spitze. Man fertigt diese Verkleidung jedesmal wieder von neuem mit dem Aufwand von mehreren Tagen und unter strenger Ausschließung der Frauen. Nachdem der Tubuvan seine fünftägige Vermummungszeit überstanden hat, wartet er noch drei Tage und vereinigt sich dann mit den Duk-Duk-Leuten, um mit diesen Hütte für Hütte abzugehen und einen Tribut von je einem Faden Diwarra zu heischen. In einzelnen Gehöften tanzen die Vermummten und nehmen allen ihnen begegnenden Frauen das Geld, schlagen auch manche Personen mit Knütteln und brechen in die Umzäunungen ein, worauf sich die Überfallenen loskaufen müssen. Die Persönlichkeiten der Tänzer werden geheimgehalten, und es besteht das Verbot, im Kreise von Frauen über den Duk-Duk zu sprechen. Der Zweck des ganzen Lärms scheint nur der zu sein, Diwarra für die zusammenzubringen, die den Duk-Duk entfenden: für die Häuptlinge oder einflußreiche Leute, während für die niederen Klassen vor allem das reichliche Essen und Tanzen als Entschädigung in Betracht kommt. Der Duk-Duk gilt als traditionell geheiligter Brauch, scheint aber seine etwaige frühere religiöse Bedeutung schon lange eingebüßt zu haben.

Tänze führen auch die Weiber gern und häufig auf, z. B. nach Beendigung der Feldarbeit, bald allein, bald mit den Männern zusammen, immer reihenweise geordnet. Besonders eigenartig sind die Maskentänze, weil die Masken der Bewohner des Bismarck-Archipels häufig auf das schönste und frembartigste aus Holz geschnitzt, bemalt und verziert sind. Man fertigt sie aus den Stirn-, Backen- und Kieferknochen eines Schädels, umgibt diese mit einem Bart und Kopfhaar und bemalt sie mit roter Erde und Kalk. Auch gibt es Masken, die Eidechsen, Vögel, Fische und allerlei Tiere darstellen. Und damit auch die Musik nicht fehle, so vergnügt man sich auf dem Kaur, einem Blasinstrument aus Bambusrohr, oder auf der großen Holztrommel Garamut, die mit Handhaben und rohen Verzierungen, Schnitzereien und Malereien geschmückt ist. Daneben lieben die Leute vom Bismarck-Archipel die Maultrommel Ngap, die Pansflöte Bä, das erwähnte Kubbu und das monotone Geklapper vom Timbuk, einem Paar ovaler Holzstücke, auf die abwechselnd mit einem Holzstab geschlagen wird.

Die große Trommel ruft zum Kriege, zum Menschenfraß, zum Feste und auch zur Trauer nach dem Tode eines Häuptlings. Stirbt ein solcher, so schmücken die Weiber den Leichnam, indem sie auf das Gesicht Kalk schmieren und Figuren von roter Farbe malen, Diwarra-Schnüre um Hals, Arme, Beine binden und allerlei Schmuck an den Körper hängen. Der Tote wird drei Tage lang auf Palmblättern in der Hütte aufgebahrt und dann beerdigt, indem man die Leiche in Rindenzeug einnäht und in eine 1½ m tiefe Grube senkt, das Gesicht gegen Osten. Dabei werden Speere und Keulen über dem Leichnam zerbrochen und ihre Bruchstücke an die Leibtragenden verteilt. Eine Bezeichnung des Grabes durch Steine oder Hügel findet nicht statt. An der Küste (z. B. südlich von Kap Gazelle) legt man auch die Leichen in Kanoes und versenkt diese auf offenem Meere mit samt ihrem Inhalt. Bei Beerdigungen von Frauen, schreibt Parkinson („Im Bismarck-Archipel'), „geht es einfacher zu. Das Schmücken der Leiche beschränkt sich darauf, daß man ihr die Haare färbt und ein wenig Perlen und Diwarra um Hals und Arm bindet; der Gatte verteilt kleine Geschenke an die Anwesenden, es werden Betelnüsse gegessen und die von den weiblichen Verwandten bereiteten Speisen verzehrt. Aber kaum ist die Leiche eingescharrt und das Klagegeheul verstummt, so entfernen sich alle wieder, da eine Frau ja kein Muschelgeld zum Verteilen hinterläßt.' Um so mehr hinterlassen reiche Häuptlinge, zuweilen bis zu 2000 Faden, doch wird in solchen Fällen die Hauptmenge den Erben belassen und nur ein Teil an die Leibtragenden verteilt, und dies auch in der Weise, daß Häuptlinge den größten

Teil, unbedeutende Arme nur spärlichen Gewinn davontragen. Nach Jahren werden die Schädel
der Häuptlinge ausgegraben, gereinigt und mit Kalk und roter Erde bemalt aufbewahrt. Auch
das gibt wieder Veranlassung zu mehrtägigen Festen. Zum Zeichen der Trauer bemalt sich sämtliche Verwandtschaft nebst den Angehörigen mit schwarzem Schlamm aus Ruß und Öl; je näher
man dem Toten stand, desto intensiver auf dem ganzen Körper, die entferntere Sippe im Gesicht
allein. Man trauert eine Woche bis zu einem Jahre und darüber.

C. Die Bewohner der Salomonen und Neuen Hebriden.

Die Bewohner der Salomonen, Santa=Cruz=Inseln, Banks=Inseln und der
Neuen Hebriden sind zwar der melanesischen Völkergruppe noch zuzurechnen, scheinen jedoch,
je weiter man von Nordwesten nach Südosten vorschreitet, desto mehr polynesischem Einfluß unter-
legen zu sein. Bereits die Atollreihe der nordöstlich von den Salomonen liegenden Koralleninseln
(Ongtong Java und Sikayana) wird von echten Polynesiern bewohnt, und auch Tukopia, zwischen den Banks= und Santa=Cruz=Inseln, beherbergt polynesische Einwanderer. Demselben
Einfluß begegnet man bereits auf den englischen Salomonen, dagegen sind die deutschen Salomonen noch von ganz rein gehaltenen Melanesiern bewohnt. Ja, es scheint sogar, als ob auf
diesen Inseln die Papuas ihre vorzüglichste Ausbildung als Rasse aufzuweisen hätten.

Die Salomonier werden schon von den Reisenden der früheren Jahrhunderte als große,
kräftige Gestalten von mächtigem Körperbau, großem Selbstbewußtsein und deutlichem Kraft-
gefühl geschildert. Daher imponieren sie dem Europäer viel mehr als ihre Stammesgenossen in
Neupommern und Neuguinea. Von diesen unterscheiden sie sich durch die etwas dunklere, negerähnliche Hautfarbe, die als ein dunkles Schwarzbraun, fast als Grauschwarz bestimmt worden
ist, sowie durch einen anderen Geruch. Die Kleidung ist bei beiden Geschlechtern ebenso unentwickelt wie im übrigen Melanesien, sie gehen vielmehr völlig nackt, sind bartlos und tragen ihr
Haar mäßig lang (s. Abbildung, S. 303), ältere Leute in Form kleiner Zöpfe. Halsbänder,
Armbänder und Narbenzeichnungen sind der Schmuck, der hier anscheinend gegen die hochge-
schätzten Waffen zurücktritt. Bogen und Pfeile, die sie sehr gut zu gebrauchen wissen, Speere
und prachtvoll geschnitzte Holzkeulen sind die wichtigsten davon. Im südlichen Teil der Gruppe
sind nach Guppy die Eingeborenen im Durchschnitt 5 Fuß 4 Zoll englisch hoch, unterscheiden
sich merkwürdigerweise auf den einzelnen Inseln durch die Schädelbildung und tragen viel Haar.
In manchen Dörfern sollen sogar ungewöhnlich stark behaarte Bewohner wohnen, die wegen ihres
verräterischen, tückischen und gefährlichen Wesens viel schwerer zu behandeln seien als die übrigen.

Die Frauen sind, entsprechend der freimütigeren Anlage des Volkes, zutraulicher als in
Neuguinea, zugleich besser genährt, weil augenscheinlich besser gestellt, aber weniger mit Arbeit
belastet, und deshalb körperlich schöner. Auch sie sind fast völlig unbekleidet, haben aber einen
nicht weniger selbstbewußten und energischen Charakter als die Männer. Leider leiden sehr viele
Eingeborene an dem Tokelau=Ringwurm, der verbreitetsten Krankheit der Südsee. Das Haar
wird nicht, wie im Bismarck=Archipel, gebeizt, sondern natürlich schwarz gelassen, auch fällt das
häßliche Schwarzfärben der Zähne weg.

Kein Volk der Südsee hat im Verkehr mit den Weißen einen so schlechten Ruf erhalten wie
die Salomonier, aber auch auf keiner Inselgruppe scheinen die Arbeitswerber derartige Ausschreitungen begangen zu haben. Ganz abgesehen von der Erregung, in die die Salomonier
durch Raub ihrer Angehörigen versetzt worden sind, ist ihnen freilich Wildheit, Hinterlist und
Neigung zu räuberischen Anfällen, zu kriegerischer Bethätigung eigen, und das ist einer der
Gründe, weshalb Ansiedelungen auf diesen Inseln noch fehlen. Außerdem hat natürlich die hier

grassierende Anthropophagie abschreckend gewirkt, der zahlreiche Händler und auch Missionare zum Opfer gefallen sind; neuerdings nimmt aber im Nordwesten der Gruppe und auch unter dem Einfluß der Missionare im Südosten die Menschenfresserei ab, die Sicherheit überhaupt zu, so daß mit der Zeit friedlichere Beziehungen zwischen Weißen und Eingeborenen Platz greifen werden. Leider wird noch immer von Sydney aus der Waffenhandel nach den Salomonen betrieben, gegen den die Neuguinea-Gesellschaft um so weniger auszurichten vermag, als von ihr bisher noch keine Stationen von einiger Bedeutung auf den Salomonen errichtet worden sind.

Wie auf Neuguinea, ist besonders die Töpferei (die, wohl bemerkt, ohne Drehscheibe geübt wird) auf den Salomonen mit ausgezeich= netem Erfolg ausgebildet worden und dient jetzt vielfach zur Anfertigung von Thonpfeifen, die den europäischen täuschend nachgemacht werden. Es wird sogar ein leichter Tausch= handel damit getrieben. Die schönsten Erzeug= nisse salomonischen Kunstgewerbes sind aber die Holzschnitzereien an den prachtvollen Waf= fen und Kanoes. Die Boote sind sehr schmal, scharf und leicht gebaut, besitzen keine Ausleger und sind am Vorder= und Hinterteil stark auf= gebogen; obwohl sie bis zu 36 Mann fassen können und mit sehr unpraktischen Rudern fort= bewegt werden, vermögen sie rasch vorwärts zu kommen. Zum Tauschverkehr soll eine Art Markt und zum Handel eine Art Muschelgeld vorhanden sein, doch nimmt man jetzt an Zah= lungs Statt Eisenwaren, Messer, Tabak, Äxte und Perlen. Während aber die deutschen Salomonen noch ganz im Steinzeitalter stehen, hat der englische Handel dieses auf den süd= lichen Inseln in den Küstengebieten bereits voll= kommen beseitigt; merkwürdigerweise finden sich aber auf diesen, oberflächlich in den Boden der Küste versenkt, nicht selten große Stein= werkzeuge, Äxte 2c.

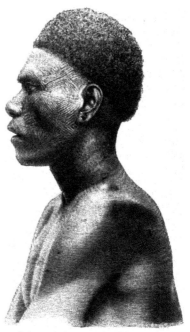

Salomon=Insulaner. (Nach R. Parkinson.)

Im ganzen wiederholen sich auf den Salomonen die mancherlei Sitten und Gebräuche des Bismarck=Archipels. Die Toten des niederen Volkes werden ins Meer versenkt oder an Felsen ausgelegt, die Leichen der Häuptlinge aber verbrannt und Opfer zur Besänftigung der bösen Geister dargebracht; eigentümlich ist die Aufstellung geschnitzter Denkstäbe zur Erinne= rung an die Toten. Im einzelnen sind natürlich mancherlei Abweichungen vorhanden.

Auf den Neuen Hebriden ist die Mischung mit polynesischen Elementen noch deutlicher, besonders auf Aoba und Tanna; die Loyalty=Gruppe im Osten Neukaledoniens soll sogar ganz von Polynesiern bevölkert sein, und die Eingeborenen Neukaledoniens sind kräftiger und schöner als die Neuhebridier, nur wegen der bei ihnen vorliegenden polynesischen Beimischung. Auf der Insel Mélé bei der Sandwich=Insel übt sogar angeblich eine erst seit 35 Jahren dahin durch Scheitern eines Schiffes verschlagene polynesische Arbeiterkolonie bereits einen maßgebenden Ein= fluß in politischer und sonstiger Beziehung aus.

Körperlich unterscheiden sich die Neuhebridier daher von den Melanesiern reiner Rasse, je mehr sie polynesisches Blut aufgenommen haben, im übrigen, d. h. in Sitten und Gebräuchen, stehen sie ihnen jedoch näher als den Polynesiern. Die diesen eigene Vorliebe für Tättowierung haben sie nicht; wohl aber gibt es Narbenzeichnungen und allgemeine Bemalung bei Festen. Die Kleidung beschränkt sich auf Rindenstreifen, die nicht abgelegt werden, steht also bereits um eine Stufe höher als im Gebiete des Bismarck=Archipels. Verheiratete Frauen pflegen einen Gras= oder Blätterschurz um die Lenden zu legen, der jedoch so kurz ist, daß er mit den mikronesischen Grasröcken nicht verwechselt werden kann. Nur auf Tanna veranlaßt die große Eifersucht der Männer eine krinolinenartige Verlängerung dieser Lendenschurze.

Die Wohnungen bauen sie meistens nahe ans Meer, aber so versteckt in Kokoshainen, daß man ihre Spur gewöhnlich nur findet, wenn man den aufsteigenden Rauch beobachtet. Die Hütten bestehen aus Baumästen und Blätterbedachung, wie auch sonst in Melanesien, und werden im Inneren zuweilen mit Thon bekleidet; ist man auf den Knieen durch eine enge Thür ins Innere gerutscht, so befindet man sich in einem kreisrunden Raum, dessen Mitte ein großer Pfosten einnimmt. Der Hausrat ist dürftig, hölzerne Schöpflöffel, Schüsseln und Bambus= flaschen zum Wasserholen. Wie auf Neupommern brennt in der Mitte ein Feuer, dessen Rauch mit Mühe durch die Decke entweicht und den Aufenthalt im Inneren fast unmöglich macht, aber wenigstens die Mücken abhält und nachts die Feuchtigkeit bekämpft. Nur die Häuser der Häupt= linge sind ausgedehnter, auf allen aber sind meist eine menschliche Figur darstellende Holzschnitzereien angebracht. Auf Merena gibt es auch in jeder Ortschaft zwei oder drei längliche Hütten von rechteckiger Form, von denen eine für die Frauen bestimmt ist. Auch gibt es Tabu=Häuser in jedem Dorfe, meist an deren Ende unter Bäumen, umgeben von 2—3 m hohen Holzbildern von zum Teil obszönem Charakter, und nicht selten auch auf dem Dache mit ähnlichen Dingen geschmückt. Nur selten und an besonderen Gelegenheiten betreten die Ältesten des Dorfes das Tabu=Haus zur Beratung, die vollständig geheimgehalten wird. Mitten im Dorfe sind auf einem freien Platze einer oder mehrere sogenannte Trommelbäume aufgerichtet, an die man mit Stockschlägen zu pochen pflegt, um die Dorfbewohner herbeizurufen. Der trommelartige Ton wird zusammen mit dem Laut der Flöten, namentlich des Nachts bei den großen Festen des Pilupilu, weithinaus gehört. Endlich kommen unbewohnte Häuser vor, die als von den Ahnen besucht gedacht werden, zuweilen auch die Skelette der großen Männer des Stammes enthalten. „Man erfüllt die Körper mit trockenen Kräutern", bemerkt Imhaus (‚Les Nouvelles Hebrides'), „oder Kokosblättern, bedeckt sie mit Thon und sucht nun möglichst genau und treu die Züge der Gestalt herzustellen; dann bemalt man die Körper mit Rot, Blau, Schwarz und hängt diese Art von Mumien rundherum an den Wänden dieser Trauerhalle auf, also eine Art Pantheon."

Die Waffen bestehen in Bogen, Pfeilen und Speeren. Außerdem führen die Eingeborenen verschiedenartigst und merkwürdigst geformte Keulen. Gewöhnlich kurz und leicht, ahmen sie bald die Gestalt eines Fischschwanzes, bald (auf Ambrym) die Gestalt eines Menschen, bald (auf Tanna) die eines Sternes nach. Zweifelhaft ist es, ob die Pfeile der Salomonier und Neuhebridier ver= giftet sind oder nicht, oder ob der Tod durch diese Pfeile dem Starrkrampf zuzuschreiben ist, der in tropischen Gegenden häufig nach Wunden eintritt. Für Vergiftung spricht die Vorsicht, womit die Kanaken ihre Pfeile bewahren, und der Umstand, daß sie sich, einmal getroffen, für verloren halten. Doch scheinen sie nicht alle Pfeile zu vergiften, und überdies verliert das Gift bei längerer Dauer die Wirkung. Die Speere sind auf Merena 3 m lang und mit Menschenknochen versehen; manche laufen in drei Spitzen aus oder sind derartig mit Widerhaken und zahlreichen Knochen= spitzen bewehrt, daß ihre Entfernung aus dem Fleische schwer hält. Nicht zum Vorteil der Kulti= vierung der Inseln sind auch hier Feuerwaffen älterer Systeme eingeführt.

Die Bewohner der Neuen Hebriden gelten für außerordentlich indolent, sowohl in Bezug auf körperliche Arbeit wie auch auf geistiges Denken und religiöse Vorstellungen. Wie so viele der Melanesier lassen sie ihre Pflanzungen, wie überhaupt das ganze Hauswesen, durch ihre Weiber versorgen, waren aber merkwürdigerweise ursprünglich geneigt, im Auslande zu dienen, so daß gerade von diesen melanesischen Inseln Arbeiter nach Queensland, Samoa, den Fidschi-Inseln und Neukaledonien entnommen wurden.

Der Landbau wird in folgender Weise geregelt betrieben: An einem geeigneten Tage führt der Häuptling den Stamm auf das Feld, wo in kurzer Zeit von allen Stammesangehörigen die Pflanzung der Feldfrüchte besorgt wird. Zur Zeit der Ernte holt sie ebenfalls wieder der gesamte Stamm heraus, und es folgt dann ein mehrtägiges Fest mit Kava-Gelage, reichlichem Schmaus und Tänzen, an denen auch die Frauen teilnehmen. Die Nahrung besteht aus den pazifisch-tropischen, oft erwähnten Feldfrüchten, Baumfrüchten und Fischen sowie Seetieren aller Art. Schweine sind nur auf Espiritu Santo häufig, im übrigen selten, weil den Eingeborenen die Fütterung selbst dieser Haustiere zu viel Mühe macht; gewöhnlich werden die Schweine bei den großen Erntefesten im September verzehrt. Die Anthropophagie ist auf den Neuen Hebriden allgemein gewesen, soll jetzt aber im Inneren häufiger sein als am Meere, weil die Küstenbewohner umfangreiche Nahrung an Fischen zur Verfügung haben. Leider wird sogar von einer Insel zur anderen Handel mit Menschenfleisch getrieben, wie dies von Imhaus Ende der achtziger Jahre für Espiritu Santo zweimal festgestellt worden ist.

Wie auf den übrigen melanesischen Inseln sind auch hier die Frauen häufig der Anlaß zu Fehden, die auf den Neuen Hebriden nicht seltener sind als auf dem Bismarck-Archipel. Insel kämpft gegen Insel, Küste gegen Küste, Nachbar mit dem Nachbar; doch sind die Kämpfe nicht blutig, sondern jeder Stamm hält sich innerhalb streng geschlossener Grenzen (gewöhnlich großer Baumgruppen). Erst deren Überschreitung führt zu Blutvergießen; doch sind Invasionen ganzer Stämme selten. Solche pflegen nur einzutreten, wenn die gegenseitige Verärgerung unerträglich geworden ist; dann legen die Kanaken ihre schwarze und rote Bemalung an, und unter Reden und Geschrei beginnt der Kampf, der manchmal mit der Vernichtung eines Stammes und der Eroberung seines Besitztums endet. Viel Unheil wird auch durch Gift angerichtet, das in kleinen Dosen Früchten und anderen Lebensmitteln in unbemerkbarer Weise beigemengt wird und auf Mallicolo das Ende eines ganzen Stammes herbeigeführt haben soll; natürlich schrieb man die That einer alten Here zu.

Soweit die Neu-Hebrider unberührt geblieben sind, sollen sie das gegebene Wort treu halten und ehrlichen Charakters sein, auch niemals Diebstähle auf Schiffen und Ansiedelungen ausführen, sich durch Gelehrigkeit und Unterwürfigkeit auszeichnen und recht gut als Seeleute, Bergleute, Diener und Soldaten verwendbar sein. Erst die Zivilisation ist es, nach Imhaus, die sie zu Säufern, Dieben und Betrügern macht, da sie nur die Laster, selten die Vorzüge der Weißen annehmen; sollen doch die häufigen Morde an diesen meist aus Rache für erlittene schlechte Behandlung oder aus Aberglauben begangen sein. Zu verwundern ist es schließlich nicht, wenn jedes ungewöhnliche Ereignis, ein Vulkanausbruch, ein Erdbeben, ein Sturm, Krankheiten, Mißernte und dergleichen, auf irgend welche Urheber, häufig die Europäer, zurückgeführt wird. Behandelt werden die Kanaken in den auswärtigen Pflanzungen oft sehr unrühmlich: vielstündige Arbeitszeit bei kaum ausreichender Nahrung und öfteren Schlägen. Nach dreijähriger Arbeitszeit zurückgekehrt, rächen sie sich an dem ersten besten Weißen, der ihnen in die Hände fällt, was zu der großen Unsicherheit des Reisens und der Gefährdung aller die Inseln besuchenden Schiffe Veranlassung gibt. Man landet überhaupt auf den Hebriden nur bewaffnet unter großen Vorsichtsmaßregeln, Abkehrung des Vorderteiles des Schiffes vom Lande, und fühlt sich erst sicher, wenn außer den Männern auch die Frauen nahe herankommen; sobald sich diese aber bei der Annäherung Weißer zurückziehen, ist Gefahr im Verzuge. Dennoch ist es fast an allen Küsten dieser Inseln vorgekommen, daß Mordanschläge mit Vorbedacht von den Eingeborenen, ja sogar unter raffinierter Einschläferung des Mißtrauens der Weißen durch freundliche Aufnahme und Geschenke, also mit äußerster Hinterlist, ausgeführt worden sind.

Freilich darf nicht verschwiegen werden, daß die Art, wie man mit ihnen bei Gelegenheit der Anwerbung von Arbeitern umgegangen ist, jeder Beschreibung spottet. Da sie vielfach nicht leicht dazu zu bringen waren, wendeten die Schiffsführer Gewaltmittel an, überfielen Strandbörfer nachts oder während die Männer im Kava-Rausch lagen, und raubten, wessen man habhaft werden konnte; sie brachten vorüberfahrende Fahrzeuge durch ins Wasser geworfene Dynamitpatronen zum Kentern und fischten die Überlebenden auf, oder lichteten mit allen zum Tauschhandel an Bord gekommenen Eingeborenen die Anker. Gegenwärtig erhält man Arbeiter meist nur nach sehr langwierigen Verhandlungen, ausgenommen bei besonderen Gelegenheiten, wie Krieg — dann lassen sich Eingeborene leicht anwerben — oder nach Angebot von Gewehren neuester Art, was für die Sicherheit der auf den Inseln lebenden Weißen nicht vorteilhaft ist.

Der gänzliche Mangel politischer Organisation bei den Melanesiern tritt auch auf den Neuen Hebriden hervor; die Ideale der Sozialisten und Kommunisten, Freiheit, Gleichheit, Brüderlichkeit, sind hier wirklich in die Praxis übergegangen. Die die Ernte leitenden Häuptlinge sind wahrscheinlich mehr Verteiler als Herren, und es ist weder ein Klassenunterschied, noch eine Abstufung des Ranges, noch ein Hervortreten besonders begüterter oder durch ihre Familie hochstehender Personen bemerkbar. Wie die übrigen Südsee-Insulaner, so gehen auch die Eingeborenen der Neuen Hebriden an Kopfzahl zurück, teils wegen der eingeschleppten Krankheiten, teils wegen der Abnahme der Geburten, namentlich der weiblichen, und endlich durch Auswanderung. Außer Ambrym und Tanna sind nur die kleinen Inseln noch dicht bevölkert.

2. Die Ostmelanesier.

A. Die Fidschi-Insulaner.

Während sich die Neuhebridier und Neukaledonier nur in wenigen Eigentümlichkeiten, z. B. beim abweichenden Schädelbau und den bienenkorbartigen Hütten, von den Eingeborenen des übrigen Melanesien unterscheiden, nehmen die jetzt noch sehr zahlreichen Fidschi-Insulaner als hauptsächliche Vertreter der Ostmelanesier eine so eigentümliche Stellung ein, daß sie einer besonderen Besprechung bedürfen.

Die Eingeborenen der Fidschi-Inseln sind nach Ansicht der besten Ethnologen Melanesier, aber der am weitesten nach Südosten vorgeschobene, wahrscheinlich zuerst eingewanderte Bestandteil dieser Völkergruppe, und werden jetzt als Ostmelanesier mit den Neukaledoniern und den Bewohnern einiger Inseln der Neuen Hebriden zusammengefaßt, besonders wegen ihrer überaus hohen, langen und schmalen Schädel (vgl. S. 285). Durch ihre Vorpostenstellung nahe und zwischen den Tonganern, Samoanern und Maori sowie anderen Polynesiern (von Uea, Futuna und Rotuma) sind sie aber mit polynesischem Blut und polynesischen Anschauungen weit mehr durchtränkt worden als alle übrigen Melanesier und ragen vor allem in geistiger Beziehung weit über ihre melanesischen Brüder hinaus. Rotuma hat besonders Vanua Levu, die Tonga-Gruppe die südöstlichen Fidschi-Inseln mit polynesischem Einfluß durchsetzt, der nun wieder dem europäischen weichen muß, dessen Fortschritte sich z. B. in der Thatsache ausspricht, daß nahezu alle 120,000 Fidschi-Leute wenigstens äußerlich Christen geworden sind.

An Körpergröße ſtehen die Eingeborenen der Fibſchi-Inſeln den Tonganern ein wenig nach,
ſind aber doch noch immer kräftige, muskulöſe Geſtalten, die die Europäer an Wuchs noch oft
überragen. Die Geſichtszüge nähern ſich bereits der feineren Ausbildung der Polyneſier; ander=
ſeits behauptet man aber, einige Geſichter der Fibſchianer machten einen ſemitiſchen, ſpeziell ara=
biſchen Eindruck: ſollen doch überhaupt die Melaneſier, z. B. auf Neuguinea, oftmals jüdiſche
Naſen, jüdiſchen Typus beſitzen. Die Hautfarbe iſt ſchokoladenfarben bis rotbraun, wird aber
durch die Sitte des Einſalbens des Körpers mit Kokosöl und des Bemalens mit gelben Farbſtoffen
gewöhnlich verdeckt. Tättowierung und Hautnarbenzeichnung kam vor, war jedoch nicht ſehr ver=
breitet und zeitweiſe auf die Frauen der Häuptlinge beſchränkt. Die Kleidung war polyneſiſch=
mikroneſiſch, der um die Lenden geſchürzte Malo, deſſen beide Enden vorn und hinten herab=
hingen, diente den Männern, der Liku, ein bis zum Knie reichender Rock aus Gras, Schilf, Ried,

Frauen von den Fibſchi-Inſeln. (Nach Photographie im Godeffroy-Album.)

den Weibern zur Bedeckung der Scham. Während dieſe Tracht im Inneren herrſchend geblieben
iſt, hat an den Küſten der Sulu, ein Stück Baumwollenzeug, die alte Kleidung verdrängt und
macht bei beſonders vorgeſchrittenen Individuen der europäiſchen Tracht Platz. Das ſchwarze
Haar (ſ. obenſtehende Abbildung) wurde nach melaneſiſcher Art in bauſchiger Form perückenhaft
getragen und mit Kalk rot gefärbt, wird aber jetzt meiſt unter dem Einfluß der Miſſionare ab=
geſchnitten, eine Sitte, die übrigens manchen Frauen auch in voreuropäiſcher Zeit eigen war.

„Die Hütten der Eingeborenen bilden“, ſo berichtet Th. Kleinſchmidt („Journal des
Muſeum Godeffroy‘, Heft 14), „ein längliches Viereck, welches meiſt auf einer kleinen, künſtlich her=
geſtellten und an der Seite mit Steinen eingefaßten Erhöhung aufgerichtet iſt. Um die Schweine
von der Hütte fernzuhalten, wird dieſe meiſt mit Paliſſaden aus Farnbaumſtämmen umgeben.
Das Sparrenwerk ruht auf ſtarken Pfoſten. Alles iſt mit geflochtenen Kokos= und anderen Faſern
zuſammengebunden. Das Dach iſt mit Gras oder Schilfblättern der Coix Lacryma (Sila)
gedeckt, und die aus Rohrgeflecht gebildeten Seitenwände ebenfalls mit Gras und Blättern von
Makita (Parinarium laurinum) dicht verkleidet. Fenſter gibt es nicht, nur Thüren. In der
Mitte der Hütte iſt der Kochplatz, auf dem die irdenen, ballonförmigen Töpfe auf Steinen ruhen.
Über dem Kochplatz ſind Geflechte angebracht, um Holz und Yankona (Macropiper methyſti=
cum-Wurzel) zur Bereitung der Kava zu trocknen. Der Fußboden iſt mit Matten bedeckt. Die

20*

Schlafplätze werden zum Schutze gegen Moskitos mit Taba umhangen, als Kopfkissen dient das aus Holz geschnitzte oder aus Holz und Bambus zusammengebundene Kali. Um den Herdplatz (Minka) herum, wo täglich die verschiedensten vegetabilischen und tierischen Abfälle mit Sand und Asche gemischt ihren Platz gefunden und nur oberflächlich beseitigt werden, kauern und hocken Weiber, Kinder und neugierige Besucher rauchend, schwatzend und scherzend. Über dem Feuerplatz lagern auf einem Gerüst die getrockneten Yankona-Wurzeln und andere eßbare Gegenstände; die Fischspeere, Matten, Kanoesegel; Seile sind auf eigenen Gerüsten hier und da placiert. Um dem Sparrenwerk dieser Gerüste aus dem Wege zu gehen, ist man gezwungen, sich meist gebückt zu halten." Das Hausgerät besteht ferner aus schweren irdenen Töpfen, die von den Frauen sehr geschickt mittels runder Steine und hölzerner Werkzeuge angefertigt werden, ohne daß eine Dreh=scheibe vorhanden wäre. Kokosschalen zum Trinken und große Holzgefäße für die Kava-Gelage, Wassergefäße, Reibeisen aus Korallen, Lampen aus den Nüssen des Aleurites, Nadeln, Messer, Steinbeile bilden den übrigen Hausrat.

Melanesisch ist das Vorwiegen der Töpferei (vgl. S. 295) und das Kochen der Speisen in Töpfen, in denen man die vorwiegend aus Vegetabilien bestehende Nahrung: Taro, Yams, Ndalo und Kokosnüsse, zubereitet; daneben liebt man auch Bananen, Bataten, Zuckerrohr, die Brotfrucht, Pfeilwurz und wild wachsende Früchte. Fleisch war auf der Inselgruppe sehr spär=lich, und auch jetzt beschränkt sich die tierische Nahrung auf Schweine, Hühner, Fische, Schildkröten und Seetiere aller Art. Der Hühnerfang, durch die Verwilderung des Haushuhns ermöglicht, liegt den Männern ob. Letztere Tiere leben im Busch, nähren sich von den Samen der Carica papaya und werden teils selbst gefangen, teils als Lockmittel zum Fang der wilden Hühner ver=wendet, indem man sie in der Nähe einer Falle anbindet und zum Krähen reizt. Da nächst dem Schweinefleisch Fische den Fidschianern den wichtigsten Teil der Nahrung lieferten, so gehörte die Fischerei zu den ihnen liebsten und am häufigsten von den Frauen geübten Beschäftigungen.

„Beim Fischfang sind", wie Th. Kleinschmidt (‚Journal des Museum Godeffroy') er=zählt, „der zahlreichen Korallenriffe wegen lange Netze nicht verwendbar, weshalb man sich daher anderer Mittel bedient. Die Frauen und Kinder benutzen kurze Netze auf Riffen und Flüssen, die Männer Speere, Haken, Pfeil und Bogen auf offenem Wasser. Die oft leidenschaftlich der Fischerei ergebenen Frauen und Mädchen, selbst die Angehörigen der Häuptlinge, stellen 8—10 kleine Netze zu einem Halbkreis zusammen, an dessen beiden Enden Leinen mit geflochtenen Kokos=blättern über und durch das Wasser ziehen, um die Fische in das Netz zu jagen. Auf diese Weise werden die meisten Fische gefangen, bis zu 1000 Seebarben von $^1/_6 - ^1/_3$ m Länge in einem Fischzuge. Auch nachts bei Fackelschein begeben sich die Weiber in Kanoes hinaus, und wenn man an der Küste von Viti Levu in den Abendstunden kreuzt, so sieht man oft, gleich einer großartigen Illumination, Hunderte dieser Fackeln sich zu einem reizenden Schauspiel hin und her bewegen." Diese Fischzüge bringen den meisten Ertrag, die der Männer haben mehr den Anstrich des Sports, da es auf große Geschicklichkeit, Gewandtheit und Ruhe ankommt, die im seichten Wasser spielenden Fische zu beschleichen und zu spießen. Außerdem wird die Fischerei mit Hilfe des betäubenden Giftes der Schlingpflanze Nduva (Derris uliginosa) betrieben oder auch mit der von Körben, die aus Lianenstengeln geflochten und mit Lockspeise (Holothurien und Tintenfischen ꝛc.) gefüllt werden. Endlich ist eine der lohnendsten Arten des Fischfanges die mittels des Fischzauns Banika, dessen Wände aus dem Rohr Ngau geflochten und durch zarte Lianenstengel dichtmaschig gemacht werden. Diese Zäune werden in irgend einer Bucht oder an einem Vorsprung des Landes füllhornartiger Form aufgerichtet, zuweilen, wenn der Korallenfels keinen Halt bietet, auf einem Steindamme.

Unter den Getränken spielt die Kava die Hauptrolle, ein aus den Wurzeln Yankona des Macropiper methysticum bereitetes, berauschendes Getränk. „Während Stücke der Wurzel gekaut, die Maffe mit der entfprechenden Quantität Waffer ausgelaugt und der Satz mittels eines Bündels Baftfafern von Waundina (Paritium tiliaceum) aus der Flüffigkeit entfernt wurde, trugen die Verfammelten verfchiedene von Händeklatfchen und hohlem Klappen begleitete Gefänge vor, in die nicht felten felbft die Häuptlinge einftimmten. Sobald der an der Bowle (Tanoa) befchäftigte Mann das Getränk fertig hatte, legte er die Baftfafern (Mboh) in der Hand zufammen und klappte dreimal damit, zum Zeichen, daß das Gelage beginnen könne. Darauf fagte der Häuptling „Bula" („Gefundheit"); wir wiederholten dasfelbe, der erfte Beamte, ein Herold, rückte in fitzender Stellung an die Bowle heran, tauchte den Mboh hinein und füllte den Bilo (Kokosfchale) voll, indem er die Flüffigkeit an dem Mboh hinunter und in diefelbe hinein= laufen ließ. Alsdann reichte er den gefüllten Bilo dem Häuptling, und während diefer ohne ab= zufetzen trank, klatfchten die Verfammelten mit den Händen im Tempo. Nachdem er getrunken hatte, wurden verfchiedene Phrafen unter Händeklappen laut ausgerufen. In diefer Weife machte der Bilo die Runde, bis alle getrunken hatten. Wenn ein Kava=Gelage ohne das übliche Zere= moniell abgehalten wird, fo läßt man die Yankona=Wurzeln meift von reinlichen jungen Mädchen kauen, durch fie kredenzen und auch wohl eine Meke (Gefänge) vortragen. Dafür fchenkt man ihnen Tabak, den fie fehr lieben." (Kleinfchmidt im ‚Journal des Mufeum Godeffroy'.)

Nicht unerwähnt darf endlich auch hier die fcheußliche Sitte des Verfpeifens von Menfchen= fleifch bleiben, die auf keiner Infelgruppe der Südfee einen fo hohen Grad erreicht hat wie auf den Fibfchi=Infeln; waren hier doch fogar befondere Gabeln für die Bereitung des menfchlichen Fleifches in großen höhlenartigen Öfen vorhanden. Infolge der Miffionsthätigkeit und der englifchen Befitzergreifung hat diefe abfcheuliche Gewohnheit indeffen bedeutende Befchränkung erfahren. „Jetzt fteht die Kirchenhütte da, wo früher die Lobo, in der die menfchlichen Kadaver gebacken wurden, ihren Platz hatten. Die Leichen wurden entweder zerfchnitten und die einzelnen Stücke in Blätter gewickelt, oder auch ganz in fitzender Stellung gebacken. Wollte man damit einem entfernten befreundeten Häuptling ein Gefchenk machen, fo befeftigte man den an Stelle der abgefengten Haare mit einer Perücke bekleideten gebackenen Leichnam am Vorderteil eines Kanoes und brachte fo den leckeren Tafelauffatz an den Beftimmungsort. Die Gefchlechtsteile der Unglücklichen aber wurden an einem Baume der Ra Ra (Verfammlungsplatz im Dorfe) als Be= leg für die Anzahl der Gefchlachteten aufgehängt. Daß bei Menfchen, die faft täglich Zeugen der= artiger Szenen waren, und deren Leben felbft jeden Augenblick an einem Haare hing, alle edleren Gefühle und Regungen von Jugend auf erftickt wurden, ift erklärlich. Erkenntlichkeit, Dank= barkeit, Mitleid, Ehrgefühl find", fo folgert Kleinfchmidt (‚Journal des Mufeum Godeffroy'), „dem Fibfchianer von Haus aus fremd. Der Untergebene (Kaifi) kennt nur tierifche Unterwürfig= keit und kriecht wie ein Hund vor feinem Herrn, den er zu achten nie gelernt hat. Feigheit und daraus refultierende gelegentliche Graufamkeit ift ein Hauptcharakterzug des Fibfchianers. Wenn er in einem Kriegszug durch Lift, Verrat oder Überrumpelung Herr der Situation geworden, kennt er keinen Pardon, läßt feiner tierifchen Mordluft die Zügel fchießen und ohne Unterfchied jung und alt, Weib und Kind niedermetzeln, fchänden, martern oder lebendig ins Feuer werfen." Nirgends auf der Erde hat die Menfchenfrefferei eine derartige Ausdehnung genommen wie auf den Fibfchi= Infeln. Man aß zum Menfchenfleifch eigens dazu beftimmte Pflanzen, Solanum anthropophago= rum, die Borobina mit tomatenartigen Früchten fowie die Blätter der Malawithi (Trophis anthro= pophagorum) und des Tuubano (Omalanthus pedicellatus), zweier mittelgroßer Bäume; man fiedelte Kriegsgefangene auf kleinen Infeln eigens zu dem Zwecke an, um für Generationen ftets frifches Menfchenfleifch zu haben; man wälzte die großen Kanoes auf Körpern von Menfchen niederer Stände wie auf Rollen ins Meer und verzehrte dann die Leichen. Frauen, Kinder und Niedriggeftellte waren meift die Opfer, wenn gerade keine Kriegsgefangenen zur Hand waren.

Wahrscheinlich haben mehrere Umstände zu dieser erschreckenden Ausbreitung der Anthropophagie Anlaß gegeben: einmal der Fleischmangel der Inseln, dann Rachsucht, der Wunsch gänzlicher Vernichtung des Feindes; aber auch religiöse Beweggründe, denn die Opfer wurden den Göttern geweiht. Und ebenso wie auf Hawaii bei jeder Tempelweihe Menschen geopfert wurden, so gab auch die Einlassung eines Kanoes ins Meer eine heilige Handlung ab, die unbedingt Menschenopfer erforderte.

Die Volksbelustigungen auf den Fidschi-Inseln bestehen in gemeinsamen Tänzen und Gesängen, die mit Händeklappen, mit der Meke (Trommel) und dem Bitu (Bambus) begleitet

Ein Krieger von den Fidschi-Inseln. (Nach Photographie im Godeffroy-Album.)

werden. Sie zerfallen in friedliche und Kriegstänze. Jene bestehen nach Th. Kleinschmidt („Journal des Museum Godeffroy‘, Heft 14) „aus den verschiedensten Schritten und Tritten und hüpfenden Bewegungen im Tempo der Musik und gleichzeitigen Verrenkungen des Körpers, Gesten mit Kopf und Armen, Ringen und Klappen mit den Händen; letztere dagegen werden mit Speer- und Keulenschwingen wie zum Angriff, mit Vor- und Rücksprung und Seitenhieben, lauernd gebückt wie zur Deckung gegen solche, unter Angriffs- und Siegesgeschrei ausgeführt. Alles dies geschieht dem Kommando eines Anführers gemäß mit erstaunlicher Präzision. Dazu werden Haare, Gesicht und Körper, wie auf Fehdezügen, schwarz, rot und blau bemalt, so daß die Tänzer ein überaus wildes Aussehen bekommen. Die moderne Kleidung, d. h. das baumwollene Leibtuch, wird bei dieser Gelegenheit abgelegt und

anstatt dessen das schwarze Liku von Wa Loa (Rhizomorpha sp.), Safawai genannt, umgegürtet oder auch nur der Masi nahe unter den Armen um den Leib gelegt, auf der Brust gekreuzt und zwischen den Beinen hindurch hinten wieder befestigt, so daß die langen Enden im Winde nachflattern können. Oft wird auch ein derartiger Keulentanz, Meke-ai-vau, abends bei glänzendem Fackelschein aufgeführt, was natürlich den Reiz erhöht und einen besonders wilden Eindruck macht.“ Die dabei verwendeten Musikinstrumente sind eine aus Holz geschnitzte, mit zwei harten Holzstäben geschlagene, hell klingende Trommel, die seltenere Nasenflöte und die Muscheltrompete, deren Ton meilenweit hörbar ist. Der Wortlaut der Tanzlieder und -Gesänge (Mekes) hält sich an alte Sagen, doch werden auch neue Lieder erfunden, deren Verfasser hochgeschätzt und mit Geschenken überhäuft werden. Viele dieser neuen Gesänge, die in den Dörfern die Runde machen, sind obscön.

Spiele sind ebenfalls häufig. Eins der bekanntesten ist das Vitiqa, wobei es darauf ankommt, ein glattes Rohr mit einem Kolben von schwerem, hartem Holz möglichst weit zu schleudern. Beim Lavo-Spiel werden plattrunde, wie ein Fünfmarkstück große Früchte von vier an
den Ecken einer Matte sitzenden Männern nach deren anderem Ende hingeschleudert, mit dem
Zwecke, die Lavos der Gegner von der Matte herabzustoßen. Ein weiteres Spiel heißt Viceqa,
bei dem es darauf ankommt, rückwärts Steine gegen aufgestellte Stöcke zu schleudern und einige
davon aus der Reihe zu stoßen. Das Bewerfen mit Orangen, das Stechen mit dem Rohr nach
einer an einem Faden schwingenden Orange, neuerdings das von den Weißen gelernte Karten-
spiel sind Vergnügungen beider Geschlechter, das Fischen und Sammeln von Muscheln eine
Hauptbeschäftigung der Frauen, der Hühnerfang, wie schon bemerkt, eine solche der Männer.

Polynesisch waren die für die Familie maßgebenden Sitten. Nahezu ein Drittel der Kinder
wurde getötet, eine polynesische Gepflogenheit, der der Rückgang der Bevölkerung mit zuzuschreiben
ist; polynesisch war auch die Sitte, daß Witwen ihrem verstorbenen Gatten ins Grab freiwillig
folgten, sowie der Gebrauch, daß alte Leute von ihren nächsten Verwandten nach vorher-
gegangener Verständigung getötet wurden. Melanesischen und mikronesischen Ursprunges ist
dagegen die Sitte, daß die unverheirateten Männer in besonderen Hütten zubrachten, die verheirateten wieder in anderen; ebendaher stammt auch die Polygamie. Dennoch war eine Art
von Familienleben vorhanden, wahre Neigung bestimmte oft einen Ehebund; gewöhnlich wurden
freilich die Kinder schon früh verlobt, ohne Rücksicht auf ihren Willen.

Grausamkeit, Verräterei, Hinterlist sind den Fidschianern von ihrer melanesischen Abstam-
mung her verblieben, Tapferkeit im Kriege und Gastfreiheit waren polynesische Eigentümlichkeiten,
Höflichkeit und strenge Ehrung der Häuptlinge zeigen ebenfalls polynesischen Einfluß, und die
Dichtkunst hatte auch bei ihnen, wie in Polynesien, eine Stätte.

Vor allem aber unterscheidet die politische Organisation die Fidschi-Insulaner von ihren
melanesischen Brüdern. Im Gegensatz zu der demokratischen Verfassung der Stämme Melanesiens besaßen die Fidschianer stark ausgebildete aristokratische Ansichten. Es gab einen König
mit despotischer Gewalt (der letzte war der 1885 verstorbene Thakombau), daneben eine Reihe
von großen Häuptlingen, Vorstehern der Distrikte, mit ebenfalls nahezu unumschränkter Gewalt
über die Unterthanen. Diese Häuptlinge lagen aber gewöhnlich miteinander im Kriege und
haben durch die ewigen Fehden auch ihrerseits zum Rückgange der Volkszahl beigetragen. Daneben war eine Priesterschaft, die Mbete, nicht ohne Einfluß; sie bewahrte in kleinen Tempeln
die zwölf kleinen Götterbilder, die einzigen der Inselgruppe, und vermittelte den Verkehr des
Volkes mit dem Hauptgott Ndengei und den Untergöttern, allgemeinen, nationalen, Distrikts-
und Familiengottheiten. Auch darin erkennt man unschwer polynesischen Einfluß.

C. Die Mikronesier.

Während die Australier und Melanesier deutlich ausgeprägte, scharf umgrenzte Völkergruppen bilden, besteht keine Übereinstimmung über die Mikronesier, die Bewohner der Koralleninseln und wenigen vulkanischen Eilande Mikronesiens. Namentlich werden die Beziehungen
der Mikronesier zu den Polynesiern unklar und höchst verschiedenartig beurteilt. Die einen
wollen Mikronesier und Polynesier als eine gemeinsame Gruppe auffassen, andere erklären dagegen, die beiden großen Südseestämme wichen völlig voneinander ab. Und dieser Gegensatz
der Meinungen macht sich nicht nur in mehr oder weniger individuell subjektiven Schilderungen
der Reisenden, sondern auch in den neuesten und genauen Untersuchungen hervorragender Gelehrter

geltend. Während sich beispielsweise Lesson 1824, Steinthal 1874, A. Bastian 1883, G. Gerland 1870 und 1890 für selbständige Stellung der Mikronesier gegenüber Melanesiern und Poly=nesiern meist aus ethnologischen und sprachlichen Gründen ausgesprochen haben, erklärten Dumont d'Urville 1825, 1838, Meinecke 1874 und O. Finsch 1880 die Mikronesier für eine Unterabteilung der Polynesier; Peschel hält sie für ein Mischvolk aus Melanesiern und Poly=nesiern, Friedrich Müller und Semper glauben an Mischung zwischen Malayen und Melanesiern, Krause und von Luschan endlich an Mischung zwischen allen drei Elementen. Im ganzen wird aber von fast allen Gelehrten eine nahe Verwandtschaft mit den Polynesiern angenommen.

1. Die Westmikronesier: Die Palauer und Karolinier.

Bei der Schilderung der an Körpergestalt einander durchaus nicht gleichartigen West=mikronesier, der Palauer und Karolinier folgt man am besten den Untersuchungen Kubary's, die im „Journal des Museum Godeffroy" niedergelegt sind.

Die Bevölkerung von Yap (2500—3000 oder mehr) ist von hellerer Hautfarbe als die Palauer und größer an Wuchs. Ihre Gesichtszüge tragen nach Kubary's Schilderung (Journal des Museum Godeffroy', Heft 1) „unverkennbar den Typus der malayischen Rasse. Das Antlitz ist breit, etwas abgeflacht, die Nase kurz, mit dick und fleischig entwickelten Flügeln, die platt an=liegen, die Augen etwas schief geschlitzt. Die Augenwimpern sind lang, dick und von schwarzer Farbe, die Brauen wohl gewölbt, aber selten buschig, die Lippen dick, aufgeworfen und von bläulichroter Färbung, das Kinn breit, vorstehend, die Zähne kräftig entwickelt, bei den Er=wachsenen aber durch künstliches Färben und Betelkauen geschwärzt. Die Barthaare sind zwar im allgemeinen schwach entwickelt, indessen finden sich doch ansehnliche Bärte bei älteren Männern. Die Kopfhaare sind meist schlicht und werden von beiden Geschlechtern lang getragen, aber für gewöhnlich seitwärts in einen Knoten aufgewunden. Die Männer sind im allgemeinen kräftig gebaut, aber eher mager als beleibt zu nennen. Die Frauen sind in der Jugend von nicht un=angenehmem Äußeren und haben meist kräftig entwickelte, etwas spitze Brüste. Die Füße und Hände derselben sind von mittlerer Größe, die ersteren eher groß als klein zu nennen, aber, wie die ganzen Extremitäten, sehr gelenkig. Wie bei allen diesen Völkerschaften altern die Frauen frühzeitig und werden alsdann häßlich."

Die Kleidung beschränkt sich auf eine gürtelartig um die Lende geschlungene feine Matte und den aus rotgefärbten Bastfasern hergestellten „Lit". Die Schürze wird unter den Gürtel vorn hineingeschoben, zwischen die Beine durchgezogen und hinten unter dem Gürtel wieder durchgesteckt, so daß vorn und hinten ein Bastfaserbüschel, eine kärgliche Bedeckung, herabhängt. Sklaven und nicht mannbare Jünglinge tragen anstatt des „Lit" eine Blatt= oder Mattenschürze. „Die Gürtel=matte besteht", nach Kubary (Journal des Museum Godeffroy'), „aus feinen, verschieden ge=färbten, meist weißen und schwarzen Blattfaserstreifen, die durch wiederholte Spaltungen der langen, getrockneten Blätter des Schraubenbaumes gewonnen werden. Diese werden mittels eines Webstuhles einfacher Konstruktion so ineinander gewoben, daß verschiedene regelmäßige Zeichnungen auf der Matte entstehen. Es sind dies unzweifelhaft die feinsten und schönsten Matten, welche von Einwohnern der Südsee=Inseln verfertigt werden. Alle übrigen Matten Polynesiens wie Mikronesiens sind nur von der Hand geflochten." Die besten Matten und Schürzen kommen von der Ulithi=Gruppe, von wo sie als Tribut nach Yap abgegeben werden.

Die Frauen tragen nur eine Blätterschürze, die meist aus den großen, an Kokosfaserschnüre gereihten Pisang=Blättern besteht, aber bis zum Knie hinabreicht. Bei Festlichkeiten werden aber verschiedenfarbige Blätter sowie Blumen zu einer Art bunten Unterrockes zusammengestellt und Blüten in das Haar gesteckt. Ringe um Hals und Arme aus Muscheln und Kokosnußschalen, bei Häuptlingsfrauen oft bis zu zehn hintereinander, vervollständigen den Schmuck, Bastfaser= schnüre von schwarzer Farbe hängen vom Halse auf die Brust herab.

Auch auf Ponapé tragen die Männer eine Schürze, Kaol, aus Kokosnußblättern, oder aus dem Baste des Kalau=Baumes sowie häufig ein europäisches Hemd; die Frauen sind an Festtagen fast sämtlich europäisch gekleidet. Im übrigen beschränkt sich ihr Anzug auf ein mit der Gelbwurz gefärbtes Stück Zeug um die Hüften und ein Schnupftuch um die Brüste und Schultern. Auch reiben sie sich mit der zerriebenen Gelbwurz den Körper ein und erscheinen daher von hellerer Hautfarbe als die Männer.

Die Kleidung besteht auf den Palau=Inseln aus Zeugen aus der Rinde des Brotfrucht= baumes für die Männer, die übrigens früher ganz nackt gingen, und Schürzen, Kariuts, aus Pandanusblättern für die Frauen. Unter den übrigen Industrien spielt die Korb= und Matten= flechterei sowie die Herstellung von Süßigkeiten und Konfekten, besonders aus den nördlichen Distrikten, eine Rolle, vor allem der aus der Kokosblüte gewonnene Sirup, der mit der Frucht der Terminalia catappa oder der Carica papaya gemischt, eingekocht und zu einer harten kandierten Masse abgekühlt wird; auch die Taró=Knolle, Pfeilwurz, Pandanus und Brotfrucht dienen zur Bereitung ähnlicher Süßigkeiten. Die Schmucksachen, deren Anfertigung dem Distrikt Arekolong obliegt, sind nicht sehr kostbar, ihre Herstellung aber mühsam. Ein einziger Frauen= gürtel besteht aus 150—200 polierten Stücken aus dem rot gefärbten Schloßteil einer Muschel oder aus Schalen der Kokosnuß. Aus Schildpatt werden hergestellt Näpfe, Löffel, Ohrringe, Armbänder, Deckel und allerlei Kleinigkeiten.

Besonders eigenartig ist auf Yap der Jatau, ein manschettenartiger Armring aus bearbei= teten Exemplaren der Kegelschnecke (Conus millepunctatus), der durch eine mühsame Operation über die Hand gezwängt wird und zeitlebens über dem Handgelenk verbleibt. Er ist nicht allein ein Schmuckgegenstand, sondern auch ein Orden und Standesabzeichen und wird am linken Vorderarm getragen. Weitere Armringe werden auf den Palau=Inseln aus den Atlaswirbeln des Dugong für höhere Häuptlinge verfertigt, und außerdem liebt man solche aus schwarzen Korallen und Nautilus=Schalen bei Tänzen und Festen auf Yap. Eine beliebte Tracht der Männer sind Halsbänder, die entweder aus den Scheiben der roten Muschelsubstanz der Schalenöffnung der Sturmhaube (Cassidea rufa) und den Zähnen der Cachelots (Physeter macrocephalus) oder aus den weißen Scheiben der Kegelschnecke (Coronaxis nanus) und den schwarzen der Kokos= nußschalen in der Weise angefertigt werden, daß von ihnen große Schildpattstücke herabhängen.

Oberkörper und Beine sind daher bei beiden Geschlechtern unbedeckt, doch ersetzt die von den Freien allgemein geübte Tättowierung die fehlende Kleidung fast ganz; nur Sklaven bleiben ganz nackt. Eine vollständige Bedeckung des Körpers mit eingeritzten Linien ist Vorrecht der Häuptlinge; überhaupt steigt die Ausdehnung der Tättowierung mit dem Range. Im Gegen= satz zu Polynesien bleibt aber die Hüftengegend verhältnismäßig frei von Zeichnungen: ja, die Frauen sind nur an den Armen, hier besonders mit Fischzeichnungen, und an den Händen tätto= wiert. Außerdem durchstechen die Bewohner von Yap das Ohrläppchen, erweitern die Öffnung durch Holzpflöcke und tragen darin allerlei kleine Gegenstände, auch Blumen.

Auf der Mortlock=Gruppe ist die Tättowierung durchaus nicht allgemein üblich (s. die Abbildung von weiblichen Angehörigen einer Häuptlingsfamilie der Insel Tae, S. 314). Wenn sie aber geschieht, so werden nur zwei breite Streifen von Hüfte zu Hüfte und von Schulter zu Schulter tättowiert, auf den Ulithi=Inseln dagegen der ganze Körper über und über, so daß er mit einem gereifelten Hemde bekleidet zu sein scheint.

Ausgeführt wird die Tättowierung von eigens dazu ausgebildeten Frauen mit einem gabelförmigen Werkzeug, das aus Dornen einer wild wachsenden Citrus-Art geschnitzt ist, und mit dem Ruß einer Flamme, worin die Nuß Dziakan verbrannt ist. Nach Zeichnung der Umrisse der herzustellenden Figuren wird das Werkzeug mit einem Holzhammer in die Haut geschlagen, die ungefärbt gebliebenen Stellen nachgeschwärzt und die Zeichnung aus freier Hand genauer durchgebildet. Da die Haut bei dieser Operation zerrissen wird, so ist die Tättowierung mit

Frau und Tochter des Oberhäuptlings von der Mortlock-Insel Tae. (Nach Photographie im Godeffroy-Album.)

Schmerzen und Fieber verbunden, die einbringende Schwärze verursacht Entzündung, die ein Aufquellen des Fleisches, in einzelnen Fällen sogar den Tod herbeiführt. Schließlich bleiben nach gelungener Tättowierung erhabene glänzende schwarze Narben übrig.

Da die Art der Tättowierung auf allen Inseln verschieden ist, darf sie geradezu und mit vollem Recht als wichtigstes Unterscheidungsmerkmal der Bewohner aufgefaßt werden. Auf der Karolinen-Insel Ponapé werden bei beiden Geschlechtern beide Arme mit geschmackvollen Mustern tättowiert, auf der Palau-Gruppe nur bei den Frauen und mit ganz anderen Mustern. Auf den Palau tättowieren die Männer nur das linke Bein, auf Ponapé beide Beine; auch werden hier die schwarzen Längsfelder durch Längsstreifen geschieden, dort nicht. Die Yaper bedecken die Oberflächen beider Beine fast ganz mit schwarzer Farbe und lassen nur wenige Längs- und Querstreifen frei. Mit der von Yap erwähnten Vergrößerung des Ansehens durch erhöhte Tättowierung hängt es auch zusammen, daß gerade die Frauen auf Palau und Ponapé besonders peinlich tättowiert werden; denn auf diesen Inseln geben sie ihren Kindern den Rang, nicht die Väter, während diesen auf Yap die Väter bestimmen, somit genaue Rangabzeichen für die Frauen wegfallen. Die Tättowierung beginnt allmählich in frühem Alter, auf Ponapé schon mit vier oder fünf Jahren, durch eine Zeichnung um die Hüften herum; im zehnten Jahre wird diese auf die äußeren Oberschenkel, Unterschenkel und den unteren Teil des Bauches, später auf die innere Seite der Schenkel und endlich auf die Arme ausgedehnt. Auch auf den Palau-Inseln schreitet die Tättowierung des Körpers einer Frau mit zunehmendem Range fort. Die Leute von Ponapé erklären ein noch nicht

Ein Hüttenplatz auf Error im Palau-Archipel. (Nach Photographie.)

tättowiertes Mädchen im heiratsfähigen Alter für unmündig und halten es von der Heirat zurück. Ja, geradezu als Makel gilt es, wenn in dem betreffenden Alter die für dasselbe gültige Tätto= wierung noch nicht ausgeführt ist.

Die Häuser zerfallen auf den Palau in zwei Arten, Familienhäuser oder Blajs, und große Häuser, Bajs. Beide sind durch Dauerhaftigkeit und Zweckmäßigkeit ausgezeichnet und werden nicht, wie sonst meist bei Naturvölkern, von jedem Beliebigen, sondern von besonderen Meistern (Takelbajs) gebaut, ja das Bauen der großen Häuser ist sogar eine wichtige Staatshandlung und geschieht oder geschah unter Mitwirkung aller Häuptlinge, denn neuerdings hat es wegen man= gelnder Zunahme der Bevölkerung aufgehört. Alles Holz für die großen Häuser, die gemeinsames Eigentum des ganzen Landes waren, wird auf Babeltaob gefällt, mit kleinen Handäxten sehr genau bearbeitet und sehr fest zusammengefügt. Infolge der Festigkeit der Bauart und der vor= züglichen Art des zum Bau verwendeten roten Ebenholzes haben die Bajs bedeutenden Wert. Meist sind sie rechteckig, 30 m lang, 6 m breit, 12 m hoch und mit Öffnungen versehen, die durch Schirme von Bambusrohr und Blättern geschlossen werden (s. die beigeheftete Tafel „Ein Hüttenplatz auf Korror im Palau=Archipel"); Fußboden und Wände werden mit rotem Ocker bestrichen, die Oberflächen der Balken mit Holzschnitzereien versehen, die Sagen und Traditionen versinnlichen, und die Giebelfronten mit großen Bildwerken ausgestattet, so daß der Preis eines solchen Hauses bis zu 3000 Mark beträgt.

Das Wohnhaus, Blaj, steht dem großen Hause, Baj, an Größe und Höhe nach, nicht aber an Dauerhaftigkeit und geschmackvoller Ausstattung, worauf hoher Wert gelegt wird. Die Wände werden aus Bambusrohr und Arekablättern geflochten, das Dach, wie bei den Bajs, aus Arekablättern verfertigt; während aber bei den Bajs alles durch das Gewicht zusammengehalten wird, ist das verbindende Material bei den gewöhnlichen Häusern Bindfaden aus Kokosnußfasern.

Die Häuser=Yaps werden auf einem Steinfundament errichtet und haben eine deutlich aus= gesprochene Längs= und eine Breitseite sowie merkwürdig vorspringende Giebel, die an den Breit= seiten durch Pfeiler gestützt werden. Grobgeflochtene Kokospalmenmatten werden zur Bedeckung des Dachstuhles, Flechtwerk aus dünnem Rohr zur Ausfüllung der Lücken zwischen den Stütz= balken und Seitenpfosten verwendet. Der Fußboden aus festgerammter Thonerde wird mit Matten bedeckt, Geräte und Waffen an den Wänden aufgehängt. Auch hier gibt es große Häuser, Bajs, worin die unverheirateten Männer des Dorfes schlafen, während die Häuptlinge in eigenen, von Zäunen und Rasenplätzen umgebenen und von Kokospalmen beschatteten Häusern wohnen.

Unter den Geräten, die wieder durch besondere Meister angefertigt werden, sind Teller, Schüsseln und sehr große tischförmige Behälter sämtlich rot bemalt, mit Perlmutter ausgelegt, rund, viereckig oder zylinderförmig. Die großen dienen nur für die großen Häuser, Bajs, sowie für einzelne reiche Personen, die kleineren sind auch in den ärmsten Häusern zu finden. An die Stelle der zum Kochen dienenden gebrannten Thongeschirre des Distrikts Ejrraj, der ganz Palau mit dieser Ware versorgte, sind jetzt eiserne Töpfe getreten.

Die Fahrzeuge der Palauer bestehen aus drei Klassen, die sich jedoch nur durch die Größe und Gebrauchsweise voneinander unterscheiden, von denen der übrigen Südsee=Insulaner aber dadurch abweichen, daß sie im Verhältnis zur Größe des Segels und Länge des Fahrzeugs un= gemein flach und niedrig sind, weshalb sie auch nur für kurze Seereisen geeignet sind. Auch die Kanoes werden nur von den Baumeistern, Takelbajs, verfertigt und zwar durch Aushacken aus einem großen Baumstamm. Ihre Länge beträgt höchstens 20 m, die Breite kaum ½ m, die Tiefe ¾ m, aber nur in der Mitte. Dieser ausgehöhlte Kiel wird durch den auf der Seite angebrachten Balancierbaum über Wasser gehalten, vermag aber bis zu 40 Ruderer zu fassen, die, hinter= einander sitzend, das leichte Fahrzeug mittels löffelförmiger Ruder sehr rasch fortbewegen. Der

Schmuck besteht in roter Farbe und Auslegung mit Muschelschalen und Perlmutter in Mustern und Figuren. Diese großen Fahrzeuge, Kabekel, gehören dem Klub, „Kalbebekel", und sind kost= spielig; die Kaeps sind um die Hälfte kleiner und dienen für gewöhnliche Zwecke, die Kabekel aber für Reisen der Häuptlinge und zu Kriegszwecken. Ein dreieckiges Segel vervollständigt die Aus= stattung. Die dritte, weniger für das Segeln bestimmte Art der Fahrzeuge ist das Kotraor, ein kleineres, doch noch 4 m langes Kanoe, das in flachem Wasser von zwei Mann mit der Bambus= stange geschoben wird. Endlich kommen noch Bambusflöße oder Prers vor. Die Kanoes der Yaper werden meist auf den Palau=Inseln gebaut, da dort besseres Holz zu haben ist. Den Palau=Fahrzeugen gleich gebildet, sind sie mit Auslegebalken und aus Rohren gefertigten Ge= stellen ausgerüstet, die von den Insassen bei hohem Segeldruck und lebhaftem Seegang be= nutzt werden, und die Masten aus drehbarem Bambusrohr sind leicht umzustellen, damit man bald die vordere, bald die hintere Seite des Schiffes dem Winde zukehren kann.

Die Nahrung der Yaper besteht aus Pflanzenkost, insbesondere den Wurzeln der Igname, Taró, Bataten, Bananen, der Pfeilwurz (Tacca sativa) sowie Brotfrüchten. Fische, Schild= kröten, niedere Seetiere und Hühner liefern die Fleischnahrung, Schweine sind erst in den sieb= ziger Jahren dieses Jahrhunderts eingeführt worden. Als Reizmittel dienen Tabak und Betel; dieser wird hauptsächlich grün, die Blätter mit pulverisierten Arekanüssen und gebranntem Madreporenkalk vermischt, leidenschaftlich genossen. Als Kochgeschirre dienen selbstgefertigte kunstlose Thongefäße. Doch werden die Speisen auch, wie in Polynesien, zwischen erhitzten Steinen geröstet; einige Fische und Seetiere verzehrt man einfach roh. Frauensache ist es, die Speisen zu bereiten. Gemeinsame Familienmahlzeiten aber bestehen nicht, ein jeder verzehrt seine Nahrung möglichst heimlich, was vermutlich aus der Auffassung des Essens als einer tabuierten Beschäftigung herzuleiten ist.

Die Nahrungszubereitung fällt auf den Palau=Inseln meist den Männern, und erst in zweiter Linie den Frauen zu. Das gewöhnliche Essen besteht aus in Salzwasser gekochten Fischen, Kokos= nüssen und Taró, doch werden auch Schweine, Ziegen, Hühner, halb in Salz=, halb in Süßwasser gekocht und als Zukost Kokosnüsse, Gelbwurz, Ingwer gegeben. Das gekochte Fleisch versteht man eine Woche lang eßbar zu erhalten. Wasser mit Sirup ist das gewöhnliche Getränk, das zu= weilen mit Lavendelgras und Orangenblättern gewürzt wird, und der Verbrauch des aus der Kokosblüte gewonnenen, in großen Töpfen eingekochten Sirups ist ungeheuer.

Beide Geschlechter betreiben den Ackerbau gemeinsam; doch fällt der Frau ausschließlich die Pflege der Taröpflanzungen zu, dem Manne die der übrigen Nutzpflanzen. Die gute Besorgung der Tarófelder, zu deren Gedeihen die Männer nur durch das Bearbeiten des Untergrundes und das Setzen der Schößlinge beitragen, liegt allen Frauen, denen des Königs wie der des ärm= sten Untergebenen, gleichmäßig am Herzen; die südlichen Inseln sind aber arm an Taró und be= ziehen daher ihren Bedarf von den nördlichen. Die Männer bauen ferner Tabak, Baumwolle, Gelbwurz, Zuckerrohr, Bananen, Betelpfeffer und einige fremde Nutzpflanzen; von allen diesen bedürfen besonderer Aufmerksamkeit nur der Tabak, die Gelbwurz und der Betelpfeffer; der Baumwollenbau ist zurückgegangen, und das Zuckerrohr dient mehr als Zierpflanze. Der Tabak ist die wichtigste und nützlichste Pflanze, deren Blätter nicht nur geraucht, sondern auch gekaut werden und den Palauern ganz unentbehrlich geworden sind. Betelpfeffer gedeiht schlecht, die Gelbwurz gibt das feine, färbende Pulver Reng.

Eine der wichtigsten Beschäftigungen der Palauer ist der Fischfang, dem fast täglich ein oder zwei Mitglieder einer Familie obliegen, und zwar mit Speer und Angel, während das Ein= sammeln der Muscheln den Knaben überlassen wird. Zu größeren Fischzügen benutzt man große Netze und vereinigt sich aus mehreren Ortschaften auf Befehl der Häuptlinge zu größeren

Verbänden; auch bienen aus Bambusrohr angefertigte, geschickt mit Korallen und Steinen bedeckte Körbe oder Käfige als Fallen für die Fische. Die Großfischerei ist wegen der Kostspieligkeit der Netze nur Reichen möglich, der Schildkrötenfang (s. die Tafel bei S. 258) auf einige Monate im Jahre beschränkt; der Preis einer großen lebenden Schildkröte betrug vor 20 Jahren 20 Mark.

Gemeinsame Beschäftigungen aller Palauer sind die Erhaltung der großen Häuser, der öffentlichen Wege und der als Landungsplätze bienenden Steindämme sowie in früheren Zeiten der Krieg und das beliebte Kopfabschneiden. Ein eigentliches Familienleben besteht auf den Palau=Inseln infolge der Abtrennung der männlichen Einwohner in besonderen Klubhäusern kaum und wird um so mehr verhindert, als es bereits in frühem Alter beiden Geschlechtern gestattet wird, in wilder Ehe zu leben. „Hat ein Mädchen von 10—12 Jahren noch keinen Mann, so begibt es sich in einen fremden Distrikt, lebt dort als eine Armengol mit allen Männern des Bajs gegen Bezahlung oder wird die Mätresse eines Eingeborenen, und setzt dies Leben so lange fort, bis es endlich die eheliche Frau eines solchen wird. Natürlicherweise hindert dies Verhalten den Kindersegen und läßt die Frau früher noch altern, als es an und für sich in den Tropen der Fall ist. Der Mann heiratet überhaupt wohl nur wegen des wirtschaftlichen Nutzens der Frau und entschädigt sich für die alternde Frau mit den Armengols in dem Baj. Außerdem gehört das Haus gewöhnlich dem Oberhaupte der Familie, dient aber allen Angehörigen, auch den Ver= heirateten, als Aufenthalt. Von einem geregelten Familienleben ist daher nicht die Rede, die Ehen bleiben zu drei Vierteln kinderlos, und die Palauer entstammen meist freiem Umgang der Männer in den Bajs mit den fahrenden Mädchen, den Armengols. Ebenso ist eine Scheidung überaus bequem, eine Wiederverheiratung ohne jede Zeremonie möglich, wenn die Frau arm ist; ist sie reich, so geht der Mann aus dem Hause und enthält sich einer neuen Ehe."

Die Trennung des Eigentums der Gatten ist streng durchgeführt; stirbt aber der Mann, so geht das gesamte Eigentum der Frau und ihrer Kinder an den Bruder des Mannes über. Daher wird der Tod eines Mannes von der Frau gewöhnlich so lange verheimlicht, bis es ihr gelungen ist, ihren Besitz in das Haus von Verwandten zu übertragen, damit der Bruder des Toten möglichst nur die Leiche in dem ihm rechtlich gehörigen Hause finde. Der Erbe überläßt sein eigenes Haus wieder dem jüngeren Bruder, so daß durch allmähliche Erbschaft der Titel eines Häuptlings erworben werden kann, der nun den bauernden Besitz des Hauses verbürgt. Ge= wöhnlich bestimmen die Eltern über die Heirat ihrer Kinder und pflegen dabei vor allem auf Geld und Gut ihr Augenmerk zu richten, auch suchen die reichsten Familien sich durch Heiraten in ihrem Besitzstande zu erhalten, und auf Korror halten die beiden begütertsten Familien so zu= sammen, daß der Königstitel stets in ihren Häusern verbleibt; denn derselbe kann, ebenso wie der Häuptlingstitel, durch Erbschaft erworben werden. Vielweiberei vermögen ebenfalls nur die Reichen zu treiben, aber die verheirateten Frauen sind vor den Armengols in jeder Weise bevor= zugt, allein berechtigt, Geld am Halse zu tragen, und haben überall den Vortritt; die Armengols müssen sogar, wenn ihnen eine verheiratete Frau auf dem öffentlichen Wege begegnet, zur Seite treten. Übrigens wird die Vielweiberei gewöhnlich nur von solchen geübt, die gleichzeitig in mehreren Dorfschaften Häuptling sind und daher in jedem Orte ein Haus und eine Stätte zum Empfange anderer Häuptlinge besitzen müssen.

Die Grundlage der politischen Verhältnisse sind die Pelus (Gemeinden), die aus einer Anzahl von Familien bestehen und von Häuptlingen (Rupaks) regiert und nach außen vertreten werden. Volk und Häuptlinge überwachen sich gegenseitig und sind beide an unveränderliche Ge= setze und Gebräuche strengstens gebunden. Der Familienälteste hat das Majorat und den Titel eines Häuptlings und wird von seinem Bruder beerbt, im Falle des Aussterbens der brüderlichen Linie von den nächsten Anverwandten, doch sollen nur Männer von etwa 40 Jahren Häuptlinge

werden. Über ihnen steht der König, auf Korror mit dem Titel Ajbatul, der wieder an die Fa=
milie Jraajbit im Wohnsitz Ajbit geknüpft ist. Dieser ist aber nur König der Männer, und die
Frauen haben ihre eigene Regierung, die wiederum der angesehensten Familie, auf Korror
Jraajbit, zukommt. Der Königin der Frauen, der ältesten der Familie, unterstehen eine Reihe
von Frauenhäuptlingen, die, wie die Männer über die Männer, so ihrerseits über die Frauen
richten. Beide Regierungen stehen unabhängig nebeneinander und dürfen sich nicht in die An=
gelegenheiten des anderen Geschlechts einmischen. Die Titel gehen aber von einer Schwester auf
die nächstälteste über, so daß die Frau des Königs nicht die Königin der Frauen ist. Größere
Macht als die Königsfamilie hat auf Korror sogar die Kanzlerfamilie, die des zweiten Häupt=
lings, der 1871 sogar den König absetzen ließ und den Titel Jrajkalau führt. Dazu kommt, daß
in manchen Distrikten nur der König, in anderen der Kanzler, noch in anderen beide gemeinsam
zu befehlen haben. Ihre Beschlüsse und die der größeren sechs Häuptlinge werden auf Korror
durch zehn kleine Häuptlinge ausgeführt. Der König ist auch insofern in seiner Macht beschränkt,
als er den Häuptlingen seinerseits sehr entgegenkommen muß. „Geht er auf den Wegen einher",
berichtet Kubary (,Journal des Museum Godffroy', Heft 1), „so bücken sich die einflußreichsten
Häuptlinge vor ihm, treten auf die Seite und warten „erbeu_gt, bis er vorbeigegangen. Der
König bückt sich hierbei auch etwas. Nur in solchem Falle ist das richtige Verhältnis zwischen
ihnen vorhanden, nur dann herrscht ein guter Zustand im Lande."

Weiter bildet eine Macht im Lande das Klubwesen der Krieger, das gegen die Häuptlinge
nicht selten einen maßgebenden Einfluß kundgibt. Ein solcher Kriegerklub heißt Kalbebekel oder
Klöbbergöll und besteht aus den nicht zu den Häuptlingen gehörenden jungen Männern, die
einen Führer (Plotul) wählen. Jeder dieser Klubs besitzt ein eigenes großes Haus (Baj), in
welchem die jungen Männer jede Nacht schlafen, während sie sich am Tage zu ihren Beschäfti=
gungen und in die Häuser ihrer Angehörigen zerstreuen. Diese Klubs bilden die Streitmacht
der Inseln, auf Korror acht an der Zahl, und verfügen über eigene große Kriegskanoes. Ihre
Macht gegenüber dem König, Kanzler und den Häuptlingen ist so groß, daß sich diese bei Mei=
nungsverschiedenheiten gewöhnlich fügen. Alle Staatsberatungen werden in den Bajs der Klubs
gehalten, unter dem Vorsitz des Königs, doch haben nur einstimmig gefaßte Beschlüsse Gültigkeit.

Noch verwickelter wird die gesellschaftliche Einrichtung Palaus durch das Bestehen einer
theokratischen Nebenregierung, der Priesterschaft, der Vertreterin des Kalit, des Schöpfers
Palaus. Die Kalits sind Geister, die sich in Tieren verkörpern, in Luft und Wasser leben und auch
als umfassendes Einzelwesen gedacht werden. Auch treten sie in Fischen, Steinen, Bäumen sowie
in den Kanoes verkörpert auf, und jeder Eingeborene nimmt besondere Verkörperungen seines
Kalits an, die er schont, so daß der eine sich enthält, einen bestimmten Fisch, der andere eine
Schlange, der dritte die Taube zu essen oder zu beunruhigen. Manche dieser Götter bringen
Krankheiten, andere den Tod, und dadurch, daß es nicht erlaubt ist, eine erlittene Unbill mit den
Waffen zu rächen, sondern der Kalit gebeten werden muß, den Beleidiger zu schädigen, gewinnen
die Priester eine wenig bemerkbare, aber im geheimen waltende bedeutende Macht. Auch bei
jedem Kriegszuge und bei der Entscheidung einer unsicheren Frage wendet sich die Ratsversamm=
lung an den Kalit, der für die Zustimmung seinen Vertretern, den Priestern, ein Geldopfer be=
willigt. So stützen sich auch die Gesetze auf den religiösen Glauben und sind wesentlich Sitten=
vorschriften in Bezug auf das Verhalten gegen den König, die Häuptlinge, die Priester, die
Frauen, die Angehörigen; ihrer gibt es so zahllose, und ihre Verknüpfungen untereinander sind
so zahlreich und eng, daß nur die eingeborenen Palauer sich aus diesen Verquickungen heraus=
zufinden wissen. Im ganzen finden nur selten Gesetzesübertretungen statt, im Falle sie aber
vorkommen, ist die Ratsversammlung Richterin. Verhängt werden meistens Geldbußen,

Todesstrafe tritt äußerst selten ein; kann der Verurteilte die Geldbuße nicht leisten, so flüchtet er nach einer benachbarten Insel oder in einen feindlichen Distrikt.

Die Bewohner Yaps zerfallen in Häuptlinge, Freie und Sklaven oder Pomilangais. Die Angehörigen der letzten Klasse leben in besonderen Dorfschaften zusammen, zahlen täglich eine Art von Tribut in Form von Feldfrüchten an die Freien, sind jederzeit gehalten, deren Ruf zu folgen, müssen sogar unweigerlich ihr Eigentum, ihre Frauen und Töchter den Freien hingeben, sobald diese es verlangen, und dürfen den Häuptlingen nur in kriechender Stellung nahen. Im übrigen arbeiten auch die Freien: sie bestellen die Pflanzungen, fangen Fische und führen Krieg.

Namentlich der Krieg ist auf Yap eine Lieblingsbeschäftigung der Bewohner gewesen und hat sich in unzähligen Fehden zwischen den einzelnen Dörfern ausgetobt, ist jetzt aber gemildert

Alte Bauten auf Tinian, Marianen. (Nach D. de Rienzi.)

worden. Aber obwohl die 2—3 m langen Speere aus leichtem Palmholz mit alternierenden Widerhaken an der Spitze durch die Feuerwaffen verdrängt worden sind, so ist doch der krie= gerische Charakter den Yapern geblieben.

Anderseits sind sie auch wieder als ein fröhliches, fast kindlich heiteres Volk zu betrachten, dessen Leben zu einem großen Teile mit Tanz, Festlichkeiten und Gesängen verbracht wurde. Auf Ponapé waren Diebstähle unbekannt, da es nichts zu stehlen gab, und Lügen nutzlos. Diese idyllischen Zustände haben sich seit der Ankunft der Europäer natürlich geändert, doch sind nur solche Sitten und Gebräuche von den Karoliniern angenommen worden, die ihnen eine passende Neuerung in ihrer Lebensweise zu sein schienen. Freilich haben auch sie unter Krankheiten schwer gelitten: 1854 wurden beispielsweise drei Viertel der Bewohner von Ponapé durch die schwarzen Blattern hingerafft, und Geschlechtskrankheiten haben auch bei ihnen Eingang gefunden.

Unter den geistigen Eigenschaften und Fähigkeiten sind Intelligenz, gepaart mit Schlau= heit und Hinterlist, bemerkbar. Ein sicheres Urteil läßt sich jedoch nur nach langer Bekanntschaft mit ihnen abgeben, da die Sitten und Gebräuche auf Denken und Handeln dermaßen einwirken, daß alle geistigen Eigenschaften unter ihrer Herrschaft stehen.

Die religiösen Ansichten der Karolinier wurzeln in einer Art Ahnenkultus, der dem Kalit=Glauben der Palauer nahe steht. Wie diese erflehen sie den Schutz der Geister ihrer Vorfahren und fragen die Priesterschaft um Rat unter Hingabe von Opferspenden. Eigentlicher Götzendienst scheint aber nicht vorhanden gewesen zu sein. Dennoch konnte das Christentum anfangs nur geringe Fortschritte machen, ist aber seit etwa 20 Jahren kräftiger vorgeschritten, und heute darf man die Karolinier wenigstens äußerlich als Christen betrachten.

Auf mehreren Marianen= und Karolinen=Inseln, wie Tinian (f. Abbild., S. 319), Ponapé, Ngatik und Kusaie, stößt man auf Steinbauten von großem Umfang und anscheinend hohem

Alte Steinbauten auf Ponapé, Karolinen. (Nach Photographie.)

Alter, deren Bedeutung und Zweck lange Zeit unsicher gewesen sind. Es ist das Verdienst Kubary's, die Bauten der Karolinen, deren tyklopisches Mauerwerk allen Besuchern aufgefallen war, genau untersucht und einen Plan der Altertümer von Ponapé aufgenommen zu haben. Sie liegen im Osten am Meeresstrande, sind auf den die Insel an dieser Stelle begleitenden Riffen erbaut und durch schmale Kanäle von deren Hauptkörper geschieden. Auf einem Raum von fast 42 Hektar bilden sie einen Komplex von großenteils vierseitigen Umzäunungen. Die einzelnen Vierecke sind entweder Quadrate von 18—27 m Seitenlänge, oder Parallelogramme von 8—37 und 24—120 m Seitenlänge, selten Trapeze. Das Material ist Basalt. Die einzelnen großen Basaltsäulen und Blöcke sind roh aufeinander gelegt und im ganzen gut erhalten. Kubary hält sie für Wasserbauten, da ein Kanoe bei Hochwasser bequem anlegen kann, so daß sie als Fundamente von über das Wasser hinausragenden Wohnungen dienten; ein 8 m breiter und fast ebenso hoher Wall schützte sie gegen die Wogen. Vom Lande aus wurden sie auf den fast gleich tiefen, bei Ebbe fast trockenen, bei Flut 1 m Wasser führenden Kanälen erreicht. Drei

Vierteile dieser unter dem Namen der „Ruinen von Nanmatal" (s. Abbildung, S. 320) zu-
sammengefaßten Bauten waren Unterbauten für Wohnhäuser, die übrigen dienten anderen
Zwecken. Der Gebäudekomplex von Nan Tauacz war eine Gruft der Häuptlinge, ein aus Basaltsäulen aufgeführtes Gewölbe, auf dessen Boden Menschenknochen, Geräte, Steinäxte und
Schmuckgegenstände gefunden worden sind. Auf einer 70 m langen und 60 m breiten Plattform befinden sich ineinander geschachtelte Mauervierecke mit offenen, 3—4 m breiten Eingängen. Die einzelnen Basaltblöcke, die diese schweren Mauern bilden, wiegen 3800 kg und
noch mehr, so daß es unverständlich ist, wie die Inselbewohner diese Lasten auf die Höhe von
5—10 m zu heben vermochten.

Die Ruinen der Inseln Nangutra und Jtal bringt Kubary mit den religiösen Zeremonien
des Geheimbundes der Dziamorous in Verbindung, der noch in den siebziger Jahren auf Ponapé
bestand. Während seiner Feste auf Nangutra im Mai oder Juni wurden alle im letzten Jahre
angefertigten Kanoes geweiht, in den Räumen des Steinhauses Kava getrunken, den Geistern
Nahrung geopfert und die neuen Mitglieder in die Satzungen des Bundes eingeweiht. Diese
Gebräuche werden noch jetzt von den Dziamorous, deren äußeres Kennzeichen das Langwachsen-
lassen des Haares ist, das nie geschnitten, sondern nur abgesengt werden darf, befolgt und scheinen
früher in Nangutra ganz ähnlich gewesen zu sein. Doch dürfte auch diese Sitte dem Christentum
jetzt vollständig erlegen sein.

Ob der aus der Beschaffenheit der aufgefundenen langschädeligen Reste der alten Erbauer
und Bewohner der Ruinen gezogene Schluß Kubary's, daß sie im Gegensatz zu den jetzigen Bewohnern Ponapés der Negerrasse angehört haben sollen, stichhaltig ist, läßt sich wohl bezweifeln.

2. Die Ost-Mikronesier: Die Bewohner der Marshall- und Gilbert-Inseln.

Die Stellung der Marshall- und Gilbert-Insulaner im Völkerkreise der Südsee ist nicht
völlig gesichert: Finsch hält sie für reine Polynesier, Bastian und Steinthal für reine Mikronesier, Gerland trennt sie von den Polynesiern, stellt sie ihnen aber nahe. Wir rechnen sie mit
Gerland zu den Mikronesiern. Die Bewohner der Marshall-Inseln sind schlank, mittel-
kräftig und mittelgroß und unterscheiden sich je nach der Lage der Inseln insofern, als die Bewohner der fruchtbareren südlichen Inseln im ganzen schmächtiger sind und weniger Kräfte besitzen als die der nördlichen unfruchtbaren. Die Hautfarbe ist kastanienbraun, mit Abstufungen
zum Olivengelbbraun einerseits und zum rötlichen Ziegelbraun anderseits, im ganzen aber
dunkler als die der polynesischen Inseln, Tonga und Samoa. Die Männer haben längliche,
die Frauen volle, runde Gesichter, das Haar tragen beide Geschlechter lang und buschig, die
zum Christentum übergetretenen scheren es aber kurz; Bartwuchs ist selten. Große dunkle
Augen mit heiterem Ausdruck, mäßig hervortretende Backenknochen, eine an der Wurzel flache
und breite Nase mit gewölbten Flügeln, großer Mund mit vollen, breiten, braunen bis roten
Lippen, regelmäßige Zähne, durchbohrte und weit herabhängende Ohrläppchen bestimmen den
Eindruck, den der Marshaller auf uns macht. Die Füße sind, wie bei vielen Südseevölkern, klein.
Wohlgeformt sind die Busen der Frauen; doch altern die Marshallanerinnen rasch wie ihre
mikronesischen und polynesischen Schwestern.

Die Gilbert-Insulaner sind größer (1 m 57 cm bis 1 m 83 cm), schöner und kräftiger
gebaut als die Marshaller und nähern sich in ihrem Äußeren den Polynesiern, von denen sie
nach Finsch nicht getrennt werden sollten, während Hudson bei der Ankunft auf den Gilbert-
Inseln ein von den Polynesiern Samoas völlig verschiedenes Volk zu sehen glaubte.

Ihre Kleidung ist sehr gering: Männer und Kinder gehen meist nackt; jene legen bei besonderen Gelegenheiten eine kleine Matte an und schneiden das Haar kurz oder bauschen es mit
einem Stäbchen auf, so daß es weit absteht; die Weiber tragen Gürtel mit kleinen Blattstreifen.
Auf den Marshall=Inseln ist die Kleidung jetzt fast überall, außer auf den nördlichen Inseln, die
europäische. Ursprünglich trug man einen Gürtel aus Pandanusblättern, den Kangur, der
wie auf den Karolinen mit einer Kokosfaserschnur zusammengehalten und mit dem Jrik um-
wickelt wurde, einer zur Verzierung dienenden, mit schwarzer und weißer Würfelzeichnung ge-
schmückten Schnur aus schwarzen und weißen Pandanusblättern. Als dritter Bestandteil der
Kleidung kam der Jn hinzu, ein 1 m langes Mattenband mit überflochtenen schwarzen Streifen
und Bastbüscheln an den Enden, das wie auf den Karolinen unter dem Gürtel so durchgezogen
wurde, daß es vorn und hinten schürzenartig herabhing, vorn länger als hinten. Den Oberkörper, den man früher unbekleidet ließ, umhüllen die Weiber seit der Einführung des Christentums keusch und züchtig mit einer Kattunjacke.

Als Schmuckgegenstände tragen sie in den erweiterten Ohrlappen Rollen von Pan-
danusblättern, Pfeifen, auch Blumen, und die Männer schmücken das Haupt mit Federn des
Fregattvogels. Arm= und Beinspangen aus Muscheln, Armbänder aus Blumen, Muscheln und
Federn, Halsbänder aus Muscheln, Kokosnußschalen, Zähnen, Korallen, Knochen, Blättern und
Blumen vervollständigen den Schmuck.

Die auf den Marshall=Inseln in großartigster Weise verbreitete Tättowierung wurde
über den ganzen Körper ausgedehnt, dessen mattblauer Farbenton sich von der gelblichen Haut
vorteilhaft abhob. Große Mannigfaltigkeit in den Mustern war auch hier erkennbar; die Häuptlinge führten vier Linien auf der Backe als Standesabzeichen; heutzutage aber ist das Tättowieren infolge des Einflusses der Missionare sehr beschränkt worden. Auf den Gilbert=Inseln
werden meist nur die Frauen tättowiert.

Die Wohnungen sind bedeutend ärmlicher als auf den Karolinen: niedrige Hütten aus
vier Pfosten mit Palmblatt= oder Pandanusdächern, plump und ohne Zierden, abgeteilt in zwei
übereinander liegende Räume, deren oberer die spärliche Habe birgt. Matten dienen als Unter-
lage für die Nacht. Diese Hütten sind so niedrig, daß man nicht in ihnen stehen kann, und nach
Kubary ("Journal des Museum Godeffroy', Heft I) "nur Schlafwinkel und gewähren kaum Schutz
gegen Wind und Regen, riechen auch sehr unangenehm, da die Umgebung mit hohen Haufen
faulender Kokosnußschalen und Küchenabfällen bedeckt ist". Das Hausgerät ist daher auch sehr
spärlich. Bessere Wohnungen haben nur die Häuptlinge, und auf Jaluit gibt es sogar Bretter-
wohnungen. Einzelwohnungen für die Frauen, die sie zur Zeit der Menses benutzen, und das
Kochhaus stehen abgesondert von den Hütten. Auf den Gilbert=Inseln sind die Häuser fester gebaut als auf der Marshall=Gruppe, stehen in Dörfern zusammen und ähneln in mancher Beziehung denen der Karolinen. Unter anderem gibt es auch hier jene großen Rathäuser, die zu
Versammlungen und Festlichkeiten benutzt werden, darunter eins auf Butaritari von 75 m Länge.
Demgemäß ist auch der Hausrat reichlicher, namentlich bedient man sich guter Flechtarbeiten und
Matten; auch Kriegsrüstungen versteht man aus Kokosfasern zu flechten. Ferner fertigt man
Helme aus Fischhaut, Speere, Kanoes und Fischhaken.

Die Nahrung ist vorwiegend Pflanzenkost, und die Lebensweise erbärmlich, zumal jetzt auf
den südlichen Inseln, die an und für sich reicher als die nördlichen, aber durch die Einwirkung der
Mission in Verfall geraten sind und sogar Lebensmittel, Pandanus und Pfeilwurz von den
nördlichen Inseln einführen müssen. Dort haben sich die Leute reiner und kräftiger erhalten; sie
liefern den südlichen Inseln jetzt auch allerlei Geräte, Matten, Fischleinen, Angelhaken, Taue, Leib-
schnüre, Gürtel, deren Verfertigung auf den südlichen Inseln vernachlässigt worden ist. Die reise

Pandanusfrucht wird ausgesogen, ihre Nuß zu einer Konserve verarbeitet, die getrockneten Feigen ähnelt und sich zwei Jahre lang hält. Die Brotfrucht wird ebenfalls durch Klopfen und Kneten in einen Brei verwandelt, der fünf Monate genießbar bleibt; Yams, Kokosnüsse, Bananen, Taró und Tacca pinnatifida kommen hinzu. Fische und Seetiere werden wie auf den Karolinen häufig roh und in großen Mengen genossen, Enten, Hühner und Eier dagegen ganz verschmäht und Schweine nur bei Festen gegessen. Das beliebteste Getränk ist jetzt Gin, früher war es Palmblütensirup von berauschender Kraft, der viel zu Streitigkeiten und Verwundungen mittels der mit Fischgräten besetzten Speere Veranlassung gab. Das beliebteste Reizmittel ist der Tabak. Frisches Trinkwasser ist sehr selten; gewöhnlich nimmt eine Grube das zusammenfließende Regenwasser auf. Dies sowie der Umstand, daß die Marshall-Insulaner den Kopf nie waschen und zu Zeiten genügender Zufuhr von Nahrungsmitteln sehr unmäßig sind, mag wohl die hohe Sterblichkeit, namentlich unter den Kindern, erklären.

Der Ackerbau beschränkt sich auf die Anpflanzung von Pandanus, Kokospalmen, Brotfruchtbäumen und Taró und wurde früher mit ungeeigneten Steinbeilen betrieben, die längst durch europäische Eisengeräte ersetzt sind, wie denn auch die alten Schwerter und Speere den Feuerwaffen haben weichen müssen.

Die Charaktereigenschaften der Marshall-Insulaner sind sehr verschieden beurteilt worden. Friedfertig und kriegerisch, habgierig und bescheiden, freigebig und geizig, ohne Gastfreundschaft und sehr entgegenkommend, räuberische Plünderer und gutherzige kindliche Naturen: diese Urteile stehen einander gegenüber bei solchen guten Kennern des Volkes und angesehenen Reisenden wie Chamisso, Kubary, Finsch und Hernsheim.

Die Frauen stehen hoch im Ansehen und verrichten nur die leichteren Arbeiten: Flechtarbeit, Zubereitung der Speisen und Handreichung beim Landbau, Fischen, Hausbau 2c.; dennoch herrscht Vielweiberei und zügellose Freiheit der Geschlechter vor der Ehe, ohne daß die Moral durch die Einwirkung der Missionare verbessert wäre. Die Fruchtbarkeit der Frauen ist daher so gering, daß sie heute selten in die Lage kommen würden, das vierte Kind zu töten, wie es die früheren Gesetze wegen der geringen Ergiebigkeit der Inseln vorschrieben. Erziehung der Kinder in unserem Sinne scheint nicht stattzufinden. Auf den Gilbert-Inseln wird der Ehebruch streng bestraft, obwohl auch hier die Polygamie herrscht. Verlobungen finden bereits in früher Jugend statt.

Außer dem Landbau sind Fischfang, Schiffahrt und Krieg die wichtigsten Beschäftigungen der Marshall-Insulaner gewesen, aber auch sie sind zum Teil in Verfall geraten. Der Fischfang wird mit Netzen, Angeln und Reusen ausgeübt, zur Nachtzeit auch mit Fackeln betrieben und richtet sich besonders auf die zu gewissen Zeiten in die inneren Lagunen eindringenden Sardinen und den Gelbschwanz, der vom Meere aus in Kanoes dem Lande zugetrieben wird. Die Schiffahrt ist bei den Marshall-Insulanern in so großartiger Weise ausgebildet worden wie bei keinem anderen Südseevolk und hat sich fast allein noch als letzter Rest der alten Gebräuche in vollem Umfang erhalten. Noch jetzt werden aus recht ungenügendem Material bis 8 m lange, überaus seetüchtige Schiffe hergestellt; allerdings erleichtert die eiserne Axt das Werk gegenüber dem früheren Steinbeil. Angeschwemmtes Treibholz wird den fruchttragenden Stämmen des eigenen Landes vorgezogen, die Stämme je nach ihrer Größe und Länge in mehrere einzelne Teile geteilt, die man mit dünnen Schnüren von Kokosnußfasern verbindet. Das Kanoe ähnelt im übrigen dem der Karolinen in Ausleger, drehbarem Mast und dreieckigem Segel; doch stehen die Kanoes der Marshall-Inseln in dem Rufe, schneller zu segeln. Größere Boote tragen bis zu 40 Menschen, für die bei schlechtem Wetter zwei kleine Hütten auf dem elastischen Hängeboden über dem nur als Schwimmkörper dienenden Rumpf errichtet werden. Ursprünglich bestimmt zur raschen Verbindung der einzelnen Inseln der Gruppe untereinander, haben die raschen Segler Veranlassung zu größeren Reisen der Marshall=Bewohner, z. B. bis Guam im Marianenarchipel, freilich bei Stürmen auch zu unfreiwilligen Wanderungen gegeben.

Für den Verkehr in der Atollgruppe der Marshall=Inseln selbst bildete sich allmählich eine überaus genaue Kenntnis der nach den einzelnen Inseln einzuschlagenden Richtungen aus, die in der Fähigkeit gipfelte, die Gruppen ziemlich gut aufzeichnen zu können. Darin jedoch eine außerordentliche Leistung und eine besondere Befähigung für Nautik, Geographie und zur Astro=nomie sehen zu wollen, dazu liegt kein Grund vor. Denn ähnliches findet man nicht nur bei Naturvölkern, z. B. den Eskimo, sondern auch bei niederen Klassen halbzivilisierter Länder, z. B. des spanischen Amerika, die vielfach im stande sind, die Lage einer Anzahl von Punkten gegen=einander richtig anzugeben. Damit ist sehr wohl z. B. die Veranlagung vereinbar, daß sich auf der Mortlock=Gruppe bestimmte Personen nach den Sternen richteten und infolge der besonderen Geschicklichkeit in richtiger Auffindung gesuchter Inseln leitende Stellungen in der Schiffahrt er=hielten. Die Aufzeichnung der Lage führte dann zur Herstellung der Medos, Seekarten mit Segelanleitungen, aus Fasern der Kokospalme, die zu einem Rahmen zusammengebunden wurden; Steine oder Verschlußstücke von Schneckenmuscheln bezeichneten die Inseln auf dieser „Seekarte", die übrigens Finsch für reine Spielerei erklärt.

Die dritte Hauptbeschäftigung der Marshall=Insulaner war der Krieg, der zwischen den ein=zelnen Inseln und auch unter den Ansiedelungen einer einzigen oftmals wütete und eine Menge Menschenleben kostete. Seit der Einführung des Christentums hat er glücklicherweise aufgehört oder doch starke Beschränkung erfahren; er mag nur noch auf den nördlichen Inseln geübt werden.

Auf den Marshall=Inseln zerfällt die Bevölkerung in vier Rangstufen: die Oberhäuptlinge, Jrobj, die den König Jrobj=Lapelap wählen, die Familie der Oberhäuptlinge, Burak, die mit eigenem Besitztum ausgestatteten Freien, Leatoketak, und die Armij Kajur, die gemeinen Leute ohne eigenes Eigentum, die vom Häuptling Land zur Bebauung erhalten und davon einen Teil des Ertrages wieder an ihn abgeben. Die Rangunterschiede werden, wie die Reinheit des Blutes der Häuptlingsfamilie, streng eingehalten und vererben sich von der Mutter her wie meist in Mikronesien. Auf den Gilbert=Inseln bestehen drei Stufen: die Häuptlinge, Una, die freien Grundbesitzer, Katoka, und die gemeinen ohne eigenen Besitz; daneben kommen aber auch noch Sklaven vor, die Nachkommen der Kriegsgefangenen. Im ganzen ist jedoch die Macht der Ober=häuptlinge sehr beschränkt und die des Königs ganz gering, teils wegen der großen räumlichen Entfernung der Inseln untereinander, teils weil die Häuptlinge oft die Herrschaft über mehrere Inseln an sich reißen. Immerhin ist die Ralik=Kette seit etwa 1845 unter einer Hand ver=einigt, während sich die Inseln der Ratak=Kette der Oberherrschaft des Oberhäuptlings auf Aur entzogen haben. In der Gilbert=Gruppe ist nach Finsch nur der Häuptling Binoka auf Apa=nama ein absoluter Herrscher. Im übrigen stehen Ratsversammlungen mit beratender und entscheidender Stimme auch auf den Marshall=Inseln, z. B. auf Mille, den Häuptlingen zur Seite. Die Strafgewalt steht den Oberhäuptlingen zu; Diebe wurden getötet, Mörder durch Wegnahme von Land und Haus gestraft, Frauen meistens ertränkt. Auch diese Strafen sind durch die Mission gemildert worden.

Die religiösen Anschauungen der Marshall= und Gilbert=Insulaner waren denen der übrigen Mikronesier ähnlich: ein Ahnen= und Geisterglaube, der die Anis verehrte, deren Aufent=halt in Bäumen, Tieren, Geräten angenommen wurde. Eine Priesterschaft, auf der Gilbert=Gruppe Jbonga, auf den Marshall=Inseln Drikanan genannt, vermittelte zwischen dem Volk und den Geistern, gab Rat und Orakel über öffentliche Angelegenheiten und opferte Nahrungs=mittel und Blumenkränze. Wahrscheinlich war dieser Kultus der entartete Rest eines früher höheren, religiöseren Dienstes. Noch ist er durch das Christentum nicht völlig verdrängt worden;

denn nach allgemeiner Ansicht ist es auf allen diesen Inseln bisher nur zu einem Scheinchristen=
tum, äußerlichen Litaneien und Gebräuchen gekommen, ohne daß der Kern der Religion richtig
und innerlich erfaßt worden sei.

Zurückgegangen sind die zahlreichen Tänze, Feste und Spiele der leichtlebigen Marshall=
Insulaner; weniger auf den Gilbert-Inseln, wo sie von jeher figurenreicher waren als dort.
Überall knüpften sie an freudige und traurige Ereignisse an: die Vollendung des Baues eines
Hauses oder Bootes, die Ankunft oder Abreise eines Fremden, an Geburt und Tod, Regen und
Dürre, Krankheit und Eheschließung. Mimische Darstellungen mit Gesang, Geschrei und Trom=
melschlag bilden den Kern dieser Feste und Tänze, die meist erst mit der körperlichen Erschöpfung
der Teilnehmer enden. Zahllose Wanderungen von Insel zu Insel sind sehr beliebt.

Auf beiden Inselgruppen glaubt man an ein Fortleben nach dem Tode und behält auf
den Gilbert-Inseln den Schädel für heilige Zwecke zurück. Hier wird die Leiche so lange öffentlich
ausgestellt, bis das Fleisch verfault ist, die Knochen gereinigt und begraben. Auf der Marshall=
Gruppe dagegen hüllt man die Leiche in Matten und versenkt sie ins Meer; Häuptlinge aber
wurden in sitzender Stellung begraben.

D. Die Polynesier.

Die Polynesier sind im Gegensatz zu den Mikronesiern ganz allgemein als eine besondere
Rasse aufgefaßt worden, weil sie jedenfalls den Melanesiern scharf gegenübersteht und als helle
Rasse den Vorrang unter allen Südseevölkern sowohl wegen ihrer körperlichen Vorzüge als auch
wegen ihrer Intelligenz, einer vorgeschrittenen Halbkultur und deutlicherer politischer Organisa=
tion verdient. Ob man ihnen nun die Mikronesier zurechnet oder nicht, unbedingt lassen sich
für die Polynesier mancherlei Ähnlichkeiten mit den Malayen in körperlicher und sprachlicher
Beziehung, auch in Sitten und Gebräuchen aufstellen. Man darf annehmen, daß sie von Westen
her auf die polynesischen Inseln, vielleicht über Mikronesien, eingewandert sind und sich dann
namentlich von den Samoa-Inseln aus über das ganze östliche Inselgebiet ausgebreitet haben.
Zwei Stämme, der nördlichste, die Hawaiier, und der südlichste, die Maori, haben sich infolge
ihrer Isolierung in mancher Beziehung eigenartig entwickelt. Diese besprechen wir daher beson=
ders und fassen die übrigen gleichartigen Polynesier unter der Bezeichnung Mittelpolynesier
zusammen.

1. Die Mittelpolynesier.

An den Mittelpolynesiern, den Bewohnern sämtlicher polynesischer Inseln mit Aus=
nahme der Hawaii-Gruppe und Neuseelands, lassen sich die allgemeinen typischen Züge der poly=
nesischen Rasse am besten erkennen.

Brachykephaler Schädel, abgeplattete bis gebogene, vielfach semitische Nase, kleine, lebhafte,
horizontal gestellte Augen, wohlgebildeter Mund, dicke Lippen, grobe, sinnliche Gesichtszüge,
feineres schwarzes, teilweise welliges bis lockiges Haar und ein meist hoher, schöner Körper sind
die wichtigsten Merkmale der Polynesier. Das Haar wechselt in der Farbe von schwarz bis
kastanienbraun, die Samoaner sollen sogar bis rotblond sein, die Körperkraft ist nicht sehr groß,
Fettreichtum und Korpulenz, infolge von Trägheit, nicht selten. Die Frauen (s. Abbildung, S.
326) sind weniger gut gebaut als die Männer, teilweise klein und unansehnlich, Hände und
Füße mitunter zierlich. Auf den weniger genügende Nahrung bietenden Koralleninseln trifft
man natürlich oft nicht so gut genährte und kräftige Individuen wie auf den hohen Inseln.

Die Samoaner ſtimmen, nach Graeffe („Journal des Muſeum Godeffroy“), „im ganzen mit den Polyneſiern der Tonga=, Tahiti= und Cook=Gruppe überein, zeichnen ſich vor ihnen aber durch kräftigeren Körperbau und höheren Wuchs aus. Die Männer meſſen meiſt 5—6½ Fuß, ſelten mehr, die Frauen ſind kleiner. Ihr Gang iſt ſtattlich und ſtolz, der Körper der jüngeren Leute iſt wohlgeformt, der Kopf maſſiv, das Geſicht quadratiſch, ſeltener länglich=oval. Die Augen ſind groß, mit braunſchwarzer Iris und wohlgeöffneter Augenlidſpalte, die Naſe faſt ſtets gerade, der Mund eher groß als klein und von dicken aufgeworfenen Lippen von meiſt bläulich

Frauen von den Tonga=Inſeln. (Nach Photographien im Godeffroy=Album.)

dunkler Farbe begrenzt. Die Zähne ſind kurz, aber breit und von weißer Farbe und fallen meiſt in höherem Alter noch unverdorben aus. Die Wangen ſind voll, das Kinn breit, oval, faſt quadratiſch. Das ſchlichte, nur ſelten krauſe Haupthaar von mattſchwarzer Farbe wird lang in einem Buſche nach dem Nacken herabhängend oder in einem Knoten auf dem Kopfe zuſammen= gedreht getragen. Die urſprünglich ſchwarzen Haare werden aber durch oftmaliges Beſtreichen mit gebranntem Korallenkalk und nachheriges Abwaſchen zu gelblich blonden entfärbt. Die Weiber [ſ. Abbildung, S. 327] ſchneiden die Haare kurz und laſſen nur einzelne Locken und Streifen ſtehen, wodurch ſich vielleicht die Dicke des Haarwuchſes erklären läßt. Der Bart iſt gering ent= wickelt, doch finden ſich einzelne Männer mit anſehnlichen Schnurr= und Kinnbärten; aber meiſt wird der Bart wegen der größeren Jugendlichkeit bartloſer Geſichter zerſtört.“

Der Hals ist gedrungen, die Brust wohlgewölbt, breit und stark entwickelt, die Brüste der Weiber spitz, die Hände und Füße bei beiden Geschlechtern groß, namentlich die Füße auffallend groß und platt, die Zehen lang, wohlgebildet und sehr biegsam, wie denn die Gelenkigkeit der Füße überhaupt bedeutend ist, vielleicht wegen der Gewohnheit des Erkletterns der Kokospalmen. Die Hautfarbe ist ungleichartig, auf Sawaii um Matautu auffallend dunkel, was auf angebliche Mischung mit Fidschi-Insulanern zurückgeführt wird. Im ganzen ist die Farbe gelblichbraun, nicht dunkler als die südeuropäischer Landarbeiter. Die Körperkraft erlaubt den Samoanern mit größter Leichtigkeit Lasten von 50 kg an den Enden einer Stange meilenweit zu tragen, und das Erklettern der bis zu 20 m hohen Palmen seitens beider Geschlechter beweist große Gelenkigkeit; im Schwimmen und Tauchen stehen sie allerdings hinter den Tokelau-Insulanern zurück, die

wegen ihrer Fähigkeit, lange zu tau= chen, zu Schiffs= und Hafenarbeiten gern genommen werden und guten Verdienst finden. Arbeiten anderer Art, wie Plantagenbau, verschmähen jedoch die Samoaner und werden auch in den Warenhäusern und Magazinen durch Rarotonganer und Tahitier er= setzt. Sie sind reichliche Esser, ver= zehren namentlich bei Festen unge= heure Mengen Speisen und Getränke und verschlingen selbst die Knochen von Geflügel und die Gräten der Fische.

„Auf Niuafu sind die Gestalten der Eingeborenen kräftig und ihre Gesichtszüge wild und scharf markiert, ihre braune Hautfarbe ist dieselbe, wie sie bei allen diesen malayischen Poly= nesiern mit kleinen Nüancen vor= kommt. Im allgemeinen sind sie etwas dunkler als die Samoaner, wahrscheinlich durch die Mengung mit

Ein Mädchen von Samoa. (Nach Photographie im Godeffroy= Album.)

fidschianischen Papuas. Aus diesem Grunde ist auch der Haarwuchs halb kraus, halb lang und glatt, so daß er wie eine Perücke um den Kopf flattert. Männer und Weiber tragen das Haar auf gleiche Weise." (Graeffe.)

Die Kleidung der Polynesier beschränkt sich bei den meist christlichen Stämmen auf wenige Kleidungsstücke. Die Männer tragen nur den aus Zeug, Matten oder Blättern geflochtenen Gürtel, Maro, dem die Reicheren allenfalls noch den Mantel hinzufügen. Die Frauen unter= scheiden sich in der Kleidung nur insofern von den Männern, als in den meisten Fällen statt des Maro ein kurzer Rock aus Flechtwerk, Gras, Matten oder Binsen angezogen wird, über den Reichere ein shawlartiges Oberkleid werfen. Fußbekleidung fehlt ganz. Die Kinder gehen bis zur Reife nackt. An Schmuck gibt es dagegen mancherlei: das Haar wird lang aufgelöst getragen, oder man bindet es auf dem Kopf in einen Schopf zusammen, steckt Federn hinein, schmückt es namentlich gern mit Blumen und trägt vielfach eine Art von Turban aus Zeug oder Blättern. Auch gefärbt wird das Haar auf den südlichen Inseln. Die Nase wird selten, das Ohr oft durchbohrt und der Ohrlappen (s. Abbildung, S. 328) häufig lang herunterhängend getragen. Hals- und Armbänder werden aus verschiedenem Material hergestellt. Der Körper wird oft mit Kokosöl eingerieben, auch rot, schwarz oder weiß bemalt.

Die Tättowierung ist ganz außerordentlich beliebt und verbreitet, am meisten bei den Maori, die den ganzen Körper mit kunstvoll angeordneten Linien bedecken, gewöhnlich nachdem sie einen feingezahnten Knochen eingeschlagen und in die Wunden schwarze Farbe eingestreut haben. Wenn auch auf den Hawaii-Inseln und der Paumotu-Gruppe die Tättowierung roh und ungenügend war, so fehlt sie doch nirgends, beschränkt sich freilich oft auf die Schenkel (s. die Abbildung von tättowierten Samoanern, S. 329) oder die Brust oder die Lippen.

Älteres Bild eines Osterinsulaners. (Nach Cook's Reisewerk.)

Auf den Marquesas-Inseln ist das Tättowieren am höchsten entwickelt. Die Zeichnungen bestehen bei einzelnen Eingeborenen, namentlich Häuptlingen, aus so viel Kreisen, Kurven, Zickzacklinien, daß sie einer Rüstung nicht unähnlich werden. Früher war die Tättowierung einfacher und bestand nur aus zu Rhomben zusammengestellten Linien, während gegenwärtig häufig das Gesicht durch breite, horizontal laufende Streifen in verschiedene Teile zerlegt wird. Sogar die Augenlider, das Innere der Ohren und die Lippen sind tättowiert, ja, zuweilen auch das Zahnfleisch. Die Frauen sind, mit wenigen Ausnahmen, nur wenig, manche gar nicht tättowiert. Man schmückt sie gern mit parallelen, kleinen Linien, die horizontal über die Lippen bis zur Mundöffnung laufen: ein Schmuck, der etwas Anmutiges hat, da er dem Munde den Ausdruck des Schmollens verleiht. Die Operation wird dadurch vollzogen, daß man auf einen gestielten und gezahnten Meißel mit einem hölzernen Hammer schlägt. Die Spitzen des Instruments sind vorher in eine bläuliche Flüssigkeit getaucht worden, deren Hauptbestandteil der Ruß ist, den man bei der Verbrennung der Nüsse von Aleurites triloba gewinnt. Drei bis vier Personen müssen den zu Tättowierenden halten, da der Schmerz der Operation nach einiger Zeit so unerträglich wird, daß man sie unterbrechen muß. Alle Versuche, diese Sitte zu beseitigen, sind vergeblich gewesen, da die Knaben auf dieses Zeichen ihrer Mannbarkeit nicht verzichten wollen.

Auf Tahiti gingen die Männer früher ganz nackt, haben indessen nach und nach europäische Anzüge, zunächst von Matrosen, erworben, oder ein bis zur Hälfte der Beine reichendes Tuch, Pareu, angelegt, das aus blauem Baumwollenzeug besteht. Bunte Baumwollenschürzen und Pumphosen bilden bei anderen die Kleidung, und der Pareu wird oft über die Schultern geworfen. Die Weiber tragen gewöhnlich den Pareu allein und darüber bei etwas sorgfältigerer

Bekleidung ein weißes, langes Hemb oder Nachtkleid, bei Kirchgängen hohe, glatte Basthauben, hellfarbige seibene Röcke und Nackentücher. Blumenkränze spielten bei ihnen eine ebenso große Rolle wie auf den übrigen polynesischen Inseln und werden noch jetzt häufig getragen. Man

Tättowierte Samoaner. (Nach Photographie im Godeffroy-Album.)

flocht die Blumen in ein Pandanus-Netz, Hau, das zugleich Schutz gegen die Sonne gewährte; auch wurden Blumen in den Ohrläppchen und im Haare getragen. Leider wurden diese Blumengewinde von thörichterweise eingreifenden Missionaren als eine dem Christentum wider-sprechende, der Eitelkeit entspringende Sitte möglichst zurückgedrängt, obwohl gerade der

Blumenreichtum von den meisten Reisenden als die hauptsächliche Schönheit der Insel Tahiti und ihrer Bewohner gerühmt wird. Im übrigen sind die Reisenden über die so viel ge- priesene Schönheit der Frauen Tahitis keineswegs ein und derselben Meinung. Während viele die üppigen Gestalten, den freien, anmutigen Gang, das schwarze Haar, das hübsche Gesicht, die singende Stimme und die anmutige Erscheinung preisen, bemerkt z. B. Wilkes, sie seien meist schlecht gewachsen, und außer einem sanften, wollüstigen Zuge um die Augen sei der hohe Ruf ihrer Reize ihrer Heiterkeit und ihrem Frohsinn zuzuschreiben.

Die Nahrung besteht infolge des Mangels an Tieren auf den Inseln meist aus Pflanzen- kost, unter der Taro, Yams, Bataten und Früchte, wie Kokosnuß, Bananen, Brotfrucht, Guava u. a., die Hauptrolle spielen, während die Frucht des Pandanus auch auf den sonst wenig Nahrung bietenden Koralleninseln nur im Notfall gegessen wird. In Neuseeland tritt dazu die eßbare Farnkrautwurzel, und Wurzeln, Knollen, Blätter dienen in Zeiten des Mangels überall als Aus- hilfe. Unter der tierischen Nahrung sind Fische das Wichtigste; Muscheln, Krebse und Schild- kröten werden ebenfalls häufig verspeist. Ferner werden Schweine, Hühner, wilde Vögel, auch Hunde, Katzen und Ratten, Fledermäuse, Eidechsen, Robben durchaus nicht verschmäht. Es herrscht auch bereits eine Art Vorsorge für die Zukunft, indem getrocknete und geräucherte Fische, gärende Früchte für Tage der Not aufbewahrt werden. Endlich hatte die Menschenfresserei, namentlich auf den Marquesas- und Cook-Inseln sowie auf den Paumotu, eine weite Ver- breitung erlangt und ist vor allem in Neuseeland in erschreckendem Maße ausgebildet worden; doch war der Genuß von Menschenfleisch nur Männern, und auch oft nur angesehenen, gestattet. Das wichtigste Getränk, Kava, ein Aufguß auf die getrockneten Wurzeln des Macropiper methy- sticum (vgl. oben, S. 240), wurde ebenfalls, wie das Menschenfleisch, unter religiösen Zeremo- nien zubereitet. Im übrigen waren Wasser und Kokosmilch die einzigen Getränke, bis die Eu- ropäer den Branntwein brachten. An Gewürzen und Reizmitteln ist Salz unbekannt, Betel- kauen selten und Tabak erst seit der Ankunft der Europäer eingeführt.

Auf den Marquesas-Inseln gilt als Leib- und Magenspeise die Popoi, eine gelbliche, aus den Früchten des Mei, Brotbaumes, zubereitete Schüssel. Dieses Gericht schmeckt in frischem Zustande süßlich, wird aber säuerlich, wenn es eine Zeit hindurch aufbewahrt worden ist. Die Früchte werden einem andauernden Feuer ausgesetzt, worauf man die geschwärzte Rinde und den harten Kern entfernt und nur das gelbliche, fade schmeckende Fleisch zurückbehält, das dann in einem hölzernen Troge mittels einer Keule von Stein oder Holz vollständig zerquetscht wird. Die so gewonnene Masse wird in runde, einen Meter tiefe Löcher eingegraben, deren Seiten man vorher mit den breiten Blättern der Banane belegt, um die Einwirkung der Sonnenstrahlen voll- ständig abzuhalten. Ist die Grube gefüllt, so bedeckt man sie mit Erde und Steinen. Die so eingegrabene Popoi hält sich sehr gut. Man nimmt von ihr die zu einer Mahlzeit erforderliche Quantität, bringt diese auf eine hölzerne Schüssel und durchknetet sie mit etwas Wasser. Im übrigen spielen die Fische eine wichtige Rolle, besonders der Haua, eine Art Rochen, und der Hai, der mit Angel und Harpune gefangen wird.

Man wohnt in Häusern mit vorspringenden Dächern von viereckiger Form. Nur auf Samoa sind sie oval und gerundet und zuweilen mit zwei Stockwerken versehen, deren oberes zum Schlafen dient und nicht selten durch Mattenbekleidung vor dem Zutritt von Licht und Luft abgesperrt ist. Das Dach wird mit Kokospalmenblättern, Bananen- und Pandanusblättern gedeckt; auf dem Fußboden befindet sich auf Steinen in der Mitte ein Feuerplatz. Meist liegen die von Zäunen aus Rohr umgebenen Häuser einzeln im Schatten der Kokospalmen; doch gibt es auch größere Dörfer. Wenigstens haben sich seit der Einführung europäischer Sitten auch auf den übrigen Inselgruppen Dörfer herausgebildet (s. Abbildung, S. 332).

Auf Niuafu sind die Hütten der Eingeborenen, nach Graeffe (‚Ausland‘, 1867), „sehr ein=
fach gebaut; den Dachstuhl stützen senkrecht gestellte Balken, deren unteren Teil eine Brustwehr
von horizontal gelegten Baumstämmen umgibt. Zwischen dieser und dem Dache bleibt ein schmaler
Zwischenraum, durch den man, die Brustwehr übersteigend, in die Hütte tritt. Thüren und
Fenster sind unbekannte Dinge bei diesen Hütten, die, wie in Samoa, eine ovale Form und ein
hutförmiges Dach haben. Die Dachbedeckung besteht aus Zuckerrohrblättern, die, an Rohrstäbe
gereiht, wie Dachziegel übereinander gelegt und mit Kokosnußfasern an die Dachstuhlstäbe fest=
gebunden werden. Das Innere dieser Hütten sieht armseliger aus als das der Samoaner-Hütten.
Nur wenige Matten bedecken den mit Steinen bestreuten Boden, einige hölzerne Kopfschemel, die
beim Schlafen unter den Nacken gestellt werden, Fächer, Ruder und Fischereigeräte bilden den
Hausrat. Das Ausgezeichnetste, was die Eingeborenen verfertigen, ist der Siapo oder das Papier=
zeug aus dem Baste des Papiermaulbeerbaumes, welches sie mit besonders hübschen Zeichnungen
von rötlichbrauner Farbe versehen. Dieses Zeug tragen sie um die Lenden geschlagen, insofern
sie nicht ein Stück Kattun oder weißes Baumwollenzeug haben.

„Der Hüttenbau auf dem benachbarten Uvea ist ähnlich. Einige auf kurzen Füßen stehende
Bambusröhren als Kopfkissen, eine Art Zelt aus dem Papierzeuge des Maulbeerbaumes, das
Moskitonetz vertretend, Kokosnußschalen als Wasserbehälter und die große hölzerne Schale zur
Kavabereitung sind (nach Graeffe) die hauptsächlichsten Hausgeräte, welche man im Inneren der
Hütten antrifft. Außerdem sieht man Kalebassen oder europäische Flaschen mit wohlriechendem
Kokosnußöl an den Pfosten hängen und unter dem Dach große Pakete von Papierzeug und
feineren Matten. Letztere haben die Bedeutung, welche bei uns das Geld hat, und nach der
Anzahl und Feinheit der Matten wird der Besitzer reich oder arm genannt. Das einzige Heirats=
gut der Mädchen in Samoa besteht in diesen feinen Matten. Seitdem der Kokosnußhandel in
Samoa aufgekommen ist, sieht man häufig in den Hütten mit Schlössern versehene Kisten, baum=
wollene Zeuge, Gewehre, Äxte, Messer ꝛc.“

Auf Tahiti sind die Hütten der Eingeborenen von ovaler Form, etwa 15—18 m lang
und 6 m breit. Die Wände bestehen aus Bambuspfählen, die man mit je 2 cm Zwischenraum
in den Boden festgerammt hat, um Licht und Luft einzulassen. Darüber ist ein flaches Stück
von Hibiscus, einem leichten und starken Holz, mit Bast angebunden. Von da aus erheben sich
die Querbalken von allen Seiten und vereinigen sich in einem First, der etwa halb so lang ist
wie das Gebäude selbst. Die Querbalken berühren einander und sind mit kleinen Matten
bedeckt, die aus Pandanusblättern gemacht werden. Diese sind fest aneinander und überein=
ander gefügt und bilden so ein undurchdringliches und dauerhaftes Dach. Der Boden ist die
natürliche Erde; Abteilungen im Inneren kennt man nicht. Ein solches Gebäude hatte 1840
den Wert von 200 Mark. An Hausgerät mangelte es den Tahitiern sehr. Tische und Stühle
sind erst durch Europäer bekannt geworden, als Schlafplätze dienen Rohrgeflechte mit darauf
gelegten Matten sowie einem mit wohlriechenden Kräutern ausgestopften Kissen. Auf Hand=
arbeiten trifft man nur in den Wohnsitzen der Häuptlinge. Das Reinigen der Wäsche ist eine
der wichtigsten Hausarbeiten. Im übrigen beschäftigen sich die Tahitier mit Landbau.

Der Ackerbau ist ja die Grundlage des Wohlstandes der Polynesier, wird aber nicht überall
in gleicher Ausdehnung betrieben. Oftmals ist er auf die Kultur der wichtigsten Fruchtbäume
beschränkt, während z. B. auf Tonga und den Cook=Inseln die Taró=Felder auf künstlich be=
wässerten, übereinander aufsteigenden Terrassen gelegen sind. Arum oder Taró, Yams, Bataten
und Pfeilwurz, auch Zuckerrohr, Cordyline und Curcuma sind die wichtigsten Gegenstände des
Landbaues, ferner der Kava=Pfeffer und der Papiermaulbeerbaum. Eine Art Düngung war be=
kannt, das Ackergerät aber auf Spaten beschränkt.

Der Fischfang ist eine der wichtigsten Beschäftigungen der stets auf den Ozean blickenden Polynesier und wird mit Angelhaken, Netzen von verschiedener Konstruktion oder mit Speeren betrieben. Nachts fährt man bei dem Lichte von Fackeln hinaus aufs Meer und betäubt die Fische mit Pflanzenstoffen, oder man fängt sie an Wehren aus Steinen; in Hawaii bestehen große Fischteiche zur Aufbewahrung lebender Fische. Muscheln und Krebse werden auf den Riffen von den Frauen gesammelt, Tripang in Mikronesien in größerem Maßstabe nahe den Küsten gefangen.

Will man überhaupt von Viehzucht reden, so kann man höchstens Schwein und Huhn, auf manchen Inseln allenfalls noch den Hund erwähnen.

Insel und Dorf Raiatea in der Gesellschafts-Gruppe. (Nach der Natur.)

Der Fischfang und die Nähe des Meeres überhaupt hat die Polynesier zu einer großartigen Entwickelung der Schiffahrt und des Schiffbaues geführt, wie sie bei keinem anderen Naturvolke in größerem Maßstabe bemerkt worden ist. Die Boote zeichnen sich durch Seetüchtigkeit und Geschwindigkeit aus, am wenigsten auf den Gesellschaftsinseln und den von tiefem Meer umgebenen Inseln, wo der Fischfang weniger lohnend ist. Die größten und schönsten Boote findet man dagegen auf Neuseeland, Hawaii und den Paumotu, wo die Boote vielfach große seitliche Ausleger haben, schwere Stangen, ja selbst ausgehöhlte Boote, die dem Fahrzeug parallel liegen und, durch Querstangen mit ihm verbunden, dem Hauptboot das Gleichgewicht erhalten und das Umschlagen verhindern sollen. Die kleineren Boote werden gerudert, die größeren führen Segel aus Matten, die die Frauen geschickt zu verfertigen verstehen. In diesen unscheinbaren Fahrzeugen machten die Polynesier freiwillige und unfreiwillige Reisen nach den übrigen Inseln und haben mit Recht das Erstaunen der Europäer erregt wegen der großen Kühnheit, mit der sie in diesen gebrechlichen Booten die offene See befuhren.

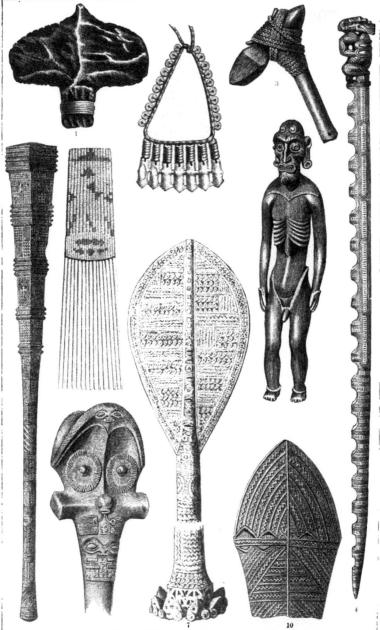

Polynesische Kunsterzeugnisse:

1) Speerspitze aus Obsidian, von der Osterinsel. 2) Halsband aus Muschelscheibchen und Walzähnen, von Nukuor im Karolinen-Archipel. 3) Beil von den Gesellschaftsinseln. 4) Stab als Geschichtstafel des Stammes Ngati Ranki auf Neuseeland. 5 u. 10) Keulen von Tonga. 6) Kamm von Tonga. 7) Ruder als Hoheitszeichen von den Cook-Inseln. 8) Stilisiertes Ahnenbild von der Osterinsel. 9) Keule als Hoheitszeichen von den Marquesas. (1, 4 u. 6: Britisches Museum in London; 2 u. 3: Christy Collection in London; 5 u. 10: Cook's Sammlung, Ethnogr. Museum in Wien; 7—9: Ethnographisches Museum in München.)

Der Schiffbau war somit ein sehr wichtiges Gewerbe. Neben ihm und dem Hausbau galt viel die Anfertigung der Bast= und Mattensegel für die Boote sowie die von Zeugen für die Kleidung. Aus der Rinde des Papiermaulbeerbaumes (Broussonetia papyrifera) sowie aus verschiedenen anderen Baumrinden und Faserpflanzen verfertigen die Frauen die Tapa, das Zeug der Polynesier vor der Einführung europäischer Baumwollwaren, am besten auf der Insel Wawau der Tonga=Gruppe; besonders schöne Matten liefern Samoa und Hawaii. Stricke und Netze werden aus dem Baste der Kokosnuß hergestellt.

Prachtvolle Waffen, kunstvoll geschnitzte Keulen, große Speere mit Knochenspitzen oder dem Stachel des Seerochens, haben die Bewunderung der Europäer erregt (s. die beigeheftete Tafel „Polynesische Kunsterzeugnisse"), aber jetzt den Feuergewehren Platz gemacht; auch kamen Schwerter und Dolche von Holz vor, Bogen und Pfeile wurden nur zur Jagd auf Vögel und Ratten benutzt. Diese Waffen waren die steten Begleiter der kriegerischen Völker der Inselwelt, und zu den Seekriegen dienten ausgezeichnet gebaute große Kriegskanoes.

Neugier, Schwaßhaftigkeit, Mangel an Zurückhaltung und Unfähigkeit, ein Geheimnis zu bewahren, sind beiden Geschlechtern eigen, und die augenscheinlich von ihnen gegenüber fremden Schiffsbesaßungen geübte Zudringlichkeit hat zweifellos, verbunden mit der an und für sich lockeren Lebensanschauung, hauptsächlich dazu geführt, die Ansicht von der ungeheuern Sitten= losigkeit der Tahitier zu bilden und Tahiti als das Paradies aller Laster zu verschreien. Wenn= gleich die Zügellosigkeit auf dieser Südseegruppe wohl der der übrigen gleichkommt und auch unsittliche Tänze allgemein waren, so ist der üble Ruf Tahitis doch wohl übertrieben. Jedenfalls hat aber auch hier die Sittenlosigkeit, im Verein mit eingeschleppten Krankheiten und dem Über= gang vom Naturvolk zur Zivilisation, die Zahl der Bevölkerung verringert.

Überhaupt ist es eine eigentümliche Erscheinung, daß der Charakter der Polynesier so sehr verschieden beurteilt wird. Vertrauen und Zuneigung zu den Fremden, Herzlichkeit, Freund= lichkeit im Verkehr sind bald an die Stelle der ursprünglichen Scheu getreten, und so haben sie sich schnell an die Europäer und ihre Sitten gewöhnt, auch deren Religion, das Christentum, auf vielen Inseln rasch angenommen. Dem gegenüber hat eine Reihe von Lastern unter ihnen geherrscht, die ihnen vor allen Dingen die weniger günstige Beurteilung durch die Missionare zu= gezogen hatte, ganz besonders die grenzenlose Unsittlichkeit unter sich sowohl wie im Verkehr mit den Fremden, die Zügellosigkeit der Weiber, die vielfach verbreitete Sitte des Kindermordes, die Neigung zur Menschenfresserei, die Lust am Diebstahl; diese Neigung zu Ausschweifungen hat wesentlich mit zum raschen Aussterben der Polynesier beigetragen, deren Zahl sich seit der Ent= deckung der Inseln auf das erstaunlichste vermindert hat, befördert durch Krankheiten aller Art, die die europäischen Seeleute eingeschleppt haben, und durch die Trunksucht. Manche Stämme, wie die Hawaiier, gehen dem Schicksal, auszusterben, in nicht allzu ferner Zukunft entgegen. Verheerende Kriege haben z. B. die Bewohner der Samoa=Gruppe und Neuseelands dezimiert, die Gewohnheit der künstlichen Abtreibung der Leibesfrucht, des Kindermordes und die Menschen= opfer haben ebenfalls arg unter den Polynesiern aufgeräumt. Und so ist denn die Gesamtzahl der Polynesier jetzt kaum höher anzuschlagen als auf 175,000, worunter sich 100,000 Mittel= polynesier, 32,000 Hawaiier und 42,000 Maori auf Neuseeland befinden.

Die westlichen Polynesier scheinen durch Mischung mit Melanesiern einen etwas ruhigeren Charakter erhalten zu haben, wie er im ganzen auch den Samoanern zukommt. Das Tempera= ment der Samoaner ist vorwiegend phlegmatisch, wie sie denn auch, nach Graeffe (,Journal des Museum Godeffroy'), „keineswegs so sinnlich sind, wie meistens angenommen wird, sondern im Gegenteil kühl angelegt. Doch ist Heiterkeit und Frohsinn einer ihrer charakteristischen Züge. Gastfreundlich, ruhig und bequem, scheinen diese Insulaner auf den ersten Eindruck von milder,

gutmütiger Gemütsstimmung zu sein, indessen kommen so häufig Fälle von kaltblütiger Grau=
samkeit unter ihnen vor, daß man doch annehmen muß, wirkliche Weichheit des Gemüts sei ihnen
völlig fremd oder die Gemütsstimmung ungemein veränderlich. Über Verstorbene wird z. B. in
den ersten Stunden entsetzlich geheult und lamentiert, während schon in den folgenden Tagen die
Trauer kaum bemerkbar ist. Dieser psychologische Zug ist ganz besonders charakteristisch für die
Polynesier. Dem Charakter nach sind die Uveaner den Bewohnern der nächstliegenden Insel=
gruppen ähnlich. Sie sind ebenso verschlossen, phlegmatisch, verbunden mit einer gewissen Gut=
mütigkeit, die aber bei der höchst wandelbaren Laune derselben selten lange anhält. Die Gast=
freundschaft, die den erst angekommenen Fremden leicht besticht, ist Landessitte und bei der Fülle
der Naturprodukte nicht hoch anzuschlagen."

Die Verstandeskräfte sind gut ausgebildet, jüngere Personen lernen mit Leichtigkeit
Schreiben und Lesen von den der Mission beigegebenen eingeborenen Lehrmeistern, der Zahlen=
sinn ist gut entwickelt, und im Handel zeigen die Samoaner große Pfiffigkeit und wohldurch=
dachte Überlegung. „Mit angeborenem starken Triebe für Eigentum, der sich im Verkehr mit
den Fremden in Diebereien offenbart, möchte man sie als geborene Handelsleute bezeichnen. Um
so auffallender ist es, daß die bestehenden Sitten diesen natürlichen Anlagen gerade entgegen=
gesetzt sind." (Graeffe.) Das Land ist nämlich zu einem Teil Gemeinbegut, zum anderen
Familienbesitz. Haben sich die Häupter der Familien über den zu bebauenden Anteil Land ver=
ständigt, so werden die darauf wachsenden Früchte als Gemeingut betrachtet, was bei Kriegen
oft zur Zerstörung der Pflanzungen führt. Das Gedächtnis und der Ortssinn sind so hoch ent=
wickelt, daß sie mitten im Gebüsch verlorene Sachen wiederfinden, selbst wenn sie weit entfernt
waren und die Gegenstände sehr klein sind. Ihre Sinne sind nämlich vorzüglich, Gehör, Gesicht
und Geruch gleichmäßig gut ausgebildet. Allgemein ist die Neigung zur Musik, wie überhaupt
bei den Polynesiern, und daß ihre Gesänge nicht ohne Melodie sind, hat wesentlich zur leichteren
Erlernung der christlichen Kirchengesänge beigetragen.

Die Religion ist oder war vielmehr ein Glaube an eine Anzahl oberer Götter, namentlich
den Tangaloa, Taaroa oder Kanaloa, neben dem besonders Maui und Rongo sowie Tu und
Tane standen. Schon vor der Ankunft der Europäer war diese Götzenverehrung wie überhaupt
die religiösen, sittlichen und politischen Zustände Polynesiens im Verfall. Im Gegensatz dazu
erstreckte sich bereits der Kultus auf die andere Götterklasse der Tiki, der Seelen Verstorbener,
also ein Ahnenkultus; doch besteht noch ein vollständiges Göttersystem und auch ein Glaube an
die Unterwelt, die Nacht, Po, in der in Tahiti die oberen Götter wohnen.

Eigentümlich war besonders die Sitte des Tabuierens, der Heiligmachung gewisser Ge=
genstände und Örtlichkeiten. Das Tabu ist eine göttliche Kraft, die den den Göttern nahestehenden
Männern und auch manchen Frauen, aber nur den allervornehmsten, innewohnte und die Dinge,
auf die sie gelegt wurde, dem Gebrauche der Menschen entzog. Eine einfache Berührung der
tabuierenden Personen genügte zur Heiligung, und die Verletzung des Tabu wurde mit dem
Tode bestraft. Die Aufhebung des Tabu war ein großes Volksfest, namentlich auf Tonga bei
der Freigebung der Felder, auf die bis zur Reife der Frucht das Tabu gelegt wurde. Dadurch
gelangte diese Maßregel hier und da zu sozialer Wichtigkeit. Tiere, Pflanzen, auch manche Men=
schen wurden als dauernd oder zeitweilig von der Gottheit bewohnt gedacht, mit der Priester von
hohem Ansehen, die oft auch Ärzte oder Staatsmänner waren, den Verkehr vermittelten. Das
Volk zerfiel in zwei Klassen, die zum Tabuieren berechtigten Vornehmen und die Gemeinen; im
ganzen bildeten sich aber nur kleine Staaten aus, und auch diese waren im Verfall. Religiöse
Feste waren sehr häufig und begleiteten auch die Ereignisse im Leben der Einzelnen, wie Geburt,
Hochzeit und Tod. Die Begräbnisstätten wurden besonders heilig gehalten, oft mit Altären,

Götterbildern oder Standbildern der Verstorbenen geschmückt und bei Vornehmen geradezu als Tempel betrachtet. Das gewöhnliche Volk jedoch wurde natürlich ohne Sang und Klang verscharrt. Gesänge, Musik, Tänze waren der heiteren Lebensanschauung entsprechend allgemein verbreitet.

2. Die Nordpolynesier: Die Hawaiier.

Die Bewohner der Hawaii=Gruppe, ein weiteres Glied der polynesischen Rasse, sollen etwa im 6. Jahrhundert nach Christus von Samoa her eingewandert sein. Während einer 1200 jäh= rigen Besiedelung der Inselgruppe haben sie im ganzen zwar ihre Übereinstimmung mit den übrigen Polynesiern in Körperbau, Sprache, Sitten, Gebräuchen und religiösen Anschauungen gewahrt, aber infolge der langen Isolierung manches davon immerhin so eigenartig entwickelt, daß eine besondere Schilderung ihrer Eigentümlichkeiten geboten ist.

Zu Zeiten der Entdeckung der Inseln durch Cook waren sie wahrscheinlich bereits in De= generation begriffen; vor allem scheint es, als ob ihre Religion im Stadium des Verfalles war. Die Hawaiier bezeichneten sich selbst mit dem Namen Kanaken, d. h. Menschen, ein Name, der allmählich auf alle Südseestämme, auch die Melanesier, übergegangen ist, aber ursprünglich vor allem den Hawaiiern eigen war. Ihre geringe Zahl (Ende des 18. Jahrhunderts etwa 300,000) läßt darauf schließen, daß der Verfall durch zu geringe Erneuerung des Blutes und durch den Mangel an Auffrischung und Vermischung mit Eingeborenen anderer Inselgruppen hervorgerufen worden ist. So ist denn auch der überraschend schnelle Rückgang während eines einzigen Jahrhunderts (von 300,000 auf 30,000) in der Berührung mit der Kultur wohl als eine Folge der schon begonnenen Zersetzung anzusehen.

Das malayische Element in ihrem Körperbau und den Sitten tritt auch bei diesen am weitesten abgesprengten Gliedern der polynesischen Völkerfamilie hervor: hoher Wuchs, kräftiger Bau, schwarzes Haar, dunkelbraune Hautfarbe, schwarze Augen, platte Nasen, aufgeworfene Lippen sind charakteristisch. Nur das weibliche Geschlecht zeichnet sich vor den übrigen Polynesiern durch Schönheit der Körperformen, anmutige Züge und regelmäßige Bewegungen aus und erhält auch im Alter nicht den bei Naturvölkern oft so abschreckenden Ausdruck vollendeter Häßlichkeit.

Die Kleidung bestand früher bei den Männern aus einem schmalen Lendentuche, „Malo", bei den Frauen aus einem Hemde von Tapastoff, „Pau", das von der Brust bis zu den Knieen den Körper bedeckte. Eine Art Mantel diente als Schutz gegen die Unbilden der Witterung. Kopf= bedeckung aber und Fußbekleidung (Sandalen) wurden selten getragen. Die Könige trugen bei festlichen Gelegenheiten den aus den gelben Federn zweier Vögel gefertigten langen Mantel Mamo, die niederen Häuptlinge kürzere Federmäntel von gelbroter, die Priester ebensolche von roter Farbe. Helme aus Federn, Halsketten und Armbänder aus Muscheln, Knochen, Zähnen dienten den Vornehmen zum Schmuck. Der beliebteste Gegenstand des Schmuckes waren aber für das gesamte Volk vom König bis zum niedrigsten Knecht Blumen und duftende Kränze. Heutzutage sind die nüchternen europäischen Anzüge und Hüte bei den Männern an die Stelle der alten malerischen Kleidung getreten, und auch die Frauen bedienen sich teilweise europäischer Kleider. Das hauptsächliche Kleidungsstück der Frauen ist aber der Holoku, ein langes weißes, von dem Halse bis zu den Füßen reichendes Gewand; daneben spielen Halsketten und namentlich Blumen noch immer eine große Rolle (s. Abbildung, S. 336). Die Tättowierung ist auf den hawaiischen Inseln nur in geringem Grade geübt worden, wie sie auch vor Cook's Zeit nur auf wenige farbige Linien an den Armen und Fingern beschränkt gewesen ist.

Die Häuser der Hawaiier bestanden aus hölzernen Gerüsten, worüber Zweige und Blätter gebreitet wurden, deren Zweck wesentlich die Abhaltung der heißen Sonnenstrahlen war; breite

Hallen umgaben die größeren „Paläste" der Vornehmen. Von den sechs Abteilungen des Hauses beherbergte eine die Götzen, eine zweite war der gemeinsame Schlafraum, zwei andere waren für die getrennten Mahlzeiten der Frauen und Männer bestimmt, und die fünfte und sechste dienten als Arbeitsraum und als Frauengemach. Außerdem gab es Tempel. Die Thüren der Häuser waren niedrig und eng, das Innere etwa 8 m lang, 4 m breit und sehr dürftig ausgestattet, teilweise mit Matten bedeckt und an einigen Stellen erhöht.

Als Hausgeräte gab es nur Teller aus Holz, Steinwerkzeuge, Wasserflaschen und große Kalebassen, die Früchte der Cucurbita maxima, zur Aufnahme der Kleider und Nahrung. Aus Holz fertigten die Kanaken ferner Tröge und Kava-Becher sowie Gefäße zur Aufnahme der Überreste der Speisen, endlich Platten und Gefäße verschiedener Art. Am Abend leuchteten ihnen

Frauen von den Sandwich-Inseln. (Nach Photographien im Godeffroy-Album.)

Kerzen von gerösteten und auf Streifen von Palmblättern gezogenen Nüssen der Aleurites moluccana und später Steinlampen, die mit dem Öl der genannten Nuß und mit Steinfett gefüllt waren. In den Häusern der Vornehmen traf man ferner rohe Sessel aus Holz und Spiegel aus polierter Lava, überall aber Matten von zum Teil so feiner Arbeit, daß sie (z. B. auf Kauai und Niihau) zu einer Ausfuhr nach den übrigen Inseln Veranlassung gab. Die Frauen besorgten die Anfertigung der Kleidung, die aus Tapa, der Rinde des Papiermaulbeerbaumes (Broussonetia papyrifera) und des Pipturus albidus, recht geschickt bereitet ward. Heute ist die Kenntnis dieser Industrie auf wenige Personen zusammengeschrumpft, und auch die Herstellung der großen, als Abzeichen der königlichen Würde betrachteten Federwedel von 3—9 m Länge hat aufgehört. Da das Eisen den Hawaiiern vor Cook's Ankunft unbekannt war, so behalfen sie sich ausschließlich mit Steinbeilen und Steinmeißeln aus harter Lava, die auf dem Mauna Kea, dem Haleakalá und auf Kauai gebrochen wurde. Diese Werkzeuge wurden noch bis gegen die Mitte dieses Jahrhunderts vielfach den eisernen vorgezogen.

Die wichtigsten Waffen waren lange Speere, kurze Lanzen und Keulen, auch Steinäxte und Schleudern, mit denen sehr sicher getroffen wurde. Bogen und Pfeile dienten nicht zum Kriege, sondern nur zur Jagd, auch gab es keine vergifteten Waffen. Jetzt sind diese natürlich schon lange den europäischen Gewehren gewichen.

Die Nahrung bestand hauptsächlich aus Taró, Yams, Früchten, Bataten und eßbaren Tangen, außerdem in Fischen und allerlei Seetieren, Hunden, Schweinen und Hühnern. Die Lieblings= und Nationalspeise, der aus den Taró=Wurzeln bereitete Poi, ist noch heute ganz all= gemein üblich und eignet sich wegen der Nährkraft und guten Verdaulichkeit zum täglichen Genuß. Gegessen wird noch mit den Fingern, gekocht in Erdlöchern auf glühenden Steinen; die Zuberei= tung geschah sauber nach sorgfältiger Einwickelung der Speisen in Blätter. Salz war bekannt, wurde aber auf Hawaii nur zum Einsalzen gewisser Speisen, besonders von Fischen und Schweine= fleisch, benutzt. Als wichtigstes Getränk gilt neben Wasser der berauschende, aus den Wurzeln der Kava=Pflanze bereitete Trank, ist aber nur Vornehmen und Häuptlingen gestattet. Das Kochen war und ist auch noch jetzt eine Arbeit der Männer.

Die hauptsächliche Beschäftigung der Hawaiier war der Landbau, der besonders der Taró=Kultur galt und wegen des Bedürfnisses dieser Pflanze nach reichlichem Wasser deshalb schwieriger war als anderswo, weil, wenigstens in trockeneren, der Passatseite abgewendeten Gebieten der Inseln, größere Bewässerungsanlagen nötig wurden. Neben Taró wurden die oben erwähnten Nahrungspflanzen: Yams, Bananen, Kürbisse, Bataten, Zuckerrohr und Kava, an= gebaut, dazu endlich der Papiermaulbeerbaum mit Sorgfalt gepflegt. Auf den Fischfang wurde viel Mühe verwendet, die Kanoes mit Geschicklichkeit gehandhabt, und die Ausbeute lohnte auch meist die Bemühung, da das Meer ungeheure Mengen von Fischen barg. Der Fang geschah bei Tage mit Angeln, Körben, Netzen, bei Nacht unter Fackellicht namentlich mit Speeren und führte nicht selten zur Bekämpfung der Haifische, die mit Dolchen im Wasser selbst angegriffen wurden. Auch das Gift der Holo=Pflanze (Tephrosia pescatoria) wurde zur Betäubung der Fische angewendet. Die Schiffahrt gründete sich auf die bekannten polynesischen Kanoes mit Auslegern; doch mit dem Unterschiede, daß die Fahrzeuge aus dem Koa=Baum ausgehöhlt und somit aus einem Stücke verfertigt wurden. Die Ausleger schnitt man sich aus dem Holze des Wili=Wili=Baumes zurecht. Die Geschicklichkeit, womit die Hawaiier selbst schwere Brandung mit diesen Kanoes und den großen Doppelkanoes passierten, ist bewunderungswert. Die bis zu 25 m langen Fahrzeuge führten dreieckige Mattensegel, doch waren sie sämtlich auch zum Rudern geeignet. Mit diesen Fahrzeugen unterhielten sie den Verkehr und Handel zwischen den einzelnen Inseln, wagten sich aber auch auf die hohe See und haben namentlich etwa im 11. Jahrhundert längere Reisen nach den übrigen polynesischen Inseln gemacht. Der Handel war ausschließlich Tauschhandel, ein Zahlungsmittel gab es nicht; dennoch wurden Märkte abgehalten.

Die Ehe der Hawaiier war nur lose, da es leicht war, sie zu trennen; wie denn auch die Eheschließung selbst keine besonderen Zeremonien erforderte. Nach Erlangung der Zustimmung der Verwandten des Mädchens wurden Geschenke gegeben; dazu ward auch wohl ein Fest gefeiert. Die Kinder folgten im Range der Mutter, so daß die Adligen Mädchen aus den höchststehenden Familien zur Ehe begehrten. Freilich bekümmerten sich die Mütter wenig um die Kinder, schon ein sicheres Zeichen des Verfalles des Volkes, der sich auch besonders in der Sitte zeigte, den größten Teil der Kinder gleich nach der Geburt zu töten und namentlich weiblich lebendig zu be= graben. Die Kinder blieben sich überdies meist selbst überlassen, was hauptsächlich, wie auch die leichte Abstreifung der Ehe, zu der ungeheuren Sittenlosigkeit der Hawaiier beitrug, die nun wieder= rum ihrerseits den Verfall des Volkes beschleunigte. Bis zum fünften Jahre wurden die Knaben im Frauengemach erzogen, dann erfolgte die Beschneidung und der Umgang mit Männern.

Die Sittenlosigkeit und der leichtlebige Charakter treten auch in den Vergnügungen her= vor, obwohl sich gerade in diesen auch oft der todesmutige, kraftvolle, alte Sinn des Volkes zeigt.

Zwei Vergnügungen sind durch die Reisenden besonders bekannt geworden: der Hula-Tanz und das Brandungsschwimmen. Jener ist ein erotischer Tanz mit sinnlichen Bewegungen des Körpers und sinnlichen Gesängen und wird gewöhnlich nur von Mädchen, zuweilen aber auch von diesen und von Männern ausgeführt. Er bildete eine häufige Vergnügung noch am Hofe des Königs Kalakaua, ist aber von der letzten Königin Liliuokalani abgeschafft worden; unter dem Volke ist er jedoch noch gewöhnlich. Das Brandungsschwimmen ist dagegen eine körperliche Übung, eine Art Sport, die an beide Geschlechter die höchsten Anforderungen an Mut, Gewandtheit und Körperkraft stellt. „Mit einem zwei Meter langen und einem halben Meter breiten, glatt polierten Brett schwimmen sie weit hinaus in die See, tauchen unter die ihnen entgegenkommenden Wellen, bis sie die Grenzen der Brandungswellen erreicht haben. Dann legen sie sich mit dem Gesicht nach unten auf das Brett und warten die höchsten Brandungswellen ab, auf deren Kamm reitend sie mit Windeseile nach der Küste zurückkehren."

Weitere Spiele sind der Faustkampf, eine der gefährlicheren Veranstaltungen, der oft mit dem Tode eines der Gegner endete, ferner Ringkämpfe, Wettrennen und das Holua, bei dem auf glatten Brettern an steilen Hügeln herabgerutscht wurde, ferner das Kugelspiel, Maika, mit rundgeschliffenen Steinen, die durch ein Ziel geworfen und gerollt werden müssen, endlich Gesellschaftsspiele verschiedener Art, von denen einige sittenlose des Nachts veranstaltet wurden.

Die Tänze sind, außer den Hula-Tänzen, häufig zu Ehren der Götter und der Häuptlinge aufgeführt worden, hatten also teilweise einen recht ernsten Charakter, und ergingen sich in rhythmischen Bewegungen. Gesänge und Musik begleiteten sie, Loblieder zum Preise der Götter; dazu tönten die Guitarren aus Bambusholz mit Saiten aus Kokosfasern, die Nasenflöte und drei Arten Pauken aus Holz, Kokosnuß und Kürbis und endlich noch kastagnettenartige Instrumente. Alle diese sind nach Einführung der europäischen Kultur durch europäische Musik ersetzt worden, die mit großer Liebe und mit Verständnis von den Hawaiiern gepflegt wird, ohne daß dabei die einheimischen Lieder und Melodien verloren gegangen wären. Diese sind vielmehr infolge der Einführung guter Instrumente noch mehr Allgemeingut der Bevölkerung geworden, und ihre schwermütigen und erotischen Weisen ertönen von den Lippen und auf den Guitarren der Eingeborenen nach wie vor.

Auch die dichterische Begabung der Hawaiier war bedeutend und wurde durch die landschaftlichen Reize der Umgebung, in der sie lebten, wesentlich gefördert. Teils waren es Lieder zum Preise der Helden und Götter, teils Liebeslieder und Totenklagen, aber auch Legenden in poetischer Form und in schöner Sprache.

Nicht selten aber wurde die friedliche Beschäftigung der Hawaiier durch den Krieg abgelöst, ja leider war dieser so häufig, daß noch zu Anfang dieses Jahrhunderts kaum jemals auf allen Inseln gleichzeitig Friede herrschte. Erst Kamehameha I. machte durch die Vereinigung sämtlicher Inseln zu einem Reiche diesem unleidlichen Zustand ein Ende, der nur noch einmal, bei den religiösen Kämpfen unter Kamehameha II., wieder ausbrach. Die blutigen Schlachten, in denen keine Schonung waltete, wurden aber nicht nur zu Lande in offenem Felde oder in Form der Eroberung fester Plätze geschlagen, sondern auch auf dem Meere. Häufig kamen ganze Flotten von Kriegsfahrzeugen zusammen, und Kamehameha I. soll 1809 nicht weniger als 500 Fahrzeuge zum Kriege gegen Kauai zusammengebracht haben. Wenngleich es bei diesen Kämpfen wild zuging, die Knochen und Zähne der Erschlagenen häufig zum Schmuck von Gefäßen verwendet und Gefangene lebend den Göttern geopfert wurden, so haben sich die Hawaiier doch von der Menschenfresserei freigehalten und ihre Verträge auch ehrlich gehalten.

Die Hawaiier zerfielen dem Range nach in den Adel, die Priester und das arbeitende Volk. Dem Adel (Alii) wurden die Könige und Häuptlinge zugerechnet, deren Abstammung von den

Göttern allgemein geglaubt wurde. Ihre allgemeinen Vorrechte waren das Tragen der gelben und roten Federmäntel, einer aus Elfenbein geschnitzten Klammer, die um den Hals befestigt wurde, ferner das Führen roter Segel auf ihren Fahrzeugen und die Begleitung von Dienern mit großen Federwedeln. Aus der Schar der Häuptlinge der einzelnen Inseln ragte der König hervor, dessen Macht natürlich von seinen persönlichen Eigenschaften abhängig war. Im allgemeinen aber waren die Könige der Inseln, obwohl nicht selten Ehen zwischen den nächsten Verwandten, sogar zwischen Vater und Tochter geschlossen wurden, um den Kindern einen möglichst hohen Rang zu sichern, doch kräftige, zum Teil riesige Recken von mächtiger Körperkraft. Ihr Ansehen war so großartig, daß ein Haus eines Niederen, das sie betraten, sofort zerstört werden mußte. Der Tod traf den, der königliches Eigentum berührte, den Schatten des Königs kreuzte und sich bei Nennung seines Namens nicht zur Erde warf. Den Königen und Häuptlingen gehörte auch alles Land, alle Er=zeugnisse des Landbaues und alles, was das Meer an Nahrung bot, und der König hatte das Recht, nach dem Tod eines Häuptlings das diesem gehörige Land an sich zu ziehen und an andere zu verschenken. Dies und der Gebrauch, beim Thronwechsel alles Land wieder an andere Häupt=linge, nämlich die Anhänger des neuen Königs, zu vergeben, führte zu blutigen Kämpfen. Der dritte Stand, das Volk (Makaainana), arbeitete nur für die Häuptlinge, erhielt aber ein Drittel des Ertrages des Landbaues und der Fischzüge. Der Einfluß des zweiten Standes, der Priester, war fast größer als der der Häuptlinge, wenigstens in den Zeiten der Blüte der hawaiischen Religion. Ihr Name, Kahuna, umschloß jedoch zwei Kasten, die wirklichen Priester und die Zauberer. Jene waren die Vermittler zwischen den Göttern und dem Volke, diese richteten durch allerhand Machenschaften eigentlich nur Unheil im Lande an.

Die von den Priestern vertretene Religion bestand sozusagen aus zwei Schichten, einem älteren, bis zum 11. Jahrhundert gültigen Glauben und einem neueren, seitdem darüber gebrei=teten und bis in die Neuzeit weitergeführten. Der ältere Glaube hat viel Ähnlichkeit mit der mosaischen Schöpfungsgeschichte, kennt ein Paradies, ein erstes Menschenpaar, von dem natürlich die Priester abzustammen behaupteten, die Verleitung dieses Paares zur Sünde und auch Engel, aber nimmt drei Götter an, Kane, Ku und Lono, und einen Vertreter des Bösen, Kanaloa. Im 11. Jahrhundert wurde durch die damals erneuten Beziehungen zu Polynesien, besonders Samoa, und die Einwanderung samoanischer Priester eine Veränderung in der hawaiischen Religion her=vorgerufen, besonders in der Richtung einer Vergrößerung der Zahl der Gottheiten und einer Belebung aller möglichen Kräfte in Gestalt guter oder böser Götter. Neben den Obergott Kane, den Schöpfer der Welt, stellte man nun Kanaloa als Gehilfen, während gegen beide Ku das Prinzip des Bösen vertrat; ihm wurden auch die Menschenopfer dargebracht. Daneben stand Lono als Gott der Jahreszeiten, zu dem jedoch auch, z. B. bei der Beschneidung der Knaben, ge=betet wurde. Seit der Veränderung des alten Glaubens traten zu diesen ursprünglichen großen Gottheiten noch Dämonen, Geister des Feuers, der Stürme, der Gewitter, überhaupt der Natur=kräfte und solche der schädigenden Einflüsse im Leben der Hawaiier, z. B. der Krankheiten, der Haifische. Ihnen gegenüber bildeten sich anderseits Schutzpatrone aus, die den verderblichen Wirkungen der vorigen entgegenwirkten, so daß schließlich die Zahl der Götter auf 85 stieg.

Es ist begreiflich, daß die gewaltigen Ausbrüche der Lava=Vulkane Hawaiis den Bewohnern die furchtbare Wirkung des unterirdischen Feuers besonders gefürchtet machten. Gebracht hatte das Feuer der Gott Maui, der somit ein Wohltäter war. Allein in dem Krater Kilauea saß nach dem Glauben der Hawaiier Pele, die schreckliche Göttin der verwüstenden Lavaströme. Ihr wurden die Beeren des Ohelo=Strauches, bei Ausbrüchen aber auch Tiere, Früchte und Leichen geopfert, die man in die Lavaströme legte. Selbst als die alte Götterlehre schon im Schwinden=begriffen war, hielt der Glaube an Pele das hawaiische Volk noch immer in Schrecken, bis endlich

22*

die Tochter des Häuptlings von Hilo, Kapiolani, Steine in den Lavasee warf und die der Göttin geweihten Beeren aß, um dem Volke die Furcht vor der Pele zu benehmen. Erst als auf diese Weise gegen Ende der Regierung Kamehamehas II. der Zauber dieser Feuergöttin gebrochen war, ging das Volk allgemein zum Christentum über.

Ein weiterer Umstand, der auch zur raschen Zerstörung der polynesischen Religion auf Hawaii beigetragen hat, war die Übertreibung des Tabu=Systems, das auf keiner polynesischen Inselgruppe auch nur annähernd so scharf ausgebildet war. In dauerndem Tabu war an und für sich alles Eigentum und die Personen der Priester, Könige und Häuptlinge, die Tempel,

Ein Tempelhof des Königs auf Hawaii. (Nach der Natur.)

Gotteshäuser. Ferner war es den Frauen verboten, mit den Männern zusammen zu speisen, noch durften sie Schweinefleisch, Bananen, Kokosnüsse und gewisse Fische essen. Auf der Übertretung dieser religiösen Vorschriften stand der Tod. Aus Furcht also und auch wegen der langen Gewöhnung des Volkes an diese Bestimmungen wurden sie mit großer Treue eingehalten.

Nachteilig für den Bestand des Tabu ist dagegen die Einrichtung geworden, daß er auch zeitweilig, bei besonderen Gelegenheiten und für besondere Dinge verhängt werden konnte, zumal wenn diese zeitweiligen Tabus zur Erreichung willkürlicher Zwecke seitens der Priester und Könige ausgebeutet wurden. Die Belästigung des Volkes durch Verbote aller Art führten in früherer Zeit zur häufigen Übertretung und dadurch zu zahllosen Hinrichtungen, zu Anfang dieses Jahrhunderts aber zu einer lebhaften Bewegung gegen das Tabu=System überhaupt, so daß Kamehameha II. nur einem Wunsche des Volkes entgegenkam, als er diesen Zwang abschaffte.

Die Götter der Hawaiier wurden bildlich dargestellt und mit möglichst häßlichen Zügen versehen, um abzuschrecken. Man schnitzte diese Götzen aus dem Holze des Ohia=Baumes (siehe

Abbildung, S. 340), schmückte sie mit Federn und Haifischzähnen, opferte zu ihren Ehren Men=
schen und Schweine und brachte sie dann in den heiligen Häusern neben den Tempeln unter.
Diese Tempel unterschieden sich in solche des Gottes Ku und des Gottes Lono. Jene hatten
einen höheren Rang, wurden auf den Küstenhügeln errichtet, nur von Königen erbaut und in zwei
wöchentlichen Festen eingeweiht, wobei Menschenopfer dargebracht wurden; die Tempel des Lono
waren kleiner, wurden ohne Menschenopfer geweiht, von niederen Häuptlingen gestiftet und
unterlagen nicht den strengsten Tabu=Vorschriften. Die Größe der Tempel betrug gewöhnlich
70 zu 30 m, die Dicke der Mauern 4 m, die Höhe bis 6 m. „Auf der Südseite befand sich", so
berichtet Marcuse („Die hawaiischen Inseln') über diese merkwürdigen Tempel, „ein abgeschlos=
sener Hof, wo das Hauptgötzenbild, umgeben von einer Zahl kleinerer, aufgestellt war. Im
Mittelpunkt dieses inneren Hofes stand ein durchbrochener, obeliskenartiger Holzturm, in welchem
der Priester sich aufstellte, sobald ihn der König nach dem Rate der Götter befragte. Am Ein=
gang zu diesem Hofe stand der Altar, Lele, auf welchen die geopferten Menschen oder Tiere
gelegt wurden, um daselbst zum Vermodern liegen zu bleiben. Auf der mittelsten Steinterrasse
stand das Grashaus, das der König während der Tabu=Perioden bewohnte; auf der Nordseite
befanden sich die Wohnungen der Priester. Die umgebenden Steinwälle waren mit häßlichen
und häufig sogar obscönen Götzenbildern in verschiedenen Formen und Größen besetzt."

Außerdem gab es besondere Tempel, Puuhonua, in denen alle Verfolgten und Verbrecher
eine Zuflucht und Straflosigkeit ihres Verbrechens fanden; das bedeutendste dieser Asyle lag auf
Hawaii, ein anderes auf Oahu, ein drittes auf Lanai. Der Dienst in allen Tempeln war wegen
der zahllosen zeitraubenden Gebete und der Menschenopfer schwer, doch durfte auch der König
solche darbringen. Die Menschenopfer scheinen recht zahlreich gewesen zu sein, wie aus der Nach=
richt zu schließen ist, daß bei Einweihungen neuer Tempel die Bevölkerung in die Berge floh;
abgeschafft wurden sie erst 1807. Die Opfer wurden aus den Kriegsgefangenen und den Über=
tretern der Tabu=Vorschriften genommen.

Viel mehr als an den höheren Priestern und größeren Lehren der Religion hing das Volk
selbst an den niederen Priesterklassen und dem von diesen geforderten Aberglauben; ist doch die
Thätigkeit dieser Leute noch heutigestags nicht völlig ausgerottet. Sie steht insofern ungefähr
auf der Stufe des Schamanentums, als Beschwörung von Krankheiten und üblen Einflüssen
sowie die willkürliche Bezeichnung des angeblichen Urhebers eines einem anderen widerfahrenen
Unglücks auch auf Hawaii die hervorragenden Obliegenheiten der Zauberer waren. Ihre Auf=
gabe war aber nicht nur die, Schaden abzuwenden, sondern auch solchen zu stiften und von dem
Gott Uli geradezu den Tod anderer Personen zu erflehen, was auch in nicht seltenen Fällen
gelang, wenn der also Bezeichnete aus bleicher Furcht vor dem bösen Geiste langsam zu Grunde
ging. Es kam, wie bei vielen Naturvölkern, vor allem darauf an, irgend ein Stück vom Körper
der zu Schädigenden in die Gewalt der Zauberer zu bringen.

Im übrigen verstanden die Kahunas gewisse chirurgische Operationen, ordneten Dampf=
bäder an, kannten heilbringende Kräuter, deuteten Träume und besaßen nicht unbedeutende astro=
nomische Kenntnisse, die ihnen zu angesehenen Stellungen am Hofe verhalfen.

3. Die Südpolynesier: Die Maori.

Die Maori sind deshalb ein besonders interessanter Stamm, weil sich hier auf Neuseeland
Polynesier in mancher Beziehung eigenartig entwickelt haben. Sie kamen aus einem Lande Ha=
waiki, womit wahrscheinlich die Samoa=Inseln gemeint sind, wenn sich auch dieser Name auf eine
Reihe verschiedener Inseln beziehen kann. Etwa um die Zeit des 13. Jahrhunderts landeten die

18—20 Generationen seit ihrer Ankunft zählenden Maori unter Ngahue in der Plenty=Bai der Nordinsel und besiedelten von hier aus diese sowie die nördliche Hälfte der Südinsel. Angeblich soll die Zahl der Eingewanderten, die durch Parteistreitigkeiten in ihrer Heimat zur Absonderung von ihrem früheren Volksstamm veranlaßt wurden, nur 800 betragen haben; doch mag noch im 18. Jahrhundert ein Nachschub angelangt sein. Die Thatsache dieser Einwanderung kann nicht bezweifelt werden; leben doch sogar die Namen der zwölf Kanoes, die die Maori nach Neuseeland brachten, noch im Munde des Volkes.

Die Maori ähneln in ihrer Erscheinung am meisten den Samoanern und Tonganern, sind

Ein tättowierter Neuseeländer früherer Zeiten. (Nach Cook's Reisewerk.)

ihnen aber an körperlicher Kraft überlegen, sehr muskulös, stark, wohlgebaut und mit langen Vorderarmen und kurzen Beinen ausgestattet. Die Größe der höher stehenden Klasse betrug 6—7 Fuß, war also ungewöhnlich, die der geringeren beträchtlich weniger; außerdem unterscheiden sich die beiden Klassen durch ihre Hautfarbe, indem die höheren heller als die tiefer stehenden sind. Schöne Gestalten sind unter den Frauen selten, die Gesichtszüge auch bei ihnen hart und grob und durch die allgemeine Tättowierung seltsam zur Wildheit beeinflußt.

Die Tättowierung ist bei den Maori im höchsten Maße ausgebildet worden und vor allen Dingen im Gesicht entwickelt, so daß dieses einen grimmigen Ausdruck erhält. Eine Menge Linien, meist gekrümmt und geschweift, in Gestalt von Arabesken (s. obenstehende Abbildung), durchziehen die Stirn und Backen sowohl wie auch die Nase und das Kinn, sind häufig überaus kunstvoll und harmonisch angeordnet und außerdem mit blauer Farbe versehen. Als seiner Zeit die Nachfrage nach solchen Köpfen in England groß wurde, geschahen häufig selbst Morde, um die Köpfe der Getöteten zu verkaufen. Die Tättowierung, eine Auszeichnung der höheren Stände, war bei Männern häufiger als bei Frauen, bei denen auch nur Kinn und Lippen ausgeschmückt wurden, und durfte nicht fortgesetzt werden, wenn der Betreffende in Gefangenschaft geriet. Neuerdings ist die Tättowierung abgekommen, mit ihr auch die Nationaltracht, der Maro und der Mattenmantel aus den Fasern des Phormium tenax, sowie der bis auf die Knie herabhängende Rock. Die in einen Schopf gebundenen Haare wurden mit Federn und Muscheln geschmückt, Holz, Knochen und Muscheln in die Ohren gesteckt und um den Hals Bänder geschlungen, an denen Familienkleinode, Menschenbilder aus Nephrit, aufgehangen wurden. Mit der Abnahme der Zahl und der allmählichen Zivilisierung hat sich die

Nationaltracht sehr vermindert. Vor allem verzichten darauf jetzt die Vornehmen, die sich gänzlich europäisch tragen, während die ärmere Klasse europäische Lumpen an die Stelle der alten Mäntel gesetzt hat und auf dem Lande häufig nur einen Shawl und ein Hemd trägt.

Die Wohnungen der Maori bestanden aus niedrigen Hütten mit Rohr= und Grasmatten als Bedeckung, Wänden aus Flechtwerk, bei den Reichen auch mit kunstvoll geschnitzten Pfosten, deren sonderbare Figuren und Arabesken die Neigung der Südseevölker zur Schnitzerei leicht erkennen lassen. In der Mitte der Hütte befindet sich auf dem bloßen Boden die Feuerstelle, von der aus der Rauch nach der Öffnung im oberen Teile des Daches aufsteigt; doch wird auch oft

Befestigtes Dorf (Pah) auf Tegadon, Neuseeland. (Nach der Natur.)

in Schuppen vor dem Wohnhause gekocht. Vorratshäuser, ebenfalls mit Schnitzereien geziert und auf Pfosten erbaut, sind allgemein die Aufbewahrungsorte für Nahrungsmittel und Waffen. Die ohne Ordnung zusammengestellten Gehöfte sind von Zäunen umgeben, innerhalb deren Hunde und Schweine frei umherlaufen. Ebensowenig hat das Gemeindehaus (Whara), ein langes Holzhaus mit niedrigem Dach und vielen Schnitzereien, einen bestimmten Platz. Bei ihnen so= wohl wie bei den weißgetünchten und auf rotem Grunde weiße Ornamente tragenden Kirchen sind die Matten jetzt durch Glasfenster ersetzt.

Mit zwei Reihen Palissaden befestigte Dörfer hießen Pahs und enthielten 80—100 Häuser. Häufig lagen sie, wie Maunga Woa, auf steilen, sich selbst verteidigenden Höhen (s. obenst. Abbildung), oder es wohnte wenigstens der Häuptling oben auf der Höhe und die ärmeren Klassen rund um die Gipfel. Diese Pahs waren selbst den Engländern schwer zu erstürmen und sind jetzt verschwunden; mit ihnen auch die großen geschnitzten Götterfiguren auf ihren Thoren.

Die Waffen der Maori waren Speere mit bunten Federn aus Holz und Knochen sowie steinerne und hölzerne Streitäxte, die jedoch schon in den Kriegen der Engländer durch europäische Flinten und Beile ersetzt wurden, was wesentlich dazu beitrug, die Kämpfe gegen die Engländer aussichtsreich zu machen und die Unterwerfung des kriegerischen Volkes hinauszuschieben. Infolge= dessen hat es sich bis zum Jahre 1892 wenigstens noch eine Art von Selbständigkeit bewahrt und erst seitdem durch Unterwerfung unter England und Annahme eines Gehaltes seitens des Häuptlings seine Unabhängigkeit endgültig verloren.

Der kriegerische Sinn der Maori spricht sich auch in den großen, aus dem Holze der Kauri= fichte hergestellten Kriegskanoes aus, die bis zu 70 Fuß lang, am Bug mit großen geschnitzten

Ein Kriegskanoe der Neuseeländer. (Nach Cook's Reisewerk.)

Köpfen versehen, überall mit bunten Schnitzereien überzogen waren (s. obenstehende Abbildung). Sie führten zuweilen 2 Segel und 50 Ruderer an jeder Seite. Auch Doppelboote kamen vor.

Fischfang war eine der Hauptbeschäftigungen der Maori und Fische eins der wichtigsten Nahrungsmittel. Daneben liebten sie die Wurzel des Farnkrautes Pteris esculenta, das Mark der Cyathea australis, süße Bataten und Taró, jetzt auch Weizen, Mais, Kartoffeln und Tabak. Erst von Cook erhielten sie das Schwein, das sich stark vermehrte und ihnen das Menschenfleisch ersetzte; denn roher Kannibalismus war bei ihnen gang und gäbe, ist jetzt (wahrscheinlich seit 1843) allerdings ausgerottet. Auch Schädelkultus herrschte, denn die wichtigste Kriegsbeute war der Kopf des erschlagenen Feindes, der auf Pfählen des Pah aufgesteckt wurde; daneben schätzte man auch präparierte Schädel.

Die religiösen Ansichten der Maori waren verworren, doch löst sich aus dem Chaos ihres Glaubens eine Reihe von Göttern heraus. Die erste Rolle spielt Maui (nach dem die Nordinsel Te ika a Maui, der Fisch des Maui, heißt), ein Heros, der Gegenstand zahlreicher Mythen des Volkes wurde. Der höchste Gott ist der Feuergott, Rehua, der auf der höchsten der zehn Terrassen des Himmels thront, den Mond, die Sterne, die Dämmerung, den Tag und die Sonne geschaffen hat, diese mit der zweiten, jene mit der ersten Frau. Auch die Erde zerfällt in zehn Regionen, und eine Unterwelt, in der die Seele getötet wurde und alles in der tiefsten zehnten Schicht in Verwesung endete, bildete den Gegensatz zum Himmel.

Es gab zwei Klassen, Freie und Sklaven. Unter den ersten sind die Ariki, der Adel, zu nennen; ihnen stand es zu, Tabu aufzulegen und davon zu befreien. Die Stellung der Frauen war höher als in Polynesien, obwohl Polygamie herrschte. Liebeslieder, Trauergesänge und zahllose, meist auf die Erklärung der merkwürdigen Naturerscheinungen der Nordinsel gerichtete Mythen bilden eine Art Litteratur der Maori.

Auch die Maori sind im Aussterben begriffen. 1881 saßen auf der Nordinsel 41,601, der Südinsel 2061, den Chatham-Inseln 125, zusammen mit den gefangenen Rebellen 44,097. 1858 waren sie noch 56,000 Köpfe stark, sind aber durch Krankheiten, Trunksucht, schlechte Bekleidung, müßigen Wohlstand, Krieg und Trägheit zurückgegangen, denn sie haben von der europäischen Kultur vorwiegend nur die Laster angenommen. Auch die politische Zersplitterung in kleine Gemeinschaften und der kommunistische Grundzug sind ihnen gefährlich geworden. 1886 wurden durch genaue Ermittelungen, da die 1881 gefundene Zahl offiziell bezweifelt wurde, 41,969 Maori (einschließlich 2254 Mischlinge) gefunden, wovon auf die Nordinsel 39,527, auf die Südinsel 1895, die Chatham-Inseln 159, die Stewart-Insel 151 entfallen; ferner 201 Maori-Frauen von Europäern und 36 Eingeborene des Moriori-Stammes auf Warekauri. Die Zahl der Frauen ist gering, die Mischlinge leben mit den Maori wie mit den Europäern.

Zu Cook's Zeiten wurde die Zahl der Maori (wahrscheinlich viel zu niedrig) auf 100,000 angegeben, ist also bis heute mindestens auf mehr als die Hälfte, vielleicht aber auf ein Viertel bis ein Fünftel gesunken, wogegen über 600,000 Ansiedler europäischer Abkunft die Inseln besetzt halten. Damit haben sich die Lebensgewohnheiten der Maori so sehr verändert, daß eine Übersicht ihres gegenwärtigen Zustandes willkommen sein wird, wofür uns Dr. Prieber's Aufsatz über die gegenwärtige Lage der Maori als Führer dienen mag.

Die Größe der Maoris hat mit der Abnahme des Volkes keine Abnahme erfahren, da viele das an und für sich hohe Mittelmaß von 5 Fuß 6½ Zoll englisch überschritten, zumal die Bewohner des Taupo-Sees, nahe dessen Spiegel sich noch alles Ursprüngliche dieses Volkes am besten erhalten hat. Besonders die Häuptlinge zeichnen sich auch jetzt noch durch hohen Wuchs und mächtige Gestalten aus, im namentlich in den höher gelegenen Teilen des Inneren kommen noch außerordentlich kräftige Leute vor, während die das niedere Land, z. B. das Wanganui-Thal bewohnenden Maori kleiner und schwächer sind. Die Haartracht ist jetzt europäisch: das früher zu einem Knoten zusammengefaßte Haar wird geschnitten. Die Tättowierung hat so sehr abgenommen, daß vollständig tättowierte Gesichter eine Seltenheit geworden sind. Aber die Augen in ihrer leuchtenden Schärfe und ihrer dunklen Schönheit und das blendend weiße Gebiß haben keine Veränderung erlitten.

Das Benehmen soll höflich und anständig sein und diesen Stamm hierin unter allen Südseevölkern am höchsten stellen. Die Mischlinge zwischen Europäern und Maori, d. h. meistens zwischen europäischen Männern und Maori-Weibern, haben mit der Zeit eine nicht unbedeutende Zahl und Stellung erlangt und zeichnen sich sowohl durch Schönheit des Körpers wie auch durch hohe geistige Anlagen aus. Mit der Zeit verschwindet durch mehrmalige Kreuzung der Mischlinge mit Europäern mehr und mehr der Maori-Typus, von dem bei häufiger Mischung mit Weißen meist nur die dunklen Augen übrig bleiben.

„Der Untergang der Maori", sagt Prieber (,Globus', Bd. 60), „der Verfall, welcher mit den Europäern über die ganze Rasse gekommen ist, zeigt sich auch deutlich in ihrem Geistesleben und in Kleidung, Sitte, Kunst. Wohl sieht man noch Gestalten in Geflecht aus dem heimischen Flachs gehüllt, aber europäische Kleider und Decken überwiegen. Da sitzen sie zusammengekauert in die bunten, schmutzigen Blanketts, mit dem nie fehlenden Pfeifenstummel im Munde und Schnaps begehrend. Ist man glücklich, so findet man noch einige alte Nephritstäbchen in den Ohren oder sieht Tättowierungen oder beobachtet den bekannten Nasengruß (Hongi), welcher mit der ernsthaftesten Miene von alten Leuten noch ausgeübt wird, während die jüngeren schon den europäischen Kuß kennen. Die Hütten sind zumeist der charakteristischen, schönen Schnitzereien entkleidet, welche mühsam mit Muscheln oder Obsidian hergestellt waren; nur einzelne zeigen noch an den Balken oder auf dem Giebel Schnitzerei und Figuren, dabei aber auch schon Fenster. Ich habe keinen Maori mehr getroffen, der noch die wunderbar schönen Schnitzereien hätte anfertigen können, die einst die Geräte, Kanus, Häuser, Bildstatuen schmückten. Ein altes Maori-Werk erkennt man sofort unter Hunderten von Schnitzereien heraus. Nur ganz bestimmte Motive wendete der Neuseeländer an, und unter diesen ragt die sich wieder aufrollende Spirale vor allen übrigen hervor, die angewendet wurde bei den Holzfiguren, beim Schmuck der Häuser, der Geräte, der Kanu-Schnäbel und bei den Tättowierungen. Gewiß, es ist ein großer Fortschritt, daß die Maori heute keine Kannibalen mehr sind, daß sie lesen und schreiben können; aber Künstler sind sie auch nicht mehr, und zu Grunde gehen sie sicher." Also werden nicht nur körperlich Mischlinge zwischen Europäern und Maori häufiger, sondern auch die Sitten und Gebräuche der Maori nach und nach so sehr von europäischen durchsetzt, daß andere Nahrung, Kleidung, Wohnung eindringen und die Häuser ähnliche Mischtypen in der Bauart aufweisen wie ihre Bewohner.

Dies tritt aber auch in den religiösen Anschauungen hervor, insofern als die Maori, wenigstens dort, wo sie noch in geschlossenen Massen wohnen, innerlich Heiden geblieben sind, äußerlich aber das Christentum angenommen haben und namentlich in dessen Entstellung zu höchst sonderbaren Kulten gelangen. So wurde beispielsweise der abgeschnittene Kopf des 1864 bei New Plymouth getöteten Kapitäns Lloyd das Symbol eines neuen Glaubens; die Maori behaupteten, dieser Kopf sei der Vermittler zwischen ihnen und Jehova, räucherten ihn und schleppten ihn im Lande herum, indem sie überall ernst gemeinte religiöse Andachtsübungen veranstalteten, ja den Kopf selbst unter geschickter Anwendung bauchrednerischer Kunststücke reden ließen.

Zu der Aufsaugung der Maori durch Mischung tritt ferner die langsame Zerstörung der Rasse durch Schwindsucht, chronisches Asthma, Skrofeln, die auch in manchen Gegenden schon ihren Einfluß auf die jüngere Generation geübt haben: einmal in geistigem und körperlichem Rückgang, dann aber in Verminderung der Fruchtbarkeit der Ehen; auch das übermäßige Trinken von Branntwein und das Tabakrauchen reibt das Volk auf.

„Statt der Kriegskeule", bemerkt Prieber, „führt die Hand des Maori jetzt Pflugschar, Axt und Grabscheit, und als Chausseearbeiter haben sie Vorzügliches geleistet; viele Landstraßen der Nordinsel sind das Werk der Maori, sie haben auch die Telegraphenpfähle eingerammt und abends Schaffleisch und Kartoffeln geschmaust. Als ich einst einen Trupp Maori bei solcher Arbeit und solchem Essen traf, da enthüllte sich mir ein Stück Kolonialgeschichte." In der That, nichts vermag ein treffenderes Schlaglicht auf die Veränderung der Verhältnisse in Neuseeland und die Zurückdrängung der Maori zu werfen als die Thatsache, daß sich im Jahre 1875 der Pah des letzten Königs William in einen Bahnhof verwandelte.

E. Die Mission.

Die Entdeckung der polynesischen Inseln fiel in eine Zeit, wo in Europa Gefühlsschwärmerei, romantische Neigungen und Humanitätsregungen das geistige Leben so sehr beherrschten, wie nie vor. Daraus ergab sich ein ungeheurer Optimismus in den herrschenden Ansichten von dem ... der ...-Insulaner, das uns jetzt lächerlich erscheinende Gerede von den glücklichen

Zuständen und der unverfälschten, kindlich reinen Natur der Eingeborenen, die doch thatsächlich viel=
fach die ärgsten Anthropophagen und tückisches, blutgieriges Gesindel waren. Dieser schwär=
merischen Auffassung von dem Leben der Ozeanier, die auch selbst durch geistig sehr hoch stehende
Reisende, wie die beiden Forster und Chamisso, genährt wurde, entsprang der allgemeine Drang,
den schlichten Naturkindern das Evangelium zu predigen: ein Trieb, der so stark war, daß sich
sogar die verschiedenartigsten, in ihren Anschauungen bedeutend voneinander abweichenden Teile
der christlichen Kirche, z. B. die durchaus nicht miteinander harmonierenden Bekenntnisse der
englischen Kirche, zu gemeinsamer Arbeit zusammenschlossen.

K. E. Jung, dessen zusammenfassender Abhandlung über die Mission wir hier folgen, setzt
den Beginn der Thätigkeit christlicher Sendboten in das Jahr 1795, als in England die London
Missionary Society gegründet wurde. 1796 verließ ein Schiff unter dem bekannten Südsee=
Reisenden Kapitän Wilson England, landete 1797 in Tahiti, und setzte hier, auf Eimeo, den
Marquesas= und den Tonga=Inseln Missionare aus. Auf Tahiti fanden diese jedoch nach
glücklichem Anfang im allgemeinen Gegnerschaft und waren sogar zeitweise gezwungen, die
Insel zu verlassen, bis endlich König Pomare II. das Christentum annahm und nun eifrig
förderte. Später grub jedoch die von den Franzosen auf die Inseln gewaltsam eingeführte
Jesuitenmission unter dem Drucke der politisch immer mehr Einfluß auf Tahiti gewinnenden
französischen Politik den englischen Missionaren immer mehr Boden ab, so daß die große Schö=
pfung John Williams' allmählich auf eine geringere Thätigkeit beschränkt wurde.

Ähnlich ging es auf den Marquesas=Inseln, wo nach anfänglichen Erfolgen und vielfachen
Wechselfällen die Franzosen die katholische Mission einführten, die nun ihrerseits wieder von
Hawaii aus bekämpft wurde. Das Ergebnis aller dieser Bestrebungen ist übrigens auf den
Marquesas durchaus nicht günstig, der Erfolg der Mission gerade hier gering und die größte
Zahl der Marquesas=Insulaner noch unbekehrt. Auf den Tonga=Inseln wurde nach dreijähriger
Missionsthätigkeit die Arbeit schon 1800 eingestellt, aber bereits 1826 und namentlich seit 1828
ernstlich wieder aufgenommen, so daß von Tongatabu aus bald die ganze Inselgruppe christiani=
siert und 1832 schon von Tonganern ein Krieg gegen Uvea unter dem Vorwande der Heiden=
bekehrung geführt wurde. Um das Jahr 1840 begannen auch hier die Katholiken sich anzusiedeln;
doch fehlte ihnen auf den Tonga=Inseln der politische Nachdruck ihrer Vormacht Frankreich, so daß
jetzt im ganzen von 22,000 Einwohnern nur etwa 2000 Katholiken, die übrigen Protestanten
sind. Dagegen sind Uvea und Futuna wegen ihrer Streitigkeiten mit den Tonganern der ka=
tholischen Kirche zugefallen und gedeihen dabei vorzüglich; Niue ist protestantisch geworden.

Während die Tonga=Inseln vornehmlich von Turner dem Christentum gewonnen wurden,
hat im Osten der Inselwelt von Raiatea aus John Williams die Cook= oder Hervey=Inseln der
christlichen Kirche zugeführt und ihr eine so fruchtbare Stätte bereitet, daß das reichste kirchliche
Leben in der Südsee jetzt auf den Cook=Inseln, besonders in dem Seminar zu Avarua, gefun=
den werden soll. 1830 nahm Williams sodann die Samoa=Inseln in Angriff und erreichte auch
hier derartige Erfolge, daß jetzt der größte Teil der Samoaner christlich ist. Doch sind auch hier
neben der Londoner Mission mit acht Hauptstationen die Wesleyaner und Katholiken thätig, deren
Nebenbuhlerschaft die an und für sich schon uneinigen Samoaner leider auch noch religiös spaltet.
Die Gruppe der Paumotu=Inseln ist anfangs ebenfalls von der Londoner Missionsgesellschaft
mit Stationen besetzt, ihr dann aber fast ganz entzogen worden, da die Jesuiten von Mangarewa
aus ihren Missionsfeldzug über die französischem Einfluß unterstehenden ostpolynesischen Inseln
angetreten haben und nunmehr mehrere Missionsansiedelungen auf den Inseln besitzen; freilich
leiden auch sie wiederum neuerdings unter den Bestrebungen der Mormonen, deren Vielweiberei
den polynesischen Sitten ganz besonders entspricht.

Auf Hawaii war dem Christentum durch die Abschaffung des Tabu=Wesens von seiten Kamehameha's II. der Weg geebnet worden, und mit seiner Einführung brach hier eine ganz neue Zeit für das Inselreich an. Seitdem im Todesjahre Kamehameha's I. (1819) die ersten ameri= kanischen Missionare auf die Insel gekommen waren, erfolgte eine rasche Ausbreitung der christ= lichen Lehre, die 1825 schon von sechs Stationen aus gelehrt wurde. Einen Aufstand der heidnischen Partei schlug zwar Kamehameha II. nieder, dafür brachen aber bald Streitigkeiten zwischen den Evangelischen und den seit 1827 auf den Inseln lehrenden französischen Missionaren aus. Und obwohl diese Zwistigkeiten durch Ausweisung der Katholiken 1832 geschlichtet wurden, so kam doch kein dauernder Friede ins Land: 1837 begannen die Jesuiten unter nachhaltiger Unter= stützung der französischen Regierung erneute Versuche zur Einführung des katholischen Glaubens. Diesmal hatten sie mehr Erfolg damit, indem sie mit Hilfe französischer Kriegsschiffe die Gleich= stellung des Katholizismus mit dem Protestantismus erzwangen. Um 1850 sollen sie schon 24,000 Bekenner der katholischen Lehre gezählt haben, eine Zahl, die durch die Einführung von Portugiesen der Azoren eher noch verstärkt worden ist. Dem gegenüber sind die Fortschritte der Evangelischen geringer, ja die Zahl der Mitglieder der Gemeinden sank von 1878—1880 von 26,000 auf 8000. Die beiden Missionsgesellschaften der Evangelischen sind jetzt die von der amerikanischen Mission 1853 abgelöste Hawaiian Evangelical Association und die Society of the Propagation of the Gospel, der der Hof, die Vornehmen und die Engländer zugehörten. Die eingewanderten Chinesen und Japaner haben sich der Bekehrung bisher größtenteils entzogen.

Von der amerikanischen Mission auf Hawaii wurden weitere Versuche zur Ausbreitung des Christentums auf die übrigen Südsee=Inseln gemacht: ohne Erfolg auf den Marquesas, mit großem Ergebnis dagegen auf den Karolinen, wo etwa 24 Gemeinden mit 1000 Mitgliedern über Ruk, Ponapé (s. die Abbildung, S. 238), Kusaie, Mokil, die Mortlock=Inseln sowie Lotap und Namoluk verteilt sind. Ebenso hat die amerikanische Mission auf den Marshall=Inseln Ja= luit, Mille, Majuro, Arno, Aurh, Namerik und Maloelab Fuß gefaßt.

Größere Schwierigkeiten machte die Mission in Melanesien, woselbst bisher nur auf den südlichen Inseln größere Erfolge errungen worden sind. Merkwürdigerweise wurden zuerst die menschenfresserischen Fidschi=Insulaner, einer der wildesten Stämme der Südsee, durch die Wesleyanische Mission bekehrt, und zwar von Tonga aus seit 1835. Im Laufe von fünfzig Jahren ist es gelungen, diese überaus widerstandsfähige Bevölkerung fast vollständig zu chri= stianisieren; 1878 zählte man nur noch 18,000 Heiden, heute sind nur noch die schwer zugäng= lichen Teile des Inneren von solchen bewohnt. Seit 1844 hat auch die katholische Kirche an= gefangen, Missionsstationen auf den Inseln anzulegen; und auch hier hat sie neuerdings größer Fortschritte gemacht als die evangelische. In der Neukaledonien=Gruppe begann 1841 Murray seine Thätigkeit mit den Loyalty=Inseln, deren er drei (Lufu, Mare, Ruwea) durch Lehrer von Rarotonga, später durch Engländer christianisierte. 1864 machte jedoch die franzö= sische Besitzergreifung dem ein plötzliches Ende, indem der evangelische Gottesdienst gewaltsam ausgerottet und katholischer an seine Stelle gesetzt wurde. Die Entrüstung, die darüber in Europa ausbrach, führte 1870 zur Anerkennung der evangelischen Mission. Trotzdem haben aber die Kämpfe zwischen beiden Konfessionen bis 1880 kein Ende erreicht, und schließlich mußten die 2100 Katholiken den 11,000 Evangelischen das Feld räumen. Auf Neukaledonien selbst dagegen herrschen die Katholiken allein und haben hier beachtenswerte Erfolge erzielt, sowohl in Seel= sorge wie auch in der wirtschaftlichen Hebung der Bevölkerung. Die Zahl ihrer Stationen beträgt etwa 20. Die Neuen Hebriden, Santa=Cruz= und Banks=Inseln sowie die Salomonen haben in= folge des tückischen Charakters ihrer Bewohner, ihrer Unzugänglichkeit und des Mangels euro= päischer Handelsstationen der Mission bisher die größten Schwierigkeiten gemacht. Gleich zu

Anfang fiel auf Erromango 1839 John Williams felbft als ein Opfer feiner Beftrebungen, und ihm find eine große Zahl von glaubenseifrigen Miffionaren im Tode gefolgt, fo Patteson 1871 auf Nukapu. Seit 1849 begann die von dem Bifchof Selwyn von Neuseeland begründete me= lanefifche Miffion ihr Werk auf den genannten Infelgruppen, ftieß aber infolge des hier geübten Menfchenraubes und der dafür geforderten Genugthuung fowie wegen des heimlichen und offenen Widerftandes der die Miffionare als Nebenbuhler betrachtenden Kopra=Händler auf große Hinder= niffe. Doch gelang es mit Hilfe von Knaben der melanefifchen Infeln, die in dem Miffionshaufe von Kohimara bei Auckland für ihren Beruf vorbereitet wurden, das Vertrauen einzelner Stämme zu gewinnen. 1855 wurden auf den Salomonen Bauro und Maran Stationen errichtet, fpäter auch auf Malaita, Anuba, Sawo, Ifabel und auf Mota in der Banks=Gruppe, während die Santa=Cruz=Infulaner allen Anftrengungen, fie zu bekehren, widerftanden und fchließlich nach der Mordthat von 1871 im Jahre 1875 auch den Commodore Goodenough töteten. Endlich gelang es im Jahre 1878, eine Schule wenigftens auf der Infel Nujiloli zu errichten und die Be= wohner von Nukapu umzuftimmen; und auf den Salomonen beftehen jetzt ebenfalls fünf Schulen der melanefifchen Miffion, zwei auf Bauro, zwei auf Ifabel, je eine auf Anuba und Malaita.

Selbft auf den Neuen Hebriden, deren Bewohner mehr als die der anderen Infelgruppen gegen die Miffionare gewütet haben, gedeihen jetzt doch ein paar Stationen. Nach vergeblichen Verfuchen und argen Rückfchlägen auf Fate und Tanna legte die Londoner Miffion unter Gebbie und Powell im Anfang der fünfziger Jahre den Grund zu weiterer Ausbreitung durch die Be= kehrung der Bewohner von Aneytum, die leider an Zahl rafch abnahmen. Auf den übrigen Infeln ift noch nicht viel erreicht. Die Londoner Miffion befitzt Stationen auf Tanna, Mallicolo, Espiritu Santo, Sandwich, Api, Erromango und Ambrym, die franzöfifche katholifche Miffion feit 1849 auf Aneytum, feit 1887 auf Espiritu Santo, Mallicolo und Sandwich. In der Banks=Gruppe endlich bildete die Infel Mota das Zentrum der chriftlichen Lehre und gab Lehrer an die Torres = Infeln und ihre eigene Gruppe ab.

Befonders gering ift bisher noch die Miffionsthätigkeit im Bismarck=Archipel. Freilich wurde hier überhaupt erft im Jahre 1874 von feiten der Wesleyanifchen Methodiften ein an= fcheinend günftiger Anfang gemacht, dem, wie meiftens, herbe Rückfchläge folgten. Jetzt find Stationen der katholifchen und der Wesleyanifchen Miffion an verfchiedenen Stellen der Infeln, namentlich um die Blanche=Bai an der Gazelle=Halbinfel errichtet.

In Kaifer=Wilhelms=Land find die Rheinifche und die Bafeler Miffion vorwiegend an der Aftrolabe=Bai thätig, ebenfalls jedoch erft feit kurzer Frift. Den Nordweften, die Geelvink=Bai, erfahen fich fchon 1855 zwei Deutfche, Ottow und Geißler, als Feld ihrer Thätigkeit, gründeten bei Doré eine Station, die 1862 durch die Utrechter Miffionsgefellfchaft verftärkt wurde, deren Er= folge zwar nicht fehr groß, aber doch bereits wohl bemerkbar find. Die Südküfte wurde erft nach 1864 der Miffion zugänglich, als die Franzofen aus den Loyalty=Infeln die Evangelifchen ver= trieben hatten. 1871 wurden die Infeln der Torres=Straße mit Miffionaren befetzt, bald auch die Küfte des feften Landes, und 1878 gab es fchon elf Stationen auf den Infeln und eine auf dem Feftlande. Gegenwärtig ftehen unter den beiden Hauptftationen Mer oder Murray in der Torres= Straße und Port Moresby auf Neuguinea zwei Stationen mit weißen und zahlreiche mit einge= borenen Lehrern. Außerdem hat die katholifche Miffion vom heiligen Herzen Jefu die Gegend nördlich von Port Moresby befetzt, und die b'Entrecafteaux=Infeln und Louifiaden gehören der Wesleyanifchen Miffion an. Auch an der Nordoftfeite von Britifch=Neuguinea find eine Anzahl Stationen, wahrfcheinlich fünf, von der anglikanifchen Miffion in Ausficht genommen.

In Auftralien felbft begannen bereits kurz nach der Befiedelung Verfuche, auf einer Farm bei Paramatta die Eingeborenen der chriftlichen Kirche und der regelmäßigen Arbeit zuzuführen,

schlugen jedoch wegen der Liebe der Australier zum nomadischen Jägerleben fehl. In den zwan=
ziger Jahren bemühten sich vier Missionare der Methodisten vergeblich um dieselben Zwecke, auch
die Londoner Missionsgesellschaft vermochte trotz siebzehnjähriger Bemühungen 1825—1842 keinen
festen Fuß zu fassen, und ebensowenig gelang es 1832—1842 der kirchlichen Missionsgesellschaft
zu London und Baseler Missionaren, einen Erfolg zu erreichen. Die errichteten Stationen bei
Newcastle am Macquarie=See und bei Wellington Dale nördlich von Sydney mußten verlassen
werden. Einzig die Methodisten brachten seit 1838 in Victoria die Eingeborenen dazu, christlichen
Gottesdienst zu besuchen. Weniger erreichte die aus den Bemühungen sächsischer Missionare
hervorgegangene Südaustralische Missionsgesellschaft zu Adelaide, die nach zehnjähriger Thätig=
keit die Mission aufgab, und die Goßnerschen Missionare bei Brisbane, die nach achtzehnjährigen
Anstrengungen schließlich in Victoria durch das Goldfieber vertrieben wurden. Mehr Erfolg
hatten die Herrnhuter seit 1860 mit der Gründung von Ebenezer in Victoria und Ramahyuck in
Gippsland, wo die Eingeborenen Hopfen, Pfeilwurz und Obst bauen, die Kirche besuchen und
steinerne Häuser bewohnen. Seitdem haben sich die Ergebnisse gebessert. In Victoria, Südaustra=
lien und Gippsland entstanden Stationen, seit 1870 auch im Inneren des Kontinents. Katho=
liken haben besonders in Westaustralien Erfolge errungen; dagegen ist in Neusüdwales und
namentlich in Queensland fast nichts geschehen. Im ganzen genommen steht also die aufgewandte
Mühe, Zeit und das reichlich gespendete Geld nicht im Verhältnis zu den erzielten Ergebnissen.

Auf Neuseeland hielten die Missionare 1814 ihren Einzug, scheiterten aber zwei Jahr=
zehnte hindurch immer wieder an den inneren Kriegen und Fehden der Maori, bis endlich nach
dem Tode des Oberhäuptlings Hongi 1828 bessere Zeiten kamen. 1833 schickte die britische
Regierung einen Vertreter, der zusammen mit den Missionaren den Staat der Maori leiten
sollte, was freilich nicht gelang; doch war der Einfluß der Mission allmählich so groß geworden,
daß sie für die Nordinsel schon 1835 die maßgebende Macht war. Dann folgten seit 1844 die
langen Kriege mit den Weißen, deren Ergebnis schließlich die Zusammendrängung der Maori
auf das King's County und ihr Rückgang auf 40,000 Köpfe war. Diese Reste der Maori sind
noch immer nicht völlig christianisiert, allein die Hauptarbeit der Mission auf Neuseeland ist gethan.

Die Mission in Polynesien und Melanesien leidet an zwei Schäden, ohne die sie vielleicht
schon größere Erfolge erzielt hätte. Der eine ist die häufige Verquickung des Missionars mit dem
Händler, der andere der Streit der Konfessionen untereinander und die häufig damit Hand
in Hand gehende politische Propaganda. Die Verbindung der Glaubenslehre mit dem Handel
hat bereits John Williams eingeführt; sie wurde zwar von der Leitung der Mission in England
verboten, aber doch niemals ganz verhindert, so daß jetzt ein großer Teil der protestantischen
Missionare zugleich Händler sind, die natürlich von den anderen Händlern angefeindet werden.
Bei der katholischen Mission ist diese Verquickung weniger vorhanden, und vielleicht liegt darin
das Geheimnis ihres größeren Erfolges mit begründet. „Es ist merkwürdig", sagt Graeffe
(‚Ausland', 1868), „wie die katholische, namentlich die alte jesuitische Mission, in Bildung stark
bevölkerter Gemeinden der protestantischen stets den Rang abläuft. Hierzu ist aber Abschließung
der katholischen Gemeinde nach außen und eine vollständige Priesterherrschaft notwendig, und
dadurch entsteht das gegen alles Völkerrecht gehende Bestreben derselben, fremde Elemente und
namentlich Bekenner anderer Religionen fern zu halten."

Das ist also, rund herausgesagt, die nackte Unduldsamkeit, die nun auch in der Südsee
in Gestalt gegenseitiger Anschuldigungen der Konfessionen hervortritt und die Mission schädigt
oder gar, wie auf den Loyalty=Inseln, von der brutalen Macht unterstützt, zur Ausrottung der
anderen Konfession schreitet.

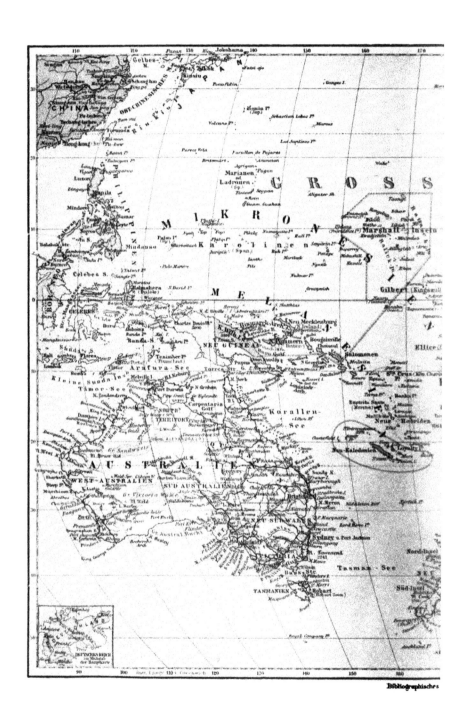

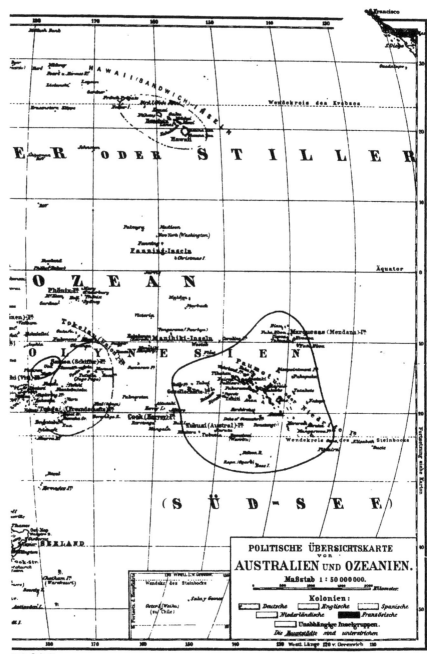

POLITISCHE ÜBERSICHTSKARTE
von
AUSTRALIEN UND OZEANIEN.

Maßstab 1 : 50 000 000.

Kolonien:
Deutsche   Englische   Spanische
Niederländische   Französische
Unabhängige Inselgruppen.
Die Hauptstädte sind unterstrichen.

VIII. Die Staaten und Kolonien.

A. Die Staaten.

Von den zahlreichen Ländern und Ländchen der Südsee (siehe die beigeheftete „Politische Übersichtskarte von Australien und Ozeanien") sind nur wenige noch im Besitze der Eingeborenen: bei weitem die meisten sind bereits unter die europäischen Mächte verteilt; und was noch an Selbständigkeit besteht, das verdankt die Fortdauer seiner Existenz nur der Nebenbuhlerschaft der europäischen Mächte. So bewahrt auf den Samoa-Inseln der Einfluß dreier fremder Mächte das Land vor Annexion durch eine von ihnen, und die Neuen Hebriden sind nur deshalb der Einverleibung entgangen, weil sich England und Frankreich nicht über ihre Teilung einigen können. Auch bilden von den wenigen noch selbständigen Inselgruppen nur drei geschlossene Staaten: die Tonga-Inseln, die Samoa-Inseln und Hawaii; der Rest, also die noch nicht dem europäischen Kolonialbesitz eingefügten kleineren Gebiete, steht in loser Abhängigkeit von unbedeutenden Häuptlingen und beschränkt sich auf die Neuen Hebriden und die Santa-Cruz-Inseln. Im ganzen haben die drei Staaten ein Areal von 20,792 qkm und 152,565 Einwohner, die letztgenannten lockeren Gebilde 14,165 qkm und etwa 90,000 Einwohner, eine jede Gruppe somit eine Bevölkerungsdichtigkeit von 6—7 Einwohnern im Quadratkilometer. Am dichtesten bevölkert sind die Tonga-Inseln mit 22, am schwächsten die Santa-Cruz-Inseln mit 5 Bewohnern im Quadratkilometer.

1. Die Tonga-Inseln.

Das Königreich der Tonga-Inseln umfaßt die gesamte Tonga-Gruppe, enthält auf 997 qkm Areal 22,000 Einwohner (darunter 250 Fremde) und hat, soweit man seine Geschichte kennt, stets an inneren Wirren, Fehden zwischen den Oberhäuptlingen, später auch an religiösen Kämpfen zwischen Heiden und Christen, in den vierziger Jahren endlich durch die gegenseitige Eifersucht der europäischen Konfessionen und Nationalitäten, namentlich der Engländer und Franzosen, stark gelitten. Seit 1845 vereinigte König Georg, englischen Einflüssen zugänglich, die ganze Inselgruppe unter sich, brach 1851 den Widerstand der französisch gesinnten Häuptlinge und erteilte 1862 eine Verfassung, wonach die bisherigen Leibeigenen freie Pächter des Landes wurden und alle männlichen Einwohner über 16 Jahre eine Steuer von 6 Dollar jährlich zu entrichten hatten. Der Verkauf von Land an Europäer wurde nicht gestattet, so daß sich dieses noch jetzt im Besitz der eingeborenen Häuptlinge befindet. Seit 1876 wurde auch deutscher Einfluß auf den Tonga-Inseln bemerkbar, der sich in Gestalt eines Freundschaftsvertrags zwischen dem Deutschen Reiche und den Tonga-Inseln und der Abtretung des Hafens Taulanga auf Wawau zur Errichtung einer Kohlenstation äußerte; 1879 folgte eine ähnlicher Vertrag mit Eng= land, beide besonders auf Veranlassung des Missionars Baker geschlossen. Seitdem kämpfen deutscher und britischer Einfluß um die Herrschaft, und auf diese beiden Mächte verteilt sich auch der Handel. Im Jahre 1893 betrug der Gesamtwert der Einfuhr 1,410,770 Mark, wovon 820,400 auf England und dessen Kolonien, 272,600 auf Deutschland, 207,000 auf Samoa kamen; der der Ausfuhr 1,602,732 Mark, wovon 1 Million nach England, 502,732 nach Deutschland gingen; der Anteil der übrigen Länder ist somit sehr gering. Unter den 58 aus= gelaufenen Schiffen waren 30 englische mit 18,089 und 13 deutsche mit 4400 Tonnen Gehalt.

Der wichtigste Ausfuhrartikel ist Kopra (1893 für 1,450,000 Mark), die getrockneten Kerne der Kokosnuß, deren Pflanzungen sich von Jahr zu Jahr auf den Inseln vermehren, ferner Früchte für 62,732 Mark, Lichtnüsse und Baumwolle, die vielfach nach den australischen Kolo= nien ausgeführt werden. Zwischen den Fidschi-Inseln und Tonga besteht eine englische Dampfer= linie, und König Georg II. selbst besitzt europäische Schiffe.

Die Kultur hat sich besonders auf die Erbauung guter Straßen erstreckt, zu deren Erhal= tung die Sträflinge angehalten werden, und gibt sich ferner in der Errichtung europäischer Häuser kund, die im australischen Villenstil erbaut und im Inneren mit australischen Möbeln gut ausgestattet sind.

Das Land zerfällt in die vier Provinzen Hapai, Wawau, Niuafu und Niuatabutabu, während die Hauptinsel Tongatabu der direkten Verwaltung des Königs unterstellt ist. Statt= halter sitzen auf den einzelnen Inseln, der bedeutendste auf Wawau. Drei Minister: der erste für Inneres, auswärtige Angelegenheiten, Krieg und Marine, der zweite für Domänen und öffentliche Arbeiten und der dritte für Rechtspflege, sowie ein Kabinettsrat stehen dem König zur Seite. Auch besteht seit 1877 eine Kammer der Abgeordneten, von deren 40 Mitgliedern 20 vom König ernannt, 20 vom Volke gewählt werden. Der Unterricht wird durch die Missionare ge= leitet, die auf allen Inseln Schulen errichtet haben und darin etwa 5000 Kinder unterrichten; es bestehen sogar zwei höhere Schulen: eine Industrieschule und ein Seminar. Eine Krone, ein Reichswappen, eine besondere tonganische Flagge und ein organisiertes Heer von 500 Mann Garden und Artilleristen mit 8 Geschützen sowie die allgemeine Wehrpflicht tragen dazu bei, die Zivilisation dieses Inselreiches äußerlich der europäischen zu nähern.

Industrie besteht seit langer Zeit. Auf Wawau werden schöne, feine Zeuge gewebt, Matten, Netze und Körbe vor allem auf Hapai geflochten, und viele Mühe verwendet man auf kunstvolle Herstellung hölzerner, reich verzierter Geräte aus Holz und auf die Elfenbeinschnitzerei.

Die Hauptstadt von Tonga, Nukualofa, liegt auf der Hauptinsel Tongatabu, inmitten von Kokospalmen und Brotfruchtbäumen. Sehr versteckt sind namentlich die Hütten der Tonganer (s. die Tafel bei S. 150), während sich am Strande die größeren, dem Handel und der Schiff= fahrt dienenden Gebäude sowie die Residenz des Königs, ein villenartig gebautes Haus, aus= dehnen. Den höchsten Punkt der Insel beherrscht eine große Kirche mit Palmblattdach, Säulen von hartem Holze, mit Orgel und Kanzel. An deutschen Ansiedelungen bestehen auf Tongatabu im Süden Mua, Foschok und Bea und im Nordosten eine nahe bei Hifohifo, ferner auf Niuafu und der großen Insel Wawau.

2. Das Königreich der Samoa-Inseln.

Der zweite unabhängige Staat der Südsee ist das Königreich der Samoa-Inseln, dessen Tage jedoch, ähnlich wie die Tongas und Hawaiis, gezählt sein dürften, da bereits seit geraumer Zeit die Erklärung der deutschen Schutzherrschaft über diese Inselgruppe erwartet wird. Dieses Königreich hat niemals eine so festgeschlossene Macht gebildet wie Hawaii (vgl. unten, S. 359); im Gegenteil war die politische Organisation stets sehr lose, da es an einem Mittel= punkt von natürlicher überlegener Stärke fehlte, auch niemals ein Häuptling überwiegenden Ein= fluß über andere erlangte. Vielmehr bildeten mehrere Dörfer einen Bezirk, mehrere Bezirke einen Distrikt, denen ein Häuptling vorstand, und diese zehn Häuptlinge und Distrikte waren meistens ganz unabhängig voneinander. Die bedeutendsten Häuptlinge auf Sawaii hatten die Titel Tamofainga und Malietoa; jener war eine Art geistlicher Oberhäuptling, in dem der Geist der Götter weilend gedacht wurde, eine Würde, die dennoch den Inhaber 1830 nicht vor Ermordung schützte und seitdem einging, so daß nur noch der weltliche Oberhäuptling, der Malietoa, übrigblieb, dessen Oberherrschaft über die Inselgruppe freilich meist nur nominell war. Da sich zahlreiche Unterhäuptlinge für selbständig hielten, so waren die Tulafale, die große Masse des Volkes, unter der sich nur noch der rechtlose niederste Stand befand, im ganzen recht unabhängig. Dabei bestanden endlose Fehden zwischen zwei Parteien, den Malo, Siegern, und Waiwai, Besiegten; und zur Abwechselung brachen hier und da Fehden mit den Tonganern aus. Aus einem dieser auswärtigen Kriege hatte ein samoanischer Häuptling den erwähnten Titel Malietoa, tapferer Krieger, davongetragen und gebot nun vornehmlich über Sawaii, Manono, Apolima und Mittel= Upolu, während die ältere Königsfamilie Tupua im übrigen Gebiet Upolus ihren Stützpunkt hatte. Diese Nebenbuhlerschaft trug noch bis in die neueste Zeit den Keim arger Unruhen in sich, die einen fortwährenden Wechsel in der Machtstellung der Häuptlinge herbeiführten. Nach wech= selnden Kämpfen gelang es 1840 dem Malietoa Tawita, die ganze Inselgruppe unter seine Herr= schaft zu bringen, doch machte sich, nachdem diese Einheit im Jahre 1868 wieder zerfallen war, seit 1873 der europäische Einfluß mehr und mehr geltend. Zunächst entstand ein Septemvirat, dem 1875 das Königtum des Malietoa Laupepa folgte; gleich darauf aber begann die Neben= buhlerschaft der drei Mächte England, Deutschland und Nordamerika die Samoaner in Mitleiden= schaft zu ziehen und ihnen schwere Wirren bis auf die neueste Zeit zu bereiten. Zunächst sicherten sich die Amerikaner unter Steinberger die Herrschaft über Samoa, allein als sie den Einfluß des Königs Laupepa allzusehr herabminderten, wandte sich England gegen Steinberger, und die Feindseligkeiten endeten mit dessen Vertreibung. 1877 schloß Deutschland einen Handelsvertrag mit Samoa, wonach es gegen andere Mächte nicht zurückgesetzt werden sollte, 1878 folgte Eng= land, und als nun im selben Jahre der amerikanische Konsul die Schutzherrschaft der Vereinigten Staaten aussprach, protestierten England und Deutschland energisch und erzwangen die Ab= berufung des Konsuls. Die günstige Gelegenheit, die Samoa=Inseln anläßlich der Zahlungs= schwierigkeiten des großen deutschen Hauses Godeffroy unter deutsche Botmäßigkeit zu bringen, ließ sich der deutsche Reichstag 1882 in unbegreiflicher Kurzsichtigkeit entgehen, so daß die Neben= buhlerschaft der drei Mächte ihren Fortgang nahm. Als sich der die Partei=Deutschlands be= kämpfende Malietoa Laupepa 1887 Ausschreitungen gegen die Deutschen zu schulden kommen ließ, wurde er auf einem Kriegsschiffe nach Kamerun, 1889 aber nach Abschluß des Vertrags vom 14. Juni 1889 zwischen den drei Mächten wieder nach Samoa gebracht und am 10. Dezember als König wieder eingesetzt. Seitdem sind die Samoa=Inseln ein unabhängiges neutrales, unter der Verwaltung Deutschlands, Englands, Amerikas stehendes Land, in dem ein vom König von Schweden ernannter Oberrichter die Rechtspflege ausübt.

Damit haben aber die Wirren auf den Inseln keineswegs aufgehört, sondern die drei Par= teien des Malietoa, des Tamasesse und des Mataafa bekämpfen sich nach wie vor, namentlich auf Upolu, und die Ordnung wird nur mühsam durch die beständige Anwesenheit deutscher und britischer Kriegsschiffe aufrecht erhalten, nachdem die Amerikaner seit 1892 mehr und mehr den politischen Einfluß auf die Inseln aufgegeben haben. Eine gründliche Ordnung der gänzlich verworrenen Verhältnisse wird nur dadurch zu erzielen sein, daß Deutschland die Schutzherrschaft über die Inseln ausspricht. Dazu ist es in erster Linie berechtigt, da der Handel zum großen Teil in deutschen Händen liegt.

Das Königreich Samoa zählte 1887 auf 2787 qkm 35,565 Einwohner, zum überwiegenden Teile polynesischer Rasse; denn im Gegensatze zu Hawaii hat sich die eingeborene Bevölkerung hier, wenn auch nicht gerade vermehrt, so doch immerhin noch in solchem Grade rein erhalten, daß die Zahl der Fremden gegenüber der der Eingeborenen sehr gering ist. 1874 lebten auf den Inseln zusammen 34,265 Eingeborene, von denen nahezu die Hälfte (16,568) auf Upolu, 12,530 auf Sawaii und 3746 auf Tutuila entfielen. Die Volksdichte beträgt für die ganze Gruppe 13 auf das Quadratkilometer. Von den Eingeborenen sind etwa 15,000 Christen (darunter 6000 Katholiken), und von den übrigen 19,000 halten sich etwa zwei Drittel wenigstens zur christlichen Partei. Die Zahl der Fremden besserer Stände belief sich 1887 auf nur 300, die der fremden Arbeiter aus anderen Südsee-Inseln, namentlich Tahiti und den Koralleninseln, auf 1000 Köpfe. Von diesen Arbeitern leiden die Neupommern unter dem Klima, besorgen aber mit Eingeborenen der Neuen Hebriden die Pflanzungen, während die Tahitier und die Bewohner der benachbarten Koralleninseln hauptsächlich Hafen- und Magazinarbeiter in Apia sind. Leider eignen sich die Samoaner selbst gar nicht zur Arbeit in den Pflanzungen, so daß Auswärtige, auch Chinesen, dazu gemietet werden müssen.

Die Besiedelung der Inseln ist ungleichmäßig. Vor allem ist Sawaii im Verhältnis zu seiner Größe nur schwach bewohnt, weil sich der größte Teil seiner Bevölkerung nur an der Küste aufhält, während das Innere infolge der hohen Berge und dichten Bewaldung fast menschenleer ist. Als Inland-Dorfschaften bezeichnet Graeffe nur Aopo und Palapalá nahe der Nordküste; diese Ortschaften hatten aber vor zwanzig Jahren nur je 15—20 Hütten, und auch ihre Bewohner zogen sich mehr und mehr der Küste zu. Graeffe hält diese Inlandsdörfer für unfreiwillige Gründungen, d. h. Ansiedelungen von Leuten, die durch Kriege von der Küste abgedrängt worden waren; denn im allgemeinen sind die Polynesier ein so ausgeprägtes Seevolk, daß ihre Ortschaften fast ausnahmslos an der Küste liegen, die ihnen die Kokospalme, die Fische und Seetiere, also ihre wichtigsten Nahrungsmittel liefert.

Die bedeutendste Ortschaft der Insel Sawaii ist von jeher das an der am besten besiedelten Ostküste gelegene Safotulafai gewesen, dessen durch ein Korallenriff geschützter Hafen von Booten und Kähnen belebt ist; die Existenz zweier Kirchen, einer katholischen und einer protestantischen, zeugt von den Erfolgen der Mission. Von Safotulafai ziehen sich mehrere Ortschaften und Hüttengruppen der Küste entlang nordwärts bis Puapua und südwärts bis Tofua, dem südlichsten Dorfe der Ostküste. Die Südküste trägt an dem guten Hafen und der Bai von Paluali die großen Dörfer Paluali und Satupaitea; und westlich davon liegen, zum Teil ein wenig landeinwärts, Uliamoa, Tufu und Sili. Dann folgt steile, fast unbewohnte Küste.

Die größte Ansiedelung der Westküste ist Salialua, Kokosöl verfertigend und durch den Fleiß seiner Bewohner ausgezeichnet. Ihr Hafen ist leidlich gut; und die gesamte Küste nördlich dieses Ortes ist trotz ihrer Steilheit mit Dörfern bedeckt, bis nach Siuwao hin. Auf dem Nordwestvorsprung liegt Felialupo; ebenso ist die Nordküste bis zur Bucht von Asaua gut bewohnt. Dann folgt eine rauhe und felsige Küste, wo von hohen Felsenabhängen mancherlei kleine Hüttengruppen herabschauen, deren vom Verkehr wenig berührte Einwohner die ursprünglichen Sitten wohl am meisten bewahrt haben. Den Nordosten nehmen wieder mehrere Ortschaften, Safune und Safina, sowie die große Ansiedelung Matautu ein, die mit dem einzigen gegen östliche Winde geschützten Hafen Sawaiis ausgestattet ist. Viele dieser Ortschaften ziehen sich malerisch den Strand entlang

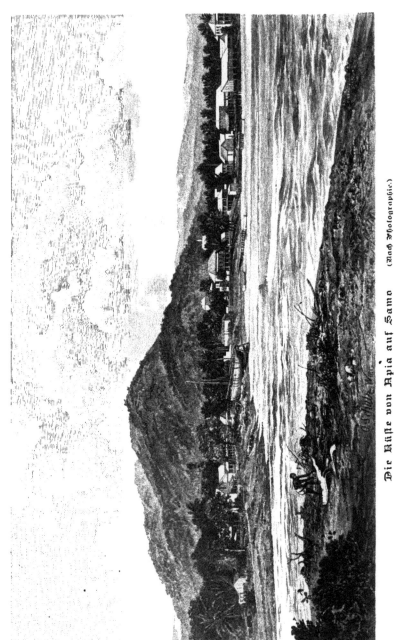

Die Küste von Apia auf Samo   (Nach Photographie.)

auf feinem weißen Sandboden oder zwischen Brotfruchtbäumen und Pisanggärten hin, halb versteckt auf und an den sanft aufsteigenden Anhöhen.

Die daran sich schließenden Ortschaften der Nordostküste, Satuala und Lialetele, sind mit Palapalá durch eine alte, der Tradition nach von den Tonganern erbaute Straße verbunden, die stellenweise erhöht und mit Seitengräben versehen, jetzt aber von der Waldvegetation überwuchert ist. Der zahlreichen Bevölkerung von Manono und ihrer wichtigen sozialen und politischen Rolle ist schon oben gedacht worden (vgl. S. 154).

Upolu, die am besten besiedelte Insel der Samoa-Gruppe, ist vor allem durch den Hafen von Apia, ihrer Hauptstadt, bekannt geworden. Dieser Ankerplatz liegt an der Nordküste am Fuße des Berges Vaia und vereinigt in dem gesamten Handel die europäischen und amerikanischen Kaufleute. Der Hafen von Apia (s. die beigeheftete Tafel „Die Küste von Apia auf Samoa") ist eine ovale, von beiden Seiten durch Korallenriffe eingeengte und nur in der Mitte einfahrtfreie Bucht, die in zwei innere Wasserbecken mit 8—16 m Wassertiefe zerfällt. Engigkeit, geringe Wassertiefe, schwieriges Landen und Schutzlosigkeit gegenüber den Orkanen sind Nachteile, derentwegen Apia nicht gerade zu den besten Ankerplätzen zählt. Trotzdem hat sich, nachdem fremde Kaufleute das Land um die Bucht erworben hatten, die Stadt rasch entwickelt, obwohl sie sich ausschließlich den Strand entlang in Form einer langen Straße hinzieht, deren Kern das im östlichen Winkel der Bucht liegende ursprüngliche Dorf Apia, der Sitz des Malietoa Laupepa, bildet. Zwei Flüsse teilen die Stadt in drei Teile: einen östlichen von der Matauta-Spitze bis zum Sigago-Fluß, einen mittleren bis zum Flüßchen von Mulivai und einen nordwestlichen, Mulivai, bis zur Landspitze Mulinu. In dem ersten haben sich namentlich die Europäer ihre Landhäuser mit Veranden, ihre Warenmagazine, Verkaufsläden und Schenken erbaut, in dem zweiten liegen das amerikanische und englische Konsulat dicht bei einander, ferner die evangelische Kirche und die Gebäude der englischen Missionsgesellschaft. Der dritte bildet eine Art von Landzunge zwischen der Bucht und den von ihr ausgehenden Brackwassersümpfen; hier befinden sich die katholische Kirche, das deutsche Konsulat und die Gebäude der deutschen Handels- und Plantagengesellschaft, während sich an den Gehängen des Vaia-Berges die französische Mission angesiedelt hat. Der nordwestlichste Teil der Stadt ist der gesundeste, da er dem Passat offen steht. Die weiß getünchten oder mit Ölfarben angestrichenen Häuser mit ihren hölzernen Veranden geben dem Ort ein freundliches Aussehen. In Apia selbst herrscht ein lebhaftes Treiben.

In erhöhtem Maße gilt für die Jetztzeit die lebendige Schilderung, die Graeffe (‚Journal des Museum Godeffroy') im Anfange der siebziger Jahre dieses Jahrhunderts von Apia entworfen hat: „Böte und Kähne durchfurchen nach allen Richtungen die Bucht. In den Gesang der arbeitenden Matrosen mischen sich die Rudergesänge der Eingeborenen, das Geschrei der am Strande und den Kais die Ladung abnehmenden Arbeiter aller möglichen Rassen. Am Lande selbst hört man das Rollen und Pfeifen der Dampfmaschinen, das Arbeiten der Werkleute, Reiter sprengen den Strand entlang, zahlreiche Banden von Eingeborenen durchziehen mit ihren Naturprodukten die Wege des Hafenplatzes. Abends ist zwar das Arbeitsgeräusch verhallt, dafür wird es aber am Lande erst recht lebendig. Die vielen Schenken füllen sich mit lärmenden Gästen; die Eingeborenen führen ihre Tänze mit Gesang und Händeklatschen und Trommeln auf, und alles erfreut sich im Freien der wohlthätigen Kühlung, welche die Nacht bringt." Seitdem hat Apia allmählich einen europäischen Anstrich gewonnen, die Zahl der Dampfer hat sich vermehrt, und die fast beständige Anwesenheit deutscher und englischer Kriegsschiffe belebt das Bild noch um ein Bedeutendes.

Obwohl Upolu viel volkreicher ist als Samaii, so liegen doch auch hier die Dörfer der Eingeborenen fast ausschließlich an der Küste, so daß ein Umgang um diese genügt, beinahe sämtliche

Ansiedelungen kennen zu lernen. Da jedoch die Pflanzungen auf Upolu weiter ins Innere
einbringen, so erhält die Insel auch hierdurch den Charakter eines besser besiedelten Landes.
Der Nordwesten Upolus birgt eine Reihe von ansehnlichen Küstendörfern, unter denen Malua
das Seminar der englischen Mission mit hübschen Gartenanlagen enthält. Westlich davon beginnt einer der wichtigsten Distrikte Samoas. Aana ist durch besonders kriegerische Bevölkerung
und durch den Hauptort Leulumoega ausgezeichnet, wo die protestantische und katholische Mission
ebenfalls je eine Station besitzen. Die weite, fruchtbare Ebene, die sich von der Gegend der Ortschaften Fasituta, Falesiu und Fasitutai nach der Südküste hinüberzieht, gehört zu den besten,
für die Landwirtschaft aussichtsvollsten Gebieten der Insel. Selbst im Nordwesten, bei Muli-
fanua, befinden sich Pflanzungen auf den mit Lavablöcken überschütteten äußersten Vorsprüngen
Upolus. An der Südwestküste sind die wichtigsten Ansiedelungen Falelatai und Lefaga, von
wo ein ebener Weg nach Leulumoega an der Nordküste führt, an der Südküste die meilenlang sich
an der Bucht von Safata entlang ziehenden Häuser (darunter die Station der französischen
Mission) von Safata, das durch einen schmalen Gebirgspfad mit Apia verbunden ist. Zwischen
Siumu und Falealili ist die Küste so steil und unbewohnt, daß der beide Orte verbindende Pfad
abseits und landeinwärts an der Küste verläuft. Falealili ist der größte Platz der Südküste, mit
3500—4000 Einwohnern bis vor kurzem größer als Apia, eine 4 km lange Reihe von Hütten
und Hüttengruppen zwischen Kokospalmen und Brotfruchtbäumen. Die Bewohner dieser Ortschaft gelten für unfreundlich, rauh und kriegerisch, haben auch lange Zeit den größten Teil der
Insel Tutuila in Tributpflicht gehalten. An der steilen Südostküste liegen die Dörfer Lotofagá,
Anfagá und Lepa, die der rauhen Ostküste sind noch unbedeutender, und erst die Dörfer an der
tief einschneidenden Fagaloa-Bucht sind wieder ansehnlicher und bekannt durch die vorzüglichen
Taropflanzen. Die Hauptorte des Bezirks Atua sind Falefá an der ausgezeichnet sicheren Bucht
gleichen Namens und Lufilufi nahe der großen Bai von Saluafata, an deren Ostseite auch das
große Dorf Saluafata selbst die mit Kokospalmen übersäete Küste belebt. „Die Gegend von
Saluafata", bemerkt Graeffe (Journal des Museum Godeffroy), „ist eine der schönsten in
Upolu. Das Meer bildet hier eine weite Bucht, die von Hügeln und Bergen umkränzt wird; in
derselben liegen mehrere kleine Inseln, gekrönt mit Gebüsch und Kokospalmen, wo in stiller
Ruhe die Gebeine der Häuptlinge dieses Landesteils unter gemauerten Mausoleen liegen. Einzelne Felsen, die dem Meere entsteigen, und Riffe, über welchen es sich weißschäumend bricht, verleihen dem Ganzen ein höchst malerisches Aussehen. An dem Abhang des Vorgebirges von
Saluafata, das westlich gegen die vom demselben beschützte Bucht ziemlich steil abfällt, gegen
Norden aber staffelförmig, mit Palmen, mit Hainen von Brotfruchtbäumen und mit Gärten
der üppig gedeihenden Bananen beladen, sich zum Meer herabsenkt, steht das evangelische Missionshaus, das größte in Samoa." Zwischen Saluafata und der Hauptstadt Apia ist die Küste
dicht mit Ortschaften besetzt, unter denen das der Residenz benachbarte Vailele oder Bailili, abgesehen von seinen Pflanzungen, durch den Tod einer großen Anzahl deutscher Seesoldaten, die
der Krieg gegen den Malietoa als Opfer gefordert hat, bekannt geworden ist.

Auf der dritten Insel der Samoa-Gruppe, Tutuila, bildet die Leoni-Bucht an der Südwestseite das Zentrum der Bevölkerung. Hier liegt die bedeutendste Ortschaft der Insel, Leoni,
die in ihren sechzig nach Straßen geordneten Hütten Missionsgebäude und die Sitze zweier Vize-
konsuln aufweist. Von hier führt der Hauptweg nach Fangassa an der Nordseite der Insel; an
ihm liegen drei kleine Ortschaften im Inneren in außerordentlich schöner Umgebung. „Man
denke sich", sagt Graeffe, „zwischen bewaldeten Bergabhängen ein tiefes Thal, durch dessen Mitte
der Pfad sich windet. Zu beiden Seiten desselben, zwischen schattigen Brotfruchtbäumen, blicken
auf reinlich gehaltenen Kiesplätzen die geräumigen, luftigen Pfahlhütten traulich hervor. Von den

walbigen Höhen um diese Orte erblickt man die grünen Schluchten, die blauen Buchten und das sich in unendliche Ferne hinausziehende Meer, von einem leichten, weißen Dunstkreise begrenzt."

Zu erwähnen wäre noch, daß Nuuuli an der Südküste von Tutuila eine Kirche besitzt; dagegen hat sich am großen Hafen von Pago=Pago (s. Abbildung, S. 152) noch keine Ortschaft entwickelt, und auch die Siedelungen der Nordküste an den Häfen Masefau, Afono, Fangasa und Aluau sind nur klein.

Die Insel Manua oder Tau ist in zwei Distrikte geteilt, von denen der eine, Lefaletotu, die West= und Nordküste, der andere, Fitiuta, die Ostküste umfaßt. Der Häuptling von beiden Distrikten, Tui=manua, dessen Sitz in Tau war, hatte früher große politische Bedeutung, da der Tradition nach der Ursprung der Samoaner nach Tau verlegt wird. Die Bewohner dieser kleinen Inseln haben die ursprünglichen Sitten noch besser bewahrt als die der großen; nament= lich findet in Upolu europäisches Wesen mehr und mehr Eingang.

Der Handel und Einfluß Deutschlands ist von dem großen Hamburger Hause Godeffroy bereits in den sechziger Jahren dieses Jahrhunderts so weit gehoben worden, daß Apia als Mittelpunkt für den Handel der benachbarten polynesischen und auch der mikronesischen Inseln gelten durfte. Als dann im Jahre 1882 das Haus Godeffroy wegen der Ablehnung des Reichs= schutzes über Samoa zu Grunde ging, hat seine Nachfolgerin, die „Deutsche Handels= und Plan= tagengesellschaft", den Betrieb fortgesetzt und erweitert. Sie besitzt jetzt auf der wichtigsten und fruchtbarsten Insel Upolu 135,137 Acker Land, wovon 7985 Acker unter Kultur sind, und ist die einzige Besitzerin wirklicher Pflanzungen. Auf den bedeutendsten davon: Vailele mit Utumupu, Vaitele mit Aele und Matoomutu, werden Kokospalmen zur Gewinnung der Kopra, Kaffee und Baumwolle, auch Früchte (Bananen) gepflanzt, und alle diese Produkte gelangen zur Ausfuhr. Daneben kommen noch, allerdings in geringeren Mengen, in Betracht: Kakao, Tabak, Mais, Vanille, Zimt, Brotfruchtbäume, Yams, Taró, Tomaten und Mangos. Auch Viehzucht ist mit Erfolg begonnen worden; so werden Rindvieh, Zugochsen, Pferde, Esel, Maultiere auf den Pflan= zungen gehegt. Der Handelsverkehr mit den übrigen Inseln wird durch 21 Fahrzeuge auf= recht erhalten; dagegen hat der Norddeutsche Lloyd die mit dem Dampfer „Lübeck" begonnene Zweiglinie Sydney=Apia wieder eingestellt. Der Handel der englischen und amerikanischen Firmen geht nicht über die Samoa=Inseln hinaus. Obwohl er sich aber auf diese beschränkt, so haben doch Engländer seit 1880 mit gutem Erfolg Landbau auf Sawaii betrieben und einen Teil der Insel durch Kauf in ihre Hände gebracht.

Am besten gedeihen auf den fruchtbaren Inseln Baumwolle und Kokospalmen; gute Aus= sichten bieten Reis, Tabak, Zuckerrohr und Kaffee. An der Spitze der Ausfuhr stehen jetzt Kopra, Baumwolle, Kaffee und frische Früchte; die Einfuhr bringt aus Deutschland namentlich Manu= fakturwaren, Eisen=, Leder=, Kurz= und Galanteriewaren, Waffen, Munition, Chemikalien, Droguen, Steinkohlen und Bier, ferner auch Kleider, Baumaterialien, Tabak, Zigarren, Pferde, Vieh aus anderen Ländern. Die deutsche Handels= und Plantagengesellschaft ist durch Vertrag verpflichtet, einen ständigen Kohlenvorrat von 600 Tonnen westfälischer Kohle für deutsche Kriegsschiffe auf Lager zu halten. Die Gesamtausfuhr für 1893 wird auf 766,563 Mark, die Gesamteinfuhr 1892 auf 1,303,70, 1893 auf 1,386,811 Mark angegeben. Wenn auch diese Angaben entschieden zu niedrig sind, so ermöglichen sie es doch, ein Bild von der Bedeutung des deutschen Handels in Samoa zu gewinnen. Denn von der Ausfuhr kamen auf die deutschen Kaufleute 1892: 474,705, 1893: 642,621, auf die englischen 1892: 291,228, auf die ame= rikanischen nur 630 Mark (die Zahlen für die Ausfuhr der nichtdeutschen Kaufleute für 1893 sind nicht bekannt); von der Einfuhr auf die deutschen 669,712, 1893: 766,135, die eng= lischen 289,897, 1893: 253,928, die amerikanischen 191,519, 1893: 183,388 und auf alle übrigen Kaufleute 152,574, 1893: 182,860 Mark, so daß Deutschland von dem angegebenen Gesamthandelswert von 1892: 2,070,265 Mark volle 1,144,417 Mark, also weit über die Hälfte, beansprucht, während Englands Posten nur 580,000 Mark beträgt. Außerdem beweisen diese Zahlen ein Ansteigen des deutschen, einen Rückgang des nichtdeutschen Handels. Dieses Überwiegen des deutschen Handels spricht sich auch in der Zahl der in Apia verkehrenden Schiffe aus, deren es 1889 unter 235 eingelaufenen 178 deutsche waren. Ebenso betrug die Höhe der Einfuhrzölle im Jahre 1892 für die Deutschen 56,496 Mark, für die Engländer dagegen nur 12,772 und für die Amerikaner 9158 Mark.

Der Schiffsverkehr drängt sich in Apia zusammen. Ihm gegenüber weisen die übrigen Häfen, von denen als die bekanntesten erstens der sehr gute, den Amerikanern überlassene und ihnen als Kohlenstation für die Linie San Francisco-Auckland dienende Hafen Pago-Pago auf Tutuila und zweitens Saluafata auf Upolu aufzuführen sind, einen nur ganz geringen Verkehr auf. Bei der vorherrschenden Bedeutung deutschen Handels auf Samoa ist die baldige Errichtung deutscher Schutzherrschaft über die Inselgruppe zu erwarten. Aller Wahrscheinlichkeit nach werden hier etwa noch notwendige Opfer an Menschen und Geld nicht umsonst gebracht werden, denn Samoa ist schon an und für sich ein überaus fruchtbares Land, gehört aber seiner Weltlage nach zu den für die Zukunft bestgelegenen Gebieten. Ist es doch, zwischen Nordamerika und Austra- lien, zwischen Südasien und Südamerika mitten inne gelegen, dazu berufen, eine wichtige An- laufstation für Handelsschiffe abzugeben. Außerdem liegt es im Zentrum Polynesiens, für das es schon einmal der Ausgangspunkt der Wanderung der Hawaiier nach ihrem Inselreich und der Maori nach Neuseeland gewesen ist.

3. Die Republik Hawaii.

Die gegenwärtige Republik, bis 1894 das Königreich Hawaii, ist die größte noch selb- ständige Staatenbildung der Südsee, aber eine Gründung allerneuesten Datums, von deren Dauer man sich nicht viel verspricht. Doch war auch das Königtum auf Hawaii keine alte Ein- richtung, sondern entstammte erst dem Jahre 1795, als der große Häuptling von Hawaii die Inseln des Westens, Oahu vor allen, eroberte und das Königtum der Hawaii-Inseln begründete. Dieses hat sonach gerade ein Jahrhundert bestanden, innerhalb dessen acht Herrscher, darunter fünf des Namens Kamehameha, aufeinander folgten.

Vor dem Jahre 1795 und wahrscheinlich seit den Zeiten der Einwanderung der Hawaiier in ihre Inseln, die in das 6. Jahrhundert nach Christus gesetzt wird, bestanden eine Reihe von ein- ander oftmals bekriegenden Fürstentümern, deren Fürsten sich den Ausbau der wirtschaftlichen und religiösen Einrichtungen angelegen sein ließen und während eines Jahrtausends nur einmal mit den übrigen polynesischen Inseln in längere Berührung gekommen sind: im 11. Jahrhundert. Die Vertreibung polynesischer Einwanderer aus den Fidschi-Inseln versetzte damals ganz Poly- nesien in Erregung und führte unter anderem auch zur Einwanderung samoanischer Priester auf Hawaii, die hier das Tabu einführten. Als Gegenbewegung dazu galten die Reisen hawaiischer Fürsten und Priester nach den Kahiki-Inseln, die man wohl auch in der Samoa-Gruppe suchen muß. Nachdem diese Periode der Reisen vorüber war, entwickelten die Hawaiier die Kultur ihrer Inseln fort, legten besonderen Wert auf die Anpflanzung der wichtigsten Nahrungspflanze, Taró (s. Abbildung, S. 239), und gerieten mehr und mehr unter die Macht der Priester und Häupt- linge, die unter anderem die Tabu-Vorschriften verschärften und Menschenopfer einführten. Vom 14. bis zum 18. Jahrhundert dauerten sodann die Kämpfe zwischen den einzelnen Inseln, nament- lich Hawaiis gegen die übrigen, da schon im 14. Jahrhundert die Häuptlinge von Hawaii versuchten, die Nachbarn zu unterjochen. Während des 17. und 18. Jahrhunderts stand auf seiten Hawaiis die Bevölkerung von Maui, deren Gegner besonders Oahu und Molokai waren.

Um die Zeit der Entdeckung der Inseln durch Cook 1778 gab es auf der Insel Hawaii drei voneinander unabhängige Fürstentümer, in deren einem der 1736 geborene Kamehameha, ein Neffe des Fürsten Kiwalao, durch die Schlacht von Mokuohai die Herrscherwürde an sich riß und hierdurch den Grund zu dem späteren Königreich Hawaii legte. Im Jahre 1789 bemächtigten sich die Hawaiier eines amerikanischen Schiffes; der Gefangenen nahm sich Kamehameha an, gelangte in den Besitz von Kanonen und Gewehren und verwendete diese und die Dienste der gefangenen Seeleute zu einem Eroberungszuge nach Maui, das er 1790 einnahm. Während der Jahre 1791—94 dehnte er seine Herrschaft über die ganze Insel Hawaii aus und zog Nutzen aus der mehrmaligen Anwesenheit der Schiffe Georg Vancouver's, der als Entgelt für freundliche Aufnahme eine Reihe wichtiger Pflanzen (Apfelsinen und andere), ferner Rindvieh und Schafe auf Hawaii einbürgerte, vor allem aber dem Kamehameha ein Kriegsschiff nach europäischem Muster baute. Mit diesem und einem auserlesenen Heere von 16,000 Mann griff der nunmehrige Häuptling von Hawaii und Maui die westlichen Inseln an, eroberte Molokai, sicherte sich Maui und trieb das Heer von Oahu über den steilen Absturz des Nuuanu-Thals, die Pali, hinüber in den Tod. Die Unterwerfung der nordwestlichsten Inseln Kauai und Niihau, die ihm danach noch übrigblieb, wurde auf friedlichem Wege 1810 vollzogen, und Kamehameha war nun von 1810 bis zu seinem Tode 1819 unumschränkter Herrscher aller hawaiischen Inseln. Durch Einführung einer Verwaltung, Erbauung einer großen Kriegsflotte, Benutzung der überlegenen Kenntnisse der Ausländer und Verlegung des Regierungssitzes nach dem zentraleren und fruchtbareren Oahu sicherte er das Reich vollends und verhinderte den Zerfall. Klug beugten diesem auch seine Nachfolger vor, so daß das Reich seit 1810 ungeteilt geblieben ist.

Sein Sohn Kamehameha II. (1819—24) führte bei seinem Regierungsantritt die größte Veränderung in Hawaii herbei, indem er das Tabu-System und den Götzendienst abschaffte, das Christentum einführte, die dagegen sich wehrenden Häuptlinge niederschlug und Missionare berief. Seit dem Jahre 1820 haben amerikanische Geistliche den Protestantismus über die Inseln verbreitet, die hawaiische Schriftsprache festgestellt und Bücher in ihr gedruckt, worin sie seit 1822 durch englische Missionare unterstützt wurden. Bei einer Reise nach England fanden jedoch der König und die Königin den Tod.

Kamehameha III. (1825—54) hatte zunächst die Aufgabe, die Zügellosigkeit der fremden Matrosen einzuschränken und die christliche Kirche auf den Inseln auszubauen. Bei dieser Gelegenheit kam bereits der übliche Zwist zwischen den evangelischen und den 1827 auf die Inseln geschickten katholischen Missionaren zum Ausbruch, der zur Vertreibung der Katholiken 1830 führte. 1837 kehrten sie jedoch mit französischer Hilfe zurück und brachten die erste Demütigung der Regierung Hawaiis unter den Willen der Europäer, in diesem Falle der Franzosen unter Admiral Laplace. Im Jahre 1840 erhielt das Land eine Verfassung mit zwei Kammern, sechs Oberrichtern, vier Gouverneuren. 1842 wurde ein Regierungsschatzamt errichtet, zugleich aber begann das Königreich das Gelüste sowohl der Franzosen wie der Engländer zu erregen. Obwohl es von England, Frankreich und den Vereinigten Staaten anerkannt war, wagte doch 1843 Lord Paulet das Land für Großbritannien in Besitz zu nehmen, ein Schritt, der schon nach wenigen Monaten widerrufen werden mußte. Nun wurde die Regierung neu eingerichtet, fünf Ministerien für Unterricht, Justiz, Auswärtiges, Handel, Inneres errichtet, das Landeigentum geregelt, die Rechtspflege geordnet, kurz, es wurden eine ganze Reihe wichtiger Reformen eingeführt, deren Wirkung in zunehmender Blüte des Handels und der Kultur deutlich zu spüren war. Um diese Zeit wurden die ersten Kaffeepflanzungen und Getreidefelder angelegt und neue Zuckerplantagen geschaffen. 1848/49 wurde ein neuer Konflikt mit Frankreich mit einiger Mühe beigelegt, 1852 die Verfassung verändert. Die Einwanderung und üble Auf=führung kalifornischer Abenteurer und die Einschleppung der Pocken 1853 riefen zum erstenmal den Wunsch bei den Ausländern wach, Hawaii unter den Schutz der Vereinigten Staaten zu stellen, was jedoch an Englands Widerstreben, Frankreichs Protest und dem Tode des Königs scheiterte.

Die Regierungszeit des folgenden Königs, Kamehameha's IV. (1855—63), brachte die Beilegung der Streitigkeiten mit Frankreich, die Ernennung eines englischen Bischofs von Hono=lulu, bedeutende Verbesserungen in der Stadt Honolulu, Ausbau des Hafens und Einführung des Reisbaues an Stelle der durch Krankheiten geschädigten Kaffeepflanzungen und der Bienen=zucht: genug Leistungen in einem so kurzen Zeitraume.

Sein Nachfolger, Kamehameha V., regierte ebenfalls nur neun Jahre (1863—72), gab aber sogleich nach seiner Thronbesteigung eine neue Verfassung, die das Amt einer Regentin neben dem König abschaffte, die Kammern vereinigte und das Wahlrecht den Analphabeten entzog. Dafür wurden neu die Ämter eines Kanzlers, eines Marschalls und eines Generalzolleinnehmers geschaffen, die wie auch die Ministerien meist mit Nordamerikanern besetzt wurden, so daß seitdem der nordamerikanische Einfluß vorherrscht. Die damals zuerst aus 24—42 Delegierten gewählte Abgeordnetenkammer hält nur zweijährige Sitzungsperioden, das 24 Mitglieder, Leute mit mehr als 12,000 Mark jährlichem Einkommen, zählende Herrenhaus (House of nobles) dagegen sechsjährige. 1865 begannen die Chinesen und Japaner auf die Inseln einzuwandern; gleich=zeitig wurde die Versetzung der Aussatzkranken nach Molokai dekretiert. Im Jahre 1870 wurde die Dampfschiffahrt zwischen San Francisco und Australien über Honolulu eröffnet. Auswärtige Streitigkeiten fielen nicht vor, die Blüte des Landes, besonders der Zuckerkultur, wuchs.

Mit dem Tode Kamehameha's V. starb das echte Königsgeschlecht aus, nicht zum Vorteil des Landes. Denn nun begannen Thronstreitigkeiten, die in Verbindung mit der Partei=sucht der Fremden und ihrem mehr und mehr zunehmenden Einfluß gegenüber dem Rückgang der Eingeborenen Hawaii immer mehr dem unruhigen Zustand einer Wahlmonarchie zutrieben und schließlich nach kaum 20 Jahren zur Republik geführt haben.

Die kurze Regierung Lunalilo's (1873—74), eines Verwandten der Kamehamehas, schädigte bereits das Ansehen der Regierung insofern, als ein gegen deren Plan, einen Hafen am Pearl=Fluß den Vereinigten Staaten abzutreten, ausgebrochener Aufstand der Schloßgarde und der Bevölkerung den König zur Nachgiebigkeit zwang. Beim Thronwechsel 1874 erfolgten ernste Streitigkeiten zwischen den Anhängern der Königin Emma, Witwe Kamehameha's IV., und denen des Obersten David Kalakaua, die erst mit Hilfe der englischen und amerikanischen Kriegs=schiffe beigelegt wurden. Kalakaua ging als Sieger aus der Königswahl hervor und regierte 17 Jahre, bis 1891, meist mit Hilfe der Fremden. So saßen z. B. im ersten Ministerium ein Deutscher, ein Hawaiier und zwei Amerikaner, aber der Einfluß der Amerikaner nahm immer mehr zu. Zur Ausbildung des neugeschaffenen stehenden Heeres wurden Ausländer herangezogen, die Einwanderung der Chinesen und Japaner nahm in bedrohlicher Weise zu und mußte durch Gesetze beschnitten werden, dazu trat als neues Element seit 1877 das der Portugiesen von den Azoren und Madeira, die zum Ersatz der abnehmenden einheimischen Arbeiter herbeigeholt wurden. Wichtiger noch war der Abschluß des Handelsvertrags mit den Vereinigten Staaten, der diesen einen maßgebenden Einfluß auf die wirtschaftlichen Verhältnisse Hawaiis einräumte, allerdings auch den Handel Hawaiis außerordentlich hob, da die wichtigsten Produkte des Landes in den Vereinigten Staaten Zollfreiheit erhielten. Namentlich die Erzeugung von Zucker und Reis stieg riesenhaft schnell, und die Ausfuhr verdreifachte sich seit 1875. Besonderes Augenmerk wurde auf die Verbesserung der Verkehrswege gerichtet, mehrere kurze Eisenbahnen auf Oahu, Hawaii und Maui erbaut, Küstendampfschiffslinien errichtet, Telegraphen= und Telephonlinien erweitert und gewaltige Bewässerungsanlagen angelegt. Freilich vermehrte Kalakaua dadurch die Schuld des Landes auf 2,500,000 Dollar, erhöhte sie noch durch eine längere Reise in Amerika und Europa 1881 und legte dem Lande nach und nach so viele Lasten auf, daß 1887 ein Aufstand ausbrach, der ihn zwang, die Verfassung in der Weise zu ändern, daß die Kronrechte beschränkt und die Verantwortlichkeit der Minister eingeführt wurden. 1889 gaben die Forderungen der Amerikaner: die Überlassung eines Kriegshafens am Pearl=Fluß auf Oahu und die Verpflichtung, keine Verträge mit anderen Mächten ohne Genehmigung der Vereinigten Staaten zu schließen, Anlaß zu Besorgnissen wegen eines bevorstehenden amerikanischen Protektorats. Die Erneuerung des im übrigen vorteilhaften Handelsvertrages mit Nordamerika wurde daher versagt, wodurch zwar die Unabhängigkeit der Inselgruppe gewahrt, die Finanzen aber zerrüttet wurden.

Bald darauf starb Kalakaua während einer klimatischen Kur in Kalifornien 1891, und es folgte ihm die letzte Herrscherin der Hawaii=Gruppe, Liliuokalani (1891—94). Ihre Bestrebungen waren auf Sparsamkeit gerichtet, hatten jedoch nach anfänglichem Erfolg wegen des Niederganges der Zuckerindustrie kein Ergebnis. Da sich nun auf der einen Seite wegen der üblen Lage der Staatseinnahmen die für die amerikanische Schutzherrschaft thätige Partei wieder zu regen begann, auf der anderen aber die Patrioten Hawaiis den gänzlichen Verlust ihrer Selbständigkeit befürchteten, so änderte die Königin im Jahre 1893 die Verfassung im Sinne der Gewährung größerer Vorrechte an die Krone ab. Als sich die Minister weigerten, diese Reform zu unterzeichnen, drohte der Ausbruch einer Revolution, doch gab die Königin nach und stand von ihrem Vorhaben ab. Dennoch drängte die amerikanische Partei zur Abschaffung des Königtums und setzte dies auch mit Hilfe der amerikanischen Kriegsschiffe durch. Das Protektorat der Vereinigten Staaten wurde von dem Präsidenten Harrison empfohlen, vom amerikanischen Senat aber der Entscheidung des neuen Präsidenten Cleveland überlassen; dieser lehnte es indessen zu Anfang 1894 ab. Infolgedessen ist nach weiteren Wirren Hawaii zur Republik erklärt und der Präsident dieser Republik, Stanford Dole, von manchen Mächten, unter anderen auch im November 1894 von Deutschland, anerkannt worden.

Damit ist jedoch die staatliche Entwickelung Hawaiis sicher noch nicht abgeschlossen, sondern man darf, sobald die jetzige demokratische Regierung der Vereinigten Staaten zurückgetreten sein wird, von den Republikanern die Errichtung eines Protektorats der Vereinigten Staaten über Hawaii erwarten, was für die Entwickelung der Inselgruppe, da nun einmal die Amerikaner den Handel großenteils in Händen haben, auch wohl am förderlichsten wäre.

Das Überhandnehmen des fremden Elements spricht sich auch in den Bevölkerungs=. zahlen aus. Von den 89,990 Einwohnern, die 1889 auf der Inselgruppe lebten, waren nur 34,436 Eingeborene, 6186 Mischlinge zwischen Eingeborenen und Fremden, 7495 auf den Inseln naturalisierte Ausländer und 13,205 andere Weiße, darunter 1928 Amerikaner, 1344 Engländer, 1034 Deutsche, aber 8602 Portugiesen. Ferner zählte man 15,301 Chinesen, 12,360 Japaner und 588 Polynesier. Von 1891—93 sollen dazu noch etwa 7000 Japaner eingewandert sein, wodurch die Zahl der Japaner auf nahezu 20,000, die Gesamtzahl der Einwohner auf 95,000 (ohne 2000 Hawaiier) gestiegen sein wird. Neben den Eingeborenen, die nur noch wenig über ein Drittel der Bevölkerung betragen, sind sonach die Japaner und Weißen die zahlreichsten Bewohner der Gruppe mit je etwa ein Fünftel der Gesamtzahl; die Chinesen nehmen drei Zwanzigstel der Bevölkerung ein. Eine Zunahme weisen seit 1884 nur die Halbweißen, die naturalisierten Ausländer und die Japaner auf, alle übrigen Elemente der Bevölkerung gehen zurück, am meisten die Hawaiier selbst: 1884—90 um 5578, und seitdem vermutlich wiederum um mehrere Tausend Köpfe. Auffallend ist das Überwiegen des männlichen Geschlechts über das weibliche, indem 1890: 58,714 Männer 31,276 Frauen gegenüberstanden, ein Mißverhältnis, das besonders durch (1889) 17,068 chinesische Männer, denen nur 871 Frauen gegenüber-standen, hervorgerufen wird, aber auch bei den Weißen und Eingeborenen besteht. Dieser be-deutende Unterschied in der Zahl der Geschlechter ist den sozialen Verhältnissen nicht förderlich gewesen. Am stärksten bewohnt war 1890 (im Jahre der letzten Volkszählung) die Insel Oahu mit 31,194 Einwohnern, was einer Bevölkerungsdichtigkeit von 19 auf das Quadratkilometer entspricht; dann folgten der Einwohnerzahl nach Hawaii mit 26,754 (2,8 auf das Quadrat-kilometer), Maui mit 17,357 (3,6 auf das Quadratkilometer), Kauai und Niihau mit 11,859 (6,9 auf das Quadratkilometer) und endlich Molokai mit 2826 (3,6 auf das Quadratkilometer). Die dichtest besiedelten Inseln sind demnach Oahu und Kauai, die Gesamtdichte von 5,8 auf das Quadratkilometer kann aber nicht als hoch gelten.

Die Einwanderung betrug 1893: 5672, die Auswanderung 3926, wonach ein Überschuß von 1746 für die Einwanderung verblieb. Im ganzen wächst also die Bevölkerung der Sand-wich-Inseln, jedoch auf Kosten der Eingeborenen, deren Zahl erschreckend zurückgeht. Von etwa 130,000 im Jahre 1833 sank sie in vier Jahren auf 108,000; um 1850 schätzte man die Ein-wohnerzahl auf 84,165, 1854 auf 73,137 und 1878 auf 57,985. 1884 aber gab es nur noch 40,014, 1890: 34,436 Hawaiier reinen Blutes, so daß im Falle, daß die Abnahme wie bisher fortschreitet, in etwa 20 Jahren die alten Hawaiier vollständig ausgestorben sein werden. Ab-gesehen davon, daß besonders die Vornehmen nur wenige Kinder haben, trägt die noch immer große Sittenlosigkeit erheblich zur Zerstörung der polynesischen Hawaiier bei. Dagegen gedeihen die Mischlinge körperlich und geistig sehr wohl; ihre Zahl ist aber gering gegenüber den fremden Nationalitäten, die schon jetzt an Zahl die Hawaiier erheblich überwiegen und infolge ihrer Ver-schiedenartigkeit mit der Zeit eine eigentümliche Mischrassenbevölkerung herausbilden werden. Während 1854 nur 1962 Ausländer 73,137 Hawaiiern gegenüberstanden, erhöhte sich ihre Zahl wegen des fortwährend fühlbarer werdenden Arbeitermangels sehr bald um ein Bedeutendes. Die 1852 zuerst herbeigeholten Chinesen, die in ihrem Gefolge den entsetzlichen Aussatz auf die Inseln mitgebracht haben, wuchsen bis 1889 auf 17,000 Köpfe an, sind aber seitdem infolge gesetzlicher Beschränkung ihrer Einwanderung auf 15,301 Köpfe zurückgegangen. 1877 traten dazu die Portugiesen der Azoren und Madeiras, die 1884 bereits 10,000 Seelen zählten, 1890 aber ebenfalls auf 8602 Köpfe zurückgebrängt waren. Dafür sind neuerdings Japaner in grö-ßeren Mengen angeworben worden; ihre Zahl stieg von 116 im Jahre 1884 auf 12,360 im Jahre 1890 und soll nach Marcuse bis 1894 wiederum um 7000 gewachsen sein. Diese Völker-schaften, Portugiesen, Chinesen und Japaner, sind jetzt die eigentlich arbeitende Klasse auf den Inseln, während sich die Hawaiier nur noch gewisse Gewerbe, namentlich infolge ihrer aus-gezeichneten Kenntnis des Meeres und der Berglandschaften, Schiffahrt, Fischfang, Jagd und die Führung der Fremden gewahrt haben. Ihre Eigenschaften erben zum Teil fort in den durch blendende Schönheit und Überwiegen der Zahl des weiblichen Geschlechts ausgezeichneten Halb-weißen, deren gesellschaftliche Stellung recht hervorragend ist. Die herrschende Klasse sind aber die Amerikaner, Engländer und Deutschen; denn trotzdem, daß diese ohne die naturalisierten Fremden nur etwa 4300 Köpfe zählen, haben sie den Handel doch vollständig in ihrer Hand und dürfen den Ruhm beanspruchen, Hawaii rasch zu einer angelsächsisch-deutschen Kolonie ge-macht zu haben. In Sitten, Kleidung, Wohnung und Nahrung, Maßen, Gewicht und Münze sind auch die meisten Hawaiier bereits völlig amerikanisiert; auch besteht kein eigenes Münz-system, sondern die Dollarwährung.

Der Wohlstand des Landes beruht auf dem Ackerbau, der sich jetzt nahezu auf zwei haupt-sächliche Produkte, Zucker und Reis, beschränkt. Seit der Veröffentlichung des Handelsvertrags mit den Vereinigten Staaten hat besonders der Zuckerhandel einen riesigen Aufschwung genom= men. Jetzt gibt es 67 Zuckerpflanzungen auf den Inseln mit einem Gesamtkapital von 33,333,000 Dollars, wovon 24,750,000 in amerikanischen Händen sind und nur 6 Millionen auf Engländer, 2 Millionen auf Deutsche, 250,000 auf Eingeborene entfallen. Die Menge der Zuckerausfuhr stieg von 1873—81 von 23 auf 94³/₄ Millionen Pfund, der Wert erreichte 1893: 10,200,000 Dollars. Dahinter tritt der Wert der Reisausfuhr mit 317,000 und der der Bananenausfuhr mit 92,000 Dollars weit zurück; außerdem wurden 1893 Häute im Werte von 43,000 Dollars ausgeführt. Kaffee wurde mit weniger Erfolg angebaut, da die Kaffeebäume unter Krankheiten zu leiden hatten; die Ernte sank von 1873—81 von 262,000 auf 19,000 Pfund und hat jetzt fast ganz aufgehört. Unter den einheimischen Nutzpflanzen spielt Pulu, eine bräunliche Pflanzenwolle von dem Farnbaum Cibotium glaucum, die erste Rolle und wird zu Hüten und Polsterarbeiten verwendet. Schwämme von den Stämmen gefallener Bäume werden nach China und Kalifornien ausgeführt; Öl wird aus den Nüssen des Kukuibaumes (Aleurites triloba) und Arrowroot von der Tacca pinnatifida gewonnen.

Die ergiebige, seit Vancouver's Reisen eingeführte Rindviehzucht liefert Häute, Felle, Talg, die Schafzucht Wolle. Die Rinder und Pferde sind aber im Inneren der Inseln vielfach verwildert und leben herdenweise auf den Bergweiden. Unter den Ausfuhrprodukten des Tier= reichs waren die gelben Flügelfedern der Drepanis pacifica und Acrulocercus nobilis sehr wertvoll, und Perlmuscheln finden sich in der Pearlfluß=Bucht bei Honolulu. Die Wale, die sich früher in sehr großen Mengen in den Gewässern um die Inseln herumtummelten, sind jetzt kaum noch dort anzutreffen, so daß der Walfang sehr zurückgegangen ist.

Der Handel hat sich seit dem Abschluß des Handelsvertrags mit den Vereinigten Staaten ungeheuer gehoben. 1862 betrug die Ausfuhr nur 838,000, 1889 aber 14,039,000 Dollars; seitdem ist sie freilich wegen der Ablehnung der Verlängerung des Handelsvertrags bis 1892 wieder auf 8,060,000 Dollars gesunken, 1893 erneut auf 10,818,000 Dollars gestiegen. Die Einfuhr erreichte 1891 ihren höchsten Wert mit 7,439,000 Dollars, fiel aber 1893 auf 5,347,000 Dollars. Fast die gesamte Ausfuhr ging nach den Vereinigten Staaten, 1889 von 14,039,000 Dollars nicht weniger als 13,841,000 Dollars, der Rest nach England, China, Japan, Deutsch= land und Australien. Ähnlich steht es mit der Einfuhr, so daß von dem Gesamthandelswert von 20,105,030 Dollars im Jahre 1890: 18,332,631 auf die Vereinigten Staaten entfielen, nur 1,104,022 auf England und 148,288 auf Deutschland. Aus unserem Vaterlande werden wesentlich Stahlwaren, Gespinste, grelle Kleidungsstücke, Rautabak, künstliche Blumen, Acker= baugeräte und Werkzeuge eingeführt, während von San Francisco außer Industrieartikeln aller Art namentlich Bauholz und gebrannte Steine kommen.

Natürlich spricht sich das Überwiegen des amerikanischen Handels auch in der Zahl der Schiffe aus, denn 1890 verkehrten von 588 Schiffen in den Häfen der Inseln 451 amerikanische mit einem Gehalt von 303,774 Tonnen, dagegen nur 34 englische, 17 deutsche und 69 hawaiische (meist Küsten=) Fahrzeuge. Der wichtigste Hafen, auf dessen Verbesserung namentlich Kalakaua bedeutende Summen verwendet hat, ist Honolulu, das von der Postdampferlinie zwischen San Francisco und Auckland regelmäßig angelaufen wird. Nächst Honolulu sind Hilo auf Hawaii, Koloa auf Kauai und Lahaina auf Maui die wichtigsten Ankerplätze, mit denen vorzugsweise die hawaiische Handelsflotte den Verkehr unterhält. Entsprechend dem großen Aufschwung in der Bebauung und dem Handel der Hawaii=Gruppe hat auch der Eisenbahnbau Fortschritte gemacht. Im ganzen bestanden 1892: 90 km Eisenbahn, davon 40 km auf Hawaii (die 32 km lange Linie von Mahukona durch den Distrikt Kohala und die 8 km lange von Hilo nach der Pflanzung Waiakea), auf Maui eine 11 km lange Strecke vom Hafen Kahului nach Makawao

und auf Oahu die 39 km lange Bahn von Honolulu nach dem Inneren. Telegraphenlinien
sind 1878 zuerst über die Insel Maui, dann über die anderen Inseln gelegt worden, und Tele=
phonleitungen umspannen jetzt die Hauptinseln Oahu, Kauai, Maui und Hawaii.

Die Finanzen des Staates waren geordnet, seitdem der geschickte Finanzminister Judd
von 1842—52 die Einkünfte von 41,000 auf 284,000 Dollars gehoben hatte, und glänzend
seit dem Abschlusse des amerikanischen Handelsvertrags, sind aber infolge dessen Nichterneuerung
und der kostspieligen Maßnahmen Kalakaua's seit 1888 verschlechtert. Das zweijährige Budget
für 1892—94 nahm für die Einnahmen 3,874,559 Dollars, für die Ausgaben 3,690,449
Dollars an bei einer Staatsschuld von 3,417,459 Dollars am 1. April 1894. Die haupt=

Der Hafen von Honolulu. (Nach Photographie.)

sächlichen Einnahmen des Staates sind Zölle und Hafengelder, die Ausgaben verteilen sich ziem=
lich gleichmäßig auf die einzelnen Zweige der Verwaltung, doch überwiegt der Aufwand für öffent=
liche Bauten, Verkehrswege sowie für die Finanzen. Für die 20 Offiziere und 109 Soldaten,
die das Heer der Republik bilden, sind die Ausgaben naturgemäß nicht erdrückend.

Die bedeutendste Stadt des Archipels, Honolulu (s. obige Abbildung), mit ihren 24,000
Einwohnern der wichtigste Handelsplatz Polynesiens, liegt an der mit Korallenriffen bedeckten
Bucht im Süden von Oahu am Fuße des alten Vulkans Punch Bowl auf einem schmalen
Landstreifen, völlig versteckt in tropischem Grün und in Gärten, über die nur die Spitzen der
Gebäude, Türme und Flaggenstangen emporragen. Die meisten Gebäude sind Holzbauten; doch
machen manche davon, wie der turmgekrönte Regierungspalast, wegen eines Überputzes von Zement
und Sandsteinfarbe einen sehr soliden Eindruck. Sieben Kirchen, einige Hotels, die königliche
Residenz, das königliche Mausoleum, Gefängnis, Hospital, große Läden und Magazine, schöne
Alleen geben der Stadt einen ziemlich bedeutsamen Anstrich, und die Häuser werden vielfach, wie

alles auf Hawaii, mit Blumen geziert, so daß der Gesamteindruck durchaus anmutig ist. Die Vorliebe der Hawaiier für Blumen und Blumenzucht geht durch alle Inseln hinburch, boch riechen die Rosen Hawaiis nicht, während sonst häufig lieblicher Blumenduft von den leisen Lüften Honolulus weit hinaus auf die See getragen wird. Deutsche sind häufig und angesehen in Honolulu, denn zu ihnen zählen die wohlhabendsten Kaufleute und Plantagenbesitzer. Beliebte Ausflugspunkte sind Waikiki am palmenreichen Strande vor dem Signalberg Diamond Head, einem alten Krater, und das reizende Thal Nuuanu, das man nach Durchschreitung des vornehmen Villenviertels von Honolulu auf schattigem Wege erreicht (vgl. S. 177).

Die übrigen Ortschaften Oahus sind unbedeutend und enthalten zusammen nur etwa ein Drittel der Einwohner Honolulus.

Schön ist auch Hilo an der Nordostküste von Hawaii, eine 1000 Einwohner zählende Gartenstadt, der im August 1877 die große Flutwelle des peruanischen Erdbebens verhängnisvoll geworden ist. Am inneren Ende der Waikea-Bucht belegen, ist es fast europäisch gebaut und mit vier Kirchen, vier Schulen, weißen Holzgebäuden am Strande und vielen Hütten der Eingeborenen ausgestattet, die im Schatten der hohen Bäume liegen; auch hier sind Häuser und Hütten mit Blumen und Schlingpflanzen bedeckt. „Die Lage von Hilo", bemerkt Marcuse („Die Hawaiischen Inseln'), „ist entzückend schön. An den Abhängen des Mauna Loa zieht sich die Stadt hin, eingehüllt in die üppigste tropische Vegetation; Mangobäume, Bananen und hohe Bambusstauden erfreuen das Auge. Gegenüber von Hilo auf der östlichen Seite der Bucht liegt die reizende Kokospalmen-Insel, im Hintergrunde ragen die majestätischen, häufig mit Schnee bedeckten Gipfel des Mauna Kea und Mauna Loa hervor. Sechs größere Straßen, mit zahlreichen schönen Wohnhäusern geschmückt, durchziehen die Stadt." — Die übrigen Ortschaften sind unbedeutend, doch kommt der Hafen Mahukona wegen des fruchtbaren Hinterlandes, des Plantagengebietes von Kohala, allmählich auf.

Auf Maui ist Lahaina der wichtigste Platz, Molokai entbehrt größerer Ortschaften, Lanai und Kahulawe überhaupt zusammenhängender Dörfer, während Kauai, eine großenteils von Deutschen besiedelte Insel, wegen ihrer Fruchtbarkeit berühmt ist, 72 Zuckerplantagen trägt und als der Garten Hawaiis gilt. In den fruchtbaren Alluvialebenen an der Mündung der aus dem Gebirge kommenden Flüsse liegen Waimea und Koloa im Süden, Hanalei im Norden, mit guten Häfen, inmitten von üppigster Vegetation, Orangen, Reben, Kokospalmen, Oliven, Rosen, Magnolien, Mangos, Brotfruchtbäumen, Feigen und Platanen: eine herrliche Szenerie.

4. Die Neuen Hebriden und Santa-Cruz-Inseln.

Für die bisher noch nicht unter europäische Botmäßigkeit gebrachten Inselgruppen der Neuen Hebriden und Santa-Cruz-Inseln gilt im allgemeinen in politischer Beziehung eine Zersplitterung in einzelne Stämme unter vielen Häuptlingen, die miteinander oft in Fehde liegen, und ein so völliger Mangel an staatlicher Organisation, daß sich die Herrschaft der Häuptlinge augenscheinlich oft nur über wenige Dörfer erstreckt. Auf den Landbau wird ziemlich viel Sorgfalt verwendet, die Fischerei eifrig betrieben und auch dem Handel Aufmerksamkeit zugewendet. Leider sind aber gerade die Neuen Hebriden durch Menschenraub so mitgenommen, ihre Bewohner so aufgereizt worden, daß hier der Handel nur mit Schwierigkeit betrieben werden kann.

Nachdem im Jahre 1886 zwei Inseln der Neuen Hebriden durch Frankreich besetzt worden waren, erhob England Einspruch und erzielte 1887 das Abkommen vom 27. November, wonach eine gemischte englisch-französische Kommission beauftragt wurde, über Leben und Eigentum der englischen und französischen Unterthanen zu wachen. Die Inselgruppe gehört also zur Zeit weder England noch Frankreich.

Die Bevölkerung nimmt allmählich ab, teils infolge von Krankheit und Trunksucht, teils durch Auswanderung nach Australien. Auf der 13,227 qkm großen Gruppe wohnten (1889) angeblich 87,300—95,500 Menschen, während die frühere Zahl 85,000 betragen hatte. Stärker bevölkert als der Durchschnitt von 6—7 Einwohnern auf dem Quadratkilometer sind nur die kleinsten Inseln sowie Ambrym und Tanna. Die meisten Einwohner (30,000) hat Espiritu Santo, dann Aoba (10—12,000), ferner bis zu 10,000 noch Mallikolo, Tanna und Ambrym. Die genauen Erhebungen der schottischen Mission erzielten 1889 nur eine Ziffer von 61,199 für die Gesamtgruppe. Die Bewohner der Neuen Hebriden verdingen sich vielfach als Arbeiter nach den umliegenden europäischen Kolonien, besonders der Fidschi-Gruppe und Samoa, aber auch nach Queensland (Brisbane), gewöhnlich auf drei Jahre. Der Vertrag wird im Falle der Unmöglichkeit mündlicher Verständigung (nach Graf Lanjus) auf die Weise geschlossen, daß drei Yamswurzeln vorgezeigt werden, weil ja die Yamswurzel ein Jahr zur Reife bedarf. Sie erhalten 60 Mark jährlich nebst Ernährung und etwas Tabak. An und für sich sind diese Verträge nicht übel, allein die den Neu-Hebridiern auf den Werbeschiffen („labours") angethane Behandlung ist der Art, daß Viehtransporte oft besser untergebracht und verpflegt werden. Außerdem kürzt man ihnen nicht selten den bedungenen Lohn, bricht den Vertrag und hängt ihnen statt der Zahlung europäische Schundware auf. Endlich werden nicht selten Eingeborene mit Gewalt geraubt; kurz, die Art der Rekrutierung gehört zu den größten Mißständen in der Südsee. Die Folge dieser Art von Werbung ist gewöhnlich die, daß die Eingeborenen nach Erfüllung ihres Vertrages mißlaunig und ohne Achtung vor dem Europäer auf ihre Insel zurückkehren, den Vertrag nicht erneuern und später gegen einzelne Boote europäischer Handelsschiffe oft blutige Vergeltung üben. Daher der latente Kriegszustand im ganzen südöstlichen Melanesien, der hauptsächliche Grund, weshalb die Kultivierung aller dieser Inseln bisher einen nur so sehr geringen Fortschritt gemacht hat und auch die Erfolge der Mission seither kaum nennenswert sind. Ja, man möchte fast bedauern, daß das von dem Admiral Courbet für Neukaledonien erwirkte Verbot der Einführung von Kanaken aus dem übrigen Melanesien seit 1890 wieder aufgehoben worden ist. So leben denn auch die wenigen Weißen fast stets im Zustande der Lebensgefahr, und sowohl die Händler wie die Missionare haben einen schweren Stand auf den Inseln.

Die Händler beschränken sich, abgesehen von der Werbung von Arbeitern, ausschließlich auf die Kopra-Ausfuhr und führen daher den Namen „Kopra-Makers". Gewöhnlich arbeiten die Kanaken aber nicht selbst an der Zubereitung, dem Trocknen der Kokosnußkerne an der Sonne, sondern schleppen nur die Nüsse herbei und überlassen dem Kopra-Maker die Arbeit des Bleichens und Trocknens. Für 12—15 Nüsse bezahlen diese eine Rolle Tabak. Die Ansiedelungen der Kopra-Makers liegen, um der Konkurrenz zu entgehen, möglichst weit voneinander entfernt, an der Küste, meist nahe sandigem Strande, und werden gegen die Kanaken stark befestigt. Nur Erromango und die Sandwich-Insel bieten dem Europäer größere Sicherheit, aber gerade auf diesen ist die Kokospalme selten. Dabei beläuft sich der Verdienst eines fleißigen, nüchternen Kopra-Makers auf nur 3—6000 Franken im Jahre, so daß sich auch gewöhnlich nur frühere Seeleute, Mischlinge, Abenteurer damit abgeben. Obendrein steht der Kopra-Handel vom Dezember bis März still, so daß der Händler dann auf die Gewinnung des Tripang bedacht sein muß, der neben der Kopra das einzige Ausfuhrprodukt der Inseln bildet.

Die zweite Gruppe der auf den Neuen Hebriden angesiedelten Weißen sind die Missionare, von denen die englische Bibelmission die Stationen Tanna, Erromango, Aneytum, Sandwich, Api, Ambrym, Mallicolo und Espiritu Santo, die französische katholische Mission seit 1849

Aneytum und seit 1887 Espiritu Santo, Mallicolo und Sandwich in Händen haben. Ihr Erfolg ist aber gering. Einmal haben sie mit der argen geistigen Trägheit der Bevölkerung, der Zersplitterung der Stämme in einzelne Dörfer, den ewigen Fehden zwischen diesen und der Kleinheit der Dörfer zu kämpfen, die oft nur aus 20—100 Einwohnern bestehen; dann aber finden sie schwer einen Stützpunkt in der bisherigen Religion ihrer Zöglinge zur Anknüpfung der christlichen Lehre. Und so besteht das Ergebnis gewöhnlich nur in der Zurückdrängung des Kannibalismus und dem äußerlichen Tragen einiger Abzeichen des Christentums (des Kreuzes) sowie der Errichtung einer kleinen Kapelle. Dabei machen auch die Kopra-Makers den Missionaren noch Schwierigkeiten, da sie wenigstens die britischen für Handelsnebenbuhler erklären, was in vielen Fällen auch wohl zutreffen mag, und endlich bestehen fortgesetzt Mißhelligkeiten zwischen den französischen und englischen Missionaren: behaupten doch jene geradezu, daß ihre englischen „Brüder" die Eingeborenen gegen sie aufhetzten. Nach Imhaus („Les Nouvelles Hébrides‘) soll es sogar zu Thätlichkeiten gekommen sein; dieser Gewährsmann spricht der Mission überhaupt jeglichen Erfolg in religiöser und wirtschaftlicher Beziehung ab.

So betrug auf den Neuen Hebriden die Zahl der Weißen 1887 nur etwa 150, darunter 15 Missionare; und die einzige Insel, auf der die Kultur ein wenig eingedrungen war, war Sandwich, wo die Société des Nouvelles Hébrides etwa 15 Weiße unterhält. Der Rest verteilt sich auf Mallicolo, Api, Aoba, Espiritu Santo, Ambrym, Aurora. Die französische Ansiedelung auf Sandwich führt den Namen Port Villa oder Franceville und besaß 1891 (?) etwa 30 weiße Einwohner, darunter einen Marinearzt. Eine andere Ansiedelung, Port Havannah, ist unbedeutender. Der Anbau beschäftigt sich hauptsächlich mit der Einbürgerung der Kaffeepflanze, zwei Segelschoner bienen zur Vermittelung des Handels. Auf Tanna besteht die Ansiedelung Port Resolution, auf Aneytum leben 40 Kopra-Makers und Holzfäller, die eine Sägemühle in Betrieb gesetzt haben. Die großen Bestände von Sandelholz auf Erromango sind bereits vernichtet.

Von den Santa-Cruz-Inseln, 938 qkm mit 9000 Einwohnern, hält sich der französische Einfluß fern; im übrigen aber liegen die Verhältnisse hier ähnlich wie auf den Neuen Hebriden. Die Inseln besitzen bisher außer kleinen, vorübergehenden Ansiedelungen von Händlern und Missionaren keine nennenswerten europäischen Bewohner. Da zudem ihre Küsten meist noch nicht einmal genügend bekannt sind, so ist der europäische Einfluß auf ihnen noch fast unbemerkbar: die Eingeborenen leben noch in ursprünglichem Zustande in kleinen Dorfschaften unter vielen Häuptlingen zersplittert. Auch hier wird es noch langer Zeit bedürfen, bis sich eine europäische Kolonie herausbildet, doch werden beide Inselgruppen wahrscheinlich noch ernste Streitigkeiten zwischen Frankreich und England hervorrufen.

B. Die Kolonien.

Abgesehen von den wenigen im Vorstehenden besprochenen einheimischen unabhängigen Staaten und den an Zahl mehr und mehr abnehmenden, noch nicht unter die europäischen Mächte verteilten Inselgruppen ist der ganze Rest des ozeanischen Ländergebietes in dem Maße unbestritten europäische Kolonie wie kein anderer Erdteil. Die europäischen Länder, die Australien und Ozeanien unter sich geteilt haben, sind Großbritannien, Frankreich, Holland, Deutschland und Spanien. Deutschland beschränkt sich auf Melanesien und Mikronesien, Spanien auf Mikronesien, die Niederlande auf Neuguineas Westen, Frankreich auf Polynesien und Neukaledonien; England aber hat sowohl Teile Polynesiens wie Melanesiens, vor allem jedoch Australien ganz in Besitz, in Mikronesien allerdings nur die Gilbert-Inseln.

Die ältesten europäischen Besitzungen in Ozeanien sind die spanischen, da auf den Marianen die Anfänge der Kolonisation in das 16. Jahrhundert zurückgehen; dann folgt dem Alter nach die britische Besitzergreifung Australiens: 1788. Um 1800 herum setzten sich die Briten auf Neuseeland, etwas später die Holländer auf Neuguinea, die Franzosen im östlichen Polynesien, die Briten in ganz Australien, dem westlichen Polynesien fest, und am Ende unseres Jahrhunderts trat als jüngste Kolonialmacht Deutschland in Melanesien und Mikronesien hinzu, während sich gleichzeitig die Briten über weitere Teile Melanesiens und Polynesiens ausbreiteten. Anfang 1895 verteilte sich der Besitzstand der europäischen Mächte in Ozeanien wie folgt:

	QKilom.	Einw.	Volksdichte pro QKil.
Deutschland:			
Kaiser-Wilhelms-Land	181,650	110,000	0,6
Bismarck-Archipel	47,100	188,000	4,0
Nördliche Salomonen	22,255	89,000	4,0
Marshall-Inseln, Nawobo	415	16,000	38,5
Zusammen:	251,420	403,000	1,6
Niederlande:			
Westliches Neuguinea mit Aru-Inseln.	404,594	261,000	0,65
Frankreich:			
Neukaledonien und Loyalty-Inseln	19,824	62,752	3
Uea, Futuna, Alosi	255	5,000	20
Tahiti-Gruppe	1,650	16,370	10
Marquesas-Inseln	1,274	4,445	3
Paumotu, Gambier-Inseln	973	5,251	5
Tubuai-Gruppe	211	884	4
Zusammen:	24,187	94,702	4
Spanien:			
Marianen	1,140	10,172	9
Karolinen mit Palau-Inseln	1,450	35,865	26
Zusammen:	2,590	46,037	18
Großbritannien:			
Australien mit Norfolk und Lord-Howe-Insel	7,627,892	3,092,363	0,4
Tasmanien und Macquarie-Insel	68,334	146,667	2,2
Neuseeland-Gruppe mit umliegenden kleinen Inseln	270,567	668,651	2,5
Australien und Neuseeland:	7,966,793	3,907,681	0,5
Fidschi-Inseln mit Rotuma	20,837	125,402	6,0
Südliche Salomonen	21,645	87,000	4,0
Britisch-Neuguinea	229,102	350,000	1,5
Melanesien:	271,584		2,0
Cook-Inseln	368		21
Union-Inseln	19		37
Phönix-Inseln	42		1,4
Ellice-Inseln	87		68
Manihiki-Inseln	132		13
Äquatoriale Sporaden	741		0,4
Polynesien:	1,389		10
Gilbert-Inseln, Mikronesien	430		82
Zusammen:	8,240,146	4,518,924	0,56
Die übrigen Mächte besitzen	682,791	804,739	1,2
Insgesamt:	8,922,937	5,323,663	0,6
Dazu die chilenische Osterinsel.	122	150	1,1
Gesamtes Kolonialgebiet:	8,923,059	5,323,813	0,6

Demnach überwiegt Großbritannien als Kolonialmacht in Ozeanien bei weitem alle übrigen Mächte. Der Größe nach folgen in der Reihe auf Großbritannien die Niederlande, der Einwohnerzahl nach Deutschland; doch hat Britisch=Ozeanien den zwanzigfachen Besitz an Land gegenüber dem niederländischen Neuguinea und die zehnfache Bevölkerungszahl im Verhältnis zu Deutsch=Ozeanien. Frankreich und Spanien stehen in der Südsee als Kolonialmächte sowohl nach der Größe als nach der Einwohnerzahl ihrer Kolonien an vierter und fünfter Stelle.

Das Alter der Kolonien zeigt folgende Tabelle:

1521 wurden die Marianen entdeckt, dann langsam besiedelt und 1668—99 erobert, um die Chamorro=Bevölkerung zu christianisieren.

1525 sind die Karolinen teilweise entdeckt, erst seit 1730 christianisiert, aber nie ernstlich kolonisiert worden; beide Inselgruppen sind seit der Entdeckung in spanischem Besitz geblieben.

1788: Gründung der ersten Ansiedelungen in Neusüdwales.

1802: Gründung der ersten Ansiedelungen in Tasmanien.

Anfang des 19. Jahrhunderts: Holländer in West-Neuguinea.

1824: Tasmanien Kolonie.

1829: Westaustralien Kolonie.

1831: Pitcairn britisch.

1836: Südaustralien Kolonie.

1838: Tahiti französisches Protektorat.

1839: Neuseeland ein Teil der Kolonie Neusüdwales.

1841: Neuseeland selbständige Kolonie.

1842: Marquesas=Inseln französisches Protektorat.

1842: Paumotu=Inseln französisches Protektorat.

1843: Tahiti französisches Protektorat erneuert.

1844: Uea=Inseln französisches Protektorat.

1851: Victoria Kolonie.

1853: Neukaledonien französisch.

1859: Queensland Kolonie.

1864: Loyalty=Inseln französisch.

1866: Malden und Starbuck britisch.

1870: Beginn der Besiedelung von Nordaustralien.

1874: Fidschi=Inseln britische Kolonie.

1880: Tahiti an Frankreich abgetreten.

1884: Matupi deutsch.

1884: Britisch=Neuguinea Protektorat.

1885: Deutsch=Neuguinea Schutzgebiet.

1885: Bismarck=Archipel deutsches Schutzgebiet.

1886: Nördliche Salomonen deutsches Schutzgebiet.

1886: Südliche Salomonen und Gilbert=Inseln in britischer Interessensphäre.

1886: Marshall=Inseln deutsch.

1886: Feste Begrenzung von Niederländisch-Neuguinea.

1886: Französisches Protektorat über Uea bestätigt.

1886: Kermadec=Inseln britisch.

1887: Die Inseln unter dem Winde der Tahiti-Gruppe französisch.

1887: Futuna und Alofi französisch.

1887: Vertrag über Neutralität der Neuen Hebriden.

1888: Besitzergreifung von Uea, Futuna, Alofi.

1888: Britisch=Neuguinea Kronkolonie.

1888: Cook=Inseln britisch.

1888: Manihiki=Inseln britisch.

1888: Christmas=Insel britisch.

1888: Fanning=Insel britisch.

1888: Osterinsel chilenisch.

1889: Union=Inseln zum Teil, Suwaroff=Insel britisch.

1889: Phönix=Inseln zum Teil britisch.

1889: Tubuai=Inseln französisch.

1892: Union=Inseln vollständig britisch.

1892: Phönix=Inseln vollständig britisch.

1892: Ellice=Inseln britisch.

1892: Gilbert=Inseln britisch.

1892: Johnston=Insel britisch.

Die Aufteilung der Samoa=, Tonga= und Hawaii=Inseln sowie der Neuen Hebriden und Santa=Cruz=Inseln dürfte noch vor Schluß des Jahrhunderts erfolgen, und zwar wahrscheinlich so; daß die Samoa=Gruppe deutsch, die Tonga=Gruppe britisch, Hawaii amerikanisch und die Neuen Hebriden französisch werden. Ist das geschehen, so sind sämtliche Länderräume Ozeaniens unter europäische Mächte verteilt.

1. Die britischen Kolonien.

Die britischen Kolonien in Ozeanien erstrecken sich zwar über sämtliche einzelnen Abteilungen dieses Ländergebietes, doch sehr ungleichmäßig. Ihr Schwerpunkt liegt auf dem Festland Australien und den Inseln Tasmanien und Neuseeland. In Polynesien und Mikronesien besitzt Großbritannien nur wenig, auch im Verhältnis zu den Besitzungen der anderen Mächte. In Melanesien ist es dagegen wieder die am zweitstärksten vertretene Macht, nach Holland, dem dort ein bedeutend größeres Areal gehört; Deutschland gibt ihm freilich nur wenig nach.

A. Die britischen Kolonien in Australien.

Der Kern des britischen Kolonialreiches der Südseegebiete sind die Festlandskolonien Australiens selbst, deren Besiedelung mit der Gründung der Kolonie am Port Jackson 1788 ihren Anfang nahm, und deren Alter zum Teil wenigstens somit etwas über 100 Jahre beträgt. Die ersten Ansiedler, mit der sie begleitenden Schiffsmannschaft 1030 Köpfe stark, bestanden aus einer sehr zusammengewürfelten Gesellschaft: auf den Straßen Londons aufgelesenen Obdachlosen, Sträflingen und zweifelhaften Elementen anderer Art, die nur wenige Handwerker, Maurer, Zimmerleute unter sich zählten. Dem entsprechend blieb die neue Kolonie am Port Jackson lange Zeit eine Sträflingsansiedelung, nachdem bereits 1790 auf vier Schiffen 1000 männliche und 250 weibliche Sträflinge nach Sydney geschafft worden waren, von denen jedoch nicht wenige Krankheiten erlagen. Nachdem diese Kolonie jahrzehntelang ohne günstige Entwickelung geblieben war, bildete sich allmählich aus den im Lande verbliebenen Beamten, Soldaten, einzelnen eingewanderten Freien und den Freigelassenen oder durch Ableistung ihrer Strafzeit freigewordenen Deportierten eine freie Kolonialbevölkerung aus. Diese Veränderung und die Mängel, die sich in der Verbrecherkolonie mehr und mehr herausstellten, führten zur Freigabe der Kolonie an die freie Bevölkerung und Einstellung der Deportation von seiten Englands.

Auf diese Weise entstanden nacheinander die Kolonien Neusüdwales und Tasmanien, wo in Launceston und Hobart zwei Ansiedelungen für Verbrecher gegründet waren, nach denen auch die in Norfolk seit 1788 internierten 1811 übergeführt wurden. Bis 1824 standen Neusüdwales und Tasmanien unter einem und demselben Statthalter; dann wurde Tasmanien als selbständige Kolonie abgelöst. Im Jahre 1829 entstand als dritte Kolonie Westaustralien zunächst um die Ansiedelungen in Perth und Albany herum, wohin eine Anzahl von Ansiedlern, die die Berührung·mit den Sträflingen im Südosten scheuten und sich möglichst entfernt von ihnen anzusiedeln gedachten, ausgewandert waren.

Der Wunsch, Land an englische Arme abzugeben, die sich als Arbeiter zu verdingen hatten, führte 1836 zur Gründung der vierten Kolonie Südaustralien, die sich nach anfänglich großen Schwierigkeiten rasch entwickelte. Um dieselbe Zeit wurde im Süden infolge von Kolonisierungs=versuchen am Glenelg=Fluß und um Port Phillip der Keim zu der später glänzenden Kolonie Victoria gelegt, die jedoch erst 1851 infolge der Schwierigkeiten von Neusüdwales abgetrennt wurde, die sich aus der großen Entfernung von Sydney ergeben hatten. Ebenso entpuppte sich ganz allmählich aus den nördlichen Distrikten von Neusüdwales die Kolonie Queensland, die als Kolonie 1859 anerkannt, deren Inneres aber erst seit den siebziger Jahren organisiert worden ist. In Nordaustralien stehen wir erst jetzt im Anfang der politischen Entwickelung, indem das Nordterritorium erst seit 1870 langsam besiedelt und eingerichtet zu werden beginnt, weil ·es wie das Innere, Alexandra=Land, vorerst mit Südaustralien gezählt, dann von diesem als Nordterritorium abgelöst worden ist.

Die Grenzen dieser Kolonien ergibt die Karte bei S. 351; die Größe und Einwohnerzahl ist nach der Zählung von 1891 folgende:

Westaustralien	2,527,283 qkm	49,782 Einwohner	0,02 auf 1 qkm
Nordterritorium	1,355,891 »	4,898 »	— » »
Queensland	1,730,721 »	393,718 »	0,2 » »
Neusüdwales . .	799,139 »	1,182,234 »	1,4 » »
Victoria .	229,078 »	1,140,405 »	5,0 » ·
Südaustralien .	985,720 »	315,533 »	0,3 » »
Tasmanien .	67,894 »	146,667 »	2,2 » »
Zusammen:	7,695,726 qkm	3,183,237 Einwohner	0,4 auf 1 qkm.

Aus dieser Aufzählung ersieht man, daß, abgesehen von Tasmanien, Westaustralien die größte, Victoria die kleinste Kolonie ist, Westaustralien und Nordterritorium aber am schwächsten, Neu=südwales und Victoria am besten bevölkert sind. Die Volksdichte ist noch gering, am größten in Victoria 5,0, am geringsten im Nordterritorium und Westaustralien (s. die Karte „Bevölke=rungsdichtigkeit in Australien und Neuseeland", S. 272). Unter der Bevölkerung Australiens und Tasmaniens befanden sich 1890 etwa 43,000 Chinesen und 55,000 Eingeborene, im ganzen rund 100,000 Nicht=Weiße, der Rest entfällt auf die weißen Australier, meist englischer, auch irischer, weniger noch schottischer Abkunft; ferner auf Deutsche in Südaustralien, die, meist Sektierer, im ganzen vielleicht 20,000 Köpfe zählen.

Die Ansiedelung Fernshawe in Victoria. (Nach Photographie.)

Die Bevölkerung der Kolonien wächst rasch durch natürliche Vermehrung, starken Überschuß der Geburten über die Todesfälle und durch Einwanderung. 1889 gelangten nach Australien 235,300 Einwanderer; und obgleich diesen Leuten 183,612 Auswanderer gegenüberstehen, so betrug doch der Überschuß 51,688: eine immerhin recht ansehnliche Zahl, die, wenn sie zehn Jahre konstant bliebe, die Bevölkerung Australiens in diesem Zeitraum um eine halbe Million erhöhen würde. Das männliche Geschlecht überwiegt noch, namentlich im Inneren, bedeutend, was für die moralischen Zustände der Kolonie nicht von Vorteil ist, besonders in den Bergbau=gebieten; doch bessert sich das Verhältnis allmählich.

Die australische Bevölkerung lebt teils in Städten, teils in kleinen Ansiedelungen (s. oben=stehende Abbildung), Dörfern und Einzelgehöften auf dem Lande, und hier wegen der vorherr=schenden Viehzucht vielfach sehr zerstreut. Unter den großen Städten sind Melbourne und Sydney

24*

jetzt die bedeutendsten, und zwar hat Melbourne das anfangs größere Sydney allmählich über=
flügelt. Schon 1868 hatte das erst 1836 gegründete Melbourne mit den Vorstädten 175,000,
Sydney dagegen, das um ein halbes Jahrhundert älter ist, nur 125,000 Einwohner; und Mitte
1891 war Melbourne mit Pororten auf 490,896 Einwohner angewachsen, während Sydney
es nur auf 366,684 gebracht hatte. Als dritte Stadt mit mehr als 100,000 Einwohnern folgt
Adelaide in Südaustralien (1891: 133,252 Bewohner); Brisbane, die Hauptstadt Queenslands,
hat mit Pororten auch schon 93,000 Bewohner. Alle übrigen Städte des Festlandes bleiben
unter 30,000 Einwohnern, und es sind überhaupt nur drei, Bendigo oder Sandhurst, Ballarat
und die neue Stadt Broken Hill, deren Einwohnerzahl zwischen 20,000 und 30,000 beträgt;
Perth, die Hauptstadt Westaustraliens, hatte 1891 noch nicht 10,000 Einwohner erreicht.

Die Höhe der Stadtbevölkerungsziffer gegenüber der der Landbevölkerung fällt sofort auf.
In Queensland nimmt Brisbane mit Vorstädten allein etwa ein Viertel der Gesamtbevölkerung
in Anspruch, in Neusüdwales leben mehr als ein Viertel aller Einwohner der Kolonie in Sydney;
in Südaustralien stellt Adelaide allein mehr als ein Drittel der Gesamtbevölkerung, und in Vic=
toria drängt sich in Melbourne, Bendigo und Ballarat fast die Hälfte der Einwohnerschaft der
Kolonie zusammen. Dicht bevölkert, mit mehr als 50 Menschen auf das QKilometer, sind daher
nur die Umgebungen der großen Städte, das Innere ist noch fast menschenleer, und die Über=
gänge von größerer zu sehr spärlicher Volksdichte sind außerordentlich rasch. Auch auf Tasmanien
und Neuseeland sind natürlich die Städte die Mittelpunkte der Bevölkerungsansammlung; allein
sie sind hier doch bei weitem nicht in dem Maße gewachsen wie auf dem Festlande. Hobart auf
Tasmanien hat nur 30,000 Einwohner, und auf Neuseeland bringen es Christchurch und Du=
nedin nur mit Hinzurechnung aller Vororte auf 50,000 Seelen.

Die kleinen Städte Australiens sind vielfach Bergbaustädte. Als solche tragen sie meist
den Stempel rascher Entstehung und ebenso rascher Vergänglichkeit an sich. Wo ein Goldfeld
oder eine reiche Grube anderer Art entdeckt wird, strömt von allen Seiten eine goldgierige Menge
herbei, durchwühlt das Gebiet des Goldfeldes und errichtet in kurzer Zeit eine Stadt aus Bretter=
häusern, die sich, wenn sich die Mine ergiebig erweist, allmählich in eine aus festerem Stoffe ge=
baute umwandelt, wenn dagegen der Reichtum bald wieder nachläßt, rasch verlassen wird. So
werden Städte von viel längerem Bestand wieder entvölkert oder nahezu aufgegeben, falls sich
nach Jahrzehnten die Arbeit nicht mehr lohnt, und daher machen viele der australischen Bergbau=
städte den Eindruck des Verfalles, während andere, wie neuerdings Broken Hill, plötzlich zu be=
deutenden Wohnplätzen mit großstädtischem Leben anschwellen, um ebenso sicher wieder zu zer=
fallen, sobald die Gruben nicht mehr den bisherigen Ertrag abwerfen.

Bis zum Jahre 1851 ging die Entwickelung der australischen Kolonien sehr langsam
vorwärts. In den sechs ersten Jahrzehnten nach der Gründung der ersten Ansiedelungen lag ihr
Schwerpunkt allein in Neusüdwales, nur in Sydney, obwohl Tasmanien seit 1825, Westaustra=
lien seit 1829, Südaustralien seit 1836 selbständig waren, und bereits 1825 Brisbane, 1836
Melbourne, 1839 die ersten bleibenden Ansiedelungen auf Neuseeland gegründet waren. Den
Grund zur Blüte gerade von Neusüdwales hatte der Gouverneur Macquarie (1810—21) ge=
legt durch Hebung der Häufigkeit von Eheschließungen, durch Beförderung des Familienlebens
unter der verrotteten Bevölkerung, durch Bauten in Sydney, Hobart und Launceston, durch
Errichtung eines selbständigen Geldinstituts, der Bank of New South Wales, in Sydney 1817,
ferner mit Hilfe der Verpachtung von Land zu Weidezwecken und der Aufhebung des britischen
Einfuhrzolles auf Wolle. Als er 1821 abtrat, betrug die Bevölkerung dieses Kerns von Austra=
lien 40,000 Köpfe, nach Ablösung von Tasmanien 1833: 42,000 Seelen. Ein zweiter Auf=
schwung trat in den dreißiger Jahren unter dem Gouverneur Bourke ein, dessen Bestreben

besonders auf Hebung der Einwanderung von Freien und Frauen gerichtet war. Von Wichtig-
keit war ferner das Verbot der Einwanderung von Deportierten, das die Gründer der Kolonie
Südaustralien 1836 erließen, da infolgedessen auch die übrigen Kolonien die Deportierten und
Verbrecher von nun an fernhielten. Ende der dreißiger Jahre fanden in Neusüdwales die ersten
Wahlen zu einer gesetzgebenden Versammlung statt, Anfang der vierziger Jahre begannen die
Bewohner von Victoria und Queensland ihre Agitation zur Loslösung von Neusüdwales, weil
sie in der Versammlung zu gering vertreten waren. Immerhin aber entwickelte sich, trotz der
Ausdehnung der Forschungsreisen nach dem Inneren, die Kolonie nur langsam, zumal da noch
Mitte der vierziger Jahre eine finanzielle Krisis hemmend hinzukam; dennoch stieg die Bevölke-
rung von Neusüdwales von 1840—50 von 129,463 auf 265,503 Köpfe, die von Victoria im
letztgenannten Jahre auf 97,489.

Da trat im Jahre 1851 das große Ereignis ein, das die Bevölkerung von Victoria in
einem Jahre vervierfachte, die Einfuhr von Neusüdwales von 1852—53 verdreifachte, die von
Victoria von 1851—53 verfünfzehnfachte; es war die Entdeckung reicher Goldfelder gleichzeitig auf mehreren Stellen der australischen Gebirge. Unter allen Metallen ist es das Gold,
das zur Besiedelung eines jungfräulichen Landes am meisten beiträgt; und so hat auch das
Gold nahezu allein den Aufschwung Australiens und das gewaltige Wachsen seiner Bevölkerung
hervorgerufen, allerdings erst seit 1851.

Schon 1814 hatte man in den Blauen Bergen Gold gefunden, doch wurde diese Nachricht
von der Regierung aus Furcht vor der Goldgier der Deportierten verheimlicht, und auch 1839
verschwieg sie den Goldfund des Grafen Strzelecki bei Wellington in Neusüdwales. 1841 wies
W. Clarke in Sydney nach, daß bei Bathurst Gold vorkomme, und 1844 erörterte Sir Roderick
Murchison in London die Ähnlichkeit gewisser Gesteinsformationen Australiens mit denen im
goldführenden Ural. Am 12. Februar 1851 fand dann ein kalifornischer Goldgräber, H. Har-
greaves, am Lewis Pond Creek bei Guyong wirklich Gold. Nachdem diese Nachricht bekannt
geworden war, begann nun das übliche Zuströmen der Bevölkerung, zunächst aus der Umgebung
von Bathurst, dann aus Australien überhaupt, später aus aller Herren Länder. „Die Begeisterung
für das Goldgraben wuchs von Tag zu Tag", berichtet v. Lendenfeld („Australische Reise');
„leichtfertiges Volk strömte zusammen, um sich rasch in diesem neuen Eldorado zu bereichern.
Wirte und Schmiede siedelten sich in den Lagern der Diggers an. Falschspieler, polyandrische
Mädchen, Händler und Betrüger aller Art fanden sich ein, und es entwickelte sich überall, wo
es Gold gab, ein wüstes Treiben im stillen Urwald. In große Blechkübel gossen die glücklichen
Finder schwerer Nuggets (Klumpen) den Champagner, setzten sich herum und schöpften mit kleinen
Blechbechern das perlende Naß. Ungeheure Summen wurden im Handumdrehen gewonnen und
verloren, und es sammelte sich ein großer Teil des Goldes in den lasterhaften Tiefen der Gesellschaft an. Jeder trug einen Revolver im Gürtel, denn Raub und Mord blühten üppig auf
diesem goldenen Boden. Unter Militäreskorte wurde das Gold meist sicher nach der Hauptstadt
befördert, aber die einzelnen Reisenden waren stets den Anfällen von Räuberbanden ausgesetzt,
die, sicher vor Verfolgung, in der Umgebung der Goldfelder ihr Wesen trieben.

„Ratlos standen die Kolonialregierungen diesem Hexensabbat gegenüber. Man verbot das
Goldgraben. Als man aber sah, daß sich keine Seele um das Verbot kümmerte, gab man Konzessionen zu diesem Bergbau, anfangs wenige, später aber jedem, der darum nachsuchte. Die
ersten Konzessionen wurden in Victoria am 1. September 1851 ausgegeben. Von jetzt an nahm
das Goldfieber den Charakter einer wahren Epidemie an. Alles zog aus, um nach Gold zu
suchen, und nicht mit Unrecht. War doch durch die Goldfunde die Quelle eines ungeahnten und,
wie sich später ergeben hat, unermeßlichen Reichtums erschlossen."

Anfangs bearbeitete man ausschließlich die Alluvialgoldfelder, in denen das Gold lose im Sand und Gerölle liegt und durch Schlämmen vom tauben Gestein getrennt wird. Dies geschieht auf die Weise, daß durch eine hölzerne Rinne ein Wasserstrom geleitet wird, dem man den Goldsand übergibt. Durch Querleisten in der Rinne wird dann das durchlaufende Gold festgehalten, während der leichte Sand vom Wasser großenteils hinausgespült wird. Häufig wird auch ein Wasserstrahl unter hohem Druck gegen die Alluvialbänke gerichtet, woraus der losgewaschene Sand und Schlamm in die Rinne hineinfließt.

Nachdem die leichte Arbeit der Ausbeutung der Alluvialgoldfelder gethan war, kehrten viele Goldgräber nach Hause zurück, nicht alle bereichert an Mitteln, wohl aber an Erfahrungen und Entbehrungen. Nun begann man die Quarzriffe in Angriff zu nehmen, wozu sich Gesell=

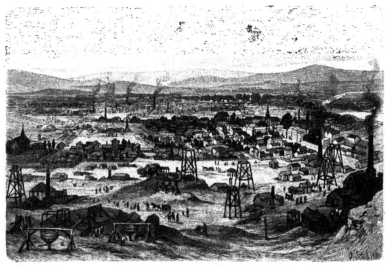

Die Goldfelder von Stawell in Victoria. (Nach Oberländer.)

schaften bildeten, die die nötigen Stampfwerke, Schächte, Stollen anlegten; denn das Gold der Quarzriffe wird zwar ebenfalls durch Wasser geschlämmt, allein es muß zuerst aus dem harten Quarz gebrochen und dann mit diesem zu feinem Sande zerstampft werden.

Wenngleich nun die Alluvialgoldfelder bequemer zu bearbeiten waren und zum Teil gewaltige Goldklumpen, wie die beiden „Willkommen“ und „Willkommener Fremdling“ genannten im Werte von je etwa 190,000 Mark, lieferten, so hat doch die mühsamere und langsamere Ausbeutung eines Goldquarzriffes sicherere Aussichten auf Erfolg und veranlaßt die Goldgräber zu größerer Seßhaftigkeit. Auf Goldquarzriffgebieten entstanden daher die meisten Minenstädte: Bendigo oder Sandhurst, Ballarat und andere, die bekanntesten in Victoria (s. obenstehende Abbildung). Vor allem ist es Victoria gewesen, das sich auf die Dauer als am goldreichsten erwiesen und im ganzen von 1851—89: 5500 Millionen Mark Gold geliefert hat, d. h. zwei Drittel der gesamten kontrollierbar gewesenen Goldausbeute Australiens und Neuseelands. An zweiter Stelle steht Neuseeland mit 910 Millionen Mark, dann folgen Neusüdwales mit 760, Queensland mit 480, Tasmanien mit 50, Südaustralien mit 15, Westaustralien mit 5 Mill. Mark.

Im Jahre 1856 erreichte die Goldausbeute Victorias mit über 3 Millionen Unzen im Werte von etwa 12 Millionen Mark ihren Höhepunkt. Dann ſank ſie ſtetig infolge der Erſchöpfung der Alluvialgoldfelder auf etwa 600,000 Unzen im Jahre 1889, obwohl die Gruben immer tiefer hinabgetrieben werden und bereits 800 m Tiefe erreicht haben. Neuerdings ſind größere Gold= felder in Queensland und Weſtauſtralien entdeckt worden, und auch in Nordauſtralien fehlen ſie nicht. Es ſcheint daher, daß Auſtralien noch geraume Zeit eines der wichtigſten Goldländer der Erde bleiben wird. Seine Geſamtproduktion betrug von 1851—89: 6720 Millionen Mark. In den neunziger Jahren ſcheint ſich die Goldausbeute Auſtraliens infolge der Funde in Weſt= auſtralien wieder zu ſteigern; wenigſtens führte es nach England Gold aus im Werte von 1892: 63,144,620 Mark, 1893: 74,146,480 Mark und 1894: 97,059,400 Mark.

Unter den übrigen metallhaltigen Gebieten hat ſeit 1890 die Barrierkette beſondere Auf= merkſamkeit auf ſich gezogen, wo plötzlich im Laufe weniger Jahre eine ſo ungeheure Menge Silber gefunden wurde, daß die Mine von Broken Hill, angeblich die reichſte der Erde nach Erſchöpfung des Comſtock Lode, die Veranlaſſung zur Entſtehung einer Stadt von 26,000 Ein= wohnern gegeben hat. Kupfer hat Südauſtralien in großen Mengen geliefert; doch da dieſes Metall bekanntlich unter großer Überproduktion leidet, ſo iſt ſeine Ausbeutung bereits eingeſchränkt worden: die Kupferſchmelzöfen von Wallaroo ſtanden ſchon Anfang der achtziger Jahre teilweiſe veröbet. Blei, Eiſen, Nickel kommen an verſchiedenen Stellen, auch auf Tasmanien, vor; Wis= mut, Zinn, einige Edelſteine finden ſich ebenfalls auf dieſer Inſel, Diamanten im nördlichen Neuſüdwales. Großer Zukunft ſcheinen ferner die Kohlenfelder entgegenzugehen, deren bedeu= tendſte jetzt um Newcaſtle, um Neuſüdwales und auf Neuſeeland abgebaut werden. Abgeſehen davon, daß ſie wohl auch an dem ganzen Oſtrande der auſtraliſchen Korbilleren vorhanden ſein dürften, ſind neuerdings unter anderen ſolche unter der Stadt Sydney und um ſie herum in großer Ausdehnung erbohrt worden.

Auf dem Lande beſchäftigt ſich die Bevölkerung mit Viehzucht und Ackerbau, an der Küſte, wenigſtens im Norden, mit Fiſcherei, und in den Städten entwickelt ſich raſch die In= duſtrie. Die Viehzucht iſt der wichtigſte Zweig der Beſchäftigung und hat in den „Squatters“ eine eigenartige Bevölkerung ausgebildet: Herdenbeſitzer, die namentlich der Schafzucht obliegen und aus dieſer das wichtigſte Produkt Auſtraliens, die Wolle, gewinnen. Die meiſten Herden werden auf verpachtetem Lande gehalten, deſſen Pachter, die Squatters, zerſtreut über die ‚Runs‘ und ‚Stations‘ genannten Anſiedelungen verteilt ſind, und im ganzen jetzt von den Eingeborenen unbeläſtigt leben. Die Zahl der Stationen iſt ſehr bedeutend, am größten in Queensland, dem vorwiegend Viehzucht treibenden Teil Auſtraliens; aber auch im Riverina=Diſtrikt in Neuſüdwales und auf den Downs im Weſten der oſtauſtraliſchen Korbillere gibt es deren viele.

Der Name Squatter entſtammt nordamerikaniſchem Sprachgebrauch und bedeutet jemand, der ſich ohne Rechtstitel ein Stück Land zur Bebauung aneignet. In Auſtralien paßt dieſe An= wendung nur inſofern, als der Squatter anfangs herrenloſes Land einnimmt; im übrigen aber iſt der Squatter kein Ackerbauer, ſondern Viehzüchter und lebt auf Landbeſitz, der von der Re= gierung anerkannt, rechtsgültig erworben und ſteuerbar iſt. Anfangs waren vielfach die Weide= gründe, auf denen ſich die Anſiedler niederließen, rieſengroß. Allmählich aber, mit zunehmender Einwanderung, wurden ſie eingeſchränkt; denn die geſamten Ländereien gingen nicht in ihren Beſitz über, ſondern wurden ihnen nur von der Regierung gegen eine Abgabe zur Nutznießung überlaſſen. Kamen nun mehr Einwanderer ins Land, ſo wurden namentlich ſolchen, die Acker= bau treiben wollten, Teile des Landes, und zwar häufig die beſten, übergeben, da der Ackerbau im Inneren und vielfach auch nahe der Küſte überhaupt nur im beſten Boden lohnt. Gegen dieſe kleineren Eigentümer, die ſogenannten Selectors, denen aus dem großen Grundbeſitz der

Squatters das Beste zugeschoben wurde, bestand erklärlicherweise jahrzehntelang eine ungeheure Erbitterung von seiten der Squatters. Die Regierung hatte allerdings auch ein Interesse daran, das Land nicht unter wenige Großgrundbesitzer zu verteilen, sondern vielmehr kleine Parzellen an Ackerbauer zu vergeben. Aus diesem Grunde wurden in mehreren Staaten Gesetze über die Land= verteilung und den Landkauf gegeben, die in der That die großen Squatters vielfach geschädigt haben mögen. Doch erhielten sie das Recht, bestimmte Teile des Landes als Erbeigentum zu kaufen, und machten zum Teil von diesem Rechte in der Weise Gebrauch, daß sie zu gunsten ihrer noch nicht erwachsenen Kinder auf Teile des Besitzes verzichteten, womit sie diesen wenigstens in der Familie erhielten. Im ganzen aber mag wohl diese Gesetzgebung immer noch nicht durch= greifend gewesen sein; denn der in wenigen Händen angehäufte Reichtum ist auch ohnedies noch erstaunlich. „Die Squatters", bemerkt Lumholtz (‚Unter Menschenfressern'), „sind Australiens Aristokraten und reiche Leute; ein Squatter, der Schafbesitzer ist, hat nicht selten 200,000 Schafe auf seiner Station, und die Viehstationen zählen oft 15,000 Stück Rindvieh. Ein guter Stier wird bis zu 40,000, ein wilder von edler Rasse mit 12,000 Mark bezahlt. Eine Station gleicht einem kleinen Dorfe. Außer dem Hauptgebäude, das dem Squatter oder seinem Verwalter als Wohnung dient, sind dort mehrere Hütten für die Arbeiter, ein Fleischerladen, ein Lager für Wolle und außerdem noch ein Laden, in dem die notwendigsten Lebensbedürfnisse zu haben sind. Ge= wöhnlich befindet sich ein Küchengarten unten am Wasser, denn ein kleiner Fluß oder irgend ein Gewässer ist bei jeder Station. Dieser Garten wird meistens von betriebsamen Chinesen ver= waltet, die allerdings sehr verhaßt sind, aber gleichzeitig als die tüchtigsten Gärtner anerkannt werden. Der Stock Yard ist eine Einfriedigung, die auf einer jeden Station unentbehrlich ist, so= wohl für das Vieh als auch für die Pferde, welche morgens hineingejagt werden, damit sich ein jeder Arbeiter sein Tier leicht herausholen kann; fast jede Arbeit in Australien wird nämlich zu Pferde abgemacht, und Leute, die des Reitens unkundig wären, trifft man selten."

Allerdings pflegt gerade in der Kolonie Queensland, auf die sich diese Schilderung bezieht, die Regierung die Ländereien selbst zu verpachten; in den alten Kolonien aber sind die Squatters seit langer Zeit im Besitze des Landes und der Weiden gewesen, und ein gewisser Wohlstand spricht aus eigenen Jachten in den Häfen und aus Villen in der Nähe der großen Städte. Neben der zweifellos ausgezeichneten Tüchtigkeit dieser Squatters hat das milde, trockene, für Schafzucht geeignete Klima, die geringe Zahl der schädlichen Tiere, unter denen neuerdings nicht mehr der Dingo, sondern das Kaninchen voransteht, das durch Abfressen des Grases den Schafen die Weide verdirbt, und der Mangel schädlicher Pflanzen den Erfolg der Schafzucht und Viehzucht überhaupt befördert. Außer den Kaninchen sind jetzt die gefährlichsten Feinde des Squatters die langen Dürreperioden, die ihm bei großer Dauer den größten Teil des Viehstandes kosten können; daneben auch die Brände an trockenen Sommertagen: teils Waldbrände, die sich den Viehhöfen mitteilen, teils Grasbrände, die das Futter verzehren.

Früher vermehrte sich gewöhnlich im Frühjahr, wenn die Zahl der Herde stieg, und im Herbst, wenn die Schafschur begann, das Personal der Station um ein Beträchtliches durch den Zuzug im Lande umherziehender Bushmen, d. h. Arbeit suchender Arbeiterscharen, meist herunter= gekommener Existenzen, die ein wildes Leben voll schwerer Strapazen und roher Vergnügungen führen. „Staunenswert", sagt Lumholtz (‚Unter Menschenfressern'), „ist es, wie die Bushmen bei ihrer Lebensweise so frisch und wohlauf sein können. Unter freiem Himmel in Regenwetter schlafen, essen, wenn es ihm einfällt (gesalzenes Fleisch mit Damper, einer Art Brot aus Weizen= mehl und Wasser, ist seine tägliche Nahrung), unreines Wasser oder Alkohol als Getränk, dies ist die gewöhnliche Lebensweise eines Bushman. Er steht vor Sonnenaufgang auf, ißt, sattelt sein Pferd und reitet auf die Arbeit, ist gewöhnlich bis Sonnenuntergang draußen; hat er Zeit zu essen, thut er es, wenn nicht, wartet er, bis sich ihm eine Gelegenheit bietet. Im Äußeren ist kein Unterschied zwischen Squatter und Arbeiter; alle tragen gleiche Tracht und verrichten gleiche Arbeit, keine ist ihnen zu schlecht. Die lange Peitsche mit kurzem Schaft ist das hervorragendste Gerät beim Bushman; er gebraucht sie für Pferde und Vieh und handhabt sie mit großer Fertigkeit.

„Selten sieht man Weiber auf der Station. Die Squatters sind in den verhältnismäßig zivilisierten Distrikten allerdings meistens verheiratet, die Arbeiter aber fast nie; daher machen auch die vereinzelten Frauen, welche sich nach dem fernen Westen wagen, schnell ihr Glück." Das Stationsleben wird natürlich auf die Länge sehr einförmig. Der Squatter reist ab und zu

Eine Schaf-Farm in Victoria. (Nach Photographie.)

nach Sydney, Melbourne oder Europa; der Arbeiter sucht sich wie und wo er kann auf andere Art zu belustigen. Einige Male im Jahre werden Pferderennen veranstaltet.

„Der Bushman hat wenig Bedürfnisse und erspart sich daher fast seinen ganzen Lohn; sind aber einige Jahre vergangen, empfindet er begreiflicherweise den Drang, eine Veränderung in seinem Leben vorzunehmen, und findet sich dann beim Squatter ein, um seinen oft auf 100 Pfd. Sterl. lautenden Wechsel zu erbitten. Nun will sich der Bushman amüsieren. Er nimmt seine Pferde, reitet davon, steigt im ersten kleinen Dorfe ab und führt nun ein lustiges Leben, dessen Hauptgenuß im Trinken von allen möglichen Sorten Branntwein besteht. Mit zerrütteten Nerven und geleertem Geldbeutel kehrt er schließlich nach dem Busch zurück, arbeitet dort wieder einige Jahre, um dann dieselbe Geschichte im Wirtshause zu wiederholen."

Das Ergebnis der Viehzucht (s. obenstehende Abbildung) ist vor allem die großartige Erzeugung von Wolle, grober und billiger bis zu feinster und teuerster. Die beste kommt aus den alten Kolonien, die billige aus Queensland und Südaustralien. Die Wolle ist jetzt in allen

Kolonien der wichtigste Ausfuhrartikel und hatte 1892 einen Wert von 566,840,000 Mark,
wovon allein etwa 210 Millionen Mark auf Neusüdwales kamen. Aus dem Inneren, wo Eisen=
bahnen fehlen, wird sie auf gewaltigen ochsenbespannten Wagen nach der Küste geschafft, wo sie
in besonderen Gebäudeanlagen gereinigt und gewaschen wird. Daneben liefert die Viehzucht
natürlich auch Talg, Häute, Knochen, Fett, Leim 2c. Seit 1880 ist dazu auch die Ausfuhr
gefrorenen Fleisches getreten. Dieses wird in gewaltigen Kühlräumen zum Gefrieren gebracht
und dann in besonders eingerichteten, mit Eiskammern versehenen Dampfern nach Europa ver=
sendet. Am großartigsten hat sich dieser Ausfuhrzweig in Neuseeland entwickelt, wo er 1891
110 Millionen Pfund im Werte von fast 24 Millionen Mark erreichte. Auf die Viehzucht hat
diese Industrie einen heilsamen Einfluß, insofern sie ihr erlaubt, auch das früher mißachtete
Fleisch der Tiere zu verwerten.

Der Landbau hat sich erst später als die Viehzucht an das Klima und den Boden Austra=
liens anpassen können. Allerdings sind gleich zu Beginn der Besiedelung von Neusüdwales
Versuche damit gemacht worden, haben aber lange kein günstiges Ergebnis gehabt, obwohl neben
vielen dürren auch manche fruchtbare Gebiete bereits zu Anfang des 19. Jahrhunderts in An=
griff genommen wurden. Der Bergbau überflügelte den Ackerbau zeitweilig, die Viehzucht dauernd
bis auf den heutigen Tag. In den letzten Jahrzehnten sind aber so große Fortschritte gemacht
worden, daß sich die Getreide= und Obsterzeugung Australiens außerordentlich gehoben hat.
Dazu beigetragen hat ohne Zweifel der Rückgang des Bergbaues in Victoria, Südaustralien und
Neusüdwales seit den sechziger Jahren. Manche, die im Bergbau ihr Glück nicht gefunden hatten
in raschem Erwerb, besannen sich auf sich selbst und widmeten sich mühsamer, aber sicherer Be=
wirtschaftung des Ackers; andere, denen der Goldbergbau etwas Ertrag gebracht hatte, legten
das Gewonnene im Ankauf von Land und in der Errichtung einer Farm an. So wirkte der Berg=
bau indirekt günstig auf den Ackerbau, und Gegenden wurden rasch unter Kultur genommen,
die ohne die Entdeckung von Gold noch lange auf Pflug und Egge hätten warten müssen.

Zuerst kam der Ackerbau in Südaustralien empor, weil hier von Anfang an auf die Ver=
teilung des Landes unter Kleingrundbesitzer im Gegensatz zu den übrigen Kolonien Rücksicht ge=
nommen war. Der Weizenbau erzielte alsbald trotz der gerade dieser Kolonie anhaftenden Dürre
einen so großen Erfolg, daß Südaustralien lange Zeit eine Art Getreidemonopol besaß und noch
jetzt durch die Güte seines Weizens hervorragt. Inzwischen fluteten über Victoria die Wogen der
Goldgräber zurück und verliefen sich hier und da auf dem Lande. Die sich mehrenden Ansiede=
lungen von Ackerbauern ergaben nach und nach ebenfalls so große Mengen Weizen, daß Vic=
toria um 1880 Südaustralien in der Quantität der Ernte überflügelte; in der Qualität und
in der Ausdehnung des unter Kultur stehenden Landes konnte es ihm freilich nicht gleichkommen.
Angebaut werden vorwiegend Weizen, dessen Pflege sich am lohnendsten erwies, ferner etwas
Hafer und Gerste, beides besonders in Victoria, und Kartoffeln. Im Jahre 1880/81 ergab der
Weizen in Südaustralien einen Ertrag von 3,442,604 hl, in Victoria 3,886,620, in Neusüd=
wales 1,483,494. An Hafer wurden im ganzen nur 1,292,511 hl geerntet, wovon auf Victoria
943,384, auf Neusüdwales 142,448, auf Tasmanien 175,788 hl kamen. Gerste produzierte
im genannten Jahre Victoria 425,400 hl, alle übrigen Kolonien zusammen nur 252,000 hl.
Der Ertrag an Kartoffeln ergab in Victoria 124,706 hl, in Neusüdwales 52,000, in den übri=
gen Kolonien zusammen nur 68,000. In Westaustralien hat der Ackerbau so wenig Aufschwung
genommen, daß die Kolonie ihren Bedarf auch heute noch nicht zu decken vermag, im Jahre
1880/81 wurden nur 165,458 hl Weizen und 45,821 hl Gerste erzeugt.

In Neusüdwales beginnt bereits der Übergang zu den tropischen Kulturen. Vor allem
tritt der Mais bereits an die Spitze der Getreidearten, mit 1880/81: 1,793,383 hl, also etwa

300,000 hl mehr, als die Weizenernte in der Kolonie ausmacht. Außerdem wird bereits Zucker=
rohr gepflanzt, das nun für Queensland neben dem Mais (1880/81: 563,843 hl) das wich=
tigste Aderbauerzeugnis geworden ist, obwohl der Arbeitermangel die Entwickelung aufhält.
Außerdem werden in Queensland Tabak, Chinarinde, Pfeilwurz, Kaffee, Baumwolle, Reis,
Wein, Früchte, besonders Bananen, Orangen und Ananas, gezogen.

Der Obst= und Weinbau hat auch in den übrigen Kolonien einen großen Aufschwung
genommen und ist einer sehr gesteigerten Produktion fähig. Neusüdwales liefert die meisten und
besten Orangen; Wein wurde in allen Kolonien (außer Tasmanien und Westaustralien) zusam=
men schon 1880/81: 72,462 hl gewonnen, 1893 allein in Neusüdwales 931,542 Gallonen,
wovon bereits ein Teil zur Ausfuhr gelangt.

Die größten Feinde des Aderbaues sind zur Zeit die den Boden durchwühlenden, die
jungen Pflanzungen abfressenden Kaninchen und die Sperlinge, die thörichterweise an die Stelle
der in der Nähe der Farmen ausgerotteten Papageien eingeführt wurden, dann aber die heißen
Winde aus dem Inneren, die oft in kurzer Zeit die gesamte Körnerfrucht auf dem Halme ver=
dorben, lange Dürreperioden, die das oft spärliche Wasser der Flüsse und Bäche austrocknen,
ferner im schroffen Gegensatz zu ihnen die an dem regenreichen Ostgehänge der australischen Kor=
dillere und an den unsteten Flüssen des Inneren oftmals eintretenden Überschwemmungen, große
Hagelschläge und Heuschreckenschwärme. Gegen die Dürren pflegt man sich jetzt durch Anlage
von Berieselungsfeldern zu schützen, deren großartigste an den Ufern des Darling und Murray
entstehen, und die Kaninchen sucht man durch Umfriedigungen aus dicht geflochtenem Stachel=
draht von den Ländereien abzuhalten, gegen die übrigen Feinde jedoch ist der Landmann nahezu
machtlos. Trotz aller dieser Gefahren haben aber manche Landbesitzer großen Wohlstand er=
worben und gewaltige Ländereien zusammengebracht, teils indem in den zwanziger Jahren von
seiten der Regierung ungeheure Gebiete verschenkt wurden, teils indem nach der Aufteilung des
Landes in kleine Parzellen, z. B. in Südaustralien, eine allgemeine Krisis folgte, während deren
kapitalkräftige Leute das entwertete Land zusammenkauften. Ende der sechziger Jahren wurde noch
ein anderes System eingeführt, das der Ansammlung des Landbesitzes in wenigen Händen steuern
sollte, aber zu neuen Härten und heftiger Erbitterung führte. Man gestattete nämlich mittellosen
oder mäßig bemittelten Ansiedlern, sich inmitten der großen Latifundien ein Stück Land für sich frei
zu wählen. Diese Freeselectors, die schon oben (S. 375) erwähnt worden sind, zerschnitten daher
bald den Großgrundbesitz und erwarben allein in Victoria bis Ende der siebziger Jahren nahezu
10 Millionen Acres Land, wovon jedoch über ein Viertel wegen Nichterfüllung der gestellten Be=
dingungen wieder in die Hände der Regierung zurückkam. Allmählich bringt nun auch der Ader=
bau mehr und mehr ins Innere vor, im Gefolge der Viehhöfe und Bergbaustädte. Die Ort=
schaften des Inneren enthalten meist nur Kirchen, Läden, Schulen, Werkstätten, Regierungs=
gebäude, Banken, Post, Polizei. „Die aderbautreibende Bevölkerung", bemerkt K. E. Jung
(‚Der Weltteil Australien‘), „welche wir anderswo als den Hauptbestandteil erwarten dürfen,
fehlt hier ganz, sie lebt ringsum zerstreut auf ihren Äckern und weit über die Ebene hin. Die
Hügelseiten hinan bis oben auf schmalen Hochflächen erblicken wir weißgetünchte Häuser, deren
eiserne Dächer in den Sonnenstrahlen mit blendendem Lichte hinstrahlen über die jungen Pflan=
zungen, mit welchen der Farmer sein wohleingefriedigtes Heim umgeben hat. Vielleicht gewahren
wir auch zu kleinen Gruppen vereint saubere Gehöfte, eingeschlossen von strohbedachten Gebäuden,
mit Balken und Fachwerk in schmucken Farben, kleinen Fenstern und querdurchschnittener Thür,
ganz solche Bauten, wie wir sie im lieben alten Vaterlande im Osten wie im Norden zu sehen
gewöhnt waren, die Wohnstätten unserer Landsleute, die auch im Antipodenlande ihren alten
Sitten treu bleiben. Der Deutsche ist unter den Farmern der beste."

Die anfangs bedeutende Fischerei, besonders der Fang von Walen und Robben, ist zurückgegangen, während sich die Perlenfischerei in der Torres=Straße sowie der Tripangfang im
Aufschwunge befinden. Die Industrie hat sich in den letzten Jahrzehnten ebenfalls gut entwickelt, am meisten die Textilindustrie, das Schiffsausrüstungsgeschäft, Brauerei, Müllerei und
die eigenartige Eisfleischfabrikation, deren Erfolge geradezu erstaunlich sind. Der Versuch, auch
Fische in gefrorenem Zustande nach Europa zu bringen, ist leider als mißglückt zu betrachten;
lebendes Vieh ist dagegen im Hochsommer 1895 glücklich nach England gelangt. Die Einzel-
industrien werden bei der Besprechung der einzelnen Kolonien behandelt werden, im ganzen sind
zu den oben aufgezählten als ziemlich allgemein über das Land verbreitet hinzuzufügen: die Anfertigung von Konserven aller Art, besonders eingemachten Früchten, die Lederbearbeitung, die
in der Notwendigkeit des Reitens im Inneren eine kräftige Stütze findet, der Bau von Wagen
und Möbeln und endlich chemische Fabriken.

Der Handel hat sich natürlich um so mehr gehoben, je höher sich Bergbau, Viehzucht und
Ackerbau emporschwangen. Im Jahre 1852 führte Neusüdwales für 38 Millionen Mark ein,
1892 für 415,540,000 Mark, also mehr als das Zehnfache. Die Gesamteinfuhr Australiens betrug 1892 ohne Tasmanien und Neuseeland 1,024,840,000 Mark, mit ihnen 1,119,364,000
Mark, die Gesamtausfuhr ohne sie 1,084,760,000, mit ihnen 1,130,240,000 Mark. Gerichtet
ist der Handel vornehmlich nach England, dem Mutterlande der Kolonien, ferner nach Nordamerika, den Inseln des Großen Ozeans, China, Deutschland.

Der Schiffsverkehr erreichte im Jahre 1892 die Zahl von 15,250 Schiffen und 15,028,464
Tonnen, mit Tasmanien und Neuseeland von 18,309 Schiffen und 17,317,492 Tonnen; im
Jahre 1892 war er um ein Geringes schwächer. An Eisenbahnen hatte man 1891 auf dem
Festlande 15,147 km, mit Tasmanien und Neuseeland 18,858 km in Betrieb. Der Tele-
graph verbindet Australien durch die Überlandtelegraphenlinie seit 1872 und zwei Kabel: von
Palmerston und Broome nach Banjoewangi mit Java und damit auch mit der übrigen Welt.

Die australischen Kolonien sind von dem Mutterlande sehr unabhängig, weil der
Gouverneur, der die Kolonie leitet, von der Königin zwar ernannt, aber von der Kolonie be-
soldet wird. Unter dem Statthalter steht ein von der Regierung ernannter exekutiver Rat; der
Gesetzgebende Körper, eine zweifache Kammer: der legislative Rat, der aus den wohlhabenden
Bürgern, und die legislative Versammlung (Assembly), die in Wahldistrikten durch geheime Ab-
stimmung direkt gewählt wird. Minister vermitteln zwischen dem Statthalter und den Kammern,
das Parteiwesen wechselt aber häufig und die Minister mit ihm. Im ganzen gelten die englischen
Gesetze, doch kommen Abweichungen vor: z. B. ist die Ehe mit der Schwester der verstorbenen
Frau in Australien, im Gegensatz zum Mutterlande, gestattet. Im einzelnen weichen auch die
Verfassungen der verschiedenen Kolonien voneinander ab.

Auch die politischen Ansichten der Kolonien sind nicht immer dieselben, wie denn z. B.
Victoria Schutzzoll, Neusüdwales Freihandel begünstigt. Trotzdem hat die deutlich erkennbare
Neigung zu einer Vereinigung der Kolonien nach der Art der Vereinigten Staaten von Nordamerika dazu geführt, daß Ende Januar 1895 zu Hobart in Tasmanien eine Konföderation
zu stande kam, die alle bisher bestehenden Meinungsverschiedenheiten und Nebenbuhlerschaften
der Kolonien untereinander, vorderhand wenigstens, beseitigt hat. Im ganzen aber ist die Verfassung der Kolonien schon jetzt fast republikanisch. Das organisierte Land, das ganz oder teilweise besiedelt ist, wird in Grafschaften (Counties) wie in England eingeteilt, das noch nicht besiedelte in Distrikte, so daß sich mit zunehmender Besiedelung des Landes die Distrikte in Counties
verwandeln. So enthielt z. B. Südaustralien 1881: 36 Counties mit 269,151 Einwohnern,
während auf die Distrikte nur 6160 kamen.

Leider ist die Lage der australischen Kolonien in den letzten Jahren durch finanzielle Krisen schwierig geworden. Von jeher waren die Ausgaben der einzelnen Kolonien ganz außerordentlich groß, und der wirkliche Gewinn durch die Goldausbeute wahrscheinlich sehr gering; es wird sogar behauptet, daß, um ein Pfund Sterling Gold zu gewinnen, zwei Pfund Sterling hätten ausgegeben werden müssen. Auf den Kopf der Bevölkerung kommen in Australien fünfmal soviel Staatsausgaben als in Preußen, die Staatsschulden sind größer als selbst in Frankreich; Queensland und Neuseeland gehören zu den verschuldetsten Ländern der Erde. Im Jahre 1880 betrug die Schuldenlast des Festlandes fast 3 Milliarden Mark, im Jahre 1892 noch nahezu 2900 Millionen, mit Neuseeland und Tasmanien fast 4 Milliarden Mark. Bei günstig fortschreitender Entwickelung der verschiedenen Zweige der Bodenbearbeitung, der Industrie und des Handels und fortgesetzt zunehmender Einwanderung und Besiedelung würden die Kolonien diese ungeheure Last mit der Zeit vermindern können; allein bei ungünstigen Verhältnissen des Weltmarktes drohen finanzielle Katastrophen. Seitdem nun eine solche in der That in Gestalt des Zusammenbruchs mehrerer großer Banken 1892/93 eingetreten ist, sieht die finanzielle Lage Australiens schlechter aus als je zuvor.

a) Westaustralien.

Westaustralien, das sich nach Osten hin bis zum 129. Meridian erstreckt, nimmt mit 2,527,283 qkm fast genau ein Drittel des australischen Kontinents ein. Aber infolge des großenteils sehr trockenen, vielfach wüstenhaften Bodens ist die Kolonie arm an Menschen und ernährt deren nur 49,782, was die außerordentlich geringe Bevölkerungsdichtigkeit von 0,02 auf das Quadratkilometer ergibt. Die Bevölkerung beschränkt sich fast ganz auf den Südwesten zwischen Perth und Albany, den beiden Hauptstädten der Kolonie, und nur wenige Niederlassungen bestehen in den Bergwerksgebieten am Murchison-Flusse sowie an der Sharks-Bai, am Ashburton, Fortescue und anderen Flüssen. Dagegen ist der Nordwesten ganz unbewohnt und das Innere nicht minder. Neuerdings beginnt im äußersten Norden der durch reiche Weiden und Gold ausgezeichnete Kimberley-Distrikt aufzublühen.

Günstig verläuft die Bewegung der Bevölkerung, da die Geburten die Sterbefälle überwiegen; allein da die Einwanderung, ausgenommen im Kimberley-Distrikt, gering ist, so steigt die Bevölkerungsziffer nur langsam. Nachdem 1826 Sträflinge und Soldaten von Sydney nach dem König-Georg-Sund gesandt worden waren, begann 1829 eine englische Gesellschaft, durch beträchtliche Landschenkungen der britischen Regierung unterstützt, die Kolonisierung des Landes. Besonderen Erfolg hatte sie jedoch nicht damit, indem 1848 die Bevölkerung erst wenig über 4600 Seelen betrug. Erst seit 1851 stieg die Bevölkerung durch Einführung von etwa 10,000 Sträflingen, meist Männern, was noch jetzt auf das Zahlenverhältnis beider Geschlechter ungünstig einwirkt. Im Jahre 1868 hörte die Deportation von Sträflingen auf, da die übrigen Kolonien höchst erregt deren Einstellung forderten; seitdem hat sich die Bevölkerung allein durch natürliche Vermehrung gehoben.

Unter Kultur standen im Jahre 1887: 42,234 Hektar, veräußert waren 750,818 Hektar, nur 0,3 Prozent der Gesamtfläche der Kolonie. Am besten gedeiht Weizen, jedoch nur südlich vom 28. Grad, und allein das Weizenareal vermehrt sich. 1887 waren 11,000 Hektar mit Weizen bepflanzt, und zwar mit so vorzüglichem, daß er auf der Ausstellung in Sydney den ersten Preis erhielt. Obst wird auch in größerem Maßstabe gehegt; mit Wein sind jedoch erst 270 Hektar bebaut, und die gut gedeihenden Früchte werden nicht ausgeführt. Leider werden die Getreidearten zuweilen durch Rost geschädigt.

Der Bergbau beschränkte sich zunächst auf Versuche, Blei und Kupfer abzubauen; be=
deutend größere Aussicht auf Gewinn bieten die Goldlager, die allem Anschein nach im ganzen
Gebiete der Kolonie vorkommen, sehr ausgedehnt und reich sind und vielleicht zu den bedeutendsten
der Erde zählen, aber leider wegen der großen Entfernung von der Küste und des allgemeinen
Wassermangels des Inneren teilweise nicht abbaufähig sein dürften. Sie liegen im granitischen
Grundgebirge und in den 30—45° geneigten, gestörten und von Diorit und Trachyt durchsetzten
unterdevonischen Schiefern über dem Grundgebirge und bieten das Metall in parallelen Rissen,
von denen besonders zwei (freilich mit Unterbrechungen) auf 1600 km Entfernung dort nach=
gewiesen worden sind, wo die Küste, der sie parallel laufen, nach Nordosten umbiegt.

Im äußersten Süden befinden sich 180 km nördlich der Esperance=Bucht in den Dundas=
Hügeln noch nicht näher bekannte Goldlager; dann folgen die 370 km von Perth gelegenen
Yilgarn=Goldfelder, die im Glimmerschiefer, Quarzitschiefer, Granit und Diorit auftreten und
in ihren Quarzgängen oft 6 Unzen Gold pro Tonne liefern. Das Zentrum ist Golden Croß,
um das sich diese Goldfelder im Umkreise von 15—60 km gruppieren. Am berühmtesten sind
neuerdings die Coolgardie=Goldfelder geworden, die durch den Reichtum des Erzes auffallen.
Die zuerst entdeckte Bayley's Mine soll fast ganz aus Gold bestehen, mit nur schwachen Quarz=
adern durchsetzt und in 20 m Tiefe noch so reich sein wie an der Oberfläche. Im Jahre 1893
begaben sich bereits etwa 2000 Goldgräber, meist von Adelaide, dahin, von denen manche über
Nacht reich geworden sind, die meisten aber durch Wassermangel zum Rückzug gezwungen wurden;
denn es fehlt völlig an Wasser, und schon bei Beginn der ersten Untersuchungen mußte das
Wasser 80 km weit herangefahren werden. Unter solchen Umständen ist die Ergiebigkeit des
Goldfeldes wahrscheinlich nur von kurzer Dauer.

Weiter im Norden liegen 480 km östlich von Geraldton die Murchison=Goldfelder, deren
Gebiet auf angeblich 80,000 qkm angegeben wird, die aber wie die vorigen an Wassermangel
und großer Entfernung von der Küste leiden. Im Jahre 1890 wurden ferner am Ashburton=
Flusse, 220 km von der Küste, im Thonschiefer, Chloritschiefer und Quarzit neben Eisenstein=
gängen auch Golderze gefunden, die sich über ein Gebiet von 25,000 qkm ausbreiten sollen;
auch Alluvialgold kommt hier vor. Im Nordwesten der Kolonie finden sich sodann die Pilbarra=
Goldfelder, wiederum angeblich über 80,000 qkm verteilt, teils Wäschen, teils Riffe, vergesell=
schaftet mit Antimonlagern. Noch bekannter sind die Goldlager des Kimberley=Distrikts,
die aus 30 großen Riffen bestehen, 5000 qkm einnehmen, in zelligem Quarz neben Eisenerzen
vorkommen und 300 km von dem neuen Hafen Wyndham, 450 km von Derby entfernt sind;
auch kommt hier Waschgold im Elvire=Fluß vor, der in den Ord=Fluß fällt. 1887 führte man
von hier bereits 4873 Unzen Gold aus, und die Gesamtausfuhr von Gold aus Westaustralien
nach England belief sich 1893 auf 8,423,660, 1894 aber schon auf 15,742,000 Mark: das
bedeutet also eine Erhöhung um 80 Prozent in einem Jahre. 1894 lieferte Westaustralien ein
Sechstel der Gesamtgoldproduktion Australiens.

An Blei wurden 1880: 1921 Tonnen, meist von Geraldton, ausgeführt, und auch Kupfer
und Eisen sind weithin über das Land verbreitet.

An Nutzhölzern liefert die Gegend zwischen 31 und 35° südl. Breite das Jarrahholz des
Eucalyptus marginata sowie anderes Eukalyptus= und Sandelholz.

Der Fischfang, der 1887 schon Produkte im Werte von 2,508,520 Mark lieferte, ist
infolge der Perlfischerei ergiebig und hat eine gute Zukunft.

Am wichtigsten ist immer noch die Viehzucht, namentlich die Zucht der Schafe, deren es
1887: 1,900,000 Stück gab, obwohl gerade in Westaustralien die Weiden nicht selten mit giftigen
tödlichen Kräutern durchsetzt und die wilden Dingos arge Feinde der Herden sind. Rinder und

Pferde sind so häufig, daß sogar ein Ausfuhrhandel mit Pferden nach Indien besteht. Die Bienenzucht ist ebenfalls ergiebig, die Industrie dagegen noch wenig entwickelt und auf Mühlen, Brauereien, Gerbereien, Siedereien beschränkt.

Der Handel richtet sich wesentlich nach England, über die beiden Häfen Fremantle oder Perth und Roeburne am Harding=Fluß im Nordwesten. Die Einfuhr, meist Manufakturwaren und Industrieerzeugnisse, hatte 1892 einen Wert von 27,820,000 Mark, die Ausfuhr einen solchen von 17,640,000 Mark; der Handel wird naturgemäß vorwiegend mit England betrieben. Das wichtigste Ausfuhrprodukt ist Wolle, 1888 mit einem Wert von 8,480,000 Mark; der Rest entfällt auf Pferde, Holz, Erze, Perlmutter, Häute, Leder, Talg, Fische und Mehl. Im Jahre 1889 liefen 694 Schiffe mit 1,004,818 Tonnen Gehalt ein, darunter die englischen Post=

Die Bucht von Albany in Westaustralien. (Nach J. Hart.)

dampfer. An Eisenbahnen besaß Westaustralien 1887 drei Staatsbahnlinien mit 263 km Länge, die a) von Perth, b) von Rockingham ausgehen und c) an der Küste nördlich vom Greenough=Fluß entlang führen; daneben noch die 389 km lange Privatbahn von Beverley bei York nach Albany an der Südküste. Die Länge der Telegraphenlinien betrug Ende 1888: 4765 km. Das Heer besteht aus 640 Freiwilligen und einigen Marinesoldaten.

Der 20 km vom Hafen Fremantle entfernte Hauptort Perth am Swan=Fluß hat 7000 Einwohner und ist Sitz des Gouverneurs; Fremantle selbst hat auch schon 6000 Einwohner. Weitere Städte sind Bunbury, Peel, Busselton an der Küste südlich von Perth, dann Geraldton in der Nähe der Bleiminen und des Greenough=Flusses; Bunbury führt das meiste Holz aus, Roeburne (an der Nordwestküste) Perlmutter und Gold. An der Südküste ist der bedeutendste Hafenplatz am King=George=Sund Albany (s. obenstehende Abbildung), die Station der Postdampfer; im Inneren liegen York, Beverley, Kojonup und Williamsburg, alles Viehzucht treibende Landstädte.

Ganz besondere Aufmerksamkeit verdient jetzt der nördlichste Teil Westaustraliens, der so= genannte Kimberley=Distrikt, weil hier durch Forrest's Reisen 1879 sehr reiche Weidegründe und 1885 auch Gold aufgefunden worden sind, so daß sich dieses Gebiet um den Fitzroy=Fluß, eins der fruchtbarsten Australiens, jetzt mit Ansieblern und Herden füllt. Nebenbei ist der Kimberley=Distrikt reich an Kohlen, Eisen, Achat, Jaspis, Chalcedon und endlich auch an Kalk= stein der Kohlenformation, so daß auch diese Mineralien zum Aufschwung des Landes bei= tragen werden. Dabei sind die Weiden am Fitzroy und seinen Nebenflüssen so üppig, daß sie (nach John Forrest) mehr einer gepflegten Wiese als einem unbesetzten Landstrich gleichen: pro Acre sollen sie 3 Tonnen Heu ergeben können. Wild findet sich ebenfalls überall in Menge.

b) Das Nordterritorium.

Das Nordterritorium umfaßt mit dem im Inneren gelegenen Alexandra=Land 1,355,891 qkm, ist also etwas kleiner als Queensland, aber um denselben Betrag größer als Südaustralien. Dies zuletzt kultivierte und noch nicht genügend organisierte Gebiet beherbergte 1881 nur 4554, 1891 nur 4898 Menschen. Vor 1870 war nur die Umgebung von Palmer= ston besiedelt; jetzt sind auch an den Mündungen und Unterläufen der Flüsse Daly und Roper Versuche mit Viehzucht gemacht und Ansiedelungen angelegt worden, doch fehlt es außer dem Hafen Palmerston noch an Ortschaften. Dagegen besteht bereits eine Eisenbahn von Palmerston entlang der Telegraphenlinie nach den Quellen des Margaret=Flusses. Üppige Weiden dehnen sich am Daly=, Roper= und Victoria=Fluß aus, die der Viehzucht eine günstige Zukunft ver= sprechen, und die Wahrscheinlichkeit künftiger Goldfunde liegt auch hier vor. Ferner gewährt die prachtvolle tropische Vegetation an den Flüssen die Aussicht auf erfolgreichen Anbau südlicher Produkte: wie Baumwolle, Zucker, Kaffee, Bananen. Namentlich der bereits in Angriff ge= nommene Zuckerrohrbau scheint viel zu versprechen.

Das Nordterritorium ist zuerst von der Regierung von Südaustralien gefördert worden, indem eine Gesellschaft mit Land beschenkt wurde, um den Zuckerrohrbau zu treiben. Im März 1880 waren schon 120,000 Hektar Land veräußert, leider jedoch, ohne daß, außer in der Viehzucht, ein Aufschwung erkennbar gewesen wäre. Gold, Kupfer, Zinn und Blei scheinen die wichtigsten Metalle zu sein. Schiffbar haben sich die Flüsse Roper, Adelaide, Daly, Alligator und Victoria, wenigstens in ihrem Unterlauf, erwiesen. Den größten Teil der Bevölkerung bilden die auf den Zuckerrohrpflanzungen arbeitenden Chinesen, etwa 4000 an der Zahl, während die Weißen noch schwach vertreten sind. Wilde Büffel und Ponies von Timor werden eingefangen, Rinder, Pferde und Schafe auf den Weiden gehalten. Die Eingeborenen sollen ungefähr 12,000 Köpfe zählen. Der Hauptort Palmerston am Port Darwin hat bereits 1000 Einwohner, besitzt einen vorzüglichen Ankerplatz und ist Endpunkt des Kabels von Banjoewangi und der Überland= telegraphenlinie; für die Goldfelder ist Southport der Hafen.

Während das Nordterritorium günstige Aussichten für die Zukunft bietet, ist das noch fast ganz unbewohnte Innere, Alexandra=Land, jedenfalls ärmlich und schwer zu erschließen. Die Bewohner konzentrieren sich an der Telegraphenlinie, besonders in Alice=Springs, und bringen an ihr entlang immer tiefer ins Innere ein. Viehzucht und Erzgewinnung werden hier die wichtigsten Beschäftigungen sein; ja der Bergbau scheint in den Rubininen am Elder=, Florence= und Maud=Fluß in der Umgebung der MacDonnell=Kette bereits einen leidlich günstigen Boden gefunden zu haben. Immerhin wird es noch geraumer Zeit bedürfen, ehe diese Gebiete besiedelt sein werden, obwohl die Eisenbahn von Südaustralien schon nahe an die Südgrenze von Alexandra=Land heranbringt und sich damit auch die Besiedelung allmählich einstellen wird.

c) Queensland.

Die Kolonie Queensland (b. h. Königin=Land) umfaßt den ganzen Nordosten des Kon=
tinents vom Südende des Carpentaria=Golfes bis südwärts von der Moreton=Bai an der Ostküste.
Mit ihrem ansehnlichen Flächeninhalt von 1,730,721 qkm übertrifft sie mehr als dreimal die
Größe des Deutschen Reiches; allerdings lebten 1891 in ihr nur 393,718 Menschen, d. h. etwas
weniger als in der Stadt Leipzig, so daß die Bevölkerungsdichtigkeit, nur 0,2 auf das Quadrat=
kilometer, noch sehr gering ist. Die Kolonie entstand aus der Ansiedelung an der Moreton=Bai,
indem dort an der Stelle des heutigen Brisbane 1825 eine Sträflingskolonie angelegt worden
war, die bis 1839 mit den schlimmsten Verbrechern versorgt wurde. Seitdem dann im Jahre
1842 den freien Einwanderern dieses Gebiet geöffnet worden war, stieg die Einwohnerzahl stetig:
bis 1846 auf 2257, 1851 auf 8575 und 1856 auf 17,082. Im Jahre 1859 löfte sich die
Kolonie von Neufübwales los, erhielt den Namen Queensland und wuchs nun rasch, unterstützt
durch starke Einwanderung, von 213,525 Seelen im Jahre 1881 auf 322,853 im Jahre 1886.

Von diesen wohnten im letztgenannten Jahr auf der Halbinsel York 15,500, auf der Ab=
dachung nach dem Großen Ozean dagegen 245,128, und zwar im Stromgebiet des Burdekin
40,649, in dem des Fitzroy 29,061, in dem des Burnett 42,219 und im Gebiet von Brisbane
133,199. Nach dem Inneren zu wird die Bevölkerung um so spärlicher, je weiter man von
Süden nach Norden gelangt, indem auf die Darling Downs noch 33,084, auf das westliche
Darling=Gebiet 10,929, auf das Eyre=Gebiet 12,022 und auf das Carpentaria=Gebiet 6140
kamen, im ganzen 62,175, also ein Viertel der Zahl des pazifischen Abhanges.

Dieselbe Zunahme der Bevölkerung nach Süden ergibt sich auch, wenn man drei Abteilungen,
Nord=, Mittel= und Süd=Queensland, nach dem offiziellen Zensus der Kolonie unterscheidet.
Auf den Norden fallen dann 62,339, auf den Süden 221,693 und auf die Mitte 38,821 Ein=
wohner. Ebenso nimmt die Bevölkerung ganz allgemein von der Küste nach dem Inneren ab.
Unter den Fremden waren 1886: 10,500 Chinesen, 10,165 Polynesier und 1162 andere. Die
Zahl der Eingeborenen, die nicht im Zensus enthalten sind, wurde (wahrscheinlich viel zu gering)
auf 11,900 geschätzt. Die städtische Bevölkerung ist in Queensland geringer als die ländliche;
wenn man freilich mit dem Zensus alle Orte mit über 100 Einwohnern Städte nennt, so fallen
im Norden 48, in der Mitte 52, im Süden 53 Prozent auf die „Stadtbevölkerung". In jedem
Falle aber hatte Brisbane 1886 mit 51,689 Einwohnern damals 16 Prozent der Einwohner der
Gesamtkolonie und nach der Zählung von 1891 mit 93,657 sogar 25 Prozent der gesamten
Einwohnerschaft der Kolonie; doch ist in der letzten Zahl die Umgebung der Stadt mitgerechnet.
Übrigens ist Brisbane die einzige größere Stadt des Landes. Das männliche Geschlecht über=
wiegt auch in Queensland erheblich das weibliche.

Queensland zerfällt wirtschaftlich in drei Gebiete: a) den Zucker pflanzenden tropischen
Norden, b) das Viehzucht treibende Innere und c) die Bergbau pflegenden mittleren Küstengraf=
schaften und südlichen gebirgigen Gebiete. Viehzucht, Ackerbau und Bergbau sind sonach die
wichtigsten Beschäftigungen der Bevölkerung und haben bereits eine solche Bedeutung erlangt,
daß Queensland Ende der achtziger Jahre in der Handelsbewegung die dritte Stelle unter den
australischen Kolonien einnahm, bis es seit dem Beginn der neunziger Jahre durch Südaustralien
überflügelt wurde. In der Wollausfuhr dagegen hat es auch jetzt noch seinen alten Platz be=
hauptet. Wolle ist auch in Queensland das wichtigste Ausfuhrprodukt und die Viehzucht dem=
nach der hervorragendste Wirtschaftszweig in der Kolonie, weil sie sich hauptsächlich mit der Schaf=
zucht abgibt. Doch scheint die Rindviehzucht noch größere Aussichten auf Erfolg zu haben, da
das vielfach feuchte und überall heiße Klima den Schafen weniger zusagt als das der südlicheren

Kolonien und Neuseelands. Im Jahre 1881 entfiel nahezu die Hälfte des Rindviehbestandes Australiens auf Queensland, nämlich 3,162,752 Stück, denen 6,935,967 Schafe gegenüberstanden; 1892 gab es sogar 6,500,000 Rinder und 21,700,000 Schafe. Diese Herden werden aber über das ganze, weite Land verstreut bis zur äußersten Westgrenze und bis zum Carpentaria-Golf und gedeihen infolge der Geschicklichkeit ihrer Besitzer so gut, daß es möglich war, Rinderherden einmal nach Adelaide zu treiben und dort marktfähig abzuliefern, ein andermal nach dem Kimberley-Distrikt durchzubringen. So konnte Queensland 1892 Wolle im Werte von 85,180,000 Mark, 1891 im Werte von 69,080,000 Mark ausführen und daneben Talg, Häute, Fleisch, Felle, so daß etwa die Hälfte der Gesamtausfuhr auf die Viehzucht fällt. Trotzdem daß die Stationen der Squatters oft sehr weit von der Küste entfernt liegen und die Transporte der Wolle mit großen Kosten verbunden sind, bringt die Viehzucht nach Lumholz einen Ertrag von 40 Prozent. Namentlich wird auch lebendes Vieh nach der Küste geschafft, um in den dortigen Städten geschlachtet zu werden oder zur Talggewinnung zu dienen. Große Mengen Fleisch werden in Australien selbst verzehrt, neuerdings aber hat die Rindviehzucht auch Veranlassung zur Errichtung von Eisfabriken gegeben, in denen das Fleisch zum Gefrieren gebracht und dann nach dem Auslande ausgeführt wird. Dagegen wird die Milch bisher kaum benutzt: auf einer Station von 10,000 Stück Vieh werden kaum drei oder vier Kühe gemolken.

Neben der Viehzucht entwickelt sich jetzt der Ackerbau mehr und mehr, und zwar wird im Süden auf dem Tafellande der Weizen, im Norden in den tropischen Gebieten neben zahlreichen anderen tropischen Produkten das Zuckerrohr gepflanzt. Bereits südlich vom 25. Breitengrade betreibt man im nördlichen Teil des Distrikts Burnet an bewässerten Stellen, namentlich an den Flußufern, den Zuckerrohrbau mit Erfolg; die größten Pflanzungen aber befinden sich in der Umgebung der kleinen Küstenstadt Mackay unter 21° südl. Breite sowie bei Townsville und Bundaberg. Die Arbeiten auf diesen Zuckerfeldern verrichten die sogenannten „Kanaken", meist Melanesier von den Hebriden und Salomonen, die, obwohl an und für sich kräftig und für die Arbeit geeignet, dennoch häufig genug den klimatischen Einflüssen unterliegen und an der Lungenschwindsucht sterben: nach Beaune sogar mit der entsetzlich hohen Sterblichkeitsziffer von 15 Prozent. Sie verpflichten sich auf drei Jahre und erhalten dafür 360 Mark sowie freie Hin- und Rückreise; doch wird gerade in Queensland dieser Vertrag von seiten der Unternehmer gebrochen, und die Anwerbung für diese Kolonie hat ganz besonders zu den oben (vgl. S. 306) geschilderten schweren Mißbräuchen und blutigen Kämpfen Anlaß gegeben. Über die Behandlung dieser Arbeiter auf den Pflanzungen gehen die Ansichten weit auseinander; jedenfalls aber haben die Mißbräuche bei der Anwerbung die Regierung genötigt, die Einführung dieser Arbeiter zu verbieten. Da infolgedessen die Zuckerpflanzungen an Arbeitermangel leiden, so ist der Anbau des Zuckerrohrs eingeschränkt worden und betrug 1889 nur noch 34,000 gegen früher 60,000 Tonnen. Immerhin aber erzeugt Queensland in immer steigendem Maße Zucker.

Von sonstigen Produkten scheint Tabak einen guten Ertrag zu versprechen; über Kaffee sind erst noch genauere Erfahrungen zu machen, der Anbau von Baumwolle scheint weniger zu lohnen, dagegen wird Mais jetzt in sehr großen Mengen angepflanzt. Weitere Erzeugnisse des tropischen Queensland sind: Bananen, Chinarinde, Arrowroot, der subtropische Reis, Wein, bei Roma im Süden, und zahllose Früchte, von denen Ananas und Orangen, Bananen und Wein bereits in der Liste der Ausfuhrartikel erscheinen.

In dritter Linie ist der Bergbau zu erwähnen, der Gold, verschiedene andere Edelmetalle und Kohlen liefert. Der Goldreichtum Australiens tritt auch in Queensland hervor, wo schon 1858 bei Canoona Gold bemerkt, aber erst nach 1867 ernstlich ausgebeutet wurde. Vor allem gab der Ort Gympie nördlich von der Moreton-Bai einen erheblichen Ertrag; und darauf folgten

Goldfunde in der ganzen Kolonie sowohl im Alluvium wie in den Quarzriffen des anstehenden Gesteins. Im Süden ist Gympie der wichtigste Punkt für Goldbergbau, in der Mitte die Peak Downs, im Norden Palmer, Charters Towers, Ravenswood, Cloncurry, Hodgkinson; jetzt sind die Woolgar-Goldfelder im Inneren unter 20⁰ südl. Breite sehr bekannt. Bis 1880 nahm der Ertrag an Gold immer mehr zu und erreichte den Gesamtwert von 253 Millionen Mark, der bis 1890 auf 480 Millionen Mark stieg; in dem einzigen Jahre 1889 wurden nach v. Lendenfeld 739,103 Unzen Gold im Werte von 51,737,200 Mark gewonnen. Der neueste Anziehungs= punkt ist das Goldfeld von Reward Claim, 48 km westlich von Rockhampton in der Nähe des Mount Morgan, wo 1893: 14 Zentner Gestein 132 Unzen Gold ergaben. Größere Goldwäschen sollen ferner nahe den Quellen des Mary=Flusses im Entstehen begriffen sein. Berühmt ge=

Thursday-Island in der Torres-Straße. (Nach Photographie von Prof. R. Semon.)

worden ist vor allem der erwähnte Mount Morgan, ein westlich von Rockhampton gelegener Berg, dessen Goldreichtum erst 1882 entdeckt, seit 1886 ausgebeutet wurde, aber 1889 bereits einen Reinertrag von über 20 Millionen Mark abwarf. Dieser Goldberg war es vor allem, der 1889 die Goldproduktion Queenlands auf die oben angegebene hohe Ziffer brachte, so daß sie damals sogar die Ausbeute Victorias übertraf.

Ferner findet sich Kupfer bei Claremont, Mount Percy und Cloncurry im Burke=Distrikt nahe der Westgrenze der Kolonie, wird aber nur auf drei Werken ausgebeutet und ergab 1880: 225,800 Mark Wert. Zinn fand man zuerst im Süden an der Grenze von Neusüdwales, dann im Norden bei Palmer und in der Nähe anderer Goldfelder, ferner seit 1880 bei Gladstone im Port=Curtis=Distrikt und bei Cairns, so daß 1880 Zinn im Werte von 2,859,540 Mark aus= geführt werden konnte und somit einen sehr wichtigen Ausfuhrartikel bildete. Eisen, Blei, Mangan sind ebenfalls häufig, werden jedoch noch nicht ausgenutzt; dagegen wird Kohle, wenn auch in geringem Maßstabe, abgebaut. Kohle kommt am Brisbane= und Bremer=Flusse vor, auf den Darling Downs und bei Rockhampton, Charleville, Bowen und Cooktown im Norden: 1888 konnten 311,000 Tonnen Kohle gefördert werden. Die Qualität ist an der Oberfläche mäßig, scheint jedoch nach der Tiefe hinab an Güte zuzunehmen.

Die Fischerei ist zurückgegangen, namentlich nachdem die Wale seltener geworden sind; dafür werden jetzt Perlen und Tripang in größeren Mengen gefischt: Perlen und Perlmutter vor allem in der Torres-Straße und an der Festlandsküste bei Somerset, wo Malayen, Polynesier, australische Eingeborene, Kulis und Chinesen als Taucher fungieren; Tripang besonders in der Torres-Straße und auf dem Großen Barrierriff. · 1880 hatte die Ausfuhr von Tripang und Austern den Wert von 436,360 Mark, die von Perlmutter betrug 953,900 Mark, 1884 waren mit der Fischerei allein bei Thursday-Island in der Torres-Straße (s. Abbildung, S. 387) 212 Schiffe mit 1500 Mann Besatzung beschäftigt und brachten 702 Tonnen Perlmutter im Werte von fast 2 Millionen Mark heim. Thursday-Island ist das Zentrum der Perlenfischerei in Australien geworden und hat um so mehr an Bedeutung gewonnen, als hier die Dampfer der „Peninsular and Oriental Company" auf der Reise nach Sydney anlegen.

Die Industrie beginnt erst sich zu entwickeln und ist zunächst vorwiegend auf die Viehzucht gegründet, insofern als große Fleischkonservenanstalten entstanden sind; ferner arbeiten aber auch Zuckerraffinerien, Gerbereien, Brennereien und Wollzeugfabriken. Vor allem haben die in der Umgebung von Rockhampton und Brisbane gelegenen Eisfleischfabriken der Viehzucht einen neuen Aufschwung gegeben, weil zur Zeit das Fleisch der Tiere eine große Rolle darin spielt, während es früher so wertlos war, daß man nur auf die Gewinnung der Häute und Wolle bedacht war. Daneben ist die Talggewinnung so wichtig geworden, daß in einer Fabrik bei Rockhampton jährlich 100,000 Stück Rindvieh- und Schafbäuche eingekocht werden.

Der Handel Queenslands hebt sich zusehends; doch schwanken die Ausfuhr- und Einfuhrwerte, wie in allen wirtschaftlich jungen Ländern, beträchtlich, zumal da die Goldproduktion außerordentlich wechselt. Im Jahre 1889 hielten sich die Einfuhr mit 132,940,000 Mark, die Ausfuhr mit 122,520,000 Mark nahezu das Gleichgewicht, 1892 betrug jene nur 84,960,000, diese aber 171,560,000 Mark. Das wichtigste Ausfuhrprodukt ist Wolle, von der 1892 Posten im Werte von 85,180,000 Mark, also mehr als die Hälfte des Gesamtwertes der Ausfuhr, verkauft wurden, die zu einem Drittel nach England, im übrigen nach Nordamerika und Neusüdwales, weniger nach Deutschland gerichtet ist. An der Einfuhr, deren Hälfte England in Anspruch nimmt, beteiligen sich hauptsächlich Manufakturwaren und Lebensmittel: Mehl, Thee, Kartoffeln, Reis. Über die Eisenbahnen und Telegraphen wird Seite 466 f. Näheres gesagt werden. Im ganzen hat Queensland in beiden Beziehungen bereits große Fortschritte gemacht und drei Bahnen von der Küste tief ins Innere hineingebaut, auch ist Brisbane mit Sydney durch Eisenbahn verbunden; dagegen fehlt noch die Verbindung der Küstenstädte nördlich von Brisbane untereinander. Hier helfen auch die Dampfschiffe nur so unvollkommen aus, daß eine Reise von Brisbane nach Kap York ungefähr so viel Zeit kostet wie von London nach Kapstadt, obwohl die Entfernung der von London nach Gibraltar entspricht. Das Eisenbahnnetz hatte 1892 die Länge von 3734 km und stand unter allen der australischen Kolonien an zweiter Stelle. Eine große Telegraphenlinie verbindet die Kupferminen bei Mount Nicholson mit der Ostküste, eine zweite führt vom Carpentaria-Golf nach Rockingham-Bai, eine dritte durchzieht die Halbinsel York in der Länge, und eine vierte endlich läuft den Warrego-Fluß hinab. Die Gesamtlänge der Linien betrug Ende 1892: 16,087 km, womit Queensland nur hinter Neusüdwales zurückstand. Der Schiffsverkehr in den Häfen der Kolonie betrug am Ende des Jahres 1892: 1098 mit 972,428 Tonnen Gehalt und stand unter allen australischen Kolonien an letzter Stelle. In der That läßt die Verbindung Queenslands mit den übrigen Kontinenten, insbesondere mit Europa, noch zu wünschen übrig.

Viehzucht und Bergbau werden bis auf weiteres die wichtigsten Wirtschaftszweige in Queensland bleiben; doch ist nicht anzunehmen, daß sie sich in dem Maße weiter entwickeln werden wie bisher. Da die besten Weiden jetzt vergeben sind, so handelt es sich für die Viehzucht mehr um Vertiefung des Betriebes, Veredelung der Rassen und Erweiterung der auf ihr begründeten Fleisch=Gefrierindustrie, Talggewinnung ꝛc. als um Ausdehnung der Bestände, zumal da im Inneren Wasser vielfach sehr spärlich ist, bald durch Morast verdickt, bald weiß voller Kreide oder schwarz durch herabgefallene Blätter. Außerdem dauern viele Wasserläufe in der Trocken= zeit nicht aus. Der Bergbau verspricht noch eine größere Ausdehnung und läßt vermutlich weitere große Goldfunde mit Bestimmtheit erhoffen; er ist aber stets der unsicherste aller Wirtschafts= zweige und gibt niemals solche Erträge, auf denen in alle Zukunft die Finanzen einer Kolonie ge= gründet werden können. Besondere Schwierigkeiten macht in Queensland ferner die ungeheure Ausdehnung der Kolonie, die mangelhafte Besiedelung und der Gegensatz der einzelnen Wirtschafts= zweige. Vor allem besteht ein Gegensatz zwischen den das tropische Gebiet Queenslands bewoh= nenden Pflanzern, die notwendig fremde Arbeiter zur Bearbeitung ihrer Kulturen brauchen, und den Ackerbauern des Südens, die ohne solche auskommen, die Einfuhr fremder, auch chinesischer Arbeiter, lahmgelegt haben und dem Norden überhaupt weniger wohlwollend gegenüber stehen: Verhältnisse, beinahe umgekehrt wie in Nordamerika vor dem Sezessionskriege. Dadurch wird der Norden in seiner Entwickelung beeinträchtigt, und es ist nicht unmöglich, daß sich der tropische Norden über kurz oder lang von dem subtropischen Süden lostrennen wird; besitzt er doch schon jetzt mehr Einwohner als Westaustralien, das bereits seit 1829 eine eigene Kolonie ist.

Auch der Ackerbau hat in den subtropischen Teilen mit denselben Schwierigkeiten wie die Viehzucht: bald Wassermangel, bald ungeheuerm Regen, außerdem aber noch mit dem den Weizen schädigenden Rostpilz, mit Heuschreckenschwärmen und Raupenfraß, im äußersten Süden mit der Kaninchenplage zu kämpfen, in den tropischen aber mit der Arbeiterfrage. Im ganzen waren 1885 von 307 Millionen Acres nur 209,000 oder ¼ Prozent im Anbau, und ein großer Teil der Kolonie wird stets Unland und Ödung bleiben. Vor allem wird es darauf ankommen, künstliche Bewässerung, Berieselung in ausgedehntem Maße einzuführen und den Ländereien auch in der Trockenzeit Wasser zu verschaffen. Um dies zu erreichen, wendet man entweder das indische Tanksystem an, oder bohrt artesische Brunnen: Versuche, die wenigstens im Westen des Landes gute Ergebnisse geliefert haben. Die Nutzhölzer der Kolonie, deren große Bestände von Palmen, Bambus, Pandanus, Eukalyptus und anderen nutzbaren Pflanzen hauptsächlich in den Wäldern des Nordens vorhanden sind, sind noch gar nicht ausgebeutet worden.

Die Finanzen der Kolonie standen 1892 im ganzen insofern nicht übel, als die Ausgaben die Einnahmen nur um einen verhältnismäßig geringen Betrag überstiegen. Die Schuld ist zwar mit 589,142,680 Mark im Verhältnis zu den anderen Kolonien nicht übermäßig hoch, für Queensland aber drückend. Obendrein dürften außer dem allgemeinen Niedergang der wirt= schaftlichen Verhältnisse in Australien besonders die Finanznöte des Jahres 1893 auch auf Queensland einen ungünstigen Einfluß ausgeübt haben.

Die Regierung der Kolonie leitet ein Gouverneur, der von der Königin berufen wird; ihm zur Seite stehen Minister und das aus zwei Kammern bestehende Parlament, dem gesetz= gebenden Rat von 33 Mitgliedern, die von der Krone und dem Gouverneur ernannt, und der gesetzgebenden Versammlung von 55 Mitgliedern, die von etwa 46,000 Wählern gewählt werden.

Die Ortschaften Queenslands sind, mit Ausnahme von Brisbane, noch sehr unbedeutend. Im nördlichen Teil der Kolonie haben Burketown und Normanton, nahe dem Südufer des Carpentaria=Golfs, lange Zeit verlassen gestanden, bis die Auffindung der Goldfelder von Croy= don beiden neues Leben gab. Zur Zeit führt bereits eine Eisenbahn von Normanton nach Croydon, der Telegraph von Rockingham=Bai erreicht Burketown, von dem dagegen keine Ver= bindung nach den Kupfergruben zu Nicholson besteht: diese sind telegraphisch nur an die in

Rockhampton mündende Eisenbahn angeschlossen. Der Distrikt im Süden des Carpentaria-Golfs heißt Burke und enthält außer den genannten Bergbaugebieten fast ausschließlich Schaffarmen. Die Halbinsel York nimmt der Cook-Distrikt ein, dessen westliche Teile hauptsächlich Viehzucht= gebiete sind, während der Osten durch Bergbau erschlossen worden ist. Abgesehen von der An= siedelung auf Thursday-Island (f. Abb., S. 387) und dem verfallenden Somerset an der Nordspitze der Halbinsel sind fast nur Hafen= und Bergbaustädte vorhanden. Die bekannteste unter ihnen ist Cooktown, der von den Dampfern der Peninsular and Oriental Company angelaufene Hafen in Nord-Queensland. Ihre Entstehung (1877) verdankt die Stadt den Palmer= und Hodgkinson=Gold= feldern an den Quellen des Palmer=Flusses so ausschließlich, daß sie seit deren Rückgang ebenfalls herabgegangen ist. Sechs Jahre nach ihrer Gründung besaß sie bereits 5000 Einwohner, darunter 3500 Chinesen, allein 1883 hatte sie nur noch etwa 2000. In ihrer Umgebung wird Reis, Zucker, Baumwolle angebaut; der Hafen aber, die berühmte Endeavour-Bai, in der Cook sein Schiff ausbesserte, bietet so wenig Tiefgang für die großen Dampfer, daß kleinere Schiffe die Reisenden von den außerhalb ankernden abholen müssen. Ausgeführt wird besonders Tripang und Gold. Eine Eisenbahn verbindet Cooktown mit den verlassenen Goldfeldstädten Palmer= ville und Maytown, von denen die zweite durch die große Telegraphenlinie von Somerset nach dem Süden berührt wird. Südlich von Cooktown liegen an der Küste die Häfen Port Douglas mit 500 Einwohnern, Gold= und Zinnbergbau, und Cairns mit 600 Einwohnern und einer Eisenbahn nach Herberton, beides jetzt fast verlassene Bergbaugründungen früherer Zeiten.

Bedeutender sind die Hafenstädte des Kenneby=Distrikts, eines ebenfalls vorwiegend Viehzucht treibenden Gebietes, an dessen Wasserläufen jedoch der tropische Ackerbau seine haupt= sächlichen Fortschritte gemacht hat und daher den Häfen etwas mehr Leben verleiht. Hier liegt die größte Stadt Nord-Queenslands, Townsville, früher der Hauptausfuhrplatz für die Gold= felder von Ravenswood, Star River, Cloncurry, Gilbert, Etheridge und auch für die Baum= wolldistrikte, wenigstens so lange, bis die Arbeiter aus den Pflanzungen nach den Gold= und Kupferminen übersiedelten. Ravenswood und Charters Towers liefern der 3000 Einwohner zählenden Stadt noch immer Gold zur Ausfuhr, und die weite Ausdehnung der Eisenbahn bis Hughenden an dem Oberlaufe des Flinders=Flusses führt ihr zahlreiche Produkte der Viehzucht des Inneren zu. Trotz neuer Hafeneinrichtungen, Verlängerung der Bahn und starker Reklame ging das 1864 gegründete Townsville seit 1879 so weit herab, daß um die Mitte der achtziger Jahre eine völlige Lähmung des Verkehrs eintrat. Doch seitdem hat sich der Ort wieder so gehoben, daß er jetzt für eine künftige Absonderung Nord-Queenslands als Hauptort in Betracht kommen soll. Dennoch machen alle diese Städte Nord-Queenslands trotz mancher besserer Ge= bäude im ganzen wegen ihrer noch unausgebauten lückenhaften Straßen, primitiven Häuser und Zinkblechdächer den Eindruck provisorischer Niederlassungen. Der Hafen Bowen bleibt wegen des Mangels einer Eisenbahn nach dem Inneren gegen Townsville zurück, Mackay dagegen kommt wegen des reichen Zuckerbaus in seiner Umgebung empor.

Der sich nun anschließende Distrikt Port Curtis enthält die wichtige Hafenstadt Rock= hampton nahe der Mündung des Fitzroy=Flusses, die durch ihre Eisfleischfabriken und Talg= gewinnung ein Hauptsitz der auf die Viehzucht gegründeten Industrie ist und außerdem den Vor= teil einer weit ins Innere, bis an den Thomson=Fluß westlich vom 145. Grade östl. Länge vor= geschobenen Eisenbahnlinie hat. Rockhampton beherbergt etwa 9000 Einwohner und ist damit die zweitgrößte Stadt Queenslands geworden, besitzt aber außer einem Hospital, einem großen Schulgebäude und einer Hängebrücke keine Bauten von Bedeutung. Die großen Eisfleischfabriken liegen abwärts der Stadt am Flußufer. Die erst in der Entstehung begriffene Stadt ist noch wenig geschlossen und hat breite Gassen mit zahlreichen freien Plätzen, Lücken und kleinen

Häufern; an Fußsteigen, bie wegen ber Sonnenhitze überbaut sinb, stehen neben einigen Kirchen unb großen Gebäuben armselige Bretterhäuser, um bie herum noch vielfach Rinber unb Pferbe weiben. Rockhampton ist ber Hauptplatz für Mittel=Queenslanb, bas Eingangsthor für bie Vieh= zucht treibenben Distrikte Leichharbt, West=Kennebh unb Norbost=Gregorh, bie noch sehr spärlich bevölkert sinb unb gar keine größeren Ortschaften haben. Außer Rockhampton ist an ber Küste noch ber Hafen Glabstone vor Port Curtis zu erwähnen.

Das sübliche Queenslanb besteht aus ben Viehzucht treibenben, überaus spärlich bevöl= kerten Distrikten Warrego unb Mitcheltown im Inneren, aus Maranoa um ben oberen Balonne mit ber Weinbau treibenben Stabt Roma, Mitchell unb Surat unb aus ben Küstenbistrikten Darling Downs, Burnet unb Moreton, wo Bergbau, Ackerbau, Viehzucht unb Hanbel getrieben

Brisbane in Queenslanb. (Nach Photographie.)

werben. Dieses ganze Gebiet wirb burch eine Eisenbahn aufgeschlossen, bie im Inneren nunmehr bis Charleville am Warrego=Flusse reicht, bie Stäbte Mitchell, Roma, Toowoomba berührt unb in Brisbane ihr Enbe finbet.

In bem Distrikte Darling Downs, bem fruchtbarsten bes Sübens, wirb außer ber vor= herrschenben Viehzucht auch Ackerbau getrieben, währenb im Distrikte Burnet bie Bergbau= stäbte Gympie unb Marhborough, bie beibe burch Eisenbahn sowohl mit Brisbane als auch mit Bunbaberg an ber Münbung bes Burnett=Flusses verbunben sinb, bie bebeutenbsten sinb. Die Golblager von Gympie gaben 1867 ben Anstoß zur kräftigeren Besiebelung Süb=Queens= lanbs unb Anlaß zur Grünbung von brei getrennten Ansiebelungen, bie ben gemeinsamen Namen Gympie erhielten: zusammenhanglose Häuser= unb Hüttenreihen mit zahlreichen Essen, Schächten, Werken, Stampfmühlen in öber Umgebung. Marhborough am Marh=Flusse zeichnet sich burch größere Geschlossenheit unb Sauberkeit aus unb besitzt auch in nicht unbebeuten= bem Ackerbau, namentlich in Zucker= unb Maispflanzungen, eine sicherer fließenbe Quelle bes Wohlstanbes; auch bie Ansiebler von Bunbaberg treiben vorwiegenb Ackerbau. Stäbtischeren Einbruck macht bas saubere Ipswich am Bremer=Flusse, ber Ausgangspunkt bes Anstiegs ber

Eisenbahn über das Gebirge, während das an dessen westlichem Abhang gelegene Toowoomba
wiederum einen ländlicheren Anstrich hat; von hier aus zweigt sich die Queensland mit Neusüd=
wales über Warwick (5000 Einwohner) verbindende Linie ab.

Die Hauptstadt der Kolonie, Brisbane (s. Abbildung, S. 391), deren Einwohnerzahl, die
nächste Umgebung eingerechnet, 93,000 beträgt, wurde ursprünglich ganz aus Holz gebaut und
ist erst allmählich mit größeren Steinbauten versehen worden.   Daher macht die Stadt einen un=
gleichmäßigen Eindruck, da sie den Charakter einer Großstadt, einer Kleinstadt und eines Dorfes
in sich vereinigt.   Die eigentliche Stadt besaß 1891 nur 55,000 Einwohner, aber bereits zahl=
reiche öffentliche Gebäude, über 30 Kirchen und Kapellen, Theater, Gymnasium, Hospitäler.
Parke und einen schönen botanischen Garten.   Im Jahre 1824 als Verbrecherkolonie entstanden,
nahm sie seit deren Aufhebung 1842 größeren Aufschwung und ist jetzt der wichtigste Hafen
der Kolonie.   Die ausgezeichnete Reede der Moreton=Bai schließt im Osten die Moreton=Insel.
Die Ausfuhr besteht hauptsächlich aus Produkten der Viehzucht, Wolle, Talg, Häuten, sowie
Gold und Baumwolle.   Der Schiffsverkehr betrug 1889 im ganzen 506,000 Tonnen, wovon
366,000 auf die Küstenschiffahrt kamen.   Größere Seedampfer vermögen auf dem Brisbane=Fluß
die Stadt zwar nicht zu erreichen, doch wird er bereits zur Erzielung besseren Verkehrs vertieft.

d) Neusüdwales.

Der Kern der australischen Kolonien, die Mutter aller übrigen des Festlandes, der frühest
besiedelte Distrikt auf dem Kontinent ist Neusüdwales.   Zwischen 29 und 37° südl. Br.
ausgedehnt und im Inneren sich bis zum 141.° östl. L. erstreckend, nimmt Neusüdwales 799,136
qkm, also ein Gebiet von der anderthalbfachen Größe des Deutschen Reiches ein.   Auf diesem
Raume wohnten 1891: 1,132,234, nach einer Berechnung von 1892: 1,197,050 Menschen,
somit nur 1,4 auf dem Quadratkilometer.   Bis etwa 1890 war Neusüdwales die am stärksten
bevölkerte Kolonie Australiens; die Zählung von 1891 ergab jedoch, daß Victoria Neusüdwales
um etwa 8000 Einwohner überflügelt hat.   Die Volksdichte an sich war in Victoria von jeher
größer und beträgt jetzt etwa 5 auf das Quadratkilometer.   Unter den 1,132,234 Bewohnern
sollen sich nur noch etwa 5100 Eingeborene befinden, dagegen etwa 15,000 Chinesen und
3200 Mischlinge.   Der Hauptstamm der Bevölkerung sind natürlich Engländer; Deutsche werden
etwa 10,000 im Lande gezählt.   Die Bevölkerung vermehrt sich jährlich um etwa 5 Prozent,
teils durch Überschuß der Geburten über die Sterbefälle, teils durch die seit 1888 jährlich etwa
60—70,000 Seelen betragende Einwanderung.   Natürlicherweise nimmt die Volksdichte auch
in Neusüdwales von der Küste nach dem Inneren hin ab, und das zwischen dem Lachlan und
dem Darling gelegene Land sowie die jenseitigen Gebiete sind fast menschenleer, während die
Volksdichte um Sydney 50 auf das Quadratkilometer beträgt.   Da sich außerdem die neuen
Ansiedler nicht weit ins Innere wagen, so wächst die Volksdichte in den küstennahen Gebieten
mehr und mehr, während sie im Inneren gleich niedrig bleibt.

Nachdem 1788 die erste britische Ansiedelung in Port Jackson gegründet war, stieg die Be=
völkerung anfangs nur so langsam, daß die Kolonie mehrfach ihrer Auflösung nahe war, bis
seit 1836 die Einwanderung freier Kolonisten zunahm und 1840 die Einfuhr von Verbrechern
aufgegeben wurde, deren Zahl aber von 1788—1840 immerhin 59,788 betragen hatte.   Im
Jahre 1840 betrug die Bevölkerung von Neusüdwales 129,643, 1850: 265,503, sank aber
1851 infolge der Abtrennung von Victoria auf 197,168 und kam, zumal da viele Bewohner
die Goldfelder aufsuchten, erst 1856 wieder über 265,000 hinaus.   Noch einmal verlor Neusüd=
wales Bewohner durch die Ablösung des Moreton=Gebiets als Queensland, stieg dann aber rasch.

Von den 1,132,234 Seelen im Jahre 1891 waren 612,562 männlich, 519,672 weiblich, so daß auch hier ein wenig erfreulicher Überschuß des männlichen Geschlechts besteht. Die Eingeborenen sind nach dem Darling zurückgedrängt, Chinesen und Deutsche schwächer vertreten als in den anderen Kolonien. Für Ende 1890 wurden 1,170,000 Bewohner durch Schätzung angenommen. Allein die Bevölkerung hat sich nicht in dem erwarteten Maße vermehrt, da Ende 1891 nur 1,132,234 Köpfe gezählt worden sind; der Überschuß von etwa 100,000 männlichen Einwohnern besteht aber auch jetzt noch.

Die wichtigste Beschäftigung der Kolonisten ist die Viehzucht, die Neufüdwales einen hervorragenden Rang nicht nur unter den australischen Kolonien, sondern unter den Staaten der Erde überhaupt sichert. An Rindern stand Neufüdwales mit 3,134,086 Stück in 1876 freilich gegen Queensland zurück, die Zahl der Schafe betrug dagegen im selben Jahre 24,382,536 Stück, so daß Wolle das wichtigste Produkt der Kolonie geworden ist und weitaus alle anderen überwiegt. Der Wert der 1888 ausgeführten Wolle betrug 184,000,000 Mark, beinahe die Hälfte der Gesamtsumme des Ausfuhrwertes von 417,200,000 Mark. Dabei muß berücksichtigt werden, daß ein großer Teil über Melbourne und Adelaide den Murray hinabgeht, so daß noch ein großer Teil der Wolle von Neufüdwales aus Victoria und Südaustralien ausgeführt wird. Wenn auch Dürren den Viehstand oft arg mitnehmen, so wachsen doch die Herden im ganzen riesig an; auch werden die weniger widerstandsfähigen Rinder jetzt oft durch die das trockene Klima besser vertragenden Schafe ersetzt. Seitdem nun der Handel des Inneren von Neufüdwales durch den Eisenbahnbau nach Sydney zurückgelangt ist, steigt wieder die Wollausfuhr von Neufüdwales und sinkt die Victorias. Auch 1892 stand Neufüdwales im Wollexport mit 210,800,000 Mark noch bei weitem an erster Stelle unter den australischen Kolonien. Doch bezifferte sich sein Betrag nur noch auf 5/14 der Gesamtausfuhr, da namentlich Queensland und Neuseeland seit 1880 zu reichen Viehzuchtländern herangewachsen sind. Weiter liefert die Viehzucht Talg, Felle und Fleisch, das neuerdings, wie aus Queensland, in gefrorenem Zustande ausgeführt und in besonderen Kühlschiffen nach Europa gesandt wird.

Die Wälder liefern mancherlei Nutzholz, besonders im Osten der Wasserscheide, wo der Eukalyptus in 47 Varietäten das meistgeschätzte Holz bietet; die gesamte Waldfläche von Neufüdwales beträgt 78,000 qkm, 10 Proz. des Gesamtareals der Kolonie.

Ackerbau läßt sich in Neufüdwales weniger gut treiben als die Viehzucht, weil der Boden nicht überall lohnt und durch harten Thon und losen Sand häufig verschlechtert wird. Nur die Flußthäler des Ostens haben reichen Humusboden, leiden aber wieder stark unter Überschwemmungen, so daß Neufüdwales viel Getreide aus Victoria und Südaustralien bezieht. Immerhin kommt auch fruchtbarer Boden noch zur Genüge vor, und Weizen, Mais, Gerste, Hafer, Tabak, Kartoffeln werden angebaut. Im ganzen sind nur die Ernten auf Neuseeland und Tasmanien reicher, die der übrigen Kolonien dagegen geringer als in Neufüdwales. Am meisten leidet der Ackerbau aber im Inneren durch den Wassermangel und die häufigen Dürren, gegen die man sich neuerdings durch großartige Berieselungs=Anlagen zu schützen sucht. Dem gemeinsamen Vorgehen der Kolonien Südaustralien und Victoria hat sich zwar Neufüdwales nicht angeschlossen, aber im einzelnen geschieht doch manches zur Vermeidung des Wassermangels.

Angebaut wird neuerdings auch Zuckerrohr, und die Obstzucht hat sehr gute Ergebnisse gehabt, besonders die der Orangen um Sydney und Paramatta, von denen ein Teil zu Marmelade verarbeitet, ein anderer frisch nach den anderen Kolonien ausgeführt wird. Auch der Weinbau ist einer großen Zukunft fähig und deren nicht nur in den Küstengebieten, sondern auch im Inneren, noch am Darling gewärtig; vorderhand wird besonders am oberen Murray bei Albury Wein gebaut. Obwohl die Fläche des angebauten Landes 1892 nur 1 Million Acres, 1/2 Proz.

des Bodens betrug, wurden doch von diesem geringen Gebiet im Jahr 1893 schon 1,800,000 Bushel Weizen, 5 Millionen Bushel Mais, 52,105 Tonnen Kartoffeln, 264,832 Tonnen Zucker- rohr und 931,542 Gallonen Wein, daneben auch Hafer, Gerste, Tabak sowie 10 Millionen Dutzend Apfelsinen gewonnen.

Hervorragend ist der Reichtum, den Neusüdwales in Bergbauprodukten besitzt. Im Jahre 1888 hatte er einen Ausfuhrwert von 77,600,000 Mark, woran in erster Linie Kohlen mit 29,103,960 Mark und Bleierze mit Silbergehalt mit 21,514,740 Mark teilnahmen. Dazu kamen Zinn 11,649,920, Gold 6,342,000, Kupfer 5,500,680, Silber 1,333,360 und übrige Metalle mit 2,153,500 Mark. Im ganzen geht die Metallproduktion, mit Ausnahme der silber- haltigen Bleierze, zurück, die der Kohle dagegen in die Höhe. Vor allem ist die Goldproduktion gesunken. Im Jahre 1851 begann die Goldära bei Bathurst. Von da bis 1887 wurden 9,885,094 Unzen Gold zu 737,262,180 Mark gewonnen, wovon drei Viertel auf die Goldseifen (Diggings) im Alluvium und ein Viertel auf die Goldquarzriffe (Quartz reefs) im festen Gestein entfallen, aber seit 1889 nahm die Goldproduktion wieder zu. Vielfach fehlt immer noch Kapital zur systematischen Ausbeutung der Goldfelder. Die gesamte Goldausbeute in Neusüdwales betrug von 1851—90 etwa 760 Millionen Mark, im Jahre 1889: 119,759 Unzen im Werte von 6,800,000 Mark. Silber scheint im Gegensatze zu Gold jetzt häufiger zu werden, namentlich seitdem in den Barrier Ranges im Albert=Distrikt im äußersten Westen der Kolonie reiche Silber- gruben in 240 km Länge und 175 km Breite gefunden, durch Eisenbahn mit Adelaide ver- knüpft worden sind und zur Entstehung von Silverton, Cockburn und Broken Hill Anlaß gegeben haben. Nach Erschöpfung des Comstock Lode soll Broken Hill in Neusüdwales jetzt den größten Silberreichtum der Erde besitzen; das Muttergestein sind basische Eruptivgesteine, die Gneis und kristallinischen Schiefer durchsetzen. Kupfer wird schon seit 1858, zunächst ohne großen Erfolg, ab- gebaut, ist jetzt auf einem Areal von 17,385 qkm verbreitet, aber wegen der niedrigen Kupfer- preise nicht überall abbauwürdig; die reichste Grube liegt südlich von Bourke am Darling. Bis 1887 hatte die Gesamtproduktion einen Wert von mehr als 100 Millionen Mark, meist Kupfer in Barren, zum Teil auch Erze; 1892 ergab der Bergbau auf Kupfer 2,291,180 Mark. Zinn wurde 1872 aufgefunden und ergab bis 1887 einen Wert von fast 160 Millionen Mark, teils aus Zinnseifen, teils aus Erzgängen; am reichsten ist der Zinndistrikt von Vegetable Creek im Norden der Kolonie, wo die Schächte zum Teil durch Basalt getrieben worden sind. Eisen findet sich an der Jervis=Bai und zu Carcoar, namentlich aber bei Wallerawang, sowie bei Nattai südlich von Sydney, im Lithgow=Thal und bei Mittagong. Antimon wird seltener gewonnen, am meisten noch bei Armidale.

Am wichtigsten ist jetzt der Kohlenbergbau, der 1887 einen Ausfuhrwert von 20 Mill. Mark ergab. Schon 1796 fand man Steinkohle am Newcastle=Hafen, aber erst seit 1841 ent- wickelte sich der Kohlenabbau besser und erreichte neuerdings eine sehr hohe Bedeutung. Von den drei Kohlendistrikten ist der nördliche um Newcastle der reichste, mit gasreicher und leicht ver- kokbarer Kohle, die über Newcastle hauptsächlich nach Victoria, Neuseeland und Nordamerika, ferner Java, Ostindien, Südamerika, Japan, China, Polynesien ausgeführt wird. Der südliche und der westliche Kohlendistrikt von Berrima und Lithgow sind weniger wichtig, da die Kohle magerer und halbfett ist. Auch Brandschiefer wird in sehr großen Mengen bei Hartley Vale nahe Bathurst und im Illawarra=Distrikt bei Sydney gebrochen, 1880 im Werte von fast 900,000 Mark. Petroleum wird in größerem Maßstabe daraus hergestellt. Im Jahre 1892 gab es 101 Minen mit 10,500 Arbeitern, die Förderung betrug 3,780,000 Tonnen Kohlen. Neuerdings hat sich herausgestellt, daß Sydney selbst auf einem großen regelmäßig geschichteten Kohlenfelde sitzt, das durch 12 Bohrlöcher in 246—887 m Tiefe nachgewiesen worden ist.

… … … … … …, wenn auch Neusüdwales
… … … … … … … … … … … … … konnte. Am bedeutendsten
entwickelt … … … … … … … … … … von Leder, Säde, Schuhwerk,
Kleidern … … … … … … … … Brennereien, Zuckermühlen,
Rahmwa… … … … … … … … … Öle, Bält, Getreide, Schnittwaren, Kleider
Maschinen, … … … … … … … Brauereien, Lampen, Glas
Bücher und … … … … … … … von … von 417,2
315,780 … … … … … … … … … … … … bei einer
von 117,… … … … … … … … … … … … weniger
die einen … … … … … … … … … … …
Philippinen … … … … … … … … … … …   §
die unmittelbaren … … … … … … … … … … aber
1892 beweist … … … … … … … … … …
Einfuhr 109,7 … … … … … … … … … … …
stand und … … … … … … … … … …
und Reisfeld …

Reisproduktion … … … … … … … … … abnetz von 3510 km (1892),
steht aber … … … … … … … … … … … Ebenen … … seitdem es von
Victoria und … … … … … … … … … zwei Linien führen nach dem
Inneren, und … … … … … … … … … eine dritte Linie
erreicht bei … … … … … … … … … … … … … Verbindung
mit Brisbane … … … … … … … … … … … … …
über Adelaide … … … … … … … … … … … …
von Neusüdwales … … … … … … … … … als in Victoria. Der
Schiffsverkehr … … … … … … … … … … … im Jahren 189…
6027 Schiffe … … … … … … … … … … … …
Victorias und … … … … … … … … …

Neusüdwal… … … … … … … … … von denen die westlichen
häufig überbauten … … … … … … … … … gegen das Gebirge hin … … … … … … … … … …
Lachlan … … … … … … … … … …
Städten, … … … … … … … … … …
20,000 Ciw. … … … … … … … … …
20—30 Jahren … … … … … … … … …
übrigen … … … … … … … … … …
Melbourne … … … … … … … … …
… … … … … … … … … … …
… … … … … … … … … … …
… … … … … … … … … … …
… … … … … … … … … … … soll eine der
… … … … … … … … … … … Rio de Janeiro,
… … … … … … … … … … Hebung wird wohl der über-
… … … … … … … … … … wüsten Küste
… … … … … … … … … … … zwischen
… … … … … … … … … … Form des

Die Inbuftrie unb ber Hanbel haben fich bebeutenb gehoben, wenn auch Neufübwales noch mancher Inbuftrien entbehrt, bie es recht. wohl felbft ausüben könnte. Am bebeutenbften entwickelt finb bie Metallinbuftrie, ber Schiffbau, bie Fabrikation von Leber, Seife, Schuhwerk, Kleibern, Wollftoffen, bie Fleifchkonferveanftalten, Mühlen, wie Mehlmühlen, Zuckermühlen, Raffinerien, Rumfabrikation. Eingeführt werben: Mehl, Zucker, Getreibe, Schnittwaren, Kleiber, Mafchinen, Bier, Eifen, Stahl, Eifenwaren, Spirituofen, Papier, Glas= unb Töpferwaren, Bücher unb Opium. Die Gefamtausfuhr hatte 1888 ben Wert von 417,200,000 Mark, wovon 345,780,000 einheimifche, ber Reft Durchgangsprobukte waren, bie Gefamteinfuhr einen folchen von 417,600,000 Mark. Die kleinere Hälfte biefes Hanbels beanfprucht Englanb, bann folgen bie auftralifchen Kolonien, bie Sübfee=Infeln, Norbamerika, Japan, China, Hongkong unb bie Philippinen, weiter Frankreich unb Deutfchlanb, beffen Hanbel mit Auftralien größer ift, als bie unvollkommenen Tabellen ftatiftifch angeben können, ba viel über Englanb geht. Im Jahre 1892 bewegte fich ber Hanbel in ähnlichen Zahlen: bie Ausfuhr betrug 438,400,000 Mark, bie Einfuhr 409,520,000 Mark, womit Neufübwales noch immer an ber Spitze ber übrigen Kolonien ftanb unb etwa ein Drittel ber Gefamtausfuhr unb faft ein Drittel ber Gefamteinfuhr Auftraliens unb Neufeelanbs beanfpruchte.

Neufübwales hat jetzt ein leiblich ausgebilbetes Eifenbahnnetz von 3516 km (1892), fteht aber in biefer Beziehung nicht mehr an ber Spitze ber übrigen Kolonien, feitbem es von Victoria unb 1891 auch von Queenslanb überflügelt worben ift. Zwei Linien führen nach bem Inneren, nämlich nach Bourke am Darling unb ben Murrumbibgee entlang; eine britte Linie erreicht bei Forbes ben Lachlan. Sybney fteht jetzt norbwärts in ununterbrochener Verbinbung mit Brisbane, Bunbaberg unb Charleville am oberen Warrego, weftwärts mit Melbourne unb über Abelaibe auch mit ben Stationen norbweftlich vom Eyre=See. Die Telegraphenlinien von Neufübwales hatten 1892 bie Länge von 22,675 km, boppelt foviel als in Victoria. Der Schiffsverkehr betrug in ben Häfen von Neufübwales, alfo großenteils in Sybney 1892: 6027 Schiffe mit 5,647,184 Tonnen Gehalt, ungefähr 1,200,000 Tonnen mehr als in benen Victorias unb etwa ein Drittel ber Gefamtzahl Auftraliens.

Neufübwales zerfällt in elf Diftrikte, biefe wieder in Counties, von benen bie weftlichen häufig überhaupt noch nicht befiebelt, viele ohne einen Mittelpunkt finb. Erft gegen bas Ge= birge hin in ben Liverpool-Ebenen unb benen am oberen Lachlan, Murrumbibgee unb unteren Lachlan nimmt bie Größe ber Anfiebelungen zu. Allein auch bie Küfte bes Oftens ift arm an Stäbten, unb außer Sybney unb Broken Hill hat es kein einziger Platz von Neufübwales über 20,000 Einwohner gebracht, währenb z. B. in Victoria unb Neufeelanb mehrere Stäbte von 20—30,000 Einwohnern, in Victoria trotz Melbourne, aufgekommen finb. Sybney hat alle übrigen Stäbte von Neufübwales vollftänbig erbrückt, ift aber an Einwohnerzahl neuerbings von Melbourne überflügelt worben. Trotzbem, baß es nämlich, bie Umgebung mitgerechnet, 1891: 383,283 Einwohner hatte, währenb Melbourne beren bereits 490,000 zählte, gilt Sybney boch immer noch als ber Kern ganz Auftraliens. Unb mit Recht; ift boch von biefem Punkte aus bie gefamte Kolonifation bes Kontinents ausgegangen. Die Stabt ift vor allem berühmt wegen ber Schönheit ihrer Lage unb ber ausgezeichneten Befchaffenheit ihres Hafens.

Sybneys Lage (f. bie beigeheftete Tafel „Die Bai von Sybney, Neufübwales") foll eine ber prächtigften ber Welt fein unb nach Ausfage von Kennern hierin mit ber von Rio be Janeiro, Liffabon, Neapel, Konftantinopel unb Nagafaki wetteifern können. Allerbings wirb wohl ber über= wältigenbe Einbruck Sybneys wefentlich burch ben großen Gegenfatz ber öben, wüften Küfte unb ber burch Menfchenhanb hervorgezauberten Gärten, Anlagen unb Pflanzungen, zwifchen benen fich bie Stabt erhebt, hervorgerufen. Außerbem aber trägt bie eigentümliche Form bes

Hafens Port Jackson viel dazu bei, das Landschaftsbild großartig zu gestalten. Von Osten nach Westen in das australische Festland eingerissen, wird der Busen von Port Jackson durch eine große Menge von einzelnen Vorsprüngen und Kaps gegliedert, zwischen denen zahlreiche Hafenbuchten einspringen. Der nördliche Teil dieses Sundes ist fast unbewohnt und nur mit der St. Leonardskirche und einem Obelisk gekrönt; der südliche dagegen trägt auf der breitesten der vorspringenden Landzungen die Stadt Sydney, die sich in nordsüdlicher Richtung vor allem am Darling-Hafen entlang erstreckt, aber auch gegen Osten, in der Breite, recht ausgedehnt ist. Mit vier Spitzen springt die Landzunge von Sydney nach Norden vor, zwischen denen die Einlasse Sydney Cove und Farm Cove sowie Woolomoloo-Bai hereinbringen. Dieses Ineinandergreifen von Wasser und Land ist der größte Reiz der Stadt, zumal da das Wasser der Bai blau und anmutig ist und die Höhen des Landes mit üppiger Vegetation bedeckt sind.

Die Stadt selbst zeichnet sich vor den anderen australischen Städten durch die größere Mannigfaltigkeit des Baues, die prachtvollen soliden Gebäude, wie das Parlament, den Palast des Gouverneurs, die Post und andere, sowie durch reizende öffentliche Gärten aus, unter denen der am Meere gelegene botanische Garten hervorragt. Größere Villen und kleinere Landhäuser umrahmen die Stadt auf der Landspitze, und zahllose Jachten und Segelschiffe kreuzen im Hafen. Sydney ist vor allem Handelsstadt und birgt daher große Magazine, eine Handelskammer, Börse, elf Banken. Doch wird ihr auch der Charakter einer Regierungsstadt durch die Anwesenheit des Gouverneurs und des Parlaments, zahlreicher Ministerien und Konsulate aufgeprägt. Endlich aber besitzt die Stadt auch eine Universität, Museen, Bibliotheken und theologische Seminare, so daß auch für die geistige Nahrung reichlich gesorgt ist. Die Industrie beginnt bedeutend zu werden, und die Schiffahrt ist in hoher Blüte: zahlreiche große überseeische und kleinere Küsten- und Kolonialdampfer beleben das Bild der Stadt und des wundervollen Hafens. Dennoch pflegen die Reisenden davon zu sprechen, daß die Straßen Sydneys im Verhältnis zu denen Melbournes wenig belebt seien, wenigstens gerade die Teile der Stadt zwischen der Werft und dem Zentrum, während vor allem Pitt-Street und George-Street durchaus großstädtische Züge haben.

Übrigens entfällt von den oben angegebenen 383,000 Einwohnern die größere Hälfte auf die Vorstädte; immerhin macht aber die Gesamteinwohnerschaft den vierten Teil der Bevölkerung von ganz Neusüdwales aus. Außer den eigentlichen Vorstädten des Kernes der Stadt Sydney: Balmain, Pyrmont, Glebe, Chippendale, Redfern, Paddington, können auch die am Nordufer der Bucht gelegenen kleinen Ansiedelungen Marley und North Shore, mit denen lebhafter Dampferverkehr besteht, hinzugerechnet werden. Auch das 2 Stunden oberhalb von Sydney am Paramatta-Fluß gelegene gleichnamige Städtchen, ausgezeichnet durch seine reichen Fruchtgärten und große Orangenkultur, ist fast eine Vorstadt von Sydney zu nennen. Zierliche Villen, Parkanlagen, üppige Grasflächen, Obstgärten, künstliche Haine wechseln miteinander an beiden Ufern des Paramatta-Flusses und bestimmen auch den Charakter der Gartenstadt Paramatta selbst, die namentlich Sonntags ein beliebter Ausflugsort der Bewohner Sydneys ist. Die etwa 10,000 Einwohner zählende kleine, zweitälteste Stadt Australiens selbst ist unscheinbar, versorgt aber nicht nur Sydney, sondern einen großen Teil von Neusüdwales mit Orangen und hat ferner als Knotenpunkt der Eisenbahnen nach Bathurst und Goulburn Bedeutung.

Die übrigen Städte von Neusüdwales sind meist kaum über 10,000 Einwohner angewachsen. Die bedeutendste unter ihnen ist die nach Sydney verkehrsreichste Hafenplatz von Neusüdwales, Newcastle, an der Mündung des Hunter, mit 13,000 Einwohnern. Als Ausgangspunkt der Eisenbahn nach den Liverpool Ebenen, wegen ihres guten Hafens sowie namentlich durch die benachbarten großen Steinkohlengruben, ist sie emporgekommen, führt jetzt fast 2 Millionen Tonnen Kohlen sowie Viehzuchtprodukte, Kupfer und Holz, meist nach Victoria, aus

und erfreut ſich daher lebhafter Schiffahrt. Die ſonſtigen Hafenorte ſind, weil ſie keine Eiſen=
bahnverbindung mit dem Hinterlande haben, von geringer Bedeutung, auch Port Macquarie
vor Mount Sea View. Die Ortſchaften im Inneren ſind teils erſt in der Entwickelung, teils
ſchon im Niedergang begriffen; dies gilt von den früher bedeutenderen Bergbauplätzen, jenes
mehr von den meiſten übrigen. Die älteſte dieſer Anſiedelungen des Inneren iſt Bathurſt am
Weſtabhang der Blauen Berge, am Oberlauf des Macquarie=Fluſſes. Schon 1815 gegründet,
hat es ſich ſeit 1851 zu einer wichtigen Bergbauſtadt emporgeſchwungen, ſeit dem Rückgang des
Goldbergbaues aber an Einwohnerzahl verloren. Immerhin iſt die 9000 Einwohner zählende
Stadt noch die bedeutendſte des Inneren und jetzt das wichtigſte Zentrum der Viehzucht; auch
führt ſie noch Gold aus, ferner Weizen, Mais, Hafer, Gerſte. Die Stadt wird als eine geſchloſſene
Anlage mit rechtwinkelig ſich ſchneidenden Straßen, Parken und anſehnlichen öffentlichen Ge=
bäuden geſchildert, trägt aber im übrigen den Typus einer britiſchen Landſtadt im Ackerbaugebiet.
Die Umgebung beſitzt zahlreiche maleriſch gelegene Farmen und Anſiedelungen. Grafton, nahe
der Shoalbai, iſt Mittelpunkt des Zuckerbaues und beſitzt auch zahlreiche Erzlager; Goulburn,
ebenfalls am Oſtabhang der auſtraliſchen Kordillere, hat einige Induſtrie ſowie Hilfsquellen in
den benachbarten Ackerbau= und Bergbaugebieten, bereits nahezu 11,000 Einwohner, iſt aber
in den ſechziger Jahren nach ihrer Gründung 1859 bedeutender geweſen als jetzt. Am Oſtabhang
der Neu=England=Berge liegen außerdem: Tabulam, ferner Armidale an der Eiſenbahnlinie von
Sydney nach Queensland, weiter ſüdlich, ſchon am Weſtabhang, jedoch noch an derſelben Linie
Tamworth, ſüdlich der Liverpool=Kette die kleinen Landſtädte Scone, Musdebrook, Singleton
und nahe Newcaſtle Maitland.

Der Südoſten der Kolonie iſt noch wenig beſiedelt, der Nordweſten faſt gar nicht. In
den Oberläufen der Zuflüſſe des Murray, Murrumbidgee und Lachlan entwickeln ſich nur kleine
Gemeindeweſen. Bedeutender geworden ſind Albury am mittleren Murray und Waggawagga
am mittleren Murrumbidgee. Albury, entſtanden im Jahre 1859, betreibt Landwirtſchaft und
Ackerbau, iſt beſonders bekannt geworden als Zentrum des Wein= und Tabaksbaues in Neuſüd=
wales, leidet aber unter Überſchwemmungen des Murray und hat nur als Grenzort gegen
Victoria eine Zukunft. Waggawagga iſt als Endpunkt der in den Regenmonaten auf dem
Murrumbidgee betriebenen Dampfſchiffahrt aufgekommen und macht gegenüber dem ſtädtiſcheren
Albury den Eindruck eines noch entſtehenden, im Übergange vom Dorfe zur Stadt befindlichen
Wohnplatzes. Die Umgebung treibt vor allem Viehzucht ſowie etwas Acker= und Weinbau.
Zwiſchen dem Murray und Murrumbidgee hat ſich infolge der Erbauung der Eiſenbahn von
Echuca nach Hay der Ort Deniliquin mit noch ganz unzuſammenhängenden Straßen entwickelt
und dient vorwiegend den umliegenden Schaffarmen als Mittelpunkt. Noch unbedeutender ſind
Hay am Murray und Bourke am Darling.

Der weite Diſtrikt Riverina zwiſchen dem Lachlan und dem Murray hat mehr als alle
übrigen hier beſprochenen Gebiete den Charakter des dürren Inneren, wo alles von der Frage
der Bewäſſerung durch arteſiſche Brunnen abhängt. Eine einzige große Straße, die von Norden
nach Süden durch dieſe Einöden führt, verbindet Bourke am Darling mit den kleinen Fluß=
anſiedelungen am Lachlan bei Hillſton; eine zweite verläuft von der Eiſenbahnſtation Nyngan der
Linie Bourke=Bathurſt weſtlich nach Cobar und endet hier.

Dieſe Gegenden, wo zur Zeit der Dürre der lehmige Boden in einen roten, bei jedem
Windhauche aufwirbelnden Staub zerfällt, bieten in gewöhnlichen Jahren der Viehzucht noch
leidliches Weideland mit Scrub, den die Schafe freſſen. 1888 hatte der Cobar=Diſtrikt
bereits über 700,000 Schafe und mehr als 3000 Rinder aufzuweiſen, litt und leidet aber unter
der Kaninchenplage und der regenloſen Zeit. So tötete die Dürre 1888 auf drei Stationen

zusammen 129,000 Schafe, und die Kaninchen sind so zahlreich, daß der Besitzer der Kewstation nahe dem Darling bereits über 300,000 Stück hat töten müssen. Trotz dieser Hindernisse soll sich sogar der Ackerbau noch lohnen, da von vier ausgesäeten Ernten drei reif werden und guten Ertrag abwerfen; der Weizen soll in Hall's Farm fast 1½ m hoch werden, aber nur in Jahren mit reichlichem Regen. Außerdem besaß Cobar eine bedeutende Kupfermine, die zeitweise jährlich 3200 Tonnen Kupfer ergab, dann aber teilweise geschlossen worden ist und ihre Wiedereröffnung von dem Eisenbahnbau von Nyngan erwartet. Cobar selbst hat etwa 4000 Einwohner. Infolge des Straßenbaues von Cobar nach Nyngan senden diese Gebiete ihre Produkte noch nach Sydney.

Die westlich von Cobar liegenden Ansiedelungen handeln schon mit Melbourne über Hay und Echuca, weiter westlich sogar mit Adelaide; die Grenze des Handels von Neusüdwales liegt daher schon nahe dem 145. Meridian. Die Besiedelung in diesen Gebieten beschränkt sich meist auf Schaffarmen, die zum Teil bereits sehr bedeutend sind, wie Kew- und Pabbington-Station mit über 100,000 Schafen, Maschinen zum Reinigen der Wolle, die nach Hay und von hier zu Dampfer nach Melbourne gesandt wird, und auch einigen Landbau auf Gemüse, Kartoffeln, Melonen, Gurken sowie Obstzucht.

Im Nordwesten von Neusüdwales ist das Leben an den Darling geknüpft. Außer Bourke ist hier die bekannteste Ansiedelung Wilcannia mit 1200 Einwohnern, die durch Telegraph mit Hay und den übrigen Darlingplätzen verbunden ist und nicht nur die Schiffahrt auf dem Darling betreibt, sondern auch lebhaften Viehhandel mit den viehzuchtreichen Gebieten Südwest-Queenslands. Die Ausfuhr aller Erzeugnisse dieser Gegenden richtet sich bereits nach Adelaide, so daß die Verbindung des Nordwestens mit dem übrigen Neusüdwales nur noch lose ist. Die übrigen Darlingstädte, Menindie mit 400 Einwohnern, einigem Landbau und blühendem Obstbau, Wentworth an dem Zusammenfluß von Darling und Murray widmen sich der Schiffahrt auf dem bis über Bourke hinaus schiffbaren Strome. Wilcannia beherrscht den Handel mit dem nordwestlichsten Distrikt der Kolonie, Albert, wo kleine Ansiedelungen: Mount Brown, ein Goldfeld, mit 400 zerstreut wohnenden Einwohnern, Milparinka und andere im Entstehen begriffen sind, obwohl ihr Menindie den Rang im Handel mit den Bergbaugebieten der Barrier-, Burkley- oder Stanley-Kette streitig macht, da es ihr näher liegt und bereits durch den Telegraphen mit Broken Hill verbunden ist.

Nachdem von Cockburn und Silverton aus schon seit längerer Zeit eine Eisenbahn nach Adelaide gebaut worden war, haben diese Gegenden durch die Entdeckung der oben (S. 375) erwähnten reichen Silberminen von Broken Hill einen neuen großen Aufschwung genommen. Diese Stadt, auch Willyama genannt, wird man selbst auf der 1892er Stielerschen Karte von Südost-Australien noch vergeblich suchen. Sie entstand erst seit 1890, ist aber jetzt schon nahezu 30,000 Einwohner groß und somit plötzlich die zweitgrößte Stadt von Neusüdwales geworden. Mit ihrem Theater, ihren Gasthöfen, Läden, Rollschuhbahn und elektrischem Lichte hat sie ein großstädtisches Äußere. Alle übrigen Silberstädte der Barrierkette zusammen: Silverton, Pinnacles, Acacia Dam, Corona, Round Hill und andere, haben nur 32,000 Einwohner und werden zusammen die „Barrier" genannt. Die Einwohnerzahl von Silverton ist von 3000 auf 1500 zurückgegangen, die Stadt aber hat noch immer Leben wegen der Verbindung mit Broken Hill, die durch eine Schmalspurbahn (Tramway) von Cockburn aus aufrecht erhalten wird. Langes Leben kann man diesen plötzlich entstandenen Silberstädten nicht voraussagen. Doch scheint die Mine von Broken Hill so reich zu sein, daß noch auf Jahrzehnte lohnender Bergbau, daneben auch auf Asbest, Gold, Eisen, Marmor, Zinn, zu erwarten ist. Der Handel geht infolge des Anschlusses an die südaustralischen Eisenbahnen nach Adelaide.

e) Südaustralien.

Von der Minenbahn, die Broken Hill mit Cockburn verbindet, werden wir kurz hinter der letztgenannten Stadt in das Gebiet der Kolonie Südaustralien geführt. Südaustralien ent=hielt bis 1863 nur die Landschaften von der Südküste bis zum 26. Grad südl. Breite, wurde aber dann durch das Alexandra=Land und das Nordterritorium vergrößert, so daß die Bezeichnung Südaustralien nicht mehr paßte, und das Areal auf 2,339,775 qkm, fast so viel, wie West=australien umfaßt, anwuchs. Da aber neuerdings das Nordterritorium und das frühere Alexandra=Land als Northern Territory of South Australia vereinigt worden sind und als solche einer Entwickelung zu einer eignen Kolonie entgegengehen, so sondert man sie schon jetzt von Süd=australien ab und gibt diesem das frühere Areal von 985,720 qkm bis zum 26. Grad südl. Breite. Damit hat Südaustralien immer noch z. B. die doppelte Größe Spaniens, allein die Einwohnerzahl beträgt nur 315,533 (1891), nach einer Schätzung für 1892: 331,721, woraus sich eine Volksdichte von 0,3 auf das Quadratkilometer ergibt. Die Bevölkerung besteht großenteils aus Australiern britischer Abkunft; die Chinesen zählten 1881: 6660, die Ein=geborenen 5628 Köpfe. Besonders kräftig ist in Südaustralien das deutsche Element, das 1881: 30,000 Seelen aufwies und auch einer ganzen Reihe von Ansiedelungen deutsche Namen und deutsches Gepräge gegeben hat. Die Einwanderung ist im ganzen gering und betrug 1889: 9230 Personen; da diesen aber 8736 Auswanderer gegenüberstanden, so ist der Überschuß nur klein. Überhaupt ist die Bevölkerung Südaustraliens bei weitem nicht so sehr gewachsen wie die von Neusüdwales und Victoria. Anders als im übrigen Australien verlief die Ansiedelung, da keine Sträflinge hierher gesendet wurden, sondern sich nur freigelassene Sträflinge von Tas=manien in größerer Zahl hier ansiedelten. Dennoch ging die Erstarkung der Kolonie ziemlich rasch vor sich, obwohl sie keine Unterstützung vom Mutterland erhielt. 1836 trafen die ersten englischen Auswanderer auf der Känguruh=Insel ein und gründeten darauf Adelaide; 1841 war die Kolonie auf 14,000, 1851 auf 63,700 Einwohner angewachsen, verlor aber darauf eine Menge Ansiedler wegen der Goldfunde in Victoria, bis bei Abnahme des Goldfiebers ein desto stärkeres Rückströmen stattfand. 1861 hatte Südaustralien schon 126,830, 1881: 279,865 Ein=wohner, die sich großenteils auf die Umgebung von Adelaide, der Flinders=Kette und den äußer=sten Südosten verteilen, neuerdings sich auch in der Umgebung des Eyre=Sees ansiedeln, während der Westen fast ganz menschenleer ist und der Nordosten, Cooper und Strzelecki Creek, von Ein=geborenen bewohnt wird.

Die Viehzucht spielt auch in Südaustralien die erste Rolle. Natürlich treten Rinder und Pferde wegen der Trockenheit des Landes hier mehr hinter den Schafen zurück als in den übrigen Kolonien, so daß es 1894 neben 7,260,000 (1881: 6,463,897) Schafen nur 323,602 (1881: 307,177) Rinder und 187,666 (1881: 157,915 Pferde gab. Wolle ist demgemäß auch in Süd=australien der wichtigste Ausfuhrartikel (1892 im Werte von 39,080,000 Mark, 1880 von 41 Mill. Mark), wogegen Schaffelle und Talg nur geringe Erträge abwerfen; auch Fleisch wird jetzt in gefrorenem Zustande von Adelaide ausgeführt.

Die Viehzucht macht in vielen Gegenden Südaustraliens jetzt dem Ackerbau Platz, der mit und ohne Berieselungsanlagen heute in Gebieten betrieben wird, wo man früher einen Ackerbau für unmöglich gehalten hätte. Die in Südaustralien und Victoria zur Anlage von Beriese=lungskolonien angerufenen Herren Chaffey aus Ontario haben in Renmark am Murray eine solche errichtet, die sich gut entwickelt. Das in Angriff genommene Land war nach H. Greffrath (im „Globus") „zunächst vom Gestrüpp zu säubern, sorgfältig zu ebenen und über die Wasser=marke bei eintretenden Überschwemmungen des Flusses zu erhöhen, dann mit 20 Fuß weiten

Berieselungskanälen zu durchziehen und mit den nötigen Pumpwerken und anderen Maschinen
zu versehen. Das Ganze wird zur Abwehr des Einzugs verwilderter Kaninchen mit einem dichten,
tief in den Erdboden eindringenden Drahtnetz umgeben. Ist das Land in dieser Weise kultur=
fähig gemacht, so wird es in Parzellen von 259 Hektar gegen bar oder in Ratenzahlungen zu
festen Preisen an Private verkauft. Wein= und Gartenbau werden in der Ansiedelung vorherrschen,
und Orangen, Limonen, Feigen, Aprikosen, Nektarinen, Oliven, Maulbeeren, Äpfel, Birnen und
andere Früchte in Fülle gewonnen werden. Da Australien immer noch an gedörrten und
konservierten Früchten jährlich im Werte von fast 20 Millionen Mark einführt, so kann es an
reichlichem Absatz nicht fehlen. Aber auch andere Erzeugnisse stehen in Aussicht, wie Getreide
und Futterkräuter, an denen es bei den häufigen Dürren in Australien vielfach mangelt." Die
Obstsorten Südaustraliens sind, wenn auch Victoria und Neusüdwales in dieser Beziehung
günstiger gestellt sind, doch teilweise vorzüglich, namentlich die Apfelsinen, Weintrauben und
Birnen, und auch die eingemachten Früchte haben sich schon guten Ruf erworben. Namentlich
der Weinbau dürfte guten Boden finden, und es sind schon ziemlich große Flächen, besonders
an der Flinders=Kette, zu Weinbergen umgewandelt, wenn auch manche von ihnen wieder
aufgegeben werden mußten. Am wichtigsten ist der Weizenbau geworden, der vor allem die
Nachbarkolonie Victoria, aber auch Neusüdwales und Queensland versorgt, so daß mit der
Zeit Südaustralien Aussicht hat, eine Ackerbaukolonie zu werden, obgleich mancherlei Plagen,
Dürren und Heuschreckenschwärme, Kaninchen und heiße Winde, den Saatenstand oftmals
schwer schädigen, und der Boden an und für sich an Fruchtbarkeit weniger leistet als in den
übrigen Kolonien. Neben Getreide wird in geringen Mengen Flachs, Hanf, Tabak, Korinthen,
Espartogras, Mohn gewonnen.

Der Bergbau Südaustraliens hat zwar bisher kein so großes Aufsehen gemacht wie die
Goldfunde in Victoria, Neusüdwales und Queensland, steht aber ohne Zweifel auf gesunden
Füßen und ist weiteren Wachstums fähig. Gold findet sich besonders in Tetoolpa im Alluvium
sowohl als im anstehenden Fels, und die Kolonie scheint dessen nicht zu ermangeln, allein es
kommt in so fein verteilten Mengen vor, daß die Gewinnung kostspielig ist. Tetoolpa ergab im
ganzen einen Wert von 6 Millionen. Der Gesamtwert des von Südaustralien ausgeführten
Goldes betrug bis 1890: 15 Millionen Mark, neuerdings ist Alluvialgold im Thale des Neales=
Flusses, im Nordwesten des Eyre=Sees gefunden worden, doch hat die Gegend leider kein Wasser.
Das größte Silberbergwerk liegt nahe Kap Jervis südlich Adelaide. Kupfer ist am häufigsten
und gibt auch jetzt noch die größten Erträge, 1840—89 im ganzen 389,560,000 Mark, 1885
bis 1889 allein 8,815,040 Mark. Die größte Kupferausfuhr wurde 1870—74 mit 15,578,520
Mark erreicht, dann sank die Ausbeute rasch. 1841 fand man bei Glen Osmond, südlich Ade=
laide, Kupfer, 1845 bei Burra, 1860 und 1863 wurden auf der Yorke=Halbinsel die Minen
von Wallaroo und Moonta eröffnet, die die größten Erträge geben. Neuerdings sind in der
Barrierkette silberhaltige Bleierze in großer Menge aufgedeckt worden, deren Ausbeutung den
Bau einer Eisenbahn nach Adelaide veranlaßt hat. Wismut, Mangan, Zinn werden in gerin=
geren Mengen gebrochen, Diamanten finden sich in den goldführenden Ablagerungen von
Echunga und Granaten im Hale=Fluß=Distrikt. Der Gesamtwert der Bergbauprodukte von
Südaustralien belief sich 1840—89 auf 402,300,000 Mark. Eisen ist häufig, wird jedoch
nicht ausgearbeitet, und Kohle ist bisher überhaupt noch nicht gefunden worden.

Im Verhältnis zur Kleinheit der Kolonie ist die Industrie schon gut entwickelt, besonders
die Mühlenindustrie, Brauerei, die Fabrikation von Kleidern und Stiefeln, die Gerberei, Bren=
nerei. Der Handel beläuft sich 1892 auf 150,340,000 Mark für die Einfuhr, 159,980,000
Mark für die Ausfuhr, wovon ungefähr je die Hälfte auf England entfällt. Daneben haben

an dem Handel Südauſtraliens teil: Deutſchland, Neuſüdwales, Victoria, Nordamerika. Von England kommen vorwiegend Tuch= und Baumwollwaren, Kleidungsſtücke, Schuhe, Eiſenwaren, Spirituoſen, aus Neuſüdwales Wolle auf dem Murray, aus anderen Ländern Thee, Kaffee, Zucker, Tabak, Holz, Petroleum, Gewürze. Die Eiſenbahnlinien hatten 1892 bereits eine Länge von 2906 km, faſt ſo viel wie in der doppelt ſo ſtark bevölkerten Kolonie Neuſeeland. Abgeſehen von dem Anſchluß an Victoria und einem ziemlich dichten Eiſenbahnnetz um Adelaide ſowie der Silberminen=Bahn nach Cockburn, iſt es vor allem die Ausdehnung der künftigen Überlandeiſenbahn zur Seite des Überlandtelegraphen geweſen, die eine ſo große Kilometerzahl

Die King=William=Straße in Adelaide, Südauſtralien. (Nach Photographie von C. Rubb in Melbourne.)

verurſacht hat. Die Eiſenbahn iſt jetzt bereits am Mount O'Halloran, nicht weit von der Süd grenze des Nordterritoriums, angekommen, hat ſomit das Thal des Neales Creek ſchon über= ſchritten: eine große Leiſtung für die menſchenarme Kolonie. Der Telegraph iſt jetzt nicht nur über den Kontinent in der Richtung von Süden nach Norden hinübergelangt, ſondern auch längs der Großen Auſtralbai bis nach Weſtauſtralien gelegt worden. Und ſchon taucht der Plan auf, Adelaide auch durch Eiſenbahn mit Albany, alſo demnach Brisbane mit Perth zu verbinden. Die Länge der Telegraphenleitungen Südauſtraliens erreichte Ende 1892: 8840 km. Der Schiffs= verkehr betrug in demſelben Jahre 2170 Schiffe mit 2,545,076 Tonnen und beſchränkte ſich faſt vollſtändig auf den Haupthafen Adelaide, die Hauptſtadt der Kolonie.

Adelaide ſtammt aus dem Jahre 1836 und führt ſeinen Namen nach der damaligen Königin von England. 1846 war der Platz auf 7000 Einwohner angewachſen und zählte 1892 mit der Umgebung, Vorſtädten und Villenvierteln 133,252 Einwohner, mehr als ein Drittel der Volkszahl der ganzen Kolonie; 1881 hatte die innere Stadt 38,479 Einwohner, darunter 5000 Deutſche beſeſſen. Der eigentliche Kern der Stadt iſt der innere und ſüdliche Teil, in deſſen

geraden Straßen (f. Abbildung, S. 401) sich das geschäftliche Leben vereinigt; unter den zahl=
reichen öffentlichen Gebäuden befinden sich unter anderen auch eine Universität und eine Moschee.
Ein großer botanischer Garten, dessen Vorstand bis vor kurzem R. Schomburgk gewesen ist, und
ein natürlicher Park trennt den nördlichen Stadtteil von dem südlichen; zahlreiche Villen lehnen
sich an die unteren Gehänge der Mount=Lofty=Kette.

Die Häfen der in der Ebene, 10 km vom Meere, erbauten Stadt sind: Port Adelaide im
Nordwesten der Stadt, Glenelg im Westen, jene denkwürdige Stelle, wo die Erklärung Süd=
australiens zur Kolonie stattgefunden hat, und Victor Harbour gegenüber der Känguruh=Insel.
Große Seedampfer laufen den erstgenannten Ankerplatz an, doch sind auch die anderen durch
Eisenbahn mit Adelaide verbunden. Adelaide besitzt ferner Industrie, namentlich in Wollwaren,
Stärkefabrikation, Seifenbereitung und Maschinen; auch sind das Brauer= und Müllergewerbe
sowie Färbereien gut gediehen. Zahlreiche Vorstädte (im Süden: Parkside, Unley, Goodwood,
Mitcham, im Westen: Hindmarsh, Bowden, Owingham, im Norden: Prospect und Meninbie,
im Osten: Kensington, Norwood, u. a.) umgeben die Stadt, deren Teile durch mehrere über den
geschlängelten, oft sehr seichten Torrens=Fluß führende Brücken miteinander verbunden sind.

Außer Adelaide gibt es keine Städte von Bedeutung in Südaustralien. Immerhin sind
einige Ansiedelungen erwähnenswert und sollen hier noch aufgeführt werden. Die kleine
Hafenstadt Goolwa vor dem Strandhaff des Murray, Wellington und Meningie an seinem Nord=
und Ostufer sind Küstenstädte mit geringer Ausfuhr. Mount Gambier ist der Mittelpunkt des
südlichsten Südaustralien, Morgan der mit Adelaide durch Eisenbahn verbundene Flußhafen am
Murray. Minenstädte sind Gawler, Kapunda, Burra oder Kooringa nördlich von Adelaide,
Tetoolpa nahe der Eisenbahn nach Cockburn, ferner auf der Halbinsel Yorke Wallaroo, Moonta,
meist Orte mit einer Glanzperiode von kurzer Dauer, der dann ein langsamer Verfall folgte. So
stehen in Wallaroo umfangreiche Kupfergießereien und Schmelzöfen leer, die Minen selbst sind
vielfach in Stillstand geraten und die Ortschaften still geworden. Dennoch machen einige unter
ihnen, wie Moonta, Kadina, trotz ihrer öden Umgebung einen freundlichen, sauberen Eindruck.
Den innersten Winkel des Spencer Golfes nehmen Port Augusta und Stirling North ein, und eine
Reihe von Ansiedelungen zieht sich jetzt auch am Ufer der Eyre=Halbinsel entlang, wie der freund=
liche Hafenplatz Port Lincoln. Sie dehnen sich immer mehr nach Westen aus, und ebenso schieben
sich längs der Eisenbahn nach dem Inneren die Ortschaften, Ansiedelungen, Schaffarmen vor,
unter denen jetzt südlich des Eyre=Sees Herrgott Springs und Farina, westlich von ihm Strang=
way Station, Warrina und Peake Station emporkommen.

Einer besonderen Erwähnung wert sind ferner die deutschen Kolonien in Südaustra=
lien, die teilweise zwar australische Namen, oder, soweit sie Missionsstationen waren oder sind,
solche aus dem biblischen Ideenkreis führen, aber doch zum Teil auch durch ihre deutschen Namen
auffallen. Eine der bekanntesten ist Hahndorf im Südosten von Adelaide mit etwa 60 Häusern,
500 Bewohnern und einem Lehrerseminar; die Bevölkerung ist fast ausschließlich deutsch, die
deutsche Sprache herrscht vor, zwei Kirchen und ein Pfarrhaus bestehen im Orte, die Beschäfti=
gung der Bewohner ist der Ackerbau auf Weizen und Kartoffeln sowie Wein= und Obstbau.
Außerdem sollen in der Umgebung Kupfererze und Gold vorkommen. Der größte Teil der deut=
schen Ansiedelungen befindet sich nordöstlich von Adelaide an der Eisenbahn nach Morgan am
Murray und östlich von ihr in der Mount=Lofty=Kette. Orte wie Klemzig, Buchsfelde, Rosen=
thal, Blumberg, Rheinthal, Sedan, Langmeil, Kaiserstuhl, Neumecklenburg, Karlsruhe, Neu=
kirch, Schönborn, Sommerfeld, Hildesheim, Grünberg beweisen ohne weiteres ihren deutschen
Ursprung, und Gnadenfrei, Nain lassen ihre Errichtung durch Herrnhuter erraten. Daneben
aber besteht noch eine ganze Anzahl von deutschen Ansiedelungen in Orten: Dutton, Point Paß,

Lobeth, Tanunda, Springton, Callington. Manche bilden deutsche Pfarrgemeinen, wie Hahndorf, andere deutsche Kirchgemeinen, wieder andere haben deutsche Schulen und geben deutsche Zeitungen heraus. Auch Yorketown auf der Halbinsel Yorke ist ein mit Deutschen besetzter Ort, im äußersten Südosten Südaustraliens befindet sich eine deutsche Kolonie in Gambierton am Cooper Creek; östlich vom Eyre-See besteht die Missions-Station Bethesda oder Kopperanama der Immanuel-Synode in Südaustralien. Im ganzen bildet die Zahl der Deutschen mit 30,000 ungefähr ein Zehntel der Gesamtbevölkerung Südaustraliens. Doch entspricht dem der Einfluß der Deutschen nicht, sondern sie verschwinden unter der Menge und halten leider auch, wie vielfach im Auslande, nicht zusammen.

f) Victoria.

Victoria, die kleinste aller australischen Festlandskolonien, bedeckt mit ihren 229,078 qkm doch noch einen Flächenraum, der etwa zwei Drittel Preußens ausmacht. Auf diesem Gebiete wohnten 1891: 1,140,405, nach einer Schätzung von 1892: 1,167,373 Menschen, also etwas mehr als in Hessen, etwas weniger als in Schleswig-Holstein; die Volksdichte ergibt daher die Ziffer 5 auf das Quadratkilometer. Wenn diese auch somit nicht groß ist, so übertrifft sie doch alle übrigen australischen Kolonien und ist viermal größer als in Neusüdwales. Das liegt daran, daß der Kolonie Victoria nur ein geringer Teil des dürren und öden Landes nördlich der wasserscheidenden Gebirgskette zugehört, während Neusüdwales einen großen Teil des Murray-Darling-Stromgebietes umfaßt. Daher drücken die menschenleeren Ödungen des Inneren die Ziffer der Volksdichte in Victoria nicht so herunter wie in Neusüdwales. Vergleicht man dagegen die Volksdichte von Victoria und Neusüdwales nur von dem Gebirge an seewärts, so ergibt sich, daß Neusüdwales stellenweise noch besser besiedelt ist als Victoria: auf der Strecke Sydney-Bathurst und Sydney-Goulburn beträgt die Volksdichte 25—50 auf das Quadratkilometer. Das ist in Victoria nur auf der schmalen Zone zwischen Melbourne und Bairnsdale in Gippsland der Fall. Dagegen ist die Anhäufung der Bevölkerung um den Mittelpunkt der Kolonie, Melbourne, dichter als in Neusüdwales um Sydney, und die dritte Zone der Bevölkerungsdichtigkeit (mit 1—10 Einwohnern auf das Quadratkilometer; siehe unsere Karte [oben, S. 272]) ist in Victoria über einen größeren Teil der Kolonie ausgebreitet als in Neusüdwales, nämlich im mittleren Teile bis an den Murray und im Westen bis zu der Grenze gegen Südaustralien. Schwach bevölkert sind nur die Umgebung der Australischen Alpen, diese selbst und das Gebiet der Grampians westlich von Melbourne. Auffallend ist in Victoria das Übergewicht der Städte über das Land. Melbourne allein beanspruchte 1891 mit seiner nächsten Umgebung von den 1,140,000 Einwohnern der Kolonie 490,896, also wenig unter der Hälfte, mit Bendigo und Ballarat zusammen 540,000, demnach die Hälfte der Gesamteinwohnerzahl des Landes, und dieses Verhältnis nimmt anscheinend zu ungunsten der ländlichen Bezirke zu, da seit 1881 Melbourne stärker gewachsen ist als die Bevölkerung des platten Landes. Überhaupt ist Victoria mehr gewachsen als irgend eine andere Kolonie Australiens; 1838 gegründet, hatte es 1851, als Port-Philipp-Distrikt von Neusüdwales losgelöst, noch nicht 100,000 Einwohner, dagegen im März 1881, also nach 30 Jahren, bereits 862,346. Dieses Anwachsen kam wesentlich infolge der Entdeckung von Gold (1851) zu stande und erhielt sich unvermindert bis zum Aufhören des Goldfiebers, so daß 1856 die Kolonie schon fast 400,000 Einwohner besaß, verminderte sich dann zwar, stockte aber nie ganz, wie denn auch noch 1889 Victoria die meisten Einwanderer, 84,582 erhielt, denen 68,418 Auswanderer gegenüberstanden. Im Jahre 1888 aber hatte der Überschuß fast 40,000 Köpfe betragen. Im ganzen ist die Bevölkerung von Victoria rascher gestiegen als die von Neusüdwales, so daß dies 1891 von jenem überflügelt worden ist, 1892 allerdings wieder zurückstehen sollte. Das Überwiegen des männlichen Geschlechts über das weibliche ist in Victoria am geringsten, indem 1892: 607,801 männliche 559,572 weiblichen Personen gegenüberstanden. Vor allem wird dies Verhältnis durch die Chinesen verschlimmert, die fast gar keine Frauen mitbringen. 1890 sollen in Victoria noch 11,290 Chinesen gelebt haben, etwas weniger als in Neusüdwales, während die Zahl der australischen Eingeborenen auf nur 780 angegeben wird, weniger als in irgend einer anderen Kolonie.

In der That ist Victoria, mit Ausnahme der wüsten Gebiete im Süden des unteren Murray und der Küste von Gippsland, ein bereits gut kultiviertes Land, das von einem großen Eisenbahnnetz von 4521 km durchzogen wird, womit es trotz seiner geringeren Größe alle anderen Kolonien völlig übertrifft. Dazu haben die angeblich 2000 Deutschen, denen auch ein großer Anteil an der Entwickelung der Handelsblüte gebührt, wesentlich mit beigetragen.

Die Beschäftigung, die zuerst größere Mengen von Ansieblern ins Land lockte und ihm seine Bedeutung gab, war der Bergbau, vor allem auf Gold, das, 1851 entdeckt, für Victoria das wichtigste Bergbauprodukt gewesen ist. In den drei Jahren 1851—53 soll für 252 Millionen Mark Gold gefördert worden sein, was jedoch dann rasch abnahm, bis seit 1881 wieder neue Entdeckungen von Goldlagern in größerer Tiefe unter vulkanischen Decken gemacht wurden. Reicheren Ertrag gaben die Quarzriffe, geringeren die Alluvialgoldfelder; seit 1881 fand der Bergbau auf Gold sogar in 800 m tiefen Gruben statt. Die wichtigsten Goldminen sind jetzt im Osten Gippslands Woods Point und Beechworth, im Westen das Thal des Lobbon-Flusses, ferner Avoca, Ararat, Saint Arnaud und Stawell (s. Abbildung, S. 374). In den Jahren 1851 bis 1886 ergab die Goldproduktion Victorias 54,424,399 Unzen im Werte von 217,697,596 Pfd. Sterl., gleich 4350 Millionen Mark. Am goldreichsten sind heute die Quarzriffe von Gippsland, Castlemaine und Beechworth, und 1886 beschäftigten sich 25,214 Leute, davon 4476 Chinesen, mit der Gewinnung des Goldes, 13,614 im Alluvium, 11,600 in den Quarzriffen.

1889 ergab die Goldausbeute in Victoria 614,838 Unzen im Werte von 2,431,160 Pfd. Sterl. = 48,623,200 Mark, der Gesamtertrag bis 1889, also in 38 Jahren, wird auf 5500 Millionen Mark geschätzt, das reichste Jahr war 1856 mit über 3 Millionen Unzen. Die Tiefe der Gruben ist teilweise beträchtlich, in Sandhurst bis zu 800 m. Victoria hat bisher von der Gesamtgoldproduktion zwei Drittel getragen, geht aber jetzt langsamer Erschöpfung entgegen.

Die übrigen Metalle kommen dem gegenüber nicht auf; denn alle zusammen: Silber, Kupfer, Zinn, Eisen, Blei, ergaben bis 1881 nur einen Gesamtwert von 14,625,660 Mark. Am wichtigsten ist Zinn mit 7 Millionen Mark Ertrag bis 1881, dann Spießglanz mit 3 Millionen Mark. Außerdem ist Steinkohle in geringer Mächtigkeit entdeckt worden; auch kommen einzelne Diamanten und Saphire vor.

Nach dem Bergbau hat die Viehzucht beträchtlichen Aufschwung genommen, da sie 1894 463,903 (1881: 275,446) Pferde, 1,817,291 (1881: 1,285,613) Rinder und 13,098,725 (1881: 10,335,282) Schafe aufwies. Demzufolge ist auch hier das Hauptprodukt die Wolle, deren Ausfuhrwert im Jahre 1892: 132,386,000 Mark ergab, wovon allerdings ein beträchtlicher Teil aus Neusüdwales kommt, da nicht weniger als fünf Eisenbahnen von Victoria nach dem Murray und dem schafreichen Riverina-Distrikt vorstoßen, die einen erheblichen Teil der Wollproduktion von Neusüdwales nach Melbourne ableiten. Im Jahre 1879 gelang es ferner, Fleisch in gefrorenem Zustande nach Europa zu bringen, so daß seitdem auch konserviertes Fleisch einen wichtigen Ausfuhrartikel der Viehzucht bildet, während Häute und Felle weniger ausgeführt werden. Dagegen hat die Ausfuhr von Butter, Käse und Talg bereits einen großen Aufschwung genommen; und überhaupt stehen im ganzen die Produkte der Viehzucht an erster Stelle.

Neuerdings beginnt auch der Ackerbau ſich auszubreiten, namentlich ſeitdem man, um die Regenarmut zu bekämpfen, ſyſtematiſche Bewäſſerung eingeführt hat. Der eigentliche Anlaß zur Hebung des Ackerbaues war aber das Nachlaſſen der Ergiebigkeit der Goldfelder. Manche, die dort etwas erworben hatten, kauften ſich Land und erzielten nach und nach, ſelbſt an Stellen im Buſchland, die man für gänzlich ungeeignet zur Getreidekultur gehalten hatte, günſtige Reſultate. Dennoch mußte Victoria noch bis 1879 Getreide von den benachbarten Kolonien, namentlich Südauſtralien, beziehen und verausgabte von 1837—79: 222 Millionen Mark für die Korneinfuhr. Jetzt dagegen vermag die Kolonie ihren Bedarf ſelbſt zu decken und führt ſogar Weizen, die wichtigſte Körnerfrucht, und Weizenmehl aus. Weizen wird auf der Hälfte alles bebauten Landes geerntet, in zweiter Linie Hafer und Gerſte, ferner Kartoffeln, Hopfen, Zucker= rüben, Zichorie. Auch die trockenen Ländereien am Murray werden jetzt zu Ackerbaugebieten umgeſchaffen, ſeitdem 1886 die Gebrüder Chaffey 200,000 Hektar daſelbſt erworben haben und hier Berieſelungsanlagen vornehmen. Die eine Kolonie, Renmark, gehört zu Südauſtralien mit 100,000 Hektar, die andere liegt in Victoria oberhalb der Darlingmündung, heißt Milbura und iſt ebenfalls 100,000 Hektar groß, wovon 12,000 in Angriff genommen werden. Getrieben werden ſoll: Acker=, Wein= und Obſtbau; die beiden letzten ſind in Victoria bereits ſehr gut ein= geführt, doch leidet der Weinbau auch hier unter der Phylloxera, während ſonſt Früchte aller Art beträchtlich hohe Erträge geben.

Die Induſtrie hat erſt im letzten Jahrzehnt größeren Aufſchwung genommen, nachdem ſchon ſeit den ſechziger Jahren induſtrielle Unternehmungen zwar in jeder Weiſe gefördert worden waren, aber unter Rückſchlägen arg gelitten hatten. Jetzt jedoch werden bereits zahlreiche Gegen= ſtände in Melbourne und den übrigen Städten verarbeitet, Kleider, Schuhe, Leder, Maſchinen, Möbel, Sattlerwaren, Tauwerk, Seife, Kutſchen, Schreibmaterial, im Werte von über 10 Mil= lionen Mark, ferner lohnen neuerdings die Fleiſchkonſervierung und der Seidenbau, Brauereien und Malzbarren ſind errichtet worden; und heutzutage werden auch die meiſten Gegenſtände zur Schiffsausrüſtung im Lande ſelbſt angefertigt. Dennoch fällt die Verſorgung mit allerlei Induſtrie= artikeln noch immer ſo ſehr dem Ausland zu, daß unter den Einfuhrgegenſtänden in Victoria induſtrielle Erzeugniſſe, namentlich ſolche des Vereinigten Königreichs, die erſte Rolle ſpielen. Die Ausfuhr betrug 1892: 284,300,000 Mark, die Einfuhr 343,200,000 Mark, um etwa 40 Millionen Mark weniger als 1891, und nur in der Einfuhr 60, in der Ausfuhr 150 Mil= lionen Mark weniger als in Neuſüdwales. Drei Viertel der Ausfuhr ſind einheimiſche, der Reſt Durchgangsprodukte, meiſt Wolle von Neuſüdwales. England lieferte faſt die Hälfte der Einfuhr und erhielt vier Siebentel der Ausfuhr; im übrigen geht der Handel Victorias vorwiegend nach den übrigen auſtraliſchen Kolonien, namentlich in den Riverina=Diſtrikt von Neuſüdwales, der Wolle nach Melbourne abgibt und Thee, Zucker, Mehl von dort erhält, ferner nach Neuſeeland, den Vereinigten Staaten und Deutſchland, von wo Bier, Steingut, Porzellan, Pianinos, Tuche, Zigarren, Öldruckbilder kommen. Wahrſcheinlich iſt der Handel mit Deutſchland weit größer, als die Tabellen angeben, weil viele Waren von dort über England gehen und dann natürlich unter engliſcher Flagge ins Land kommen. Das Eiſenbahnnetz iſt das ausgedehnteſte in Auſtralien und an manchen Stellen, wie zwiſchen Melbourne, Bendigo und Ballarat, bereits recht eng= maſchig. Den Murray erreichen nicht weniger als ſechs Schienenwege, aber nur zwei von ihnen ſetzen über den Murray hinweg nach Neuſüdwales hinüber, nämlich die Linie Echuca=Deniliquin und Wodonga=Waggawagga. Die Verbindung mit Südauſtralien über Ararat und Bordertown iſt fertig geſtellt, die mit Neuſüdwales erfolgt über Albury=Waggawagga, eine zweite Linie durch Gippsland iſt einſtweilen erſt bis Bairnsdale auf der Victoria=Seite, bis Cooma in Neuſüdwales gelangt. Das Telegraphennetz umfaßt 11,445 km betriebsfähige Linien, etwa halb ſoviel wie in Neusüdwales, aber mit nahezu derselben Zahl von Telegrammen. Der Schiffsverkehr erreichte 1892: 4521 Schiffe mit 4,456,254 Tonnen Gehalt, weniger als in Neusüdwales.

Er wird fast vollständig beherrscht von der Stadt Melbourne, die ihre Nebenbuhlerin Sydney an Einwohnerzahl und Geschäftsbewegung bereits überflügelt hat. Die Stadt wurde 1835 gegründet, empfing 1836 den Namen nach dem damaligen britischen Ministerpräsidenten William Lamb Viscount Melbourne und entwickelte sich nur langsam, bis 1851 die Goldfunde ein rasches Steigen der von 1841—51 nur von 4400 auf 23,000 Seelen gehobenen Bevölkerungszahl veranlaßten. 1891 zählte man in der inneren Stadt (City) 73,361 Einwohner, in den Vororten 310,000 und mit der Schiffsbevölkerung sowie als Amtsbezirk im ganzen 490,896. Melbourne ist demnach die größte Stadt des fünften Erdteils, aber wie Adelaide kein geschlossenes Häusermeer, sondern eine Zusammenhäufung von zahlreichen Vorstädten, die durch Parke und unbebaute Flächen voneinander und von der City getrennt sind. Der Kern, die City, wird im Süden durch den Yarra-Fluß, im Norden durch die Victoria-Straße begrenzt und enthält neun, je 1,6 km, eine englische Meile, lange Straßen, die durch sieben große Querstraßen geschnitten werden. Die Bauart ist demnach sehr regelmäßig (s. die beigeheftete Tafel „Melbourne in Victoria, Australien"), die Breite der Straßen, 99 englische Fuß, sehr bedeutend. In diesem Teile sowie dem sich im Norden anschließenden North Melbourne liegen die meisten öffentlichen Gebäude, deren keine Stadt der südlichen Halbkugel so viele und großartige besitzt wie Melbourne. „Die Wilson-Hall", bemerkt von Lendenfeld (,Australische Reise'), „eine ganz aus Stein hergestellte Halle von 84 englische Fuß Höhe und 140 Fuß Länge, ist einer der schönsten und stilgerechtesten altgotischen Bauten, die ich kenne. Sie bildet einen Teil der Universität. Im altenglischen Stil errichtet, ist die Scots Church ein prächtiger Bau mit 211 Fuß hohem Turm. Die großen Gerichtsgebäude sind im italienischen Stil erbaut. Sie haben eine Frontlänge von 300 Fuß. Zu erwähnen ist auch die Bibliothek, deren Front teilweise von der Akropolis kopiert ist, und das neue Parlamentsgebäude mit ausgedehnten Kolonnaden und einem mächtigen Dom. Die Kolonisten geraten geradezu in Ekstase, wenn sie die Pracht der Melbourner Bauten schildern, und wohl haben sie das Recht, stolz zu sein auf diese kolossale Leistung ihrer Energie, die in so kurzer Zeit eine so prächtige Stadt aus dem Boden hervorgezaubert hat."

Die Vorstädte Melbournes haben weniger den Charakter großstädtischen Lebens, sondern bestehen meist aus Einzelfamilienhäusern mit Gärten oder Parken und bilden die eigentlichen Wohnsitze der Melbourner, während die City das Geschäftsviertel ist. Mehrere dieser Vorstädte, wie Richmond, Prahran, Collingwood, Fitzroy im Osten der City, sind ansehnliche Städte von 30—40,000 Einwohnern, South Melbourne hat sogar 40,000 bereits überschritten. Nach Süden dehnen sich Windsor, St. Kilda, Brighton, nach Osten Hawthorn, nach Norden Northcote, Brunswick, nach Westen Flemington und Kensington aus. Der größte Schmuck sind die Parke, wie der berühmte unter der Leitung des Barons F. v. Müller stehende Botanische Garten, der Yarra-, Richmond- und Grace-Park, der umfangreiche Albert-Park in Süd-Melbourne, der Fitzroy- und Carlton-Garten, der Royal-Park und Zoologische Garten im Nordwesten. Die Stadt besitzt zwei Häfen: Port Melbourne, der sich unmittelbar an die City und South Melbourne anschließt, und den eigentlichen Hafen Williamstown im Westen der Hobson-Bai an der Mündung des Yarra Yarra, auf dem Seeschiffe bis an die Stadt herankommen können. Eine weite Bucht, Port Phillip, erstreckt sich von hier aus bis an das Meer und bietet im Gegensatz zu der oft stürmischen See der Baß-Straße einen vollkommen abgeschlossenen, sicheren Hafen, der aber so seicht ist, daß nur auf zwei Tiefenrinnen tiefgehende Dampfer in langsamer Fahrt Williamstown erreichen können. An der Mündung der Bai liegen die Vorhäfen Queenscliff und Sorrento, in einer westlichen Einbuchtung des Port Phillip Geelong mit 24,000 Einwohnern, vielen Schiffs-

Melbourne i Viktoria, Australien. (Nach Photographie von C. Rudd, Melbourne.)

werften, Weberei, Wollwäscherei und Wollhandel, und als Wohnsitz mancher wohlhabender Mel=
bourner Familien, mit zahlreichen Villen und ansehnlichen Privatgebäuden; die übrigen Hafen=
plätze der Kolonie sind unbedeutend. Dagegen haben sich im Inneren zwei Goldstädte zu größerer
Einwohnerzahl emporgearbeitet: Ballarat, am Südhang der wasserscheidenden Kette, und Sand=
hurst oder Bendigo, im Norden davon.

Ballarat hatte 1891: 40,800 Einwohner und ist Mittelpunkt der südlichen Goldfelder;
hier wurde 1851 das erste Gold in Victoria entdeckt, das sich alsbald als sehr fein und reichlich
und bis auf den heutigen Tag abbauwürdig erwiesen hat, wenn auch an Stelle der früheren
Goldwäschen und Tagebaue jetzt eine schwierigere bergmännische Bearbeitung mit Maschinen ge=
treten ist, die hier auch Anlaß zur Gründung einer Bergakademie gegeben hat. Außerdem zeichnet
sich die Umgebung von Ballarat auch durch günstigen Boden für den Ackerbau und so vorzügliche
Schafweiden aus, daß jetzt die beste Wolle Australiens um Ballarat gewonnen wird. Die Stadt
zerfällt in zwei durch den Yarrowee Creek getrennte Teile, Ballarat=East mit 16,600 und Ballarat=
West mit 24,200 Einwohnern. „Hügelig und reich an schmucken Gebäuden", machte Ballarat
im Jahre 1850 auf Graf Anrep Elmpt („Australien') „einen schmucken Eindruck, durch die bis
in die Stadt hineinreichenden Schächte jedoch, die nur teilweise noch in Arbeit waren, den eines
ganz eigentümlichen Durcheinanders. Im allgemeinen fühlte man hier noch das Bestehen einer
gewissen thätigen Lebenskraft des Minenwesens. Die Straßen in beiden Teilen sind breit angelegt
und parallel laufend, eine Ausnahme machte nur die sogenannte Altstadt West=Ballarat, die engere
und auch krummere Gassen hat, und die, obgleich nur der kleinste, so doch einen charakteristischen
Teil des Ganzen bildet, da in derselben die Haupthandelsstraße sich befindet und das ganze Bild
derselben noch das echte Gepräge einer Minenstadt trägt, d. h. dasjenige des Erbauens der Wohn=
häuser je nach der Lage der Minen, daher eine malerische Unregelmäßigkeit hervorrufend, die ge=
wöhnlich solche Orte im Beginn der Entfaltung ihrer Thätigkeit kennzeichnen. Den Hauptbestand=
teil der umfangreichen Stadt bilden Cottages, meist in Gartenanlagen, an den breiten, oft mit
Alleen bepflanzten Straßen liegend, die dem Ort den Typus einer Gartenstadt geben. Ost=
Ballarat ist mit Ausnahme eines kurzen kompakten Teiles meist aus ländlich gelegenen Cottages
in kleinerem Stile erbaut und macht trotz zahlreicher Lücken, Plätze und Paddocks stellenweise einen
schattenreichen, lieblichen Eindruck."

Die zweite Goldstadt, Sandhurst oder Bendigo, entstand 1851 nach der Entdeckung
der reichen Goldfelder, wuchs aber erst seit der Bearbeitung der Goldquarzriffe 1872 und ist
jetzt eine der wichtigsten Bergbaustädte Australiens. Sie besteht aus den drei jetzt fast zusammen=
hängenden Ansiedelungen Sutton, Darling, Barkley und vier Vorstädten und hat im ganzen
nahezu 27,000 Einwohner. Ein Kern mit meist massiven Gebäuden, mehreren Banken, achtzehn
Kirchen wird von kleineren Häusern, Cottages, umgeben; auch sind einige öffentliche Gärten vor=
handen, und in der Stadt pulsiert überhaupt viel Leben. Nördlich von Bendigo liegt Eaglehawk.

Das ganze Gebiet zwischen Ballarat und Bendigo gehört zu den bestbevölkerten Australiens:
es hat eine Volksdichte von mehr als 50 auf das Quadratkilometer. Gold findet sich an vielen
Stellen, und eine große Menge von Ortschaften sind über das gründlich durchwühlte Land ver=
streut, Minenstädte, wie: Castlemaine mit etwa 8000 Einwohnern, hübschen, baumbepflanzten
Straßen, dem großen Obergerichtsgebäude und öffentlichen Gärten, das im Verfall begriffene,
locker gebaute Avoca, das ebenfalls unzusammenhängende, saubere Carisbrook, das hübsch ge=
legene Maryborough und das zurückgegangene Kyneton. Nach Norden hat sich infolge der Er=
bauung zahlreicher Eisenbahnlinien und der Schiffbarkeit des Murray die Kultur allmählich an
diesen Fluß vorgeschoben und zur Entstehung einer Anzahl Flußhäfen Veranlassung gegeben.
Abgesehen von der bereits erwähnten Berieselungskolonie Mildura nahe der Mündung des

Darling sind besonders Echuca und Wodonga bekannt geworden. Echuca ist der wichtigste Punkt für die Murray=Schiffahrt, leidet aber unter dem ungleichen Wasserstande des Flusses (s. Abbildung, S. 190) und der Beschränkung der Schiffahrt auf wenige Monate im Jahre. Es besteht aus kleinen Wohnhäusern, Cottages, zahlreichen Hütten, vielen Schenken und einigen öffentlichen Gebäuden sowie sechs Kirchen und hat 4500 Einwohner. Eine gewaltige Eisenbahn=brücke verbindet Echuca mit dem am rechten Ufer des Murray gelegenen Grenzorte von Neusüd=wales, Moama. Die zweite wichtigere Eisenbahnlinie, die die Verbindung mit Sydney erhält, erreicht den Fluß bei Wodonga, einer kleinen langgestreckten Stadt, deren Bedeutung in dem Verkehr mit dem gegenüberliegenden Albury und der Rolle als Grenzstadt und Eisenbahn=endpunkt Victorias liegt und sich in ziemlich regem Leben ausspricht. Eine Reihe von kleinen Ortschaften, unter denen Wangaratta und Beechworth die bedeutendsten sind, liegen in den Ebenen zwischen dem Murray und dem fast ganz menschenleeren Gebirge der Australischen Alpen, auf deren Südseite sich das bisher noch sehr wenig besiedelte, aber fruchtbare Gippsland aus=dehnt. In Gippsland sind bisher nur der Hafen Bairnsdale und die Ortschaft Sale zu einiger Bedeutung gelangt, auch bereits durch Eisenbahn mit Melbourne verbunden; doch läßt die Frucht=barkeit des Bodens baldige bessere Bebauung und Besiedelung erhoffen.

Etwas besser bevölkert ist der Westen Victorias, in dem nur die Grampians einen fast unbewohnten Streifen bilden. Auch hier gaben Goldfunde Anlaß zur Erbauung von Ortschaften, z. B. Ararat und Stawell; Viehzucht belebt Hamilton: alles kleine, im ganzen freundliche Städtchen in öder Umgebung. Nahe bei Hamilton liegen die deutschen Dörfer Hochkirch, Neukirch und Gnadenthal. Fast ganz unbewohnt ist der Nordwesten der Kolonie zwischen dem Hindmarsh=See und dem Murray.

B. Tasmanien.

Bereits im Jahre 1802 wurde von Neusüdwales aus in Tasmanien eine Sträflings=ansiedelung gegründet, die an der Mündung des Derwent als Restdown, später Risdon fortlebt. Im Jahre 1804 entstand am rechten Ufer des Flusses, wo sich 307 Sträflinge, 48 Marine=soldaten, aber nur 17 Frauen ansiedelten, Hobart. Dieses Mißverhältnis der Geschlechter gab bald zu Frauenraub und Kämpfen mit den Eingeborenen Anlaß, die rasch in jenen furcht=baren Vernichtungskampf ausarteten, der seitdem zum Untergange der tasmanischen Eingeborenen geführt hat. Nachdem Tausende getötet und die Reste der Stämme ins Innere gejagt worden waren, anderseits auch die Tasmanier blutige Rache genommen hatten, gelang es endlich einem Baumeister von Hobart, George Augustus Robinson, die Eingeborenen zur Auswanderung auf benachbarte Inseln zu veranlassen, zuerst nach der Schwanen= und Gun Carriage=, dann nach der Flinders=Insel, wo sie zivilisiert wurden, aber so sehr an Zahl zurückgingen, daß man die letzten nach Oyster Cove im b'Entrecasteaux'=Kanal überführte. 1815 sollen 5000 Tasmanier gezählt worden sein, 1861 lebten nur noch 18, und 1876 starb der Stamm mit Trucanini (oder Lalla Rookh) gänzlich aus. Dem gegenüber vermehrte sich die Zahl der Kolonisten mehr und mehr, indem von 1803—53: 67,655 Sträflinge (darunter 11,613 Weiber) eingeführt wurden, neben ihnen aber auch freie Einwanderer das Land besiedelten. Erst Ende der siebziger Jahre wurde die letzte Strafanstalt auf der Halbinsel Tasman am Port Arthur aufgehoben, so daß die Bevölkerung der Insel seitdem ausschließlich aus Freien besteht. Im Jahre 1825 von Neu=südwales losgelöst und zur selbständigen Kolonie erklärt, birgt Tasmanien jetzt 146,667, nach einer Berechnung für 1892: 153,144 Menschen; damit beträgt die Bevölkerungsdichtigkeit der 67,894 qkm großen Insel jetzt 2,2, etwas mehr als in Neusüdwales, weniger als in Victoria.

Im ganzen hat sich die Bevölkerung nicht sehr rasch vermehrt, weil ihr die Goldfunde auf dem Festlande immer wieder Kräfte entzogen und die Nachschübe aus der Heimat gering waren. Im April 1881 zählte man 115,705 Einwohner, wovon 115,078 auf der Hauptinsel, 252 auf den Fourneaux=Inseln, 215 auf Bruni, 42 auf King=Insel und 118 auf den übrigen lebten. Darunter waren 782 Deutsche, 844 Chinesen und 372 Ostindier, der Rest bis auf kleine Bruchteile Engländer. 1890 wurde die Zahl der Chinesen auf 1000 geschätzt. Am stärksten ist die Bevölkerung auf der Südostseite, wo gegen 56,000 Menschen leben und die Volks= dichte 7,3 beträgt, sodann im Nordosten, während der Südwesten und das Binnenland dem gegenüber menschenarm sind.

Tasmanien bietet dem Ansiedler eine Reihe von Möglichkeiten zur Ansiedelung, indem Viehzucht, Bergbau und Ackerbau mit Vorteil betrieben werden können. Die Viehzucht ist besonders auf den fetten Weiden des inneren Tafellandes zu ermöglichen und erzeugt vor allem Wolle, 1892 im Werte von 6,600,000 Mark; ferner hegt man Pferde, kleine, starke Zug= pferde, die in Südaustralien und Victoria mit Vorliebe gekauft werden. Daneben werden Zucht= schafe und Schweine ausgeführt, auch Butter und Käse sowie Häute und Felle; endlich bietet die Viehzucht der Industrie, namentlich der Gerberei und Weberei, einen günstigen Boden.

Der Ackerbau hat einen so großen Aufschwung genommen, daß keine der australischen Kolonien, außer Neuseeland, bessere Erträge gibt als Tasmanien, vor allem in Weizen und Hopfen. Gut gedeiht der Weizen auf den basaltischen Tafelländern und deren Abfällen; noch bessere Ernten wirft er in den reichen Alluvialböden der Flußniederungen ab, die besten aber in dem sandigen Lehmboden der Insel, auf dem jedoch Raubbau getrieben wird. Weiter hat die Obstkultur in Tasmanien große Fortschritte gemacht, indem Äpfel, Birnen, Pflaumen, Pfirsiche, Aprikosen, Mandeln und Feigen in großer Menge und vorzüglicher Qualität gezogen werden. Ferner werden Kleie, Gerste, Hafer und Gemüse nach Victoria und Neusüdwales ausgeführt.

Neben Viehzucht und Landbau ist der Bergbau auch in Tasmanien lohnend geworden, allerdings erst später als in den übrigen Kolonien. Als in Victoria die großen Goldfunde der fünfziger Jahre gemacht worden waren, bekümmerte man sich auch in Tasmanien um die Berg= bauprodukte, die man bisher vernachlässigt hatte; doch wurden zunächst die meisten Interessenten nach Victoria abgezogen. Erst in dem achten Jahrzehnt nahm man genauere Untersuchungen des Landes nach Gold vor und fand in der That, daß in einem sehr großen Teile der Insel Gold im Alluvium sowohl wie im Quarz vorhanden ist. Im Jahre 1880 betrug die Ausbeute aus den Quarzriffen 2,612,400 Mark, die aus dem Alluvium 1,413,500, im ganzen 4,025,940 Mark, und 1888 war die Ausbeute immer noch 3,106,180 Mark. Der Gesamtwert des in Tasmanien produ= zierten Goldes beläuft sich nach v. Lendenfeld auf 50,000,000 Mark. Seit 1877 lieferte die im Norden der Insel liegende Grube Beaconsfield 9300 kg Gold im Werte von 22 Millionen Mark, meist aus Quarzriffen im untersilurischen Sandstein, worin bis 150 m Tiefe abgebaut wird. Im Nordwesten der Insel, dem Distrikt Mathina, bearbeitet die New Golden Gate Mining Company zwei Quarzriffe von je 1 m Mächtigkeit; hier ist noch in einer Tiefe von 25 m das Gestein aufbereitungswert. Auch im Alluvium der Westküste findet sich reichlich Gold: es kom= men Stücke bis zu 7,5 kg Gewicht vor. Silberhaltiges Bleierz wird 14 km von der Trial= Bucht an der Westküste im silurischen Schiefer des Mount Zeehan gewonnen, wo auf einem Grubenfeld von 360 qkm Fläche ein Netzwerk von Bleierzgängen auftritt, von denen einzelne 1 km weit streichen. An Silber sind namentlich die Gangspalten mit kaolinisiertem Feldspat reich: sie enthalten bis zu 1½ Prozent Silber. In den Klüften finden sich Spateisen, Blei= glanz, Pyrit und Baryt. Die auf diesen Grubenfeldern entstandene Bergstadt soll schon an 40,000 Einwohner zählen und ist seit 1893 durch eine 47 km lange Eisenbahn mit dem Hafen

Strahan verbunden. Zinn wird im Nordosten der Insel seit 1872 namentlich aus dem Mount Bischoff gewonnen, der bereits 1880 einen Ausfuhrwert von 6,834,720 Mark, gegen 2 Millionen Mark aus einem großen, offenen Tagebau zu Anfang der Schürfzeit, ergab. Die Tonne reinen Zinnerzes wird hier mit 320 Mark berechnet. Außerdem kommen im Nordosten der Insel bei Ringarooma, Branxholme, Georgesbay und Blue Tier Zinnseifen längs der Flußterrassen unter einer Decke von tertiärem Basalt vor, die sehr ergiebig sind und auf ein reiches primäres Lager schließen lassen. Enorme Lager von Kupferkies (von 4½ Millionen Tonnen) finden sich an der Westküste am Mount Lyell, und in ihrem Liegenden silberreiche Fahlerze mit 3,63 Prozent

Launceston auf Tasmanien. (Nach Photographie.)

Silber, 21½ Prozent Kupfer und einzelne Stufen mit 50 Prozent Silber. Braun= und Roteisenstein sind reichlich auf Tasmanien vorhanden, haben sich aber zu Ilfracombe an der Tamar=Mündung, wo 1880 Hochöfen zum Ausschmelzen des Eisenerzes angelegt wurden, als zu chromhaltig erwiesen, als daß sie ergiebigen Ertrag geben könnten. Ferner kommen vor: Wismut am Mount Ramsay, Nickel im Heazlewood=Distrikt an der Westküste, Antimon, ferner Saphire, Zirkone, Topase in den Zinnseifen und Kohlen= und Anthracitlager, die jährlich etwa 40,000 Tonnen brennbaren Stoffes ergeben.

Die Industrie ist noch wenig entwickelt und beschränkt sich auf Brauereien, Gerbereien, Mühlen, Seifen= und Lichtfabriken. Der Handel ist durch das Schutzzollsystem Victorias von dieser Kolonie, die Tasmanien am nächsten liegt, nach Neusüdwales abgelenkt worden und geht ferner nach England, Neuseeland, Südaustralien und Queensland. Ausgeführt werden außer Wolle (1892 für 6,600,000 Mark) Erze und wundervolle Früchte, die auf der Insel ganz besonders gut gedeihen. Eingeführt werden namentlich Industrieartikel. 1880 betrug die Einfuhr 27,384,480, die Ausfuhr 30,288,620 Mark, 1892 erstere 29,940,000, letztere 26,949,000 Mark;

von der Einfuhr kam über ein Drittel aus England, von der Ausfuhr ging dagegen nur ein Sechstel nach England. Der Schiffsverkehr betrug 1892: 1645 Schiffe mit 1,137,140 Tonnen Gehalt, von denen das meiste auf den größten Hafen der Insel, Hobart an der Südküste, entfällt. Die Eisenbahnlinien hatten 1892 eine Länge von 676 km, die Telegraphenlinien eine solche von 3576 km erreicht. Mit der Außenwelt steht Tasmanien in Verbindung durch die 207 Segelschiffe und 15 Dampfer betragende Handelsflotte mit 23,416 Tonnen Gehalt, von denen die beiden Dampfschiffgesellschaften „Tasmanian Steam Navigation Co." und „Union Steamship Co." die bedeutendsten sind. Jene fährt zwischen Hobart, Launceston, Sydney und Melbourne, die zweite zwischen Hobart, Melbourne und Neuseeland.

Der Hauptort Hobart, früher Hobarttown (s. Abbildung, S. 80), liegt an der Mündung des Derwent im Süden der Insel, hatte 1891: 30,608 Einwohner und ist regelmäßig gebaut. Eine Anzahl von öffentlichen Gebäuden, sämtlich durch die Sträflinge erbaut, zieren die in hügeligem Waldgebiete (s. Abbildung, S. 210) angelegte Stadt, in deren Mitte sich ein öffentlicher Garten mit einer Statue Sir John Franklin's befindet. Besonders sehenswert sind der Palast des Statthalters, 2 km vor der Stadt, und der botanische Garten der Royal Society of Tasmania. Kleiner ist Launceston (15,703 Einwohner; s. Abbildung, S. 410) an dem Mündungstrichter des Tamar, 60 km von der Mündung gelegen; die übrigen Ortschaften sind allerdings noch viel unbedeutender.

C. Neuseeland.

Die ersten Beziehungen der Kolonisten Australiens zu Neuseeland stammen aus dem Jahre 1793, als der Gouverneur King Maori von Neuseeland entführen ließ, um den Kolonisten von Norfolk die Bearbeitung des neuseeländischen Flachses, Phormium tenax (s. Abbildung, S. 236), zu zeigen. Nach Überwindung der großen Furcht vor den kannibalischen Maori gründeten darauf Walfänger und Robbenschläger zu Anfang dieses Jahrhunderts zu Kororareka in der Inselbai auf der Nordinsel eine Ansiedelung, von wo aus entlaufene Matrosen, Sträflinge und Abenteurer Rum, Lebensmittel, Schweine, Flachs an die Maori verkauften und dafür mumifizierte Schädel eintauschten. So mehrten sich denn bald die Ansiedelungen an der Ostküste, an der Cook-Straße, der Foveaux-Straße, und die Beziehungen zu den Maori waren zunächst friedlicher Natur. 1814 landeten sodann an der Inselbai die Missionare, deren Bemühungen, die Eingeborenen zu zivilisieren, an den fortwährenden Kämpfen scheiterten, die die Maori unter sich führten, namentlich solange als der Häuptling Hongi die ganze Nordinsel unter seine Herrschaft zu bringen suchte. 1826 scheiterte der Versuch, eine Kolonie in Neuseeland anzulegen, an dem Widerstande der Missionare, 1833 aber ersuchten 13 Häuptlinge die englische Regierung, einen Vertreter nach Kororareka zu senden, ein Wunsch, dem England aus Furcht vor einer Okkupation Neuseelands durch Frankreich sofort willfahrte. Zu einer Besitzergreifung wurde indes die englische Regierung erst später gezwungen, nachdem die 1825 errichtete, 1839 neugegründete New Zealand Company ernstlich die Kolonisation der Doppelinsel betrieb, so daß die Regierung den Kolonisten ihren Schutz angedeihen lassen mußte. Daher wurde am 15. Juni 1839 Neuseeland für einen Teil der Kolonie Neusüdwales erklärt. Die Ansiedler landeten an der Wellington-Bai und gründeten 1840 Wellington, wohin 1458 Personen einwanderten. 1841 wurden dann New Plymouth und Nelson durch die New Zealand Company, 1848 Otago durch eine schottische Gesellschaft, 1850 Canterbury durch die anglikanische Kirche gegründet. Nachdem 1858 Hawkes-Bai von der Provinz Wellington und 1860 Marlborough von Nelson und Westland von Otago abgelöst waren, bestand die Provinzialeinteilung, bis im Jahre 1876 Counties eingerichtet wurden. Bald begannen jedoch Feindseligkeiten zwischen den Ansiedlern und den

Maori. Schon 1845 brach der erste Maori-Krieg aus, dem bis in die achtziger Jahre immer neue gefolgt sind: ein zweiter 1860/61, der dritte und längste, von 1863—72, noch andere in dem folgenden Jahrzehnt. Erst 1892 hat sich der letzte Maori-König endgültig den Engländern unterworfen und einen Jahresgehalt von ihnen angenommen. Der bedeutendste Landkomplex, den die Maori noch innehaben, liegt nordwestlich vom Taupo-See: das 4050 qkm große King Country zwischen dem Meer und dem Taupo-See.

Daß die Maori rasch abnehmen, haben wir schon oben (S. 345) gesehen. Ihnen gegenüber wächst die europäische Bevölkerung zusehends. Am 3. April 1881 wurden auf Neuseeland 534,008 Menschen, davon 489,909 Kolonisten und 44,099 Maori, gezählt; 1891 war die Bevölkerung auf 668,321, darunter 41,993 Maori, gewachsen, nachdem die Zählung von 1886: 620,061 ergeben hatte. Die Bevölkerungsdichtigkeit der 268,461 qkm großen Doppelinsel muß daher zu 2,5 für das Quadratkilometer angenommen werden (s. die Karte auf S. 272). Zu den 668,321 Bewohnern Neuseelands treten sodann noch die der umliegenden Inseln, von denen die Chatham-Gruppe 1891: 311, die Kermadec-Inseln 19 Einwohner zählten. Die 733 Ansiedler auf Norfolk und 55 auf der Lord-Howe-Insel gehören politisch zu Neusüdwales. Die Südinsel ist stärker bevölkert als die Nordinsel, jene beherbergte 1891: 344,913, diese 281,445 Menschen. Von diesen kamen auf der Nordinsel auf die Provinzen Auckland 139,167 und Wellington 84,389, also der größte Teil, während der Osten und Westen, Hawke-Bai und Taranaki nur 26,987 und 19,757 Menschen ernähren. Auf der Südinsel ist der Osten, die weiten Canterbury-Ebenen, am besten bevölkert, da in den Provinzen Canterbury und Otago 130,307 und 158,661 Personen leben, während sich der Rest auf Nelson mit 31,974, Westland mit 16,669 und Marlborough mit nur 12,150 verteilt. Auf den Chatham-Inseln lebten 199 Bewohner. Die Zahl der Chinesen betrug 1891: 4444 Köpfe, fast ausschließlich Männer, wie denn überhaupt das männliche Geschlecht auf den Inseln noch immer überwiegt, da 332,877 männlichen, nur 293,784 weiblichen Geschlechts sind. Die Volksdichte beträgt auf der Nordinsel nur um Auckland herum und an der Küste zwischen Wellington und New Plymouth, auf der Südinsel nur um Christchurch über 50 auf das Quadratkilometer. Etwas weniger gut ist die Ostküste der Südinsel zwischen Dunedin und Invercargill sowie um Timaru und die Nordostküste (Nelson und Blenheim) bevölkert, und der ganze Rest Neuseelands ist noch so gering besiedelt, daß noch nicht 10 Einwohner auf ein Quadratkilometer kommen. Auf der Südinsel nimmt die Volksdichte streifenweise gegen die Nordwestseite ab, die großen Faltungsgebirge Neuseelands sind fast menschenleer, und auch die Nordwestküste der Südinsel ist, wenigstens im Gebiete der Fjorde, fast unbevölkert. Erst, wo diese ihr Ende erreichen, beginnt eine kräftigere Besiedelung, so daß die Volksdichte um Greymouth, wo die Eisenbahn von Christchurch die Westküste erreicht, wieder etwa 20 auf dem Quadratkilometer aufweist. Auf der Nordinsel grenzen die gut besiedelten Gebiete um Wellington und Auckland fast unmittelbar an nahezu menschenleere Strecken, die den größten Teil des Inneren, die nordöstliche und die nordwestliche Halbinsel einnehmen; Zwischenzonen mit einer Volksdichte von 1—10 auf dem Quadratkilometer bestehen nur um den Taupo-See und zwischen Napier, New Plymouth und Wellington.

Große Städte haben sich bisher auf Neuseeland nicht entwickelt, ziemlich gleichmäßig aber verteilt sich eine Reihe von kleinen über das Land. Unter diesen sind Dunedin und Christchurch mit etwa 50,000, Wellington mit 40,000 die ansehnlichsten; Auckland hat etwa 30,000 Bewohner, die übrigen unter 20,000. Besonderen Aufschwung nehmen neuerdings die Umgebungen der Cook-Straße, wo die neue Hauptstadt der Kolonie, Wellington, liegt. An den Ufern der Cook-Straße sitzen auch die meisten Deutschen, zum Teil in eigenen Dörfern, deren Namen (Neudorf, Ranzau, Ober-Muteri, Sorau in der Nähe von Nelson auf der Südinsel) das deutsche

Element verraten, teils in Dörfern wie Norsewood, Morton, Wanganui auf der Nordinsel, mit deutschen Pfarrgemeinen und Schulen. In Wanganui bestehen Missionsstationen der evangelisch-lutherischen Synode von Australien und der Hermannsburger Freikirche. Im Jahre 1891 lebten 43 Prozent der Bevölkerung in Städten, boroughs, der Rest, die größere Hälfte, auf dem Lande.

Der wirtschaftliche Schwerpunkt liegt in Neuseeland, wie auf dem australischen Kontinent, in der Viehzucht, die das wichtigste Ausfuhrprodukt, die Wolle, liefert, deren Ausfuhrwert von Jahr zu Jahr steigt: 1888 betrug sie 62,300,000 Mark, 1892 bereits 86,260,000 Mark. Der riesige Aufschwung der Viehzucht ergibt sich am besten aus dem Anwachsen des Viehbestandes, indem von 1864—91 die Zahl der Rinder von 250,000 auf 831,831, die der Pferde von 61,000 auf 211,000, die der Schafe von 4,900,000 auf 18 Millionen gestiegen ist. 1864 wurden 16,700,000, 1884 schon 84,100,000 Pfund Wolle gewonnen. In den zwanzig Jahren von 1864—84 stieg das Areal des in Betrieb genommenen Graslandes von 1102 auf 21,298 qkm. Ein großer Teil der Schafzucht entfällt auf die Canterbury-Ebenen der Süd-insel, auf denen anstatt der in Australien vorgezogenen reinen Merino-Rasse vorwiegend Bastard-formen zwischen Merino und anderen Rassen gezüchtet werden, deren Wolle freilich an Güte gegen die australische zurücksteht. Die Schafe finden das ganze Jahr hindurch Futter im Freien; nur in der Nähe der Ortschaften werden sie im Winter mit Rüben und Futterwurzeln ernährt. Der Schafzucht schaden am meisten die Kaninchen, weil sie den Schafen das Gras vorweg abfressen und die Weiden auf diese Weise für die Schafe unergiebig machen. Das Schaffleisch wird jetzt in großen Mengen in gefrorenem Zustande nach England geschickt und hier billiger verkauft als englisches.

Auch der Ackerbau hat sehr zugenommen, wenn er auch nur 68,000 Personen beschäftigt und der Viehzucht sowie dem Bergbau nachsteht; immerhin aber wuchs das Areal des bebauten Landes von 1864—84 von 448 auf 4586 qkm, bis 1893 auf 9,7 Millionen Acres. Auf diesen wurden 1893: 9,9 Millionen Bushel Hafer, 8,3 Millionen Bushel Weizen, 0,6 Millionen Bushel Gerste geerntet. Am wichtigsten unter diesen Getreidearten ist für Neuseeland der Weizen, weil er auch ausgeführt wird.

Die Ausdehnung des Waldes über 10 Millionen Acres ist bedeutend. Er liefert auf den auf 36,000 qkm geschätzten Nutzholzbeständen sehr wertvolle Hölzer, 1888/89: 44,219,840 Feet, und das Kauriharz, von dem in demselben Jahrgange 8533 Tonnen nach auswärts ver-kauft wurden. Auch gibt der Wald Anlaß zur Industrie, indem Sägemühlen und Holzschneide-mühlen auf den Reichtum an Holz gegründet wurden.

Eine sehr wichtige Quelle der Einnahme für Neuseeland ist ferner der Bergbau, dessen Erträge zwar zurückgehen, immerhin aber noch sehr bedeutend sind. Zuerst 1857, dann 1861 fand man Gold in größerer Menge, sowohl im Südosten bei Otago als auch im Nordwesten der Südinsel, im Nelson-Distrikt, und beutete nun eine Reihe von Goldfeldern aus, von denen manche allerdings an Ergiebigkeit rasch nachließen. Im Jahre 1886 produzierte indessen Neu-seeland immer noch 18,440,000 Mark Gold, davon an der Nordwestküste für 9,258,920 Mark, also über die Hälfte, in Otago noch für 6,388,120 Mark, in Marlborough für 34,460 und auf der Nordinsel im Auckland-Distrikt für 2,547,800 Mark. 1886 standen 776 Gruben in Thätigkeit, und der Gesamtbetrag des Goldwertes von 1857—89 wird von v. Lendenfeld auf 910 Millionen Mark geschätzt. Im Jahre 1866 erreichte die Goldgewinnung ihren Höhepunkt und sank dann langsam, wohl wegen der Erschöpfung des Alluviallandes.

Von den Goldquarzminen sind die im Thames-Gebiet des Nordens und in dem Reefton-Bezirk der Neuseeländischen Alpen die wichtigsten, von den Alluvialgoldminen besonders Kumara an der Westküste der Südinsel; bei Roß sind die Stollen bereits 70 m unter den Meeresspiegel getrieben." Im Jahre 1886 waren 8352 Europäer und 2826 Chinesen bei den Goldminen thätig. Im übrigen sind nur noch Silber, Kupfer, Chrom, Antimon, Mangan und Hämatit exportfähig, obgleich sie in verhältnismäßig geringen Mengen abgebaut werden. Die Silberproduktion hat neuerdings abgenommen, seitdem im Jahre 1888 nur 406 Unzen gewonnen wurden; beträchtlich war die Ausbeute allerdings niemals. Dagegen steigt die Förderung an Kohlen ansehnlich: 1888 auf 6,757,280 Mark; 1864 hatten die Schächte nur 10,000 Tons, 1884 bereits 480,831 Tons geliefert. Die Kohle stammt aus der Kreide und dem Tertiär, ist aber sehr verschieden, indem Braun=, Pech= und bituminöse Kohle unterschieden werden. Von der ersten sollen 1063, von der zweiten 525, von der dritten 187 Millionen Tons, im ganzen also eine Menge von 1775 Millionen Tons abbauwertiger, bisweilen 60 cm und darüber mächtiger Kohle vorhanden sein, ohne die Lignite, so daß der Vorrat, den bisherigen Betrieb vorausgesetzt, noch bis 1978 reichen würde. Die bedeutendsten Braunkohlenfelder sind Waikato mit 140 Millionen Tons, Clutha Tokomairiro mit 140 und Wairaki mit 100 Millionen Tons, die größten Pechkohlenfelder Mokau=Awakino mit 210 und Inangahua mit 100 Millionen Tons, das größte bituminöse Kohlenfeld Buller mit 140 Millionen Tons. Dieser große Reichtum an Kohlen sichert Neuseeland auch eine Industrie, die sich in der That nach kleinen Anfängen seit den achtziger Jahren so üppig zu entfalten beginnt, daß manche Zweige den eigenen Bedarf decken. Die Gesamtausfuhr an Bergwerkserzeugnissen sank von 251,860,000 Mark in 1866—70 auf 101,460,000 Mark in 1881—85, hauptsächlich wegen des Rückganges der Goldgewinnung. Dagegen, hob sich die Steinkohlenförderung von 1883—92 von 421,764 auf 673,315 Tons, d. h. von 4,217,640 auf 7,548,540 Mark, der Wert des gewonnenen Goldes betrug 19,094,880 Mark.

Die Industrie beschränkt sich einstweilen auf Fleischkonservenfabriken, Mühlen, Brauereien, Sägewerke und Eisengießereien, ist aber im Aufschwung begriffen und wird mit der Zeit voraussichtlich, auch wegen des Reichtums an Kohlen im Lande, zu großer Blüte gedeihen. Am wichtigsten sind neuerdings die Fleischkonserven geworden, deren Ausfuhrwert mit 20 Millionen Mark 1892 bereits die zweite Stelle einnahm. Dem entsprechend hat sich auch der Handel Neuseelands sehr gehoben, zumal da die unsicheren Ausfuhrwerte der Metallförderung jetzt den soliferen der Wolle, Fleischkonserven und des Weizens nachzustehen begonnen haben. Der wichtigste Ausfuhrgegenstand ist immer noch Wolle, deren Ausfuhrwert von 21,419,840 Mark im Jahre 1864 auf 86,260,000 Mark im Jahre 1892 gestiegen ist, was einem Quantum von 115 Millionen Pfund entspricht. Nach den Fleischkonserven folgen dann Gold, Weizen, Kohlen, Mehl, Kauriharz, Häute, Holz, Butter (3,631,376 Pfund), Käse (3,731,840 Pfund), Talg, Phormium=Fasern, Kaninchenfelle. Die Gesamtausfuhr hatte 1892 einen Wert von 190,740,000 Mark, womit Neuseeland den dritten Platz unter den australischen Kolonien, noch vor Queensland, gewonnen hat. Die Gesamtausfuhr betrug im selben Jahre 138,840,000 Mark, etwas weniger als die Südaustraliens, aber bedeutend mehr als die Queenslands. Mehr als zwei Drittel der Ausfuhr geht nach Großbritannien, und zwei Drittel der Einfuhr kommen von dort. Der Schiffsverkehr betrug 1892: 1375 Schiffe mit 1,331,323 Tonnen Gehalt, womit Neuseeland zwar Tasmanien und Westaustralien überflügelt hat, aber gegen Südaustralien um die Hälfte zurückbleibt. Eine regelmäßige Dampferverbindung ermöglichen die „Pacific Mail Company" mit Sydney, Honolulu und San Francisco von Auckland aus, von Wellington nach Sydney und Melbourne, und ebenso von den Städten der Südinsel aus. Das Eisenbahnnetz hatte 1893 eine Länge von 3276 km (mehr als in Südaustralien, weniger als in Queensland), ist aber ziemlich ungleich auf die Inseln verteilt. Auf der Nordinsel ist jetzt ein zusammenhängendes Netz vorhanden, da die zwei von den beiden Mittelpunkten des Verkehrs nach dem Inneren und der Küste gerichteten Bahnlinien verbunden sind, nämlich einerseits von Auckland nach dem Oberlaufe des Wanganui, anderseits von Wellington nach Napier auf der Ostseite und New Plymouth an der Westseite der Insel. Dichter mit Schienenwegen überzogen ist die Südinsel, auf der von Christchurch nach Invercargill eine küstennahe Längsbahn führt, von der zehn Querstränge die Ebenen und das Hügelland in der Richtung gegen das Hochgebirge durchschneiden. Nur eine von diesen Querbahnen erreicht die Westküste, die Linie Christchurch=Greymouth. Von hier führt eine Eisenbahnlinie nahe der Westküste nach Nelson, während die Ostküste von Christchurch nordwärts noch keine zusammenhängende Längsbahn hat und auch die Verbindung Blenheim=Nelson noch fehlt. Das Telegraphennetz hatte 1892 eine Länge von 8817 km.

Dunedin auf Reuseeland. (Nach Photographie von Burton Brothers in Dunedin.)

Die Größe der neuseeländischen Städte wird sehr verschieden angegeben, je nachdem man die Vorstädte mitrechnet oder nicht. Mit seinen Vorstädten Caversham, St. Kilda, South Dunedin, Mornington, Roslyn, Maori Hill, North East Valley und West Harbour zählt Dunedin nahezu 50,000 Einwohner (1891: 45,865) und ist damit die größte Stadt Neuseelands (s. oben= stehende Abbildung). Sie wurde 1848 von Sendlingen der Freikirche von Schottland (Free Kirk of Scotland) gegründet und hatte 1862 mit dem Hafen Port Chalmers (nach der ,New Zealand Gazette' vom 27. Juni 1862) 6523 Einwohner, von denen zwei Drittel männlichen Geschlechts waren. Um diese Zeit füllte sich die Ansiedelung rasch mit Bewohnern, da sie zum Teil als Ausgangspunkt für die Goldfelder in Otago gewählt wurde. Die jetzige Stadt macht einen vornehmen Eindruck und besitzt zahlreiche öffentliche Gebäude, ein Museum, Hospital, eine Universität, Bibliothek sowie einen botanischen Garten. Der über Port Chalmers, den Hafen der Stadt, geleitete Handel hat einen Wert von nahezu 56 Millionen Mark. Viel kleiner ist die südlichste Stadt der Insel, Invercargill, mit dem Vorhafen Bluffharbour. Im Jahre 1862 hatte sie nur 600 Einwohner und hat es jetzt auch erst auf 5000, mit den Vororten auf 8500 gebracht, pflegt aber regelmäßigen Dampferverkehr und führt die Erzeugnisse der reichen Weidegründe der Umgebung aus. Im Inneren der südlichen Provinz Otago, der volkreichsten der Südinsel, befinden sich keine Ortschaften von Bedeutung. Ihrer lieblichen Lage an den Seen des Inneren wegen sind Queenstown, Kingstown, Newcastle und Gladstone bekannt geworden; vor allem aber haben die Otago-Goldfelder zwischen dem Clutha- und dem Waitangi-Flusse viele Menschen an sich gezogen, die freilich bald nach dem Rückgang der Goldausbeute wieder verschwanden.

An der Ostküste folgt auf Damaru und Timaru die Stadt Christchurch mit dem Hafen Lyttelton, die Hauptstadt der Provinz Canterbury. Im Jahre 1850 angelegt, besaß sie 1862: 3200 Einwohner und hat jetzt mit den Vorstädten etwa 50,000 (1891: 47,846) Einwohner; sie hat nach v. Lendenfeld unter allen Städten in den australischen Kolonien die schönste Lage an der Grenze der Ebene gegen den Vulkan der Banks-Halbinsel. Ein kleiner Fluß, der Heathcote, mit frischem Wasser, üppiger Vegetation, Trauerweiden und neuseeländischem Flachs an den Ufern, durchzieht sie. Kathedrale, Universität, Museum, Schulen, Banken, Theater, vor allem aber lebhafter Handel mit den Erzeugnissen der der Viehzucht gewidmeten großen Canterbury-Ebenen verleihen der Stadt Leben und Bewegung. Da außerdem der Hafen Lyttelton im Boden eines der unter Wasser gesetzten Krater der Banks-Halbinsel ganz vorzüglich ist und die Möglichkeit des Eisenbahnverkehrs nach allen Richtungen den Handel fast der ganzen Provinz Canterbury nach Christchurch zieht, so sind der Schiffsverkehr und die Werftanlagen Lytteltons recht bedeutend. Christchurch gegenüber liegen an der Westküste der Südinsel deren einzige größere Ansiedelungen: Hokitika und Greymouth. Im Nordosten entwickelt sich Nelson, die zweite Gründung der Neuseeland-Kompanie an der Cook-Straße, langsamer als die bisher genannten Städte, vielleicht wegen des für Segelschiffe ungünstigen Einganges in den Hafen. Im Jahre 1842 gegründet, gewann sie nach Entdeckung der Goldfelder von Aorere zahlreiche Einwohner, zählte 1862: 3734 Bewohner, hat es aber 1891 nicht weiter als bis zu 6626 gebracht. Viehzucht und Industrie, Lederbearbeitung, Seifensiederei, Brauereien beschäftigen die Bevölkerung; die Eisenbahn nach Greymouth, die zuerst angelegte auf neuseeländischem Boden, ist jetzt fertig. Auch Picton und Blenheim im Nordosten an der Cook-Straße haben sich bisher nur wenig entwickelt, vielleicht wegen des Mangels einer Eisenbahnverbindung nach dem Süden.

Dagegen ist das gegenüberliegende Wellington auf der Nordinsel, am Nordufer der Cook-Straße, eine ansehnliche Stadt geworden und hat noch mehr gewonnen, seitdem es 1876 zur Hauptstadt der Kolonie gemacht worden ist. Wellington wurde bereits bei der ersten Besiedelung Neuseelands (1839) angelegt und hatte 1862: 4176 Einwohner, unter denen die größere Hälfte weiblichen Geschlechts war, ein damals und auch jetzt noch in Neuseeland seltenes Verhältnis. Wellington hat niemals, wie Dunedin, ein plötzliches Anwachsen durch Entdeckung naher Goldfelder erlebt, sondern ist langsam, aber stetig bis zu etwa 40,000 Einwohnern gewachsen, und eignet sich durch seine Lage gut zur Hauptstadt der Gesamtkolonie. Die hölzernen Gebäude, aus denen Wellington, wie alle Städte der Nordinsel, ursprünglich gebaut war, sind jetzt großen Steinbauten gewichen; der Handel und Schiffsverkehr sind erheblich. Kleiner ist Napier an der Ostküste an der Hawke-Bai, aber doch mit ihren 8340 Einwohnern und lebhaftem Handel mit Holz und Fleisch die Beherrscherin der Ostseite der Insel, wenn auch noch ohne Eisenbahnverbindung nach dem Norden. Großartig schön ist die Lage von New Plymouth am Fuße des Mount Egmont (f. Abbildung, S. 90). Überaus reizvoll liegt auch an der Hauraki-Bai und dem Waitemata-Hafen Auckland, am Fuße des erloschenen Vulkans Mount Eden; einen schönen Ausblick hat man von hier aus auf die prachtvolle Vulkankegelinsel Rangitoto. Im Jahre 1862 war Auckland mit über 7000 Einwohnern die volkreichste Stadt Neuseelands, jetzt wird ihre Einwohnerzahl auf 28,000 ohne die Vorstädte, 40,000 mit den Vorstädten angegeben. Die

Stadt ist eine der ältesten Neuseelands, wurde bereits 1840 gegründet und hat lange Zeit die Rolle des Eingangsthors in das Land gespielt. Auch jetzt noch ist ihr Schiffsverkehr und Handel bedeutend, da regelmäßige Dampfschiffahrt nach Melbourne, Honolulu, San Francisco und Sydney besteht. Die Tonnenzahl der Schiffe, die 1882 eingelaufen sind, betrug 133,072. Die Stadt ist, wie die übrigen neuseeländischen, mit zahlreichen öffentlichen Gebäuden ausgestattet, besitzt auch einen botanischen Garten und erfreut sich aufblühender Industrie. Seitdem der Regierungssitz 1876 von Auckland nach Wellington verlegt worden ist, hat sich der Fortschritt der Stadt ganz entschieden verzögert.

Unter den Inseln, die Neuseeland umgeben, sind die Chatham-Inseln am besten bewohnt, nämlich (1883) von 218 Weißen, 82 Maori und 44 Moriori. Die Moriori, die 1836 von den von Taranaki einwandernden Maori zurückgedrängt wurden, sind die Urbevölkerung der Inseln. 1844 kamen christliche Missionare hinzu, 1855 wurde das englische Recht eingeführt, und die Ansiedelung gedieh so gut, daß Ende der siebziger Jahre bereits ein Viehstand von 70,000 Schafen, zahlreichen Pferden, Rindern und Schweinen gehalten werden konnte. Neben der Viehzucht beschäftigen sich die Bewohner auch mit Ackerbau, wenngleich zwei Drittel des Bodens Torfmoor ist und Sand weite Strecken überdeckt. Mais, Hafer, Kartoffeln, Rüben, Leinsamen und englische Grasarten werden angebaut, besonders um die größte Ansiedelung Waitangi an der Petri-Bai und Whangaroa, Häfen, von denen aus auch Fischfang, Walfang und Jagd auf Albatrosse betrieben wird. Der Handel, der auf Wolle, Häute, Talg, Schwämme, lebende Tiere, vor allem Schafe, also fast ganz auf die Viehzucht gegründet ist, geht wesentlich nach Neuseeland.

Die südlich vor Neuseeland gelegenen Inseln sind unbewohnt, bieten jedoch zahllosen Seevögeln Unterkunft, namentlich Pinguinen, die z. B. auf den kleinen Bounty-Felsinseln in der Zahl von mehreren Millionen nisten. Robben und Seelöwen werden seltener: jene sind auf der Antipoden-Insel schon ganz verschwunden; dagegen haben sich auf dieser ausgesetzte Rinder und Pferde erhalten. Früher lieferten die Snares, jetzt die Insel Rakiura oder Stewart große Mengen von Sturmtauchern (Puffinus tristis) für den australischen Markt. Besondere Bodenerzeugnisse scheinen diese Inseln nicht zu besitzen außer dem Guano, der auf den Snares vielleicht abgebaut werden kann. Für Schiffbrüchige sind auf Auckland drei, auf den übrigen Inseln je eine Niederlage mit Lebensmitteln und Kleidung sowie auch Boote niedergelegt worden, und jährlich zweimal besucht ein Regierungsdampfer von Neuseeland aus die Inseln. Die Inseln Lord Howe und Norfolk werden politisch zu Neusüdwales gerechnet und sind bewohnt. Auf Lord Howe ließen sich bereits 1834 drei neuseeländische Kolonisten mit Maori-Weibern nieder, jetzt beträgt die Einwohnerzahl 65, die Zahl der Ansiedler ist aber gesunken. Der Landbau ist sehr gering, dagegen hat die Insel als Fischereistation eine Zukunft. Das größere Norfolk wurde zunächst seit 1788 als Verbrecherkolonie eingerichtet und blieb als solche bis 1842, worauf eine Zeitlang keine Bewohner mehr auf der Insel waren, bis 1856 die über 600 Köpfe starke Bevölkerung von Pitcairn hierher verpflanzt wurde. Die neue Besiedelung hat jedoch ebensowenig zur Blüte der Insel geführt wie die alte: der Ackerbau wird nur lässig betrieben, und die Bevölkerung betrug 1891 nur 738. Die Ansiedelungen auf Norfolk heißen Sydney im Süden, Longbridge in der Mitte und Cascade im Norden.

Im Jahre 1886 hat die britische Regierung die Kermadec-Inseln zwischen Neuseeland und Tonga in Besitz genommen. Ein darauf 1889 von Neuseeland aus unternommener Versuch, die Inseln zu besiedeln, scheiterte aber an der Unmöglichkeit, den Kolonisten rasch zu einer Selbständigkeit zu verhelfen. Im Jahre 1891 zählte man noch 19 Bewohner auf Raoul oder Sunday Island. Auch auf den Kermadec-Inseln sind Niederlagen für Schiffbrüchige angelegt worden, und ein Regierungsdampfer läuft jährlich einmal die Inseln an.

D. Die polynesischen Besitzungen Großbritanniens.

Die Besitzungen der britischen Krone in Polynesien sind nur gering an Größe und Einwohnerzahl, da nur kleine, unbedeutende Inselgruppen dazu gehören. Es sind folgende:

	qkm	Einwohner	Volksdichte
Cook-Inseln	368	8,400	21
Pitcairn	5	126	25
Äquatoriale Sporaden	873	2,168	2,7
Ellice-, Tokelau- und Phönix-Gruppen	98	3,073	31
zusammen:	1344	13,767	10

a) Die Cook-Inseln.

Im Jahre 1888 nahm England Besitz von der gut bevölkerten Gruppe der Cook-Inseln (368 qkm mit 8400 Einwohnern). Diese Inseln sind, wie oben (S. 157) geschildert worden ist, mit einer einzigen Ausnahme niedrige, unbedeutende Korallengebilde; nur Rarotonga ist mit seinem fruchtbaren vulkanischen Boden, dem Wasserreichtum und der üppigen Vegetation eine der Perlen der Südsee. Die Erzeugnisse dieser Inseln setzen sich aus Kaffee, Baumwolle, Arrowroot, Kokosöl, Kopra, Apfelsinen und sonstigen Früchten zusammen, und der Landbau wird im ganzen auch von den Eingeborenen recht geschickt betrieben. Der Handel nach Neuseeland hatte 1880 einen Ausfuhrwert von fast 400,000 Mark und einen Einfuhrwert von 292,680 Mark; der kaufmännische Verkehr nach Neusüdwales bezog sich vorwiegend auf baumwollene Stoffe, die auf den Inseln als Geld, Tauschmittel dienen. Die Zahl der Bewohner auch dieser Inselgruppe nimmt ab; die der Europäer auf Rarotonga beträgt etwa 100.

b) Pitcairn.

Pitcairn im Osten der Paumotu-Gruppe (s. Abbildung, S. 160), die östlichste britische Besitzung in der Südsee, ist mit ihren 5 qkm und 126 Einwohnern der Kolonie Neusüdwales untergeordnet. Sie hat eine eigentümliche Geschichte. Ursprünglich wurde sie von einem Halb-kulturvolk bewohnt, das merkwürdige Bildsäulen besaß; 1767 aber fand man Pitcairn un-bewohnt. Im Jahre 1790 indessen flüchtete die gegen den Kapitän Bligh meuternde Mannschaft nach Pitcairn und ließ sich dort in der Stärke von 27 Personen, darunter 12 Frauen, nieder. Doch gingen bis 1800 alle Männer zu Grunde bis auf einen, der die Kolonie nun hob. 1831 siedelte die englische Regierung die 87 Bewohner nach Tahiti über; diese kehrten jedoch bald nach Pitcairn zurück. Nach nochmaliger Auswanderung nach Norfolk im Jahre 1856 kamen wiederum einige zurück, so daß die Bevölkerung jetzt wieder 126 beträgt, die sich vom Landbau und Fisch-fang nähren sowie auch einige Viehzucht mit Ziegen und Schafen treiben.

c) Die äquatorialen Sporaden und Manihiki.

Im Jahre 1888 nahm England die Insel Penrhyn oder Tongarewa der Manihiki-Gruppe in Besitz und stellte gleichzeitig die Inseln Fanning, Christmas, Exchequer sowie 1892 Johnston unter seine Herrschaft. Bereits 1866 hatten die Guanolager auf Malden und Starbuck Veranlassung zur Besetzung dieser Inseln gegeben. Von diesen Eilanden allen ist nur Christmas eine Insel von einiger Größe (607 qkm), alle übrigen zusammen zählen nur 268 qkm, darunter Malden 89, die ganze Manihiki-Gruppe nur 132, Fanning 40 qkm. Mehrere derselben sind gar nicht oder doch nicht dauernd bewohnt, wie Christmas, Starbuck, Johnston; die übrigen beherbergen zusammen nur 2168 Bewohner, so daß sich eine Volksdichte von 2,7 auf das Quadratkilometer ergibt. Auf Tongarewa allein kamen 1884: 373, auf Fanning 150, auf Malden 168 Menschen.

Die wichtigsten Produkte der Manihiki-Inseln sind Kopra und Kokosöl. Manihiki allein kann 300 Tonnen Kopra jährlich liefern, ferner werden Perlen und Perlmutter gewonnen, wovon vor Jahren in 18 Monaten 100 Tonnen Schalen gefischt wurden; endlich Tripang. Auf Caroline, das schon 1868 von England in Besitz genommen wurde, war um 1850 von einem Engländer und Familien aus Tahiti Kokosöl gewonnen worden, während sich die äquatorialen Sporaden, Malden und Starbuck, durch die Guanolager auszeichnen, die seit 1864 durch einen Melbourner ausgebeutet wurden, bis England 1866 beide Inseln in Besitz nahm. Auch die Fanning- oder Amerika-Gruppe (Fanning, Christmas und Palmyra) produziert vorwiegend Guano. Fanning, das allein jährlich 1000 Tonnen (1,200,000 Mark) liefert, ist schon seit 1830 bewohnt, und 1847 siedelte sich ein Tahiti-Kaufmann hier an, um Kokosöl zu gewinnen. Außerdem liefern diese Inseln sowohl wie Christmas Kopra, und an ihren Küsten ist die Tripangfischerei ergiebig. Auf Jarvis hat die amerikanische Phönix Guano Company von Honolulu ebenfalls Guano ausbeuten lassen, dessen Vermischung mit Gips dem Produkt jedoch schadet.

Dieser Guano der zentralpolynesischen Sporaden ist keine reine Ablagerung von tierischem Kot, Vogel- und Robbendung, sondern besteht zwar ursprünglich aus abgelagertem Vogeldung, ist aber sodann infolge der niedrigen Lage der Inseln mit Meerwasser durchfeuchtet und ausgelaugt worden, daneben auch infolge der nicht sehr häufigen, aber kräftigen Regen. Das Wasser verändert den kohlensauren Kalk der Inseln mittels der phosphorsauren Bestandteile des Dunges in phosphorsauren Kalk. „Während bei dem echten Guano", so heißt es in den ‚Verhandlungen der Gesellschaft für Erdkunde zu Berlin', 1894, „fast allein der Stickstoffgehalt den Maßstab des Wertes bildet, wurde das fälschlicherweise als Guano bezeichnete Produkt der pazifischen Inseln durch seinen hohen Phosphorsäuregehalt von 60—79 Prozent ein so äußerst begehrtes Dungmittel, welches an Stickstoff sehr arm ist. Während echte Guanolager sich nur in so gut wie regenlosen Gebieten bilden, beziehentlich fortbestehen können, ist dies bei phosphorsauren Kalklagern durchaus nicht ein Erfordernis, ja ihre Bildung ist geradezu an das Vorhandensein von Feuchtigkeit gebunden. Auf Malden geschieht die Ausbeutung direkt aus dem Wasser, indem die Phosphatmassen aus der Lagune herausgeschöpft und dann in der Sonne auf 8—10 Prozent Wassergehalt eingetrocknet werden."

d) Die Phönix-, Union- und Ellice-Inseln.

Im Jahre 1889 stellte England einen Teil des Tokelau- oder Union-Archipels sowie einige der Phönix-Inseln unter seinen Schutz und dehnte seine Herrschaft 1892 über alle Inseln dieser Gruppen sowie über die Ellice-Gruppe aus; zu diesen ist auch die 1889 in Besitz genommene Suworoff-Insel zu rechnen. Das gesamte Gebiet dieser Inselgruppen ist nur klein und überschreitet nicht 100 qkm. Man rechnet auf die:

	qkm	Einwohner	Volksdichte
Suworoff-Gruppe	5		
Union- oder Tokelau-Inseln	14	514	37
Phönix-Inseln	42	59	1,4
Ellice-Inseln	37	2500	68
zusammen:	98	3073	31

27*

Die Tokelau-Inseln, die von dem Häuptling von Fakaafo beherrscht werden, sind Korallen=
riffe, erzeugen vorwiegend Kopra, Kokosöl und Produkte der See. Die Phönix=Inseln liefern
dagegen „Guano", also phosphorsauren Kalk, wie Malden und die übrigen. Zunächst wurden
sie von zwei amerikanischen Gesellschaften, der United States Guano Company und der Phönix
Guano Company in Honolulu, ausgebeutet, und zwar vor allem die Inseln Baker, Howland,
McKean und Birnie; später nahmen Engländer die Guanolager auf Enderbury in Besitz und
führten die Erklärung der britischen Schutzherrschaft herbei. Ein anderes Produkt bieten die
kleinen, nur spärlich bewohnten Inseln nicht.

Viel fruchtbarer und daher schon von mikronesischer Volksdichte sind die noch zu Polynesien
gerechneten Ellice= oder Lagunen=Inseln, mit 2500 Einwohnern auf dem geringen Areal von
37 qkm, somit einer Volksdichte von 68, die sogar noch gesteigert werden könnte. Das haupt=
sächliche Erzeugnis ist Kopra, deren Gewinnung noch mit so wenig Nachdruck betrieben wird,
daß der größere Teil der Kokosnüsse verfault. Die meisten Inseln haben 200—450 Einwohner.
Die Bewohner sind aus Samoa eingewandert, durch protestantische Missionare christianisiert und
bauen vorwiegend Kokospalmen, von denen jährlich 50 Tonnen Kopra gewonnen werden, und
Arum, Bananen, Brotfruchtbäume. Auf den höheren Teilen der Inseln werden 6—8 Fuß tiefe
Gräben gegraben, in denen sich das Wasser sammelt und Landbau betrieben wird. Außerdem
wird gefischt und gehandelt. Die Dörfer sind meist sauber, von Zisternen zur Sammlung des
Regenwassers umgeben, in Kokoswäldern versteckt und auf den nördlichen Inseln großenteils aus
zweistöckigen Häusern zusammengesetzt. An Industrie pflegen die Einwohner Mattenflechterei
und Anfertigung von Kokosfaserstricken, während der Schiffbau keine hohe Stufe erreicht hat.

E. Die britischen Besitzungen in Mikronesien.

Der Besitz Englands in Mikronesien beschränkt sich auf die Gruppe der Gilbert=Inseln,
übertrifft aber an Einwohnerzahl bei weitem den in Polynesien, da die Gilbert=Inseln außer=
ordentlich dicht bevölkert sind. Die 430 qkm großen Gilbert=Inseln ernähren 35,200 Ein=
wohner, haben also mit 82 Einwohnern auf dem Quadratkilometer eine noch größere Be=
völkerungsdichtigkeit als die Ellice=Gruppe; Tapiteuea bewohnen z. B. 5000—6000 Menschen,
d. h. 200—240 auf dem Quadratkilometer. Die Einwohner sind aus Mikronesiern und Poly=
nesiern gemischt, die teils aus Samoa, teils aus Ponape eingewandert sind; doch unterliegen
die von Samoa gekommenen den eigentlichen Mikronesiern. Jene brachten den Brotfrucht=
baum auf die Inselgruppe, der neben Kokospalmen, Pandanus und Taró die meiste Nahrung
liefert; doch sind infolge der häufigen Dürren Hungersnöte so wenig selten, daß die Gilbert=
Insulaner oft ihre Heimat verlassen, um in Australien und auf den übrigen Südsee=Inseln
Dienste zu nehmen. Seit 1852 versuchten Missionare von Hawaii die Gilbert=Insulaner zu
christianisieren; doch gelang es erst 1880, ihnen die Menschenfresserei auszutreiben und sieben
Gemeinden auf den kleineren Inseln zu bilden.

Zur Kultur des Taró wird der Boden bis auf den Korallenfels ausgegraben, in den
Gräben Regenwasser gesammelt und mühsam eine Humusdecke hergestellt. Von Haustieren gibt
es nur Hühner, dagegen wird Fischerei mit Erfolg betrieben. Die Geräte sind dürftig, doch sind
namentlich die Frauen geschickt im Anfertigen von Matten, die Männer in solchem von Stricken
und Schnüren. Die politischen Verhältnisse sind in der Auflösung; drei Stände, Häuptlinge,
freie Grundbesitzer und Gemeine, treten zu derartigen Genossenschaften zusammen. Sklaven gibt
es daneben auch. Die Macht der Häuptlinge ist sehr gering, wenngleich einer unter ihnen auf
jeder Insel als Oberhäuptling gilt; auf den südlichen Inseln scheinen völlig demokratische

Zustände zu herrschen, obgleich hier die Häuptlinge große Achtung genießen. Im Jahre 1886 bereits durch das deutsch-britische Südsee-Abkommen der britischen Interessensphäre überlassen, wurden die Gilbert-Inseln doch erst 1892 von den Engländern wirklich in Besitz genommen. In Handel und Verkehr stehen sie im Anfang der Entwickelung, politisch aber ermangeln sie einer festen Organisation noch völlig.

F. Die britischen Besitzungen in Melanesien.

Die Besitzungen Großbritanniens in Melanesien bestehen seit 1886 aus den Fidschi-Inseln, die 1874 britische Kolonie wurden, dem britischen Teil von Neuguinea, der 1884 unter britischen Schutz gestellt, 1888 Kronkolonie wurde, und den südlichen Salomonen, die 1886 der britischen Interessensphäre überlassen wurden, aber noch keine eigentliche Verwaltung haben.

	qkm	Einwohner	Volksdichte
Fidschi-Inseln mit Rotuma	20,837	125,400	6
Südliche Salomonen	21,645	87,000	4
Britisch-Neuguinea	229,102	350,000	1,5
zusammen:	271,584	562,400	2

Diese drei Besitzungen zusammen beherbergen also auf einem Flächenraum, der fast so groß ist wie der Neuseelands, doch etwa 100,000 Bewohner weniger als diese Doppelinsel.

a) Rotuma und die Fidschi-Inseln.

Eine besondere Stellung nimmt Rotuma insofern ein, als es zu Polynesien zu rechnen ist, von Polynesiern bewohnt wird, aber der melanesischen Gruppe der Fidschi-Inseln politisch seit 1869 zugeteilt ist, nachdem religiöse Spaltungen der Konfessionen auf der Insel zu Unruhen und Zwistigkeiten geführt hatten. Die Insel hat 36 qkm Areal und 2500 Einwohner, die Volksdichte beträgt somit etwa 70 auf das Quadratkilometer, und trotz der üppigen Vegetation tritt zuweilen Mangel an Lebensmitteln ein, wodurch manche Rotumaner zur Ansiedelung im Norden von Vanua Levu veranlaßt worden sind. Schon seit 1839 wurde Rotuma von britischen Missionaren der Londoner Missionsgesellschaft in Angriff genommen, 1845 aber tonganischen Lehrern der wesleyanischen Missionsgesellschaft überlassen; diesen gesellten sich 1846 katholische Geistliche zu, was heftige religiöse Wirren und blutige Kämpfe auf der Insel zur Folge hatte.

Unter Abzug von Rotuma haben die Fidschi-Inseln 20,801 qkm und 122,900 Einwohner, somit eine Volksdichte von 6 auf das Quadratkilometer. Die Größe der Inselgruppe übertrifft um ein geringes die des Königreichs Württemberg; die Volkszahl kommt der der Stadt Stuttgart nahe. Die Bevölkerungsziffer geht langsam zurück und zwar nicht nur die der Eingeborenen, sondern auch die der Europäer. Von 1885—88 fiel jene von 123,844 auf 121,800, die der Europäer aber von 3435 auf 1900, also nahezu auf die Hälfte. Außer den eigentlichen Fidschianern mit 111,000 Köpfen gab es 1889 noch 2350 fremde Polynesier und 6311 Inder, die mehr und mehr ihrer billigeren Arbeitskraft wegen den Polynesiern vorgezogen werden.

Die Fidschi-Inseln hatten unter allen Südsee-Inseln wegen des argen Kannibalismus ihrer Bewohner fast den schlechtesten Ruf, boten aber dennoch schon zu Anfang des Jahrhunderts günstigen Boden für den Handel wegen ihres bedeutenden Reichtums an Sandelholz, das leider nach und nach fast ganz ausgerottet worden ist. Während im allgemeinen alle Schiffbrüchigen von den Bewohnern der Fidschi-Inseln verzehrt wurden, gelang es 1808 der Mannschaft des Schiffes „Eliza", infolge guter Bewaffnung, diesem Schicksal zu entgehen und mit ihren Gewehren dem Häuptling von Mbau die Herrschaft über die Inselgruppe zu sichern. Doch gab es noch 1840 sieben Staaten, die beständig in so erbitterter Fehde untereinander lagen, daß die jährlichen Menschenverluste durch Kriege von Williams auf 1500—2000 berechnet worden sind. Die Häuptlinge von Mbau nahmen 1810 den Titel „Vuni Valu", d. h. Wurzel des Krieges, an; er ist auf die Nachfolger übergegangen. 1835 gelang es nun den wesleyanischen Missionaren, den König Thakombau zur Annahme des Christentums zu bewegen, und 1839 dem englischen Konsul, denselben König zu vermögen, seine Rechte über die Gruppe an England abzutreten; dies wurde jedoch nicht genehmigt. 1844 und 1850 ließen sich dann französische Missionare auf den Inseln nieder, was zu Verwickelungen mit Frankreich führte, bis Thakombau sein Land 1858 England anbot, das dieses Geschenk jedoch 1861 abermals ablehnte. Immerhin gewannen die Engländer gegenüber den Franzosen und Amerikanern an Boden, und 1874 nahm England endlich das dritte Angebot Thakombau's an. Seitdem sind die Fidschi-Inseln britisch und haben einen vorzüglichen Aufschwung genommen. Freilich ist die Besiedelung durch Europäer nicht so rasch von statten gegangen, wie anfangs gehofft wurde, sondern nach anfänglichem raschen Zuströmen trat bald ein Rückschlag ein. Und noch am Ende der achtziger Jahre verminderte sich die Zahl der Europäer zusehends, wie die oben mitgeteilten Zahlen beweisen. Vor der Erwerbung der Fidschi-Inseln durch Großbritannien war bereits eine Anzahl von deutschen und englischen Handelshäusern auf der Gruppe angesiedelt, die durch die Versagung der Anerkennung aller vor 1875 gemachten Landankäufe arg geschädigt wurden, bis endlich im Jahre 1885 durch diplomatisches Eingreifen wenigstens 220,000 Mark Entschädigung an die Deutschen ausgezahlt wurden.

Unter den Produkten Fidschis sind die der Pflanzenwelt die wichtigsten; denn die Wälder liefern (abgesehen vom Sandelholz) große Bestände von Nutzholz, und Faserpflanzen sind in Menge vorhanden. Die Kokospalme ergab, auf der Hälfte des angebauten Areals gepflanzt, 1875: 800,060 Mark, 1880 schon: 2,179,710 Mark an Kopra. Im Jahre 1885 betrug die Ernte an Kokosnüssen fast 27 Millionen Stück, die 4899 Tonnen Kopra ergaben. Schon 1883 aber war wohl der Höhepunkt der Kopra-Ausfuhr mit 6281 Tonnen erreicht worden; denn 1888 fiel sie wieder auf 4219 Tonnen, wobei auf die Tonne 5500 Nüsse zu rechnen sind. Kokosfasern wurden 1875 für 35,920, 1883 für 33,520, 1888 für 2560 Mark ausgeführt.

Besser noch ist die Baumwolle gediehen, die mehrfach preisgekrönt worden ist und seit langem einen sehr wichtigen Ausfuhrartikel bildet. 1875 und 1883 wurde für mehr als je eine halbe Million Mark ausgeführt, 1888 jedoch war die Ausfuhr an Baumwolle auf 6840 Mark für nur 3½ Tonnen gesunken. Ein weiteres Ackerbauerzeugnis, dessen Ausfuhr zurückgegangen ist, ist Kaffee. Der Anbau von Kaffee wurde gleich nach der Annexion der Inseln begonnen, da sich weite Gebiete im Inneren der Inseln dafür eignen sollten; eine Reihe von Pflanzungen entstand damals, und im Jahre 1883 betrug die Kaffee-Ausfuhr schon 105,102 kg im Werte von 187,680 Mark, sank jedoch bis 1888 auf die kleine Summe von 425 kg. Von anderen Ackerbauprodukten gelangen zur Ausfuhr: Mais, dessen Kultur jedoch auch zurückgegangen ist, von 23,380 Bushels im Jahre 1883 auf 12,968 Bushels im Jahre 1888, ferner Erdnüsse, deren Ausfuhr sich von 122 Tonnen im Jahre 1883 auf 346 Tonnen im Jahre 1888 gehoben hat, und Früchte, besonders Bananen und Ananas, deren im Jahre 1883 für 308,560 Mark, 1890 für 1,231,460 Mark ausgeführt wurden. Am wichtigsten ist aber die Kultur des Zuckerrohrs geworden, die zur Anlage großartiger Pflanzungen Veranlassung gegeben hat und auf den Inseln ganz besonders gut eingeführt ist. Von 68,430 Mark im Jahre 1875 hob sich der Wert der Zuckerausfuhr bis auf 6,550,520 Mark im Jahre 1890; der meiste Zucker geht nach Neuseeland, besonders Auckland. Hierzu kommt noch ein lebhafter Handel mit Melasse (1890: 167,000 Gallonen) und destilliertem Spiritus (1888: 8159 Gallonen). Neuere wichtige

Aderbauerzeugniſſe ſind ferner der Thee, deſſen Ausfuhrwert 1888: 59,000 Mark betrug, Tabak, Chinarinde, Arrowroot, Karbamom, Zimt, Vanille, von denen einige bereits zu Ende der achtziger Jahre zu geringer Ausfuhr gediehen waren, beſonders der Tabak, deſſen Kultur ſich auch auf den Fidſchi-Inſeln zu lohnen ſcheint. Der Rückgang der Kaffeekultur iſt zum Teil einer 1881 und 1882 eingetretenen Blätterkrankheit zuzuſchreiben; der Anbau von Kakao iſt noch nicht nennens= wert, obwohl ſich manche Küſtengebiete der Inſelgruppe dafür wohl eignen würden. Die größten Zuderpflanzungen und Fabriken liegen auf Armſtrong Point und am Fluſſe Rewa.

Die Viehzucht vermag wegen des feuchten Klimas nicht gegen den Aderbau aufzukommen, obwohl dieſer an Arbeitermangel leidet. Vor allem leiden Schafe unter der Feuchtigkeit, Rinder gedeihen beſſer, die Ausfuhr an Viehzuchterzeugniſſen beſchränkt ſich daher auch auf Wolle (1888 im Werte von 19,120 Mark), Angorahaar, Felle und Talg in geringen Beträgen.

Der Bergbau gibt bisher keinerlei Ertrag. Und auch die Induſtrie iſt, abgeſehen von der auf die Zuderkultur begründeten Deſtillierung von Spiritus und Gewinnung von Melaſſe ſowie Konſervierung von Früchten, noch unvertreten, ausgenommen allerdings auch die Anfertigung von Matten, die ſogar ausgeführt werden. Dagegen liefert die Fiſcherei einen nicht unbedeuten= den Teil der Ausfuhr. Tripang geht Jahr für Jahr im Werte von etwa 62,000 Mark, die Tonne zu 1000 Mark, nach China, und Perlmutter ergab 1888 einen Ausfuhrwert von 4240 Mark. Weitere Ausfuhrgegenſtände der Fiſcherei ſind Walfiſchöl, Schildpatt, Schwämme und Schild= kröten im Werte von 10,000 —2300 Mark im Jahre 1888.

Die Geſamtausfuhr betrug 1891: 9,456,680 Mark, gegen 2,372,960 Mark im Jahre 1875, und richtete ſich zum weitaus größten Teil nach Auſtralien, gehört alſo zum britiſchen Handelsgebiet, wenn auch nur ein geringer Bruchteil nach England direkt ausgeführt wird. Hauptausfuhrartikel iſt Zuder; dann folgen Kopra, Zudermelaſſe, deſtillierter Spiritus, Früchte, beſonders Bananen nach Sydney, Kaffee, Mais, Kokosfaſern, Perlmutter, Wolle, Kandelnüſſe, Tripang: alſo vorwiegend Produkte des Aderbaues. Neuſeeland, Victoria und Neuſüdwales er= hielten den größten Teil der Produkte der Fidſchi-Inſeln; im übrigen bekamen Spanien und Portugal größere Mengen. Der Handel mit Deutſchland iſt, wenigſtens auf dem direkten Wege, ſehr gering. Die Einfuhr erreichte ihren höchſten Wert 1883 mit 9,000,000 Mark und ſank dann raſch bis 1888 auf weniger als die Hälfte, hob ſich bis 1891 aber wieder bis auf 5,180,000 Mark. Unter den Einfuhrartikeln nehmen Manufakturwaren und Lebensmittel ſowie Kleider die erſten Stellen ein; doch wird auch noch Zuder eingeführt ſowie Papier, Säde, Glas, Eiſen= waren, Tabak, Holz, Fiſche, Butter, Bier, Weine, Zigarren, Kohlen, Öle, Maſchinen, Seife und Spirituoſen. Etwa 64 Prozent der Einfuhr kommt von Neuſüdwales, das übrige aus Neuſeeland, Victoria, Samoa, Tonga. Dem entſprechend hat ſich der Schiffsverkehr im ganzen gehoben: von 150 kleineren Schiffen mit 20 —30,000 Tonnen Gehalt in den Jahren 1877—80 auf 100 größere Schiffe mit faſt 70,000 Tonnen Gehalt, darunter 68 Dampfer, meiſt engliſche Schiffe. Eine regelmäßige Verbindung beſteht monatlich mit Neuſeeland durch die „Union Steam Navi= gation Company", halbmonatliche mit Sydney durch die „Auſtralaſian United Steam Naviga= tion Company", zeitweiſe auch mit Tonga und Samoa. Gewinnen wird die Stellung der Fidſchi-Inſeln noch mehr, ſobald als der Plan, Vancouver in Kanada mit Auſtralien durch eine Dampferlinie und ein Kabel zu verbinden, zur Ausführung gekommen ſein wird, da die Fidſchi= Gruppe als Stützpunkt für die Linie in Ausſicht genommen iſt. Eine ruhige Entwidelung ſteht den Fidſchi-Inſeln bevor, und ihre Lage läßt vermuten, daß ſie für große Schiffahrtslinien im Bereiche des Großen Ozeans einen der Mittelpunkte abgeben werden.

Dem Handel iſt daher eine Zukunft ſicher. Wichtig wird vor allem die Frage des Ar= beitermangels werden; an die Stelle der Salomonier und der Bewohner der Neuen Hebriden sind allmählich indische Kulis als Arbeiter getreten, allein auch sie scheinen nicht völlig den Anforderungen zu genügen. Der Handel vereinigt sich jetzt in dem Mittelpunkt der Verwaltung der Kolonialregierung, Suva im Südosten von Viti Levu. Bis zum Jahre 1879 war Levuka auf Ovalau der Regierungssitz und hauptsächlicher Handelsplatz, weil die Dampfer der Linie San Francisco—Auckland Levuka anliefen: ein überaus reizvoll gelegener Ort (s. untenst. Abbild.), dem es jedoch an einem guten Hafen mangelte. Nachdem Levuka als Anlaufplatz der Dampfer seiner ungenügenden Reede wegen aufgegeben war, schwang sich Suva empor. Im Jahre 1888 kam auf Suva mehr als zwei Drittel der Ausfuhr und über die Hälfte der Einfuhr, so daß es fast die doppelten Zollabgaben lieferte als Levuka. Suva, nahe der Mündung der Rewa erbaut,

Levuka auf Ovalau im Fidschi-Archipel. (Nach Photographie.)

ist nach Graf Lanjus („Petermanns Mitteilungen' 1893) „ein recht freundlich gelegener Ort. Die Häuser sind längs des Ufers und auf den an diesem ansteigenden waldigen Anhöhen erbaut, es befinden sich darunter recht nette Baulichkeiten. Das katholische Missionshaus und die im Jahre 1885 eingeweihte katholische Kirche sind auf Anhöhen gelegen, von welchen man eine schöne Fernsicht genießt. Ein langer, hölzerner Molo gestattet größeren Dampfern das Anlegen. Vor dem am Südende und außerhalb der Stadt befindlichen Gouverneurs-Hause erstreckt sich des seichten Wassers wegen eine lange, schmale Anlegebrücke in die See. Suva besitzt zwei Bankfilialen und mehrere Gasthöfe. Sehenswürdiges gibt es in Suva und Umgebung sehr wenig."

b) Die südlichen Salomonen.

Die britischen Salomonen, 21,645 qkm mit 87,000 Einwohnern, sind wirtschaftlich noch nicht in Angriff genommen und bieten nur spärlichen Handel mit Australien durch Kopra-Gewinnung, Verkauf von Munition und Gewehren, auch Spirituosen, seitens australischer Schiffe. Europäische Ansiedler sind noch nicht vorhanden, mit Ausnahme einiger Missionsstationen, auf benen jedoch meiſt auch nur farbige Lehrer wirken und weiße Miſſionare für gewöhnlich nur zur Prüfung der Leiſtungen erſcheinen. Die Miſſionare auf den britiſchen Salomonen gehören der melaneſiſchen Miſſion der engliſchen Hochkirche an. Die bedeutendſten Kopra=Gebiete ſind der Süden von Neugeorgien und die Florida=Inſel; Tripang wird beſonders im Südweſten von Neu= georgien und bei Guadalcanar gewonnen. Politiſch oder adminiſtrativ iſt dieſe Kolonie noch nicht organiſiert worden.

c) Britiſch=Neuguinea.

Im Jahre 1874 begann in Auſtralien, beſonders in Queensland, eine lebhafte Agitation zu gunſten der Einverleibung der Inſel Neuguinea in den Beſitz der britiſchen Krone, doch fanden dieſe Anſtrengungen damals in London keinen Widerhall. Zwar entſprang aus dieſer Erregung der öffentlichen Meinung die „New Guinea Colonization Aſſociation"; dieſe hat aber niemals Beweiſe ihrer Thätigkeit abgelegt. Die Aufregung wiederholte ſich 1883, als in Auſtra= lien Expeditionen zur Erforſchung Neuguineas ausgerüſtet wurden, die freilich faſt ohne Erfolg geblieben ſind, und führte ſchließlich dazu, daß die Kolonie Queensland von dem Oſten der Inſel Neuguinea, zwiſchen 141 und 150° öſtl. Länge, im Namen der engliſchen Krone Beſitz ergriff; allein auch dieſe Beſitzergreifung wurde in England nicht anerkannt. Dagegen erklärte dieſes den britiſchen Schutz über die Südküſte Neuguineas am 6. November 1883, zu derſelben Zeit, als die Deutſchen die Flagge in Mioko, Matupi und Friedrich=Wilhelmshafen hißten. Im Jahre 1884 wurden ſodann durch Vertrag mit Deutſchland die Grenzen des neuen Schutzgebietes feſtgeſetzt, und ſchon im Jahre 1888 erfolgte deſſen Erhebung zur Kronkolonie. Dieſe ſteht inſofern in Ab= hängigkeit von Queensland, als die Beſtimmung getroffen wurde, daß der in Port Moresby reſidierende Adminiſtrator von Britiſch=Neuguinea nur durch Vermittelung des Gouverneurs von Queensland mit der engliſchen Regierung verkehren darf.

Das Gebiet der Kolonie erſtreckt ſich über den Südoſten und Süden der Inſel, das große Tiefland der Fly=Mündungen, die Gebirgskette des Südoſtens und die Südküſte und hat ein Geſamtareal von 229,102 qkm mit 350,000 Einwohnern, wovon ein gewiſſer Teil auf die um das Feſtland Neuguineas gelegenen Inſeln, namentlich die b'Entrecaſteaux=Gruppe, kommt, die allein 3145 qkm und 12,400 Einwohner halten ſoll, während die Louiſiaden dahinter zurück= ſtehen. Die Volksdichte iſt daher im britiſchen Neuguinea erheblich größer als im deutſchen und niederländiſchen Teil, nämlich 2,1 auf das Quadratkilometer, und wenn man die an der Südküſte des Feſtlandes gefundenen Zahlen für das ganze Gebiet annehmen wollte, ſo würde ſich die Be= völkerung als noch größer herausſtellen und die Dichtigkeit wachſen. Chalmers fand nämlich inner= halb eines Küſtenſtriches von 576 km Länge und 24 km Breite auf 35 Hektar einen Eingebo= renen, was für das ganze Feſtland 480,000 Einwohner ergeben würde; doch ſteigt die Dichtigkeit an manchen Stellen noch mehr, wie um Port Moresby und Kerepunu herum, wo auf 2600 qkm 13,580 Menſchen wohnen, alſo auf 1 qkm 5. Im Küſtenſtrich Aroma ſoll die Dichtigkeit 10, im Norden der Milne=Bai ſogar 38 auf das Quadratkilometer betragen, und ebenſo ſollen im Gebiete des Joſeph=Fluſſes auf 400—500 qkm ſehr guten Landes 10,000 Menſchen, alſo 20 auf 1 qkm, wohnen. Zwiſchen 1 und 11 ſchwankt auch die Dichtigkeit auf den Inſeln, und auf der Goulvain=Inſel ſoll ſie ſogar die Zahl 100 überſchreiten. Dem gegenüber ſind aber die Berggegenden und die Gebiete zu beiden Seiten des Fly=Fluſſes viel geringer bevölkert, ſo daß die Annahme von 350,000 Einwohnern für das Geſamtgebiet den thatſächlichen Verhältniſſen ungefähr entſprechen dürfte.

Die Kolonie baut ungefähr dieſelben Nutzpflanzen an wie das nördliche Queensland und Kaiſer=Wilhelms=Land, treibt auch Perlenfiſcherei in der Torres=Straße und hat neuerdings durch die Entdeckung von Gold auf den Louisiaden besonderen Wert erhalten. Der Hauptwert liegt aber auch hier in dem Plantagenbau in den gut bevölkerten Gebieten am Südabfalle des Gebirges, während das sumpfige Tiefland des Fly ganz unbrauchbar ist. Der Kern der Kolonie sind die Küstengebiete um Granville, den Hauptort am Hafen Port Moresby, und die Sagodistrikte der Küste zwischen der Maiwa-Bucht und dem Georgs-Fluß. Diese Gegenden sind gut besiedelt und bieten in dem Sago und den Töpfereiwaren (s. Abbildung, S. 294) zwei Ausfuhrprodukte für die Eingeborenen. Außerdem ist die Südküste von Port Moresby bis zum 148. Meridian ein Tripang-Gebiet, wie auch die Riffe der Torres-Straße zwischen den Mündungen des Fly-Flusses und Saibai. In der westlichen Torres-Straße wird die Perlenfischerei betrieben, und an den östlichen Inselgruppen vor Neuguinea, den Louisiaden, liegt wiederum ein

Granville am Port Moresby, Südost-Neuguinea. (Nach Photographie von Rev. W. G. Lawes.)

günstiges Tripang-Gebiet. Außerdem bietet der Osten der Kolonie, die Umgebung der Tauwara oder Milne-Bai Kopra in großen Mengen; die b'Entrecasteaux-Inseln und die Mujua- oder Woodlark-Gruppe sind ebenfalls reich daran. Ferner hat man im östlichen Teil der Insel Misima der Louisiaden und im nördlichen Teil von Tagula Gold gefunden, das in Riffen ansteht und 1894 etwa 30—40 weißen Goldgräbern Beschäftigung gab; auch haben die Eingeborenen an gefangen auf eigene Rechnung Gold zu graben. Endlich hat der Administrator Neuguineas, MacGregor, bei der Befahrung der Nordostküste 1894 an dem nahe der deutschen Grenze mündenden Mambare-Flusse Goldspuren gefunden und ein reiches Sagopalmengebiet festgestellt, in dem die Eingeborenen ihre Pflanzungen haben.

Britisch-Neuguinea führt daher bisher Kopra, Tripang und Gold aus und sucht, wie Deutsch-Neuguinea, den Plantagenbau zu heben; Perlmutter, Schildkröten, Schildpatt, Schwämme sind weitere Erzeugnisse der Fischerei, die Viehzucht bietet bisher nichts. Der Wert der Ausfuhr betrug von Mitte 1890 bis Mitte 1891: 320,000 Mark, nämlich Gold 170,000, Tripang 105,000, Kopra 25,000 und verschiedene andere Produkte zusammen 20,000 Mark, während die Einfuhr zu derselben Zeit den Wert von 300,000 Mark erreichte. An ihr nehmen besonders

Nahrungsmittel, Tabak, Tuche, Eisenwaren, Baumaterial, Getränke teil, die naturgemäß fast ausschließlich aus Australien kamen, zunächst aus dem nächstgelegenen australischen Hafen Cooktown, der in Verbindung mit Port Moresby steht, teils auch aus Neusüdwales.

Granville, der Hauptort der Kolonie (s. Abbildung, S. 426), besteht aus einer Anzahl von Holzhäusern mit Veranden auf einem Hügel oberhalb des Pfahldorfes der Eingeborenen und hat Kirche, Schule, Seminar und Missionsstationen. Im übrigen gibt es keine europäischen Niederlassungen, außer den Missionsstationen der Londoner, der wesleyanischen, anglikanischen Gesellschaften sowie der katholischen Gesellschaft vom heiligen Herzen Jesu.

2. Holländisch-Neuguinea.

Die Holländer haben von den Malayischen Inseln aus sich zu Anfang des 19. Jahrhunderts auf der Westseite von Neuguinea festgesetzt und seit 1826 durch Kolff, Steenboom, Kool, de la Rivière, van der Goes und Rosenberg diese Gebiete bereisen lassen. Eine Grenze ihres Gebietes nach dem Inneren, die lange Zeit nicht nötig gewesen war, wurde erst 1885 durch die Übereinkunft zwischen Deutschland, England und Holland festgelegt; sie verläuft unter dem 141. Meridian quer über die Insel, so daß der ganze Westen, 382,142 qkm, fast die Hälfte ihres Gesamtareals, Holland zufiel. Mit den Nebeninseln und der Aru-Gruppe hat das holländische Gebiet ein Areal von 404,754 qkm und eine Bevölkerung von 238,000 Einwohnern, wovon 25,000 auf die Aru-Inseln entfallen. Hier beträgt also die Bevölkerungsdichtigkeit 3 auf das Quadratkilometer, auf dem Festlande 0,6, so daß die Bevölkerung recht gering ist.

Von politischen Verhältnissen kann nur auf der westlichen Halbinsel die Rede sein, da über den Osten von der Geelvink-Bai an überhaupt fast noch gar keine genauen Untersuchungen vorliegen. Hier, wie auch sonst in Neuguinea, liegt eine Anzahl von Küstendörfern in Fehde mit den Bewohnern des Inneren: ein überhaupt auf Neuguinea fast überall stattfindender Gegensatz. Westlich des Halses von Neuguinea wird dagegen der Sultan von Tidore als der Herr des Landes von den Holländern angesehen und hat deren Ermächtigung, Statthalter, Fürsten (Radscha) und Häuptlinge einzusetzen. Auf diese Art ist eine Reihe von kleinen Staaten im Hinterlande der Westküste entstanden: wie Kopia und Koway, das jetzt in Aibuma, Namatoto und Abi zerfallen ist; der Rest der Landschaft Wonim steht unter kleinen Häuptlingen, und auch die vorliegenden Inseln haben ihre eigenen Häuptlinge. Diese politische Organisation steht schon etwas höher als die gänzlich lockeren Dorfeinheiten im übrigen Neuguinea und läßt bereits malayischen Einfluß erkennen, wie denn überhaupt viele Inseln, z. B. die der Geelvink-Bai, unter eigenen kleinen Häuptlingen stehen, die sämtlich von der holländischen Regierung dem Sultan von Tidore unterstellt sind. Diese Häuptlinge zogen von dem Volke den Tribut ein, lieferten ihn nach Tidore ab und verübten, indem sie den Handel zu monopolisieren bestrebt waren, zahlreiche Plünderungen nnd Erpressungen an der Bevölkerung. Seit 1885 ist aber das Recht des Sultans zur Tributerhebung aufgehoben.

Der Handel ist nicht unbedeutend, lebhaft namentlich nach den Molukken und Philippinen, wohin Papua-Muskatnüsse in größeren Mengen (in den siebziger Jahren jährlich etwa 3000 Picol zu 125 Pfund, im Werte von 170,000 Mark) gehen; dieses Ausfuhrprodukt übertrifft die gesamte übrige Ausfuhr in Schildpatt, Massoi-Rinde, Perlmutter, Paradiesvögeln, Tripang an Wert. Am häufigsten ist die Muskatnuß an der Südseite des MacCluer-Golfes. Auch die Sagopalme wird allgemein angebaut, dennoch aber Sago von Seran bezogen.

Ortschaften von Bedeutung fehlen in Holländisch-Neuguinea; 1828 gründete die holländische Regierung Fort Dubus, eine Niederlassung in Merkusoorbt an der Triton-Bai, zog sie aber 1836 wieder ein und beschränkt sich fast darauf, Kriegsschiffe die Küste von Zeit zu Zeit besuchen zu lassen. Der bekannteste, von Naturforschern am häufigsten besuchte Ort der Eingeborenen ist Doré, eine Pfahlbauniederlassung am Eingang der Geelvink-Bai, von der A. R. Wallace („Der Malayische Archipel") folgende Beschreibung gibt: „Die Häuser stehen alle vollständig im Wasser, und man gelangt auf langen rohen Brücken zu ihnen. Sie sind sehr niedrig und besitzen ein Dach, das wie ein großes, mit dem Boden nach oben gerichtetes Boot geformt ist. Die Pfähle, welche die Häuser, die Brücken und Plattformen tragen, sind kleine, krumme, unregelmäßig aufgestellte Stöcke, die aussehen, als ob sie umfallen wollten. Die Fußböden sind auch aus Stöcken gemacht, ebenso unregelmäßig und so lose und weit auseinander liegend, daß ich es für unmöglich fand, auf ihnen zu gehen. Die Wände bestehen aus Stücken Bretter von alten Boten, Matten, Ataps und Palmblättern, die auf alle mögliche Weise hier und da hineingesteckt sind, und sie haben alle ein so zerlumptes und verfallenes Aussehen, wie man es sich nur denken kann. Unter den Dachtraufen vieler Häuser hingen menschliche Schädel, Trophäen ihrer Kämpfe mit den wilden Arfaks im Inneren, welche sie oft angreifen. Ein großes bootförmiges Versammlungshaus steht auf größeren Pfählen, von denen jeder grob geschnitzt ist und eine nackte männliche oder weibliche Figur darstellt, und anderes, noch überwältigenderes Schnitzwerk steht auf der Plattform vor dem Eingange."

Die westlich vor Neuguinea liegenden Inseln bergen nur kleine Dörfer. Die Küste von Salwati umsäumen neun mohammedanische Dörfer von 700 Einwohnern im ganzen, im Inneren mögen noch 1300 Menschen leben; das größte von jenen ist Sailolo mit 260, das bekannteste Samate oder Kawoknililin mit 180 Bewohnern. Die Insel Batanta hat nicht den Vorzug, eine feste Bewohnerschaft zu beherbergen: nur zu bestimmten Zeiten kommen die Insulaner von Waigéu, Gebe und Salwati zum Tripangfang und zum Schildpattsammeln dorthin. Auf dem westlichen Teil, der durch einen Meeresarm in nahezu gleiche Hälften fast ganz zerschnittenen Insel Waigéu, liegt Nol, auf dem östlichen Ofal, auf dem Isthmus Samsam: alle drei nur kleine, ganz unbedeutende Ortschaften.

Auf der Hauptinsel befinden sich südlich von Doré die Wohnplätze Mansimam, Moru, Warbusi, Siari, und eine Reihe kleiner Ortschaften umgeben die Geelvink-Bai, an deren Ausgange auch die Schouten-Inseln und Jappen gut bewohnt sind; der hauptsächlichste Handelsplatz auf Jappen ist die Anfus-Bucht an der Südwestküste. Um die MacCluer-Bai herum liegen ebenfalls einige Handelsplätze, wie Sekaar am Südausgang derselben. Die Herrschaft der Holländer und des Sultans von Tidore erstreckt sich auf der Westseite etwa bis zur Insel Abi oder Wessels; von da nach Südosten hin besteht jedoch so wenig politische Autorität irgend einer europäischen Macht, daß das Land nur dem Namen nach zu Holland gehört. Diese Küste ist außerordentlich dünn besiedelt und fast ganz unbekannt.

Die Aru-Inseln stehen unter der Verwaltung von Radschas oder Gulidjindjinan, die von der Bevölkerung gewählt werden.

3. Die deutschen Besitzungen in Ozeanien.

Die jüngste Kolonialmacht in der Südsee ist Deutschland, da erst seit dem Jahre 1885 das jetzige Kaiser-Wilhelms-Land und der Bismarck-Archipel, seit Ende 1886 auch die nordwestlichen Salomonen unter deutschen Schutz gestellt worden sind; außerdem wurde 1885 die Inselgruppe der Marshall-Inseln und 1888 Nawodo deutsch. Dieser Besitz umfaßt jetzt 251,420 qkm (d. h. also ein Gebiet beinahe so groß wie halb Deutschland) und 403,000 Einwohner und setzt sich zusammen aus:

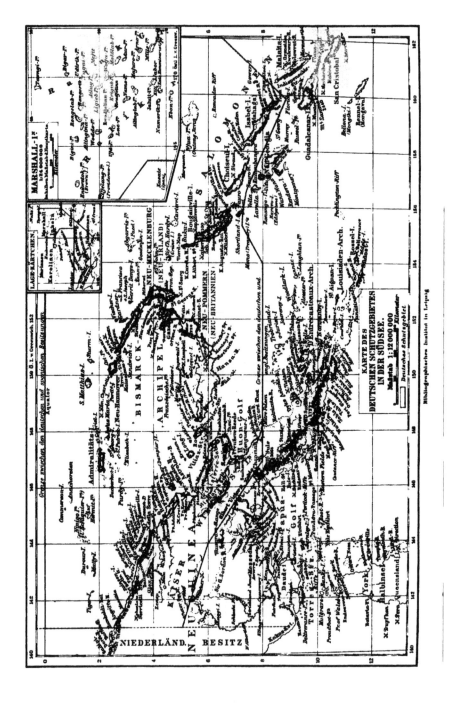

KARTE DES
DEUTSCHEN SCHUTZGEBIETES
IN DER SÜDSEE.

Maßstab 1:12000000

Bibliographisches Institut in Leipzig

	qkm	Einwohner	Dichte
Kaiser-Wilhelms-Land . . .	181,650	110,000	0,6
Bismarck-Archipel	47,100	188,000	4,0
Salomonen	22,255	89,000	4,0
Marshall-Inseln mit Nawodo . . .	415	16,000	38,5
Zusammen:	251,420	403,000	1,6

Des wirklichen Besitzes erfreut sich Deutschland somit erst jetzt ein Jahrzehnt lang. Die Anfänge deutscher Handelsunternehmungen gehen jedoch in Melanesien um ein zweites Jahrzehnt, auf den Marshall-Inseln noch weiter zurück. Im Anfang der siebziger Jahre dehnte das Haus Cesar Godeffroy und Söhne von den Samoa-Inseln her seine Handelsbeziehungen auf die Marshall-Inseln aus und besetzte bis 1873 die Inseln Jaluit, Ebon, Namerik, Maloelab und Mulgrave mit Handelsstationen. 1874 griff es zum erstenmal nach Melanesien über und entsandte einen Händler nach Matupi in Neupommern; dieser wurde zwar bald wieder verjagt, 1875 aber ließ sich ein zweiter Händler im Auftrage desselben Hauses in Nodup auf Neupommern nieder, und 1876 setzte sich das Haus E. Hernsheim u. Komp. auf der Insel Makada der damaligen Duke-of-York-Gruppe, jetzt Neulauenburg, fest.

In denselben Jahren begannen die Engländer und insbesondere die australischen Kolonien ihr Augenmerk auf Neuguinea und Melanesien zu richten, und so bildete sich 1875 in London die „New Guinea Colonization Association", die jedoch keine Erfolge hatte. Inzwischen lenkten Händler und Gelehrte, Forscher und Sammler das Augenmerk der Deutschen immer wieder auf die genannten Inselgruppen. 1882 entstanden die Ralum-Pflanzung und die Handelsniederlassung Nusa, 1881 fiel Theodor Kleinschmidt als ein Opfer der Eingeborenen auf Utuan der Duke-of-York-Gruppe, und nachdem 1879 das Haus Godeffroy seine Unternehmungen hatte aufgeben müssen, setzte die deutsche Handels- und Plantagen-Gesellschaft diese mit Erfolg fort. 1882 unternahm der Franzose Marquis de Rays die Gründung einer Ackerbaukolonie an der Südspitze von Neumecklenburg, das schwindelhafte Unternehmen scheiterte aber noch in demselben Jahre; 1882 begann ferner Dr. Otto Finsch seine Thätigkeit zunächst in Port Moresby im jetzigen Britisch-Neuguinea. 1883 nahm Queensland Besitz von Neuguinea zwischen 141 und 150° östl. Länge, fand jedoch keine Unterstützung in England (vgl. oben, S. 425).

Das Jahr 1884 brachte die ersten deutschen Besitzungen (s. die beigeheftete „Karte des deutschen Schutzgebietes in der Südsee"). Nachdem sich im Mai 1884 in Berlin unter der Leitung der Diskontogesellschaft die „Neuguinea-Kompanie" gebildet hatte, beauftragte der Reichskanzler den Generalkonsul in Sydney, auf der Insel Neubritannien und im nordöstlichen Neuguinea die deutsche Flagge hissen zu lassen. Dies geschah durch die Kriegsschiffe „Elisabeth" und „Hyäne" zuerst im November 1884 in Friedrich-Wilhelms-Hafen auf Neuguinea, dann am 3. November in Matupi, am 4. in Mioko, am 27. in Finschhafen. Dieser Hafen wurde nach Dr. Otto Finsch benannt, der im Auftrage der Neuguinea-Kompanie im Oktober, November und Dezember 1884 auf dem Dampfer „Samoa" unter Kapitän Dallmann drei Reisen an der Nordostküste Neuguineas gemacht hatte.

Inzwischen hatten auch die Engländer am 6. November die Schutzherrschaft über den Süden Neuguineas ausgesprochen. Daraus ergab sich bald die Notwendigkeit einer Regelung des Besitzstandes beider Mächte in Melanesien, die im April 1885 in Form eines Notenaustausches begann. Im März und April sowie im Mai 1885 unternahm Finsch nochmals zwei Reisen entlang der Nordostküste Neuguineas, deren bedeutendstes Ergebnis die Entdeckung des Kaiserin-Augusta-Flusses war. Am 17. Mai wurde dann der kaiserliche Schutzbrief für die Neuguinea-Kompanie ausgestellt und damit die Kolonie begründet. Gleich darauf begann die Anlegung von

Niederlassungen, zunächst im November am Finschhafen, sodann im Dezember am Hatzfeldt=Hafen, und im Oktober erfolgte die Flaggenhissung auf den Marshall=Inseln.

Das Jahr 1886, reich an Forschungsexpeditionen und Bestrebungen zur Einrichtung der Verwaltung der neugegründeten Kolonien, vollendete die deutschen Besitzergreifungen in Melanesien. Nachdem im Februar und März die Eingeborenen von Neupommern durch deutsche Seesoldaten wegen der Ermordung von Händlern gezüchtigt worden waren und die „Samoa" nochmals die Küste des Nordostens Neuguineas untersucht hatte, erfolgte am 6. April der Abschluß des deutsch=englischen Vertrags über die Abgrenzung der Interessensphären beider Mächte in der Südsee (s. die „Politische Übersichtskarte von Australien und Ozeanien" bei Seite 351). In demselben Monat landete die wissenschaftliche Expedition der Neuguinea=Kompanie unter Schrader, Schneider und Hollrung, im Mai wurde die Niederlassung Konstantinhafen begründet, im Juni langte der Landeshauptmann Freiherr von Schleinitz an. Zugleich erfolgte in Deutschland die konstituierende Versammlung der Neuguinea=Kompanie. Im Oktober hißte ein deutsches Kriegsschiff die deutsche Flagge auf den nordwestlichen Salomonen, und im Dezember wurde der kaiserliche Schutzbrief auf diese jüngsterworbene Kolonie ausgedehnt. Den weiteren Ausbau der Kolonien werden wir bei der Behandlung ihrer einzelnen Teile berühren.

A. Kaiser=Wilhelms=Land.

Durch die Verträge mit Großbritannien und den Niederlanden vom April 1886 und durch den kaiserlichen Schutzbrief vom 17. Mai 1885 sind der Neuguinea=Kompanie die Hoheitsrechte über das nordöstliche Neuguinea übertragen worden. Die Grenze dieses Gebietes verläuft im Westen auf dem 141. Meridian, wird im Osten durch den Mitra=Felsen unter 8° südl. Breite gebildet, im Süden durch eine Linie von diesem Punkt aus auf der mutmaßlichen Wasserscheide und dem Kamme der inneren Hochgebirge entlang bis zum Schnittpunkte von 6° südl. Breite mit 144° östl. Länge und von hier bis zum Schnittpunkte von 5° südl. Breite mit 141° östl. Länge. Dieses so abgegrenzte Gebiet, das den Namen Kaiser=Wilhelms=Land erhielt, ist auf ein Areal von 181,650 qkm mit 110,000 Einwohnern geschätzt worden, so daß auf einem Territorium von mehr als der Hälfte Preußens nur eine Bevölkerung wie in Reuß jüngerer Linie sitzt und die Bevölkerungsdichtigkeit nur 0,6 auf dem Quadratkilometer beträgt. Deutsch=Nordost=Neuguinea wurde zunächst von der Neuguinea=Kompanie, die einen Statthalter ernannte, seit 30. April 1889 aber vom Reiche selbst verwaltet, zunächst in dem Hauptorte Finschhafen, seit März 1891 in Stephansort und seit Juli 1891 in Friedrich=Wilhelms=Hafen. Im Juni 1892 ist sodann der frühere Zustand, wonach die landeshoheitlichen Befugnisse durch einen von der Gesellschaft zu berufenden Landeshauptmann ausgeübt werden, wiederhergestellt worden.

Kaiser=Wilhelms=Land ist, wie wir oben (S. 32) gesehen haben, vorderhand nur an den Küsten bekannt, da nur wenige Vorstöße über diese hinaus unternommen worden sind: der eine den Kaiserin=Augusta=Fluß hinauf, der andere in das Finisterre=Gebirge, und keiner von beiden hat zur Errichtung von festen Ansiedelungen im Inneren geführt. Diese liegen sämtlich an der Küste zwischen dem Huon=Golfe und der Vulkan=Insel, und hier, an der Maclay=Küste und der Astrolabe=Bai drängt sich auch die eingeborene Bevölkerung zusammen, während das Innere arm an Menschen zu sein scheint. Miklucho Maclay rechnete für den nach ihm benannten 300 km langen und 37 qm breiten Küstenstrich 2000 Einwohner, 1,6 auf das Quadratkilometer, während in den Berglandschaften des Inneren die Bevölkerung spärlicher ist: Zöller fand das höhere Gebirge von 1000 m Höhe an unbewohnt. Ein zweites Zentrum der Bevölkerung bildet die Niederung des Kaiserin=Augusta=Flusses, wo die Forschungsexpedition Schrader's auf 2½

Längengrade Entfernung 45 zum Teil sehr große Dörfer mit über 100 Häusern fand, was wiederum über 20,000 Menschen ergibt. Und obwohl auch an der Küste zwischen der Vulkan= Insel und der Humboldt=Bai noch viele Dörfer vorhanden sind, so ist dennoch die Gesamt= bevölkerung kaum höher als auf 110,000 zu veranschlagen. Von politischer Einheit ist keine Rede, sondern jedes Dorf ist eine solche und steht unter einem unabhängigen Häuptling.

Die Größe der Dörfer ist im allgemeinen gering, doch kommen am Kaiserin=Augusta=Flusse angeblich solche von 1000 Bewohnern vor, während das größte von Zöller an der Astrolabe=Bai gesehene, Bogadjim, 500 — 600 Einwohner zählt.

Unter den einheimischen Nutzpflanzen werden angebaut die Kokospalme, deren wichtigstes Produkt, Kopra, die getrockneten Kerne, ausgeführt werden: im ganzen deutschen Schutzgebiet jährlich etwa 1000—1500 Tonnen im Werte von 300,000 — 450,000 Mark, wovon jedoch auf Kaiser=Wilhelms=Land vorläufig nur ein kleiner Teil entfällt, da die Palmen erst nach 7—9 Jahren tragen. Zwischen den von der Neuguinea=Kompanie angelegten Kokoswäldern baut man daher in den ersten Jahren Baumwolle und benutzt diese Areale später als Viehweide. Yams sind die wichtigste Feldfrucht der Eingeborenen, die sich fast das ganze Jahr davon nähren. Taro wird zu Ende der Regenzeit geerntet und ergänzt insofern die zu Ende der Trockenzeit reifenden Yams. Banane, Brotfruchtbaum, Sagopalme, Mangobaum sind wichtige Fruchtbäume, Zucker= rohr, Ingwer, Tabak und die Arekapalme sowie der Betelpfeffer werden in geringer Ausdeh= nung angebaut. Weitere Nutzpflanzen sind Rotang, Bambus, zahlreiche Bauholz und Rinden liefernde Bäume sowie der Muskatnußbaum, Myristica, der Gewürznelkenbaum, Eugenia, Gelbwurz und Kardamom. Neben allen diesen sind nun von den Europäern eingeführt und unterliegen der Kultur: der Melonenbaum, Carica Papaya, durch Miclucho Maclay's Bemühun= gen fast überall heimisch geworden, die Ananas, Tamarinde, Anone, Limone, Grenadille; an Gemüsen: Bohnen, Tomaten, spanischer Pfeffer, Gurken, Melonen, Kürbisse, Radieschen, Por= tulak; weniger gut gedeihen: Salat, Endivien, Kohlrabi, Artischocken, Zwiebeln, gar nicht Kar= toffeln, die, wie manche der vorigen, sehr rasch entarten. Gurken, Melonen, spanischer Pfeffer und Kürbisse haben auch bei den Eingeborenen bereits Eingang gefunden, und Mais, der sich bei ihnen allgemein zu verbreiten beginnt, wird wegen seiner guten Erträge auch von der Neuguinea= Kompanie in großem Maßstabe gebaut, da er teils zur Ernährung der Arbeiter, teils als Vieh= futter dient. Auch Sorghum, die Negerhirse, dient als Grünfutter für die Tiere, noch nicht zur Nahrung der Menschen. Ferner sind die süße Kartoffel, Batate und der Maniok gut empor= gekommen, während die Versuche, Bergreis anzubauen, noch gering sind und der Sumpfreis gar nicht gepflanzt wird. Dagegen dient die Erdnuß jetzt als Nahrungsmittel, und der Tahiti=Arrow= root (Tacca pinnatifida), der den Eingeborenen unbekannt war, ist jetzt überall verbreitet. Lu= zerne und Esparsette, die man als Viehfutter benutzen wollte, gediehen nicht; wohl aber haben bessere Weidegräser eine gute Entwickelung genommen.

Unter den Pflanzen, die für den Handel größere Wichtigkeit haben, ist in erster Linie der Tabak zu erwähnen, der seit 1887 in immer steigender Güte auf dem Küstenlande erzeugt wird, große Zähigkeit besitzt und sich gut zum Deckblatt eignet. Infolgedessen hat die Neuguinea=Kom= panie 1891 Veranlassung zur Bildung einer besonderen Pflanzergesellschaft gegeben, die, vor= wiegend auf dem von der Gesellschaft als am günstigsten für den Anbau erkannten ebenen Land an der Astrolabe=Bai thätig, „Astrolabe=Kompanie" heißt und die Nachfolgerin der 1890 ge= gründeten Kaiser=Wilhelms=Land=Plantagengesellschaft ist.

Die hauptsächlichen Tabaksfelder befinden sich bei Yomba, Maraga, Erima und Stephansort, wo von ursprünglich zur Bepflanzung in Aussicht genommenen 340 Feldern (100 in Yomba, 40 in Maraga, 80 in Erima und 120 in Stephansort) wegen Mangels an

Arbeitskräften und Ausbruchs einer Pockenepidemie im Betriebsjahr Oktober 1892 bis September 1893 nur 280 Felder angepflanzt worden sind. Diese ergaben in Jomba 32,450, Maraga 5650, Erima 20,700, Stephansort 36,200 kg, im ganzen 95,000 kg Tabak, wovon 80,000 kg versandt wurden. Von diesen sind 22,080 kg in Amsterdam und 36,000 kg Tabak etwas später in Bremen zu befriedigenden Preisen verkauft worden. Gegen das Vorjahr 1891/92, die 1892er Ernte, war eine Steigerung von 47 Prozent eingetreten. Im Jahre 1894 ist die Pflanzung Jomba wegen des weniger günstigen Bodens geschlossen, Maraga in Ruhe belassen und ausschließlich mit der Anfertigung von Ataps und der Gewinnung der Blätter der Nipapalme beschäftigt worden. Demgemäß wurden Tabaksfelder nur in Stephansort und Erima, im ganzen 270, bestellt, auf denen im August 1894 etwa drei Viertel geerntet war und ein Ertrag von 95,000 kg Tabak im ganzen erwartet werden durfte. Im Jahre 1895 beabsichtigte die Gesellschaft durch Anwerbung einer größeren Zahl von Arbeitern den Ertrag zu erhöhen und die Pflanzungen von Stephansort über den Minjin=Fluß gegen Konstantinhafen so aus= zudehnen, daß in Stephansort 350, in Erima 150 Felder bepflanzt werden könnten. Verwendet wird für die Aussaat, neben der gut aufgehenden Stephansorter Saat, auch Sumatra=Saat. Ein Versuch, bereits mit Tabak bepflanzt gewesenes Land für eine zweite Ernte zu verwerten, ist 1894/95 in größerem Maßstabe erneuert worden. Die Qualität wird als sehr gut, das Blatt als sehr breit und leicht bezeichnet. Die Arbeiter auf den Tabakspflanzungen waren Ende März 1894: 591 Melanesier, 288 Malayen, 482 Chinesen, eine Mannschaft von 1361 Köpfen, die 11 Europäern unterstand.

In zweiter Linie hat sich Baumwolle gut an das Klima angepaßt und ist schon seit der ersten Ansiedelung mit Erfolg gepflanzt worden. Seit 1887 erzeugt Neuguinea eine feine, lang= stapelige, gleichmäßige, den besten Sorten Nordamerikas und der Südsee=Inseln gleichwertige Baumwolle und erzielt reiche Ernten; allerdings hat man, wie bei dem Tabak, erst nach und nach die richtigen Standorte für die Pflanzungen herausbekommen können. Die an der Astro= labe=Bai gewonnene Baumwolle wird zum Trocknen, Reinigen, Lagern und Pressen nach Herbertshöhe auf Neupommern geschafft. Jute und Ramé (Boehmeria nivea) liefern feine seidenglänzende Fasern, die Agave und die Seidenbaumwolle, Eriodendron, mit glänzender, schneeweißer Baumwolle, sind ebenfalls mit Erfolg angebaut worden und gehen vorwiegend nach Sydney. Kaffee, der auf der Gazellen=Halbinsel in 400 m Höhe gut gedeiht, ist seit 1888 auch in Kaiser=Wilhelms=Land angepflanzt worden; doch fehlen, da er erst nach 4 Jahren trägt, noch alle Angaben über die Ergebnisse. Auch beim Kakao ist das Urteil noch nicht reif; doch begünstigen ihn die Umstände so, daß eine Hamburger Firma eine halbe Million Mark zu seiner Anpflanzung ausgeworfen hat. Thee wird, wie auch Cinchona, auf den höheren Bergen gedeihen können, ist aber jetzt nur in einzelnen Exemplaren in Finschhafen vorhanden, ebenso wie Coca und der Farbenrinde liefernde Strauch Bixa Orellana. Weitere Versuche mit Indigo und Ge= würzpflanzen sind bisher in zu geringem Umfange unternommen worden, als daß daraus ein sicheres Urteil hervorgehen könnte; doch haben sich Pfeffer, Vanille und Ingwer in Finsch= hafen gut entwickelt. Zuckerrohr anzubauen ist wegen der niedrigen Zuckerpreise nicht ratsam, die Ölpalme kommt erst in wenigen Exemplaren vor. Vorderhand sind daher Tabak und Baum= wolle die wichtigsten Produkte von Kaiser=Wilhelms=Land, denen sich mit der Zeit Kopra, Kaffee und Kakao zugesellen werden. Im ganzen ist Neuguinea für Plantagenbau sehr geeignet und ein großer Erfolg der dortigen Landwirtschaft wahrscheinlich.

Von Nutzhölzern hat besonders das des Calophyllum Inophyllum in Europa Anklang gefunden; im Jahre 1894 gelangten 171 Blöcke oder Stämme aus Friedrich=Wilhelms=Hafen und 132 aus Konstantinhafen zur Ausfuhr, von denen bald eine größere Zahl verkauft wurden,

außerdem eine Probesendung von 76 Stämmen der Afzalia bijuga. Zur Aufzucht von Nutz=
pflanzen aus Sämereien und Stecklingen wurde Ende 1892 auf der Halbinsel Yam vor Friedrich=
Wilhelms=Hafen ein Pflanzgarten angelegt, in dem unter anderen der australische Eucalyptus
alba, aus Buitenzorg bezogener Liberia=Kaffee und zahlreiche Fruchtbäume, Tamarinden, Pom=
pelmusen gediehen sind. Ferner sind 153 Kautschuk= und Guttapercha=Pflanzen 1892 der Station
Konstantinhafen übergeben worden, die auch mit Kapok=Pflanzen, Maniok und verschiedenen
Gespinstpflanzen ausgestattet worden ist.

Die Viehzucht hat bisher keine nennenswerten Erfolge aufzuweisen. Obwohl sich die von
Miclucho Maclay in den siebziger Jahren eingeführten Rinder im Lande vermehrt haben, ge=
langen spätere Versuche der Neuguinea=Kompanie zur Begründung eines Viehstandes weniger
gut. Im April 1893 fielen von 43 Stück kräftigen Sydney=Rindern 33 in ganz kurzer Zeit,
und zu derselben Zeit zählte der Viehbestand in Konstantinhafen nur drei Pferde, acht Ochsen
und fünf andere Tiere. Der Bergbau ist in Kaiser=Wilhelms=Land bisher noch ganz unent=
wickelt; auch scheinen die vielfach aus Korallenkalken bestehenden Küstenstriche keine Aussicht auf
Abbau nutzbarer Minerale und Erze zu gewähren. Über das Innere weiß man noch nichts
Näheres; doch läßt das Vorkommen von Gold auf den Louisiaden und die anscheinend vielfach
vulkanische Natur der Gebirge des Inneren die Möglichkeit der Auffindung von Erzen offen.

Das Hauptgewicht muß bei der Bewirtschaftung des Landes sonach auf die Anlage von
Pflanzungen gelegt werden, die für lange Zeit hinaus den Nutzwert der Kolonie ausmachen
werden. Zur Bestellung der Pflanzungen bedarf die Neuguinea=Gesellschaft aber vor allem geeig=
neter, den Strapazen der Arbeit und des Klimas gewachsener Arbeiter. Leider sind die Ein=
geborenen von Neuguinea zur Verwendung in den Pflanzungen nicht zu bewegen, sondern leisten
nur hier und da freiwillig oder gegen Bezahlung kleinere Arbeiten: als Rodung des Holzes,
Herbeischaffen von Stämmen, Einfangen von Wegläufern. Die Gesellschaft richtete daher schon
früh ihr Augenmerk auf die Einführung fremder Arbeiter und erließ schon 1886 das Verbot,
Arbeiter aus dem Bismarck=Archipel, außer für deutsche Pflanzungen, wegzuführen. Zunächst hatte
man es mit malayischen Arbeitern versucht, die von den Beamten der Kolonie auf der Reise
nach Neuguinea auf Java, meist in Surabaya, angeworben wurden. Die mit diesen meist auf
zwei bis drei Jahre verpflichteten Leuten gemachten Erfahrungen waren aber nicht so günstig,
wie erwartet worden war, weil der Fleiß dieser Malayen zu wünschen übrigließ und ihre Be=
zahlung zu teuer kam. So gab man, besonders während der Zeit der Dampferverbindung der
Kolonie mit Cooktown (1886—89), die Anwerbung der Malayen bald wieder auf, kehrte aber
nach Errichtung einer regelmäßigen Schiffahrtsverbindung mit Surabaya seit 1889 zu diesem
System zurück. Dennoch ist die Zahl der Malayen jetzt geringer als früher: im Jahre 1894 be=
schäftigte die Astrolabe=Kompanie 431 Malayen. Ferner sind chinesische Kulis zur Arbeit
eingeführt worden, zunächst 1886 und 1887, von denen jedoch 1888 nur noch 2 vorhanden
waren. 1890 wurden wiederum, trotz sehr geteilter Ansichten über ihre Verwendbarkeit, 79 Chi=
nesen in Singapur angeworben, deren Zahl sich bis 1894 so weit vermehrt hat, daß die Astro=
labe=Gesellschaft im März 1894 ihrer bereits 519 auf den Pflanzungen, in der Verwaltung und
im Hospital verwendete. Eine billigere, anscheinend bessere und reichlicher fließende Quelle der
Arbeiteranwerbung eröffnete sich jedoch in dem Bismarck=Archipel, besonders in Neumecklen=
burg, sowie auch auf den Salomonen. Die von diesen Inseln nach Kaiser=Wilhelms=Land ge=
heuerten Arbeiter gehen hier unter dem Sammelnamen „Miokesen", nach der Insel Mioko, von
wo sie zuerst nach Neuguinea verschifft wurden. Sie werden für ein bis drei Jahre angeworben,
erhalten 4—10 Mark monatlich, und davon während der Dienstzeit ein Drittel, den Rest nach
deren Ablauf, und zwar nach Belieben in Geld oder in Tabak und Werkzeugen, meist in Äxten,

Messern, Hobeleisen, Hüftentüchern, Taschentüchern, Kleidern, Hüten, Pfeifen und nach H. Zöller auch in Regenschirmen. Neuerdings haben sich auch einige Frauen bewegen lassen, Dienste zu nehmen, wodurch die Aussicht, die Arbeiter länger im Lande zu halten, wächst; denn Ehen zwischen den Melanesiern der Inseln und den eingeborenen Weibern von Neuguinea wollten sich nicht zu stande bringen lassen. Diese Miokesen tragen meist nur das Hüftentuch und am Halse eine mit ihrer Nummer versehene Messingmarke und arbeiten von 6—11½ und von 2—5½ Uhr, also 9 Stunden den Tag. Ernährt werden sie mit Yams, die in sehr großen Mengen aus Neupommern erhandelt werden, jetzt aber auch auf Neuguinea selbst in größeren Mengen reifen; ferner mit Taró, Bataten und neuerdings auch mit Mais aus den Pflanzungen der Kolonie. Betelnüsse und Tabak kommen hinzu. Als Wohnungen sind große Holzhäuser mit zahlreichen Pritschen errichtet und zwar für Miokesen, Malayen, Chinesen gesondert. Im allgemeinen werden die Melanesier als brauchbare und tüchtige Arbeiter geschildert; doch wird der Verkehr mit ihnen durch die Vielsprachigkeit erschwert, so daß das schauderhafte, aber überall verstandene Pibjin-Englisch noch immer selbst von den deutschen Beamten benutzt wird. Merkwürdigerweise kommen fast gar keine straffälligen Thaten oder Händel mit den Eingeborenen des Landes vor. Im ganzen sind vom Oktober 1887 bis März 1894 bereits 3173 Arbeiter in Kaiser-Wilhelms-Land eingeführt worden, davon aus seinem Norden 132, aus dem Süden 205, aus der Gazelle-Halbinsel auf Neupommern 552, aus Neumecklenburg 1590, aus Neuhannover 87, aus Neulauenburg 17, aus Buka 367, aus den übrigen Salomonen, besonders Ost-Bougainville, 217 und endlich 6 von der Westspitze Neupommerns. Dabei stellt sich immer mehr heraus, daß Neumecklenburg das ergiebigste Feld für die Arbeiteranwerbung bildet, aber auch, daß die Eingeborenen der größeren Inseln dem Klima besser Widerstand leisten als die der kleineren.

Die Arbeiteranwerbung wird neuerdings mehr und mehr dadurch erleichtert, daß sich manche Eingeborene zum zweitenmal anwerben lassen und dadurch den Beweis liefern, daß sie mit der ihnen zu teil gewordenen Behandlung, Verpflegung und Bezahlung zufrieden sind. Daher kam man auf den Gedanken, förmliche Stammrollen anzulegen, die gleichzeitig über den Umfang der Verluste Auskunft geben; allerdings wirkt die häufig vorkommende Sitte des Namentausches ungünstig auf die Wiedererlangung früherer Arbeiter ein. Nachdem eine regelmäßige Postdampfschiffahrt durch den „Norddeutschen Lloyd" zwischen Singapur und Friedrich-Wilhelms-Hafen eingeleitet worden ist, hat der Dampfer „Ysabel" der Neuguinea-Kompanie Zeit für Fahrten zur Arbeiteranwerbung erhalten und liegt dieser jetzt zugleich mit dem Segelschiff „Senta" ob; auch ist ein besonderer Beamter für die Arbeiteranwerbung ernannt worden. Diese macht sich meist in der Weise, daß die jungen Leute Lust zeigen, sich anwerben zu lassen, aber namentlich von den Weibern zurückgehalten werden, woraus nicht selten Streit entsteht. Auch bedarf es langer Unterredungen und Überredungen, um den Widerstand der Familie zu besiegen, und so ist die Arbeiteranwerbung ein sehr langwieriges und umständliches Geschäft. Erschwerend ist ferner der Umstand, daß die meisten, die sich wieder anwerben lassen, dies erst in der Heimat thun, so daß es notwendig wird, sie erst wieder nach ihren Dörfern zu bringen, wodurch Zeit und Geld nutzlos vergeudet wird. Am besten wäre es daher, wenn die Eingeborenen von Kaiser-Wilhelms-Land selbst in größerer Zahl Dienste nähmen.

Die „Miokesen" sind sogar zur Bildung einer Schutztruppe verwendet worden, die schon im Jahre 1888 aus 25 Neupommern und 10 Salomoniern bestand, jetzt wesentlich aus Leuten von Buka. Sie tragen einen von den Hüften bis zu den Knieen herabfallenden Schurz, darüber die Patronentasche, außerdem Mützen; Oberkörper und Unterschenkel sind unbekleidet. Diese Soldaten arbeiten außer Dienst in den Pflanzungen, führen umgeänderte Chassepots, werden überhaupt vorwiegend im Schießen ausgebildet und im Dienst deutsch kommandiert.

Die im Kaiser-Wilhelms-Land lebenden Europäer waren natürlich großenteils Deutsche und bestanden am 1. Januar 1894 aus 55 Männern, 10 Frauen und 2 Kindern, von denen nur 2 Österreicher, 1 brasilischer Seemann und 2 ohne Staatsangehörigkeit waren. 22 Männer und 3 Frauen lebten in Friedrich-Wilhelms-Hafen, 14 Männer und 2 Frauen in Stephansort, der Rest war verstreut auf die Pflanzungen Jomba, Maraga, Erima, die Station Konstantin-hafen und auf die Missionsstationen Siar, Simbang, Bogabjim, Tami-Inseln und die Dampier-Insel. Dem Berufe nach waren von den 55 Männern 20 Pflanzer, 10 Missionare, 7 Hand-werker und Aufseher, 6 Regierungsbeamte, 5 Kaufleute, 3 Ärzte, 2 Krankenpfleger, 1 Seemann, 1 Hafenbediensteter. In den 90er Jahren ist die Zahl der Weißen nicht wesentlich gestiegen; und es wird auch darauf hingearbeitet, die Verwaltung zu vereinfachen und das Hauptgewicht ganz und gar auf die Pflanzungen zu legen.

Die Ansiedelungen, in denen diese Weißen leben, sind klein, nach tropischer Art haupt-sächlich aus Holzbauten bestehende Plätze. Früher wurden die Häuser aus Deutschland ein-geführt, jetzt bis auf das Wellblechdach aus einheimischem Stoffe gebaut, die Wohnhäuser nach Sumatra-Art auf Pfählen, mit Zimmern nach vorn und hinten, Veranden auf beiden Seiten, die Wände aus Matten (Ataps) hergestellt, zum Teil auch die Dächer.

In Friedrich-Wilhelms-Hafen, dem Regierungssitz, bestanden 1893 die Baulichkeiten, die auf den Vorsprüngen der Schering-Halbinsel liegen, aus dem im Osten befindlichen Wohn-hause des Oberbeamten, dem in der Mitte gelegenen Gebäude der Zentralverwaltung und den im Westen errichteten Magazinen und Wohnhäusern, dem Lagerhaus, Assistentenhaus, Gasthof, Re-paraturwerkstatt und dem Hause des Stationsvorstehers. Dieser westliche Teil, der Kern der An-siedelung, enthält seit 1894 auch das Arbeiterkrankenhaus, die Arbeiterwohnhäuser, das Haus der Heilgehilfen, eine 65,000 Liter Wasser fassende Zisterne und ein Sägewerk und ist durch eine Feldbahn mit der Pflanzung Jomba verbunden. 1894 gab es auf der Station 245 Arbeiter, meist Melanesier, die als Polizeisoldaten, Holzschläger in der Sägewerkstätte, bei den Bauten, Lagerarbeiten, im Bootsdienst und in der Küche beschäftigt werden; eine Anzahl von ihnen ist auch den Missionen zugewiesen. Friedrich-Wilhelms-Hafen ist demnach ein Wohnplatz von (1894) etwa 250 Einwohnern, somit kleiner als die Tabakspflanzungen Erima und Stephansort, aber wichtig als Sitz des Landeshauptmannes, der Gesamtverwaltung und als Haupthafen der Kolonie.

Die zweite Station der Neuguinea-Kompanie auf Kaiser-Wilhelms-Land ist Konstantin-hafen, jetzt die älteste, schon im Mai 1886 gegründete Ansiedelung der Gesellschaft. Sie liegt am Südufer der Astrolabe-Bai, westlich der Mündung des Kabenau-Flusses, in der Küstenebene und dient vorwiegend der Baumwollkultur. Im Jahre 1893 waren 117 Hektar mit Baumwolle bepflanzt, die Ernte betrug im Jahre vorher 4627 kg, die in Bremen verkauft wurden; 1893 wurden 13,000 kg Rohbaumwolle gesammelt. Im übrigen werden Mais, Taró, Bataten, Kar-toffeln, und im Versuchsgarten auch Gummipflanzen, Muskatnüsse, schwarzer Pfeffer, Maniok, Kapokpflanzen und Ramépflanzen gepflegt. Maisfelder im Umfange von 16 Hektar geben eine willkommene Ergänzung für die Ernährung der Eingeborenen ab. Im Juli 1893 betrug die Zahl der Arbeiter 175, fast ausschließlich Melanesier, die in 4 Arbeiterhäusern untergebracht waren. Im ganzen zählt Konstantinhafen (1893) 16 Häuser.

Auf diese beiden Stationen beschränkt sich jetzt die Thätigkeit der Neuguinea-Kompanie, die sich mehr und mehr auf die Umgebung der Astrolabe-Bai konzentriert. Im Jahre 1891 zog sie ihre bisherige Hauptniederlassung Finschhafen wegen klimatischer Nachteile ein, und damit fiel auch die Nebenstation Butaueng weg; am Ende desselben Jahres ging auch die nördliche Station Hatzfeldt-Hafen ein. Da diese jedoch geraume Zeit, fast fünf Jahre lang, die wichtigsten Nieder-lassungen der Gesellschaft waren, soll ihrer hier kurz Erwähnung geschehen.

Finschhafen (f. untenstehende Abbildung) wurde als erste Niederlassung der Gesellschaft im November 1885 begründet und diente als Sitz der Verwaltung bis zum März 1891. Sie lag gegenüber der Halbinsel Rugibu auf dem Gebiet von Salangkaua, an der gegen Neupommern vorspringenden Halbinsel, und hatte sich bereits 1888 sehr vorteilhaft entwickelt. „Ein solches Bild der Ordnung, der Sauberkeit, des fleißigen und erfolgreichen Schaffens hatte ich", bemerkt H. Zöller (‚Deutsch-Neuguinea‘), „nach den in Australien gehörten Schilderungen nicht erwartet. Im Hafen herrschte reges Leben. Eine große Anzahl in frischem Weiß angestrichener, von braunen Miokesen geruderter Boote verkehrten zwischen den drei Dampfern ‚Isabel‘, ‚Ottilie‘ und ‚Samoa‘, den zwei sehr viel größeren Segelschiffen ‚Esmeralda‘ und ‚Florence Danvers‘ sowie der Hulk ‚Norma‘, welche durch eine eiserne, ein Schienengeleise tragende Brücke mit dem Festlande in

Die Station Finschhafen in Deutsch-Neuguinea. (Nach Photographie.)

Verbindung gesetzt wurde. Und wie erst freute ich mich, als ich das Land betrat, als ich das kleine, die Gebäude der Zentralstation Finschhafen tragende, durch einen Damm aus Korallen= blöcken mit dem Festlande in Verbindung stehende Inselchen Mabang, als ich die reizende, einem wohlgepflegten Garten gleichende Halbinsel Salangkaua, wo sich das stattliche Haus der höchsten Beamten und die Geschäftsräume der Landesverwaltung befinden, durchwanderte, als ich zu den inmitten von Gärten und Pflanzungen liegenden, in ihrer Gesamtheit ein kleines Städtchen dar= stellenden Privatwohnungen südlich von Salangkaua, als ich zum Hospital, den Arbeiterhäusern, dem großen Viehpark und der selbst zu kleinen Schiffsausbesserungen benutzbaren Reparatur= werkstätte hinauspilgerte. Welcher Gegensatz zu der greulichen Unordnung am Kongo, welcher Gegensatz zu den neu entstandenen Ortschaften im Norden Australiens." Eine bei ungewöhnlich tiefem Wasserstand ausgebrochene Malaria=Epidemie, der der Generaldirektor, der Arzt und neun Angestellte zum Opfer fielen, machte im März 1891 der Ansiedelung ein Ende, die Zentral= verwaltung wurde provisorisch nach Stephansort, dann nach Friedrich=Wilhelms=Hafen über= tragen und auch die im April 1887 begründete Pflanzungskolonie Butaueng eingezogen.

Noch in demselben Jahre erlitt dasselbe Schicksal Hatzfeldt=Hafen. Diese Ansiedelung war bereits im Dezember 1885 an der Küste halbwegs zwischen Kap Croisilles und dem Kaiserin=

Auguſta=Fluſſe gegründet, 1887 von der Inſel Tſchirimotſch nach dem Feſtland übertragen
worden und diente beſonders dem Tabaksbau. Von Anfang an war jedoch das Verhalten der
Eingeborenen in der Umgebung der Station ſo feindſelig, daß es mehrfach zu Kämpfen führte.
Als dann im Mai 1891 in der benachbarten Franklin=Bucht zwei Miſſionare der Rheiniſchen
Miſſionsgeſellſchaft, ein Beamter der Geſellſchaft und 14 farbige Arbeiter von Eingeborenen
getötet worden waren, zog die Neuguinea=Kompanie die Station ein, weil ſie nur durch Errich=
tung einer ſtarken Beſatzung zu halten geweſen wäre, die jedoch zu große Koſten verurſacht hätte.
Beſtimmend zu dieſem Entſchluß war ferner der Umſtand, daß der bei Hatzfeldt=Hafen gewonnene
Tabak weniger gut gedieh als in der Aſtrolabe=Bai. Immerhin aber war er in Bremen geſchätzt
und ergab ziemlich reichliche Ernten, 1891: 120 Ballen, 1890: 6500 kg, und es ſtanden 1891
nicht weniger als 343,000 Tabakpflanzen auf den Feldern der Station.

Seit 1892 iſt daher alle Thätigkeit der Koloniſten auf die Umgebung der Aſtrolabe=
Bai beſchränkt. Hier hat die Aſtrolabe=Kompanie die Niederlaſſungen Stephansort und Erima
erworben, Maraga und Yomba gegründet. Stephansort, die älteſte, ſtammt ſchon aus dem
Auguſt 1888, liegt in einer ſanft anſteigenden Ebene und hat keinen guten Ankergrund, iſt aber
jetzt die bevölkertſte aller Stationen in Kaiſer=Wilhelms=Land. Der auf ihr gewonnene Tabak
gilt für ausgezeichnet, wird aber noch übertroffen von dem der Niederlaſſung Erima, die im März
1890 nördlich von Stephansort gegründet wurde und jetzt ebenfalls bereits ſtark beſiedelt iſt,
auch wegen der immer weiter gehenden Ausdehnung der Tabakspflanzungen noch wachſen wird.
Nahe dem großen Gogol=Fluſſe, deſſen weites Thal ausgezeichnetes Ackerland bietet und von
Pflanzungen der Eingeborenen bedeckt iſt, entſtand in gutem Kulturland (auf dem Boden einer
älteren Gründung Namens Gorima) 1892 die Aſtrolabe=Station Maraga, endlich ſüdlich von
Friedrich=Wilhelms=Hafen in demſelben Jahre die Aſtrolabe=Tabakspflanzung Yomba.

Zu dieſen Niederlaſſungen ſind ferner die Miſſionsſtationen gekommen, die in Kaiſer=
Wilhelms=Land von zwei Geſellſchaften, der Rheiniſchen Miſſion in Barmen und der
Neuenbettelsauer Miſſion, errichtet worden ſind. Zuerſt gründete die letztgenannte 1886
nahe bei Finſchhafen die Station Simbang an der Küſte und verlegte ſie 1890 auf einen 70 m
hohen friſchen Hügel. Zweitens entſtand 1889 eine Miſſionsniederlaſſung auf den Tami=Inſeln
und 1892 eine Geſundheitsſtation auf dem 700 m hohen Sattelberg über Finſchhafen. Infolge
dieſer zweckmäßigen Maßregeln hat die aus ſechs Männern und drei Frauen beſtehende Mit=
gliedſchaft noch keinerlei Verluſt durch den Tod erlitten, obwohl hier auch Kinder, die ſämtlich im
Lande geboren ſind, die einzigen weißen Kinder in Neuguinea, in Betracht kommen. Die Ver=
legung der Hauptniederlaſſung der Neuguinea=Kompanie nach Friedrich=Wilhelms=Hafen hat die
Neuenbettelsauer Miſſion iſoliert, dagegen größeren Verkehr mit der Rheiniſchen Miſſion her=
vorgerufen, da dieſe ihre Stationen in der Nähe der Aſtrolabe=Bai hatte. 1887 gründete die
Rheiniſche Miſſion im großen Dorfe Bogadjim die erſte, 1889 im Prinz=Heinrich=Hafen die
zweite Station, Siar (ſ. die Tafel bei S. 286), 1890 eine ſolche auf Krakar. 1891 verlor die
Miſſion zwei Mitglieder durch den Tod bei dem Verſuche, eine Niederlaſſung in der Franklin=Bai
anzulegen. 1893 legte auch ſie eine Bergſtation, Burramana, ſüdlich von Bogadjim an, verlor
dabei aber wiederum ein Mitglied durch den Tod. 1894 war die Mitgliederzahl ſechs: fünf
Männer und eine Frau, ſowie ein Arzt, der auch der Neuguinea=Kompanie wertvolle Dienſte leiſtet.

Der Verkehr der Kolonie Kaiſer=Wilhelms=Land mit dem Mutterlande wurde zuerſt über
Cooktown in Queensland geſucht, wohin die kleinen Dampfer der Neuguinea=Kompanie Paſſa=
giere und Waren brachten und den Anſchluß an die engliſche Britiſh=India=Linie fanden. Der
Verluſt des Dampfers „Papua“ auf dem Oſprey=Riff 1885 und die von den Engländern be=
liebten Schereien und Beläſtigungen führten jedoch 1889 zur Aufgabe dieſer vierwöchigen Ver=

binbung. Seitbem wurbe alle sechs Wochen ein Dampfer nach Surabaya geschickt, um ben An=
schluß an die „Stoomvaart Maatschappij Neberlanb" zu erzielen, 1892 aber eine Verbinbung
mit dem „Norbbeutschen Lloyb" in Singapur angeknüpft. Zuerst lief ber von dieser Gesellschaft
gemietete Dampfer „Schwalbe" von Juni 1892 an alle acht Wochen nach Neuguinea, meist mit
voller Labung. Seit April 1893 ist aber, nachbem die Zweiglinie Sybney=Samoa bes „Norb=
beutschen Lloyb" eingestellt war, ber baburch frei geworbene Dampfer „Lübeck" gewonnen wor=
ben. Dieser macht jetzt alle zwei Monate die Reise von Singapur nach Neuguinea unb bem Bis=
marck=Archipel unb läuft babei Batavia, Friebrich=Wilhelms=Hafen, Stephansort, Finschhafen,
Herbertshöhe unb Matupi auf Neupommern an; auf ber Rückfahrt wird wieberum Herberts=
höhe, Stephansort unb Friebrich=Wilhelms=Hafen, nach Bebarf auch Amboina unb Ternate,
regelmäßig Surabaya unb Batavia besucht. Somit haben die Schiffe ber Neuguinea=Kompanie
„Ysabel" unb „Senta" Gelegenheit, sich ber Arbeiteranwerbung zu wibmen, unb die Dampf=
barkasse „Freiwalb" besorgt ben Küstenbienst zwischen ben Stationen von Kaiser=Wilhelms=
Land. Im Jahre 1893 kamen in Friebrich=Wilhelms=Hafen 42 Dampfer unb 3 Segelschiffe,
barunter 25 Schiffe ber Neuguinea=Kompanie, mit einer Gesamtzahl von 27,159 Tonnen sowie
3 Kriegsschiffe mit 4000 Tonnen Gehalt an.

Die ruhige unb stetige Entwickelung ber Kolonie Kaiser=Wilhelms=Land läßt die Hoffnung
auf eine erfreuliche Zukunft zu. Die mehrmalige Aufgabe unb Verlegung ber Stationen barf
barin nicht irre machen; bas ist eine bei allen Kolonialgründungen an bisher nicht besiebelten
Küsten beobachtete Erscheinung. Die Tabakspflanzungen haben außerordentlich günstige Ergeb=
nisse geliefert, die Kultur ber Baumwolle scheint ebenfalls viel Erfolg zu versprechen. In Bezug
auf die anderen Pflanzungen läßt sich noch kein Urteil fällen; übrigens beabsichtigt ja die Neu=
guinea=Kompanie, zunächst vorwiegend Tabak unb Baumwolle zu pflanzen. Auf eine balbige
Entwickelung ber Viehzucht unb bes Bergbaues ist nicht zu rechnen, sondern die Kolonie wird
vorwiegend Plantagenbau treiben müssen. Der Hanbel hat sich bisher gut entfaltet. Von 1885
bis 1892 betrug die Einfuhr im ganzen 4,023,414 Mark, am meisten im Jahr 1891 mit
1,017,022 Mark, 1892 nur 732,015 Mark; aus außereuropäischen Häfen kamen Waren im
Werte von 1,800,000 Mark, ber Rest von 2,200,000 Mark aus europäischen.

Aufgewenbet wurben in ben Jahren 1884—90: 4,803,197 Mark 82 Pf., bavon für
die Häuser, Hafenanlagen, Lagerbestänbe, Kassen, Inventar: 1,420,231 Mark 17 Pf., für die
Verwaltung, Betriebskosten unb ben Grunberwerb: 3,382,966 Mark 65 Pf. Die Einnahmen
waren anfangs natürlich kaum nennenswert, so baß 1888/89 ein Fehlbetrag von 781,171 Mark
39 Pf. unb 1889/90 ein solcher von 632,723 Mark 98 Pf. entstanb. Auf eine Verzinsung
bes Kapitals ist selbstverständlich erst in einer Reihe von Jahren zu rechnen; allein die Gesamt=
ausgabe ist, wie H. Zöller bemerkt, der eines größeren Neubaues in großen beutschen Stäbten
gleichzustellen, unb boch haben wir bamit eine Kolonie erhalten. Seit bem September bes
Jahres 1888 ist Kaiser=Wilhelms=Land ber freien Einwanberung erschlossen; boch ist bisher
kein Gebrauch bavon gemacht worben, wohl beshalb, weil immerhin ein bebeutenbes Kapital
bazu gehört, um Ernten zu erzielen unb zu verkaufen. Dagegen hat sich mit großem Kapital die
Astrolabe=Gesellschaft gebilbet, beren Aussichten günstig sinb. Jebenfalls spornt bas bisher
Erreichte zu weiteren Anstrengungen an unb erlaubt bei ber herrschenben Ruhe, Orbnung unb
Sicherheit die Hoffnung auf eine gebeihliche Entwickelung.

B. Der Bismarck=Archipel unb die nörblichen Salomonen.

Der beutsche Bismarck=Archipel umfaßt die Inseln Neupommern, Neumecklenburg,
Neuhannover, die Neulauenburg=Gruppe, die östlich von Neumecklenburg gelegenen Inseln

Fiſcher, Gardner, Gerard Denys, die Feab- oder Abgarris-Gruppe, die Wonneram-Inſeln, die Grünen Inſeln oder die Niſſan-Gruppe, ferner die Franzöſiſchen Inſeln nördlich von Neupom- mern, endlich im Norden die Sankt-Matthias-Inſel, die Admiralitäts- und Purdy-Gruppe, die Lub- und Ninigo-Inſeln; auch rechnet man bisweilen die nördlich vor der Küſte von Neuguinea gelegenen vulkaniſchen Eilande von der Ritter-Inſel an bis zu der Le Maire-Gruppe hinzu.

In dieſem Gebiete wurde die deutſche Flagge zuerſt am 4. November 1884 auf der Inſel Matupi vor der Gazelle-Halbinſel gehiſſt und unter dem 17. Mai 1885 der kaiſerliche Schutz über die oben genannten, als Bismarck-Archipel zuſammengefaßten Inſeln ausgeſprochen und dieſe der Verwaltung der ‚Neuguinea-Kompanie‘ unterſtellt.

Die Größe des Bismarck-Archipels wird gewöhnlich auf 47,100 qkm, von L. Friederichſen aber auf 52,177 qkm angegeben. Die Schwankung in der Berechnung des Flächeninhalts er- klärt ſich daraus, daß die Größe der einzelnen Inſeln noch völlig unſicher und die Aufnahme der Küſten unvollendet iſt. Aus dieſem Grunde haben auch Einzelangaben über die Größe der ein- zelnen Inſeln nur geringen Wert; am größten iſt jedenfalls Neupommern, dann folgen Neu- mecklenburg und ferner in weitem Abſtande die Admiralitäts-Gruppe, Neuhannover und Sankt Matthias; die übrigen ſind weniger bedeutend. Im ganzen hat der Bismarck-Archipel etwa den Flächenraum der Rheinprovinz und der Provinz Weſtfalen.

Noch unſicherer und völlig auf Schätzung begründet ſind unſere Kenntniſſe von der Zahl der auf dem Bismarck-Archipel lebenden Bevölkerung. Man nimmt nach der Schätzung Supan's 188,000 Bewohner und ſomit eine Volksdichte von 4 auf das Quadratkilometer für die Inſelgruppen an; genauere Zahlen fehlen aber völlig, und annähernd richtige Summen laſſen ſich zunächſt nur für die kleinſten Eilande aufſtellen. So wird die Inſel Mioko auf 600—800, Niſſan oder die Grüne Inſel auf 1500, die Hermit-Inſeln auf 100 Einwohner geſchätzt. Da wir aber für die größeren Inſeln keine irgendwie zuverläſſigen Berechnungen haben, ſo ſind ab- weichende Meinungen gar nicht zurückzuweiſen. Zum Beiſpiel vermutet H. Zöller, der von dem Bismarck-Archipel auch nur die Küſten geſehen hat, 208,000 Einwohner auf ihm, ohne daß er eine Entſcheidung über die Richtigkeit dieſer Zahl geben könnte. Denn den größten Teil der Inſeln hat überhaupt noch kein Europäer betreten, und auch auf dieſen ſcheinen dicht und ſchwach bevölkerte Striche miteinander zu wechſeln. Jedenfalls iſt aber der Bismarck-Archipel dichter bevölkert als Neuguinea, und wahrſcheinlich weniger dicht als die Salomonen.

Europäiſche Handelsniederlaſſungen ſind zuerſt von dem Hamburger Hauſe Cefar Godeffroy und Sohn 1874 auf Matupi, ſpäter auf Mioko, 1875 von demſelben in Nodup auf dem Feſtland von Neupommern, 1876 von E. Hernsheim u. Komp. auf Makada in der Neulauenburg- Gruppe gegründet worden. Im Laufe der folgenden Jahre verſchoben ſich dieſe Niederlaſſungen inſofern, als die Deutſche Handels- und Plantagen-Geſellſchaft der Südſee als Nachfolgerin des Hauſes Godeffroy Mioko und E. Hernsheim Matupi als Kern ihrer Unternehmungen wählten. Nachdem dann im Norden von Neumecklenburg Nuſa als Handelsſtation hinzugekommen, 1882 die Ralum-Pflanzung durch die Firma Forſayth auf der Gazelle-Halbinſel angelegt und im ſelben Jahre die franzöſiſche Unternehmung des Marquis de Rays an der Südſpitze Neumecklen- burgs geſcheitert war, begann durch die Bildung der Neuguinea-Kompanie 1884 ein erneuter Aufſchwung der Beſiedelung und die Anbahnung der Beſitzergreifung dieſer bisher hauptſächlich durch Deutſche bewirtſchafteten Inſeln. 1884 wurde hier die deutſche Flagge gehißt, 1886 über- nahm die Neuguinea-Kompanie die Verwaltung der neuen Kolonie und richtete den Bismarck- Archipel mit den Salomonen als öſtlichen Verwaltungsbezirk ihrer Beſitzungen ein.

Entſprechend der längeren Beſiedelung des Archipels durch Europäer iſt die Zahl der Weißen und die wirtſchaftliche Wichtigkeit des öſtlichen Verwaltungsbezirks größer als auf dem

Kaiser-Wilhelms-Land. Am 1. Januar 1894 lebten im Osten des deutschen Kolonialreiches nahezu doppelt so viel Fremde als in seinem Westen, im ganzen 131 Personen. Davon waren 99 Männer, 15 Frauen, 17 Kinder und unter den Männern der dritte Teil (33) Deutsche, 2 Österreicher, 14 Engländer, 5 Franzosen, 5 Schweden und Norweger, 4 Dänen, 3 Holländer, 6 Amerikaner, 2 Chinesen, 17 Japaner. Bei weitem der größte Teil der Weißen lebte auf Neupommern, nämlich 67 Männer; auf Neumecklenburg waren nur 9, auf der Neulauenburg-Gruppe 7, auf den Admiralitäts-Inseln 2, auf Neuhannover 1, auf den übrigen kleinen Inseln 7 Männer ansässig. Der Rest, 6 Personen, entfällt auf die Salomonen. Dem Gewerbe nach waren von den 99 Männern 37 Händler, 16 Missionare, 15 Handwerker und Aufseher, 12 Kaufleute, 4 Seeleute, 5 Pflanzer, 3 Sammler und 2 Regierungsbeamte. Die übrigen 5 Personen gehörten anderen Berufsarten an.

Auch wirtschaftlich weicht der Bismarck-Archipel von den Besitzungen auf Neuguinea ab; denn er hat nur ein Ausfuhrprodukt mit diesem gemein: die Baumwolle. Im übrigen stehen für den Bismarck-Archipel Kopra und Tripang als Ausfuhrprodukte obenan; Tabak fehlt ganz.

Die bedeutendste Pflanzung auf Neupommern ist die 1882 von der Firma E. E. Forsayth angelegte Ralum-Pflanzung am südlichen Ausgange der Blanche-Bai. Die Besitzerin dieser Pflanzung ist die sogenannte Königin Emma, eine Samoanerin, ihr Leiter einer der besten Kenner des Landes, Herr Parkinson. Die Pflanzung diente ursprünglich der Kultur der Baumwolle, ist aber jetzt im Begriff, in eine Kokospalmenpflanzung und zum Teil in Viehweide umgewandelt zu werden. Sie ergab 1890 eine Ernte von 103 Ballen oder 23,690 kg Baumwolle, umfaßte 283 ha und wurde von etwa 220 Arbeitern aus dem Norden Neumecklenburgs und der Insel Buka bearbeitet. Denn auch auf Neupommern lassen sich die Eingeborenen nicht zur Plantagen-arbeit verwenden und greifen sogar von Zeit zu Zeit die bestehenden Pflanzungen und Nieder-lassungen an, so daß auch hier fremde Arbeiter angeworben werden müssen; 1892 ergab die Pflanzung 27,408 kg gereinigte Wolle. Zur Umwandlung der Baumwollpflanzung in eine Kokospalmenpflanzung sind nicht weniger als 43,000 Kokospalmen angepflanzt worden, die zum Teil schon acht Jahre alt und somit ertragsfähig sind. Man rechnet, daß eine ausgewachsene Palme 80 Nüsse im Jahre liefert, von denen drei ein Pfund trockne Kopra geben, so daß der Ertrag der Pflanzung auf 600 Tonnen Kopra berechnet wird. Eine zweite Baumwollpflanzung derselben Firma in Tokuka an der Blanche-Bai ist von geringerer Bedeutung; eine Kaffee-pflanzung ergab bisher wenig Ertrag, zumal da es große Mühe machte, überhaupt keimfähigen Samen zu erhalten. Die Ausfuhr an Kopra der Firma Forsayth betrug schon 1892: 1497 Tonnen, wozu noch 18 Tonnen Tripang, 269 kg Schildpatt und 2½ Tonnen Perlmutter-schalen kamen. Die Firma Forsayth unterhält außerdem noch sieben Niederlassungen auf Neu-pommern, zehn im übrigen Archipel, zwei außerhalb und führte im Jahre 1892 für 144,000 Mark Waren, besonders Tabak, Pfeifen, Messer, Perlen, Baumwollwaren, zum Tauschhandel mit den Eingeborenen sowie Nahrungsmittel für die Europäer ein. Auch hielt sie als Stamm für künftig kräftiger zu entwickelnde Viehzucht zwanzig Stück Rindvieh.

Die zweite Firma, die sich der Anlage von Pflanzungen auf Neupommern gewidmet hat, ist die Neuguinea-Kompanie selbst. Diese kaufte Anfang 1890 zuerst 600, dann noch 1000 ha von den Eingeborenen nahe der Pflanzung Ralum und legte hier bis Mai desselben Jahres die Station Herbertshöhe an, die seitdem als Regierungssitz der Kolonialbehörde im Bis-marck-Archipel gilt, aber zugleich der Anwerbung von Arbeitern für Kaiser-Wilhelms-Land und der Anpflanzung von Baumwolle und Kokospalmen dient. Im April 1894 waren hier 185 ha mit Baumwolle bepflanzt, und für 1895 wurden 214 zur Anpflanzung bestimmt, 100 zur An-pflanzung vorbereitet. 1892 erntete man in Herbertshöhe 29 Ballen Baumwolle oder 6078 kg,

1893 bereits 61 Ballen ober 13,000 kg, in ben erften 8 Monaten bes Jahres 1894: 44 Ballen ober 9542 kg, bie als vorzüglich in Liverpool anerkannt unb gut verkauft worden find, trotzbem baß zu Enbe 1894 eine Überprobuktion in Baumwolle beftanb.

Zur Kopragewinnung wurden auch in Herbertshöhe bis Mitte 1894: 11,700 Kokospalmen angepflanzt, wovon 300 alt, 500 breijährig, 7600 zweijährig unb 6000 einjährig waren, fo baß um bie Wenbe bes Jahrhunderts auch hier auf eine reiche Kopra=Ernte gehofft werben barf. Weiter wurden 1894: 5656 Nüffe zum Keimen ausgefetzt. Die Arbeiten auf ben Pflan= zungen beforgten von Mitte 1892 bis Mitte 1893: 350 Arbeiter, meift Melanefier.

Die Station Matupi auf Neupommern. (Nach Photographie von C. Hernsheim.)

Die beiden älteren auf dem Bismard=Archipel anfäffigen Handlungshäufer, bie Deutfche Handels= unb Plantagen=Gefellfchaft unb C. Hernsheim u. Komp., haben bisher keine Pflan= zungen eingerichtet, fonbern befchränken fich ausfchließlich auf ben Handel.

Die Deutfche Handels= unb Plantagengefellfchaft hat ihren Sitz in Mioko, be= treibt hauptfächlich bie Anwerbung von Arbeitern für bas Haupthaus auf Samoa unb be= fchränkt fich auf bie Deckung ihrer eigenen Kosten. Ihre fechs Stationen auf Mioko, in Poma= lili auf ber Gazelle=Halbinfel, in Malagunan in ber Blanche=Bai, in Rataval unb Kabakabai auf ber Norbküfte von Neupommern unb auf ber Infel Kabotheron zwifchen Neumecklenburg unb Neuhannover bienen bem Koprahanbel, baneben auch bem Einkauf von Schilbpatt, Tripang unb Yams. Im Jahre 1892 unb im erften Halbjahr 1893 führte bie Agentur Mioko 237 Tonnen Kopra unb 675 Säcke Tripang aus unb für 60,000 Mark Waren ein.

Das Haus C. Hernsheim unb Kompanie in Matupi pflegt vor allem bas Warengefchäft unb bemüht fich fehr barum, beffere Nahrungsmittel unb Getränke für Europäer einzuführen. Im übrigen übt es schwunghaften Tausch=, namentlich Koprahandel. Die Hauptstation auf Matupi (s. Abbildung, S. 441) stand im Jahre 1888, nach Zöller, allen übrigen Stationen im deutschen Südseegebiet an Bequemlichkeit der Einrichtung voran. „Um zu Hernsheim's Wohnhaus zu ge= langen, das am anderen Ende der Insel inmitten schöner Gartenanlagen auf einer, die entzückend= sten Fernblicke erschließenden Anhöhe liegt, muß man", berichtet H. Zöller („Deutsch=Neuguinea"), „das ganze kleine Eiland durchqueren. Obwohl aus einheimischem, an Ort und Stelle sich fin= dendem Material erbaut, ist es doch zweifellos der schönste Wohnsitz des ganzen Archipels. Auch Hernsheim hat mit unwesentlichen Änderungen die landesübliche Dreiteilung in mittlere Halle, Speisesaal und Schlafsaal — dazu kommt noch die ringsherum laufende Veranda — beibehalten. Aber die größtenteils aus China stammende innere Einrichtung zeugt von der Geschmackverfeine= rung, wie man sie in solchem Barbarenlande wahrlich nicht zu finden erwartet. Durch eine mächtige Allee von Kokospalmen gelangt man einerseits zum Billard= und Musikhaus und an= derseits zu einer herrlichen Grenadillalaube." Auf Matupi hat das Haus E. Hernsheim u. Komp. auch eine größere Viehherde gehalten, die den Beweis liefert, daß Vieh in diesem durchaus tropischen Inselklima gedeihen kann. Die Hauptstation auf Matupi, Nolavio, dient dem Warenverkauf und dem Kohlenlager, die Nebenstation Kurapun dem Einzelverkauf und dem Koprahandel. Während in der Niederlassung am Simpson=Hafen Gemüse gepflanzt und Viehzucht betrieben wird, ist an der Nordküste von Neupommern der Koprahandel die Hauptbeschäftigung der Ansiedelungen Unacacambi, Kuragakaul und Ragunai. Weiter bestehen Stationen für Koprahandel auf den Hermit= und Anachoreten=Inseln, in Kapsu; die Ansiedelung Nusa treibt auch Warenhandel. Außerdem unterhalten E. Hernsheim u. Komp. Nebenstationen unter angeworbenen Arbeitern. Sie führten im ganzen 1892: 546 Tonnen Kopra, 7500 kg Tripang, 1750 kg Perlmutter und 325 kg Schildpatt aus und für 152,000 Mark Waren ein.

Um dieselbe Zeit, als das Haus Godeffroy die ersten Versuche zur Anlage von Handels= stationen auf Matupi machte, hat dort auch die Wesleyanische Methodisten=Gesellschaft im Jahre 1874 ihre Arbeit begonnen. Zur Zeit besitzt sie drei mit Weißen besetzte Stationen zu Kaluana, Kabakada im Norden der Gazelle=Halbinsel und zu Port Hunter auf Neulauenburg. Daneben lehren Eingeborene aus Fidschi und Samoa auf Neupommern, Neumecklenburg und Neulauenburg und haben im ganzen mit Einschluß der von Eingeborenen des Bismarck=Archipels gehaltenen Ansiedelungen 51 Missionsstationen besetzt. Im Jahre 1882 hat ferner die katho= lische Mission vom heiligen Herzen Jesu ihre Wirksamkeit auf Neupommern mit 3 Lehrern eröffnet und seit 1891 ihre Stationen immer weiter ausgedehnt. Kinigunan an der Blanche=Bai nahe Herbertshöhe ist ihr Mittelpunkt, mit einer Kirche und zwei Schulen, denen 3 Missionare, 10 Laienbrüder und 6 Schwestern vorstehen und über 100 Zöglinge angehören. Weitere Stationen sind Vlavolo an der Nordküste der Gazelle=Halbinsel und Malagunan am Simpson=Hafen.

Die Neuguinea=Gesellschaft hat ihren Sitz im Bismarck=Archipel mehrfach gewechselt. Der Reichskommissar wohnte zuerst auf Matupi, der Oberbeamte der Neuguinea=Kompanie dann auf den Handelsstationen Miokos. 1887 wurde Kerawara als Regierungssitz gewählt, eine süd= westlich von Mioko gelegene kleine Koralleninsel der Neulauenburg=Gruppe. Platzmangel zwang jedoch schon 1890 zu seiner Verlegung nach dem Festlande von Neupommern, wo vom Januar bis Mai die Station Herbertshöhe errichtet wurde. Diese liegt an flachem Strande mit gutem Ankergrund und besteht aus den notwendigsten Gebäuden, Schuppen, Magazinen, Arbeiter= häusern, Wohnhäusern, Krankenhaus und Verwaltungsgebäuden sowie Baulichkeiten zur Reini= gung der Baumwolle. Die alte, im Februar 1894 vom Meere weggerissene Landungsbrücke ist durch eine größere, für den Verkehr geeignetere ersetzt worden, und an Stelle der hölzernen Ladungsboote kamen eiserne Leichter. Eine Feldbahn von 300 m Länge befördert die Waren vom Landungsplatze nach dem Warenhause. Herbertshöhe wird seit 1892 von dem Dampfer des Norddeutschen Lloyd „Lübeck" alle 8 Wochen zweimal angelaufen, nämlich auf der Fahrt nach und von dem Endpunkt der Schiffahrt Matupi. Im Jahre 1893 kamen 87 Schiffe, darunter 29 Dampfer, mit etwa 27,000 Tonnen Gehalt in Herbertshöhe an, darunter 9 deutsche Kriegsschiffe mit 11,360 Tonnen Gehalt.

Der eigentliche Brennpunkt des Handels war bisher Matupi, da es, abgesehen vom europäischen Handel, namentlich einen Verkehrsmittelpunkt der Eingeborenen darstellt. Dem ist auch von seiten des Handels insofern Rechnung getragen worden, als die „Lübeck" auf ihrer Fahrt von Singapur nach dem deutschen Schutzgebiet Matupi als Endpunkt ihrer Fahrt anläuft. Im Jahre 1893 kamen in Matupi 35 Schiffe, darunter 6 Dampfer, mit 8700 Tonnen Gehalt an, davon 4 Kriegsschiffe mit 5120 Tonnen. Etwas geringer (47 Schiffe) mit nur 3465 Tonnen Gehalt ist der Handel von Mioko; erwähnenswert ist ferner noch der von Nusa mit 22 Schiffen und 2776 Tonnen. Allmählich geht der Handel auf die deutsche Postdampferlinie über, während früher alle Waren und Kohlen von Segelschiffen mit unsicherer Ankunftszeit überbracht wurden, die dann als Rückfracht Kopra einnahmen.

Das gesamte wirtschaftliche Leben, Ackerbau, Viehzucht, Handel und Verkehr, vereinigt sich somit in dem kleinen Gebiete der Gazelle-Halbinsel und der Neulauenburg-Gruppe. Neumecklenburg ist, wenn auch Graf Pfeil hier fruchtbares, für Pflanzungen brauchbares Land vorfand, doch wirtschaftlich noch nicht in Angriff genommen und hat zunächst nur als Anwerbeland für Arbeiter und wegen seines Kopra-Gebietes im äußersten Nordwesten bei Nusa, Kabotheron, Kapsu Wert. Von Neuhannover scheint besonders der äußerste Norden fruchtbares Land zu bieten. Die kleineren Inseln und vor allem ganz Neupommern, mit Ausnahme der Gazelle-Halbinsel, haben noch gar keine Bedeutung für das Wirtschaftsleben des Bismarck-Archipels.

Immerhin läßt sich bisher übersehen, daß die Küsten des nordwestlichen Neumecklenburg, die östlich davor gelegenen Inseln und der Norden der Gazelle-Halbinsel ein reiches Kopra-Gebiet sind, und daß sich die Anpflanzung von Palmen lohnen wird. Die Admiralitätsgruppe, die Lup- und Ninigo-Inseln sind Fundorte für Tripang; Schildpatt und Perlmutter werden in geringeren Mengen gewonnen. Einstweilen stellen die Admiralitäts-Inseln, die von der Firma E. E. Forsayth von der Insel Jesus Maria aus bearbeitet werden, die besten Perlen und Perlmutterschalen. Im ganzen sind aber Kopra und Tripang zur Zeit noch die Hauptstapelartikel des Bismarck-Archipels und werden es noch für lange Zeit bleiben; 1892 und 1893 war der aus ihnen erzielte Gewinn besonders günstig. Tripang-Fischerei betreibt auch die deutsche Firma F. Schulle auf den Portland-Inseln. Der Bergbau hat bisher keinerlei Entwickelung genommen, außer auf den Purdy-Inseln, wo Phosphate entdeckt wurden, die seit 1890 bereits ausgebeutet werden.

Die deutschen Salomonen sind 22,255 qkm groß und werden nach den bisherigen Annahmen von 89,000 Menschen bewohnt, was eine Volksdichte von 4 auf das Quadratkilometer ergibt. Nach H. Zöller sollen jedoch 110,000—132,000 Menschen auf ihnen leben, was die Volksdichte auf 6 erhöhen würde. Übereinstimmende Angaben der wenigen, die die Inseln kennen, ist zu entnehmen, daß nicht nur die Küsten, sondern, so weit man von der Küste aus sehen konnte, auch Gebiete des Inneren gut besiedelt sind. In wirtschaftlicher Beziehung sind die Salomonen aber bisher überhaupt nicht untersucht, geschweige denn bearbeitet worden. Die dem Bismarck-Archipel zunächst gelegene Insel Buka ist so dicht bevölkert und dabei mit so bedeutenden Ufersümpfen und Gebirgen erfüllt, daß sie für die Besiedelung durch Europäer nicht in Betracht kommen kann. Auf Bougainville fällt besonders die Ostküste wegen ihrer guten Bewässerung auf und soll sich anscheinend am besten für Kaffeebau eignen; irgend welche Versuche zu Anpflanzungen sind jedoch bisher nicht gemacht worden. Die übrigen Inseln, Choiseul und Isabel, sind überhaupt fast unbekannt; man weiß nur, daß gute Häfen, wie die Tausendschiffbucht auf Isabel, die Choiseul=Bucht auf Choiseul, den Verkehr erleichtern werden. Einstweilen verkehren nur selten Schiffe im Salomon=Archipel und dann hauptsächlich nur der Anwerbung von Ar= beitern und der Tripang=Fischerei wegen. Die Südost= und Nordwestküsten von Isabel und Choiseul, die Südostseite von Bougainville und die Umgebung der Shortland=Inseln sind Tri= pang=Gründe, die Westseite von Bougainville, die Inseln Fauro und Shortland Kopra=Gebiete. Hier wohnen denn auch die vereinzelten Händler in den wenigen Handelsstationen. An und für sich war es sehr schwer für Händler und Missionare, auf den Salomonen überhaupt Fuß zu fassen; 1886 z. B. ersuchten die Eingeborenen von Buka, den seit 1885 im Auftrage der Firma Farrell u. Komp. nahe dem Carola=Hafen ansässigen Händler wieder mit wegzunehmen.

Darum ist selbst, seitdem im Jahre 1886 die deutsche Flagge gehißt wurde, kaum ein Fort= schritt in Wirtschaft oder Handel der Salomonen zu verzeichnen. Seit dem Januar 1886 lebt auf der Insel Munia bei Fauro, zwischen Bougainville und Choiseul, der Amerikaner MacDonald mit seiner Familie; außerdem besuchen weiße Missionare der melanesischen Mission der englischen Hochkirche zeitweilig die von Farbigen geleiteten Missionsstationen auf dem Südostende von Isabel. Verkehr findet innerhalb des Kreises der deutschen Salomonen fast gar nicht statt; australische Segelschiffe dehnen zuweilen ihre Fahrten bis Fauro aus; aber irgend welcher regelmäßiger Ver= kehr fehlt in der ganzen Gruppe, und die nördlichen Salomonen läuft überhaupt nur sehr selten ein Schiff an, wie im November 1888 und im September 1893 die „Isabel" unter dem Landeshaupt= mann. Der Handel bietet bisher auch wenig, die ganze Kopra=Produktion der Salomonen wird auf 70 Tonnen im Jahre geschätzt; sie könnte größer sein, wenn die Inlandbewohner von den Küstenstämmen an das Meeresufer herangelassen würden und die Preise der australischen Han= delsschiffe niedriger wären. Der Tripang hat nur geringen Wert; der Preis beträgt 10 Stangen Tabak für 10 Pfund getrockneter Ware. Im übrigen wird noch Schildpatt gewonnen, und Elfen= beinnüsse werden ausgeführt. Im ganzen ist bisher der Salomon=Archipel ein noch völlig ur= sprüngliches Gebiet. Die besten Aussichten für Pflanzungen und Arbeiteranwerbung bietet das dichtbevölkerte Bougainville, die schlechtesten das schwach besiedelte Isabel und Süd=Choiseul.

C. Die Marshall=Inseln.

Die Marshall=Inseln sind am 15. Oktober 1885 unter deutschen Schutz gestellt worden und bilden den kleinsten, aber am dichtesten bevölkerten Teil der deutschen Besitzungen. Auf einem Flächenraum von nur 410 qkm sitzen hier etwa 15,000, nach Steinbach 12—13,000 Menschen, was eine Volksdichte von 30—37 auf das Quadratkilometer ergibt. Noch stärker bewohnt ist aber die kleine Insel Nawodo (Nauru oder Pleasant Island; vgl. S. 144), eine fast unter dem Äquator gelegene Insel von nur 5 qkm Areal, auf der 1324 Menschen wohnen; das macht also 265 auf das Quadratkilometer. Nawodo ist die jüngste deutsche Erwerbung in der Südsee, da sie erst am 16. April 1888 dem deutschen Schutzgebiet zugefügt worden ist.

Die Erwerbung der Marshall=Inseln ist eine Folge des ausgedehnten Handels, den deutsche Kaufleute, und zwar wiederum die des Hauses Johann Cesar Godeffroy, mit den Ein= geborenen zunächst zum Zweck der Kopra=Gewinnung betrieben haben. Die erste Ansiedelung eines deutschen Händlers fällt in das Jahr 1864; doch waren schon in den fünfziger Jahren mehrfach amerikanische Schiffe an die Inseln gekommen, um Palmöl einzuhandeln, und seit 1855 befand sich auch eine Missionsstation auf einer der Inseln der Ralik=Gruppe. Um 1873 hatte sich das Haus Godeffroy bereits auf die Inseln Jaluit, Ebon und Namerik sowie Mille und Maloelap ausgebreitet und damals bereits Jaluit als Handelszentrum für ganz Mikronesien eingerichtet. Im Jahre 1878 kam sodann ein Vertrag zwischen dem Kommandanten des deutschen Kriegsschiffes „Ariadne" und den Häuptlingen von Jaluit zu stande, wonach den deutschen Kaufleuten und Missionaren ungehinderter Betrieb ihrer Beschäftigungen von seiten der Häuptlinge zugesagt und von Deutschland im Hafen von Jaluit eine Kohlenstation erworben wurde. Diese Übereinkunft ward unmittelbar darauf auch auf die Ebon=Gruppe ausgedehnt. Der Handel war gegen Ende der siebziger Jahre bereits fast ganz in deutschen Händen und hob sich zu Anfang der achtziger Jahre noch weiter. Vor allem wurde Kopra ausgeführt, 1881 aus Jaluit 1,400,000 kg, 1882: 2,860,000 kg, 1883: 1,800,000 kg, während Perlschalen, Schildpatt, Korallen, Guano nur in untergeordnetem Maße an der Ausfuhr beteiligt waren und es noch sind. Eigentliche Pflanzungen zur Gewinnung der Kopra wurden jedoch auf den Haupt= inseln nicht angelegt, da die Eingeborenen zur Abtretung von Land nicht zu bewegen waren; in der That erlaubt ihnen auch die hohe Volksdichte kaum, mit Nahrungspflanzen bestandenes Land abzugeben. Dagegen gelang es schon im Jahr 1877, die unbewohnte Insel Likieb zu erwerben und mit Kokospalmen zu bepflanzen; und seit dem Jahr 1880 wurde auch die Ubjelang=Insel in Kultur genommen. Inzwischen war das Haus Godeffroy 1879 zusammengebrochen. Seine Erbin jedoch, die Deutsche Handels= und Plantagengesellschaft der Südsee, behielt Jaluit als Han= delszentrum für die mikronesischen Inseln bei. Neben ihr betrieb das Kopra=Geschäft vorwiegend das Haus E. Hernsheim und Kompanie.

Obwohl die oben angeführten günstigen Erträge im Kopra=Handel zu Ende der siebziger Jahre erzielt worden waren, trat ein plötzlicher Rückgang im Preise der Kopra ein, der für die Jahre 1880/81 den Handelshäusern erhebliche Verluste brachte. Seit dem Jahre 1882 erholte sich aber das Geschäft wieder, und der drohende Verlust des Handelsgebietes blieb aus. Dagegen bemächtigte sich unter Ausbeutung des Niederganges des Handels fremde Konkur= renz eines Teiles des Kopra=Geschäfts; namentlich kamen amerikanische Schiffe von jetzt an wieder häufiger zur Gewinnung der Kopra nach der Marshall=Gruppe, infolgedessen die Agentur der Deutschen Handels= und Plantagengesellschaft fast ganz in amerikanischen Betrieb überging. Immerhin behielten die deutschen Schiffe an Zahl und Tonnengehalt noch immer die Oberhand über sämtliche übrigen, der deutsche Handel konzentrierte sich aber mehr und mehr in den Händen der beiden Häuser A. Capelle und E. Hernsheim u. Komp. Im Jahre 1883 beginnt ein neuer Aufschwung des deutschen Handels durch die Reorganisation der Agentur der Deutschen Handels= und Plantagengesellschaft in Jaluit, die nun außer dieser Hauptstation noch neun Niederlassungen auf den Inseln erhielt; etwa ebensoviel unterhielt um 1884 die Firma E. Hernsheim u. Komp. Daneben bestanden damals noch eine neuseeländische Firma mit sieben und das amerikanisierte Haus E. Capelle mit zwölf Stationen, außer der Hauptniederlassung Likieb.

Der drohenden Überflügelung des deutschen Handels durch Amerikaner und Briten wurde 1885 durch die Erklärung der deutschen Schutzherrschaft über die Marshall=Gruppe be= gegnet; und seitdem ist es auch gelungen, den deutschen Handel wieder emporzuheben. Es ver= einigten sich nämlich die Handels= und Plantagen=Gesellschaft und E. Hernsheim u. Komp. zu der Jaluit=Gesellschaft, die nunmehr den größten Teil des Handels in Händen hat und gegen gewisse Vorrechte, z. B. Perlenfischerei, Besitznahme herrenlosen Landes 2c., etwaige Fehlbeträge der Verwaltung deckt. Im Jahre 1891 betrug der Wert der Gesamtausfuhr deutscher Häuser 603,977 Mark, während der amerikanische Handel nur die Hälfte, der britische ein Achtel dieses Wertes erreichte. Gegenstand der Ausfuhr war und ist fast ausschließlich Kopra, 1893/94 etwa 4³/₄ Millionen Pfd. engl., die Einfuhr der Jaluit=Gesellschaft erreichte 1892/93: 358,000 Mark.

Die Bevölkerung des Schutzgebietes besteht größtenteils aus Eingeborenen, die sich mit dem Sammeln der Kopra, dem Anfertigen von Kanoes und dem Fischfang beschäftigen; die

Frauen weben Matten und Segel. Außerdem wohnten hier 1891 noch 118 Fremde: nämlich
94 Weiße, davon 6 Frauen und 6 Kinder, sowie 24 Mischlinge. Am zahlreichsten (30) sind die
Deutschen, dann (18) die Amerikaner, die Engländer 17, die Chinesen 11; und der Rest verteilt
sich auf Norweger, Schweden, Portugiesen, Japaner, Dänen, Russen, Schweizer, Brasilier.
Der Beschäftigung nach waren 4 Regierungsbeamte, 42 Kaufleute, 3 Pflanzer, 19 Seeleute,
7 Handwerker und 13 Gesinde. Seit dem Jahr 1886 hat als Kommissar der Reichsregierung
und als oberster Gerichtsbeamter ein vom Reichskanzler ernannter Beamter seinen Sitz auf der
Hauptinsel der Marshall=Gruppe, Jaluit.

Jaluit mit seinem geräumigen Hafen ist der wichtigste Handelsplatz, der Sitz zweier deut=
scher Handelshäuser: der Deutschen Handels= und Plantagengesellschaft der Südsee und der
Firma E. Hernsheim u. Komp. (s. die beigeheftete Tafel „Die deutsche Station Jaluit im Marshall=
Archipel"). Die Gebäude machen einen unbedeutenden Eindruck, da das zwischen den beiden
deutschen Niederlassungen gelegene Eingeborenendorf mit seinen unansehnlichen Hütten weit gegen
die Wohnungen der Karolinier zurücksteht. Für Europäer hat der Aufenthalt auf Jaluit wenig
Verlockendes, zumal da keine regelmäßige Dampferverbindung mit den übrigen Südsee=Inseln
besteht, sondern sich aller Verkehr noch auf Segelschiffen bewegt, die jedoch seit 1895 regelmäßig
an den spanischen Postdampfer in Ponapé anschließen sollen. 1889 verkehrten in der Marshall=
Gruppe, vorwiegend im Hafen von Jaluit, 87 Schiffe mit 7701 Tonnen Gehalt. 1893 kamen
auf Jaluit 21 Schiffe mit 9911 Tonnen Gehalt, darunter 16 deutsche mit 7010 Tonnen Gehalt.

Obgleich sich der Handel der Marshall=Inseln immer noch fast allein auf Kopra beschränkt
und auch voraussichtlich niemals größere Ausdehnung erlangen wird, ist doch die Kolonie im
stande, die Kosten ihrer Verwaltung selbst zu decken und dem Handel ein lohnendes Feld zu
bieten. Die Steuern werden in Kopra erhoben und ergeben jährlich in 12 Steuerbezirken,
mit deren Verwaltung die Häuptlinge betraut sind, eine erhebliche Summe: Jaluit allein 22,500,
Mille 40,000, Arno 50,000, Majuro 50,000, Ebon 50,000, Mejit 10,000, Nauru 60,000
Pfund Kopra. Eine Schule ist in der Entstehung begriffen.

4. Die spanischen Kolonien in Ozeanien.

Spaniens Kolonien in der Südsee bestehen aus den Marianen, den Palau=Inseln und
den Karolinen oder, wie offiziell eingeteilt wird, aus den Marianen, West= und Ostkarolinen.
Die Marianen sind 1140 qkm groß und enthalten 10,172 Einwohner nach der Zählung von
1887, die Karolinen 1450 qkm und 36,000 Einwohner, so daß das Gesamtgebiet etwa die
Größe von Sachsen=Meiningen, aber kaum ein Fünftel der Einwohnerzahl dieses Ländchens
besitzt. Dennoch sind die Karolinen mit 26 Einwohnern auf das Quadratkilometer eine der best=
bevölkerten Inselgruppen der Südsee; und auch die Marianen sind mit 9 auf das Quadrat=
kilometer verhältnismäßig nicht schlecht bevölkert.

Die Marianen, schon 1521 von Magalhães entdeckt und zu Ehren der Witwe Philipps IV.
getauft, bestehen aus den bewohnten Inseln Guam oder Guaham (514 qkm mit 7000 Ein=
wohnern), Rota (114 qkm mit 400 Einwohnern), Tinian (130 qkm mit 400 Einwohnern) und
Saypan (185 qkm mit 433 Einwohnern), zu denen noch zahlreiche kleinere kommen.

Die früheren Bewohner der Marianen, die Chamorros, sind von den Spaniern und den
von diesen aus den Philippinen mitgebrachten Tagalen verdrängt worden und gehören bereits
zu den ausgestorbenen Völkern, so daß die jetzige Bevölkerung aus einem Gemisch von Tagalen,
Spaniern und eingesprengten Karoliniern besteht, die auf Saypan eine Kolonie, Garapan, ge=
gründet haben. Die außerordentlich starke Abnahme der anfangs auf 200,000—600,000

DIE DEUTSCHE STATION JALUIT IM MARSHALL-ARCHIPEL. (Nach Original von F. Bernstam.)

Frauen weben Matten und Segel. Außerdem wohnten hier 1891 noch 118 Fremde: näm... 94 Weiße, davon 6 Frauen und 6 Kinder, sowie 24 Mischlinge. Am zahlreichsten (30) sind ... Deutschen, dann (18) die Amerikaner, die Engländer 17, die Chinesen 11; und der Rest ver... sich auf Norweger, Schweden, Portugiesen, Japaner, Dänen, Russen, Schweizer, Brasi... Der Beschäftigung nach waren 4 Regierungsbeamte, 42 Kaufleute, 3 Pflanzer, 19 Seeleute, , Handwerker und 13 Gesinde. Seit dem Jahr 1886 hat als Kommissar der Reichsregierun... und als oberster Gerichtsbeamter ein vom Reichskanzler ernannter Beamter seinen Sitz auf d... Hauptinsel der Marshall-Gruppe, Jaluit.

Jaluit mit seinem geräumigen Hafen ist der wichtigste Handelsplatz, der Sitz zweier deut... scher Handelshäuser: der Deutschen Handels- und Plantagengesellschaft der Südsee und der Firma E. Hernsheim u. Komp. (s. die beigeheftete Tafel „Die deutsche Station Jaluit im Marshall-Archipel"). Die Gebäude machen einen unbedeutenden Eindruck, da das zwischen den beide... deutschen Niederlassungen gelegene Eingeborenendorf mit seinen unansehnlichen Hütten weit geg... die Wohnungen der Karolinier zurücksteht. Für Europäer hat der Aufenthalt auf Jaluit wen... Verlockendes, zumal da keine regelmäßige Dampferverbindung mit den übrigen Südsee-Inseln besteht, sondern sich aller Verkehr noch auf Segelschiffen bewegt, die jedoch seit 1895 regelmäß... an den spanischen Postdampfer in Ponapé anschließen sollen. 1889 verkehrten in der Marshall-Gruppe, vorwiegend im Hafen von Jaluit, 87 Schiffe mit 7701 Tonnen Gehalt. 1893 kamen auf Jaluit 21 Schiffe mit 9011 Tonnen Gehalt, darunter 16 deutsche mit 7010 Tonnen Gehalt

Obgleich sich der Handel der Marshall-Inseln immer noch fast allein auf Kopra beschränkt und auch voraussichtlich niemals größere Ausdehnung erlangen wird, ist doch die Kolonie im stande, die Kosten ihrer Verwaltung selbst zu decken und dem Handel ein lohnendes Feld zu bieten. Die Steuern werden in Kopra erhoben und ergeben jährlich in 12 Steuerbezirken, mit deren Verwaltung die Häuptlinge betraut sind, eine erhebliche Summe: Jaluit allein 22,500 Mille 40,000, Arno 50,000, Majuro 50,000, Ebon 50,000, Mejit 10,000, Nauru 60,000 Pfund Kopra. Eine Schule ist in der Entstehung begriffen.

4. Die spanischen Kolonien in Ozeanien.

Spaniens Kolonien in der Südsee bestehen aus den Marianen, den Palau-Inseln und den Karolinen oder, wie offiziell eingeteilt wird, aus den Marianen, West- und Ostkarolinen. Die Marianen sind 1140 qkm groß und enthalten 10,172 Einwohner nach der Zählung von 1887, die Karolinen 1450 qkm und 36,000 Einwohner, so daß das Gesamtgebiet etwa die Größe von Sachsen-Meiningen, aber kaum ein Fünftel der Einwohnerzahl dieses Ländchens besitzt. Dennoch sind die Karolinen mit 26 Einwohnern auf das Quadratkilometer eine der best-bevölkerten Inselgruppen der Südsee; und auch die Marianen sind mit 9 auf das Quadrat-kilometer verhältnismäßig nicht schlecht bevölkert.

Die Marianen, schon 1521 von Magalhães entdeckt und zu Ehren der Witwe Philipps IV. getauft, bestehen aus den bewohnten Inseln Guam oder Guaham (514 qkm mit 7000 Ein-wohnern), Rota (114 qkm mit 400 Einwohnern), Timan (130 qkm mit 400 Einwohnern) und Saypan (185 qkm mit 433 Einwohnern), zu denen noch zahlreiche kleinere kommen.

Die früheren Bewohner der Marianen, die Chamorros, sind von den Spaniern und den von diesen aus den Philippinen mitgebrachten Tagalen verdrängt worden und gehören bereits zu den ausgestorbenen Völkern, so daß die jetzige Bevölkerung aus einem Gemisch von Tagalen, Spaniern und eingesprengten Karoliniern besteht, die auf Saypan eine Kolonie, Garapan, ge-gründet haben. Die außerordentlich starke Abnahme der anfangs auf 200,000—600,000

DIE DEUTSCHE STATION JALUIT IM MARSHALL ARCHIPEL. (Nach Orignal von F Hernsheim.)

... weben Matten und Segel. Außerdem wohnten hier 1891 noch 118 Fran...: n...
... davon 6 Frauen und 6 Kinder, sowie 24 Mischlinge. Am zahlreichsten (30) sin... ...
... dann (18) die Amerikaner, die Engländer 17, die Chinesen 11; und der Rest ver... ...
... auf Norweger, Schweden, Portugiesen, Japaner, Dänen, Russen, Schweizer, Bra...
... Beschäftigung nach waren 4 Regierungsbeamte, 42 Kaufleute, 3 Pflanzer, 19 Seele...
7 Handwerker und 13 Gesinde. Seit dem Jahr 1886 hat als Kommissar der Reichsregier...
und als oberster Gerichtsbeamter ein vom Reichskanzler ernannter Beamter seinen Sitz auf ...
Hauptinsel der Marshall-Gruppe, Jaluit.

Jaluit mit seinem geräumigen Hafen ist der wichtigste Handelsplatz, der Sitz zweier ...
scher Handelshäuser: der Deutschen Handels- und Plantagengesellschaft der Südsee und ...
Firma E. Hernsheim u. Komp. (f. die beigeheftete Tafel „Die deutsche Station Jaluit im Marsh...
Archipel"). Die Gebäude machen einen unbedeutenden Eindruck, da das zwischen den bei...
deutschen Niederlassungen gelegene Eingeborenendorf mit seinen unansehnlichen Hütten weit geg...
die Wohnungen der Karoliner zurücksteht. Für Europäer hat der Aufenthalt auf Jaluit wen...
Verlockendes, zumal da keine regelmäßige Dampferverbindung mit den übrigen Südsee-Inseln
besteht, sondern sich aller Verkehr noch auf Segelschiffen bewegt, die jedoch seit 1895 regelmäßig
an den spanischen Postdampfer in Ponapé anschließen sollen. 1889 verkehrten in der Marshall-
Gruppe, vorwiegend im Hafen von Jaluit, 87 Schiffe mit 7701 Tonnen Gehalt. 1893 kamen
auf Jaluit 21 Schiffe mit 9911 Tonnen Gehalt, darunter 16 deutsche mit 7010 Tonnen Gehalt.

Obgleich sich der Handel der Marshall-Inseln immer noch fast allein auf Kopra beschränkt
und auch voraussichtlich niemals größere Ausdehnung erlangen wird, ist doch die Kolonie im-
stande, die Kosten ihrer Verwaltung selbst zu decken und dem Handel ein lohnendes Feld zu
bieten. Die Steuern werden in Kopra erhoben und ergeben jährlich in 12 Steuerbezirken,
mit deren Verwaltung die Häuptlinge betraut sind, eine erhebliche Summe: Jaluit allein 22,500,
Mille 40,000, Arno 50,000, Majuro 50,000, Ebon 50,000, Mejit 10,000, Nauru 60,000
Pfund Kopra. Eine Schule ist in der Entstehung begriffen.

4. Die spanischen Kolonien in Ozeanien.

Spaniens Kolonien in der Südsee bestehen aus den Marianen, den Palau-Inseln und
den Karolinen oder, wie offiziell eingeteilt wird, aus den Marianen, West- und Ostkarolinen.
Die Marianen sind 1140 qkm groß und enthalten 10,172 Einwohner nach der Zählung von
1887, die Karolinen 1450 qkm und 36,000 Einwohner, so daß das Gesamtgebiet etwa die
Größe von Sachsen-Meiningen, aber kaum ein Fünftel der Einwohnerzahl dieses Ländchens
besitzt. Dennoch sind die Karolinen mit 26 Einwohnern auf das Quadratkilometer eine der best-
bevölkerten Inselgruppen der Südsee; und auch die Marianen sind mit 9 auf das Quadratkilometer verhältnismäßig nicht schlecht bevölkert.

Die Marianen, schon 1521 von Magalhães entdeckt und zu Ehren der Witwe Philipps IV.
getauft, bestehen aus den bewohnten Inseln Guam oder Guaham (514 qkm mit 7000 Einwohnern), Rota (114 qkm mit 400 Einwohnern), Tinian (130 qkm mit 400 Einwohnern) und
Saypan (185 qkm mit 433 Einwohnern), zu denen noch zahlreiche kleinere kommen.

Die früheren Bewohner der Marianen, die Chamorros, sind von den Spaniern und den
von diesen aus den Philippinen mitgebrachten Tagalen verdrängt worden und gehören bereits
zu den ausgestorbenen Völkern, so daß die jetzige Bevölkerung aus einem Gemisch von Tagalen,
Spaniern und eingesprengten Karolinern besteht, die auf Saypan eine Kolonie, Garapan, gegründet haben. Die außerordentlich starke Abnahme der anfangs auf 200,000—600,000

DIE DEUTSCHE STATION JALUIT IM MARSHALL-ARCHIPEL. (Nach Original von P. Hernsheim.)

Köpfe geschätzten Chamorros, deren es im Jahre 1744 nur noch 1816 gab, veranlaßte die spanische Regierung zur Einführung der Tagalen, die jedoch durch Pocken bald arg vermindert wurden. Im Jahre 1668 enthielt die Hauptinsel Guam 180 Dörfer der Chamorros; heute hat diese nur noch etwa 10, wenn man von dem Hauptorte Agaña absieht. Wie die Bevölkerung, so hat auch die Kultur abgenommen; denn trotz der Ersetzung der primitiven Werkzeuge durch bessere europäische sind doch die Kulturen herabgegangen. Angebaut werden außer Reis, einheimischen Fruchtbäumen und Knollenpflanzen jetzt auch Mais, Sago, Tabak, Indigo, Baumwolle; allein weder Ackerbau noch Viehzucht stehen in Blüte, sondern die Bewohner der Marianen sind vielfach Jäger geworden, da Hirsche, verwilderte Rinder und Schweine in großer Zahl auf den Inseln vorkommen.

Mit den Chamorros ist auch ihre Seetüchtigkeit, die bedeutende Bethätigung am Fischfang und die Gewerbthätigkeit verschwunden, die sich besonders in der Töpferei, der Herstellung von Schmucksachen aus Schildpatt, dem Anfertigen und dem Färben von Zeugen aus Rinde äußerte. Jetzt werden nur noch grobe Baumwollzeuge hergestellt und gefärbt, im übrigen schlechte europäische Waren eingeführt. Der Handel mit Schildpatt und Kopra ist gering.

Die Palau=Inseln, im ganzen nur ein Areal von 443 qkm umfassend, haben dieselben Produkte wie die Marianen. Wenn die Marianen niemals den Spaniern strittig gemacht worden sind, so gab diesen die geplante Besitzergreifung der Karolinen durch das Deutsche Reich im Jahre 1885 eine um so tiefer gehende Erregung ein, als sie sich selbst sagen mußten, daß sie das Anrecht auf die Karolinen bereits fast verscherzt hatten, da sie sich durchaus nicht um diese Inselgruppe kümmerten. Durch einen Schiedsspruch des Papstes vom 22. Oktober 1885 sind dann die Karolinen endgültig Spanien zugewiesen worden, und Deutschland hat nur — pro forma das Recht erhalten, eine Kohlenstation anzulegen. In der That hatten die Spanier infolge der frühen Entdeckung der Karolinen im 16. Jahrhundert das Recht der Priorität; allein sie haben, wie aus den meisten ihrer Kolonien, auch aus den fruchtbaren Karolinen so gut wie nichts gemacht und ihnen erst seit Deutschlands Eingreifen größere Aufmerksamkeit gewidmet.

Wie auf den Marianen und Palau-Inseln, so ist auch auf den Karolinen die alte Kunstfertigkeit und Bildung der Bewohner verloren gegangen. Der ausgezeichnete Schiffbau und die Aufrichtung größerer Baudenkmale (s. Abbildungen, S. 319 u. 320) hat aufgehört, und der allgemeine spanische Schlendrian hat die Bewohner nicht gehoben. Ackerbau wird verhältnismäßig wenig getrieben, an den Küsten jedoch die Kokospalme zur Gewinnung der Kopra angepflanzt. Überhaupt ist der Handel die den Karoliniern genehmste Beschäftigung; hat diese sie doch sogar zu einer Koloniengründung auf der Marianen=Insel Saypan geführt. Kanoes, Kurkuma, Bambus, Gürtel, Kämme, Hüte, Taschen, Schleifsteine, Matten und Zeuge wurden auf den Karolinen schon vor Ankunft der Europäer ausgeführt, und seitdem hat der Handel mit Kokosöl, Kopra, Tripang und Schildpatt einen größeren Umfang angenommen. Eingeführt werden Eisen, eiserne Werkzeuge, Tabak, Spirituosen, Flaschen, Zeuge. Die wichtigsten Handelsniederlassungen der Europäer bestehen auf Ponapé, Kusaie, der Strong=Insel und auf Yap; und europäische Schiffe versorgen die Eingeborenen mit den Erzeugnissen der Zivilisation, während die einheimischen Schiffe jetzt von Yap kaum noch nach den Palau-Inseln fahren. Früher aber dehnten die Yaper ihre Reisen selbst bis nach den Marianen aus.

Politisch zerfallen die Karolinier in eine Menge von Stämmen, die sich häufig so feindlich gegenüberstehen, daß die Inseln von Schlachtrufen ertönen. Dies ist auch der Grund, weshalb die Spanier ihre Oberhoheit mit leichter Mühe aufrecht erhalten können, die im übrigen eigentlich nur rein nominell ist. Wegen der unrichtigen Behandlung der Eingeborenen durch die Spanier kommt es dabei aber oft zu Kämpfen.

Ortschaften von einiger Bedeutung fehlen auf den Karolinen und Palau=Inseln voll=
ständig, da neben den Eingeborenendörfern nur kleine Handelsniederlassungen der Europäer be=
stehen. Unter diesen sind die wichtigsten die der Deutschen Handels= und Plantagengesellschaft
der Südsee, so daß der deutsche Handel auch auf dieser Inselgruppe des Stillen Ozeans der
bedeutendste ist. Die ersten Handelsstationen wurden hier von Samoa aus von dem Hamburger
Hause Cesar Godeffroy u. Sohn angelegt, das seine Handelsbeziehungen von Samoa und
Tahiti über die Gilbert=, Marshall= und Karolinen=Inseln nach der Palau=Gruppe ausdehnte
und auf diese Weise einen Stützpunkt für die Verbindung zwischen seinem neuen Standpunkt
auf Samoa und seinem alten auf Kotschin in Vorderindien gewann. Auf Ponapé (s. Abbilbung, S. 238), Yap und Kusaie bestehen seitdem Stationen; auf der Palau=Gruppe sind mehrere
hundert Hektar Landes angekauft worden. Nachdem die Deutsche Handels= und Plantagen=
gesellschaft der Südsee die Erbschaft des Hauses Godeffroy übernommen hatte, erweiterte sie den
Bereich ihres Handels auf den Karolinen nicht, behielt jedoch die einmal eingenommenen Stel=
lungen bei und betreibt nach wie vor in der Hauptsache Handel mit Kopra, Tripang und Schild=
patt, wogegen sie durch ihre Agenten, meist südseekundige, häufig amerikanische, englische, hollän=
dische Händler, allerlei europäische Waren einführen läßt. Noch jetzt ist der gesamte Handel auf
diesen Inselgruppen Tauschhandel, der ausschließlich durch Segelschiffe vermittelt wird.

5. Die französischen Besitzungen in Ozeanien.

Übersicht der Entwickelung:

1838: Tahiti französisches Protektorat.	1864: Loyalty=Inseln erworben.
1842: Die Marquesas=Inseln französisches Protektorat.	1880: Tahiti endgültig an Frankreich abgetreten.
1842: Die Paumotu= (Tuamotu=)Inseln französisches Protektorat.	1886: Französisches Protektorat über Uea bestätigt.
1843: Französisches Protektorat über Tahiti erneuert.	1887: Die westlichen Inseln der Tahiti=Gruppe fran= zösisch.
1844: Uea französisches Protektorat.	1887: Futuna und Alofi französisch.
1853: Neukaledonien französische Kolonie.	1888: Dieselben endgültig einverleibt.
1889: Tubuai=Inseln französisch.	

Außerdem ist im Jahre 1887 über die Neuen Hebriden ein Neutralitätsvertrag mit Groß=
britannien geschlossen worden.

Die französischen Besitzungen in der Südsee zerfallen in drei Gruppen: die Kolonie
Neukaledonien mit den Loyalty= und Chesterfield=Inseln, das Schutzgebiet der Wallis=Inseln
(Uea, Futuna und Alofi) und den administrativen Bezirk „Französisch=Ozeanien", d. h. die
Tahiti=Gruppe, die Marquesas=, Paumotu= und Tubuai=Inseln.

Der Größe nach verhalten sich diese Besitzungen wie folgt:

	qkm	Einwohner	Volksdichte
Neukaledonien, Loyalty= und Chesterfield=Inseln	19824	62752 (1890)	3
Wallis=Inseln, Uea, Futuna, Alofi	255	5000	20
Französisch=Ozeanien	4108	26950 (1892)	6,6
Zusammen:	24187	94700	4

A. Neukaledonien und seine Nachbarinseln.

Neukaledonien, von allen größeren Inseln der Südsee zuletzt entdeckt, ist zwar nicht deren
älteste französische Kolonie, wohl aber die größte. Wie die obenstehende Tabelle zeigt, nimmt sie
beinahe fünf Sechstel des Gesamtareals und zwei Drittel der Gesamtbevölkerung der französischen

in Ozeanien ein. Sie ist der französischen Herrschaft im Jahre 1853 hinzugefügt worden; Ver=
anlassung dazu gaben die Missionare, die bereits seit längerer Zeit auf der Insel ansässig ge=
wesen waren und die Erklärung der englischen Herrschaft über sie befürchteten. Die erste fran=
zösische Ansiedelung war Balade im Norden; schon 1854 aber gründete man Numea oder, wie
der Ort anfangs genannt wurde, Fort de France. Nachdem die Insel zunächst dem Gouverneur
von Tahiti zugeteilt war, ist seit 1860 Neukaledonien unter einen eigenen Statthalter gestellt
und Numea zur Hauptstadt der Kolonie erklärt worden. 1864 kam dann auch die Loyalty=
Gruppe unter französische Herrschaft und zwar leichter als Neukaledonien. Hier leisteten die Ein=
geborenen zähen Widerstand, den die Franzosen erst nach mehreren Kriegen brechen konnten.
Der gefährlichste Krieg war der vom Jahre 1878, wegen der Einmütigkeit der Eingeborenen,
während diese sonst in eine französische und eine patriotische Partei gespalten waren.

Im Jahre 1890 betrug die Zahl der Bewohner Neukaledoniens und der Nachbarinseln
62,752, von denen noch 42,519, also etwa zwei Drittel, Eingeborene waren, die in kleinen
Dörfern im Schatten der Fruchtbäume in politisch nur schwach ausgebildeten Gemeinschaften
leben. Auch diese sogenannten „Kanaken" gehen dem Aussterben entgegen. Noch um die Mitte
dieses Jahrhunderts wurden die Eingeborenen auf 60,000 Köpfe geschätzt, haben also bedeutend
abgenommen, nicht sowohl während der Kriege und Aufstände, von denen der von 1878 allein
1000 Tote und 1200 Verbannte kostete, sondern namentlich aus denselben Ursachen, die auch
die übrigen Naturvölker rasch an Zahl verringern. Krankheiten, Blattern, Syphilis, Augenleiden,
Aussatz, Masern haben viel dazu beigetragen, die Trunksucht hat mächtig unter ihnen aufgeräumt,
und es scheint, als ob auch die natürliche Vermehrung der Eingeborenen an und für sich schon
gering war. In den Jahren 1856—64 sank die Volkszahl des Stammes Poebo im Nordosten
von 1500 auf 700—800 Köpfe, um Numea sind die älteren Stämme schon ganz ausgestorben,
und da auch Ehen zwischen den Eingeborenen und Weißen selten sind, so geht der neukaledonische
Zweig der Melanesier vollständigem Erlöschen entgegen. Die Eingeborenen verschmähen es,
eheliche Verbindungen mit den Sträflingen der Deportationskolonie einzugehen, und haben sogar
zuweilen ihre Töchter getötet, weil sie eine Ehe mit den von den Weißen selbst als unwürdig
betrachteten Deportierten geschlossen hatten. „Man darf daher nicht hoffen", sagt E. Reclus
(‚Nouvelle Géographie Universelle‘, Band 14), „daß die Mischlingsbevölkerung nach und
nach durch neue Verbindungen die neukaledonischen Eingeborenen in sich auffangen werde, sondern
die Kanaken werden ohne Zweifel als Rasse ganz aussterben. Nach einigen Generationen werden
sie kein besonderes Bevölkerungselement mehr bilden und man wird keine anderen Spuren ihres
Aufenthalts auf der Insel mehr bemerken als die schönen von ihnen ausgeführten Bewässerungs=
anlagen an den Gehängen der Hügel. Auch werden sich fast alle von den Missionaren der
katholischen Kirche zugeführten Mischlinge von den Sitten und Gebräuchen ihrer Vorväter ab."

Im ganzen ist daher das Land schwach bevölkert: die Volksdichte beträgt nur 3 auf das
Quadratkilometer. An fremden Stämmen waren 1888 etwa 1000 Bewohner der Neuen
Hebriden auf Neukaledonien ansässig, davon nur 109 Chinesen und 72 Inder. Alle diese werden
zum Landbau als Arbeiter verwendet, da sich die Eingeborenen selbst nicht als solche verdingen,
sondern lieber auf eigene Kosten Mais, Maniok, Taró bauen und den Landbau mit der Flöte
begleiten, unter deren Tönen die Früchte ihrer Arbeit am besten reifen sollen. Im Jahre 1888
zählte man von 42,519 Eingeborenen nur 645 Lohnarbeiter auf den Pflanzungen.

Der Ackerbau erstreckt sich vorwiegend auf Zuckerrohr, Mais, Baumwolle, Kaffee, Kokos=
palmen, aber auch auf Reis, Roggen, Kakao, Maniok, Indigo, Vanille, Tabak, so daß schon einiges
ausgeführt werden kann. Immerhin ist Neukaledonien noch nicht im stande, seinen Bedarf an
Getreide selbst zu ziehen, obwohl es seinen Ackerbau außerordentlich steigern könnte. In Bezug

auf den Weinbau gilt ähnliches. Der Kaffeebaum gibt erst nach drei Jahren Frucht; die Zucker=
pflanzungen haben 1889 durch Heuschreckenfraß gelitten. Aus den Waldbäumen gewinnt man
Gummi von der Niaulis, Kauri und Holz von der Kolonialfichte, einer Akazie und dem Gebirgs=
Tamanu. Futterpflanzen, Klee, Heu, gedeihen gut und begründen den Aufschwung der Vieh=
zucht, mit der sich die Kolonisten vorwiegend beschäftigen. Außergewöhnlicherweise hat sogar
die Regierung begonnen, Rinderherden zu züchten und Fleischkonservenfabriken einzurichten zur
Deckung des Gebrauchs der Truppen, da das Land seinen eigenen Fleischbedarf selbst aufbringt.
Außer dem Rindvieh zieht man Schafe, Schweine, Ziegen, Kaninchen und Geflügel, und die
Pferdezucht ist so weit gediehen, daß jährlich Rennen abgehalten werden können.

Der Bergbau der Kolonie ist noch wenig entwickelt, scheint aber guten Erfolg zu versprechen
und hat zu fieberhaftem Eifer und überstürzten Landkäufen geführt, seitdem man 1873 am Mont
d'Or Nickel (Garnierit) aufgefunden hatte: es bildete sich sogar eine von der Regierung unter=
stützte Société de Nickel, die jede fremde Konkurrenz niederhalten soll. Die übrigen Metalle,
deren Ausbeute auf Neukaledonien lohnen könnte, sind Kupfer, Kobalt, Mangan, Antimon,
Chromeisen; Eisen scheint im Südosten reichlich vorhanden zu sein, und Gold findet sich, gemischt
mit Schwefeleisen, am Diahot=Fluß im Norden der Insel, Kohlen an anderen Stellen.

Ein Teil dieser Produkte wird ausgeführt, dazu Guano von den Chesterfield=Inseln und
Huon, endlich Tripang und Yams. Im Jahre 1890 hatte die Einfuhr einen Wert von
11,090,000, die Ausfuhr einen solchen von 7,141,000 Franken, ohne die Edelmetalle. Im
ganzen steigt die Handelsbewegung; die Geschäfte liegen aber ganz in den Händen der australisch=
britischen Kaufleute, und die französische Regierung thut wenig zur wirtschaftlichen Hebung Neu=
kaledoniens, sondern richtet ihr Augenmerk hauptsächlich auf die hier eingerichtete Strafanstalt.

Diese Rolle Neukaledoniens als Strafkolonie hat bisher jedem wirklichen Fortschritt ein
Hindernis bereitet, sowohl her Assimilierung der Eingeborenen als der Einwanderung freier
Weißer, wie auch der Entwickelung des Ackerbaues, des Handels und jeglichen Erwerbszweiges.
Jedenfalls haben die 200 Millionen Franken, die Frankreich seit der Erwerbung dieser Kolonie
für Neukaledonien ausgegeben hat, bisher keine nennenswerten Zinsen getragen. Die Depor=
tation nach Neukaledonien begann seit 1864 an die Stelle der nach Cayenne zu treten und be=
griff im Laufe der Zeit immer verschiedenartige Verbrecher in sich, die zuerst auf der Insel Nu
vor Numea, später in Kanala, Uarai, Burail und Proy sowie auf Kunie angesiedelt wurden.
Im Jahre 1872 wurden 4500 Deportierte, zum erstenmal eine größere Zahl, nach Numea ge=
sandt. Diese haben dann die Insel größtenteils wieder verlassen; denn wenige nur, denen es
gelungen war, ein ergiebiges Gewerbe zu ergreifen, blieben zurück, als 1880 die Erlaubnis zur
Heimkehr gegeben wurde. Seit 1880 nahm die Zahl der Deportierten wieder zu und betrug nach
dem Zensus von 1888: 7477 Sträflinge und 2515 zwangsweise Angesiedelte, also rund 10,000,
1889 nach Reclus 12,000 und 1890 nach Graf Lanjus etwa ebenso viele. Sie werden von
1100 Mann Truppen und Aufsehern überwacht. Da die gesamte weiße Bevölkerung Neukale=
doniens 1888 nur 19,015 betrug, so sind nur etwa 7—9000 Freie vorhanden, von denen,
wie gesagt, 1100 Mann für die Garnison abgerechnet werden müssen.

Die Lage der Sträflinge wird verschieden geschildert und ist auch sehr ungleich, je nach=
dem sie in den Strafanstalten (pénitenciers) gehalten werden oder zur Landarbeit zugelassen
sind. Diese zwangsweise Angesiedelten erfreuen sich relativer Freiheit. Etwa 1200 sind den Berg=
werken zur Hilfeleistung überwiesen, die übrigen werden in den Strafanstalten eingeschlossen
und hauptsächlich zum Bau von Straßen, Wasserleitungen und zur Anlage von Gärten ge=
halten; auch haben sie die Telegraphenlinien errichtet. Deren Los ist hart; ja, die Gesetze sind
geradezu als inhuman bezeichnet worden, besonders jenes, das allen, die zu mehr als fünfjähriger

Deportation verurteilt sind, die Rückkehr nach Frankreich überhaupt verbietet, selbst bei guter Führung. Außerdem darf der zu fünf Jahren Verurteilte erst nach fünf weiteren Jahren Probezeit auf der Insel bei Stellung unter Polizeiaufsicht, und dann auch nur auf eigene Kosten Neukaledonien verlassen. Übrigens gibt es fünf Klassen von Deportierten, innerhalb deren Versetzungen vorgenommen werden können: Beförderungen und Rückversetzungen; nur die vierte und fünfte werden in den Strafanstalten eingeschlossen gehalten, die erste bis dritte bilden jene beim Landbau und den Minen angestellten Verbrecher. Diese werden auf Staatskosten unterstützt und erhalten Land, besonders wenn sie sich bereit erklären, eine Deportierte zu heiraten. Da es jedoch unter den 10,000 Sträflingen überhaupt nur 150 Frauen gibt, kommen Heiraten selten vor; auch dieses Mißverhältnis in der Zahl der Geschlechter erschwert eine gedeihliche Entwickelung der Kolonie.

Die wichtigsten Strafanstalten liegen um Numea. Westlich von der Stadt liegt auf der Insel Nu die größte mit etwa 3000 Insassen, besonders den Freigelassenen, unter Polizeiaufsicht gestellten, ferner den Handwerkern und Kranken; nordwestlich der Stadt lebten auf der Halbinsel Ducos 800 zur Einschließung in einen festen Platz und Deportation Verurteilte, frühere Kommunisten, jetzt Freigelassene verschiedener Klassen. Auf dem Lager von Montravel sind die militärischen Verbrecher eingeschlossen. Als Gefängnisstation für die Frauen gilt Burail, wo zugleich eine große Strafanstalt für Männer besteht; Kanala an der Ostküste ist ebenfalls eine solche, und auf der Ile des Pins oder Kunie waren 3000 Kommunisten interniert, die in fünf Gruppen gesondert und auf den Lichtungen der Insel angesiedelt wurden. Ihre Stelle nehmen jetzt verbannte Eingeborene, rückfällige, zu lebenslänglicher Verbannung verurteilte Deportierte und kränkliche Personen ein.

Die freie weiße Bevölkerung steht an Zahl der gefangenen sehr nach. 1887 zählte man nur etwa 9000 Freie, und darunter allein 3476 Glieder von Beamtenfamilien, 2918 Soldaten und Aufseher, dagegen nur 2667 Freie, die Gewerbe, Handel, Viehzucht, Ackerbau und Bergbau trieben. Diese geringe Zahl läßt bereits erkennen, wie schwach die wirtschaftliche Entwickelung der Kolonie noch ist; sie wird sich auch so bald nicht heben. Denn die Einwanderung freier Weißer ist wegen des Charakters der Kolonie als einer Strafanstalt begreiflicherweise selten, und die Lage der freien Weißen ist nicht einmal gut. Der Wettbewerb der von der Regierung beim Wegebau, Bergwerksbetrieb und Landbau beschäftigten und begünstigten Sträflinge ist zu groß und die Erwerbsgelegenheit zu gering; und so ist es nicht immer ein Vorteil, nach verbüßter Strafzeit frei auf der Insel zu leben, vielmehr verkommen viele von diesen bei ihrem freien Leben als Erwerbslose oder ergeben sich dem Laster und dem Diebstahl. Zudem treten die Nachkommen der Sträflinge anmaßend auf, zerstören die Bildung eines ehrsamen Bürgerstandes im Keim und belasten noch als Freie die Entwickelung des Staatswesens. Eine Besserung in dieser Stagnation und eine günstigere Gestaltung der Kolonie ist nicht eher zu erwarten, als bis die Deportation nach Neukaledonien ganz aufgehört haben wird.

Der Haupthafen des Landes ist Numea, auf der Spitze einer Halbinsel vor der Bulari-Bai sehr reizvoll (s. Abbildung, S. 452), aber trotz seiner guten Reede auf wasserlosem Gebiete gelegen. Numea ist allmählich zu einer Stadt von 8000 Einwohnern mit geraden Straßen und gut gebauten Häusern herangewachsen, deren Holzmaterial allmählich durch Steine ersetzt wird. Durch die Dampfer der Messageries Maritimes steht es mit Australien in Verkehr und ist durch Straßen, die nach Norden und Süden der Küste folgen, und Telegraphen mit dem Inneren verbunden. Der Hafen wird durch die Insel Nu, die Halbinsel Ducos und eine südwärts vorspringende Halbinsel geschützt, ist aber doch an zwei Stellen leicht zugänglich, besonders von Westen aus durch die Grande rade, und gut beleuchtet; eine Verbesserung der Anlagen soll ein großer steinerner Quai bilden, an dem jetzt gebaut wird. Die Stadt selbst wird, nach Graf Lanjus („Petermanns Mitteilungen', 1893), „die aus leeren Wermutkisten und Sardinenbüchsen auf= gebaute" genannt; doch ist die gesamte Anlage jetzt aus dem provisorischen Stadium heraus= getreten, ziemlich regelmäßig „und hat mit den breiten, sich rechtwinkelig schneidenden Straßen, den großen mit Anlagen versehenen Plätzen, der vorzüglichen Bewässerung und zahlreichen Ver= gnügungslokalen nicht mit Unrecht den Ruf verdient, das Eldorado, Kleinparis, der Südsee zu sein". Unter den öffentlichen Bauten sind Kasernen, Spitäler, Rathaus, Klubs, Ämter, Maga= zine und die katholische Kathedrale am bemerkenswertesten.

Der Hafen von Numea. (Nach Photographie.)

Außer Numea liegen noch mehrere Ansiedelungen an der Westseite der Insel, wie Bu= lupari, Uarai und der Ackerbaudistrikt von Burail, wo freigelassene Sträflinge mit ihren Frauen das Land bebauen und im Thale des Nera=Flusses reiche Pflanzungen begründet haben. Gomen zeichnet sich durch ein großes Schlachthaus und Salzfleischanstalt aus. Im Norden dient der Hafen Caillou der Verschiffung der Bergwerkserzeugnisse des Diahotgebietes. Balade, die erste Ansiedelung der Franzosen auf Neukaledonien und der Punkt der ersten Landung Cook's, ist zurückgegangen und von anderen Küstenplätzen des Ostens überflügelt worden, besonders von Kanala oder Napoléonville, das, am inneren Ende einer sehr guten Bucht und am Ufer eines wasserreichen Flusses gelegen, ein Mittelpunkt der Landwirtschaft geworden ist, außerdem aber durch die Auffindung besonders vorzüglichen Nickels eine erfreuliche Zukunft in Aussicht hat. Man baut hier Kaffee, Reis, Tabak und hat Kanala, das auch eine große Strafanstalt besitzt, durch eine Straße mit der Uarai=Bucht an der Westseite der Insel verbunden.

Die Jle des Pins oder Kunie besitzt eine Ansiedelung im Südwesten auf der kleinen vor= springenden Halbinsel Kuto. Auf den Loyalty=Inseln (seit der französischen Besitzergreifung auch

„Loyauté-Inseln" genannt) befindet sich der Sitz der französischen Verwaltung in Lifu vor der Reede von Chepenehé, das lebhaften Verkehr mit Sydney-Händlern unterhält. Die 1878 der französischen Kolonialmacht einverleibte, 0,8 qkm große Chesterfield-Gruppe, ein Atoll mit drei Inselchen, liefert Guano.

In der Verwaltung besteht die Einrichtung, daß ein Zivilgouverneur die Kolonie regiert, was insofern auffällt, als gerade eine Strafkolonie mit starker Truppenmacht wohl eher einen Offizier als Statthalter erfordern dürfte. Fünf Bezirke: Numea, Kanala, Burail, Ubache und der Norden, werden durch zahllose Beamte, deren Erhaltung eine große Summe Geldes er= fordert, verwaltet, und es ist daher nicht wunderbar, daß Neukaledonien nichts abwirft.

B. Die Wallis-Inseln.

Unter dem Namen Wallis-Inseln werden jetzt die nach Wallis benannten Eilande von Uea, neuerdings aber auch Futuna und Alofi zusammengefaßt, deren Einverleibung in das fran= zösische Kolonialreich 1886—88 stattfand, nachdem schon 1844 auf Grund der Wünsche der Missionare die französische Schutzherrschaft über Uea ausgesprochen worden war. Uea ist 96, Fu= tuna mit Alofi 159 qkm groß, die Gesamtzahl der Einwohner wird auf 3000 berechnet, so daß die Volksdichte etwa 20 beträgt. Diese Inseln sind ausgezeichnet durch den Umstand, daß ihre Bevölkerung wächst, was nach französischen Quellen nur noch auf Tahiti und Niue, Hawaii und den Loyalty-Inseln der Fall sein soll, während sie auf allen anderen Südsee-Inseln sinkt. Diese Zunahme wirkt um so auffallender, als blutige Kriege zwischen den religiösen Parteien auf Futuna stattgefunden haben, noch 1872 eine Vergewaltigung der evangelischen Bevölkerung durch die französischen Truppen vorkam und außerdem die Bewohner von Futuna als arge Menschen= fresser bekannt waren, die angeblich die 1800 Bewohner des seitdem unbewohnten Alofi vollständig aufgezehrt haben sollen. Die Bevölkerung besteht aus Polynesiern, von denen die Ueaner den Samoanern und Tonganern nahe stehen und etwa 3000 Köpfe stark, die Futunaner mit Fidschi-Leuten gemischt und nur 2000 an der Zahl sind. Angebaut werden besonders Kokos= palmen, Baumwolle, Pfeilwurz; der wichtigste Ausfuhrartikel ist die Kopra.

Die politische Verfassung ist meist noch patriarchalisch, d. h. jedes Familienhaupt regiert seine Familie und gibt bei den öffentlichen Beratungen seine Stimme ab, die nach der Größe seiner Verwandtschaft und nach seinen persönlichen Eigenschaften schwerer oder geringer ins Ge= wicht fällt. Auf Uea hat eine dieser Familien den obersten oder den Königstitel; doch ist ihre Macht sehr beschränkt, mehr nominell: der König kann über nichts entscheiden, ohne die Ver= sammlung des Volkes zu befragen.

Lange, erbitterte Kämpfe mit den Tonganern, namentlich im Jahre 1832, und das all= gemein beobachtete Aussterben der Eingeborenen bei der Berührung mit der europäischen Kultur haben auch auf diesen Inseln einen Rückgang der Bevölkerungszahl hervorgerufen. Allein auf Uea und Futuna sind doch auch wenigstens zeitweise und so auch jetzt Perioden einer Zunahme der Bevölkerung festgestellt worden, was, nach Graeffe, vor allem dem Umstand zu= zuschreiben ist, daß die hier angesiedelte katholische Mission weniger störend in die ursprüng= lichen Verhältnisse und Sitten der Eingeborenen eingreift, aber anderseits streng geschlechtliche Zucht ausübt, während die protestantische Mission wegen des ihr fehlenden Hebels der Beichte in dieser Beziehung weniger erreicht. Thatsächlich wurde Uea schon im Jahr 1867 von der französischen Mission beherrscht, und zwar von Priestern, da die Barmherzigen Schwestern das Klima nicht vertragen konnten; die beiden Hauptdörfer Matautu und Saint-Josephe besaßen schon damals hübsche, in europäischem Stil erbaute Kirchen.

C. Französisch-Ozeanien.

Unter der Bezeichnung „Französisch-Ozeanien" werden seit 1885 zusammengefaßt:

Die Tubuai-Inseln	. . . .	211	(286) qkm	884	(1881) Einw.	4	auf 1 qkm
Tahiti-Gruppe mit den Inseln unter dem Winde	. . . .	1650	„	16370	„	10	„
„ Marquesas-Inseln	. . .	1274	„	4445	„	3	„
„ Paumotu (Tuamotu)	. . .	978	„	5251	„	5	„
		4108	(4183) qkm	26950	(27947) Einw.	6,5	auf 1 qkm

a) Die Tubuai-Inseln.

Die letzte Erwerbung der Franzosen in Ozeanien sind die Tubuai- oder Austral-Inseln, eine Gruppe von fünf Inseln, auf deren 286 qkm 1881 Einwohner hausen. Von diesen Inseln hatte Frankreich jedoch vor 1889 nur drei besetzt, nämlich Tubuai, Rawaiwai oder Wawitao und Rapa oder Oparo, mit im ganzen 211 qkm und 884 Einwohnern. 1889 sind dann auch Rurutu und Rimitara, die am besten bevölkerten Inseln, in das Schutzgebiet einbezogen worden. Diese Kolonie ist noch völlig unentwickelt und ohne Bedeutung. Angebaut werden von den Eingeborenen die Nahrungsfrüchte der Südsee; doch kommt der Brotfruchtbaum auf den östlichen Inseln nicht mehr vor, und die Kokospalme trägt auf Rapa keine Früchte. Dennoch ist ohne Zweifel die Möglichkeit vorhanden, die wichtigsten tropischen Nutzpflanzen, Kaffee, Zucker, Tabak, Baumwolle, mit Erfolg anzupflanzen.

b) Die Tahiti-Gruppe.

Unter den französischen Kolonien ist die älteste Tahiti, da sie bereits 1843 unter französischem Protektorate stand. Tahiti hatte von jeher mehrere eingeborene Staaten meist unter Königinnen gebildet, anfangs drei, dann zwei, schließlich unter Pomare II. einen einzigen. Diesen Titel „Pomare" (Nacht des Hustens) haben seitdem alle Könige von Tahiti beibehalten. Schon Pomare II. erließ im Jahre 1819 eine Art Gesetzbuch und war der erste christliche König. Seitdem haben Christentum und europäische Sitten mehr und mehr Eingang gefunden, freilich nicht ohne Kämpfe der Konfessionen, da den evangelischen Missionaren durch die katholische Kirche solche Konkurrenz gemacht wurde, daß sie zugleich einen Gegensatz in politischer Beziehung zwischen England und Frankreich herbeiführte. Als nun die Königin Pomare IV., gestützt auf ein im Lande geltendes Gesetz, 1835 zwei französische Jesuiten, die ohne ihre Erlaubnis die Insel betreten hatten, auswies, schickte Louis Philippe den Kapitän Dupetit Thouars mit einem Kriegsschiff nach Tahiti, um Genugthuung zu fordern. Infolgedessen wurde 1838 das französische Protektorat über die Insel erzwungen und am 1. September auf der Insel Motuuta die französische Flagge gehißt: ein Abkommen, das von Dumont d'Urville gebilligt wurde. 1843 wurde aber bei Gelegenheit der Ankunft einer englischen Fregatte die französische Flagge wieder beseitigt, und dies führte zur Absetzung der Königin durch Frankreich, eine Maßregel, die Louis Philippe jedoch rückgängig machen mußte. Das in seinem vollen Umfang 1843 erneuerte französische Protektorat wurde seitdem von den Mächten anerkannt. Die Königin blieb indessen auf Raiatea und überließ Tahiti seinem Schicksal, wo es 1844 zu einer förmlichen Schlacht zwischen Franzosen und Eingeborenen kam, bis 1846 die Unterwerfung der Insel durch die Eroberung der letzten Bergfesten der Tahitier vollendet wurde. Pomare IV. regierte noch bis 1877 als Schattenkönigin, und 1880 trat ihr Nachfolger Pomare V. das Land endgültig an Frankreich ab.

Mit Tahiti fielen auch die Nachbarinseln Eimeo oder Morea und Tapamanoa an Frankreich, wogegen die „Inseln unter dem Winde": Huahine, Raiatea und die anderen, erst durch Vertrag mit England 1887 unter französische Herrschaft gerieten. Demnach besitzt Frankreich erst seit diesem Jahre sämtliche Gesellschafts=Inseln.

Man kann nicht behaupten, daß Tahiti unter französischer Herrschaft viele Fortschritte gemacht hätte, sondern die Franzosen vermögen auch hier die Kolonie nicht zu heben. Die Eingeborenen sterben aus und werden durch Chinesen und Mikronesier sowie Europäer ersetzt; die Handelsbewegung wächst auch nur wenig. Im Jahre 1888 hatten Tahiti und die Nachbarinsel Morea oder Eimeo nur wenig mehr als 11,000 Einwohner, nämlich Tahiti 9603 und Morea 1578, zusammen 11,181, wovon 8519 Eingeborene und 319 Franzosen waren. 1892 wird die Zahl der Bevölkerung beider Inseln auf 11,520 angegeben, 1889 sollen nach Reclus 4500 eingeführte Chinesen mit dem Landbau beschäftigt gewesen sein, 1890 spricht Graf Lanjus von 12,000 Einwohnern, darunter 1100 Weißen und 400 Asiaten. Diese Zahlen sind nicht wohl miteinander zu vereinbaren. Jedenfalls aber steht fest, daß die Bevölkerung von ihrer früheren Dichte (angeblich 200,000 zur Zeit der Entdeckung) sehr zurückgekommen ist, wenn auch Reclus Tahiti zu den wenigen, hauptsächlich französischen Südseekolonien rechnet, in denen sich die Bevölkerung vermehrt. Obwohl die Insel seit einem halben Jahrhundert unter französischem Einfluß steht, bekennen sich die Tahitier doch großenteils zum Protestantismus, mit Ausnahme der höheren Beamten, die der römischen Kirche angehören.

Die westlichen Inseln, die Unter dem Winde, besitzen zusammen nur 4850 Einwohner, sind aber im Verhältnis ebenso dicht bevölkert wie Tahiti selbst, nämlich 10 auf das Quadrat= kilometer. Man gibt Raiatea 1500, Huahine (f. die Tafel bei S. 164) 800—1200, Maupiti 450 Bewohner, die meist über das Land verstreut leben; nur Raiatea hat ein größeres Dorf als Hafenplatz (f. Abbildung, S. 332).

Die Inseln sind ungewöhnlich fruchtbar, könnten eine weit größere Bevölkerungszahl er= nähren und enorme Mengen von wichtigen Produkten ausführen, wie Pandanus, Kokosfasern, Kopra sowie eine Reihe von Faserstoffen und Nutzholz, Sandelholz, ferner Früchte, Lichtnüsse, Harze, Farbstoffe. Aber bisher wurden nur zwei Arten Nutzhölzer in größeren Mengen aus= geführt, nämlich Miro, Thespisia populnea, und Tamanu, Calophyllum inophyllum. Unter den eingeführten Produkten ist die Baumwolle zu erwähnen, die gut, rein und weiß ist, der amerikanischen nahekommt und auf Tahiti und Morea gebaut wird; ferner Kaffee von Tahiti und Morea, Vanille und Zuckerrohr, das in Tahiti in vier Fabriken verarbeitet wird. Aus Orangen werden Rum und Tafia, jährlich an 100,000 Liter, hergestellt. Die von Cook eingeführten Orangen sind überhaupt die wichtigsten Nutzpflanzen der Inseln und haben sich überallhin ver= breitet, wenn auch nicht in dem Maße wie der Guayabo=Baum, dessen Gebüschformen die Ge= hänge der Berge und die Thäler so sehr überwuchert haben, daß er geradezu eine Landplage geworden ist. Die westlichen Pflanzungen im Distrikt von Atimaono, namentlich Kokos=, Kaffee=, Baumwolle= und Zuckerpflanzungen sind in der Hauptsache von Chinesen angelegt worden. Neben Orangen sind jetzt Zuckerrohr, Baumwolle und Kokosnüsse sowie die immer weitere Verbreitung findende Vanille die hauptsächlichsten Produkte der Insel; ausgeführt werden vorwiegend Orangen nach San Francisco sowie Kopra, ferner auch Perlmutterschalen, die vereinzelt auf den Riffen neben anderen prachtvollen Muscheln auftreten, meist jedoch von den Paumotu=Inseln gebracht werden. Die Pflanzungen, denen der Arbeitermangel oft empfindlich fühlbar wird, führen nur wenig aus. Überhaupt ist der Einfluß auf die Eingeborenen sehr schwach, und der Handel, der sich nur in kleinen Kreisen bewegt, liegt meist in englischen und amerikanischen Händen, teils weil die Eingeborenen von ihrem ersten Unterricht durch englische Missionare und Händler her

faſt nur engliſch ſprechen, teils weil der Haupthandel mit Orangen nach San Francisco geht.
Somit iſt denn auch die Schiffahrtbewegung unbedeutend, und die Errichtung einer Dampferverbindung mit Europa durch die Société commerciale de l'Océanie mußte wegen der
ungenügenden Ausfuhr Tahitis aufgegeben werden. Jetzt findet regelmäßiger Poſtdienſt durch
Segelschiffe über Nukahiwa nach San Francisco ſtatt.

Papiti, der Haupthafen Tahitis und zugleich die Hauptſtadt des ehemaligen Königreichs,
an der Nordweſtſeite der Inſel, iſt ein großes Dorf von 3500 Einwohnern, mit außerordentlich
großem landſchaftlichen Reiz, inmitten der prachtvollſten Baumpflanzungen und Gärten, verſteckt in einer Fülle von Blumen. Die reinen Holzhäuſer des Ortes ſind regelmäßig angelegt
und mit Pariſer Straßennamen verſehen; Brotfrucht- und Orangenbäume, die zuſammen mit
anderen tropiſchen Bäumen wahre Berge von Früchten liefern, hat man zu Alleen vereinigt, Kokospalmen begrenzen überall den Strand. Papiti beſitzt ein chineſiſches Viertel, in dem alle Häuſer
aus Bambus erbaut ſind; und mehr und mehr erſtehen jetzt auch europäiſch gebaute Häuſer, wie
das des Gouverneurs, an einer großen Esplanade, gerade gegenüber dem des Königs Pomare,
mit breiter Veranda, ferner Gaſthöfe, Kaffeehäuſer ꝛc. Eine proteſtantiſche und eine katholiſche
Kirche geben dem Ort ein kirchliches Ausſehen und werden auch von der grell in bunte Stoffe
gekleideten Bevölkerung ſtark beſucht. Das Leben in der Stadt iſt ruhig und infolge des reichen
Blumenſchmuckes aller Eingeborenen farbenprächtig. Außer Tahitiern, Chineſen und Franzoſen
ſind nur noch wenige Deutſche, Engländer und Amerikaner in Papiti vorhanden. Der Bevölkerung gehören auch 150 Mann Marine-Infanterie, die Beſatzung der Inſelgruppe, an; davon
entfällt noch ein Teil auf eine kleine Beſatzungstruppe auf Raiatea. Neben einer genügenden
Kaſerne iſt ein Artillerie-Arſenal mit Werkſtätten, die auch für Stationsſchiffe arbeiten, vorhanden; höchſte Beamte ſind der Truppenkommandant und der rangälteſte Schiffsbefehlshaber.
Nach den geſchilderten ärmlichen Verhältniſſen iſt es nicht zu erwarten, daß die Kolonie Tahiti
den Franzoſen viel einbringt; der Handel iſt ja überhaupt in ganz Franzöſiſch-Ozeanien nur ſehr
gering. Für 1890 iſt die Höhe des Ausfuhrwertes zu 3½ Millionen Franken angegeben; die des
Einfuhrwertes betrug 3¾ Millionen Franken. Die verwickelte und umſtändliche Verwaltung der
franzöſiſchen Kolonien veranlaßt auch für Tahiti einen jährlichen Zuſchuß von 1 Million Franken;
allein für die Hebung des Landwirtſchaft, des Verkehrs und Handels der Gruppe wird wenig
gethan. Die Wege ins Innere der Inſel verfallen mehr und mehr, und ſeit dem Beſuche der
„Novara" 1858 iſt kaum ein Fortſchritt bemerkbar. Neuerdings beſteht die Abſicht, an dem
durch eine Feſte geſchützten Iſthmus von Tarawao, Port Phaëton, größere Hafenbauten, Becken
für tiefgehendere Schiffe, anzulegen. Die Viehzucht geht zurück, da die Eingeborenen die
Herden nicht einfriedigen und nach dem dann erfolgten Ausbrechen des Viehes lieber die Viehzucht ganz aufgeben, als die auf die Nachläſſigkeit gelegte Geldſtrafe zu entrichten.

Die kleineren Inſeln haben meiſt keine Ortſchaften von größerer Bedeutung. Ausgezeichnet iſt Raiatea (ſ. die Abbildung, S. 332) durch den guten Hafen Teavarua, deſſen
Handel faſt ganz in deutſchen Händen iſt.

c) Die Paumotu- oder Tuamotu-Gruppe.

Die Paumotu-Inſeln zählen mit der Gambier-Gruppe und Pitcairn zuſammen auf
973 qkm nur 5251 Einwohner, haben alſo eine Bevölkerungsdichtigkeit von 5,8 auf das Quadratkilometer, ſind aber trotz ihrer Kleinheit ſehr wichtig wegen der ausgezeichneten Perlfiſcherei auf
ihren Riffen. Dieſe bildet auch den wichtigſten Erwerbszweig der Bevölkerung und den bedeutendſten Ausfuhrartikel, obwohl infolge von Raubfiſcherei manche Perlenbänke völlig erſchöpft

sind. Es handelt sich hier meist um die schwarze, nur bei Marutea um die weiße Perlmutter (s. Abbildung, S. 267). Jene hat den Wert von etwa 1 Mark und liefert namentlich auf den vier- bis fünfjährigen Bänken sehr schöne Perlen, besonders bei Arutua, Kaukura, Fakarawa, Aratika; bei der Insel Toau wurde im Jahre 1876 eine Muschel mit 115 Perlen gefischt. 2,000,000 kg Perlmutter und 5—600,000 Franken Wert von schwarzen und weißen Perlen soll der Ertrag der Paumotu- und Gambier-Gruppe sein; 35 von 78 Inselgruppen haben Perlen-bänke, zum Teil mit sehr wertvollen Exemplaren. Daneben werden Kokosnüsse und Kopra aus-geführt, Brotfruchtbäume, Bananen, Arum, Ananas angepflanzt. Kopra gilt hier 4—6 Cents das Kilogramm, wogegen eine Reihe von Artikeln, die ganz auf den Geschmack der Eingeborenen

Die Gambier-Insel Mangarewa mit dem Orte Rikitea. (Nach der Natur.)

berechnet sind, Bänder, Federn, Kämme, Spiegel, Nähnadeln, Tabak, Kleidungsstücke, besonders von Händlern zu enormen Preisen losgeschlagen werden.

Durch Raubbau sind die Perlenbänke jetzt leider auch bereits großenteils erschöpft, und nur ihre Belegung mit dem Tabu hat die unvernünftige Ausbeutung auf anderen beschränkt.

Der Hauptort der Gruppe war bis 1878 Anaa, der jedoch wegen der Seichtheit des Schiff-fahrtskanals nicht ausreichte, so daß seitdem Fakarawa mit 325 Einwohnern zum Hauptpunkt gewählt worden ist. Anaa ist die volkreichste Insel mit 938 Einwohnern, während die übrigen nur selten von mehr als 400 bewohnt werden; eine ganze Reihe ist ganz unbewohnt, und brauch-bare Häfen haben außer Anaa und Fakarawa nur noch Kawehi, Makemo und Hao.

Die Mangarewa- oder Gambier-Gruppe ist ihrer Verwaltung nach mit den Paumotu verbunden, huldigte schon 1842 dem Christentum, führt Perlen, Perlmutter und Baumwolle aus und war 1888 von 445 Menschen bewohnt. Ihr Hauptort ist Rikitea (s. obenst. Abbildung).

d) Die Marquesas.

Die verhältnismäßig große Gruppe der Marquesas (1274 qkm) wird von (1892) 4445 Menschen bewohnt, die sich allerdings recht ungleichmäßig verteilen. Die größte Insel, Nukahiwa, beherbergt auf 452 qkm nur 988 Einwohner, besitzt also eine Bevölkerungsdichtigkeit von 2 auf das Quadratkilometer, die zweitgrößte, Hiwaoa, dagegen hat auf 400 qkm (1888) 2639 Bewohner, also eine Volksdichte von 6,6. Da aber die übrigen Inseln schwächer bewohnt sind, so beträgt die Gesamtdichte für die Gesamtgruppe daher nur 3,5 auf das Quadratkilometer. Die Zahl der Weißen und Chinesen ist etwa gleich gering; jene sind am zahlreichsten (etwa 30 Köpfe stark) in der 200 Einwohner zählenden Ansiedelung Taiohae angesiedelt. Die Chinesen arbeiteten besonders auf den Baumwollenpflanzungen, die neben den Kokospflanzungen die wichtigsten landwirtschaftlichen Anlagen der Inseln sind, da sie jährlich etwa 40—60,000 Mark abwerfen; auch besteht jetzt in Taiohae eine Fabrik zur Reinigung und Pressung der Baumwolle.

Neben den alten Kulturpflanzen bauen die Marquesaner jetzt Mais, Bataten, Kürbisse, Melonen, Tabak, Zuckerrohr an, während die Europäer vorwiegend Kokospalmen pflanzen, um Kopra zu gewinnen. Die Vorliebe für den Handel erinnert bei den Marquesanern an die Karolinier, indem sie schon vor Ankunft der Europäer Tapa-Tuch aus Hiwaoa, Tücher aus Fatuhiwa und Kokosöl aus Nukahiwa ausführten. Nachdem die Europäer die Inseln besser kennen gelernt hatten, erfolgte eine rücksichtslose Niederschlagung der Sandelholzbestände. Matrosen gründeten Ansiedelungen auf den Inseln, und die Unsittlichkeit nahm so überhand, daß sie ohne Zweifel sehr zur Verminderung der Bevölkerung beigetragen hat; mit ihr die Pocken.

Der Handel liegt auch hier nicht in französischen, sondern in deutschen Händen, da die mit deutschem Kapital gegründete deutsche „Société commerciale de l'Océanie" mit der Hauptniederlassung in Taiohae und Zweigfaktoreien auf Raiatea und Rarotonga allen Mitbewerb aus dem Felde geschlagen hat und einen bedeutenden Warenumsatz erzielt. Sie führt Vieh nach Tahiti, Kopra, Baumwolle und ein wenig Schafwolle aus und alle erdenklichen Gegenstände, besonders Kleidungsstücke, Hausrat und Nahrungsmittel, ein.

Obwohl die Franzosen schon seit 1844 auf dieser Inselgruppe festen Fuß gefaßt haben, ist ihre koloniale Entwickelung doch geradezu jämmerlich gewesen. Nachdem die katholischen Missionare die evangelischen verdrängt hatten, ergriffen die Franzosen Besitz von der Gruppe, verlegten mehrfach den Sitz der „Regierung", gaben aber 1861 die kostspielige Niederlassung ganz auf. In den siebziger Jahren wurde wieder eine Besatzung auf die Inselgruppe gelegt und ein „Resident" ernannt, der seinen Amtssitz in Taiohae hat. Ihm sind jetzt ein niederer Verwaltungsbeamter und ein Marinearzt zugeteilt, und auf den beiden politischen Bezirken der Nordwest- und der Südostgruppe sorgen je vier Polizisten für Ordnung.

Zu den neuen schädlichen Gewohnheiten der Eingeborenen gehört der Branntwein- und Opiumgenuß, den die Chinesen an die Stelle der unklugerweise verbotenen Kava eingeführt haben. Obwohl der von der französischen Regierung angestellte Generalpachter für den Handel mit Opium verpflichtet ist, diesen Stoff nur den Chinesen zu verkaufen, findet er doch Abnahme genug auf Seiten der Eingeborenen, die zwar der Geheimhaltung wegen das Opium nicht rauchen, es aber statt dessen zu essen pflegen.

Die Hauptstadt dieser Miniatur-Kolonie, Taiohae auf Nukahiwa, enthält unter 200 Einwohnern ein Siebentel Europäer, die einen Klub bilden, und besteht aus einer einzigen großen Häuserreihe. „Die Häuser sind", nach Graf Lanjus („Petermanns Mitteilungen', 1893), „ebenerdig aus Holz erbaut und werden aus San Francisco in zerlegtem Zustande bezogen. Nur eine landesübliche Hütte gibt es im Ort und zwar am westlichen Ende neben dem Hause der Königin Veukeu, der Witwe des letzten großen Häuptlings Te Moane. Diese Hütte ruht auf groben Pfosten; die Sparren des Daches bestehen aus Bambusstäben, und die Decke wird durch eine aus Palmen- und Pandanusblättern dichtgeflochtene, ziemlich wasserdichte Matte gebildet. Aus ähnlichem Material sind die schräg abfallende Rückseite und die Seitenwände der Hütte hergestellt, während die vordere Front ganz offen liegt. Neben jeder Hütte befinden sich Scheunen und Schweineställe. In dem Vaitú genannten Teile Taiohaes befinden sich auf eigenem, gut eingezäuntem Grunde die katholische Missionskirche, ein freundliches Gotteshaus, und die von Schwestern des heiligen Joseph von Cluny geleitete Schule für 60 weibliche Zöglinge. Die junge Generation ist des Lesens und Schreibens kundig und spricht etwas französisch; doch wurde darüber geklagt, daß der Einfluß der Schule von keiner nachhaltigen Wirkung für die austreten= den Zöglinge sei, denn diese greifen, einmal unbeaufsichtigt, zu ihren alten Gewohnheiten zurück.“

Die Ortschaften der übrigen Inseln sind unbedeutend, mit Ausnahme allenfalls von Vaitahu an der Westküste von Tahuatu.

6. Die chilenische Kolonie auf der Oster-Insel.

Am 9. September 1888 nahm Chile die von den Franzosen bis dahin als Eigentum be= trachtete Oster=Insel (s. Abbildung, S. 181) zum Zweck der Gründung einer Sträflingskolonie in Besitz. Diese Insel hat jetzt nur noch eine Bevölkerung von etwa 200 Köpfen (wenigstens wurden im Jahre 1892 von Toro 118 Männer und 89 Frauen gezählt) auf einem Areal von 118 qkm, woraus sich eine Volksdichte von 1,7 auf das Quadratkilometer ergibt. Bei früheren Besuchen war die Einwohnerzahl bedeutend höher; noch 1870 soll sie etwa 3000 be= tragen haben. Kurz darauf aber führten peruanische Menschenhändler den größten Teil der Oster=Insulaner nach den Chincha=Inseln zur Arbeit in den Guanolagern hinweg, und die Zurückgekehrten schleppten eine Epidemie ein, die die Einwohnerzahl bis auf 900 herabdrückte. Um dieselbe Zeit (1870) führten chilenische und tahitische Jesuiten etwa 400 Eingeborene nach der Mission auf der Gambier=Gruppe der Paumotu hinweg; weitere 400 übernahm die tahi= tische Firma Brander als Arbeiter in den Pflanzungen auf Tahiti und Eimeo. So sind heute nur noch ungefähr 200 Menschen auf der Insel vorhanden, die zu zwei Dritteln in der Ansiede= lung Matavéri, dem Sitz des Vertreters der tahitischen Firma Brander, und zu einem Drittel in Hungaroa oder Aungaroa wohnen. Natürlich sind dem Rückgang der Bevölkerung gemäß auch die Ortschaften spärlicher und kleiner geworden; noch jetzt kennt man 14 Stätten früherer Besiedelung, deren an jeder zugänglichen Bucht eine gelegen haben muß. Die verbliebenen Bewohner bauen Taró, Tabak, Bananen, süße Kartoffeln, Zuckerrohr, Ananas, Erdbeeren, züchten Schweine, Hühner, essen Fische und Schildkröten und trinken, wenn Wassermangel herrscht, den Saft des Zucker= rohrs. Die Kleidung ist mannigfaltig genug aus Resten europäischer Kleider zusammengesetzt, und der Handel mit altem Zeug ist der einträglichste. Kanoes fehlen jetzt ganz, oder es gehören vielmehr die einzigen vorhandenen einem Fremden, dem Tahitier Salmon, der bis 1889 die Firma Brander vertrat. Außer Handel betrieb dieser auch die Viehzucht und unterhielt eine Herde von 12,000 Schafen, 700 Stück Rindvieh und 70 Pferden; er löste jährlich 20 Tonnen Wolle aus der Schafzucht.

Der letzte König der Eingeborenen ist in Perú gestorben, die Häuptlinge halten jedoch noch auf diese Würde. Besondere Berufsarten, wie früher, unterscheidet man nicht mehr, da sich die Rapanui=Leute jetzt nur noch um raschen Erwerb des Lebensunterhaltes kümmern, ihre alten Ge= werbe als Fischer, Götzenbildschnitzer aber aufgegeben haben. Überhaupt ist das Ende des Volkes gekommen, und an Stelle der mehr und mehr durch Missionare und Agenten nach Tahiti und Mangarewa überführten Eingeborenen treten Tahitier und andere Polynesier. Über die bis= herige Entwickelung der chilenischen Strafkolonie ist nichts Günstiges bekannt; die Missionen sind verschwunden, die früher in Waihu errichtete Kirche wird jetzt von den Eingeborenen benutzt. Von 1890—92 vergaß die chilenische Regierung ihre Kolonie überhaupt ganz; seit 1892 leben nur drei Weiße auf der Insel, jedoch keine Sträflinge.

IX. Der Verkehr.

Australien ist und bleibt noch immer der entlegenste Kontinent, dessen Erreichung von Europa und auch von Amerika aus größte Reisedauer erfordert; brauchen doch selbst die neuen Schnelldampfer des Norddeutschen Lloyd 39 Tage von Neapel bis Sydney, eine Zeit, in der man von demselben Hafen aus nach dem äußersten Osten Asiens, nach Yokohama in Japan, gelangen kann. Und doch ist die Einführung der Dampfschiffahrt gerade für den entlegensten Erdteil ein ungeheurer Fortschritt gewesen. Denn um das Jahr 1840, kurz vor Einführung der Dampfschiffahrt, brauchte ein Brief von Australien nach Europa gewöhnlich drei bis vier, oft aber fünf bis sechs Monate, wenn die Reise der um das Kap der Guten Hoffnung fahrenden Segelschiffe nicht völlig glatt verlief. Für den Osten Australiens ist übrigens durch die Durch= stechung des Isthmus von Suez keine so sehr große Zeitersparnis erwachsen, da der Weg um das Kap nicht allzuviel länger ist; immerhin benutzen jetzt fast alle Dampferlinien den Suezkanal.

Wir haben jetzt eine Reihe von Dampferlinien, die uns nach Australien zu bringen ver= mögen. Zuerst die große englische Gesellschaft Peninsular and Oriental Steam Navigation Company, gewöhnlich P & O genannt, dieselbe, die auch den südasiatischen Dienst und die Reisen nach dem Osten, China, Japan, in Händen hat. Die Abzweigung von dieser Linie erfolgt in Colombo auf Ceylon, einem immer mehr wachsenden Knotenpunkt. Die Dampfer dieser Linie haben etwa 4000—5000 Tonnen Gehalt, machen 300 Seemeilen den Tag, er= reichen von Brindisi aus Sydney in 39 Tagen und werden, weil sie keine Zwischendeckspassa= giere und nur wenige der zweiten Kajüte führen, deshalb vielfach den übrigen vorgezogen.

Andere Schiffe der britischen Gesellschaft liefen aber auch bereits von Brindisi, einem eben= falls mehr und mehr aufkommenden Abgangshafen, über die als britische Kohlenstation eingerich= teten Tschagos=Inseln direkt nach Sydney und brauchten auf dieser Strecke 40 Tage; doch ist die Reise auch von Melbourne selbst nach London in 38 Tagen gemacht worden. Berührt werden auf der Hinfahrt Albany in Südaustralien, vier Tage später Adelaide, nach drei weiteren Tage Melbourne und abermals nach drei Tagen Sydney.

Über Colombo erreicht die Orient=Linie Sydney in 39—40 Tagen. Ihre Schiffe sind die größten und raschesten, haben zum Teil mehr als 5000 Tonnen Gehalt und legen in Neapel an, nicht in Brindisi; da sie außerdem Zwischendeckspassagiere nehmen, so gelten sie vielen nicht für wählenswert und gewählt genug und stehen in Bezug auf die gesellschaftliche Stellung der Passagiere hinter der Peninsular and Oriental=Linie zurück. Beide Linien halten vierzehn= tägigen Dienst ein. Eine dritte Linie verkehrt unter britischer Flagge zwischen London und Brisbane, berührt dabei die Häfen des Roten Meeres, Suez und Aden, ferner Colombo, Singapur oder Batavia und geht durch die Torres=Straße nach Cooktown, Townsville und anderen Häfen Queenslands weiter. Das ist die British India Steam Navigation Company, die den Weg Plymouth=Brisbane in 54 Tagen zurücklegt. Da sie den Verkehr mit Queensland vermittelt

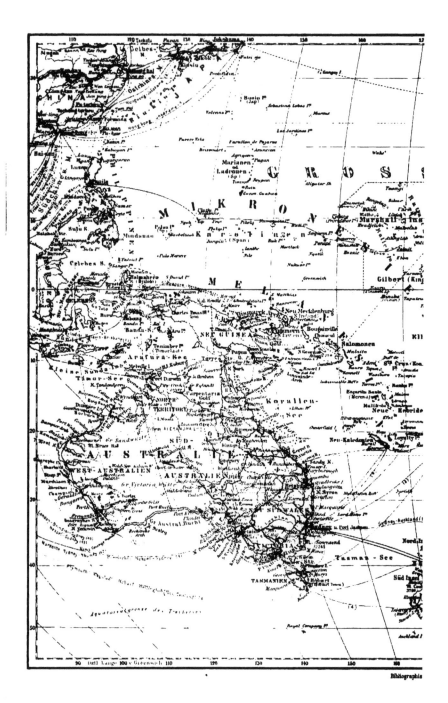

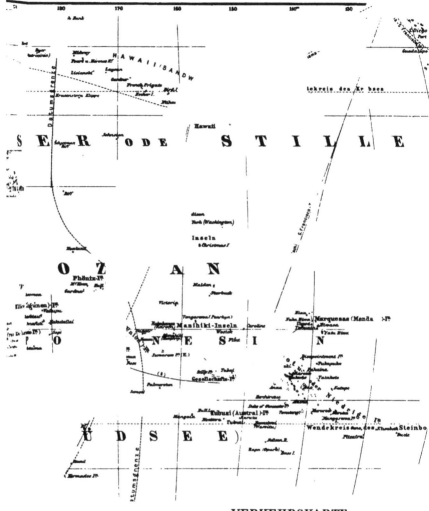

VERKEHRSKARTE
VON
AUSTRALIEN UND OZEANIEN.

Maßstab 1:50000000.

und von dieser Kolonie übernommen worden ist, wird sie auch oft einfach „Queensland Mail" genannt. Von dieser Linie zweigte bis zum Jahr 1889 die deutsche Verbindungslinie Cooktown= Finschhafen ab, die die deutschen Besitzungen der Südsee in regelmäßiger Berührung mit der Außenwelt erhielt. Da jedoch die englische Linie in der Beförderung mancherlei Schwierigkeiten machte, so löste die Neu=Guinea=Companie 1889 den Vertrag und suchte neue Verbindung mit Surabaya, Batavia und Singapur.

Neben den englischen kommen für das Festland Australien jetzt auch deutsche Dampfer= linien in Betracht, nämlich die von Hamburg ausgehende Deutsch=Australische Linie und seit 1887 der mit Reichsunterstützung arbeitende Norddeutsche Lloyd in Bremen, der Colombo an= läuft. Diese zweite Linie ist jetzt mit einigen sehr schönen Schiffen versehen, die in der Beför= rung der Post gewöhnlich ihre britischen und französischen Wettbewerber schlagen. Die Dampfer des Norddeutschen Lloyd sowohl wie der Deutsch=Australischen Dampfschiffs=Gesellschaft machen ihre Fahrten alle vier Wochen. Bereits seit 1881 hatte die Australia=Sloman=Linie eine regel= mäßige Verbindung zwischen Hamburg und Australien unterhalten, stellte aber nach Errichtung des australischen Zweiges des Norddeutschen Lloyd ihre Fahrten 1886 ein. Im Jahre 1889 wurde aber die Deutsch=Australische Dampfschiffs=Gesellschaft neu gegründet, betreibt seitdem mit acht Schiffen besonders den Frachtverkehr und erreicht Sydney von Hamburg aus in 54 Tagen.

Diesen Linien schließen sich die von Marseille ausgehenden französischen Messageries Mari= times an, die gleichzeitig die Verbindung mit Mauritius, Réunion und Neukaledonien aufrecht erhalten und wie der Norddeutsche Lloyd vierwöchentlichen Dienst haben.

Man kann jedoch heute ebenso schnell über Amerika nach Sydney kommen, wie über Asien oder Afrika. Denn mit den Schnelldampfern erreicht man von den deutschen Nordseehäfen aus New York in 9—10 Tagen, ist 6 Tage später in San Francisco und hat hierauf noch eine 26tägige Seereise nach Sydney, so daß im ganzen 42 Tage, allerdings nur bei guten Anschlüssen, herauskommen. Die amerikanische Oceanic Steamship Company und die Union Steamship Company of New Zealand machen auf der Reise nach Sydney Station nach 7 Tagen in Hono= lulu, nach 14 Tagen in Apia, nach 21—22 Tagen in Auckland, so daß die Fahrt San Fran= cisco=Sydney aus vier Teilstrecken besteht. Diese Linie ist für Reisende wohl die interessanteste, hat jedoch den Nachteil mehrmaligen Umsteigens, der Umladung des Gepäcks und Waren und der Notwendigkeit einer sechstägigen Eisenbahnfahrt durch Nordamerika. Eine dritte, den Großen Ozean durchschneidende neue Dampfschiffslinie führt von Vancouver in Kanada über die Fidschi= Gruppe in 25 Tagen nach Sydney und dient fast ausschließlich britischen Interessen, da sie nur britisches Gebiet berührt.

Die einzelnen australischen Kolonien sind untereinander durch die großen europäischen Dampfschiffslinien, außerdem aber auch durch kleinere australische Küstendampfer verbunden. Tasmanien wird durch Dampferlinien mit Melbourne, Sydney und Neuseeland in Verkehr erhalten; Neuseeland steht mit Australien durch englische und australische Linien mit dem Fest= land sowie durch die Union Steamship Company of New Zealand und die Oceanic Steamship Company mit Nordamerika in Verbindung. Die Tasmanian Steam Navigation Company be= schränkt sich auf den Verkehr zwischen Tasmanien und dem Festland, die Union Steamship Company macht Fahrten zwischen diesem und Neuseeland über Tasmanien (s. die beigeheftete „Verkehrskarte von Australien und Ozeanien").

Doch haben Tasmanien und Neuseeland auch eine eigene direkte Verbindung mit England, das von Neuseeland aus über Rio de Janeiro in 43 Tagen erreicht wird; rückkehrend läuft der Dampfer Kapstadt an. Zwei vereinigte Linien teilen sich in den Verkehr alle vier Wochen. Britisch=Neuguinea steht durch regelmäßige Dampferfahrten mit Queensland, der benachbarten

Festlandskolonie, in Verbindung, Deutsch=Neuguinea hatte bis 1889 Anschluß an die britische Queensland Mail in Cooktown, von 1889—91 an die holländischen Dampfer in Batavia, seit 1891 an die deutsche Sunda=Linie durch eigene Dampfer und endlich seit 1892 an den Norddeutschen Lloyd in Singapur, der den Dampfer „Lübeck" von dort achtwöchentlich nach Kaiser=Wilhelms=Land und dem Bismarck=Archipel laufen läßt. Dieser Dampfer unterhielt von 1888—91 Fahrten von Sydney nach Samoa im Anschluß an die des Norddeutschen Lloyd nach Sydney, stellte den Betrieb aber als keinen Gewinn bringend 1891 ein.

Von den übrigen Inselgruppen sind viele noch nicht mit dem Ausland regelmäßig durch Dampfer verbunden. In Melanesien wird Neukaledonien von den Schiffen der Messageries Maritimes von Sydney aus in drei Tagen alle vier Wochen angelaufen. Die Fidschi=Inseln standen zuerst durch das Anlaufen der Dampfer der Pacific Mail Steamship Co. in Levuka auf Ovalau in regem und stetem Zusammenhang mit den Vereinigten Staaten, Neuseeland und Australien; jetzt unterhalten zwei Linien von Suva aus den Verkehr: die Union Steamship Co. je alle vier Wochen mit Melbourne und Auckland und zweitens die Australasian United Steam Navigation Co.; dazu kommt auch die kanadische Postdampferlinie. Die Salomonen entbehren noch völlig einer regelmäßigen Verbindung mit anderen Inseln; die Neuen Hebriden sollten durch eine interinsulare Dampferlinie in Verknüpfung mit der Australasian United Steam Navigation Co. erschlossen und den britischen Interessen genähert werden. Holländisch=Neuguinea wird nur selten von Regierungsdampfern besucht.

In Mikronesien bestand bis Ende der achtziger Jahre nur Segelschiffsdienst. Die Aufrüttelung der Spanier aus ihrem Kolonialschlummer durch Deutschlands Ansprüche an die Karolinen hat jedoch wenigstens das Gute gehabt, daß jetzt fortlaufende Dampfschiffahrt zwischen Manila, den Marianen und den Karolinen eingerichtet worden ist. Da die Insel Ponapé dabei stets als östlichster Hafen von den spanischen Postdampfern angelaufen wird, so wird dadurch auch den deutschen Marshall=Inseln ein dauernder Verkehr mit den Karolinen ermöglicht, zunächst allerdings nur durch ein an die spanischen Postdampfer in Ponapé anschließendes Segelschiff, immerhin ein Fortschritt, womit Anfang 1895 begonnen worden ist.

In Polynesien haben die Samoa= und Tonga=Inseln und mit ihnen der deutsche Handel viel durch die 1891 erfolgte Einstellung der Fahrten des Norddeutschen Lloyddampfers „Lübeck" verloren, der regelmäßig mit Sydney verkehrte. Jetzt besteht eine Verbindung der Inseln mit Neuseeland durch die Union Steamship Co. alle vier Wochen. Die kleineren Inseln sehen Dampfer nur von Zeit zu Zeit an ihren Küsten, haben aber zum Teil regelmäßigen Segelschiffsdienst. Tahiti wird z. B. durch die Segelschiffe des Hauses Tandonnet im Jahre sechsmal mit Bordeaux verbunden und verkehrt außerdem monatlich mit San Francisco durch Segelschiffe, die auf der Rückreise auch die Marquesas anlaufen. Außerdem kommen jährlich zweimal französische Kriegsschiffe nach diesen Inselgruppen. Die Hawaii=Gruppe steht in steter Verbindung mit San Francisco und Auckland=Sydney durch die Oceanic Steamship Co., mit diesen und Kanada durch die britische Linie; und außerdem besorgen Küstendampfer den Verkehr zwischen den einzelnen Inseln.

Einen gewissen Ersatz für den Mangel regelmäßigen Dampferverkehrs unter den kleinen Inselgruppen Polynesiens und Mikronesiens bieten die häufigen Fahrten der Schooner der Deutschen Handels= und Plantagen=Gesellschaft der Südsee, die sich aus kleinen Anfängen zu großer Bedeutung emporgeschwungen hat. Sie nimmt den Platz des im Jahre 1880 durch finanzielle Schwierigkeiten zu Grunde gerichteten großen Hamburger Hauses „Johann Cesar Godeffroy und Sohn" ein, das den Handel mit den Südsee=Inseln zur ersten Blüte gebracht hatte. Dies in der zweiten Hälfte des 18. Jahrhunderts gegründete Geschäft dehnte sich mehr und mehr aus, 1857 war die Schiffszahl auf eine ansehnliche Flotte angewachsen, die vorzugsweise mit dem vorderindischen Hafen Kotschin in Verbindung stand, während in Amerika Balparaiso der Hauptstapelplatz war. Das Geschäft wurde zunächst nach den Paumotu, dann nach Tahiti aus= gebreitet; und in Samoa endlich fand es seine größte Ausdehnung, aber auch sein Ende. Apia wurde aus einem Zwischenplatz zwischen Tahiti und Sydney mehr und mehr der Zentralpunkt des gesamten Geschäftsbetriebes, und ein großer Teil der Insel Upolu ging in deutschen Besitz über. Bald darauf dehnte das Haus Godeffroy seinen Handel über die Gilbert= oder Kingsmill= Gruppe, die Marshall=Inseln, die Karolinen, die Ellice= und Tokelau=Inseln aus; erwarb auf Yap ein Gebiet von 1200 Hektar und setzte von hier aus den Handel mit Kotschin fort; dazu kamen neue Niederlassungen auf den Tonga=Inseln, Futuna und Uea, und Agenten wurden auf den Neuen Hebriden und den Inseln des jetzigen Bismarck=Archipels gehalten. Als wichtigste Punkte des Handels entwickelten sich neben Apia und Yap Jaluit auf den Marshall=Inseln und Matupi im Bismarck=Archipel. Somit hatte das Hamburger Haus fast alle Südsee=Inseln seinem Handel nutzbar gemacht, ging aber an den ungünstigen Handelsverhältnissen Ausgang der siebziger Jahre zu Grunde. Ein Versuch, Samoa für Deutschland zu erwerben und dem Hause Godeffroy den Rückhalt des Reiches zu verschaffen, scheiterte an der einsichtslosen Haltung des Reichstags. Doch aus den Trümmern des großen Hauses entstand die Deutsche Handels= und Plantagen=Gesellschaft der Südsee, die fast die ganze Godeffroysche Erbschaft übernommen, die Agenturen erhalten und den Besitz auf Upolu auf 52,000 Hektar ausgedehnt hat. Sie unter= nimmt mit ihren zahlreichen Schiffen häufige Fahrten im ganzen Bereiche der Südsee, die vor allem den vom großen Verkehr am weitesten entlegenen mikronesischen Inseln zu gute kommen.

Die Eingeborenen betreiben die Schiffahrt auch jetzt noch mit so ausgezeichneten Hilfs= mitteln und in so ausgedehntem Maße, daß sie noch immer als die besten Schiffer unter allen Naturvölkern gelten dürfen. Zwar haben manche Inselgruppen, z. B. Hawaii, bereits den Über= gang zur europäischen Schiffahrt so weit vollzogen, daß sich zwischen den einzelnen Inseln jetzt Küstendampfer und moderne Segelschiffe bewegen; meistens jedoch pflegen die Eingeborenen der Südsee=Inseln noch die alte Art der Schiffahrt, wenn auch nur zwischen den einzelnen Inseln derselben Gruppe, nicht mehr von einer Gruppe zur anderen. Auch kommen jetzt noch hier und da unfreiwillige Wanderungen über weite Meeresräume vor.

Im allgemeinen sind die Polynesier und Mikronesier den Melanesiern in der Schiffahrt überlegen. Überhaupt scheint das Gesetz zu bestehen: je mehr eine Inselgruppe in Einzelinseln kleinen Umfanges aufgelöst ist, desto größer sind die Leistungen der seefahrenden Stämme, desto höher ist die Technik im Schiffbau, desto kühner der Wagemut ausgebildet. Im einzelnen be= stehen natürlich wiederum Unterschiede. Die Tahitier und Fidschi=Insulaner haben die weite Fahrt verhältnismäßig wenig entwickelt, die Tonganer und die Eingeborenen der Paumotu=, Marshall= und Karolinen=Inseln eine hochgradige Vollkommenheit darin erreicht, obwohl gerade sie sich in besonders abgeschlossener Lage befinden. Anderseits befahren z. B. die Bewohner der Nordküste Neuguineas, die sich meist nicht weit aufs Meer wagen, ihre Küstengewässer furcht= los auf großen Wurzelstrünken und Baumästen.

Von dieser einfachsten Form der Fahrzeuge aus haben sich nun auf einzelnen Inseln technisch hochstehende Schiffe entwickelt, und Übergänge führen von der primitivsten zur kunst= vollsten Bauart über. Legte man mehrere Baumstämme zusammen, so entstand das Floß, das in der Küstenschiffahrt Melanesiens eine Rolle spielt. Anderseits entstand durch sorgfältigere Auswahl großer Baumstämme und deren Aushöhlung der Einbaum, dessen Anwendung jedoch selten ist (Palau und Tahiti). Häufiger findet sich die Verbindung der Einbäume mit dem Floß, indem auf zwei oder mehrere ausgehöhlte Baumstämme Bretter gelegt werden (Neu= guinea und Neukaledonien). Diese Fahrzeuge werden durch Ruder oder auch schon durch Segel fortbewegt; größere tragen sogar zwei Masten, Mattensegel, werden durch Steinanker gehalten und gewähren auf ihrem Deck bis zu 100 Menschen Raum.

Aus den Einbäumen entwickelten sich die größeren Kähne, die man sich ursprünglich durch Ausbrennen von Baumstämmen verschaffte. Sie haben zum Teil bedeutende Länge; doch richtet sich natürlich ihre Größe nach der Höhe und Dicke der auf den Inseln wachsenden Bäume, und so kommt es, daß die Bewohner der Fidschi-Inseln, Neuseelands und Melanesiens überhaupt größere Schiffe haben als die östlichen Polynesier. Diese dagegen machten die Ungunst der Natur durch verdoppelte Thatkraft und Erfindungsgabe wieder wett, indem sie mehrere Kiele aus dem Holze der ihnen vielfach, wie auf den Paumotu-Inseln, allein zur Verfügung stehenden Kokos-palme zusammenfügten (s. untenstehende Abbildung). Daraus entstanden die technisch hoch-stehenden zusammengestellten Boote, die im östlichen Polynesien vorwiegen; ihre Anfertigung ist an sich schon eine hohe Leistung.

Ein Boot von Niue (Savage-Insel). (Nach einem Modell im Museum für Völkerkunde, Leipzig.)

Um die Einbäume vor dem Umschlagen zu sichern, wurden sie mit Balancierbäumen ver-sehen, die nun die Grundlage für die eigentümlichen Doppelkanoes abgegeben haben mögen, falls sich diese nicht aus den Floßbauten über ausgehöhlten Baumstämmen entwickelt haben. Diese Doppelkanoes (s. Abbildung, S. 465) bestehen aus dem Hauptboot mit Mast und Segel und einem baneben liegenden, kleineren Boote, das durch eine Bretterlage mit dem ersten verbunden ist. Die hierdurch entstehende Plattform dient bei längeren Fahrten als Wohnraum und wird daher mit einem Holzgerüst versehen. Diese Doppelkanoes finden sich aber fast nur in Poly-nesien und fehlen in Mikronesien und halb Melanesien, während die Ausleger gerade in Mikro-nesien ihre größte Vervollkommnung erfahren haben. Aus leichtem Holze verfertigt, dienen sie dem Boote als Balancierbäume und ermöglichen erst eine rasche Fahrt, da sie eine spitze Form haben. Nach der Art ihrer Anbringung unterscheidet man verschiedene Arten von Fahrzeugen.

Die Segel bestehen aus geflochtenen Matten und haben meist dreieckige Form, die Ruder sind entweder lanzettartig geformt oder keulenähnlich und, wie die Schiffe überhaupt, namentlich in Melanesien, mit Schnitzereien verziert. Das Steuer hat nicht selten eine Länge von 6 m. Große Boote können mehr als 100 Personen aufnehmen (s. Abbildung, S. 344).

Auch für die Sicherung des Schiffsverkehrs in der großen Wasserwüste der Südsee wird neuerdings mehr gethan, indem auf unbewohnten Inseln Niederlagen von Kleidungsstücken, Booten, Lebensmitteln errichtet worden sind: zunächst von der neuseeländischen Regierung auf der Kermadec-Gruppe sowie auf Auckland-Insel, Campbell-Insel, Snares, Antipoden-Insel und Bounty. Außerdem werden diese Eilande ein- bis zweimal jährlich durch Regierungsdampfer

besucht. Eine weitere Ausdehnung dieser Einrichtung über die Koralleninseln der zentralen Süd=
see wäre recht erwünscht. In der Südsee stehen wir überhaupt erst im Anfang der Entwicke=
lung des Verkehrs. Am besten wird dies durch den Mangel eines Kabels von Amerika nach
Australien bewiesen, dessen Legung immer noch erst in Aussicht steht. Um die Verbindung Ka=
nadas mit Australien über britisches Gebiet zu ermöglichen, hat Großbritannien in den Jahren
1889—92 eine Reihe von Inselgruppen in der zentralen Südsee in Besitz genommen und eine
große Zahl von Lotungen durch die „Egeria" anstellen lassen. Das Kabel, das auf der Strecke
Vancouver (Kanada) — Amerika=Inseln — Tokelau=Gruppe — Fidschi=Inseln — Norfolk — Neu=

Ein Doppelboot von den Fidschi=Inseln. (Nach einem Modell im Museum für Völkerkunde, Leipzig.)

seeland gelegt werden soll, wird für das Mutterland wie für die Kolonien von größter Wich=
tigkeit sein und wahrscheinlich einen Aufschwung des Verkehrs in ähnlicher Weise einleiten, wie
die Errichtung des Überlandtelegraphen und der übrigen Linien im Inneren von Australien dem
Verkehr und der Besiedelung die Wege gewiesen haben.

Die Errichtung des Überlandtelegraphen (s. Abbildung, S. 466) erfolgte bereits zehn
Jahre nach der Durchkreuzung des Festlandes durch Stuart. Sie wurde unter sehr großen
Mühen von der Kolonie Südaustralien in vielfach gänzlich wüstenhaftem Gebiet ausgeführt, und
für die australischen Kolonien besonders dadurch nutzbar gemacht, daß gleichzeitig England das
Kabel von Banjoewangi in Süd=Java nach Palmerston am Port Darwin in Arnhem=Land
legte. Von Palmerston verläuft der Überlandtelegraph südöstlich zum Oberlauf des Roper=
Flusses, dann fast südlich durch das Innere über die MacDonnell=Kette bis Alice Springs und
hierauf in südsüdöstlicher Richtung nach den Landschaften im Nordwesten des Eyre=Sees. Eine

zweite große Telegraphenlinie verbindet jetzt Port Augusta am Spencer-Golf (s. Abbildung, S. 218) mit Albany am König-Georg-Sund in Westaustralien, indem sie der großen australischen Bucht folgt. Von Albany verläuft die Telegraphenlinie der großen Straße entlang nach Perth, sodann bis Dongarra, einem Hafen an der Mündung des Irwin-Flusses, und zieht hierauf wieder nahe der Küste an der Sharks-Bai entlang bis Gantheaume Point an der Roebuck-Bai in Dampier-Land. Hier ist ein zweites Kabel nach Java angeschlossen, so daß zur Zeit doppelte unterseeische Telegraphenverbindung mit dem asiatischen und dadurch europäischen Festland besteht. Im Kimberley-Distrikt sind die Häfen Derby und Wyndham mit den Gold-

Die Station Peake des Überlandtelegraphen, Inneraustralien. (Nach Wallace.)

feldern von Hall's Creek telegraphisch verbunden. Da außerdem Derby mit der westlichen Telegraphenlinie von Gantheaume Point verknüpft ist, so kann man von den Goldfeldern nach Perth und dem ganzen übrigen Australien telegraphieren. Außerdem sind die Murchison- und Coolgardie-Goldfelder mit der Küste, die hauptsächlichen Hafenplätze untereinander verbunden.

Jn Queensland durchzieht der Telegraph die York-Halbinsel der Länge nach und verbindet Normanton am Südende der Carpentaria-Bucht mit Cardwell an der Ostküste, ferner die Cloncurry-Goldfelder mit Normanton einerseits und Rockhampton anderseits. Auch hat er von der Ostküste aus bereits Jundah und Windorah am Thomson-Flusse im Gregory-Distrikt, ferner Thargomindah am Bulloo-Flusse in Südwest-Queensland erreicht. Die älteren Kolonien Australiens sowie Tasmanien und Neuseeland sind natürlich mit einem viel dichteren Netze von Drähten übersponnen. Sydney ist mit Wellington auf Neuseeland durch Kabel verbunden, und zwischen Western Port vor Melbourne und Port Dalrymple vor Launceston auf Tasmanien besteht eine Kabelverbindung, die Tasmanien an das australische Netz anschließt. Im Jahre 1891 betrug die Kilometerlänge der in Betrieb befindlichen Linien im ganzen 75,660, davon 8608 in Neuseeland, 3350 in Tasmanien, und die Länge der Drähte überhaupt 140,247 km.

Dagegen sind die Telegraphenleitungen auf den Südsee-Inseln selbstverständlich erst später in Angriff genommen worden, in Hawaii 1878, haben sich aber gerade hier rasch ausgedehnt; auf anderen Gruppen werden sie erst angelegt. Auch in dieser Beziehung wird die Herstellung eines Kabels von Amerika nach Australien große Anregung zu Anschlüssen geben. Neukaledonien genießt bereits den Vorteil einer Kabelverbindung mit Queensland, nämlich mit dem Hafen Bundaberg an der Hervey-Bai halbwegs zwischen Brisbane und Rockhampton.

Den Telegraphen folgen nach und nach die Eisenbahnen. Während für unser Gebiet im allgemeinen wegen seiner Lage mitten im Großen Ozean der Schiffsverkehr immer die erste Rolle spielen und sich voraussichtlich noch erheblich entwickeln wird, haben Eisenbahnen eine größere Bedeutung nur für Australien selbst, Neuseeland und Neuguinea. Während nun aber in dem letztgenannten Lande noch alles in den Anfängen ist, sind Australien und Neuseeland im Eisen=bahnbau bereits erheblich vorgeschritten. In Neuseeland sind auf der Südinsel die Städte der Ostküste (Invercargill, Dunedin und Christchurch) durch Schienenwege verbunden worden, die jetzt nordwärts bis Hellwellyn gelegt sind. Zwar ist das Nordende der Insel noch nicht erreicht, aber zahlreiche Zweigbahnen gehen nach dem Inneren der Insel ab. Die zweite Hauptbahn führt von Nelson an der Cook=Straße nach Greymouth an der Westküste, zum Teil durch gebirgiges Land. Sie ist nun mit der in den Canterbury=Ebenen laufenden Bahn verbunden durch eine das Gebirge im Arthurs=Passe in 920 m Höhe überschreitende Bahn von Greymouth nach Christchurch: die einzige, die die Südinsel überquert. Auf der Nordinsel zerfiel das Schienennetz in ein südliches und ein nördliches System. Das südliche läuft meist nahe der Küste entlang von New Plymouth über Wanganui nach Wellington und von hier in dem südöstlichen Längsthal nach Napier. Das nördliche Netz geht von Auckland südwärts bis Lichfield und Mokau auf der inneren Hochebene und ist jetzt durch Erbauung einer Zentralbahn vor dem Ruapehu und durch das Rangitikei=Thal mit dem südlichen vereinigt worden. Ein kleinerer Strang führt auch von Auckland nordwärts nach Helensville. Im ganzen waren 1891 in Neuseeland 3008 km Eisen=bahnen fertiggestellt. Auf Tasmanien wurde zuerst entlang der schönen Kunststraße von Hobart nach Launceston (s. Abbildung, S. 410) eine 213 km lange Eisenbahn erbaut, der eine Abzwei=gung nach Deloraine, später bis Torquay an der Nordküste angefügt wurde, während eine zweite Zweigbahn nach der Ostküste bei St. Mary's führt. Außerdem ist im Derwentthal die Eisenbahn bis Glenora aufwärts gelangt. Die Westseite der Insel hat noch keine Lokomotive dahineilen sehen, doch wird wahrscheinlich die von Somerset an der Nordküste kommende Bahn nach der Westküste fortgesetzt werden. Die Gesamtlänge der tasmanischen Eisenbahnen war 1891: 607 km, wozu 108 im Bau befindliche kommen.

In Australien dagegen war um dieselbe Zeit die Länge der Eisenbahnen schon auf 14,374 km gestiegen; davon kommen auf Victoria 4448, auf Neusüdwales 3511, auf Queens=land 3532, auf Südaustralien 2916 und auf Westaustralien 327 km. Diese Zahlen sind im Verhältnis zur Einwohnerzahl, namentlich in Queensland, sehr bedeutend und übertreffen gleich=falls im Verhältnis sogar die der nordamerikanischen Union. In der That bedarf aber vor allem das Innere des Aufschlusses durch Eisenbahnen, und auch hier wird gewiß, wie in Nordamerika, die Besiedelung des Landes den Eisenbahnen folgen.

Naturgemäß verband man zunächst die wichtigsten Städte des Südostens, Melbourne, Ade=laide, Sydney, untereinander. Doch verlaufen diese Bahnen nicht etwa an der Küste, sondern zum Teil auf der inneren Seite der ostaustralischen Gebirge, die sie erst westlich von Sydney in den Blauen Bergen übersteigen. Die Südostküste selbst hat gar keine Bahn, außer in der

Umgebung der Hauptstädte. Sodann ist Sydney mit Brisbane verbunden, aber wiederum nicht an der Küste entlang, sondern quer über die Liverpool-Kette nach den Liverpool-Niederungen hin, und dann an der Westseite der Neu-England-Kette entlang, um die fruchtbaren Liverpool- und Darling-Ebenen aufzuschließen. Von Brisbane führte die Eisenbahn im Jahre 1894 nordwärts über Gympie und Maryborough bis Bundaberg, mit der Absicht, 1895 Rockhampton zu erreichen. Von den Küstenstädten Mittel- und Nord-Queenslands führen ferner drei Eisenbahnen von der Küste quer ins Innere: die nördlichste von Cooktown nach Maytown und Palmerville auf den

Eisenbahnbrücke bei Blackwood, Südaustralien. (Nach Photographie.)

Palmer-Goldfeldern, die mittlere von Townsville nach den Quellen des Flinders-Flusses bei Hughenden, in dessen Thal sie bis hinüber nach Cloncurry fortgesetzt werden soll. Von hieraus wird gleichzeitig eine Bahn nach Normanton gebaut, das bereits mit dem Croydon-Goldfeld verbunden ist. Ein anderer Zweig sucht von Hughenden aus die Verbindung mit der dritten Queensländer Querbahn zu erreichen, die von Rockhampton ausgeht und bereits bis an den Thomson-Fluß bei Longreach vorgedrungen ist. Hier soll die ebengenannte Verbindungsstrecke über Winton begonnen werden und gleichzeitig ein weiterer Schienenweg bis nach Boulia am Burke-Fluß unter 140° östl. Länge, also bis nahe an die Westgrenze der Kolonie, vorstoßen. Eine vierte Linie geht von Toowoomba westlich von Brisbane selbst aus bis Charleville am oberen Warrego-Fluß, von wo zwei Linien nach Windorah am Barcoo und Thargomindah am

Bulloo-Fluß, nahe der Südwestgrenze Queenslands, im Bau sind. Sonach werden die Fluß=
gebiete des Inneren von Queenslands Ostküste aus bereits an drei Stellen erreicht.

In Neusüdwales ist schon längst eine Eisenbahnlinie bis nach Bourke am Darling vor=
gedrungen, eine zweite den Murrumbidgee hinab bis Hay gelangt; aber über den Darling hin=
über ist noch kein Schienenweg gelegt worden. Wahrscheinlich wird mit der Zeit ein Anschluß
des Queensländischen Netzes an das von Neusüdwales auch im Inneren erfolgen, vermutlich
zwischen Bourke in Neusüdwales und Thargominbah in Queensland.

Besondere Anstrengungen hat Victoria gemacht, sein Eisenbahnnetz auszubauen und den
Murray, die wichtigste Wasserstraße des Inneren, zu erreichen, so daß einerseits zwischen Mel=
bourne und dem Murray ein dichtes Eisenbahnnetz besteht, anderseits dieser Fluß an sechs Stellen
zwischen Albany und Swan Hill von Eisenbahnen Victorias erreicht wird. Über den Murray
hinaus ist die Bahn nach dem Murrumbidgee bereits an zwei Stellen gelangt und führt in
seinem Thale von Hay bis Naranbera aufwärts, das wieder Verbindung mit Sydney hat.

Südaustralien hatte wie Queensland seine Aufgabe in dem Eisenbahnbau nach dem Inneren
zu suchen, steht darin aber gegen Queensland zurück. Bis zum Jahre 1881 baute die Kolonie
die Bahnen nach Melbourne und nach der Flinders=Kette über Port Augusta nach Farina Town
im Osten des Nordendes des Torrens=Sees. Seitdem ist die Eisenbahn, abgesehen von einer
Zweiglinie nach den Minen von Cockburn, in zehn Jahren nur bis an den Truer=Fluß vor=
gedrungen, von wo aus sie der Telegraphenlinie entlang gebaut werden soll. Es wird sich hier
also eine Überlandbahn entwickeln, zu der auch von Norden aus ein erster Schritt in Gestalt
der Eisenbahn von Palmerston über die Telegraphenstation am Margaret-Fluß nach den Minen
von Pine Creek geschehen ist. Die nördliche Teilstrecke, Palmerston—Pine Creek, ist 235, die süd=
liche, Adelaide—Angle Pool, 1108 km lang. Nirgends ist die Thatsache, daß die Eisenbahnen
den Telegraphen folgen, deutlicher erkennbar als in Süd= und Westaustralien. Den 1877 ge=
legten Telegraphen Port Augusta—Albany soll jetzt die Eisenbahn der Südküste Australiens ent=
lang begleiten. Da Albany mit Perth verbunden ist und dieses in nächster Zeit mit Dongarra
und den Pilgarri=Goldfeldern eine Eisenbahnverbindung haben wird, so wird man nach Fertig=
stellung der Zwischenstrecke von Rockhampton in Queensland nach Perth und Dongarra in West=
australien fahren können. Zur Zeit ist es möglich, ohne Unterbrechung den Schienenweg von
Rockhampton bis Port Augusta und Angle Pool zu benutzen. Die letzte Lücke wurde am 1. Mai
1890 ausgefüllt durch die Eröffnung der Brücke über den Hawkesbury nördlich von Sydney.
Leider haben jedoch die Bahnen der verschiedenen südost= und ostaustralischen Kolonien ungleich=
mäßige Spurweite: ein Umstand, der die volle Entwickelung des Verkehrs sehr erschweren wird.
Kunstbauten (s. Abbildung, S. 468) sind auch in Australien notwendig geworden, besonders
Tunnel beim Übergang der Bahn über die australische Kordillere zwischen Sydney und Bathurst,
steile Zickzackanstiege beim Erklimmen der ersten Höhenstufen und Brücken über die großen und
oft weithin austretenden Flüsse, z. B. die genannte Hawkesbury=Brücke und die über den unteren
Murray bei Swanport zwischen Wellington und Mannum. Die Fahrzeit Adelaide=Brisbane
beträgt jetzt etwas über drei Tage; der Zug verläßt Adelaide Montag 3 Uhr 30 Min. und er=
reicht Melbourne Dienstag 8 Uhr 45 Min. vormittags, Sydney Mittwoch Mittag 11 Uhr
45 Min., Brisbane Donnerstag Abend 10 Uhr 50 Min., hat aber Aufenthalt von acht Stunden
in Melbourne und 6½ Stunden in Sydney. Reist man an einem Donnerstag, Freitag oder
Sonnabend ab, so wird die Fahrzeit durch die Sonntagsruhe verlängert.

Von den Inselgruppen der Südsee ist bisher nur Hawaii zum Eisenbahnbau vor=
geschritten. Auf der Insel Oahu besteht eine Linie von 39 km Länge, auf Maui eine solche von
11 km, auf Hawaii zwei von zusammen 40 km Länge, so daß das hawaiische Eisenbahnnetz

im ganzen bisher 90 km Ausdehnung besitzt. Auf den übrigen Inseln Polynesiens und Mela=
nesiens kommen nur Schienenstränge zur Erleichterung des Warentransports in den Häfen vor.

Obwohl die australischen Flüsse bei hohem Wasserstande große Mengen von Wasser führen
und einen ansehnlichen Eindruck machen, kranken sie doch an dem mehrfach erwähnten Übel der
Ungleichmäßigkeit des Wasserstandes und sind daher für die Schiffahrt nur wenige Monate be=
nutzbar. Eigentlich wird überhaupt nur der Murray und sein Nebenfluß Murrumbidgee befahren,
der Darling nur bei hohem Wasserstande bis Bourke, und auch dann nur wenig, da seine Ufer
noch schwach besiedelt sind. Auf dem Murray laufen die nach amerikanischem Etagensystem ge=
bauten, mit großem Triebrad versehenen Flußdampfer bis Albury, auf dem Murrumbidgee
bis Wagga=Wagga. Andere Flüsse sind im Unterlaufe schiffbar, gewähren der Dampfschiffahrt
aber keinen größeren Spielraum; am bekanntesten ist der Betrieb auf flachgehenden Dampfern
auf dem Paramatta zwischen Sydney und Paramatta und auf dem Hunter bei Maitland.

Wo Eisenbahnen und Dampfschiffahrt enden, sind, wenigstens in einzelnen Teilen Austra=
liens, Kunststraßen vorhanden, naturgemäß am häufigsten in Victoria und Neufüdwales. In
Queensland wird zwar ganz besonders viel Geld für Landstraßen ausgegeben, allein das Gebiet
ist zu groß, und die Ansiedelungen liegen zu zerstreut: die Zahl der Straßen bleibt gering. Auf
den Landstraßen verkehren von den Endpunkten der Eisenbahnen oder von Zwischenstationen,
wie bei uns, Postkutschen, in denen das Reisen auf den holperigen, vielfach brückenlosen Straßen
wenig erbaulich ist. So mag noch jetzt für große Gebiete des Inneren gelten, was K. E. Jung
(,Petermanns Geographische Mitteilungen', 1877) über eine südaustralische Landstraße sagt:

„Es gibt keine trostloseren Gegenden als die, welche die Poststraße von Kingston an der
Lacépède=Bai nach Meningie am Albert=See durchschneidet. Sie läuft an dem langen, schmalen
Coorong hin, der wie ein Haff sich über 80 englische Meilen, oft kaum eine Meile breit, am
Meeresstrande hinzieht, vom südlichen Ozean nur durch eine Landzunge sandiger Dünen ge=
trennt, die aber auf einem Untergrund poröser Kalkfelsen ruhen. Diese Felsen ragen überall aus
dem Boden hervor und machen die rohe Naturstraße, wo sie nicht das Bett des Coorong selber
verfolgt, zu einer der beschwerlichsten, die man sich denken kann. Der Kolonist ist in der Regel
nicht verwöhnt, aber wenn er nach Reisen bei Tag und Nacht von den bisher chaussierten Straßen
auf die ungebahnte Landstraße kommt, die über Kingston nach Meningie führt, so lernt er recht
von Grund aus kennen, was Reisen per Post in Australien bedeutet. Schon beim Einsteigen in
die enge Kutsche, die außer Passagieren noch manch Gepäck enthält, für das sich auf dem Dach
kein Raum gefunden, fallen ihm die breiten Lederriemen auf, die von einer Thür zur andern
quer durch den Wagen gezogen sind. Aber er findet sie bald recht wesentlich nötig. Wenn es im
Galopp durch Creeks, über gestürzte Baumstämme, über die rauhen Kalkfelsen geht, heißt es fest=
halten, damit man nicht vom Sitze seinem Nachbar in die Arme geschleudert wird oder in eine
noch unangenehmere Annäherung mit den harten Holzwänden des Wagens kommt."

Wenn schon eine verhältnismäßig leichte Postkutsche derartige Schwierigkeiten auf den
Straßen fand und vielfach noch findet, so sind erst recht begreiflich die Mühen, die mit der
Herausführung großer Wolltransporte an die Küste verbunden sind. „Man kann sich", bemerkt
Lumholtz (,Unter Menschenfressern'), „kaum ein charakteristischeres Bild vom australischen
bushlife vorstellen, als den Anblick eines Wolltransports, der sich aus der Ferne nähert.
18—23 starke Ochsen schleppen in der glühendsten Sonnenhitze, die Zunge weit aus dem
Halse hängen lassend, langsam einen mit Wollballen beladenen Wagen hinter sich. Neben
der Karawane wandert der sonnverbrannte, bestäubte Ochsentreiber mit seiner langen Peitsche.
Unter einem Leinendache hoch oben auf der haushohen Last hat seine Familie ihr Lager auf=
geschlagen, und einige Schafe und Ziegen folgen hinterher. Ein solcher Ochsentreiber (carrier)

lebt davon, Wolle von den Stationen des fernen Westens (Queenslands) nach den Küstenstädten und statt dessen wieder Proviant zurückzubringen. Auf diese Art verbringt er sein Leben
unterwegs. Er selbst ist Besitzer sowohl der Zugtiere wie der Wagen. Besitzt er mehrere Ge-
spanne und gleichzeitig eine Frau, so lenkt diese gewöhnlich das eine derselben und schwingt
keck die Peitsche wie der beste Treiber."

Wo auch diese Straßen aufhören, beginnt das Reisen zu Pferde, zum Teil auf engen Berg-
wegen, oder auch in der endlosen Ebene, nur hier und da unterbrochen durch eine Rast in den
zahlreichen Wirtshäusern oder Viehhöfen, mit denen vielfach ein general store, ein Laden, oder
eine Schnapsbude verknüpft ist, in denen den ‚bushmen‘, den Bewohnern der australischen Wildnis und ersten Pionieren der Kultur, oft der letzte Heller in Getränken wieder abgenommen wird.

In der Wüste endlich kommen nur sorgfältig ausgerüstete Karawanen fort, an denen seit
einiger Zeit nach anfänglichen Mißerfolgen Kamele einen wichtigen Anteil haben wegen ihrer
Genügsamkeit in der Versorgung mit Wasser. Eine Reihe von Pferden und Eseln wird gewöhnlich auch beigegeben, doch sind die Wasserplätze oft so weit voneinander entfernt, daß man sich,
wie in der großen westaustralischen Wüste, auf Kamele beschränkt, und die zahlreichen Fälle der
Verschmachtung von Mensch und Tier, namentlich bei früheren Expeditionen (z. B. denen von
Leichhardt, Burke und Wills), geben Kunde von der Unwegsamkeit des Inneren und den Gefahren der Durchwanderung der wasserarmen Teile des Kontinents.

Allein auch diese Schwierigkeiten des Verkehrs werden mit der Zeit schwinden. Schon
überspannt eine mit Stationen besetzte Telegraphenlinie den Kontinent in der Querrichtung,
schon sprudeln artesische Brunnen in früher ganz wasserlosen Gebieten, schon sind die Anfänge
einer transkontinentalen Eisenbahn vorhanden, und schon vermag man Herden von Queensland
nach Kimberley zu treiben und die große südaustralische Bucht zu umwandern. Mit der Zeit wird
daher sicherlich auch das Innere Australiens durch das alles besiegende Bedürfnis nach Verkehr
von der Kultur erobert werden.

Die Erschließung und Zivilisierung der Südsee-Inseln beginnt sich ebenfalls zu beschleunigen, seitdem zu Anfang der achtziger Jahre Deutschland Besitzungen in Melanesien und Mikronesien erworben hat. Eine gesteigerte koloniale Thätigkeit macht sich seitdem geltend. Die Engländer haben einzelne große und zahlreiche kleine Inselgruppen in Besitz genommen, die Franzosen
entfalten lebhaften Eifer, die Spanier erwachen aus langer Unthätigkeit, und nur wenige Inselgruppen haben noch keinen Anschluß an eine der großen europäischen Mächte. Eine weitere
Hebung des Verkehrs war von der Eröffnung des Panama-Kanals zu erwarten. Diese Hoffnung
ist freilich nicht in Erfüllung gegangen; auch dürfte ein Nicaragua-Kanal kaum bald an seine
Stelle treten. Wenn aber der zentralamerikanische Isthmus einmal durchstochen sein wird —
und das ist und bleibt doch nur noch eine Frage der Zeit — so erhalten die Südsee-Inseln einen
ganz anderen Wert als jetzt wegen ihrer Lage zwischen vier Kontinenten, Asien, Australien, Nord-
und Südamerika, aus deren Wechselverkehr beträchtlicher Nutzen für die Inselgruppen ersprießen
wird, sei es als Zwischenstationen, Anlegeplätze für die Dampferlinien, sei es als strategische
Standplätze der einzelnen Mächte, sei es als Lieferanten von Lebensmitteln.

Ein Vorteil für den bei weitem größten Teil Ozeaniens, nämlich die unendlich überwiegenden
britischen Kolonien, ist die Gleichartigkeit der Münze, die naturgemäß auf allen britischen Besitzungen die englische ist. Auf den Südsee-Inseln gilt vielfach der Dollar, und eine jede besitzende
Nation sucht ihre eigene Münze einzuführen. Mit einheimischen Zahlungsmitteln hat man in
ganz Ozeanien so gut wie nicht zu rechnen. Der Handel war überall ausschließlich Tauschhandel,
eigentliches Geld war nirgends bekannt, mit Ausnahme der mikronesischen Inselgruppen der
Palau und Karolinen. Auf den Palau-Inseln läuft als Zahlungsmittel ein besonderes Geld

(Anbou) um, das nach mannigfachen Sagen auf wunderbare Weise auf die Inseln gekommen und von den drei Ortschaften Angaur, Keklau und Kyangle überallhin verbreitet worden sein soll. Es besteht nach Kubary ("Journal des Museum Godeffroy', Heft I) "aus kleinen Stücken von gebrannten Erden und natürlichem Glase, die zu ganz regelmäßigen Figuren geschliffen sind; sie haben ganz das Aussehen, als wären sie Produkte einer fremden, geschmackvollen und ausgebildeten Arbeit; es ist meistens durchbohrt und kann auf einen Faden gezogen werden. Dreierlei Arten treten auf, ausgebrannte Erden, Emaillen und natürliches Glas. Von der ersteren Art sind Bungaus und Baraks, die ersten rot, die letzten gelb, sie sind geschliffen in der Form von gebogenen Prismen mit etwas konkaven Flächen. Ein einziges Stück dieser Art hat einen Wert von 15,000 Mark erlangt und könnte nur durch Krieg aus Korror wieder entnommen werden. Die zweite Art, Emaillen mit aberartiger Schichtung, zerfällt in drei Unter- abteilungen, Kalebukuk, Kluk und Abolobok, mit zwei Zwischenformen, mit Werten von 75—150 Mark; sie werden aus dem Verkehr gezogen und dienen zur Bezahlung von Kanoes, Häusern ꝛc. Die dritte Art, Kalbojok, besteht aus blauem, hellgrünem und dunkelgrünem Glase und dient als Umlaufsgeld von etwa 30 Mark an; außerdem aber kommen noch kleinere Stücke für ärmere Eingeborene vor. Dieses Geld ist nur noch in beschränkter Menge vorhanden und kann nicht mehr nachgemacht werden, ein jedes Stück ist von dem anderen verschieden, und das Staatsgeld wird sorgsam gehütet. Im ganzen ist es an die Frauen gebunden, so daß die Geburt einer Tochter erwünschter ist als die eines Sohnes, da sie künftig Geld mit ins Haus bringen wird, und der Einfluß eines Mannes hängt nur von dem Besitze dieses Geldes ab, so daß dasselbe auch hier allmächtig ist."

Auch auf Yap gibt es Geld, jedoch von weit unhandlicherer Form als auf der Palau- Gruppe, nämlich runde Steine von der Größe eines Schweizerkäses bis zu der eines Mühlsteines, aus gelblichweißem kristallinischen Kalkspat, der von den Palau-Inseln bezogen wird. Vielleicht ist der hohe Wert dieser Steine auf die Gefahr ihres Transports von den Palau nach Yap zurückzuführen. Getragen werden die Steine an Stangen, die durch eine in ihrer Mitte aus- gemeißelte Öffnung gesteckt werden. Daneben kommen noch kleine, thalergroße Stücke desselben Minerals sowie Perlmutterschalen als Scheidemünze vor.

Die Südpolarländer.

X. Die Südpolarländer.

1. Lage, Grenzen und Größe.

Die Umgebungen des Südpols der Erde sind uns Menschen bisher weniger zugänglich gewesen als irgend ein anderer Teil unseres Planeten. Hier liegt noch das größte unerforschte Gebiet der Erde, ein uns unbekannter Raum von nahezu 16 Millionen Quadratkilometer, also mehr als der doppelten Größe Australiens. Unsere Kenntnisse dieser Gegenden sind noch so gering, daß wir nicht einmal annähernd anzugeben vermögen, wieviel davon Land und wieviel Wasser ist. Außerdem aber schwankt der Begriff Südpolarregionen, ähnlich wie die Ausdehnung des Südlichen Eismeeres willkürlich vergrößert und verringert werden kann, je nachdem man seine Grenzen gegen die übrigen Ozeane nach Norden vorschiebt oder nach Süden zurückdrängt.

Niemand wird einen Zweifel darüber haben, daß als Südpolarräume in erster Linie die innerhalb des südlichen Polarkreises gelegenen Gebiete bezeichnet werden müssen; diesen werden auch alle im Zusammenhang mit ihnen über den Polarkreis hinausragenden Küsten und Inseln zugezählt, so daß mit Sicherheit alles innerhalb des 66. Breitengrades liegende Areal dem Südpolargebiet angeschlossen wird. Weiterhin aber bestehen Zweifel über die Ausdehnung unseres Begriffes. Die neuere Meereskunde legt die Grenze des Südlichen Eismeeres gegen die übrigen Weltmeere in den 60. südlichen Breitenkreis, oder teilt es ganz in die drei großen Ozeane auf. Der 60. Breitenkreis empfiehlt sich zur Abgrenzung des Südpolargebiets durch den Umstand, daß die durchschnittliche Treibeisgrenze nahe bei ihm verläuft, und auch deshalb, weil einer der Kontinente, Südamerika, mit seiner Südspitze bis an den 56. Grad heranreicht. Gegen Australien und Afrika bringt aber das Treibeis bis über den 45. Grad vor und erreicht bei Afrika nahezu die Südspitze des Kontinents, im südatlantischen Ozean den 37. Grad. Berechnet man demgemäß das Südpolargebiet bis an die Grenzen des Treibeises, so würden Kerguelen-Land, die MacDonnell-Gruppe, die Crozet-, Prinz-Eduard- und Bouvet-Gruppe, die Sandwich-Gruppe (55—59° südl. Breite) und Südgeorgien zu den Südpolargebieten zu rechnen sein. Hierfür sprechen zwei weitere Gesichtspunkte, nämlich einmal, daß in der That diese Inselgruppen südpolares ozeanisches Klima haben und demgemäß vielfach vergletschert oder doch in den höheren Teilen stets, in den niederen im Winter, der größeren Jahreshälfte, vereist und verschneit sind; zweitens aber, daß alle diese Inselgruppen dauernd unbewohnt sind. Dies gilt freilich auch

von den südlich von Neuseeland liegenden Inseln sowie von St. Paul und Amsterdam im
südlichen Indischen Ozean. Die südlich vor Neuseeland gelegenen Inseln Macquarie, Campbell,
Auckland und Bounty sowie die Antipoden-Inseln werden aber politisch zu Neuseeland, Macquarie zu Tasmanien gerechnet und sind daher dem australischen Ländergebiet einzuverleiben
(vgl. oben, S. 34). St. Paul und Amsterdam sind herrenlos, nicht dauernd bewohnt und
können höchstens nach Supan mit Kerguelen, MacDonnell-Gruppe, Crozet und Prinz-Eduard-
Inseln als „außertropische Inseln des Indischen Ozeans" ausgeschieden werden, ebenso wie Südgeorgien, die Sandwich- und Bouvet-Gruppe als „südatlantische Inseln" aufgefaßt werden.
Hier ist vorgezogen worden, das Hauptgewicht auf die polare Natur der meisten dieser Inseln
und ihre Unbewohnbarkeit zu legen; außerdem besprechen wir hier die Inseln St. Paul und
Amsterdam, weil sie bei den übrigen Kontinenten nicht unterzubringen waren.

Demnach werden in diesem Abschnitt behandelt werden:

I. Die Inselgruppen und Inseln zwischen 48 und 60° südl. Breite: die subantarktischen
   Inseln Kerguelen-Land, MacDonnell-Gruppe, Crozet-Inseln, Prinz-Eduard-Inseln,
   Bouvet-Gruppe, Sandwich-Gruppe und Südgeorgien; außerdem St. Paul und
   Amsterdam.

II. Antarktisches Gebiet im engeren Sinne:
   a) Süd-Orkney-Gruppe, Dirck-Gherrits-Archipel (Süd-Shetland-Gruppe, Louis-Phi-
      lippe-Land, Joinville, Graham-Land, Biscoe-Inseln) und Alexander-Land.
   b) Victoria-Land, Balleny-Inseln und Wilkes-Land.
   c) Kemp-Insel und Enderby-Land.

Der Flächenraum, den diese Länder einnehmen, ist nicht genau bekannt, da von vielen
die Ausdehnung gegen den Südpol nicht feststeht. Wagner und Supan rechnen für die eigentlichen antarktischen Länder 657,000 qkm. Diese Zahl erhöht sich bei der Zurechnung der genannten subantarktischen Inselgruppen auf 666,000 qkm. Im einzelnen ergeben sich folgende
Zahlen für die genau begrenzten und aufgenommenen Inselgruppen:

Südgeorgien	4075 qkm	Kerguelen-Land	3414 qkm
Sandwich-Gruppe	420 -	MacDonnell-Gruppe	440 -
Prinz-Eduard-Inseln	413 -	St. Paul	7 -
Crozet-Inseln	523 -	Neu-Amsterdam	66 -

Für die übrigen liegen keine genauen Zahlen vor. Manche, wie die Bouvet-Gruppe, sind
noch nicht aufgenommen, andere, wie Alexander-, Kemp-, Enderby-, Wilkes-Land, überhaupt
nur gesehen worden; die westliche Ausdehnung von Victoria-Land und die östliche von Wilkes-
Land sind ganz unsicher. Neu hinzugekommen sind ferner die von dem „Jason" 1894 entdeckten
Inseln, und die Ausdehnung des Graham-Landes nach Süden ist nicht bekannt. Im ganzen
mögen rund 670,000 qkm Land vorhanden sein, wenn man bei der bisherigen Annahme bleibt.
Bei genauerer Untersuchung der Küsten von Wilkes-Land, Victoria-Land, Enderby und Kemp
wird sich diese Zahl wahrscheinlich noch erheblich verringern. Sie ist also nur eine vorläufige
Annahme, die etwa der Arealzahl von Österreich-Ungarn samt Bosnien entspricht, und kann
durch jede größere Entdeckung völlig verändert werden.

Ob der ganze Rest des Gebietes innerhalb des Polarkreises Wasser ist, ob Inseln vorhanden
sind, oder ob vielmehr nach der nicht auszurottenden Meinung doch ein antarktischer Kontinent
vorliegt, ist unbekannt. Die Wahrscheinlichkeit spricht wohl mehr und mehr für die Auflösung
des Südpolargebietes in Inselgruppen, da bisher fast ausschließlich vulkanische Gesteine von
dort bekannt geworden sind. Doch lassen neue Funde von Versteinerungen aus der Tertiärzeit
auch die Möglichkeit der Existenz größerer sedimentärer Gebiete offen.

2. Das große Südland.

Seit sehr früher Zeit hat die Phantasie des Menschengeschlechts im Süden der Erde ein großes Festland gesucht, dessen hypothetische Umrisse sich auf den Karten der Jahrhunderte in verschiedenartiger Gestalt nachweisen lassen, und dessen Lage, je mehr man von der Erde kennen lernte, desto weiter nach Süden hinausgeschoben wurde, bis es jetzt auf den Raum um den Südpol innerhalb des Polarkreises zurückgedrängt worden ist.

Schon Ptolemäus nahm ein großes Südland im südlichen Indischen Ozean an, und während des Mittelalters taucht hier und da die ungewisse Frage nach den südlichen Ländern auf, nimmt aber erst festere Gestalt an, nachdem die ihr entgegenstehende Ansicht von der Unbewohn= barkeit der äquatorialen Gebiete, der Zona horrida, widerlegt war, namentlich aber, nachdem die Entdeckungen des 15. und 16. Jahrhunderts weit südwärts reichende Länder hatten kennen lernen. Die Mündung des La Plata wurde auch von Magalhães für eine das Südland abschneidende Meerenge gehalten, und nach Entdeckung der Magalhães=Straße galt das südlich davon liegende Feuerland für den Nordrand des Südlandes. Auf dem Globus des Joh. Schöner von 1515 (s. die Karte bei S. 4) tritt es zuerst als Brasilie regio auf und wird hier bereits um fast den ganzen Umkreis des Südpols herumgelagert. Später nimmt das Südland den Namen Brasilia inferior, dann Terra Magallanica an, und Orontius Finäus führte es in der später bekannten Gestalt ein. Drake spricht sich zwar 1578 dagegen aus, daß ein Kontinent im Süden von der Magalhães=Straße liege; allein da eins seiner Schiffe in 55° südl. Breite Küsten gesehen hatte, so entstand alsbald auf den Karten das Drake=Land, oder es zeigte z. B. die Weltkarte der Hakluyt Collection von 1599—1600 einen großen Kontinent, nunmehr unter dem Namen Terra australis nondum cognita. Dieses Südland findet sich auf den besten Atlanten der damaligen Zeit, bei Ortelius, Mercator, Hondius und anderen, und verschwindet nun nicht eher, als bis Tasman Neuseeland gesehen, und auch dann nur auf den holländischen Karten. Zur Einzeich= nung dieses Südlandes mag die 1598 von Dirck Gherrits erreichte Entdeckung der jetzt Süd= Shetland=Inseln genannten Gruppe vor der Südküste Südamerikas Veranlassung gegeben haben. Aber auch durch Entdeckungen in einem anderen Erdteil als Südamerika hatte die Meinung von einem großen Südlande neue Nahrung gewonnen, nämlich in Melanesien, wo 1568 Alvaro Menbana de Neyra die Salomonen gefunden hatte. Diese wurden sogleich mit Neuguinea und den unbekannten Ländern westlich der Magalhães=Straße zu einem großen Gebiet im Süden ver= bunden. Um dieselbe Zeit wollte Juan Fernandez weit westlich von Südamerika ein neues Land gefunden haben, und es gingen mancherlei Gerüchte über Fahrten nach südlichen Ländern. Als dann Fernandez de Quiros 1605 die Insel Espiritu Santo der Neuen Hebriden entdeckt hatte, bauschte er sie zu einem Heiliggeistlande auf, das von der Größe ganz Europas und Kleinasiens samt Armeniens sein sollte. Es war daher begreiflich, daß die Karten die große Terra australis nicht aufgaben, vielmehr Quiros', Le Maire's und Schouten's Fahrt, die an und für sich mit der Aufsuchung eines Südlandes nichts zu thun hatte, ausbeuteten zur Verknüpfung jeder im Stillen Ozean gemachten Entdeckung mit der großen Terra australis (s. die Karte, S. 4).

Inzwischen fanden in den ersten beiden Jahrzehnten die Holländer in der That die wirkliche Terra australis, den australischen Kontinent, dessen gesamte westliche Hälfte sie bis 1640 auf= deckten. Die Folge dieser Entdeckungen war die berühmte Reise Abel Tasman's 1642, dessen Kurs Australien im Norden liegen ließ und sich unter höheren Breiten östlich wandte. Diese Reise räumte für einige Zeit mit den immer wieder auftretenden Südlandgerüchten auf; denn durch Tasman's Fahrt waren südliche Breiten von 35°—45° erreicht und festgestellt worden, daß nördlich des 40. Grad war ein Festland liege, daß sich dies aber nicht über den 40. Grad südwärts erstrecke. Nur an zwei Stellen, in Tasmanien und Neuseeland, war Land südlich des 40. Grades bekannt, und eins dieser beiden, Neuseeland, war nicht bis zu seiner südlichsten Er=streckung verfolgt worden. Außerdem kannte man um 1644 südlich vom 40.⁰ südl. Breite nur noch in Südamerika Land, das sich nach Le Maire's und Schouten's Umsegelung des Kap Hoorn bis 56.⁰ südl. Breite erstreckte. Zwischen Südamerika und dem neugefundenen Neuseeland aber war niemand über den 26. Breitengrad südwärts gelangt, nachdem Quiros auf Veranlassung seines Steuermanns Torres 1605 so weit südlich gehalten hatte (vgl. S. 6). Seit Tasman ver=schwand das große Südland von den holländischen Karten, tauchte jedoch um die Mitte des 18. Jahrhunderts, etwa ein Jahrhundert nach Tasman, von neuem auf. Während der langen Periode des Stillstandes der Entdeckungen 1644—1764 sind gerade in der Umgebung des Süd=pols einige Entdeckungen gemacht worden, die dieser Annahme neue Nahrung gaben. Jakob Roggeveen zwar scheiterte mit dem Plane der Durchsuchung der südlichen Meeresräume noch an dem Widerstand seiner Seeleute und fand 1722 anstatt des gesamten Südlandes, dessen Dasein in Gestalt des Davis=Landes 1687 von Edward Davis wieder behauptet worden war, die kleine Oster=Insel unter 27⁰ 20′ südl. Breite: immerhin unter südlicheren Breiten, als die Schiffer zu nehmen pflegten. Damit zerstörte Roggeveen in diesen Gebieten des Großen Ozeans die seit 1687 schon wieder auftauchende Hypothese von dem großen Südlande; allein nunmehr folgerten namentlich die Franzosen aus theoretischen Gründen seine Existenz. Als dann am 2. Januar 1739 der Befehlshaber der aus den Schiffen „L'Aigle" und „Marie" bestehenden Expedition der fran=zösischen Indiengesellschaft auf der Suche nach dem von Gonneville 1503 angeblich entdeckten Lande die Bouvet=Inselgruppe fand, glaubte er in diesen das „Vorgebirge der Beschneidung" ge=nannten Klippen das große südliche Festland vor sich zu haben. Am 29. Juni 1756 entdeckte sodann das spanische Schiff „Leon" auf der Fahrt von Chile nach Spanien die Insel San Pedro, das heutige Südgeorgien, das allerdings schon 1675 von A. de la Roche gesehen sein soll. Ver=vollständigung der Kenntnisse von den südlichen Meeren bis zum Polarkreise brachten erst die siebziger Jahre des vorigen Jahrhunderts. Anfang 1772 entdeckten zwei französische Schiffe unter Marion, Crozet und Duclesmeur die Prinz=Eduard= oder Marion=Inseln unter 38⁰ östl. Länge und 47⁰ südl. Breite und darauf in derselben Breite unter 51—52⁰ östl. Länge die Crozet=Gruppe. Fast genau um dieselbe Zeit, im Februar 1772, fand der Franzose de Kerguelen die nach ihm benannte vereiste Gruppe unter 49⁰ südl. Breite und 69—70⁰ östl. Länge, die er um die Wende der Jahre 1773/74 wieder aufsuchte und näher erkundete (s. die Karte, S. 480).

Alle diese Seefahrer waren nicht über den 50. südlichen Breitenkreis hinausgekommen: die Schiffer hielten sich, außer an der Südspitze Südamerikas, das sich bis 56⁰ südl. Breite erstreckt, noch stets nördlich des 50. Grades; allein die Existenz eines Südlandes stand selbst großen Ge=lehrten wie Buache noch 1772 fest, weil eine gleichmäßige Verteilung von Land und Wasser nötig sei, um das Gleichgewicht herzustellen, und Kerguelen machte sogar aus seiner Entdeckung eine „France australe".

3. Entdeckungsgeschichte der Südpolarländer.

Erst James Cook beschloß bei der Ausfahrt auf seiner zweiten Reise einen Vorstoß gegen den Südpol zu machen. Er suchte Ende des Jahres 1772, zunächst vergeblich, nach dem von Bouvet gefundenen Lande, überschritt während des Suchens den 60. Breitengrad und hielt nun südöstlich. Bei diesem Kurse passierte er zwar kein Land, überschritt aber den südlichen Polar=kreis als erster und erreichte 67⁰ 15′ südl. Breite. Von diesem unter 40⁰ östl. Länge westlich der großen Enderby=Insel gelegenen Punkte hielt er nördlich auf die Crozet=Inseln, verfehlte sie jedoch, stellte aber fest, daß von einem antarktischen Festland zwischen 45 und 65° nicht die Rede sein könne. Schon im Februar 1773 erreichte er wiederum, diesmal unter 95° östl. Länge, den 60. Grad, mußte aber wegen gewaltiger Treibeismassen unter 61° 52′ südl. Breite umkehren, worauf er, immer nahe dem 60. Grade, nach Neuseeland sich begab. Noch erfolgreicher war die zweite Hälfte dieser zweiten Reise. Im November 1773 verließ er wiederum in südlicher Richtung Neuseeland, traf eisfreies Meer jenseits vom 60.° südl. Breite, kreuzte im Dezember den Polarkreis wiederum und nahm südlich von ihm östlichen Kurs. Anfang Januar wich er bis gegen den 50. Grad zurück, Ende Januar überschritt er aber unter 109° westl. Länge nochmals den Polarkreis und gelangte am 30. Januar bis 71° 10′ und 106° 54′ westl. Länge. Dieses war der südlichste von Cook erreichte Punkt (s. die Karte, S. 480) und blieb es auch bis zum Februar 1842, als Roß diese Breite überholte. Im Februar 1774 hielt Cook nordwärts zur Oster-Insel, besuchte aber noch einmal die südlichsten Meere, nämlich auf seiner Rückfahrt nach Europa. Von der Staaten-Insel vor der Südspitze Südamerikas segelte er östlich, fand die San-Pedro-Insel des spanischen Schiffes „Leon", die er nun Südgeorgien nannte, am 14. Januar 1775, dann die bisher unbekannte Sandwich-Gruppe am 31. Januar 1775 und kehrte, immer noch nach Bouvet's Inseln suchend, erst vor Südafrika nordwärts um. Obwohl Cook auf dieser Reise nur eine Inselgruppe, die Sandwich-Inseln, entdeckt, eine andere, Südgeorgien, wiedergefunden hat, war der Gewinn in geographischer Beziehung doch sehr groß. Jetzt war festgestellt, daß nördlich des 55. Grades überhaupt kein Festland besteht, auf dem halben Umkreise der Erde auch nicht nördlich vom 60.° südl. Breite. Außerdem war der südliche Polarkreis dreimal überschritten worden, so daß auch zwischen 60 und 67° südl. Breite die Menge des Landes jedenfalls nicht bedeutend sein konnte, aber dennoch stand schon 1780 auf Djurberg's Carte de la Polynésie wieder, nach Angaben der Maori, das Südland „Ulimaroa" verzeichnet.

Mit dieser Reise schließt die erste Periode der Erforschung der Südpolarregionen ab. Lange Zeit, 45 Jahre, verging, bis wiederum ein Seefahrer diese unwirtlichen Gebiete betrat.

Im Jahre 1819 erschien der Deutsch-Russe von Bellingshausen östlich von Südgeorgien im südlichen Atlantischen Ozean, verfolgte den Südpolarkreis bis südlich vor Australien, überwinterte dort 1820 und setzte im Winter 1820/21 die Fahrt unter dem südlichen Polarkreise fort, bis er den südatlantischen Ozean wieder erreichte. Er umfuhr also den Südpol nahe am Polarkreis vollständig und stellte fest, daß nördlich von 65° südl. Breite auf dem halben Umkreise Land vorhanden sei. Er entdeckte nur die Peters-Insel unter 68¹/₂° südl. Breite, 92° westl. Länge, und Alexander-Land südlich von Südamerika, verfehlte dagegen Graham-Land. Um dieselbe Zeit mehrten sich die Fahrten im Süden Südamerikas. Im Februar 1819 entdeckte W. Smith die Süd-Shetland-Inseln, die sich als ein günstiges Gebiet für Robbenschlag erwiesen; ebenfalls im Februar 1823 erreichte James Webdell südlich von Südgeorgien in eisfreiem Meere 74° 15′ südl. Breite, also eine höhere südliche Breite als Cook. Anfang 1831 begann Biscoe, wie Webdell ein Waljäger, eine zweite Polarkreisfahrt, die er in ganz ähnlicher Weise wie v. Bellingshausen vollendete. Auf der ersten Hälfte der Fahrt, zwischen den Falklands-Inseln und Tasmanien, entdeckte er die Enderby-Insel, hielt sich bis zu dieser dicht unter dem Polarkreise, später nördlicher; auf der zweiten Hälfte fand er neben Alexander-Land auch Graham-Land und die Biscoe-Inseln auf. Die der Enderby-Insel naheliegende Kemp-Insel entdeckte 1833 ein anderer Walfänger, Kemp; allein die bedeutendsten Entdeckungen blieben dem Jahre 1840 vorbehalten.

Im Jahre 1839 fand ein vierter Walfänger, Balleny, südlich des Polarkreises unter 163° östl. Länge eine hohe vulkanische Inselgruppe, die Balleny-Inseln, und sah eine Küste, Sabrina-Land, zwischen 163 und 120° östl. Länge, jedenfalls Teile des heutigen Wilkes-Landes.

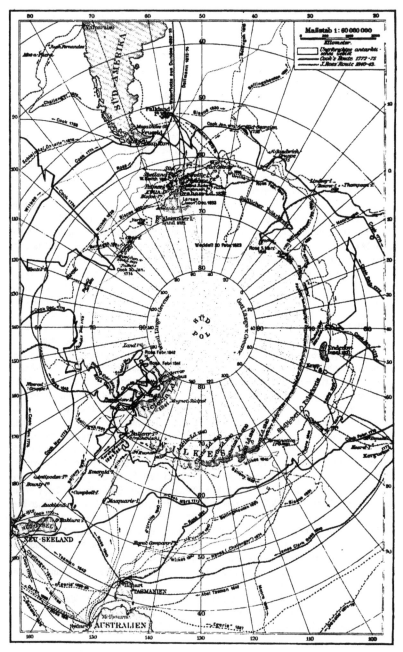

Karte der Südpolarforſchungen. (Nach Originalberichten der Reiſenden.)

Diese Entbeckung leitete die größeren Landfunde der drei bedeutenden Seefahrer ein, die mit dem Jahre 1840 auf den Schauplatz der Entbeckungen am Südpol gleichzeitig und zum Teil ohne voneinander zu wissen traten. Die Auffindung des magnetischen Nordpols durch John Roß auf Boothia Felix 1832 regte zur Auffuchung des magnetischen Südpols an und veranlaßte mehrere Regierungen zur Aussendung von wissenschaftlichen Expeditionen. Die eine, französische, führte Dumont b'Urville, dem wir schon in Melanesien und Polynesien mehrfach begegnet sind (vgl. oben, S. 19). Dieser

fand im Januar 1840 unter 141° östl. Länge und 66° südl. Breite Abélie=Land, einen Teil des späteren Wilkes=Landes, und bald darauf Clarie=Land. Zwischen beiden traf er mit einem fremden Schiffe zusammen, das der Expedition des amerikanischen Leutnants Wilkes angehörte. Dieser erreichte mit drei Segeln Anfang 1840 dieselben Gegenden wie Dumont b'Urville, sah bereits unter 165° östl. Länge Land, erblickte sodann Abélie=Land, Clarie=Land und Sabrina=Land und fand dazu noch North=Land zwischen den beiden ersten sowie

Sir James Clarke Roß. (Nach einem Stahlstich im Besitz von Prof. Dr. G. Neumayer in Hamburg.)

Budd=Land und Knox=Land westlich von Sabrina=Land. Die Termination=Insel unter 96° östl. Länge ist wahrscheinlich eine Täuschung gewesen, da sie die Challenger=Expedition 1873 nicht vorgefunden hat. Überhaupt wenden sich die Südpolarforscher Roß und Dumont b'Urville, die gleichzeitig anwesend waren, gegen die Angabe Wilkes', daß die verschiedenen Küsten= und Landsichtungen als eine zusammenhängende Küste, ja als die Küste des antarktischen Erdteils zu betrachten seien, und haben um so mehr den Beifall Unbefangener auf ihrer Seite, als von allen Polarreisenden die Möglichkeit der Täuschung über das Auftauchen von Land infolge von Trugbildern der Eismassen zugegeben wird. Wilkes scheint aber etwas allzu gewiß die Existenz der gesichteten Länder angenommen zu haben, da sowohl seine Termination=Insel wie auch eine gebirgige Küste unter 65° 40′ südl. Breite und 165° östl. Länge nicht wieder aufgefunden werden konnten.

Wichtiger als diese beiden Reisen war der Vorstoß des angesehensten Südpolarfahrers und bedeutenden Physikers Sir James Clarke Roß (s. obenst. Abbildung), der im September 1839 mit mehreren Gelehrten und einer auserlesenen Mannschaft auf zwei Schiffen, „Erebus" und

„Terror", nach dem Südpolargebiet abfuhr, um besonders das Gebiet des jetzigen Adélie-Landes zu untersuchen, wo Gauß den magnetischen Südpol vermutete. Nach kurzem Aufenthalt auf Kerguelen und Tasmanien begann er seine Polarfahrt Ende 1840, kreuzte am Neujahrstage 1841 den Polarkreis und suchte Balleny's eisfreies Meer auf. Zehn Tage später enthüllten sich ihm die Umrisse des Mount Sabine. An diese Entdeckung schloß sich die der Küste eines bis 77° südl. Breite sich erstreckenden Landes, das in zwei Vulkanen, Erebus (s. Abbildung, S. 492) und Terror, gipfelte, ein eisfreies Meer vor sich hatte, aber von einer hohen Eiswand im Osten begrenzt wurde, die sich bis 158° östl. Länge hinzog. Hier erreichte Roß am 2. Februar 1841 die höchste auf diesem Teile der Reise erzielte südliche Breite, 78° 4'. Den Winter 1841 verbrachte er in Australien und setzte im Sommer 1841/42 seine Entdeckungen, jedoch mit geringerem Glück, fort. Wiederum überschritt er zu Neujahr 1842 den Polarkreis, diesesmal unter 156½° westl. Länge, drang auch noch um ein Geringes weiter gegen Süden vor, nämlich bis 78° 9' 30", der höchsten überhaupt erreichten südlichen Breite (23. Februar 1842); zu neuen Entdeckungen kam es aber nicht, der Eiswall hielt ihn zurück. Nochmals erreichte Roß am 5. März 1843 zwischen 120 und 110° südl. Länge 71° 30' und kehrte dann zurück, mit einer großen Menge wissenschaftlicher Ergebnisse über Klima und Natur des Südpolargebietes beladen, unter denen die annähernde Festlegung des südlichen Magnetpols in 75° 5' südl. Breite und 154° 8' östl. Länge das zunächst hervorstechendste war.

Mit dieser Reise schließt die zweite Periode der Entdeckungen in den Südpolarregionen, die wesentlich wissenschaftlichen Zwecken gewidmet war. Allerdings hatten auch die Walfänger eine Reihe von Entdeckungen gemacht; diese können jedoch gegen die von Roß gemachte des VictoriaLandes nicht aufkommen. Während dieser zweiten Periode der Entdeckungen am Südpol wurde zum erstenmal der Polarkreis ganz umfahren und Bresche in das unbekannte, den Pol umgebende Gebiet gelegt. Der Roß'sche Vorstoß bis gegen den 80. Grad und Weddell's Fahrt bis gegen den 75. Grad haben, einander räumlich nahezu gegenüber, wenigstens einen gewissen Einblick in das unerforschte Gebiet gewährt.

Mit den bisher erzielten Ergebnissen begnügte sich die Wissenschaft lange Zeit. Das Interesse wurde seit den vierziger Jahren ganz durch die Nordpolarfahrten in Anspruch genommen, und die Südpolargebiete wurden mehr als 30 Jahre fast gar nicht wieder besucht, außer von Robbenschlägern und Walern. Erst mit dem Jahre 1874 beginnt eine neue kurze Periode meist wissenschaftlicher Forschung im Südpolargebiete, die jedoch hauptsächlich nur Aufnahmen bereits bekannter Inselgruppen zeitigte. Einmal war es die Challenger-Expedition, die im Februar 1874 auch die antarktischen Gebiete berührte, dann aber führten die Expeditionen zur Beobachtung des Venusdurchganges am 9. Dezember 1874 europäische Schiffe nach dem Südpolargebiet.

Die „Challenger"-Expedition unter Nares (vgl. oben, S. 20) besuchte 1874 die Kerguelen-, Heard- und Donald-Inseln und überschritt am 15. Februar in offenem schiffbaren Meere unter 79° östl. Länge den Polarkreis und den 67. Breitengrad, zum erstenmal seit 1843. Kurz darauf langte die deutsche Expedition der „Gazelle" im Südmeer an (vgl. oben, S. 20), lief die Crozet- und Pinguin-Inseln an und setzte im Oktober 1874 die deutsche Expedition zur Beobachtung des Venusdurchganges auf Kerguelen ans Land. Da gleichzeitig eine englische und eine amerikanische Station zu demselben Zweck auf Kerguelen unterhalten wurden, so ergab sich daraus eine ziemlich vollständige Aufnahme der Inselgruppe. In demselben Jahre 1874 entdeckte Kapitän Dallmann an der Nordwestseite des Graham-Landes die Kaiser-Wilhelms-Inseln und nahm einen Teil der Südshetland- und Biscoe-Inseln auf. Ähnlich wie Kerguelen-Land bei Gelegenheit einer Expedition zu einem bestimmten wissenschaftlichen Zweck einer topographischen Aufnahme und naturwissenschaftlichen Untersuchung teilhaftig wurde, so gelangte man auch zur

näheren Kenntnis der Insel Südgeorgien infolge der Errichtung einer der internationalen Polar=
stationen des Winters 1882/83; denn in diesem vollendete die deutsche südliche Polar=
station unter der Leitung Dr. Schrader's und des Geologen Steinmann eine Untersuchung
und Aufnahme eines großen Teiles der Inselgruppe.

Seitdem ruhte die Südpolarforschung bis zum Winter 1893/94 nahezu ganz; allein die
Agitation zur Ausrüstung einer großen wissenschaftlichen Forschungsexpedition nach dem Südpol
trat stärker als je hervor, da einerseits die von den vorigen wissenschaftlichen Expeditionen mit=
gebrachten Ergebnisse den Wunsch nach Vervollständigung aufkommen ließen und nährten, ander=
seits der Ausbau einer Reihe von Wissenschaften, wie der Meteorologie, der Geologie und der be=
schreibenden Naturwissenschaften, ganz abgesehen von der Geographie, mehr und mehr die Lücken
empfinden ließ, die unsere mangelnde Kenntnis von dem Südpolargebiet fühlbar machte. Man
hat mehrmals versucht, eine Expedition mittels der Hilfe der britischen Regierung und der austra=
lischen Kolonien zu stande zu bringen, und im Jahre 1886 war bereits A. E. Nordenskjöld
zum Leiter einer von der Kolonie Victoria geplanten Expedition ausersehen; allein bisher ist
eine solche nicht zur Ausführung gebracht worden. (Vgl. dazu S. 500.)

Dagegen haben sich Handelsinteressen wieder einmal wirksamer erwiesen als wissenschaft=
liche und im Winter 1893/94 zu einem nicht unbedeutenden Erfolge geführt: der Entdeckung
neuer Inseln im Südpolargebiet, der ersten seit 20 Jahren. Im Winter 1892 lief aus Dundee
eine Flotte von Walern aus, die in den südpolaren Gebieten ergiebigere Reviere für die Thran=
tierjagd aufsuchen sollten, als es die nordpolaren in den letzten Jahren gewesen waren. Ihre
Ergebnisse waren zwar für die Erforschung der Südpolargebiete nur gering, gaben aber den
Anstoß zu einer Unternehmung hamburgischer Kaufleute. Im Herbst 1893 sandten die Herren
Woltereck und Robertson drei Dampfer unter norwegischer Flagge nach dem Graham=Land
aus, und diese haben nun auch der Geographie reiche neue Ergebnisse gebracht. Der Dampfer
„Jason" unter dem Kapitän Larsen gelangte über die Südshetland=Inseln hinaus in bisher
unbekannte Gebiete. Er kreuzte an der Ostseite von Joinville=Land, berührte die Seymour=Insel
vor Louis=Philippe=Land und stieß nun bis zum 5. Dezember 1893 an der Ostküste des Graham=
Landes bis 68° 10' und 60° westl. Länge vor, womit die weitere Ausdehnung desselben über
61° westl. Länge nach Osten beseitigt wurde. Längs einer Eismauer fahrend, sah man die hohe,
schneebedeckte, vereiste Küste des Graham=Landes nach Westen emporsteigen und wandte sich dann
zwischen Packeis im Osten und der Eismauer im Westen nördlich zurück. Bei dieser Gelegenheit
entdeckte der „Jason" einen Archipel vulkanischer Inseln, die Robben=Inseln, und zwei thätige
Vulkane, Christensen=Insel und Lindenberg's Zuckerhut.

Gleichzeitig befuhr der andere Dampfer, die „Hertha", unter Kapitän Evensen die West=
seite des Graham=Landes, sichtete dieses Land sowie die Biscoe=Inseln und Adelaide und erreichte
am 20. November 1893 in 69° 10' südl. Breite und 76° 12' westl. Länge seinen südlichsten
Punkt. Auch Alexander=Land wurde wiedergesehen. Wenn auch die „Hertha" keine neuen Ent=
deckungen gemacht hat, so ist doch 69° 10' die höchste bis 1894 von einem Dampfer erreichte süd=
liche Breite, und außerdem ist die Bestätigung der Dallmannschen Beobachtung eines nahezu
eisfreien Meeres durch diese Expedition wertvoll.

Eine weitere wichtige Expedition zeitigte der Südsommer 1894/95. Auch sie wurde von
einem norwegischen Schiffe, dem Dampfer „Antarctic", vorgenommen und richtete sich nach
dem Victoria=Lande. Im September 1894 verließ das Schiff Hobart auf Tasmanien, stieß nach
einem Besuch auf der Campbell=Insel unter 58° 14' südl. Breite und 162° 35' östl. Länge auf
eine 40—60 Seemeilen lange Eisschranke und kehrte hierauf nach Port Chalmers auf Neusee=
land zurück. Am 28. November wurde jedoch die Reise von neuem angetreten, und nach

31*

Überschreitung des Südpolarkreises am 26. Dezember 1894 gelang es dem „Antarctic", Mitte Januar 1895 das Victoria=Land in Sicht zu bekommen, dem es bis 74° südl. Breite zur Coul= man=Insel folgte. Diese Reise, auf welcher E. Borchgrevink wissenschaftliches Material ge= sammelt hat, ist deshalb von großer Bedeutung, weil auf ihr das Victoria=Land zum zweitenmal besucht und zum erstenmal wirklich betreten wurde, wobei sich die Beobachtungen von James C. Roß über die Landesnatur bestätigten. Außerdem wurden auf den Possession=Inseln in 10 m Höhe über dem Meere die erste Pflanze des eigentlichen Südpolargebietes, eine Art Leberkraut, und auf Kap Abare Kryptogamen gefunden. Die Fahrt des „Antarctic" ist daher wohl in hohem Grade geeignet, die Bestrebungen zur wissenschaftlichen Untersuchung des Südpolargebietes neu zu beleben.

4. Oberflächengestalt.

A. Die subantarktischen Inselgruppen zwischen 37° und 60° südl. Breite.

Die Besprechung der Inselgruppen der südlichen Polargebiete beginnen wir mit einer Be= trachtung der Inseln Neu=Amsterdam und St. Paul. Diese liegen zwar an der Grenze des Gebietes der Südpolarländer, nördlich des 45. Grades, nördlich der Treibeisgrenze, und sind auch nicht völlig unbewohnt und vergletschert wie die südpolaren Inseln, wohl aber dem Welt= verkehr ebenso entrückt wie diese und anderen Erdräumen viel schwerer einzugliedern. Neu=Amster= dam ist die größere unter diesen beiden Inseln und erhebt sich unter 37° 50' südl. Breite und 77° 30' östl. Länge; St. Paul ist eine Kraterruine, unter 38° 43' südl. Breite und 77° 31' östl. Länge. Beide sind lange miteinander verwechselt worden. St. Paul wurde zuerst 1842, 1844 und 1853 von englischen Schiffen aufgenommen; und bald darauf wurde festgestellt, daß schon Tasman 17. Juli 1633 zwischen beiden Inseln durchgefahren ist, so daß dieser als Entdecker zu gelten hat. Ende 1857 landete sodann auf beiden Inseln der wissenschaftliche Stab der Fregatte „Novara", und diesen Untersuchungen verdanken wir die jetzige Kenntnis von der Natur der Inseln.

St. Paul wird oft als Typus eines zerstörten, vom Meer überfluteten Inselvulkans in Anspruch genommen (s. Abbildung, S. 485). Auf drei Seiten steigt es zu etwa 240 m, der Höhe des alten Kraterrandes, an, im Nordosten aber befindet sich der Durchbruch durch den Kraterrand. Vom oberen Kraterbeckenrand gegen das Meer herrscht allmähliche Abdachung, die in schroffem, 60 m betragendem Absturz endet. Lavaströme sind an verschiedenen Stellen nach= weisbar: im Nordwesten erheben sich Schlackenkegel mit eingestürzten Spitzen, die Wände des Kraters sind mit buschigen Gräsern wie mit einer Decke überzogen, das Becken macht den Ein= druck eines Amphitheaters. Die Insel ist der Brutplatz zahlloser Seevögel und beherbergte an ihren Küsten auch Robben in großer Menge. Daher war sie ein beliebter Stationsplatz für Robbenschläger und Walfänger und ist infolgedessen häufig, wenn auch nicht dauernd, bewohnt gewesen. Ihre Größe beträgt nur 7 qkm.

Neu=Amsterdam hat mit seinen 66 qkm etwa die zehnfache Größe von St. Paul, bietet aber im Gegensatz zu diesem keinen Hafen. Von nahezu rechteckiger Form fällt sie überall steil ab, hat fast senkrecht aufsteigende Küsten von 60 m Höhe, die mit dichtem langen Grase bewachsen sind und wird ununterbrochen von schwerer Brandung umtost, die eine Landung außerordentlich erschwert. Über dem Plateau der Insel erhebt sich ein 800 m hoher Pik, von dessen wolken= umhüllten Gehängen Wasserrinnen herablaufen, die bei Regenwetter gut gefüllt sind und dann jene Wasserfälle darbieten, die von den Seefahrern als ein charakteristisches Merkmal der Insel bezeichnet werden. Ungeheure basaltische Lavablöcke umranden die Insel, und hinter ihnen steigen senkrechte Felsmauern von 60 m Höhe auf, deren rote und braune Lavadecken und gelbe

dazwischengelagerte Tuffschichten von der Brandung durchlöchert und ausgehöhlt sind. Die Vege=
tation ist schwach, doch kommen einige kleine Zwergbäume und Buschwerk vor; auch die Tierwelt
ist spärlicher als bei St. Paul, da die steilen Abfälle der Insel keinen günstigen Platz für Robben
gewähren. Seevögel freilich kommen auch auf Neu-Amsterdam in großen Mengen vor, und nicht
selten besuchen Fischer die Inseln sowohl von Réunion wie von Mauritius aus, so daß England
und Frankreich gleichmäßig Anspruch auf den Besitz beider Inseln erheben.

Etwas nördlich vom 50. Grad südl. Breite, zwischen 48¹/₂ und 49³/₄° südl. Breite und
68° 42′ bis 70° 35′ östl. Länge, liegt die 3414 qkm große Gruppe der Kerguelen-Insel oder
Desolation=Land. Sie ist verhältnismäßig gut bekannt geworden durch die Besuche von
James Clarke Roß auf seiner Südpolarfahrt, der Challenger= und der Gazelle=Expedition sowie
durch die Anwesenheit der französischen Expedition zur Beobachtung des Venusdurchganges 1874.
Auch Kerguelen=Land ist eine vulkanische, basaltische Inselgruppe, weist jedoch in noch höherem Grade

Die Vulkaninsel St. Paul. (Nach E. Reclus.)

die Spuren der Eiswirkung der Südpolargebiete auf. Obwohl noch nicht unter 50° südl. Breite
gelegen, ist sie doch in ihren höheren Teilen vollständig vereist und birgt eine Reihe von Gletschern,
die bis an das Meer herabreichen. Die Küsten sind steil, scharf ausgezackt und reich an Fjorden,
Halbinseln und Landzungen, Buchten und guten Häfen (s. Abbildung, 486). Den Hauptkörper
der Insel bildet der südliche Teil, in dem auch die größten Höhen vorkommen. Am Südufer er=
hebt sich der Mount Roß zu 1865 m Höhe über einem Hochplateau von 500—700 m Höhe, auf
der südöstlichen Halbinsel der Mount Wyville Thomson zu 900 m Höhe. Im Nordwesten springt
eine Halbinsel in das Meer vor, auf deren ausgezacktem schmalen Gelände der Mount Richards
noch 1220 m Höhe erreicht. Diese Bezeichnungen sind von den englischen Expeditionen von Roß
und Nares gegeben worden; die deutsche Gazelle=Expedition hat dagegen besonders im Norden
ihre Spuren in Namen hinterlassen, wie der Bismarck=Halbinsel, dem Prinz=Adalbert=Land, der
Schönwetterbucht, Kaiser=Bassin und Lindenberg=Gletscher.

Die Oberflächenformen der Kerguelen=Insel, unter denen niedrige Ebenen überhaupt gänz=
lich fehlen, zerfallen in vier Gruppen. Die bis zur Höhe von 300 m gewöhnlichste Form ist
nach der Beschreibung der Inselgruppe („Forschungsreise S. M. S. Gazelle‘) „der tafelförmige
Berg mit einer mehr oder minder großen Zahl von Felsterrassen an seinen Abhängen. Es sind
dies die eigentlichen Basaltzüge mit breiter Basis, auf der die senkrechten Basaltwände in Terrassen

bis zu 19 und 63 m Höhe aufgebaut sind. Der Berg endet oben in einem von zahllosen Fels=
maßen und Trümmerstücken durchsetzten Hochplateau, auf dem die Verwitterung am meisten
vorgeschritten ist." Zuweilen sind zwischen die einzelnen westöstlich streichenden Basaltdecken Lagen
rötlichen Gesteins von weicherer Beschaffenheit eingesprengt; verwittern diese rasch, so erhalten
die Berge zuweilen die Form von Pilzen auf schmalem Stiel. Weiter kommen dachfirstartige
Berge mit schroffem Grat, felsigem Kamm und wildzerrissenen Spitzen vor; sie nehmen meist
die Höhen über 500 m ein, bilden so das Crozier=Gebirge und den Mount Roß, stürzen an
ihren Gehängen aber auch in Terrassenform ab. Ferner gibt es lange, gleichmäßig verlaufende
Bergrücken, „aus denen spitze Kuppen oder regelmäßige hohe Kegel emporschießen". Diese sind
wahrscheinlich die Kerne erloschener Vulkane. Endlich gibt es hier auch noch einzelne Berge mit

Christmas=Hafen auf der Kerguelen=Insel. (Nach James C. Roß.)

abgerundeten Kuppen, gleichförmigem Kamm und sanfteren Umrissen, die Höhen bis 560 m
einnehmen. Da diese meist schwarzbraune Färbung haben, so ist die Szenerie, obwohl die Insel
von weitem mit ihren abwechslungsreichen Formen keinen einförmigen Anblick gewährt, im
Inneren doch äußerst öde. Hierüber berichten bereits Cook's ‚Reisen‘ sehr anschaulich: „Vielleicht
findet sich keine auf beiden Halbkugeln bis hierher entdeckte Gegend unter einerlei Parallel der
Breite, die dem Naturforscher ein ärmeres Feld zu Untersuchungen barböte, als dieser öde Fleck
Landes. In einer gewissen Entfernung vom Ufer sollte man aus dem Grün, so man hie und da
gewahr wird, sich Hoffnung zu einigen Pflanzen machen. Aber als wir ans Land kamen, fand
sich, daß dieses Grün nur von einer kleinlichen Pflanze herkam, die einer Art von Steinbrech
gleichsah und in ziemlich ausgebreiteten Büscheln eine ansehnliche Strecke der Hügel bedeckte.
Sie wächst auf einem verfaulten Torf, in den man bei jedem Tritt einen oder ein paar Fuß
tief einsinkt. Eine grobe Grasart wächst sehr häufig in schmalen Strecken an den Seiten des
Hafens. Auf der Ebene fanden wir eine Art Gänsekraut. Kurz, das ganze Kräuterverzeichnis

dieses Landes wird sich nicht über 16—18 Pflanzen belaufen, wozu noch etliche Moose und eine sehr schöne Gattung von Flechte muß gerechnet werden, die an den Felsen wächst und höher ist als alle übrigen Gewächse."

Dennoch steigt die Flora, die später von Hooker erforscht worden ist, bis zu verhältnismäßig bedeutenden Höhen an. Am bekanntesten ist der Kerguelen-Kohl, eine bis in 700 m Höhe auf= tretende Krucifere, geworden; Kräuter, Gräser, Moose, Flechten herrschen vor. Ende Oktober blühen diese Thalpflanzen, im Januar rückt die Schneegrenze aufwärts von 600—900 m, und der größte Teil der Insel ist dann schneefrei. Tiere sind überreichlich an den Küsten vorhanden, vor allem Robben, Seelöwen und Seevögel. Die Landtiere beschränken sich außer einer Maus, Krustaceen und Spinnen auf Käfer, zwei Schmetterlinge und Fliegen, die jedoch sämtlich unfähig sind zu fliegen. Kerguelen=Land ist seit 1893 von der französischen Regierung in Besitz ge= nommen und mit Niederlagen von Lebensmitteln, Kleidungsstücken und Geräten für Schiff= brüchige versehen worden. Die Inselgruppe liegt bereits innerhalb des Treibeisgürtels.

Südlich vor Kerguelen=Land erheben sich die kleinen Inseln Heard und MacDonald, zwei einsame, vulkanische Kegel, die ziemlich hoch sind. Heard erreicht nach der Messung der Challenger=Expedition 1800 m Höhe.

Im Süden des Indischen Ozeans befinden sich innerhalb der Treibeisgrenze zwei Insel= gruppen, die, 1772 von Marion und Crozet entdeckt, auch die Namen dieser beiden Forscher tragen. Die Marion= oder Prinz=Eduard=Inseln liegen unter $37^1/2$—38^0 östl. Länge und 47—$47^1/2^0$ südl. Breite und bestehen aus der größeren Marion= und der kleineren Prinz=Eduard= Insel (zusammen 413 qkm Areal). Marion mit steilen Küsten erreicht 1200 m, die Prinz=Eduard= Insel etwa 700 m Höhe. Es sind unwirtliche Eilande, deren Bewohner nur Seevögel, Robben und wenige Landtiere sind. Ganz ähnlich gestaltet sind die ebenfalls vulkanischen Crozet=Inseln (523 qkm), unter 46^0 20' südl. Breite und $50^1/2$—$52^1/2^0$ östl. Länge, die 1600 m hohe Possession= Insel in der Mitte, die 800 m erreichende Ostinsel im Osten und die Schweine=, Pinguin= und Apostel=Inseln im Westen. Diese Inseln sind trotz ihrer Höhe selten sichtbar, da dickes Wetter einen großen Teil des Jahres hindurch hier herrscht. Dadurch werden sie auch der Schiffahrt ge= fährlich. Den südlichen Atlantischen Ozean begrenzt gegen das Südliche Eismeer eine Reihe von Klippen und Inselgruppen, die sich zwischen dem 50. und 60. Grade südlicher Breite erstrecken.

Unter 5^0 westl. Länge und 54^0 südl. Breite erheben sich steile Schnee und Eis tragende unwirtliche Klippen aus dem Meere, die jetzt unter dem Namen Bouvet=Inseln zusammen= gefaßt werden. Diese vulkanischen Felsen sind: die 850 m hohe Bouvet=Insel, die Thompson= Insel, Lindsay und die Chimneys=Rocks. Eine Zahl für das Areal fehlt vorderhand noch. Nicht viel bedeutender, wenn auch etwas größer (420 qkm), sind die Inseln der Sandwich=Gruppe, unter 26—29^0 westl. Länge und 56—59^0 südl. Breite, eine Anzahl von kleinen Vulkankegeln, unter denen der der Sawadowskij=Insel thätig ist. Auch die Saunders=Insel soll einen thätigen Vulkan haben, die übrigen: Ljeskow, Traversey und Bristol sowie die südlichste, Süd=Thule, gelten für erloschen. Die höchste dieser Inseln, Sawadowskij, hat etwa 350 m Höhe.

Eine große Insel ist dafür wieder Südgeorgien, das ehemalige San Pedro der Spanier. Sie hat als Sitz der deutschen Polarstation unter Dr. Schrader 1882—83 eine Aufnahme er= fahren, die unsere Kenntnis der südpolaren Gebiete im ganzen bedeutend erweitert hat. Mit 4075 qkm Flächeninhalt übertrifft sie noch Kerguelen=Land, liegt aber etwas südlicher, unter 54—55^0 südl. Breite und 38—36^0 westl. Länge, und erleidet daher noch ausgedehntere Ver= eisung als dieses. Zudem weicht sie von allen übrigen Südpolarländern darin ab, daß sie aus einem wahrscheinlich archaischen Kern und älteren Schiefern der frühesten sedimentären Forma= tionen besteht, also nicht vulkanisch ist. In der Umgebung der deutschen Station zeigten sich meist lichtgraue Thonschiefer und eisenhaltige, schwarze Schiefer, die anscheinend von Nordosten nach Südwesten gefaltet und steil aufgerichtet sind. Schmal und lang, von Nordwesten gegen Südosten gerichtet, hat auch Südgeorgien den Charakter regenreicher Gegenden in höheren Breiten: eine äußerst schroffe, oft senkrechte, ausgezackte Küste mit Fjordbildungen, zahlreichen Buchten, Halbinseln, Vorsprüngen, Küsteninseln, Klippen, sehr steilen Böschungen meist ohne Vorland. Besonders im Südwesten erreichen die scharf ausgezackten Gebirge große Höhen (2500—3000 m), nahe bei der im Nordosten gelegenen deutschen Polarstation 2000—2500 m, und gewähren einen imposanten Eindruck, zumal da mächtige Gletscher in breiten Thälern von ihnen herabhängen und gewaltige Massen von Schnee und Eis die Insel bedecken. Die Gletscher „endigen meist (nach dem Werke: ‚Die Beobachtungsergebnisse der deutschen Stationen: II. Süd= georgien‘, Berlin 1886) am Ufer der See mit teilweise mehrere Kilometer breiten, über 100 m hohen, wilden, zerrissenen und zerklüfteten Stirnen, die am Fuße von den Wogen der See um= brandet sind“. Unter den bekannteren Gletschern ist der in die Royal=Bai fallende 12—13 km lang, 7—8 km breit, und der mit zwei Oberflächen=Moränen ausgestattete Roß=Gletscher gleicht einem erstarrten See. Erhebliche Mengen von Lawinen stürzen im Sommer auf die Gletscher herab, die Schneebedeckung wechselt aber natürlich je nach den Wintern. Die Umgebung der Station war im Winter oft schneefrei, soweit Humus reichte; die Schneelinie lag in 500—600 m Höhe. Die Südwestküste ist jedoch noch stärker vergletschert als der Norden und Osten, da sie den feuchtigkeitsbringenden Westwinden ausgesetzt ist.

Auf den schneefreien Stellen wächst bis zur Höhe von 300 m das Tussockgras und der niedrige Strauch Acaena, im übrigen nur 12 Phanerogamen. Dichter Graswuchs bedeckt die unteren steilen Hänge; darüber treten Flechten auf: die schwefelgelbe Bartflechte so häufig, daß sie förmlich waldbildend wird. Ein Gegensatz besteht zwischen den Nordhängen mit saftig grünen Matten und den fast vegetationslosen Südhängen. Obwohl auch noch die Seitenmoränen der Gletscher mit Tussockgras bewachsen sind, so stören doch heftige Winde die Blüten= und Frucht= bildung in hohem Grade. Die Küsten, an denen sich gewaltige Mengen des Riesentangs zeigen, werden belebt von See=Elefanten, See=Leoparden und 4 Arten Pinguinen, abgesehen von der Kerguelen=Taube und einem lerchenartigen Landsingvogel.

B. Das antarktische Gebiet im engeren Sinne.

Wir gelangen nun zu einem der größten Archipele des Südpolargebietes, dem südlich von Südamerika sich ausdehnenden Inselgebiet, dessen Kern Graham=Land ist, zu dem aber auch wahrscheinlich die Küste von Alexander=Land und ferner die Südshetland=Gruppe, die Südorkney=Inseln, die Elephant= und Clarence=Inseln und die durch die Fahrt des „Jason“ neuentdeckten vulkanischen Inseln gehören. Ob freilich diese Länder wirklich ein Archipel sind, wissen wir nicht genau. Für den nördlichen Teil ist das durch die soeben er= wähnte Reise des „Jason“ 1893—94 sichergestellt, da diese die Ostküste von Graham=Land bis 68° südl. Breite und 60° westl. Länge klargelegt hat; allein es besteht noch die Möglichkeit, daß eine Verbindung zwischen Graham=Land, Alexander=Land und Victoria=Land vorhanden wäre, so daß eine größere Ausdehnung des Landes nicht von der Hand gewiesen werden darf. Nach Friederichsen's Vorschlag bürgert sich jetzt für die Inseln zwischen 61 und 67° südl. Breite nach dem Entdecker der Name „Dirck=Gherrits=Archipel“ ein.

Den Übergang von Südgeorgien zu dem Archipel bilden die unter 60½—61° südl. Breite und 44—46½° westl. Länge liegenden Südorkney=Inseln. Diese bestehen aus dem 940 m hohen Laurie im Osten und der 1320 m erreichenden Coronation=Insel im Westen, den kleinen

Powell-Inseln zwischen beiden und einigen Nebeninseln, wie Inacceſſible im Weſten. Sie haben steile, schroff zum Meer abfallende Küſten, besonders im Norden, und sind, wie alle jetzt folgenden Südpolargebiete, vollſtändig vereist, mit Ausnahme der Meeresküſten.

Weſtlich von ihnen beginnt als erster Teil des Dirck-Gherrits-Archipels der lang-geſtreckte Südshetland-Archipel, zunächſt unter 61½° südl. Breite die Clarence- und die Elephant-Inſel, jene ein zuckerhutförmiger vulkanischer Kegel von 1389 m Höhe, diese ein 1065 m hohes länger geſtrecktes Land. Dann folgen unter 62—63° südl. Breite: König-Georgs-Inſel, Nel-son-, Robert-, Greenwich-, Livingſton-, Snow- und die durch die breitere King-Straße von ihnen getrennte Smith-Inſel. Sie machen den Eindruck einer durch Meeresstraßen zerschnittenen, langen Inſel und sind noch sehr wenig bekannt. Ihre Küſten sind steil, Höhenangaben fehlen; nur auf

Der Habbington-Berg auf Louis-Philippe-Land. (Nach James C. Roß.)

der Smith-Inſel sind der Foſter-Berg auf 1912, der Pisco auf 1312 m bestimmt. Die Green-wich-Inſel ist nach Larſen, der sie Ende 1893 besuchte, zwar faſt ganz schneebedeckt, aber doch in der Mitte des südlichen Teiles im Sommer schneefrei und mit Moos bestanden. Die umliegenden kleineren Klippen erheben sich bis zu 500 m und sind ohne Zweifel basaltischer Natur, da senk-recht wie Pfeiler über Waſſer aufragende Felsen erwähnt werden und Steinpfeiler „wie von Menschen gearbeitet" überall am Strande stehen sollen. Davor liegen die Low-, Middle- und die Deception-Inſel, ein 550 m hoher, durch das Meer ähnlich wie St. Paul angeschnitte ter Vulkan. Weiter östlich erhebt sich der 120 m hohe, thätige Vulkan der Bridgeman-Inſel.

Ein zweiter größerer Archipel dehnt sich südöstlich von den Südshetland-Inseln aus, von denen er durch die Bransfield-Straße getrennt ist. Er besteht aus der Joinville-Inſel mit dem 1128 m hohen Percy-Berg, der Dundee-Inſel, der vergletscherten kleinen, 360 m hohen Atna-Inſel und Louis-Philippe-Land, einer hakenförmig gekrümmten Inſel mit dem Erebus- und Terror-Golf, der Sydney-Herbert-Bai und der Admiralty-Bucht im Osten, vor der die Cockburn- und die Seymour-Inſel liegen.

Die nördlichen Teile von Louis-Philippe-Land erheben sich im Mount Jacquinot und Mount b'Urville zu 648 und 931 m; der Süden dagegen erreicht mit 2150 m im Habbington-Berge

(f. Abbildung, S. 489) mehr als die doppelte Höhe. Südlich vor Louis-Philippe-Land befindet sich ein vulkanischer Archipel, dessen Entdeckung dem Schiffe „Jason" 1893 gelang. Es sind der thätige Vulkan Christensen, eine fast ganz eisfreie Insel, die Robertson-Insel, die Robbeninseln Oceana, Castor, Hertha, Jason und Larsen, endlich der thätige Vulkan Lindenberg's Zuckerhut. Dieser wird als ein recht hoher Berg geschildert, um dessen Gipfel herum und an dessen Gehängen Aushöhlungen im Boden stoßweise dicke schwarze Rauchsäulen hervorquellen ließen, die zuweilen den ganzen Gipfel der Insel in ihrer Mitte einhüllten. Die Christensen-Insel besteht aus schwarzem, dichtem Basalt und ist nach Larsen's Darstellung („Mitteilungen der Geographischen Gesellschaft zu Hamburg', 1891—92) „größtenteils frei von Schnee; nur auf der nordwestlichen und südöstlichen Seite findet sich solcher. Die Mitte dagegen und die ganze Strecke bis zum Gipfel ist frei von Schnee und an einigen Stellen vollständig kohlschwarz. Ungefähr in der Mitte der Ostseite der Insel befindet sich ein großer Steinwall, der sich vom Ufer bis zur Mitte der Insel erstreckt. Diese ist ziemlich steil, besonders an den beiden Seiten des Steinwalls, während die Enden sich allmählich senken."

Auch die nordwestlich von dem Christensen-Vulkan gelegenen Robbeninseln sind wahrscheinlich vulkanisch, da sie in gerader Linie von Südosten nach Nordwesten verlaufen und schneefrei sind, während alle umgebenden Inseln und Gipfel des Hochlandes Schnee tragen. Friederichsen vermutet, daß sie samt dem Christensen- und Lindenberg-Vulkan eine senkrecht zu den Südshetland-Inseln streichende, vielleicht an die südamerikanische anzuschließende Vulkanreihe bilden.

Die westlichen Teile der Inselwelt südlich von den Südshetland-Inseln sind viel weniger bekannt und entbehren sogar noch vollständig der Küstenaufnahme. Von der Trinity-Insel sind nur einige Kuppen gesichtet worden: die Hoseason- und die Two-Hummock-Insel sowie Palmer-Land mit dem William-Berg und dem Hamburg-Hafen hat Dallmann 1874 genauer untersucht. Daneben sind die von Biscoe 1832 gefundenen Biscoe-Inseln (etwa 12, die im einzelnen noch keine Bezeichnung erhalten haben), unter 66° südl. Breite, von Evensen 1893 näher festgelegt worden. Sie sowohl wie die Adelaide-Insel und die flachen, langgestreckten, von Dallmann 1874 besuchten Kaiser-Wilhelms-Inseln begleiten die Küsten von Graham-Land im Westen.

Das 1832 von Biscoe aufgefundene Graham-Land beginnt im Norden nahe 65° südl. Breite und 60° westl. Länge gegenüber den Robbeninseln und erstreckt sich in der Richtung gegen Südsüdwesten. Die Westküste fällt steil gegen die Biscoe-Inseln ab, und die Ostküste steigt ebenso steil aus dem Meere zu großen Höhen auf. Ausgeprägte Gletscher und mit Eis gefüllte Fjorde bilden die Nordostküste, aus der der Jason-Berg herausspringt, dessen Masse sich südlich in der Wetterinsel fortsetzt. Diesen nördlichsten Teil des Graham-Landes nennt man „König-Oskar II.-Land". Über die Höhe und das Innere des Graham-Landes ist nichts bekannt, außer, daß Eis- und Schneefelder dasselbe vollständig bedecken. Die Ostküste erstreckt sich wahrscheinlich nicht über 60° westl. Länge hinaus; nach Süden ist Graham-Land bis 68° südl. Breite verfolgt worden.

Mit Graham-Land hängt zusammen und als dessen südliche Fortsetzung ist ohne Zweifel das von v. Bellingshausen gefundene Alexander-Land zu betrachten, ebenfalls ein hohes, schneebedecktes, vereistes Land unter 70—74° westl. Länge und 69—70° südl. Breite.

Ein weiter Zwischenraum klafft zwischen dem Alexander-Land und dem von Roß bekannt gemachten Victoria-Land; nur feste Eismauern sind auf der ganzen Strecke von 74° westl. Länge bis 170° östl. Länge angetroffen worden: d. h. über einen Raum von 116 Längengraden. Unter 120—160° westl. Länge tritt das Packeis bis nahe an den Polarkreis vor, unter 80—120° weicht es gegen den 70. Grad südl. Breite zurück. Nur eine einzige Insel, die kleine, 1300 m hohe Peter-Insel, ist auf diesem ganzen Raume gefunden worden. Bellingshausen, ihr Entdecker, setzt sie in 91° westl. Länge und nahe 69° südl. Breite. Wahrscheinlich gehört sie noch zu dem Archipel vor der Südspitze Südamerikas und begleitet vielleicht eine noch unbekannte, das Alexander=Land fortsetzende Küste, wie die Biscoe=Inseln das Graham=Land.

Eine zweite Landmasse liegt südlich von Neuseeland zwischen dem Polarkreis und dem 80. Grad südl. Breite. Ihre östliche Küstenlinie wird von dem 170. Grad östl. Länge, dem Meridian von Mount Cook auf Neuseeland geschnitten. Der bekannteste und zusammenhängendste Teil dieser Landmasse ist das von Roß 1841 entdeckte Victoria=Land, dessen Küste von 70¹/2 bis 78⁰ südl. Breite verfolgt werden konnte. Kommt man von dem 70. Grade her, so erblickt man zunächst das Kap North und den Mount Elliot, dann die Admiralitäts=Kette mit dem Mount Sabine und dem Mount Herschell. „In luftigen Gipfeln stieg es auf", bemerkt James C. Roß (,Voyage of discovery and research in the Southern and Antarctic Seas‘), „völlig bedeckt mit ewigem Schnee. Die höchsten Gipfel sind unter 71⁰ südl. Breite 2800— 3000 m hoch, der Mount Sabine 2700, der Mount Herschell etwas höher. Gletscher ragen an manchen Stellen mehrere Kilometer in die See hinein und endeten in senkrechten Steil= wänden. Nur selten brachen Landgipfel durch die Eismassen, und sie allein geben uns die Gewißheit, daß Land den Kern dieses anscheinend riesigen Eisbergs bildete." — „Mehr als zwanzig Gletscher finden sich", nach C. Borchgrevink, dem wissenschaftlichen Mitglied der Antarctic=Expedition (,Verhandlungen der Gesellschaft für Erdkunde‘, Berlin 1895), „allein in der Nähe der Bai bei Kap Adare, von denen einer mit Lava bedeckt zu sein schien. Ein etwa 2400 m hoher vulkanischer Pik war verhältnismäßig frei von Schnee, ohne Zweifel war er noch unlängst thätig. Die Possession=Insel besteht aus vulkanischer blasiger Lava; im Süd= westen erhebt sie sich in scharfen Piks bis zur Höhe von 100 m." Nach Süden hin nimmt die Höhe der Schneekette zu, erreicht gegen 3000 m und gipfelt unter 74¹/2⁰ südl. Breite in dem wahrscheinlich vulkanischen, ungefähr 4300 m hohen Mount Melbourne‘, dessen Form der des Ätna außerordentlich ähnlich ist. Gleichzeitig weicht die Küste gegen Westen zurück, und vor sie lagert sich die runde, kompaßstörende Coulman=Insel. Von 75—76⁰ südl. Breite sah die Roß'sche Expedition die Küste nicht deutlich, so daß es zweifelhaft ist, ob nicht etwa der nördliche Teil des Victoria=Landes eine Insel ist. Vom Kap Gauß unter 76⁰ südl. Breite aber beginnt die Küste sich wieder östlich zu wenden und erreicht unter 77¹/2 Grad wieder große Höhen.

Die Vermutung, daß man es mit vulkanischen Bergen zu thun habe, wurde durch die Auf= findung eines gewaltigen, thätigen Vulkans bestätigt, des fast 3600 m hohen Mount Erebus (s. Abbildung, S. 492), des höchsten Vulkans und, soweit die bisherige Kenntnis reicht, höchsten Berges südlich vom 75.⁰ südl. Breite. Der Erebus stieß im Januar 1841 Rauch und Flammen aus und war bis oben in einen weißen Schneemantel gehüllt. Ein zweiter, 3200 m hoher Berg, der Mount Terror, ist ohne Zweifel ein erloschener oder ruhender Vulkan. Diese Berge sind die südlichsten auf der Erde gesehenen Erhebungen. Ob sie Inseln bilden oder ob sie einer Fest= landsküste entlang angeordnet sind, konnte nicht entschieden werden. Auch war es nicht möglich, einen Einblick in ihr Hinterland zu gewinnen; denn mit diesen überraschenden Entdeckungen endeten die Landfunde in diesem Gebiet überhaupt. Unmittelbar östlich vom Mount Terror begann die ungeheure Eiswand, die der Roß'schen Expedition sowohl 1841 wie 1842 ein Ziel setzte. Zwei kleine Inseln von geringer Höhe, Beaufort und Franklin, liegen an diesen Küsten zwischen Mount Terror und der Coulman=Insel.

Zwischen dem Victoria=Land und dem Polarkreise erheben sich aus dem Eismeer die Bal= leny=Inseln, eine Gruppe von vulkanischen Inseln, von denen eine, Young, sehr hoch, eine andere, Buckle, wahrscheinlich ein dauernd thätiger Vulkan ist.

Alles, was an Land von hier aus bis zum 95.⁰ östl. Länge gesehen worden ist, wird seit Wilkes' Fahrt als Wilkes=Land zusammengefaßt. Der Reihe nach ist eine Anzahl von hohen

Die Beaufort-Insel und der Erebus-Vulkan. (Nach I. Roß.)

schnee= und eisbedeckten Küsten in Sicht gekommen, die im ganzen nahezu ostwestlich ziehen und sich ungefähr unter dem Polarkreis erstrecken, bald nördlich über ihn vorspringen, bald südwärts zurückweichen. Von Ringgold=Knoll, einer kleinen Insel zunächst der Balleny=Gruppe, und Eld Peak an nach Westen gerechnet, haben wir folgende verschiedenen Küstenstrecken zu unter= scheiden. Zuerst ein hohes 1000 m erreichendes Land um die Täuschungs= und Peacocks=Bai, dann ein weiteres Stück Küste bei Point Case, hierauf d'Urville's 1000 m hohes Abélie=Land und Clarie=Land, das am weitesten nach Norden, bis 65° südl. Breite vorspringt. Dann folgen North=Land, Balleny= und Totten=Land, Budd=Land und Knox=Land und unter 95° östl. Länge noch die Termination=Insel. Von diesen sind Clarie=Land, Abélie=Land, die Küste um die Pea= cocks=Bai und Knox=Land über alle Zweifel erhaben. Betreffs der übrigen Küsten steht nicht vollkommen fest, ob nicht eine Täuschung vorliegt und Eismassen oder Nebelhaufen für Land angesehen worden sind. Ja, in Sachen der Termination=Insel (vgl. oben, S. 481) ist an= zunehmen, daß bestimmt ein Irrtum vorliegt, da die Challenger=Expedition an ihrer Stelle tiefes Wasser fand. Ob es daher berechtigt ist, aus dieser Reihe von nicht völlig gesicherten Küsten= stücken einen antarktischen Kontinent herzustellen, wie es Wilkes gethan hat, mag dahingestellt bleiben. Alle diese Küsten sind vollständig unter Eis begraben und bieten somit denselben An= blick dar wie Victoria=Land und andere Südpolargebiete. Sie bestehen nach Wilkes wahrschein= lich aus rotem Sandstein und Basalt; thätige Vulkane fehlen anscheinend ganz.

Auch in dem vierten gegen Afrika gerichteten Quadranten um den Südpol sind noch an zwei nahe bei einander gelegenen Stellen Küstenstriche gesichtet worden, nämlich unter 60° östl. L. das Kemp=Land oder die Kemp=Insel und unter 50° östl. L. das Enderby= oder Sabrina= Land, beide etwas südlich des Polarkreises. Den Küsten des Wilkes=Landes ähneln sie inso= fern, als sie im allgemeinen von Osten nach Westen verlaufen, den Polarkreis kaum überschreiten und von einer Eisbarriere belagert sind; doch sind es nur flache Küsten ohne hohe Berge.

Die geschilderten Landstücke sind es nun, auf deren Existenz man die Hypothese eines ant= arktischen Kontinents aufgebaut hat. Nähmen wir an, daß in der That das ganze Gebiet innerhalb der gesichteten Küsten und Landbruchstücke mit einer zusammenhängenden Landmasse erfüllt wäre, so hätten wir in der That eine kontinentale Entwickelung vor uns, einen sechsten Kontinent von nahezu 16 Millionen Quadratkilometern, größer als Europa und Australien. Diesen Kontinent hat H. Reiter auch bereits in einen pazifisch und einen atlantisch gebauten Teil zerlegt, d. h. in eine Hälfte mit hohen Faltungsgebirgen und Vulkanen, und eine andere mit einer weit ausgedehnten alten Masse.

Sieht man aber die Originalberichte der Reisenden an, die die betreffenden Küsten zu Ge= sicht bekommen haben oder gesehen haben wollen, so liegt Grund vor, das Urteil Friedrich Ratzel's zu unterschreiben, der in einem Vortrag über die Aufgaben geographischer Forschung in der Antarktis („Verhandlungen des 5. deutschen Geographentages') bemerkt: „Es ist im höchsten Grade wahrscheinlich, daß von dem Lande, das heute noch im Bereiche der Antarktis gezeichnet wird, ein großer Teil nicht berechtigt ist, als Land auf den Karten zu erscheinen. Alles bloß gesehene Land ist zweifelhaft, wenn nicht die Formen so untrüglich wie der südlichste Teil von Victoria=Land mit seinen Hochgipfeln von 3000—4000 m, oder wenn nicht ein Beweis der Landnatur vorliegt, wie Balleny ihn 1839 durch eine Vulkan=Eruption auf dem von ihm ent= deckten Lande geliefert hat. Fast von jeder einzelnen Insel, jedem einzelnen Archipel kann gesagt werden: Die erste Hypothese nach der Entdeckung einer Landspur war in der Regel die des Festlandsrandes, der Nachweis der Insularität folgte als die bessere Erkenntnis in zweiter Linie." Palmer=Land wird von Ratzel als Beweis für diese Behauptung angeführt; die Reise des „Jason" gibt der Vermutung Raum, daß auch Graham=Land eine große Insel sei.

Als gewichtige Gründe für die Annahme eines antarktischen Kontinents werden gewöhnlich angeführt die gewaltigen Eismauern, die sich vor gesichteten Küsten oder überhaupt südlich des Polarkreises den Schiffen entgegenzustellen pflegten. Man glaubte sie nur als Umrandungen einer festen Kontinentalmasse erklären zu können. Wo jedoch einmal günstige Eisverhältnisse ein Eindringen gegen hohe Breiten erlaubten, zeigte sich, daß die Eismauer weit südwärts gegen den Pol zurückwich. Roß traf sie erst unter 78° südl. Breite, Weddell gelangte an anderer Stelle bis 74° südl. Breite, ohne Land oder Eis zu sehen, mit Ausnahme kleiner schwimmender Eisinseln. Ebenso überschritt die Challenger=Expedition in offenem, eisfreiem Meer an einer dritten Stelle den 67. Grad. Es ist daher schon durch die wenigen Expeditionen dieses Jahrhunderts aufs neue Bresche in die antarktische Landmasse gelegt worden. Stichhaltiger ist der Grund, den die Challenger=Expedition für das Vorhandensein eines Kontinents vorbrachte, nämlich daß die Beschaffenheit des Meeresgrundes vor den antarktischen Landmassen dieselbe sei wie vor großen Kontinenten der übrigen Erde. Dagegen aber spricht wieder die ungemein tiefe Sommer= temperatur der Südpolargebiete, die mit demselben Recht auf Mangel an Landmassen, die sich im Sommer erwärmen, schließen läßt. Aus den Gesteinsproben der Südpolargebiete lassen sich ebensowenig sichere Schlüsse auf Kontinentalität schließen. Vorwiegend sind bisher vulkanische Gesteine, besonders Basalt, bekannt geworden, an den Küsten von Wilkes=Land angeblich auch Sandstein, und die von der Jason=Expedition mitgebrachten, schlecht erhaltenen Versteinerungen von der Seymour=Insel vor Louis=Philippe=Land scheinen dem unteren Tertiär anzugehören. Archäische Felsarten sind, soviel bis jetzt feststeht, aus den antarktischen Ländern innerhalb des Polarkreises noch nicht bekannt geworden. Alles, was man bisher von der Zusammensetzung der Südpolarländer weiß, deutet auf das Vorherrschen ruhender und thätiger Vulkane und damit auf Inselnatur. Granit, Diabas, Porphyr, Basalt, also ältere und jüngere Eruptiv= gesteine, Laven, Schlacken, Bimssteine sind die Aufsammlungsergebnisse der Roß'schen Expe= dition. Um so wichtiger ist die Entdeckung tertiärer Versteinerungen auf der Seymour=Insel.

5. Klima, Eisverhältnisse, Pflanzen- und Tierwelt.

Charakteristischer für die Eigenart der Südpolarländer als die Oberflächengestalt sind das Klima und die sich aus ihm ergebenden Schnee= und Eisverhältnisse. Freilich wissen wir über das Klima im Grunde nicht viel mehr, als daß es kühl, ozeanisch ist, daß anscheinend nur geringe Extreme vorkommen, eine sehr niedrige Sommertemperatur herrscht und der Luftdruck ungewöhnlich gering ist; wir vermögen jedoch aus der gewaltigen Schnee= und Eisbedeckung die Wirkung dieses Klimas zu erkennen und Rückschlüsse darauf zu ziehen. Freilich steht uns an ge= eignetem Beobachtungsmaterial bisher nur sehr wenig zu Gebote, und auch dieses beschränkt sich fast auf die subantarktischen Inseln nördlich vom 60. Grade; denn für die eigentlichen Südpolar= länder liegen keine ausreichenden Beobachtungsreihen vor, da bisher noch niemand südlich vom 55. Grad überwintert hat: alle Angaben über das Klima der vom Polarkreis eingeschlossenen Südpolargebiete beziehen sich nur auf den Sommer.

Erst seit dem Jahre 1883 besitzt man überhaupt eine ein ganzes Jahr umfassende Beobach= tungsreihe von einem Südpolarlande. Sie ist der Thätigkeit der deutschen Polarstation zu ver= danken, betrifft somit Südgeorgien und ist das einzige sichere Material zur Beurteilung des Gesamtklimas eines Jahres im Südpolgebiet. Allerdings genügt auch die Zeit eines Jahres noch keineswegs überall, um ein vollkommen klares Bild von dem Klima eines Landes zu erhal= ten; allein im Südpolargebiet kommt die Gleichmäßigkeit des ausgesprochen ozeanischen Klimas zu Hilfe und erlaubt uns, aus den gemachten Beobachtungen eine annähernd richtige Anschauung über das Klima Südgeorgiens überhaupt zu entnehmen. Anderseits ist zu berücksichtigen, daß Südgeorgien unter 54° südl. Breite, somit noch 13° nördlich vom Polarkreise liegt und das reine antarktische Klima der Umgebung des Südpols also noch nicht voll ausgeprägt.

Für die deutsche Station auf Südgeorgien ergab sich eine Mitteltemperatur des Jahres von + 1,4°, des Frühlings von 1,10°, des Sommers von 4,55°, des Herbstes von 1,26°, des Winters von — 1,84°. Als kältester Monat erwies sich der Juni mit — 2,9°, als wärmster der Februar mit + 5,8° Mitteltemperatur. Vergleicht man dies mit Stationen derselben Breite auf der nördlichen Halbkugel, z. B. dem am Meere gelegenen Rostock in 54,6° nördl. Breite, so bleibt die mittlere Jahrestemperatur Südgeorgiens um fast 7° gegen dieses zurück; der Winter ist in Südgeorgien nur 1° kälter, der Sommer aber um 13° kühler als in Rostock; der Herbst bleibt gegen Rostock um 8°, der Frühling um 6° zurück. Der große Unterschied des Klimas liegt also in der ungemein niedrigen Sommertemperatur des subantarktischen Gebietes; niedrigere Sommertemperaturen wird man in der Breite von 54° nirgends auf der Erde finden. Dabei sind auch die Extreme mit + 14° im Sommer und — 13,4° im Winter sehr gering. Neben dieser Eigentümlichkeit, die der ozeanischen Natur dieser Gebiete entstammt, ist der niedrige Luftdruck bezeichnend. In Südgeorgien verzeichnete die deutsche Polarstation 1882/83 im Mittel 746, im Winter 749, im Sommer nur 742 mm Luftdruck; über 750 mm stieg er nur im Mai und September, während im Dezember der niedrigste Druck mit 741,9 mm erreicht wurde. Das sind Werte, die in den nördlichen Breiten zwischen 50 und 60° nur dann vorkommen, wenn die großen atlantischen Minima die europäische Küste passieren, also Stürme eintreten. In der That ist denn auch die Luftbewegung um Südgeorgien das ganze Jahr hindurch kräftig; meist wehen westliche Winde, häufig stürmisch, in der Mehrzahl frisch. Das ist wiederum für das ganze Südpolargebiet charakteristisch und abermals seiner Wasserbedeckung zuzuschreiben, da diese die Reibung der großen Luftströmungen verringert und außerdem hier die von den Kontinenten hervorgerufene selbständige Luftzirkulation fehlt. Die Niederschläge auf der deutschen Polarstation betrugen 1882/83: 988,8 mm im Jahre, und zwar 242 im Sommer, 244 im Herbst, 315,5 im Frühling, 187,2 mm im Winter; die meisten fielen im März (146,8 mm), die wenigsten im Mai (15,5 mm). Diese Niederschlagsmengen sind zwar größer als an unseren Küsten in gleichen Breiten, an und für sich aber noch nicht besonders extrem; man muß jedoch berücksichtigen, daß die Station im Windschatten lag, daß die Westseite der Insel wahrscheinlich viel mehr Regen empfängt, und daß endlich die Niederschlagsmenge in Beziehung zur Temperatur aufzufassen ist. Bei einer so niedrigen Sommertemperatur sind sonnige Tage augenscheinlich selten, und die niedrigen Herbst- und Frühlingstemperaturen vermehren die Anzahl der Schneefälle gegenüber den Regenfällen. So ist denn in der That die Schnee- und Eisbedeckung Südgeorgiens eine Folge der im Verhältnis zu der niedrigen Sommertemperatur hohen Niederschlagsmenge.

Auf einer zweiten subantarktischen Inselgruppe, den Kerguelen, sind ebenfalls Beobachtungen gemacht worden, die fast ein ganzes Jahr umfassen. Allein da sie teils vom Winter 1840, teils vom Sommer 1874/75 stammen, so sind sie weniger brauchbar als die ein geschlossenes Jahr umfassenden von Südgeorgien. Immerhin geben sie ein anschauliches Bild des merkwürdigen Klimas dieser Inselgruppe und bestätigen, was bei Südgeorgien als für das Südpolargebiet bezeichnend mitgeteilt wurde; ja, die extrem ozeanische Ausprägung des subantarktischen Klimas tritt hier noch schärfer hervor als bei Südgeorgien. Der Gegensatz von Winter und Sommer schwindet fast ganz, da eine Sommertemperatur von nur 6,4° einem Wintermittel von 2,0° gegenübersteht und die Minima der beiden Jahreszeiten, Sommer +1,1°, Winter — 1,7°, fast gleich sind. Ein größerer Unterschied zeigt sich in den höchsten Temperaturen, da ein Sommermaximum von + 17,8° vorkommt gegenüber einem Wintermaximum von + 7,8°, während auf

Südgeorgien bie höchſte Sommertemperatur nur + 14° erreicht. Die mittlere Jahrestemperatur
ber Kerguelen iſt etwa + 4,2°, um 3° höher als auf Südgeorgien, boch iſt zu berückſichtigen,
baß Chriſtmas=Hafen auf Kerguelen (ſ. Abbilbung, S. 486) 5° nörblicher als Südgeorgien,
nämlich in 49° 17′ ſübl. Breite liegt, alſo in ber Breite von Guernſey, bas eine Mitteltempe=
ratur von 10,8°, einen Juli von 16,4°, einen Januar von 6,1° beſitzt. Außer ber niebrigen
Sommertemperatur iſt auf Kerguelen bie Milbe bes Winters bemerkenswert, beſonbers bas ge=
ringe Minimum. Der Luftbruck iſt höher als auf Südgeorgien, bas Wetter aber faſt noch ſtür=
miſcher. Nach allen Angaben wehen eigentlich bas ganze Jahr vorwiegenb Stürme, beſonbers
bei Norb= unb Weſtwinben; häufig treten heftige Böen orkanartig plötzlich ein unb überſchütten
bie Inſel mit Regen, Hagel unb Schnee. Die Nieberſchlagsmenge iſt bebeutenb, im Winter mit
749 mm ſehr viel höher als im Sommer mit 258 mm; boch bleibt ber Schnee in ben unteren
Teilen ber Inſel ſelten länger als brei Tage liegen. Dafür freilich ſinb bie höheren Gelänbe
völlig vereiſt, unb Gletſcher erreichen bas Meer.

Auch St. Paul hat noch ben Charakter bes ſubantarktiſchen Klimas bewahrt, obwohl es
nörblich vom 40.° ſübl. Breite liegt unb eine Mitteltemperatur von etwa 12—13° hat; auch
hier iſt ber Gegenſatz von Sommer (Dezember 14,5°) unb Winter (Juli 10,7°) gering, ber Som=
mer kühl, ber Winter milb, wie ein Vergleich mit ben Azoren (Juli 22°, Januar 13,8°) zeigt.
Stürmiſche Witterung iſt auch hier, namentlich im Winter, faſt bie Regel.

Über bas Klima ber eigentlichen antarktiſchen Länber ſinb wir nun, wie oben bereits
geſagt worben iſt, faſt gar nicht unterrichtet. Nur für ben Sommer ſinb einige Beobachtungen
vorhanben, unb auch bieſe erſtrecken ſich nur auf bie Monate Dezember bis März. Aus James
C. Roß' Aufzeichnungen ergibt ſich babei bie auffallenbe Erſcheinung, baß bas Sommermittel
unter 64° ſübl. Breite unter 0°, auf — 0,9° herabſinkt, unb bas Februarmittel betrug unter
75—78° ſübl. Breite nur —4,4°: bie abſolut niebrigſten bekannten Sommertemperaturen. Auch
ber Luftbruck iſt ſo niebrig wie in Norbweſteuropa nur zur Zeit ſchwerer Stürme: 734—740 mm,
am niebrigſten unter 70—75° ſübl. Breite, 734 mm, zwiſchen 75 unb 78° ſchon wieber etwas
höher, 735,8 mm. Das Wetter iſt bemgemäß auch unter bieſen höchſten bekannten ſüblichen
Breiten ſtürmiſch, wechſelnb, unſtet; Weſtwinbe herrſchen vor unb umkreiſen anſcheinenb ben Pol.
Über ben antarktiſchen Winter wiſſen wir nichts Sicheres, ſonbern können nur vermuten, baß
er nicht allzu hart ſein wirb, trotz ber gewaltigen Eismaſſen, bie ben Südpol umlagern, unb trotz
ber völligen Vereiſung alles bortigen Lanbes. Da nun ber Mangel an Beobachtungen über
ben Winter am Südpol äußerſt fühlbar iſt, ſo iſt bie Errichtung feſter Stationen in bem ant=
arktiſchen Gebiet eine ber notwenbigſten Forberungen ber Klimatologie. Aus einer auch nur
einjährigen Reihe guter Beobachtungen läßt ſich bei bem anſcheinenb ungemein gleichmäßigen
Klima ber Antarktis reiche Befruchtung ber genannten Wiſſenſchaft erhoffen; benn bieſe Süb=
polargebiete ſinb bie Spenber von Gunſt unb Ungunſt für weite Gebiete bes Sübens unſerer Erbe.

Die niebrigen Sommertemperaturen, verbunben mit verhältnismäßig reichlichen Nieber=
ſchlägen, veranlaſſen nun bas Herabrücken ber Schneelinie in ein ungewöhnlich niebriges Niveau
unb bie Entſtehung gewaltiger Eismaſſen in Breiten, bie ſonſt auf ber Erbe von Vereiſung frei
zu ſein pflegen. In ber Breite von Kiel liegt bie Schneelinie auf Südgeorgien 500—600 m
hoch, bas heißt, auf unſere Gegenb übertragen: alle beutſchen Mittelgebirge würben von 500—
600 m aufwärts vereiſt ſein. Auf Kerguelen-Lanb rückt bie Schneegrenze zwar auf 800 m, ſelbſt
900 m hinauf, allein bieſe Inſelgruppe liegt in ber Breite von Saarbrücken unb Speier; immer=
hin würbe banach Eis ben Schwarzwalb unb bie Vogeſen noch von zwei Drittel ihrer Höhe an
aufwärts umhüllen. Daß unter bieſen Umſtänben Gletſcher aus bem Inneren Südgeorgiens
unb Kerguelens bis ans Meer reichen, nimmt nicht wunber; allein im ganzen genommen reicht

EISBE GE IM SÜDPOLARGEBIET. (Nach Original von Prof. Richard Loesche.)

die Schneegrenze unter Breiten von 49—55° herunter und dort um 1000 m tiefer liegt, als wie in diesem subantarktischen Gebiet. Selbst am Rande steigt sie noch auf etwa 1000 bis 1100 m Höhe, und noch... die... im Zusammenhang... zum Vergleich herangezogen werden, weil sich dort mehrere Gletscher vom Rande bis zu einigen hundert Meter Höhe nahen.

Wenn schon unter den genannten Breiten die Schneegrenze so niedrig greifbar, daß von den subantarktischen Inseln an nach Süden zu überhaupt nur... des Bodens der Inseln aus der Schnee- und Exposition herausgeht... südl. Breite an sämtliches Land so vollständig verschneit und vereist ist, daß man... noch ausnahmsweise schneefreie Stellen sieht. So ist die ganze antarktische... Eis- und Schneehülle bedeckt, während selbst in Nordgrönland noch gewisse... eisfrei sind. Und so bedecken gewaltige Eiswälle das Meer, während diese nur... doch immer nur an einzelnen Stellen auftreten und sich verschieben.

Leider wissen wir über die Art und Beschaffenheit des antarktischen... nicht einmal von der Entstehung des Eises bekannt ist, ob es Land oder... die großen Eisfelder des Südens mannigfaltig gestaltet, aber weniger... sie sind weniger formenreich als dicke, bieten nicht die Dome und Nadeln... erstrecken sich als 50... hohe Wände und Mauern, die das Eindringen... Außerdem verlängert das kältere Meer des Südens ihre Dauer, sie schwer... wie die den warmen Strömungen des nördlichen Atlantischen Oceans entgegen... schen Eisfelder. Überhaupt treten sie weniger in der Form großer Eisflächen als in der der... Eismauern auf, die wahrscheinlich, wie die gewaltige von James Cook angetroffene Eiswand im Osten des Victoria-Landes, Bruchflächen gewaltiger südpolarer Gletscher sind. Dem entsprechend sind auch in den antarktischen Meeren Eisberge (s. die beigefügte Tafel „Eisberge im Südpolargebiete") besonders häufig, die zerrissenen Reste der großen Eiswälle, während Feldeis, also auf dem Meere gebildetes Salzwassereis, gar nicht vorkommt. Notwendig ist es nun allerdings nicht, aus der Art des Eises auf Kontinent... und Inseln zu schließen; entsendet doch schon das verhältnismäßig kleine Grönland... so gewaltige Eismassen ins Meer, daß sie bis zum... weit nordwärts verschoben wird. Überhaupt ist es... worden, um sicher sagen zu können, ob es nicht doch... vorkommende südpolare Ausbildung der... Expedition viel Licht schaffen können. Denn die... ihrer Struktur nach deutlich, weil sich die... schiebenartig aneinander gliedern, wie sie... ist. Man würde also aus der... Wasser oder Land in der Umgebung... Höhe der Eisberge die Mächtigkeit des... Sehr auffallend ist der Umstand, daß... passieren, jenseits gewöhnlich eisreiche... Land schließt, das den Ersatz der Eis...

Winde und Strömungen treiben... den Schmelzprozeß zerstörte Eis in... am weitesten in den Südatlantischen... Afrikas erreicht, zwischen Afrika und... Südamerika bis 52° südl. Breite...

Länderkunde... Inseln und Ocean...

die Schneegrenze unter Breiten von 49—55° nirgends auch nur annähernd so weit abwärts wie in diesem subantarktischen Gebiet. Selbst am Beagle=Kanal in Feuerland liegt sie erst in 1100 m Höhe, und höchstens die regenreiche Westseite der Südinsel Neuseelands könnte hier zum Vergleich herangezogen werden, weil sich dort mehrere Gletscher dem Meere bis auf einige hundert Meter Höhe nähern.

Wenn schon unter den genannten Breiten die Schneegrenze so niedrig liegt, wird es begreiflich, daß von den Südshetland=Inseln an nach Süden zu überhaupt nur noch wenige Teile des Bodens der Inseln aus der Schnee= und Eisbedeckung herausragen, und daß von 60° südl. Breite an sämtliches Land so vollständig verschneit und vereist ist, daß man überhaupt nur noch ausnahmsweise schneefreie Stellen sieht. So ist die ganze antarktische Inselwelt unter einer Eis= und Schneehülle begraben, während selbst in Nordgrönland noch wenigstens die Küstenfelsen eisfrei sind. Und so bedecken gewaltige Eiswälle das Meer, während diese im Nordpolargebiete doch immer nur an einzelnen Stellen auftreten und sich verschieben.

Leider wissen wir über die Art und Beschaffenheit des antarktischen Landes so wenig, daß nicht einmal von der Entstehung des Eises bekannt ist, ob es Land= oder Meereis ist. Meist sind die großen Eisfelder des Südens mauerförmig gestaltet, aber weniger gegliedert als die arktischen; sie sind weniger formenreich als diese, bieten nicht die Dom= und Nadelform wie sie, sondern erstrecken sich als 50—60 m hohe Wälle und Mauern, die das Eindringen äußerst erschweren. Außerdem verlängert das kühlere Meer des Südens ihre Dauer, sie schmelzen nicht so leicht ab wie die den warmen Strömungen des nördlichen Atlantischen Ozeans entgegentreibenden arktischen Eisfelder. Überhaupt treten sie weniger in der Form großer Eisfelder als vielmehr hoher Eismauern auf, die wahrscheinlich, wie die gewaltige von James C. Roß angetroffene Eiswand im Osten des Victoria=Landes, Bruchflächen gewaltiger südpolarer Gletscher sind. Dem entsprechend sind auch in den antarktischen Meeren Eisberge (s. die beigeheftete Tafel „Eisberge im Südpolargebiete") besonders häufig, die zersprengten Reste der großen Eiswälle, während Feldeis, also auf dem Meere gebildetes Salzwassereis, fast gar nicht vorkommt. Notwendig ist es nun allerdings nicht, aus der Art des Eises auf Kontinentalmassen am Südpol zu schließen: entsendet doch schon das verhältnismäßig kleine Graham=Land, wahrscheinlich eine größere Insel, so gewaltige Eismassen ins Meer, daß durch diese die Treibeisgrenze im Südatlantischen Ozean weit nordwärts verschoben wird. Überdies ist das antarktische Eis noch viel zu wenig untersucht worden, um sicher sagen zu können, ob es nicht doch vielleicht eine in arktischen Gegenden nicht vorkommende südpolare Ausbildung des Meereises sei. Gerade hierüber würde eine antarktische Expedition viel Licht schaffen können. Denn das Landeis und das Meereis unterscheiden sich ihrer Struktur nach deutlich, weil sich die einzelnen Eiskristalle zu größeren Eismassen verschiedenartig aneinander gliedern, je nachdem das Eis auf dem Lande oder dem Meere gebildet ist. Man würde also aus der Beschaffenheit des Eises Schlüsse auf das Vorhandensein von Wasser oder Land in der Umgebung des Südpols ziehen können. Weiter kann man aus der Höhe der Eisberge die Mächtigkeit des Inlandeises beurteilen und ferner die Meerestiefe berechnen. Sehr auffallend ist der Umstand, daß, wenn es einmal gelang, eine antarktische Eismauer zu passieren, jenseits gewöhnlich eisfreies Meer gefunden wurde, woraus man auf dahinterliegendes Land schließt, das den Ersatz der Eismassen verhindert.

Winde und Strömungen treiben im Frühling und Sommer das durch Eispressungen und den Schmelzprozeß zerstörte Eis in Form von Treibeis nordwärts in die benachbarten Meere, am weitesten in den Südatlantischen Ozean, wo es 37° südl. Breite, also nahezu die Südküste Afrikas erreicht, zwischen Afrika und Australien bis 45° südl. Breite, zwischen Neuseeland und Südamerika bis 52° südl. Breite. Nur an zwei Stellen tritt es bis 60° südl. Breite zurück: vor

Kerguelen=Land und vor Neuseeland. Aber weit darüber hinaus reicht der Einfluß der südpolaren Strömungen, und südpolares Wasser scheint überhaupt einen großen Teil der Tiefen der süd= polaren Ozeane zu erfüllen. Daß diese gewaltigen Eismassen nun ihrerseits wiederum das Klima der antarktischen Gebiete beeinflussen, liegt auf der Hand.

Unter diesen Verhältnissen ist es begreiflich, daß die Flora und Fauna der Südpolargebiete außerordentlich spärlich ist. Bisher kamen zu ihrer Beurteilung überhaupt nur die subantarkti= schen Inseln in Betracht, da bis 1894 von dem antarktischen Gebiete innerhalb des Polarkreises überhaupt keine Pflanze und kein Landtier bekannt waren. Seitdem jedoch die Fahrt des „Ant= arctic" 1895 eine Pflanze von der Possession=Insel, ein Leberkraut, hat kennen lernen, ist die Hoffnung erregt worden, es möge sich vielleicht jenseits des Eiswalles von Victoria=Land hier und da an geschützten Stellen Pflanzenwuchs finden lassen. Eine etwas ergiebigere Ausbeute haben die Botaniker auf den subantarktischen Inseln gehalten; sie ist von Hooker in seiner „Flora ant= arctica" dargestellt worden, deren Material hauptsächlich von der Kerguelen=Gruppe stammt.

Die Kerguelen=Gruppe besitzt nur 26 Phanerogamen, von denen 21 von Hooker, der Rest von Mitgliedern der Gazelle=Expedition gesammelt worden sind. Es sind namentlich Ranun= kulaceen, unter denen am häufigsten Ranunculus crassipes vorkommt, aber in vielgestaltiger Form, je nachdem sie im Wasser oder auf dem Trocknen lebt; gesellig mit dieser findet sich, jedoch nur in der Nähe des Wassers, Ranunculus trullifolius. Im übrigen sind Cerastium triviale, Rumex acetosella, Trifolium, Poa Cookii, Acaena affinis, Colobanthus Kergue= lensis, Festuca Kerguelensis zu erwähnen; die letzten vier, ferner zwei Ranunkulaceen und eine Caryophyllacee Lyallia weisen südamerikanische Verwandtschaft auf. Die Rosacee Acaena „wuchert hauptsächlich an Abhängen in großen Massen, wird fußhoch und verleiht mit ihren dunkelgrünen zierlichen Blättern und rötlicher kugelförmiger Blüte den felsigen Landschaften Abwechslung und Leben" („Forschungsresultate der Gazelle=Expedition'), während Leptinella plumosa auf den Klippen silbergrau schimmernde Polster von kaum Zollhöhe bildet, oder auch an saftig grünen, humusreichen, geschützten Gehängen fußhoch emporwächst.

Am bekanntesten ist die einzige Nutzpflanze der Kerguelen geworden, der sogenannte Ker= guelenkohl, Pringlea antiscorbutica, „welcher ein sehr wertvolles, wohlschmeckendes und antiskorbutisch wirkendes Gemüse liefert. Er erinnert in der Tracht an unseren Kohl, ist aber ausdauernd; die saftigen Blätter werden als Salat bereitet und hatten einen scharfen, an Brunnenkresse erinnernden Geschmack, oder als Gemüse, in welcher Form sie der Schiffsmann= schaft zweimal wöchentlich verabreicht wurden und wesentlich dazu beitrugen, einen absolut guten Gesundheitszustand an Bord herzustellen und zu erhalten" („Forschungsresultate der Ga= zelle=Expedition'). Von Farnen finden sich nur sieben Arten, aber viele Individuen auf der Inselgruppe; Gräser sind häufig und geben gutes Viehfutter, und Moose werden besonders durch die eine eigentümliche Decke und Polster bildende Azorella vertreten, die die Feuchtigkeit anzieht und bewahrt, daher zur Humusbildung und Gesteinszertrümmerung beiträgt und überall verbreitet ist. Die Blütezeit der Phanerogamen fällt in den Oktober und November, nach Auf= hören der Nachtfröste, mit Ausnahme der Ranunkulaceen und des Galium antarcticum Hook., die im Dezember blühen; zu dieser Zeit haben die übrigen bereits Samen angesetzt, der jedoch anscheinend sehr lange Zeit zur Reife braucht. Vor allem ist aber die Vegetation von den Stür= men abhängig und daher vorwiegend auf den östlichen Gehängen der Berge, die gegen die West= stürme Schutz bieten, angesiedelt, hier aber so üppig, daß meterhohe Pflanzen von weitem die unteren Teile der Höhen waldgrün erscheinen lassen. Die Höhengrenze der meisten Pflanzen liegt in 300—400 m; doch kommt die Pringlea noch in 600 m Höhe am Mount Crozier fort, und im allgemeinen sind außer den höheren Bergen und steilen Wänden nur wenige Stellen vegetationslos. Der Anbau von Nutzpflanzen aber ist bei der geringen Sommerwärme der Kerguelen wohl aussichtslos.

Auf St. Paul kommen nur neun Pflanzen vor, unter denen Isolepis nodosa, Colobanthus diffusus und Spartina arundinacea antarktisch sind, drei Gräser mit kapländischen Varietäten europäischer Arten übereinstimmen.

Die Flora von Südgeorgien ähnelt im ganzen der von Kerguelen, ist jedoch ärmer als diese und erreicht höchstens 300 m Höhe. Zwölf Phanerogamen sind bekannt, darunter der niedrige Strauch Acaena; dichter Graswuchs bedeckt auch steilere Hänge, das Tussock-Gras bekleidet sogar die Seitenmoränen der Gletscher, und schwefelgelbe Bartflechten treten wuchernd auf. Allein die heftigen Stürme stören auch hier die Blüten- und Fruchtbildung, und die Süd-hänge sind meist vegetationslos; baumartige Pflanzen fehlen ganz.

Unsere Kenntnis von der Tierwelt steht ebenfalls noch auf schwachen Füßen. Daß im antarktischen Gebiet südlich des Polarkreises die Fauna des Landes ganz fehlt, ergibt sich aus dem Mangel einer Pflanzendecke von selbst; Wale, Robben und Seevögel sind dagegen in großen Mengen vorhanden, wenn auch die neuesten Walerzüge ihre Hoffnungen auf große Ausbeute nicht ganz erfüllt gesehen haben. Sieht man von den Seetieren zunächst ganz ab, so handelt es sich wiederum um die subantarktischen Inseln allein, auf denen Landtiere angetroffen werden. Allein ihre Zahl ist so gering, daß sie gegenüber den Robben und den am Lande nistenden See-vögeln vollständig verschwinden. Auf Kerguelen-Land fehlen Säugetiere überhaupt ganz, außer der kosmopolitischen Maus, die ohne Zweifel von den Walern eingeführt worden ist. Unter der niederen Tierwelt sind 5 Käfer, 5 Fliegen, 3 Schrecken, 2 Spinnen, 4 Milben, 7 Süßwasser-Krustaceen, 1 Schnecke, 1 Wurm, 1 Falter und 1 Neuroptere, im ganzen also eine sehr spärliche Zahl. Dabei sind alle fast flügellos oder doch unfähig, zu fliegen, da der Flug bei den fast be-ständig herrschenden Weststürmen den Untergang zur Folge haben würde.

Die Vögel sind sämtlich Küsten- und Meeresbewohner, deren eigentliches Element doch die See ist. Unter ihnen beansprucht der goldhaarige Pinguin (Eudyptes chrysocome) den ersten Platz, dessen ungeschickte Bewegungen auf dem Lande und große Befähigung zur Fortbewegung im Wasser ihn als Seevogel bezeichnen. Neben ihm kommen der etwas größere Eudyptes chry-solophus, der Königspinguin Aptenodytes patagonica (langirostris) und Pygoscelis tae-niata (papua) vor, die sämtlich wegen ihres thranhaltigen Fettes gejagt werden, zur Nahrung aber wenig geeignet sind. In großer Zahl tritt eine Ente, Querquedula Eatoni, von der Größe und Gestalt unserer Krikente, auf, die auch vorwiegend am Meeresufer, jedoch auch in den Sümpfen und Tümpeln im Inneren des Landes lebt. Die Raubmöwe (Skua antarctica) und die weiße Möwe (Larus dominicanus), die Seeschwalbe (Sterna virgata) mit blaugrauem Ge-fieder, ferner eine Art Kormoran, Halieus verrucosus *Cuv.*, und der nachts fliegende Taucher Halodroma (Pelecanoides) urinatrix *Gm.* sind an den Küsten in zahlreichen Exemplaren ver-treten. Endlich ist der Scheidenschnabel (Chionis minor) zu erwähnen, ein taubengroßer, schnee-weißer Vogel, der den Eiern und Jungen der Pinguine und Kormorane nachstellt. Alle diese Vögel sind auch auf anderen subantarktischen Inseln bekannt, die überhaupt eine ganz ähnliche Vogelfauna haben wie die Kerguelen. Auf den Crozet-Inseln leben Chionis minor, Sterna virgata und Querquedula Eatoni, auf den Prinz-Eduard-Inseln die erstgenannte. Auf Süd-georgien kommen einige Abweichungen vor. Die Sterna dieser Insel scheint eine etwas abwei-chende Schnabelbildung zu haben, und die Querquedula Südgeorgiens nähert sich anscheinend mehr der Querquedula creccoides *King.*; Chionis minor hat hier und auf Feuerland, den Falkland- sowie Südshetland-Inseln ihren nächsten Verwandten in Chionis alba *Gm.*, und der Nachtvogel Halodroma oder Pelecanoides urinatrix wird auf Südgeorgien durch eine größere

Varietät, Pelecanoides Garnotti *Less.*, erjetzt. Der goldhaarige Pinguin bewohnt jämtliche jubantarktischen Injeln, Eudyptes chrysolophus die Heard=, Marion=, Prinz=Eduard=Injeln und Südgeorgien; der Königspinguin fehlt auf Südgeorgien.

Unter den Vögeln, die vorwiegend pelagijch find und die Injeln und Fejtlandsküjten nur zur Brutzeit auffuchen, find die meijten über das ganze Gebiet des jubantarktijchen Meeres verbreitet. Zu ihnen gehören die Kaptaube Daption Capensis und jämtliche Procellariden, Sturmvögel, Albatrojje, mit Ausnahme des geierartigen, jchnabelkräftigen Riejenjturmvogels (Ossifraga gigantea), der jelten die Küjte verläßt.

Unter den Robben find der See=Elefant, Macrorhinus leoninus, und See=Leopard, Ogmorhinus leptonyx, auf Kerguelen, Südgeorgien und den meijten anderen jubantarktijchen Injeln zeitweilig jichtbar, am häufigjten der See=Elefant, jeltener der See=Leopard, während Seebären jehr jelten geworden find. Auf Kerguelen fand die „Gazelle“ eine neue Robbe von der Gejtalt der noch von Cook häufig gejehenen Seebären, die Ohrenrobbe, Arctophoca gazella und Arctocephalus elegans.

Im ganzen ijt aber Flora wie Fauna der Südpolarländer noch wenig bekannt.

Fragen wir nun, welche Wijjenjchaften ein Interejje an der weiteren Erforjchung des Süd= polargebiets haben, jo ijt es natürlich vor allem die Geographie. Von keinem Teile der Erde weiß die Geographie weniger als von dem Südpolargebiet, der Flächenraum des unbekannten Nordpolargebiets verjchwindet dagegen. Seit mehr als einem halben Jahrhundert ijt keine große Entdeckung im Südpolargebiete gemacht, nur kleine Injelgruppen find 1874 und 1894 unjerer Kenntnis zugänglich gemacht worden. Ehe nicht aufgeklärt ijt, ob Land oder Wajjer innerhalb des Südpolarkreijes vorherrjcht, vermögen wir kein richtiges Bild über die Verteilung von Wajjer und Land auf der Erde zu geben, und find noch nicht in der Lage, eine volle Überjicht über das der Geographie zu Gebote jtehende Forjchungsmaterial zu erlangen.

Ein Zweig der Geographie ijt vor allem an der Unterjuchung der Südpolargebiete im höchjten Grade interejjiert, nämlich die Meereskunde. Abgejehen davon, daß wir nicht wijjen, ob Wajjer oder Land um den Südpol liegt, find wir auch nicht im jtande, eine Anjicht über die Ausdehnung des Wajjers und des Eijes zu gewinnen. Wir kennen weder die Strömungen des Meeres am Südpol, noch auch deren Einfluß auf ihre augenjcheinlich vielerorts von dem Süd= polargebiet nach den niederen Breiten verlaufenden Ausläufer; wir wijjen nicht, inwieweit jich die wärmeren Strömungen der niederen Breiten in die Antarktis fortjetzen und welche Einwir= kung jie auf die Eisverhältnijje ausüben. Über das Meereis und vielleicht auch das Landeis wird nicht eher eine jichere Meinung gebildet werden können, bis nicht die großartigen Eis= verhältnijje des Südpolargebiets genau unterjucht jein werden; denn gerade über diejem liegt die ausgedehntejte Eis= und Schneekappe, die wir auf der Erde kennen. Erjt ihr Studium wird es ermöglichen, eine richtige Anjchauung über die Eiszeit, deren wir in beiden Polargebieten noch Zeuge find, zu gewinnen, und zwar am Südpol der ozeanijchen Form der Eiszeit im Gegenjatz zu der kontinentalen im Nordpolargebiete.

Von der größten Einwirkung ijt dieje Eis= und Schneeregion ohne Zweifel auf das Klima des ganzen Südens der Erde. Wenn aber auch jchon jeit langem bekannt war, daß die jüdliche Halbkugel überhaupt und die jubantarktijchen Gebiete im bejonderen ein jehr gemäßigtes, im ganzen kühles, im Winter mildes, im Sommer kühles Klima haben, wodurch jich die Südhälfte der Erde als ozeanijch gegenüber der kontinentalen Nordhälfte erwiejen hat, jo haben doch erjt die Beobachtungen der Polarjtation auf Südgeorgien 1882/83 gejicherte Werte dafür ergeben.

Da jich aber immerhin Südgeorgien noch in gemäßigten Breiten befindet, jo erhebt jich die Frage: wie ijt das Klima der eigentlichen Antarktis der Küjten und Injeln innerhalb des

Polarkreises? Leider läßt sich darauf keine Antwort von genügender Sicherheit erteilen, weil es keine auch nur ein volles Jahr umfassende Beobachtungsreihe aus dem Südpolargebiet gegeben hat. Niemand hat in der Antarktis südlich vom 55. Grad überwintert, alle Expeditionen haben nur die Sommermonate in den antarktischen Gewässern zugebracht, das Land ist überhaupt nicht betreten worden. Darum ist die Errichtung wenigstens einer meteorologischen Station mit voller einjähriger Beobachtungsreihe eine berechtigte Forderung.

Auch die Flora und Fauna der Südpolarregionen sind noch bei weitem nicht genügend bekannt, obwohl Hooker's „Flora antarctica" einen festen Grund gelegt hat. Vor allem ist die ganze Südhalbkugel sowohl in Bezug auf die Flora als auch auf die Fauna reicher an alten, zum Teil veralteten Formen als die Nordhalbkugel. An den Südspitzen der Südkontinente, besonders Australiens und Afrikas, bemerken wir eine Ansammlung alter Formen, wie der Schnabeltiere, Ameisenigel, der Beuteltiere, der Lemuren, sowohl in der Tierwelt als auch eine höchst eigenartige Entwickelung in der Flora. Dann haben die Untersuchungen der Nordpolargebiete ergeben, daß bis zum 80. Grade nördl. Breite und darüber hinaus (81° 45′: in Grinnell-Land) tertiäre Pflanzen vorkommen, die ein wärmeres subtropisches Klima zu jener Zeit an dem Nordpol bedingen und es wahrscheinlich gemacht haben, daß die Differenzierung der Klimate am Nordpol zu Ende der Kreidezeit begann. Es wäre von dem höchsten Werte, zu erfahren, ob auch in den Südpolargebieten ähnliches vor sich gegangen ist, ob etwa beide Pole gleichzeitig als Entwickelungszentren des organischen Lebens, wenigstens der neueren Perioden der Erdgeschichte, gedient haben.

Nicht minder hat der Erdmagnetismus so lange keine Aussicht, ein vollständiges geschlossenes Lehrgebäude zu bekommen, bis nicht die erdmagnetischen Verhältnisse des Südpolargebiets aufgeklärt sind. Daß Roß im Jahre 1841/42 den Zweck der Auffindung des magnetischen Südpols nicht vollständig erreichte, ihm aber sehr nahe kam und ihn annähernd festlegen konnte, haben wir oben (S. 482) gesehen. Seitdem ist fast nichts in dieser Richtung geschehen, die Wissenschaft von den erdmagnetischen Kräften aber ist weiter fortgeschritten, und nach und nach bricht sich die Überzeugung Bahn, wie Neumayer, der eifrigste Vertreter der Südpolarforschung und beste Kenner der eben genannten Wissenschaft, sagt („Verhandlungen des 5. Deutschen Geographentages'): „daß ohne diese Forschung ein Fortschritt von weittragender Bedeutung in der Entwickelung unserer Kenntnis der erdmagnetischen Erscheinungen nicht zu erhoffen ist. Ganz besonders gilt dies von den Untersuchungen der Natur der Erdströme und der magnetischen Störungen", die sich gegen den Meridian von Melbourne hin häufen, auf der Seite von Südgeorgien dagegen sehr selten zu sein scheinen.

Aus dem Gesagten ergibt sich, daß sich ein reicher Strom wissenschaftlicher Befruchtung aus den Südpolarregionen über zahlreiche Wissenschaften ergießen wird, wenn eine eingehende Untersuchung des Südpolargebiets vorgenommen werden sollte. Erst dann wird eine ganze Reihe von diesen ein vollkommenes Lehrgebäude aufführen können, und erst dann wird man davon sprechen dürfen, daß unsere Erde in den Grundzügen völlig bekannt sei.

Register.

185.

T

440.

73.

72.